Jaeger

Materielles Europarecht

Lehrbuch mit Originalquellen

Materielles Europarecht

Lehrbuch mit Originalquellen

VON

Univ.-Prof. Mag. Dr. Thomas Jaeger, LL.M.

LexisNexis® Österreich vereint das Erbe der österreichischen Traditionsverlage Orac und ARD mit der internationalen Technologiekompetenz eines der weltweit größten Medienkonzerne, RELX Group. Als führender juristischer Fachverlag deckt LexisNexis® mit einer vielfältigen Produktpalette die Bedürfnisse der Rechts-, Steuer- und Wirtschaftspraxis ebenso ab wie die der Lehre.

Bücher, Zeitschriften, Loseblattwerke, Skripten, die Kodex-Gesetzestexte und die Datenbank LexisNexis® Online garantieren nicht nur die rasche Information über neueste Rechtsentwicklungen, sondern eröffnen den Kunden auch die Möglichkeit der eingehenden Vertiefung in ein gewünschtes Rechtsgebiet.

Nähere Informationen unter www.lexisnexis.at

Bibliografische Information der Deutschen Bibliothek
Die Deutsche Bibliothek verzeichnet diese Publikation in der Deutschen Nationalbibliografie; detaillierte bibliografische Daten sind im Internet über http://dnb.ddb.de abrufbar.

ISBN 978-3-7007-6037-5

LexisNexis Verlag ARD Orac GmbH & Co KG, Wien
www.lexisnexis.at
Wien 2017 • Best.-Nr. 34.020.004

Alle Rechte, insbesondere das Recht der Vervielfältigung und Verbreitung sowie der Übersetzung, vorbehalten. Kein Teil des Werkes darf in irgendeiner Form (durch Fotokopie, Mikrofilm oder anderes Verfahren) ohne schriftliche Genehmigung des Verlags reproduziert oder unter Verwendung elektronischer Systeme gespeichert, verarbeitet, vervielfältigt oder verbreitet werden. Es wird darauf verwiesen, dass alle Angaben in diesem Werk trotz sorgfältiger Bearbeitung ohne Gewähr erfolgen und eine Haftung des Verlags, der Herausgeber und der Autoren ausgeschlossen ist.

Foto Jaeger: privat

Druckerei: MDH Media GmbH, 1220 Wien

Vorwort

Das Binnenmarkt- und das Wettbewerbsrecht bilden die wichtigsten Teile des sog materiellen Europarechts und sind der Kern des europäischen Wirtschaftsrechts. Der Begriff materielles Recht bezeichnet jene Rechtsnormen, die das Entstehen (und die Beendigung) von Verpflichtungen und Berechtigungen Einzelner nach Art und Umfang regeln. Es handelt sich also um jenen Bereich, der die Verhaltensregeln des täglichen Lebens enthält, was die entsprechend prominente Stellung der Binnenmarkt- und Wettbewerbsnormen im Studium sowie in der anwaltlichen und unternehmerischen Praxis erklärt.

Die Idee zu einem Lehrbuch des materiellen Europarechts mit spezifischem didaktischem Ansatz (illustrativen und instruktiven Originalquellen) datiert aus meiner Assistentenzeit an der Universität Salzburg (2003 bis 2007) und geht auf eine Anregung meines verehrten und lieben akademischen Lehrers *Thomas Eilmansberger* zurück. *Eilmansberger*, damals Professor für Europarecht in Salzburg, bot seinen Assistenten *Günter Herzig*, *Peter Thyri* und mir an, sein erfolgreiches Kurzskriptum zum materiellen Europarecht (ebenfalls erschienen bei Orac/LexisNexis) gemeinsam zu einem Lehrbuch auszubauen. Angebote wie dieses waren für *Eilmansbergers* Selbstverständnis als Universitätslehrer kennzeichnend, zu dem die mit viel Wohlwollen und Engagement geführte, intensive Förderung des wissenschaftlichen Nachwuchses und das Schaffen von Gelegenheiten zur eigenen Profilbildung gehörten.

Jenes Lehrbuch erschien im Jahr 2005 in erster, 2009 in zweiter und 2012 in dritter Auflage. Das Erscheinen der dritten Auflage erlebte *Thomas Eilmansberger*, der Anfang November 2012 verstarb, um weniges nicht mehr. „Das Vermächtnis des ... von unvergleichlicher, ansteckender Lebensfreude beseelten Akademikers ist ein großes, großartiges", stand in einem Nachruf über ihn zu lesen.

Zu diesem Vermächtnis gehört es, das Lehrbuch zum materiellen Europarecht fortzuführen. An die Stelle einer vierten Auflage, die nicht mehr zustande kam, tritt nun eine vollständige Neuauflage: Schon strukturell unterscheidet sich das vorliegende Werk stark von seinen Vorgängern. Vor allem aber wurde der Text so gut wie gänzlich neu geschrieben und erweitert, der Rest angepasst oder weggelassen. Geschuldet sowohl dem beträchtlichen Zeitraum seit Erscheinen der (noch vor den Vertrag von Lissabon datierenden) Erstauflage als auch dem Wechsel der Autorenschaft wurde dem „Materiellen Europarecht" alter Façon so eine grundlegende Frischzellenkur verpasst.

Gleich bleiben aber Auftrag und didaktischer Ansatz des Werks: Es vereint die Vorteile von Fallsammlung und Lehrbuch. Umfangreiche Textzitate aus der Rechtsprechung des Gerichtshofs der Europäischen Union sind in den Fließtext integriert. Dies ermöglicht es der Leserschaft, die jeweiligen Rechtsgebiete anhand der ausgewählten Originalrechtsquellen zu studieren.

Inhaltlich wird ein fundierter Überblick über die wesentlichen Bereiche des europäischen Wirtschaftsrechts geboten. Dargestellt sind das Recht der Grundfreiheiten einschließlich flankierender Bestimmungen und Vergaberecht sowie das Wettbewerbsrecht einschließlich des Beihilferechts. Das zugehörige Sekundärrecht ist jeweils mit besprochen, bleibt dem Auftrag des Werks entsprechend jedoch auf die für das Grundverständnis der Materien und ihre Anwendung unerlässlichen Rechtsakte und deren Eckpunkte reduziert.

Die Rechtsprechung wird so häufig wie möglich und so sparsam wie nötig im Originalwortlaut und mit den zugehörigen Sachverhaltsdetails wiedergegeben. Dies mag gerade einem Personenkreis, der nur fallweise mit europäischem Recht und europäischer Rechtsprechung befasst ist, oder an diese erst herangeführt werden soll, ein besseres Verständnis des Gerichtshofs, seiner Sprache und seiner Mission erlauben. Die Originalquellen sind auf die im Kontext wesentlichen Aussagen und Passagen gekürzt (Kürzungen sind ausgewiesen, Sachverhalte werden frei referiert). Die Kürzung der Quellen mindert die Schwierigkeit, aus der Fülle von Rechtsfragen, die einzelne Rechtssachen aufwerfen, die zum allgemeinen Verständnis des Rechtsproblems notwendigen Aussagen herauszufiltern. Zahlreiche Fußnoten zu weiterführender Rechtsprechung und der Anwendungspraxis erlauben dazu die eigenständige tiefergehende Recherche. Literaturnachweise sind dagegen, da der Fokus auf Recht und Rechtsprechung gelegt ist, bewusst sparsam gehalten und bleiben auf Verweise zu strittigen Fragen oder Verweise zu mehr Details begrenzt.

Bücher, selbst Lehrbücher, fallen nicht aus heiterem Himmel: Hinter ihnen stehen Ideen und Denkanstöße, die sich durch fachlichen Diskurs, Erfahrung, Recherche und Kreativität verdichten. Bücher als Kulturleistung sind sowohl Ergebnis von Kommunikation als auch weiterer Beitrag zur Kommunikation. Auch aus handwerklicher Sicht sind an der Herstellung eines Buches stets viele Hände beteiligt. Diesbezüglich besonders gedankt sei hier meinem wissenschaftlichen Team an der Universität Wien, Frau Mag. *Cornelia Lanser*, Frau Mag. *Corinna Potocnik-Manzouri*, Herrn Mag. *Johannes Safron*, Frau Mag. *Franziska Tillian* sowie Herrn Mag. *Nikolaus Wieser*, für die großartige Unterstützung bei der redaktionellen Endbearbeitung des Manuskripts zu diesem Buch.

Leserinnen und Lesern wünsche ich eine angenehme und nutzbringende Lektüre des vorliegenden Werks. Für Anregungen zu Inhalten, Gestaltung oder Formalia bleibe ich, im Sinne des eben angesprochenen Diskurses, ausdrücklich dankbar. Für etwaige, erfahrungsgemäß auch nach Korrektur mitunter verbleibende Tippfehler entschuldige ich mich bereits an dieser Stelle und bitte dafür um freundliche Nachsicht bis zur nächsten Auflage.

Wien, im Oktober 2017 *Thomas Jaeger*

Inhaltsverzeichnis

Vorwort V
Abkürzungsverzeichnis XV
Literaturverzeichnis XXI
Rechtsaktverzeichnis XXVII
Nützliche Links XXXVII

1. Grundlagen 1
   1.1. Begriff Binnenmarkt 1
   1.2. Abgrenzung zu Freihandelszonen 6
   1.3. Harmonisierungswerkzeuge 7
       1.3.1. Rechtsetzungsgrundlagen 7
       1.3.2. Positiv- vs Negativintegration 8
       1.3.3. Voll- vs Mindestharmonisierung 10
       1.3.4. Abweichungen von Harmonisierung 12
       1.3.5. Produktregulierung im Besonderen 16
   1.4. Eckpunkte des Binnenmarktrechts 19
       1.4.1. Gemeinsame Merkmale der Grundfreiheiten 19
       1.4.2. Gemeinsame Merkmale der Wettbewerbsnormen 26
       1.4.3. Prüfschemata 29
           1.4.3.1. Prüfschema Grundfreiheiten 29
           1.4.3.2. Prüfschema Kartellverbot 31
           1.4.3.3. Prüfschema Missbrauchsverbot 33
           1.4.3.4. Prüfschema Beihilfeverbot 35
   1.5. Wiederholungsfragen 37

2. Warenverkehr 39
   2.1. Warenbegriff 39
   2.2. Abgaben auf Waren 42
       2.2.1. Art 30 AEUV: Abgaben gleicher Wirkung 44
       2.2.2. Art 110 AEUV: Diskriminierende Warensteuern 49
   2.3. Art 34 AEUV: Wareneinfuhr aus anderen MS 54
       2.3.1. Persönlicher Schutzbereich 55
       2.3.2. Sachlicher Schutzbereich 55
       2.3.3. Eingriff 56
           2.3.3.1. Staatlichkeit 56
           2.3.3.2. Begriff der Maßnahme gleicher Wirkung 60
       2.3.4. Art 36 AEUV: Rechtfertigungsprüfung 77
           2.3.4.1. Geschriebene Rechtfertigungsgründe 78
           2.3.4.2. Ungeschriebene Rechtfertigungsgründe 83
           2.3.4.3. Verhältnismäßigkeit 84
   2.4. Art 35 AEUV: Warenausfuhr in andere MS 86
       2.4.1. Mengenmäßige Ausfuhrbeschränkung 87
       2.4.2. Maßnahmen gleicher Wirkung 87
       2.4.3. Rechtfertigung 90

Inhaltsverzeichnis

- 2.5. Art 37 AEUV: Warenhandelsmonopole 91
  - 2.5.1. Begriff Monopol 91
  - 2.5.2. Abgrenzung zu Art 34 AEUV 92
  - 2.5.3. Tatbestand 94
  - 2.5.4. Rechtfertigung 96
- 2.6. Wichtiges Sekundärrecht 98
  - 2.6.1. Binnenmarkt-TransparenzRL 2015/1535/EU 98
  - 2.6.2. ErdbeerVO 2679/98 98
  - 2.6.3. AnerkennungsVO 764/2008 99
- 2.7. Wiederholungsfragen 100

3. Freizügigkeit 103
- 3.1. Allgemeines Diskriminierungsverbot 103
  - 3.1.1. Persönlicher Schutzbereich 105
  - 3.1.2. Sachlicher Schutzbereich 105
  - 3.1.3. Eingriff und Rechtfertigung 106
    - 3.1.3.1. Begriff Diskriminierung 106
    - 3.1.3.2. Unmittelbare und mittelbare Diskriminierung 108
    - 3.1.3.3. Sachlichkeitsprüfung 109
- 3.2. Unionsbürgerschaft 110
  - 3.2.1. Abgrenzung zu Art 18 111
  - 3.2.2. Persönlicher Schutzbereich 113
  - 3.2.3. Sachlicher Schutzbereich 116
  - 3.2.4. Eingriff 117
    - 3.2.4.1. Allgemeines 117
    - 3.2.4.2. UnionsbürgerRL 2004/38/EG 118
    - 3.2.4.3. Zugang zu Sozialleistungen im Besonderen 120
  - 3.2.5. Rechtfertigung 122
- 3.3. Arbeitnehmerfreizügigkeit 124
  - 3.3.1. Persönlicher Schutzbereich 124
    - 3.3.1.1. Arbeitnehmerbegriff 124
    - 3.3.1.2. Staatsangehörigkeit der Berechtigten 126
  - 3.3.2. Sachlicher Schutzbereich 127
    - 3.3.2.1. Grenzüberschreitender Bezug 127
    - 3.3.2.2. Geschützte Tätigkeit 128
    - 3.3.2.3. Verpflichtete und Drittwirkung 128
    - 3.3.2.4. Bereichsausnahme 131
  - 3.3.3. Eingriff 131
  - 3.3.4. Rechtfertigung 135
  - 3.3.5. Sekundärrecht 137
    - 3.3.5.1. FreizügigkeitsVO 492/2011 137
    - 3.3.5.2. KoordinierungsVO 883/2004 138
- 3.4. Wiederholungsfragen 140

Inhaltsverzeichnis

4. Niederlassung 141
   4.1. Persönlicher Schutzbereich 142
   4.2. Sachlicher Schutzbereich 144
       4.2.1. Selbständige wirtschaftliche Tätigkeit 144
       4.2.2. Grenzüberschreitendes Element 145
       4.2.3. Niederlassungskontext 146
       4.2.4. Geschützte Verhaltensweisen 148
       4.2.5. Bereichsausnahme 149
   4.3. Eingriff 150
       4.3.1. Diskriminierungen 150
       4.3.2. Gemäßigtes Beschränkungsverbot 154
       4.3.3. Mobilität von Gesellschaften im Besonderen 158
       4.3.4. Neutrale Tätigkeitsbeschränkungen 161
   4.4. Rechtfertigung 163
   4.5. BerufsqualifikationsRL 2005/36/EG 164
   4.6. Wiederholungsfragen 168

5. Dienstleistungen 171
   5.1. Persönlicher Schutzbereich 171
   5.2. Sachlicher Schutzbereich 172
       5.2.1. Dienstleistungsbegriff 173
       5.2.2. Grenzüberschreitende Erbringung 177
       5.2.3. Geschützte Verhaltensweisen 178
       5.2.4. Bereichsausnahmen 178
   5.3. Eingriff 179
       5.3.1. Diskriminierungen 180
       5.3.2. Beschränkungsverbot 183
           5.3.2.1. Personenbezogene unterschiedslose Beschränkungen 184
           5.3.2.2. Produktbezogene unterschiedslose Beschränkungen 190
           5.3.2.3. Empfangsbeschränkungen im Besonderen 192
           5.3.2.4. Kausalitätsgrenze der Dienstleistungsfreiheit 193
   5.4. Rechtfertigung 194
   5.5. Sekundärrecht 196
       5.5.1. DienstleistungsRL 2006/123/EG 196
       5.5.2. EntsendeRL 1996/71/EG 198
       5.5.3. PatientenmobilitätsRL 2011/24/EU 200
   5.6. Wiederholungsfragen 201

6. Kapitalverkehr 203
   6.1. Räumlicher und persönlicher Schutzbereich 203
   6.2. Sachlicher Schutzbereich 205
   6.3. Eingriff 206
       6.3.1. Diskriminierungen 206
           6.3.1.1. Genehmigungsvorbehalte und Meldepflichten 207
           6.3.1.2. Steuern 208

Inhaltsverzeichnis

	6.3.2.	Beschränkungen	211
		6.3.2.1. Grundverkehr	212
		6.3.2.2. Unternehmenserwerb	215
6.4.	Rechtfertigung		217
6.5.	Sekundärrecht		219
6.6.	Wiederholungsfragen		221

7. Vergaberecht 223
   7.1. Internationaler Rahmen 223
   7.2. Primärrechtliche Vorgaben 224
   7.3. VergabeRL 2014/24/EU und 2014/25/EU 226
      7.3.1. Überblick 226
      7.3.2. Umsetzung in Österreich 227
      7.3.3. Adressaten des Vergaberechts 229
         7.3.3.1. Öffentliche Auftraggeber 229
         7.3.3.2. Subventionierte Auftraggeber 233
         7.3.3.3. Public-Private-Partnerships 233
         7.3.3.4. Sektorenauftraggeber 235
         7.3.3.5. Zentrale Beschaffungsstellen 236
      7.3.4. Auftragsarten 236
      7.3.5. Schwellenwerte 238
      7.3.6. Inhouse-Vergaben 238
      7.3.7. Verfahrensarten 241
      7.3.8. Bekanntmachung 243
      7.3.9. Fristen 243
      7.3.10. Leistungsbeschreibung 244
      7.3.11. Eignungsprüfung 247
      7.3.12. Inanspruchnahme Dritter und Subvergaben 248
      7.3.13. Angebotsprüfung 251
      7.3.14. Zuschlag 252
   7.4. KonzessionsRL 2014/23/EU 256
   7.5. Rechtsschutz und Überwachung 257
   7.6. Wiederholungsfragen 260

8. Kartellrecht 261
   8.1. Gemeinsame Grundlagen 262
      8.1.1. Anwendungsbereich 262
         8.1.1.1. Sachlicher Anwendungsbereich 262
         8.1.1.2. Räumlicher Anwendungsbereich 263
         8.1.1.3. Verhältnis zum nationalen Kartellrecht 265
      8.1.2. Unternehmen als Adressaten 265
         8.1.2.1. Unternehmensbegriff 266
         8.1.2.2. Verbundene Unternehmen 268
      8.1.3. Marktabgrenzung 270

8.1.4.	Vollzug	274
	8.1.4.1. Öffentliche Durchsetzung	274
	8.1.4.2. Private Durchsetzung	276
8.2. Kartellverbot		280
8.2.1.	Kartelltatbestand	280
	8.2.1.1. Vereinbarungsbegriff	280
	8.2.1.2. Wettbewerbsbeschränkung	286
	8.2.1.2.1. Kernbeschränkungen	286
	8.2.1.2.2. Bewirkte Beschränkungen	287
	8.2.1.2.3. Unbeachtliche Beschränkungen	288
	8.2.1.2.4. Staatlich angeordnete Beschränkungen	291
	8.2.1.3. Handelsbeeinträchtigung	292
	8.2.1.4. Spürbarkeit	295
8.2.2.	Legalausnahme und Freistellung	297
	8.2.2.1. Legalausnahme und Selbstveranlagung	297
	8.2.2.2. Gruppenfreistellungen und Leitlinien	297
8.2.3.	Rechtsfolge Nichtigkeit	298
8.2.4.	Kooperationsformen	299
	8.2.4.1. Horizontale und vertikale Kooperationen	300
	8.2.4.2. Einzelne horizontale Kooperationsformen	301
	8.2.4.3. Einzelne vertikale Kooperationsformen	302
	8.2.4.4. Beteiligungen	303
8.3. Missbrauchsverbot		304
8.3.1.	Marktbeherrschung	305
8.3.2.	Marktmachtmissbrauch	308
	8.3.2.1. Behinderungsmissbrauch	309
	8.3.2.1.1. Geschäftsverweigerung	309
	8.3.2.1.2. Kampfpreisunterbietung	319
	8.3.2.1.3. Abnehmerbindung	321
	8.3.2.1.4. Kopplung und Bündelung	323
	8.3.2.1.5. Rechtsmissbrauch	324
	8.3.2.2. Ausbeutungsmissbrauch	325
	8.3.2.2.1. Preise und Geschäftsbedingungen	325
	8.3.2.2.2. Diskriminierung von Handelspartnern	326
	8.3.2.2.3. Produktionsbeschränkungen	327
8.3.3.	Wesentlicher Teil des Binnenmarkts	328
8.3.4.	Handelsbeeinträchtigung	328
8.3.5.	Rechtsfolgen	329
8.4. Fusionskontrolle		329
8.4.1.	Fusionsbegriff	330
8.4.2.	Kontrollerwerb	331
8.4.3.	Unionsweite Bedeutung	332
8.4.4.	Untersagungskriterien	333

Inhaltsverzeichnis

    8.4.5. Verfahren und Vollzugsverbot 335
       8.4.5.1. One-stop-shop 335
       8.4.5.2. Anmeldepflicht und Durchführungsverbot 336
       8.4.5.3. Verfahrensphasen 336
  8.5. Wiederholungsfragen 337

9. Beihilferecht und öffentliche Unternehmen 339
  9.1. Staatliche Beihilfen 339
    9.1.1. Systematik 340
       9.1.1.1. Primärrecht 340
       9.1.1.2. Sekundärrecht 341
       9.1.1.3. Verhältnis zu anderen Bestimmungen 342
    9.1.2. Beihilfetatbestand 345
       9.1.2.1. Unternehmen als Begünstigte 345
       9.1.2.2. Wirtschaftlicher Vorteil 347
          9.1.2.2.1. Grundkonzept 347
          9.1.2.2.2. Fallgruppe Staat als Investor 352
          9.1.2.2.3. Fallgruppe Quersubventionen 357
          9.1.2.2.4. Fallgruppe Daseinsvorsorge 360
          9.1.2.2.5. Fallgruppe Steuerbeihilfen 363
       9.1.2.3. Selektivität 369
       9.1.2.4. Staatlichkeit 370
          9.1.2.4.1. Initiative 371
          9.1.2.4.2. Finanzierung 373
          9.1.2.4.3. Fallgruppe private Finanzierungspflicht 376
       9.1.2.5. Wettbewerbsverfälschung 380
       9.1.2.6. Handelsbeeinträchtigung 382
    9.1.3. Rechtfertigung 383
    9.1.4. Kommissionsverfahren 384
       9.1.4.1. Überblick 385
       9.1.4.2. Neue Beihilfen 386
       9.1.4.3. Bestehende Beihilfen 389
       9.1.4.4. Beteiligung am Kommissionsverfahren 391
       9.1.4.5. Rechtsschutz gegen Kommissionsentscheidungen 393
    9.1.5. Rechtsfolgen und nationaler Rechtsschutz 395
  9.2. Öffentliche Unternehmen 399
    9.2.1. Begriff des öffentlichen Unternehmens 400
    9.2.2. Gleichbehandlungsgebot nach Abs 1 404
       9.2.2.1. Adressaten 404
       9.2.2.2. Inhalt des Gleichbehandlungsgebots 405
       9.2.2.3. Verweischarakter 411
    9.2.3. Daseinsvorsorge nach Abs 2 412
       9.2.3.1. Begriff Daseinsvorsorge 414
       9.2.3.2. Sachlicher Schutzbereich 415

   9.2.3.3. Tatbestandsmerkmal Betrauung 418
   9.2.3.4. Verhältnismäßigkeit und Unionsinteresse 421
   9.2.3.5. Sekundärrecht 424
   9.2.3.6. Verweischarakter 425
 9.3. Wiederholungsfragen 425

Stichwortverzeichnis 427

Abkürzungsverzeichnis

Nota bene: Für Abkürzungen von Rechtsakten s das Rechtsaktverzeichnis.

Abb	Abbildung
ABGB	Allgemeines bürgerliches Gesetzbuch
Abk	Abkommen
Abl	Amtsblatt der Europäischen Union
Abs	Absatz
AEUV	Vertrag über die Arbeitsweise der Europäischen Union
AGVO	Allgemeine Gruppenfreistellungsverordnung
AHG	Amtshaftungsgesetz
allg	allgemein/e
ARGE	Arbeitsgemeinschaft
Art	Artikel
ASEAN	Verband Südostasiatischer Nationen (Association of Southeast Asian Nations)
AStV	Ausschuss der ständigen Vertreter
atyp	atypisch
AVG	Allgemeines Verwaltungsverfahrensgesetz
AVRL	Allgemeine Vergaberichtlinie
BBG	Bundesbeschaffung GmbH
belg	belgisch
BGB	Bürgerliches Gesetzbuch
BIEGE	Bietergemeinschaft
BIP	Bruttoinlandsprodukt
brit	britisch
BVerfG	(deutsches) Bundesverfassungsgericht
BVerfGE	Entscheidung des (deutsches) Bundesverfassungsgerichts
BVergG	Bundesgesetz über die Vergabe von Aufträgen
BVergGKonz	Bundesgesetz über die Vergabe von Konzessionsverträgen
BVG	Bundesverfassungsgesetz
B-VG	Bundes-Verfassungsgesetz
BVRG-ÖPV	Bundesvergaberechtsschutzgesetz Öffentlicher Personenverkehr
BWB	Bundeswettbewerbsbehörde
bzw	beziehungsweise
CEN	Europäisches Komitee für Normung (Comité Européen de Normalisation)
CENELEC	Europäisches Komitee für elektrotechnische Normung (Comité Européen de Normalisation Électrotechnique)
dän	dänisch
DAWI	Dienstleistungen von allgemeinem wirtschaftlichem Interesse
DG	deutsch oder englisch für Generaldirektion
DG COMP	Generaldirektion für den Wettbewerb
DG GROW	Generaldirektion für den Binnenmarkt
DG TAXUD	Generaldirektion für Zölle und Steuern

Abkürzungsverzeichnis

dh	das heißt
DIN	Deutsches Institut für Normung
DSU	WTO-Streitschlichtungsverfahren (Dispute Settlement Understanding)
dt	deutsch
dzt	derzeit
eA	eine Ansicht
EAGV	Vertrag über die Europäische Atomgemeinschaft
EBA	Aufsichtsbehörden für Banken
EEE	Einheitliche Europäische Eigenerklärung
EFSF	Europäische Finanzstabilisierungsfazilität
EFSM	Europäischer Stabilitätsmechanismus (European Financial Stabilisation Mechanism)
EFTA	Europäische Freihandelszone (European Free Trade Association)
EG	Europäische Gemeinschaft
EGKS	Europäische Gemeinschaft für Kohle und Stahl
EHIC	European Health Insurance Card
EIOPA	Aufsichtsbehörde für Versicherungen
EMRK	Europäische Menschenrechtskonvention
Erkl	Erklärung
ESA	EFTA-Überwachungsbehörde (EFTA Surveillance Authority)
ESFS	European System of Financial Supervision
ESM	Europäischer Stabilitätsmechanismus
ESMA	Aufsichtsbehörde für den Wertpapiermarkt
EStG	Einkommensteuergesetz
ETSI	Europäisches Institut für Telekommunikationsnormen (European Telecommunications Standards Institute)
etc	et cetera
EU	Europäische Union
EuG	Gericht der Europäischen Union
EuGH	Europäischer Gerichtshof
EuGÖD	Europäisches Gericht für den öffentlichen Dienst
EUV	Vertrag über die Europäische Union
EWG	Europäische Wirtschaftsgemeinschaft
EWIV	Europäische wirtschaftliche Interessenvereinigung
EWR	Europäischer Wirtschaftsraum
EZB	Europäische Zentralbank
f	folgend
F&E	Forschung und Entwicklung
ff	fortfolgend
Fn	Fußnote
frz	französisch
FuEuI	Förderung von Forschung, Entwicklung und Innovation
G	Gesetz
GAFTA	Größere arabische Freihandelszone (Greater Arab Free Trade Area)

GASP	Gemeinsame Außen- und Sicherheitspolitik
GATS	Abkommen über den Handel mit Dienstleistungen (General Agreement on Trade in Services)
GATT	Allgemeines Zoll- und Handelsabkommen (General Agreement on Tariffs and Trade)
GD	Generaldirektion
GG	Grundgesetz
ggf	gegebenenfalls
GOG	Gerichtsorganisationsgesetz
GPA	Government Procurement Agreement
GPC	Government Procurement Code
GR	Gemeinschafts-Beihilferahmen
GRC	Charta der Grundrechte der Europäischen Union
GTZ	Gemeinsamer Zolltarif
GVO	Gruppenfreistellungsverordnung
hM	herrschende Meinung
Hrsg	Herausgeber
iaR	in aller Regel
idF	in diesem Fall
idgF	in der geltenden Fassung
idR	in der Regel
idS	in diesem Sinne
idZ	in diesem Zusammenhang
IEC	Internationale Elektrotechnische Kommission (International Electrotechnical Commission)
ieS	im engeren Sinn
iF	im Folgenden
insb	insbesondere
insbes	Insbesondere
IP	Intellectual Property (geistiges Eigentum)
IPR	internationales Privatrecht
iS	im Sinne
iSd	im Sinne des
iSe	im Sinne eines
iSe	im Sinne eines(r)
ISO	Internationale Standardisierungsorganisation (International Organization for Standardization)
iSv	im Sinne von
ital	Italienisch
iVm	in Verbindung mit
iW	im Wesentlichen
iwF	in weiterer Folge
iwS	im weiteren Sinn

Abkürzungsverzeichnis

iwS	im weiteren Sinne
iZm	in Zusammenhang mit
KartG	Kartellgesetz
KFZ	Kraftfahrzeug
KMU	Kleine und mittlere Unternehmen
lat	lateinisch
LL	Leitlinien
maW	mit anderen Worten
Mrd	Milliarden
MS	Mitgliedstaat(en)
mwN	mit weiteren Nachweisen
MWSt	Mehrwertsteuer
NAFTA	Nordamerikanisches Freihandelsabkommen (North American Free Trade Agreement)
NATO	Nordatlantikpakt-Organisation (North Atlantic Treaty Organization)
NBT	nicht-tarifäre Handelshemmnisse (non-tariff barriers to trade)
niederl	niederländisch
Nr	Nummer
odgl	oder dergleichen
OGH	Oberster Gerichtshof
OLAF	Europäisches Amt für Betrugsbekämpfung (Office européen de lutte antifraude)
OLG	Oberlandesgericht
österr	österreichisch
OSZE	Organisation für Sicherheit und Zusammenarbeit
PatG	Patentgesetz
PPP(s)	Public Private Partnership(s)
Prot	Protokoll
R	Recht
RL	Richtlinie
RMRL	Rechtsmittelrichtlinie
Rn	Randnummer
Rs	Rechtssache
Rsp	Rechtsprechung
S	Seite
s	siehe
SCE	Europäische Genossenschaft (Societas Cooperativa Europaea)
schwed	schwedisch
SDR	Special Drawing Rights
SE	Europäische Gesellschaft (Societas Europaea)
sog	sogenannte
SRF	Single Resolution Fund

SRM	Single Resolution Mechanism
SSM	Single Supervisory Mechanism
st	ständige
str	strittig
SUP	Europäische Einpersonengesellschaft (Societas Unius Personae)
SV	Sachverhalt
SVRL	Sektoren-Vergaberichtlinie
TED	Tenders Electronic Daily
TRIPS	Übereinkommen über handelsrelevante Aspekte von Rechten an geistigem Eigentum (Agreement on Trade-Related Aspects of Intellectual Property Rights)
TRIS	Technical Regulations Information System
UAbs	Unterabsatz
udgl	und dergleichen
UNO	Organisation der Vereinten Nationen (United Nations Organization)
UrhG	Urheberrechtsgesetz
USt	Umsatzsteuer
UStG	Umsatzsteuergesetz
usw	und so weiter
uU	unter Umständen
uvm	und viele(s) mehr
UWG	Unlauterer-Wettbewerbs-Gesetz
UZK	Unions-Zollkodex
uzw	und zwar
V	Verordnung
va	vor allem
verb	verbundene
VerfO	Verfahrensordnung
VfGH	Verfassungsgerichtshof
VfSlg	Gesammelte Beschlüsse und Erkenntnisse des Verfassungsgerichtshofs
vgl	vergleiche
VO	Verordnung
vs	versus
VwGG	Verwaltungsgerichtshofsgesetz
VwGH	Verwaltungsgerichtshof
WTO	Welthandelsorganisation (World Trade Organization)
WWU	Wirtschafts- und Währungsunion
zB	zum Beispiel
zit	zitiert
zT	zum Teil

Literaturverzeichnis

Ablasser-Neuhuber/Stenitzer, Das KaWeRÄG 2017 – Die wichtigsten Neuerungen, ÖBl 2017/ 121, 116

Adensamer/Mitterecker, Der Brexit und das österreichische (internationale) Gesellschaftsrecht, Die Zeit läuft! GesRZ 2017, 129

Barnard, The Substantive Law of the EU (2004)

Berger, Das Bild des Rechtsanwalts in der Rechtsprechung des Gerichtshofs der Europäischen Union, AnwBl 2015, 18

Berger, Der Zugang zu Sozialleistungen, DRdA 2015, 450

Berger, Die Grenzen der Unionsbürgerschaft, in *Schroeder/Obwexer* (Hrsg), 20 Jahre Unionsbürgerschaft: Konzept, Inhalt und Weiterentwicklung des grundlegenden Status der Unionsbürger (2015), 195

Bieber/Epiney/Haag, Die Europäische Union[11] (2015)

Blanke/Böttner, § 2, in *Niedobitek* (Hrsg), Europarecht – Politiken der Union (2014)

Breitenmoser/Weyeneth, Die Abkommen zwischen der Schweiz und der EU, EuZW 2012, 854

Brigola, Art 35 AEUV von Groenveld bis New Valmar, EuZW 2017, 5

Brigola, Die Metamorphose der Keck-Formel in der Rechtsprechung des EuGH, EuZW 2012, 248

Brunner/Bacher, Ermittlung von Kartellschäden für die zivilrechtliche Geltendmachung – eine Gebrauchsanleitung, NZKart 2017, 345

Bungenberg/Schelhaas, Beihilferechtliche Regelungen in (Freihandels-)Abkommen der EU, in *Jaeger/Haslinger* (Hrsg), Jahrbuch Beihilferecht 2017, 591

Burgi, Die Handlungsformkategorie des Betrauungsakts im EU-Beihilferecht, EuZW 2017, 90

Burgi, Europa- und verfassungsrechtlicher Rahmen der Vergaberechtsreform, VergabeR 2016, 261

Calliess/Ruffert (Hrsg), EUV/AEUV-Kommentar[7] (2016)

Calliess, Europäischer Binnenmarkt und europäische Demokratie: Von der Dienstleistungsfreiheit zur Dienstleistungsrichtlinie – und wieder Retour? DVBl 2007, 336

Christiansen, Der Deutsche Zollverein – ein Modell für Europa?, ZfZ 1984, 2

Craig/de Búrca, EU Law[6] (2015)

Daurer/Simader, Direkte Steuern, in *Eilmansberger/Herzig* (Hrsg), Jahrbuch Europarecht 2010, 307

Dietz/Streinz, Das Marktzugangskriterium in der Dogmatik der Grundfreiheiten, EuR 2015, 50

Drygala, Europäische Niederlassungsfreiheit vor der Rolle rückwärts? EuZW 2013, 569

Eder, Keine/Neue Ausschlussfristen für den Rechtsschutz nach Beendigung des Vergabeverfahrens, Erste Reaktionen auf das Urteil MedEval, ZVB 2017, 213

Eder, Mitteilung Beihilfebegriff III: Staatlichkeit, in *Jaeger/Haslinger* (Hrsg), Jahrbuch Beihilferecht 2017, 407

Egger, Exkurs: Vergaberechtliche Grundprinzipien des EU-Primärrechts, in *Schramm/Aicher/Fruhmann/Thienel* (Hrsg), BVergG 2006 (Loseblatt)

Eilmansberger, Zivilrechtsfolgen gemeinschaftswidriger Beihilfegewährung (2000)

Eilmansberger, Zur Reichweite der Kapitalverkehrsfreiheit, ÖBA 2001, 377

Elsner/Rützler, Ministerialentwurf zum Bundesvergabegesetz 2017, ecolex 2017, 484

Forsthoff, Die Bedeutung der Rechtsprechung des EuGH zur Mobilität von Gesellschaften über das Gesellschaftsrecht hinaus, EuZW 2015, 248

Literaturverzeichnis

Franz, Grenzüberschreitende Sitzverlegung und Niederlassungsfreiheit – eine systematische Betrachtung offener und geklärter Fragen, EuZW 2016, 930

Frenz, Reichweite des unionsrechtlichen Aufenthaltsrechts nach den Urteilen Zambrano und McCarthy, ZAR 2011, 221

Friederiszick, Marktabgrenzung und Marktmacht, in *Schwarze* (Hrsg), Recht und Ökonomie im europäischen Wettbewerbsrecht (2006)

Frischhut, Wie „ungesund" ist die Dienstleistungsrichtlinie? Zugleich eine Anmerkung zu EuGH C-57/12, Femarbel, und zur Ausnahme des Gesundheitsbereichs in anderen EU-Sekundärrechtsakten, RdM 2013, 273

Fruhmann, Die BVergG-Novelle 2015, ZVB 2016, 98

Grabitz/Hilf/Nettesheim (Hrsg), Das Recht der Europäischen Union (Loseblatt. Stand: 61. Lfg. – April 2017)

Grabitz/Hilf/Nettesheim (Hrsg), EUV/AEUV-Kommentar, EL 47 (2012)

Greiner/Kock, Sozialleistungsansprüche für Unionsbürger im Spannungsfeld von Missbrauchsprävention und Arbeitnehmerfreizügigkeit, NZS 2017, 201

Griller, Unionsbürgerschaft als grundlegender Status, in *Schroeder/Obwexer* (Hrsg), 20 Jahre Unionsbürgerschaft: Konzept, Inhalt und Weiterentwicklung des grundlegenden Status der Unionsbürger (2015), 7

Gundel, Der prozessuale Status der Beihilfenleitlinien der EU-Kommission, EuZW 2016, 606

Haslinger, Rettungswesen und Europarecht. Sonderheft Verkehrsrechtstag 2015, ZVR 2015/244

Hatje (Hrsg), Das Binnenmarktrecht als Daueraufgabe, EuR Beiheft 1/2002

Heid/Preslmayr (Hrsg), Handbuch Vergaberecht (2015)

Heinemann/Korradi, Sprachpurismus im Binnenmarkt – Nationale Spracherfordernisse für den Privatrechtsverkehr und die Grundfreiheiten, EuZ 2017, 32

Herda, EuGH: CE-Kennzeichnung bei Bauprodukten, RdW 2015, 14

Herzig, Niederlassungs- und Dienstleistungsfreiheit, in *Eilmansberger/Herzig* (Hrsg), Jahrbuch Europarecht 12 (2012), 117

Herzig, Zur Reichweite der Kapitalverkehrsfreiheit in der österreichischen Rechtsprechung, wbl 2007, 505

Hilpold, Die EU im GATT/WTO-System (2009)

Hilpold, Die Sprachenregelung der Union zwischen Grundfreiheiten und Kulturpolitik, ZEuP 2011, 500

Hilpold, Die Unionsbürgerschaft – Entwicklung und Probleme, EuR 2015, 133

Hoffer/Raab, Die Novellierung des österreichischen Kartellrechts als RL-Umsetzung PLUS – Eine Analyse aus der Praxis zu den relevanten Änderungen in Österreich, NZKart 2017, 206

Höllbacher/Kneihs, Zu den sozialrechtlichen Verordnungsbestimmungen über die Entsendung von Arbeitnehmern und Selbständigen (Teil I), DRdA 2012, 7

Holoubek/Fuchs, Vergaberecht, in *Holoubek/Potacs* (Hrsg), Öffentliches Wirtschaftsrecht Band I (2013) 735

Huber, Mitteilung Beihilfebegriff II: Der Unternehmensbegriff, in *Jaeger/Haslinger* (Hrsg), Jahrbuch Beihilferecht 2017, 377

Isak/Huber, Zur Unions- und Verfassungswidrigkeit des Glücksspielmonopols, ÖBl 2016, 224

Jaeger, Beihilfen durch Steuern und parafiskalische Abgaben (2006)

Jaeger, Die höchstrichterliche Beihilfejudikatur in Deutschland: Ein Vorbild für Österreich?, wbl 2012, 9

Jaeger, Einführung in das Europarecht (2016)

Jaeger, Fehlstellungen im Verhältnis von Steuer- und Beihilferecht: Ein Plädoyer für mehr Ausgewogenheit, EuZW 2012, 92

Jaeger, Neues an der Schnittstelle von Vergabe- und Beihilferecht, wbl 2014, 493

Jaeger, Wer billig kauft, kauft (50 %) teu(r)er: Bank Burgenland, ecolex 2014, 98

Jaeger/Eilmansberger, Abfälle und freier Warenverkehr, ZfV 2008, 9

Jeneral, Wer haftet für die kartellrechtlichen Geldbußen?, ÖZK 2014, 216

Kahl, Ökostromförderung und freier Warenverkehr, GPR 2015, 183

Kersting, Konzernhaftung im Kartellrecht, GesRZ 2015, 377

Kilian, Verstößt das VW-Gesetz gegen die Kapitalverkehrsfreiheit?, NJW 2007, 1508

Klamert, EU-Recht (2015)

Koenig, Versandhandelsverbot für verschreibungspflichtige Arzneimittel? Ein Frontalzusammenstoß mit der Rechtsprechung des EuGH!, PharmR 2017, 85

Kohl/Schmidt, Europäisches Wettbewerbsrecht: 25 Jahre Essential Facilities Doctrine, RdW 2017/289, 549

Kokott/Ost: Europäische Grundfreiheiten und nationales Steuerrecht, EuZW 2011, 496

Krenn, Verpflichtungszusagen in Kartellverfahren, ecolex 2012, 795

Kubicki, Die subjektivrechtliche Komponente der Unionsbürgerschaft, EuR 2006, 489

Lanser, Transparenzgrundsatz im Glücksspielrecht, ecolex 2016, 644

Leidenmühler, Altes und Neues zu den Grenzen der Grundfreiheiten, ecolex 2015, 518

Lengauer, Drittwirkung von Grundfreiheiten. Ein Beitrag zu dem Konzept des Normadressaten im Gemeinschaftsrecht (2010)

Lewisch/Kristoferitsch, Mitgliedstaatlich eingeführte Übernahmehindernisse am Prüfstand der Kapitalverkehrsfreiheit, Festheft für Karl Hempel zum 75. Geburtstag, GesRZ 2012, 19

Lippert, Der grenzüberschreitende Sachverhalt – Der Yeti des Europarechts, ZEuS 2014, 273

Martin-Ehlers, Die Bindungswirkung einer Eröffnungsentscheidung der Kommission im Beihilferecht, EuZW 2014, 247

Mösinger, Die Dienstleistungskonzession: Wesen und Abgrenzung zu ausschreibungsfreien Verträgen, NZBau 2015, 545

Müller/Thiede, Kartellrechtliche Risiken durch Wettbewerbsverbote in Unternehmenskaufverträgen, EuZW 2017, 246

Müller-Graff, Die horizontale Direktwirkung der Grundfreiheiten, EuR 2014, 3

Nettesheim, Der „Kernbereich" der Unionsbürgerschaft – vom Schutz der Mobilität zur Gewährleistung eines Lebensumfelds, JZ 2011, 1030

Nettesheim, Marktdesign durch EU-Recht: Das Beispiel der Konzessionsvergabe, in *Kment* (Hrsg), Konzessionen im Umwelt- und Infrastrukturrecht, 2. Deutscher Umwelt- und Infrastrukturtag (2016)

Obwexer, DienstleistungsRL und Einheimischentarife, ecolex 2010, 324

Obwexer, Diskriminierungsverbot und Unionsbürgerschaft, in *Herzig* (Hrsg), Jahrbuch Europarecht (2014), 69

Obwexer, Diskriminierungsverbot und Unionsbürgerschaft, in *Herzig* (Hrsg), Jahrbuch Europarecht 2015, 57

Obwexer, Grundfreiheit Freizügigkeit: das Recht der Unionsbürger, sich frei zu bewegen und aufzuhalten, als fünfte Grundfreiheit (2009)

Obwexer, RL über Dienstleistungen im Binnenmarkt, ecolex 2007, 4

Omlor, Die Societas Unius Personae (SUP) mit mehreren Gesellschaftern – ein Paradoxon?, GPR 2015, 158

Literaturverzeichnis

Pinetz/Schaffer, Kapitalverkehrsfreiheit und Exit-Tax-Bestimmungen: Änderung der Entstrickungsbesteuerung bei Drittstaaten notwendig?, ÖStZ 2014, 423

Potacs/Wutscher, Zur verfassungs-, unions- und völkerrechtlichen Beurteilung des HaaSanG, JRP 2014, 248

Potocnik-Manzouri/Safron, Die Verknüpfung von Fusions-, Missbrauchs- und Beihilfekontrolle im Transportbereich, in *Jaeger/Haslinger* (Hrsg), Jahrbuch Beihilferecht 2017, 567

Rebhahn, Der Einfluss der Unionsbürgerschaft auf den Zugang zu Sozialleistungen – insb zur Ausgleichszulage (EuGH-Urteil Brey), wbl 2013, 605

Rebhahn, Die Arbeitnehmerbegriffe des Unionsrechts in der neueren Judikatur des EuGH, EuZA 2012, 3

Rechberger/Kieweler, „Notar bleibt Notar" – Zum notariellen Beglaubigungsvorbehalt bei konstitutiven Grundbuchsgesuchen nach der EuGH-Entscheidung in der Rs Piringer, ZfRV 2017, 122

Richter/Rittenauer, Zur Reichweite der kartellrechtlichen Nichtigkeitssanktion: Trennbar oder untrennbar, das ist hier die Frage, ecolex 2015, 877

Ruffert, Bankenabwicklung in Österreich, ZG 2015, 51

Safron, Die neue Verordnung gegen Geoblocking – Eine verpasste Chance?, wbl 2016, 417

Schmahl/Jung, Horizontale Drittwirkung der Warenverkehrsfreiheit? Überlegungen im Anschluss an EuGH, Urt. v. 12. 7. 2012 – C-171/11, EuZW 2012, 797 – DVGW, NVwZ 2013, 607

Schmidt, Zur fusionskontrollrechtlichen Prüfung von Minderheitsbeteiligungen durch die Europäische Kommission, ÖZK 2014, 7

Schneider, Rechtsfragen der Ausschreibung hoheitlich zu erteilender Berechtigungen, ZfV 2014, 647

Schroeder, EU-Beihilfenverbot und Staatlichkeit der Mittel, EuZW 2015, 207

Schroeder/Sild, Kontrolldichte im EU-Beihilferecht, EuZW 2014, 12

Schuhmacher, Das Verhältnis zwischen öffentlicher und privater Rechtsdurchsetzung im Kartellrecht, wbl 2016, 1

Schuhmacher, Europarecht II[6] (2014)

Snell, The Notion of Market Access, CML Rev 2010, 437

Sonnberger, Die Spürbarkeit bezweckter Wettbewerbsbeschränkungen, wbl 2015, 609

Soudry/Hettich (Hrsg), Das neue Vergaberecht: Eine systematische Darstellung der neuen EU-Vergaberichtlinien 2014 (2014)

Spaventa, Leaving Keck behind?, EL Rev 2009, 914

Steinwendter, Der Richtlinienvorschlag der Europäischen Kommission für eine Societas Unius Personae – Die SUP als gesellschaftsrechtlicher Substandard?, NZ 2014, 262

Stöger, Anwaltliche und notarielle Beglaubigung im Binnenmarkt – der Fall Piringer, NZ 2017, 161

Stöger, Gemeinschaftsrechtswidrigkeit der Bedarfsprüfung für selbständige Ambulatorien (für Zahnheilkunde), RdM 2009, 126

Streinz/Leible: Die unmittelbare Drittwirkung der Grundfreiheiten – Überlegungen aus Anlass von EuGH, EuZW 2000, 468 (in diesem Heft) – Angonese, EuZW 2000, 459

Swoboda, Eine Reminiszenz zur FKVO 2004, ZfRV 2016/12, 81

Terhechte, Die ungeschriebenen Tatbestandsmerkmale des europäischen Wettbewerbsrechts (2004)

Thiele, EuGH: Rezeptpflicht für Online-Arzneimittel unionsrechtswidrig, ZIIR 2017, 71

Thyri/Mayer, Das Ende der Buchpreisbindung?, ecolex 2009, 541

Von der Groeben/Schwarze/Hatje (Hrsg), EUV/AEUV-Kommentar[7] (2015)

Votova, Mitteilung Beihilfebegriff I: Hintergrund und Übersicht, in *Jaeger/Haslinger* (Hrsg), Jahrbuch Beihilferecht 2017, 359

Weiss/Kaupa, European Union Internal Market Law (2014)

Wiebe, Geoblocking im Lichte von europäischem Recht und europäischer Rechtsprechung, ZUM 2015, 932

Wienbracke, „Innerhalb der Union ist die Freizügigkeit der Arbeitnehmer gewährleistet", EuR 2012, 483

Windisch-Graetz, Diskriminierungsverbot von Wanderarbeitnehmern aufgrund der Staatsangehörigkeit, ecolex 2017, 236

Windisch-Graetz, Zugang zu Sozialleistungen unter Berücksichtigung des Aufenthaltsstatus, DRdA 2015, 444

Windisch-Graetz, Zulässige Differenzierungen bei der Gewährung von Sozialleistungen, ZAS 2014, 204

Wollenschläger, Keine Sozialleistungen für nichterwerbstätige Unionsbürger?, NVwZ 2014, 1628

Rechtsaktverzeichnis

1. Völkerrecht

Abkommen EU-Schweiz: Abkommen zwischen der Europäischen Gemeinschaft und ihren Mitgliedstaaten einerseits und der Schweizerischen Eidgenossenschaft andererseits über die Freizügigkeit – Schlussakte – Gemeinsame Erklärungen – Mitteilung über das Inkrafttreten der sieben Abkommen mit der Schweizerischen Eidgenossenschaft in den Bereichen Freizügigkeit, Luftverkehr, Güter- und Personenverkehr auf Schiene und Straße, öffentliches Beschaffungswesen, wissenschaftliche und technische Zusammenarbeit, gegenseitige Anerkennung von Konformitätsbewertungen und Handel mit landwirtschaftlichen Erzeugnissen, ABl 2002/L 114/6

Abkommen EU-Türkei: Abkommen zur Gründung einer Assoziation zwischen der Europäischen Wirtschaftsgemeinschaft und der Republik Türkei, ABl 1964/L 217/3687

EFTA-Abkommen: Übereinkommen zur Errichtung der Europäischen Freihandelsassoziation, AS 1960, 590; konsolidierte Fassung des Vaduzer Abkommens v 21.6.2001, AS 2003, 2684 Anhang X, in Kraft getreten am 1.6.2002

EWR-Abkommen: Beschluss des Rates und der Kommission vom 13. Dezember 1993 über den Abschluß des Abkommens über den Europäischen Wirtschaftsraum zwischen den Europäischen Gemeinschaften und ihren Mitgliedstaaten sowie der Republik Österreich, der Republik Finnland, der Republik Island, dem Fürstentum Liechtenstein, dem Königreich Norwegen, dem Königreich Schweden und der Schweizerischen Eidgenossenschaft, ABl 1994/L 1/3

GPA: Agreement on Government Procurement, ABl 1994/L 336/273; aktuelle Fassung: ABl 2014 L 68/2

GPC: Multilaterale Übereinkommen, die im Zuge der Handelsverhandlungen von 1973–1979 (GATT) ausgehandelt wurden – Übereinkommen über das öffentliche Beschaffungswesen, ABl 1980/L 71/44

WTO-Subventionskodex: WTO-Abkommen 1994, ABl 1994/L 336/156

2. Sekundärrecht

AbfallverbringungsVO: Verordnung (EG) 1013/2006 des Europäischen Parlaments und des Rates vom 14. Juni 2006 über die Verbringung von Abfällen, ABl 2006/L 190/1

AbschlussprüfungsRL: Richtlinie 2006/43/EG des Europäischen Parlaments und des Rates vom 17. Mai 2006 über Abschlussprüfungen von Jahresabschlüssen und konsolidierten Abschlüssen, zur Änderung der Richtlinien 78/660/EWG und 83/349/EWG des Rates und zur Aufhebung der Richtlinie 84/253/EWG des Rates, ABl 2006/L 157/87

AGVO: Verordnung (EU) 651/2014 der Kommission vom 17. Juni 2014 zur Feststellung der Vereinbarkeit bestimmter Gruppen von Beihilfen mit dem Binnenmarkt in Anwendung der Artikel 107 und 108 des Vertrags über die Arbeitsweise der Europäischen Union, ABl 2014/L 187/1

AktionärsrechteRL: Richtlinie 2007/36/EG des Europäischen Parlaments und des Rates vom 11. Juli 2007 über die Ausübung bestimmter Rechte von Aktionären in börsennotierten Gesellschaften, ABl 2007/L 184/17

Allgemeine GesellschaftsrechtsRL: Richtlinie (EU) 2017/1132 des Europäischen Parlaments und des Rates vom 14. Juni 2017 über bestimmte Aspekte des Gesellschaftsrechts, ABl 2017/L 169/46

AnerkennungsVO: Verordnung (EG) 764/2008 des Europäischen Parlaments und des Rates vom 9. Juli 2008 zur Festlegung von Verfahren im Zusammenhang mit der Anwendung bestimmter nationaler technischer Vorschriften für Produkte, die in einem anderen Mitgliedstaat rechtmäßig in den Verkehr gebracht worden sind, und zur Aufhebung der Entscheidung 3052/95/EG, ABl 2008/L 218/21

AVRL: Richtlinie 2014/24/EU des Europäischen Parlaments und des Rates vom 26. Februar 2014 über die öffentliche Auftragsvergabe und zur Aufhebung der Richtlinie 2004/18/EG, ABl 2014/L 94/65

BarmittelVO: Verordnung (EG) 1889/2005 des Europäischen Parlaments und des Rates vom 26. Oktober 2005 über die Überwachung von Barmitteln, die in die Gemeinschaft oder aus der Gemeinschaft verbracht werden, ABl 2005/L 309/9

BerufsqualifikationsRL: Richtlinie 2005/36/EG des Europäischen Parlaments und des Rates vom 7. September 2005 über die Anerkennung von Berufsqualifikationen, ABl 2005/L 255/22

BilanzRL: Richtlinie 2009/49/EG des Europäischen Parlaments und des Rates vom 18. Juni 2009 zur Änderung der Richtlinien 78/660/EWG und 83/349/EWG des Rates im Hinblick auf bestimmte Angabepflichten mittlerer Gesellschaften sowie die Pflicht zur Erstellung eines konsolidierten Abschlusses, ABl 2009/L 164/42

Binnenmarkt-TransparenzRL: Richtlinie 2015/1535/EU des Europäischen Parlaments und des Rates vom 9. September 2015 über ein Informationsverfahren auf dem Gebiet der technischen Vorschriften und der Vorschriften für die Dienste der Informationsgesellschaft, ABl 2015/L 241/1

BRIS-RL: Richtlinie 2012/17/EU des Europäischen Parlaments und des Rates vom 13. Juni 2012 zur Änderung der Richtlinie 89/666/EWG des Rates sowie der Richtlinien 2005/56/EG und 2009/101/EG des Europäischen Parlaments und des Rates in Bezug auf die Verknüpfung von Zentral-, Handels- und Gesellschaftsregistern, ABl 2012/L 156/1

ComputerprogrammRL: Richtlinie2009/24/EG des Europäischen Parlaments und des Rates vom 23. April 2009 über den Rechtsschutz von Computerprogrammen, ABl 2009/L 111/16

DAWI-De minimis-GVO: Verordnung (EU) 360/2012 der Kommission vom 25. April 2012 über die Anwendung der Artikel 107 und 108 des Vertrags über die Arbeitsweise der Europäischen Union auf De-minimis-Beihilfen an Unternehmen, die Dienstleistungen von allgemeinem wirtschaftlichem Interesse erbringen, ABl 2012/L 114/8

DAWI-Freistellungsbeschluss: Beschluss der Kommission vom 20. Dezember 2011 über die Anwendung von Artikel 106 Absatz 2 des Vertrags über die Arbeitsweise der Europäischen Union auf staatliche Beihilfen in Form von Ausgleichsleistungen zugunsten bestimmter Unternehmen, die mit der Erbringung von Dienstleistungen von allgemeinem wirtschaftlichem Interesse betraut sind, ABl 2012/L 7/3

De-minimis-GVO: Verordnung (EU) 1407/2013 der Kommission vom 18. Dezember 2013 über die Anwendung der Artikel 107 und 108 des Vertrags über die Arbeitsweise der Europäischen Union auf De-minimis-Beihilfen, ABl 2013/L 352/1

DienstleistungsRL: Richtlinie 2006/123/EG des Europäischen Parlaments und des Rates vom 12. Dezember 2006 über Dienstleistungen im Binnenmarkt, ABl 2006/L 376/36

DurchführungsVO 794/2004: Verordnung (EG) 794/2004 der Kommission vom 21. April 2004 zur Durchführung der Verordnung (EG) 659/1999 des Rates über besondere Vorschriften für die Anwendung von Artikel 93 des EG-Vertrags, ABl 2004/L 140/1

DurchführungsVO 802/2004: Verordnung (EG) 802/2004 der Kommission vom 7. April 2004 zur Durchführung der Verordnung (EG) 139/2004 des Rates über die Kontrolle von Unternehmenszusammenschlüssen, ABl L 133 vom 30.4.2004, S 1–39; geändert durch: Durchführungsverordnung (EU) 1269/2013 der Kommission vom 5. Dezember 2013 zur Änderung der Verordnung (EG) 802/2004 zur Durchführung der Verordnung (EG) 139/2004 des Rates über die Kontrolle von Unternehmenszusammenschlüssen, ABl 2013/L 336/1

DurchführungsVO 987/2009: Verordnung (EG) 987/2009 des Europäischen Parlaments und des Rates vom 16.9.2009 zur Festlegung der Modalitäten für die Durchführung der Verordnung (EG) 883/2004 über die Koordinierung der Systeme der sozialen Sicherheit, ABl 2009/L 284/1

EntsendedurchsetzungsRL: Richtlinie 2014/67/EU des Europäischen Parlaments und des Rates vom 15. Mai 2014 zur Durchsetzung der Richtlinie 96/71/EG über die Entsendung von Arbeitnehmern im Rahmen der Erbringung von Dienstleistungen und zur Änderung der Verordnung (EU) 1024/2012 über die Verwaltungszusammenarbeit mit Hilfe des Binnenmarkt-Informationssystems („IMI-Verordnung"), ABl 2014/L 159/11

EntsendeRL: Richtlinie 96/71/EG des Europäischen Parlaments und des Rates vom 16. Dezember 1996 über die Entsendung von Arbeitnehmern im Rahmen der Erbringung von Dienstleistungen, ABl 97/18/1

ErdbeerVO: Verordnung (EG) 2679/98 des Rates vom 7. Dezember 1998 über das Funktionieren des Binnenmarktes im Zusammenhang mit dem freien Warenverkehr zwischen den Mitgliedstaaten, ABl 1998/L 337/8

Ethnien-GleichbehandlungsRL: Richtlinie 2000/43/EG des Rates vom 29. Juni 2000 zur Anwendung des Gleichbehandlungsgrundsatzes ohne Unterschied der Rasse oder der ethnischen Herkunft, ABl 2000/L 180/22

EWIV-VO: Verordnung (EWG) 2137/85 des Rates vom 25. Juli 1985 über die Schaffung einer Europäischen wirtschaftlichen Interessenvereinigung (EWIV), ABl 1985/L 199/1

FreizügigkeitsVO 492/2011: Verordnung (EU) 492/2011 des Europäischen Parlaments und des Rates vom 5. April 2011 über die Freizügigkeit der Arbeitnehmer innerhalb der, 2011/L 141/1

FreizügigkeitsVO 1612/68: Verordnung (EWG) 1612/68 des Rates vom 15. Oktober 1968 über die Freizügigkeit der Arbeitnehmer innerhalb der Gemeinschaft, ABl 1968/L 257/2

FKVO: Verordnung (EG) 139/2004 des Rates vom 20. Januar 2004 über die Kontrolle von Unternehmenszusammenschlüssen, ABl 2004/L 24/1

FuE-GVO: Verordnung (EU) 1217/2010 der Kommission vom 14. Dezember 2010 über die Anwendung von Artikel 101 Absatz 3 des Vertrags über die Arbeitsweise der Europäischen

Rechtsaktverzeichnis

Union auf bestimmte Gruppen von Vereinbarungen über Forschung und Entwicklung, ABl 2010/L 335/36

GeldtransferVO: Verordnung (EG) 1781/2006 des Europäischen Parlaments und des Rates vom 15. November 2006 über die Übermittlung von Angaben zum Auftraggeber bei Geldtransfers, ABl 2006/L 345/1

Geschlechter-BerufsgleichbehandlungsRL für Arbeitnehmer: Richtlinie 2006/54/EG des Europäischen Parlaments und des Rates vom 5. Juli 2006 zur Verwirklichung des Grundsatzes der Chancengleichheit und Gleichbehandlung von Männern und Frauen in Arbeits- und Beschäftigungsfragen, ABl 2006/L 204/23

Geschlechter-BerufsgleichbehandlungsRL für Selbstständige: Richtlinie 2010/41/EU des Europäischen Parlaments und des Rates vom 7. Juli 2010 zur Verwirklichung des Grundsatzes der Gleichbehandlung von Männern und Frauen, die eine selbständige Erwerbstätigkeit ausüben, und zur Aufhebung der Richtlinie 86/613/EWG des Rates, ABl 2010/L 180/1

1. GesellschaftsrechtsRL: Erste Richtlinie 68/151/EWG des Rates vom 9. März 1968 zur Koordinierung der Schutzbestimmungen, die in den Mitgliedstaaten den Gesellschaften im Sinne des Artikels 58 Absatz 2 des Vertrages im Interesse der Gesellschafter sowie Dritter vorgeschrieben sind, um diese Bestimmungen gleichwertig zu gestalten, ABl 1968/L 65/8

2. GesellschaftsrechtsRL: Zweite Richtlinie 77/91/EWG des Rates vom 13. Dezember 1976 zur Koordinierung der Schutzbestimmungen, die in den Mitgliedstaaten den Gesellschaften im Sinne des Artikels 58 Absatz 2 des Vertrages im Interesse der Gesellschafter sowie Dritter für die Gründung der Aktiengesellschaft sowie für die Erhaltung und Änderung ihres Kapitals vorgeschrieben sind, um diese Bestimmungen gleichwertig zu gestalten, ABl 1977/L 26/1

11. GesellschaftsrechtsRL: Elfte Richtlinie 89/666/EWG des Rates vom 21. Dezember 1989 über die Offenlegung von Zweigniederlassungen, die in einem Mitgliedstaat von Gesellschaften bestimmter Rechtsformen errichtet wurden, die dem Recht eines anderen Staates unterliegen, ABl 1989/L 395/36

12. GesellschaftsrechtsRL: Richtlinie 2009/102/EG des Europäischen Parlaments und des Rates vom 16. September 2009 auf dem Gebiet des Gesellschaftsrechts betreffend Gesellschaften mit beschränkter Haftung mit einem einzigen Gesellschafter, ABl 2009/L 258/20

GleichbehandlungsRL: Richtlinie 2000/43/EG des Rates vom 29. Juni 2000 zur Anwendung des Gleichbehandlungsgrundsatzes ohne Unterschied der Rasse oder der ethnischen Herkunft, ABl 2000/L 180/22

GMO-RL: Richtlinie 2001/18/EG des Europäischen Parlaments und des Rates vom 12. März 2001 über die absichtliche Freisetzung genetisch veränderter Organismen in die Umwelt und zur Aufhebung der Richtlinie 90/220/EWG des Rates, ABl 2001/L 106/1

HerkunftsangabenVO: Verordnung (EWG) 2081/92 des Rates vom 14. Juli 1992 zum Schutz von geografischen Angaben und Ursprungsbezeichnungen für Agrarerzeugnisse und Lebensmittel, ABl 1992/L 208/1

InsolvenzVO: Verordnung (EU) 2015/848 des Europäischen Parlaments und des Rates vom 20. Mai 2015 über Insolvenzverfahren, ABl 2015/L 141/19

IP-DurchsetzungsRL: Richtlinie 2004/48/EG des Europäischen Parlaments und des Rates vom 29. April 2004 zur Durchsetzung der Rechte des geistigen Eigentums, ABl 2004/L/157

2. Sekundärrecht

KapitalbesteuerungsRL: Richtlinie 2008/7/EG des Rates vom 12. Februar 2008 betreffend die indirekten Steuern auf die Ansammlung von Kapital, ABl 2008/L 46/11

KapitalverkehrsRL: Richtlinie 88/361/EWG des Rates vom 24. Juni 1988 zur Durchführung von Artikel 67 des Vertrages, ABl 88/L 178/5

KonzessionsRL: Richtlinie 2014/23/EU des Europäischen Parlaments und des Rates vom 26. Februar 2014 über die Konzessionsvergabe, ABl 2014/L 94/1

KoordinierungsVO 883/2004: Verordnung (EG) 883/2004 des Europäischen Parlaments und des Rates vom 29. April 2004 zur Koordinierung der Systeme der sozialen Sicherheit, ABl 2004/L 166/1

KoordinierungsVO 1798/2003: Verordnung (EG) 1798/2003 des Rates vom 7. Oktober 2003 über die Zusammenarbeit der Verwaltungsbehörden auf dem Gebiet der Mehrwertsteuer und zur Aufhebung der Verordnung (EWG) 218/92, ABl 2003/L 264/1

KoordinierungsVO 1408/71: Verordnung (EWG) 1408/71 des Rates vom 14. Juni 1971 zur Anwendung der Systeme der sozialen Sicherheit auf Arbeitnehmer und deren Familien, die innerhalb der Gemeinschaft zu- und abwandern, ABl 1971/L 149/2

MehrwertsteuersystemRL: Richtlinie 2006/112/EG des Rates vom 28. November 2006 über das gemeinsame Mehrwertsteuersystem, ABl 2006/L 347/1

Minderheiten-BerufsgleichbehandlungsRL: Richtlinie 2000/78/EG des Rates vom 27. November 2000 zur Festlegung eines allgemeinen Rahmens für die Verwirklichung der Gleichbehandlung in Beschäftigung und Beruf, ABl 2000/L 303/16

Mutter-TochterRL: Richtlinie 2014/86/EU des Rates vom 8. Juli 2014 zur Änderung der Richtlinie 2011/96/EU über das gemeinsame Steuersystem der Mutter- und Tochtergesellschaften verschiedener Mitgliedstaaten, ABl 2014/L 219/40

ÖkostromRL: Richtlinie 2001/77/EG des Europäischen Parlaments und des Rates vom 27. September 2001 zur Förderung der Stromerzeugung aus erneuerbaren Energiequellen im Elektrizitätsbinnenmarkt, ABl 2001/L 283/33

PatientenmobilitätsRL: Richtlinie 2011/24/EU des Europäischen Parlaments und des Rates vom 9. März 2011 über die Ausübung der Patientenrechte in der grenzüberschreitenden Gesundheitsversorgung, ABl 2011/L 88/45

PauschalreiseRL: Richtlinie 2015/2302/EU des Europäischen Parlaments und des Rates vom 25. November 2015 über Pauschalreisen und verbundene Reiseleistungen, zur Änderung der Verordnung (EG) 2006/2004 und der Richtlinie 2011/83/EU des Europäischen Parlaments und des Rates sowie zur Aufhebung der Richtlinie 90/314/EWG des Rates, ABl 2015/L 326/1

ProdukthaftungsRL: Richtlinie 85/374/EWG des Rates vom 25. Juli 1985 zur Angleichung der Rechts- und Verwaltungsvorschriften der Mitgliedstaaten über die Haftung für fehlerhafte Produkte, ABl 1985/L 210/29

ProduktsicherheitsRL: Richtlinie 2001/95/EG des Europäischen Parlaments und des Rates vom 3. Dezember 2001 über die allgemeine Produktsicherheit, ABl 2001/L 11/4

RahmenRL: Richtlinie 89/107/EWG des Rates vom 21. Dezember 1988 zur Angleichung der Rechtsvorschriften der Mitgliedstaaten über Zusatzstoffe, die in Lebensmitteln verwendet werden dürfen, ABl 1989/L 40/27

RahmenVO: Verordnung (EU) 2013/952 des Europäischen Parlaments und des Rates vom 9. Oktober 2013 zur Festlegung des Zollkodex der Union, ABl 2013/L 269/1

RechnungslegungsRL: Richtlinie 2013/34/EU des Europäischen Parlaments und des Rates vom 26. Juni 2013 über den Jahresabschluss, den konsolidierten Abschluss und damit verbundene Berichte von Unternehmen bestimmter Rechtsformen und zur Änderung der Richtlinie 2006/43/EG des Europäischen Parlaments und des Rates und zur Aufhebung der Richtlinien 78/660/EWG und 83/349/EWG des Rates, ABl 2013/L 182/19

RechnungslegungsVO: Verordnung (EG) 1606/2002 des Europäischen Parlaments und des Rates vom 19. Juli 2002 betreffend die Anwendung internationaler Rechnungslegungsstandards, ABl 2002/L 243/1

RechtsanwaltsRL: Richtlinie 98/5/EG des Europäischen Parlaments und des Rates vom 16. Februar 1998 zur Erleichterung der ständigen Ausübung des Rechtsanwaltsberufs in einem anderen Mitgliedstaat als dem, in dem die Qualifikation erworben wurde, ABl 1998/L 77/36

RMRL 89/665/EWG: Richtlinie 89/665/EWG des Rates vom 21. Dezember 19899 zur Koordinierung der Rechts- und Verwaltungsvorschriften für die Anwendung der Nachprüfungsverfahren im Rahmen der Vergabe öffentlicher Liefer- und Bauaufträge, ABl 1989/L 395/33

RMRL 92/13/EWG: Richtlinie 92/13/EWG des Rates vom 25. Februar 1992 zur Koordinierung der Rechts- und Verwaltungsvorschriften für die Anwendung der Gemeinschaftsvorschriften über die Auftragsvergabe durch Auftraggeber im Bereich der Wasser-, Energie- und Verkehrsversorgung sowie im Telekommunikationssektor, ABl 1992/L 76/14

RL für Beschaffungen im Sicherheits- und Verteidigungsbereich: Richtlinie 2009/81/EG des Europäischen Parlaments und des Rates vom 13. Juli 2009 über die Koordinierung der Verfahren zur Vergabe bestimmter Bau-, Liefer- und Dienstleistungsaufträge in den Bereichen Verteidigung und Sicherheit und zur Änderung der Richtlinien 2004/17/EG und 2004/18/EG, ABl 2009/L 216/76

SCE-VO: Verordnung (EG) 1435/2003 des Rates vom 22. Juli 2003 über das Statut der Europäischen Genossenschaft (SCE), ABl 2003/L 207/1

SchadenersatzRL: Richtlinie 2014/104/EU des Europäischen Parlaments und des Rates vom 26. November 2014 über bestimmte Vorschriften für Schadensersatzklagen nach nationalem Recht wegen Zuwiderhandlungen gegen wettbewerbsrechtliche Bestimmungen der Mitgliedstaaten und der Europäischen Union, ABl 2014/L 349/1

SE-VO: Verordnung (EG) 2157/2001 des Rates vom 8. Oktober 2001 über das Statut der Europäischen Gesellschaft (SE), ABl 2001/L 294/1

SpezialisierungsGVO: Verordnung (EU) 1218/2010 der Kommission vom 14. Dezember 2010 über die Anwendung von Artikel 101 Absatz 3 des Vertrags über die Arbeitsweise der Europäischen Union auf bestimmte Gruppen von Spezialisierungsvereinbarungen, ABl 2010/L 335/43

SVRL: Richtlinie 2014/25/EU des Europäischen Parlaments und des Rates vom 26. Februar 2014 über die Vergabe von Aufträgen durch Auftraggeber im Bereich der Wasser-, Energie- und Verkehrsversorgung sowie der Postdienste und zur Aufhebung der Richtlinie 2004/17/EG, ABl 2014/L 94/243

TransparenzRL: Richtlinie 2006/111/EG der Kommission vom 16. November 2006 über die Transparenz der finanziellen Beziehungen zwischen den Mitgliedstaaten und den öffentlichen Unternehmen sowie über die finanzielle Transparenz innerhalb bestimmter Unternehmen, ABl 2006/L 318/17

TT-GVO: Verordnung (EU) 316/2014 der Kommission vom 21. März 2014 über die Anwendung von Artikel 101 Absatz 3 des Vertrags über die Arbeitsweise der Europäischen Union auf Gruppen von Technologietransfer-Vereinbarungen, ABl 2014/L 93/17

ÜbernahmeRL: Richtlinie 2004/25/EG des Europäischen Parlaments und des Rates vom 21. April 2004 betreffend Übernahmeangebote, ABl 2004/L 142/12

UGP-RL: Richtlinie 2005/29/EG des Europäischen Parlaments und des Rates vom 11. Mai 2005 über unlautere Geschäftspraktiken im binnenmarktinternen Geschäftsverkehr zwischen Unternehmen und Verbrauchern und zur Änderung der Richtlinie 84/450/EWG des Rates, der Richtlinien 97/7/EG, 98/27/EG und 2002/65/EG des Europäischen Parlaments und des Rates sowie der Verordnung (EG) 2006/2004 des Europäischen Parlaments und des Rates 2005/29/EG, ABl 2015/L 149/22

UnionsbürgerRL: Richtlinie 2004/38/EG des Europäischen Parlaments und des Rates vom 29. April 2004 über das Recht der Unionsbürger und ihrer Familienangehörigen, sich im Hoheitsgebiet der Mitgliedstaaten frei zu bewegen und aufzuhalten, zur Änderung der Verordnung (EWG) 1612/68 und zur Aufhebung der Richtlinien 64/221/EWG, 68/360/EWG, 72/194/EWG, 73/148/EWG, 75/34/EWG, 75/35/EWG, 90/364/EWG, 90/365/EWG und 93/96/EWG, ABl 2004/L 158/77

UVP-RL: Richtlinie 2011/92/EU des Europäischen Parlaments und des Rates vom 13. Dezember 2011 über die Umweltverträglichkeitsprüfung bei bestimmten öffentlichen und privaten Projekten, ABl 2012/L 26/1

VerbraucherRL: Richtlinie 2011/83/EU des Europäischen Parlaments und des Rates vom 25. Oktober 2011 über die Rechte der Verbraucher, zur Abänderung der Richtlinie 93/13/EWG des Rates und der Richtlinie 1999/44/EG des Europäischen Parlaments und des Rates sowie zur Aufhebung der Richtlinie 85/577/EWG des Rates und der Richtlinie 97/7/EG des Europäischen Parlaments und des Rates, ABl 2011/L 304/64

VerbrauchsteuersystemRL: Richtlinie 2008/118/EG des Rates vom 16. Dezember 2008 über das allgemeine Verbrauchsteuersystem und zur Aufhebung der Richtlinie 92/12/EWG, ABl 2009/L 9/12

VergabeRL: Richtlinie 2014/24/EU des Europäischen Parlaments und des Rates vom 26. Februar 2014 über die öffentliche Auftragsvergabe und zur Aufhebung der Richtlinie 2004/18/EG, ABl 2014/L 94/65

Versorgungs-GleichbehandlungsRL: Richtlinie 2004/113/EG des Rates vom 13. Dezember 2004 zur Verwirklichung des Grundsatzes der Gleichbehandlung von Männern und Frauen beim Zugang zu und bei der Versorgung mit Gütern und Dienstleistungen, ABl 2004/L 373/37

VerteidigungsbeschaffungsRL: Richtlinie 2009/81/EG des Europäischen Parlaments und des Rates vom 13. Juli 2009 über die Koordinierung der Verfahren zur Vergabe bestimmter Bau-, Liefer- und Dienstleistungsaufträge in den Bereichen Verteidigung und Sicherheit und zur Änderung der Richtlinien 2004/17/EG und 2004/18/EG, ABl 2009/L 216/76

VertikalGVO: Verordnung (EU) 2010/330 der Kommission vom 20. April 2010 über die Anwendung von Artikel 101 Absatz 3 des Vertrags über die Arbeitsweise der Europäischen Union auf Gruppen von vertikalen Vereinbarungen und abgestimmten Verhaltensweisen, ABl 2010/L 102/1

VO 1/2003: Verordnung (EG) 1/2003 des Rates vom 16. Dezember 2002 zur Durchführung der in den Artikeln 81 und 82 des Vertrags niedergelegten Wettbewerbsregeln, ABl 2003/L 1/1

VO über den Gemeinsamen Zolltarif: Verordnung (EWG) 1987/2658 des Rates vom 23. Juli 1987 über die zolltarifliche und statistische Nomenklatur sowie den Gemeinsamen Zolltarif, ABl 1987/L 256/1

VVO: Verordnung (EU) 2015/1589 des Rates vom 13. Juli 2015 über besondere Vorschriften für die Anwendung von Artikel 108 des Vertrags über die Arbeitsweise der Europäischen Union, ABl 2015/L 248/9

3. Soft law und Gesetzgebungsvorschläge

Bagatellbekanntmachung oder *De minimis*-**Bekanntmachung**: Mitteilung der Kommission – Bekanntmachung über Vereinbarungen von geringer Bedeutung, die im Sinne des Artikels 101 Absatz 1 des Vertrags über die Arbeitsweise der Europäischen Union den Wettbewerb nicht spürbar beschränken (De-minimis-Bekanntmachung), ABl 2014/C 291/1

Bekanntmachung zu ancilliary restraints: Bekanntmachung der Kommission über Einschränkungen des Wettbewerbs, die mit der Durchführung von Unternehmenszusammenschlüssen unmittelbar verbunden und für diese notwendig sind, ABl 2005/C 56/3

Bekanntmachung zur Marktabgrenzung: Bekanntmachung der Kommission über die Definition des relevanten Marktes im Sinne des Wettbewerbsrechts der Gemeinschaft, ABl 1997/C 372/03

BußgeldLL: Leitlinien für das Verfahren zur Festsetzung von Geldbußen gemäß Artikel 23 Absatz 2 Buchstabe a) der Verordnung (EG) 1/2003, ABl 2006/C 210/02

DAWI-Mitteilung: Mitteilung der Kommission über die Anwendung der Beihilfevorschriften der Europäischen Union auf Ausgleichsleistungen für die Erbringung von Dienstleistungen von allgemeinem wirtschaftlichem Interesse, ABl 2012/C 8/4

DAWI-Rahmen: Mitteilung der Kommission Rahmen der Europäischen Union für staatliche Beihilfen in Form von Ausgleichsleistungen für die Erbringung öffentlicher Dienstleistungen (2011), ABl 2012/C 8/15

De minimis-**Bekanntmachung** oder **Bagatellbekanntmachung**: Mitteilung der Kommission – Bekanntmachung über Vereinbarungen von geringer Bedeutung, die im Sinne des Artikels 101 Absatz 1 des Vertrags über die Arbeitsweise der Europäischen Union den Wettbewerb nicht spürbar beschränken (De-minimis-Bekanntmachung), ABl 2014/C 291/1

Fusionskontrollmitteilung: Konsolidierte Mitteilung der Kommission zu Zuständigkeitsfragen gemäß der Verordnung (EG) 139/2004 des Rates über die Kontrolle von Unternehmenszusammenschlüssen, ABl C 95 vom 16.4.2008, S 1–48; berichtigt durch: Berichtigung der Konsolidierten Mitteilung der Kommission zu Zuständigkeitsfragen gemäß der Verordnung (EG) 139/2004 des Rates über die Kontrolle von Unternehmenszusammenschlüssen, ABl 2009/C 43/10

HorizontalLL: Mitteilung der Kommission – Leitlinien zur Anwendbarkeit von Artikel 101 des Vertrags über die Arbeitsweise der Europäischen Union auf Vereinbarungen über horizontale Zusammenarbeit, ABl 2011/C 11/1

Kronzeugenmitteilung: Mitteilung der Kommission über den Erlass und die Ermäßigung von Geldbußen in Kartellsachen, ABl 2002/C 45/03

LL zu horizontalen Zusammenschlüssen: Leitlinien zur Bewertung horizontaler Zusammenschlüsse gemäß der Ratsverordnung über die Kontrolle von Unternehmenszusammenschlüssen, ABl 2004/C 31/03

LL zur Handelsbeeinträchtigung: Bekanntmachung der Kommission – Leitlinien über den Begriff der Beeinträchtigung des zwischenstaatlichen Handels in den Artikeln 81 und 82 des Vertrags, ABl 2004/C 31/03

Mitteilung zu Auftragsvergaben außerhalb der Vergaberichtlinien: Mitteilung der Kommission zu Auslegungsfragen in Bezug auf das Gemeinschaftsrecht, das für die Vergabe öffentlicher Aufträge gilt, die nicht oder nur teilweise unter die Vergaberichtlinien fallen, ABl 2006/C 179/2

Mitteilung zum Beihilfebegriff aus 2016: Bekanntmachung der Kommission zum Begriff der staatlichen Beihilfe im Sinne des Artikels 107 Absatz 1 des Vertrags über die Arbeitsweise der Europäischen Union, ABl 2016/C 262/1

Prioritätenmitteilung: Mitteilung der Kommission – Erläuterungen zu den Prioritäten der Kommission bei der Anwendung von Artikel 82 des EG-Vertrags auf Fälle von Behinderungsmissbrauch durch marktbeherrschende Unternehmen, ABl 2002/C 45/03

VertikalLL: Leitlinien für vertikale Beschränkungen, ABl 2010/C 130/01

4. Österreichisches Recht

ABGB: Allgemeines bürgerliches Gesetzbuch für die gesamten deutschen Erbländer der Österreichischen Monarchie JGS 946/1811

AVG: Allgemeines Verwaltungsverfahrensgesetz 1991, BGBl Nr 51/1991

BAO: Bundesgesetz über allgemeine Bestimmungen und das Verfahren für die von den Abgabenbehörden des Bundes, der Länder und Gemeinden verwalteten Abgaben (Bundesabgabenordnung – BAO), BGBl Nr 194/1961

BVergG 2006: Bundesgesetz über die Vergabe von Aufträgen, BGBl I Nr 17/2006

BVergG 2017: Bundesgesetz über die Vergabe von Aufträgen, RV Nr 1658 Blg NR XXV GP

BVergGKonz 2017: Bundesgesetz über die Vergabe von Konzessionsverträgen, RV Nr 1658 Blg NR XXV GP

BVRG-ÖPV: Bundesgesetz über die Regelung des Rechtsschutzes für Vergaben des Bundes im Öffentlichen Personenverkehr (Bundesvergaberechtsschutzgesetz Öffentlicher Personenverkehr), RV Nr 1658 Blg NR XXV GP

KartG: Bundesgesetz gegen Kartelle und andere Wettbewerbsbeschränkungen BGBl I 61/2005

ÖkostromG: Bundesgesetz über die Förderung der Elektrizitätserzeugung aus erneuerbaren Energieträgern (Ökostromgesetz 2012 – ÖSG 2012), BGBl I Nr 75/2011

PatG: Patentgesetz 1970 BGBl 259/1970

UrhG: Bundesgesetz über das Urheberrecht an Werken der Literatur und der Kunst und über verwandte Schutzrechte BGBl 111/1936

UStG: Bundesgesetz über die Besteuerung der Umsätze (Umsatzsteuergesetz 1994 – UStG 1994), BGBl Nr 663/1994 idF BGBl Nr 819/1994

UWG: Bundesgesetz gegen den unlauteren Wettbewerb 1984 BGBl 448/1984

VGVG: Vorarlberger Grundverkehrsgesetz, LGBl Nr 42/2004

5. Deutsches Recht

GG: Grundgesetz für die Bundesrepublik Deutschland in der im Bundesgesetzblatt Teil III, Gliederungsnummer 100-1, veröffentlichten bereinigten Fassung, das durch Artikel 1 des Gesetzes vom 13. Juli 2017 (BGBl I S 2347) geändert worden ist

Nützliche Links

i. Rechtsportal Eur-Lex: http://eur-lex.europa.eu/
ii. Website EuG/EuGH: http://curia.europa.eu/
iii. Pressemeldungen der Kommission: http://europa.eu/rapid/latest-press-releases.htm/
iv. Factsheets Parlament: http://www.europarl.europa.eu/atyourservice/de/displayFtu.html/
v. Factsheets Eur-Lex: http://eur-lex.europa.eu/browse/summaries.html/

1. Grundlagen

Die Anfänge der EU in den 1950er-Jahren waren wirtschaftlicher Art. Dies veranschaulicht schon die frühe (von den Römer Verträgen 1957 bis zum Vertrag von Maastricht im Jahr 1992 gültige) Bezeichnung als **Europäische Wirtschaftsgemeinschaft (EWG)**.[1] Schon die sechs Jahre vor der EWG gegründete Europäische Gemeinschaft für Kohle und Stahl (EGKS, 1951) verfolgte ihre hehren Friedens- und Integrationsziele auf einer handfesten ökonomischen Grundlage: Unter der Aufsicht einer überstaatlichen Einrichtung (damals Hohe Behörde, später Kommission) gewährten die Gründerstaaten (Belgien, Frankreich, Italien, Luxemburg, Niederlande, Deutschland) einander Mitbestimmung und gemeinsamen, freien Zugang zur Produktion von Kohle und Stahl. Sie schufen so einen gemeinsamen Markt, in dem Kohle und Stahl unabhängig vom Produktionsort frei zirkulieren konnten. Dazu waren neben Freiverkehrsregeln („Grundfreiheiten") auch Wettbewerbsregeln und Regeln über die Transparenz der Preise nötig. Der EWG-Vertrag war insoweit lediglich eine Erweiterung des auf zwei Produkte beschränkten Erfolgsmodells der EGKS auf den Markt und das Handelstreiben der Gründerstaaten insgesamt.

Ungeachtet der ab dem Vertrag von Maastricht erfolgten Hinwendung zu einer politischen Union und dem sukzessiven Ausbau der gemeinsamen Politiken ist die Wirtschaftsintegration nach wie vor das Rückgrat des europäischen Projekts.[2] Deren Kern wiederum bildet jener nach innen ökonomisch und rechtlich **homogene Wirtschaftsraum** zwischen den MS der EU, der mit dem Begriff Binnenmarkt umschrieben wird. Nach außen umschließt den homogenen Wirtschaftsraum des Binnenmarkts eine **Zollunion** mit einheitlichen Importregeln und einem gemeinsamen Zolltarif.

1.1. Begriff Binnenmarkt

Der Begriff Binnenmarkt lässt sich unterschiedlich weit fassen. Art 26 AEUV definiert den Binnenmarkt als einen „**Raum ohne Binnengrenzen, in dem der freie Verkehr von Waren, Personen, Dienstleistungen und Kapital [...] gewährleistet ist.**" Teil der Binnenmarktnormen sind also jedenfalls die in dieser Bestimmung aufgezählten **Grundfreiheiten** (Waren, Arbeitnehmer, Niederlassung, Dienstleistungen, Kapital)[3] und wohl auch die flankierenden personenbezogenen Freizügigkeitsregeln (Nichtdiskriminierung, Unionsbürgerschaft).[4]

Der Fokus der Definition des Art 26 liegt auf den Verwaltungsgrenzen zwischen den MS: Gegenstand und Ziel des Binnenmarkts ist die Herstellung eines Zustands, in dem grenzüberschreitende wirtschaftliche Vorgänge nicht von Grenzen, also von **unterschiedlichen einzelstaatlichen Regelungen je MS**, behindert werden. Waren, Personen, Unternehmen, Dienstleistungen und Kapitalflüsse sollen sich im Binnenmarkt grundsätzlich (dh vorbehaltlich der weiterbestehenden Ausnahmen und Rechtfertigungsmöglichkeiten) in ähnlicher Weise bewegen können, als handelte es sich um ein einheitliches staatliches Territorium. Fingiert wird also, dass es diese Grenzen nicht gäbe.

---

1 Näher zB *Jaeger*, Einführung Europarecht 14 ff.
2 Näher zB *Weiss/Kaupa*, Internal Market Law 1 ff.
3 Vgl Art 34, 45, 49, 56 und 63 AEUV.
4 Vgl Art 18 und 21 AEUV.

1. Grundlagen

> Aus der binnenmarktimmanenten Logik des Überwindens der Verwaltungsgrenzen zwischen MS zugunsten eines Nationalstaaten vergleichbaren **wirtschaftlichen Freiverkehrs** erklären sich einige wichtige in der Rsp entwickelte und heute die Grundfreiheiten prägende Prinzipien. Zu nennen sind vor allem das **Ursprungslandprinzip** (Waren, Dienstleistungen, Personen etc sollen ungeachtet der Grenzen überall mit denselben Eigenschaften wie im Herkunftsstaat zirkulieren können),[5] die Ausgestaltung als **Beschränkungsverbote** (vom Tatbestand erfasst und rechtfertigungsbedürftig ist bereits jeder Regelungsunterschied zwischen MS, der die Ausübung einer wirtschaftlichen Freiheit auch nur weniger attraktiv macht)[6] und die besondere **Verpöntheit** bzw der besondere Unwertgehalt von **Marktzutrittsschranken** (gegenüber Regelungen, die bloß das Marktverhalten vor dem Hintergrund bereits gewährten Marktzutritts regeln). Anschauungsbeispiele für Letzteres sind etwa die (Grenzen der) *Keck*-Ausnahme,[7] die also gerade nicht greift, wenn der Marktzugang verweigert oder erschwert wird (zB Totalimportverbote, Änderungen am Produkt für als Vertriebsvoraussetzung, faktisch stärkere Belastung ausländischer Produkte durch vorgeblich unterschiedslos anwendbare Regelungen ...), oder die Herausnahme neutraler Berufsausübungsregeln aus der Niederlassungsfreiheit,[8] während marktzugangsrelevante Berufsregelungen (zB Totalverbote einer Tätigkeit, Voraussetzungen für das Ergreifen bestimmter Tätigkeiten, Monopole und Konzessionen usw) erfasst bleiben.

Die Definition des Art 26 umreißt damit einen engen Binnenmarktbegriff (**Binnenmarktrecht ieS**). Der Binnenmarkt wird dort als eine spezifische Politik der EU verstanden, die im Dritten Teil des AEUV neben anderen, dort ebenfalls geregelten Politiken (zB Wettbewerb, Beschäftigung, Soziales, Verbraucherschutz usw) steht.

Allerdings finden sich im Primärrecht auch Hinweise auf einen umfassenderen Binnenmarktbegriff (**Binnenmarktrecht iwS**). So findet etwa über Prot Nr 27 das Kapitel Wettbewerbsrecht Eingang in den Binnenmarkt, soweit dort die Rede von der „Tatsache, dass der Binnenmarkt ... ein System umfasst, das den Wettbewerb vor Verfälschungen schützt" ist. Diese weitere Definition anerkennt, dass der Dritte Teil des AEUV eine Reihe von Politiken enthält, die für das Funktionieren des Binnenmarkts mitbestimmend und daher zumindest mittelbar relevant sind. Das Gegenstück zu einer solchen weiten Definition des Binnenmarktrechts bildet va das Außenhandelsrecht, also die marktbezogenen Regeln in internationalen Abkommen (zB WTO).

Ein diese Bereiche mitbedenkendes Binnenmarktrecht iwS schließt also im Grunde alle auf den internen Markt der EU bezogenen Regelungen für Unternehmen und Private ein. Zum Binnenmarktrecht iwS gehören damit neben den Grundfreiheiten sämtliche internen Politiken des Dritten Teils des AEUV, also va das erwähnte **Wettbewerbsrecht**,[9] aber zB auch die Bestimmungen über **indirekte Steuern**,[10] **Wirtschafts- und Währungspolitik**,[11] Landwirt-

---

[5] Grundlegend Rs 8/74, *Dassonville*, ECLI:EU:C:1974:82, Rn 5.
[6] Grundlegend Rs 120/78, *Cassis*, ECLI:EU:C:1979:42, Rn 8.
[7] Vgl Rs C-267/91, *Keck*, ECLI:EU:C:1993:905, Rn 16.
[8] Vgl etwa Rs C-345/08, *Pesla*, ECLI:EU:C:2009:771, Rn 50.
[9] Vgl Art 101 ff AEUV.
[10] Vgl Art 110 ff AEUV.
[11] Vgl Art 119 ff AEUV.

1.1. Begriff Binnenmarkt

schaft,[12] Verkehr,[13] die Regelungen des sog Raums der Freiheit[14] (also zB der Abbau von **Grenzkontrollen** sowie die Straf- und **Zivilrechtsvereinheitlichung**) usw.[15]

> Der Binnenmarktbegriff wurde im Jahr 1997 durch die Einheitlichen Europäischen Akte in das Unionsrecht (damals noch EWG) eingeführt. Parallel dazu verwendete das Primärrecht schon von jeher an vielen Stellen[16] den Begriff des **Gemeinsamen Markts**. Letzterer wurde erst mit Inkrafttreten des Vertrags von Lissabon im Jahr 2007 zugunsten einer einheitlichen Verwendung des Begriffs Binnenmarkt beseitigt. Der EuGH definierte den Gemeinsamen Markt als Raum in dem „alle Hemmnisse im innergemeinschaftlichen Handel im Hinblick auf die Verschmelzung der nationalen Märkte zu einem einheitlichen Markt, dessen Bedingungen denjenigen eines wirklichen Binnenmarkts möglichst nahekommen, beseitigt werden.".[17]
>
> Dies ließ (was jedoch str war)[18] richtigerweise darauf schließen, dass der **Binnenmarkt ein Mehr** gegenüber einem Gemeinsamen Markt sein müsse. Der Begriff Gemeinsamer Markt als Minus zum Ziel der Errichtung eines Binnenmarkts war eine ständige Erinnerung daran, dass der Binnenmarkt eben dies, nämlich ein Ziel bzw eine **Daueraufgabe**, bleiben muss:[19] Solange die Mitgliedstaaten noch über Regelungskompetenzen im Binnenmarktbereich verfügen, solange es sich also, wie zurzeit,[20] um eine **geteilte Zuständigkeit** handelt, kann der Binnenmarkt aufgrund ständig neu geschaffener Hindernisse in der staatlichen Gesetzgebung niemals komplett verwirklicht sein und ist das Minus eines lediglich Gemeinsamen Markts die (heute im Primärrecht freilich nicht mehr abgebildete) Realität. Um die Bewältigung der Daueraufgabe Binnenmarkt zu erleichtern, wurde schon 1992 ein die Kommission beratender Ausschuss für die bessere Koordinierung im Bereich des Binnenmarkts eingesetzt, der zu praktischen Problemen des Funktionierens des Binnenmarkts gehört werden kann.

Die nachstehende **Abb 1** gibt einen Überblick über die Bereiche des Binnenmarktrechts im engeren und im weiteren Sinn und illustriert die **Zusammenhänge** zwischen den Normen. So ist der Bereich der Grundfreiheiten im klassischen Sinn eingebettet in ein Umfeld weiterer für das Funktionieren des Binnenmarkts insgesamt wichtiger Normen, insbesondere jene des Wettbewerbsrechts, aber etwa auch die freizügigkeitsrelevanten Bestimmungen des Raums der Freiheit, die im Kapitel Sozialpolitik enthaltene, aber immens wichtige Bestimmung zur Entgeltgleichheit von Mann und Frau uvm. Abb 1 zeigt aber vor allem, dass innerhalb der Grundfreiheiten mit der Freizügigkeit einerseits und dem Warenverkehr andererseits zwei große Bereiche zu unterscheiden sind, die jeweils völlig unterschiedliche sachliche Probleme zum Gegenstand haben.

---

12 Vgl Art 38 ff AEUV.
13 Vgl Art 90 ff AEUV.
14 Vgl Art 67 ff AEUV.
15 Zur Querbeziehung zwischen dem Binnenmarkt und anderen Politiken des Dritten Teils auch *Voet van Vormizeele*, Art 26, Rz 21 ff und 33 ff, in *von der Groeben/Schwarze/Hatje* (Hrsg), Europäisches Unionsrecht Kommentar[7] (2015).
16 ZB in ex-Art 2, 81, 82 oder 87 EGV (Ziele, Kartell-, Missbrauchs- und Beihilfeverbot), während zB in ex-Art 3 oder 14 EGV (Tätigkeiten, Binnenmarktziel) gleichzeitig vom Binnenmarkt gesprochen wurde.
17 Rs C-41/93, *Frankreich/Kommission*, ECLI:EU:C:1994:196, Rn 19.
18 Im Überblick zB *Voet van Vormizeele*, Art 26 Rz 7, in *von der Groeben/Schwarze/Hatje* (Hrsg), Europäisches Unionsrecht Kommentar[7] (2015).
19 Vgl die diversen Beiträge in *Hatje*, EuR Beiheft 1/2002.
20 Vgl Art 4 Abs 2 lit a AEUV.

1. Grundlagen

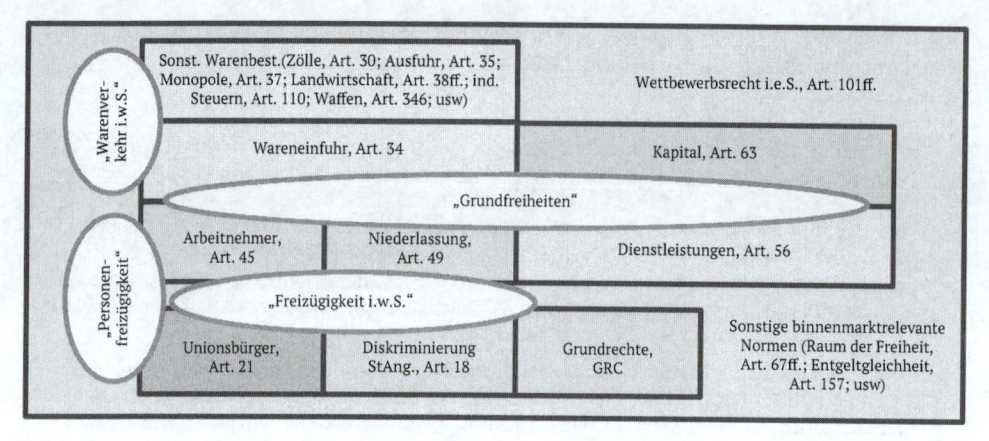

Abb. 1

Probleme der **Freizügigkeit** von natürlichen und juristischen Personen betreffen Hindernisse für deren physische Bewegung über die Grenze und die Bedingungen des Aufenthalts im Zielstaat. **Natürliche Personen** haben in ihrer Lebensrealität eine Vielzahl von Bedürfnissen, deren Erfüllung oder Nichterfüllung sich auf ihre Ausübung der Freizügigkeitsrechte auswirkt. Die Grundfreiheiten der Arbeitnehmer (Freizügigkeit ieS) und der Niederlassung (Freizügigkeit iwS) bilden davon nur einen Teil, nämlich die ökonomischen Aspekte, ab. Diese Grundfreiheiten stehen daher in direktem Zusammenhang mit jenen primärrechtlichen Garantien, die Schlechterstellungen oder spezifische Beschränkungen außerhalb des ökonomischen Kontexts erfassen, also va dem Allgemeinen Diskriminierungsverbot, den Aufenthalts- und Gleichbehandlungsrechten der Unionsbürgerschaft sowie den grundrechtlichen Garantien aufgrund der GRC. Sowohl die ökonomischen als auch die nicht-ökonomischen Aspekte der Freizügigkeit benötigen daher Regelungen zu den Bedingungen, nach denen natürliche Personen sich in einen anderen MS begeben und dort frei aufhalten dürfen sowie zu den weiteren Rechten bzw Ansprüchen, die diesen Personen im Aufenthalt gegenüber dem Aufnahmestaat zukommen. Tatsächlich regelt das Unionsrecht die Frage des Aufenthaltsrechts in der UnionsbürgerRL 2004/38/EG horizontal für alle genannten Bereiche, während sich insbesondere die Rechte im Aufenthalt je nach Kontext, in dem die Grenze überschritten wurde, unterscheiden.

> Neben Personen haben auch **Unternehmen**, die von der Niederlassungsfreiheit Gebrauch machen wollen, spezifische Probleme. Sie haben zwar augenscheinlich keine physischen Aufenthaltsprobleme, die bislang nur teilweise Harmonisierung va des Gesellschaftsrechts und der direkten Unternehmensbesteuerung in der EU nimmt ihnen aber einiges an jener Flexibilität bzw Mobilität (hinsichtlich Kapital, Produktionsmitteln, Geschäftsmodellen etc), die die Niederlassungsfreiheit im Grunde gerade herstellen will.
>
> In einem freizügigkeitsähnlichen Kontext steht die **Dienstleistungsfreiheit**, da auch sie mit einer Bewegung des Dienstleisters über die Grenze verbunden sein kann, aber nicht muss (zB Internet- oder Telefondienste). Da Dienstleistungen definitionsgemäß vorübergehender Natur sind, ergeben sich hier kaum Aufenthaltsprobleme oder Fragen der Gleichbehandlung im Aufenthalt. Sehr wohl aber können auch Dienstleister während der in einem anderen MS verbrachten Zeit als physische Personen Diskriminierungen oder Schlechterstellungen erfahren, die nicht mit der Dienstleistungserbringung in Zusammenhang stehen und die dann zB nach dem Allgemeinen

> Diskriminierungsverbot zu beurteilen sind. Man denke beispielsweise an ungleiche Strafen, Sicherheitsleistungen oder Verfahrensrechte nach einer Geschwindigkeitsüberschreitung am Weg zum Dienstleistungsort.

Die **Grenzüberschreitung durch Waren** bildet den zweiten großen **Problembereich**. Die Stoßrichtung ist dabei anderen Freiheiten in wichtigen Punkten ähnlich: So soll auch im Warenverkehr die freie Zirkulation des Grundfreiheitenträgers bzw der Tätigkeit (hier Ware, dort Arbeitnehmer, Dienstleister usw) an sich (also vorbehaltlich Ausnahmen und Rechtfertigungsgründen) im gesamten Binnenmarkt unter denselben Bedingungen wie im Herkunftsstaat möglich sein.

> Die Einfuhr und der Vertrieb in den Zielstaat sollen also nicht durch dort abweichende Regelungen am Marktzugang gehindert oder auch nur in sonstiger Weise beschränkt bzw weniger attraktiv gemacht werden (sog **Beschränkungsbegriff**). Insbesondere sollen der Grundfreiheitenträger bzw die Tätigkeit ohne Änderungen ihrer Eigenschaften (hier zB Verpackung, dort zB Qualifikationen, Konzessionen usw) in allen anderen MS zirkulieren können (sog **Ursprungslandprinzip**). Gleichzeitig bleiben Einschränkungen des Freiverkehrs aus wichtigen **Schutzerwägungen** des Zielstaats, die der Herkunftsstaat so nicht berücksichtigt hat, zulässig (sog **zwingende Erfordernisse**).
>
> Aufgrund dieser Parallelen zwischen dem Warenverkehr und den anderen Grundfreiheiten fungierte der Warenverkehr in der frühen Rsp gewissermaßen als **Modellfreiheit**. Innerhalb der Warenverkehrsrechtsprechung wurden die genannten, zentralen Charakteristika entwickelt und dann in die nachfolgende Rsp zu anderen Freiheiten übernommen.

Im Übrigen aber ergeben sich bei der freien Zirkulation von Waren völlig **andere Gesichtspunkte** als bei den personen- und unternehmensbezogenen Freiheiten. Im Fokus stehen der **Markzugang** der Ware (und nicht der Händler als solches), ihre **Beschaffenheit** und die **Bedingungen** ihres Vertriebs. Von diesen Gesichtspunkten bildet Art 34 AEUV nur einen Teilausschnitt ab. Als ein wichtiges Beispiel fallen etwa **warenbezogene** Abgaben und Steuern, die die Kostenbasis der Ware unmittelbar mitbestimmen, nicht unter Art 34, sondern unter die *leges speciales* der Art 30 oder 110 AEUV. Diese und andere warenverkehrsrelevante Bestimmungen müssen daher in direktem Zusammenhang mit Art 34 gelesen und verstanden werden, auch wenn sie nicht eigentlicher Bestandteil der Grundfreiheit Warenverkehr sind.

> Quer zu den anderen Grundfreiheiten steht schließlich der **Kapital- und Zahlungsverkehr**. Der Zahlungsverkehr ist im Grunde eine Hilfsfreiheit zu den Binnenmarktgarantien im Allgemeinen, soweit also im Hinblick auf die wirtschaftlichen Vorgänge der Grundfreiheiten (zB Kauf einer Ware oder Dienstleistung, Entlohnung eines Arbeitnehmers oder Selbständigen) oder auch außerhalb dieser (zB Mittagessen beim Sonntagsausflug ins Ausland) grenzüberschreitende Zahlungen zu tätigen sind. Der Kapitalverkehr gewährleistet dagegen einen eigenständigen Freiverkehrsaspekt, da er grenzüberschreitende Investitionen (in Immobilien, Unternehmen, Veranlagungen usw) ermöglichen und stimulieren soll.

1.2. Abgrenzung zu Freihandelszonen

Rund um den Globus gibt es zahlreiche (sachlich mehr oder weniger umfassende) einheitliche Zollgebiete, homogene Binnenmärkte zwischen souveränen Staaten dagegen kaum. Der Binnenmarkt ist damit auch das zentrale Merkmal der Unterscheidung zu anderen regionalen Freihandelszonen, also va den Europäischen (EFTA), Nordamerikanischen (NAFTA), Asiatischen (ASEAN) und Arabischen (GAFTA) Freihandelsassoziationen oder dem Gemeinsamen Markt Südamerikas (MERCOSUR). Für Freihandelszonen kennzeichnend ist, dass die Vertragsstaaten ein einheitliches Zollgebiet bilden, also Zölle (und zumeist auch vergleichbare Handelsbeschränkungen) untereinander beseitigen. Sie haben aber idR keinen gemeinsamen Außenzoll, sondern können die Zölle gegenüber Drittstaaten eigenständig festlegen.

> Freihandelsverträge können sich auf reine Zollregeln zum begünstigten Warenhandel zwischen den Vertragsstaaten beschränken, enthalten heute aber zumeist auch unterschiedlich weitgehende Regeln über die Beschaffenheit von Waren (zB Ursprungsregeln, Beschaffenheit usw) und über flankierende Fragen (etwa Dienstleistungen, Landwirtschaft, IP-Schutz, Investitionsschutz usw). Dies bildet schon das System der Welthandelsorganisation (WTO) ab, das eine Vielzahl materienspezifischer Abkommen, etwa über Waren (GATT), Dienstleistungen (GATS), IP-Schutz (TRIPS), Streitbeilegung (DSU) uvm, einschließt und heute den globalen Minimumstandard des Freihandels bildet. Regionale Freihandelszonen gehen über diesen Minimumstandard hinaus, indem sie dazu vertiefende Regelungen festlegen.

Im Unterschied zu gängigen Freihandelszonen ist die EU gem Art 28 Abs 1 AEUV eine Zollunion mit einem gemeinsamen Außenzoll gegenüber Drittländern.[21] Die Zollsätze können vom Rat einseitig festgelegt werden.[22] Die Grundlagen bzw der Rahmen der Zollsätze werden aber im Regelfall wechselseitig mit den betreffenden Drittstaaten in Handelsabkommen vereinbart und sind dann Teil der Gemeinsamen Handelspolitik nach Art 207 Abs 1 AEUV. Solche Handelsabkommen regeln neben Zollfragen typischerweise die Bedingungen des wechselseitigen Marktzugangs für (va) Waren und Dienstleistungen auf breiter Basis.

Einen wesentlichen Unterschied zwischen dem Binnenmarkt und anderen regionalen Freihandelszonen ist es sodann, dass bislang keine andere Freihandelszone einen vollkommenen oder qualitativ auch nur der EU vergleichbaren Binnenmarkt herstellt. Ein vollkommener Binnenmarkt wäre ein Territorium, in dem tarifäre, also zoll- und abgabenbasierte, wie nicht-tarifäre, also technisch-regulative, Hemmnisse für den Handel zwischen den Vertragsstaaten weitestgehend eliminiert sind. Wie eben hervorgehoben, ist der Binnenmarkt der EU derzeit nicht vollendet und kann dies auch in Zukunft nicht sein, solange der Binnenmarkt eine zwischen der EU und den MS geteilte Zuständigkeit bleibt:[23] Immer neue Hemmnisse für den Freiverkehr erwachsen automatisch aus der Gesetzgebungstätigkeit der MS und der Fortentwicklung von Technologie und Marktbedingungen.

Der (dauerhaft unvollendete) EU-Binnenmarkt ist aber im globalen Vergleich bei weitem am stärksten integriert und überragt alle anderen Freihandelszonen hinsichtlich der Dichte und Tiefe der geschaffenen einheitlichen Regelungen und ihrer Durchsetzung. Tatsächlich er-

---

[21] Näher zB *Klamert*, EU-Recht Rz 411 f.
[22] Vgl Art 32 AEUV.
[23] S bei Fn 20.

wirtschaftet der EU-Binnenmarkt mit (im Jahr 2017) rund 12,6 Billionen Euro das höchste Bruttoinlandsprodukt (BIP) aller Volkswirtschaften der Welt und ist damit der nach der Wirtschaftsleistung global **größte einheitliche Markt**.

> Vom hohen Integrationsniveau des EU-Binnenmarkts profitieren in abgestuftem Ausmaß auch einige ausgewählte Handelspartner der EU. Dies gilt etwa für die Handelsbeziehungen zwischen der EU und der **Schweiz**, wo ein dichtes Netz von über hundert bilateralen Verträgen wechselseitigen Marktzugang und eine Angleichung der Rechtsvorschriften gewährleistet. Auch **Assoziierungsabkommen** der EU im Rahmen der Erweiterungs- und Nachbarschaftspolitik enthalten (allerdings vergleichsweise weniger umfassende) Regeln dieser Art.

Das wichtigste Beispiel für die Erweiterung vieler Regelungen des EU-Binnenmarkts über die Grenzen der EU hinaus ist aber der 1992 zwischen der EU und den EFTA-Staaten (aber ohne die Schweiz) geschaffene Europäische Wirtschaftsraum (**EWR**). Der EWR erweitert die zentralen Regeln des EU-Binnenmarkts, va das Allgemeine **Diskriminierungsverbot**, die **Grundfreiheiten**, das **Wettbewerbsrecht** sowie das jeweils zugehörige Sekundärrecht, auf das gemeinsame Territorium. Warenverkehrsfreiheit oder die Freizügigkeitsregeln usw sowie die zugehörigen RL und VO gelten daher (mit einzelnen Sonderregelungen, etwa für Liechtenstein) auch im Verhältnis zu den EFTA-Staaten. Das EWR-Abk wird regelmäßig an die Entwicklung des Binnenmarkt-Acquis angepasst. Flankiert werden die materiellen Regeln durch ein institutionelles Regime, dem aufseiten der EFTA die EFTA-Überwachungsbehörde (**ESA**) und der **EFTA-Gerichtshof** als mit der Kommission und dem EuGH vergleichbaren supranationalen Befugnissen ausgestattete Organe angehören.

1.3. Harmonisierungswerkzeuge

Art 26 AEUV bestimmt: „Die Union erlässt die erforderlichen Maßnahmen, um nach Maßgabe der einschlägigen Bestimmungen der Verträge den Binnenmarkt zu verwirklichen beziehungsweise dessen Funktionieren zu gewährleisten." Der **EU-Gesetzgeber** hat also den **Auftrag**, **Hemmnisse** für den freien Verkehr von Personen, Waren, Dienstleistungen und Kapital sowie für die freie Niederlassung zu identifizieren und durch die Gleichschaltung der darauf anwendbaren Regelungen in den MS zu beseitigen (sog Rechtsangleichung bzw **Harmonisierung**).

1.3.1. Rechtsetzungsgrundlagen

Die sachlich breiteste und daher wichtigste **Rechtsetzungsgrundlage** zur Harmonisierung des den Binnenmarkt betreffenden Rechts der MS ist **Art 114 AEUV**.[24] Der Erlass von Harmonisierungsmaßnahmen erfolgt demnach im **ordentlichen Gesetzgebungsverfahren**.[25] Das Hauptinstrument der Angleichung sind in der Praxis **RL**, mit deren Hilfe die anzugleichenden Aspekte den MS verbindlich vorgegeben werden können, die den MS aber gleichzeitig bei der Art der Umsetzung in ihrem vorbestehenden Recht einige Freiheit belassen (also: Welcher Rechtsakt

---

[24] Näher zB *Blanke/Böttner*, § 2, Rz 153 ff, in *Niedobitek*, Europarecht.
[25] Vgl Art 294 AEUV.

wird wie geändert, wie sehen die Umfeldregelungen aus, darf und soll über die EU-rechtlichen Anforderungen hinausgegangen werden usw).

> Neben Art 114 finden sich zahlreiche weitere, **sachspezifische Rechtsetzungsgrundlagen** für Angleichungsmaßnahmen im Binnenmarktbereich iwS. Wichtige Beispiele sind etwa die Art 113 (indirekte Steuern) und 115 AEUV (va direkte Steuern), Art 21 Abs 2 und 77 AEUV (Freizügigkeit natürlicher Personen), Art 46 und 48 (Arbeitnehmerfreizügigkeit) und Art 50, 52 Abs 2, 53 und 62 AEUV (Niederlassung und Dienstleistungen). Auch im Wettbewerbsrecht bestehen mit den Art 103 und 109 AEUV besondere Rechtsetzungsgrundlagen.
>
> Eine wichtige ergänzende Funktion haben auch die Rechtsetzungsgrundlagen der **Art 118** (IP-Schutz) **und 352 (allgemein) AEUV:** Sie erlauben jeweils (insbesondere) den Erlass vollwertiger (sog *sui generis*) Regelungsregimes der EU, die also nicht bloß vorbestehendes Recht der MS gleichschalten, sondern gänzlich neue Regelungen der EU selbst herstellen. Art 114 AEUV trägt diese Neuherstellung nämlich gerade nicht, sondern setzt eben den Bestand anzugleichenden Rechts voraus. Beispiele für solche vollwertigen Regimes auf Basis der Art 118 bzw 352 AEUV sind etwa das Unionsmarken-, Unionsdesign- oder Einheitspatentrecht (alles VO; nicht zu verwechseln mit den in diesen Bereichen ebenfalls bestehenden RL zur Angleichung des betreffenden Markenrechts usw der MS) oder neu geschaffene Gesellschaftsformen wie die Europäische Gesellschaft (SE), die Europäische Genossenschaft (SCE) und die Europäische wirtschaftliche Interessenvereinigung (EWIV).

1.3.2. Positiv- vs Negativintegration

Die Harmonisierung des Rechts der MS auf Basis des Art 114 und anderer Rechtsetzungsgrundlagen wird als sog **Positivintegration** bezeichnet:[26] Der EU-Gesetzgeber erlässt positives bzw **gesatztes Recht** (lat *ius positivum*) zur Harmonisierung divergierender Regelungen im Recht der MS. Die daraus resultierende Gleichheit der Rechtsvorschriften im gesamten Binnenmarkt entsteht also aufgrund des Setzens (lat *ponere* bzw *positum*, setzen/gesetzt) von den Rechtsvorschriften der MS übergeordnetem **Sekundärrecht** in Form von RL oder VO.

Voraussetzung der Positivintegration ist es daher, dass der EU-Gesetzgeber aktiv wird: Die Kommission, die Abgeordneten des EU-Parlaments sowie die Vertreter der MS im Ministerrat müssen sich untereinander und wechselseitig auf ein bestimmtes Vorgehen einigen können. Je kontroverser bzw sensibler das Thema, desto schwieriger ist eine solche Einigung. Wenn bzw solange der EU-Gesetzgeber nicht handelt, greift als Gegenstück zur Positivintegration die sog **Negativintegration** ergänzend ein: Negativintegration (lat *negare* bzw *negatum*, verneinen/verneint) bezeichnet die Verdrängung freiverkehrshemmender Vorschriften der MS alleine bzw bereits aufgrund deren **Widerspruchs zum Primärrecht.** Ob ein Widerspruch besteht, ist eine Frage der Auslegung und Anwendung der mit **Direktwirkung**[27] ausgestatteten Ge- und Verbote (va) der Grundfreiheiten im konkreten Einzelfall. Akteure sind hier die Gerichte der MS unter Anleitung des EuGH (*qua* Vorabentscheidung) bzw auch der EuGH alleine (*qua* Vertragsverletzungsverfahren).[28] Dadurch, dass Einzelne (oder auch die Kommission) gerichtlich gegen mutmaßlich primärrechtswidrige Regelungen der MS zu Felde ziehen, werden einzel-

---

[26] Näher zB *Blanke/Böttner*, § 2, Rz 1, in *Niedobitek*, Europarecht.
[27] Zum Begriff etwa *Klamert*, EU-Recht Rz 101 ff.
[28] Vgl Art 19 Abs 1 EUV und Art 267 bzw 258 AEUV.

staatliche Hemmnisse für den Freiverkehr auch ohne Zutun des Sekundärrechtsgesetzgebers zu Fall gebracht.

> Das gerichtliche Tätigwerden Einzelner gegen mutmaßlich unionsrechtswidrige Regelungen der MS kann zwei Formen annehmen (sog **Schild- vs Schwertkonstellationen**): Häufig erfolgt eine Berufung auf Unionsrecht zur **Abwehr eigener Verpflichtungen** bzw zur Verteidigung bei Verweigerung eines Vorteils. Die Einzelnen sind hier also bereits in einem laufenden Behörden- oder Gerichtsverfahren verfangen, das gegen sie eröffnet wurde oder in dem ihr Begehren abgewiesen zu werden droht. Das Unionsrecht kann dann gewissermaßen als **Schild gegen den Vollzug einer unionsrechtswidrigen Regelung der MS** von den Einzelnen im Verfahren eingewendet werden. Eine solche Berufung auf das Unionsrecht ist sehr einfach, da das Verfahren bereits läuft und lediglich ein zusätzliches Argument bzw eine zusätzliche Prüfebene gewonnen wird.
>
> Möglich ist es aber auch, das Unionsrecht als **Anspruchsgrundlage einer aktiv eingebrachten Klage** heranzuziehen, um ein unionsrechtswidriges Verhalten des MS oder Dritter abzustellen. Das Unionsrecht dient dann gewissermaßen **als Schwert**, um gegen eine unionsrechtswidrige Norm oder ein sonstiges unionsrechtswidriges Verhalten aktiv vorzugehen. Schwert-Konstellationen sind weniger häufig, da der Kläger hier einen im Vergleich zur bloßen Einwendung der Unionsrechtswidrigkeit in einem ohnedies bereits laufenden Verfahren größeren Aufwand und ein eigenständiges Prozesskostenrisiko gewärtigt. Der Kläger muss sich seiner Position in Schwert-Konstellationen daher viel sicherer sein. Hinzu kommt, dass Schwert-Konstellationen besonders im Verhältnis zwischen Wettbewerbern eine Rolle spielen, soweit es darum geht, dem anderen einen im Widerspruch zum Unionsrecht stehenden Vorteil streitig zu machen. Die Grundfreiheiten finden aber auf Private im Allgemeinen (dh vorbehaltlich einiger Grenzfälle)[29] keine Anwendung. Praxisrelevant sind Schwert-Konstellationen daher va im Bereich des Wettbewerbsrechts, bei VO sowie im Bereich der Grundfreiheiten dann, wenn der Anspruch nicht unmittelbar auf die Grundfreiheit (oder eine RL) gestützt werden muss (sondern nationales Recht zur Verfügung steht, das unionsrechtskonform ausgelegt werden kann).
>
> In Schild- und Schwertkonstellationen gleichermaßen vermittelt das Unionsrecht dem Einwender bzw Kläger va **vier zentrale Ansprüche**, für deren Durchsetzung das Prozessrecht der MS im Einklang mit Art 19 Abs 1 UAbs 2 EUV wirksame Rechtsbehelfe zur Verfügung stellen muss: Es sind dies die Ansprüche auf **Unterlassung**, **Beseitigung**, **einstweiligen Rechtsschutz** und **Schadenersatz**.[30] Die Verfahren zur Durchsetzung dieser unionsrechtsbasierten Ansprüche dürfen nicht weniger günstig gestaltet sein als bei entsprechenden Klagen auf Basis innerstaatlichen Rechts (**Äquivalenzgebot**). Rechtsnormen, die eine Durchsetzung dieser Ansprüche verunmöglichen oder auch nur in ihrer praktischen Wirksamkeit herabsetzen, sind unangewendet zu lassen (**Effektivitätsgebot**).[31]

Qualitativ sind die Ergebnisse der Marktöffnung durch Negativ- und durch Positivintegration gleich: In beiden Fällen verdrängt das Unionsrecht (im einen Fall Primär-, im anderen Sekundärrecht) die diversen Einzelregelungen der MS und es wird Marktzugang nach einheitlichen Gesichtspunkten gewährt. Die qualitative Vergleichbarkeit geht nicht zuletzt darauf zurück, dass die betreffenden Urteile des EuGH über den Einzelfall hinaus **Präjudizwirkung** für alle ähnlich

---

29 Näher zB *Blanke/Böttner*, § 2, Rz 312 ff, in *Niedobitek*, Europarecht.
30 Vgl zB Rs C-39/94, *SFEI*, ECLI:EU:C:1996:285, Rn 52 f; Rs C-143/88 und Rs C-92/89, *Zuckerfabrik Süderdithmarschen und Zuckerfabrik Soest*, ECLI:EU:C:1991:65, Rn 16 ff; Rs C-465/93, *Atlanta Fruchthandelsgesellschaft*, ECLI:EU:C:1995:369, Rn 19 ff; Rs C-305/09, *Kommission/Italien*, ECLI:EU:C:2011:274, Rn 43.
31 Vgl zB Rs C-119/05, *Lucchini*, ECLI:EU:C:2007:434, Rn 46 ff; Rs C-2/06, *Kempter*, ECLI:EU:C:2008:78, Rn 37 ff.

gelagerten Sachverhalte haben.[32] Das EuGH-Urteil offenbart also die Rechtswidrigkeit der fraglichen Regelung nicht nur für den Anlassfall bzw in Bezug auf den betroffenen MS, sondern gegenüber allen MS mit vergleichbaren Regelungen.

1.3.3. Voll- vs Mindestharmonisierung

Die **Wahl des Instruments** zur Angleichung der Rechtsvorschriften der MS obliegt (sofern nicht ganz ausnahmsweise im Primärrecht enger formuliert) dem **EU-Gesetzgeber**. Dies betrifft insbesondere die **Wahl** zwischen **VO und RL**, die etwa auch die wichtige Rechtsetzungsgrundlage des Art 114 AEUV offenlässt. Der Gesetzgeber hat nach pflichtgemäßem Ermessen das für das konkrete Vorhaben geeignete Instrument zu wählen.

> Dazu, welches Instrument im Einzelfall geeignet ist, geben die in Art 5 EUV genannten Grundsätze der **Subsidiarität** und der **Verhältnismäßigkeit** Leitlinien vor. Nach dem Subsidiaritätsprinzip darf der Unionsgesetzgeber nur unter der Voraussetzung tätig werden, dass das gemeinsame Handeln auf EU-Ebene bessere Ergebnisse verspricht, als einzelstaatliche Regelungen der MS. Dies läuft iW auf eine Pflicht zur Begründung des jeweiligen Rechtsakts hinaus, inwieweit der Unionsgesetzgeber aufgrund der in den Erwägungsgründen gemachten Angaben davon ausgehen konnte, dass sein Handeln bessere Ergebnisse verspricht.[33] Nach dem Verhältnismäßigkeitsprinzip müssen Art und Inhalt der Angleichungsmaßnahme im Rahmen dessen bleiben, was zur Erreichung der Ziele notwendig ist. Auch dies läuft letztlich auf eine Begründungspflicht hinsichtlich des gewählten Regelungsumfangs hinaus. Subsidiarität und Verhältnismäßigkeit machen damit gemeinsam Vorgaben dafür, mit welchem Rechtsakttyp und in welchem Harmonisierungsumfang vorzugehen ist.[34]

Die **RL ist** gegenüber der VO grundsätzlich das **eingriffsschwächere** (subsidiaritätsfreundlichere) Instrument, da sie den MS ein gewisses Umsetzungsermessen belässt. Sie findet dementsprechend bei der Binnenmarktharmonisierung auch in der **Praxis viel häufiger** Verwendung als die VO. Allerdings ist auch die Regelungsdichte von RL im Einzelfall sehr verschieden, dh dass sich das verbleibende Umsetzungsermessen mitunter auch nur auf ein sehr kleines Feld beschränken kann, wenn die Vorgaben der RL bereits sehr detailliert sind.

Je **geringer** der **Spielraum** für nationales Ermessen bzw nationale Abweichungen, desto größer ist die **Harmonisierungsintensität** bzw die hergestellte Einheitlichkeit. **Steuern** lässt sich die Harmonisierungsintensität va durch, erstens, die **Festlegung** auf eine **Vollharmonisierung** gegenüber bloßer Teil- bzw Mindestharmonisierung und, zweitens, über **enge, weite** oder auch ganz fehlende Rechtfertigungsgründe **oder Schutzklauseln** für Abweichungen der MS in Einzelfällen (dazu sogleich im Folgeabschnitt). Ob im Einzelfall Voll- oder Mindestharmonisierung vorliegt, erschließt sich aus dem konkreten Wortlaut bzw der Auslegung der Bestimmung durch den EuGH.

Mindestharmonisierung bedeutet, dass eine RL (ausnahmsweise auch eine VO) lediglich einen **einheitlichen Mindeststandard** bzw ein Mindestschutzniveau für den gesamten Binnen-

---

32 Vgl für Österreich zB OGH v 17. 1. 2001, 6 Ob 336/00f.
33 Vgl etwa verb Rs C-358/14, C-477/14 und C-547/14, *Polen/Parlament und Rat*, ECLI:EU:C:2016:323, Rn 111 ff.
34 Vgl Art 296 AEUV.

markt festlegt.³⁵ Die zwingende Harmonisierung beschränkt sich dann auf die grundlegenden und allgemeingültigen Gesichtspunkte von, zB, technischen Standards oder Umwelt-, Gesundheits-, Verbraucher- oder Arbeitnehmerschutzfragen usw. Abweichungen nach oben, also Verbesserungen des Schutzniveaus in Einklang mit dem fraglichen Regelungsziel bzw zugunsten des betreffenden Begünstigtenkreises, bleiben zulässig.

> Ein **Beispiel** bietet etwa die IP-DurchsetzungsRL 2004/48/EG. Die RL normiert ein Bündel an Verfahrensbestimmungen und Rechtsbehelfen zur leichteren Durchsetzung von IP-Rechten durch deren Inhaber. Beispielsweise enthält sie Bestimmungen über Beweise und Beweissicherung, Auskunftsansprüche, einstweilige sowie endgültige Abhilfemaßnahmen oder den Schadenersatzanspruch. Art 2 der RL stellt dazu ausdrücklich klar, dass die RL „[u]nbeschadet etwaiger Instrumente in [EU-]Rechtsvorschriften ... oder der Mitgliedstaaten, die für die Rechtsinhaber günstiger sind", Anwendung findet. Einzelregelungen im Prozessrecht der MS, die für IP-Rechtsinhaber noch günstiger sind, dürfen daher beibehalten werden. Lediglich ein Unterschreiten der Garantien der RL ist unzulässig.

Vollharmonisierung bedeutet demgegenüber, dass die Vorgaben einer RL (oder VO) innerhalb des geregelten Bereichs abschließend sind.³⁶ Den MS ist es dann verwehrt, die enthaltenen Berechtigungen oder Verpflichtungen im Rahmen der Umsetzung noch zu erweitern.³⁷ Eine Abweichung von einem abschließend vorgegebenen Schutzniveau ist also selbst zugunsten des betreffenden Begünstigtenkreises unzulässig.

> Ein **Beispiel** bietet etwa die neue PauschalreiseRL 2015/2302/EU. Zweck der Richtlinie ist die binnenmarktweite Angleichung bestimmter Bestimmungen in Verträgen über Pauschalreisen und verbundene Reiseleistungen zwischen Reisenden und Unternehmern. Während die Vorgängerregelung noch lediglich ein Mindestschutzniveau vorsah, hat die neue RL das erklärte Ziel, ein hohes und gleichzeitig einheitliches Verbraucherschutzniveau zu gewährleisten. Ihr Art 4 legt daher Folgendes fest: „Sofern diese Richtlinie nichts anderes bestimmt, erhalten die Mitgliedstaaten weder von den Bestimmungen dieser Richtlinie abweichende nationale Rechtsvorschriften aufrecht noch führen sie solche ein; dies gilt auch für strengere oder weniger strenge Rechtsvorschriften zur Gewährleistung eines anderen Schutzniveaus für den Reisenden."
>
> Die PauschalreiseRL setzt damit den schon mit der UGP-RL 2005/29/EG und der VerbraucherRL 2011/83/EU eingeläuteten Trend der Abkehr von der Mindest- hin zur **Vollharmonisierung der Verbraucherrechte** im Binnenmarkt fort. Die UGP-RL verbietet bestimmte Geschäftspraktiken, die die wirtschaftlichen Interessen der Verbraucher beeinträchtigen, die VerbraucherRL regelt zentrale Fragen der Zulässigkeit von Vertragsbestimmungen zwischen Verbrauchern und Unternehmen, etwa Widerrufsrechte und Informationspflichten. Art 3 Abs 4 der UGP-RL beschränkte die Zulässigkeit abweichender einzelstaatlicher Regelungen auf einen Übergangszeitraum und machte sie vom Nachweis ihrer Notwendigkeit abhängig. Art 4 der VerbraucherRL ist demgegenüber bereits weitgehend wortident mit dem zit Auszug der PauschalreiseRL formuliert. In den meisten anderen Materien ist aber ungeachtet dieses Trends die Mindestharmonisierung nach wie vor der Regelfall der Rechtsangleichung im Binnenmarkt.

---

35 Vgl *Klamert*, EU-Recht Rz 535.
36 Vgl *Klamert*, EU-Recht Rz 534.
37 Vgl zB verb Rs C-281/03 und C-282/03, *Cindu*, ECLI:EU:C:2005:549, Rn 44.

1.3.4. Abweichungen von Harmonisierung

Nach Erlass der Rechtsangleichungsmaßnahme sind Abweichungen der MS grundsätzlich nicht mehr zulässig. Das EU-Recht ist eine **autonome Rechtsordnung**.[38] Das Inkrafttreten unionsrechtlicher Normen und die damit unmittelbar verbundenen Rechtsfolgen (va unmittelbare Geltung in allen MS, Umsetzungspflicht bei RL, Vorrangwirkung gegenüber dem Recht der MS bei Konflikten) hängen weder von der Zustimmung oder Mitwirkung einzelstaatlicher Akteure ab, noch können diese die entsprechenden Verpflichtungen oder den Regelungsgehalt in sonstiger Weise nachträglich modifizieren. Nachträgliche einzelstaatliche Abweichungen von Harmonisierungsmaßnahmen sind daher nur dort möglich, wo das Unionsrecht diese Möglichkeit ausdrücklich vorsieht.

Eine Autorisierung zur Abweichung kann sich erstens im Sekundärrechtsakt selbst finden. Dies ist auch der in der Praxis bedeutsamste Fall. So können Harmonisierungsrechtsakte ausdrücklich **Rechtfertigungsgründe oder Schutzklauseln** enthalten, die den MS auch nach erfolgter Harmonisierung eine Abweichung von der einheitlichen Regelung erlauben. Rechtfertigungsgründe und Schutzklauseln unterscheiden sich insoweit voneinander, als Erstere es den MS erlauben, besondere Gesichtspunkte des Allgemeininteresses dauerhaft in die Umsetzung oder Anwendung der RL einfließen zu lassen. Schutzklauseln dienen dagegen der raschen Reaktion des MS auf atypische Ausnahme- bzw Notfälle und sind insoweit auch typischerweise zeitlich begrenzt. Art 114 Abs 10 AEUV verweist darauf, dass Harmonisierungsrechtsakte in allen erforderlichen Fällen Schutzklauseln zu enthalten haben.

> Ein **Beispiel für Rechtfertigungsgründe** bietet die DienstleistungsRL 2006/123/EG. Sie will an sich den grenzüberschreitenden Dienstleistungsverkehr erleichtern, ist aber weiterhin von zahlreichen Möglichkeiten der MS durchsetzt, bestimmte Dienstleistungen doch einzuschränken. Bestes Beispiel ist Art 16 der RL, der den Grundsatz des freien Dienstleistungsverkehrs festlegt, die MS aber gleichzeitig ermächtigt, bestimmte gerechtfertigte Beschränkungen aufrechtzuerhalten. Art 16 der RL bestimmt: „Die Mitgliedstaaten achten das Recht der Dienstleistungserbringer, Dienstleistungen in einem anderen Mitgliedstaat als demjenigen ihrer Niederlassung zu erbringen. Der Mitgliedstaat, in dem die Dienstleistung erbracht wird, gewährleistet die freie Aufnahme und freie Ausübung von Dienstleistungstätigkeiten innerhalb seines Hoheitsgebiets." Die Mitgliedstaaten dürfen die Aufnahme oder Ausübung einer Dienstleistungstätigkeit in ihrem Hoheitsgebiet allerdings weiterhin und dauerhaft von Anforderungen abhängig machen, die „weder eine direkte noch eine indirekte Diskriminierung aufgrund der Staatsangehörigkeit ... darstellen [und] aus Gründen der öffentlichen Ordnung, der öffentlichen Sicherheit, der öffentlichen Gesundheit oder des Schutzes der Umwelt gerechtfertigt [sowie] zur Verwirklichung des ... verfolgten Ziels geeignet [sind] und ... nicht über das hinausgehen, was zur Erreichung dieses Ziels erforderlich ist." Die DienstleistungsRL öffnet sich daher gegenüber Abweichungen von der Harmonisierung im Recht der MS, die ihre, der einschlägigen Primärrechtsprüfung nach Art 62 iVm 52 AEUV sehr ähnliche, Rechtfertigungsprüfung bestehen.
>
> Ein **Beispiel für eine Schutzklausel** bietet die GMO-RL 2001/18/EG. Sie vereinheitlicht die in den MS geltenden Bedingungen der Freisetzung genetisch veränderter Organismen in die Umwelt sowie des Inverkehrbringens genetisch veränderter Organismen als Produkt. Art 23 der RL enthält eine Schutzklausel mit folgendem Inhalt: „Hat ein Mitgliedstaat aufgrund neuer oder zusätzlicher Informationen ... oder aufgrund einer Neubewertung der vorliegenden Informationen auf der Grundlage neuer oder zusätzlicher wissenschaftlicher Erkenntnisse berechtigten Grund zu der Annahme, dass ein [genetisch veränderter Organismus] als Produkt oder in einem Produkt, der nach dieser

---

[38] Grundlegend Rs 26/62, *van Gend & Loos*, ECLI:EU:C:1963:1, S 25.

1.3. Harmonisierungswerkzeuge

> Richtlinie vorschriftsmäßig angemeldet wurde und für den eine schriftliche Zustimmung erteilt worden ist, eine Gefahr für die menschliche Gesundheit oder die Umwelt darstellt, so kann er den Einsatz und/oder Verkauf dieses GVO als Produkt oder in einem Produkt in seinem Hoheitsgebiet vorübergehend einschränken oder verbieten. ... Der Mitgliedstaat unterrichtet ... unverzüglich die Kommission und die übrigen Mitgliedstaaten über die gemäß diesem Artikel ergriffenen Maßnahmen, wobei er ferner angibt, ob und auf welche Weise die Bedingungen für die Zustimmung geändert werden sollten oder ob die Zustimmung aufgehoben werden sollte. ... Eine Entscheidung hierüber ergeht innerhalb von 60 Tagen".

Zweitens enthält das Primärrecht einige wenige Bestimmungen mit der Erlaubnis zur Abweichung von einem einheitlichen Harmonisierungsniveau. Den wichtigsten Fall bildet der sog **Nationale Alleingang** nach Art 114 Abs 4 bis 9 AEUV. Es handelt sich dabei im Grunde um zwei Formen eines Schutzklauselmechanismus, der allerdings für das Sekundärrecht insgesamt (also alle auf Art 114 AEUV basierten RL) zur Verfügung steht, wenn die entsprechenden Bedingungen erfüllt sind.

Art 114 AEUV normiert zwei Konstellationen des unionsrechtskonformen Nationalen Alleingangs zur Abweichung von Harmonisierung. Es sind dies erstens die **Beibehaltung** abweichender Regeln trotz Harmonisierung und zweitens die **Neuschaffung** solcher Abweichungen nach erfolgter Harmonisierung. Die Aufrechterhaltung abweichender Regeln eines MS trotz Harmonisierung ist im Interesse eines der Schutzgüter des Art 36 AEUV sowie für den Umweltschutz und den Schutz der Arbeitsumwelt möglich. Die Beibehaltung muss vom MS mit einem dieser Schutzgüter begründet werden und im Hinblick auf das erfolgte Ziel verhältnismäßig sein. Die Neuschaffung abweichender Regeln nach Harmonisierung ist demgegenüber ausschließlich im Hinblick auf die Schutzgüter Umwelt- und Arbeitsumweltschutz zulässig. Außerdem muss die Notwendigkeit zu einer Abweichung 1) auf neue wissenschaftliche Erkenntnisse gestützt sein und 2) dargelegt werden, dass bzw warum eine Einführung der Abweichung im Alleingang nötig ist (und nicht durch Änderung des Rechtsakts für alle erfolgen soll; zB Dringlichkeit).

Beide Konstellationen nationaler Alleingänge werden von der **Kommission** im Hinblick auf ihre Zulässigkeit (Notwendigkeit) geprüft. Die Kommission entscheidet darüber binnen sechs Monaten (verlängerbar um weitere sechs Monate). Ist der Alleingang gerechtfertigt, schützt der fragliche Unionsrechtsakt die betreffenden Schutzgüter also tatsächlich unzureichend, so ist im Regelfall auch dieser Unionsrechtsakt entsprechend zu überarbeiten. Ist der Alleingang nicht gerechtfertigt, besteht die Möglichkeit einer direkten Vertragsverletzungsklage[39] beim EuGH ohne Einhaltung des dort sonst vorgesehenen Vorverfahrens.

Beide Konstellationen sind zur Verhinderung von Missbrauch durch die MS eher **eng formuliert**. Der Maßstab für die Beibehaltung von Abweichungen ist jedoch aufgrund seines Gleichklangs mit der Grundfreiheitenprüfung tendenziell großzügig gegenüber nationalen Alleingängen, während der Maßstab für die Neuschaffung viel höhere Hürden setzt. Allerdings handhabt die Kommission beide Fälle in der Praxis eher **restriktiv**.

Die **Beurteilungsgrundsätze** im Rahmen des nationalen Alleingangs illustriert beispielsweise[40] das Urteil *Sulfite* aus 2003. Es veranschaulicht die Logik des Art 114 AEUV und erläu-

---

39 Art 258 AEUV.
40 Vgl auch Rs C-512/99, *Deutschland/Kommission („RL Gefährliche Stoffe")*, ECLI:EU:C:2003:40, Rn 41 ff.

1. Grundlagen

tert den bei der Neueinführung von Abweichungen im Unterschied zur bloßen Beibehaltung geltenden, weitaus strengeren Maßstab sowie das (ua) beim Gesundheitsschutz allgemein anerkannte[41] und auch für den nationalen Alleingang wesentliche **Vorsorgeprinzip**.

> Rs C-3/00, *Dänemark/Kommission ('Sulfite')*, ECLI:EU:C:2003:167
>
> Die auf Grundlage des Art 114 AEUV erlassene (alte) RahmenRL 89/107/EWG über Zusatzstoffe, die in Lebensmitteln verwendet werden dürfen, definierte Lebensmittelzusatzstoffe sowie die Voraussetzungen ihrer Verwendung. In einer Positivliste waren Zusatzstoffe angeführt, die bestimmten Lebensmitteln jedenfalls zugefügt werden durften. Details wurden in drei späteren RL näher ausgeführt, eine davon aus 1995. Im Jahr 1996 teilte die dänische Regierung der Kommission gemäß Art 114 Abs 4 AEUV nationale Bestimmungen für die Verwendung von Sulfiten, Nitriten und Nitraten (allesamt Konservierungsmittel) mit, die sie in Abweichung von der RL aus 1995 beibehalten wollte. Sie stützte sich dabei auf Stellungnahmen des EU-Lebensmittelausschusses, aus denen die Gesundheitsschädlichkeit dieser Stoffe oberhalb einer gewissen Mindestaufnahmemenge hervorging. Der Ausschuss hatte empfohlen, die Aufnahme von Sulfiten, Nitriten und Nitraten daher so weit als möglich zu beschränken. Nach mehreren Briefwechseln übermittelte die Kommission die dän Notifizierungsunterlagen den übrigen MS zur Stellungnahme. Die MS äußerten sich mehrheitlich ablehnend. 1999 entschied die Kommission auf der Grundlage von Art 114 Abs 6 AEUV, dass die dän Bestimmungen „dem Gesundheitsschutz dienen sollen, jedoch weiter gehen, als es zur Erreichung dieses Zieles erforderlich ist" und stimmte ihnen daher nicht zu.
>
> 38. Zunächst ist die Natur des in [Art 114 Abs 4 und 6 AEUV] vorgesehenen Verfahrens zu prüfen. ...
>
> 40. Das ... Verfahren zur Billigung abweichender einzelstaatlicher Bestimmungen ... beginnt ... nach dem Erlass der Harmonisierungsmaßnahme durch das rechtsetzende Organ. Es dient zur **Beurteilung der besonderen Bedürfnisse eines Mitgliedstaats**, wobei die Kommission ... zu prüfen hat, ob sie dem [G]esetzgeber eine Anpassung der Harmonisierungsmaßnahme vorschlägt, wenn sie davon abweichende einzelstaatliche Bestimmungen gebilligt hat. ...
>
> 43. [Daher] schreibt **keine Bestimmung der Kommission vor, ... Stellungnahmen der übrigen Mitgliedstaaten einzuholen**, wie sie es im vorliegenden Fall getan hat.
>
> 57. [Art 114 AEUV] unterscheidet danach, ob die mitgeteilten Bestimmungen einzelstaatliche Bestimmungen sind, die schon vor der Harmonisierung bestanden, oder einzelstaatliche Bestimmungen, die der betreffende Mitgliedstaat einführen möchte. Im ersten ... Fall muss die **Beibehaltung** bestehender einzelstaatlicher Bestimmungen durch **wichtige Erfordernisse** im Sinne des [Art 36 AEUV] oder in Bezug auf den Schutz der Arbeitsumwelt oder den Umweltschutz gerechtfertigt sein. Im zweiten ... Fall muss die **Einführung** neuer einzelstaatlicher Bestimmungen auf neuen wissenschaftlichen Erkenntnissen zum Schutz der Umwelt oder der Arbeitsumwelt aufgrund eines spezifischen Problems für diesen Mitgliedstaat beruhen, das sich nach dem Erlass der Harmonisierungsmaßnahme ergibt.
>
> 58. Die beiden ... Fälle unterscheiden sich darin, dass im ersten Fall die einzelstaatlichen Bestimmungen schon vor der Harmonisierungsmaßnahme bestanden. Sie **waren dem [Unions]gesetzgeber somit bekannt**, aber dieser **konnte oder wollte sich bei der Harmonisierung nicht** von ihnen **leiten lassen**. Es wurde daher als **hinnehmbar** angesehen, dass der **Mitgliedstaat** die **Fortgeltung** seiner eigenen Vorschriften **beantragen kann**. Dabei verlangt der ... Vertrag, dass solche Vorschriften durch wichtige Erfordernisse im Sinne des [Art 36 AEUV] oder in Bezug auf den Schutz der Arbeitsumwelt oder den Umweltschutz gerechtfertigt sind. Dagegen **kann** im zweiten Fall der **Erlass neuer einzelstaatlicher Rechtsvorschriften die Harmonisierung stärker gefährden**. Die [O]rgane konnten die einzelstaatliche Regelung naturgemäß bei der Ausarbeitung der Harmonisierungsmaßnahme nicht

---

[41] Vgl auch Art 9 AEUV.

berücksichtigen. In diesem Fall können die in [Art 36 AEUV] genannten Erfordernisse nicht herangezogen werden; zulässig sind allein Gründe des Schutzes der Umwelt oder der Arbeitsumwelt, wobei Voraussetzung ist, dass der Mitgliedstaat **neue wissenschaftliche Erkenntnisse** vorlegt und dass das Erfordernis der Einführung neuer einzelstaatlicher Bestimmungen auf einem **spezifischen Problem für diesen Mitgliedstaat** beruht, das sich nach dem Erlass der Harmonisierungsmaßnahme ergibt.

59. Folglich geht [im Fall der Beibehaltung nach Abs 4] weder aus dem Wortlaut ... noch aus der Systematik des ... Artikels hervor, dass vom beantragenden Mitgliedstaat der **Nachweis** verlangt werden kann, dass die **Beibehaltung** der von ihm der Kommission mitgeteilten einzelstaatlichen Bestimmungen aufgrund eines spezifischen Problems dieses Staates **gerechtfertigt** ist.

60. Besteht dagegen in dem beantragenden Mitgliedstaat tatsächlich ein **spezifisches Problem**, so kann dieser Umstand von ganz erheblicher Relevanz für die Entscheidung der Kommission über die Billigung oder Ablehnung der mitgeteilten einzelstaatlichen Bestimmungen sein. Es ist ein Gesichtspunkt, den die Kommission gegebenenfalls beim Erlass ihrer Entscheidung zu berücksichtigen hat.

61. Aus der allgemeinen Systematik der angefochtenen Entscheidung ergibt sich, dass die Kommission das mögliche Vorliegen einer besonderen Lage im Königreich Dänemark nur als relevanten Gesichtspunkt bei ihren Erwägungen zu der zu treffenden Entscheidung geprüft hat. **In der angefochtenen Entscheidung wird das Bestehen einer solchen Lage nicht als Voraussetzung für die Billigung bestehender abweichender einzelstaatlicher Bestimmungen behandelt.** Folglich ist der auf eine falsche Auslegung von [Art 114 Abs 4 AEUV] durch die Kommission gestützte Klagegrund, soweit er das Erfordernis des Bestehens einer besonderen Lage nach diesem Artikel betrifft, unbegründet.

62. Entsprechende Erwägungen gelten für das **Erfordernis neuer wissenschaftlicher Erkenntnisse**. Diese Voraussetzung wird in [Abs 5] für die Einführung neuer abweichender einzelstaatlicher Bestimmungen aufgestellt, ist aber nicht in [Abs 4] für die Beibehaltung bestehender abweichender einzelstaatlicher Bestimmungen vorgesehen. Sie gehört nicht zu den Voraussetzungen für die Beibehaltung solcher Bestimmungen.

63. Zudem **kann sich der beantragende Mitgliedstaat zur Rechtfertigung der Beibehaltung** solcher abweichender einzelstaatlicher Bestimmungen **darauf berufen, dass er die Gefahr für die öffentliche Gesundheit anders bewerte**, als es der [G]esetzgeber in der Harmonisierungsmaßnahme getan habe. Angesichts der **Unsicherheit, die untrennbar mit der Bewertung der Gefahren verbunden ist**, die sich für die öffentliche Gesundheit insbesondere aus der Verwendung von Lebensmittelzusatzstoffen ergeben, können abweichende Bewertungen dieser Gefahren legitimerweise vorgenommen werden, ohne dass sie unbedingt auf andere oder neue wissenschaftliche Daten gestützt werden müssen.

64. Ein Mitgliedstaat kann einen Antrag auf Beibehaltung seiner bestehenden einzelstaatlichen Bestimmungen auf eine Bewertung der Gesundheitsgefahr stützen, die sich von der Bewertung des Gemeinschaftsgesetzgebers beim Erlass der Harmonisierungsmaßnahme unterscheidet[.] Dabei hat [er] **nachzuweisen**, dass die genannten einzelstaatlichen Bestimmungen ein **höheres Niveau des Schutzes** der öffentlichen Gesundheit als die gemeinschaftliche Harmonisierungsmaßnahme gewährleisten und dass sie nicht über das zur Erreichung dieses Zieles erforderliche Maß hinausgehen.

Neben Art 114 AEUV erlaubt auch Art 27 AEUV gewisse Abweichungen vom einheitlichen Harmonisierungsniveau. Hier ist die Handlungshoheit allerdings der Kommission zugewiesen, die zur Berücksichtigung eines unterschiedlichen Entwicklungsstands der Volkswirtschaften im Binnenmarkt geeignete punktuelle Ausnahmeregelungen vom Binnenmarktrecht vorschlagen kann. Die Bestimmung zielt auf den Schutz dieser schwächeren Volkswirtschaften und erlaubt diesen im Grunde, mit langsamerer Geschwindigkeit nachzuziehen. In der Praxis wurde von Art 27 AEUV etwa im Zuge der dt Wiedervereinigung Gebrauch gemacht, aber auch zur

Rechtfertigung einzelner Ausnahmeregelungen in Sekundärrechtsakten (etwa im Vergaberecht oder bestimmten Sektoren).[42]

1.3.5. Produktregulierung im Besonderen

Im Bereich der Regulierung von Produktanforderungen (sog *non-food* Warenregulierung) besteht ein besonderer Harmonisierungsansatz, der zwischen Mindest- und Vollharmonisierung steht und sich zT auf Freiwilligkeit verlässt. Die Ausführungsgesetzgebung zur Warenverkehrsfreiheit erfasst neben der Produktregulierung eine Reihe weiterer Bereiche, so va das Lebensmittel- und das Arzneimittelrecht. Außerdem besteht eine Reihe warenverkehrsrelevanter Querschnittsregelungen, etwa zum Konsumentenschutz, IP-Schutz usw. Die Zielsetzungen und Regelungsansätze dieser Bereiche sind jeweils sehr unterschiedlich. Was hier für die Produktregulierung ausgeführt wird, gilt daher auch nur dort.

Eckpunkte der Produktvorschriften sind die Produktsicherheit (Gesundheit, Umwelt usw), der Bereich der Standards (Interoperabilität, technische Anforderungen, Qualität, Produktionsprozesse, Zusatzleistungen usw), Konformitätsbewertungen (Voraussetzung des Inverkehrbringens reglementierter Produkte, einschließlich Akkreditierung der zuständigen Organisationen und Einrichtungen und der sog CE-Kennzeichnung), die Marktüberwachung (Gefährlichkeit von am EU-Markt befindlichen *non-food* Produkten), Regelungen zu Metrik und Maßeinheiten (Packungsgrößen usw) sowie der Bereich der Produktpiraterie (Zollbehörden).[43]

Die Herangehensweise des EU-Gesetzgebers zur Festlegung binnenmarktweit einheitlicher Produktvorschriften hat sich im Lauf der Zeit gewandelt. Die ersten Harmonisierungsakte zielten vor allem auf die Beseitigung von Beschränkungen und die Gewährleistung des freien Warenverkehrs im Binnenmarkt ab.[44] Mittlerweile verfolgt die EU eine viel umfassendere Politik, die auch auf die Produktsicherheit und Beschaffenheitskonformität sowie auf Verbraucherschutz und Wettbewerbswirkungen der Regulierung Bedacht nimmt. Man kann insoweit von einem „alten", einem „neuen" und einem „neuesten" Regulierungskonzept sprechen. Im **alten Konzept** (bis 1985) erfolgte die Angleichung der Produktanforderungen vermittels detaillierten Texten, die alle für das betreffende Produkt notwendigen technischen und administrativen Bestimmungen enthielten. Das 1985 entwickelte **neue Konzept** beschränkt demgegenüber den Umfang der Angleichung auf **wesentliche Anforderungen** an das betreffende Produkt. Die Festlegung der **technischen Einzelheiten** des Produkts erfolgt dagegen nur im Weg der **Normung** bzw Standardisierung der Produktanforderungen durch akkreditierte[45] Normungsorganisationen.

> Anlass für das neue Konzept und dessen Fokus auf die wesentlichen Produktanforderungen gab das 1979 ergangene Grundsatzurteil *Cassis de Dijon*, das va für das dort begründete **Ursprungslandprinzip** sowie für die Doktrin von den zwingenden Erfordernissen bei der Rechtfertigungsprüfung bekannt ist. Der EuGH stellte dort klar, dass in einem MS rechtmäßig in Verkehr gebrachte Produkte im Prinzip im gesamten Binnenmarkt frei vertrieben werden können, wenn sie dem im Zielstaat

---

[42] Näher zB *Korte*, Art 27, Rz 19, in *Calliess/Ruffert* (Hrsg), EUV/AEUV-Kommentar[5] (2016).
[43] Näher Leitfaden für die Umsetzung der Produktvorschriften (sog Blue Guide), ABl 2016/C 272/1.
[44] Vgl Leitfaden für die Umsetzung der Produktvorschriften (sog Blue Guide), ABl 2016/C 272/1, 5f.
[45] Vgl VO 1025/2012 zur europäischen Normung, ABl 2012/L 316/12.

geforderten Schutzniveau entsprechen.⁴⁶ Nur Anforderungen, die ein solches (im Hinblick auf die verfügbaren Rechtfertigungsgründe und die durchzuführende Verhältnismäßigkeitsprüfung legitimes) Niveau sicherstellen, sind wesentlich. Alle anderen nationalen Anforderungen an Produkte sind dagegen unwesentlich und bedürfen keiner Harmonisierung (bzw widersprechen ggf auch Art 34 AEUV).

Für die Ausarbeitung von Normen sind auf europäischer bzw internationaler Ebene Gremien innerhalb der Organisationen **CEN** bzw **ISO** (allgemeine Normung), CENELEC bzw IEC (Elektrotechnik) und ETSI (Telekommunikation) verantwortlich. In Österreich bzw Deutschland werden die europäischen und internationalen Vorgaben über die nationalen Normungsorganisationen Austrian Standards Institute bzw Deutsches Institut für Normung in die hierzulande bekannten Standards **ÖNORM** bzw **DIN** gegossen. ÖNORMEN bzw DIN-Normen können also nationalen, europäischen oder internationalen Ursprungs sein bzw ist die Einheitlichkeit geografisch entsprechend unterschiedlich weit. Normen sind zunächst freiwillige Industriestandards, die Interoperabilität und eine gewisse Mindestqualität sichern sollen. Nimmt das Recht darauf Bezug, können Normen im angeordneten Umfang rechtsverbindlich werden.

Nach dem auf Grundlage der *Cassis*-Formel entwickelten neuen Konzept besteht daher bei Produkten, die wesentlichen Anforderungen entsprechen und nach dem jeweils geltenden (freiwilligen) Industriestandard hergestellt wurden, eine Konformitätsvermutung. Der Hersteller gibt dann lediglich eine entsprechende **Konformitätserklärung** ab. Die Richtigkeit der Konformitätserklärung wird nicht vor der Vermarktung des Produkts kontrolliert, sondern lediglich durch Stichproben am Markt überprüft. Dem Hersteller steht es aber frei, das Produkt mit abweichenden (nicht standardisierten) Produkteigenschaften herzustellen. Dann allerdings ist vor der Vermarktung zu beweisen, dass das Produkt zumindest den in der EU-Gesetzgebung aufgestellten wesentlichen Anforderungen entspricht. Er hat das Produkt dazu überprüfen zu lassen und erhält dann eine **Konformitätsbescheinigung**.

Wurde vom Hersteller eine Konformitätserklärung abgegeben oder eine Konformitätsbescheinigung erworben, darf (nur) dieser am Produkt eine **CE-Kennzeichnung** als Bestätigung ihrer Freiverkehrsfähigkeit im Binnenmarkt anbringen. Alle Produkte, deren wesentliche Anforderungen harmonisiert sind, müssen mit einer CE-Kennzeichnung versehen sein, bevor sie erstmals in den Verkehr gebracht oder in Betrieb genommen werden.⁴⁷

Da das neue Konzept stark auf der Selbstverantwortung der Hersteller aufgebaut ist, kommt der Kontrolle der **Produktsicherheit** und **Produkthaftung** nach den RL 2001/95/EG bzw 85/374/EWG besondere Bedeutung zu.⁴⁸ Die beiden RL schaffen ein ineinandergreifendes System, das vor von Produkten ausgehenden, allgemeininteressensrelevanten Gefahren (also für Gesundheit, Umwelt usw) schützt. Hersteller sollen ausschließlich Produkte in Verkehr bringen, bei denen die Sicherheit gewährleistet ist. Die ProduktsicherheitsRL regelt dabei insbesondere die Marktüberwachung und richtet ein Schnellwarnsystem ein, über das sich MS und Kommission gegenseitig über gefährliche *non food*-Produkte informieren und diese durch Sofortmaßnahmen (Einschränkung oder Verhinderung der Vermarktung) aus dem Verkehr ziehen können. Nach der ProdukthaftungsRL können Verfahren gegen alle Personen in der Liefer- oder Vertriebskette eingeleitet werden, die für ein nichtkonformes Produkt verantwortlich sind. Die Haftung (Verpflichtung zum Schadenersatz)

---

46 Rs 120/78, *Rewe-Zentral AG gegen Bundesmonopolverwaltung für Branntwein ('Cassis de Dijon')*, ECLI:EU:C:1979:42, Rn 12 f.
47 Dazu auch *Herda*, RdW 2015, 14 f.
48 Näher Leitfaden für die Umsetzung der Produktvorschriften (sog Blue Guide), ABl 2016/C 272/1, 11 f.

1. Grundlagen

> besteht gegenüber jedem Benutzer und trifft letztlich den Hersteller. Sie ist verschuldensunabhängig, ein Freibeweis des Herstellers (zB kein Inverkehrbringen, keine Fehlerhaftigkeit bei Inverkehrbringen, Fehler behördlich vorgegeben usw) sowie die Berücksichtigung von Mitverschulden sind aber möglich.

Das **neueste Konzept**, auch als Gesamtkonzept oder neuer Rechtsrahmen bezeichnet, brachte ab 2008[49] eine Konsolidierung und Ergänzung des Rechtsbestands des neuen Konzepts.[50] Das Gesamtkonzept soll eine **vollständige Qualitätskette** der Produktsicherheit gewährleisten, das also alle zugehörigen Einzelaspekte und alle Industriezweige einschließt. Das Gesamtkonzept schafft neben Pflichten für die Hersteller und die weiteren Beteiligten der Lieferkette auch unmittelbare Rechte, die sie bei Verstößen unmittelbar gegenüber Behörden und Wettbewerbern zur Durchsetzung bringen können. Zudem gilt nun ein einheitliches Regime für die Notifizierungsverfahren, die Konformitätsbewertung, die Akkreditierung der Konformitätsbewertungsstellen, die CE-Kennzeichnung und die Marktüberwachung. Auch die Produktsicherheits- und Produkthaftungsvorschriften wurden modernisiert. Die Regelungen des Gesamtkonzepts finden Anwendung auf jedes Inverkehrbringen eines in einem Harmonisierungsakt erfassten Produkts und **alle Arten des Vertriebs**. Sie gelten für neu in der EU hergestellte Produkte ebenso wie für Importprodukte (neu oder gebraucht, solange sie in der EU erstmalig in Verkehr gebracht werden), allerdings nur für Enderzeugnisse (keine Komponenten). Wesentliche Änderungen am Produkt machen dieses zu einem neuen Produkt.

> Das Gesamtkonzept erfasst heute den **Großteil der Produktsparten** (zB elektrische und elektronische Geräte, Maschinen, Aufzüge, medizinische Geräte usw). Lediglich in einigen wenigen, sensiblen Produktsparten folgt die Regulierung weiterhin dem alten Konzept weitgehender Detailregulierung (zB Automobile, Chemikalien, Erzeugnisse mit gefährlichen Bestandteilen usw). Dort sind daher die Spezifikationen im Detail geregelt und besteht Konformität nur bei Erfüllen aller Anforderungen. (Nur) Außerhalb der vom Gesamtkonzept bzw von spezifischen Detailregelungen erfassten, also harmonisierten Bereiche sind Anforderungen der MS an Produkte weiterhin direkt am primärrechtlichen Maßstab der Warenverkehrsfreiheit nach den Art 34 und 36 AEUV zu messen. Allerdings gibt es einige wichtige Sekundärrechtsakte, die innerhalb wie außerhalb des Gesamtkonzepts gelten und daher der Primärrechtsprüfung generell vorgehen.
>
> So bestehen erstens ein Informationsverfahren und eine generelle **Deklarationspflicht** für **technische Handelshemmnisse** betreffend Waren sowie digitale Dienstleistungen:[51] Die MS sind verpflichtet, den anderen MS und der Kommission die Entwürfe nationaler technischer Vorschriften vor Erlass mitzuteilen. Ebenso sind die nationalen Normungsgremien verpflichtet, ihre nationalen Normen der Kommission, den europäischen Normungsorganisationen und den anderen nationalen Normungsgremien zu notifizieren. Während einer **Stillhaltefrist** von idR 3 Monaten (verlängerbar) dürfen die gemeldeten technischen Vorschriften nicht in Kraft gesetzt werden. Keine Stillhaltefrist besteht, wenn ein MS kurzfristig technische Vorgaben zum Schutz der öffentlichen Gesundheit und Sicherheit sowie von Pflanzen und Tieren einführen muss.

---

49 Vgl va VO 765/2008 über die Vorschriften für die Akkreditierung und Marktüberwachung im Zusammenhang mit der Vermarktung von Produkten, ABl 2008/L 218/30; Beschluss 768/2008/EG über einen gemeinsamen Rechtsrahmen für die Vermarktung von Produkten, ABl 2008/L 218/82.
50 Näher Leitfaden für die Umsetzung der Produktvorschriften (sog Blue Guide), ABl 2016/C 272/1, 9 ff.
51 Vgl Binnenmarkt-TransparenzRL 2015/1535/EU.

> Zweitens sind die Regeln für **Verwaltungsentscheidungen über Produktkonformität** vereinheitlicht.[52] Trifft eine Behörde auf der Grundlage einer technischen Vorschrift eine Entscheidung, die sich auf das Inverkehrbringen eines Produkts auswirkt, die Marktfähigkeit also (vorab oder nachträglich) verneint oder Änderungen oder weitere Tests verlangt, so muss diese Entscheidung bestimmten **Mindestgarantien** genügen. Dies gilt insbesondere für die Bewertung der Konformität der Produkte mit den nationalen technischen Vorschriften durch die Behörde, für die daher binnenmarktweit einheitliche Vorgaben gelten.

1.4. Eckpunkte des Binnenmarktrechts

Die **Binnenmarktnormen ieS**, also iW die **Grundfreiheiten** und die damit zusammenhängenden Normen (va das Allgemeine Diskriminierungsverbot und die Unionsbürgerschaft)[53] weisen eine Reihe gemeinsamer Merkmale auf, die hier im Überblick kurz zusammengefasst werden. Sie unterscheiden sich in Teilen von den Merkmalen der Wettbewerbsnormen, die im Überblick ebenfalls angeführt werden.

1.4.1. Gemeinsame Merkmale der Grundfreiheiten

Die Grundfreiheiten (Art 34, 45, 49, 56 und 63 AEUV) erfassen (verbieten) **Diskriminierungen und Beschränkungen** gleichermaßen. Die Grundfreiheiten sind in ihren jeweiligen Anwendungsbereichen *leges speciales* zum Allgemeinen Diskriminierungsverbot (Art 18 AEUV) und zu den Freizügigkeitsrechten aufgrund der Unionsbürgerschaft (Art 21 Abs 1 AEUV). Letztere greifen daher nur außerhalb grundfreiheitenrelevanter Sachverhalte.

> Das **Allgemeine Diskriminierungsverbot** des Art 18 AEUV erfasst, wie schon aus seiner Bezeichnung hervorgeht, im Unterschied zu den Grundfreiheiten nur (unmittelbare oder mittelbare) Diskriminierungen und nicht auch sonstige Beschränkungen.
>
> Eine **Zwischenstellung** zwischen beiden Gruppen nehmen wohl die aus der Unionsbürgerschaft nach Art 21 Abs 1 AEUV abgeleiteten **Freizügigkeitsrechte** ein: Mit der hM im Schrifttum[54] soll Art 21 Abs 1 über Diskriminierungen hinaus auch alle Beschränkungen erfassen, die Unionsbürger von der Ausübung ihrer Freizügigkeitsrechte abhalten könnten. Tatsächlich hat der EuGH Art 21 Abs 1 in Teilaspekten (etwa beim Namensrecht)[55] wohl zu einem Beschränkungsverbot ausgebaut. Beim Zugang zu Dienst-[56] oder Geldleistungen[57] verlangt die Rsp zu Art 21 Abs 1 aber kaum den Abbau sämtlicher Regelungen, die die nichtwirtschaftliche Mobilität der Unionsbürger weniger attraktiv machen, sondern verbietet nur die Schlechterstellung im Aufenthalt. Diese Teilaspekte des Art 21 Abs 1 erschöpfen sich also in einem spezifischen Gleichbehandlungsgebot (also letztlich:

---

52 Vgl AnerkennungsVO 764/2008.
53 Im Detail etwa *Hilpold*, EuR 2015, 133 ff.
54 Vgl etwa *Nettesheim*, Art 21, Rz 22, in *Grabitz/Hilf/Nettesheim* (Hrsg), EUV/AEUV-Kommentar, EL 57 2015; *Kluth*, Art 21, Rz 6, in *Calliess/Ruffert* (Hrsg), EUV-AEUV-Kommentar[5] (2016); *Haag*, Art 21, Rz 20, in *von der Groeben/Schwarze/Hatje*, EUV/AEUV-Kommentar[7] (2015); jeweils mwN.
55 Vgl zB Rs C-438/14, *Bogendorff*, ECLI:EU:C:2016:401, Rn 36 mwN.
56 Vgl zB Rs C-147/03, *Kommission/Österreich („Hochschulzugang")*, ECLI:EU:C:2005:427, Rn 45.
57 Vgl zB Rs C-333/13, *Dano*, ECLI:EU:C:2014:2358, Rn 58 ff.

> ein Diskriminierungsverbot).[58] Wäre dem nicht so, könnte zB gegen für In- und Ausländer gleichermaßen geltende Zugangsbeschränkungen an Universitäten vorgegangen oder etwa die Gewährung einer im Inland allgemein nicht vorgesehenen Geldleistung eingeklagt werden: In beiden Beispielen wäre es ja weniger attraktiv, sich in den betreffenden MS zu begeben. Ein solcher Schutzzweck des Art 21 Abs 1 ist der Rsp nach heutigem Stand aber nicht zuzumessen.

Unter **Diskriminierung** iSd Grundfreiheiten ist die Ungleichbehandlung zweier im Übrigen gleicher (bzw die Gleichbehandlung zweier ungleicher) Sachverhalte aus dem alleinigen Grund der unterschiedlichen Staatsangehörigkeit zu verstehen.[59] Die Staatsangehörigkeit als Kriterium der Ungleichbehandlung kann dabei unmittelbar in der Norm genannt sein (sog direkte Diskriminierung). Die Norm kann aber auch lediglich andere Kriterien verwenden, die zum gleichen Ergebnis führen, ohne die Staatsangehörigkeit explizit zum Kriterium zu erheben (zB Sprache,[60] Wohnsitz, Ort des Bildungsabschlusses usw; sog indirekte Diskriminierung).

Eine **Beschränkung** ist demgegenüber jede sonstige Norm der Rechtsordnung, die die Ausübung einer Grundfreiheit behindert oder weniger attraktiv macht, auch wenn In- und Ausländer gleichermaßen erfasst sind (zB Qualifikationserfordernis als Berufsausübungsvoraussetzung, Verbot der Sonntagsöffnung, Informationspflichten gegenüber Kunden usw).

Die Anwendung sämtlicher Grundfreiheiten ist (gleich allen anderen primärrechtlichen Geboten) **subsidiär zur Anwendung spezifischeren Sekundärrechts** in Ausführung der Grundfreiheiten. Im Anwendungsbereich bestehenden Sekundärrechts ist daher stets nur dieses (also die fragliche Richtlinie oder Verordnung) für die Beurteilung der Unionsrechtskonformität des Rechts der MS anzuwenden und nicht die betreffende Grundfreiheit unmittelbar.

> Tatsächlich gibt es eine große Zahl solcher, die Grundfreiheiten ausführender und die Primärrechtsprüfung daher verdrängender Sekundärrechtsakte. Gekannt und beherrscht werden müssen sie va in der mit einer spezifischen Materie (zB Lebensmittelrecht, Arzneimittelrecht, Produktzulassung usw) befassten Praxis. Einzelne Sekundärrechtsakte sind aber so bedeutend, dass die betreffende Grundfreiheit ohne Kenntnis ihrer Eckpunkte heute nicht mehr sinnvoll verstanden oder gelehrt werden kann. Dazu gehören etwa die UnionsbürgerRL 2004/38/EG, die DienstleistungsRL 2006/123/EG, die BerufsqualifikationsRL 2005/36/EG oder die KoordinierungsVO 883/2004. Auch der gesamte Bereich des Vergaberechts nach den VergabeRL 2014/24/EU (Allg. RL), 2014/25/EU (Sektoren), 2014/23/EU (Konzessionen) und 2009/81/EG (Verteidigung) ist Ausführungsgesetzgebung zur Warenverkehrs- und Dienstleistungsfreiheit.

Sämtliche Grundfreiheiten erfordern als Voraussetzung ihrer Anwendung einen **grenzüberschreitenden Sachverhalt** (sog **Zwischenstaatlichkeitsschwelle**). Erschöpft sich ein Sachverhalt in all seinen Elementen innerhalb eines MS, kann die Grundfreiheit aus unionsrechtlicher Sicht nicht zur Anwendung gebracht werden.[61]

---

[58] Ähnlich *Kubicki*, EuR 2006, 489, 494 f.
[59] Vgl Rs 283/83, *Racke*, ECLI:EU:C:1984:344, Rn 7.
[60] Dazu etwa *Heinemann/Korradi*, EuZ 2017, 34 f.
[61] St Rsp, vgl Rs C-499/06, *Nerkowska*, ECLI:EU:C:2008:300, Rn 25; verb Rs C-64/96 und C-65/96, *Uecker und Jacquet*, ECLI:EU:C:1997:285, Rn 23; Rs C-148/02, *Garcia Avello*, ECLI:EU:C:2003:539, Rn 26; Rs C-192/05, *Tas-Hagen und Tas*, ECLI:EU:C:2006:676, Rn 23.

1.4. Eckpunkte des Binnenmarktrechts

> Die nach der Zwischenstaatlichkeit verlangte, überstaatliche Relevanz des betreffenden Problems stellt eine **generelle Anwendungsschranke** des Unionsrechts dar, die ihren Ursprung in der vertikalen Kompetenzverteilung zwischen der EU und der MS und den Prinzipien[62] der begrenzten Einzelermächtigung sowie der Subsidiarität hat. Besteht Sekundärrecht, ist die Zwischenstaatlichkeitsschwelle bereits durch den Erlass des betreffenden Rechtsakts übersprungen, da der Unionsgesetzgeber nur bei Überspringen der Subsidiaritätsschwelle oder bestehender ausschließlicher Gesetzgebungszuständigkeit[63] überhaupt handlungsbefugt ist. Bei der unmittelbaren Anwendung von Primärrecht ist die Zwischenstaatlichkeitsschwelle aber für jeden Sachverhalt einzeln zu prüfen.
>
> Der **EuGH** ist bei der **Prüfung** der Zwischenstaatlichkeitsschwelle in ihm vorgelegten Sachverhalten im gesamten Binnenmarktrecht iwS (also auch bei den Wettbewerbsnormen) tendenziell **großzügig**. Letztlich genügt es wohl, dass irgendein Element des Sachverhalts über den betreffenden MS hinausragt, auch wenn der Schwerpunkt dieses Sachverhalts inländische Fragestellungen betrifft. Zur Illustration: Im Fall *Angonese*[64] ließ es der EuGH zur Berufung eines Italieners auf die Arbeitnehmerfreizügigkeit zur Prüfung der Anstellungsbedingungen bei italienischen Banken bereits genügen, dass der Betreffende in Österreich studiert hatte.
>
> Fehlt jeglicher Zwischenstaatsbezug, weil keines der Sachverhaltselemente über den betreffenden MS hinausragt, so kennen einige MS (etwa Österreich,[65] Polen oder Lettland, str[66] in Deutschland) ein aus dem nationalen Verfassungsrecht ableitbares **Verbot** der sog **Inländerdiskriminierung**. Der nationale Gleichheitssatz lässt sich dann dahin verstehen, dass Inländer gegenüber EU-Ausländern bei der Anwendung des innerstaatlichen Rechts nicht schlechter gestellt werden dürfen. Könnte sich daher im Vergleichsfall ein EU-Ausländer auf eine Grundfreiheit berufen, so eröffnet das österr Verfassungsrecht auch Inländern diese Möglichkeit. Die Grundfreiheiten sind dann also im Ergebnis, über den Umweg des nationalen Verfassungsrechts, auch für rein innerstaatliche Sachverhalte zu beachten. Entsprechende Vorabentscheidungsersuchen lässt der EuGH ohne Weiteres zu.[67]

Nicht mit der Zwischenstaatlichkeitsschwelle zu vermengen ist die **allgemeine Kausalitätsgrenze der Grundfreiheiten**: So zeichnen sich alle Grundfreiheiten als **Verbote** auch schon bloßer **Beschränkungen der Ausübung** der Freiheit durch eine generell niedrige Aufgriffsschwelle aus. In der Tendenz werden, auch wenn sie nach der (sogleich besprochenen) Rechtfertigungsprüfung im Einzelfall bestehen bleiben dürfen, doch sehr viele staatliche Maßnahmen in die Tatbestände einbezogen. **Entschärft** wird diese **niedrige Aufgriffsschwelle** (neben der Rechtfertigungsprüfung) durch die allgemeine Kausalitätsgrenze: So **fallen** staatliche Maßnahmen in allen Grundfreiheiten **nicht** einmal unter den **Beschränkungsbegriff**, wenn ihre **Auswirkungen** auf die Ausübung der Grundfreiheit **bloß hypothetischer Natur**, also völlig ungewiss oder nach der allgemeinen Lebenserfahrung sogar unwahrscheinlich, sind. Der EuGH hat dies in verschiedenen Zusammenhängen judiziert.

---

62 Vgl Art 5 EUV.
63 Vgl Art 3 AEUV.
64 Rs C-281/98, *Angonese*, ECLI:EU:C:2000:296, Rn 17 ff.
65 Vgl zB OGH v. 21. 10. 2014, 4 Ob 145/14y ('Landesausspielung mit Automaten').
66 Näher etwa *von Bogdandy*, Art 18 EUV, Rz 54, in *Grabitz/Hilf/Nettesheim* (Hrsg), EUV/AEUV-Kommentar, EL 60 2016.
67 Vgl zB Rs C-470/11, *SIA Garkalns*, ECLI:EU:C:2012:505, Rn 20.

1. Grundlagen

Beispiele sind etwa die (bloß hypothetischen) Auswirkungen des allgemeinen Exekutionsrechts,[68] der Pflicht zur Stellung einer Prozesskostensicherheit,[69] des Gewährleistungsrechts,[70] von Sprachregelungen im Patentverfahrensrecht,[71] von Versorgungspflichten[72] oder von Umweltschutzvorschriften[73] für die Ausübung der Warenverkehrsfreiheit. Ebenso hypothetisch und daher beschränkungsuntauglich sind die Auswirkungen von Ladenöffnungszeiten auf die Dienstleistungsfreiheit.[74] Die dahinterstehende Logik illustriert nachfolgend das Urteil *Graf* aus 2000, betreffend den Ausschluss der Abfertigung bei Selbstkündigung und dessen (fehlende) Auswirkungen auf die Attraktivität der Ausübung der Arbeitnehmerfreizügigkeit.

Rs C-190/98, *Graf*, ECLI:EU:C:2000:49, Rn 15 ff

Der deutsche Staatsangehörige Graf hatte seinen Arbeitsvertrag beim Welser Unternehmen Filzmoser Maschinenbau gekündigt. Filzmoser weigerte sich, Graf eine Abfertigung zu zahlen und verwies dazu auf das AngestelltenG, das für den Fall der Selbstkündigung keinen Abfertigungsanspruch gewährte. Stellt diese Regelung eine Beschränkung der Arbeitnehmerfreizügigkeit dar?

„15 Eine Regelung wie die, um die es im Ausgangsverfahren geht, ist **unabhängig von der Staatsangehörigkeit** des betroffenen Arbeitnehmers anwendbar.

16 Des weiteren versagt sie den Abfertigungsanspruch jedem Arbeitnehmer, der den Arbeitsvertrag selbst beendet, um eine unselbständige Tätigkeit bei einem neuen Arbeitgeber aufzunehmen, unabhängig davon, ob dieser seinen Sitz in demselben Mitgliedstaat wie der vorige Arbeitgeber oder in einem anderen Mitgliedstaat hat. Deshalb läßt sich nicht sagen, daß die Regelung ausländische **Arbeitnehmer in stärkerem Maße berührt** als inländische und deshalb vor allem die ersteren zu benachteiligen droht.

17 Im übrigen enthalten die Akten, wie das vorlegende Gericht ausdrücklich dargelegt hat, keinen Hinweis darauf, daß sich eine solche Regelung zum **Nachteil einer bestimmten Kategorie von Arbeitnehmern** auswirkt, die eine neue Beschäftigung in einem anderen Mitgliedstaat aufnehmen wollen. ...

23 Auch **unterschiedslos anwendbare Bestimmungen**, die einen Staatsangehörigen eines Mitgliedstaats daran hindern oder davon abhalten, sein Herkunftsland zu verlassen, um von seinem Recht auf Freizügigkeit Gebrauch zu machen, stellen daher Beeinträchtigungen dieser Freiheit dar. Dies ist **jedoch nur dann der Fall, wenn sie den Zugang der Arbeitnehmer zum Arbeitsmarkt beeinflussen.**

24 Eine Regelung wie die im Ausgangsverfahren streitige ist eindeutig nicht geeignet, den Arbeitnehmer daran zu hindern oder davon abzuhalten, sein Arbeitsverhältnis zu beenden, um eine unselbständige Tätigkeit bei einem anderen Arbeitgeber auszuüben, denn der Abfertigungsanspruch hängt nicht von der Entscheidung des Arbeitnehmers ab, ob er bei seinem derzeitigen Arbeitgeber bleibt oder nicht, sondern **von einem zukünftigen hypothetischen Ereignis**, nämlich einer späteren Beendigung des Arbeitsverhältnisses, die der Arbeitnehmer selbst weder herbeigeführt noch zu vertreten hat.

---

[68] Vgl Rs 69/88, *Krantz*, ECLI:EU:C:1990:97, Rn 11.
[69] Vgl Rs C-291/09, *Guarnieri*, ECLI:EU:C:2011:217, Rn 17 ff.
[70] Vgl Rs C-93/92, *CMC*, ECLI:EU:C:1993:838, Rn 12.
[71] Vgl Rs C-44/98, *BASF*, ECLI:EU:C:1999:440, Rn 21.
[72] Vgl Rs C-134/94, *Esso*, ECLI:EU:C:1995:414, Rn 24.
[73] Vgl Rs C-379/92, *Peralta*, ECLI:EU:C:1994:296, Rn 24.
[74] Vgl verb Rs C-418/93, C-419/93, C-420/93, C-421/93, C-460/93, C-461/93, C-462/93, C-464/93, C-9/94, C-10/94, C-11/94, C-14/94, C-15/94, C-23/94, C-24/94 und C-332/94, *Semerano Casa Uno*, ECLI:EU:C:1996:242, Rn 32.

> 25 Ein derartiges Ereignis wäre jedoch **zu ungewiß und wirkte zu indirekt**, als daß eine Regelung, die an die Beendigung des Arbeitsverhältnisses durch den Arbeitnehmer selbst ausdrücklich nicht dieselbe Rechtsfolge knüpft wie an eine Beendigung, die er weder herbeigeführt noch zu vertreten hat, die Freizügigkeit der Arbeitnehmer beeinträchtigen könnte[.]"

Alle Grundfreiheiten (sowie Diskriminierungsverbot und Unionsbürgerschaft) sind **staatsgerichtet**, verpflichten also nur die MS. In horizontalen Rechtsstreitigkeiten (zwischen Privaten) sind sie daher nicht anwendbar (**keine Horizontalwirkung** der Grundfreiheiten).[75] Allerdings legt die Rsp den Staatsbegriff sowohl im gesamten Binnenmarktrecht iwS (also auch bei den Wettbewerbsnormen)[76] weit aus. Eine ähnliche Auslegung greift auch im Fall unmittelbar anwendbarer Bestimmungen fehlerhaft umgesetzter RL.[77]

Als Folge werden **staatsnahe Einrichtungen** und Akteure (zB öffentliche Unternehmen, Fonds, Verbände, Standes- und Berufsorganisationen) in den Anwendungsbereich der Grundfreiheiten[78] einbezogen. Diese **Zurechnung formal privaten Handelns zum Staat** erfolgt in allen Fällen jeweils aufgrund besonderer Umstände (zB **Kontrolle** des Staates über die Einrichtung, Verletzung staatlicher **Sicherungspflichten** gegen das Handeln der Privaten, **gesetzesähnliche Wirkungen** sektorüberspannender privater Regelungen usw) und sollte nicht mit einer (gerade fehlenden) allgemeinen Horizontalwirkung der Grundfreiheiten verwechselt werden. Auf Einzelheiten der Anwendung dieses generellen Zurechnungsgedankens wird bei den jeweiligen Grundfreiheiten eingegangen.

Wird der **Freiverkehr** entgegen der Binnenmarktlogik behindert, besteht **Rechtfertigungsbedarf** auf Seiten des MS. Die Grundfreiheiten enthalten durchwegs Rechtfertigungsmöglichkeiten, die teils tatbestandsimmanent (zB Art 18 oder 21 Abs 1 AEUV), teils ausdrücklich formuliert (zB Art 36 oder 45 Abs 3 AEUV) sind. Dass eine freiverkehrshemmende Maßnahme der MS also unter einen primärrechtlichen Verbotstatbestand fällt, bedeutet noch nicht, dass diese Regelung bzw das Verhalten endgültig verboten ist. Die Einbeziehung in den (mit dem Beschränkungsbegriff auch tendenziell sehr breiten) Tatbestand einer Grundfreiheit führt, wie eben betont, zur **Umkehr der Darlegungslast**.[79] Der **MS muss** also **darlegen**, warum die Maßnahme entgegen der initialen Vermutung ihrer Rechtswidrigkeit doch zulässig (also zur Verfolgung eines im Allgemeininteresse liegenden Ziels notwendig und dabei verhältnismäßig) ist. Erst dann, wenn auch eine **Rechtfertigung scheitert**, greift das **Verbot** endgültig.

> Für die Prüfung der primärrechtlichen Gebote des Binnenmarkt- und Wettbewerbsrechts ist diese **Trennung in Tatbestands- und Rechtfertigungsprüfung** immens wichtig. Die Subsumtion eines Sachverhalts unter die Tatbestände des Binnenmarkt- sowie des Wettbewerbsrechts ist erst komplett, wenn beide Bereiche vollständig erörtert wurden.

---

75 Ausführlich *Müller-Graff*, EuR 2014, 3, *passim*.
76 Vgl zB Rs C-126/01, *GEMO*, ECLI:EU:C:2003:622, Rn 23.
77 Vgl zB Rs C-188/89, *Foster*, ECLI:EU:C:1990:313, Rn 20.
78 Vgl zB Rs C-292/92, *Hünermund*, ECLI:EU:C:1993:932, Rn 15.
79 Vgl etwa Rs C-421/09, *Humanplasma*, ECLI:EU:C:2010:760, Rn 38.

1. Grundlagen

Gemeinsam ist den Grundfreiheiten dabei eine **duale Rechtfertigungsmöglichkeit** von Eingriffen: Neben den primärrechtlich ausdrücklich normierten Rechtfertigungsgründen hinaus steht der für alle Grundfreiheiten ungeschriebene, offene Katalog an **zwingenden Erfordernissen des Allgemeininteresses** (englisch: *rule of reason*) zur Verfügung.[80] Damit ist das Binnenmarktrecht zunächst (dh vorbehaltlich der konkreten Prüfung der Verhältnismäßigkeit der Maßnahme) also gegenüber jedem vernünftig (*reasonably*) erklärbaren nationalen Schutzanliegen offen. Keine rechtfertigungstauglichen Schutzanliegen sind allerdings, quer über alle Grundfreiheiten, **wirtschaftliche Gründe** (va Kosten- oder Haushaltserwägungen, Wirtschaftslenkung udgl).[81]

> Die primärrechtlichen Rechtfertigungsgründe sind je nach Grundfreiheit unterschiedlich weit gefasst. Den umfassendsten primärrechtlichen Katalog enthält Art 36 AEUV für die Warenverkehrsfreiheit (öffentliche Sittlichkeit, Ordnung und Sicherheit, Gesundheitsschutz sowie Schutz des Lebens von Menschen, Tieren oder Pflanzen, Kulturgüterschutz, Schutz gewerblichen und kommerziellen Eigentums). Die primärrechtlichen Kataloge der übrigen Grundfreiheiten sind vergleichsweise viel enger gefasst. Für die Arbeitnehmerfreizügigkeit, Niederlassungs- und Dienstleistungsfreiheit stehen nach den Art 45 Abs 3 und 52 Abs 1 und 62 AEUV nur die öffentliche Ordnung, Sicherheit und Gesundheit zur Verfügung. Die Kapitalverkehrsfreiheit ist wiederum etwas weiter gefasst und nennt in Art 65 Abs 1 AEUV neben der öffentlichen Ordnung und Sicherheit noch die Steuererhebung, die Rechts- und Steuerehrlichkeit sowie die Erhebung von Informationen für Verwaltung oder Statistik.
>
> Die primärrechtlichen Kataloge können sich **nicht wechselseitig ergänzen**. Die Rechtfertigungsgründe sind auf die Anwendung der jeweiligen Grundfreiheit begrenzt. Beispielsweise kann also der eng gefasste Katalog der Arbeitnehmerfreizügigkeit nicht etwa durch einen Rückgriff auf Art 36 erweitert werden. Eine Erweiterung des Katalogs muss auch bei Gründen, die für andere Grundfreiheiten primärrechtlich zur Verfügung stehen, für die konkrete Grundfreiheit aber nicht, über den Weg der zwingenden Erfordernisse des Allgemeininteresses erfolgen und ist daher auf Fälle begrenzt, in denen der offene Katalog an zwingenden Erfordernissen zur Verfügung steht.
>
> Der Katalog an zwingenden Gründen des Allgemeininteresses nach der *rule of reason* ist definitions- und funktionsgemäß offen für immer neue ‚Ziele' mit denen sich eine staatliche Eingriffsmaßnahme im konkreten Fall plausibel und tauglich (‚vernünftig') erklären lässt. Eine abschließende Aufzählung ist daher weder möglich noch gewollt. In der Rsp anerkannt wurden, aber zB[82] die Sicherung der **Qualität** von Leistungen durch Berufsregeln, der **Schutz von Immaterialgüterrechten** (zB über Art 36 hinaus auch das nicht zum gewerblichen Eigentum zählende Urheberrecht), **Arbeitnehmerschutz** sowie **Verbraucherschutz**. In Frage kommen (und vom EuGH anerkannt wurden) aber zB auch **Gläubigerschutz**,[83] **Spielerschutz**,[84] **Raumordnung**,[85] **Umweltschutz** (über die von Art 36 genannten Tiere und Pflanzen hinaus, zB Luftreinhaltung),[86] Wirksamkeit der **Steueraufsicht**[87] uvm.

---

80 Grundlegend Rs 120/78, *Rewe-Zentral AG gegen Bundesmonopolverwaltung für Branntwein* (‚Cassis de Dijon'), ECLI:EU:C:1979:42, Rn 8.
81 St Rsp, zB Rs C-220/12, *Thiele Meneses*, ECLI:EU:C:2013:683, Rn 43 f.
82 S für diese Aufzählung und die zugehörigen Nachweise zur Rsp Rs C-288/89, *Antennevoorziening Gouda*, ECLI:EU:C:1991:323, Rn 14.
83 Vgl zB Rs C-208/00, *Überseering*, ECLI:EU:C:2002:632, Rn 92.
84 Vgl zB Rs C-243/01, *Gambelli*, ECLI:EU:C:2003:597, Rn 63.
85 Vgl zB Rs C-384/08, *Attanasio*, ECLI:EU:C:2010:133, Rn 50.
86 Vgl zB Rs C-400/08, *Kommission/Spanien*, ECLI:EU:C:2011:172, Rn 74.
87 Vgl zB Rs C-250/95, *Futura Participations*, ECLI:EU:C:1997:239, Rn 31.

Der **Anwendungsunterschied** zwischen den beiden Kategorien der geschriebenen und der ungeschriebenen Rechtfertigungsgründe besteht wohl darin, dass **diskriminierende Maßnahmen** der MS nach (überwiegender)[88] Rsp nur mit den im Vertrag ausdrücklich niedergelegten Gründen gerechtfertigt werden können, während die Möglichkeit einer Erweiterung der Rechtfertigungsgründe um sonstige zwingende Erfordernisse nur für „Beschränkungen ..., die ohne Diskriminierung aus Gründen der Staatsangehörigkeit gelten"[89] zur Verfügung steht. Grund für diese Unterscheidung ist es, dass diskriminierende Maßnahmen aus unionsrechtlicher Sicht besonders verpönt sind und sie daher nicht in den Genuss der Rechtswohltat einer erleichterten Rechtfertigung kommen sollen. Allerdings **löst sich die Bedeutung dieser Unterscheidung zunehmend** auf, denn die Rsp ist keineswegs geradlinig[90] und der EuGH wendet beide Rechtfertigungsmöglichkeiten zunehmend parallel an.[91]

> Vor dem Hintergrund dieser Auflösungserscheinungen relativiert sich die Sinnhaftigkeit der im Schrifttum geführten, darüber hinausgehenden Diskussion, ob der Ausschluss der primärrechtlichen Rechtfertigungsgründe nur für direkt diskriminierende Maßnahmen gelten soll oder auch für bloß indirekt diskriminierende Maßnahmen. Die wohl hM[92] geht von Ersterem aus, sodass die Rechtswohltat der Erweiterung des Rechtfertigungskatalogs auf zwingende Erfordernisse **bereits für indirekt diskriminierende Maßnahmen zur Verfügung** steht. Diese Diskussion suggeriert allerdings fälschlich, dass sich die drei Kategorien direkte und indirekte Diskriminierung sowie Beschränkung scharf voneinander abgrenzen ließen. Dies ist aber keineswegs der Fall, sondern es geht eine Kategorie fließend in die nächste über. Letztlich ist daher zwischen den beiden Polen der direkten Diskriminierung einerseits und der bloßen Beschränkung andererseits ein **Graubereich** hinzunehmen, in dem es für die Breite der zur Verfügung stehenden Rechtfertigungsmöglichkeiten wohl auf den konkreten Unwertgehalt der betreffenden Regelung ankommt.[93]

Die mit der Durchführung der Rechtfertigungs- und Verhältnismäßigkeitsprüfung verbundenen Wertungen werden allerdings in vielen Fällen letztlich doch wieder **vom vorlegenden Gericht selbst entschieden**: Der EuGH steckt häufig nur den **Grobrahmen** dieser Wertungen ab und gibt dem nationalen Gericht, je nach Fall mehr oder weniger ins Detail gehende, Anhaltspunkte vor (zB aufgefundene Indizien für eine mögliche Unverhältnismäßigkeit der Regelung oder Regelungsaspekte, die dem EuGH widersprüchlich erscheinen). Die Detailanalyse der rechtlichen und tatsächlichen Umstände des Falles, nach denen sich die Eignung, Erforderlichkeit und Angemessenheit letztlich entscheidet, liegt aber meistens wieder in den Händen des vorlegenden Gerichts. Für den EuGH ist dieses dazu regelmäßig „besser in der Lage ... als der Gerichtshof",[94] der in Vorabentscheidungssachen ja weder den Sachverhalt selbst erheben

---

[88] So zB verb Rs C-158/04 und C-159/04, *Alfa Vita*, ECLI:EU:C:2006:562, Rn 20; verb Rs 1/90 und 176/90, *Aragonesa*, ECLI:EU:C:1991:327, Rn 13; anders zB Rs C-53/08, *Kommission/Österreich („Notare')*, ECLI:EU:C:2011:338, Rn 96, wo gegenüber dem direkt diskriminierenden Vorbehalt der Notarstätigkeit für eigene Staatsangehörige eine offene Rechtfertigungsprüfung erwogen wurde.
[89] Rs C-400/08, *Hipermercatos*, ECLI:EU:C:2011:172, Rn 73; st Rsp.
[90] Vgl etwa Fn 85.
[91] Ebenso *Leible/Streinz*, Art 34, Rz 102, in *Grabitz/Hilf/Nettesheim* (Hrsg), EUV/AEUV-Kommentar, EL 55 2015; *Craig/de Búrca*, EU Law⁶ 705.
[92] So zB *Klamert*, EU-Recht Rz 443; *Bieber/Epiney/Haag*, Die Europäische Union¹¹ § 10, Rz 15; *Weiss/Kaupa*, Internal Market Law 33.
[93] Ähnlich *Craig/de Búrca*, EU Law⁶ 705; *Barnard*, Substantive Law 117 f.
[94] Rs C-198/14, *Valev Visnapuu*, ECLI:EU:C:2015:751, Rn 119.

kann, noch das umgebende nationale Recht kennt oder dieses auslegen darf. Der Rückverweis der Wertungsentscheidungen relativiert allerdings generell den Erkenntnismehrwert von Vorabentscheidungsersuchen in solchen Grundfreiheitenfällen, wo (wie häufig) eine Maßnahme einigermaßen eindeutig vom Tatbestand erfasst und im Grunde nur die Rechtfertigungsfrage offen ist.

Alle Grundfreiheiten enthalten überdies geschriebene oder ungeschriebene **Bereichsausnahmen**. Sie ergänzen die Rechtfertigungsgründe funktional, da Maßnahmen innerhalb des Anwendungsbereichs einer Bereichsausnahme nicht unter den Tatbestand fallen und daher stets erlaubt sind, ohne dass eine Rechtfertigungsprüfung überhaupt durchzuführen wäre.

> Geschriebene Bereichsausnahmen finden sich in Art 45 Abs 4 und 51 AEUV (**öffentliche Verwaltung**), Art 58 AEUV (**Verkehr und Bankdienstleistungen** im Rahmen der Dienstleistungsfreiheit) sowie Art 64 AEUV (Stillhaltepflicht bei **Kapitalverkehrsbeschränkungen gegenüber Drittstaaten**). Ungeschriebene Tatbestandsausnahmen bewirken die *Keck*-Doktrin beim freien Warenverkehr bzw die *Keck*-ähnlichen Einschränkungen des Beschränkungsbegriffs bei der Arbeitnehmerfreizügigkeit und der Niederlassungsfreiheit sowie die allgemeine **Kausalitätsgrenze** der Grundfreiheiten.
>
> Geschriebene Bereichsausnahmen gelten auch gegenüber diskriminierenden Maßnahmen. Die ungeschriebenen Bereichsausnahmen stehen dagegen nur für bloß beschränkende Maßnahmen zur Verfügung, die Ausländer auch nicht in sonstiger Weise stärker berühren (Feinprüfung der Wirkungen).

Schließlich sind alle Grundfreiheiten auch **unmittelbar anwendbar**: Einzelne können sich vor den nationalen Gerichten direkt auf ihren Gewährleistungsgehalt berufen, um gegen mögliche Diskriminierungen oder Beschränkungen bei der Ausübung der Grundfreiheit vorgehen zu können.

1.4.2. Gemeinsame Merkmale der Wettbewerbsnormen

Gemeinsames Ziel der Normen des Wettbewerbskapitels (va Kartellverbot, Missbrauchsverbot und Beihilfeverbot; Art 101, 102 und 107 AEUV) ist der **Schutz des Leistungswettbewerbs** gegen nicht auf Leistung beruhende Eingriffe (von Unternehmen oder MS) in den Markt:[95] Der Markterfolg eines Unternehmens soll auf dessen eigener Leistung (Qualität und Preis) beruhen. Versucht ein Unternehmen stattdessen, sich dem Wettbewerbsdruck zu entziehen, indem es sich (va) mit Wettbewerbern über das Marktverhalten verständigt (**Kartell**), seine Größe nutzt um Wettbewerber oder Abnehmer unfair zu behandeln (zu behindern oder auszubeuten; **Marktmachtmissbrauch**) oder vom Staat marktfremde geldwerte Vorteile entgegennimmt (**Beihilfe**), greifen die Verbote des Wettbewerbskapitels.

> So senken **Absprachen** mit Mitbewerbern (Art 101 AEUV) über die Preise der angebotenen Produkte, die zu beliefernden Märkte usw den individuellen Wettbewerbsdruck und führen dazu, dass die beteiligten Unternehmen nicht aufgrund ihrer besseren Leistungen erfolgreich sind, sondern nur aufgrund einer Einschränkung der Wahlmöglichkeiten der Verbraucher. Gleiches gilt, wenn große Unternehmen ihre **Marktmacht dazu ausnutzen** (Art 102 AEUV), Mitbewerbern oder Verbrauchern zB unangemessene Geschäftsbedingungen, hohe Preise udgl aufzuzwingen und so ihren Geschäftserfolg mit

---

[95] Grundlegend Rs 85/76, *Hoffmann-LaRoche*, ECLI:EU:C:1979:36, Rn 91.

> leistungsfremden Maßnahmen weiter ausbauen. Ebenso sollen **staatliche Eingriffe** in den Wettbewerb dadurch, dass die öffentliche Hand einzelne Unternehmen gegenüber anderen zB über Zuschüsse, Steuererleichterungen usw **bevorzugt (Art 107 AEUV)** und so den auf ihnen lastenden Wettbewerbsdruck in leistungsfremder Weise senkt, unterbunden werden.

Das Wettbewerbskapitel ergänzt so die Grundfreiheiten und trägt zur Erreichung des Binnenmarktgedankens iwS[96] bei: Letztere bezwecken den Abbau der Binnengrenzen für Freiverkehrsvorgänge. Die Regeln des Wettbewerbsrechts sollen gewährleisten, dass diese **Grenzen nicht von Privaten** oder MS *de facto* **wiedererrichtet** werden, indem bestimmte sachliche oder geografische Märkte dem normalen Wettbewerbsdruck entzogen, die Märkte also künstlich aufgespalten und die dortigen Wettbewerbsbedingungen durch marktfremdes Verhalten verfälscht werden.

> Nicht Gegenstand des Wettbewerbskapitels (**Wettbewerbsrecht ieS**) sind jene Normen, die verschiedene Arten unfairen Wettbewerbsverhaltens erfassen und unterbinden sollen (sog **Lauterkeitsrecht** bzw **Wettbewerbsrecht iwS**), etwa die Nachahmung fremder Leistungsergebnisse, irreführende Geschäftspraktiken usw. Gleiches gilt für jene ebenfalls zum Wettbewerbsrecht im weitesten Sinn gehörenden Monopolstellungen am Markt, die **Immaterialgüterrechte** (Patente, Marken, Urheberrechte usw) ihren Inhabern vermitteln. Beide genannten Bereiche gehören aus unionsrechtlicher Sicht zum Binnenmarktrecht und sind dort Gegenstand von (überwiegend) Rechtsangleichungsmaßnahmen der Union. Das **Lauterkeitsrecht** ist dabei allerdings bislang nur hinsichtlich der Beziehungen zwischen Unternehmern und Verbrauchern, also hinsichtlich seiner verbraucherschützenden Aspekte, **punktuell harmonisiert** (also B2C, nicht auch B2B). Das **Immaterialgüterrecht** ist **weitgehend harmonisiert** (Ausnahme Patentrecht). Va aber wird die Harmonisierung nationalen IP-Rechts auf Basis des Art 114 AEUV dort durch unionseigene IP-Schutzsysteme *sui generis* (auf Basis von Art 118 AEUV) ergänzt.

Die primärrechtlichen Verbote des Wettbewerbsrechts sind **subsidiär** gegenüber spezifischerem Sekundärrecht anzuwenden. Wichtige Beispiele sind der mittlerweile durch die FKVO 139/2004 aus dem Anwendungsbereich von Art 102 AEUV herausgelöste Bereich der **Fusionskontrolle**, die diversen Gruppenfreistellungen zu Art 101 bzw 107 AEUV (zB SpezialisierungsGVO 1218/2010, VertikalGVO 330/2010, AGVO 651/2014 ua) sowie die **Zuständigkeits- und Verfahrensregeln für das Kartell- und Missbrauchsrecht** einerseits bzw das **Beihilferecht** andererseits (VO 2003/1 bzw VVO 2015/1589).

Wie das Unionsrecht insgesamt setzt die Anwendung der Wettbewerbsnormen zudem ein Überspringen der **Zwischenstaatlichkeitsschwelle voraus**: Alle Verbote enthalten als Tatbestandsvoraussetzung den (in der Praxis allerdings, ähnlich wie bei den Grundfreiheiten, sehr großzügig gehandhabten) Nachweis, dass die wettbewerbswidrige Handlung sich auf die Handelsströme zwischen MS (beeinträchtigend) auswirkt. Die Handelsbeeinträchtigung ist neben dem Tatbestandsmerkmal der Behinderung oder Verfälschung des Wettbewerbs zwischen Unternehmen durch das Verhalten ein zusätzliches, eigenständiges Kriterium. Die Voraussetzung, dass ein wettbewerbswidriges Verhalten nur tatbestandsrelevant ist, wenn es

---

[96] Vgl auch Prot Nr 27 zu EUV/AEUV.

hinreichend relevante (spürbare) Auswirkungen sowohl auf den Handel zwischen Mitgliedstaaten als auch auf den Wettbewerb hat, wird im Wettbewerbsrecht mit den Überbegriffen *De-minimis*-Grenze (nach dem Rechtssatz *de minimis non curat praetor*, frei etwa: Der Richter kümmert sich nicht um Kleinigkeiten) bzw **Spürbarkeit** bezeichnet.[97]

Der Kreis der **Verpflichteten** der Wettbewerbsvorschriften ist dagegen je nach Norm unterschiedlich. Grundstoßrichtung sind an **Unternehmen** gerichtete Verbote, teils treffen die Verbote aber auch die MS (bzw die in den Wettbewerb eingreifende öffentliche Hand). Im Ergebnis richten sich alle Wettbewerbsnormen **sowohl an Unternehmen als auch an MS**: Das **Kartell**- und das **Missbrauchsverbot** haben als **direkte** Adressaten Unternehmen, über den Umweg des Art 106 Abs 1 AEUV (staatliche Bestimmung von Unternehmen zum Wettbewerbsverstoß)[98] kann allerdings ausnahmsweise auch die öffentliche Hand dagegen verstoßen. Beim Beihilfeverbot ist es umgekehrt: Dieses ist zunächst direkt an die öffentliche Hand gerichtet, über die Umwege der Beihilferückforderung im Fall von Negativentscheidungen und des Art 108 Abs 3 AEUV (Durchführungsverbot)[99] treffen die Rechtsfolgen von Verstößen aber auch den Beihilfeempfänger. Zudem ist beim Beihilfeverbot der **generell weite Staatsbegriff** des **Unionsrechts** mitzubedenken, der zur Folge hat, dass **staatsnahe Unternehmen** uU als Beihilfegeber (und damit als direkte Adressaten des Beihilfeverbots) **in Erscheinung** treten können.[100]

Alle Normen des Wettbewerbsrechts sind mit **Rechtfertigungsmöglichkeiten** kombiniert, bei deren Eingreifen ein im Übrigen tatbestandsmäßiges Verhalten (bzw dessen wettbewerbsverfälschende Wirkung) ausnahmsweise hingenommen wird. Im Rahmen des **Art 101 AEUV** sind dies die in dieser Norm in **Abs 3 enthaltenen Wirkungen** (Verbesserung der Warenerzeugung, Förderung des technischen oder wirtschaftlichen Fortschritts, angemessene Verbraucherbeteiligung usw), die nach **Art 1 Abs 2 VO 2003/1 Legalausnahmen** vom Kartellverbot bilden bzw dort jedenfalls pauschal freigestellt werden.[101] Ähnlich strukturiert ist das Beihilfeverbot des **Art 107 AEUV**, wo ebenfalls in **Abs 2 und 3 Rechtfertigungsgründe** enthalten sind, die allerdings von der **Kommission geprüft** werden müssen. Keinen separaten Rechtfertigungskatalog besitzt das Missbrauchsverbot des Art 102 AEUV, allerdings ist die Frage der Rechtfertigung dort schon in die Auslegung des Begriffs der Missbräuchlichkeit verwoben (**sachlich gerechtfertigtes Verhalten ist nicht missbräuchlich**). Eine selbständige Rechtfertigungsnorm stellt schließlich Art 106 Abs 2 AEUV dar. Er erlaubt es, Leistungen der Daseinsvorsorge ggf (im zur Leistungserbringung notwendigen Umfang) von sämtlichen Verboten des Wettbewerbskapitels auszunehmen.

Alle Verbote des Wettbewerbsrechts sind **unmittelbar anwendbar**. Bei den Kartell- und Missbrauchsverboten gilt dies schon für die jeweiligen Tatbestände, für das Beihilfeverbot nur hinsichtlich des Durchführungsverbots (Art 108 Abs 3 letzter Satz AEUV), dessen Einhaltung Einzelne auch vor den nationalen Gerichten direkt geltend machen können.

---

97 Vgl dazu va *De-minimis*-Bekanntmachung; Leitlinien zur Beeinträchtigung des zwischenstaatlichen Handels nach Art 101 und 102 AEUV, ABl 2004/C 101/81; *De-minimis*-GVO 1407/2013.
98 Vgl zB Rs C-323/93, *Crespelle*, ECLI:EU:C:1994:368, Rn 18.
99 Vgl zB verb Rs C-261/01 und C-262/01, *van Calster*, ECLI:EU:C:2003:571, Rn 53.
100 Vgl zB Rs C-206/06, *Essent Netwerk*, ECLI:EU:C:2008:413, Rn 65 ff.
101 Angesichts des Wortlauts von Art 101 Abs 3 AEUV („können für nicht anwendbar erklärt werden") muss es sich wohl von einer in die VO 2003/1 eingeflochtene Gruppenfreistellung durch den Rat als VO-Gesetzgeber handeln.

1.4.3. Prüfschemata

Die Prüfung von Sachverhalten am Maßstab der Grundfreiheiten oder am Maßstab des Wettbewerbsrechts lässt sich an einem Grobschema orientieren, das in beiden Bereichen weitgehend parallele Schritte setzt. Lediglich die Inhalte dieser Schritte sind tatbestandsbedingt unterschiedlich aufgefüllt.

> Das bzw die Prüfschemata verstehen sich dabei als bloße **Hilfestellung** dahin, im Rahmen der Subsumtion keinen Aspekt der Prüfung zu übersehen. Das Schema erhebt keinen dogmatischen Anspruch: Abweichende Vorgehensweisen bleiben uneingeschränkt zulässig, solange auch sie tatbestandliche Vollständigkeit gewährleisten. Wichtig ist die Vollständigkeit der Subsumtion, nicht die Reihenfolge, in der die Punkte abgearbeitet werden.
>
> Zu beachten ist zudem, dass eine sture Anwendung des Prüfschemas für die Falllösung letztlich nicht genügt: Wesentlich ist die **eigene Argumentationsleistung** im Rahmen der Subsumtion, also: Warum ist der vorliegende Sachverhalt konkret so oder so zu beurteilen, auf welche Merkmale stützt sich die Beurteilung, welche alternativen Sichtweisen gäbe es und warum sind diese nicht relevant usw. Es genügt daher nicht, das Schema auswendig zu lernen: Die zugrunde liegende Materie muss vielmehr so gut durchdrungen werden, dass ein Sachverhalt in seine Einzelbestandteile zerlegt und diese Bestandteile im Schema verortet und die Verortung argumentativ ausreichend begründet werden kann.

1.4.3.1. Prüfschema Grundfreiheiten

1. **Festlegung der nach dem SV *prima facie* einschlägigen Norm**: Welche der Grundfreiheiten ist nach dem Sachverhalt voraussichtlich (also noch vor Prüfung der Einzelheiten) berührt?
2. **Besteht** für diese Norm **Sekundärrecht**? Wenn ja, gehen diese Ausführungsregelungen der Primärrechtsprüfung der Grundfreiheit vor, sodass sich die Zulässigkeit der Maßnahme also nach den jeweiligen Details des Rechtsakts richtet.
3. **Persönlicher Schutzbereich**: Wer ist der Träger der Grundfreiheit und weist der Sachverhalt einen solchen Träger auf? Grundfreiheitenträger sind idR Staatsangehörige eines MS bzw juristische Personen eines MS (oder gleichgestellte Personen). Bei der Warenverkehrsfreiheit sind es Waren, die in einem MS in Verkehr gebracht wurden, beim Kapitalverkehr auch Drittstaatsangehörige.
4. **Sachlicher Schutzbereich**: Handelt es sich vorliegend um eine von der Norm geschützte Tätigkeit? Die Tätigkeit ist geschützt, wenn sie 1) als allgemeine Voraussetzung einen grenzüberschreitenden Bezug aufweist und 2) das Verhalten des Grundfreiheitenträgers konkret geschützt ist, also die angestrebte Ausübung des Inhalts der konkreten Grundfreiheit darstellt. Zudem darf 3) diese Verhaltensweise unter keine besondere Bereichsausnahme fallen, die das Primärrecht teilweise vorsieht, um so einzelne Tätigkeiten der Anwendung der Grundfreiheit zu entziehen.
5. Liegt ein **Eingriff** in den Schutzbereich vor? Ein Eingriff liegt vor, wenn 1) eine nach dem Gewährleistungsgehalt der Grundfreiheit verbotene Maßnahme gegenüber dem Grundfreiheitsträger gesetzt wurde (also eine Diskriminierung oder Beschränkung in Bezug auf die geschützte Verhaltensweise) und diese Maßnahme 2) staatlich zurechenbar ist (also zB nicht Private Urheber sind).

1. Grundlagen

6. Besteht eine **Rechtfertigungsmöglichkeit**? Eine tatbestandsmäßige Diskriminierung oder Beschränkung der Grundfreiheiten ist erst verboten, wenn sie nicht gerechtfertigt werden kann. Dazu ist zu klären, 1) welcher Katalog an Rechtfertigungsgründen Anwendung findet, also nur Primärrecht oder auch zwingende Erfordernisse? Sodann ist 2) das konkrete Ziel des Eingriffs zu erörtern, also warum wurde die Maßnahme vom MS gesetzt? Die unionsrechtlich vorgegebenen (zulässigen) und die vom MS verfolgten (konkreten) Ziele sind 3) gegeneinander abzugleichen: Ist das konkrete Ziel von den vorgefundenen Rechtfertigungsgründen abgedeckt? Niemals zulässig sind dabei wirtschaftliche Erwägungen des MS (zB Mehrkosten der Erstreckung einer Zuwendung auf Ausländer). Ist das Ziel abgedeckt, ist schließlich als wichtiger Teil der Rechtfertigungsprüfung 4) auch noch die **konkrete Verhältnismäßigkeit** der Maßnahme im Hinblick auf das verfolgte Ziel zu überprüfen: Ist die Maßnahme so, wie sie gestaltet ist 4.1) überhaupt geeignet, 4.2) konkret erforderlich und 4.3) im Umfang angemessen, also gelindestes Mittel, um das fragliche Ziel zu erreichen?

> Im Schrifttum bestehen unterschiedliche Sichtweisen auf den **Inhalt der Verhältnismäßigkeitsprüfung** bzw auf das, was innerhalb der zugehörigen Einzelschritte (Geeignetheit, Erforderlichkeit, Angemessenheit) konkret zu prüfen ist. Wiederum ergibt sich die Uneinigkeit daraus, dass der EuGH die Prüfung selbst nicht dogmatisch strukturiert. Er verlangt in st Rsp nur, dass geprüft wird, ob die Maßnahmen „geeignet sind, die Erreichung des mit ihnen verfolgten Ziels zu gewährleisten, und nicht über das hinausgehen, was zur Erreichung dieses Ziels erforderlich ist",[102] also Eignung und Angemessenheit.
>
> Das herrschende, vorwiegend öffentlich-rechtlich inspirierte **Schrifttum** will dagegen die Angemessenheitsprüfung (in Anlehnung an die verfassungsrechtliche Grundrechtsprüfung) in eine Rahmen- und eine Detailprüfung aufspalten: Gibt es überhaupt weniger stark beschränkende Alternativmaßnahmen (Erforderlichkeit) und wenn nein, ist die Maßnahme zudem im Hinblick auf das verfolgte Ziel konkret adäquat (Angemessenheit). Dem vorwiegend effektivitätsfokussierten EuGH ist eine derart formal durchdrungene Dogmatik nur schwer zuzumessen.
>
> Will man mehr Treffsicherheit gewährleisten und aus diesem Grund die Prüfschritte der Verhältnismäßigkeit über die wohl bloß zweistufige Rsp hinaus tatsächlich dreiteilen, so bieten sich **alternativ** folgende Gesichtspunkte als Inhalt der einzelnen Prüfschritte an: 1) Steht die Eignung der Maßnahme zur Zielerreichung überhaupt außer Frage (Geeignetheit)? 2) Besteht das behauptete Problem überhaupt oder ist es rein hypothetisch (Erforderlichkeit)?[103] Hier wird also insbesondere das Ausmaß des Problems, das dem Ziel des Allgemeininteresses entgegensteht, empirisch dargelegt werden müssen.[104] 3) Ist die Maßnahme das gelindeste Mittel zur Beseitigung dieses Problems (Angemessenheit)?

7. **Rechtsfolgen (Ergebnis):** Die Feststellung der Rechtsfolge bildet das Ergebnis der Subsumtion ab. Liegt ein Verstoß gegen Grundfreiheiten vor, so ist die betreffende staatliche Maßnahme

---

102 Rs C-400/08, *Hipermercatos*, ECLI:EU:C:2011:172, Rn 73; st Rsp.
103 Vgl idS etwa Rs C-147/03, *Österreichischer Hochschulzugang*, ECLI:EU:C:2005:427, Rn 63: „Neben den Rechtfertigungsgründen, die ein Mitgliedstaat geltend machen kann, muss dieser *eine Untersuchung zur Geeignetheit und Verhältnismäßigkeit* der von ihm erlassenen beschränkenden Maßnahme *vorlegen sowie genaue Angaben zur Stützung seines Vorbringens machen*", Hervorhebungen hinzugefügt.
104 Vgl Rs C-147/03, *Österreichischer Hochschulzugang*, ECLI:EU:C:2005:427, Rn 65: „Es ist darauf hinzuweisen, dass dem Gerichtshof keine Schätzung ... vorgelegt worden ist und dass die Republik Österreich eingeräumt hat, dass sie insoweit über keine ... Zahlen verfüge. Im Übrigen haben die österreichischen Behörden eingeräumt, dass die fragliche nationale Bestimmung im Wesentlichen vorbeugenden Charakter habe".

vom **Anwendungsvorrang** des Unionsrechts verdrängt. Dies führt in den typischen Fällen der Untersagung eines bestimmten Verhaltens (zB Warenvertrieb, Dienstleistungserbringung usw) oder der Setzung bestimmter Anforderungen (zB Produktbeschaffenheit, Prüfzertifikate usw) also dazu, dass die Untersagung bzw die Anforderung oder Auflage unwirksam und das Verhalten daher erlaubt wird. Dies gilt jedenfalls für die Zukunft. Für die Vergangenheit gebührt unter den dafür geltenden Voraussetzungen (hinreichend qualifizierter Verstoß gegen ein individuelles Recht, Schaden, Kausalität) Schadenersatz.[105]

1.4.3.2. Prüfschema Kartellverbot

1. Festlegung der nach dem SV *prima facie* einschlägigen **Norm**: Könnte das Kartellverbot einschlägig sein (va mehrere handelnde Unternehmen, abgestimmte Verhaltensweise)?

> **Abgrenzungsbedarf**, der von Studierenden immer wieder vernachlässigt wird, besteht hier zunächst **gegenüber** dem **Missbrauchsverbot**. So gibt es Konstellationen, die zunächst nach einer einseitigen Verhaltensweise aussehen, weil ein Unternehmen anderen eine Verhaltensweise vorgibt (vorschlägt, ggf auch anordnet), und die Zustimmung der anderen Unternehmen lediglich konkludent erfolgt (etwa: Der Großhändler ordnet an, dass Zwischenhändler ein bestimmtes Gebiet nicht mehr beliefern sollen. Die Zwischenhändler äußern sich dazu nicht, verhalten sich aber konform).[106] Eine solche konkludente Zustimmung kann (ähnlich wie im Zivilrecht) für den Vertragsschluss, auch im Rahmen von Art 101 AEUV für dessen Anwendung hinreichen.
>
> Weiterer **Abgrenzungsbedarf** besteht **gegenüber der Fusionskontrolle**, also die Kooperation von Unternehmen im Rahmen eines Gemeinschaftsunternehmens (*joint venture*) erfolgt. Je nachdem, wie dieses *joint venture* vertraglich ausgestaltet ist, kann es sich ggf (also wenn die weiteren Anwendungsvoraussetzungen jeweils erfüllt sind) um eine von Art 101 AEUV erfasste Verhaltensabstimmung oder (alternativ) um einen der FKVO 139/2004 unterliegenden Zusammenschluss handeln. Soll das *joint venture* auf Dauer alle Funktionen einer selbständigen Einheit erfüllen, so unterliegt es ggf nur der FKVO oder (unterhalb ihrer Schwellenwerte) der nationalen Fusionskontrolle (sog Vollfunktions-Gemeinschaftsunternehmen bzw konzentratives *joint venture*). Werden dagegen lediglich einzelne Tätigkeiten bzw Funktionen der beteiligten Mütter auf das *joint venture* ausgelagert (zB Beschaffung, Produktion, Forschung usw), so unterliegt die Kooperation im Rahmen des *joint venture* ggf dem Kartellverbot (sog Teilfunktions-Gemeinschaftsunternehmen bzw kooperatives *joint venture*). Allerdings gilt diese Zuweisung zum einen oder anderen Rechtsgebiet nur für **notwendige** bzw **unmittelbar verbundene** Merkmale des *joint venture* (sog *ancillary restraints*). Daher werden im Rahmen der Fusionskontrollprüfung eines konzentrativen *joint venture* auch allfällige Koordinierungseffekte zwischen den Müttern mit geprüft, ohne dass dazu ein eigenes Verfahren nach Art 101 AEUV zu eröffnen wäre. Dies gilt jedoch nur für Wettbewerbsbeschränkungen, die mit dem Zweck des *joint venture* notwendig bzw unmittelbar verbunden sind. Sonstige Nebenabreden im Rahmen eines *joint venture* können dagegen sehr wohl (parallel bzw kumulativ) nach dem Kartellverbot verfolgt werden.

2. Könnte nach dem SV **Sekundärrecht** in Form einer **GVO** (va Spezialisierungsvereinbarungen, FuEuI-Vereinbarungen, vertikale Vereinbarungen) relevant und das Verhalten daher vom **Verbot freigestellt** sein?

3. **Persönlicher Anwendungsbereich**: Die direkten Verpflichteten des Kartellverbots sind Unternehmen.[107]

---

105 Grundlegend verb Rs C-6/90 und C-9/90, *Francovich und Bonifaci*, ECLI:EU:C:1991:428, Rn 31 ff.
106 Vgl verb Rs C-2/01 P und C-3/01 P, *Bayer ('Adalat')*, ECLI:EU:C:2004:2, Rn 64 ff.
107 Zum Unternehmensbegriff grundlegend Rs C-41/90, *Höfner*, ECLI:EU:C:1991:161, Rn 21.

1. Grundlagen

> Die im Rahmen ihrer **hoheitlichen Aufgaben** handelnde öffentliche Hand ist kein Unternehmen.[108] Werden allerdings unter einem Dach (im Rahmen einer Einrichtung) sowohl hoheitliche als auch marktbezogene Tätigkeiten erbracht (zB Abfallgebührenvorschreibung vs Dienstleistung Müllabfuhr), so kann für den marktbezogenen Teil sehr wohl Unternehmenseigenschaft anzunehmen sein. Ebenfalls keine Unternehmen sind **reine Nachfrager** (Konsumenten), mögen sie im Einzelfall auch sehr groß, formal organisiert oder gesellschaftsrechtlich inkorporiert sein.[109]

4. **Marktabgrenzung**: Was ist der (angesichts der Substitutionsbeziehungen) **räumlich** und **sachlich relevante Markt**?[110] Auf dem solcherart eingegrenzten Markt wird im anschließenden Schritt 5 geprüft, inwieweit die betreffende Verhaltensabstimmung den Wettbewerb auf diesem Markt beschränkt.

> Der Marktabgrenzung kommt im Rahmen des Kartellverbots weniger offenkundige Bedeutung zu als im Rahmen des Missbrauchsverbots, wo die Marktmacht Tatbestandsmerkmal ist. Sie hat aber auch hier ihren fixen Platz, da sie Voraussetzung der Prüfung einiger anderer Komponenten des Prüfschemas ist. Eben genannt wurde die Frage der **Wettbewerbsbeschränkung** auf einem bestimmten Markt. Gleiches gilt aber für die Frage der Relevanz des betreffenden Verhaltens für diesen Markt, also die Prüfung der **Spürbarkeit**. Umgekehrt enthalten einzelne **GVO** Marktanteilsschwellen, oberhalb derer sie keine Anwendung finden. Geht die wettbewerbsbeschränkende Wirkung so weit, dass es zu einer **Totalausschaltung** des **Wettbewerbs** am fraglichen Markt kommt, ist schließlich eine **Rechtfertigung** des Verhaltens im Rahmen von Art 101 Abs 3 AEUV generell **ausgeschlossen**.[111]

5. **Sachlicher Anwendungsbereich**: Handelt es sich um eine vom Verbot erfasste Verhaltensweise? 1) Liegt eine Vereinbarung, ein Beschluss einer Unternehmensvereinigung oder eine sonstige **abgestimmte Verhaltensweise** vor (s dazu schon unter 1.)? 2) Führt die Verhaltenskoordination zu einer **bezweckten** (sog *naked restraints*) oder zumindest **bewirkten Beschränkung** des Wettbewerbs? 3) Sind die Auswirkungen der Verhaltenskoordination auf den Wettbewerb am betreffenden Markt (bzw bei vertikalen Vereinbarungen: den betreffenden Märkten) hinreichend **relevant** (spürbar)? 4) Beeinträchtigt die Verhaltenskoordination den Handel **zwischen Mitgliedstaaten**?

> *Naked restraints* sind zB (bei **horizontalen** Vereinbarungen) **Preis-, Quoten- oder Gebietsabsprachen** bzw (bei **vertikalen** Vereinbarungen) **Bindungen der Verkaufspreise** oder ein vereinbarter Gebietsschutz:[112] Sie können keinem anderen Zweck als der Beschränkung des Wettbewerbs dienen. Ankerpunkt der bewirkten Wettbewerbsbeschränkung ist dagegen die Einschränkung der **wettbewerblichen Handlungsfreiheit** der Beteiligten dahin, dass sie bestimmte Wettbewerbshandlungen nicht mehr setzen können oder es zumindest unwahrscheinlich wird, dass sie solche Handlungen setzen.
>
> Die **Spürbarkeit** im **Wettbewerb** am betreffenden Markt muss sich aus nach qualitativen oder quantitativen Gesichtspunkten ergeben. **Qualitativ** bedeutet, dass die **Bedeutung** des von der Wettbewerbsbeschränkung erfassten **Marktsegments** aufgrund der (rechtlichen oder faktischen) Gegebenheiten **gering** ist.[113] Die **quantitative** Spürbarkeit zieht dagegen bei der Größe der von

---

[108] Vgl zB Rs C-364/92, *Eurocontrol*, ECLI:EU:C:1994:7, Rn 30.
[109] Vgl zB Rs C-205/03 P, *FENIN*, ECLI:EU:C:2006:453, Rn 25 f.
[110] Näher Bekanntmachung zur Marktabgrenzung.
[111] Vgl Leitlinien zur Anwendung von Art 81 Abs 3 EG-Vertrag, ABl 2004/C 101/97, Rz 33 und 105.
[112] Vgl auch Leitlinien zur Anwendung von Art 81 Abs 3 EG-Vertrag, ABl 2004/C 101/97, Rz 23.
[113] Vgl zB verb Rs C-180/98 bis C-184/98, *Pavlov*, ECLI:EU:C:2000:428, Rn 94 f.

1.4. Eckpunkte des Binnenmarktrechts

der Vereinbarung abgedeckten Marktanteile eine Untergrenze (*de-minimis*) ein. Nach der *De-minimis*-Bekanntmachung liegt diese Untergrenze (grob besehen) bei vertikalen Vereinbarungen bei 15 %, bei horizontalen Vereinbarungen bei 10 % des Marktes bzw der jeweiligen Märkte.[114]

Eine Verhaltenskoordination beeinträchtigt den Handel zwischen Mitgliedstaaten, wenn sich „mit hinreichender Wahrscheinlichkeit voraussehen läßt, daß sie den Warenverkehr zwischen Mitgliedstaaten unmittelbar oder mittelbar, tatsächlich oder potentiell in einem der Erreichung der Ziele eines einheitlichen zwischenstaatlichen Marktes nachteiligen Sinne beeinflussen kann" bzw sie „das Tätigwerden von Herstellern oder Verkäufern auf dem nationalen Markt oder ihr Eindringen in diesen erschwert oder die verhindert, daß Konkurrenten aus anderen Mitgliedstaaten auf dem betreffenden Markt Fuß fassen".[115]

6. Freistellung (**Rechtfertigung**) nach Art 101 Abs 3 AEUV: Eine dem Tatbestand des Art 101 Abs 1 AEUV unterliegende Verhaltensweise ist vom Verbot freigestellt (also erlaubt), wenn sie drei kumulative Voraussetzungen erfüllt:[116] Sie muss 1) den technischen oder wirtschaftlichen Fortschritt fördern, 2) die daraus entstehenden Vorteile angemessen an die Verbraucher weiterreichen („Beteiligung ... an dem entstehenden Gewinn") und 3) für die Verwirklichung der ersten beiden Ziele unerlässlich sein. Die Rechtfertigungsfähigkeit steht im Grundsatz für bezweckte wie bewirkte Wettbewerbsbeschränkungen gleichermaßen offen und ist lediglich im Fall der Totalausschaltung des Wettbewerbs ausgeschlossen.[117] Faktisch begegnet die Rechtfertigung bezweckter Wettbewerbsbeschränkungen aber sehr hohen Hürden.

Ob die Rechtfertigung greift bzw die Freistellung vorliegt, haben nach Art 3 Abs 2 VO 2003/1 die betreffenden Unternehmen selbst zu beurteilen. Diese sog **Selbstveranlagung** bringt eine nicht unerhebliche rechtliche und wirtschaftliche Unsicherheit mit sich. Dahinter steht das Anliegen einer Entlastung der Kommission und der Wettbewerbsbehörden der MS, die daher nur noch bei Verdacht einer Zuwiderhandlung tätig werden und nicht auch (wie davor), um die Nichtanwendbarkeit des Verbots positiv festzustellen (sog Freistellungsentscheidungen).

7. **Rechtsfolgen** (Ergebnis): Rechtsfolge eines Verstoßes gegen das Kartellverbot ist gem Art 101 Abs 2 AEUV die **Nichtigkeit** der betreffenden Vereinbarung (bzw der konkreten Klauseln). Diese Nichtigkeit kann im Weg der **privaten Durchsetzung** insbesondere von jedermann (also nicht nur vom Vertragspartner) vor den nationalen Gerichten geltend gemacht und dabei auch Schadenersatz erlangt werden.[118] Überdies werden Verstöße im Weg der **öffentlichen Durchsetzung** nach der VO 2003/1 mit teils empfindlichen Geldbußen belegt.

1.4.3.3. Prüfschema Missbrauchsverbot

1. Festlegung der nach dem SV *prima facie* einschlägigen Norm: Könnte das Missbrauchsverbot einschlägig sein (va großer Marktanteil, einseitige Verhaltensweise)?

---

114 Vgl *De-minimis*-Bekanntmachung.
115 Beide Zitate Rs T-22/97, *Kesko*, ECLI:EU:T:1999:327, Rn 103 und 104.
116 Vgl Leitlinien zur Anwendung von Art 81 Abs 3 EG-Vertrag, ABl 2004/C 101/97.
117 S FN 108.
118 Grundlegend Rs C-453/99, *Courage*, ECLI:EU:C:2001:465, Rn 24 ff.

1. Grundlagen

2. Sekundärrecht in Form von **GVO** besteht für das Missbrauchsverbot nicht: Der Missbrauch einer marktbeherrschenden Stellung lässt sich wettbewerbspolitisch nicht rechtfertigen.[119]

> Die Frage, ob eine Verhaltensweise ggf mangels **Spürbarkeit** unterhalb der Aufgriffsschwelle des Art 102 AEUV verbleibt (und dann ggf nach nationalem Missbrauchsrecht zu beurteilen wäre), gehört dogmatisch gesehen zur Tatbestandsprüfung (Handelsbeeinträchtigung und Wettbewerbsverfälschung).

3. **Persönlicher Anwendungsbereich**: Die direkten Verpflichteten des Kartellverbots sind Unternehmen. Es gilt zunächst das zum Kartellverbot Gesagte.

> Besondere Bedeutung besitzt hier allerdings der Überschneidungsbereich zu Art 106 Abs 1 AEUV. So kann gem Art 106 Abs 1 iVm 102 AEUV ausnahmsweise auch **staatliches Handeln** indirekt gegen (va) das Missbrauchsverbot verstoßen, wenn die MS öffentliche oder privilegierte Unternehmen „durch Rechtsetzungsakte oder Verwaltungsmaßnahmen in eine Situation zu versetzen, in die sich diese Unternehmen [aus Eigenem] nicht ohne Verstoß gegen [Art. 102 AEUV] versetzen könnten"[120] bzw wenn die staatliche Vorgabe dazu führt, dass „das betreffende Unternehmen durch die bloße Ausübung des ihm übertragenen ausschließlichen Rechts seine beherrschende Stellung mißbräuchlich ausnutzt".[121] **Zwingt oder verleitet** staatliches Handeln (etwa die Ausgestaltung eines Monopols und die damit verbundenen Auflagen) ein Unternehmen daher zu einem Missbrauch seiner Marktmacht, so ist dieser Verstoß (auch oder alleine) dem MS zuzurechnen.
>
> Dies soll allerdings nicht darüber hinwegtäuschen, dass der Überschneidungsbereich zu Art 106 Abs 1 AEUV auch beim **Kartellverbot** prinzipiell (wenngleich seltener) eine Rolle spielen kann: Auch staatlich angeordnete Wettbewerbsbeschränkungen iSd Art 101 AEUV kommen in der Praxis vor, etwa wenn ein Markt stark reguliert ist.[122]

4. **Marktabgrenzung** und **Marktmacht**: 1) Was ist der (angesichts der Substitutionsbeziehungen) räumlich und sachlich relevante Markt? 2) Ist das handelnde Unternehmen auf dem so abgegrenzten Markt fähig, sich weitgehend von den Wettbewerbern unabhängig (dh dominant) zu verhalten? 3) Ist der Teil des Marktes, auf dem das Unternehmen marktmächtig ist, hinreichend bedeutend („Binnenmarkt oder ... wesentliche[r] Teil desselben").

5. **Sachlicher Anwendungsbereich**: Handelt es sich um eine vom Verbot erfasste Verhaltensweise? 1) Liegt eine als Behinderungs- oder als Ausbeutungsmissbrauch zu qualifizierende Verhaltensweise vor? Neben 1.1) der Qualifikation des konkreten Verhaltens (zB als Geschäftsverweigerung, Kopplung, Produktionsbeschränkung etc) setzt dies auch voraus, dass die Verhaltensweise 1.2) (weiteren schädigenden) Einfluss auf den „gerade wegen der Anwesenheit des fraglichen Unternehmens bereits geschwächt[en]"[123] Wettbewerb am betreffenden Markt nehmen könnte und 1.3) sich das Verhalten nicht als objektiv sachlich gerechtfertigt erklären lässt (zB Liefersicherheit, Kapazitätsgrenzen, technische Hindernisse usw). 2) Beeinträchtigt das Verhalten den Handel zwischen Mitgliedstaaten? Es gilt das dazu im Rahmen des Kartellverbots Gesagte.

---

[119] Vgl auch *Weiß*, Art 102, Rz 3, in *Calliess/Ruffert* (Hrsg), EUV/AEUV-Kommentar[5] (2016).
[120] Rs C-18/88, *RTT*, ECLI:EU:C:1991:474, Rn 20.
[121] Rs C-323/93, *Crespelle*, ECLI:EU:C:1994:368, Rn 18.
[122] Vgl zB Rs C-198/01, *CIF*, ECLI:EU:C:2003:430, Rn 58.
[123] Rs 85/76, *Hoffmann-La Roche*, ECLI:EU:C:1979:36, Rn 91.

6. Eine **Rechtfertigungsmöglichkeit** ist nicht zu prüfen, da die objektive Rechtfertigungsfähigkeit des Verhaltens bereits Teil der Tatbestandsprüfung ist. Missbräuchlichkeit liegt nur bei Fehlen einer solchen Rechtfertigung vor. Wurde Missbräuchlichkeit festgestellt, ist das Verhalten **endgültig unzulässig**, die betreffenden Verhaltensweisen also unwirksam. Es gilt, auch ohne ausdrückliche Anordnung in Art 102 AEUV, diesbezüglich dasselbe wie beim Kartellverbot (dort Art 101 Abs 2 AEUV).[124]

7. **Rechtsfolgen** (Ergebnis): Anders als das Kartellverbot enthält Art 102 AEUV keine ausdrückliche Nichtigkeitsanordnung. Für die **private Durchsetzung** bedeutet dies zwar vergleichsweise mehr Flexibilität bei der Ausdifferenzierung der konkreten Rechtsfolgen. Der *telos* des Art 102 AEUV und dessen Effektivität gebieten aber wohl zumeist die Unwirksamkeit und ggf Nichtigkeit der Maßnahme.[125] In Österreich und Deutschland stehen daher im Regelfall auch im Rahmen von Art 102 AEUV Unterlassungs-, Beseitigungs- und insbesondere Schadenersatzansprüche zu.[126] Im Weg der **öffentlichen Durchsetzung**, die ebenfalls nach der VO 2003/1 erfolgt, kann die Kommission den Verstoß feststellen, seine Abstellung anordnen und ebenfalls Geldbußen verhängen.

1.4.3.4. Prüfschema Beihilfeverbot

1. Festlegung der nach dem SV **prima facie einschlägigen** Norm: Könnte das Beihilfeverbot einschlägig sein (va Geschäfts- oder Rechtsbeziehung zwischen Staat und Unternehmen, Hinweise auf nicht marktadäquaten wirtschaftlichen Vorteil)?

2. Könnte nach dem SV Sekundärrecht in Form einer **GVO** (va AGVO 651/2014 oder *De-minimis*-GVO 1407/2013) relevant und das Verhalten daher vom Verbot freigestellt sein?

> Wie auch bei den anderen Wettbewerbsnormen, ist die Frage der Nichtanwendung des Verbots aus Erwägungen *De-minimis* im Grunde keine Frage der Rechtfertigungs-, sondern eine der **Tatbestandsprüfung** (fehlende Wettbewerbsverfälschung und/oder Handelsbeeinträchtigung). Dogmatisch gesehen gehört sie daher zu den Tatbestandselementen, praktisch bietet es sich an, sie zusammen mit sonstigen GVO vorweg zu prüfen. Die von der *De-minimis*-GVO eingezogene Schwelle liegt bei einer Summe von maximal 200.000 € als Gesamtwert aller staatlichen Zuwendungen an ein bestimmtes Unternehmen in einem Zeitraum von drei Steuerjahren. für bestimmte Bereiche (zB Landwirtschaft, Daseinsvorsorge) bestehen eigene *De-minimis*-Regeln.

3. **Persönlicher Anwendungsbereich**: Die direkte Verpflichtete des Beihilfeverbots ist, wie bei den Grundfreiheiten, die (weit verstandene) öffentliche Hand.

4. **Sachlicher Anwendungsbereich**: Handelt es sich um eine vom Verbot erfasste Verhaltensweise? Dies ist dann der Fall, wenn sämtliche Tatbestandselemente des Art 107 Abs 1 AEUV erfüllt sind. Diese kumulativen Elemente sind 1) das Vorhandensein einer nicht marktkonformen wirtschaftlichen Begünstigung gleich welcher Art, die 2) staatlichen Ursprungs ist, uzw sowohl hinsichtlich 2.1) ihrer Veranlassung als auch 2.2) ihrer Finanzierung bzw der Kostentragung durch das allgemeine Budget. Die Begünstigung muss überdies 3) einem

---

[124] Vgl etwa Rs C-413/14 P, *Intel*, ECLI:EU:C:2017:632, Rn 140; verb Rs C-468/06 und C-478/06, *Lélos*, ECLI:EU:C:2008:504, Rn 70.
[125] Vgl etwa Rs 66/86, *Ahmed Saeed*, ECLI:EU:C:1989:140, Rn 45.
[126] Vgl zB *Schuhmacher*, Europarecht II⁶ 93; *Schröter/Bartl*, Art 102, Rz 56 f, in *von der Groeben/Schwarze/Hatje* (Hrsg), EUV/AEUV-Kommentar⁷ (2015).

bestimmten bzw bestimmbaren Kreis (Selektivität) an 4) Unternehmen (nicht etwa Endverbrauchern) gewährt werden und 5) zu einer spürbaren (also nicht bloß ganz geringfügigen) 5.1) Verfälschung des Wettbewerbs und 5.2) Beeinträchtigung des zwischenstaatlichen Handels führen. Fehlt auch nur eines dieser Merkmale, fällt die Maßnahme nicht unter Art 107 Abs 1 AEUV. Sind dagegen alle Elemente erfüllt, ist die Maßnahme verboten und darf bis zum Vorliegen einer Genehmigung nicht durchgeführt werden.

5. **Rechtfertigung** (**Genehmigungsfähigkeit**): Die Art 107 Abs 2 und 3 bzw 106 Abs 2 AEUV nennen verschiedene Allgemeininteressen, bei deren Vorliegen die Kommission einer verbotenen Beihilfe ausnahmsweise eine Genehmigung erteilen kann (Abs 3 und Art 106, weites Ermessen) bzw muss (Abs 2, kein Ermessen).

> Anders als bei den Grundfreiheiten und beim Kartellverbot, liegt die Anwendung der Rechtfertigungsgründe (**Beihilfegenehmigung**) im Beihilferecht ausschließlich in der Hand der Kommission: Weder nationale Wettbewerbsbehörden, noch (va) die nationalen Gerichte dürfen sich zur Vereinbarkeit einer tatbestandsmäßigen Beihilfe mit dem Binnenmarkt äußern (also deren ausnahmsweise Zulässigkeit feststellen).
>
> Die Zuständigkeit der nationalen Gerichte erschöpft sich in der **Anwendung des Durchführungsverbots** nach Art 108 Abs 3 AEUV, also in der (durch Unterlassung, Beseitigung oder ggf auch Schadenersatz abgesicherten) Gewähr, dass die Wirkungen einer nicht oder noch nicht von der Kommission genehmigten Beihilfe am Markt neutralisiert werden. Die nationalen Gerichte haben dazu die fragliche Maßnahme nach dem Beihilfetatbestand zu prüfen, nicht jedoch auch die Frage ihrer potenziellen Genehmigungsfähigkeit.[127]

6. **Rechtsfolgen** (Ergebnis): Tatbestandsmäßige Beihilfen sind vor bzw ohne Genehmigung der Kommission verboten. Befasst sich die Kommission im Weg der **öffentlichen Durchsetzung** mit einer Beihilfe (weil sie zur Genehmigung angemeldet oder von ihr selbst entdeckt wurde), so prüft sie insbesondere die Genehmigungsfähigkeit. Versagt sie die Genehmigung, ist für die Beihilfe, falls sie rechtswidrig bereits gewährt wurde, eine verzinste Rückforderung anzuordnen. Darüber hinausgehende Geldbußen kennt das Beihilferecht nicht. Wurde die Beihilfe gewährt, bevor oder ohne dass die Kommission befasst wurde, so eröffnet Art 108 Abs 3 AEUV zudem den Weg der **privaten** Durchsetzung vor den nationalen Gerichten. Ähnlich wie beim Missbrauchsverbot sind die Rechtsfolgen im nationalen Recht von *telos* und Effektivitätsgebot angeleitet und liegen in der Unwirksamkeit der Gewährungsakte einschließlich der verzinsten Rückforderung.[128] In Österreich[129] und Deutschland[130] sind die Gewährungsakte dementsprechend (absolut oder relativ, endgültig oder schwebend) nichtig und stehen Ansprüche auf Unterlassung, Beseitigung und Schadenersatz zu.[131]

---

[127] Vgl zB verb Rs C-261/01 und C-262/01, *van Calster*, ECLI:EU:C:2003:571, Rn 53.
[128] Vgl zB Rs C-39/94, *SFEI*, ECLI:EU:C:1996:285, Rn 40.
[129] Vgl OLG Wien 5. 2. 2007, 2 R 150/06b (*Bank Burgenland*); *Eilmansberger*, Zivilrechtsfolgen gemeinschaftswidriger Beihilfengewährung 74 f.
[130] Vgl BGH 10. 2. 2011, I ZR 136/09 (*Flughafen Hahn*), abgedr in EuZW 2011, 440; BGH 10. 2. 2011, I ZR 213/08 (*Flughafen Lübeck*), abgedr als Beck-RS 2011, 5517; BGH 4. 4. 2003, V ZR 314/02 (*Rückwirkende Kaufpreiserhöhung*); BVerwG 16. 12. 2010, 3 C 44.09 (*Tierkörperbeseitigung*), abgedr in EuZW 2011, 269.
[131] Vgl *Jaeger*, wbl 2012, 9 ff.

1.5. Wiederholungsfragen

i. Was ist der Unterschied zwischen dem EU-Binnenmarkt und reinen Freihandelszonen? Welche Bedeutung hat der Unterschied für die wirtschaftliche Freiheit von Unternehmen und Einzelpersonen sowie für die Rechtsanwendung vor den nationalen Gerichten?

ii. Was ist ist Freizügigkeit ieS gegenüber Freizügigkeit iwS und was verbindet bzw unterscheidet die zugehörigen Normen jeweils?

iii. Was sind Ähnlichkeiten und Unterschiede zwischen der sog Kausalitätsgrenze der Grundfreiheiten einerseits und dem *De minimis*-Konzept des Wettbewerbsrechts andererseits?

iv. Der seit 1999 in Kraft befindliche Lebensmittelkodex des MS A enthält eine Höchstgrenze für bestimmte Vitaminzusätze in Dosenfisch, einem wichtigen Grundnahrungsmittel für die Bevölkerung von A. Die neu erlassene LebensmittelzusatzstoffRL der EU sieht eine um 50 % höhere Höchstgrenze vor. Hat A Chancen, seinen Standard trotz Inkrafttretens der RL beizubehalten? Was müsste argumentiert und wie vorgegangen werden? Welche Rechtsgrundlagen sind einschlägig?

v. Ihre Mandantin, eine große Lebensmittelhandelskette, die in ihren Läden Zigaretten anbieten möchte, ist der Ansicht, die österr Vorschriften zum Tabakmonopol (ausschließlicher Vertrieb über Trafiken) seien unionsrechtswidrig. Sie überlegt unterschiedliche Vorgehensweisen, darunter a) die Zigaretten im Bewusstsein der darin liegenden Verwaltungsrechtsverletzung zum Verkauf anzubieten, b) die Österr Tabakmonopolverwaltung vor einem österr Zivilgericht auf Unterlassung, Beseitigung und Schadenersatz zu klagen, c) sich bei der Kommission zu beschweren und d) Klage vor dem Gerichtshof der Europäischen Union zu erheben. Wozu raten sie der Mandantin und warum? Welche Schritte wären in den in Frage kommenden Varianten konkret zu setzen?

- 11 Waren 12
- 7,5 A/D,ch 7
- 6,5 NL 5
- 7,5 DL 7
- 4 Kap 3

36,5

2. Warenverkehr

Nach Art 28 AEUV bildet die EU ein einheitliches Zollgebiet (**Zollunion**). Im Außenverhältnis bedeutet Zollunion, dass die Wareneinfuhr (aber auch Export oder Versand) in den Binnenmarkt eine ausschließliche Zuständigkeit der EU ist[1] und einer gemeinsamen Regelung unterliegt (**gemeinsamer Außenzoll**). Einheitlich sind nicht nur die Zollsätze, Kontingente usw, sondern auch die Verfahren vor den staatlichen Zollbehörden. Zentrale Ausführungsrechtsakte sind die VO 2658/87 über den Gemeinsamen Zolltarif (GTZ) und die RahmenVO 952/2013 über den Unions-Zollkodex (UZK).

> Territorial ist die Zollunion größer als die EU selbst: Aufgrund völkerrechtlicher Vereinbarungen umfasst sie auch die **Türkei**, Andorra und San Marino. Qualitativ ist diese Erweiterung der Zollunion zwischen den MS dennoch nicht ganz gleichwertig, denn bestimmte Warengruppen sind ausgenommen bzw unterliegen abgestuften Freihandelsregeln.[2]
>
> Keine Zollunion (sondern lediglich eine Freihandelszone) besteht dagegen insbesondere im Rahmen des **EWR** zwischen der EU und den EFTA-Staaten sowie im Verhältnis zur Schweiz. Dies bedeutet, dass diese Staaten daher weiterhin ihre eigenen Zollsätze und Verfahren anwenden und Waren aus Drittstaaten nicht automatisch vom Freiverkehr mit der EU profitieren. Wesentliche Bedeutung haben dabei sog **Ursprungsregeln**, nach denen sich bestimmt, welchem Territorium ein aus mehreren Komponenten oder Verarbeitungsschritten bestehendes Produkt letztlich zugerechnet wird.

Im **Binnenverhältnis** existieren in der Zollunion keine Zölle an den Binnengrenzen der MS. Auch alle nationalen **Abgaben gleicher Wirkung** wie Binnenzölle sind nach Art 30 AEUV verboten.

Warenbewegungen innerhalb der Zollunion sind unabhängig davon geschützt, ob die Waren in der EU hergestellt oder von außerhalb eingeführt wurden: Art 28 Abs 2 enthält dazu eine **pauschale Ursprungsregel**, wonach auch Waren mit Ursprung in Drittstaaten unter die herkömmlichen Regeln des Warenverkehrskapitels fallen, sobald sie sich in einem MS im freien Verkehr befinden, dort also **rechtmäßig in Verkehr gebracht** wurden. Neben dem rechtmäßigen Passieren der Zollgrenzen setzt dies ggf auch die Einhaltung von Zulassungsvorschriften voraus (va CE-Kennzeichnung, aber auch bei Arzneimitteln usw). Das rechtmäßige Inverkehrbringen verleiht Drittstaatsprodukten damit den sog **Unionscharakter** der Ware (als Voraussetzung der Berufung auf die weiteren Vorschriften des Kapitels).

2.1. Warenbegriff

Der Begriff der Ware umfasst alle „**Erzeugnisse** …, die einen **Geldwert** haben und deshalb Gegenstand von Handelsgeschäften sein können."[3] Es ist dies ein sehr weites Verständnis, das letztlich darauf abstellt, ob es für das betreffende Produkt einen Markt gibt, weil jemand bereit

---

1 Vgl Art 3 Abs 1 lit a AEUV.
2 Näher zB *Herrmann*, Art 28, Rz 28, in *Grabitz/Hilf/Nettesheim* (Hrsg), EUV/AEUV-Kommentar, EL 55 2015.
3 Rs 7/68, *Kommission/Italien („Kunstschätze')*, ECLI:EU:C:1968:51, S 642 (Hervorhebung hinzugefügt).

2. Warenverkehr

wäre, dafür zu bezahlen (zB Abfälle[4] als Rohstoffe).[5] Die Definition erfasst auch unkörperliche Gegenstände, etwa Strom,[6] sowie körperlich festgehaltene flüchtige Gegenstände (zB Gas in Kartuschen) und Dienstleistungen (zB Musik-CDs), nicht aber reine Dienstleistungen (zB Musik-Streaming, Downloads und andere digitale Dienste).

> IP-Rechte (Immaterialgüterrechte: Patente, Marken, Urheberrechte usw) hängen dagegen am betreffenden Gegenstand, das Design einer Flasche also zB an der Flasche. Der Handel mit IP-Rechten selbst (Übertragung oder Lizensierung) fällt daher nicht unter die Warenverkehrsfreiheit. Dagegen fällt eine Beschränkung des Handels mit Gegenständen aus dem Grund der Verletzung von IP-Rechten (zB Verletzung des nationalen Urheberrechts beim Import einer CD) sehr wohl unter die Warenverkehrsfreiheit und muss sich an dieser (und insbesondere den Rechtfertigungsgründen des Art 34 AEUV) messen lassen.[7]

Äußere Grenzen des Begriffs liegen in der Menschenwürde und im Verwaltungs- und Kriminalstrafrecht. Keine Waren sind daher etwa Leichen, Föten, Drogen oder Falschgeld.[8] Die Nichtanwendung der Warenverkehrsfreiheit auf verbotene Produkte, konkret Cannabis, diskutiert das untenstehende Urteil Josemans aus 2010. Nicht unter das Warenverkehrskapitel, sondern unter die Sonderregeln des EAGV, fallen auch Erzeugnisse iZm Kernspaltung. Waffen unterliegen zwar dem Warenverkehrskapitel, allerdings gelten gem Art 346 Abs 1 lit b AEUV Sonderregeln.[9] Gleiches gilt gem Art 38 Abs 2 AEUV für Erzeugnisse der Landwirtschaft und Fischerei.

> Rs C-137/09, *Josemans*, ECLI:EU:C:2010:774
>
> Herr Josemans ist Betreiber des Coffeeshops „Easy Going" in Maastricht. Nach den in der Gemeinde Maastricht geltenden Bestimmungen, darf nicht in den Niederlanden wohnhaften Personen der Zutritt nicht gestattet werden. Nachdem zweimal festgestellt worden war, dass im fraglichen Coffeeshop gegen diese Bestimmung verstoßen worden war, verfügte der Bürgermeister der Gemeinde Maastricht eine vorübergehende Schließung. Kann sich Herr Josemans dagegen auf (ua) die Warenverkehrsfreiheit berufen?
>
> 36 Da die Schädlichkeit von Betäubungsmitteln, einschließlich derjenigen auf Hanfbasis, allgemein anerkannt ist, ist ihr Inverkehrbringen in allen Mitgliedstaaten verboten; lediglich ein **streng überwachter Handel**, der der Verwendung für medizinische und wissenschaftliche Zwecke dient, ist davon ausgenommen[.] ...
>
> 41 ... Betäubungsmittel [fallen] außerhalb des von den zuständigen Stellen streng überwachten Handels zur Verwendung für medizinische und wissenschaftliche Zwecke **bereits ihrem Wesen nach unter ein Einfuhr- und Verkehrsverbot**[.]
>
> 42 Da die Einführung von Betäubungsmitteln außerhalb eines solchen streng überwachten Handels in den Wirtschafts- und Handelsverkehr der Union verboten ist, kann sich der Inhaber eines Coffeeshops hinsichtlich des Verkaufs von Cannabis **nicht auf die Verkehrsfreiheiten** oder das

---

4   Näher *Jaeger/Eilmansberger*, ZfV 2008, 9 ff.
5   Vgl Rs C-2/90, *Kommission/Belgien*, ECLI:EU:C:1992:310, Rn 23.
6   Vgl Rs C-393/92, *Almelo*, ECLI:EU:C:1994:171, Rn 27.
7   Vgl zB Rs 187/80, *Merck/Stephar*, ECLI:EU:C:1981:180, Rn 3.
8   Vgl etwa Rs C-343/89, *Witzemann*, ECLI:EU:C:1990:445, Rn 11 ff; Antwort der Kommission auf schriftliche Anfrage Nr 442/85, ABl 1985/C 263/19.
9   Vgl Rs C-239/06, *Kommission/Italien*, ECLI:EU:C:2009:784, Rn 43 ff.

Diskriminierungsverbot **berufen**, um sich gegen eine kommunale Regelung wie die im Ausgangsverfahren fragliche zu wehren.

43 Daran vermag auch der Umstand nichts zu ändern, dass [die] Niederlande ... eine **Politik der Toleranz** gegenüber dem Verkauf von Cannabis anwendet, obwohl der Handel mit Betäubungsmitteln in diesem Mitgliedstaat verboten ist. Denn nach der Rechtsprechung des Gerichtshofs wird dieses Verbot nicht dadurch eingeschränkt, dass die mit seiner Durchsetzung betrauten Behörden in Anbetracht der begrenzten personellen und materiellen Ausstattung der Verfolgung einer bestimmten Art des Drogenhandels eine geringere Priorität einräumen, weil sie andere Arten für gefährlicher halten. Eine solche Haltung kann insbesondere nicht zur Gleichstellung des unerlaubten Drogenhandels mit dem von den zuständigen Stellen streng überwachten Handel im medizinischen und wissenschaftlichen Bereich führen. Dieser Handel ist nämlich tatsächlich legalisiert, während der unerlaubte Handel, selbst wenn er in bestimmten Grenzen toleriert wird, **verboten** bleibt[.] ...

Keine Waren sind auch **bloße physische Dokumentationen** im Rahmen der Erbringung einer Dienstleistung (zB Lotterielos,[10] Lottoschein sowie generell der über eine Dienstleistung errichtete Vertragstext). Hier werden lediglich Berechtigungen und Pflichten dokumentiert, während der Vertragszweck ausschließlich oder überwiegend auf die dahinterstehende Dienstleistung zielt.[11]

Dasselbe gilt für Dienstleistungen, die zwar mit einem Warenkauf in Zusammenhang stehen, aber einen **selbständigen Vertragsbestandteil** bilden (zB Service- und Wartungs-Vereinbarungen nach Kauf, Vertrag mit einer Werbeagentur über Werbung für eine Ware usw). Davon zu unterscheiden sind Dienstleistungen betreffende **Vertriebsregelungen** für eine Ware. Wird dem Händler zB die **Werbung** für eine **Ware** oder eine bestimmte Werbeschiene verboten, so ist dies **sehr wohl** nach den **Warenverkehrsbestimmungen** zu beurteilen, da das Verbot letztlich auf die Ware bezogen ist und sich auf deren Absatzchancen durchschlägt.[12] Die diesbezügliche Angrenzung illustriert das Urteil *Schindler* aus 1994.

Rs C-275/92, *Schindler*, ECLI:EU:C:1994:119

Herr Schindler ua waren selbständige Vertriebsagenten der Süddeutschen Klassenlotterie (SKL), einer öffentlichen Lotterie in Deutschland. Schindler verkaufte Lose für diese Lotterie und machte Werbung dafür. Von den Niederlanden aus versandte er Briefe an britische Staatsangehörige mit der Aufforderung zur Teilnahme, Anmeldeformularen und einem vorgedruckten Rückumschlag. Diese Sendungen wurden als Verstoß gegen das damalige britische Lotteriemonopol von der britischen Finanzverwaltung im Postamt Dover angehalten, beschlagnahmt und es wurde ein Strafverfahren gegen Schindler eröffnet. Verstößt dieses Vorgehen (ua) gegen die Warenverkehrsfreiheit, weil Schindlers Tätigkeit mit der Versendung und Verteilung großer Mengen körperlicher Gegenstände (Briefe usw) verbunden war?

16 [Einige] Regierungen [trugen] vor, daß Lotterieveranstaltungen nicht zum „Wirtschaftsleben" im Sinne des [AEUV] gehörten. Lotterien seien in den Mitgliedstaaten herkömmlicherweise verboten oder würden ausschließlich aus Gründen des Allgemeininteresses unmittelbar vom Staat oder unter seiner Kontrolle veranstaltet. Den Lotterien liege kein wirtschaftliches Leistungsverhältnis zugrunde, da sie auf dem Zufall beruhten. Schließlich seien Lotterien Erholung oder Spiel und keine wirtschaftliche Tätigkeit. ...

---

10 Vgl Rs C-275/92, *Schindler*, ECLI:EU:C:1994:119, Rn 24.
11 Ähnlich Rs C-97/98, *Jägerskiöld*, ECLI:EU:C:1999:515, Rn 36.
12 Vgl Rs C-275/92, *Schindler*, ECLI:EU:C:1994:119, Rn 24.

19 [Dazu] ist darauf hinzuweisen, daß Einfuhren von Waren oder entgeltliche Dienstleistungen [stets] als **Teil des „Wirtschaftslebens"** im Sinne des Vertrages anzusehen sind.

20 Somit ist nur zu prüfen, ob Lotterien in den Anwendungsbereich einer der beiden ... genannten Vertragsvorschriften fallen.

21 Das vorlegende Gericht wirft die Frage auf, ob Lotterien nicht zumindest teilweise unter [Art 34 AEUV] fallen, wenn sie mit der Versendung und Verteilung großer Mengen körperlicher Gegenstände wie Briefe, Werbeprospekte oder Lose — im vorliegenden Fall in einem anderen Mitgliedstaat — verbunden sind.

22 Zwar beschränkt sich die Tätigkeit der Beklagten des Ausgangsverfahrens anscheinend auf die Versendung von Werbematerial und Anmeldeformularen, möglicherweise von Losen, im Namen eines Lotterieveranstalters, der SKL. Solche Tätigkeiten sind jedoch nur die konkreten Einzelheiten der Veranstaltung oder des Ablaufs einer Lotterie und **können ... nicht losgelöst von der Lotterie betrachtet werden, auf die sie sich beziehen**. Die Einfuhr und die Verteilung von Gegenständen sind **kein Selbstzweck**, sondern sollen den Personen, die in den Mitgliedstaaten wohnen, in die diese Gegenstände eingeführt und in denen sie verteilt werden, die Teilnahme an der Lotterie ermöglichen.

23 Der von den Beklagten angeführte Umstand, daß [sie] körperliche Gegenstände für die Werbung und den Verkauf dieser Lotterie nach Großbritannien versandten und die hergestellten körperlichen Gegenstände Waren im Sinne der Rechtsprechung des Gerichtshofes waren, genügt nicht, um in ihrer Tätigkeit lediglich eine Ausfuhr oder Einfuhr zu sehen.

24 Die Tätigkeiten im Lotteriewesen sind somit keine Tätigkeiten, die „Waren" betreffen und als solche unter [Art 34 AEUV] fallen.

25 Diese Tätigkeiten sind vielmehr als „Dienstleistungen" im Sinne des Vertrages anzusehen.

2.2. Abgaben auf Waren

Warenverkehrsbeschränkungen, die auf Gebühren, Abgaben, Steuern udgl, also **finanzielle Belastungen** der Ware, zurückgehen, sind nach den *leges speciales* der Art 30 oder 110 AEUV zu beurteilen, jedoch niemals nach der allgemeinen Vorschrift des Art 34 AEUV.[13] Die Art 30 und 110 sind dabei **wechselseitig ausschließend**, sodass also jeweils nur die eine oder die andere Norm auf einen bestimmten Sachverhalt Anwendung finden kann.[14]

Die Art 30 und 110 normieren absolute Verbote: Ist der jeweilige Tatbestand erfüllt, kommt eine Rechtfertigung nicht in Frage. Es greifen daher weder Art 36 AEUV, noch die für die Art 34 und 35 relevanten zwingenden Erfordernisse.

> Der Warenverkehr als Ganzes, sowie das Zollverbot im Besonderen, dürfen als **Pionierbestimmungen** bezeichnet werden: Der grenzüberschreitende Warenverkehr entwickelte sich viel rascher als jener bei Personen, Dienstleistungen und Unternehmen. Waren waren und sind ungleich mobiler. Die Vorschriften der (ex-)Art 12 ff EWG-Vertrag über den Abbau der Binnenzölle bildeten historisch den ersten Schritt hin zur Warenverkehrsfreiheit und hatten für die wirtschaftliche und politische Integration in Europa eine ähnliche grundlegende Bedeutung wie etwa der Deutsche Zollverein von 1834 für die deutsche Einigung.[15]

---

13 Vgl zB verb Rs C-78/90 bis C-83/90, *Compagnie Commerciale de l'Ouest*, ECLI:EU:C:1992:118, Rn 20 ff.
14 Vgl zB Rs C-266/91, *CELBI*, ECLI:EU:C:1993:334, Rn 9.
15 Näher etwa *Christiansen*, ZfZ 1984, 2, *passim*.

2.2. Abgaben auf Waren

Der EWG-Vertrag enthielt in (ex-)Art 12 eine **Stillhalteverpflichtung**, nach der die MS untereinander weder neue Einfuhr- oder Ausfuhrzölle oder Abgaben gleicher Wirkung einführen, noch die in ihren gegenseitigen Handelsbeziehungen angewandten erhöhen durften. Gleichzeitig wurden die bestehenden Zölle zwischen den MS **schrittweise abgebaut**. Dieser Prozess war erst über zehn Jahre nach Inkrafttreten des EWG-Vertrags abgeschlossen: Am 1. 7. 1968 wurde mit der Abschaffung aller Binnenzölle für gewerbliche Erzeugnisse und der Einführung eines gemeinsamen Außenzolls gegenüber Drittländern die Zollunion verwirklicht.

Die grundlegende Bedeutung der historischen Bestimmungen des EWG-Vertrags zur Verwirklichung der Zollunion für die europäische Einigung unterstreicht das bekannte Urteil *van Gend & Loos* aus 1963, also dem Zeitraum während des Übergangs zur vollen Zollunion. Der EuGH nahm dort die Zollvorschriften zum Anlass, tragende Prinzipien der Unionsrechtsordnung (**Autonomie, unmittelbare Wirkung**) erstmalig grundzulegen. Der folgende Auszug aus *van Gend & Loos* illustriert diese Verquickung scheinbar banalen Zollrechts mit Bauprinzipien des Unionsrechts. Darüber hinaus ist die Rs auch ein sehr schöner Beleg für den seither konsequent verfolgten **wirkungsorientierten Ansatz** des EuGH, wonach die unionsrechtliche Zulässigkeit einer Maßnahme also nicht von ihrer Form, sondern ihren tatsächlichen Wirkungen abhängt. All diese Grundsätze sind auch heute noch für eine Grundfreiheiten- oder wettbewerbsrechtliche Sachverhaltsbeurteilung und die sich daraus ergebenden Rechtsfolgen maßgeblich.

Rs 26/62, *van Gend & Loos*, ECLI:EU:C:1963:1, S 24 ff.

Im September 1960 führte das Transportunternehmen Van Gend & Loos Harnstoffharz aus Deutschland in die Niederlande ein und hatte dafür einen Zoll iHv 8 % zu entrichten. Bis Ende 1959 hatte für die betreffende Produktkategorie ein Zoll von lediglich 3 % gegolten, der von den Niederlanden zum 1. 1. 1960 durch eine Neugliederung der Produktkategorien faktisch erhöht worden war. Gestützt auf die Stillhalteverpflichtung des (ex-)Art 12 EWG-Vertrag erhob Van Gend & Loos dagegen bei der Zollverwaltung Beschwerde. Diese entgegnete, es handle sich eben um keine formale Erhöhung, sondern lediglich um die Folge einer Neugliederung. Das idF zuständige Gericht (die heute nicht mehr existierende Tariefcommissie) befasste den EuGH per Vorabentscheidung.

Die Tariefcommissie stellt in erster Linie die Frage, ob [ex-]Art 12 in dem Sinne **unmittelbare Wirkung** im innerstaatlichen Recht hat, daß die Einzelnen aus diesem Artikel Rechte herleiten können, die vom nationalen Richter zu beachten sind.

Ob die Vorschriften eines völkerrechtlichen Vertrages eine solche Tragweite haben, ist vom **Geist** dieser Vorschriften, von ihrer **Systematik** und von ihrem **Wortlaut** her zu entscheiden.

Das Ziel des EWG-Vertrages ist die **Schaffung eines gemeinsamen Marktes**, dessen Funktionieren die der Gemeinschaft angehörigen **Einzelnen unmittelbar betrifft**; damit ist zugleich gesagt, daß dieser Vertrag mehr ist als ein Abkommen, das nur wechselseitige Verpflichtungen zwischen den vertragsschließenden Staaten begründet. Diese Auffassung wird durch die Präambel des Vertrages bestätigt, die sich nicht nur an die Regierungen, sondern auch an die Völker richtet. Sie findet eine noch augenfälligere Bestätigung in der Schaffung von Organen, welchen Hoheitsrechte übertragen sind, deren Ausübung in gleicher Weise die Mitgliedstaaten wie die Staatsbürger berührt. Zu beachten ist ferner, daß die Staatsangehörigen der in der Gemeinschaft zusammengeschlossenen Staaten dazu berufen sind, durch das Europäische Parlament und den Wirtschafts- und Sozialausschuß zum Funktionieren dieser Gemeinschaft beizutragen. Auch die dem Gerichtshof im Rahmen von [Art 267 AEUV], der die einheitliche Auslegung des Vertrages durch die nationalen Gerichte gewährleisten soll, zukommende Aufgabe ist ein Beweis dafür, daß die Staaten davon ausgegangen sind, die Bürger müßten sich vor den nationalen Gerichten auf das Gemeinschaftsrecht berufen können.

Aus alledem ist zu schließen, daß die Gemeinschaft eine **neue Rechtsordnung des Völkerrechts** darstellt, zu deren Gunsten die Staaten, wenn auch in begrenztem Rahmen, ihre **Souveränitätsrechte eingeschränkt** haben, eine Rechtsordnung, deren **Rechtssubjekte** nicht nur die Mitgliedstaaten, sondern auch die Einzelnen sind. Das von der Gesetzgebung der Mitgliedstaaten unabhängige Gemeinschaftsrecht soll daher den Einzelnen, ebenso wie es ihnen Pflichten auferlegt, auch Rechte verleihen. Solche Rechte entstehen nicht nur, wenn der Vertrag dies ausdrücklich bestimmt, sondern auch **auf Grund von eindeutigen Verpflichtungen**, die der Vertrag den Einzelnen wie auch den Mitgliedstaaten und den Organen der Gemeinschaft auferlegt.

Zur Systematik des Vertrages auf dem Gebiet der **Zölle** und Abgaben gleicher Wirkung ist zu bemerken, daß [Art 28 AEUV], wonach Grundlage der Gemeinschaft eine Zollunion ist, als wesentlichste Norm das Verbot der Zölle und Abgaben gleicher Wirkung enthält. Diese Vorschrift steht am Anfang des Vertragsteiles, der die „Grundlagen der Gemeinschaft" umschreibt; sie wird in [ex-]Art 12 angewandt und erläutert.

Der Wortlaut von [ex-]Art 12 enthält ein **klares und uneingeschränktes Verbot,** eine Verpflichtung, nicht zu einem Tun, sondern zu einem Unterlassen. Diese Verpflichtung ist im übrigen auch durch **keinen Vorbehalt der Staaten** eingeschränkt, der ihre Erfüllung von einem internen Rechtssetzungsakt abhängig machen würde. Das Verbot des Artikels 12 eignet sich seinem Wesen nach vorzüglich dazu, **unmittelbare Wirkungen** in den Rechtsbeziehungen zwischen den Mitgliedstaaten und den ihrem Recht unterworfenen Einzelnen zu erzeugen.

Der Vollzug von [ex-]Art 12 bedarf keines Eingriffs der staatlichen Gesetzgeber. Der Umstand, daß dieser Artikel die Mitgliedstaaten als Adressaten der Unterlassungspflicht bezeichnet, schließt nicht aus, daß dieser Verpflichtung Rechte der Einzelnen gegenüberstehen können.

Aus den vorstehenden Erwägungen ergibt sich, daß nach dem Geist, der Systematik und dem Wortlaut des Vertrages [ex-]Art 12 dahin auszulegen ist, daß er unmittelbare Wirkungen erzeugt und individuelle Rechte begründet, welche die **staatlichen Gerichte zu beachten** haben. ...

Aus dem Wortlaut und der systematischen Stellung von [ex-]Art 12 des Vertrages ergibt sich, daß bei der Feststellung, ob Zölle und Abgaben gleicher Wirkung entgegen dem in der genannten Vorschrift enthaltenen Verbot erhöht worden sind, von den zum Zeitpunkt des Inkrafttretens des Vertrages **tatsächlich angewandten Zöllen** und Abgaben **ausgegangen werden muß.**

Eine solche unerlaubte Erhöhung im Sinne der Verbotsvorschrift des [ex-]Artikels 12 des Vertrages kann sich im übrigen sowohl aus einer **Neugliederung des Tarifs**, welche die Einordnung des Erzeugnisses in eine höher belastete Tarifnummer zur Folge hat, wie aus einer Erhöhung des Zollsatzes im eigentlichen Sinne ergeben.

Wenn feststeht, daß in einem Mitgliedstaat ein Erzeugnis nach dem Inkrafttreten des Vertrages einem höheren Zollsatz unterworfen ist, kann es nicht darauf ankommen, in welcher Weise die Zollerhöhung vorgenommen worden ist.

2.2.1. Art 30 AEUV: Abgaben gleicher Wirkung

Zölle sind hoheitliche Abgaben, die nach Maßgabe des Zolltarifs auf die Warenbewegung über die Grenze erhoben werden. Sie führen zu einer entsprechenden Verteuerung der Ware am Zielmarkt und verringern folglich deren Markt- bzw Absatzchancen. Grob lassen sich Zölle unterscheiden, die den heimischen Markt, Arbeitsplätze usw vor Konkurrenz aus dem Ausland schützen (sog Wirtschaftszölle), sowie Zölle, deren Zweck primär die Erzielung von Einnahmen ist (sog Finanzzölle).[16] Ein Unterfall der Wirtschaftszölle sind auch sog Ausgleichszölle gegen Produkte, deren Preis aufgrund staatlicher Exportsubventionen im Ausland künstlich verbilligt wird (sog *dumping* bzw *anti-dumping*).[17]

---

[16] Vgl etwa *Herrmann*, Art 30 AEUV, Rz 9, in *Grabitz/Hilf/Nettesheim* (Hrsg), EUV/AEUV-Kommentar, EL 55 2015.
[17] Vgl Art VI GATT-Abk.

2.2. Abgaben auf Waren

Art 30 untersagt als **erste Stoßrichtung** seines Tatbestands **sämtliche** solcher (Import- oder Export-, Finanz-, Wirtschafts- oder Ausgleichs-) **Zölle** im Warenverkehr zwischen den MS, uzw unabhängig von ihrer (allenfalls auch nur ganz geringfügigen) Höhe.[18] Art 30 erfasst daher sowohl Abgaben auf die **Einfuhr**, als auch solche auf die **Ausfuhr** von Waren. Für die Anwendbarkeit von Art 30 muss es sich daher nicht zwingend um ein ausländisches Produkt handeln, das mit der Abgabe belastet ist, sondern lediglich um ein Produkt, das die **Grenze** des MS (herein oder hinaus) **überschreitet**. Im Vergleich dazu ist die Ein- und Ausfuhr bei den nicht-tarifären Handelshemmnissen mit den Art 34 und 35 AEUV auf zwei unterschiedliche Tatbestände aufgeteilt. Da auch Ausgleichszölle erfasst sind, kann insbesondere eine von einem anderen MS gewährte, illegale Beihilfe iSd Art 107 AEUV nicht durch einen Ausgleichszoll ausgeglichen werden. Letztlich hat diese erste Stoßrichtung des Verbots seit der Vollendung der Zollunion im Jahr 1968 praktisch keine Relevanz mehr.

Umso bedeutender ist die **zweite Stoßrichtung** des Art 30, wonach zwischen den MS auch alle **Abgaben zollgleicher Wirkung** verboten sind. Dies gilt wiederum für **Einfuhren wie Ausfuhren** gleichermaßen. Knackpunkt der Anwendung des Art 30, und auch seiner Abgrenzung zur verwandten (aber nicht kumulativ anwendbaren) Bestimmung des Art 110, ist demnach der Begriff der Abgabe zollgleicher Wirkung. Seine Bedeutung erschließt sich im Grunde schon aus dem wirtschaftlichen Kontext von Zöllen, bei denen eine **Verknüpfung von Grenzübertritt und Belastung** vorliegt. Abgaben zollgleicher Wirkung sind demnach einem Wirtschaftstreibenden **gerade wegen des Grenzübertritts** der Ware auferlegte, **einseitige** (also hoheitliche und nicht etwa vertraglich vereinbarte oder freiwillige) finanzielle **Mehrlasten**.[19] Dabei kommt es nicht auf eine direkte zeitliche, sondern auf die sachliche Verknüpfung der Abgabenbelastung mit dem Grenzübertritt an, also darauf, dass der Grenzübertritt Anlass der (zeitlich ggf auch erst späteren, zB am Lieferort) Abgabenerhebung war (sog **Grenzkausalität**). Die Grenzkausalität fragt danach, ob die Abgabe auch anfallen würde, wenn man das Sachverhaltselement des Grenzübertritts ausblendet.

Für die Abgrenzung der Art 30 und 110 werden nur die Belastungseffekte auf **derselben Handelsstufe** und innerhalb **desselben Steuertatbestands** geprüft:[20] Irrelevant ist daher, ob die Belastung des eingeführten Produkts etwa inländische steuerliche Nachteile ausgleichen soll, die ein inländisches Produkt auf einer anderen Handelsstufe oder aufgrund eines anderen Steuertatbestands treffen. Dies illustriert etwa das Urteil *Michaïlidis* aus dem Jahr 2000, betreffend eine Ausfuhrabgabe auf Tabakerzeugnisse.

Verb Rs C-441/98 und C-442/98, *Michaïlidis*, ECLI:EU:C:2000:479

Die Klägerin, eine im Tabaksektor tätige griechische AG, beantragte im Jahr 1995 bei der örtlichen Zweigstelle der Sozialversicherungsanstalt IKA die Erstattung bereits gezahlter Beträge. So hatte die Klägerin zwischen 1990 und 1995 bei der Ausfuhr von Tabak in EU-MS und Drittländer produktwertbasierte Abgaben an die Zolldienststelle zu entrichten gehabt, die von dort weiter an die Versicherungskasse der Tabakarbeiter geflossen waren. Die Klägerin stützte das Erstattungsbegehren darauf, dass es sich um eine Abgabe mit gleicher Wirkung wie ein Ausfuhrzoll handle, die unvereinbar mit dem Unionsrecht sei, soweit sie einseitig auf einheimische Tabakerzeugnisse wegen des Grenzübertritts dieser Erzeugnisse erhoben werde.

---

[18] Vgl Rs 87/75, *Bresciani*, ECLI:EU:C:1976:18, Rn 8 f.
[19] Vgl etwa Rs C-90/94, *Haahr Petroleum*, ECLI:EU:C:1997:368, Rn 20; Rs C-213/96, *Outokumpu*, ECLI:EU:C:1998:155, Rn 20.
[20] Vgl Rs 132/78, *Denkavit*, ECLI:EU:C:1979:139, Rn 8.

2. Warenverkehr

22. Nach ständiger Rechtsprechung liegt das entscheidende Merkmal einer Abgabe mit gleicher Wirkung wie ein Zoll, das diese von einer inländischen Abgabe unterscheidet, in dem Umstand, dass Erstere ausschließlich das über die Grenze verbrachte Erzeugnis als solches, die Letztere aber eingeführte, ausgeführte und inländische Erzeugnisse trifft[.] …

23. [Eine] Abgabe [ist nur dann] Teil einer allgemeinen inländischen Abgabenregelung, wenn sie das einheimische und das gleiche ausgeführte Erzeugnis in gleicher Höhe auf der gleichen Handelsstufe erfasst und wenn der Steuertatbestand ebenfalls für beide Erzeugnisse derselbe ist. Es reicht somit nicht aus, dass die Belastung des ausgeführten Erzeugnisses den Ausgleich für eine Abgabe darstellen soll, die auf das gleichartige einheimische Erzeugnis auf einer früheren Produktions- oder Handelsstufe als derjenigen erhoben wird – oder auf dieses Erzeugnis oder ein Ausgangserzeugnis erhoben wurde -, auf der das ausgeführte Erzeugnis erfasst wird. Das Verbot der Abgaben mit gleicher Wirkung wie Zölle würde jeden Inhalts entleert und bedeutungslos, wenn es eine Grenzabgabe nicht einschlösse, obwohl diese auf ein gleichartiges nationales Erzeugnis nicht oder auf einer anderen Handelsstufe erhoben wird, und das nur mit der Begründung, diese Abgabe solle eine interne steuerliche Belastung des gleichen Erzeugnisses ausgleichen[.]

24. Somit gilt eine Abgabe wie die streitige Abgabe, die an der Grenze beim Ausfuhrvorgang erhoben wird, als Abgabe mit gleicher Wirkung wie ein Zoll, es sei denn, die als vergleichbar angesehene Belastung nationaler Erzeugnisse erfolgt in gleicher Höhe, auf der gleichen Handelsstufe und aufgrund eines gleichen Steuertatbestands.

Ob die Abgabe als Zoll bezeichnet wird (was heutzutage ohnedies kaum der Fall ist), welche Form sie annimmt (zB Verwaltungsgebühr, Untersuchungsgebühr, Marketingabgabe, Branchenbeitrag usw) oder wem sie letztendlich zufließt (der sie einhebenden öffentlichen Hand oder Dritten), ist irrelevant (funktionaler Ansatz). Egal ist es daher auch, ob die Abgabe zollgleicher Wirkung Wirtschafts- oder Finanzierungszwecken dient. Als Beispiel sei hier wiederum auf das eben erwähnte Urteil *Michaïlidis* verwiesen.[21]

Verb Rs C-441/98 und C-442/98, *Michaïlidis*, ECLI:EU:C:2000:479

Sachverhalt wie eben.

13. Mit seiner ersten Frage möchte das vorlegende Gericht wissen, ob es möglich ist, eine auf ausgeführte Tabakerzeugnisse nach Maßgabe von deren Wert erhobene Abgabe, die weder gleiche auf dem Inlandsmarkt vertriebene noch gleiche aus einem anderen Mitgliedstaat eingeführte Tabakerzeugnisse trifft, aufgrund des mit ihr verfolgten sozialen Zweckes nicht als eine … Abgabe mit gleicher Wirkung wie ein Ausfuhrzoll einzustufen.

14. Aus der Allgemeinheit und Absolutheit des Verbotes aller Zölle im Warenverkehr zwischen den Mitgliedstaaten ist zu entnehmen, dass das Verbot der Zölle unabhängig von dem Zweck, zu dem diese geschaffen wurden, und vom Verwendungszweck der durch sie bewirkten Einnahmen gilt[.]

15. Wie der Gerichtshof bereits wiederholt entschieden hat, stellt eine – auch noch so geringe – den in- oder ausländischen Waren wegen ihres Grenzübertritts einseitig auferlegte finanzielle Belastung, wenn sie kein Zoll im eigentlichen Sinn ist, unabhängig von ihrer Bezeichnung und der Art ihrer Erhebung eine Abgabe gleicher Wirkung … dar, selbst wenn sie nicht zugunsten des Staates erhoben wird[.] …

26. Nach alledem ist auf die erste Frage zu antworten, dass eine auf ausgeführte Tabakerzeugnisse nach Maßgabe von deren Wert erhobene Abgabe, die weder gleiche auf dem Inlandsmarkt vertriebene noch gleiche aus einem anderen Mitgliedstaat eingeführte Tabakerzeugnisse trifft, ungeachtet

---

21 Vgl auch schon verb Rs 2/69 und 3/69, *Sociaal Fonds Diamantarbeiders*, ECLI:EU:C:1969:30, Rn 13.

des mit ihr verfolgten sozialen Zwecks als eine ... Abgabe mit gleicher Wirkung wie ein Ausfuhrzoll einzustufen ist, es sei denn, die als vergleichbar angesehene Belastung nationaler Erzeugnisse erfolgt in gleicher Höhe, auf der gleichen Handelsstufe und aufgrund eines gleichen Steuertatbestands wie dem der streitigen Abgabe.

Der EuGH hat diese **Kriterien einer Einstufung** als Abgabe zollgleicher Wirkung schon im Grundsatzurteil *Lebkuchen* aus 1962, betreffend eine bei der Ausstellung von Einfuhrgenehmigungen für Lebkuchen nach Belgien und Luxemburg zu erhebende Abgabe, wie folgt zusammengefasst: „Nach alledem kann die Abgabe mit zollgleicher Wirkung ... unabhängig von ihrer Bezeichnung und von der Art ihrer Erhebung als eine bei der Einfuhr oder später erhobene, einseitig auferlegte Belastung angesehen werden, die dadurch, daß sie speziell die aus einem Mitgliedstaat eingeführten Waren, nicht aber gleichartige einheimische Waren trifft, jene Waren verteuert und damit die gleiche Auswirkung auf den freien Warenverkehr hat wie ein Zoll."[22]

Grenzkausal ist eine Abgabe nach der Rsp auch dann, wenn das Aufkommen aus einer zunächst in- wie ausländische Erzeugnisse gleichermaßen treffenden Abgabe idF ausschließlich dazu verwendet wird, die **Belastung der inländischen Erzeugnisse auszugleichen** (zB durch Marketing oder andere Dienstleistungen, von denen nur die im Inland ansässigen Erzeuger profitieren; sog **Nettobelastung**). Wird die Nettobelastung **vollständig** ausgeglichen, fällt ein solches ungleiches System in den Anwendungsbereich des Art 30, erfolgt dagegen nur ein **teilweiser Belastungsausgleich**, fällt die Abgabe (weil sie dann nicht mehr va grenzkausal, sondern va diskriminierend ist) in den Anwendungsbereich des Art 110. Die diesbezüglichen Beurteilungsgrundsätze illustriert etwa das Urteil *Nygård* aus 2002.[23] *Nygård* zeigt, dass auch solche Regelungen im Einzelfall (nämlich bei Einbeziehung der Verwendung der Abgabe in die Betrachtung) unter das Verbot des Art 30 fallen können, die auf den ersten Blick nicht grenzkausal zu sein scheinen, weil die Erhebung In- und Ausländer gleichermaßen trifft.

Rs C-234/99, *Nygård*, ECLI:EU:C:2002:244

Der dänische Schweineerzeuger Niels Nygård stritt mit dem Svineafgiftsfonden (Fonds für Abgaben im Schweinefleischsektor) um die rechtmäßige Erhebung einer Produktionsabgabe für Schweine, die er zwischen 1992 und 1993 lebend nach Deutschland ausgeführt hatte. Nygård entrichtete dafür bereits in Deutschland nach dem deutschen Absatzfondsgesetz eine Produktionsabgabe für jedes an die Schlachthöfe abgelieferte Schwein und weigerte sich, die Abgabe zusätzlich auch in Dänemark nach den dänischen Bestimmungen zu zahlen. Er machte geltend, dass die Abgabe auf lebend ausgeführte Schweine in ihrer Gesamtheit eine Abgabe mit gleicher Wirkung wie ein Ausfuhrzoll nach Art 30 darstelle. Hilfsweise machte er geltend, dass diese Abgabe, wenn sie keine Abgabe gleicher Wirkung sei, eine diskriminierende inländische Abgabe darstelle, die durch Art 110 verboten sei, da das Aufkommen aus der Abgabe für Tätigkeiten verwendet werde, die ausschließlich oder in einem verhältnismäßig höheren Maß der Erzeugung von Schweinen zum Zweck der Schlachtung im Inlandsmarkt zugute kämen.

---

22 Verb Rs 2/62 und 3/62, *Kommission/Belgien und Luxemburg ('Lebkuchen')*, ECLI:EU:C:1962:45, S 882.
23 Vgl auch verb Rs C-78/90 bis C-83/90, *Compagnie Commerciale de l'Ouest*, ECLI:EU:C:1992:118, Rn 27; Rs C-17/91, *Lornoy*, ECLI:EU:C:1992:514, Rn 21; Rs C-72/92, *Scharbatke*, ECLI:EU:C:1993:858, Rn 10; Rs C-347/95, *UCAL*, ECLI:EU:C:1997:411, Rn 22.

2. Warenverkehr

17. Nach ständiger Rechtsprechung sind die Vorschriften über Abgaben gleicher Wirkung und diejenigen über diskriminierende inländische Abgaben **nicht kumulativ anwendbar**, so dass ein und dieselbe Abgabe ... nicht gleichzeitig in beide Kategorien fallen kann[.]

18. Es ist daher zuerst zu prüfen, ob die im Ausgangsverfahren streitige Abgabe als Abgabe mit gleicher Wirkung wie Ausfuhrzölle ... zu qualifizieren ist. Gegebenenfalls ist sodann zu prüfen, ob diese Abgabe eine diskriminierende inländische ... Abgabe ist. ...

19. Nach ständiger Rechtsprechung ... stellen finanzielle Belastungen, die Waren **wegen des Überschreitens der Grenze einseitig auferlegt** werden, wenn sie kein Zoll im eigentlichen Sinne sind, unabhängig von ihrer Bezeichnung und der Art ihrer Erhebung eine Abgabe gleicher Wirkung ... dar. Das gilt jedoch nicht, wenn die Belastung **Bestandteil einer allgemeinen inländischen Abgabenregelung** ist, die Gruppen von Waren systematisch nach objektiven Kriterien erfasst, die unabhängig von der Herkunft der Waren gelten; in diesem Fall fällt die finanzielle Belastung in den Anwendungsbereich von [Art 110]. ...

21. [F]ür die rechtliche Qualifizierung einer Abgabe, die auf inländische, im Inland verarbeitete oder in den Verkehr gebrachte Erzeugnisse und inländische unverarbeitet ausgeführte Erzeugnisse nach denselben Kriterien erhoben wird, [kann es aber] erforderlich sein ..., den **Bestimmungszweck des Aufkommens** aus der Abgabe zu berücksichtigen[.]

22. Ist nämlich das Aufkommen aus einer solchen Abgabe dazu bestimmt, Tätigkeiten zu fördern, die speziell denjenigen belasteten inländischen Erzeugnissen zugute kommen, die im Inland verarbeitet oder in den Verkehr gebracht werden, so kann sich daraus ergeben, dass ein Beitrag, der nach einheitlichen Kriterien erhoben wird, dennoch eine diskriminierende Besteuerung darstellt, **weil die steuerliche Belastung der im Inland verarbeiteten oder in den Verkehr gebrachten Erzeugnisse durch die Vorteile, deren Finanzierung sie dient, ausgeglichen wird**, während sie für die unverarbeitet ausgeführten Erzeugnisse eine Nettobelastung darstellt[.]

23. [Dabei] stellt eine Abgabe, die auf einem allgemeinen innerstaatlichen Abgabensystem beruht und systematisch auf inländische, im Inland verarbeitete oder in den Verkehr gebrachte Erzeugnisse und solche, die unverarbeitet ausgeführt werden, erhoben wird, eine ... Abgabe zollgleicher Wirkung dar, wenn die Vorteile, die sich aus der Zuweisung des Aufkommens aus dieser Abgabe ergeben, die Belastung, die das inländische, im Inland verarbeitete oder in den Verkehr gebrachte Erzeugnis bei seinem Inverkehrbringen trifft, **vollständig ausgleichen**[.] Dagegen würde eine solche Abgabe gegen das in [Art 110] verankerte Diskriminierungsverbot verstoßen, wenn die Vorteile, die sich für die belasteten inländischen Erzeugnisse, die im Inland verarbeitet oder in den Verkehr gebracht werden, aus der Zuweisung der Einnahmen aus der Abgabe ergeben, diese Belastung nur **teilweise ausgleichen** würden[.]

24. Zur Beurteilung der im Ausgangsverfahren streitigen Abgabe im Licht dieser Grundsätze ist ... festzustellen, dass die streitige Abgabe unstreitig **Bestandteil einer allgemeinen Abgabenregelung** für dänische Agrarerzeugnisse ist, die mehrere Regelungen für Produktionsabgaben umfasst. Unstreitig ist auch, dass diese Produktionsabgabenregelungen **ein und dieselbe Rechtsgrundlage**, nämlich das Ermächtigungsgesetz, haben und dazu bestimmt sind, für ihren jeweiligen Sektor spezielle Fonds zu finanzieren, deren Mittel zum Zweck der Erzeugung und des Inverkehrbringens von Erzeugnissen der dänischen Landwirtschaft verwendet werden. ...

39. [Sodann wird] das Aufkommen [der streitigen Abgabe] **nicht** nur der Finanzierung von Tätigkeiten, die **ausschließlich** der Erzeugung von Schweinen zum **Zweck** der Schlachtung **im Inland, sondern auch** solcher Tätigkeiten dient, die allgemein der Primärerzeugung von Schweinen in Dänemark – einschließlich der Erzeugung von Schweinen zum Zweck ihrer **Lebendausfuhr** – zugute kommen. ...

40. Somit stellt eine Abgabe der im Ausgangsverfahren streitigen Art keine Abgabe mit gleicher Wirkung wie Ausfuhrzölle dar, so dass ihre Vereinbarkeit mit dem Gemeinschaftsrecht im Rahmen des [Art 110] zu beurteilen ist.

Keine Abgabe zollgleicher Wirkung liegt auch dann vor, wenn einer für eine öffentliche Dienstleistung erhobene **Gebühr** eine **adäquate Gegenleistung** gegenübersteht. Ausschlaggebend ist demnach, ob die Gebühr ein der Höhe nach angemessenes Entgelt für einen dem Wirtschaftstreibenden tatsächlich und individuell geleisteten Dienst darstellt.[24] Beispiele sind etwa Gebühren für Gesundheits- oder Hygieneuntersuchungen sowie generell Gebühren zur Erfüllung von Verpflichtungen, die das Unionsrecht (im Agrarbereich, im Warenverkehrsbereich usw) vorschreibt, solange diese angemessen bleiben.[25] Die **Angemessenheit** der Gebühr beurteilt sich dabei nicht nur nach der Frage der Relation von Kosten und Nutzen (sog **Kostendeckungsprinzip**), sondern auch nach der **objektiven Notwendigkeit** des Dienstes. Nicht objektiv notwendig sind etwa Kontrollen, die bereits im Ursprungsland durchgeführt wurden und die im Zielland ohne sachlichen Grund (zB zulässigerweise höheres Schutzniveau, Zeitablauf etc) verdoppelt werden. Ob der Dienst vom Belasteten subjektiv als notwendig empfunden wird ist nicht relevant.

2.2.2. Art 110 AEUV: Diskriminierende Warensteuern

Beschränkungen des freien Warenverkehrs können sich auch daraus ergeben, dass unterschiedliche Steuern auf Waren erhoben werden. Solche Diskriminierungen durch **indirekte Steuern auf Waren** (va Umsatzsteuer und diverse Verbrauchsteuern, etwa Mineralölsteuer, Tabaksteuer, Alkoholsteuer, Biersteuer, Sektsteuer usw) erfasst das Verbot des Art 110. Ob eine bestimmte Maßnahme als Steuer, Abgabe odgl bezeichnet ist, ist (wie stets) irrelevant: Entscheidend ist, wie schon Art 110 mit der Formulierung „Abgaben gleich welcher Art" selbst klarstellt, ihre tatsächliche Wirkungsweise als warenbezogene finanzielle Belastung (**funktionaler Ansatz**).[26]

> Zu beachten ist, dass einige wichtige Sekundärrechtsakte als **Ausführungsgesetzgebung** zu Art 110 bestehen, die in ihrem Anwendungsbereich Art 110 verdrängen. Die wichtigsten Beispiele sind die Umsatz- bzw **Mehrwertsteuer**, die va über die MehrwertsteuersystemRL 2006/112/EG sowie eine KoordinierungsVO 1798/2003 vereinheitlicht sind, sowie die Allgemeine VerbrauchsteuersystemRL 2008/118/EG für **Verbrauchsteuern**, etwa auf Energie, Tabak oder Alkohol. Die zugehörige Rechtsetzungsgrundlage ist Art 113 AEUV.
>
> Die **MehrwertsteuersystemRL 2006/112/EG** sieht als erste wichtige Grundregel (von der eingeschränkte Abweichungen zulässig sind) einen **Mindeststeuersatz von 15 %** vor. Die zweite wichtige Grundregel ist ein (von Ausnahmen durchsetztes) **Bestimmungslandprinzip** bei gewerblichen Umsätzen, sodass die Umsatzsteuer also im Grunde im Zielstaat zu entrichten (und dort auch eine MWSt-Nummer anzumelden) ist. Beim Privatverbrauch kommt dagegen ein (ebenfalls von Ausnahmen durchsetztes) Ursprungslandprinzip zur Anwendung. Sehr praktikabel ist dieses System augenscheinlich nicht. Gerade bei Verkäufen von Waren und digitalen Inhalten über das Internet zeigt sich, dass Händler häufig Lieferungen ins Ausland generell, oder zumindest in bestimmte MS, ausschließen (sog *geoblocking*)[27]. Gerade für KMU bilden aufwendige MWSt-Regelungen einen nachhaltigen Hemmschuh für die grenzüberschreitende Belieferung von Endkunden. Eine Effektivierung

---

24 Vgl zB Rs C-130/93, *Lamaire*, ECLI:EU:C:1994:281, Rn 14; Rs 39/82, *Donner*, ECLI:EU:C:1983:3, Rn 7.
25 Vgl etwa Rs 46/76, *Bauhuis*, ECLI:EU:C:1977:6, Rn 31 ff; Rs 63/74, *Cadsky*, ECLI:EU:C:1975:33, Rn 6 ff.
26 Vgl schon Rs 20/76, *Schöttle*, ECLI:EU:C:1977:26, Rn 13.
27 Dazu etwa *Wiebe*, ZUM 2015, 933 f.

> scheiterte bislang aber an den nationalen Steuerinteressen. Erwähnenswert ist noch, dass 0,3 % der Mehrwertsteuerbemessungsgrundlage als Eigenmittel der Union direkt an den EU-Haushalt abgeführt werden.[28]

Andere (nicht warenbezogene) steuerliche Ungleichbehandlungen, va Diskriminierungen bei **dienstleistungsbezogenen** indirekten Steuern (zB Vergnügungssteuern) sowie der große Bereich der **direkten Steuern** (also die diversen Formen der Ertragsbesteuerung natürlicher und juristischer Personen, also zB Lohn-, Einkommens-, Körperschafts-, Gewerbe-, Kapitalertragssteuer usw) sind nicht von Art 110 erfasst. Sie werden nach den allgemeinen Regeln der entsprechenden Grundfreiheiten (Dienstleistungs-, Niederlassungs- und Kapitalverkehrsfreiheit sowie Freizügigkeit der Arbeitnehmer) geprüft, da dort mangels entsprechender *leges speciales*, anders als beim Warenverkehr, keine Unterscheidung in pekuniäre (abgabenbezogene) und nicht-pekuniäre Beschränkungen vorgenommen wird.

Im Verhältnis zu den anderen warenbezogenen Bestimmungen des Vertrages steht Art 110 in einem Verhältnis der wechselseitigen **Exklusivität**: Nicht abgabenbezogene staatliche Maßnahmen, die Waren treffen, fallen stets unter Art 34 AEUV (oder eine der anderen speziellen Normen, etwa Art 35, 37 usw AEUV). Abgabenbezogene staatliche Maßnahmen fallen dagegen stets entweder unter Art 30 oder unter Art 110, aber niemals unter beide Normen. Welche der beiden Normen anwendbar ist, ist im Weg der Tatbestandsprüfung (also der Subsumtion des jeweiligen Sachverhalts unter den auf einen solchen Sachverhalt anwendbaren oder nicht anwendbaren Tatbestand) zu klären.

Art 110 ist dabei immer dann einschlägig, wenn die Maßnahme **Teil einer allgemeinen inländischen Abgabenregelung** (dh eines allgemeineren Besteuerungssystems) ist, **die systematisch sämtliche inländischen, eingeführten und ausgeführten** Waren nach gleichen **Kriterien erfasst**.[29] Art 30 bezieht sich dagegen nur auf über die Grenze verbrachte Erzeugnisse, sodass eine solche Maßnahme also gerade nicht Teil einer allgemeinen inländischen Abgabenregelung ist.

Inhaltlich normiert Art 110 ein spezielles abgabenrechtliches **Diskriminierungsverbot** und bildet insoweit nicht nur eine *lex specialis* zum eben erwähnten Art 34, sondern auch zum allgemeinen Diskriminierungsverbot des Art 18 AEUV. Art 110 **Abs 1** verbietet jede steuerliche **Schlechterstellung** ausländischer Waren **im Vergleich zu gleichartigen inländischen Produkten**. Entgegen dem enger gefassten Wortlaut des Art 110, aber gleich wie Art 30, unterliegen dem Schlechterstellungsverbot neben **eingeführten Erzeugnissen** auch Erzeugnisse, die zur **Ausfuhr** in andere Mitgliedstaaten bestimmt sind.[30]

Die **Gleichartigkeit der Waren** prüft der EuGH in der Praxis va anhand ihrer Verwendung. Ausschlaggebend ist demnach, ob die Waren aus Verbraucher- bzw Verwendersicht ähnliche **Eigenschaften** haben und den **gleichen Bedürfnissen** dienen.[31] Andere Beurteilungsgesichtspunkte (Indizien der Gleichartigkeit) sind aber etwa auch die unionszollrechtliche Klassifizie-

---

28 Vgl Art 2 Abs 1 lit b Eigenmittelbeschluss 2007/436/EG, ABl 2007/L 163/17.
29 Vgl Rs 132/78, *Denkavit*, CLI:EU:C:1979:139, Rn 7.
30 Vgl etwa Rs 142/77, *Larsen*, ECLI:EU:C:1978:144, Rn 27; Rs C-234/99, *Nygård*, ECLI:EU:C:2002:244, Rn 41; Rs C-355/00, *Freskot*, ECLI:EU:C:2003:298, Rn 45.
31 Vgl etwa Rs C-101/00, *Tulliasiamies*, ECLI:EU:C:2002:505, Rn 56.

rung der Waren, die objektive Produktbeschaffenheit bzw die verwendeten Rohstoffe oder das (zB ökologische oder nicht ökologische) Verfahren der Herstellung.

Art 110 **Abs 2** erstreckt das Verbot des Abs 1 über gleichartige Produkte hinaus auf alle in einem **Substitutionsverhältnis** zum inländischen Produkt stehenden ausländischen Waren, deren stärkere Belastung die inländischen Produkte zumindest mittelbar begünstigen würde. Abs 2 ist insoweit als Auffangbestimmung zu sehen, mit der Fälle protektionistischen Zielen dienender Steuerungleichbehandlung auch dann in den Tatbestand einbezogen werden sollen, wenn es im Inland **keine gleichartigen Waren** ieS gibt, wohl aber sonstige Waren, auf deren Konsum sich die (höhere) Besteuerung der ausländischen Produkte (konsumbegünstigend) auswirkt.[32] Ein Beispiel sind etwa verschiedene Gemüsesorten, von denen bestimmte im Inland nicht angebaut werden, wohl aber substitutionsfähige ähnliche Gemüse (etwa unterschiedliche Paprikasorten oder Karfiol vs Brokkoli). Ihr Absatz wird durch den höheren Preis des ausländischen Gemüses gefördert, sodass die unterschiedliche Besteuerung im Endeffekt protektionistisch (marktzugangshemmend) wirkt.

> Austausch- bzw substitutionsfähig (**Substitutionsgüter**) sind Produkte, die ähnlichen Zwecken dienen und daher ähnliche Bedürfnisse stillen und daher aus Abnehmersicht (ggf auch aus Anbietersicht) gegeneinander ausgetauscht werden können. Ein solcher Austausch findet va dann statt, wenn sich der Preis für ein Produkt erhöht und oder sich die Qualität verschlechtert. Können die Nachfrager bei solchen Preiserhöhungen oder Qualitätsveränderungen auf andere, dasselbe Bedürfnis befriedigende Produkte ausweichen, stehen diese Produkte in einem Substitutionsverhältnis. Das Lehrbeispiel für eine solche Austauschbeziehung ist etwa das Verhältnis zwischen (teurer werdender) Butter und Margarine (als Ausweichprodukt).
>
> Die Substitutionsbeziehungen zwischen Produkten spielen neben Art 110 va im Bereich des **Wettbewerbsrechts** eine zentrale Rolle, wo sie der Abgrenzung des (für die Beurteilung der Wettbewerbswirkungen von Kartellen oder für die Feststellung von Marktmacht beim Missbrauchsverbot bzw der Marktanteile im Rahmen der Fusionskontrolle) relevanten Marktes dienen. Im Wettbewerbsrecht verwendet die Kommission dazu den sog **SNNIP-Test** (SSNIP steht für *Small but Significant Non-transitory Increase in Price*):[33] Gefragt wird danach, ob Kunden im Fall einer geringfügigen, aber merklichen und dauerhaften Preiserhöhung auf andere, ähnliche Produkte ausweichen würden (sog **Nachfragesubstituierbarkeit**) bzw es für Produzenten in benachbarten Märkten rentabel wird, ihre Produktionsanlagen oder Distributionskanäle so umzustellen, dass sie in den relevanten Markt mit günstigeren Preisen eintreten (sog Angebotssubstituierbarkeit). Produkte, die einem dieser Substitutionsverhältnisse unterliegen, konkurrieren am selben Markt.

Die beiden Absätze des Art 110 **ergänzen einander** daher und normieren im Ergebnis gemeinsam ein Verbot der steuerlichen Schlechterstellung zumindest substitutionsfähiger ausländischer Güter. Dementsprechend unterscheidet die Rechtsprechungspraxis auch nur unscharf zwischen beiden Absätzen:[34] Der EuGH begründet seine Wahl des einen oder anderen Absatzes teils nicht bzw lässt die Frage im Einzelfall auch schlicht offen.[35]

---

[32] Vgl schon Rs 27/67, *Fink Frucht*, ECLI:EU:C:1968:22, S 347 f.
[33] Ausführlich *Friederiszick* in *Schwarze*, Recht und Ökonomie im europäischen Wettbewerbsrecht, 29 ff..
[34] Näher etwa *Seiler*, Art 110 AEUV, Rz 38, in *Grabitz/Hilf/Nettesheim* (Hrsg), EUV/AEUV-Kommentar, EL 43 2011.
[35] Vgl zB Rs C-230/89, *Kommission/Griechenland („Alkoholsteuer")*, ECLI:EU:C:1991:156, Rn 7 ff.

2. Warenverkehr

Eine nach Art 110 verbotene **Diskriminierung** liegt vor, wenn ein eingeführtes Produkt unmittelbar oder mittelbar einer höheren Besteuerung unterliegt als ein gleichartiges (oder zumindest substitutionsrelevantes) inländisches. **Unmittelbare Diskriminierung** bedeutet, dass in- und ausländische Produkte offen unterschiedlich besteuert werden.[36] **Mittelbare Diskriminierung** bedeutet, dass die unterschiedliche Besteuerung nicht direkt an der Herkunft der Produkte anknüpft, wohl aber an Kriterien, die zum selben Ergebnis führen (zB scheinbar neutrale Besteuerung der Motorleistung, nach der die hohen Steuersätze aber faktisch nur eingeführte KFZ betreffen, oder unterschiedliche Besteuerung von Spirituosen je nach Ausgangsprodukt Obst bzw Trauben gegenüber Getreide, die faktisch nur ausländische Destillate hoch besteuert, weil es kaum inländische Obstdestillate gibt).[37]

Ob eine Diskriminierung iSe sachlich nicht erklärbaren **Ungleichbehandlung gleicher Sachverhalte** vorliegt, beantwortet sich dabei schon aus der Prüfung der **Gleichartigkeit** oder zumindest Substitutionsfähigkeit (Befriedigung gleichartiger Bedürfnisse bzw gleichartige Verwendungszwecke) der Produkte: Liegt Gleichartigkeit der Produkte oder ihrer Verwendung vor, so ist eine höhere Besteuerung auch stets eine diskriminierungsrelevante Ungleichbehandlung gleicher Sachverhalte.

Ein **Beispiel** für die Tatbestandsprüfung nach Art 110 bietet das Urteil *Bergandi* aus 1988, das eine Abgabe auf den Betrieb von Spielautomaten betraf. *Bergandi* zeigt dabei insbesondere, dass eine sachliche **Rechtfertigung** der steuerlichen Ungleichbehandlung (dort: Erschwerung der Benutzung bestimmter Geräte zum Spielerschutz) den Diskriminierungscharakter der Regelung ausschließen kann.[38] Ist die Ungleichbehandlung daher aus (vom Unionsrecht anerkannten) legitimen Zielen des Allgemeininteresses sachlich geboten, liegt auch keine Diskriminierung vor.

Rs 252/86, *Bergandi*, ECLI:EU:C:1988:112

In Frankreich unterlagen Spielautomaten, die an einem öffentlichen Ort aufgestellt waren und Bilder, Töne, Spiele oder Unterhaltung lieferten, einer Abgabe, deren Jahresbetrag je nach Art und Alter des Apparates unterschiedlich hoch war. Die Abgabe war dabei so gestaltet, dass sie bei Automaten überwiegend ausländischer Herkunft faktisch dreimal so hoch ausfiel wie bei gleichartigen Geräten inländischer Herkunft. Herr Bergandi betrieb Spielautomaten. Ist die fragliche, ihm vorgeschriebene Abgabe (ua) nach Art 110 verboten?

22 Die ... Vorlagefrage wirft zwei Probleme auf, erstens, ob [Art 110] nur für die Besteuerung eingeführter Erzeugnisse gilt oder auch für die **Besteuerung der Benutzung von Erzeugnissen**, und zweitens, falls dies bejaht wird, ob die Tatsache, daß ein Mitgliedstaat die Bereitstellung von Spielautomaten vorwiegend ausländischen Ursprungs für die Öffentlichkeit mit einer Steuer belegt, die dreimal so hoch ist wie bei Apparaten vorwiegend inländischer Erzeugung, gemäß [Art 110] verboten ist .

23 [Art 110] untersagt es, auf Waren aus anderen Mitgliedstaaten inländische Abgaben zu erheben, die höher sind als bei **gleichartigen inländischen Waren** oder die geeignet sind, andere Produktionen mittelbar zu schützen.

24 [Art 110] stellt ... eine **Ergänzung der Bestimmungen über die Abschaffung der Zölle** und Abgaben gleicher Wirkung dar. Er soll den freien Warenverkehr zwischen den Mitgliedstaaten unter normalen Wettbewerbsbedingungen dadurch gewährleisten, daß jede Form des Schutzes, die aus

---

36 Vgl zB Rs 45/75, *Rewe*, ECLI:EU:C:1976:22, Rn 16.
37 Vgl zB Rs 112/84, *Humblot*, ECLI:EU:C:1985:185, Rn 12 ff; Rs 171/78, *Kommission/Dänemark ('Branntwein')*, ECLI:EU:C:1980:54, Rn 36.
38 Vgl etwa auch Rs 148/77, *Hansen & Balle*, ECLI:EU:C:1978:173, Rn 20.

2.2. Abgaben auf Waren

> einer Waren aus anderen Mitgliedstaaten diskriminierenden inländischen Besteuerung folgen könnte, beseitigt wird. Die Vorschrift soll somit die **vollkommene Wettbewerbsneutralität** der inländischen Besteuerung für inländische und eingeführte Erzeugnisse sicherstellen.
>
> 25 [Art 110 ist] **weit auszulegen** ... in dem Sinne, daß er alle steuerlichen Maßnahmen erfasst, die die Gleichbehandlung von inländischen und eingeführten Erzeugnissen unmittelbar oder mittelbar berühren könnten. Das Verbot dieses Artikels greift daher immer dann ein, wenn eine steuerliche Maßnahme geeignet ist, die Einfuhr von Gegenständen aus anderen Mitgliedstaaten zugunsten inländischer Erzeugnisse zu erschweren. ...
>
> 27 [D]aher zu antworten, [erfasst Art 110] **auch** ... inländische **Abgaben** ..., die **auf die Benutzung eingeführter Erzeugnisse** gelegt werden, wenn diese im wesentlichen für [die fragliche] Benutzung bestimmt sind und nur für deren Zwecke eingeführt werden.
>
> 28 Was die Abgabenkategorien des französischen Gesetzes anlangt, so hat der Gerichtshof [bereits] entschieden, daß eine nationale Steuerregelung, **auch wenn sie keine formale Unterscheidung nach der Herkunft** der Erzeugnisse trifft, gleichwohl unbestreitbare diskriminierende und schützende Züge aufweist, **wenn sie so gestaltet ist, daß der größte Teil der inländischen Erzeugung in die günstigste Steuerklasse, die eingeführten Erzeugnisse aber fast sämtlich unter den höchsten Steuersatz fallen.** Der Gerichtshof hat außerdem hervorgehoben, daß die Merkmale einer solchen Regelung nicht dadurch beseitigt werden, daß ein minimaler Teil der eingeführten Erzeugnisse unter den günstigsten Steuersatz fällt, während umgekehrt ein bestimmter Anteil der inländischen Produktion unter die gleiche Steuerklasse fällt wie die eingeführten Erzeugnisse.
>
> 29 [Das Unionsrecht verbietet] es ... den Mitgliedstaaten nicht ..., für bestimmte Arten von Erzeugnissen differenzierende Steuerregelungen zu schaffen, wenn die gewährten Steuererleichterungen **legitimen wirtschaftlichen oder sozialen Zwecken** dienen.
>
> 30 Hierzu ist festzustellen, daß ein solcher legitimer sozialer Zweck ... in der Absicht bestehen kann, die **Benutzung bestimmter Arten von Apparaten zu fördern und die anderer Arten zu erschweren.** ...
>
> 32 [D]aher [ist] ein System der progressiven Besteuerung nach Maßgabe der verschiedenen Arten von Spielautomaten, das legitime soziale Ziele verfolgt und nicht der inländischen Erzeugung zu Lasten der eingeführten, ähnlichen oder konkurrierenden Erzeugnisse einen steuerlichen Vorteil verschafft, mit [Art 110] nicht unvereinbar[.]

Als reines Diskriminierungsverbot erfasst Art 110 gerade **nicht auch bloße Beschränkungen**. Dies gilt unbeschadet dessen, dass der EuGH, wie zB Rn 25 des vorstehend zitierten Urteils *Bergandi* zeigt, den **Diskriminierungsbegriff weit auslegt** und insbesondere auch mittelbare und potenzielle („die Gleichbehandlung ... berühren könnten") Ungleichbehandlungen erfasst. Dennoch bleibt (auch dort) stets die Frage der (Un-)Gleichbehandlung der Erzeugnisse im Fokus. Denn tatsächlich stellt jede indirekte Warensteuer eine Beschränkung des Warenverkehrs dar. Würde Art 110 über diskriminierende Steuerregelungen hinaus auch Beschränkungen erfassen, würde dies das System der indirekten Warensteuern insgesamt aushebeln bzw zumindest infrage stellen.[39] Dies ist aber gerade nicht der Fall. Daraus, sowie aus dem Exklusivitätsverhältnis von Art 110 gegenüber Art 34 folgt auch, dass eine nach Art 110 unbedenkliche Steuerregelung auch nicht nach einer anderen Warenverkehrsnorm des Vertrages bekämpft werden kann.

---

[39] Zur (nicht herrschenden) aA näher etwa *Waldhoff*, Art 110, Rz 16, in *Calliess/Ruffert* (Hrsg), EUV/AEUV-Kommentar[5] (2016).

2.3. Art 34 AEUV: Wareneinfuhr aus anderen MS

Der Marktzugang ausländischer Waren (und deren Anbieter) wird nicht nur durch tarifäre Maßnahmen (also va durch Zölle i) erschwert, sondern auch durch **nicht-tarifäre Handelshemmnisse** (*non-tariff barriers to trade,* NTB). Sie bilden nach den Zöllen eine zweite Schicht an Handelshemmnissen, die als Problem schlagend wird, wenn Zölle als erste protektionistische Schicht verringert oder (wie innerhalb der EU) gänzlich abgebaut wurden. Im Binnenmarkt bilden die NTB im Vergleich zu den (abgeschafften) Zöllen bzw den (weiterhin problematischen) Abgaben gleicher Wirkung heute daher auch die praktisch weitaus häufigere Gruppe.

> Lehrbeispiel der NBT sind (Export- oder Import-) Quoten, durch die also die Einfuhr eines bestimmten ausländischen Produkts mit einer (zB jährlichen) Höchstmenge begrenzt ist. Im Grunde bildet letztlich aber **jeder regulatorische Unterschied** zwischen Staaten, aufgrund dessen eine Ware also im Zielstaat anderen gesetzlichen Anforderungen als im Herkunftsstaat unterliegt, ein NTB. Beispiele sind etwa technische Standards und alle sonstigen (zB gesundheitlichen, hygienischen, verbraucherschutzrechtlichen, ökologischen usw) Anforderungen an die Produktbeschaffenheit, Genehmigungserfordernisse für den Vertrieb, Verpackungs- und Kennzeichnungsvorschriften uvm.
>
> Die Welthandelsorganisation (WTO) widmet sich im Rahmen der Warenregeln des Teilabkommens GATT (General Agreement on Tariffs and Trade) ebenfalls tarifären wie nicht-tarifären Handelshemmnissen. Zu den Grundpfeilern des GATT gehört (neben dem Meistbegünstigungsprinzip und dem Prinzip der Inländerbehandlung)[40] daher auch ein Verbot mengenmäßiger Beschränkungen bei Importen oder Exporten.[41] Über Quoten und Diskriminierungen hinausgehende NBT werden im Zuge der schrittweisen Überarbeitung (sog Runden) des aus 1947 datierenden und 1994 in den Rahmen der (damals neu gegründeten) WTO überführten GATT mit wechselndem Erfolg adressiert. Ähnliches gilt neben GATT auch für das Dienstleistungen betreffende Teilabkommen GATS (General Agreement on Trade in Services), wo NTB als Marktzugangshemmnisse ebenfalls eine Rolle spielen.[42]

Die Dualität von tarifären und nicht-tarifären Handelshemmnissen als zwei Seiten derselben Problematik (staatliche Marktzugangsbeschränkung für Waren) bilden im Binnenmarktrecht die einander ergänzenden Bestimmungen der Art 30 und 34 (für Importe) bzw 35 (für Exporte) AEUV ab. Nach Art 34 sind den MS bei der Wareneinfuhr neben mengenmäßigen Beschränkungen (also Quoten) auch alle regulatorischen Maßnahmen gleicher Wirkung wie mengenmäßige Beschränkungen (also alle Arten von NBT) verboten.

Während das unmittelbare Verbot von Importquoten (ähnlich wie bei Art 30) heutzutage keine Rolle mehr spielt, weil derlei praktisch nicht mehr vorkommt, ist das Verbot von Maßnahmen gleicher Wirkung wie Quoten hoch relevant. **Angelpunkt der Warenverkehrsprüfung** nach Art 34 ist daher der **Begriff der Maßnahmen gleicher Wirkung** wie mengenmäßige Einfuhrbeschränkungen. Der EuGH hat in jahrzehntelanger Judikatur ein ganz spezifisches (hier iF dargestelltes) Verständnis dieses Begriffs entwickelt, das für den Tatbestand und Anwendungsbereich der Warenverkehrsfreiheit alleine maßgeblich ist. Wer diese Judikatur nicht kennt, kann (wie auch bei anderen Grundfreiheiten) Art 34 nicht sinnvoll anwenden.

---

40 Vgl Art I und III GATT.
41 Vgl Art XI GATT.
42 Näher *Hilpold*, Die EU im GATT/WTO-System, 135 ff.

2.3. Art 34 AEUV: Wareneinfuhr aus anderen MS

> Die jahrzehntelange Judikatur des EuGH im Warenverkehrsbereich begründet auch eine gewisse **Vorreiterrolle** der Warenverkehrsfreiheit für die Grundfreiheiten insgesamt und die grundfreiheitenrechtliche Dogmatik. Nennenswerte grenzüberschreitende Wirtschaftsaktivitäten erfassten historisch zunächst va den Warenverkehrsbereich, sodass wichtige allgemeine Fragen der Binnenmarktintegration dort zuerst vom EuGH einer Klärung zugeführt wurden. So wurden etwa das Konzept des **Beschränkungsverbots**, das **Ursprungslandprinzip** als horizontaler Grundsatz des Binnenmarkts und die Doktrin von den **zwingenden Erfordernissen** jeweils in der Rsp zum freien Warenverkehr entwickelt und pflanzten sich von dort ausgehend in andere Bereiche fort. Die warenverkehrsrechtliche Rsp prägt daher sowohl die Logik der anderen Grundfreiheiten als auch einzelne übergreifende Aspekte der sekundärrechtlichen Harmonisierung.

2.3.1. Persönlicher Schutzbereich

Die Bezeichnung **persönlicher Schutzbereich** ist bei Waren nur bedingt geeignet. **Berechtigte** der Grundfreiheiten sind, mit wenigen Ausnahmen, generell nur **Staatsangehörige** der MS. Keine echte Ausnahme von diesem Grundsatz, wohl aber eine Modifikation, besteht bei der **Warenverkehrsfreiheit**: Anknüpfungspunkt für die persönliche Berechtigung nach der Warenverkehrsfreiheit ist nämlich nicht die Nationalität des Händlers oder Eigentümers der Ware, sondern der **Ursprung der Ware**. Nach Art 28 Abs 2 AEUV knüpft die Warenverkehrsfreiheit am **Unionscharakter der Ware** an. Welche Nationalität der Händler hat ist dagegen völlig unbeachtlich.

Schutz gegen Warenverkehrshemmnisse iSd Art 34 genießen nach dem Grundsatz des Unionscharakters 1) **aus einem MS stammende** Waren[43] sowie 2) **in einem MS in den freien Verkehr gebrachte** Waren. Berechtigte der Warenverkehrsfreiheit sind daher auch Waren aus Drittstaaten (bzw deren Eigentümer, Zwischenhändler usw), sobald diese Waren in einem MS auf den Markt gelangt sind. Voraussetzung ist allerdings die Rechtmäßigkeit des Inverkehrbringens, also etwa die Einhaltung der betreffenden Einfuhr- oder Produktzulassungsvorschriften.

2.3.2. Sachlicher Schutzbereich

Sachlich erfasst Art 34 **Waren** im zuvor allgemein erörterten, weiten Begriffsverständnis. Erfasst sind zudem, wie bei den Grundfreiheiten allgemein, nur **grenzüberschreitende** Vorgänge, also nur eine grenzüberschreitende Warenverbringung. Die nach Art 34 **geschützte Verhaltensweise** besteht damit in der Einfuhr von Waren aus einem anderen MS bzw deren Vertrieb (Händler) und Bezug (Käufer).

Eine formale **Bereichsausnahme**, die also zB einzelne Formen der Warenverbringung oder bestimmte Waren usw vom Anwendungsbereich der Warenverkehrsfreiheit ausnehmen würde, besteht nicht. Sehr wohl besteht jedoch mit der **Ausnahme von Verkaufsmodalitäten** nach

---

[43] Ob eine Ware aus einem MS stammt, richtet sich (überwiegend) nach den Ursprungsregeln des Gemeinsamen Zollkodex, vgl RahmenVO.

2. Warenverkehr

dem Urteil *Keck* eine von der Rsp entwickelte, faktische Bereichsausnahme vom Tatbestand des Art 34. Freilich erschließt sich das Vorliegen dieser Bereichsausnahme erst im Rahmen einer ausführlichen Tatbestandsprüfung, sodass es hier, anders als bei formalen Bereichsausnahmen, zu keiner Erleichterung oder Verkürzung der Prüfung kommt. Zu beachten ist zudem, dass der AEUV eine Anzahl speziellerer Normen enthält, zB für Waren im Bereich der Landwirtschaft und Fischerei (Art 38 ff AEUV) oder für abgabenbasierte Warenverkehrsbeschränkungen (Art 30 und 110), die Art 34 vorgehen.

2.3.3. Eingriff

Eingriff meint, dass der Staat als Adressat der Norm eine nach dem Tatbestand des Art 34 geschützte, spezifische Verhaltensweise behindert hat.

2.3.3.1. Staatlichkeit

Adressaten bzw Verpflichtete der Warenverkehrsfreiheit sind, wie bei den Grundfreiheiten allgemein, ausschließlich die MS. Die Warenverkehrsfreiheit kann also zur Abwehr von Handelshemmnissen generell nur gegen Akte der öffentlichen Hand in Stellung gebracht werden. Im Fall von Art 34 weist darauf bereits die Wendung „zwischen den Mitgliedstaaten" hin. Welchen Ursprungs bzw von welcher Ebene die staatliche Handlung stammt, ist irrelevant: Erfasst ist gesetzliches ebenso wie (allgemein-abstraktes oder individuell-konkretes) verwaltungsbehördliches[44] Handeln, das mit dem Warenverkehrsgrundsatz unvereinbar ist. Gleiches gilt für die hoheitlichen oder standesrechtlichen Handlungen sonstiger Stellen, zB von Kammern oder Sozialversicherungsträgern.[45]

> Gegenüber rein privatem Handeln (zB der Entscheidung eines Supermarkts, Produkte aus einem bestimmten MS nicht anzubieten) ist eine Berufung auf die Warenverkehrsfreiheit grundsätzlich nicht möglich.[46] Dagegen kommt bei Vorliegen zusätzlicher, über die bloße Staatsangehörigkeit hinausgehender, Gesichtspunkte für eine Minderheitendiskriminierung allenfalls eine Anwendung allgemeiner Antidiskriminierungsgesetzgebung, zB von Art 3 GleichbehandlungsRL 2000/43/EG, in Betracht. Darüber hinaus aber werden private Handelsschranken va vom Wettbewerbsrecht erfasst und sind auch in jenem Umfang verboten.

Wie im Grundlagenteil hervorgehoben, rechnet die Rsp allerdings bestimmte Handlungen Privater der öffentlichen Hand zu bzw setzt diese mit staatlichem Handeln gleich. Im Bereich des Warenverkehrs ist zunächst, wie auch sonst im Unionsrecht, die Zurechnung staatlich kontrollierter Einrichtungen zum Staat relevant. Die entsprechende Logik verdeutlicht etwa das Urteil *CMA* aus 2002, betreffend die Vergabe eines landwirtschaftlichen Gütesiegels durch eine staatsnahe Einrichtung.·

---

44 Vgl etwa Rs 21/84, *Kommission/Frankreich (,Frankiermaschinen')*, ECLI:EU:C:1985:184, Rn 13 f.
45 Vgl zB verb Rs 266/87 und 267/87, *Royal Pharmaceutical Society*, ECLI:EU:C:1989:205, Rn 18.
46 Vgl allerdings *Schmahl/Jung*, NVwZ 2013, 607 ff; *Lengauer*, Drittwirkung, 351 ff.

2.3. Art 34 AEUV: Wareneinfuhr aus anderen MS

> Rs C-325/00, *Kommission/Deutschland ('CMA')*, ECLI:EU:C:2002:633
>
> Die Kommission sah die Vergabe des auf deutsche landwirtschaftliche Produkte beschränkten Gütezeichens „Markenqualität aus deutschen Landen" als Verstoß gegen die Warenverkehrsfreiheit an. Das Gütesiegel wurde mit dem AbsatzfondsG eingerichtet und wurde über betriebliche Pflichtbeiträge zugunsten eines Fonds finanziert. Mit der Verwaltung und Vergabe des Siegels war eine ebenfalls durch das AbsatzfondsG eingerichtete GmbH, die Centrale Marketing-Gesellschaft der deutschen Agrarwirtschaft mbH (CMA) betraut. Kann das Handeln der CMA eine Verletzung der Warenverkehrsfreiheit darstellen, weil es der öffentlichen Hand zuzurechnen ist, obwohl die CMA privatrechtlich organisiert ist?
>
> 15. Die deutsche Regierung macht ... geltend, die **Benutzung des CMA-Gütezeichens** erfolge **nicht aufgrund eines Gesetzes oder eines sonstigen staatlichen Aktes**, sondern auf der Grundlage von **Verträgen zwischen der CMA und den Betrieben**. Die CMA schließe die Lizenzverträge mit den Betrieben in eigener Verantwortung, und kein Lizenznehmer sei durch staatliche Akte oder aus sonstigen Gründen zum Abschluss eines solchen Vertrages verpflichtet. Überdies stammten die finanziellen Mittel der CMA ausschließlich aus Beiträgen der Betriebe, und das Beitragsaufkommen werde allein zu Zwecken verwendet, die im gemeinsamen Interesse der Solidargemeinschaft lägen.
>
> 17. Dazu ist festzustellen, dass die CMA, auch wenn sie eine privatrechtliche Gesellschaft ist,
>
> - **aufgrund eines Gesetzes**, des AbsFondsG, **errichtet** wurde, in diesem Gesetz als zentrale Einrichtung der Wirtschaft bezeichnet wird und nach diesem Gesetz u.a. den **Zweck** hat, den Absatz und die Verwertung von Erzeugnissen der deutschen Agrarwirtschaft zentral zu fördern;
>
> - nach ihrem in der ursprünglichen Fassung **vom zuständigen Bundesminister genehmigten Gesellschaftsvertrag** die **Richtlinien des Fonds zu beachten** hat, der seinerseits eine Anstalt des öffentlichen Rechts ist, und im Übrigen ihre Tätigkeit, insbesondere den Einsatz ihrer finanziellen Mittel, nach dem **Gesamtinteresse der deutschen Agrarwirtschaft** auszurichten hat;
>
> - nach **den im AbsFondsG aufgestellten Regeln** durch Pflichtbeiträge aller Betriebe der betreffenden Wirtschaftszweige finanziert wird.
>
> 18. Eine solche Einrichtung, die durch ein innerstaatliches Gesetz eines Mitgliedstaats geschaffen worden ist und durch einen von den Erzeugern zu entrichtenden Beitrag finanziert wird, kann nach dem [Unions]recht **nicht dieselbe Freiheit** hinsichtlich der Förderung der inländischen Erzeugung genießen wie ... wie freiwillige Erzeugergemeinschaften[.]. Sie ist somit **verpflichtet, die Grundregeln des Vertrages über den freien Warenverkehr zu beachten**, wenn sie eine allen Betrieben der betreffenden Wirtschaftszweige zugängliche Regelung einführt, die sich wie eine staatliche Regelung auf den innergemeinschaftlichen Handel auswirken kann. ...
>
> 20. Unter diesen Umständen war die Kommission zu der Annahme berechtigt, dass die streitige Regelung dem Staat zuzurechnen ist.
>
> 21. Folglich ist die streitige Regelung als eine dem Staat zuzurechnende öffentliche Maßnahme im Sinne von [Art 34] anzusehen.

Eine staatliche Zurechnung privaten Handelns kann aber auch aus der Verletzung staatlicher Gewährleistungspflichten zur **Abwehr privater Eingriffe** in den Warenverkehr folgen. Leitentscheidung dieser Zurechnungskonstellation ist das Urteil *Spanische Erdbeeren* aus 1997, betreffend wiederholte Überfälle französischer Bauern auf Transporte der (billigeren) Erdbeeren aus Spanien.[47]

---

47 Ähnlich Rs C-112/00, *Schmidberger*, ECLI:EU:C:2003:333, Rn 58.

2. Warenverkehr

Rs C-265/95, *Kommission/Frankreich ("Spanische Erdbeeren")*, ECLI:EU:C:1997:595

Seit mehr als einem Jahrzehnt gingen bei der Kommission regelmäßig Beschwerden ein, mit denen die Untätigkeit der französischen Behörden bei Gewalttaten gerügt werde, die Privatpersonen und Protestbewegungen französischer Landwirte gegen landwirtschaftliche Erzeugnisse aus anderen Mitgliedstaaten verübt hätten. Diese Taten bestünden ua im Anhalten von Lastwagen mit solchen Erzeugnissen in Frankreich und der Vernichtung ihrer Ladung, in Angriffen auf Lastwagenfahrer, in der Bedrohung französischer Supermärkte, die landwirtschaftliche Erzeugnisse aus anderen Mitgliedstaaten verkauften, sowie in der Beschädigung dieser in französischen Geschäften ausliegenden Waren. Von April bis Juli 1993 seien insbesondere Erdbeeren aus Spanien Ziel der Kampagne einer „Coordination rurale" genannten Bewegung französischer Landwirte gewesen. Dabei sei es zu Zerstörungen von Waren und Fahrzeugen und innerhalb von zwei Wochen zweimal an derselben Stelle zu gewaltsamen Vorfällen gekommen, ohne dass die anwesenden Ordnungskräfte eingegriffen hätten. Die Kommission intervenierte mehrmals erfolglos bei den französischen Behörden. Die Kommission erblickte in dieser Untätigkeit eine Vertragsverletzung, da Frankreich nicht alle angemessenen Maßnahmen ergriffen habe, damit Privatpersonen nicht durch strafbare Handlungen den freien Warenverkehr mit landwirtschaftlichen Erzeugnissen beeinträchtigten.

30. [Art 34] verbietet damit nicht nur Maßnahmen, die auf den Staat zurückzuführen sind und selbst Beschränkungen für den Handel zwischen den Mitgliedstaaten schaffen, sondern kann auch dann Anwendung finden, wenn ein Mitgliedstaat keine Maßnahmen ergriffen hat, um gegen Beeinträchtigungen des freien Warenverkehrs einzuschreiten, deren Ursachen nicht auf den Staat zurückzuführen sind.

31. Der innergemeinschaftliche Handelsverkehr kann nämlich ebenso wie durch eine Handlung dadurch beeinträchtigt werden, daß ein Mitgliedstaat untätig bleibt oder es versäumt, ausreichende Maßnahmen zur Beseitigung von Hemmnissen für den freien Warenverkehr zu treffen, die **insbesondere durch Handlungen von Privatpersonen** in seinem Gebiet geschaffen wurden, die sich gegen Erzeugnisse aus anderen Mitgliedstaaten richten.

32. [Art 34] verbietet den Mitgliedstaaten somit nicht nur eigene Handlungen oder Verhaltensweisen, die zu einem Handelshemmnis führen könnten, sondern **verpflichtet** sie in Verbindung mit [Art 4 Abs 3 EUV] auch dazu, **alle erforderlichen und geeigneten Maßnahmen zu ergreifen**, um in ihrem Gebiet die Beachtung dieser Grundfreiheit sicherzustellen.

33. Dabei steht es sicherlich im **Ermessen** der Mitgliedstaaten, die für die Aufrechterhaltung der öffentlichen Sicherheit und Ordnung allein zuständig bleiben, zu entscheiden, **welche Maßnahmen** in einer bestimmten Situation am geeignetsten sind, um Beeinträchtigungen der Einfuhr zu beseitigen. ...

35. Es ist ... Sache des Gerichtshofes, unter Berücksichtigung des genannten Ermessens in den ihm unterbreiteten Fällen zu prüfen, ob der betreffende Mitgliedstaat zur Sicherstellung des freien Warenverkehrs geeignete Maßnahmen ergriffen hat. ...

37. In der vorliegenden Rechtssache ist der Sachverhalt, der dem von der Kommission ... eingeleiteten Vertragsverletzungsverfahren zugrunde liegt, unstreitig. ...

65. [Insgesamt] hat sich die französische Regierung im vorliegenden Fall **offenkundig und beharrlich** geweigert, ausreichende und geeignete Maßnahmen zu ergreifen, um die Sachbeschädigungen zu unterbinden, die in ihrem Gebiet den freien Warenverkehr mit bestimmten landwirtschaftlichen Erzeugnissen aus anderen Mitgliedstaaten gefährden, und die Wiederholung solcher Vorfälle zu verhindern.

66. Folglich ist festzustellen, daß die Französische Republik dadurch gegen die Verpflichtungen aus [Art 34] in Verbindung mit [Art 4 Abs 3 EUV] verstoßen hat, daß sie nicht alle erforderlichen und angemessenen Maßnahmen ergriffen hat, damit der freie Warenverkehr mit Obst und Gemüse nicht durch Handlungen von Privatpersonen beeinträchtigt wird.

2.3. Art 34 AEUV: Wareneinfuhr aus anderen MS

Schließlich hat der EuGH die Zurechnung privaten Handelns auch im Fall einer **Unentrinnbarkeit** privater Warenverkehrsregelungen für Wirtschaftstreibende angenommen: Hat das private Handeln ähnliche Wirkung wie staatliches Handeln, weil dadurch faktisch der Zugang zum gesamten Markt unterbunden wird, sofern die Regelungen nicht befolgt werden, bejaht der EuGH (im Warenverkehr, aber etwa auch im Bereich der Personenfreizügigkeit)[48] die Anwendung der Grundfreiheiten. Wichtigstes Beispiel im Bereich des Warenverkehrsrechts ist der im Urteil *Fra.bo* aus 2012 diskutierte Bereich der technischen Normung.

Rs C-171/11, *Fra.bo*, ECLI:EU:C:2012:453

Fra.bo ist ein auf die Herstellung und den Vertrieb von Wasserleitungen bestimmten Kupferfittings (Verbindungsstücke zwischen Rohren) spezialisiertes italienisches Unternehmen. Die deutsche Zertifizierungsstelle DVGW will Fra.bo die Zertifizierung für eines seiner Kupferfittings entziehen. Der DVGW ist ein 1859 gegründeter privatrechtlicher Verein ohne Gewinnzweck. Der DVGW hat rund 350 Normen erstellt, die als Grundlage für eine freiwillige Zertifizierung von Produkten dienen, die in Kontakt mit Trinkwasser kommen. Die Verwendung des Zertifikats ist im dt Recht anerkannt, sodass die betreffenden Produkte automatisch als mit dem nationalen Recht konform angesehen werden. Eine alternative Möglichkeit, eine Zertifizierung zu erlangen, gibt es nicht. Kann das Handeln der privaten DVGW an der Warenverkehrsfreiheit gemessen werden?

17 Mit seiner ersten Frage möchte das vorlegende Gericht wissen, ob [Art 34] dahin auszulegen ist, dass er auf die **Normungs- und Zertifizierungstätigkeiten einer privaten Einrichtung** anzuwenden ist, wenn die Erzeugnisse, die von dieser Einrichtung zertifiziert wurden, nach den nationalen Rechtsvorschriften als mit dem nationalen Recht konform angesehen werden und dadurch ein **Vertrieb von Erzeugnissen, die nicht von dieser Einrichtung zertifiziert wurden, erschwert** wird. ...

22 [N]ach ständiger Rechtsprechung [ist] jede Regelung der Mitgliedstaaten, die geeignet ist, den innergemeinschaftlichen Handel unmittelbar oder mittelbar, tatsächlich oder potenziell zu behindern, als eine Maßnahme mit gleicher Wirkung wie mengenmäßige Beschränkungen anzusehen[.] So stellt es für den Importeur bereits dann eine Behinderung des freien Warenverkehrs dar, wenn er davon **abgehalten** wird, **die fraglichen Produkte** in dem betreffenden Mitgliedstaat **in den Verkehr zu bringen oder zu vertreiben**[.]

23 Ebenso hat der Gerichtshof entschieden, dass ein Mitgliedstaat gegen die [Warenverkehrsfreiheit] verstößt, wenn er ohne triftige Rechtfertigung die Wirtschaftsteilnehmer, die in einem anderen Mitgliedstaat rechtmäßig hergestellte und/oder vertriebene Bauprodukte in seinem Hoheitsgebiet vertreiben möchten, dazu veranlasst, nationale **Konformitätszeichen** zu erwerben[.] ...

26 Somit ist zu prüfen, ob die Tätigkeit einer privatrechtlichen Einrichtung wie des DVGW insbesondere unter Berücksichtigung des rechtlichen Kontexts, in dem sie ausgeübt wird, **ebenso wie staatliche Maßnahmen** Behinderungen des freien Warenverkehrs zur Folge hat.

27 Vorliegend ist erstens darauf hinzuweisen, dass der deutsche Gesetzgeber ... die **Vermutung** aufgestellt hat, **dass die vom DVGW zertifizierten Erzeugnisse dem nationalen Recht entsprechen.**

28 Zweitens ist zwischen den Beteiligten des Ausgangsverfahrens unstrittig, dass der DVGW **die einzige Einrichtung** ist, die die im Ausgangsverfahren in Rede stehenden Kupferfittings ... zertifizieren kann. In Bezug auf solche Erzeugnisse stellt der DVGW mit anderen Worten die einzige Möglichkeit dar, ein Konformitätszertifikat zu erhalten.

29 Zwar [gebe es] neben der Zertifizierung durch den DVGW noch ein anderes Verfahren ..., das darin bestehe, dass ein Sachverständiger mit der Prüfung beauftragt werde, [jedoch ist] dieses andere

---

[48] Vgl zB Rs C-281/98, *Angonese*, ECLI:EU:C:2000:296, Rn 17 ff; Rs C-415/93, *Bosman*, ECLI:EU:C:1995:463, Rn 70 ff.

Verfahren zum einen wegen der administrativen Schwierigkeiten, die damit zusammenhängen, ... und zum anderen wegen der zusätzlichen Kosten, ... wenig oder gar nicht praktikabel ist.

30 Drittens erschwert ... das Fehlen einer Zertifizierung durch den DVGW den Vertrieb der betreffenden Erzeugnisse auf dem deutschen Markt erheblich. [I]n der Praxis [kaufen] fast alle deutschen Verbraucher nur solche Kupferfittings ..., die vom DVGW zertifiziert sind.

31 Unter diesen Umständen ist festzustellen, dass eine Einrichtung wie der DVGW insbesondere aufgrund ihrer Ermächtigung zur Zertifizierung von Erzeugnissen in Wirklichkeit über die Befugnis verfügt, den Zugang von Erzeugnissen wie den im Ausgangsverfahren in Rede stehenden Kupferfittings zum deutschen Markt zu regeln.

32 Demzufolge ist auf die erste Frage zu antworten, dass [Art 34] dahin auszulegen ist, dass er auf die Normungs- und Zertifizierungstätigkeiten einer privaten Einrichtung anzuwenden ist, wenn die Erzeugnisse, die von dieser Einrichtung zertifiziert wurden, nach den nationalen Rechtsvorschriften als mit dem nationalen Recht konform angesehen werden und dadurch ein Vertrieb von Erzeugnissen, die nicht von dieser Einrichtung zertifiziert wurden, erschwert wird.

2.3.3.2. Begriff der Maßnahme gleicher Wirkung

Der Fokus der Eingriffsprüfung liegt auf der Definition der nach Art 34 verbotenen Maßnahmen, also die Definition dessen, was als Warenverkehrshemmnis gilt. Im Kernbereich sind dies Maßnahmen, die „eine gänzliche oder teilweise Untersagung der Einfuhr, Ausfuhr oder Durchfuhr darstellen",[49] also den Grenzübertritt an sich bzw den Marktzugang überhaupt behindern.[50] Den Marktzugang direkt oder indirekt ausschließende oder zumindest erschwerende Maßnahmen sind stets vom Verbot des Art 34 erfasst.

> Die Einbeziehung von den Marktzugang faktisch erschwerenden Maßnahmen gilt va auch dann, wenn diese in Gestalt einer scheinbar bloßen Vertriebsregelung daherkommen (zB Preisregelungen oder Internetvertriebs- oder Werbeverbote): Sind der fragliche Vertriebsweg oder die Vertriebsmethode für im Ausland ansässige Händler so essentiell, dass durch eine Einschränkung ein wesentliches Werkzeug der Marktpenetration unterbunden wird, lässt sich eine solche Regelung auch niemals mit der nachstehend im Detail besprochenen Tatbestandsausnahme nach *Keck* rechtfertigen. Es macht, vereinfacht gesagt, für die Anwendung der Garantien des Art 34 keinen Unterschied, ob eine Ware an der Grenze aufgehalten wird oder schon davor, weil sie mangels Nachfrage faktisch nicht in nennenswerten Mengen auf den Inlandsmarkt kommt. Die *Keck*-Ausnahme hat daher nur dort einen Anwendungsbereich, wo sich die Ware bereits am Inlandsmarkt befindet und es nur noch um ihren Marktzugang als solches nicht mehr betreffende, sonstige Vertriebsbedingungen geht (zB Ladenöffnungszeiten).

Art 34 stellt klar, dass solche Marktzugangsbeschränkungen zunächst in Einfuhrquoten („mengenmäßige Beschränkungen") zu erblicken wären. Wie schon hervorgehoben, kommen offene Einfuhrquotierungen in der Praxis zwischen den MS aber heute nicht mehr vor.

Daher richtet sich das Augenmerk der Tatbestandsprüfung des Art 34 auf die zweite Alternative des Tatbestands, nämlich den Begriff der Maßnahmen gleicher Wirkung wie mengen-

---

49 Rs 2/73, *Geddo*, ECLI:EU:C:1973:89, Rn 7.
50 Vgl *Thiele*, ZIIR 2017, 76 f.

mäßige Beschränkungen. Der Begriff der Maßnahmen gleicher Wirkung wird in einer sukzessiven Rsp-Linie des EuGH konkretisiert, dessen Leiturteile *Dassonville*, *Cassis*, *Keck* sowie nunmehr wohl auch *Motoveicoli* lauten. Ohne Kenntnis dieser Judikaturlinie lassen sich Tragweite und Grenzen der Warenverkehrsfreiheit nicht sinnvoll begreifen.

In dem einen Streit um Ursprungszertifikate für schottischen Whisky betreffenden Ausgangsurteil *Dassonville* aus 1974 zog der EuGH den Kreis an Maßnahmen, die Art 34 unterfallen, extrem weit. Demnach erfasst Art 34 **erstens** direkte sowie indirekte **Diskriminierungen** nach dem Warenursprung (Staatsangehörigkeit).[51] Dies unterstreicht, dass die Warenverkehrsfreiheit, wie sämtliche Grundfreiheiten, eine *lex specialis* zum allgemeinen Diskriminierungsverbot des Art 18 AEUV ist.

> Ein **Beispiel** für eine direkte bzw unmittelbare Warendiskriminierung sind etwa staatlich durchgeführte oder geförderte Kampagnen für den Kauf heimischer Produkte (zB die Verkaufsförderungskampagne „Buy Irish",[52] aber auch auf inländische Waren beschränkte Gütesiegel, wie etwa im zuvor bei der Staatlichkeit erwähnten Fall *CMA*. Ein Beispiel für eine indirekte bzw mittelbare Warendiskriminierung sind etwa Regelungen, die Produkte aus bestimmten Regionen bevorzugen (zB durch das Erfordernis, den staatlichen Bedarf regional zu decken oder durch Vorbehalte bestimmter Warenbezeichnungen).[53]

Sodann sind nach *Dassonville* über Diskriminierungen hinaus **zweitens** auch **alle Formen nur potenzieller Beschränkungen** der Attraktivität der Ausübung des Warenverkehrs als Maßnahmen gleicher Wirkung anzusehen und folglich vom Tatbestand des Art 34 erfasst. Diesen extrem weiten Beschränkungsbegriff bildet die in Rn 5 des Urteils stehende, sog *Dassonville*-**Formel** ab.[54] In anderer Formulierung (jede Regelung, die geeignet ist, die Ausübung einer Grundfreiheit weniger attraktiv zu machen) findet sich das weite Beschränkungskonzept aus *Dassonville* heute in allen Grundfreiheiten wieder, die sämtlich (neben Diskriminierungs- auch) Beschränkungsverbote sind.

> Rs 8/74, *Dassonville*, ECLI:EU:C:1974:82
>
> Vater Dassonville war in Frankreich als Großhändler niedergelassen, sein Sohn betrieb eine Zweigniederlassung in Belgien. Vater und Sohn erwarben von Dritten einen Posten legal nach Frankreich eingeführter Whiskyflaschen und brachten darauf für Verkaufszwecke Etiketten mit dem Vermerk „British Customs Certificate of Origin" an, gefolgt von einer handschriftlichen Angabe der Nummer und des Datums des Freigabeauszuges aus dem französischen Zollabfertigungsregister. Eine darüber hinausgehende originale Ursprungsbescheinigung an der Flasche selbst verlangte Frankreich für Scotch Whisky nicht, wohl aber das belgische Recht, was die belgische Staatsanwaltschaft auf den Plan rief. Können sich die Dassonvilles damit verteidigen, dass die belgische Regelung die Warenverkehrsfreiheit einschränkt?

---

51 Vgl Rs 8/74, *Dassonville*, ECLI:EU:C:1974:82, Rn 7.
52 Vgl Rs 249/81, *Kommission/Irland (Buy Irish)*, ECLI:EU:C:1982:402, Rn 29 f.
53 Vgl Rs 21/88, *Du Pont de Nemurs*, ECLI:EU:C:1990:121, Rn 1ff; verb Rs C-321/94 bis C-324/94, *Pistre*, ECLI:EU:C:1996:401, Rn 49 ff.
54 Näher *Leidenmühler*, ecolex 2015, 518 ff.

2. Warenverkehr

> 5 Jede Handelsregelung der Mitgliedstaaten, die geeignet ist, den innergemeinschaftlichen Handel unmittelbar oder mittelbar, tatsächlich oder potentiell zu behindern, ist als Maßnahme mit gleicher Wirkung wie eine mengenmäßige Beschränkung anzusehen. ...
>
> 7/9 Derartige Maßnahmen dürfen ... weder ein Mittel zur willkürlichen Diskriminierung noch eine verschleierte Beschränkung des Handels zwischen den Mitgliedstaaten darstellen. Ein solcher Fall kann vorliegen, wenn ein Mitgliedstaat den Nachweis des Ursprungs eines Erzeugnisses an Formalitäten knüpft, denen ohne ernstliche Schwierigkeiten zu genügen praktisch allein die Direktimporteure in der Lage sind. Sonach stellt es eine mit dem Vertrag unvereinbare Maßnahme mit gleicher Wirkung wie eine mengenmäßige Beschränkung dar, wenn ein Mitgliedstaat eine Echtheitsbescheinigung verlangt, die sich der Importeur eines in einem anderen Mitgliedstaat ordnungsgemäß im freien Verkehr befindlichen echten Erzeugnisses schwerer zu beschaffen vermag als der Importeur, der das gleiche Erzeugnis unmittelbar aus dem Ursprungsland einführt.

Nach der *Dassonville*-Formel genügt es demnach, wenn der Handel mit Waren auch nur potenziell erschwert wird. Alleine die Möglichkeit einer Handelsbeeinträchtigung genügt demnach, um eine staatliche Maßnahme als Maßnahme gleicher Wirkung anzusehen.

> Bejaht hat dies der EuGH rein beispielsweise für das Gebot, auf eine Insel nur Bienen einer bestimmten Art einzuführen und zu halten,[55] für die verpflichtende Durchführung von Gesundheitskontrollen bei Fleischlieferungen[56] oder die Pflicht, Frischfleisch nur vermarkten zu dürfen, wenn es auf eine bestimmte Weise zerlegt wurde.[57]
>
> Die Nennung solcher Beispiele bleibt jedoch zwangsläufig einigermaßen willkürlich, denn aufgrund des extrem weit gefassten Beschränkungsbegriffs fallen im Grunde alle staatlichen Warenregelungen in den Tatbestand des Art 34, soweit sie nicht entweder offenkundig rein hypothetischer Natur sind,[58] also in keinem greifbaren (kausalen) Zusammenhang mit der Ausübung der Freiheit stehen (zB eine Geschwindigkeitsbegrenzung auf Autobahnen), oder soweit sie nicht im Rahmen der nachfolgend besprochenen (vom EuGH erst nach *Dassonville* entwickelten) Keck-Ausnahme vom Tatbestand freigestellt sind.
>
> Entschärft wird die nach *Dassonville* extrem niedrig angelegte Aufgriffsschwelle für Warenverkehrsbeschränkungen durch die Möglichkeit der Rechtfertigung staatlicher Maßnahmen mit den Gründen des Art 36 AEUV sowie den (im nachfolgend diskutierten Urteil *Cassis de Dijon* entwickelten) zwingenden Erfordernissen des Allgemeininteresses. Dass eine staatliche Maßnahme nach der *Dassonville*-Formel als Warenverkehrsbeschränkung anzusehen ist, bedeutet daher noch nicht, dass sie auch endgültig unzulässig (unionsrechtlich verboten) ist. Die Einbeziehung in den Tatbestand bewirkt jedoch eine Vermutung der Rechtswidrigkeit *prima facie* und eine resultierende Darlegungslastumkehr. Der betreffende MS muss also erklären, welches Ziel des Allgemeininteresses die Regelung verfolgt und inwieweit sie dafür geeignet, erforderlich und angemessen ist.

Die *Dassonville*-Formel wurde in der nachfolgenden Rsp präzisiert und teilweise eingeschränkt. Die erste Präzisierung findet sich im Anforderungen an die Zusammensetzung von Likör betreffenden Grundsatzurteil *Cassis de Dijon* aus 1979.

---

55 Vgl Rs C-67/97, *Bluhme*, ECLI:EU:C:1998:584, Rn 23.
56 Vgl verb Rs C-277/91, C-318/91 und C-319/91, *Ligur Carni*, ECLI:EU:C:1993:927, Rn 35 f.
57 Vgl verb Rs 124/85, *Kommission/Griechenland*, ECLI:EU:C:1986:490, Rn 5.
58 Vgl auch *Leible/Streinz*, Art 34 AEUV, Rz 67, in *Grabitz/Hilf/Nettesheim* (Hrsg), EUV/AEUV-Kommentar, EL 55 2015.

2.3. Art 34 AEUV: Wareneinfuhr aus anderen MS

> Rs 120/78, *Rewe-Zentral AG gegen Bundesmonopolverwaltung für Branntwein* („Cassis de Dijon'), ECLI:EU:C:1979:42
>
> In Deutschland war für den Verkauf von Johannisbeerlikör (Cassis de Dijon) als sog Trinkbranntwein ein Mindestalkoholgehalt von 32 % erforderlich, den Cassis mit Werten von rund 15 % bis 20 % Alkohol unterschritt. Cassis war damit in Deutschland nicht verkehrsfähig (durfte also vom klagsführenden Supermarkt Rewe nicht vermarktet werden). Ist diese Regelung eine Warenverkehrsbeschränkung?
>
> 8 In Ermangelung einer gemeinschaftlichen Regelung der Herstellung und Vermarktung von Weingeist ... ist es Sache der Mitgliedstaaten, alle die Herstellung und Vermarktung von Weingeist und alkoholischen Getränken betreffenden Vorschriften für ihr Hoheitsgebiet zu erlassen. **Hemmnisse für den Binnenhandel ..., die sich aus den Unterschieden der nationalen Regelungen über die Vermarktung dieser Erzeugnisse ergeben, müssen hingenommen werden, soweit diese Bestimmungen notwendig sind, um zwingenden Erfordernissen gerecht zu werden,** insbesondere den Erfordernissen einer wirksamen steuerlichen Kontrolle, des Schutzes der öffentlichen Gesundheit, der Lauterkeit des Handelsverkehrs und des Verbraucherschutzes.
>
> 14 ... Es gibt ... **keinen stichhaltigen Grund dafür, zu verhindern, daß in einem Mitgliedstaat rechtmäßig hergestellte und in den Verkehr gebrachte alkoholische Getränke in die anderen Mitgliedstaaten eingeführt werden**; dem Absatz dieser Erzeugnisse kann kein gesetzliches Verbot des Vertriebs von Getränken entgegengehalten werden, die einen geringeren Weingeistgehalt haben, als im nationalen Recht vorgeschrieben ist.

Das Urteil *Cassis de Dijon* beinhaltet also **drei wesentliche Grundsätze**, die heute für den Warenverkehr und darüber hinaus für die Dogmatik der Grundfreiheiten bzw die Binnenmarktlogik insgesamt prägend sind: Es sind dies ...

1) die Bestätigung der Anwendbarkeit des Art 34 auf **unterschiedslose Beschränkungen**: „Hemmnisse [aller Art] müssen [nur] hingenommen werden, soweit [sie] notwendig sind".[59] Dies unterstreicht also den Rechtfertigungsbedarf für alle Arten von Warenverkehrsregelungen der MS, auch wenn diese im Grunde gar nicht darauf abzielen, den heimischen Markt gegen ausländische Erzeugnisse abzuschotten;

2) das sog **Ursprungslandprinzip**: Sämtliche Waren, die „in einem Mitgliedstaat rechtmäßig hergestell[t] und in den Verkehr gebrach[t wurden, müssen] in die anderen Mitgliedstaaten eingeführt werden"[60] dürfen. Die Ware soll also grundsätzlich in derselben Form, wie sie sich im Ursprungsland rechtmäßig am Markt findet, in allen MS zirkulieren dürfen. Jeder Zwang zur Änderung der Ware (Zusammensetzung, Etikettierung, Form usw)[61] aus dem alleinigen Grund des Überschreitens der Grenze in einen anderen MS verletzt dieses Prinzip und fällt daher unter Art 34;

3) die Möglichkeit der Rechtfertigung von Beschränkungen mit sog „**zwingenden Erfordernissen**"[62] des Allgemeininteresses, die über die primärrechtlich ausdrücklich vorgesehenen Ausnahmen hinausgehen können (in *Cassis* zB über Art 36 AEUV hinaus Lauterkeit, Steuerkontrolle und Verbraucherschutz). Der Begriff „notwendig"[63] verweist dabei auf die vom EuGH

---

[59] Rs 120/78, *Cassis de Dijon*, ECLI:EU:C:1979:42, Rn 8.
[60] Rs 120/78, *Cassis de Dijon*, ECLI:EU:C:1979:42, Rn 14.
[61] Näher zur Etikettierng etwa *Hilpold*, ZEuP 2011, 504 ff.
[62] Rs 120/78, *Cassis de Dijon*, ECLI:EU:C:1979:42, Rn 8.
[63] Rs 120/78, *Cassis de Dijon*, ECLI:EU:C:1979:42, Rn 8.

2. Warenverkehr

geforderte, hier schon eingangs angesprochene Verhältnismäßigkeitsprüfung für vom MS zur Verfolgung der an sich legitimen Ziele konkret gewählten Maßnahmen.

> Aufgrund der unter 1) hervorgehobenen Bestätigung der sehr weiten Auslegung der Warenverkehrsfreiheit nach *Dassonville* bot das Urteil *Cassis* auch keine Handhabe für jene **Missbrauchstendenzen**, die sich im Gefolge von *Dassonville* in der Praxis breit gemacht hatten – im Gegenteil: So diente die weite *Dassonville*-Formel, wonach alle auch nur mittelbar und potentiell den Warenverkehr beschränkende Maßnahmen in den Tatbestand des Art 34 einbezogen waren, in den 1980er-Jahren immer wieder als Grundlage für Angriffe auch auf völlig **warenverkehrsneutrale Marktverhaltensregeln**. Gemeint sind staatliche Regeln mit allgemeinen, weder spezifisch auf Waren noch auf Ausländer bezogenen ordnungspolitischen Zielsetzungen, etwa Öffnungs- oder Arbeitszeitregelungen, Lauterkeitsrecht odgl. Ziel der Angriffe war es jeweils, über die Berufung auf den freien Warenverkehr eine Liberalisierung der betreffenden Regelungen zu erzwingen.
>
> Der EuGH tat sich auf Grundlage der *Dassonville*-Formel alleine schwer, legitime Warenverkehrsanliegen von (nicht unter Art 34 zu regelnden und daher) illegitimen Liberalisierungsanliegen zu trennen. Dementsprechend war die **alte Rsp uneinheitlich**. In einigen Fällen wurden solche Regelungen in Art 34 einbezogen (zB ein Verbot der Kundenwerbung an der Haustüre,[64] Apothekenvorbehalte für Arzneimittel,[65] einen Optikervorbehalt für Sehbehelfe,[66] die Einbeziehung bestimmter Gegenstände in die Zwangsversteigerung aufgrund des Exekutionsrechts[67] oder ein Verbot der Werbung für alkoholische Getränke[68]), in anderen nicht (zB ein Nachtbackverbot,[69] ein Verbot des Konsums von Alkohol in der Öffentlichkeit,[70] ein Verbot der Sonntagsöffnung,[71] einen Vorbehalt des Verkaufs von Sexartikeln in konzessionierten Geschäften,[72] eine Kontingentierung der in Getreidemühlen vermahlten Weizenmengen[73] oder eine Deckelung der Handelsspanne im Rindfleischhandel[74]).
>
> Die Schwierigkeiten der alten Rsp, illegitime Angriffe auf nationale Marktverhaltensregeln mit überzeugenden Argumenten abzuwehren, legten zunehmend den Bedarf einer Einschränkung bzw Präzisierung der weiten *Dassonville*-Formel offen. Diese **Einschränkung** brachte Anfang der 1990er-Jahre das Urteil *Keck* mit seiner **Unterscheidung** zwischen produkt- und vertriebsbezogenen Maßnahmen und der Herausnahme der Letztgenannten aus dem Tatbestand des Art 34. Dahinter steckt bei näherer Betrachtung eine Unterscheidung zwischen (weiterhin erfassten) Behinderungen des Marktzugangs gegenüber (nicht mehr erfassten) neutralen (weil auch bei einer Feinbetrachtung In- und Ausländer gleich behandelnden) Marktverhaltensregeln.

Mit dem Urteil *Keck* aus 1993 wurde die *Dassonville*-Formel eingeschränkt, um deren überschießenden Wirkungen gegenüber neutralen Marktverhaltensregeln zu begegnen. Nach (seit) *Keck* sind sog **Verkaufsmodalitäten**, also Regelungen darüber, wer, was, wann und wie verkaufen darf, nunmehr aus dem Anwendungsbereich des Art 34 ausgenommen, wenn sie für ausländische Waren auch im Rahmen einer Feinprüfung keine Nachteile bergen (sie also **gleicher-**

---

64 Vgl Rs 382/87, *Buet*, ECLI:EU:C:1989:198, Rn 9.
65 Vgl Rs C-369/88, *Delattre*, ECLI:EU:C:1991:137, Rn 51; Rs C-60/89, *Monteil*, ECLI:EU:C:1991:138, Rn 38.
66 Vgl Rs C-271/92, *Laboratoire de prothèses oculaires*, ECLI:EU:C:1993:214, Rn 9.
67 Vgl Rs C-239/90, *SCP Boscher*, ECLI:EU:C:1991:180, Rn 16.
68 Vgl verb Rs C-1/90 und C-176/90, *Aragonesa*, ECLI:EU:C:1991:327, Rn 11.
69 Vgl Rs 155/80, *Oebel*, ECLI:EU:C:1981:177, Rn 15 f.
70 Vgl Rs 75/81, *Blesgen*, ECLI:EU:C:1982:117, Rn 9.
71 Vgl Rs 145/88, *Torfaen*, ECLI:EU:C:1989:593, Rn 14.
72 Vgl Rs C-23/88, *Quietlynn*, ECLI:EU:C:1990:300, Rn 12.
73 Vgl Rs 148/85, *Forest*, ECLI:EU:C:1986:438, Rn 20.
74 Vgl Rs 188/86, *Régis Lefèvre*, ECLI:EU:C:1987:327, Rn 13.

maßen berühren). *Keck* ist eines der seltenen Beispiele für eine ausdrücklich als solche bezeichnete Abkehr des EuGH von seiner früheren Rsp (hier: *Dassonville*).

> Rs C-267/91, *Keck und Mithouard*, ECLI:EU:C:1993:905
>
> Keck und Mithouard verkaufen in Frankreich Kaffee, den sie in Deutschland billig eingekauft haben, unter dem Einkaufspreis (sog Einstandspreis), um Kunden in ihren Supermarkt zu locken. Das frz Lauterkeitsrecht verbietet dies zum Schutz der Kunden vor Lockangeboten. Handelt es sich beim lauterkeitsrechtlichen Verbot um eine Art 36 AEUV unterfallende Maßnahme gleicher Wirkung?
>
> 12 Nationale Rechtsvorschriften, die den Weiterverkauf zum Verlustpreis allgemein verbieten, **bezwecken keine Regelung des Warenverkehrs** zwischen den Mitgliedstaaten.
>
> 13 Zwar können solche Rechtsvorschriften das Absatzvolumen und damit das Volumen des Absatzes von Erzeugnissen aus anderen Mitgliedstaaten insoweit beschränken, als sie den Wirtschaftsteilnehmern eine **Methode der Absatzförderung** nehmen. Es ist jedoch fraglich, ob diese Möglichkeit ausreicht, um die in Rede stehenden Rechtsvorschriften als eine Maßnahme mit gleicher Wirkung wie eine mengenmäßige Einfuhrbeschränkung anzusehen.
>
> 14 Da sich die Wirtschaftsteilnehmer immer häufiger auf [Art 34] berufen, um jedwede Regelung zu beanstanden, die sich als Beschränkung ihrer geschäftlichen Freiheit auswirkt, auch wenn sie nicht auf Erzeugnisse aus anderen Mitgliedstaaten gerichtet ist, hält es der Gerichtshof für notwendig, seine **Rechtsprechung auf diesem Gebiet zu überprüfen und klarzustellen**.
>
> 15 Nach dem Urteil Cassis ... stellen Hemmnisse für den freien Warenverkehr, die sich in Ermangelung einer Harmonisierung der Rechtsvorschriften daraus ergeben, daß Waren aus anderen Mitgliedstaaten, die dort rechtmäßig hergestellt und in den Verkehr gebracht worden sind, bestimmten Vorschriften entsprechen müssen (wie etwa hinsichtlich ihrer Bezeichnung, ihrer Form, ihrer Abmessungen, ihres Gewichts, ihrer Zusammensetzung, ihrer Aufmachung, ihrer Etikettierung und ihrer Verpackung), selbst dann, wenn diese Vorschriften unterschiedslos für alle Erzeugnisse gelten, ... verbotene Maßnahmen gleicher Wirkung dar, sofern sich die Anwendung dieser Vorschriften nicht durch einen Zweck rechtfertigen lässt, der im Allgemeininteresse liegt und den Erfordernissen des freien Warenverkehrs vorgeht.
>
> 16 Demgegenüber ist entgegen der bisherigen Rechtsprechung die **Anwendung nationaler Bestimmungen, die bestimmte Verkaufsmodalitäten beschränken oder verbieten**, auf Erzeugnisse aus anderen Mitgliedstaaten nicht geeignet, den Handel zwischen den Mitgliedstaaten im Sinne des Urteils Dassonville ... unmittelbar oder mittelbar, tatsächlich oder potentiell zu behindern, **sofern diese Bestimmungen für alle betroffenen Wirtschaftsteilnehmer gelten**, die ihre Tätigkeit im Inland ausüben, und sofern sie den Absatz der inländischen Erzeugnisse **und** der Erzeugnisse aus anderen Mitgliedstaaten **rechtlich wie tatsächlich in der gleichen Weise berühren**.
>
> 17 Sind diese Voraussetzungen nämlich erfüllt, so ist die Anwendung derartiger Regelungen auf den Verkauf von Erzeugnissen aus einem anderen Mitgliedstaat, die den von diesem Staat aufgestellten Bestimmungen entsprechen, nicht geeignet, den Marktzugang für diese Erzeugnisse zu versperren oder stärker zu behindern, als sie dies für inländische Erzeugnisse tut. Diese Regelungen fallen daher nicht in den Anwendungsbereich von [Art 34].

Nach *Keck* von der Warenverkehrsfreiheit schon auf der Tatbestandsebene des Art 34 AEUV ausgenommen sind daher (nur) **völlig unterschiedslos wirkende Verkaufsmodalitäten** (Vertriebsregelungen: Wer, was, wann, wie usw des Produktvertriebs; zB Werbung, Lokalität, Vertriebsmodell usw).[75]

---

[75] Vgl zB Rs C-292/92, *Hünermund*, ECLI:EU:C:1993:932, Rn 24.

2. Warenverkehr

Beispiele für Maßnahmen, die iSd *Keck*-Rsp als neutrale Verkaufsmodalitäten qualifiziert wurden, sind etwa ein Apothekenvorbehalt für Säuglingsnahrung,[76] Regelungen über die Öffnungszeiten von Tankstellen[77] oder von Geschäften im Allgemeinen[78] oder die Verbote des Verkaufs von Lebensmitteln[79] oder Zeitschriftenabos[80] im Umherziehen bzw an der Haustüre. Ein Verbot von Haustürgeschäften (bei Schmuck) betrifft auch das hier zur Illustration herausgegriffene Urteil *A-Punkt* aus 2006. Der EuGH hob dort (in Rn 24) insbesondere die für *Keck* prägende Marktzugangslogik hervor.

> Rs C-441/04, *A-Punkt Schmuckhandels GesmbH*, ECLI:EU:C:2006:141
>
> Frau Schmidt leitet ein in Deutschland niedergelassenes Unternehmen zum Vertrieb von Schmuck im Wandergewerbe. Dies bedeutet, dass sie Privatpersonen in Privatwohnungen aufsucht, Silberschmuck zum Kauf anbietet und Bestellungen auf solchen Schmuck sammelt. 2003 veranstaltete sie in einem Privathaushalt in Klagenfurt eine sog Schmuckparty. Daraufhin brachte das konkurrierende Unternehmen A-Punkt eine Unterlassungsklage gegen Frau Schmidt ein, die damit begründet wurde, dass deren Tätigkeit gemäß § 57 Abs 1 GewO verboten sei. Diese Bestimmung verbietet in Bezug auf bestimmte Waren, ua Silberschmuck, den Vertrieb und das Sammeln von Bestellungen im Wege von Haustürgeschäften. Steht dem Art 34 entgegen?
>
> 9 Zunächst ist festzustellen, dass § 57 GewO darauf abzielt, eine Vertriebsmethode für diese Art von Schmuck auszuschließen. Außerdem liegt dem Ausgangsverfahren eine Situation zugrunde, in der eine Person, die ein in Deutschland niedergelassenes Unternehmen leitet, den Vertrieb von Schmuck im Wege von Haustürgeschäften in Österreich organisiert hat. Unter diesen Umständen fällt die nationale Regelung, die den Vertrieb von Schmuck im Wege von Haustürgeschäften verbietet, unter den freien Warenverkehr. …
>
> 14 Wie der Gerichtshof wiederholt entschieden hat, ist jede Handelsregelung der Mitgliedstaaten, die geeignet ist, den innergemeinschaftlichen Handel unmittelbar oder mittelbar, tatsächlich oder potenziell zu behindern, als Maßnahme mit gleicher Wirkung wie eine mengenmäßige Beschränkung anzusehen und deshalb nach diesem Artikel verboten[.]
>
> 15 Der Gerichtshof hat … klargestellt, dass nationale Bestimmungen, die bestimmte **Verkaufsmodalitäten** beschränken oder verbieten, nicht geeignet sind, den Handel zwischen den Mitgliedstaaten im Sinne des Urteils Dassonville zu behindern, sofern diese Bestimmungen zum einen **für alle** betroffenen **Wirtschaftsteilnehmer** gelten, die ihre Tätigkeit im Inland ausüben, und zum anderen den Absatz der **inländischen** Erzeugnisse und der Erzeugnisse aus anderen Mitgliedstaaten **rechtlich wie tatsächlich in der gleichen Weise berühren**[.] …
>
> 17 Wie aus Randnummer 9 des vorliegenden Urteils hervorgeht, betrifft die in Rede stehende nationale Regelung über das Verbot des Vertriebs im Wege von Haustürgeschäften eine Vertriebsmethode. Es steht fest, dass sie **nicht eine Regelung des Warenverkehrs zwischen den Mitgliedstaaten bezweckt**. Doch fällt sie nur dann nicht unter das Verbot des [Art 34], wenn sie die beiden in Randnummer 15 des vorliegenden Urteils genannten Voraussetzungen erfüllt.
>
> 18 Was die erste Voraussetzung angeht, so gilt § 57 GewO offenbar für **alle betroffenen Wirtschaftsteilnehmer**, die ihre Tätigkeit in Österreich ausüben, ungeachtet ihrer Staatsangehörigkeit. Damit ist die erste im Urteil Keck … genannte Voraussetzung **erfüllt**.

---

76 Vgl Rs C-391/92, *Kommission/Griechenland ('Säuglingsnahrung')*, ECLI:EU:C:1995:199, Rn 13 ff.
77 Vgl verb Rs C-401/92 und C-402/92, *Tankstation 't Heukske*, ECLI:EU:C:1994:220, Rn 12 ff.
78 Vgl verb Rs C-418/93 bis C-421/93, C-460/93, C-461/93, C-462/93, C-464/93, C-9/94 bis C-11/94, C-14/94, C-15/94, C-23/94, C-24/94 und C-332/94, *Semeraro*, ECLI:EU:C:1996:242, Rn 24; verb Rs C-69/93 und C-258/93, *Punto Casa*, ECLI:EU:C:1994:226, Rn 15.
79 Vgl Rs C-254/98, *TK-Heimdienst*, ECLI:EU:C:2000:12, Rn 24 ff.
80 Vgl Rs C-20/03, *Burmanjer*, ECLI:EU:C:2005:307, Rn 22.

19 In Bezug auf die zweite Voraussetzung steht fest, dass die Regelung über das Verbot des Vertriebs von Schmuck im Wege von Haustürgeschäften nicht nach dem Ursprung der fraglichen Erzeugnisse unterscheidet.

20 Sodann ist zu prüfen, ob das allgemeine Verbot, im Wege von Haustürgeschäften Silberschmuck zu vertreiben oder Bestellungen auf Silberschmuck zu sammeln, nicht tatsächlich geeignet ist, den Marktzugang betroffener Erzeugnisse aus anderen Mitgliedstaaten **stärker zu behindern** als den inländischer Erzeugnisse.

21 Eine nationale Bestimmung wie die im Ausgangsverfahren in Rede stehende ist grundsätzlich geeignet, das Gesamtvolumen des Absatzes der in dem betreffenden Mitgliedstaat erfassten Erzeugnisse zu beschränken und kann folglich das **Absatzvolumen** dieser Erzeugnisse aus anderen Mitgliedstaaten beeinträchtigen. Eine solche Feststellung kann jedoch nicht ausreichen, um die genannte Bestimmung als Maßnahme gleicher Wirkung anzusehen[.]

22 Zwar kann, wie die Kommission der Europäischen Gemeinschaften vorträgt, der Vertrieb von Schmuck von geringem Wert im Wege von Haustürgeschäften gegenüber einem Vertrieb im Rahmen einer festen Vertriebsstruktur als geeigneter und effizienter erscheinen. Denn bei Wirtschaftsteilnehmern, die auf Schmuck dieser Preiskategorie spezialisiert sind, kann der Vertrieb im Rahmen einer festen Vertriebsstruktur **Kosten** verursachen, die verhältnismäßig sehr hoch sind.

23 Jedoch reicht die Tatsache, dass sich eine Vertriebsmethode als effizienter und wirtschaftlicher erweist, nicht aus, um festzustellen, dass die nationale Vorschrift, die sie verbietet, unter das Verbot des [Art 34] fällt. Eine solche Bestimmung stellt nämlich nur dann eine Maßnahme gleicher Wirkung dar, wenn der Ausschluss der betreffenden Vertriebsmethode die Erzeugnisse aus anderen Mitgliedstaaten mehr berührt als inländische Erzeugnisse.

24 In dieser Hinsicht steht fest, dass das im Ausgangsverfahren in Rede stehende Verbot **nicht alle Formen des Vertriebs der betroffenen Waren erfasst, sondern nur eine davon, und daher die Möglichkeit nicht ausschließt, diese Waren im Gebiet des betreffenden Staates mit anderen Methoden zu vertreiben.**

25 Der Gerichtshof kann ... anhand der ihm zur Verfügung stehenden Angaben nicht mit Sicherheit entscheiden, ob das in § 57 GewO vorgesehene Verbot des Vertriebs im Wege von Haustürgeschäften den Vertrieb der aus anderen Mitgliedstaaten als Österreich stammenden Erzeugnisse **stärker berührt** als den der Erzeugnisse aus Österreich. Unter solchen Umständen ist es daher Sache des vorlegenden Gerichts, insbesondere im Licht der in den Randnummern 20 bis 24 des vorliegenden Urteils entwickelten Überlegungen zu prüfen, ob diese Voraussetzung erfüllt ist.

Nur dann, wenn die Feinprüfung der Maßnahme keine faktisch stärkeren negativen Auswirkungen ergibt, fällt sie nach *Keck* tatsächlich aus dem Anwendungsbereich des Art 34 heraus (und bedarf dann auch keiner Rechtfertigung). *A-Punkt* führt damit vor Augen, wie **sachlich extrem begrenzt**, aber gleichzeitig für die Praxis und die Wahrung eines legitimen ordnungspolitischen Regelungsspielraums der MS immens bedeutsam, der Anwendungsbereich der *Keck*-Ausnahme tatsächlich ist.

Nach *Keck* (**weiterhin**) **von Art 34 erfasst** bleibt dagegen das Gros warenverkehrshemmender Maßnahmen, uzw ...

1) sämtliche direkten und indirekten **Diskriminierungen** von Waren dem Grund ihres EU-ausländischen Ursprungs;

2) **Totalverkaufsverbote**: Totalverkaufsverbote schließen für die betroffenen Waren den Marktzugang an sich aus. Dass der Verkauf In- und Ausländern gleichermaßen verboten sein mag, ändert daran nichts und führt zur Einbeziehung solcher weitreichenden warenverkehrsbezogenen staatlichen Anordnungen in den Anwendungsbereich von Art 34. Wie die abschlie-

2. Warenverkehr

ßend besprochene *Motoveicoli*-Rsp klarstellt, sind überdies totale oder quasi-totale Verwendungs- bzw Nutzungsbeschränkungen Totalverkaufsverboten gleichzuhalten. Dabei ist zwar nicht der Verkauf bzw Erwerb des Produkts beschränkt, wohl aber jede sinnvolle (bzw die produkttypische) Verwendung im Inland, sodass auch dort der Marktzugang faktisch unterbunden ist;

3) nicht diskriminierende, reine Beschränkungen, wenn sie

- 3.1) entweder produktbezogen sind (also Vorschriften, die Änderungen am Produkt selbst verlangen, zB hinsichtlich Bezeichnung, Form, Abmessungen, Zusammensetzung etc) oder
- 3.2) vertriebsbezogen sind (also zB Regelungen über Öffnungszeiten, Lauterkeit, Werbung, Vertriebswege usw), bei denen sich aber im Rahmen einer Feinprüfung („rechtlich wie tatsächlich in der gleichen Weise berühren") faktisch stärkere negative Auswirkungen für ausländische Produkte ergeben.

Ein Beispiel für Kategorie 1), also für nur auf ausländische Produkte bezogene und daher diskriminierende Maßnahmen, ist etwa eine Einfuhrerlaubnis für ausländische Produkte.[81] Ein weiteres, ähnliches Beispiel bietet auch das Urteil *Visnapuu* aus 2015, betreffend Beschränkungen des Einzelhandels mit Alkoholika.

> Rs C-198/14, *Valev Visnapuu*, ECLI:EU:C:2015:751
>
> Nach dem finnischen AlkoholG hatte die staatliche Alkoholgesellschaft Alko Oy, von wenigen Ausnahmen abgesehen, das ausschließliche Recht, alkoholische Getränke im Einzelhandel zu verkaufen. Herr Visnapuu war Leiter des estnischen Unternehmens EIG, das von Estland aus über die Website „www.alkotaxi.eu" alkoholische Getränke zur Lieferung nach Finnland anbot. Gegen Herrn Visnapuu wurde daraufhin in Finnland ein Strafverfahren eröffnet, weil er keine gültige Einzelhandelserlaubnis besaß. Kann er sich dagegen unter Berufung auf (ua) Art 34 wehren?
>
> 98 Das in Art 34 aufgestellte Verbot von Maßnahmen mit gleicher Wirkung wie mengenmäßige Beschränkungen erfasst nach ständiger Rechtsprechung jede Regelung der Mitgliedstaaten, die geeignet ist, den innerstaatlichen Handel unmittelbar oder mittelbar, tatsächlich oder potenziell zu behindern[.]
>
> 99 [Es] ist festzustellen, dass das Erfordernis einer Einzelhandelserlaubnis für die Einfuhr alkoholischer Getränke wie das im Ausgangsverfahren streitige die in anderen Mitgliedstaaten ansässigen Wirtschaftsteilnehmer daran hindert, alkoholische Getränke mit dem Ziel ihres Einzelhandelsverkaufs frei nach Finnland einzuführen. ...
>
> 103 Der Gerichtshof hat zwar entschieden, dass nationale Bestimmungen, die bestimmte Verkaufsmodalitäten beschränken oder verbieten und die zum einen für alle betroffenen Wirtschaftsteilnehmer gelten, die ihre Tätigkeit im Inland ausüben, und zum anderen den Absatz der inländischen Erzeugnisse und der Erzeugnisse aus anderen Mitgliedstaaten rechtlich wie tatsächlich in gleicher Weise berühren, nicht geeignet sind, den Handel zwischen den Mitgliedstaaten im Sinne der Dassonville-Rechtsprechung[.]
>
> 104 Doch erfüllt das im Ausgangsverfahren streitige Erfordernis einer Einzelhandelserlaubnis nicht die erste ... im Urteil Keck ... aufgestellte Voraussetzung, nach der die fraglichen nationalen Bestimmungen für alle betroffenen Wirtschaftsteilnehmer gelten müssen, die ihre Tätigkeit im Inland ausüben.
>
> 105 Zum einen ist festzustellen, dass das Erfordernis einer Einzelhandelserlaubnis ... nicht für alle betroffenen Wirtschaftsteilnehmer gilt, die ihre Tätigkeit im Inland ausüben. [Die staatliche Gesell-

---

[81] Vgl Rs C-434/04, *Ahokainen*, ECLI:EU:C:2006:609, Rn 21.

2.3. Art 34 AEUV: Wareneinfuhr aus anderen MS

schaft] Alko besitzt auf der Grundlage einer gesetzlichen Bestimmung ... nämlich das Recht, alle Arten alkoholischer Getränke ... im Einzelhandel zu verkaufen. Somit muss Alko nicht bei den zuständigen Behörden zu ähnlichen Bedingungen ... um eine Einzelhandelserlaubnis ersuchen.

106 Zum anderen können die Einzelhandelserlaubnis ... **nur in Finnland ansässige Hersteller** alkoholischer Getränke und nicht in anderen Mitgliedstaaten ansässige Hersteller erhalten. ...

108 Nach alledem stellt eine Regelung eines Mitgliedstaats wie die im Ausgangsverfahren streitige, nach der ein Verkäufer, der in einem anderen Mitgliedstaat ansässig ist, für die Einfuhr alkoholischer Getränke mit dem Ziel ihres Einzelhandelsverkaufs an im erstgenannten Mitgliedstaat ansässige Verbraucher eine Einzelhandelserlaubnis besitzen muss, wenn er die Getränke selbst befördert oder damit einen Dritten beauftragt, eine **Maßnahme gleicher Wirkung** wie eine mengenmäßige Einfuhrbeschränkung im Sinne von Art 34 AEUV dar.

Ein **Beispiel für Kategorie 3.1)**, also produktbezogene Maßnahmen, bietet etwa das Urteil *Mars* aus 1995, betreffend irreführende Werbung auf einer Eisverpackung. Aber auch alle sonstigen Verpackungs-[82] oder Beschriftungsvorschriften[83] fallen ohne Weiteres in diese Kategorie.

Rs C-470/93, *Mars*, ECLI:EU:C:1995:224

Der dt Verein zur Bekämpfung unlauteren Wettbewerbs ging gegen die Mars GmbH vor, weil sie die Verpackung von Eiskremriegeln verschiedener Marken für irreführend und daher lauterkeitsrechtlich verboten hielt. Die betreffenden Riegel wurden in Frankreich hergestellt und in einheitlicher Verpackung im gesamten Binnenmarkt vertrieben. Sie enthielten eine Zeitlang den Aufdruck „+10 %". Tatsächlich war die Menge der Erzeugnisse um 10 % erhöht worden, jedoch war die darauf hinweisende Fläche auf der Verpackung größer als 10 % der Riegel. Ist das lauterkeitsrechtliche Verbot irreführender Werbung am Maßstab des Art 34 zu messen oder nach *Keck* vom Tatbestand ausgenommen?

12 Nach der Rechtsprechung ... bezweckt [Art 34] das Verbot jeder Handelsregelung der Mitgliedstaaten, die geeignet ist, den innergemeinschaftlichen Handel **unmittelbar oder mittelbar, tatsächlich oder potentiell zu behindern**[.] Der Gerichtshof hat klargestellt, daß in Ermangelung einer Harmonisierung der Rechtsvorschriften [Art 34] die Hemmnisse für den freien Warenverkehr verbietet, die sich daraus ergeben, daß **Waren aus anderen Mitgliedstaaten, die dort rechtmäßig hergestellt und in den Verkehr gebracht worden sind**, bestimmten Vorschriften wie etwa hinsichtlich ihrer **Ausstattung**, ihrer **Etikettierung** und ihrer **Verpackung** entsprechen müssen, auch wenn diese unterschiedslos für einheimische und eingeführte Erzeugnisse gelten[.]

13 Ein Verbot wie das im Ausgangsverfahren streitige, das sich gegen das Inverkehrbringen von Erzeugnissen in einem Mitgliedstaat richtet, die die **gleichen Werbeaufdrucke tragen wie diejenigen, die in anderen Mitgliedstaaten rechtmäßig verwendet werden**, ist, **auch wenn es unterschiedslos für alle Erzeugnisse gilt**, geeignet, den innergemeinschaftlichen Handel zu behindern. Es kann nämlich den Importeur dazu zwingen, die Ausstattung seiner Erzeugnisse je nach dem Ort des Inverkehrbringens unterschiedlich zu gestalten und demgemäß die zusätzlichen Verpackungs- und Werbungskosten zu tragen.

14 Ein solches Verbot fällt somit in den Anwendungsbereich des [Art 34].

---

[82] Vgl (Verbot des Verkaufs unverpackter Süßwaren in Automaten) Rs C-366/04, *Schwarz*, ECLI:EU:C:2005:719, Rn 28.

[83] Vgl (irreführender, auf der Verpackung verwendeter Produktname) zB Rs C-315/92, *Clinique*, ECLI:EU:C:1994:34, Rn 19.

2. Warenverkehr

Ein weiteres illustratives Beispiel für **Kategorie 3.1**), also produktbezogene Maßnahmen, bietet das Urteil *Kommission/Polen* aus 2014, betreffend ein Verbot rechtsgelenkter PKW. Die Einbeziehung in Art 34 war für den EuGH so offenkundig, dass er sich zu deren Feststellung mit einem Satz begnügte (und danach sofort zur, im Ergebnis verneinten, Frage einer Rechtfertigungsfähigkeit weiterschritt). Im Zentrum dieser Feststellung steht wiederum die Idee der **Behinderung des Marktzugangs** aufgrund der fraglichen Regelung.

> Rs C-639/11, *Kommission/Polen*, ECLI:EU:C:2014:173
>
> In Polen war die inländische Zulassung von zuvor in anderen Mitgliedstaaten zugelassenen PKW, deren Lenkanlage sich auf der rechten Seite befand, von der Versetzung des Lenkrads auf die linke Seite abhängig. Die Kommission wertete dies als Verstoß gegen die Warenverkehrsfreiheit.
>
> 52 Im Licht der ständigen Rechtsprechung des Gerichtshofs stellt die streitige Regelung eine nach Art 34 AEUV verbotene **Maßnahme mit gleicher Wirkung** wie mengenmäßige Einfuhrbeschränkungen dar, da sie die Wirkung hat, den **Zugang** von Fahrzeugen, deren Fahrerplatz sich auf der rechten Seite befindet und die rechtmäßig in anderen Mitgliedstaaten als … Polen hergestellt und zugelassen worden sind, **zum polnischen Markt zu behindern**[.]

Ein typisches **Beispiel für Kategorie 3.2**), also für Verkaufsmodalitäten, die ausländische Produkte typischerweise stärker berühren als inländische, sind Verbote des Versandhandels oder des Vertriebs von Waren über das Internet.[84] Nach Ansicht des EuGH sind ausländische Händler nämlich sehr viel stärker auf den Fernabsatz angewiesen als inländische bzw stellt dies für sie mitunter sogar die einzige Möglichkeit eines Zugangs zum inländischen Markt dar.[85] Ähnliches gilt ganz allgemein für Fernlieferungen (zB Regelungen für aufgetaute, typischerweise von weiter her gelieferte Backwaren gegenüber frischen, typischerweise heimischen Backwaren).[86] Diese Überlegung, wonach also der Fernabsatz (hier über das Internet) gerade für Ausländer ein wichtiges Instrument des Marktzugangs ist, illustriert etwa das Urteil *DocMorris* aus 2003.

> Rs C-322/01, *DocMorris*, ECLI:EU:C:2003:664
>
> In Deutschland ist der Versandhandel mit Arzneimitteln im Internet verboten. Stellt dies eine Beschränkung der Warenverkehrsfreiheit dar oder handelt es sich um eine Verkaufsmodalität nach *Keck*?
>
> 66 Nach ständiger Rechtsprechung ist jede Regelung, die geeignet ist, den innergemeinschaftlichen Handel unmittelbar oder mittelbar, tatsächlich oder potenziell zu behindern, als eine Maßnahme mit gleicher Wirkung wie eine mengenmäßige Beschränkung anzusehen und damit nach [Art 34] verboten[.]
>
> 67 Selbst wenn eine Regelung nicht bezweckt, den Handel zwischen den Mitgliedstaaten zu regeln, bleibt **ausschlaggebend, wie sie sich** tatsächlich oder potenziell **auf den** innergemeinschaftlichen Handel **auswirkt**. Nach diesem Kriterium sind Hemmnisse für den freien Warenverkehr, die sich in Ermangelung einer Harmonisierung der Rechtsvorschriften daraus ergeben, dass Waren aus anderen Mitgliedstaaten, die dort rechtmäßig hergestellt und in den Verkehr gebracht worden sind, bestimmten Vorschriften entsprechen müssen, **selbst dann, wenn diese Vorschriften unterschieds-**

---

84 Zum Versandhandelsverbot auch *Koenig*, PharmR 2017, 87 f.
85 Vgl etwa auch Rs C-497/03, *Kommission/Österreich ('Nahrungsergänzungsmittel')*, ECLI:EU:C:2004:685, Rn 13; Rs C-244/06, *Dynamic Medien*, ECLI:EU:C:2008:85, Rn 35.
86 Vgl Rs C-159/04, *Alfa-Vita*, ECLI:EU:C:2006:562, Rn 19.

los für alle Erzeugnisse gelten, ... verbotene Maßnahmen gleicher Wirkung, es sei denn, dass sich ihre Anwendung durch einen Zweck rechtfertigen lässt, der im Allgemeininteresse liegt und den Erfordernissen des freien Warenverkehrs vorgeht[.]

68 Wie der Gerichtshof im Urteil Keck ... weiter festgestellt hat, können Handelsregelungen, auch wenn sie nicht die Merkmale der Waren selbst, sondern die Modalitäten von deren Verkauf betreffen, [keine] Maßnahmen gleicher Wirkung im Sinne von Art 28 EG sein, wenn sie zwei Voraussetzungen ... genügen. So müssen diese Regelungen erstens für alle betroffenen Wirtschaftsteilnehmer gelten, die ihre Tätigkeit im Inland ausüben, und sie müssen zweitens den Absatz der inländischen Erzeugnisse und der Erzeugnisse aus anderen Mitgliedstaaten **rechtlich wie tatsächlich in gleicher Weise** berühren[.]

69 Zur ersten dieser beiden Voraussetzungen ist festzustellen, dass das [Versandhandels-] Verbot für alle betroffenen inländischen oder ausländischen Wirtschaftsteilnehmer gilt, so dass diese Voraussetzung ohne weiteres erfüllt ist.

70 Hinsichtlich der zweiten in Randnummer 68 genannten Voraussetzung ist zu berücksichtigen, dass der ‚**Absatz**' einer Ware **auf einem nationalen Markt** zwischen ihrer Herstellung und ihrem etwaigen Verkauf an den Endverbraucher **mehrere Phasen** umfassen kann.

71 Um festzustellen, ob eine bestimmte Regelung den Absatz inländischer Erzeugnisse ebenso betrifft wie den von Waren aus anderen Mitgliedstaaten, ist **zu ermitteln, welche Reichweite die in Frage stehende beschränkende Regelung hat.** ...

72 [Dabei] folgte der Gerichtshof in einem anderen Fall dem von einem Wirtschaftsteilnehmer vorgetragenen Argument, dass ihm mit einem Verbot von **Fernsehwerbung** die einzige wirksame Form der Absatzförderung, um in einen nationalen Markt einzudringen, genommen werde[.] Der Gerichtshof hat ferner festgestellt, dass bei Erzeugnissen wie alkoholischen Getränken, deren Genuss mit herkömmlichen gesellschaftlichen Gepflogenheiten und örtlichen Sitten und Gebräuchen verknüpft ist, ein Verbot jeder an die Verbraucher gerichteten Werbung durch **Anzeigen** in der Presse oder **Werbeeinblendungen** in Rundfunk und Fernsehen, durch **Direktversand** nicht angeforderten Materials oder durch **Plakatieren** an öffentlichen Orten geeignet ist, den Marktzugang für Erzeugnisse aus anderen Mitgliedstaaten stärker zu behindern als für inländische Erzeugnisse, mit denen der Verbraucher unwillkürlich besser vertraut ist[.]

73 Hinsichtlich des [Versandhandels-] Verbotes ... ist unstreitig, dass nach dieser Bestimmung zum einen bestimmte Arzneimittel nur in Apotheken verkauft werden dürfen und zum anderen der Versandhandel mit Arzneimitteln unzulässig ist. Zwar kann das Versandhandelsverbot als bloße Konsequenz aus der Apothekenpflichtigkeit von Arzneimitteln angesehen werden. Das **Aufkommen des Internets als Mittel des grenzüberschreitenden Verkaufs** hat jedoch zur Folge, dass die Reichweite und damit die Wirkung dieses Verbotes in einem größeren Zusammenhang zu prüfen sind[.]

74 Ein Verbot wie das im Ausgangsfall fragliche **beeinträchtigt** nämlich **außerhalb Deutschlands ansässige Apotheken stärker als Apotheken in Deutschland**. Auch wenn das Verbot den **inländischen** Apotheken unstreitig ein zusätzliches oder alternatives **Mittel des Zugangs** zum deutschen Markt der Endverbraucher von Arzneimitteln **nimmt,** bleibt ihnen doch die **Möglichkeit,** Arzneimittel **in ihren Apotheken** zu verkaufen. Dagegen könnte für Apotheken, die nicht im deutschen Hoheitsgebiet ansässig sind, im Internet ein Mittel liegen, das für den unmittelbaren Zugang zu diesem Markt eher geeignet ist. Ein Verbot, das sich auf außerhalb des deutschen Hoheitsgebiets ansässige Apotheken stärker auswirkt, könnte jedoch geeignet sein, den Marktzugang für Waren aus anderen Mitgliedstaaten stärker zu behindern als für inländische Erzeugnisse.

75 Daher trifft das in Frage stehende Verbot den Verkauf inländischer Arzneimittel und den Verkauf von Arzneimitteln aus anderen Mitgliedstaaten nicht in gleicher Weise.

Einen Unterfall der Vertriebsregelungen im Rahmen von Kategorie 3.2) können **Werbeverbote** darstellen. So kann ein Werbeverbot, je nach Ausgestaltung und betroffenem Sektor, eine

2. Warenverkehr

tatsächlich völlig neutral wirkende Verkaufsmodalität sein (die dann von der *Keck*-Ausnahme erfasst ist),[87] oder aber als nicht unter die *Keck*-Ausnahme fallende, nur scheinbar neutrale, tatsächlich aber Ausländer stärker belastende Regelung. Letzteres ist immer dann der Fall, wenn ausländische Händler vergleichsweise stärker auf die betreffende Werbeschiene angewiesen sind als Inländer.[88] Ein Beispiel für die Abwägungsprüfung dahin, ob ein Werbeverbot ausländische Produkte tatsächlich stärker belastet, bietet der Fall *De Agostini* aus 1997, betreffend ein Verbot von an Kinder gerichteter Fernsehwerbung.

> Verb Rs C-34/95 bis C-36/95, *De Agostini*, ECLI:EU:C:1997:344
>
> Das Unternehmen De Agostini zeigte im schwedischen Fernsehen einen Werbespot für die Kinderzeitschrift „Allt om dinosaurier!" („Alles über Dinosaurier!"). Nach dem schwed Rundfunkgesetz war Werbung untersagt, die darauf gerichtet war, die Aufmerksamkeit von Kindern unter zwölf Jahren zu erregen. Fällt das Werbeverbot in den Tatbestand des Art 34 oder ist es nach *Keck* ausgenommen?
>
> 39. [D]er Gerichtshof [hat in seiner st Rsp] festgestellt, daß eine Regelung, die Fernsehwerbung in einem bestimmten Sektor untersagt, Verkaufsmodalitäten betrifft, soweit sie eine Form der Förderung einer bestimmten Methode des Absatzes von Erzeugnissen verbietet.
>
> 40. [nach dem Urteil *Keck* fallen] nationale Maßnahmen, die bestimmte Verkaufsmodalitäten verbieten, nicht unter [Art 34], sofern sie für alle betroffenen Wirtschaftsteilnehmer gelten, die ihre Tätigkeit im Inland ausüben, und sofern sie den Absatz der inländischen Erzeugnisse und der Erzeugnisse aus anderen Mitgliedstaaten rechtlich wie tatsächlich in der gleichen Weise berühren.
>
> 41. Die erste Voraussetzung ist in den Ausgangsrechtsstreitigkeiten offenkundig erfüllt.
>
> 42. Hinsichtlich der zweiten Voraussetzung läßt sich nicht ausschließen, daß das vollständige Verbot einer Form der Förderung des Absatzes eines Erzeugnisses in einem Mitgliedstaat, das dort rechtmäßig verkauft wird, stärkere Auswirkungen auf Erzeugnisse aus anderen Mitgliedstaaten hat.
>
> 43. Die Wirksamkeit verschiedener Absatzförderungsformen ist zwar eine Frage, die grundsätzlich vom vorlegenden Gericht zu beurteilen ist; De Agostini hat jedoch in ihren Erklärungen darauf hingewiesen, daß die Fernsehwerbung für sie die einzig wirksame Form der Absatzförderung sei, um in den schwedischen Markt eindringen zu können, da ihr keine anderen Werbemittel zur Verfügung ständen, um die Kinder und ihre Eltern zu erreichen.
>
> 44. Somit fällt das vollständige Verbot von Werbung, die an Kinder unter zwölf Jahren gerichtet oder irreführend im Sinne der schwedischen Rechtsvorschriften ist, nicht unter [Art 34], sofern nicht nachgewiesen wird, daß dieses Verbot den Absatz der inländischen Erzeugnisse und der Erzeugnisse aus anderen Mitgliedstaaten rechtlich wie tatsächlich nicht in gleicher Weise berührt.

Ein letztes typisches Beispiel für Kategorie 3.2), also für Verkaufsmodalitäten, die in- und ausländische Produkte in unterschiedlicher Weise berühren, sind Preisregelungen. Eine Preisregelung kann vollständig neutral wirken und ist dann nach *Keck* vom Tatbestand des Art 34 ausgenommen.[89] Mitunter bewirkt sie aber sehr wohl eine Benachteiligung ausländischer Waren:[90] So unterbindet es eine (Mindest- oder Höchst-) Preisregelung, Preisunterschiede im Binnenmarkt

---

[87] Vgl zB Rs C-292/92, *Hünermund*, ECLI:EU:C:1993:932, Rn 24; Rs C-71/02, *Karner*, ECLI:EU:C:2004:181, Rn 43; Rs C-412/93, *Leclerc-Siplec*, ECLI:EU:C:1995:26, Rn 24.
[88] Vgl zB Rs C-405/98, *Gourmet International*, ECLI:EU:C:2001:135, Rn 25.
[89] Vgl zB Rs C-63/94, *Belgapom*, ECLI:EU:C:1995:270, Rn 12.
[90] Vgl auch schon Rs 229/83, *Leclerc*, ECLI:EU:C:1985:1, Rn 23; ähnlich Rs C-9/99, *Echirolles Distribution*, ECLI:EU:C:2000:532, Rn 21 f.

auszunutzen (also „[P]reise für den Einzelhandel anhand der Merkmale des Einfuhrmarktes festzulegen").[91] Ebenso wird es unmöglich, eigene komparative Vorteile des Ursprungslands, also va billigere Herstellungskosten, wettbewerbswirksam einzusetzen. Diese Wirkungsweise von Preisregelungen illustriert etwa das Urteil *LIBRO* aus 2009, betreffend die österr Buchpreisbindung.[92]

> Rs C-531/07, *LIBRO*, ECLI:EU:C:2009:276
>
> Nach dem österr BuchpreisbindungsG waren der Verleger oder Importeur eines Buches verpflichtet, dessen Letztverkaufspreis festzusetzen und diesen bekannt zu machen. Dieser Preis durfte nicht unterschritten werden. Ab August 2006 begann die Einzelhandelskette LIBRO, bestimmte Bücher zu dt Preisen zu bewerben, wobei diese unter den für Österreich festgesetzten Mindestpreisen lagen. Der Fachverband der Buch- und Medienwirtschaft ging dagegen (im Ergebnis erfolgreich) vor. Vorfrage: Fällt die Preisregelung aber überhaupt unter Art 34 oder handelt es sich um eine Verkaufsmodalität?
>
> 17 [D]ie Anwendung nationaler Bestimmungen, die bestimmte Verkaufsmodalitäten beschränken oder verbieten, auf Erzeugnisse aus anderen Mitgliedstaaten [ist] nicht geeignet, eine solche Behinderung zu begründen, sofern diese Bestimmungen für alle betroffenen Wirtschaftsteilnehmer gelten, die ihre Tätigkeit im Inland ausüben, und sofern sie den Absatz der inländischen Erzeugnisse und der Erzeugnisse aus anderen Mitgliedstaaten rechtlich wie tatsächlich in der gleichen Weise berühren. Sind diese Voraussetzungen erfüllt, ist die Anwendung derartiger Regelungen auf den Verkauf von Erzeugnissen aus einem anderen Mitgliedstaat, die den von diesem Staat aufgestellten Bestimmungen entsprechen, nämlich nicht geeignet, den Marktzugang für diese Erzeugnisse zu versperren oder stärker zu behindern, als sie dies für inländische Erzeugnisse tut[.]
>
> 18 Nach Auffassung des Fachverbands und der österreichischen, der deutschen sowie der französischen Regierung errichtet die im Ausgangsverfahren in Rede stehende Regelung eine auf inländische und eingeführte Bücher unterschiedslos anwendbare Verkaufsmodalität, die für Letztere keine ungünstigere Behandlung vorsehe, da sie die Verpflichtung zur Festsetzung eines Letztverkaufspreises für alle deutschsprachigen Bücher unabhängig von deren Herkunft festlege. ...
>
> 20 Soweit ... eine nationale Buchpreisregelung ... nur die Modalitäten betrifft, unter denen sie verkauft werden dürfen, ist sie als Regelung über Verkaufsmodalitäten im Sinne des Urteils Keck ... anzusehen. Wie sich aus diesem Urteil ergibt, fällt eine solche Verkaufsmodalität nur dann nicht unter [Art 34], wenn sie die in Randnr. 17 des vorliegenden Urteils aufgeführten Voraussetzungen erfüllt.
>
> 21 Insoweit ist festzustellen, dass [das] Verbot ... den vom Verleger für den Verlagsstaat festgesetzten oder empfohlenen Letztverkaufspreis abzüglich der darin enthaltenen Umsatzsteuer zu unterschreiten, eine ungünstigere Behandlung für eingeführte Bücher vorsieht, da er österreichische Importeure und ausländische Verleger daran hindert, Mindestpreise für den Einzelhandel anhand der Merkmale des Einfuhrmarktes festzulegen, wohingegen es österreichischen Verlegern freisteht, für ihre Erzeugnisse Mindestpreise für den Letztverkauf auf dem inländischen Markt in dieser Weise selbst festzulegen.
>
> 22 Daher ist eine solche Vorschrift als eine gegen [Art 34] verstoßende Maßnahme mit gleicher Wirkung wie eine mengenmäßige Einfuhrbeschränkung anzusehen, weil sie für eingeführte Bücher eine unterschiedliche Regelung trifft, die bewirkt, dass Erzeugnisse aus anderen Mitgliedstaaten weniger günstig behandelt werden[.] ...
>
> 25 Der Fachverband und die österreichische Regierung unterstreichen ..., dass die Freiheit, den Letztverkaufspreis festzusetzen, ... dadurch gewährleistet werde, dass der Importeur [ausnahmsweise] den vom ausländischen Verleger praktizierten Preis unterschreiten könne, wenn eine solche Er-

---

91 Rs C-531/07, *LIBRO*, ECLI:EU:C:2009:276, Rn 21.
92 Siehe auch *Thyri/Mayer*, ecolex 2009, 542 f.

mäßigung dem vom Importeur erzielten Handelsvorteil entspreche und der Letztverkäufer ... einen Rabatt von 5 v. H. auf den ... festgesetzten Preis gewähren könne. ...

27 [D]ie **Möglichkeit von Rabatten** [kann aber] nicht ... als eine Form der Kompensation angesehen werden ..., die es dem Importeur erlaubt, alle im Ausfuhrstaat erzielten Vorteile nach einer eigenen Preispolitik bei den Einzelhandelspreisen weiterzugeben. Ein Importeur, der wie LIBRO Bücher in großen Mengen einkauft, kann trotz dieser Rabattbestimmung für die Gesamtheit der eingeführten Bücher nicht frei Preise festsetzen, die niedriger als diejenigen im Verlagsstaat sind. Er kann den Rabatt nämlich nur auf die Bücher anwenden, die er zu einem günstigeren Preis bezogen hat.

28 Ebenso wenig kann aus der Möglichkeit des Letztverkäufers ... den von Verlegern und Importeuren festgesetzten Preis um 5 v. H. zu unterschreiten ... gefolgert werden, dass ... **allen Unternehmen auf den verschiedenen Handelsstufen** die Freiheit ein[ge]räumt [ist], den Preis nach Österreich eingeführter deutschsprachiger Bücher festzulegen, weil diese Möglichkeit nur den Zeitpunkt des Verkaufs an den Endverbraucher betrifft ... es nicht gestattet [ist], eine solche Unterschreitung zu bewerben. ...

29 Daher ist ... eine nationale Regelung wie die im Ausgangsverfahren in Rede stehende ... eine Maßnahme mit gleicher Wirkung wie eine mengenmäßige Einfuhrbeschränkung[.]

Den vorläufig letzten großen Schritt der mit *Dassonville* beginnenden Judikaturkette zur Eingrenzung des Begriffs der Maßnahmen gleicher Wirkung stellt die unter dem Urteil *Motoveicoli* zusammengefasste Rsp-Linie[93] zu Produktverwendungs- bzw **Nutzungsbeschränkungen** dar. Nutzungsbeschränkungen für Produkte wirken letztlich wie **Totalverkaufsverbote**, also Maßnahmen der oben genannten Kategorie 2), denn es macht für die Marktchancen des Produkts keinen Unterschied, ob bereits der Verkauf des Produkts als solches verboten ist, oder ob das Produkt zwar verkauft, aber nicht oder kaum in Betrieb genommen bzw seiner produkttypischen Verwendung nicht zugeführt werden darf. Beispiele sind etwa das Verbot von Wassermotorrädern auf den meisten Binnengewässern,[94] das Verbot des Anbringens von Sichtschutzfolien in Autos[95] oder eben das im Urteil *Motoveicoli* aus 2009 beurteilte Verbot des Ziehens bestimmter Anhänger durch Kleinmotorräder.

Rs C-110/05, *Kommission/Italien* (,Motoveicoli'), ECLI:EU:C:2009:66

In Italien war das Ziehen von Anhängern durch Kleinkrafträder, Krafträder, dreirädrige und vierrädrige Kraftfahrzeuge (sog *motoveicoli*) im Straßenverkehr verboten. Die Kommission erblickte darin einen Verstoß gegen die Warenverkehrsfreiheit in Bezug auf die betreffenden Anhänger.

33 Nach ständiger Rechtsprechung ist jede Handelsregelung der Mitgliedstaaten, die geeignet ist, den innergemeinschaftlichen Handel **unmittelbar oder mittelbar, tatsächlich oder potenziell zu behindern**, als eine Maßnahme mit gleicher Wirkung wie mengenmäßige Beschränkungen[.]

34 Aus ebenfalls ständiger Rechtsprechung geht hervor, dass [Art 34] die Verpflichtung widerspiegelt, sowohl die Grundsätze der **Nichtdiskriminierung** und der **gegenseitigen Anerkennung** von Erzeugnissen, die in anderen Mitgliedstaaten rechtmäßig hergestellt und in den Verkehr gebracht wurden, einzuhalten als auch Erzeugnissen aus der Gemeinschaft einen freien Zugang zu den nationalen Märkten zu gewährleisten[.]

---

93 Vgl Rs C-265/06, *Kommission/Portugal*, ECLI:EU:C:2008:210, Rn 31 ff; sowie Rs C-142/05, *Mickelsson*, ECLI:EU:C:2009:336, Rn 24 ff; Rs C-265/06, *Kommission/Portugal* ('Sichtschutzfolien'), ECLI:EU:C:2008:210, Rn 31 ff.
94 Vgl Rs C-142/05, *Mickelsson*, ECLI:EU:C:2009:336, Rn 24 ff.
95 Vgl Rs C-265/06, *Kommission/Portugal* ('Sichtschutzfolien'), ECLI:EU:C:2008:210, Rn 31 ff.

35 So stellen Hemmnisse für den freien Warenverkehr, die sich in Ermangelung einer Harmonisierung der Rechtsvorschriften daraus ergeben, dass Waren aus anderen Mitgliedstaaten, die dort rechtmäßig hergestellt und in den Verkehr gebracht worden sind, **bestimmten Vorschriften entsprechen** müssen, selbst dann Maßnahmen mit gleicher Wirkung wie mengenmäßige Beschränkungen dar, wenn diese Vorschriften unterschiedslos für alle Erzeugnisse gelten[.]

36 Hingegen ist die Anwendung nationaler Bestimmungen, die bestimmte **Verkaufsmodalitäten** beschränken oder verbieten, auf Erzeugnisse aus anderen Mitgliedstaaten nicht geeignet, den Handel zwischen den Mitgliedstaaten im Sinne der aus dem Urteil Dassonville hervorgegangenen Rechtsprechung unmittelbar oder mittelbar, tatsächlich oder potenziell zu behindern, sofern diese Bestimmungen für alle betroffenen Wirtschaftsteilnehmer gelten, die ihre Tätigkeit im Inland ausüben, und sofern sie den Absatz der inländischen Erzeugnisse und der Erzeugnisse aus anderen Mitgliedstaaten rechtlich wie tatsächlich in der gleichen Weise berühren. Sind diese Voraussetzungen erfüllt, ist die Anwendung derartiger Regelungen auf den Verkauf von Erzeugnissen aus einem anderen Mitgliedstaat, die den von diesem Staat aufgestellten Bestimmungen entsprechen, nämlich nicht geeignet, den **Marktzugang für diese Erzeugnisse zu versperren oder stärker zu behindern**, als sie dies für inländische Erzeugnisse tut[.]

37 Daher sind **Maßnahmen** eines Mitgliedstaats, mit denen [eine **Diskriminierung**] bezweckt oder **bewirkt** wird, [also] Erzeugnisse aus anderen Mitgliedstaaten weniger günstig zu behandeln, sowie die in Randnr. 35 des vorliegenden Urteils genannten [**produktbezogenen Maßnahmen**] als Maßnahmen mit gleicher Wirkung ... anzusehen. Ebenfalls unter diesen Begriff fällt jede sonstige Maßnahme, die den **Zugang zum Markt** eines Mitgliedstaats für Erzeugnisse aus anderen Mitgliedstaaten behindert. ...

49 [Vorliegend] ist unbestritten, dass [die betreffenden F]ahrzeuge ohne Weiteres ohne **Anhänger** verwendet werden können, doch sind Letztere ohne ein **Kraftfahrzeug**, das sie ziehen könnte, **nur von geringem Nutzen**.

50 Unstreitig [dies] **ohne Unterscheidung nach der Herkunft** der Anhänger anwendbar. ...

55 Die ... Möglichkeiten, eigens für [die betreffenden F]ahrzeuge **konzipierte Anhänger anders** [zu] **verwenden**, [sind] äußerst gering[. Unter] bestimmten Umständen [könnten sie] an andere Fahrzeuge, insbesondere Automobile, angehängt werden[, doch wäre] eine derartige Verwendung nicht zweckmäßig und [bliebe] unbedeutend, wenn nicht gar hypothetisch.

56 [E]in Verbot der Verwendung eines Erzeugnisses im Hoheitsgebiet eines Mitgliedstaats [hat] erheblichen Einfluss auf das Verhalten der Verbraucher ..., das sich wiederum auf den **Zugang des Erzeugnisses zum Markt** des Mitgliedstaats auswirkt.

57 Denn die Verbraucher, die wissen, dass sie ihr [F]ahrzeug nicht mit einem eigens dafür konzipierten Anhänger verwenden dürfen, haben praktisch kein Interesse daran, einen solchen Anhänger zu kaufen[. Dies] **verhindert ... die Nachfrage** nach derartigen Anhängern auf dem betreffenden Markt und behindert somit deren Einfuhr.

58 Soweit das ... Verbot dazu führt, den Zugang zum italienischen Markt für Anhänger zu versperren, die eigens für [die betreffenden F]ahrzeuge konzipiert und in anderen Mitgliedstaaten ... rechtmäßig hergestellt und in den Verkehr gebracht worden sind, stellt es eine **Maßnahme mit gleicher Wirkung** wie mengenmäßige Einfuhrbeschränkungen dar, die nach [Art 34] **verboten** ist, sofern sie nicht objektiv gerechtfertigt werden kann.

Demnach fallen also **Verwendungs- bzw Nutzungsbeschränkungen** bei Waren nicht unter die *Keck*-Ausnahme, sondern bleiben im **Tatbestand des Art 34**. Zu unterscheiden[96] sind allerdings **zwei Kategorien** von Nutzungsbeschränkungen: **Begrenzte, spezifische Nutzungsbeschränkungen**, wonach die **Verwendung** des Produkts an die **Einhaltung erzeugnisspezi-**

---

[96] Vgl Rs C-110/05, *Kommission/Italien ("Motoveicoli")*, ECLI:EU:C:2009:66, Rn 18.

fischer Bedingungen geknüpft oder die Verwendung räumlich oder zeitlich eingeschränkt wird, können nach der *Keck*-Ausnahme beurteilt und vom Tatbestand ausgenommen werden, wenn sie tatsächlich in- und ausländische Erzeugnisse in gleicher Weise berühren.[97] Dagegen kommen **absolute oder *quasi*-absolute Nutzungsbeschränkungen**, wo also keine oder nur marginale Spielräume für die Nutzung des Produkts offenstehen, keinesfalls für eine Tatbestandsausnahme nach *Keck* in Frage. Sie sind in ihrer Wirkung tatsächlich Totalverkaufsverboten gleichzuhalten und verwehren damit den **Marktzugang** des Produkts an sich. Marktzutrittsbeschränkungen können nach *Keck* aber niemals von der Tatbestandsausnahme profitieren (sondern eben nur unterschiedslos anwendbare Regelungen für bereits am Inlandsmarkt zirkulierende Produkte).

Vor diesem Hintergrund ist die *Motoveicoli*-Judikatur also kein Novum, keine Gegenausnahme und auch kein Sonderfall zu *Keck*, sondern vielmehr eine stringente Konsequenz der *Keck*-Rsp. Nach immer wieder (insbesondere von Generalanwälten)[98] geäußerter Kritik an der **Tauglichkeit der *Keck*-Formel in Grenzfällen** (zB bei Nutzungsbeschränkungen, aber auch bei der Einordnung des zuvor erwähnten Backwaren-Falles[99] als vertriebs- oder produktbezogen) hat das Schrifttum[100] aus einer **Zusammenschau der Urteile *Keck* und *Motoveicoli*** (insbesondere dessen Rn 37) einen **Drei-Stufen-Test** für die Prüfung von Maßnahmen gleicher Wirkung iSv Art 34 entwickelt.

> **Ziel** des Drei-Stufen-Tests ist eine **Schärfung** des nach *Keck* gebotenen **Prüfmaßstabs** zu dessen besserem Verständnis. Es handelt sich damit um ein optionales Angebot einer dogmatisch **alternativen Herangehensweise** an die *Keck*-Prüfung, die deren klassischen Prüfmaßstab (also die Schritte diskriminierend/beschränkend, vertriebs-/produktbezogen, völlig neutral/nicht völlig neutral) anders aufbereitet. Beide Herangehensweisen, Drei-Stufen-Test oder klassisch, bleiben wahlweise zulässig.

Die **erste Stufe** des Drei-Stufen-Tests ist demnach eine **Diskriminierungsprüfung**:[101] Werden aufgrund der fraglichen Maßnahme Erzeugnisse aus anderen MS rechtlich oder tatsächlich weniger günstig behandelt? Falls ja, fällt die Maßnahme ohne weiteres in den Anwendungsbereich des Art 34.

Falls nein, eröffnet sich die **zweite Stufe** der Prüfung:[102] Negiert die fragliche Maßnahme das **Ursprungslandprinzip** des Warenverkehrs? So dürfen in einem anderen MS rechtmäßig in Verkehr gebrachte Waren nach dem Grundsatz der gegenseitigen Anerkennung grundsätzlich frei im Binnenmarkt zirkulieren. Wird die Anerkennung der Marktfähigkeit für das Inland aber verweigert, fällt eine solche staatliche Maßnahme ohne weiteres in den Tatbestand von Art 34.

Liegt auch dies nicht vor, gelangt man zur letzten, **dritten Stufe** des Tests: Wird der Marktzugang aus sonstigen Gründen erschwert, die also weder auf eine Ungleichbehandlung

---

97 Dazu auch *Leidenmühler*, ecolex 2015, 518 *passim*.
98 Im Überblick *Brigola*, EuZW 2012, 249 ff.
99 S FN 207.
100 Vgl zB *Spaventa*, EL Rev 2009, 914, *passim*; *Dietz/Streinz*, EuR 2015, 50, *passim*; *Snell*, CML Rev 2010, 437, *passim*; *Brigola*, EuZW 2012 (FN 217) 252.
101 Vgl Rs C-110/05, *Kommission/Italien („Motoveicoli")*, ECLI:EU:C:2009:66, Rn 37.
102 Vgl Rs C-110/05, *Kommission/Italien („Motoveicoli")*, ECLI:EU:C:2009:66, Rn 37.

noch auf eine Negation des Ursprungslandprinzips zurückzuführen sind? Diese Stufe hat augenscheinlich **Nutzungsbeschränkungen** der *Motoveicoli*-Konstellation vor Augen und ist auch diesem Urteil entnommen: „Ebenfalls unter diesen Begriff fällt jede sonstige Maßnahme, die den Zugang zum Markt eines Mitgliedstaats für Erzeugnisse aus anderen Mitgliedstaaten behindert."[103] Über den Fokus auf die Frage des Marktzugangs hinaus erschließt sich der genaue Inhalt dieses letzten Prüfschritts jedoch kaum. Konkretisierungsvorschläge im Schrifttum (zB ob die staatliche Maßnahme eine Markterschließung behindert)[104] bleiben letztlich unergiebig.

> Blickt man näher auf die Einzelstufen des Drei-Stufen-Tests, so erweist sich rasch, dass sie im Grunde lediglich die **klassischen Schritte der** *Keck*-**Prüfung umgruppieren** und in neue Worte kleiden. So vereint die erste Stufe des Tests die Fragen nach einem Vorliegen einer Ungleichbehandlung, die im Rahmen der *Keck*-Prüfung an zwei Stellen erfolgt, nämlich zunächst bei der Unterscheidung von Diskriminierungen und Beschränkungen sowie sodann bei der Feinprüfung der tatsächlichen Wirkungen scheinbar neutraler (unterschiedslos geltender) Maßnahmen. Die zweite Stufe des Tests entspricht im Wesentlichen dem, was *Keck* mit der Unterscheidung in produkt- und vertriebsbezogen ansprechen will, nämlich den Zwang zur Veränderung in Verkehr gebrachter Produkte nach abweichenden Regeln des Zielstaats. Die dritte Stufe lenkt den Blick schließlich auf die Frage der Wirkung der Regelung für den Marktzugang des Händlers bzw der Ware. Dass die Gewährleistung von Marktzugang einen zentralen Gesichtspunkt der Eingrenzung des Tatbestands des Art 34 bildet und dabei von reinen Marktverhaltensregeln bei vorhandenem Marktzugang abzugrenzen ist, war jedoch auch schon nach den Urteilen *Cassis* und *Keck* bekannt.
>
> Zur Beurteilung der Marktzugangsproblematik leistet der Drei-Stufen-Test aber gerade keinen eindeutigen Beitrag. Der **praktische Mehrwert des Drei-Stufen-Tests** ist damit **insgesamt zweifelhaft**, sodass dem **klassischen Prüfansatz nach** *Keck* wohl der **Vorzug** zu geben ist. Dies gilt insbesondere dann, wenn man die Nutzungsbeschränkungen, vor deren Hintergrund der Drei-Stufen-Test gerade entwickelt wurde, als (nach den Wirkungen ähnliche) Variante der Totalverkaufsverbote, und damit als absolute bzw *quasi*-absolute Marktzugangshürden, begreift.

Hinzuweisen ist bei der Eingriffsbeurteilung abschließend noch auf die schon im allgemeinen Teil hervorgehobene **Kausalitätsgrenze** der **Warenverkehrsfreiheit**. Bloß hypothetische Auswirkungen staatlicher Rechtsvorschriften (zB Exekutionsrecht, Gewährleistung, Patentverfahrensrecht usw), die keine Warenverkehrsregelung bezwecken und auch keinen greifbaren Einfluss auf die Ausübung dieser Freiheit haben, fallen nicht in den Tatbestand des Art 34.[105] Dies gilt unabhängig von (insbesondere) der *Keck*-Doktrin und deren Kriterien.

2.3.4. Art 36 AEUV: Rechtfertigungsprüfung

Ergibt die Eingriffsprüfung einer staatlichen Maßnahme, dass sie vom Tatbestand des Art 34 erfasst ist, ist die Maßnahme deshalb alleine noch nicht endgültig verboten. Das Verbot greift nur, wenn auch eine Rechtfertigungsprüfung für die Maßnahme scheitert. Die **Grundsätze der Rechtfertigungsprüfung** wurden schon im **Grundlagenteil** (Abschnitte Gemeinsame Merkmale der Grundfreiheiten und Prüfschema Grundfreiheiten) erörtert. Darauf kann hier verwiesen

---

103 Rs C-110/05, *Kommission/Italien („Motoveicoli")*, ECLI:EU:C:2009:66, Rn 37.
104 *Leible/Streinz*, Art 34 AEUV, Rz 87, in *Grabitz/Hilf/Nettesheim* (Hrsg), EUV/AEUV-Kommentar, EL 55 2015.
105 Vgl Rs 69/88, *Krantz*, ECLI:EU:C:1990:97, Rn 11; Rs C-93/92, *CMC*, ECLI:EU:C:1993:838, Rn 12; Rs C-44/98, *BASF*, ECLI:EU:C:1999:440, Rn 21; Rs C-134/94, *Esso*, ECLI:EU:C:1995:414, Rn 24; Rs C-379/92, *Peralta*, ECLI:EU:C:1994:296, Rn 24.

werden, also insbesondere auf die **Dualität geschriebener und ungeschriebener Rechtfertigungsgründe** und deren jeweilige **Anwendungsbereiche** (auf diskriminierende und unterschiedslose gegenüber nur unterschiedslosen Maßnahmen)[106] sowie auf die **Einzelschritte der Rechtfertigungsprüfung** (anwendbarer Katalog, verfolgtes Ziel, Abgleich, Geeignetheit, Erforderlichkeit, Angemessenheit).

Die im Bereich Warenverkehr relevanten, geschriebenen und ungeschriebenen Rechtfertigungsgründe werden von **Art 36** einerseits und den **zwingenden Erfordernissen** des Allgemeininteresses nach dem (zum Warenverkehr ergangenen) Grundsatzurteil *Cassis de Dijon*[107] andererseits gebildet. **Wirtschaftliche Gründe** (va budgetäre, handels- oder wirtschaftspolitische Erwägungen) taugen, wie auch bei den übrigen Grundfreiheiten, generell **niemals** als Rechtfertigungsgründe.[108]

2.3.4.1. Geschriebene Rechtfertigungsgründe

Art 36 führt als taugliche Rechtfertigungsgründe für Eingriffe in den freien Warenverkehr die öffentliche **Sittlichkeit** (zB moralische Vorbehalte gegen bestimmte Waren)[109] sowie öffentliche **Ordnung und Sicherheit** (zB Kriminalitätsbekämpfung)[110] an, weiters den Schutz der **Gesundheit** (zB bei Lebensmittelzusätzen),[111] der **Umwelt** (Tiere oder Pflanzen, zB genetische Vielfalt),[112] des nationalen **Kulturguts** (zB Ausfuhrverbote)[113] sowie des kommerziellen und gewerblichen Eigentums (also va **Immaterialgüterrechte**, zB Einfuhrverbote bei Verletzung eines national geschützten Patents).[114] Diese Gründe vermögen, vorbehaltlich ihrer Verhältnismäßigkeit im konkreten Anwendungsfall, selbst diskriminierende staatliche Eingriffe in den Warenverkehr zu rechtfertigen. Als Ausnahmen vom Grundsatz des freien Warenverkehrs werden sie vom EuGH allerdings tendenziell eng ausgelegt.[115]

Ein **Beispiel** für die Handhabe dieser Rechtfertigungsgründe bietet das Urteil *Humanplasma* aus 2010, betreffend ein österr Verbot der Einfuhr bestimmter Blutkonserven.

> Rs C-421/09, *Humanplasma*, ECLI:EU:C:2010:760
>
> 2005 erfolgte die Ausschreibung eines Auftrags zur Belieferung des Wiener Krankenanstaltenverbunds mit Blutprodukten (leukozytendepletierte Erythrozythenkonzentrate, also aufbereitete rote Blutzellen für die Bluttransfusion bzw Blutkonserven). In den Ausschreibungsbedingungen wurde die Vereinbarkeit der Angebote mit dem österr ArzneiwareneinfuhrG hingewiesen. Dieses sah (nach einer im Lauf des Vergabeverfahrens erfolgten Novellierung) ein Verbot der Einfuhr und des Inverkehrbringens von Blutprodukten für Transfusionen vor, wenn die aus bezahlten Blutspenden stammten. Dieses Verbot schloss auch bloße Aufwandsentschädigungen (zB Fahrtkosten) mit ein.

---

106 Vgl zB verb Rs 1/90 und 176/90, *Aragonesa*, ECLI:EU:C:1991:327, Rn 13.
107 Rs 120/78, *Rewe-Zentral AG gegen Bundesmonopolverwaltung für Branntwein („Cassis de Dijon")*, ECLI:EU:C:1979:42, Rn 12 f.
108 Vgl schon Rs 7/61, *Kommission/Italien („Schweinefleisch")*, ECLI:EU:C:1961:31, S 720.
109 ZB Rs 34/79, *Henn und Darby*, ECLI:EU:C:1979:295, Rn 15 f.
110 ZB Rs 154/85, *Kommission/Italien („Zulassung importierter Fahrzeuge")*, ECLI:EU:C:1987:292, Rn 13 f.
111 ZB Rs C-95/01, *Greenham*, ECLI:EU:C:2004:71, Rn 34 f.
112 ZB Rs C-323/93, *Crespelle*, ECLI:EU:C:1994:368, Rn 30 ff.
113 ZB schon Rs 7/68, *Kommission/Italien („Kulturgüter")*, ECLI:EU:C:1968:51, S 642.
114 ZB Rs 15/74, *Centrafarm*, ECLI:EU:C:1974:114, Rn 6 ff.
115 ZB Rs 13/80, *Kommission/Irland („Sale Order")*, ECLI:EU:C:1981:139, Rn 7.

Im Verfahren gab es zwei Bieter, die Humanplasma und das Rote Kreuz, wobei das Angebot der Humanplasma das günstigere war. Allerdings konnte Humanplasma nicht garantieren, dass seine Produkte überwiegend aus unbezahlten Spenden stammten, woraufhin das Angebot vom Auftraggeber ausgeschieden wurde. Humanplasma ging gegen diese Entscheidung vor und behauptete die Unvereinbarkeit des ArzneiwareneinfuhrG mit Art 34.

29 Da in einigen ... Mitgliedstaaten ... Aufwendungen für Blutspenden erstattet werden, können Blut und Blutbestandteile, die in diesen Mitgliedstaaten rechtmäßig gesammelt und in den Verkehr gebracht wurden, nicht nach Österreich eingeführt und dort verkauft werden.

30 Daher ist festzustellen, dass ... eine nationale Regelung wie die im Ausgangsverfahren in Rede stehende geeignet ist, den innergemeinschaftlichen Handelsverkehr zu behindern, und damit eine **Maßnahme mit gleicher Wirkung** wie eine mengenmäßige Einfuhrbeschränkung im Sinne des [Art 34] darstellt.

31 Um zu ermitteln, ob diese Regelung eine nach [Art 34] verbotene Beschränkung darstellt, ist weiter zu prüfen, ob sie, wie insbesondere die österreichische Regierung und die Europäische Kommission geltend gemacht haben, mit dem **Schutz der Gesundheit** der Bevölkerung gerechtfertigt werden kann.

32 In diesem Zusammenhang ist darauf hinzuweisen, dass die Gesundheit der Bevölkerung den **ersten Rang** unter den in [**Art 36**] geschützten Gütern und Interessen einnimmt und dass es Sache der Mitgliedstaaten ist, in den durch den Vertrag gesetzten Grenzen zu bestimmen, auf welchem Niveau sie den Schutz der Gesundheit der Bevölkerung gewährleisten wollen und wie dieses Niveau erreicht werden soll[.]

33 [D]ie ... in Rede stehende Regelung ... soll [gewährleisten], dass das Blut und die Blutbestandteile, die in Österreich verkauft werden, **hohe Qualitäts- und Sicherheitsanforderungen** erfüllen, und ... freiwillige, unbezahlte Blutspenden [gefördert werden.] Diese Ziele können eine Beeinträchtigung des freien Warenverkehrs somit **grundsätzlich rechtfertigen**.

34 [J]edoch [lässt sich] eine Regelung ... nur dann mit Erfolg rechtfertigen, wenn sie **geeignet** ist, die Verwirklichung des verfolgten legitimen Ziels zu gewährleisten, **und nicht über das hinausgeht, was zur Erreichung dieses Ziels erforderlich ist**[.]

35 Was erstens die **Geeignetheit** ... angeht, [sind] freiwillige, unbezahlte Blutspenden ein Faktor ..., der zu hohen Qualitäts- und Sicherheitsstandards für Blut und Blutbestandteile und somit zum Gesundheitsschutz beitragen kann.

36 Da ... **verhindert** [wird], **dass Blutspender einen finanziellen Vorteil aus ihrer Spende ziehen können**, ist eine solche Regelung geeignet, diesen Bedenken Rechnung zu tragen und die Qualität und Sicherheit von Blut und Blutbestandteilen zu verbessern; sie ist daher als zum Schutz der Gesundheit der Bevölkerung **geeignet** anzusehen.

37 [J]edoch [ist das Verbot], den Blutspendern eine **Erstattung z. B. der Fahrtkosten** zu gewähren [nicht] geeignet ..., die Betroffenen zum Spenden von Blut zu ermutigen. Daher ist festzustellen, dass mit einer solchen Regelung das **zweite Ziel**, das mit der nationalen Regelung verfolgt werden soll, **nicht erreicht** werden kann.

38 Was ... die ... Verhältnismäßigkeit ... betrifft, [ist] es, da [Art 36] eine **eng auszulegende** Ausnahme vom Grundsatz des freien Warenverkehrs ... darstellt, **Sache der nationalen Behörden** ..., **nachzuweisen**, dass diese Regelung erforderlich ist, um das angestrebte Ziel zu erreichen, und dass dieses Ziel nicht durch Verbote oder Beschränkungen erreicht werden könnte, die weniger umfangreich sind oder den innergemeinschaftlichen Handel weniger beeinträchtigen[.] ...

40 [Dabei] bedeutet die **bloße Tatsache**, dass **ein Mitgliedstaat** Vorschriften erlässt, die **weniger streng** sind als die in einem anderen Mitgliedstaat geltenden, **nicht**, dass Letztere mit den [Art 34 und 36] unvereinbar sind[.]

41 Der Umstand, dass **mehrere andere Mitgliedstaaten** eine Erstattung der den Blutspendern entstandenen Aufwendungen vorsehen, **kann jedoch** bei der Beurteilung der für die österreichische

> Regelung vorgebrachten objektiven Rechtfertigung und insbesondere bei der Beurteilung ihrer Verhältnismäßigkeit relevant sein[.]
>
> 42 Insoweit ist darauf hinzuweisen, dass ... jede Blutspende ... getestet werden muss[.]
>
> 43 Daher ist die Vorgabe, dass die Blutspende ohne jede Erstattung der dem Spender entstandenen Aufwendungen erfolgt sein muss, für sich genommen jedenfalls nicht erforderlich, um die Qualität und die Sicherheit von Blut und Blutbestandteilen zu gewährleisten. ...
>
> 45 Aus diesen Erwägungen ist zu folgern, dass [die fragliche] Regelung ... über das hinausgeht, was zur Erreichung des verfolgten Ziels, die Qualität und die Sicherheit von Blut und Blutbestandteilen zu gewährleisten, erforderlich ist.

Das Urteil *Humanplasma* zeigt, dass jeder der einzelnen Rechtfertigungsgründe in der Anwendung kleinere Besonderheiten zeigt. Beim Gesundheitsschutz sind dies etwa das Bekenntnis zu einem grundsätzlich hohen Schutzniveau sowie der Respekt des Vorsorgeprinzips,[116] wonach der Gesetzgeber bei Ungewissheit über mögliche Risiken vorbeugend so handeln darf, dass Schäden von vornherein vermieden werden.[117]

Wichtige Besonderheiten bestehen auch bei der Anwendung des Rechtfertigungsgrunds zugunsten von Immaterialgüterrechten, zu der es der Kenntnis der zugehörigen Rsp-Linie des EuGH bedarf. So ist der Schutz von Immaterialgüterrechten typischerweise national begrenzt und daher entlang der Grenzen der MS fragmentiert (Territorialitätsprinzip der Immaterialgüterrechte). Als Folge ist im Grunde jedes nationale IP-Recht eine potenzielle Warenverkehrsbeschränkung, soweit die Einfuhr einer Ware in einen MS dazu führt, dass ein dort (aber nicht im Herkunfts-MS) bestehendes IP-Recht verletzt würde. Eine so weitreichende Privilegierung von nationalen IP-Rechten würde den freien Warenverkehr im Binnenmarkt, wo heute an und in faktisch jedem Produkt zahlreiche IP-Rechte stecken, mithilfe von Art 36 effektiv aushebeln.

> Deckt beispielsweise der Schutz aus der Marke „Peugeot" in den Niederlanden eine Verwendung auf Windschutzscheiben ab, in Spanien aber nicht, so kann die Einfuhr von Windschutzscheiben mit einem Peugeot-Logo aus Spanien in die Niederlande im Einfuhrstaat eine Markenverletzung darstellen und können Vermarktung, Verkauf usw dieser Waren dort untersagt werden.[118] Einen Sonderfall bilden EU-weite IP-Rechte, wie sie ausnahmsweise durch besondere VO geschaffen wurden,[119] und bei denen das Territorium eines einheitlichen Schutzes den gesamten Binnenmarkt umfasst.

Die Rsp des EuGH reduziert die Anwendung des Rechtfertigungsgrunds daher auf den Schutz jener Rechte des IP-Inhabers, die den spezifischen Gegenstand des jeweiligen Schutzrechts ausmachen.[120] Grob zusammengefasst besteht der spezifische Gegenstand in der Kommerzialisierung des IP-Rechts (Eigenvermarktung von Waren unter Verwendung des Rechts oder Lizensierung der Herstellung oder des Vertriebs) sowie im Schutz einzelner Persönlich-

---

116 Siehe auch *Thiele*, ZIIR 2017, 76 f.
117 Vgl auch Rs C-198/14, *Valev Visnapuu*, ECLI:EU:C:2015:751, Rn 118.
118 Vgl (tatsächlich etwas komplexer, nämlich die Warendurchfuhr betreffend) Rs C-115/02, *Rioglass*, ECLI: EU:C:2003:587, Rn 17 ff.
119 ZB UnionsmarkenVO 2017/1001, ABl 2017/L 154/1.
120 Rs 78/70, *Deutsche Grammophon*, ECLI:EU:C:1971:59, Rn 11 f.

keitsrechte (zB Nennung als Urheber oder Erfinder, Entstellungsverbot etc). Verhältnismäßig sind daher nur nationale Regelungen, die dem Inhaber die Wahrnehmung der Kommerzialisierungschance sichern und nicht darüber hinausgehen (zB indem sie eine über die erstmalige Kommerzialisierung hinausgehende Kontrolle schützen, etwa beim Wiederverkauf).

> Bei **Marken** (und ganz ähnlich bei Designs) besteht der spezifische Gegenstand des Schutzes „insbesondere darin, dem Inhaber das ausschließliche Recht zu sichern, die Marke beim erstmaligen Inverkehrbringen einer Ware zu benutzen und ihn so vor Konkurrenten zu schützen, die unter Missbrauch der Stellung und des guten Rufes der Marke widerrechtlich mit dieser Marke versehene Waren veräußern".[121] Daher kann sich der Markeninhaber zB nicht gegen Parallelimporte aus anderen MS zur Wehr setzen, wo er (oder ein dazu befugter Lizenznehmer) das Produkt willentlich in Verkehr gebracht hat. Sehr wohl kann er aber zB gegen die Einfuhr einer Ware aktiv werden, bei der Verwechslungsgefahr mit der eigenen heimischen Marke besteht oder wenn die Waren umgepackt wurden.
>
> Bei **Patenten** (und iW auch bei Gebrauchsmustern) besteht der spezifische Gegenstand darin, „daß der Inhaber zum Ausgleich für seine ... Erfindertätigkeit das ausschließliche Recht erlangt, gewerbliche Erzeugnisse herzustellen und in den Verkehr zu bringen, mithin die Erfindung entweder selber oder im Wege der Lizenzvergabe an Dritte zu verwerten, und daß er ferner das Recht erlangt, sich gegen jegliche Zuwiderhandlung zur Wehr zu setzen."[122] Daher kann der Patentinhaber, wie der Markeninhaber, zB nicht gegen Parallelimporte aus MS vorgehen, wo das Produkt willentlich in Verkehr gebracht wurde. Wohl aber kann er sich zur Wehr setzen, wenn das Produkt im anderen MS unter einer bloß beschränkten Lizenz (zB einer Zwangslizenz) in Verkehr gebracht wurde und idF unter Verletzung dieser Lizenzrechte weiterexportiert werden soll.
>
> Der spezifische Gegenstand des **Urheberrechts** (und einiger verwandter Schutzrechte; es gibt aber Ausnahmen, zB das Folgerecht) wiederum ist verwirklicht, „wenn ein Erzeugnis auf dem Markt eines anderen Mitgliedstaats vom Rechtsinhaber selbst oder mit seiner Zustimmung rechtmäßig in den Verkehr gebracht worden ist".[123] Daher kann sich der Urheberrechtsinhaber zB nicht gegen Parallelimporte zur Wehr setzen, wenn im Herkunfts-MS bereits vollständig Gebühren für die Aufführung des Werkes an eine Verwertungsgesellschaft abgeführt wurden. Umgekehrt kann er sich sehr wohl gegen eine über die Lizensierung hinausgehende Werknutzung wehren, zB gegen wiederholte Aufführungen oder unlimitiertes Verleihen des Werkes ohne entsprechende Gebührenzahlung.

Wurde die Kommerzialisierung im vom Schutzrecht jeweils gewollten Umfang (mit den jeweils geschützten Handlungen) vorgenommen, ist der spezifische Gegenstand dieses Schutzrechts erschöpft und kann der Inhaber sich dem weiteren Vertrieb von Waren, die sein IP-Recht beinhalten, nicht widersetzen (sog Erschöpfung). Dieser **Erschöpfungsgrundsatz**, wonach bestimmte mit dem IP-Schutz verbundene Rechte des Inhabers nach Kommerzialisierung bzw Inverkehrbringen verbraucht sind, entstammt der immaterialgüterrechtlichen Dogmatik und wurde mit der Rsp zum spezifischen Gegenstand vom EuGH in die Dogmatik der Grundfreiheiten übernommen.[124] Heute ist der Erschöpfungsgrundsatz für die einzelnen Schutzrechte überwiegend im zu Art 34 erlassenen Sekundärrecht verankert. Ein solches (streng genommen nicht Waren, sondern, was hier aber keinen Unterschied macht, Dienstleistungen

---

[121] Rs C-115/02, *Rioglass*, ECLI:EU:C:2003:587, Rn 25.
[122] Rs 15/74, *Centrafarm*, ECLI:EU:C:1974:114, Rn 9.
[123] Rs C-61/97, *Laserdisken*, ECLI:EU:C:1998:422, Rn 13.
[124] Vgl schon Rs 102/77, *Hoffmann-La Roche*, ECLI:EU:C:1978:108, S 1145, 1150 und Rn 14.

2. Warenverkehr

betreffendes) Beispiel bietet das Urteil *UsedSoft* aus 2012 zum Weiterverkauf gebrauchter Software im Internet.[125]

> Rs C-128/11, *UsedSoft*, ECLI:EU:C:2012:407
>
> Das Unternehmen Oracle entwickelt und vertreibt (urheberrechtlich geschützte) Computersoftware, die sie überwiegend per Download über das Internet vertreibt. Dabei erhält der Kunde keinen Datenträger, sondern lädt die Software lediglich herunter. Das Nutzungsrecht umfasst die Befugnis, die Software dauerhaft zu speichern, einer bestimmten Anzahl von Nutzern Zugriff zu gewähren und (kostenlos) auf Aktualisierungen zuzugreifen. UsedSoft handelt mit solchen, also gewissermaßen „gebrauchten" Softwarelizenzen. Ein Unterlassungsbegehren von Oracle wehrt UsedSoft mit Verweis darauf ab, das Urheberrecht sei aufgrund der weiten Lizensierung erschöpft. Die einschlägige ComputerprogrammRL 2009/24/EG bestimmt tatsächlich, dass sich mit dem Erstverkauf einer Programmkopie in der EU durch den Urheberrechtsinhaber oder mit seiner Zustimmung das weitere Einflussnahmerecht auf die Verbreitung dieser Kopie erschöpft.
>
> 42 ... „Verkauf" [bezeichnet] eine Vereinbarung, nach der eine Person ihre Eigentumsrechte an einem ihr gehörenden körperlichen oder nichtkörperlichen Gegenstand gegen Zahlung eines Entgelts an eine andere Person abtritt. Folglich muss durch das Geschäft, das ... zu einer Erschöpfung des Rechts auf Verbreitung einer Kopie des Computerprogramms führt, das Eigentum an dieser Kopie übertragen worden sein. ...
>
> 45 [D]er Kunde von Oracle, der die Kopie des betreffenden Computerprogramms herunterlädt und mit Oracle einen Lizenzvertrag über die Nutzung dieser Kopie abschließt, [erhält] gegen Zahlung eines Entgelts **ein unbefristetes Recht zur Nutzung dieser Kopie**[.] ...
>
> 46 Unter diesen Umständen wird ... das Eigentum an der Kopie des betreffenden Computerprogramms übertragen. ...
>
> 48 Demnach ist anzunehmen, dass ... die mit dem Abschluss eines Lizenzvertrags einhergehende Übertragung einer Kopie eines Computerprogramms an einen Kunden durch den Urheberrechtsinhaber einen „Erstverkauf einer Programmkopie" ... darstellt. ...
>
> 55 [Daher ist auch] festzustellen, dass ... sich die Erschöpfung des Rechts auf Verbreitung der ... Kopien von Computerprogrammen [nicht] auf ... materiell[e] Datenträger wie ... CD-ROM oder DVD [beschränkt]. Vielmehr ist ... nicht danach [zu unterscheiden], ob die fragliche Kopie in körperlicher oder nichtkörperlicher Form vorliegt. ...
>
> 62 Zum Vorbringen der Kommission, das Unionsrecht sehe für Dienstleistungen keine Erschöpfung des Verbreitungsrechts vor, ist festzustellen, dass der Zweck des Grundsatzes der Erschöpfung des Rechts auf Verbreitung urheberrechtlich geschützter Werke darin besteht, die Einschränkungen der Verbreitung dieser Werke auf das zum Schutz des spezifischen Gegenstands des betreffenden geistigen Eigentums Erforderliche zu begrenzen, um so eine Abschottung der Märkte zu vermeiden[.]
>
> 63 Würde die Anwendung des Grundsatzes der Erschöpfung ... auf Programmkopien beschränkt, die auf einem materiellen Datenträger gespeichert sind, könnte der Urheberrechtsinhaber den Wiederverkauf von aus dem Internet heruntergeladenen Kopien kontrollieren und bei jedem Wiederverkauf erneut ein Entgelt verlangen, obwohl ihm bereits der Erstverkauf der betreffenden Kopie ermöglicht hat, eine angemessene Vergütung zu erzielen. Eine solche Beschränkung des Wiederverkaufs von aus dem Internet heruntergeladenen Programmkopien ginge über das zur Wahrung des spezifischen Gegenstands des fraglichen geistigen Eigentums Erforderliche hinaus[.] ...

---

[125] Vgl auch Rs C-200/96, *Metronome Musik*, ECLI:EU:C:1998:172, Rn 14; Rs C-61/97, *Laserdisken*, ECLI:EU:C:1998:422, Rn 13; verb Rs C-403/08 und C-429/08, *Football Association Premier League*, ECLI:EU:C:2011:631, Rn 105 f.

> 66 Die Erschöpfung ... betrifft nur Kopien, die Gegenstand eines Erstverkaufs in der Union durch Urheberrechtsinhaber oder mit dessen Zustimmung waren. Sie bezieht sich nicht auf [Verträge,] etwa Wartungsverträge, **die sich von einem solchen Verkauf abtrennen** lassen[.] ...
>
> 69 [Auch berechtigt] die Erschöpfung ... den **Ersterwerber nicht** dazu ..., die von ihm erworbene Lizenz ... **aufzuspalten** und das Recht zur Nutzung des betreffenden Computerprogramms nur für eine von ihm bestimmte Nutzerzahl weiterzuverkaufen. ...
>
> 72 Nach alledem ist ... das Recht auf die Verbreitung der Kopie eines Computerprogramms erschöpft ..., wenn der Inhaber des Urheberrechts, der dem möglicherweise auch gebührenfreien Herunterladen dieser Kopie aus dem Internet auf einen Datenträger zugestimmt hat, gegen Zahlung eines Entgelts, das es ihm ermöglichen soll, eine dem wirtschaftlichen Wert der Kopie des ihm gehörenden Werkes entsprechende Vergütung zu erzielen, auch ein Recht, diese Kopie ohne zeitliche Begrenzung zu nutzen, eingeräumt hat.

2.3.4.2. Ungeschriebene Rechtfertigungsgründe

Ungeschriebene Rechtfertigungsgründe bestehen beim freien Warenverkehr, wie bei allen Grundfreiheiten, in Form der sog **zwingenden Erfordernisse** des Allgemeininteresses.[126] Das Grundsatzurteil *Cassis de Dijon* , auf das das Konzept der zwingenden Erfordernisse zurückgeht, nennt selbst bereits an Beispielen für solche über Art 36 hinausgehende, zusätzliche legitime Ziele die Wirksamkeit der **Steuerkontrolle** sowie den Schutz der **Lauterkeit** des Handelsverkehrs und den **Verbraucherschutz**.[127] Gerade das letztgenannte Ziel des Verbraucherschutzes wird in der Praxis häufig bemüht, um Warenverkehrsbeschränkungen zu rechtfertigen. Allerdings ist der Bereich Verbraucherschutz dicht mit **Sekundärrecht** überlagert,[128] dessen Anwendung einer direkten Anwendung der Art 34 und 36 vorgeht. Im Rahmen der verbraucherschutzrechtlichen Regelungen des Sekundärrechts ist daher kein Raum mehr für abweichende Bewertungen nationaler Maßnahmen direkt auf der Grundlage von Art 36. Anerkannt wurden aber etwa auch die Sicherheit des **Straßenverkehrs**,[129] der **Arbeitsschutz**,[130] **Kultur-**[131] und **Medienvielfalt**,[132] das **Gleichgewicht der Sozialversicherungssysteme**[133] oder die **Betrugsbekämpfung**.[134]

Die zwingenden Erfordernisse sind betontermaßen ein **offener Katalog**, der sich fallbezogen um **jede** im konkreten Fall in Frage kommende, **nicht-wirtschaftliche** öffentliche Zielsetzung erweitern lässt.[135] Die zwingenden Erfordernisse bieten damit besonderen Raum für eine **argumentativ-kreative Eigenleistung** der MS (bzw Parteienvertreter), die allerdings in der Praxis nur zu oft ungenutzt bleibt. Denn während der argumentative Spielraum auf der Tatbestandsebene aufgrund der dort gefragten, binären Beurteilung (Eingriff ja/nein) eher begrenzt ist, eröffnet die Rechtfertigungsebene sowohl hinsichtlich der Wahl der Ziele als auch hinsichtlich ihrer Anwen-

---

126 Zur Rechtssicherheit als zwingendes Erfordernis des Allgemeininteresses etwa *Rechberger/Kieweler*, ZfRV 2017/15, 130 f.
127 Vgl Rs 120/78, *Cassis de Dijon*, ECLI:EU:C:1979:42, Rn 8.
128 Vgl va die VerbraucherrechteRL 2011/83/EU.
129 Vgl zB Rs C-110/05, *Kommission/Italien („Motoveicoli')*, ECLI:EU:C:2009:66, Rn 60.
130 Vgl Rs 155/80, *Oebel*, ECLI:EU:C:1981:177, Rn 15 f.
131 Vgl verb Rs 60/84 und 61/84, *Cinéthèque*, ECLI:EU:C:1985:329, Rn 23.
132 Vgl zB Rs C-368/95, *Familiapress*, ECLI:EU:C:1997:325, Rn 18.
133 Vgl zB Rs C-120/95, *Decker*, ECLI:EU:C:1998:167, Rn 39.
134 Vgl Rs C-443/10, *Bonnarde*, ECLI:EU:C:2011:641, Rn 34.
135 Zur Ökostromförderung etwa *Kahl*, GPR 2015, 186 f.

dung (Verhältnismäßigkeit) ein gewisses Beurteilungsermessen, das für Grundfreiheitenfälle in der Praxis fallentscheidend sein kann.

2.3.4.3. Verhältnismäßigkeit

Zentral für den tatsächlichen Ausgang der Rechtfertigungsprüfung (und für die Richtigkeit und Vollständigkeit der Falllösung) ist die der Identifikation eines geeigneten (geschriebenen oder ungeschriebenen) Rechtfertigungsgrunds nachgelagerte Verhältnismäßigkeitsprüfung. Gefragt wird, ob die konkret gesetzte Maßnahme das an sich legitime Ziel in geeigneter, erforderlicher und angemessener Weise verfolgt. Sie und ihre Komponenten wurden ebenfalls bereits einleitend diskutiert, sodass hier darauf verwiesen werden kann.

> Besonders die Verhältnismäßigkeitsprüfung folgt keinem Schwarz-Weiß-Schema. Ihr Ausgang hängt ganz zentral von der Argumentationsleistung und Kreativität der Parteienvertreter ab. Es lohnt sich, diese Prüfung als Chance zum Ausbau des eigenen Arguments zu be- und ergreifen. Die Verhältnismäßigkeit darf daher, auch wenn es sich um den lediglich letzten Schritt der Prüfung handelt, nicht vernachlässigt werden. Insbesondere sollte auch darauf geachtet werden, die sequenziellen Teilbereiche der Verhältnismäßigkeit (Geeignetheit, Angemessenheit und Erforderlichkeit) jeweils einzeln zu behandeln und zu begründen. Die Teilbereiche sind kumulativ, liegt daher eines der Merkmale nicht vor, ist die Maßnahme insgesamt unverhältnismäßig.

Ein Beispiel[136] für die Vornahme der Verhältnismäßigkeitsprüfung und für eine mögliche Strukturierung der Argumente bietet das Urteil *Visnapuu* aus 2015. Es betraf Beschränkungen des Einzelhandels mit Alkoholika.

> Rs C-198/14, *Valev Visnapuu*, ECLI:EU:C:2015:751
>
> Nach dem finnischen AlkoholG hatte die staatliche Alkoholgesellschaft Alko Oy, von wenigen Ausnahmen abgesehen, das ausschließliche Recht, alkoholische Getränke im Einzelhandel zu verkaufen. Herr Visnapuu war Leiter des estnischen Unternehmens EIG, das von Estland aus über die Website „www.alkotaxi.eu" alkoholische Getränke zur Lieferung nach Finnland anbot. Gegen Herrn Visnapuu wurde daraufhin in Finnland ein Strafverfahren eröffnet, weil er keine gültige Einzelhandelserlaubnis besaß. Kann er sich dagegen unter Berufung auf (ua) Art 34 wehren?
>
> 110 Nach ständiger Rechtsprechung kann eine Beschränkung des freien Warenverkehrs durch die in Art 36 AEUV aufgezählten Gründe des Allgemeininteresses oder durch zwingende Erfordernisse gerechtfertigt sein. In beiden Fällen muss die nationale Maßnahme geeignet sein, die Erreichung des verfolgten Ziels zu gewährleisten, und darf nicht über das hinausgehen, was dazu erforderlich ist ...
>
> 111 Anders als Herr Visnapuu sind die finnische, die schwedische und die norwegische Regierung der Auffassung, das Erfordernis, dass ein in einem anderen Mitgliedstaat ansässiger Verkäufer für die Einfuhr alkoholischer Getränke mit dem Ziel ihres Einzelhandelsverkaufs an im Inland ansässige Verbraucher eine Einzelhandelserlaubnis benötigt, wenn er die Getränke selbst befördert oder damit einen Dritten beauftragt, sei durch das in Art 36 AEUV genannte Ziel des Schutzes der Gesundheit und des Lebens von Menschen gerechtfertigt. Die finnische Regierung macht ua geltend, dass es, wie sich aus § 1 des Alkoholgesetzes ergebe, Ziel dieses Gesetzes sei, den Alkoholkonsum durch die Schaffung einer Monopol- und Erlaubnisregelung im Stadium des Einzelhandels in einer

---

[136] Vgl zB auch Rs C-108/09, *Ker-Optika*, ECLI:EU:C:2010:725, Rn 57; Rs C-434/04, *Ahokainen und Leppik*, ECLI:EU:C:2006:609, Rn 32.

Weise zu beeinflussen, dass den schädlichen Auswirkungen alkoholhaltiger Stoffe auf die menschliche Gesundheit und die Gesellschaft vorgebeugt werde.

112 Im Einzelnen kann nach § 14 Abs 3 des Alkoholgesetzes eine **Einzelhandelserlaubnis** nur Personen erteilt werden, die die notwendigen Voraussetzungen erfüllen und die erforderliche **Zuverlässigkeit** besitzen, und nach § 14 Abs 4 dieses Gesetzes darf der Einzelhandel nur in einer behördlich zugelassenen Verkaufsstelle erfolgen, die so organisiert ist, dass eine effektive **Überwachung** möglich ist.

113 Die finnische Regierung trägt in diesem Zusammenhang vor, dass die eingeführte Regelung über die Einzelhandelserlaubnis eine **Kontrolle** ermögliche, ob die Einzelhändler die Bestimmungen für den Verkauf alkoholischer Getränke einhielten, wie zB die Verpflichtung, den Verkauf auf die Zeit zwischen 7.00 Uhr morgens und 9.00 Uhr abends zu beschränken sowie das Verbot des Verkaufs an Personen unter 18 Jahren und an betrunkene Personen.

114 Zudem könne das Schutzniveau für die öffentliche Gesundheit und Ordnung, das sich die finnische Alkoholpolitik zum Ziel gesetzt habe, **nicht durch weniger restriktive Maßnahmen** als das Erfordernis einer vorherigen Erlaubnis für den Einzelhandelsverkauf und das ausschließliche Recht des Monopols erreicht werden. Würde nämlich den in anderen Mitgliedstaaten ansässigen Verkäufern gestattet, alkoholische Getränke frei an in Finnland ansässige Käufer zu verkaufen und zu liefern, **entstünde ein neuer Vertriebsweg** für alkoholische Getränke, der keiner Kontrolle durch die zuständigen Behörden unterläge. ...

119 Im vorliegenden Fall bedarf die Prüfung der Verhältnismäßigkeit und der Erforderlichkeit der ergriffenen Maßnahmen einer **Untersuchung der rechtlichen und tatsächlichen Umstände**, die die Lage in Finnland kennzeichnen, die durchzuführen das **vorlegende Gericht** besser in der Lage ist als der Gerichtshof. Es ist daher Sache des vorlegenden Gerichts, gestützt auf die ihm zur Verfügung stehenden rechtlichen und tatsächlichen Angaben zu prüfen, ob das im Ausgangsverfahren streitige System der vorherigen Erlaubnis geeignet ist, das Ziel des Schutzes der öffentlichen Gesundheit und Ordnung zu gewährleisten, und ob dieses Ziel durch weniger restriktive Maßnahmen mindestens ebenso wirksam erreicht werden könnte ...

121 [ZB ist] Alko ... zwar grundsätzlich ... verpflichtet, den Einzelhandel in einer zugelassenen Verkaufsstelle durchzuführen, doch ergibt sich aus § 13 Abs 3 dieses Gesetzes, dass Alko zum Einzelhandelsverkauf alkoholischer Getränke durch **Versand an den Kunden** oder Käufer gemäß durch Dekret festgelegte Bestimmungen **berechtigt** ist. Auf Nachfrage in der mündlichen Verhandlung hat die finnische Regierung bestätigt, dass Alko in bestimmten Fällen tatsächlich berechtigt ist, alkoholische Getränke im Versandhandel zu verkaufen.

122 Unter diesen Umständen ist es Sache des vorlegenden Gerichts, u. a. zu prüfen, ob das Ziel, es den zuständigen Behörden zu ermöglichen, die **Einhaltung der Bestimmungen** für den Verkauf alkoholischer Getränke, wie z. B. die Verpflichtung, den Verkauf auf die Zeit zwischen 7.00 Uhr morgens und 9.00 Uhr abends zu beschränken, sowie das Verbot des Verkaufs an Personen unter 18 Jahren und an betrunkene Personen, zu kontrollieren, durch ein Erlaubnissystem, das nicht vorschreibt, dass der Einzelhandelsverkauf alkoholischer Getränke nur in behördlich zugelassenen Verkaufsstellen erfolgen darf, mindestens ebenso wirksam erreicht werden kann. ...

Das Urteil *Visnapuu* veranschaulicht, wie die einzelnen Gesichtspunkte der Verhältnismäßigkeit im Rahmen der Prüfung aufgespalten und Argumente gegeneinander abgewogen werden. Ein **Indiz für die Unverhältnismäßigkeit** der Regelung erblickte der EuGH etwa in der Zulässigkeit des Versandhandels durch den Monopolisten: Ein Monopol, das den Versandhandel erlaubt, ist möglicherweise nicht geeignet, das vorgebliche Anliegen der besseren Kontrolle, an wen und wann Alkohol verkauft wird, zu gewährleisten. Funktioniert eine solche Kontrolle im Versandhandelsweg (zB indem zu bestimmten Zeiten keine Bestellungen entgegengenommen werden) bleibt immer noch unklar, warum es für die Verfolgung dieser Anliegen das Monopol braucht: Verkaufszeiten könnten ja auch anderen Anbietern vorgegeben werden. Das Monopol wäre dann also im Umfang unangemessen und könnte durch eine Maßnahme ersetzt werden, die das Monopol weniger umfangreich ausgestaltet und so den Handel weniger beeinträchtigt.

Aufgrund des Anwendungsvorrangs des Unionsrechts müssen Betroffene nicht auf den Erlass einer Ersatzregelung durch den Gesetzgeber warten: Rechtsfolge der Feststellung der Unverhältnismäßigkeit der Regelung ist es, dass der über das erforderliche Maß hinausgehende Teil der staatlichen Regelung unmittelbar von Art 34 verdrängt wird. Die betreffende Verhaltensweise (im Fall *Visnapuu* also der Versandhandel) wird daher zulässig, das Strafverfahren ist in diesem Punkt einzustellen.

2.4. Art 35 AEUV: Warenausfuhr in andere MS

Art 35 bildet das Gegenstück zu Art 34: Während Letzterer Einfuhrbeschränkungen behandelt, behandelt die erstgenannte Bestimmung spiegelbildlich Ausfuhrbeschränkungen zwischen den MS (also von einem MS in einen anderen, nicht auch Ausfuhrbeschränkungen gegenüber Drittstaaten). Die Rechtfertigungsbestimmung des Art 36 ist auf beide Normen anwendbar, gilt also auch für von Art 35 erfasste Maßnahmen.[137]

Damit sind die Gemeinsamkeiten zwischen den Art 34 und 35 im Großen und Ganzen auch schon erschöpft. Während Art 34 ein vollwertiges Beschränkungsverbot ist, interpretiert der EuGH Art 35 als bloßes Verbot der Inländerprivilegierung (durch die Ausfuhrbeschränkung).[138] Art 35 ist also im Kern ein reines Diskriminierungsverbot, sodass der in Art 35 selbst verwendete Begriff der Ausfuhr*beschränkung* etwas in die Irre führen mag. Entsprechend dem engeren Anwendungsbereich folgt auch die inhaltliche Prüfung des Art 35 anderen, weniger komplexen Gesichtspunkten als jene des Art 34 und ist auch die zu Art 34 ergangene Judikatur für Art 35 generell nicht beachtlich.

> Die engere Auslegung von Art 35 gründet darin, dass Ausfuhrbeschränkungen Unternehmen vergleichsweise weniger stark belasten als Einfuhrbeschränkungen. Letztere können insbesondere zu Doppelbelastungen führen, soweit Importeure sowohl die Vorschriften des Heimat- als auch des Einfuhrstaates zu erfüllen haben. Bei der Ausfuhr sind dagegen nur die für den heimischen Markt geltenden Vorschriften zu beachten. Ein weites Verständnis von Art 35 als Beschränkungsverbot würde damit auch Maßnahmen erfassen, die auf den Handel zwischen MS keinerlei Auswirkungen haben und im Grunde rein interne Sachverhalte sind.

Das vergleichsweise engere Verständnis des Art 35 trägt zudem zu seiner gegenüber Art 34 wesentlich geringeren praktischen Bedeutung bei. Besonders häufig betreffen nach Art 35 zu beurteilende Sachverhalte landwirtschaftliche Produkte, für die Produktions- und Absatzbedingungen national vielfach dicht reglementiert sind.

---

[137] Vgl zB Rs C-205/07, *Gysbrechts*, ECLI:EU:C:2008:730, Rn 45 ff.
[138] Grundlegend Rs 15/79, *Groenveld*, ECLI:EU:C:1979:253, Rn 7; weiters zB Rs C-12/02, *Grilli*, ECLI:EU:C:2003:538, Rn 41; Rs C-47/90, *Delhaize*, ECLI:EU:C:1992:250, Rn 12; Rs 237/82, *Jongeneel Kaas*, ECLI:EU:C:1984:44, Rn 22.

2.4.1. Mengenmäßige Ausfuhrbeschränkung

Mengenmäßige Ausfuhrbeschränkungen sind alle staatlichen Maßnahmen, die Ausfuhren gänzlich verbieten (sog **Ausfuhrverbote**) oder sie Begrenzungen, etwa nach Menge, Wert oder Zeitraum, unterwerfen (sog **Ausfuhrkontingente**).[139] Einem Ausfuhrverbot bzw einer Begrenzung gleichzuhalten ist die Verpflichtung zum vollständigen oder teilweisen Verkauf an inländische Abnehmer.[140]

2.4.2. Maßnahmen gleicher Wirkung

Knackpunkt des Art 35 ist die Definition der Maßnahmen gleicher Wirkung nach der sog *Groenveld*-Formel. Mit dem Urteil *Groenveld* aus 1979 stellte der EuGH klar, dass die für Art 34 maßgebliche, breite *Dassonville*-Formel[141] im Rahmen von Art 35 keine Anwendung findet. Stattdessen erfasse die Norm nur „Maßnahmen, die **spezifische Beschränkungen der Ausfuhrströme** bezwecken oder bewirken und damit **unterschiedliche Bedingungen** für den Binnenhandel innerhalb eines Mitgliedstaats und seinen Außenhandel schaffen, so daß die **nationale Produktion** oder der Binnenmarkt des betroffenen Staates **zum Nachteil** der Produktion oder des Handels anderer Mitgliedstaaten einen **besonderen Vorteil** erlangt."[142] Keine Maßnahmen gleicher Wirkung iSd Art 35 sind daher unterschiedslos anwendbare Regelungen, die weder nach der Bestimmung der Ware (für das In- oder Ausland) differenziert, noch zugunsten des heimischen Markts protektionistisch wirkt.

Ein **Beispiel** für eine von Art 35 erfasste Maßnahme, die Ausfuhrströme beschränkt und der heimischen Produktion dabei einen Vorteil verschafft, bietet das Urteil *Salumificio* aus 2003, betreffend die Verwendung der geschützten Bezeichnung Prosciutto di Parma für aufgeschnittenen Schinken aus der betreffenden Region.

Rs C-108/01, *Consorzio del Prosciutto di Parma und Salumificio S. Rita*, ECLI:EU:C:2003:296

Eine brit Supermarktkette verkaufte Schinken unter der Bezeichnung „Parmaschinken". Dieser Schinken stammt auch aus der Region Parma von einem Mitglied der befugten Herstellervereinigung (des Consorzio), wird dort aber nicht auch aufgeschnitten. Letzteres war aber Teil der Erfordernisse für die Verwendung der geschützten Bezeichnung. Der Consorzio ging daher gegen die Supermarktkette mit einer Unterlassungsverfügung vor. Liegt in den Voraussetzungen für die Verwendung der geschützten Bezeichnung eine Maßnahme gleicher Wirkung wie eine Ausfuhrbeschränkung?

54. [Art 35] verbietet Maßnahmen, die **spezifische Beschränkungen** der Ausfuhrströme bezwecken oder bewirken und dadurch **unterschiedliche Bedingungen** für den Binnenhandel innerhalb eines Mitgliedstaats und seinen Außenhandel schaffen, so dass die nationale Produktion oder der Binnenmarkt des betroffenen Staates einen **besonderen Vorteil** erlangt[.]

55. [D]ie Spezifikation der geschützten Ursprungsbezeichnung „Parmaschinken" für Schinken, der in Scheiben geschnitten vermarktet wird, [stellt] ausdrücklich die Voraussetzung auf, dass er im Erzeugungsgebiet in Scheiben geschnitten und verpackt werden muss[.]

---

[139] Dazu auch *Heinemann/Korradi*, EuZ 2017, 39 f.
[140] Vgl Rs 118/86, *Nertsvoederfabriek*, ECLI:EU:C:1987:424, Rn 11.
[141] Vgl Rs 8/74, *Dassonville*, ECLI:EU:C:1974:82, Rn 5.
[142] Rs 15/79, *Groenveld*, ECLI:EU:C:1979:253, Rn 7, Hervorhebung hinzugefügt.

2. Warenverkehr

56. Diese Voraussetzung hat zur Folge, dass diese Bezeichnung für Schinken, der im Erzeugungsgebiet hergestellt wird und die anderen Voraussetzungen für die Verwendung der geschützten Ursprungsbezeichnung „Parmaschinken" erfüllt, **nicht verwendet werden darf, wenn er außerhalb dieses Gebietes in Scheiben geschnitten wird.**

57. Dagegen darf Parmaschinken, der innerhalb des Erzeugungsgebiets befördert wird, weiterhin die geschützte Ursprungsbezeichnung führen, wenn er entsprechend den Regeln, auf die in der Spezifikation verwiesen wird, in Scheiben geschnitten und verpackt wird.

58. Diese **Regeln bewirken daher spezifische Beschränkungen der Ausfuhrströme von Schinken,** der die geschützte Ursprungsbezeichnung „Parmaschinken" führen kann, und schaffen dadurch unterschiedliche Bedingungen für den Binnenhandel innerhalb eines Mitgliedstaats und seinen Außenhandel. Sie haben somit mengenmäßige Ausfuhrbeschränkungen im Sinne von [Art 35] zur Folge[.]

In *Salumificio* erlangten die im Erzeugungsgebiet Parma ansässigen Unternehmen daher daraus einen besonderen Vorteil, dass der Schinken dort auch geschnitten worden sein musste. Für in anderen MS ansässige Unternehmen birgt dies Wettbewerbsnachteile wie zB zusätzliche Kosten oder die Angewiesenheit auf bestimmte Anbieter und deren Bedingungen.

Ein zusätzliches Detail des Falles *Salumificio* war es zudem, dass die fragliche Regelung nicht staatlichen Ursprungs war, sondern auf eine Unionsmaßnahme (die sog HerkunftsangabenVO 2081/92) zurückging. Der EuGH stellte idZ klar, dass auch der Unionsgesetzgeber an die Freiverkehrsgarantien der Warenverkehrsnormen (also Art 34 und 35) gebunden ist und die VO daher durchaus an diesem Maßstab zu prüfen sei.[143]

Die **Rsp** des EuGH ist jedoch hinsichtlich des Erfordernisses, dass ein Vorteil für die heimische Produktion vorliegen muss, **uneinheitlich:** Teilweise verzichtet der EuGH darauf, das Kriterium des Vorteils für die heimische Produktion zu prüfen oder herauszuarbeiten. So lässt es der EuGH in Verkürzung der *Groenveld*-Formel teilweise genügen, dass es sich um eine Maßnahme handelt, „die spezifische Beschränkungen der Ausfuhrströme ... bewirkt und damit unterschiedliche Bedingungen für den Handel innerhalb eines Mitgliedstaats und seinen Außenhandel ... schafft."[144] In *New Valmar* beschränkte sich der EuGH überhaupt auf die Feststellung, es sei „Wahrscheinlicher, dass [die betreffende Maßnahme den grenzüberschreitenden Handel] beeinträchtigt."[145] Die verkürzte Formel, die den im Übrigen engen Tatbestand des Art 35 etwas öffnet, bildet daher die Außengrenze dessen, was noch in den Tatbestand einbezogen ist.

Ein solches **Beispiel** für eine Regelung, die der EuGH als von Art 35 erfasst ansah, obwohl die Maßnahme heimischen Unternehmen *prima facie* gerade Nachteile verschaffte, bietet das Urteil *Gysbrechts* aus 2008. Es betraf das verbraucherschutzrechtliche Verbot, im Fernabsatz während noch offener Rücktrittsfrist bereits eine Anzahlung zu verlangen.

Rs C-205/07, *Lodewijk Gysbrechts*, ECLI:EU:C:2008:730

Herr Gysbrechts war Geschäftsführer eines auf den Verkauf von Lebensmittelzusätzen im Groß- und Einzelhandel spezialisierten Unternehmens. Die Geschäftsbedingungen sahen ua vor, dass die

---

143 Vgl Rs C-108/01, *Salumificio*, ECLI:EU:C:2003:296, Rn 53; ebenso zB Rs C-114/96, *Kieffer und Thill*, ECLI:EU:C:1997:316, Rn 27; Rs C-169/99, *Schwarzkopf*, ECLI:EU:C:2001:439, Rn 37.
144 Rs C-388/95, *Belgien/Spanien*, ECLI:EU:C:2000:244, Rn 41.
145 Rs C-15/15, *New Valmar*, ECLI:EU:C:2016:464, Rn 43.

2.4. Art 35 AEUV: Warenausfuhr in andere MS

Bezahlung der Waren binnen acht Tagen nach deren Zugang zu erfolgen hatte. Die belg Wirtschaftsinspektionsbehörde sah darin einen Verstoß gegen das nationale Verbraucherschutzgesetz und klagte Herrn Gysbrechts. Es sei verboten, vom Verbraucher eine Anzahlung oder Zahlung vor Ablauf der Rücktrittsfrist von sieben Werktagen zu verlangen. Werden die Waren nämlich mit Kreditkarte bezahlt, sei das Unternehmen in der Lage, den Zahlungsbetrag für diese Waren vor Ablauf der Rücktrittsfrist von sieben Werktagen einzuziehen. Herr Gysbrechts brachte ua vor, die belg Regelung verstoße gegen Art 35.

40 [N]ationale Maßnahmen, die **spezifische Beschränkungen** der Ausfuhrströme bezwecken oder bewirken und damit **unterschiedliche Bedingungen** für den Binnenhandel eines Mitgliedstaats und für seinen Außenhandel schaffen, so dass die nationale Produktion oder der Binnenmarkt des betroffenen Staates zum Nachteil der Produktion oder des Handels anderer Mitgliedstaaten einen **besonderen Vorteil** erlangt, [sind] Maßnahmen mit gleicher Wirkung wie mengenmäßige Ausfuhrbeschränkungen[.]

41 [D]as **Verbot**, eine **Vorauszahlung** zu verlangen, [nimmt] Wirtschaftsteilnehmern ein wirksames **Instrument**, um sich **gegen das Risiko der Nichtzahlung** zu schützen. Dies gilt erst recht, wenn die in Rede stehende nationale Bestimmung dahin gehend ausgelegt wird, dass sie den Lieferanten selbst dann untersagt, von den Verbrauchern die Angabe ihrer Kreditkartennummer zu verlangen, wenn sich die Lieferanten verpflichten, nicht vor Ablauf der Rücktrittsfrist von dieser für die Einziehung der Zahlungsbeträge Gebrauch zu machen.

42 Wie aus der Vorlageentscheidung hervorgeht, sind die **Folgen** eines solchen Verbots im **Allgemeinen beim grenzüberschreitenden Direktverkauf** an die Verbraucher, **insbesondere über das Internet, schwerwiegender**, weil ua die Verfolgung säumiger Zahler in einem anderen Mitgliedstaat mit Schwierigkeiten verbunden ist, vor allem, wenn es um **verhältnismäßig geringe Beträge** geht.

43 Selbst wenn ein Verbot wie das im Ausgangsverfahren in Rede stehende für alle inländischen Wirtschaftsteilnehmer gilt, **betrifft es tatsächlich** jedoch **die Ausfuhren**, dh, wenn die Waren den Markt des Ausfuhrmitgliedstaats verlassen, **stärker als** den Absatz der Waren auf dem **inländischen Markt**.

44 Daher stellt ein nationales Verbot, das wie das im Ausgangsverfahren in Rede stehende dem Lieferanten beim Fernabsatz untersagt, vor Ablauf der Rücktrittsfrist eine Anzahlung oder Zahlung zu verlangen, eine Maßnahme mit gleicher Wirkung wie eine mengenmäßige Ausfuhrbeschränkung dar. Gleiches gilt für das Verbot, das dem Lieferanten selbst dann untersagt, von den Verbrauchern die Angabe ihrer Kreditkartennummer zu verlangen, wenn er sich verpflichtet, nicht vor Ablauf dieser Frist von ihr für die Einziehung der Zahlungsbeträge Gebrauch zu machen.

Das Urteil *Gysbrechts* zeigt, dass Art 35 einerseits zwar nur Diskriminierungen erfasst, der EuGH aber andererseits den **Diskriminierungsbegriff weit auslegt**. Der in *Gysbrechts* angewandte **Test einer faktisch stärkeren Betroffenheit** von exportorientierten Vorgängen ähnelt stark jenem Test, den der EuGH im Rahmen der *Keck*-Formel bei der Feinprüfung der Wirkungen der Maßnahme zur Anwendung bringt, also inwieweit eine Maßnahme In- und Ausländer tatsächlich „in der gleichen Weise berühr[t]".[146] Dies bestätigt auch die auffällige Parallele zwischen dem den Internetverkauf betreffenden Urteil *Gysbrechts* im Rahmen von Art 35 und dem, ebenfalls den Internetverkauf betreffenden, Urteil *DocMorris* im Rahmen von Art 34. Dort gelangte der EuGH in Anwendung der letzten Stufe der *Keck*-Formel zum Ergebnis, dass ein Verbot des Arzneimittelverkaufs über das Internet im Ausland ansässige Apotheken faktisch stärker betrifft.[147] Dieses Kriterium ist also, spiegelbildlich gewendet auf die Betroffenheit heimischer Unternehmen, auch für die Prüfung im Rahmen von Art 35 relevant.

---

[146] Rs C-267/91, *Keck und Mithouard*, ECLI:EU:C:1993:905, Rn 16; ähnlich Rs C-15/15, *New Valmar*, ECLI:EU:C:2016:464, Rn 43.
[147] Vgl Rs C-322/01, *DocMorris*, ECLI:EU:C:2003:664, Rn 74.

2. Warenverkehr

> In der Literatur[148] wird mit Verweis auf das Urteil *Gysbrechts* daher teilweise konstatiert, der **EuGH gleiche seine Rsp zu Art 35 sukzessive den für Art 34 geltenden Maßstäben an**. Diese Beobachtung ist in der Tendenz wohl richtig, im Grundsatz aber zu weitgehend. So ließ der EuGH in *Gysbrechts* Vorschläge sowohl der Kommission als auch der Generalanwältin, **von der *Groenveld*-Formel abzurücken**,[149] unkommentiert und referierte die Formel unverändert. Dafür, den Unterschied zwischen den Art 34 und 35 nicht restlos einzuebnen, sondern Parallelen auf gleich gelagerte Probleme (etwa das Internet) zu beschränken, gibt es, wie eingangs ausgeführt, auch gute Gründe.

Wie bei Art 34, zieht der EuGH auch bei Art 35 eine **Kausalitätsgrenze**: Maßnahmen, deren Auswirkungen auf die Ausfuhrströme lediglich ungewiss sind, sind vom Tatbestand nicht erfasst. Dies illustriert etwa das Urteil *ED* aus 1999, betreffend die Auswirkungen einer zivilprozessualen Vorschrift auf die Warenausfuhr.

> Rs C-412/97, *ED Srl*, ECLI:EU:C:1999:324
>
> Das italienische Unternehmen ED hatte einer dt Abnehmerin Waren geliefert, die von dieser aber nicht vollständig bezahlt wurden. ED beantragte daraufhin beim italienischen Gericht den Erlass eines Mahnbescheids über den geschuldeten Restbetrag nebst Zinsen und Verfahrenskosten. Nach dem ital Zivilprozessrecht war der Erlass eines Mahnbescheides gegenüber im Ausland ansässigen Schuldnern jedoch ausgeschlossen, da das Mahnverfahren dazu diene, zügig und kostengünstig einen Vollstreckungstitel zu verschaffen. Gegenüber ausländischen Schuldnern müsse ein ordentliches streitiges Verfahren eingeleitet werden. ED brachte dagegen ua vor, die Beschränkung der Verfügbarkeit des Mahnverfahrens gegenüber in anderen MS Ansässigen wirke sich nachteilig auf die Warenausfuhr aus.
>
> 10. Nach ständiger Rechtsprechung ... bezieht sich [Art 35] auf nationale Maßnahmen, die spezifische Beschränkungen der **Ausfuhrströme** bezwecken oder bewirken und unterschiedliche Bedingungen für den Binnenhandel innerhalb eines Mitgliedstaats und seinen Außenhandel schaffen, so daß die nationale Produktion oder der Binnenmarkt des betroffenen Staates einen besonderen Vorteil erlangt[.]
>
> 11. Die ... nationale Vorschrift hat zwar zur Folge, daß für die Wirtschaftsteilnehmer je nachdem **unterschiedliche Verfahrensvorschriften** gelten, ob sie Waren innerhalb des betroffenen Mitgliedstaats liefern oder sie in andere Mitgliedstaaten ausführen. [J]edoch ... ist der Umstand, daß Bürger eines Mitgliedstaats aus diesem Grund zögern würden, Waren an Kunden in anderen Mitgliedstaaten zu verkaufen, **zu ungewiß und zu mittelbar**, als daß die fragliche nationale Vorschrift als geeignet angesehen werden könnte, den Handel zwischen den Mitgliedstaaten zu behindern[.]
>
> 12. [Es] ist daher festzustellen, daß [Art 35] einer nationalen Vorschrift nicht entgegensteht, die das Mahnverfahren in Fällen ausschließt, in denen die Zustellung an den Schuldner in einem anderen Mitgliedstaat der Gemeinschaft zu erfolgen hätte.

2.4.3. Rechtfertigung

Wie einleitend schon hervorgehoben, stehen von Art 35 erfassten Maßnahmen die Rechtfertigungsgründe des Art 36 offen.[150] Ebenso erlaubt der EuGH die Rechtfertigung mit **zwingen-**

---

[148] Vgl etwa *Leible/Streinz*, Art 35, Rz 14 ff, in *Grabitz/Hilf/Nettesheim* (Hrsg), EUV/AEUV-Kommentar, EL 55 2015; *Brigola*, EuZW 2017, 6 ff.
[149] Näher *Leible/Streinz*, Art 35, Rz 15, in *Grabitz/Hilf/Nettesheim* (Hrsg), EUV/AEUV-Kommentar, EL 55 2015.
[150] Vgl zB Rs C-205/07, *Gysbrechts*, ECLI:EU:C:2008:730, Rn 45.

den Erfordernissen des Allgemeininteresses.¹⁵¹ In beiden Fällen ist eine Verhältnismäßigkeitsprüfung vorzunehmen. Auf das diesbezüglich zu Art 34 Gesagte kann verwiesen werden.

2.5. Art 37 AEUV: Warenhandelsmonopole

Art 37 bildet den Abschluss des Kapitels über das Verbot mengenmäßiger Beschränkungen sowie des Titels zum freien Warenverkehr insgesamt. Art 37 ergänzt die Warenverkehrsbestimmungen um eine Spezialregelung betreffend Warenhandelsmonopole. Klargestellt wird, dass Handelsmonopole keineswegs verboten sind und daher, wo in den MS bestehend, auch nicht beseitigt werden müssen.¹⁵² Art 37 macht aber Vorgaben für die Ausgestaltung von Warenmonopolen nach Umfang und Auswirkungen.

2.5.1. Begriff Monopol

Monopole iSd Art 37 sind einer Einrichtung vom Staat gewährte, besondere oder ausschließliche Rechte betreffend den Handel mit Waren. Es geht also um ausschließliche An- oder Verkaufsrechte, ausschließliche Ein- oder Ausfuhrrechte sowie um alle sonstigen Sonderrechte, die ihren Inhaber zumindest in Teilaspekten des Warenhandels vom Wettbewerb ausnehmen (zB bevorzugte Zugangsrechte zu einzelnen Marktsegmenten, exklusive Vertriebsschienen usw). Wesentliches Merkmal ist es, dass der Vorbehalt bzw die Verleihung der Rechte auf einen Hoheitsakt zurückgeht und somit staatlichen Ursprungs ist.¹⁵³

Besondere Warenhandelsrechte sind in den MS noch immer verbreitet. Beispiele bieten etwa das österr Tabakmonopol, das (insbesondere) den Kleinhandel mit Tabakerzeugnissen Trafikanten vorbehält,¹⁵⁴ das schwedische¹⁵⁵ oder finnische¹⁵⁶ Alkoholmonopol oder das schwedische Monopol beim Arzneimitteleinzelhandel.¹⁵⁷ Auch Monopole im Bereich Elektrizität und Gas hat der EuGH vor der Liberalisierung dieser Bereiche durch Sekundärrecht (ua) nach Art 37 geprüft,¹⁵⁸ da beides unter den Warenbegriff fällt.

Um wen es sich beim Rechteinhaber handelt, ist irrelevant, solange die Sonderrechte den Warenhandel (Versorgung, Absatz) betreffen: Erfasst sind daher Sonderrechte für öffentliche gleichwie private Einrichtungen und Unternehmen.¹⁵⁹

> Art 37 ist eine der wenigen Normen des Primärrechts, die ausdrücklich die unionsrechtliche Zulässigkeit von Monopolen ansprechen. Eine zweite wichtige Norm ist Art 106 AEUV, deren Abs 1 und 2 sich aus wettbewerbsrechtlicher Perspektive mit zwei Aspekten (wettbewerbliches Gleichbehandlungsgebot, Daseinsvorsorge) besonderer oder ausschließlicher Rechte für Unternehmen befassen.

---

151 Vgl zB Rs C-205/07, *Gysbrechts*, ECLI:EU:C:2008:730, Rn 45.
152 Vgl auch Rs C-198/14, *Visnapuu*, ECLI:EU:C:2015:751, Rn 94.
153 Vgl SchlussA zur Rs C-438/02, *Hanner*, ECLI:EU:C:2004:317, Rn 34.
154 Vgl TabakmonopolG, BGBl Nr 830/1995 idgF.
155 Vgl zB Rs C-170/04, *Rosengren*, ECLI:EU:C:2007:313; Rs C-189/95, *Franzén*, ECLI:EU:C:1997:504.
156 Vgl zB Rs C-198/14, *Visnapuu*, ECLI:EU:C:2015:751.
157 Vgl Rs C-438/02, *Hanner*, ECLI:EU:C:2005:332.
158 Vgl Rs C-159/94, *Kommission/Frankreich*, ECLI:EU:C:1997:501; Rs C-158/94, *Kommission/Italien*, ECLI:EU:C:1997:500; Rs C-157/94, *Kommission/Niederlande*, ECLI:EU:C:1997:499.
159 Zum Unternehmensbegriff grundlegend Rs C-41/90, *Höfner*, ECLI:EU:C:1991:161, Rn 21.

2. Warenverkehr

> Zu nennen sind auch **Art 345 AEUV**, der das Recht der MS bekräftigt, ihre Eigentumsordnungen (also konkret: den **Grad der Verstaatlichung** einzelner Bereiche) **selbst festzulegen**, sowie **Art 14 AEUV** als **Querschnittsnorm** zum Schutz von Daseinsvorsorgeleistungen (die bei der Leistungserbringung häufig von begrenzten Sonderrechten profitieren).
>
> In ihrer Zusammenschau geben diese Bestimmungen den MS einerseits **Gestaltungsfreiheit**, bestimmte Bereiche des Marktes durch (auch Neu-)[160] **Schaffung von Monopolen** vom Wettbewerb auszunehmen, andererseits stellen sie klar, dass Monopole aber auch von keiner besonderen Ausnahme vom Primärrecht profitieren und daher mit dessen Ge- und Verboten in Einklang stehen müssen (**Vorbehalt** der **Primärrechtskonformität**). Außerhalb des Anwendungsbereichs dieser Bestimmungen sind Monopole daher **nur verboten**, wo die **Liberalisierung** eines bestimmten Bereichs **durch Sekundärrecht** erfolgt ist (zB, in jeweils unterschiedlichen Abstufungen, in den Sektoren **Energie, Telekommunikation, Post** oder **Eisenbahn**).
>
> Der **Vorbehalt der Primärrechtskonformität** von Monopolen bedeutet, dass also nicht das Monopol selbst unionsrechtswidrig ist, sondern allenfalls dessen Ausgestaltung. Knackpunkt ist dabei in der Praxis die **Rechtfertigungsprüfung**: Sehr häufig lassen sich Monopole unproblematisch unter einen **Verbotstatbestand** subsumieren (zB Dienstleistungsfreiheit, Beihilfeverbot ...). Endgültig verboten sind sie **aber** nur dann, wenn die jeweils zugehörige **Rechtfertigungsprüfung** scheitert, also das Monopol nicht durch ein taugliches Allgemeinziel erklärt werden kann oder über dessen Erreichung unverhältnismäßig hinausgeht.

Art 37 bezieht sich **nur** auf den **Warenhandel**. Da es insbesondere im Kapitel Dienstleistungen keine vergleichbare Bestimmung gibt, richtet sich die Beurteilung von **Dienstleistungsmonopolen** (zB Glücksspielmonopole) nach den **allgemeinen** Grundsätzen der **Dienstleistungsfreiheit**.[161] Dienstleistungsmonopole werden also typischerweise als Beschränkungen der Freiheit vom Tatbestand des Art 56 AEUV erfasst sein, können aber zur Erreichung tauglicher Allgemeinziele gerechtfertigt sein (zB Spielerschutz), wenn sie dazu geeignet, erforderlich und angemessen sind.

2.5.2. Abgrenzung zu Art 34 AEUV

Art 37 ist eine *lex specialis* zu **Art 34**, die Warenverkehrsbeschränkungen behandelt, die sich aus Warenhandelsmonopolen ergeben. Allerdings gilt dies nur für den **Kern des Monopols**, während **überschießende Aspekte** einer Monopolregelung weiterhin unter **Art 34** fallen: Der EuGH zieht den Anwendungsbereich des **Art 37 eng** und prüft in dessen Rahmen nur die Bestimmungen über das Bestehen und die Funktionsweise des Monopols (also die **spezifische Ausübung** der **Ausschließlichkeitsrechte**).[162] Dagegen werden **andere** (weitergehende) Bestimmungen der betreffenden Gesetzesregelung, die sich **von der Funktionsweise des Monopols trennen** lassen, an **Art 34** gemessen, selbst wenn sie sich auf das Monopol auswirken.[163]

---

[160] Vgl auch Art 37 Abs 2 AEUV; näher zB *Kingreen*, Art 37 AEUV, Rz 8, in *Calliess/Ruffert* (Hrsg), EUV-AEUV-Kommentar[5] (2016).
[161] Vgl zB Rs C-464/15, *Admiral Casinos*, ECLI:EU:C:2016:500, Rn 18 ff.
[162] Vgl schon Rs 91/75, *Miritz*, ECLI:EU:C:1976:23, Rn 5; Rs 120/78, *Cassis de Dijon*, ECLI:EU:C:1979:42, Rn 7; Rs 91/78, *Hansen*, 91/78, ECLI:EU:C:1979:65, Rn 9 f; Rs C-387/93, *Banchero*, ECLI:EU:C:1995:439, Rn 29; Rs C-189/95, *Franzén*, ECLI:EU:C:1997:504, Rn 35; Rs C-198/14, *Visnapuu*, ECLI:EU:C:2015:751, Rn 86 f.
[163] Vgl Rs C-189/95, *Franzén*, ECLI:EU:C:1997:504, Rn 36; Rs C-198/14, *Visnapuu*, ECLI:EU:C:2015:751, Rn 86 f, Rs C-456/10, *ANETT*, ECLI:EU:C:2012:241, Rn 23.

2.5. Art 37 AEUV: Warenhandelsmonopole

Ein **Beispiel** für diese **Trennbarkeitsprüfung**, also für die Unterscheidung innerhalb einer Monopolregelung von Bestimmungen, die das Monopol selbst regeln, gegenüber allenfalls weitergehenden, nicht untrennbar mit dem Monopol verbundenen Regelungen, bietet das Urteil *Rosengren* aus 2007. Es befasste sich mit dem schwed Alkoholmonopol.

> Rs C-170/04, *Klas Rosengren ua*, ECLI:EU:C:2007:313
>
> Das schwed AlkoholG sah vor, dass Spirituosen, Wein und Starkbier nach Schweden nur von berechtigten Personen eingeführt werden durften. Herr Rosengren bestellte per Versandhandel von seinem Wohnort in Schweden Kisten mit spanischem Wein. Der schwed Zoll beschlagnahmte den Wein mit der Begründung, dass sie unerlaubt eingeführt worden seien. Ist die Beschlagnahme unionsrechtswidrig?
>
> 16 Es steht fest, dass [das Einfuhrverbot] zum Alkoholgesetz gehört, das auch ein Handelsmonopol errichtet hat, dem das ausschließliche Recht für den Einzelhandelsverkauf alkoholischer Getränke in Schweden eingeräumt worden ist. ...
>
> 17 Nach der Rechtsprechung ... sind die Bestimmungen über das **Bestehen** und die **Funktionsweise** dieses Monopols an [Art 37] zu messen, der speziell den Fall betrifft, dass ein staatliches Handelsmonopol seine **Ausschließlichkeitsrechte ausübt**[.]
>
> 18 Dagegen ist die **Auswirkung** der **anderen Bestimmungen** der nationalen Regelung, **die sich von der Funktionsweise des Monopols trennen** lassen, auch wenn sie sich auf dieses auswirken, auf den innergemeinschaftlichen Handel an [Art 34] zu messen[.]
>
> 19 Daher ist zu prüfen, ob das ... Verbot eine Bestimmung ist, die das Bestehen oder die Funktionsweise des Monopols betrifft.
>
> 20 Die besondere **Funktion**, die das Alkoholgesetz dem Monopol zugewiesen hat, besteht darin, dass nur das Monopol – abgesehen vom Gaststättengewerbe – das **ausschließliche Recht** zum **Einzelhandelsverkauf** alkoholischer Getränke an die Verbraucher in Schweden hat. Es steht fest, dass sich dieses ausschließliche Recht **nicht auf** die **Einfuhren** dieser Getränke erstreckt.
>
> 21 Zwar berührt die ... Maßnahme durch die Reglementierung der Einfuhr alkoholischer Getränke nach Schweden den freien Warenverkehr ..., sie **regelt als solche jedoch nicht die Ausübung des ausschließlichen Rechts** zum Einzelhandelsverkauf alkoholischer Getränke in Schweden durch dieses Monopol.
>
> 22 Diese **Maßnahme**, die also nicht die Ausübung der genannten **besonderen Funktion** durch dieses Monopol **berührt**, kann daher nicht als eine Maßnahme angesehen werden, die das Bestehen des Monopols betrifft.
>
> 23 [Der Monopolinhaber ist nach dem AlkoholG] grundsätzlich verpflichtet ..., jedes alkoholische Getränk auf Bestellung eines Verbrauchers auf dessen Kosten einzuführen. Daher **verweist** das Verbot der Einfuhr alkoholischer Getränke ... die **Verbraucher**, die solche Getränke kaufen möchten, auf das **Monopol** und **kann sich somit auf die Funktionsweise dieses Monopols auswirken**.
>
> 24 Allerdings regelt ein solches Verbot nicht wirklich die Funktionsweise des Monopols, da es sich nicht auf die **Einzelheiten** des **Einzelhandelsverkaufs** alkoholischer Getränke in Schweden bezieht. Insbesondere soll es **weder** das **System**, nach dem das Monopol die Waren **auswählt, noch** dessen **Vertriebsnetz** oder **Vermarktung** und **Werbung** für die von ihm vertriebenen Produkte festlegen. ...
>
> 26 **Daher** kann ein solches Verbot nicht als eine Bestimmung angesehen werden, die das Bestehen oder die Funktionsweise des Monopols betrifft. Für die Prüfung, ob eine solche Maßnahme mit ... den Bestimmungen des Vertrags über den freien Warenverkehr vereinbar ist, ist [Art 37] daher nicht einschlägig.

Folge des *lex specialis*-Verhältnisses ist es wohl,[164] dass nach Art 37 **nicht verbotene Maßnahmen endgültig zulässig** sind. Ein von Art 37 erfasster und zulässig (nichtdiskriminierend) ausgestalteter **Monopolkern** ist also keiner nachfolgenden bzw weiteren Prüfung nach Art 34 zu unterziehen. Die „durch das Bestehen der betreffenden Monopole bedingten Einschränkungen des Handels",[165] die für das Funktionieren des Monopols unerlässlich sind, nimmt der Binnenmarkt also hin. Zu beachten ist allerdings, dass im Rahmen ein und desselben staatlichen Regelungsregimes von Art 37 und von Art 34 erfasste Teile nebeneinander bestehen können. In einem solchen Fall sind beide Normen nebeneinander, aber getrennt, auf diese jeweiligen Regelungsteile anzuwenden.[166]

2.5.3. Tatbestand

Nach Art 37 sind in den MS bestehende Handelsmonopole so umzugestalten, dass „jede Diskriminierung in den Versorgungs- und Absatzbedingungen zwischen den Angehörigen der Mitgliedstaaten ausgeschlossen ist". Art 37 statuiert also wohl[167] ein, wenngleich von der Rsp weit ausgelegtes, **Diskriminierungsverbot** für die Ausgestaltung und Wirkungen eines Warenhandelsmonopols. Art 37 ist damit gleich den anderen Warenverkehrsbestimmungen auch eine *lex specialis* zum allgemeinen Diskriminierungsverbot des Art 18 AEUV.

Von Art 37 erfasst sind 1) **besondere oder ausschließliche Rechte**, die 2) **staatlichen Ursprungs** sind und 3) den **Handel mit Waren direkt** regeln oder sich auf diesen zumindest **auswirken**. Das Verbot des Art 37 greift sodann ein, wenn 4) eine unmittelbare oder mittelbare **Diskriminierung** der vom Monopol erfassten Waren vorliegt. Diskriminierung bedeutet, dass Waren, die aus dem Ausland kommen oder für das Ausland bestimmt sind, oder Abnehmer im Ausland ohne sachlichen Grund schlechter behandelt werden. Unerheblich ist dagegen etwa, ob die besonderen Rechte einem Unternehmen oder einer sonstigen Einrichtung gewährt wurden und worin die Rechte genau bestehen, insbesondere, auf welcher Handelsstufe sie sich auswirken (Ein- oder Ausfuhr, Groß- oder Einzelhandel usw).

Gleich wie bei Art 35 AEUV näher ausgeführt, **legt** der EuGH auch im Rahmen von Art 37 den **Diskriminierungsbegriff** aber mitunter **weit aus:** So lässt er es teils[168] schon genügen, dass „ein Handelsmonopol ... **diskriminierend [oder sonst] geeignet [ist], eingeführte Erzeugnisse zu benachteiligen**".[169] Noch deutlicher formuliert dies das schon erwähnte Urteil *Visnapuu* aus 2015 betreffend das finnische Alkoholmonopol.

---

164 Hinweise auf eine kumulative Prüfung gibt es noch in der älteren Rsp, zB Rs C-159/94, *Kommission/Frankreich*, ECLI:EU:C:1997:501, Rn 41; Rs C-158/94, *Kommission/Italien*, ECLI:EU:C:1997:500, Rn 33; Rs C-157/94, *Kommission/Niederlande*, ECLI:EU:C:1997:499, Rn 24.
165 Rs C-438/02, *Hanner*, ECLI:EU:C:2005:332, Rn 35.
166 Vgl zB Rs C-198/14, *Visnapuu*, ECLI:EU:C:2015:751, Rn 90 ff.
167 Str; für ein Beschränkungsverbot etwa *Leible/Streinz*, Art 37, Rz 32, in *Grabitz/Hilf/Nettesheim* (Hrsg), EUV/AEUV-Kommentar, EL 55 2015; wie hier (Diskriminierungsverbot) etwa *Kingreen*, Art 37 AEUV, Rz 11, in *Calliess/Ruffert* (Hrsg), EUV-AEUV-Kommentar[5] (2016).
168 Ähnlich (dort aber als Konsequenz einer möglicherweise kumulativen Prüfung) die in FN 278 zit Rsp.
169 Rs C-189/95, *Franzén*, ECLI:EU:C:1997:504, Rn 52, Hervorhebung hinzugefügt.

> Rs C-198/14, *Valev Visnapuu*, ECLI:EU:C:2015:751
>
> Das finnische AlkoholG schuf ein ausschließliches Recht zum Einzelhandelsverkauf alkoholischer Getränke in Finnland. Dieses Monopol wurde dem staatsnahen unternehmen Alko Oy eingeräumt. Herr Visnapuu war Leiter des estnischen Unternehmens EIG, das von Estland aus über die Website „www.alkotaxi.eu" alkoholische Getränke zur Lieferung nach Finnland anbot. Gegen Herrn Visnapuu wurde daraufhin in Finnland ein Strafverfahren eröffnet. Kann er sich dagegen unter Berufung auf (ua) Art 37 wehren?
>
> 88 [Zunächst] ist zu prüfen, ob das ... Erfordernis einer **Einzelhandelserlaubnis** für die Einfuhr alkoholischer Getränke mit dem Ziel ihres Einzelhandelsverkaufs an in Finnland ansässige Verbraucher eine **Bestimmung** über das **Bestehen und die Funktionsweise des Monopols oder** eine Bestimmung darstellt, die sich von der Funktionsweise des Monopols **trennen** lässt.
>
> 89 Die **besondere Funktion**, die ... dem Monopol zugewiesen [ist], besteht darin, dass ihm das ausschließliche Recht zum Einzelhandelsverkauf alkoholischer Getränke in Finnland vorbehalten wird. Ausgenommen von den Ausschließlichkeitsrechten von Alko ist ... der Verkauf durch dazu ordnungsgemäß **ermächtigte Personen**.
>
> 90 Folglich ist die Monopolregelung ... an Art 37 AEUV zu messen, da er das Bestehen und die Funktionsweise eines staatlichen Handelsmonopols regelt.
>
> 94 Art 37 AEUV [verlangt] nicht die völlige Abschaffung der staatlichen **Handelsmonopole** ..., sondern [schreibt vor], sie in der Weise **umzuformen, dass jede Diskriminierung in den Versorgungs- und** Absatzbedingungen zwischen den Angehörigen der Mitgliedstaaten **ausgeschlossen ist**[.]
>
> 95 Art 37 AEUV verlangt somit, dass die Organisation und die Funktionsweise des Monopols so umgeformt wird, dass jede Diskriminierung in den Versorgungs- und Absatzbedingungen zwischen den Angehörigen der Mitgliedstaaten ausgeschlossen ist, so dass der Handel mit Waren aus anderen Mitgliedstaaten gegenüber dem mit einheimischen Waren **weder rechtlich noch tatsächlich benachteiligt** und der Wettbewerb zwischen den Volkswirtschaften der Mitgliedstaaten nicht verfälscht wird[.]
>
> 96 Da die dem Gerichtshof vorgelegten Akten hierzu keine hinreichenden Angaben enthalten, ist es Sache des vorlegenden Gerichts, zu prüfen, ob das Alko ... eingeräumte Monopol für den Einzelhandelsverkauf alkoholischer Getränke die oben angeführten Voraussetzungen erfüllt.

Visnapuu verdeutlicht damit, dass der Inhalt der weiten Diskriminierungsprüfung des Art 37 gleich ist **wie bei Art 35**: Werden ausländische Waren durch die Art, wie das Monopol ausgestaltet ist, „rechtlich [oder] tatsächlich benachteiligt"?[170] Dieser Test ähnelt der *Keck*-Formel[171] für Art 34 wiederum auffällig. Er gebietet, wie die *Keck*-Formel und gleich wie bei Art 35, eine **Feinprüfung faktisch stärkerer Betroffenheit** des Warenhandels mit Auslandsbezug im Vergleich zum rein inländischen Warenhandel von den warenverkehrshemmenden Wirkungen des Monopols. Auf das bei Art 35 Gesagte kann insoweit verwiesen werden. Diese Rsp nähert also die Beurteilungsmaßstäbe der Warenverkehrsbestimmungen nach den Art 34, 35 und 37 einander an. Auch die bei der Abgrenzung des Art 37 gegenüber Art 34 teils nur unscharfe Rsp[172] lässt sich mit der *Keck*-Formel im Hintergrund besser einordnen.

---

170 Rs C-198/14, *Visnapuu*, ECLI:EU:C:2015:751, Rn 95.
171 Vgl Rs C-267/91, *Keck und Mithouard*, ECLI:EU:C:1993:905, Rn 16.
172 ZB Rs C-198/14, *Visnapuu*, ECLI:EU:C:2015:751.

> Das **Diskriminierungspotenzial** ist je nach Monopolart unterschiedlich hoch: **Ein- und Ausfuhrmonopole** sind im Hinblick auf den freien Warenverkehr besonders problematisch und führen typischerweise zu einer Benachteiligung ausländischer Waren und Abnehmer.[173] Sie sind daher im Grunde nach Art 37 generell verboten, soweit sie nicht ausnahmsweise gerechtfertigt werden können (dazu sogleich). Absatz- bzw **Verkaufsmonopole** verstoßen dagegen nur dann gegen Art 37, wenn die Absatzbedingungen ausländische Waren im Einzelfall beim Vertrieb tatsächlich schlechterstellen.[174] Folge ist also ein tatsächlich geringerer Umsatz von Waren mit Ursprung im Ausland im Vergleich zum rein inländischen Vertrieb. Das geringste Beeinträchtigungspotenzial gegenüber Art 37 haben **Produktionsmonopole**. Sie hemmen zunächst nur den inländischen Warenhandel durch Verknappung des Angebots. Gegenüber Art 37 problematisch können sie sein, wenn mit der Produktion auch der Absatz mitgeregelt, also Marktordnungspolitik betrieben wird, und dort Diskriminierungen bestehen.[175]

2.5.4. Rechtfertigung

Dem in Art 37 verwendeten **Diskriminierungsbegriff** als Tatbestandselement wohnt eine Rechtfertigungsprüfung inne: **Sachlich gerechtfertigte Unterscheidungen** bzw Beeinträchtigungen des Warenverkehrs sind keine Diskriminierungen und damit nicht tatbestandsmäßig.

Einer über die Auslegung des Diskriminierungsbegriffs selbst hinausgehenden, spezifischen Rechtfertigungsprüfung steht Art 37 dagegen zunächst nicht offen: **Art 36** sowie die zugehörige Doktrin von den **zwingenden Erfordernissen**, die bei im Rahmen der Art 34 und 35 Anwendung finden, sind auf Art 37 unanwendbar.[176]

Allerdings lässt der EuGH einen spezifischen primärrechtlichen Rechtfertigungsgrund gegenüber Art 37 doch zu, wenngleich sich dieser nicht im Warenverkehrs- sondern im Wettbewerbskapitel findet: Soweit das Warenhandelsmonopol zugleich als **Daseinsvorsorgeleistung** anzusehen ist, greift **Art 106 Abs 2 AEUV** (s näher dazu im Abschnitt Wettbewerb). Dies hat der EuGH (vor der mittlerweile erfolgten Liberalisierung durch Sekundärrecht) etwa[177] für die Wirkungen von Elektrizitäts- und Gasversorgungsmonopolen im Rahmen von Art 37 klargestellt. Einen dieser Fälle behandelt das Urteil *Kommission/Frankreich* aus 1997.

> Rs C-159/94, *Kommission/Frankreich*, ECLI:EU:C:1997:501
>
> In Frankreich bestanden Einfuhr- und Ausfuhrmonopole bei Strom und Gas zugunsten der staatsnahen Unternehmen EDF und GDF. Die Kommission erblickte darin einen Verstoß gegen unterschiedliche Bestimmungen des Warenverkehrskapitels, darunter Art 37, und erhob Vertragsverletzungsklage. Der EuGH bejahte, dass die Monopole als von Art 37 erfasste Diskriminierungen anzusehen seien, sah sie aber als nach Art 106 Abs 2 gerechtfertigt an.
>
> 45. Nach [Art 106 Abs 2] gelten für die **Unternehmen**, die mit **Dienstleistungen** von **allgemeinem wirtschaftlichem Interesse** betraut sind, die Vorschriften des EG-Vertrags, insbesondere die Wett-

---

[173] Vgl zB Rs C-159/94, *Kommission/Frankreich*, ECLI:EU:C:1997:501, Rn 33 f.
[174] Vgl zB Rs C-198/14, *Visnapuu*, ECLI:EU:C:2015:751, Rn 95.
[175] Vgl zB Rs 91/78, *Hansen II*, ECLI:EU:C:1979:65, Rn 7 f.
[176] Vgl Rs C-159/94, *Kommission/Frankreich*, ECLI:EU:C:1997:501, Rn 41.
[177] Vgl auch Rs C-158/94, *Kommission/Italien*, ECLI:EU:C:1997:500, Rn 43; Rs C-157/94, *Kommission/Niederlande*, ECLI:EU:C:1997:499, Rn 32.

bewerbsregeln, soweit die Anwendung dieser Vorschriften nicht die **Erfüllung der ihnen übertragenen besonderen Aufgabe** rechtlich oder tatsächlich **verhindert**, wobei die Entwicklung des Handelsverkehrs nicht in einem Ausmaß beeinträchtigt werden darf, das dem Interesse der Gemeinschaft zuwiderläuft. ...

49. [Ein] **Mitgliedstaat** [**kann**] sich auf [**Art 106 Abs 2**] berufen, um einem Unternehmen, das mit Dienstleistungen von allgemeinem wirtschaftlichem Interesse betraut ist, insbesondere gegen [Art 37] verstoßende ausschließliche Rechte zu übertragen, soweit die Erfüllung der diesem übertragenen besonderen Aufgabe nur durch die Einräumung solcher Rechte gesichert werden kann und soweit die Entwicklung des Handelsverkehrs nicht in einem Ausmaß beeinträchtigt wird, das dem Interesse der Gemeinschaft zuwiderläuft. ...

57. [D]er Gerichtshof [hat in der Rsp bereits **bejaht**], daß die **ununterbrochene Versorgung aller Abnehmer**, lokalen Versorgungsunternehmen oder Endverbraucher **mit Strom** im gesamten Konzessionsgebiet in den zu jeder Zeit geforderten Mengen zu einheitlichen Tarifen und unter Bedingungen, die nur nach objektiven Kriterien unterschiedlich sein dürfen, die für alle Kunden gelten, eine **Aufgabe von allgemeinem wirtschaftlichem Interesse** im Sinne des [Art 106 Abs 2] ist. ...

59. Die **Vorschriften des** [**AEUV**] sind ... bereits dann **nicht** auf ein Unternehmen **anwendbar**, ... wenn ihre Anwendung die Erfüllung der besonderen Verpflichtungen, die diesem Unternehmen obliegen, sachlich oder rechtlich gefährden würde. Es ist nicht erforderlich, daß das Überleben des Unternehmens bedroht ist. ...

65. Zwar kann ein Unternehmen zwar nur dann mit einer Dienstleistung von allgemeinem wirtschaftlichem Interesse ... betraut sein, wenn die **Betrauung durch hoheitlichen Akt** erfolgt[.]

66. Erforderlich ist jedoch nicht, daß es sich um eine Rechtsvorschrift handelt. Der Gerichtshof hat bereits anerkannt, daß ein **Unternehmen** mit Dienstleistungen von allgemeinem wirtschaftlichem Interesse **durch** eine öffentlich-rechtliche **Konzession** betraut werden **kann**[.] Erst recht muß dies gelten, wenn solche Konzessionen erteilt wurden, um die Verpflichtungen zu konkretisieren, die Unternehmen auferlegt sind, welche durch Gesetz mit einer Dienstleistung von allgemeinem wirtschaftlichem Interesse betraut sind. ...

89. Somit ist die **Erforderlichkeit der Beibehaltung der ausschließlichen Ein- und Ausfuhrrechte** der EDF und der GDF zu erörtern[.] ...

95. [Insoweit] genügt es, wenn ohne die streitigen Rechte die Erfüllung der dem Unternehmen übertragenen besonderen **Aufgaben gefährdet** wäre, wie sie sich aus den ihm obliegenden Verpflichtungen öffentlicher Versorgungsunternehmen ergeben. ...

97. Im Fall einer Aufhebung der ausschließlichen Ein- und Ausfuhrrechte würden sich bestimmte Verbraucher offenkundig auf ausländischen Märkten versorgen und bestimmte Erzeuger oder Exporteure dort verkaufen, wenn die dortigen Preise niedriger beziehungsweise höher als die Preise der EDF und der GDF wären. Diese Möglichkeit wäre sogar ein wesentliches Ziel der Marktöffnung. ...

107. [Die] **ausschließlichen Ein- und Ausfuhrrechte** der EDF und der GDF [können dabei] erforderlich [sein], um diesen ... die Erfüllung der ihnen übertragenen Aufgaben von allgemeinem wirtschaftlichem Interesse **zu wirtschaftlich tragbaren Bedingungen** zu ermöglichen.

108. Die ausschließlichen Ein- und Ausfuhrrechte der EDF und der GDF sind von der Anwendung der Vorschriften des [AEUV] jedoch nur befreit, wenn die Entwicklung des Handelsverkehrs nicht in einem Ausmaß beeinträchtigt wird, das dem **Interesse der Gemeinschaft** zuwiderläuft. ...

112. [Die Kommission hat nicht nachgewiesen], daß der innergemeinschaftliche Handel mit Elektrizität und Gas wegen der ausschließlichen Ein- und Ausfuhrrechte der EDF und der GDF sich in einem Ausmaß entwickelt hat und weiterhin entwickelt, das dem Interesse der Gemeinschaft zuwiderläuft. ...

116. Nach alledem ist die Klage abzuweisen.

2.6. Wichtiges Sekundärrecht

Im Bereich des freien Warenverkehrs besteht eine Vielzahl an Sekundärrechtsakten, die teils produktspezifische (zB technische Vorgaben für Druckbehälter, Anforderungen an die Typengenehmigung von Fahrzeugen, Zulassung und Verwendung von Lebensmittelzusatzstoffen usw), teils horizontale (zB Produktzulassung und Normung, Produktsicherheit, Marktüberwachung usw) Fragen regeln. Aufgrund dieser dichten Regulierung unterliegen heute die meisten Waren Harmonisierungsvorschriften. Für die verbleibenden Produktkategorien greifen die Vertragsbestimmungen über den freien Warenverkehr und der Grundsatz der gegenseitigen Anerkennung. Der warenverkehrsrechtliche Harmonisierungsansatz wurde im Grundlagenteil iZm der Produktregulierung dargestellt.

Im vorliegenden Abschnitt wird lediglich auf drei Rechtsakte von zentraler horizontaler Bedeutung für die Warenzirkulation im Binnenmarkt eingegangen. Es sind dies das Informationsverfahren über technische Vorschriften aufgrund der Binnenmarkt-TransparenzRL 2015/1535/EU, die sog ErdbeerVO 2679/98 betreffend schwerwiegende Störungen des Warenverkehrs und die AnerkennungsVO 764/2008 über die Implementierung des Prinzips der gegenseitigen Anerkennung bei Konformitätsbescheinigungen.

2.6.1. Binnenmarkt-TransparenzRL 2015/1535/EU

Die Binnenmarkt-TransparenzRL 2015/1535/EU verpflichtet die MS, die Kommission von (mit einigen Ausnahmen) Entwürfen technischer Vorschriften über Produkte und Dienstleistungen der Informationsgesellschaft zu unterrichten, bevor sie umgesetzt werden. Die Kommission unterrichtet ihrerseits die anderen MS über das dafür eingerichtete Informationssystem TRIS (Technical Regulations Information System). Ziel ist es, durch ein System vorbeugender Kontrolle die Entstehung neuer Handelsbarrieren durch solche technischen Vorschriften zu verhindern.

Aufgrund der Unterrichtung durch den MS beginnt (außer in Fällen besonderer Dringlichkeit) eine Stillhaltefrist von 3 Monaten, innerhalb derer der Entwurf technischer Vorschriften nicht erlassen darf. Die Stillhaltefrist kann fallabhängig auf bis zu 18 Monate verlängert werden. Während dieser Zeit prüfen die Kommission und die MS die vorgeschlagenen Vorschriften und können sich dazu äußern bzw ggf Änderungen zur Einhaltung von EU-Recht verlangen.

Die Verletzung der Notifikations- und Stillhaltepflicht führt dazu, dass rechtswidrig in Kraft gesetzte nationale Produktvorschriften unanwendbar sind.[178] Sie können daher den Einzelnen gegenüber nicht durchgesetzt werden bzw können sich Wettbewerber auf ihre Verletzung berufen.

2.6.2. ErdbeerVO 2679/98

Die ErdbeerVO 2679/98 über das Funktionieren des Binnenmarktes im Zusammenhang mit dem freien Warenverkehr zwischen den Mitgliedstaaten wird ErdbeerVO genannt, weil sie als

---

[178] Vgl Rs C-194/94, *CIA Security*, ECLI:EU:C:1996:172, Rn 22 ff; Rs C-443/98, *Unilever*, ECLI:EU:C:2000:496, Rn 52; Rs C-20/05, *Schwibbert*, ECLI:EU:C:2007:652, Rn 45.

Reaktion auf die Judikaturlinie *Spanische Erdbeeren*[179] zur **Verantwortlichkeit der MS für von Privatpersonen** verursachte Warenverkehrsbehinderungen erlassen wurde. Beispiele sind zB Grenzblockaden, gewalttätige Proteste oder ausufernde Straßenkundgebungen.[180]

Die ErdbeerVO 2679/98 sieht **spezielle Verfahren** zum Informationsaustausch, zur Warnung und zur vereinfachten Anrufung des EuGH vor. Sie kommen zur Anwendung, wenn eine **schwerwiegende Behinderung** des freien Warenverkehrs zwischen den MS droht, die zu **erheblichen Schäden** für Einzelne (Händler, Transporteure, aber auch Abnehmer) führen könnte. Unterlassen es die einzelstaatlichen Behörden, gegen schwerwiegende Warenverkehrsbehinderungen Privater einzuschreiten, kann die Kommission den betreffenden MS zur Handlung auffordern. Der MS hat dann fünf Tage Zeit für die betreffenden Schritte oder zur Darlegung, warum diese nicht gesetzt wurden. Danach kann die Kommission **Vertragsverletzungsklage** beim EuGH erheben.

2.6.3. AnerkennungsVO 764/2008

Die AnerkennungsVO 764/2008 legt Verfahren fest, um den **Grundsatz der gegenseitigen Anerkennung** bei der Anwendung nationaler technischer Vorschriften für Produkte, die in einem anderen Mitgliedstaat rechtmäßig in Verkehr gebracht wurden, zu sichern. Dazu werden va die **Rechte und Pflichten der nationalen Behörden und Unternehmen** festgelegt, also das Vorgehen, wenn Anerkennung und Marktzugang verweigert werden. Die VO gilt für Verwaltungsentscheidungen, die auf Grundlage einer technischen Vorschrift getroffen wurden und bewirken, dass das Inverkehrbringen eines Produkts untersagt wird, dieses vom Markt genommen, geändert oder zusätzlich getestet werden muss.

Kern der VO ist die **gegenseitige Anerkennung von Bescheinigungen** oder Prüfberichten, die von einer **akkreditierten Konformitätsbewertungsstelle** ausgestellt wurden. Die MS dürfen diese Bescheinigungen nicht aus Gründen zurückweisen, die in die Kompetenz der Konformitätsbewertungsstelle fallen oder diese bestreiten.

Die **Beweislast** liegt im Fall der Nichtanerkennung bei den **nationalen Behörden**: Sie müssen eine **genaue technische oder wissenschaftliche Begründung** dafür geben, warum dem betroffenen Produkt der Zugang zum inländischen Markt zu verweigert wird. Die VO sieht auch die Einrichtung von sog Produktinfostellen in den MS vor, die für Unternehmen und andere MS gesammelt Informationen über die technischen Vorschriften für Produkte bereithalten.

Die AnerkennungsVO 764/2008 soll künftig mit den Mechanismen der **Marktüberwachung** und der **Produktsicherheit**[181] zu einem einheitlichen Rechtsakt zusammengeführt werden.[182] Die Marktüberwachung ergänzt die produktspezifischen Vorschriften und stärkt das Prinzip der gegenseitigen Anerkennung, indem unsichere oder schädliche Produkte ermittelt, vom Markt ferngehalten oder vom Markt genommen sowie kriminelle Akteure bestraft werden können. Ziel der vorgeschlagenen Neuregelung ist die Konsolidierung des Rechtsbestands zur gegenseitigen Anerkennung, Produktsicherheit und Marktüberwachung, der sich derzeit auf verschiedene, teils überlappende Rechtsakte aufteilt.

---

[179] Rs C-265/95, *Kommission/Frankreich*, ECLI:EU:C:1997:595, Rn 30 ff.
[180] Vgl zB Rs C-112/00, *Schmidberger*, ECLI:EU:C:2003:333, Rn 58.
[181] Vgl va die ProduktsicherheitsRL 2001/95/EG.
[182] Vgl Vorschlag für eine VO über die Marktüberwachung von Produkten, KOM(2013) 75 endg vom 13.2.2013.

2.7. Wiederholungsfragen

i. Welche Ge- und Verbote gehören zum Titel Warenverkehr und wie ergänzen diese einander in funktionaler Hinsicht? Gehört auch Art 110 dazu (warum/nicht)?

ii. Eine mit Jugend- und Gesundheitsschutz begründete Novelle zum GenussmittelG sieht Folgendes vor: a) Der Verkauf von E-Zigaretten ist bewilligungspflichtig und darf nur in Trafiken erfolgen. b) Auf allen Zigarettenverpackungen ist gut sichtbar der Hinweis anzubringen: „Darf nicht in die Hände von Kindern gelangen." c) Der Verkauf von Kaugummizigaretten wird vollständig verboten. d) Die Tabaksteuer wird für Rauchwaren aus außereuropäischem Tabak gegenüber Rauchwaren aus europäischem Tabak um 5 % erhöht. e) In Polen und der Slowakei kursieren besonders viele billige Fälschungen von Markenzigaretten. Alle von dort eingeführten Zigaretten müssen in Österreich vor dem Verkauf von einer zertifizierten Stelle auf ihre Inhaltsstoffe geprüft werden. f) Zigarren dürfen zwar zum Verkauf angeboten, jedoch weder in geschlossenen (auch privaten) Räumen noch in der Öffentlichkeit geraucht werden. Beurteilen Sie die Maßnahmen a) bis f) aus unionsrechtlicher Sicht.

iii. Welche drei wichtigen Grundsätze lassen sich auf das Urteil *Cassis* zurückführen? Inwieweit spielen diese Grundsätze über den Warenverkehr hinaus eine Rolle?

iv. Was sind Nutzungsbeschränkungen und wie werden sie beurteilt? In welchen Aspekten ähneln Nutzungsbeschränkungen Verkaufsmodalitäten, in welchen Aspekten nicht? Unterliegen Nutzungsbeschränkungen und Verkaufsmodalitäten denselben Prüfmaßstäben?

v. Das AbfallbewirtschaftungsG sieht Folgendes vor: a) Hausmüll ist in einem Umkreis von max 100 km vom Entstehungsort der Verwertung oder Entsorgung zuzuführen. b) Problemstoffe dürfen nicht ins Ausland verbracht werden. c) Macht es einen Unterschied, wenn das Verbot der Auslandsverbringung von Problemstoffen auf die EU-AbfallverbringungsVO 2006/1013 zurückgeht? d) Für private Haushalte besteht ein Anschlusszwang (Andienungszwang) an die Abfallentsorgung der Wohnsitzgemeinde. Begründungen sind jeweils der Umweltschutz, das Prinzip der Entsorgung nahe am Entstehungsort und der Grundsatz der Entsorgungsautarkie. Wie beurteilen Sie die Maßnahmen a) bis d) aus unionsrechtlicher Sicht?

vi. Was könnte mit der Aussage gemeint sein, die Art 35 und 37 seien vom EuGH „ver-*Keck*t" worden? Stimmen Sie der Aussage zu (warum/nicht)?

vii. Das ErnährungssicherheitsG sieht aus Gründen des Gesundheits- und Verbraucherschutzes Folgendes vor: a) Der Versandhandel mit Vitaminpräparaten ist verboten. b) Lebensmittel, denen Vitamine zugesetzt sind, dürfen nur in Drogeriemärkten oder Apotheken verkauft werden. c) Werbung für Lebensmittel, denen Vitamine zugesetzt sind, darf nicht im Radio oder TV erfolgen. Wie beurteilen Sie die Maßnahmen a) bis c) aus unionsrechtlicher Sicht?

viii. Die Ministerin für Wirtschaft darf bei Vorliegen von Marktungleichgewichten sowie zugunsten diverser Allgemeininteressen per V regulierend in die Preisgestaltung bestimmter Produkte eingreifen. Sie erlässt a) einen Höchstpreis für Benzin und Diesel, der von Tankstellen nicht überschritten werden darf, b) einen Mindestpreis für Limonaden mit einem Zuckergehalt von über 10 g/100 ml sowie c) eine Preisbindung für Bücher an den vom Verleger vorgegebenen Verkaufspreis. Wie beurteilen Sie die Maßnahmen a) bis c) aus unionsrechtlicher Sicht?

2.7. Wiederholungsfragen

ix. Sam Super mit Sitz in Savannah, Georgia, exportiert „Sammy's Southern Smoked BBQ-Sauce" aus den USA nach Österreich. Sie entspricht nicht dem hiesigen LebensmittelG, das aus Gründen des Verbraucher- und Gesundheitsschutzes Folgendes vorsieht: a) Beilagensaucen dürfen nicht den Geschmacksverstärker Glycin enthalten. b) Beilagensaucen mit einem Fettgehalt von über 25 % müssen mit der Zusatzbezeichnung „Extra fettig" versehen werden. c) Angaben zu Hersteller und Inhaltsstoffen müssen in deutscher Sprache am Produkt angebracht sein. d) Sigi Schlau erwirbt in Österreich eine große Menge „Sammy's Southern Smoked BBQ-Sauce" und verkauft sie gewinnbringend nach Schweden weiter. Die Produktbezeichnung wurde dort von Sam Super vorsorglich als Marke geschützt. Sam Super will die Einfuhr nach Schweden unter Berufung auf sein dortiges Markenrecht verbieten, weil er die Sauce dort zu einem höheren Preis selbst vertreibt. e) Macht es einen Unterschied, wenn Sigi Schlau Lizenznehmer der Marke von Sam Super für Österreich ist und der Lizenzvertrag den Verkauf nach Schweden verbietet? Kann Sam Super sich in den Varianten a) bis c) erfolgreich auf die Warenverkehrsfreiheit bzw in Varianten d) und e) erfolgreich auf sein Markenrecht berufen, um seine Geschäftsinteressen zu wahren?

x. Wo ist der Begriff landwirtschaftliche Produkte definiert und inwieweit fallen sie unter die Warenverkehrsfreiheit?

3. Freizügigkeit

Freizügigkeit (synonym Freier Personenverkehr) ist ein Überbegriff für die unterschiedlichen Ausformungen der **Freiheit von Personen**, sich im **Gebiet der EU** zu bewegen und aufzuhalten, insbesondere zu arbeiten. Der beim ersten Hinhören ungewöhnliche Begriff Freizügigkeit ist an das dt GG angelehnt, das eine ähnliche Garantie enthält.[1] Die Freizügigkeit als Grundrecht schützt nunmehr auch **Art 45 GRC**, der damit auch eine indirekte Begriffsdefinition für das Unionsrecht vornimmt.

Bewegungs- und Aufenthaltsfreiheit bilden das **Fundament** des Freizügigkeitsrechts. Mit dem Aufenthaltsrecht eng verbunden ist das **Verbot**, während des Aufenthalts in den unterschiedlichsten Lebenssachverhalten (bei Amtswegen, im Namensrecht, bei Verwaltungssanktionen, bei der Verwendung der eigenen Sprache usw) unsachlich schlechter behandelt (also: **diskriminiert**) sowie ggf insgesamt mit Inländern **gleichbehandelt** zu werden (zB beim Zugang zu Universitäten). Bewegt sich die Person als **Arbeitnehmerin** oder **Selbständige** über die Grenze, so stehen ihr (und ihren Angehörigen) außerdem **weitere Rechte** nach den jeweiligen spezifischen Regimes zu. Die **Freizügigkeitsrechte** hängen also letztlich davon ab, welche Aktivitäten die Person im Zielstaat verfolgt. Je nach Aktivität werden die Rechte spezifischer. Gemeinsam ist den Freizügigkeitsnormen, dass sie die Mobilität der Personen im Binnenmarkt fördern wollen und kontextabhängig unterschiedlichen Schutz vor Diskriminierungen und/oder Beschränkungen der Freizügigkeit gewähren.[2]

Unter dem Oberbegriff der Freizügigkeit werden hier **drei** selbständige, aber über das gemeinsame Fundament der Bewegungs- und Aufenthaltsfreiheit sachlich eng miteinander verbundene, **Regimes** besprochen: Es sind dies das **Allgemeine Diskriminierungsverbot** aus Gründen der **Staatsangehörigkeit** (**Art 18 AEUV**), das Aufenthaltsrecht der Unionsbürger (**Art 21 AEUV**) sowie die Gewährleistung des freien Verkehrs von Arbeitnehmern (**Art 45 AEUV**). Sachlich verwandt, aber nicht mehr Teil der unmittelbar personenbezogenen Regeln der Freizügigkeit ieS, sind auch die **Niederlassungs-** und die **Dienstleistungsfreiheit** (**Art 49 und 56 AEUV**; Freizügigkeit iwS). Soweit sie von Personen ausgeübt werden, setzen auch sie als Fundament Bewegungs- und Aufenthaltsfreiheit sowie letztlich Gleichbehandlung voraus. Alle genannten Normen haben **unmittelbare Wirkung**.

3.1. Allgemeines Diskriminierungsverbot

Art 18 AEUV enthält das Allgemeine Diskriminierungsverbot aus Gründen der **Staatsangehörigkeit**. Art 18 verkörpert mit der **Überwindung des Fremdenstatus** gewissermaßen die Grundidee der europäischen Integration: Staatsangehörigen anderer Mitgliedstaaten sollen eben nicht alleine aufgrund des Umstands ihrer ausländischen Staatszugehörigkeit geringere Rechte im Inland zukommen. Die Abschaffung diskriminierender Bestimmungen und Praktiken gegenüber EU-Ausländern ist damit die **Vorbedingung für jede weitergehende Integration** wirtschaftlicher (und letztlich auch politischer) Art.[3]

---

1 Art 11 Abs 1 dt GG: „Alle Deutschen genießen Freizügigkeit im ganzen Bundesgebiet."
2 Vgl dazu monographisch *Obwexer*, Grundfreiheit Freizügigkeit, *passim*.
3 Ausführlich SchlussA zu verb. Rs C-92/92 und C-326/92, *Phil Collins*, ECLI:EU:C:1993:276, Rn 7 ff.

3. Freizügigkeit

Die Bedeutung des Art 18 beschränkt sich daher auch keineswegs auf die Freizügigkeit der Personen, in deren Kontext diese Norm hier präsentiert wird. Vielmehr ist Art 18 der gemeinsame Ausgangspunkt und ideologische Hintergrund der **spezifischeren Diskriminierungsverbote der Grundfreiheiten** (einschließlich flankierender Normen, etwa Art 110 AEUV). Sowohl Art 18 als auch die Grundfreiheiten sind an den Staat gerichtete Diskriminierungsverbote. Gegenüber diesen spezifischeren Verboten findet Art 18 nur **subsidiär** Anwendung.[4]

Über Art 18 und die Grundfreiheiten hinaus enthält der AEUV eine Reihe weiterer Diskriminierungsverbote, die sich aber, anders als diese, neben dem Staat auch an **Private** richten. Ihre Ziele und Tatbestände unterscheiden sich vom Anliegen des Art 18, den Fremdenstatus zu überwinden. Es stehen jeweils **andere Regelungsanliegen** im Vordergrund. Zu nennen sind etwa das (nicht unmittelbar anwendbare) Verbot der **Minderheitendiskriminierung** (Art 19 AEUV), das Verbot der **Entgeltdiskriminierung** (Art 157 AEUV) sowie die teils Diskriminierungsverbote einschließenden Tatbestände des **Wettbewerbsrechts** (Art 102, 106 Abs 1 und 107 Abs 1 AEUV).

> Das, selbst nicht unmittelbar anwendbare, Minderheitendiskriminierungsverbot nach Art 19 wird in **mehreren RL ausgeführt**. Diese RL zielen durchwegs darauf ab, im aufgrund der RL zu schaffenden nationalen Recht neben dem Verhältnis von Staat und Bürger auch die Beziehungen der Bürger untereinander, also **auch private Rechtsverhältnisse**, zu erfassen.
>
> Diskriminierungen aus Gründen der Herkunft erfasst die **Ethnien-GleichbehandlungsRL 2000/43/EG**. Sie verbietet direkte oder indirekte Diskriminierungen aus Gründen der ethnischen Herkunft. Der materielle Anwendungsbereich ist weit gefasst und erfasst neben der Einstellung von Arbeitnehmern zB auch die Ausbildung und die Versorgung mit öffentlichen Gütern oder Dienstleistungen.
>
> Die übrigen Diskriminierungsgründe des Art 19 (mit Ausnahme des Geschlechts) werden von der **Minderheiten-BerufsgleichbehandlungsRL 2000/78/EG** abgedeckt. Sie erfasst Diskriminierungen aus Gründen der Religion, der Weltanschauung, des Alters, einer Behinderung oder aufgrund der sexuellen Orientierung. Allerdings ist ihr sachlicher Anwendungsbereich auf das Berufsleben beschränkt.
>
> Schließlich gibt es mehrere RL zur Geschlechtergleichbehandlung. Sie fußen teils auf Art 19, teils auf Art 157. Die Geschlechtergleichbehandlung im Berufsleben führen die **Geschlechter-BerufsgleichbehandlungsRL 2006/54/EU** für Arbeitnehmer und 2010/41/EU für Selbständige besonders aus. Die **Versorgungs-GleichbehandlungsRL 2004/113/EU** wiederum gebietet die Gleichbehandlung von Mann und Frau beim Zugang zu (gerade auch privaten, zB Versicherungen)[5] Gütern und Dienstleistungen.

Den sachlichen Zusammenhang zwischen den unterschiedlich ausgeformten Diskriminierungsverboten verdeutlicht auch die GRC, wo sich viele Diskriminierungsverbote des AEUV gespiegelt finden. Die GRC führt unter dem **Titel Gleichheit** zunächst einen allgemeinen Gleichheitssatz an, gefolgt von Verboten der Diskriminierung von Minderheiten, Staatsangehörigen anderer MS, einzelner Kulturen, Sprachen und Religionen, Frauen und Männern sowie junger, alter und beeinträchtigter Personen.[6]

---

4   Vgl zB Rs C-40/05, *Lyyski*, ECLI:EU:C:2007:10, Rn 33.
5   Vgl Rs C-236/09, *Test Achats*, ECLI:EU:C:2011:100, Rn 30 ff.
6   Vgl Art 20 bis 26 GRC.

3.1.1. Persönlicher Schutzbereich

Berechtigte des Art 18 sind (nur) **Staatsangehörige der MS**, was neben natürlichen Personen auch Unternehmen und sonstige juristische Personen einschließt.[7] Die **EU-Staatsangehörigkeit eines Unternehmens** kann sowohl am MS der Gründung (satzungsmäßiger Sitz, **Gründungstheorie**) als auch am Sitz der Hauptverwaltung bzw Hauptniederlassung (**Sitztheorie**) anknüpfen.[8] Beide Anknüpfungspunkte sind unionsrechtlich zulässig und stehen alternativ zueinander.

Drittstaatsangehörige können ausnahmsweise in den Anwendungsbereich des Art 18 mit einbezogen sein, wenn das Unionsrecht (va Sekundärrecht, aber auch der Schutz des Familienlebens nach Art 7 GRC) ihnen besondere Rechte verleiht.[9] Ein Beispiel sind die vom EU-Bürger abgeleiteten Rechte drittstaatsangehöriger **Familienmitglieder**[10] Allerdings liegt es dann nahe, auf allfällige Diskriminierungen im Aufenthalt der Drittstaatsangehörigen die jeweilige spezifischere Unionsrechtsnorm (zB Art 21 AEUV), und nicht Art 18 direkt, zur Anwendung zu bringen.

3.1.2. Sachlicher Schutzbereich

Der sachliche Schutzbereich des Art 18 knüpft zunächst am Staatsangehörigkeitskriterium an, was automatisch den für die Anwendung der Norm notwendigen, **grenzüberschreitenden Bezug** herstellt (nur Staatsangehörige anderer MS können diskriminiert werden). Die von Art 18 geschützte **Verhaltensweise** besteht in der **Abwehr** einer von einem Verpflichteten des Art 18 verursachten **Schlechterstellung** aus dem alleinigen Grund der EU-ausländischen Staatsangehörigkeit des Berechtigten.

> Die Schlechterstellung muss einen **Bereich innerhalb des Anwendungsbereichs der Verträge** (also des Unionsrechts) betreffen. Der Anwendungsbereich der Verträge ist bei sämtlichen Regelungen, die einen Freizügigkeitsberechtigten iZm der rechtmäßigen Ausübung seines Bewegungs- und Aufenthaltsrechts treffen, unproblematisch eröffnet.[11] Die Einschränkung des Diskriminierungsverbots auf den Anwendungsbereich der Verträge ist damit **in der Praxis kaum eine relevante Hürde**.
>
> Somit fallen letztlich va Fälle einer reinen **Inländerdiskriminierung** nicht in den Anwendungsbereich der Verträge[12] bzw des Art 18. Wenn das nationale Recht (wie etwa in Österreich) die Berechtigung aber mit Blick auf den verfassungsrechtlichen Gleichheitssatz autonom erweitert, wird Art 18 auch für solche Fälle mittelbar relevant. Ebenso können Sachverhalte, die vor **Inkrafttreten des EU-Rechts** in einem MS verwirklicht wurden, außerhalb des (zeitlichen) Anwendungsbereichs der Verträge liegen.[13]

Verpflichtete der Norm sind grundsätzlich die **MS**. Die am Maßstab des Art 18 zu prüfende Maßnahme muss daher einem **staatlichen** Organ zurechenbar sein. Aber auch die EU selbst

---

[7] Vgl verb Rs C-92/92 und C-326/92, *Phil Collins*, ECLI:EU:C:1993:847, Rn 33.
[8] Vgl Art 54 AEUV.
[9] Vgl etwa *Epiney*, Art 18 AEUV, Rz 41, in *Calliess/Ruffert* (Hrsg), EUV-AEUV-Kommentar[5] (2016).
[10] Vgl Rs C-44/12, *Hadj Ahmed*, ECLI:EU:C:2013:390, Rn 44 f.
[11] Vgl zB Rs 293/83, *Gravier*, ECLI:EU:C:1985:69, Rn 19 ff; Rs C-192/05, *Tas-Hagen*, ECLI:EU:C:2006:676, Rn 24 ff.
[12] Vgl etwa verb Rs C-64/96 und C-65/96, *Uecker*, ECLI:EU:C:1997:285, Rn 23; Rs C-192/05, *Tas-Hagen*, ECLI:EU:C:2006:676, Rn 23.
[13] Vgl etwa Rs C-224/98, *D'Hoop*, ECLI:EU:C:2002:432, Rn 23 ff.

bzw die **EU-Organe** sind schon nach dem Wortlaut der Bestimmung potenzielle Verpflichtete des Art 18: Auch sie dürfen die Angehörigen bestimmter MS nicht unsachlich schlechterstellen (zB durch Sprachregelungen).[14]

Private sind wohl[15] nicht Verpflichtete des Art 18. Im Verhältnis zwischen Privaten kann Art 18 aber eine **Reflexwirkung** dahin entfalten, dass Art 18 eine staatliche Maßnahme verbieten bzw verdrängen mag, die einen Privaten in diskriminierender Weise begünstigt.[16]

> So hat der EuGH es **beispielsweise** als von Art 18 erfasst und verdrängt angesehen, dass das dt UrhR nur im Inland veranstalteten künstlerischen Darbietungen Schutz gewährte.[17] Als Folge war der auf Verletzung des Urheberrechts gerichtete Anspruch eines Sängers gegen einen Tonträgerhersteller berechtigt.
>
> Diese Reflexwirkung gleicht jener im Rahmen der horizontalen Direktwirkung von RL (auch bekannt als zulässige **Ausschlusswirkung** einer **RL** gegenüber der nicht zulässigen Substitutionswirkung).[18] In beiden Fällen, hier wir dort, gründet der vom Privaten durchgesetzte Anspruch letztlich auf dem nationalen Recht und wird die nationale Rechtslage lediglich um den Ausschluss unionsrechtswidriger Elemente bereinigt.

Eine spezifische **Bereichsausnahme**, die Diskriminierungen in bestimmten Konstellationen generell erlauben würde, ist bei Art 18 **nicht vorhanden**. Die Arbeitnehmerfreizügigkeit als spezielleres Diskriminierungsverbot enthält dagegen eine Bereichsausnahme für den öffentlichen Dienst,[19] auf die Art 18 daher (zumindest theoretisch; in der Praxis wird eine solche Ungleichbehandlung häufig sachlich erklärbar sein) angewandt werden kann.

3.1.3. Eingriff und Rechtfertigung

Wie schon der Titel des Art 18 ausweist, handelt es sich um ein reines **Diskriminierungsverbot, kein Beschränkungsverbot**. Art 18 hat damit aus dem Kreis der freizügigkeitsrelevanten Normen, also im Vergleich zu den weiter gefassten Art 21 und 45 AEUV, den eingeschränktesten Anwendungsbereich.

3.1.3.1. Begriff Diskriminierung

Diskriminierung meint die unsachliche **Gleichbehandlung ungleicher** oder **Ungleichbehandlung gleicher** Sachverhalte.[20] Unsachlich ist eine Ungleichbehandlung von Sachverhalten dann, wenn sie nicht an Merkmalen anknüpft, die objektiv zur Unterscheidung geeignet sind. Spiegelbildlich ist eine Gleichbehandlung unsachlich, wenn sie Merkmale übergeht, die eine Ungleichbehandlung erforderlich machen würden. Diskriminierungsverbote wirken im Kern also als gerichtlich nach-

---

14 IdS Rs C-361/01 P, *Kik*, ECLI:EU:C:2003:434, Rn 82 und 94; vgl allgemein auch die Nachweise in FN 258.
15 Str, näher *Epiney*, Art 18 AEUV, Rz 40, in *Calliess/Ruffert* (Hrsg), EUV-AEUV-Kommentar[5] (2016).
16 Vgl etwa verb Rs C-92/92 und C-326/92, *Phil Collins*, ECLI:EU:C:1993:847, Rn 33; Rs C-411/98, *Ferlini*, ECLI:EU:C:2000:530, Rn 62.
17 Vgl verb Rs C-92/92 und C-326/92, *Phil Collins*, ECLI:EU:C:1993:847, Rn 33.
18 Näher *Jaeger*, EinführungEuroparecht, 92 f.
19 Vgl Art 45 Abs 4 AEUV.
20 Vgl Rs 283/83, *Racke*, ECLI:EU:C:1984:344, Rn 7.

3.1. Allgemeines Diskriminierungsverbot

prüfbare Begründungspflicht für gesetzgeberische und behördliche (bzw bei an Private gerichteten Verboten auch privater) Entscheidungen.

Zur **Illustration** des für Art 18 maßgeblichen Diskriminierungsbegriffs kann zB das Urteil *Ricordi* aus 2002 dienen. Es betraf ungleichen urheberrechtlichen Schutz je nach Staatsangehörigkeit.[21]

> Rs C-360/00, *G. Ricordi & Co. Bühnen- und Musikverlag GmbH*, ECLI:EU:C:2002:346
>
> Herr Ricordi, ein italienischer StAng, verfügte über die **Aufführungsrechte** an der Oper ‚La Bohème' von Puccini, der am 29. 11. 1924 verstorben war. Im vom **Land Hessen** betriebenen Staatstheater Wiesbaden (Deutschland) wurde diese Oper zwischen 1993 und 1995 **mehrmals ohne Zustimmung** von Herrn Ricordi aufgeführt. Strittig war, wann die Schutzfrist für das Werk abgelaufen war: 70 Jahre nach dem Tod des Urhebers, wie damals im dt Recht vorgesehen, oder 56 Jahre nach dessen Tod, wie damals im italienischen Recht vorgesehen. Je nachdem, wäre das Werk bereits Ende 1980 gemeinfrei geworden oder erst Ende 1994. Herr Ricordi trug vor, dass die Nichtanwendung der längeren dt Schutzfrist auf das ausländische Werk eine Diskriminierung aufgrund der Staatsangehörigkeit darstelle.
>
> 28. Das Land Hessen meint, dass sich diese Ungleichbehandlung aus den **Unterschieden der Rechtsordnungen** der Mitgliedstaaten ergebe.
>
> 29. Es macht geltend, dass [d]ie Schutzdauer ... von jedem einzelnen Mitgliedstaat festgelegt [werde.] Unter diesen Umständen sei die nationale Rechtslage kein willkürliches, sondern ein **objektives Differenzierungskriterium**. Die Schutzdauer habe nur einen mittelbaren Zusammenhang mit der Staatsangehörigkeit des Urhebers.
>
> 30. Dieser Auslegung kann nicht gefolgt werden.
>
> 31. Es steht zwar fest, dass [Art 18] nicht die etwaigen Unterschiede in der Behandlung und die Verzerrungen erfasst, die sich für die dem [Unions]recht unterliegenden Personen und Unternehmen aus den Unterschieden zwischen den Rechtsordnungen der einzelnen Mitgliedstaaten ergeben können, sofern diese Rechtsordnungen **auf alle in ihren Geltungsbereich fallenden Personen nach objektiven Merkmalen und ohne Rücksicht auf die Staatsangehörigkeit der Betroffenen** anwendbar sind; er verbietet aber „jede Diskriminierung aus Gründen der Staatsangehörigkeit". Folglich verpflichtet diese Bestimmung jeden Mitgliedstaat dazu, eine **vollständige Gleichbehandlung** zwischen seinen Staatsangehörigen und den Staatsangehörigen anderer Mitgliedstaaten, die sich in einer [unions]rechtlich geregelten Situation befinden, sicherzustellen[.]
>
> 32. Es ist festzustellen, dass [das dt] UrhG eine unmittelbare Diskriminierung aufgrund der Staatsangehörigkeit bewirk[t].

Art 18 stellt klar, dass die **Staatsangehörigkeit kein objektiv unterscheidungsgeeignetes Merkmal** für Ungleichbehandlungen zwischen EU-Staatsangehörigen ist. Art 18 gebietet daher nach Ansicht des EuGH die vollständige Gleichbehandlung aller EU-Bürger im Inland. **Gefragt** wird daher (**kontrafaktisch**) danach, ob die Rechtsfolge für die Betroffene im konkreten Fall eine andere wäre, wenn sie die Staatsangehörigkeit des Zielstaates besäße bzw ihre fremde Staatsangehörigkeit ausgeblendet wird. Ungleichbehandlungen von Bürgern untereinander sind zulässig, jedoch nur, soweit die Ungleichbehandlung an anderen Merkmalen als dem Fremdenstatus ausgerichtet ist und objektiven Merkmalen ohne Rücksicht auf die Staatsangehörigkeit folgt.

---

21 Ähnlich schon verb Rs C-92/92 und C-326/92, *Phil Collins*, ECLI:EU:C:1993:847, Rn 27 ff.

3.1.3.2. Unmittelbare und mittelbare Diskriminierung

Unmittelbare (synonym offene, direkte oder formale) Diskriminierung heißt, dass das verpönte Differenzierungskriterium (bei Art 18 also die Staatsangehörigkeit) im zu prüfenden Tatbestand bzw der zu prüfenden Norm **direkt genannt** wird oder es wird unmittelbar daran angeknüpft. Die Nennung kann positiv (zB keine Briten oder alle Ausländer) gleichwie negativ (nur Österreicher) erfolgen.

Beispiele sind etwa eine höhere Sicherheitsleistung für die Prozesskosten im Zivilprozess bei EU-ausländischen Parteien,[22] höhere Eintrittspreise für Ausländer bzw Vergünstigungen nur für Inländer in Museen und Freizeiteinrichtungen,[23] die Führung eines besonderen Ausländermelderegisters mit personenbezogenen Daten nur von EU-Ausländern[24] oder die Beschränkung einer für Opfer von Straftaten gewährten öffentlichen Entschädigung auf Inländer.[25]

Mittelbare (synonym versteckte, indirekte oder materielle) Diskriminierung heißt, dass die Differenzierung nicht das verpönte, sondern ein **anderes, wirkungsgleiches Kriterium** verwendet und dadurch faktisch zum selben Ergebnis führt. Wendet man das Kriterium an, werden Staatsangehörige eines bestimmten Mitgliedstaats typischerweise bevorzugt (oder schlechter gestellt).

Beispiele sind etwa unterschiedliche Rechte oder Pflichten je nach (sehr häufig) dem Wohnsitz (zB vergünstigte Straßenvignette nur für beeinträchtigte Personen mit Wohnsitz in Österreich; Bewilligung für Heißluftballonfahrten nur bei Wohnsitz im Inland),[26] aber auch nach dem Ort der Vollstreckung (zB zwingende Beschlagnahme zur Prozesskostenbesicherung bei drohender Vollstreckung im Ausland),[27] der Ausbildung (zB Studienplätze in Österreich nur mit österreichischer Matura)[28] oder der Erteilung einer Genehmigung (zB Landung von im EU-Ausland zugelassenen Flugzeugen bei Ankunft aus einem Drittstaat nur mit inländischer Betriebsgenehmigung),[29] aber auch die Pflicht zur Verwendung einer bestimmten Sprache (zB Italienisch vor zweisprachigen Südtiroler Gerichten)[30] oder eines bestimmten Namens (zB nach den für das Inland typischen Namens- oder Schreibregeln).[31] Das Konzept der mittelbaren Diskriminierung illustriert auch das die Nichtberücksichtigung einer ausländischen Betriebsgenehmigung in einem österreichischen Zivilprozess betreffende Urteil ČEZ aus 2009.

---

22 Vgl Rs C-122/96, *Saldanha*, ECLI:EU:C:1997:458, Rn 26 ff; C-43/95, *Data Delecta*, ECLI:EU:C:1996:357, Rn 22; Rs C-291/09, *Guarnieri*, ECLI:EU:C:2011:217, Rn 19 f.
23 Vgl Rs C-45/93, *Kommission/Spanien ('Spanische Museen')*, ECLI:EU:C:1994:101, Rn 10; Rs C-388/01, *Kommission/Italien*, ECLI:EU:C:2003:30, Rn 28.
24 Vgl Rs C-524/06, *Huber*, ECLI:EU:C:2008:724, Rn 81.
25 Vgl Rs C-164/07, *Wood*, ECLI:EU:C:2008:321, Rn 16.; Rs 186/87, *Cowan*, ECLI:EU:C:1989:47, Rn 14 ff.
26 Vgl Rs C-382/08, *Neukirchinger*, ECLI:EU:C:2011:27, Rn 31 ff; Rs C-103/08, *Gottwald*, ECLI:EU:C:2009:597, Rn 29; Rs C-29/95, *Pastoors*, ECLI:EU:C:1997:28, Rn 17; Rs C-330/91, *Commerzbank*, ECLI:EU:C:1993:303, Rn 14; auch Rs C-279/93, *Schumacker*, ECLI:EU:C:1995:31, Rn 28 f; Rs C-192/05, *Tas-Hagen*, ECLI:EU:C:2006:676, Rn 30 ff.
27 Vgl Rs C-398/92, *Mund & Fester*, ECLI:EU:C:1994:52, Rn 9 ff.
28 Vgl Rs C-147/03, *Österreichischer Hochschulzugang*, ECLI:EU:C:2005:427, Rn 44 ff; Rs C-224/98, *D'Hoop*, ECLI:EU:C:2002:432, Rn 40.
29 Vgl Rs C-628/11, *International Jet Management*, ECLI:EU:C:2014:171, Rn 62.
30 Vgl Rs C-322/13, *Rüffer*, ECLI:EU:C:2014:189, Rn 27; Rs C-274/96, *Bickel und Franz*, ECLI:EU:C:1998:563, Rn 19 und 31.
31 Vgl Rs C-148/02, *Garcia Avello*, ECLI:EU:C:2003:539, Rn 45; auch C-208/09, *Sayn-Wittgenstein*, ECLI:EU:C:2010:806, Rn 71.

3.1. Allgemeines Diskriminierungsverbot

> Rs C-115/08, *ČEZ*, ECLI:EU:C:2009:660
>
> Das Land Oberösterreich war Eigentümer mehrerer Grundstücke, die etwa 60 km vom tschechischen Kernkraftwerk Temelín entfernt lagen. Betreiberin des Kraftwerks war ČEZ, Bau und Betrieb von Temelín wurden 1985 von den tschechischen Behörden genehmigt und der Probebetrieb im Jahr 2000 aufgenommen. 2001 erhoben das Land Oberösterreich und andere, private Eigentümer gestützt auf Nachbarrechte beim Landesgericht Linz Klage gegen ČEZ auf Unterlassung schädlicher Einwirkungen oder der Gefahr schädlicher Einwirkungen durch ionisierende Strahlungen, die von diesem Kernkraftwerk ausgehen könnten. Nach § 364a ABGB war die Erhebung von Immissionsabwehrklagen bei behördlich genehmigten Anlagen ausgeschlossen und wurden die Ansprüche des Nachbarn auf allfällige positive Schäden reduziert. 2006 entschied der OGH, dass § 364a ABGB nur von österreichischen Behörden erteilte Genehmigungen erfasse. Ist diese Ansicht mit Art 18 konform?
>
> 89 [Art 18], der jede Diskriminierung aus Gründen der Staatsangehörigkeit verbietet, ist ... nur ein spezifischer **Ausdruck des allgemeinen Gleichheitssatzes**, der eines der Grundprinzipien des [EU-R]echts darstellt[.] ...
>
> 92 [Art 18 verbietet] nicht nur offene Diskriminierungen aufgrund der Staatsangehörigkeit oder – bei Gesellschaften – des Sitzes, sondern auch alle verdeckten Formen der Diskriminierung, die **durch die Anwendung anderer Unterscheidungsmerkmale tatsächlich zu dem gleichen Ergebnis führen**[.] ...
>
> 95 [E]in Unternehmen, das wie ČEZ über eine industrielle Anlage im Hoheitsgebiet eines anderen Mitgliedstaats verfügt, in dem ihm von den Behörden dieses Mitgliedstaats alle erforderlichen behördlichen Genehmigungen erteilt worden sind, [kann] ... auf Unterlassung von schädlichen Einwirkungen verklagt werden ..., ohne sich auf die insoweit in § 364a ABGB vorgesehene Ausnahme berufen zu können.
>
> 96 Es steht fest, dass es sich bei den Unternehmen, die eine Anlage in einem anderen Mitgliedstaat als der Republik Österreich betreiben, **in der Regel** um **in diesem anderen Mitgliedstaat ansässige Unternehmen** handelt.
>
> 97 Daraus folgt, dass die mit ... § 364a ABGB vorgenommene **Ungleichbehandlung zum Nachteil von Anlagen, für die in einem anderen Mitgliedstaat als der Republik Österreich eine behördliche Genehmigung erteilt wurde**, tatsächlich zum gleichen Ergebnis führt wie eine Ungleichbehandlung aus Gründen der Staatsangehörigkeit.

3.1.3.3. Sachlichkeitsprüfung

Der EuGH lässt **sowohl bei unmittelbaren**[32] **als auch bei mittelbaren**[33] Diskriminierungen im Rahmen von Art 18 eine Rechtfertigungs- bzw Sachlichkeitsprüfung zu. Dies ist auch konsequent, da die Sachlichkeit der Differenzierung, wie einleitend hervorgehoben, ein dem Diskriminierungsbegriff in allen Fällen inhärenter Gesichtspunkt ist. Die frühere Diskussion im Schrifttum[34] darüber, ob unmittelbare Diskriminierungen aufgrund ihres besonders verpönten

---

32 Vgl zB Rs C-524/06, *Huber*, ECLI:EU:C:2008:724, Rn 75; Rs C-164/07, *Wood*, ECLI:EU:C:2008:321, Rn 15.
33 Vgl zB Rs C-29/95, *Pastoors*, ECLI:EU:C:1997:28, Rn 19 ff; Rs C-147/03, *Österreichischer Hochschulzugang*, ECLI:EU:C:2005:427, Rn 49 ff; Rs C-398/92, *Mund & Fester*, ECLI:EU:C:1994:52, Rn 17; Rs C-382/08, *Neukirchinger*, ECLI:EU:C:2011:27, Rn 35.
34 Näher zB *von Bogdandy*, Art 18, Rz 21 ff., in *Grabitz/Hilf/Nettesheim* (Hrsg), EUV/AEUV-Kommentar, EL 42 2010.

Charakters allenfalls von einer Rechtfertigungsprüfung ausgenommen seien, erübrigt sich daher mittlerweile.[35]

> Aus diesem Grund ist auch die bei den Grundfreiheiten geführte Diskussion (➔ s Binnenmarkt, Grundlagen), ob zur Rechtfertigung ein **offener** oder ein **geschlossener** (primärrechtlicher) **Katalog** an Rechtfertigungsgründen herangezogen werden kann, im Rahmen von Art 18 **gegenstandslos**: Da der Tatbestand eine Sachlichkeitsprüfung erfordert und der Sachlichkeitsmaßstab primärrechtlich nicht weiter vorgegeben ist, steht hier immer ein offener Katalog an Rechtfertigungsgründen zur Verfügung: Eine unterschiedliche Behandlung kann daher stets gerechtfertigt sein, wenn sie auf objektiven, von der Staatsangehörigkeit der Betroffenen unabhängigen Erwägungen beruht und in einem angemessenen Verhältnis zu einem legitimen Zweck steht, der mit den betreffenden staatlichen Vorschriften verfolgt wird.[36]

Die Sachlichkeitsprüfung umfasst, wie auch die Rechtfertigungsprüfung bei den Grundfreiheiten, neben einem tauglichen Ziel auch die Frage der **Verhältnismäßigkeit**. Ihrer Natur nach ist die Sachlichkeitsprüfung dabei (ähnlich der Doktrin der zwingenden Erfordernisse bei den Grundfreiheiten) nicht auf einen bestimmten Katalog an Zielen beschränkt sondern für potenziell **alle öffentlichen Interessen** offen, die im konkreten Fall in Frage kommen und von der EU anerkannt werden. Untauglich (weil nicht anerkannt) sind daher etwa, wie bei den Grundfreiheiten, wirtschaftliche Gründe.[37]

3.2. Unionsbürgerschaft

Die Bestimmungen über die Unionsbürgerschaft in den Art 9 EUV und 20 bis 25 AEUV wurden mit dem **Vertrag von Maastricht** aus 1992 in das Primärrecht aufgenommen. Die Unionsbürgerschaft umfasst ein ganzes Bündel an Bürgerrechten, zB konsularischem Schutz, Wahlrecht, Petitionsrecht usw.[38] Flankiert werden diese Bestimmungen zudem durch einen auch grundrechtlichen Schutz von Bürgerrechten nach den Art 39 bis 46 GRC.[39]

Den für das Binnenmarktrecht relevanten Kern der Unionsbürgerrechte bildet aber die **Bewegungs- und Aufenthaltsfreiheit** nach Art 21 Abs 1 AEUV (bzw Art 45 GRC). Demnach hat „[j]eder Unionsbürger ... das Recht, sich im Hoheitsgebiet der Mitgliedstaaten vorbehaltlich der in den Verträgen und in den Durchführungsvorschriften vorgesehenen Beschränkungen und Bedingungen frei zu bewegen und aufzuhalten." Während die Bestimmungen zur Unionsbürgerschaft seit Maastricht immer wieder neu geordnet und in Teilen erweitert wurden, blieb die Bewegungs- und Aufenthaltsfreiheit als Kern der Rechte seit Maastricht unverändert.[40]

---

35 So auch *Epiney*, Art 18 AEUV, Rz 37, in *Calliess/Ruffert* (Hrsg), EUV-AEUV-Kommentar[5] (2016).
36 Vgl Rs C-147/03, *Österreichischer Hochschulzugang*, ECLI:EU:C:2005:427, Rn 48.
37 Vgl Rs C-388/01, *Kommission/Italien*, ECLI:EU:C:2003:630, Rn 19 ff.
38 Vgl va Art 20 Abs 2 AEUV.
39 Vgl *Griller*, in *Schroeder/Obwexer*, 20 Jahre Unionsbürgerschaft, 7 ff.
40 Vgl Art 8a EGV (Maastricht), ABl 1992/C 224/1.

Der EuGH versteht die nach Art 21 gewährleistete **Aufenthaltsfreiheit** heute als **allgemeines Recht** auf **Gleichbehandlung im Aufenthalt**. Demnach ist „der Unionsbürgerstatus dazu bestimmt, der grundlegende Status der Staatsangehörigen der Mitgliedstaaten zu sein, der es **denjenigen** unter ihnen, **die sich in der gleichen Situation befinden**, erlaubt, im sachlichen Anwendungsbereich des [AEUV] unabhängig von ihrer Staatsangehörigkeit und unbeschadet der insoweit ausdrücklich vorgesehenen Ausnahmen die **gleiche rechtliche Behandlung** zu genießen".[41]

3.2.1. Abgrenzung zu Art 18

Zwischen dem Aufenthalts- und Gleichbehandlungsrecht nach Art 21 und dem Diskriminierungsverbot nach Art 18 bestehen augenfällige Parallelen. Erklärbar sind sie mit der Genese der Unionsbürgerschaft. Ihre Schaffung löste aus dem **davor weiteren Anwendungsbereich des Art 18** den Teilbereich Aufenthalt und Gleichbehandlung im Aufenthalt heraus. Art 21 ist daher letztlich eine *lex specialis* zu Art 18 betreffend Diskriminierungen bzw Ungleichbehandlungen, die den Genuss der Unionsbürgerrechte berühren.[42]

Der aus Art 18 herausgelöste Teilbereich, der nunmehr vorrangig Art 21 Abs 1 unterliegt, umfasst das **Recht auf Aufenthalt sowie** die **während des Aufenthalts** im Vergleich zu Inländern **zustehenden Rechte einer** nicht wirtschaftlich tätigen (also nicht den speziellen Normen der Grundfreiheiten unterliegenden) natürlichen oder juristischen **Person** (und deren Angehöriger). Im Anwendungsbereich des Art 18 verbleiben damit va nicht aufenthaltsbezogene Diskriminierungen, die also **weder mit dem** ,**Hiersein**' (Aufenthalt, zB Ausweisung, Aufenthaltserlaubnis für Angehörige usw) **noch mit dem** ,**So-Sein**' (Fremdenstatus als solcher, zB Verweigerung des Zugangs zu öffentlichen Einrichtungen, Dienstleistungen oder Sozialleistungen, Namensführung usw) der Person **zu tun haben**. Ein typisches Beispiel wäre etwa der bei Art 18 dargestellte Sachverhalt des Urteils *Ricordi*, betreffend die Ungleichbehandlung in- und ausländischer Werke im Urheberrecht.[43]

> Allerdings unterscheidet die Rsp die Anwendungsbereiche der Art 21 und 18 im Einzelfall nur **unscharf** und wendet die Normen häufig nebeneinander oder in fließendem Übergang an.[44] In solchen Fällen gemeinsamer Anwendung lässt sich das über Art 21 gewährleistete Aufenthaltsrecht gewissermaßen den Sockel bzw die Vorbedingung für den Genuss weitergehender Rechte sehen, deren Gewährung dann an Art 18 gemessen wird. Ist beispielsweise die Frage gleichen Hochschulzugangs für In- und EU-Ausländer zu entscheiden, lässt sich der Aufenthalt im Inland eine an Art 21 zu messende Vorbedingung des Zugangs begreifen, die Bedingungen des Zugangs dagegen als an Art 18 zu messende Folgefrage. Gleichzeitig hängt das Aufenthaltsrecht aber am Zugang zur Universität: Wird der Hochschulzugang daher zu Recht verweigert (zB aufgrund einer sachlich gerechtfertigten, dh erforderlichen, geeigneten und angemessenen, Quotenregelung), besteht auch das

---

41 Rs C-333/13, *Dano*, ECLI:EU:C:2014:2358, Rn 58 ff.
42 Vgl auch *von Bogdandy*, Art 18, Rz 35, in *Grabitz/Hilf/Nettesheim* (Hrsg), EUV/AEUV-Kommentar, EL 42 2010.
43 Vgl Rs C-360/00, *Ricordi*, ECLI:EU:C:2002:346, Rn 31.
44 Vgl zB Rs 209/03, *Bidar*, ECLI:EU:C:2005:169, Rn 31; Rs C-130/02, *Brian Collins*, ECLI:EU:C:2004:172, Rn 60 f; Rs C-148/02, *Garcia Avello*, ECLI:EU:C:2003:539, Rn 22 f; Rs C-184/99, *Grzelczyk*, ECLI:EU:C:2001:458, Rn 30 f.

3. Freizügigkeit

> Aufenthaltsrecht nicht. Im Schrifttum ist daher auch davon die Rede, die Art 18 und 21 bilden gemeinsam eine Generalklausel betreffend die Teilhabe von EU-Ausländern an Inländern zugestandenen Rechten, insbesondere solchen sozialer Natur.[45]

Die Abgrenzung der Art 18 und 21 zueinander durch den EuGH illustriert das **Beispiel** des Urteils *Grunkin und Paul* aus 2009. Es betraf die Nichtanerkennung eines ausländischen Namens.[46]

> Rs C-353/06, *Grunkin und Paul*, ECLI:EU:C:2009:597
>
> Leonhard Matthias Grunkin-Paul wurde in Dänemark als Kind von Frau Paul und Herrn Grunkin geboren, die damals miteinander verheiratet waren und beide die deutsche Staatsangehörigkeit besaßen. Die von der zuständigen dänischen Behörde ausgestellte Namensurkunde („navnebevis") lautete nach dänischem Recht auf den Doppelnamen Grunkin-Paul. Die deutschen Standesämter lehnten die Anerkennung des in Dänemark bestimmten Namens mit der Begründung ab, nach Art 10 EGBGB unterliege der Nachname einer Person dem Recht des Staates, dessen Staatsangehörigkeit sie besitze, und nach deutschem Recht dürfe ein Kind keinen Doppelnamen, bestehend aus den Namen seines Vaters und seiner Mutter, führen. Ist die Nichtanerkennung der dänischen Namensgebung mit den Gleichbehandlungsgeboten des Unionsrechts vereinbar?
>
> 15 Zunächst ist festzustellen, dass die Situation des Kindes Leonhard Matthias vom **sachlichen Anwendungsbereich** des [AEUV] erfasst wird.
>
> 16 Zwar fällt das Recht zur Regelung der Nachnamen beim gegenwärtigen Stand des [Unions]rechts in die Zuständigkeit der Mitgliedstaaten, doch müssen diese bei der Ausübung dieser Zuständigkeit gleichwohl das [Unions]recht beachten, sofern es sich nicht um einen internen Sachverhalt handelt[.]
>
> 17 Der Gerichtshof hat bereits entschieden, dass ein solcher Bezug zum [Unions]recht bei Kindern besteht, die Angehörige eines Mitgliedstaats sind und sich zugleich rechtmäßig im Hoheitsgebiet eines anderen Mitgliedstaats aufhalten[.]
>
> 18 Das Kind Leonhard Matthias kann sich daher gegenüber dem Mitgliedstaat, dessen Staatsangehöriger es ist, grundsätzlich **auf das Recht aus Art [18]**, nicht aufgrund seiner Staatsangehörigkeit diskriminiert zu werden, **sowie auf das Recht aus Art [21]**, sich im Hoheitsgebiet der Mitgliedstaaten frei zu bewegen und aufzuhalten, **berufen**. ...
>
> 19 Zu Art [18], ist jedoch ohne Weiteres festzustellen, dass das Kind Leonhard Matthias ... in Deutschland nicht aufgrund seiner Staatsangehörigkeit diskriminiert wird.
>
> 20 Da das Kind und seine Eltern nämlich nur die deutsche Staatsangehörigkeit besitzen und die **deutsche Kollisionsnorm**, die im Ausgangsverfahren in Frage steht, für die Erteilung des Nachnamens auf das deutsche Sachrecht zur Regelung der Namen verweist, kann darin, dass der Name dieses Kindes in Deutschland nach deutschem Recht bestimmt wird, **keine Diskriminierung** aufgrund der Staatsangehörigkeit liegen. ...
>
> 21 Eine nationale Regelung, die bestimmte eigene Staatsangehörige allein deswegen benachteiligt, weil sie von ihrer Freiheit, sich in einen anderen Mitgliedstaat zu begeben und sich dort aufzuhalten, Gebrauch gemacht haben, stellt eine Beschränkung der Freiheiten dar, die Art [21] jedem Unionsbürger verleiht[.]

---

45 Vgl *von Bogdandy*, Art 18, Rz 36 mwN, in *Grabitz/Hilf/Nettesheim* (Hrsg), EUV/AEUV-Kommentar, EL 42 2010.

46 Vgl zum Namensrecht zB auch Rs C-148/02, *Garcia Avello*, ECLI:EU:C:2003:539, Rn 22 f.; Rs C-208/09, *Sayn-Wittgenstein*, ECLI:EU:C:2010:806, Rn 71; Rs C-438/14, *Bogendorff*, ECLI:EU:C:2016:401, Rn 36; Rs C-391/09, *Runevič-Vardyn*, ECLI:EU:C:2011:291, Rn 66.

> 22 Die Verpflichtung, in dem Mitgliedstaat, dessen Staatsangehörigkeit der Betroffene besitzt, einen anderen Namen als den zu führen, der bereits im Geburts- und Wohnsitzmitgliedstaat erteilt und eingetragen wurde, kann aber die Ausübung des Rechts aus Art [21] behindern[.]
>
> 23 Wie der Gerichtshof in Bezug auf Kinder mit der Staatsangehörigkeit zweier Mitgliedstaaten bereits festgestellt hat, können **unterschiedliche Familiennamen** für die Betroffenen zu **schwerwiegenden Nachteilen** beruflicher wie auch privater Art führen, die insbesondere aus den Schwierigkeiten resultieren können, in dem Mitgliedstaat, dessen Staatsangehörige diese Kinder sind, rechtliche Wirkungen von Urkunden oder Schriftstücken in Anspruch zu nehmen, die auf den Namen ausgestellt wurden, der in einem anderen Mitgliedstaat anerkannt ist, dessen Staatsangehörigkeit sie ebenfalls besitzen[.]
>
> 26 [Insbesondere] läuft der Betroffene Gefahr, jedes Mal, wenn er in ... dem Mitgliedstaat, in dem er geboren wurde und seitdem wohnt ... den Nachweis seiner Identität erbringen muss, Zweifel an dieser Identität und den Verdacht von Falschangaben ausräumen zu müssen, die durch die Divergenz zwischen dem Namen, den er schon immer im täglichen Leben benutzt hat und der sowohl in den Registern der dänischen Behörden als auch in allen in Dänemark in Bezug auf ihn ausgestellten amtlichen Dokumenten wie insbesondere der Geburtsurkunde steht, und dem Namen in seinem deutschen Reisepass hervorgerufen werden. ...
>
> 39 Nach alledem ist auf die vorgelegte Frage zu antworten, dass Art [21] ... dem entgegensteht, dass die Behörden eines Mitgliedstaats es unter Anwendung des nationalen Rechts ablehnen, den Nachnamen eines Kindes anzuerkennen, der in einem anderen Mitgliedstaat bestimmt und eingetragen wurde, in dem dieses Kind – das wie seine Eltern nur die Staatsangehörigkeit des erstgenannten Mitgliedstaats besitzt – geboren wurde und seitdem wohnt.

Grunkin und Paul zeigt, dass der EuGH die Art 18 und 21 durchaus nebeneinander anwendet: Das Recht, nicht aufgrund der Staatsangehörigkeit diskriminiert zu werden, geht Hand in Hand mit dem Recht, sich im Hoheitsgebiet der Mitgliedstaaten frei zu bewegen und aufhalten zu dürfen. Betroffene können sich durchaus kumulativ auf diese Bestimmungen berufen. Scheidet, wie in *Grunkin und Paul*, eine der Bestimmungen tatbestandlich aus (dort Art 18), kann als Rückfallposition der Abwehr der Ungleichbehandlung immer noch die andere verbleiben (dort Art 21). *Grunkin und Paul* führt außerdem vor Augen, dass die Unionsbürgerschaft durchaus auch gegen Bewegungseinschränkungen in Stellung gebracht werden kann, für die der eigene Mitgliedstaat des Betroffenen verantwortlich zeichnet.

3.2.2. Persönlicher Schutzbereich

Schon nach ihrem Titel berechtigt die Unionsbürgerschaft zunächst nur Unionsbürger, also **Staatsangehörige der MS**.[47] Dazu zählen auch Unternehmen der MS, soweit es nicht um die Ausübung höchstpersönlicher Rechte (etwa Wahlrecht) geht. Da Unternehmen im Regelfall eine wirtschaftliche Tätigkeit ausüben und sie treffende Beschränkungen daher zumeist unter die Grundfreiheiten fallen, sind praktische Anwendungsfälle der Unionsbürgerschaft auf Unternehmen begrenzt (zB auf gemeinnützige Vereine).

---

47 So auch Rs C-40/11, *Idia*, ECLI:EU:C:2012:691, Rn 66.

3. Freizügigkeit

> Die Entscheidung, wer EU-Bürger ist, treffen daher die MS mit ihren jeweiligen Bestimmungen über **Verleihung und Verlust der Staatsbürgerschaft**.[48] Sie haben dabei allerdings, wie auch in anderen Bereichen (zB beim eben diskutierten Namensrecht), das Unionsrecht zu beachten (zB das Verhältnismäßigkeitsprinzip).[49] Die MS genießen daher zwar weitgehende, aber nicht unumschränkte Freiheit bei staatsbürgerschaftsrechtlichen Entscheidungen.

In den persönlichen Schutzbereich des Art 21 fallen, gleich wie bei der Arbeitnehmerfreizügigkeit (s. dazu dort), zudem **Familienangehörige** von EU-Bürgern. Zum berechtigten Kreis Familienangehöriger gehören die **Ehegatten bzw Lebenspartner, minderjährige** oder sonst **unterhaltsberechtigte Kinder** sowie **unterhaltsberechtigte Eltern erwachsener Kinder**.[50]

Art 21 (bzw Art 45 AEUV) **verleiht** Familienangehörigen ein vom EU-Bürger abgeleitetes **Einreise- und Aufenthaltsrecht**. In der Praxis **hauptsächlich** relevant sind diese Rechte heute für solche Familienangehörigen eines EU-Bürgers, die **selbst Drittstaatsangehörige** sind.[51]

> Schon nach den **Grundrechten** auf **Schutz des Familienlebens**[52] sowie der **Rechte des Kindes**[53] können Eltern und ihre minderjährigen, also versorgungs- bzw unterhaltsberechtigten Kinder nicht ohne Weiteres voneinander getrennt werden.[54] Das Nachzugs-[55] und Aufenthaltsrecht drittstaatsangehöriger Familienangehöriger ist insoweit also schon eine Folge einer grundrechtskonformen Auslegung von Art 21 (bzw Art 45).
>
> Das **Mit- bzw Nachzugsrecht** der Familienangehörigen hat aber auch einen dem *telos* der Unionsbürgerschaft (bzw der Arbeitnehmerfreizügigkeit) selbst innewohnenden Grund: Das Fehlen eines Rechts, Familienangehörige unabhängig von ihrer Staatsangehörigkeit ins EU-Ausland mitzunehmen bzw nachkommen zu lassen, könnte einen „Unionsbürger in seiner Freizügigkeit beeinträchtigen …, weil ihn dies **davon abhalten könnte, von seinem Recht Gebrauch zu machen**, in den Aufnahmemitgliedstaat einzureisen und sich dort aufzuhalten."[56]

Dementsprechend verfügt also zB ein drittstaatsangehöriger **Elternteil**, der für einen **minderjährigen Unionsbürger** tatsächlich **sorgt**, über ein gemeinsames **Aufenthaltsrecht** mit diesem Minderjährigen in der EU.[57] Eine solche Konstellation eines vom Kind abgeleiteten Aufenthaltsrechts der Eltern illustriert zB[58] das *Urteil Chen* aus 2004.

---

[48] Vgl auch Art 9 EUV.
[49] Vgl Rs C-135/08, *Rottmann*, ECLI:EU:C:2010:104, Rn 45 ff.
[50] Vgl Art 2 Z 2 UnionsbürgerRL 2004/38/EG.
[51] Vgl dazu *Nettesheim*, JZ 2011, 1032 ff; *Frenz*, ZAR 2011, 223.
[52] Vgl Art 7 GRC.
[53] Vgl Art 24 GRC.
[54] Vgl Rs C-40/11, *Idia*, ECLI:EU:C:2012:691, Rn 78.
[55] Vgl besonders Rs C-127/08, *Metock*, ECLI:EU:C:2008:449, Rn 54 ff.
[56] Rs C-40/11, *Idia*, ECLI:EU:C:2012:691, Rn 68, Hervorhebung hinzugefügt.
[57] Vgl zB Rs C-40/11, *Idia*, ECLI:EU:C:2012:691, Rn 69.
[58] Vgl auch Rs C-413/99, *Baumbast und R*, ECLI:EU:C:2002:493, Rn 52 ff; Rs C-34/09, *Ruiz Zambrano*, ECLI:EU:C:2011:124, Rn 36 ff.

3.2. Unionsbürgerschaft

Rs C-200/02, *Zhu und Chen*, ECLI:EU:C:2004:639

Frau Chen und ihr Ehemann sind chinesische Staatsangehörige. Beide arbeiten für ein chinesisches Unternehmen mit Sitz in China. Im Rahmen ihrer beruflichen Tätigkeit reisen sie häufig geschäftlich in verschiedene MS, darunter Großbritannien. Das erste Kind des Ehepaars wurde in China geboren. Frau Chen wollte ein zweites Kind zur Welt bringen und reiste, als sie ungefähr im sechsten Monat schwanger war, im Mai 2000 nach Großbritannien ein. Im Juli 2000 begab sie sich nach Belfast in Nordirland, wo im September das zweite Kind namens Catherine geboren wurde. Nach dem Gesetz über die irische Staatsangehörigkeit kann jeder, der auf der geteilten Insel Irland geboren wird, die irische Staatsangehörigkeit erwerben. Catherine war damit Irin geworden. IdF beantragte Frau Chen eine dauerhafte Aufenthaltserlaubnis für sich und Catherine in Großbritannien. Unstreitig hatte der Aufenthalt auf der Insel Irland auch genau dem Zweck gedient, dem Kind die irische Staatsangehörigkeit und infolgedessen der Mutter das Recht zu verschaffen, in Großbritannien zu bleiben. Die britischen Behörden lehnten die Erteilung einer Aufenthaltserlaubnis ab. Zu Recht?

18 Zunächst ist ... zurückzuweisen, dass sich ... **Catherine** schon deshalb nicht auf die ... die **Freizügigkeit** ... berufen könne, weil sie nie von einem Mitgliedstaat in einen anderen Mitgliedstaat gereist sei. ...

20 [So] kann sich [auch] **ein Kind im Kleinkindalter** auf die ... **Rechte auf Freizügigkeit und auf Aufenthalt berufen**. [Diese] Fähigkeit ... kann nicht von der Bedingung abhängen, dass der Betreffende das Alter erreicht hat, ab dem er rechtlich in der Lage ist, diese Rechte selbst auszuüben[.] ...

25 Nach [Art 20] ist **Unionsbürger** jede Person, die die Staatsangehörigkeit eines Mitgliedstaats besitzt. Die **Unionsbürgerschaft** ist dazu bestimmt, der **grundlegende Status der Angehörigen der Mitgliedstaaten** zu sein[.]

26 Das **Recht zum Aufenthalt** im Hoheitsgebiet der Mitgliedstaaten nach [Art 21 Abs 1] wird jedem Unionsbürger durch eine klare und präzise Vorschrift des Vertrages **unmittelbar zuerkannt**. Allein deshalb, weil sie Staatsangehörige eines Mitgliedstaats und damit Unionsbürgerin ist, ist Catherine daher berechtigt, sich auf [Art 21 Abs 1] zu berufen. Dieses Recht der Unionsbürger zum Aufenthalt im Hoheitsgebiet eines anderen Mitgliedstaats besteht **vorbehaltlich der im Vertrag und in seinen Durchführungsvorschriften vorgesehenen Beschränkungen** und **Bedingungen**[.]

27 [Insoweit] bestimmt [Art 7 UnionsbürgerRL 2004/38/EG], dass ... [EU-Bürger], die ... das Aufenthaltsrecht genießen wollen, ... für sich und ihre Familienangehörigen über eine **Krankenversicherung**, die im Aufnahmemitgliedstaat alle Risiken abdeckt, sowie über **ausreichende Existenzmittel** verfügen [müssen], durch die sichergestellt ist, dass sie während ihres Aufenthalts nicht die Sozialhilfe des Aufnahmemitgliedstaats in Anspruch nehmen müssen.

28 ... Catherine [verfügt] sowohl über eine Krankenversicherung als auch über ausreichende Existenzmittel ..., die sie von ihrer Mutter erhält; dadurch ist gewährleistet, dass sie nicht die Sozialhilfe des Aufnahmemitgliedstaats in Anspruch nehmen muss.

29 Der Einwand ..., wonach ... der Betreffende ... selbst über solche Mittel verfügen müsse und sich ... nicht auf Mittel eines Familienangehörigen berufen könne ... ist nicht begründet. ...

31 Diese Auslegung ist ... geboten, [weil] ein fundamentaler Grundsatz wie der der **Freizügigkeit** ..., **weit auszulegen** [ist]. ...

Zum Aufenthaltsrecht ... von **Frau Chen**

42 [Art 7 UnionsbürgerRL 2004/38/EG gewährt nur solchen Verwandten in aufsteigender Linie ein Aufenthaltsrecht, denen der Unionsbürger Versorgung oder] „... Unterhalt gewährt"[. Diese Bestimmung kann] Frau Chen [k]ein Aufenthaltsrecht verleihen. ...

44 [Hier] liegt genau die umgekehrte Situation vor, da dem Aufenthaltsberechtigten vom Staatsangehörigen eines Drittstaats **Unterhalt gewährt wird**[.]

45 Würde aber dem Elternteil ..., der für ein Kind ... tatsächlich sorgt, nicht erlaubt, sich mit diesem Kind im Aufnahmemitgliedstaat aufzuhalten, so würde dem **Aufenthaltsrecht des Kindes jede praktische Wirksamkeit genommen**. Offenkundig setzt nämlich der Genuss des Aufenthaltsrechts

> durch ein Kind im Kleinkindalter voraus, dass sich die für das Kind tatsächlich sorgende Person bei diesem aufhalten darf[.] ...
>
> 47 Daher ist ... zu antworten, dass [Art 21 und die UnionsbürgerRL 2004/38/EG] dem **minderjährigen Staatsangehörigen** eines Mitgliedstaats im **Kleinkindalter**, der angemessen krankenversichert ist und dem **Unterhalt** von einem Elternteil **gewährt** wird, der Staatsangehöriger eines Drittstaats ist und dessen Mittel ausreichen, um eine Belastung der öffentlichen Finanzen des Aufnahmemitgliedstaats durch den Minderjährigen zu verhindern, **das Recht verleihen, sich für unbestimmte Zeit im Hoheitsgebiet des Aufnahmemitgliedstaats aufzuhalten**. In einem **solchen Fall** erlauben dieselben Vorschriften es dem **Elternteil**, der die **Personensorge** für diesen Staatsangehörigen tatsächlich wahrnimmt, sich mit ihm im Aufnahmemitgliedstaat **aufzuhalten**.

Neben Kindern und Ehegatten können auch **versorgungs-** oder **unterhaltsberechtigte Eltern erwachsener Kinder** ebenfalls ein Einreise- und Aufenthaltsrecht beanspruchen. Hierfür gelten jedoch restriktivere Voraussetzungen (**Einzelfallprüfung** der persönlichen Umstände).[59]

Verpflichtete der Gewährleistung von Aufenthalts- und Bewegungsfreiheit der Unionsbürger sind **nur die MS**. Die Freizügigkeit potenziell verletzende Maßnahmen müssen daher, wie bei allen Grundfreiheiten und flankierenden Bestimmungen, staatlich zurechenbar sein.

3.2.3. Sachlicher Schutzbereich

Der **sachliche** Schutzbereich der Freizügigkeitsdimension der Unionsbürgerschaft (also die politischen Rechte ausblendend) umfasst zunächst Rechte auf **freie Ausreise**,[60] **Einreise** und **Aufenthalt** (nach Maßgabe der Ausführungsbestimmungen des Sekundärrechts, also va der UnionsbürgerRL 2004/38/EG). Der EuGH hat Art 21 **außerdem** zu einem umfassenden Recht auf **Gleichbehandlung** im Aufenthalt weiterentwickelt. Geschützt ist außerdem die spätere **Rückkehr** in den **Heimatstaat**. Unionsbürger können ihren Aufenthaltsort in der EU daher grundsätzlich frei wählen, sofern sie die sekundärrechtlichen Voraussetzungen der UnionsbürgerRL 2004/38/EG einhalten.

Die nach Art 21 Abs 1 **geschützten Verhaltensweisen** des Berechtigten sind mit Ausreise, Einreise, Aufenthalt in einem anderen MS und Rückkehr also sämtliche Formen einer Ausübung der spezifischen Freizügigkeitsrechte der Person (bzw eines Unternehmens). Eine **Bereichsausnahme** besteht nicht.

Der sachliche Schutzbereich erfasst, wie stets, nur Sachverhalte mit **grenzüberschreitendem Bezug**. Der EU-Bürger muss von seinem Recht auf Freizügigkeit nach Art 21 tatsächlich Gebrauch gemacht haben, sich also im EU-Ausland befinden. Insbesondere hängt daher auch das **gemeinsame Aufenthaltsrecht** von (ggf drittstaatsangehörigen) Familienangehörigen von der Voraussetzung ab, dass die **Familie** sich **in einem anderen MS** als jenem aufhält, dessen Staatsangehörigkeit der EU-Bürger besitzt (oder ein sonstiger Bezug zu einem anderen MS oder ein außergewöhnlicher Umstand[61] besteht):[62] Andernfalls liegt ein rein interner Sachver-

---

59 Vgl Art 3 Abs 2 iVm 7 Abs 4 UnionsbürgerRL 2004/38/EG; auch Rs C-200/02, *Chen*, ECLI:EU:C:2004:639, Rn 43.
60 Vgl etwa Rs C-249/11, *Byankov*, ECLI:EU:C:2012:608, Rn 29 ff.
61 Vgl zB Rs C-256/11, *Dereci*, ECLI:EU:C:2011:734, Rn 64 ff.
62 Vgl etwa Rs C-434/09, *McCarthy*, ECLI:EU:C:2011:277, Rn 56.

halt vor, auf den Art 21 keine Anwendung findet (sondern ggf ein nationales Inländerdiskriminierungsverbot).[63] Gegenüber dem **Heimatstaat** des EU-Bürgers besteht ein Aufenthaltsrecht drittstaatsangehöriger Familienangehöriger aber dann, wenn sie gemeinsam aus dem EU-Ausland zurückkehren.[64]

3.2.4. Eingriff

Der Gewährleistungsgehalt von Art 21 umfasst mit der Bewegungsfreiheit einerseits und der Gleichbehandlung im Aufenthalt andererseits zwei unterschiedlich weitgehende Komponenten. Die Bedingungen der Ausübung der Bewegungsfreiheit sind dabei über die UnionsbürgerRL 2004/38/EG weitestgehend sekundärrechtlich determiniert. Diese Determinierung der Aufenthaltsregeln strahlt überdies auf Aspekte der Gleichbehandlung im Aufenthalt aus. So greift va die Judikatur bettreffend den Zugang zu Sozialleistungen im Zielstaat auf die Aufenthaltsvoraussetzungen nach der RL zurück, um Wartezeiten beim Zugang zu Sozialleistungen zu begründen.

3.2.4.1. Allgemeines

Ein Eingriff in das nach Art 21 gewährleistete Freizügigkeitsrecht der Unionsbürger liegt 1) vor, wenn im bzw vom MS Ausreise, Einreise oder **Aufenthalt beschränkt** werden: „[E]in Staatsangehöriger eines Mitgliedstaats [soll] von [der] Wahrnehmung [der Freizügigkeitsrechte nicht] durch Hindernisse [des Herkunfts- oder Zielstaats] abgehalten werden".[65]

Art 21 zielt damit auf die Abschaffung sämtlicher sich aus der Wahrnehmung der Bewegungs- und Aufenthaltsfreizeit ergebender Nachteile. Diese erste Komponente des Gewährleistungsgehalts von Art 21 geht klar über ein reines Diskriminierungsverbot, wie es Art 18 darstellt, hinaus: Es handelt sich um ein **Beschränkungsverbot** im Hinblick auf die Bewegungsfreiheit.

Ein Eingriff in Art 21 liegt **aber 2) auch schon** dann vor, wenn es **im Rahmen des Aufenthalts** zu einer **Schlechterstellung** des EU-Bürgers **gegenüber Staatsangehörigen** des Zielstaats kommt (allgemeines **Gleichbehandlungsgebot**): „[E]in Unionsbürger [hat] in allen Mitgliedstaaten Anspruch auf die gleiche rechtliche Behandlung wie die Staatsangehörigen dieses Mitgliedstaats ..., die sich in der gleichen Situation befinden".[66]

Die zweite Komponente (**Rechte im Aufenthalt**) umfasst dagegen weniger als ein Beschränkungsverbot: Sie zielt lediglich auf die **Gleichbehandlung** mit Inländern und nicht auch auf die Abschaffung sonstiger, darüber hinausgehender staatlicher Maßnahmen, die den Aufenthalt von Unionsbürgern in einem bestimmten MS weniger attraktiv machen könnten. Diese zweite Komponente ist also im Grunde eine speziellere Variante des Allgemeinen Diskriminierungsverbots.

---

63 Vgl zB Rs C-499/06, *Nerkowska*, ECLI:EU:C:2008:300, Rn 25; Rs C-192/05, *Tas-Hagen*, ECLI:EU:C:2006:676, Rn 23.
64 Vgl zB Rs C-40/11, *Idia*, ECLI:EU:C:2012:691, Rn 70.
65 Rs C-224/02, *Antero Pusa*, ECLI:EU:C:2004:273, Rn 19; ebenso Rs C-224/98, *D'Hoop*, ECLI:EU:C:2002:432, Rn 31.
66 Rs C-224/02, *Antero Pusa*, ECLI:EU:C:2004:273, Rn 18; ebenso Rs C-224/98, *D'Hoop*, ECLI:EU:C:2002:432, Rn 30.

Beispiele für Maßnahmen, die (einzelfallabhängig) mit dem Gebot auf Gleichbehandlung im Aufenthalt in Konflikt stehen können, sind etwa die Verweigerung von Überbrückungsgeld nach Abschluss der Schulbildung,[67] Studienbeihilfe[68] oder ähnlichen Leistungen für Studierende,[69] Ungleichbehandlungen beim Zugang zu Sozialwohnungen,[70] die Verweigerung der Weitergabe eines ausländischen Doppelnamens an die Kinder,[71] die Nichtanerkennung der ausländischen Schreibweise des Namens[72] oder die Nichtanerkennung des Adelsbestandteils eines Namens.[73] Auch Drittstaatsangehörigen gesteht der EuGH bestimmte akzessorische Rechte im Aufenthalt zu, etwa jenes auf Erteilung einer Arbeitserlaubnis.[74]

> Das **Gros der Fälle** in der Praxis spielt sich heute im zweitgenannten Bereich der Reichweite der **Gleichbehandlungspflichten** ab, und daraus wiederum im Bereich des Zugangs von EU-Bürgern zu öffentlichen Sozial- oder Dienstleistungen. Der erstgenannte Bereich der Nichtbeschränkung der Aufenthaltsrechte besitzt va für drittstaatsangehörige Familienangehörige Praxisrelevanz (s beim persönlichen Anwendungsbereich). Auch hier gibt es eine große Zahl an Urteilen.

3.2.4.2. UnionsbürgerRL 2004/38/EG

Die Bewegungsfreiheit der Unionsbürger unterliegt schon nach dem Wortlaut des Art 21 dem Vorbehalt primär- und sekundärrechtlicher Einschränkungen. Solche Einschränkungen ergeben sich va aus der UnionsbürgerRL 2004/38/EG. Ihre Regelungen zur Aus- und Einreise, aber va zu den Voraussetzungen und Reichweite eines Aufenthalts von Unionsbürgern in anderen MS überlagern als spezielleres Recht die primärrechtlichen Freizügigkeitsbestimmungen der Art 21 sowie 45 bzw 18 AEUV.

Art 6 der UnionsbürgerRL 2004/38/EG erlaubt Unionsbürgern und deren Familienangehörigen für einen Zeitraum **bis zu drei Monaten** einen **voraussetzungslosen** bzw **freien Aufenthalt** in jedem anderen MS. Diese Zeitspanne entspricht iW dem internationalen Standard eines visumfreien Aufenthalts[75] und ist insoweit wenig revolutionär.

Das Recht auf einen **längeren Aufenthalt über drei Monate** unterwirft Art 7 dagegen Mindestanforderungen der **Selbsterhaltungsfähigkeit**.[76] Selbsterhaltungsfähigkeit liegt nach der RL vor, wenn ein EU-Bürger 1) einer selbständigen oder unselbständigen **Beschäftigung** nachgeht **oder** andernfalls 2) für sich und ggf seine Familienangehörigen ausreichende **Existenzmittel und eine Krankenversicherung** nachweisen kann. Diese Anforderungen sollen ausschließen, dass EU-Ausländer während des Aufenthalts im Zielstaat Sozialleistungen in Anspruch nehmen.

---

67 Vgl Rs C-224/98, *D'Hoop*, ECLI:EU:C:2002:432, Rn 27 ff.
68 Vgl Rs C-184/99, *Grzelczyk*, ECLI:EU:C:2001:458, Rn 30 ff.
69 Vgl zB Rs C-209/03, *Bidar*, ECLI:EU:C:2005:169, Rn 32 ff.
70 Vgl Rs C-197/11, *Libert*, ECLI:EU:C:2013:288, Rn 37 ff.
71 Vgl Rs C-148/02, *Garcia Avello*, ECLI:EU:C:2003:539, Rn 20 ff.
72 Vgl Rs C-391/09, *Runevič-Vardyn*, ECLI:EU:C:2011:291, Rn 49 ff.
73 Vgl Rs C-438/14, *Bogendorff*, ECLI:EU:C:2016:401, Rn 28 ff.
74 Vgl Rs C-34/09, *Ruiz Zambrano*, ECLI:EU:C:2011:124, Rn 45.
75 Vgl etwa Art 1 Abs 2 Schengen-VisaVO 539/2001, ABl 2001/81/1, idgF.
76 Vgl Art 6 ff UnionsbürgerRL 2004/38/EG.

3.2. Unionsbürgerschaft

Diese Voraussetzungen der Selbsterhaltungsfähigkeit fallen erst nach einer gewissen Verwurzelung in der Gesellschaft des Zielstaats weg. Art 16 setzt diese Verwurzelung bei **fünf Jahren** ununterbrochenen, rechtmäßigen Aufenthalt im Zielstaat fest: Nach diesen fünf Jahren erwerben EU-Bürger und ihre (ggf auch drittstaatsangehörigen) Familienangehörigen ein von keinen weiteren Voraussetzungen mehr abhängiges **Daueraufenthaltsrecht**. Die Berechtigten dürfen also auch dann im Zielstaat bleiben, wenn die Selbsterhaltungsfähigkeit nicht mehr gegeben ist und sie das Sozialsystem belasten. Erleichterte Daueraufenthaltsregeln gelten für bestimmte Personengruppen, zB Pensionisten oder Berufsinvalide.

> Logische Folge des Daueraufenthaltsrechts ist es daher, dass spätestens nach fünf Jahren auch **Zugang zu Sozialleistungen** im Aufnahmemitgliedstaat gewährt werden muss, wenn dieser Bedarf besteht.[77] Die sogleich dargestellte Rsp ist daher so zu verstehen, dass sie an diese sekundärrechtlichen Aufenthaltsregeln anknüpft bzw mit diesen parallel läuft.
>
> Überdies ist das Recht auf Daueraufenthalt auch mit einem dauerhaften Recht auf **Zugang zum Arbeitsmarkt** bzw auf Ausübung einer selbständigen Tätigkeit verbunden.[78] Besonders interessant ist dies wiederum für drittstaatsangehörige Familienangehörige, die aus den Grundfreiheiten selbst keine direkten wirtschaftlichen Berechtigungen ableiten können.

Weiterwirkende **Beschränkungen des Einreise- und Aufenthaltsrechts** aus Gründen der öffentlichen Ordnung, Sicherheit oder Gesundheit, einschließlich Ausweisungen, bleiben nach Art 27 möglich. Sie können gegenüber einzelnen EU-Bürgern ungeachtet ihrer Aufenthaltskategorie (also vom Dreimonatsaufenthalt bis hin zum Daueraufenthaltsrecht) verhängt werden, stehen aber **unter engen** (und bei der Ausweisung als restriktivster Maßnahme nochmals erhöhten) Zulässigkeitsvoraussetzungen: Beschränkungen der Bewegungsfreiheit müssen den Grundsatz der Verhältnismäßigkeit wahren und dürfen ausschließlich im Hinblick auf das **persönliche Verhalten** des Betroffenen getroffen werden. Auch Alter, Gesundheitszustand, familiäre und wirtschaftliche Lage, soziale und kulturelle Integration im Aufnahmemitgliedstaat und das Ausmaß der Bindungen zum Herkunftsstaat sind in die Verhältnismäßigkeitsprüfung miteinzubeziehende Faktoren.[79]

> **Strafrechtliche Verurteilungen** alleine können daher ohne Hinzutreten weiterer objektiver Umstände keine Beschränkungen begründen: Das persönliche Verhalten muss vielmehr eine tatsächliche, gegenwärtige und erhebliche Gefahr darstellen, die ein Grundinteresse der Gesellschaft berührt. Es handelt sich dabei um eine jeweils individuelle Prognoseentscheidung, die nicht auf pauschale oder auf Generalprävention verweisende Begründungen gestützt werden darf. Daher sind auch, wie auch im Völkerrecht, **Kollektivausweisungen** stets unzulässig.[80] Eine Ausweisung von Daueraufenthaltsberechtigten, langfristig aufhältige oder minderjährigen Unionsbürgern ist überhaupt nur aus schwerwiegenden Gründen der öffentlichen Ordnung zulässig. Liegen die hohen Voraussetzungen aber vor, so kann die Ausweisung vom Aufnahmestaat auch als Strafe oder Nebenstrafe zu einer Freiheitsstrafe ausgesprochen werden.

---

77 Vgl auch Art 24 UnionsbürgerRL 2004/38/EG *e contrario*.
78 Vgl Art 23 UnionsbürgerRL 2004/38/EG.
79 Vgl auch *Obwexer*, in *Herzig*, Jahrbuch Europarecht 15, 67 ff.
80 Vgl auch Art 19 Abs 1 GRC.

3. Freizügigkeit

Keinesfalls darf eine Person aus rein wirtschaftlichen Gründen ausgewiesen oder im Aufenthalt sonst beschränkt werden. Fällt sie also zB dem Sozialsystem nach Erreichung des Daueraufenthaltsstatus zur Last fällt, begehren sie oder ihre Angehörigen Zugang zum Arbeitsmarkt oder zum Bildungssystem oÄ, stellt dies keinen zulässigen Grund für die Versagung des Aufenthaltsrechts dar.

3.2.4.3. Zugang zu Sozialleistungen im Besonderen

Eine Konsequenz des Aufenthaltsrechts nach Art 21 und den Regeln der UnionsbürgerRL 2004/38/EG ist es auch, dass die Verantwortung, sich Staatsangehöriger der MS im Bedarfsfall auch sozial anzunehmen und sie durch (nicht versicherungsbezogene) Geld- oder Sachleistungen zu unterstützen, zu einem gewissen Zeitpunkt vom Herkunfts- auf den Aufnahmestaat übergeht. Der Zugang zu Sozialleistungen aller Art (also neben klassischer Sozialhilfe etwa auch Studienbeihilfe, Pflegegeld usw) ist eine Ausformung der zweiten Komponente des Gewährleistungsgehalts der Unionsbürgerschaft, also der Pflicht zur Gleichbehandlung im Aufenthalt: Befinden sich EU-Ausländer in einer vergleichbaren Situation wie Inländer, denen eine bestimmte Sozialleistung gewährt wird, haben aufgrund von Art 21 auch EU-Ausländer grundsätzlich ein Anrecht darauf.[81]

Die jüngere Rsp des EuGH stellt (mittlerweile)[82] allerdings klar, dass die Gleichbehandlungspflicht bei Sozialleistungen Sonderregeln unterliegt. Sie ergeben sich iW aus einer Zusammenschau der Aufenthaltsvoraussetzungen nach der UnionsbürgerRL 2004/38/EG und dem Anliegen, Sozialmigration aus ärmeren in reichere MS hintanzuhalten.[83]

Der EuGH erlaubt es den MS daher grundsätzlich, den Zugang zu Sozialleistungen von einer gewissen Wartezeit abhängig zu machen, bis eine gewisse Bindung des EU-Bürgers an den Aufnahmestaat bzw eine gewisse Verwurzelung dort anzunehmen ist. Während der Wartezeit hat sich der Betreffende im Aufnahmestaat rechtmäßig iSd UnionsbürgerRL 2004/38/EG (also zB arbeitend oder sonst selbsterhaltungsfähig und versichert) aufzuhalten. Diesen jüngeren Ansatz illustriert etwa das Urteil *Dano* aus 2014, betreffend den Zugang zur dt Grundsicherung.

> Rs C-333/13, *Dano*, ECLI:EU:C:2014:2358, Rn 58 ff.
>
> Frau Dano und Sohn waren rumänische Staatsangehörige. Sie reisten 2010 nach Deutschland ein. Frau Dano hatte allerdings keinen erlernten oder angelernten Beruf und war bislang weder in Deutschland noch in Rumänien erwerbstätig. Frau Dano stellte einen Antrag auf Gewährung der Grundsicherung (einer Art Sozialhilfe), der 2011 abgelehnt wurde. Haben Frau Dano und ihr Sohn als Unionsbürger Anspruch auf dt Sozialhilfe?
>
> „58 Wie der Gerichtshof wiederholt entschieden hat, ist der Unionsbürgerstatus dazu bestimmt, der grundlegende Status der Staatsangehörigen der Mitgliedstaaten zu sein, der es denjenigen unter ihnen, die sich in der gleichen Situation befinden, erlaubt, im sachlichen Anwendungsbereich des [AEUV] unabhängig von ihrer Staatsangehörigkeit und unbeschadet der insoweit ausdrücklich vorgesehenen Ausnahmen die gleiche rechtliche Behandlung zu genießen[.] ...

---

81 Siehe auch *Windisch-Graetz*, DRdA 2015, 448 ff.
82 Unscharf (allerdings materiell bereits auf derselben Linie, da bereits länger aufhältige Personen betreffend) zB noch Rs C-184/99, *Grzelczyk*, ECLI:EU:C:2001:458, Rn 46; Rs C-85/96, *Martínez Sala*, ECLI:EU:C:1998:217, Rn 65.
83 Vgl auch Rs C-424/10, *Ziolkowski und Szeja*, ECLI:EU:C:2011:866, Rn 40.

> 61 Dabei wird das in Art 18 AEUV in allgemeiner Weise niedergelegte Diskriminierungsverbot in ... der Richtlinie 2004/38 für Unionsbürger konkretisiert, die wie die Kläger des Ausgangsverfahrens von ihrer Freiheit Gebrauch machen, sich im Hoheitsgebiet der Mitgliedstaaten zu bewegen und aufzuhalten. ...
>
> 65 Nach [der UnionsbürgerRL 2004/38/EG] ist der Aufnahmemitgliedstaat nicht verpflichtet, anderen Personen als Arbeitnehmern oder Selbständigen, Personen, denen dieser Status erhalten bleibt, und ihren Familienangehörigen während der ersten drei Monate des Aufenthalts oder gegebenenfalls während des über diesen Zeitraum hinausgehenden längeren Zeitraums der Arbeitsuche ... einen Anspruch auf Sozialhilfe oder vor Erwerb des Rechts auf Daueraufenthalt Studienbeihilfen zu gewähren. ...
>
> 69 Daraus folgt, dass ein Unionsbürger eine **Gleichbehandlung** mit den Staatsangehörigen des Aufnahmemitgliedstaats **hinsichtlich des Zugangs zu Sozialleistungen** wie den im Ausgangsverfahren in Rede stehenden **nur verlangen kann, wenn sein Aufenthalt im Hoheitsgebiet des Aufnahmemitgliedstaats die Voraussetzungen der Richtlinie 2004/38 erfüllt.** ...
>
> 76 [Insoweit] ist festzustellen, dass [die Aufenthaltsregeln] Richtlinie 2004/38 nicht erwerbstätige Unionsbürger daran hindern soll[en], das System der sozialen Sicherheit des Aufnahmemitgliedstaats zur Bestreitung ihres Lebensunterhalts in Anspruch zu nehmen.
>
> 78 Ein **Mitgliedstaat muss** daher ... die **Möglichkeit haben, nicht erwerbstätigen Unionsbürgern, die von ihrer Freizügigkeit allein mit dem Ziel Gebrauch machen, in den Genuss der Sozialhilfe eines anderen Mitgliedstaats zu kommen**, obwohl sie **nicht** über ausreichende Existenzmittel für die Beanspruchung eines Aufenthaltsrechts verfügen, Sozialleistungen zu versagen. ...
>
> 80 Folglich ist bei der Beurteilung, ob ein Unionsbürger über ausreichende Existenzmittel verfügt, um ein Aufenthaltsrecht nach ... der Richtlinie 2004/38 in Anspruch nehmen zu können, eine konkrete Prüfung der wirtschaftlichen Situation jedes Betroffenen vorzunehmen, ohne die beantragten Sozialleistungen zu berücksichtigen.
>
> 81 Im Ausgangsverfahren verfügen die Kläger nach den Feststellungen des vorlegenden Gerichts **nicht über ausreichende Existenzmittel** und können **mithin kein Recht auf Aufenthalt** ... nach der Richtlinie 2004/38 geltend machen. ..."

Die Rsp zum Zugang zu Sozialleistungen läuft damit **weitgehend parallel zu den Voraussetzungen der UnionsbürgerRL 2004/38/EG** beim Aufenthaltsrecht. Der Zeitpunkt des Verantwortungsübergangs auf den Aufnahmestaat liegt bei **spätestens fünf Jahren** (Eintritt des Daueraufenthaltsrechts).[84] Aus der Rsp lässt sich jedoch **keine fixe einheitliche Frist** ableiten: Wie sogleich gezeigt wird, bleibt eine Einzelfallbeurteilung va dahin notwendig, ob die Fünfjahresfrist konkret ggf unangemessen lang ist. Im Detail ist die Rsp einigermaßen kasuistisch.[85] Es lassen sich aber einzelne **Fall- bzw Personengruppen** und die auf sie jeweils angewandten Maßstäbe unterscheiden.[86]

Bei **Studenten** und deren Zugang zu Studienbeihilfe etwa scheint der EuGH nach wie vor[87] eher großzügig zu sein, sodass schon ein dreijähriges Wohnsitzerfordernis als unverhältnismäßig sein kann,[88] aber nicht muss.[89] Gleich, wo die Grenze der Wartezeit festgelegt wird,

---

84 Vgl auch Art 24 Abs 2 UnionsbürgerRL 2004/38/EG.
85 Vgl dazu auch *Hilpold*, EuR 2015, 135 ff.
86 Näher *Nettesheim*, Art 21, Rz 50 ff, in *Grabitz/Hilf/Nettesheim* (Hrsg), EUV/AEUV-Kommentar, EL 57 2015.
87 Vgl schon Rs C-184/99, *Grzelczyk*, ECLI:EU:C:2001:458, Rn 46.
88 So zB Rs C-209/03, *Bidar*, ECLI:EU:C:2005:169, Rn 61 ff.
89 Fünfjahreserfordernis zulässig in Rs C-158/07, *Förster*, ECLI:EU:C:2008:630, Rn 60.

zeigt diese Rsp doch auch deutlich den Unterschied zwischen dem Sonderbereich Zugang zu Sozialleistungen gegenüber sonstigen Gleichbehandlungspflichten im Rahmen von Art 21: Beim Zugang zum Studium als solchen genießen EU-Bürger ein volles Gleichbehandlungsrecht ohne Wartezeit, das lediglich begrenzte und verhältnismäßige Ausnahmen aus zwingenden sachlichen Gründen zulässt.[90]

Im Hinblick auf den Anspruch eines Pensionisten auf Gewährung der Ausgleichszulage, also zur Aufstockung einer unter einem Mindestsatz liegenden ausländischen Pension auf ein inländisches Mindestniveau, wiederum entschied der EuGH im vieldiskutierten Urteil *Brey* aus 2013, dass die Ausgleichszulage ohne Erfordernis einer Wartefrist zu gewähren sei.[91] Der Begriff der ausreichenden Existenzmittel als Voraussetzung des Aufenthaltsrechts des Pensionisten nach der UnionsbürgerRL 2004/38/EG darf daher nicht so verstanden werden, dass die Pension über dem für die Ausgleichszulage relevanten Mindestsatz liegen muss. Allerdings erging das Urteil *Brey* vor dem spezifischen Hintergrund der (bei der Arbeitnehmerfreizügigkeit näher besprochenen) KoordinierungsVO 883/2004, die einerseits (ua) die Rechte von Pensionisten spezifisch regelt und andererseits die Ausgleichszulage als sog gemischte Leistung (die also teils versicherungsbezogene, teils Sozialhilfeaspekte aufweist) ausdrücklich miteinbezieht. *Brey* ist daher ein, wenngleich für Österreich faktisch sehr relevantes, Einzelfallurteil mit geringem Verallgemeinerungspotenzial über die Ausgleichszulage hinaus.[92] Im Übrigen gilt, dass Pensionisten für das Aufenthaltsrecht ausreichende Existenzmittel sowie eine Krankenversicherung mitbringen müssen.[93]

Die Richtigkeit dieser einschränkenden Sicht auf das Urteil *Brey* bestätigt auch das spätere Urteil *Alimanovic* aus 2015, betreffend den Zugang von Arbeitssuchenden zu gemischten Leistungen. Demnach muss die (außerhalb des Arbeitssuchekontexts eben zuvor in *Dano* erörterte) dt Grundsicherung Arbeitssuchenden gerade nicht gewährt werden.[94] Deren Aufenthaltsrecht kann daher sehr wohl vom Nachweis ausreichender Existenzmittel ohne Zuschüsse aus gemischten Leistungen abhängig gemacht werden. Demgegenüber verfügen Arbeitslose nach Beendigung der Beschäftigung sowohl über ein weiterwirkendes Aufenthaltsrecht als auch über das Recht auf Zugang zu (Arbeitslosen- und) Sozialhilfeleistungen.[95] Diese Rechte folgen unmittelbar aus Anordnungen der UnionsbürgerRL 2004/38/EG und bleiben (von der Dauer der Beschäftigung abhängig) über einen Zeitraum von mindestens sechs Monaten aufrecht.[96]

3.2.5. Rechtfertigung

Als Variante eines Diskriminierungsverbots ist Art 21 einer tatbestandsimmanenten Rechtfertigungsprüfung zugänglich. Dies gilt jedenfalls für die Frage der Verletzung der Pflicht zur Gleichbehandlung im Aufenthalt, aber auch bei Beschränkungen der Bewegungsfreiheit lässt

---

90 Vgl etwa Rs C-147/03, *Österreichischer Hochschulzugang*, ECLI:EU:C:2005:427, Rn 44 ff; Rs C-224/98, *D'Hoop*, ECLI:EU:C:2002:432, Rn 40.
91 Rs C-140/12, *Brey*, ECLI:EU:C:2013:565, Rn 80.
92 Näher zu Problematik der Ausgleichszulage *Rebhahn*, wbl 2013, 608 ff.
93 Vgl auch *Nettesheim*, Art 21, Rz 56, in *Grabitz/Hilf/Nettesheim* (Hrsg), EUV/AEUV-Kommentar, EL 57 2015.
94 Rs C-67/14, *Alimanovic*, ECLI:EU:C:2015:597, Rn 63.
95 Vgl verb. Rs C-22/08 und C-23/08, *Vatsouras und Koupatantze*, ECLI:EU:C:2009:344, Rn 32.
96 Vgl Art 7 Abs 3 und 24 UnionsbürgerRL 2004/38/EG.

der EuGH mit Verweis auf die entsprechenden Beschränkungsmöglichkeiten der UnionsbürgerRL 2004/38/EG [97] Rechtfertigungserwägungen zu.[98]

Kern der Rechtfertigung ist, wie auch bei Art 18 AEUV, die **Sachlichkeitsprüfung**. Eine Vermutung eines Eingriffs in die nach Art 21 gewährleisteten Rechte der Unionsbürger kann daher damit erklärt und entkräftet werden, dass die Differenzierung auf sachlichen Erwägungen beruht, also auf einem legitimen Ziel, das in verhältnismäßiger Weise geschützt wird.[99]

Die eben diskutierte Rsp (zB *Dano*) zu Voraussetzungen und Grenzen des Zugangs von Unionsbürgern zu Sozialleistungen im Aufnahmestaat ist ein **Beispiel**[100] für die sachliche Einschränkung des Schutzbereichs von Art 21. Die Rechtfertigungsprüfung bei Art 21 lässt sich auch mit dem schon zuvor erwähnten Urteil *Grunkin und Paul* aus 2009, betreffend das Namensrecht, illustrieren. Hier zeigt sich, dass der EuGH bei der Prüfung legitimer Zwecke mitunter durchaus selektiv ist.[101]

Rs C-353/06, *Grunkin und Paul*, ECLI:EU:C:2009:597

Leonhard Matthias Grunkin-Paul wurde in Dänemark als Kind von Frau Paul und Herrn Grunkin geboren, die damals miteinander verheiratet waren und beide die deutsche Staatsangehörigkeit besaßen. Die von der zuständigen dänischen Behörde ausgestellte Namensurkunde („navnebevis") lautete nach dänischem Recht auf den Doppelnamen Grunkin-Paul. Die deutschen Standesämter lehnten die Anerkennung des in Dänemark bestimmten Namens mit der Begründung ab, nach Art 10 EGBGB unterliege der Nachname einer Person dem Recht des Staates, dessen Staatsangehörigkeit sie besitze, und nach deutschem Recht dürfe ein Kind keinen Doppelnamen, bestehend aus den Namen seines Vaters und seiner Mutter, führen. Ist die Nichtanerkennung der dänischen Namensgebung mit den Gleichbehandlungsgeboten des Unionsrechts vereinbar?

29 Eine **Beeinträchtigung** [von Art 21 aufgrund der Verpflichtung zur Führung unterschiedlicher Namen] wäre allenfalls dann **gerechtfertigt, wenn sie auf objektiven Erwägungen beruhte und in einem angemessenen Verhältnis zum legitimerweise verfolgten Zweck** stünde[.] ...

33 Zum Ziel, die Einheitlichkeit des Namens unter Geschwistern zu gewährleisten, genügt die Feststellung, dass sich dieses Problem im Ausgangsverfahren nicht stellt. ...

35 Die deutsche Regierung trägt ferner vor, ... Namen sollten nicht beliebig lang sein. Der deutsche Gesetzgeber habe Regelungen getroffen, die verhindern sollten, dass die nächste Generation gezwungen sei, auf einen Teil des Familiennamens zu verzichten. ...

36 Derartige auf **Verwaltungsvereinfachung** ausgerichtete Erwägungen genügen jedoch nicht, um eine Beeinträchtigung der Freizügigkeit zu rechtfertigen[.]

37 [Zudem schließt] das deutsche Recht die Möglichkeit, Kindern mit deutscher Staatsangehörigkeit zusammengesetzte Familiennamen zu geben, nicht völlig aus[.] Wie die deutsche Regierung in der Sitzung bestätigt hat, können nämlich die Eltern, wenn einer der Elternteile die Staatsangehörigkeit eines anderen Staates besitzt, dafür optieren, den Familiennamen des Kindes nach dem Recht dieses Staates zu bilden.

---

97 Vgl Art 27 UnionsbürgerRL 2004/38/EG.
98 Vgl zB Rs C-249/11, *Byankov*, ECLI:EU:C:2012:608, Rn 36.
99 Vgl zB Rs C-438/14, *Bogendorff*, ECLI:EU:C:2016:401, Rn 48.
100 Weiters zB Rs C-318/05, *Kommission/Deutschland*, ECLI:EU:C:2007:495, Rn 133; Rs C-224/98, *D'Hoop*, ECLI:EU:C:2002:432, Rn 36; Rs C-406/04, *De Cuyper*, ECLI:EU:C:2006:491, Rn 40; Rs C-192/05, *Tas-Hagen und Tas*, ECLI:EU:C:2006:676, Rn 33.
101 Vgl *Berger*, in *Schroeder/Obwexer*, 20 Jahre Unionsbürgerschaft, 195 ff.

> 38 Ferner ist noch festzustellen, dass ein besonderer Grund, der der Anerkennung des in Dänemark erteilten und eingetragenen Nachnamens des Kindes Leonhard Matthias gegebenenfalls entgegenstehen könnte, etwa dass sein Name in Deutschland gegen den **Ordre public** verstoße, ... nicht geltend gemacht worden ist.
>
> 39 Nach alledem ist ... zu antworten, dass Art [21] ... dem entgegensteht, dass die Behörden ... es ... ablehnen, den Nachnamen eines Kindes anzuerkennen, der in einem anderen Mitgliedstaat bestimmt und eingetragen wurde[.]

3.3. Arbeitnehmerfreizügigkeit

Die durch Art 45 AEUV gewährleistete Arbeitnehmerfreizügigkeit ist ein „fundamentale[r] Grundsatz"[102] des Primärrechts und gehört „zu den Grundlagen der Gemeinschaft".[103] Sie bildet den historischen Kern der Freizügigkeitsregeln und ist für die Entwicklung des Acquis ähnlich bedeutsam, wie die Warenverkehrsfreiheit. Ohne, dass neben Waren und Kapital auch die Personen selbst mobil werden, kann das europäische Einigungsprojekt nicht gelingen. Art 45 will die Mobilität möglichst attraktiv gestalten und trägt so, zusammen va mit Art 21, dazu bei, die Grenzen iSv Art 26 auch in den Köpfen der europäischen Bürgerinnen und Bürger abzubauen: Personenfreizügigkeit ist zuallererst eine (politische und private) Geisteshaltung und erst daran anschließend eine Rechtsfrage.

3.3.1. Persönlicher Schutzbereich

Die Prüfung des persönlichen Schutzbereichs von Art 45 untergliedert sich in zwei große Bereiche: Einerseits ist zu prüfen, wer überhaupt Arbeitnehmer iSd Vorschrift ist. Sodann ist, wie stets, zu diskutieren, welche Staatsangehörigen sich auf die Freiheit berufen können.

3.3.1.1. Arbeitnehmerbegriff

Art 45 berechtigt natürliche Personen als Arbeitnehmer als auch juristische Personen als Arbeitgeber.[104] Der Arbeitnehmerbegriff ist, wie alle Begriffe des Unionsrechts, autonom auszulegen.[105] Die dafür maßgeblichen Elemente ähneln jedoch dem, was auch nach nationalem Recht ausschlaggebend ist: Arbeitnehmer sind Personen, die eine **weisungsgebundene Tätigkeit gegen Entgelt** erbringen.[106] Anders als bei Selbständigen liegen also das wirtschaftliche Risiko und die Entscheidung über Art, Inhalt, Zeitpunkt und Ort der Leistungserbringung durch den Arbeitnehmer beim (diesbezüglich eben weisungsbefugten) Arbeitgeber.[107]

---

[102] Rs 118/75, *Watson*, ECLI:EU:C:1976:106, Rn 16.
[103] Rs 929/89, *Antonissen*, ECLI:EU:C:1991:80, Rn 11.
[104] Vgl Rs C-208/05, *ITC*, ECLI:EU:C:2007:16, Rn 23.
[105] Vgl schon Rs 75/63, *Unger*, ECLI:EU:C:1964:19, S. 396; st Rsp.
[106] Vgl Rs 66/85, *Lawrie-Blum*, ECLI:EU:C:1986:284, Rn 17.
[107] Vgl dazu *Rebhahn*, EuZA 2012, 4 ff.

3.3. Arbeitnehmerfreizügigkeit

> Als Arbeit kann jede Tätigkeit gelten, die im Wirtschaftsleben erbracht wird.[108] Es kommt nicht darauf an, ob der Arbeitgeber zB gemeinnützige, wohltätige oder kulturelle Zwecke verfolgt (zB Kirchen, Sportverbände usw), wenn sie zur Erfüllung ihrer Aufgaben Arbeitsbeziehungen eingehen.[109] Nicht im Wirtschaftsleben stehen daher im Grunde nur illegale (zB Bandenkriminalität), aber nicht zwingend auch unsittliche Tätigkeiten: So ist zB die Prostitution nach Ansicht des EuGH eine entgeltliche Dienstleistung, die unter die (je nach Ausgestaltung) Niederlassungs- und wohl auch unter die Arbeitnehmerfreizügigkeit fallen kann.[110]

Der Begriff des Arbeitnehmers wird vom EuGH **weit ausgelegt**,[111] sodass darunter auch Teil- und Kurzzeitbeschäftigungen unabhängig von einer Mindesthöhe der Vergütung fallen können. Allerdings muss „eine **tatsächliche und echte Tätigkeit**" ausgeübt werden, „wobei Tätigkeiten außer Betracht bleiben, die einen so geringen Umfang haben, daß sie sich als völlig untergeordnet und unwesentlich darstellen."[112] Zentral ist demnach, dass die Tätigkeit über eine bestimmte Zeit andauert, für den Arbeitgeber einen gewissen wirtschaftlichen Wert hat und dementsprechend in nicht bloß unerheblichem Ausmaß entlohnt wird.[113]

> Es schadet der Einstufung als Arbeitnehmer daher nicht grundsätzlich, wenn das Einkommen nur einen Teil des Lebensunterhalts deckt oder sogar unter dem **Existenzminimum** liegt.[114] Ebenso befand der EuGH die Unterschreitung der normalen Wochenarbeitszeit für unschädlich bzw auch eine **Teilzeitbeschäftigung** im Ausmaß von nur 10 Wochenstunden für ausreichend.[115] Irrelevant ist auch die Art des Rechtsverhältnisses zwischen Arbeitnehmer und dem Arbeitgeber (zB **unregelmäßige Arbeit** auf Abruf).[116]
>
> Auch **Berufsausbildungsverhältnisse** wie die Lehre können demnach unter den Arbeitnehmerbegriff fallen, wenn die Tätigkeiten vergütet werden und für den Arbeitgeber noch einen gewissen Wert haben. Unbezahlte Praktika, aber auch das reine Studium oder die Schulausbildung ohne Berufskomponente fallen, umgekehrt, mangels Vorliegen dieser Kriterien nicht unter den Arbeitnehmerbegriff. Ebenfalls nicht unter den Arbeitnehmerbegriff fallen erstmals **Arbeitsuchende** oder Personen nach Beendigung des Arbeitsverhältnisses, doch stehen ihnen (zumindest für einen angemessenen Zeitraum, zB sechs Monate) schon aufgrund des Sekundärrechts (va FreizügigkeitsVO 492/2011 und KoordinierungsVO 883/2004) bestimmte Gleichbehandlungsrechte zu (zB auf Zugang zur Stellenvermittlung, Anrecht auf Arbeitslosengeld als Versicherungsleistung usw).[117]

Besondere Relevanz erlangt die Frage, ob eine tatsächliche und echte Arbeitstätigkeit oder eine bloße Scheintätigkeit ausgeübt wird mit Blick auf die Aufenthaltsregeln der **UnionsbürgerRL 2004/38/EG**: Sie gewährt Arbeitnehmern und deren Familienangehörigen alleine aufgrund der Arbeitnehmereigenschaft, also ohne dass Existenzmittel und Krankenversicherung

---

[108] Vgl zB Rs 13/76, *Donà*, ECLI:EU:C:1976:115, Rn 12 f.
[109] Vgl zB Rs 41/74, *Van Duyn*, ECLI:EU:C:1974:133, Rn 16 ff.
[110] Vgl Rs C-268/99, *Jany*, ECLI:EU:C:2001:616, Rn 49.
[111] Vgl zB Rs C-357/98, *Yiadom*, ECLI:EU:C:2000:604, Rn 24; st Rsp.
[112] Beide Zitate Rs C-357/89, *Raulin*, ECLI:EU:C:1992:87, Rn 10, Hervorhebung hinzugefügt.
[113] Vgl Rs C-357/89, *Raulin*, ECLI:EU:C:1992:87, Rn 10; Rs 66/85, *Lawrie-Blum*, ECLI:EU:C:1986:284, Rn 18.
[114] Vgl Rs 53/81, *Levin*, ECLI:EU:C:1982:105, Rn 15 f.
[115] Vgl Rs C-317/93, *Nolte*, ECLI:EU:C:1995:438, Rn 19 mwN.
[116] Vgl Rs C-357/89, *Raulin*, ECLI:EU:C:1992:87, Rn 10.
[117] Sieh auch *Windisch-Graetz*, ZAS 2014, 209 f; *Wollenschläger*, NVwZ 2014, 1631.

gesondert nachgewiesen werden müssen, ein Aufenthaltsrecht sowie ein Recht auf Gleichbehandlung bei (insbes) Sozialleistungen.[118] Die weite Auslegung des Arbeitnehmerbegriffs darf daher nicht so weit gehen, dass dadurch einer Umgehung der Aufenthaltsregeln der UnionsbürgerRL 2004/38/EG durch lediglich minimale bzw Scheinbeschäftigungen Vorschub geleistet würde. Es ist davon auszugehen, dass den nationalen Gerichten diesbezüglich ein gewisser Beurteilungsspielraum zukommt.[119]

3.3.1.2. Staatsangehörigkeit der Berechtigten

Der persönliche Schutzbereich des Art 45 erfasst, wie auch bei den übrigen Freizügigkeitsregeln, nur **Staatsangehörige der MS**.[120] Anders als zB bei Art 21 weist der Wortlaut des Art 45 diese Einschränkung nicht aus.

> Im Rahmen der fünften (EU-Osterweiterung 2004), sechsten (Rumänien und Bulgarien, 2007) und siebten (Kroatien, 2013) Erweiterungsrunden wurden in die Beitrittsverträge **Übergangsarrangements** aufgenommen, nach denen die Arbeitnehmerfreizügigkeit (sowie die Dienstleistungsfreiheit) für Bürger dieser Staaten auf max 7 Jahre ab Beitritt beschränkt werden konnten.[121] Ähnliche Regelungen gab es schon beim Beitritt Spaniens und Portugals im Jahr 1986 (dritte Erweiterung). Hintergrund ist das zum Beitrittszeitpunkt bestehende, starke Wohlstandsgefälle zwischen diesen Staaten und dem Rest der EU und ein dementsprechend befürchteter, starker Zustrom von Bürgern aus diesen Staaten.
>
> **Österreich** machte von diesen Möglichkeiten jeweils Gebrauch, die Regelungen sind aber mittlerweile, bis auf jene betreffend Kroatien, ausgelaufen. Arbeitnehmer aus den neuen MS (ohne Kroatien) haben daher nunmehr uneingeschränkt freien Zugang zum österreichischen Arbeits- und Dienstleistungsmarkt.
>
> Die Übergangsregelung für **Kroatien** lief zB in Deutschland schon 2015 aus, ist in Österreich aber noch aufrecht. Sie kann längstens bis 30. 6. 2020 aufrechterhalten werden. Allerdings findet zum Stichtag 20. 6. 2018 eine Zwischenprüfung statt, ob die Regelung noch notwendig ist, weil eine erhebliche Störung des nationalen Arbeitsmarkts droht. Kann dies der Kommission nicht dargelegt werden, muss die Ausnahme beendet werden.

Wie schon bei der Unionsbürgerschaft, sind zudem **gleichgestellte** Personen in den Anwendungsbereich der Freiheit einbezogen, va also die Familienangehörigen des Arbeitnehmers (s näher bei der Unionsbürgerschaft). Betreffend soziale Rechte der Arbeitnehmer und ihrer Angehörigen stellt dies auch Art 48 klar. Gleichgestellte Familienangehörige genießen damit schon unmittelbar auf Grundlage des Art 45 (und der zugehörigen Normen des Primärrechts, auch Art 7 GRC) dieselben Arbeitnehmerrechte wie Unionsbürger, also etwa das Recht auf Zugang zum Arbeitsmarkt, zu versicherungsbezogenen Leistungen usw.[122]

---

[118] Vgl Art 7 Abs 1 lit a und 24 UnionsbürgerRL 2004/38/EG.
[119] Vgl auch *Kreuschitz*, Vor Art 45-48, Rz 28 in Fn 82 mwN, in *von der Groeben/Schwarze/Hatje* (Hrsg), EUV/AEUV-Kommentar[7] (2015).
[120] Vgl zB Rs C-230/97, *Awoyemi*, ECLI:EU:C:1998:521, Rn 29.
[121] Näher *Kreuschitz*, Vor Art 45-48, Rz 60 ff, in *von der Groeben/Schwarze/Hatje* (Hrsg), EUV/AEUV-Kommentar[7] (2015).
[122] Vgl Rs C-413/99, *Baumbast*, ECLI:EU:C:2002:493, Rn 73 f.

> **Flüchtlinge und Staatenlose** genießen keine Rechte aufgrund der Freizügigkeit. Allerdings sind sie über die KoordinierungsVO 883/2004 in das System der sozialen Sicherheit gem Art 48 mit einbezogen, wenn sie in einem MS wohnen.

Neben der Angehörigeneigenschaft als wichtigstem Fall kann die Gleichstellung aber auch aus Sonderregelungen folgen, etwa völkerrechtlichen (Assoziierungs-) Abkommen bzw auf deren Basis ergangenen Beschlüssen.[123] Der für die Praxis wichtigste Fall ist das **EWR-Abkommen**, über das die Freizügigkeit für Arbeitnehmer (einschließlich des zugehörigen Sekundärrechts) auf Island, Norwegen und Liechtenstein ausgedehnt wird. Ein ähnliches Abkommen besteht mit der **Schweiz**.[124] Auch türkische Staatsangehörige können aus dem Beschluss 1/80 des Assoziierungsrats zum Abkommen mit der **Türkei**[125] einzelne Rechte der Arbeitnehmerfreizügigkeit ableiten.[126]

3.3.2. Sachlicher Schutzbereich

Auch beim sachlichen Schutzbereich ist näher zwischen den Einzelelementen zu differenzieren. Beim **grenzüberschreitenden Bezug** ist der EuGH etwa betont großzügig und erlaubt unterschiedlichste Anknüpfungspunkte, die sich aus der Biographie eines Berechtigten im Hinblick auf die von Art 45 geschützte Tätigkeit ergeben können. Nähere Betrachtung erfordert sodann aber va der Kreis der nach Art 45 Verpflichteten, in den unter bestimmten Umständen, aber eben nicht generell, Private einbezogen sein können. Außerdem besteht eine **Bereichsausnahme** für die Hoheitsverwaltung.[127]

3.3.2.1. Grenzüberschreitender Bezug

In sachlicher Hinsicht knüpft der über Art 45 gewährleistete Schutz zunächst, wie stets, am grenzüberschreitenden Bezug an. Im Regelfall ist also an die **Beschäftigung in einem anderen MS** gedacht, einschließlich der nachfolgenden **Rückkehr** in den Heimatstaat. Aber etwa auch die Berufsausbildung bzw das Studium in einem anderen MS können einen grenzüberschreitenden Bezug begründen. Dies illustriert beispielsweise[128] das Urteil *Kraus* aus 1993, betreffend die Anerkennung eines im Ausland absolvierten LL.M-Studiums.

> Rs C-19/92, *Dieter Kraus*, ECLI:EU:C:1993:125
>
> Gemäß dem dt StGB war es mit Freiheitsstrafe bis zu einem Jahr strafbar, unbefugt im Ausland erworbene akademische Grade zu führen. Herr Kraus hatte in Deutschland bis zum ersten Staatsexamen Jus studiert und hatte sich danach für einen postgradualen LL.M-Lehrgang an die Universität Edinburgh begeben. Für die Anmeldung zum zweiten Staatsexamen legte er die LL.M-Urkunde vor.

---

123 Näher *Kreuschitz*, Vor Art 45-48, Rz 70 ff, in *von der Groeben/Schwarze/Hatje* (Hrsg), EUV/AEUV-Kommentar[7] (2015).
124 Dazu ausführlicher *Breitenmoser/Weyeneth*, EuZW 2012, 857 f.
125 Für die genannten Abkommen siehe Rechtsaktverzeichnis.
126 Vgl zB Rs C-192/89, *Sevince*, ECLI:EU:C:1990:322, Rn 26.
127 Vgl auch *Wienbracke*, EuR 2012, 499 f.
128 Vgl auch Rs C-281/98, *Angonese*, ECLI:EU:C:2000:296, Rn 15 ff.

Das zuständige Ministerium behielt sich jedoch vor, die Führung des Titels förmlich zu genehmigen. Herr Kraus solle dazu einen Antrag stellen. Er weigerte sich. Zu Recht?

14 [Z]unächst [ist] zu prüfen, ob das [Unions]recht auf einen solchen Sachverhalt anwendbar ist.

15 Die Vertragsbestimmungen über die Freizügigkeit gelten zwar nicht für **auf das Gebiet eines Mitgliedstaats beschränkte Sachverhalte**, der Gerichtshof hat jedoch bereits ... ausgeführt, daß [Art 49] **nicht** dahin ausgelegt werden kann, daß die Staatsangehörigen eines bestimmten Mitgliedstaats von der Anwendung des [Unions]rechts **ausgeschlossen** wären, wenn sie sich aufgrund der Tatsache, daß sie rechtmäßig im Hoheitsgebiet eines anderen Mitgliedstaats gewohnt und dort eine ... anerkannte **berufliche Qualifikation** erworben haben, **gegenüber ihrem Herkunftsmitgliedstaat** in einer Lage befinden, die mit derjenigen aller anderen Personen, die in den Genuß der durch den Vertrag garantierten Rechte und Freiheiten kommen, vergleichbar ist.

16 Diese Überlegungen gelten auch für [Art 45]. [D]ie Freizügigkeit der Arbeitnehmer und das Niederlassungsrecht [stellen] im System der Gemeinschaft **grundlegende Freiheiten** dar, die **nicht** voll verwirklicht wären, wenn die Mitgliedstaaten die Anwendung des [Unions]rechts denjenigen **ihrer Staatsangehörigen versagen** dürften, die von den im [Unions]recht vorgesehenen **Erleichterungen Gebrauch** gemacht und dank dieser Erleichterungen **berufliche Qualifikationen** in einem **anderen Mitgliedstaat** als demjenigen erworben haben, dessen Staatsangehörigkeit sie besitzen.

17 Die gleiche Erwägung gilt aber auch für den Fall, daß ein Staatsangehöriger eines Mitgliedstaats in einem anderen Mitgliedstaat eine seine Grundausbildung ergänzende **akademische Qualifikation** erworben hat, auf die er sich nach seiner **Rückkehr in sein Herkunftsland** berufen will.

18 Auch wenn nämlich ein akademischer Grad, der aufgrund eines Postgraduiertenstudiums erworben worden ist, normalerweise keine **Zugangsvoraussetzung** für einen unselbständig oder selbständig ausgeübten Beruf ist, stellt sein Besitz doch für denjenigen, der ihn führen darf, einen **Vorteil** sowohl für den Zugang zu einem solchen Beruf als auch für das berufliche Fortkommen dar. ...

23 Aus alledem folgt, daß die Situation eines [Unions]angehörigen, der Inhaber eines in einem anderen Mitgliedstaat aufgrund eines Postgraduiertenstudiums erworbenen akademischen Grades ist, der den Zugang zu einem Beruf, zumindest aber die Ausübung einer wirtschaftlichen Tätigkeit erleichtert, auch insofern dem [Unions]recht unterliegt, als es um die Beziehungen des Betreffenden zu dem Mitgliedstaat geht, dessen Staatsangehöriger er ist.

3.3.2.2. Geschützte Tätigkeit

Die von Art 45 **geschützte Verhaltensweise** der Berechtigten der Arbeitnehmerfreizügigkeit ist im Kern die **Aufnahme** und **Ausübung** unselbständiger Beschäftigung. Im Einzelnen umfasst dies den Zugang zum Beruf, also etwa die **Bewerbung**, den **Aufenthalt** des Arbeitnehmers und seiner Angehörigen zu Berufszwecken usw, sowie alle Arten von **Berufsausübungsregeln**, also zB Berechtigungen, Qualifikationen, Steuerregeln, betriebliche Mitbestimmung usw. Zum Schutz der Berechtigten bei der Berufsausübung gehört auch die **Gleichbehandlung** ohne Wartezeit beim Zugang zu **arbeitsbezogenen** (beitragsabhängigen) **finanziellen Leistungen** bzw Vergünstigungen (zB Arbeitslosengeld, Sozialversicherungsleistungen, beschäftigungsabhängige Familienzuschüsse usw) nach Maßgabe des einschlägigen Sekundärrechts (va UnionsbürgerRL 2004/38/EG und KoordinierungsVO 883/2004).

3.3.2.3. Verpflichtete und Drittwirkung

Verpflichtete des Art 45 sind die **MS**. Staatliche Hoheitsakte dürfen daher EU-Arbeitnehmer nicht schlechter stellen bzw die Aufnahme und Ausübung unselbständiger Erwerbstätigkeit in sonstiger Weise beschränken. Wie stets bei den Grundfreiheiten, greift auch hier ein **weiter Staatsbegriff**, unter den neben den Handlungen staatsnaher Einrichtungen und Unternehmen hier besonders tarif- bzw kollektivvertragliche Regeln fallen, soweit diesen, wie etwa in Österreich,[129] Normwirkung zukommt.

Besonders im Rahmen von Art 45 wird sodann im Schrifttum traditionell heftig diskutiert,[130] ob Art 45 als in engem Zusammenhang mit dem Arbeitsvertragsrecht stehende Norm allenfalls auch **private Arbeitgeber** binden und diesen also verbietet, private Hindernisse für die Freizügigkeit der Arbeitnehmer zu errichten (sog **Drittwirkung** der Arbeitnehmerfreizügigkeit).

> **Hintergrund** dieser Diskussion sind erstens **Effektivitätserwägungen** (Art 45 wäre effektiver durchsetzbar, wenn Private mit einbezogen wären) sowie zweitens die sachliche (jedoch nicht systematische) Nähe zum, tatsächlich zweifelsfrei „alle **Verträge zwischen Privatpersonen**"[131] (also auch Individualarbeitsverträge) erfassenden Verbot der Geschlechter- bzw **Entgeltdiskriminierung** nach Art 157 AEUV, das Teil des Kapitels Sozialpolitik ist und daher nicht zu den Grundfreiheiten gehört. Auch das zuvor bei Art 18 AEUV erwähnte Verbot der **Minderheitendiskriminierung** nach Art 19 AEUV (Religion, Weltanschauung, Behinderung, Alter, sexuelle Ausrichtung) mit seinen insbesondere in Beschäftigung und Beruf einbeziehenden nach den Ausführungsbestimmungen spielt hier gedanklich, aber wiederum systematisch unpassend (da die RL den Einzelnen in Form des nationalen Rechts gegenübertreten), hinein.

Vor allem wird die Diskussion zur Drittwirkung des Art 45 aber va von **einer Reihe von Urteilen** des EuGH befeuert, mit denen bestimmte private Regelungen in den Anwendungsbereich des Art 45 einbezogen wurden. Zu nennen sind va die älteren **Urteile** *Walrave* aus 1974 (betreffend **Wettkampfreglements** für Profiradfahrer), *Bosman* aus 1995 (betreffend **Transferregelungen** für Profi-Fußballer) und *Angonese* aus 2000 (betreffend gemeinsame Einstellungsvoraussetzungen aller Südtiroler Banken).[132] Tatsächlich weisen diese Urteile jedoch das entscheidende gemeinsame Merkmal auf, dass es um für die jeweilige Berufsgruppe **flächendeckende private Regelungen der Beschäftigungsbedingungen** ging.[133] Die betreffenden Arbeitnehmer können solchen privaten Regelungen nicht entkommen, sie sind also ‚unentrinnbar'. Dies streitet zu Recht dafür, sie nach ihren Wirkungen quasi-staatlichen Arbeitsregelungen (zB Kollektivverträgen ieS) gleichzuhalten. Eine ganz allgemeine Drittwirkung des Art 45 ohne Hinzutreten besonderer Umstände aufseiten des privaten Verpflichteten ergibt sich aus dieser Judikatur daher gerade nicht.[134]

Die **Urteile** *Laval* und *Viking*, beide aus 2007, beide betreffend **gewerkschaftliche Maßnahmen** gegen ein **privates Unternehmen**, betätigen diese einschränkende Lesart der Drittwirkungsjudikatur. In *Laval* bekräftigte der EuGH in Bezug auf die Dienstleistungsfreiheit, dass diese „auch für Regelwerke nicht öffentlich-rechtlicher Art gilt, die die Erbringung von Dienstleistun-

---

129 Vgl § 11 ArbeitsverfassungsG, BGBl Nr 22/1974 (Stammfassung).
130 Im Überblick etwa *Brechmann*, Art 45, Rz 53 ff mwN, in *Calliess/Ruffert* (Hrsg), EUV/AEUV-Kommentar[5] (2016).
131 Rs 43/75, *Defrenne II*, ECLI:EU:C:1976:56, Rn 39.
132 Vgl Rs 36/74, *Walrave*, ECLI:EU:C:1974:140, Rn 20 ff; Rs C-415/93, *Bosman*, ECLI:EU:C:1995:463, Rn 70 ff; Rs C-281/98, *Angonese*, ECLI:EU:C:2000:296, Rn 17 ff.
133 Näher *Kreuschitz*, Art 45, Rz 23 ff, in *von der Groeben/Schwarze/Hatje* (Hrsg), EUV/AEUV-Kommentar[7] (2015).
134 Dazu umfassend *Lengauer*, Drittwirkung von Grundfreiheiten, *113 ff*; *Streinz/Leible*, EuZW 2000, 460 ff.

3. Freizügigkeit

gen kollektiv regeln sollen."[135] In *Viking* betonte er bezogen auf die Niederlassungsfreiheit, dass diese auch „gegenüber einer Gewerkschaft oder einem Gewerkschaftsverband geltend gemacht werden kann".[136] Der nachfolgende Auszug aus dem Urteil *Viking* veranschaulicht das Bestreben des EuGH, einerseits den Anwendungsbereich der Grundfreiheiten weit auszulegen und möglichst viele Situationen kollektiven Vorgehens einzubeziehen, andererseits aber doch nur Maßnahmen zu erfassen, die besondere, über individuelle Rechtsbeziehungen hinausgehende Charakteristika (Staatsnähe, Unentrinnbarkeit, Kollektivmaßnahmen ...) aufweisen.

> Rs C-438/05, *International Transport Workers' Federation/Viking Line*, ECLI:EU:C:2007:772
>
> Viking ist ein finnisches Fährunternehmen. Einzelne Schiffe fuhren nicht unter finnischer Flagge. Als Folge waren das finnische Arbeits- und Kollektivvertragsrecht nicht anwendbar, sondern jenes (im Regelfall weniger vorteilhafte) des Flaggenstaates. Im Kampf gegen sog Billigflaggen-Kampagne riefen die (als private Vereine organisierten) Gewerkschaften zu Boykott und anderen Solidaritätsmaßnahmen auf Arbeitnehmerebene auf. Im Verlauf des Streits erhob Viking gegen die Gewerkschaftsmaßnahmen Klage: Die gewerkschaftlichen Maßnahmen verstoßen gegen die Arbeitnehmerfreizügigkeit, Niederlassungs- und Dienstleistungsfreiheit. Lassen sich gewerkschaftliche Maßnahmen am Maßstab der Grundfreiheiten messen?
>
> 33 Nach ständiger Rechtsprechung gelten die Art [45, 49 und 56 AEUV] nicht nur für Akte der staatlichen Behörden, sondern erstrecken sich auch auf Regelwerke anderer Art, die die abhängige Erwerbstätigkeit, die selbständige Arbeit und die Erbringung von Dienstleistungen kollektiv regeln sollen[.]
>
> 34 Da die Arbeitsbedingungen in den verschiedenen Mitgliedstaaten teilweise durch Gesetze oder Verordnungen und teilweise durch Tarifverträge und sonstige Maßnahmen, die von Privatpersonen geschlossen bzw vorgenommen werden, geregelt sind, bestünde die Gefahr, dass eine Beschränkung der in den genannten Artikeln vorgesehenen Verbote auf Maßnahmen der öffentlichen Gewalt bei ihrer Anwendung zu Ungleichheiten führen würde[.]
>
> 35 Im vorliegenden Fall ist zum einen festzustellen, dass die Organisation kollektiver Maßnahmen durch die Gewerkschaften als unter die rechtliche Autonomie fallend anzusehen ist, über die diese Einrichtungen, die nicht öffentlich-rechtlich verfasst sind, im Rahmen der ihnen insbesondere durch das nationale Recht gewährten Koalitionsfreiheit verfügen.
>
> 36 Zum anderen [können] kollektive Maßnahmen ... für die gewerkschaftlichen Organisationen das letzte Mittel sein können, um ihre Forderung nach kollektiver Regelung der Arbeit der Arbeitnehmer von Viking durchzusetzen, als untrennbar mit dem Tarifvertrag anzusehen[.]
>
> 37 Daraus folgt, dass kollektive Maßnahmen ... grundsätzlich in den Anwendungsbereich von Art [49] fallen. ...
>
> 54 Klauseln von Tarifverträgen [sind gerade] nicht dem Anwendungsbereich der Vertragsbestimmungen über die Freizügigkeit entzogen[.] ...
>
> 57 [Auch] die Beseitigung der Hindernisse für die Freizügigkeit und den freien Dienstleistungsverkehr zwischen den Mitgliedstaaten [wäre] gefährdet ..., wenn die Abschaffung der Schranken staatlichen Ursprungs durch Hindernisse neutralisiert werden könnte, die nicht dem öffentlichen Recht unterliegende Vereinigungen und Einrichtungen im Rahmen ihrer rechtlichen Autonomie setzen[.]
>
> 58 [D]as Verbot, eine in einer Vertragsbestimmung mit zwingendem Charakter vorgesehene Grundfreiheit anzutasten, [gilt daher] insbesondere für alle Verträge ..., die die abhängige Erwerbstätigkeit kollektiv regeln sollen[.] ...

---

135 Rs C-341/05, *Laval*, ECLI:EU:C:2007:809, Rn 98.
136 Rs C-438/05, *Viking*, ECLI:EU:C:2007:772, Rn 61.

> 61 Daraus folgt, dass Art [49] so auszulegen ist, [dass er] **unmittelbar** von einem **privaten Unternehmen gegenüber einer Gewerkschaft** oder einen Gewerkschaftsverband geltend gemacht werden kann.
>
> 62 Diese Auslegung wird außerdem durch die Rechtsprechung zu den Vertragsbestimmungen über den freien Warenverkehr bestätigt, aus der hervorgeht, dass Beschränkungen nichtstaatlichen Ursprungs sein und sich aus Handlungen von Privaten oder von Zusammenschlüssen solcher Personen ergeben können[.] ...
>
> 65 [Ob die Vereinigungen auch eine Regelungsfunktion wahrnehmen, ist unerheblich: Der Anwendungsbereich ist nicht] auf Vereinigungen oder Einrichtungen beschränkt ..., die eine Regelungsfunktion wahrnehmen und über quasilegislative Befugnisse verfügen. Im Übrigen ist festzustellen, dass gewerkschaftliche Organisationen der Arbeitnehmer dadurch, dass sie die ihnen aufgrund der Koalitionsfreiheit zustehende autonome Befugnis ausüben, mit den Arbeitgebern und berufsständischen Organisationen über die Arbeits- und Vergütungsbedingungen der Arbeitnehmer zu verhandeln, an der Gestaltung der Verträge zur kollektiven Regelung der abhängigen Erwerbstätigkeit mitwirken.
>
> 66 In Anbetracht dieser Erwägungen ist auf die zweite Frage zu antworten, dass Art [49] geeignet ist, einem privaten Unternehmen Rechte zu verleihen, auf die es sich gegenüber einer Gewerkschaft oder einem Gewerkschaftsverband berufen kann.

Die Diskussion zur **Drittwirkung** der Arbeitnehmerfreizügigkeit wird in der Praxis aber auch durch eine Sonderbestimmung der **FreizügigkeitsVO 492/2011** entschärft: Nach deren Art 7 Abs 4 greift die Pflicht, die Arbeitnehmer aus anderen MS hinsichtlich der Beschäftigungs- und Arbeitsbedingungen (Entlohnung, Kündigung, Schulung, Wiedereinstellung usw) ausdrücklich auch gegenüber **diskriminierenden Bestimmungen in Einzelarbeitsverträgen**. Deren Bestimmungen sind nach ausdrücklicher Anordnung der FreizügigkeitsVO 492/2011 **nichtig**. Es besteht also insoweit gar kein Bedarf an einer unmittelbaren Heranziehung von Art 45.

3.3.2.4. Bereichsausnahme

Eine Bereichsausnahme besteht nach Art 45 Abs 4 für den öffentlichen Dienst: Der Zugang zu Tätigkeiten, die zwangsläufig mit der Ausübung von **Hoheitsgewalt** verbunden sind, kann daher eigenen Staatsangehörigen vorbehalten werden.[137] Der Begriff des öffentlichen Diensts und der Geltungsbereich der Ausnahme ist daher enger als das, was nach historischem österreichischem Verständnis unter das Beamtendienstrecht fiel, das vor einigen Jahren etwa auch Lehrer, allgemeines Verwaltungspersonal der Ministerien oder Bedienstete der Post oder der Müllabfuhr einschloss.

3.3.3. Eingriff

Die Frage des Eingriffs fragt danach, welche gegenüber der geschützten Tätigkeit gesetzten Maßnahmen tatbestandlich beachtlich sind und welche unbeachtlich bleiben. Beachtlich sind zunächst, wie stets nur **staatliche**, dem Staat zurechenbare oder staatlichem Handeln gleichzuhaltende private Maßnahmen (dazu schon zuvor beim sachlichen Schutzbereich).

---

[137] Vgl zB Rs 2/74, *Reyners*, ECLI:EU:C:1974:68, Rn 42 ff; st Rsp.

3. Freizügigkeit

In inhaltlicher Hinsicht erfasst Art 45 sodann, wie alle Grundfreiheiten, sowohl **Diskriminierungen** als auch **Beschränkungen** gegenüber der geschützten Tätigkeit.[138] Bei den Beschränkungen werden allerdings nach (str, aber) überwiegender Ansicht neutrale Ausübungsmodalitäten (also zB der regulatorische Rahmen der Tätigkeit wie Versicherungsrecht, Arbeitszeiten usw) nicht vom Tatbestand erfasst.

> Die Grundlegung der Arbeitnehmerfreizügigkeit als Beschränkungsverbot ist spätestens seit dem Urteil *Bosman*[139] aus 1995 unstrittig. Umstritten sind, angesichts einer unterschiedliche Lesarten zulassenden EuGH-Judikatur, aber nach wie vor die äußeren Grenzen dieses Beschränkungsverbots. Die überwiegende Ansicht in der Lehre[140] vertritt, richtigerweise, die Auffassung, dass das in *Keck* für den Warenverkehr grundgelegte Marktzugangsdenken *mutatis mutandis* auch bei Art 45 Anwendung finden müsse: Demnach besteht eine Tatbestandseinschränkung gegenüber Maßnahmen, die nicht nur **nicht diskriminierend** ausgestaltet sind, sondern den Marktzugang von Arbeitnehmern **auch nicht in sonstiger Weise behindern**. Dieser Fokus auf (erfasste) spezifische Beschränkungen der Arbeitnehmerfreizügigkeit gegenüber (nicht erfassten) neutralen Ausübungsmodalitäten entspricht der Herangehensweise bei der Warenverkehrs- und der Niederlassungsfreiheit, wo über die *Keck*-Formel bzw in Anwendung ihrer Logik das regulatorische Umfeld im Prinzip unangetastet bleiben soll.

Inhalt des Freizügigkeitsrechts ist damit schon nach dem Wortlaut Art 45 Abs 2 zunächst ein Gleichbehandlungsgrundsatz (**Diskriminierungsverbot**) in Bezug auf alle Vorgänge im Rahmen der geschützten Tätigkeit, also Aufnahme und Ausübung von Erwerbstätigkeit im Ausland und Rückkehr in den Heimatstaat.[141] Verboten sind schon nach dem Wortlaut der Bestimmung unterschiedliche Behandlungen der Arbeitnehmer bei Beschäftigung, Entlohnung und allen sonstigen Arbeitsbedingungen.

Erfasst sind, wie stets, direkte und indirekte Diskriminierungen gleichermaßen. **Direkte Diskriminierungen** sind „Vorschriften, die das Stellenangebot …, den Zugang zur Beschäftigung und deren Ausübung durch Ausländer einschränken oder von Bedingungen abhängig machen, die für Inländer nicht gelten".[142] Hier wird also das Staatsangehörigkeitskriterium direkt verwendet, zB bei einem Vorbehalt der Familienbeihilfe für Inländer, bei der steuerlichen Schlechterstellung ausländischer Einkünfte usw.

Indirekte Diskriminierungen treten demgegenüber aufgrund wirkungsgleicher, aber anders benannter Kriterien ein. Gemeint sind also „Vorschriften, die, ohne auf die Staatsangehörigkeit abzustellen, ausschließlich oder hauptsächlich bezwecken oder bewirken, dass Angehörige der übrigen Mitgliedstaaten … ferngehalten werden."[143] Beispiele sind etwa Sprach- oder Wohnsitzerfordernisse, aber auch an der Sprache anknüpfende sonstige Regelungen (zB Befristung der Arbeitsverhältnisse von Fremdsprachenlektoren), die Nichtanerkennung von Qualifi-

---

138 Vgl Rs C-415/93, *Bosman*, ECLI:EU:C:1995:463, Rn 100.
139 Vgl Rs C-415/93, *Bosman*, ECLI:EU:C:1995:463, Rn 100.
140 Näher etwa Brechmann, Art 45, Rz 51 mwN, in *Calliess/Ruffert* (Hrsg), EUV/AEUV-Kommentar[5] (2016).
141 Vgl Rs C-415/93, *Bosman*, ECLI:EU:C:1995:463, Rn 97 ff.
142 Art 3 Abs 1 lit a FreizügigkeitsVO 492/2011.
143 Art 3 Abs 1 lit b FreizügigkeitsVO 492/2011.

kationen, Urkunden usw.[144] Die Formen indirekter Diskriminierung illustriert etwa das Urteil *Clean Car* aus 1998, betreffend ein Wohnsitzerfordernis des Gewerberechts.

> Rs C-350/96, *Clean Car*, ECLI:EU:C:1998:205, Rn 18 ff
>
> Die Anmeldung eines Gewerbes im Bereich der Pflege und Wartung von KFZ durch Clean Car wird von der Gewerbebehörde abgewiesen, weil die zum Geschäftsführer bestellte Person nicht im Inland wohnt. Nach der österr GewO 1994 durften juristische Personen ein Gewerbe nur dann ausüben, wenn sie einen Geschäftsführer bestellt hatten, der seinerseits einen Wohnsitz im Inland haben musste. Kann sich Clean Car auf die Arbeitnehmerfreizügigkeit berufen und ist die GewO mit dieser vereinbar?
>
> „18 [Art 45 Abs. 1] enthält die allgemeine Aussage, daß innerhalb der Gemeinschaft die Freizügigkeit der Arbeitnehmer hergestellt wird. Nach [Art 45 Abs. 2 und 3] umfasst diese die Abschaffung jeder auf der Staatsangehörigkeit beruhenden unterschiedlichen Behandlung der Arbeitnehmer der Mitgliedstaaten in Bezug auf Beschäftigung, Entlohnung und sonstige Arbeitsbedingungen und gibt ... den Arbeitnehmern das Recht, sich um tatsächlich angebotene Stellen zu bewerben, sich zu diesem Zweck im Hoheitsgebiet der Mitgliedstaaten frei zu bewegen, sich dort aufzuhalten, um unter den gleichen Bedingungen wie Staatsangehörige des betreffenden Mitgliedstaats eine Beschäftigung auszuüben, und nach deren Beendigung dort zu verbleiben.
>
> 19 Diese Rechte stehen zweifellos den unmittelbar genannten Personen, den **Arbeitnehmern**, zu. Andererseits ist [Art 45] kein Hinweis darauf zu entnehmen, daß sich nicht auch andere Personen, insbesondere **Arbeitgeber**, auf sie berufen könnten.
>
> 20 Zudem kann das Recht der Arbeitnehmer, bei Einstellung und Beschäftigung nicht diskriminiert zu werden, nur dann seine volle Wirkung entfalten, wenn die Arbeitgeber ein entsprechendes Recht darauf haben, Arbeitnehmer nach Maßgabe der Bestimmungen über die Freizügigkeit einstellen zu können.
>
> 21 Diese Bestimmungen würden nämlich leicht um ihre Wirkung gebracht, wenn die Mitgliedstaaten die dort enthaltenen Verbote schon dadurch umgehen könnten, daß sie den Arbeitgebern die Einstellung eines Arbeitnehmers verböten, der gewisse Voraussetzungen nicht erfüllte[.] ...
>
> 27 Nach ständiger Rechtsprechung verbietet der Grundsatz der Gleichbehandlung nicht nur offene Diskriminierungen aufgrund der Staatsangehörigkeit, sondern auch **alle verdeckten Formen der Diskriminierung**, die mit Hilfe der Anwendung anderer Unterscheidungsmerkmale tatsächlich zu demselben Ergebnis führen[.]
>
> 28 Zwar stellt [die] GewO ... nicht auf die Staatsangehörigkeit der Person ab, die zum Geschäftsführer bestellt werden soll.
>
> 29 Wie der Gerichtshof jedoch bereits festgestellt hat ..., besteht bei einer nationalen Rechtsvorschrift, die eine Unterscheidung aufgrund des **Kriteriums des Wohnsitzes** trifft, die Gefahr, daß sie sich hauptsächlich zum Nachteil der Angehörigen anderer Mitgliedstaaten auswirkt, da Gebietsfremde meist Ausländer sind.
>
> 30 Somit kann es eine **mittelbare Diskriminierung** aufgrund der Staatsangehörigkeit ... darstellen, daß Angehörige der übrigen Mitgliedstaaten nur dann als Geschäftsführer eines Gewerbes bestimmt werden können, wenn sie in dem betreffenden Mitgliedstaat wohnen."

Darüber hinaus können, wie bei allen Grundfreiheiten, auch sonstige **Beschränkungen** in Art 45 eingreifen.[145] Als Beschränkungen gelten alle „Bestimmungen, die einen Staatsangehöri-

---

[144] Vgl etwa Rs C-112/91, *Werner*, ECLI:EU:C:1993:27, Rn 18 ff; Rs C-336/94, *Dafeki*, ECLI:EU:C:1997:579, Rn 16 ff; Rs C-272/92, *Spotti*, ECLI:EU:C:1993:848, Rn 21.
[145] Vgl Rs C-415/93, *Bosman*, ECLI:EU:C:1995:463, Rn 100.

3. Freizügigkeit

gen eines Mitgliedstaats **daran hindern** oder davon **abhalten, sein Herkunftsland zu verlassen**, um von seinem Recht auf Freizügigkeit Gebrauch zu machen, ... **auch** wenn sie unabhängig von der Staatsangehörigkeit der betroffenen Arbeitnehmer Anwendung finden".[146]

Gemeint sind damit, wie einleitend hervorgehoben, **Tätigkeits-** bzw **Marktzugangsbeschränkungen** der Arbeitnehmerfreizügigkeit. Regelungen, die Zugangsbeschränkungen vorsehen, bleiben **stets** vom Tatbestand des Art 45 erfasst, dh gerade auch dann, wenn sie nicht diskriminierend ausgestaltet sind. Solche Zugangsbeschränkungen sind insbesondere ...

1) **Wegzugshindernisse** für Arbeitnehmer, einschließlich Hindernissen bei der Rückkehr (zB Aufenthaltsregeln für Arbeitnehmer oder Angehörige, Nichtberücksichtigung von Versicherungszeiten, Nichtgewährung von Leistungen für im Heimatstaat verbliebene Angehörige usw);

2) **absolute Tätigkeitsverbote** (zB Verbot des Berufs des Tätowierers und daher auch der Anstellung als Tätowierer);

3) **Doppelbelastungen** für Arbeitnehmer aufgrund der Tätigkeit in einem anderen MS (zB Doppelbesteuerung, Doppelversicherung usw).

Ein Beispiel für die letztgenannte Kategorie an Zugangsbeschränkungen, die Doppelbelastung, bietet das Urteil *de Groot* aus 2002, betreffend eine Einkommensteuerregelung.

> Rs C-385/00, *de Groot*, ECLI:EU:C:2002:750, Rn 75 ff
>
> Herr de Groot wohnte in den Niederlanden und war dort und in anderen Mitgliedstaaten als Arbeitnehmer bei in den Niederlanden, in Deutschland, in Frankreich und im Vereinigten Königreich ansässigen Gesellschaften tätig. Auf seine Einkünfte entrichtete er in Deutschland, Frankreich und Großbritannien Einkommensteuern. Diese Steuern wurden in den betreffenden Mitgliedstaaten ohne Berücksichtigung der familiären Unterhaltszahlungen berechnet, die Herr de Groot leistete. Ein Antrag auf Berücksichtigung der Zahlungen zur Vermeidung einer Doppelbesteuerung wurde in den Niederlanden abgelehnt. Ist diese Ablehnung ein Eingriff in die Arbeitnehmerfreizügigkeit?
>
> „75 Vorab ist darauf hinzuweisen, dass die direkten Steuern zwar in die Zuständigkeit der Mitgliedstaaten fallen, dass diese ihre Befugnisse in diesem Bereich jedoch unter Wahrung des [Unions-]Rechts ausüben ... müssen[.] ...
>
> 78 Vorschriften, die einen Staatsangehörigen eines Mitgliedstaats daran hindern oder davon abhalten, sein Herkunftsland zu verlassen, um von seinem Recht auf Freizügigkeit Gebrauch zu machen, stellen ... eine Beschränkung dieser Freiheit dar, auch wenn sie unabhängig von der Staatsangehörigkeit der betroffenen Arbeitnehmer Anwendung finden[.] ...
>
> 79 Auch wenn die Bestimmungen über die Freizügigkeit der Arbeitnehmer nach ihrem Wortlaut insbesondere die Inländerbehandlung im Aufnahmestaat sichern sollen, verbieten sie es doch auch, dass der Herkunftsstaat die freie Annahme und Ausübung einer Beschäftigung durch einen seiner Staatsangehörigen in einem anderen Mitgliedstaat behindert[.] ...
>
> 83 ... Herrn de Groot ist ... durch die [Nichtanerkennung der Unterhaltsleistungen] ein tatsächlicher Nachteil entstanden, da er wegen der Erfüllung seiner Unterhaltsverpflichtungen und aufgrund des Steuerfreibetrags einen geringeren steuerlichen Vorteil erhalten hat, als wenn er seine gesamten Einkünfte ... in den Niederlanden erzielt hätte.
>
> 84 Dieser Nachteil, der dadurch entstanden ist, dass der Wohnmitgliedstaat seine Regelung zur Vermeidung der Doppelbesteuerung angewandt hat, kann einen Angehörigen dieses Staates davon abhalten, den Staat zu verlassen, um im Hoheitsgebiet eines anderen Mitgliedstaats eine unselbständige Erwerbstätigkeit im Sinne des Vertrages auszuüben. ...

---

[146] Rs C-415/93, *Bosman*, ECLI:EU:C:1995:463, Rn 96, Hervorhebung hinzugefügt.

> 95 Daher stellt eine Regelung wie die im Ausgangsverfahren in Rede stehende eine nach [Art 45] grundsätzlich verbotene Beschränkung der Freizügigkeit der Arbeitnehmer dar."

Im Unterschied zu Zugangsbeschränkungen der Arbeitnehmerfreizügigkeit sind rechtlich wie nach den Wirkungen völlig **neutrale Ausübungsmodalitäten** für eine Tätigkeit **nicht** vom Tatbestand des Art 45 erfasst.[147] Voraussetzung dieser Tatbestandsausnahme ist, dass eine Regelung weder diskriminierend ist, noch eine sonstige spezifische Behinderung für den Marktzugang von Arbeitnehmern darstellt. Als Faustregel fallen daher Vorschriften, die den **rechtlichen Rahmen für die Ausübung der Tätigkeit** im Aufnahmestaat vorgeben, nur unter ein (um eine Feinprüfung der Neutralität der Wirkungen, ähnlich wie bei *Keck*, erweitertes) Diskriminierungsverbot. Ein Arbeitnehmer bzw Arbeitgeber kann sich daher insbesondere nicht gegen neutrale Regelungen des allgemeinen Arbeits-, Sozial- oder Steuerrechts zur Wehr setzen, etwa Arbeitszeitregelungen, Arbeitssicherheitsvorschriften, Mindestlöhne, Pflichtversicherung, Qualifikationserfordernisse für bestimmte Berufe usw.[148]

> Da also Vorschriften für Arbeitnehmer, die sich aus der bloßen Verschiedenartigkeit der Rechtsvorschriften der MS ergeben, nicht von Art 45 erfasst werden, ergibt sich aus dieser Vorschrift auf primärrechtlicher Ebene kein Nivellierungseffekt der **Arbeitsbedingungen**. Gleiches gilt für neutral ausgestaltete **Qualifikationsvoraussetzungen** für das Ergreifen bestimmter Berufe. Das Unionsrecht garantiert es Arbeitnehmern daher auch **nicht**, dass die **Ausdehnung** ihrer **wirtschaftlichen Aktivitäten** auf einen anderen MS keinerlei Auswirkungen haben, also **neutral bleiben, muss:** Das allgemeine Regelungsumfeld des MS, in den sich ein Arbeitnehmer begibt, ist also grundsätzlich hinzunehmen, soweit darin keine Diskriminierung oder spezifische Beschränkung der Arbeitstätigkeit steckt. Ein Beispiel ist, immer vorausgesetzt, dass darin keine (auch nicht verschleierte) Diskriminierung steckt, etwa die im anderen MS abweichende **soziale Absicherung**.[149]

Schließlich greift bei Art 45, wie auch bei den anderen Grundfreiheiten, eine **Kausalitätsgrenze**: Nicht erfasst sind also Regelungen ohne greifbaren Konnex zur Ausübung der Arbeitnehmerfreizügigkeit. Bleiben die Auswirkungen einer Regelung für die Attraktivität der Ausübung der Freiheit nach allgemeiner Lebenserfahrung bloß spekulativ (zB Tempolimit auf Autobahnen oder Ausschluss der Abfertigung bei Selbstkündigung), ist sie nicht nach Art 45 zu prüfen.[150]

3.3.4. Rechtfertigung

Eingriffe in die Arbeitnehmerfreizügigkeit können mit den in **Art 45 Abs 3** ausdrücklich genannten **Gründen** der öffentlichen Ordnung, Sicherheit und Gesundheit gerechtfertigt werden. Darüber hinaus stehen für Beschränkungen der Arbeitnehmerfreizügigkeit auch weitere Rechtfertigungsgründe iS eines offenen Katalogs an **zwingenden Erfordernissen** des Allgemeininteresses zur Verfügung. Daher ist „eine Maßnahme, die die Freizügigkeit der Arbeitnehmer be-

---

147 Vgl *Brechmann*, Art 45, Rz 51 mwN, in *Calliess/Ruffert* (Hrsg), EUV/AEUV-Kommentar⁵ (2016).
148 Vgl Rs C-165/98, *Mazzoleni*, ECLI:EU:C:2001:162, Rn 28; verb Rs C-369/96 und C-376/96, *Arblade*, ECLI:EU:C:1999:575, Rn 42.
149 Vgl zB verb Rs C-393/99 und C-394/99, *Hervein*, Rn 51 und 58.
150 Vgl zB Rs C-190/98, *Graf*, ECLI:EU:C:2000:49, Rn 25.

3. Freizügigkeit

einträchtigt, nur dann zulässig ..., wenn sie einen berechtigten Zweck verfolgt, der ... aus zwingenden Gründen des Allgemeininteresses gerechtfertigt ist."[151] Wirtschaftliche Gründe (Haushaltserwägungen) sind dabei, wie stets, keine tauglichen Ziele.[152] Zur Begrenzung des Rückgriffs auf den offenen Katalog zwingender Erfordernisse auf Fälle bloßer Beschränkungen und indirekter Diskriminierungen gilt das dazu einleitend Gesagte.

Wie stets, sind Maßnahme und Ziel einander im Weg der Verhältnismäßigkeitsprüfung konkret gegenüberzustellen: Daher „muss ... die Anwendung einer solchen Maßnahme auch geeignet sein, die Verwirklichung des in Rede stehenden Zweckes zu gewährleisten, und darf nicht über das hinausgehen, was zur Erreichung dieses Zweckes erforderlich ist".[153] Wiederum kann auf das zur Verhältnismäßigkeitsprüfung allgemein Gesagte verwiesen werden.

Für eine Illustration der Rechtfertigungs- und Verhältnismäßigkeitsprüfung sei hier nochmals das zuvor erwähnte Urteil *Clean Car* aus 1998 bemüht, wo die dort vom EuGH festgestellte, mittelbare Diskriminierung einer Rechtfertigungsprüfung unterzogen wird.

Rs C-350/96, *Clean Car*, ECLI:EU:C:1998:205, Rn 30 ff

Nach der österr GewO 1994 durften juristische Personen ein Gewerbe nur dann ausüben, wenn sie einen Geschäftsführer bestellt hatten, der seinerseits einen Wohnsitz im Inland haben musste. Diese Regelung ist mittelbar diskriminierend und greift in die Arbeitnehmerfreizügigkeit ein. Doch lässt sie sich rechtfertigen?

„30 Somit kann es eine mittelbare Diskriminierung aufgrund der Staatsangehörigkeit ... darstellen, daß Angehörige der übrigen Mitgliedstaaten nur dann als Geschäftsführer eines Gewerbes bestimmt werden können, wenn sie in dem betreffenden Mitgliedstaat wohnen.

31 Anders verhielte es sich nur, wenn ein solches Wohnsitzerfordernis auf objektiven, von der Staatsangehörigkeit der betroffenen Arbeitnehmer unabhängigen Erwägungen beruhte und in einem angemessenen Verhältnis zu einem legitimen Zweck stünde, den das nationale Recht verfolgte[.] ...

32 Das vorlegende Gericht hat ... darauf hingewiesen, daß der bestellte Geschäftsführer [allenfalls durch die Verhängung von] Geldstrafen gegen ihn [für] die Einhaltung der gewerberechtlichen Vorschriften verantwortlich [gemacht werden kann].

33 Österreich [trug vor], daß das Wohnsitzerfordernis sicherstellen solle, daß Bescheide über Strafen, die gegen den Geschäftsführer verhängt werden könnten, diesem zugestellt und die Strafen vollstreckt werden könnten. Außerdem solle es gewährleisten, daß der Geschäftsführer ... in der Lage sei, sich im Betrieb entsprechend zu betätigen.

34 Das Wohnsitzerfordernis ist teils nicht geeignet, die Erreichung dieses Zweckes zu gewährleisten, teils geht es über dasjenige hinaus, was zur Erreichung dieses Zweckes erforderlich ist.

35 Zum einen bietet es nicht notwendig die Gewähr dafür, daß der Geschäftsführer in der Lage ist, sich im Betrieb entsprechend zu betätigen, wenn er in dem Mitgliedstaat wohnt, in dem das Gewerbe ansässig ist und ausgeübt wird. Ein Geschäftsführer, der in diesem Staat an einem Ort wohnt, der vom Ort des Gewerbebetriebes weit entfernt ist, wird im allgemeinen größere Schwierigkeiten haben, sich im Betrieb entsprechend zu betätigen, als eine Person, die in einem anderen Mitgliedstaat an einem Ort wohnt, der vom Ort des Gewerbebetriebs nicht weit entfernt ist.

36 Zum anderen ließe sich durch weniger einschneidende Maßnahmen sicherstellen, daß die Bescheide über die gegen den Geschäftsführer verhängten Geldstrafen diesem zugestellt und die Stra-

---

[151] Rs C-109/04, *Kranemann*, ECLI:EU:C:2005:68, Rn 33, Hervorhebungen hinzugefügt.
[152] Rs C-109/04, *Kranemann*, ECLI:EU:C:2005:68, Rn 34.
[153] Rs C-109/04, *Kranemann*, ECLI:EU:C:2005:68, Rn 33, Hervorhebungen hinzugefügt.

fen vollstreckt werden. Zu denken wäre etwa an die Zustellung des Strafbescheids am Sitz des Gewerbebetriebs, der den Geschäftsführer beschäftigt, und die Absicherung seiner Zahlung durch die vorherige Stellung einer Sicherheit.

37 Schließlich sind **selbst solche Maßnahmen im Hinblick auf die fraglichen Zwecke nicht gerechtfertigt, wenn die Zustellung des Bescheides** über die Geldstrafen, die gegen einen Geschäftsführer mit Wohnsitz in einem anderen Mitgliedstaat verhängt werden, **und die Vollstreckung dieser Strafen durch ein völkerrechtliches Abkommen zwischen dem Mitgliedstaat,** in dem das Gewerbe ausgeübt wird, **und dem Mitgliedstaat des Wohnsitzes des Geschäftsführers gewährleistet sind.** ...

39 [Ebenso] ist festzustellen, daß es **keine Gründe der öffentlichen Sicherheit und Gesundheit** gibt, die eine allgemeine Regelung wie diejenige, um die es im Ausgangsverfahren geht, rechtfertigen könnten.

40 [Zum] Rechtfertigungsgrund der öffentlichen Ordnung hat der Gerichtshof bereits für Recht erkannt ..., daß die **Berufung auf diesen Begriff,** wenn er Beschränkungen der Freizügigkeit von dem Gemeinschaftsrecht unterliegenden Personen rechtfertigen soll, zumindest voraussetzt, daß über die Störung der öffentlichen Ordnung hinaus, die **jede Gesetzesverletzung** darstellt, eine tatsächliche und hinreichend schwere Gefährdung vorliegt, die ein Grundinteresse der Gesellschaft berührt.

41 Den Akten ist jedoch nicht zu entnehmen, daß ein solches Interesse berührt sein könnte, wenn der Inhaber eines Gewerbes für dessen Ausübung einen Geschäftsführer bestellen kann, der nicht in dem betreffenden Staat wohnt. ...

43 In Anbetracht der vorstehenden Erwägungen ist ... zu antworten, daß es gegen [Art 45] verstößt, wenn ein Mitgliedstaat dem Inhaber eines Gewerbes, das dieser im Gebiet dieses Staates ausübt, verbietet, eine Person als Geschäftsführer zu bestellen, die in diesem Staat keinen Wohnsitz hat."

3.3.5. Sekundärrecht

Der Bereich der Arbeitnehmerfreizügigkeit ist **stark sekundärrechtlich determiniert.** Dies gilt va für **das Gros** an Fragen des **Aufenthaltsrechts** von Arbeitnehmern (UnionsbürgerRL 2004/38/EG), der allgemeinen **Gleichbehandlung** hinsichtlich Stellenzugang und Beschäftigungs- und Arbeitsbedingungen (FreizügigkeitsVO 492/2011), der Geschlechter- und Minderheitendiskriminierungen im Berufsleben (Ethnien-GleichbehandlungsRL 2000/43/EG, Minderheiten-BerufsgleichbehandlungsRL 2000/78/EG, Geschlechter-BerufsgleichbehandlungsRL 2006/54/EU und 2010/41/EU), des Zugangs zu **Sozialleistungen** (KoordinierungsVO 883/2004) sowie für **Qualifikationserfordernisse** (BerufsqualifikationsRL 2005/36/EG). Die Arbeitnehmerfreizügigkeit ist also gemeinsam mit diesen Bestimmungen zu denken und Arbeitnehmer betreffende Diskriminierungen und Beschränkungen aus diesen Bereichen sind vorrangig den entsprechenden Regelungen zu prüfen.

Die UnionsbürgerRL 2004/38/EG, die Geschlechter- und MinderheitendiskriminierungsRL sowie die BerufsqualifikationsRL 2005/36/EG werden jeweils an anderer Stelle dargestellt (bei Art 21, 18 bzw 49 AEUV). Hier wird iF auf die Eckpunkte der FreizügigkeitsVO 492/2011 und der KoordinierungsVO 883/2004 eingegangen.

3.3.5.1. FreizügigkeitsVO 492/2011

Die **Details der Ausübung des Freizügigkeitsrechts** der Arbeitnehmer, also betreffend **Beschäftigung, Entlohnung und sonstige Arbeitsbedingungen,** sind seit den Anfängen der EU sekundärrechtlich determiniert und wurden sukzessive verdichtet. Vorgängerregelung der FreizügigkeitsVO 492/2011 war die über Jahrzehnte in Geltung belassene und daher sehr bekannte, ältere FreizügigkeitsVO 1612/68. Die FreizügigkeitsVO 492/2011 gilt für sämtliche Personen, die den Arbeitnehmerbegriff erfüllen, also etwa auch für Saisonarbeiter.

Die FreizügigkeitsVO 492/2011 enthält zwei Gruppen von Regelungen. Die erste Gruppe sind Regeln betreffend den Zugang zur Beschäftigung. Ausdrücklich ist etwa das Recht auf Zugang zum Arbeitsvermittlungsdienst des Ausnahmestaats normiert.[154] Ausdrücklich verboten ist es, den Zugang zur Beschäftigung oder deren Ausübung von Bedingungen abhängig zu machen, die für Inländer nicht gelten (direkte Diskriminierungen beim Zugang), sowie alle Vorschriften gleicher Wirkung (indirekte Diskriminierungen).[155] An Beispielen nennt die VO etwa Ausländerbeschäftigungsquoten in bestimmten Sektoren, besondere Verfahren für die Anwerbung ausländischer Arbeitnehmer, Einschränkungen der Veröffentlichung von Stellenangeboten oder der Anwerbung ausländischer Arbeitnehmer sowie höhere Hürden bei Gesundheitschecks oder sonstigen berufsbezogenen Anforderungen. Zulässig sind aber Spracherfordernisse, sofern sie sachlichen Besonderheiten der zu vergebenden Stelle entsprechen.[156]

Die zweite Gruppe von Regeln der FreizügigkeitsVO 492/2011 betrifft die Gleichbehandlung in Ausübung der Beschäftigung: Arbeitnehmer anderer MS müssen hinsichtlich der Beschäftigungs- und Arbeitsbedingungen mit inländischen Arbeitnehmern gleichbehandelt werden. Das Gleichbehandlungsgebot erstreckt sich nach den schon in der VO selbst gegebenen Beispielen[157] insbesondere auf Entlohnung, Kündigung, berufliche Wiedereingliederung, Schulen bzw Schulungen, soziale oder steuerliche Vergünstigungen, gewerkschaftliche Rechte sowie den Zugang zum Wohnungsmarkt. Die im Inland wohnhaften Kinder des Arbeitnehmers haben freien Zugang zu Schulunterricht, Lehre und Berufsausbildung.

Das Gleichbehandlungsgebot ist drittwirksam, bindet neben der öffentlichen Hand sowie den Kollektivvertragsparteien daher auch Private: Bestimmungen, die beim Zugang zur Beschäftigung, Entlohnung und sonstige Arbeits- und Kündigungsbedingungen usw direkt oder indirekt nach der Staatsangehörigkeit differenzieren, sind nach ausdrücklicher Anordnung des Art 7 Abs 4 FreizügigkeitsVO 492/2011 selbst in Einzelarbeitsverträgen nichtig.

3.3.5.2. KoordinierungsVO 883/2004

Da jeder MS ungeachtet der Garantien des Art 45 sein System der sozialen Sicherheit grundsätzlich unabhängig gestalten kann, sind Regeln zur Koordinierung der Frage erforderlich, nach welchem System EU-Bürger versichert werden sollen. Art 48 AEUV erteilt dem EU-Gesetzgeber den Auftrag, ein System mit sozialrechtlichen Mindestgarantien (Zusammenrechnung von Versicherungszeiten, Anspruchsberechtigung für Leistungen) für Arbeitnehmer, Selbständige und deren jeweilige Angehörige zu schaffen. Diesem Auftrag kam der Gesetzgeber bereits mit der (aufgrund ihrer langen Geltungsdauer sehr bekannten) älteren KoordinierungsVO 1408/71[158] nach,

---

[154] Art 5 FreizügigkeitsVO 492/2011.
[155] Vgl Art 3 ff FreizügigkeitsVO 492/2011.
[156] Siehe dazu auch *Windisch-Graetz*, ecolex 2017, 237 f.
[157] Vgl Art 7 ff FreizügigkeitsVO 492/2011.
[158] ABl 1971/L 149/2. Sie war ihrerseits bereits eine Nachfolgeregelung zur frühen KoordinierungsVO 3/58, ABl 1958/L 30/561.

deren Nachfolgeregelung die geltende VO 883/2004 zur Koordinierung der Systeme der sozialen Sicherheit ist.

Die KoordinierungsVO 883/2004 verfolgt, wie der Name schon sagt, nicht das Anliegen einer inhaltlichen Harmonisierung der sozialen Ansprüche von Arbeitnehmern, Selbständigen und Angehörigen. Vielmehr will sie lediglich den für einen Betroffenen **zuständigen MS bestimmen** und postuliert dann iW dessen **sozialrechtliche Gleichbehandlung mit Inländern**. Mit der **Einbeziehung der Selbständigen** samt ihrer Angehörigen erstreckt sich der Anwendungsbereich gleichermaßen auf die Art 45 wie 49 AEUV. Vom persönlichen Anwendungsbereich erfasst sind (neben EWR-Bürgern und sonstigen gleichgestellten Personen) außerdem **Flüchtlinge** und **Staatenlose** sowie deren Familienangehörige.

In sachlicher Hinsicht sind die Leistungen, die in den Anwendungsbereich der KoordinierungsVO 883/2004 fallen, erschöpfend aufgezählt.[159] Es sind dies erstens **auf Beiträgen beruhende oder beitragsfreie Leistungen** bei Krankheit, Mutter- bzw Vaterschaft, Invalidität, Alter und Vorruhestand, Arbeitsunfällen und Berufskrankheiten, Arbeitslosigkeit, Familienleistungen sowie Leistungen an Hinterbliebene und Sterbegeld. Zweitens bezieht die VO **einzelne beitragsunabhängige Geldleistungen** in den Anwendungsbereich mit ein (und ordnet daher deren Gewährung an die Berechtigten an), die sowohl Merkmale der sozialen Sicherheit als auch Merkmale der Sozialhilfe aufweisen und zB der Bestreitung des Lebensunterhalts dienen (in Österreich zB die Ausgleichszulage). **Grundregel** für die Leistungsgewährung ist, vorbehaltlich einzelner Ausnahmen, die **Gleichbehandlung** mit Inländern beim Leistungsbezug.[160]

> Die Einbeziehung von Leistungen der Sozialhilfe im Rahmen der zweitgenannten Gruppe gilt, wie sich auch aus der Zusammenschau mit Art 24 UnionsbürgerRL 2004/38/EG ergibt, **gerade nicht pauschal**: Nach der UnionsbürgerRL 2004/38/EG müssen Leistungen zur Bestreitung des Lebensunterhalts, zB Studienbeihilfen, Mindestsicherung udgl, nicht wirtschaftlich tätigen, neu zuziehenden EU-Bürgern vor Erwerb des Daueraufenthaltsrechts nicht gewährt werden. Das Gleichbehandlungsgebot bei Sozialleistungen aufgrund der KoordinierungsVO 883/2004 beschränkt sich daher auf die dort (in Art 70 iVm Anhang X) genannten Leistungen. Allerdings ist das Verhältnis zwischen UnionsbürgerRL 2004/38/EG und KoordinierungsVO 883/2004 im Detail nach der Rsp nicht restlos aufgeklärt und daher im Schrifttum str.[161]

Zusätzlich zur Koordinierung der Ansprüche der unterschiedlichen Leistungsgruppen enthält die VO außerdem **allgemeine Regeln**.[162] Sie betreffen neben der **Bestimmung des leistungszuständigen MS** etwa die Modalitäten der Zusammenrechnung der in unterschiedlichen MS zurückgelegten **Versicherungszeiten** (Versicherungs- und Beschäftigungszeiten aus anderen MS sind für die Prüfung von an die Dauer der Versicherungs- oder Beschäftigungszeit geknüpften Ansprüchen mit einzubeziehen), den **Ausschluss von Doppelbezügen** (kein Anspruch auf mehrere Leistungen gleicher Art aus derselben Pflichtversicherungszeit), das **Verbot von Wohnsitzerfordernissen** beim Bezug von Geldleistungen (**Grundsatz des Leistungsexports**). Der Grundsatz des Leistungsexports gilt nur für die zuvor erstgenannten Leistungskategorien (also nicht für die über Art 70 KoordinierungsVO 883/2004 einbezogenen Sozialhilfeleistun-

---

[159] Vgl Art 3 KoordinierungsVO 883/2004.
[160] Vgl *Berger*, DRdA 2015, 451 ff; *Greiner/Kock*, NZS 2017, 202.
[161] Näher etwa *Brechmann*, Art 48, Rz 21 mwN, in *Calliess/Ruffert* (Hrsg), EUV/AEUV-Kommentar[5] (2016).
[162] Vgl Art 5 ff KoordinierungsVO 883/2004.

gen) und nicht für Sachleistungen. Zudem bestehen Einschränkungen beim Export einzelner Leistungen (zB für das Arbeitslosengeld).

3.4. Wiederholungsfragen

i. Welche Normenkomplexe gehören zu den Freizügigkeitsbestimmungen? Wie hängen sie zusammen?

ii. Welche Sekundärrechtsakte sind für das Freizügigkeitsrecht zentral? Erklären Sie die Eckpunkte ihrer jeweiligen Regelungen.

iii. Durch welche Merkmale unterscheiden sich das Allgemeine Diskriminierungsverbot und die Besonderen Diskriminierungsverbote? Welche gibt es?

iv. Unter welchen Umständen kann sich die Tante eines in Österreich tätigen Arbeitnehmers hier auf die Arbeitnehmerfreizügigkeit berufen? Erwägen Sie unterschiedliche Sachverhaltsvarianten.

v. Unter welchen Voraussetzungen kann sich der Niederösterreicher Pepi bei Nichtaufnahme in den Tiroler Landesdienst auf Art 45 berufen?

vi. Kann der wegen gewerbsmäßigen Bettelns bereits mehrfach vorbestrafte Deutsche Kai aus Österreich ausgewiesen werden?

vii. Sind a) saisonale Erntehelfer, b) Studierende, die bei einer Anwaltskanzlei ein Sommerpraktikum machen, c) Studierende, die in Fußgängerzonen für Ärzte ohne Grenzen Spenden sammeln, d) Bäckerlehrlinge, e) Rettungshelfer Arbeitnehmer iSd Art 45?

viii. Ist die Arbeitnehmerfreizügigkeit „ver-*Keck*t"? Was könnte mit dieser Aussage gemeint sein? Erklären Sie die Aussage anhand der Eingriffstatbestände des Art 45.

ix. Nehmen Sie zur Debatte um die Drittwirkung des Art 45 Stellung. Woher kommt die Debatte und wie ist die Drittwirkungsfrage Ihrer Ansicht nach zu beantworten? Warum?

x. Welche Rolle spielt Art 7 GRC im Rahmen der Personenfreizügigkeit? Geben Sie ein Beispiel für eine Konstellation, in der Art 7 die Reichweite der Freizügigkeit modifiziert.

xi. An einem Bezirksgericht gibt es unterschiedliche Tätigkeitsbilder. Greift Art 45 Abs 4 gegenüber a) Reinigungskräften, b) Studierenden, die im Rahmen einer „law clinic" am Amtstag des Gerichts mitwirken, c) Richteramtsanwärtern, d) Richtern, e) Schöffen (der Landesgerichte).

xii. Unter welchen Voraussetzungen erhält die Polin Maria in Österreich a) Studienbeihilfe, b) Urlaubsgeld, c) Ausgleichszulage?

xiii. Der Luxemburger Gunter möchte in Pinkafeld in einem Kosmetik- und Waxingstudio arbeiten. Kann sich Gunter unter Berufung auf Art 45 dagegen zur Wehr setzen, dass er dafür a) ein Zeugnis über eine erfolgreich abgelegte Befähigungsprüfung im Bereich Kosmetik vorlegen muss bzw b), dass Waxing in Österreich verboten ist.

xiv. Bruno wird in Südtirol beim Schnellfahren erwischt. Hilft ihm das Unionsrecht dabei, sich vor dem Bozner Verwaltungsgericht auf Deutsch verteidigen zu dürfen? Wie genau?

xv. Welche Rechte aufgrund der Unionsbürgerschaft stehen auch Unternehmen zu, welche nicht?

4. Niederlassung

Art 49 AEUV gewährt die Freiheit der Niederlassung in einem anderen MS. Zielsetzungen sind die Gewährleistung einerseits persönlicher bzw unternehmerischer Mobilität sowie andererseits freier Investitionen in Produktionsfaktoren (Arbeit, Kapital, Boden, Wissen usw) dort, wo sie den größtmöglichen Nutzen bringen:[1] Die Niederlassungsfreiheit gewährleistet also „die Möglichkeit für einen [Unions]angehörigen …, in stabiler und kontinuierlicher Weise am Wirtschaftsleben eines anderen Mitgliedstaats als seines Herkunftsstaats teilzunehmen und daraus Nutzen zu ziehen, wodurch die wirtschaftliche und soziale Verflechtung innerhalb der Europäischen Gemeinschaft im Bereich der selbständigen Tätigkeiten gefördert wird".[2] Personen und Unternehmen sollen ihre Entscheidungen über Tätigkeiten und Investitionen also so weit wie möglich ohne Rücksicht auf die Verwaltungsgrenzen zwischen den MS treffen können.

Allerdings strebt Art 49 dabei keine vollständige Beseitigung sämtlicher Regulierungsunterschiede an, sondern beschränkt die tatbestandsrelevanten Eingriffe, ähnlich wie die Warenverkehrsfreiheit und die Arbeitnehmerfreizügigkeit, iW auf die Sicherstellung von Gleichbehandlung und Marktzugang für ausländische Unternehmen. Völlig neutrale Behinderungen bei der Ausübung der Tätigkeit eines niedergelassenen Unternehmens werden dagegen nicht erfasst.

> Unter die Niederlassungsfreiheit fallende Tätigkeiten natürlicher und juristischer Personen sind in den MS häufig stark reglementiert. Überwiegend handelt es sich dabei um subjektive Qualifikationsanforderungen bzw Voraussetzungen für die Ausübung der Tätigkeit. Beispiele sind etwa die Befähigungsnachweise des Gewerberechts oder diversen (kapital-, gesellschafts-, haftungsrechtlichen usw) Anforderungen an die Erteilung von Konzessionen in reglementierten Sektoren wie Finanzmarkt, Verkehrsbereich, Glücksspiel usw. Dahinter stehen historisch gewachsene Anliegen des Allgemeininteresses, wie zB Gesundheits-, Verbraucher-, Umweltschutz odgl, wobei Schutzanliegen und Schutzniveau je Tätigkeit typischerweise von MS zu MS unterschiedlich gehandhabt werden.
>
> Aus diesen Unterschieden erwachsen Hindernisse für die grenzüberschreitende Niederlassung natürlicher und juristischer Personen, welche die Niederlassungsfreiheit aber eben nicht per se beseitigen will, sondern nur im Fall spezifischer Benachteiligungen für Ausländer. Eine darüber hinausgehende Harmonisierung der Rahmenbedingungen für einzelne Sparten bedarf daher gesetzgeberischen Tätigwerdens. Dementsprechend zahlreich liegen solche Harmonisierungsrechtsakte auch vor (zB für Berufsqualifikationen, Rechtsanwälte, Banken, Versicherungen usw).

Aufgrund der sachlichen Nähe der Niederlassungsfreiheit zu den Freizügigkeitsbestimmungen (Freizügigkeit iwS) ist hier auch ein Teil des personenverkehrsrelevanten Sekundärrechts einschlägig. Dies gilt va für die UnionsbürgerRL 2004/38/EG und die KoordinierungsVO 883/2004, aber auch für Einzelbestimmungen der DienstleistungsRL 2006/123/EG. Der Rahmen für die Anerkennung von ausländischen Berufsqualifikationen als Tätigkeitsvoraussetzungen ist außerdem in der in diesem Abschnitt besprochenen BerufsqualifikationsRL 2005/36/EG vereinheitlicht.

---

[1] Vgl Korte, Art 49, Rz 1 f, in Calliess/Ruffert (Hrsg), EUV/AEUV-Kommentar[5] (2016).
[2] Rs C-409/06, Winner Wetten, ECLI:EU:C:2010:503, Rn 45; auch Rs C-55/94, Gebhard, ECLI:EU:C:1995:411, Rn 25.

4.1. Persönlicher Schutzbereich

Die Niederlassungsfreiheit berechtigt schon nach dem Wortlaut zunächst **Staatsangehörige der MS**.[3] Dies können sowohl **natürliche (Selbständige)** als auch **juristische Personen (Gesellschaften)** sein.

Die **Staatsangehörigkeit juristischer Personen** bestimmt sich nach Art 54 AEUV nach dem Recht des Gründungsstaats („nach den Rechtsvorschriften eines Mitgliedstaats gegründet[e] Gesellschaften"). Die Frage des Status, also ob eine Gesellschaft überhaupt als juristische Person existiert, ist daher von den MS autonom zu regeln. Sie weder primärrechtlich, noch aufgrund der Rsp[4] vereinheitlicht.[5] Nach wie vor gilt daher die Feststellung aus dem Grundsatzurteil *Daily Mail* aus 1988, wonach Gesellschaften „[j]enseits der jeweiligen nationalen Rechtsordnung, die ihre Gründung und ihre Existenz regelt, ... keine Realität"[6] haben.

Die MS sehen in ihren Gesellschaftsrechtsvorschriften unterschiedliche Anknüpfungspunkte vor, die Art 54 gleichermaßen anerkennt. Die Staatsangehörigkeit juristischer Personen kann demnach sowohl aus dem **Ort der Gründung** (satzungsmäßiger Sitz im Gründungs-MS; **Gründungstheorie**) als auch aus dem **Sitz der Hauptverwaltung** (bzw Hauptniederlassung; **Sitztheorie**) in einem MS abgeleitet werden.

> Die Gründungstheorie findet sich zB im Gesellschaftsrecht der Niederlande, Großbritanniens, der Schweiz oder der USA. Die meisten EU-MS folgen aber der Sitztheorie, so zB Österreich,[7] Deutschland, Belgien, Frankreich und Italien. Die Gründungstheorie erleichtert den Weg- oder Umzug von Unternehmen, während die Sitzverlegung ins Ausland im Rahmen der Sitztheorie nichtig ist oder zwingend die Auflösung und Liquidation der Gesellschaft zur Folge hat.
>
> Die Anknüpfungspunkte nach der Gründungs- bzw der Sitztheorie klaffen bei Unternehmen auseinander, deren Tätigkeitsschwerpunkt nicht mehr im Gründungs-MS liegt. Im Einzelfall kann dieses Auseinanderklaffen bzw die fehlende Harmonisierung der Staatsangehörigkeitsfrage juristischer Personen bei grenzüberschreitenden Niederlassungssachverhalten zu **Problemen** führen. Verlegt **beispielsweise** eine in den Niederlanden gegründete Gesellschaft ihren Verwaltungssitz nach Großbritannien, so gilt sie auch dort weiterhin als ausländische Gesellschaft, da beide Staaten der Gründungstheorie folgen. Verlegt sie dagegen den Sitz nach Deutschland, so kann die Anwendung der Sitztheorie in Deutschland dazu führen, dass die Gesellschaft danach als Inländerin zu betrachten bzw ihr bei Nichterfüllung der Gründungsformalitäten sogar die Rechtspersönlichkeit abzuerkennen wäre.[8]

Folge der Verankerung des Status juristischer Personen im nationalen Recht ist es, dass Verbote[9] oder Genehmigungsvorbehalte[10] für Gesellschaften daher, wie im Abschnitt Eingriff

---

3   Vgl auch Rs C-409/06, *Winner Wetten*, ECLI:EU:C:2010:503, Rn 45.
4   Zur jahrzehntelangen Rsp-Entwicklung ausführlich *Tiedje*, Art 54, Rz 49 ff, in *von der Groeben/Schwarze/Hatje* (Hrsg), EUV/AEUV-Kommentar⁷ (2015).
5   Vgl aus der jüngeren Rsp zB Rs C-210/06, *Cartesio*, ECLI:EU:C:2008:723, Rn 109; Rs C-47/12, *Kronos*, ECLI:EU:C:2014:2200, Rn 48; Rs C-371/10, *National Grid Indus*, ECLI:EU:C:2011:785, Rn 26 f; Rs C-378/10, *VALE*, ECLI:EU:C:2012:440, Rn 29.
6   Rs 81/87, *Daily Mail*, ECLI:EU:C:1988:456, Rn 19.
7   Vgl § 10 IPRG, BGBl 304/1978 idgF.
8   So auch im Fall Rs C-208/00, *Überseering*, ECLI:EU:C:2002:632, Rn 52 ff.
9   Vgl zB Rs C-210/06, *Cartesio*, ECLI:EU:C:2008:723, Rn 109.
10 Vgl schon Rs 81/87, *Daily Mail*, ECLI:EU:C:1988:456, Rn 19.

näher ausgeführt, schon dem Grunde nach nicht an Art 49 zu messen sind.[11] Diese Herangehensweise illustriert zB das Urteil *National Grid Indus* aus 2011, betreffend die (vom Unternehmen eben hinzunehmenden) steuerlichen Folgen einer grenzüberschreitenden Verlegung des Verwaltungssitzes.

> Rs C-371/10, *National Grid Indus*, ECLI:EU:C:2011:785
>
> Die niederländische Gesellschaft National Grid Indus BV wollte ihren Verwaltungssitz aus den Niederlanden nach Großbritannien verlegen. Da beides Gründungstheoriestaaten sind, erforderte die Verlegung keine Änderung des Gesellschaftsstatuts. Die niederländischen Vorschriften über die Wegzugsbesteuerung verlangten jedoch für einen solchen Fall die sofortige Besteuerung der stillen Reserven. Fällt diese Steuervorschrift in den Anwendungsbereich der Niederlassungsfreiheit?
>
> 25 Gemäß Art 54 AEUV stehen die nach den Rechtsvorschriften eines Mitgliedstaats gegründeten Gesellschaften, die ihren satzungsmäßigen Sitz, ihre Hauptverwaltung oder ihre Hauptniederlassung innerhalb der Gemeinschaft haben, für die Anwendung der Vorschriften des Vertrags über die Niederlassungsfreiheit den natürlichen Personen gleich, die Angehörige der Mitgliedstaaten sind.
>
> 26 In Ermangelung einer einheitlichen unionsrechtlichen Definition der Gesellschaften, denen die Niederlassungsfreiheit zugutekommt, anhand eines einheitlichen Anknüpfungskriteriums, nach dem sich das auf eine Gesellschaft anwendbare Recht bestimmt, ist die Frage, ob Art 49 AEUV auf eine Gesellschaft anwendbar ist, die sich auf die dort verankerte Niederlassungsfreiheit beruft, ebenso wie im Übrigen die Frage, ob eine natürliche Person ein Staatsangehöriger eines Mitgliedstaats ist und sich aus diesem Grund auf diese Freiheit berufen kann, daher eine Vorfrage, die beim gegenwärtigen Stand des Unionsrechts nur nach dem anwendbaren nationalen Recht beantwortet werden kann. Nur wenn die Prüfung ergibt, dass dieser Gesellschaft in Anbetracht der in Art 54 AEUV genannten Voraussetzungen tatsächlich die Niederlassungsfreiheit zugutekommt, stellt sich die Frage, ob sich die Gesellschaft einer Beschränkung dieser Freiheit im Sinne des Art 49 AEUV gegenübersieht[.]
>
> 27 Ein Mitgliedstaat kann somit sowohl die Anknüpfung bestimmen, die eine Gesellschaft aufweisen muss, um als nach seinem innerstaatlichen Recht gegründet angesehen werden und damit in den Genuss der Niederlassungsfreiheit gelangen zu können, als auch die Anknüpfung, die für den Erhalt dieser Eigenschaft verlangt wird[.] Ein Mitgliedstaat hat daher die Möglichkeit, einer nach seiner Rechtsordnung gegründeten Gesellschaft Beschränkungen hinsichtlich der Verlegung ihres tatsächlichen Verwaltungssitzes aus seinem Hoheitsgebiet aufzuerlegen, damit sie die ihr nach dem Recht dieses Staates zuerkannte Rechtspersönlichkeit behalten kann[.]
>
> 28 Im Ausgangsverfahren hat die Verlegung des tatsächlichen Verwaltungssitzes von National Grid Indus in das Vereinigte Königreich jedoch die Eigenschaft dieses Unternehmens als Gesellschaft nach niederländischem Recht ... nicht berührt, die in Bezug auf Gesellschaften die Gründungstheorie anwendet. ...
>
> 31 Die im Ausgangsverfahren in Rede stehende nationale Regelung betrifft nicht die Bestimmung der Voraussetzungen, deren Erfüllung ein Mitgliedstaat von einer nach seinem Recht gegründeten Gesellschaft verlangt, damit diese ihre Eigenschaft als Gesellschaft dieses Mitgliedstaats nach der Verlegung ihres tatsächlichen Verwaltungssitzes in einen anderen Mitgliedstaat behalten kann. Die Regelung beschränkt sich vielmehr darauf, für die nach nationalem Recht gegründeten Gesellschaften steuerliche Folgen an eine Sitzverlegung zwischen Mitgliedstaaten zu knüpfen, ohne dass diese Sitzverlegung ihre Eigenschaft als Gesellschaften des fraglichen Mitgliedstaats berührt.
>
> 32 Da im Ausgangsverfahren die Verlegung des tatsächlichen Verwaltungssitzes von National Grid Indus in das Vereinigte Königreich ihre Eigenschaft als Gesellschaft nach niederländischem Recht nicht berührt hat, hat diese Verlegung keine Auswirkung auf ihre Möglichkeit, sich auf Art 49 AEUV zu berufen. Als Gesellschaft, die nach dem Recht eines Mitgliedstaats gegründet wurde und

---

11 Vgl auch *Korte*, Art 54, Rz 28, in *Calliess/Ruffert* (Hrsg), EUV/AEUV-Kommentar[5] (2016).

ihren satzungsmäßigen Sitz sowie ihre Hauptverwaltung innerhalb der Union hat, kommen ihr nach Art 54 AEUV die Bestimmungen dieses Vertrags über die Niederlassungsfreiheit zugute, und sie kann sich daher auf ihre Rechte aus Art 49 AEUV berufen, insbesondere um die Rechtmäßigkeit einer ihr von diesem Mitgliedstaat anlässlich der Verlegung ihres tatsächlichen Verwaltungssitzes in einen anderen Mitgliedstaat auferlegten Steuer in Frage zu stellen.

Der EuGH stellt in *National Grid Indus* klar, dass der Status der juristischen Person eine Vorfrage für die Anwendung von Art 49, und daher selbst nicht an dieser Norm zu messen ist. Weitergehende, also nicht mit dem Erhalt oder Verlust des Status als juristische Person in Zusammenhang stehende Regelungen der MS in Bezug auf eine (wie in jenem Fall) nach nationalem Recht existente Gesellschaft, fallen dagegen sehr wohl in den Anwendungsbereich von Art 49.

Über die Staatsangehörigen der MS hinaus gibt es auch bei Art 49 (wie bei den Art 21 und 45) einen Kreis **gleichgestellter Personen**. Es sind dies, wie stets, die Familienangehörigen natürlicher Personen mit EU-Staatsangehörigkeit[12] sowie natürliche und juristische Personen, für die eine Gleichstellung aufgrund besonderer Rechtsvorschriften angeordnet ist (zB Staatsangehörige des EWR, der Schweiz oder, in gewissem Umfang, der Türkei).[13]

4.2. Sachlicher Schutzbereich

Der sachliche Schutzbereich des Art 49 knüpft an der grenzüberschreitenden Niederlassung eines Unternehmens an. Eckpunkte der Prüfung sind daher 1) das Vorliegen einer selbständigen wirtschaftlichen Tätigkeit, 2) ein grenzüberschreitender Vorgang und 3) das Anstreben oder Vorhandensein einer Niederlassung.

4.2.1. Selbständige wirtschaftliche Tätigkeit

Der für Art 49 maßgebliche **Unternehmensbegriff** ist im Unionsrecht einheitlich, gleicht also insbesondere dem des Wettbewerbsrechts. Nach dem Grundsatzurteil *Höfner und Elser* aus 1991 ist „jede eine wirtschaftliche Tätigkeit ausübende Einheit"[14] als Unternehmen anzusehen. Eine wirtschaftliche Tätigkeit wiederum besteht im „Anbieten von Gütern oder Dienstleistungen auf einem bestimmten Markt".[15]

Bei **juristischen Personen** ist die Unternehmenseigenschaft damit im Regelfall zumindest dann manifest, wenn die wirtschaftliche Aktivität nicht eingestellt wurde (die Gesellschaft also nur noch ‚am Papier' existiert). Mangelnde Gewinnerzielungsabsicht schadet der Einstufung als Unternehmen dagegen nicht und auch die Rechtsform (öffentlich- oder privatrechtlich, Verein, Stiftung usw) ist prinzipiell unerheblich (s näher beim Wettbewerbsrecht).[16] Relevant

---

12 Vgl Rs C-370/90, *Surinder Singh*, ECLI:EU:C:1992:296, Rn 23.
13 Näher *Korte*, Art 49, Rz 7 ff, in *Calliess/Ruffert* (Hrsg), EUV/AEUV-Kommentar⁵ (2016).
14 Rs C-41/90, *Höfner und Elser*, ECLI:EU:C:1991:161, Rn 21.
15 Rs C-205/03 P, *FENIN*, ECLI:EU:C:2006:453, Rn 25; zB auch verb Rs C-180/98 bis C-184/98, *Pavlov*, ECLI: EU:C:2000:428, Rn 74 f.
16 Vgl zB verb Rs C-264/01, C-306/01, C-354/01 und C-355/01, *AOK-Bundesverband*, ECLI:EU:C:2004:150, Rn 46 ff.

ist lediglich, dass die fragliche Tätigkeit grundsätzlich überhaupt gegen Entgelt erbracht werden kann (also einen Nachfragemarkt hat).

Bei wirtschaftlich aktiven **natürlichen Personen** liegt das Hauptaugenmerk demgegenüber auf der Frage der Selbständigkeit, also, ob die Tätigkeit im Rahmen eines Arbeitsverhältnisses oder auf eigene Rechnung ausgeübt wird. Geprüft wird dies anhand jener Indizien, die auch bei der Arbeitnehmerfreizügigkeit beachtlich sind, also va Weisungsgebundenheit und Risikotragung.[17] Selbständige (zB Architekten, Rechtsanwälte, Ärzte, Einzelsportler usw) gelten daher als Unternehmen, die sich auf die Niederlassungsfreiheit berufen können. Zur Frage der Gewinnerzielungsabsicht gilt das eben Gesagte.

4.2.2. Grenzüberschreitendes Element

Das grenzüberschreitende Element prüft der Gerichtshof in st Rsp betont **großzügig**.[18] Daher ist dies keineswegs nur im klassischen Fall einer grenzüberschreitenden Standortwahl erfüllt: Wie das Beispiel des Urteils *Venturini* aus 2013 zeigt, bezieht der EuGH hier im Einzelfall auch den (im Übrigen aus dem Wettbewerbsrecht bekannten bzw dort näher erörterten) *potential entrant* (also ausländische Unternehmen, die künftig potenziell in den Markt eintreten und durch eine bestimmte staatliche Regelung von diesem Markteintritt abgehalten werden könnten) in die Beurteilung mit ein.[19]

> Verb Rs C-159/12 bis C-161/12, *Alessandra Venturini*, ECLI:EU:C:2013:79
>
> Frau Venturini ist Italienerin und betreibt eine Apotheke in Mailand. Ein italienisches Gesetz verbietet es ihr, verschreibungspflichtige Arzneimittel zu verkaufen, deren Kosten nicht über den nationalen Gesundheitsdienst SSN, sondern vom Käufer selbst getragen werden. Frau Venturini bringt vor, diese Regelung verstoße ua gegen die Niederlassungsfreiheit. Aber kann sie sich als Italienerin in Italien überhaupt auf Art 49 berufen, wenn keines der Sachverhaltselemente auf einen grenzüberschreitenden Bezug hindeutet?
>
> 25 Nach ständiger Rechtsprechung des Gerichtshofs kann zwar eine nationale Regelung wie die in den Ausgangsverfahren fragliche, die unterschiedslos auf italienische Staatsangehörige und Staatsangehörige anderer Mitgliedstaaten anwendbar ist, im Allgemeinen nur dann unter die Bestimmungen über die vom Vertrag garantierten Grundfreiheiten fallen, wenn sie für Sachlagen gilt, die eine **Verbindung zum Handel zwischen den Mitgliedstaaten** aufweisen, doch **lässt sich keineswegs ausschließen**, dass Staatsangehörige, die **in anderen Mitgliedstaaten** als der Italienischen Republik ansässig sind, Interesse daran hatten oder **haben**, in diesem Mitgliedstaat **parapharmazeutische Verkaufsstellen zu betreiben**[.]
>
> 26 Den Vorlageentscheidungen zufolge sind die Klägerinnen der Ausgangsverfahren zwar italienische Staatsangehörige, und der Sachverhalt der Ausgangsverfahren spielt sich ausnahmslos innerhalb eines einzigen Mitgliedstaats ab, doch **kann die fragliche Regelung gleichwohl Wirkungen entfalten, die sich nicht auf diesen Mitgliedstaat beschränken.**
>
> 27 [Etwas anderes gilt nur, wenn] nicht ersichtlich [ist], inwiefern sich [eine Regelung, zB bei Öffnungszeiten] auf Wirtschaftsteilnehmer aus einem anderen Mitgliedstaat hätte auswirken können.
>
> 28 Im Übrigen kann die Antwort des Gerichtshofs dem vorlegenden Gericht selbst bei einem rein innerstaatlichen Sachverhalt wie dem in den Ausgangsverfahren fraglichen, bei dem nichts über

---

17 Vgl zB Rs C-415/93, *Bosman*, ECLI:EU:C:1995:463, Rn 97.
18 Dazu näher *Lippert*, ZEuS 2014, 274 ff.
19 Vgl auch verb Rs C-570/07 und C-571/07, *Pérez und Gómez*, ECLI:EU:C:2010:300, Rn 40.

die Grenzen eines einzigen Mitgliedstaats hinausweist, von Nutzen sein, insbesondere dann, **wenn sein nationales Recht vorschreibt, dass einem Inländer die gleichen Rechte zustehen** wie die, die einem Staatsangehörigen eines anderen Mitgliedstaats in der gleichen Lage kraft Unionsrecht zustünden[.]

29 Unter diesen Umständen sind die Vorabentscheidungsersuchen als zulässig anzusehen.

4.2.3. Niederlassungskontext

Sodann ist zu prüfen, ob es sich um ein Problem iZm einer Niederlassung handelt. Niederlassung bedeutet, va in Abgrenzung zu bloß vorübergehenden Tätigkeiten im Rahmen einer Dienstleistungserbringung (s bei Art 56 AEUV), eine **permanente Präsenz vor Ort mit fixer Einrichtung**.[20] Eine niederlassungsrelevante Tätigkeit ist also stets auf Dauer angelegt, was anhand von Indizien (Vorhandensein von Produktionsfaktoren, va Infrastruktur, Personal usw) geprüft wird.

Eine ausreichende, dauerhafte Präsenz vor Ort liegt nicht nur dann vor, wenn eine **Hauptniederlassung** gegründet (zB durch Eintragung ins Firmenbuch) oder verlegt (zB Verlagerung der Hauptverwaltung odgl) wird, sondern auch bei allen Arten von sonstigen fixen Geschäftseinrichtungen (sog **sekundäre Niederlassungen**).[21] Die Annahme einer bestimmten Rechtsform oder eine selbständige Handlungsfähigkeit der Geschäftseinrichtung (Rechtspersönlichkeit) sind also nicht erforderlich. Es genügen daher auch Zweigniederlassungen, Tochtergesellschaften, Agenturen oder selbst bloße Büros. Dies illustriert etwa das Urteil *Kommission/Deutschland* aus 1986, betreffend die Abgrenzung von Niederlassungen gegenüber Dienstleistungen bei Versicherungsanbietern.

Rs 205/84, *Kommission/Deutschland*, ECLI:EU:C:1986:463

Das dt VersicherungsaufsichtsG unterwarf Versicherungsunternehmen, die in Deutschland auf dem Gebiet der Direktversicherung tätig sein wollten, ua dem Erfordernis einer Niederlassung und Zulassung im Inland. Sämtliche Vertreter, Bevollmächtigten, Agenten und sonstigen Versicherungsvermittler mussten daher im Inland niedergelassen sein. Berührt diese Regelung die Niederlassungs- oder die Dienstleistungsfreiheit und wie grenzen sich diese beiden Bereiche voneinander ab?

21 [Hinsichtlich der Abgrenzung der Vorschriften voneinander] ist einzuräumen, dass ein Versicherungsunternehmen eines anderen Mitgliedstaats, das in dem betreffenden Mitgliedstaat eine ständige Präsenz aufrechterhält, den Bestimmungen des Vertrages über das Niederlassungsrecht unterliegt, auch wenn diese Präsenz nicht die Form einer Zweigniederlassung oder einer Agentur angenommen hat, sondern lediglich durch ein Büro wahrgenommen wird, das von dem eigenen Personal des Unternehmens oder von einer Person geführt wird, die zwar unabhängig, aber beauftragt ist, auf Dauer für dieses Unternehmen wie eine Agentur zu handeln. In Anbetracht der ... Definition des [Art 57] kann sich ein solches Versicherungsunternehmen daher hinsichtlich seiner Tätigkeit in dem betreffenden Mitgliedstaat nicht auf [Art 56] berufen.

22 Ebenso kann ... einem Mitgliedstaat nicht das Recht zum Erlass von Vorschriften abgesprochen werden, die verhindern sollen, dass ein Dienstleistungserbringer, dessen Tätigkeit ganz oder vor-

---

20 Vgl etwa Rs C-221/89, *Factortame*, ECLI:EU:C:1991:320, Rn 20.
21 Vgl Rs 204/87, *Bekaert*, ECLI:EU:C:1988:192, Rn 11.

4.2. Sachlicher Schutzbereich

wiegend auf das Gebiet dieses Staates ausgerichtet ist, sich die durch [Art 56] garantierte Freiheit zunutze macht, um **sich den Berufsregelungen zu entziehen**, die auf ihn Anwendung fänden, wenn er im Gebiet dieses Staates ansässig wäre, denn ein solcher Fall kann nach dem Kapitel über das Niederlassungsrecht und nicht nach dem über die Dienstleistungen beurteilt werden. ...

24 Aus alledem ergibt sich, dass es sich bei den Dienstleistungen, die bei der Entscheidung über die vorliegende Klage zu prüfen sind, nur um Versicherungsverträge über in einem Mitgliedstaat belegene Risiken handelt, die ein in diesem Staat niedergelassener oder wohnender Versicherungsnehmer mit einem Versicherer schließt, der in einem anderen Mitgliedstaat niedergelassen ist und der weder in dem erstgenannten Staat eine ständige Präsenz aufrechterhält, noch seine **Tätigkeit ganz oder vorwiegend auf das Hoheitsgebiet dieses Staates ausrichtet**.

Vom Niederlassungsbegriff **ausgenommen** sind auch bloße **Scheinniederlassungen**, die zB aus steuerlichen Gründen oder zur Regulierungsvermeidung gegründet werden.[22] Zur Verneinung einer für Art 49 ausreichenden Niederlassung kommt man im Regelfall schon durch Sichtung der Indizienlage, soweit es also an tatsächlicher Infrastruktur etc vor Ort fehlt. Die niederlassungsrelevante Tätigkeit muss also vom Ort der Niederlassung aus tatsächlich ausgeübt werden.[23]

Dagegen **schadet** es der Anwendung von Art 49 nicht, wenn eine **Gesellschaft bewusst in einem bestimmten MS gegründet** wird, um dortige **gesellschaftsrechtliche Vorteile** auszunutzen, selbst wenn der Tätigkeitsschwerpunkt idF in einem anderen MS liegen soll. Im Ausnützen des Wettbewerbs der Gesellschaftsrechtsordnungen liegt daher nach st Rsp[24] keine eine Berufung auf Art 49 ausschließende bzw die Annahme einer Scheingesellschaft rechtfertigende Umgehung der Vorschriften des Tätigkeitsstaats. Voraussetzung einer Berufung auf Art 49 ist es aber wohl auch in solchen Konstellationen, dass vom Gründungsort aus zumindest noch eine geringfügige **wirtschaftliche Tätigkeit** erfolgt.[25]

Einen solchen Sachverhalt einer Gesellschaftsgründung im Ausland mit dem alleinigen Ziel der Ausnutzung gesellschaftsrechtlicher Vorteile behandelt **beispielsweise** das Urteil *Inspire Art* aus 2003. Es betrifft eine brit Gesellschaftsform mit besonders niedrigem Gründungskapital (sog 1-£-Gesellschaft, *private limited company*), über die eine Tätigkeit in den Niederlanden ausgeübt werden sollte.[26]

Rs C-167/01, *Inspire Art*, ECLI:EU:C:2003:512

Inspire Art wurde im Juli 2000 als *private company limited by shares* (Gesellschaft mit beschränkter Haftung) englischen Rechts mit Sitz in Folkestone (Vereinigtes Königreich) gegründet. Ihr einziger Geschäftsführer („director") wohnte in Den Haag (Niederlande). Die Gesellschaft, die unter der Firma „Inspire Art Ltd" im Verkauf von Kunstgegenständen tätig war, **nahm ihre Geschäfte im August 2000 von einer Zweigniederlassung in Amsterdam** aus auf. Die Handelskammer Amsterdam forderte

---

22 Vgl zB Rs C-196/04, *Cadbury Schweppes*, ECLI:EU:C:2006:544, Rn 51; Rs C-378/10, *VALE*, ECLI:EU:C:2012:440, Rn 34 f.
23 Siehe dazu *Drygala*, EuZW 2013, 569 f.
24 Grundlegend Rs C-212/97, *Centros*, ECLI:EU:C:1999:126, Rn 17; auch schon Rs 79/85, *Segers*, ECLI:EU:C:1986:308, Rn 16.
25 IdS Rs C-378/10, *VALE*, ECLI:EU:C:2012:440, Rn 34; Rs C-196/04, *Cadbury Schweppes*, ECLI:EU:C:2006:544, Rn 54.
26 Im österr Kontext vgl auch *Adensamer/Mitterecker*, GesRZ 2017, 130 f.

mit Blick auf das geringe Haftungskapital der *private limited* aus Gründen des Gläubigerschutzes (also zur Warnung der Gläubiger) den Zusatzvermerk im Handelsregister, dass Inspire Art eine formal ausländische Gesellschaft sei. Kann sich Inspire Art gegen einen solchen Zusatz im Handelsregister unter Berufung auf Art 49 zur Wehr setzen?

95. [F]ür die Anwendung der Vorschriften über die Niederlassungsfreiheit [ist es] ohne Bedeutung …, dass eine Gesellschaft in einem Mitgliedstaat nur errichtet wurde, um sich in einem zweiten Mitgliedstaat niederzulassen, in dem die Geschäftstätigkeit im Wesentlichen oder ausschließlich ausgeübt werden soll[.] Die Gründe, aus denen eine Gesellschaft in einem bestimmten Mitgliedstaat errichtet wird, sind nämlich, sieht man vom Fall des Betruges ab, für die Anwendung der Vorschriften über die Niederlassungsfreiheit irrelevant[.]

96. [D]er Umstand, dass eine Gesellschaft in einem Mitgliedstaat nur gegründet wurde, um in den Genuss vorteilhafter Rechtsvorschriften zu kommen, keinen Missbrauch darstellt, und zwar auch dann nicht, wenn die betreffende Gesellschaft ihre Tätigkeiten hauptsächlich oder ausschließlich in diesem zweiten Staat ausübt[.]

97. Hieraus folgt, dass diese Gesellschaften das Recht haben, ihre Tätigkeit in einem anderen Mitgliedstaat durch eine Zweigniederlassung auszuüben, wobei ihr satzungsmäßiger Sitz, ihre Hauptverwaltung oder ihre Hauptniederlassung, ebenso wie die Staatsangehörigkeit bei natürlichen Personen, dazu dient, ihre Zugehörigkeit zur Rechtsordnung eines Mitgliedstaats zu bestimmen[.]

98. Somit schließt … der Umstand, dass die Inspire Art im Vereinigten Königreich gegründet wurde, um die Vorschriften des niederländischen Gesellschaftsrechts zu umgehen, das ua bezüglich des Mindestkapitals und der Einzahlung der Aktien strengere Voraussetzungen enthält, nicht aus, dass die Errichtung einer Zweigniederlassung dieser Gesellschaft in den Niederlanden unter die Niederlassungsfreiheit …fällt. [Diese] Frage [ist] eine andere als die, ob ein Mitgliedstaat Maßnahmen ergreifen kann, um zu verhindern, dass sich einige seiner Staatsangehörigen unter Ausnutzung der durch den [AEUV] geschaffenen Möglichkeiten in missbräuchlicher Weise der Anwendung des nationalen Rechts entziehen. …

102. … Die Mitgliedstaaten blieben [aber] befugt, gegen „Briefkastengesellschaften" vorzugehen; um eine solche handele es sich im vorliegenden Fall mangels tatsächlicher Bindung an den Gründungsstaat. [Dies trifft aber nicht zu.] …

105. [Daher steht Art 49] einer Regelung … entgege[n], die die Ausübung der Freiheit zur Errichtung einer Zweitniederlassung in diesem Staat durch eine nach dem Recht eines anderen Mitgliedstaats gegründete Gesellschaft von bestimmten Voraussetzungen abhängig macht, die im innerstaatlichen Recht für die Gründung von Gesellschaften bezüglich des Mindestkapitals und der Haftung der Geschäftsführer vorgesehen sind. Die Gründe, aus denen die Gesellschaft in dem anderen Mitgliedstaat errichtet wurde, sowie der Umstand, dass sie ihre Tätigkeit ausschließlich oder nahezu ausschließlich im Mitgliedstaat der Niederlassung ausübt, nehmen ihr nicht das Recht, sich auf die durch den Vertrag garantierte Niederlassungsfreiheit zu berufen, es sei denn, im konkreten Fall wird ein Missbrauch nachgewiesen.

4.2.4. Geschützte Verhaltensweisen

Die im Rahmen der Niederlassungsfreiheit geschützten Verhaltensweisen der Niederlassungsberechtigten umfassen schon nach Art 49 UAbs 2 sowohl die Aufnahme einer wirtschaftlichen Tätigkeit (Gründung eines Unternehmens oder einer Niederlassung, Sitzverlegung usw) als auch die Ausübung einer solchen Tätigkeit (Beschränkungen bei der Leitung eines Unternehmens, zB durch Nichtanerkennung der Qualifikation, Einschränkungen des Tätigkeitsbereichs, Zwang eines Wohnsitzerfordernisses im Inland, Erfordernis des Betriebs der Niederlassung durch den Inhaber selbst usw). Geschützt sind daher sowohl die erst angestrebte als auch die schon errichtete Niederlassung. Erfasst sind auch Beschränkungen anlässlich der **Rückkehr nach ausgeübter Niederlassung im Ausland**.[27]

4.2.5. Bereichsausnahme

Auch im Rahmen der Niederlassungsfreiheit besteht (parallel zur selben Ausnahme bei der Arbeitnehmerfreizügigkeit)[28] nach Art 51 AEUV eine **Bereichsausnahme** für hoheitliche Tätigkeiten (die also mit der Ausübung von Hoheitsgewalt verbunden sind). Den Anwendungsbereich der Bereichsausnahme illustriert das Urteil *Kommission/Österreich* aus 2011, betreffend den Zugang zum Notarberuf.

> Rs C-53/08, *Kommission/Österreich*, ECLI:EU:C:2011:338
>
> Der Beruf des Notars war in Österreich (ähnlich wie in vielen anderen MS) eigenen Staatsangehörigen vorbehalten. Ist diese Regelung mit der Niederlassungsfreiheit vereinbar bzw unterfällt der Berufsstand der Bereichsausnahme die Ausübung öffentlicher Gewalt nach Art 51?
>
> 80 Im vorliegenden Fall wird aber durch die streitigen nationalen Rechtsvorschriften der Zugang zum Beruf des Notars den österreichischen Staatsangehörigen vorbehalten; sie schaffen damit eine **Ungleichbehandlung aufgrund der Staatsangehörigkeit**, die grundsätzlich nach [Art 49] verboten ist.
>
> 81 ... Österreich macht jedoch geltend, die notariellen Tätigkeiten seien vom Anwendungsbereich ... ausgenommen, da sie ... mit der Ausübung öffentlicher Gewalt verbunden seien. ...
>
> 83 [Art 51 ist als] Ausnahme von der Grundregel der Niederlassungsfreiheit ... so auszulegen, dass sich seine Tragweite auf das **beschränkt**, was zur Wahrung der Interessen, deren Schutz diese Bestimmung den Mitgliedstaaten erlaubt, unbedingt erforderlich ist[.]
>
> 84 [Insoweit] hat der Gerichtshof wiederholt hervorgehoben, dass die ... Ausnahmeregelung auf Tätigkeiten beschränkt werden muss, die als solche **unmittelbar und spezifisch mit der Ausübung öffentlicher Gewalt verbunden** sind[.]
>
> 85 [Die] Ausnahmeregelung [umfasst nicht] Hilfs- oder Vorbereitungstätigkeiten für die Ausübung öffentlicher Gewalt ... sowie ... Tätigkeiten, deren Ausübung – auch wenn sie Kontakte ... mit Verwaltungsbehörden oder Gerichten oder sogar einen ... Beitrag zur Erfüllung ihrer Aufgaben umfasst – die **Beurteilungs- oder Entscheidungsbefugnisse** dieser Behörden oder Gerichte unberührt lässt ..., oder ... die nicht die Ausübung von Entscheidungsbefugnissen ... oder **Zwangsbefugnissen** ... oder den Einsatz von **Zwangsmitteln** ... umfassen.
>
> 86 Im Licht der vorstehenden Erwägungen ist zu prüfen, ob die den Notaren in der österreichischen Rechtsordnung übertragenen Tätigkeiten unmittelbar und spezifisch mit der Ausübung öffentlicher Gewalt verbunden sind. ...
>
> 88 Erstens muss der Notar zur **Errichtung öffentlicher Urkunden** in der gesetzlichen Form u. a. prüfen, dass alle gesetzlichen Voraussetzungen für die Errichtung der Urkunde erfüllt sind. Die öffentliche Urkunde besitzt zudem Beweiskraft und ist vollstreckbar.
>
> 89 Hierzu ist hervorzuheben, dass nach den österreichischen Rechtsvorschriften Akte oder Verträge, denen sich die Parteien freiwillig unterworfen haben, beurkundet werden. ... [Das notarielle] Tätigwerden setzt daher voraus, dass zuvor eine Einigung oder Willensübereinstimmung der Parteien zustande gekommen ist.
>
> 90 Außerdem darf der Notar den von ihm zu beurkundenden Vertrag nicht ohne vorherige Einholung der Zustimmung der Parteien einseitig ändern.

---

27 Vgl Rs C-370/90, *Surinder Singh*, ECLI:EU:C:1992:296, Rn 23.
28 Vgl Art 45 Abs 4 AEUV.

91 Die Beurkundungstätigkeit der Notare ist somit als solche nicht ... mit einer unmittelbaren und spezifischen Ausübung öffentlicher Gewalt verbunden. ...

93 Auch die Pflicht der Notare, vor der Beglaubigung eines Akts oder eines Vertrags zu prüfen, ob alle gesetzlich vorgeschriebenen Voraussetzungen für das Zustandekommen dieses Akts oder Vertrags erfüllt sind, und, wenn dies nicht der Fall ist, die Beurkundung zu verweigern, ist nicht geeignet, das vorstehende Ergebnis in Frage zu stellen.

94 Zwar verfolgt der Notar ... bei dieser Prüfung das im Allgemeininteresse liegende Ziel, die Rechtmäßigkeit und die Rechtssicherheit von Akten zwischen Privatpersonen zu gewährleisten. Die bloße Verfolgung dieses Ziels kann es jedoch nicht rechtfertigen, die dafür erforderlichen Vorrechte Notaren mit der Staatsangehörigkeit des betreffenden Mitgliedstaats vorzubehalten. ...

120 Folglich ist festzustellen, dass das in der österreichischen Regelung aufgestellte Staatsangehörigkeitserfordernis für den Zugang zum Notarberuf eine nach [Art 49] verbotene Diskriminierung aufgrund der Staatsangehörigkeit darstellt.

4.3. Eingriff

Gemäß Art 49 UAbs 2 wird die Niederlassungsfreiheit, also die Aufnahme und Ausübung wirtschaftlicher Tätigkeit, „**nach den Bestimmungen des Aufnahmestaats** für seine eigenen Angehörigen"[29] ausgeübt. Dies umfasst sowohl ein Diskriminierungsgebot als auch ein auf den Marktzugang ausländischer Niederlassungswilliger begrenztes Beschränkungsverbot. Mit dieser, der *Keck*-Logik nahestehenden, Einschränkung ähnelt Art 49 also den auch beim Warenverkehr und bei der Arbeitnehmerfreizügigkeit vorhandenen Zurücknahmen des Eingriffstatbestands gegenüber völlig neutralen Freiverkehrsbehinderungen.

> Würde die Niederlassungsfreiheit als unumschränktes Beschränkungsverbot gegen alles gesehen, was die Niederlassung weniger attraktiv macht, läge darin ein extrem weitreichender Eingriff in die Regulierungsmöglichkeit der MS. Art 49 beinhaltet aber gerade keine solche **allgemeine Liberalisierungspflicht**, zB bei den Qualifikationsanforderungen für Berufe (Was muss ein Arzt gelernt haben?), den Tätigkeitsregeln für Berufsgruppen (Was darf ein Arzt, was eine Krankenschwester, was ein Patentanwalt usw ...?), oder sonstigen Regulierungsbereichen (zB Raumordnungsrecht, Arbeitsrecht, Mietrecht ...). Nur ein Verständnis von Art 49 als gemäßigtes Beschränkungsverbot, das die Herausnahme neutraler tätigkeitsbezogener Regelungen gewährleistet, wirkt diesem invasiven Potenzial entgegen.

4.3.1. Diskriminierungen

Die Niederlassungsfreiheit umfasst daher schon nach dem Wortlaut jedenfalls ein **Gebot der Gleichbehandlung** ausländischer Niederlassungswilliger und Niedergelassener mit Inländern. Folglich sind also jedenfalls offene (zB Inländervorbehalt für bestimmte Tätigkeiten,[30] Inländervorbehalt für das Eigentum an Gesellschaften,[31] inländischer Mehrheitskontrolle als Vo-

---

29 Hervorhebung hinzugefügt.
30 Vgl zB Rs C-474/12, *Schiebel Aircraft*, ECLI:EU:C:2014:2139, Rn 29.
31 So auch ausdrücklich Art 55 AEUV.

4.3. Eingriff

raussetzung bestimmter Rechte,[32] Nichtanerkennung ausländischer Qualifikationen oder sonstiger im Herkunftsstaat bereits erfüllter Tätigkeitsvoraussetzungen[33] usw) und versteckte (zB Sitz- bzw Wohnsitz- oder Niederlassungserfordernisse im Inland,[34] bestimmte[35] Spracherfordernisse[36] usw) Diskriminierungen, die der grenzüberschreitenden Aufnahme oder Ausübung einer permanenten wirtschaftlichen Tätigkeit entgegenstehen, Eingriffe in den Gewährleistungsgehalt des Art 49.

Ein häufiges Beispiel für offen oder versteckt diskriminierende Maßnahmen im Rahmen der Niederlassung sind Vorschriften über **einkommensbezogene Steuern** natürlicher und juristischer Personen (zB Einkommensteuer, Körperschaftsteuer usw). Steuerregelungen können steuerliche Vorteile von Anknüpfungspunkten im Inland abhängig machen (zB Wohnsitz, Abzug nur inländischer Aufwendungen oder Verluste usw). Steuerliche Gründe stehen etwa hinter den (beim persönlichen Anwendungsbereich näher besprochenen) Einschränkungen der grenzüberschreitenden Sitzverlegung von Gesellschaften im Binnenmarkt.[37] Aber auch im grenzüberschreitenden Mutter-Tochter-Verhältnis im Konzern, gegenüber Zweigniederlassungen usw können Zahlungsvorgänge (zB Leistungsentgelte, Lizenzgebühren, Dividenden usw) durch Steuervorschriften wirtschaftlich stärker belastet sein als rein inländische Vorgänge.[38] Das Urteil *ICI* aus 1998, betreffend den Verlustabzug bei grenzüberschreitenden **Holdings**, illustriert einen solchen Fall steuerlicher Diskriminierung als Eingriff in Art 49.

Rs C-264/96, *Imperial Chemical Industries*, ECLI:EU:C:1998:370

Die in Großbritannien ansässige Gesellschaft ICI waren Miteigentümerin einer britischen Holding (Coopers Animal Health Holdings). Die einzige Tätigkeit der Holding bestand im Halten der Aktien von 23 Tochtergesellschaften, die in zahlreichen Staaten in- und außerhalb der EU ansässig waren. Eine dieser Tochtergesellschaften (CAH) schrieb Verluste, die ICI Gewinnen gegenrechnen wollte. Die britische Steuerverwaltung weigerte sich allerdings, ICI einen Steuervorteil für die Verluste zu gewähren: Eine Berücksichtigung der Verluste komme gesetzlich nur bei Holdings in Frage, deren Tochtergesellschaften zumindest überwiegend in Großbritannien ansässig seien. Liegt in dieser Steuerregelung ein Eingriff die Niederlassungsfreiheit?

19 Die direkten Steuern fallen zwar in die Zuständigkeit der Mitgliedstaaten, doch müssen diese ihre Zuständigkeit unter Wahrung des [Unions-]rechts ausüben[.]

20 [M]it der Niederlassungsfreiheit, die [Art 49] den Staatsangehörigen der Mitgliedstaaten zuerkennt und die für sie die Aufnahme und Ausübung selbständiger Erwerbstätigkeiten nach den gleichen Bestimmungen wie den im Niederlassungsstaat für dessen eigene Angehörigen festgelegten umfasst, [ist] für die nach den Rechtsvorschriften eines Mitgliedstaats gegründeten Gesellschaften, die ihren satzungsmäßigen Sitz, ihre Hauptverwaltung oder ihre Hauptniederlassung innerhalb der [EU] haben, das Recht verbunden, ihre Tätigkeit in dem betreffenden Mitgliedstaat durch eine Zweigniederlassung oder Agentur auszuüben. In bezug auf die Gesellschaften ist in diesem Zu-

---

32 Vgl zB Rs C-299/02, *Kommission/Niederlande*, ECLI:EU:C:2004:620, Rn 20.
33 Vgl zB Rs C-53/95, *Inasti*, ECLI:EU:C:1996:58, Rn 9ff.
34 Vgl zB Rs C-64/08, *Engelmann*, ECLI:EU:C:2010:506, Rn 32 ff; Rs C-106/91, *Ramrath*, ECLI:EU:C:1992:230, Rn 22.
35 Im Anwendungsbereich der BerufsqualifikationsRL 2005/36/EG sind nach deren Art 53 die für die Ausübung eines Berufs erforderlichen Sprachkenntnisse zulässig; ebenso Art 3 Abs 1 FreizügigkeitsVO 492/2011.
36 Vgl zB Rs C-424/97, *Haim II*, ECLI:EU:C:2000:357, Rn 50 ff.
37 Vgl schon Rs 81/87, *Daily Mail*, ECLI:EU:C:1988:456, Rn 16.
38 Vgl auch *Kokott/Ost*, EuZW 2011, 501 f.

4. Niederlassung

sammenhang hervorzuheben, daß ihr Sitz im genannten Sinne, ebenso wie die Staatsangehörigkeit bei natürlichen Personen, dazu dient, ihre Zugehörigkeit zur Rechtsordnung eines Staates zu bestimmen[.]

21 Auch wenn die Bestimmungen über die Niederlassungsfreiheit nach ihrem Wortlaut insbesondere die Inländerbehandlung im Aufnahmemitgliedstaat sichern sollen, so **verbieten** sie es doch **auch**, daß **der Herkunftsstaat** die Niederlassung **seiner Staatsangehörigen** oder einer nach seinem Recht gegründeten **Gesellschaft** ... in einem **anderen Mitgliedstaat behindert**[.]

22 Die im Ausgangsverfahren in Rede stehenden Rechtsvorschriften verweigern Gesellschaften, die ... **über eine Holdinggesellschaft von ihrer Niederlassungsfreiheit Gebrauch gemacht** haben, um in anderen Mitgliedstaaten Tochtergesellschaften zu gründen, einen Steuervorteil wegen Verlusten, die eine gebietsansässige Tochtergesellschaft der Holdinggesellschaft erlitten hat, wenn die Holdinggesellschaft hauptsächlich Tochtergesellschaften mit Sitz außerhalb des Vereinigten Königreichs kontrolliert.

23 Derartige Rechtsvorschriften **verwenden** somit das **Kriterium des Sitzes** der kontrollierten Tochtergesellschaften**, um eine unterschiedliche steuerliche Behandlung** der im Vereinigten Königreich ansässigen Gesellschaften eines Konsortiums **einzuführen**. Sie behalten nämlich den für Konsortien vorgesehenen Abzug den Gesellschaften vor, die ausschließlich oder hauptsächlich Tochtergesellschaften mit Sitz im Inland kontrollieren. ...

30 [Art 49 steht] Rechtsvorschriften ... entgege[n], die bei ... Gesellschaften ... eine spezielle Form des Steuervorteils an die Voraussetzung knüpfen, daß die Tätigkeit der Holdinggesellschaft ganz oder hauptsächlich im Halten der Aktien von in dem betreffenden Mitgliedstaat ansässigen Tochtergesellschaften besteht.

Wie der EuGH auch in *ICI* betont, fallen die **direkten Steuern grundsätzlich** in die Regelungszuständigkeit der MS. Diese Feststellung ändert zwar nichts daran, dass die MS auch in diesem Rahmen **an das Diskriminierungsverbot gebunden** und nach der Staatsangehörigkeit diskriminierende Steuerregelungen daher von Art 49 erfasst sind. Allerdings folgt daraus sehr wohl, dass steuerliche Belastungen dann nicht von Art 49 erfasst werden, wenn die Belastungsungleichheit **sachlich gerechtfertigt** ist und sich die **Belastung** also aus der **bloßen Unterschiedlichkeit der Steuerrechtsordnungen der** MS ergibt. Ein klassisches Beispiel ist die **Doppelbesteuerung** von Einkommen in zwei MS, die als solches (also ohne Hinzutreten weiterer Diskriminierungsgesichtspunkte) nicht von Art 49 erfasst ist.[39] Die Abgrenzung zwischen solchen legitimen (sachlich gerechtfertigten) Steuerregelungen und illegitimen (weil diskriminierenden) Steuerregelungen, erschwert deren Beurteilung – nicht nur, aber auch im Rahmen von Art 49. Illustrieren lässt sich die Abgrenzung mit dem Urteil *Talotta* aus 2007, betreffend nachteilige Mindestbemessungsgrundlagen für gebietsfremde Steuerpflichtige.

Rs C-383/05, *Raffaele Talotta*, ECLI:EU:C:2007:181

Herr Talotta **wohnte** in **Luxemburg** und betrieb in **Belgien** ein **Restaurant**. Da er im belgischen Hoheitsgebiet keinen steuerlichen Wohnsitz hat, unterlag er mit seinem dort erzielten Einkommen der **Steuer** für **gebietsfremde natürliche Personen**. Nachdem Herr Talotta mit seiner Steuererklärung für 1992 in Verzug geriet, erklärte die **Steuerverwaltung**, dass sie die Steuer auf der Grundlage der Größe seines Betriebs **schätzen werde**. So sah das belg. EStG vor, dass die Steuerverwaltung bei ausländischen Betrieben eine **an Umsatz** und **Mitarbeiterzahl orientierten**, fix gestaffelte Min-

---

[39] Grundlegend (betreffend Art 45 AEUV) Rs C-279/93, *Schumacker*, ECLI:EU:C:1995:31, Rn 31 ff; auch Rs C-80/94, *Wielockx*, ECLI:EU:C:1995:271, Rn 18; Rs C-107/94, *Asscher*, ECLI:EU:C:1996:251, Rn 41.

destbemessungsgrundlage anzuwenden hatte, wenn keine besseren Angaben vorlagen. Für **in Belgien ansässige** Steuerpflichtige **gab es diese** fixen Mindestbeträge dagegen **nicht**, sondern es war vorgesehen, dass eine Schätzung infolge fehlender Angaben sich an den normalen Gewinnen vergleichbarer Steuerpflichtiger und weiterer konkreter Indizien zu orientieren habe. Ist die abweichende steuerliche Behandlung Gebietsfremder von Art 49 erfasst?

16 Vorab ist darauf hinzuweisen, dass die direkten Steuern zwar in die **Zuständigkeit** der Mitgliedstaaten fallen, dass diese ihre Befugnisse jedoch unter Wahrung des [Unions-]rechts ausüben müssen[.]

17 Die Vorschriften über die **Gleichbehandlung** verbieten nicht nur offensichtliche Diskriminierungen aufgrund der Staatsangehörigkeit, sondern auch alle versteckten Formen der Diskriminierung, die durch die Anwendung anderer Unterscheidungsmerkmale tatsächlich zu dem gleichen Ergebnis führen[.]

18 Eine Diskriminierung kann nur darin bestehen, dass unterschiedliche Vorschriften auf **vergleichbare Situationen** angewandt werden oder dass dieselbe Vorschrift auf unterschiedliche Situationen angewandt wird[.].

19 Zur direkten Besteuerung hat der Gerichtshof in Rechtssachen, die die Besteuerung des Einkommens natürlicher Personen betrafen, entschieden, **dass sich in** einem bestimmten **Mitgliedstaat ansässige** Personen und **Gebietsfremde in der Regel nicht** in einer **gleichartigen Situation** befinden, da zwischen ihnen sowohl hinsichtlich der Einkunftsquelle als auch hinsichtlich der persönlichen Steuerkraft oder der Berücksichtigung der persönlichen Lage und des Familienstands objektive Unterschiede bestehen[.] Jedoch **kann** bei einer **Steuervergünstigung, die Gebietsfremden nicht** gewährt wird, eine **Ungleichbehandlung** dieser beiden Gruppen von Steuerpflichtigen als **Diskriminierung im Sinne des Vertrags** angesehen werden, wenn kein **objektiver Unterschied** zwischen den beiden Gruppen von Steuerpflichtigen besteht, der eine solche Ungleichbehandlung rechtfertigen könnte[.]

20 [Die fragliche Bestimmung des belg. EStG soll] Situationen regeln ..., in denen der Steuerpflichtige – ein Gebietsansässiger oder ein Gebietsfremder – der Steuerverwaltung keine beweiskräftigen Angaben über seine Gewinne ... vorgelegt hat.

21 Für die ansässigen Steuerpflichtigen [kann] die ... Steuerverwaltung ... den ... Gewinn durch einen Vergleich mit den normalen Gewinnen von ... vergleichbaren, ansässigen Steuerpflichtigen bestimmen[.] ...

23 Der Umsatz der gebietsfremden Steuerpflichtigen dagegen wird ohne beweiskräftige Angaben unter Anwendung von Mindestbemessungsgrundlagen bestimmt.

24 Die ... nationale Regelung **behandelt** folglich die in Belgien ansässigen und die gebietsfremden Steuerpflichtigen **unterschiedlich**.

25 [Art 49] würde aber seines Sinnes entleert, wenn man zuließe, dass der Mitgliedstaat der Niederlassung Mindestbemessungsgrundlagen nur bei gebietsfremden Steuerpflichtigen und allein deswegen anwendet, weil sie ihren **Wohnsitz** in einem anderen Mitgliedstaat haben[.]

26 Das **Einkommen**, das ein ansässiger Steuerpflichtiger im Rahmen einer selbständigen Tätigkeit im Hoheitsgebiet des betreffenden Mitgliedstaats erzielt, und das Einkommen, das von einem **gebietsfremden** Steuerpflichtigen im Rahmen einer ebenfalls selbständigen Tätigkeit im Gebiet dieses Mitgliedstaats erzielt wird, fallen nämlich in die **gleiche Kategorie der Einkommen** aus selbständigen ...Tätigkeiten. ...

29 **Zudem kann** ein **Mitgliedstaat** ... die zuständigen Behörden eines **anderen Mitgliedstaats** um alle **Auskünfte ersuchen**, die er für die ordnungsgemäße Festsetzung der Einkommensteuer benötigt oder die er für erforderlich hält, um die genaue Höhe der Einkommensteuer zu ermitteln[.]

30 Gebietsansässige und gebietsfremde Steuerpflichtige befinden sich daher in Bezug auf die im Ausgangsverfahren betroffenen nationalen Rechtsvorschriften in einer **objektiv vergleichbaren Situation**.

32 Unter diesen Umständen stellt eine Regelung ..., die Mindestbemessungsgrundlagen nur für gebietsfremde Steuerpflichtige vorsieht, eine mittelbare Diskriminierung aufgrund der Staatsangehörigkeit im Sinne von Art. [49] dar. Denn selbst wenn diese Rechtsvorschriften eine Unterscheidung aufgrund des Kriteriums des Wohnsitzes treffen, indem sie Gebietsfremden bestimmte Steuervergünstigungen verweigern, die sie Gebietsansässigen gewähren, besteht die Gefahr, dass sie sich hauptsächlich zum Nachteil der Angehörigen anderer Mitgliedstaaten auswirken, da Gebietsfremde meist Ausländer sind[.]

4.3.2. Gemäßigtes Beschränkungsverbot

Grundsätzlich wurde auch die Niederlassungsfreiheit, wie die übrigen Grundfreiheiten, vom EuGH zu einem **Beschränkungsverbot** ausgebaut. In ihren Tatbestand können daher über Diskriminierungen hinaus sämtliche Maßnahmen der MS eingreifen, die die Ausübung der Freiheit „behindern oder weniger attraktiv machen können".[40] Allerdings ist, gleich wie beim Warenverkehr und bei der Arbeitnehmerfreizügigkeit, nach mittlerweile hM[41] **eine Kategorie von Beschränkungen aus dem Tatbestand herausgenommen**, uzw neutrale Ausübungsmodalitäten der niederlassungsrelevanten Tätigkeit. Insoweit lässt sich also für Art 49 von einem gemäßigten Beschränkungsverbot sprechen, wie es etwa auch im Rahmen der Art 34 und 45 AEUV Anwendung findet.

Grund für diese Tatbestandseinschränkung ist, dass Art 49 schon nach seinem Wortlaut **kein umfassendes Herkunftslandprinzip** gewährleistet, Berechtigten also **nicht** die Ausübung eines Berufs bzw die Leitung eines Unternehmens zu den gleichen Bedingungen wie im Herkunftsland garantiert (zB nach denselben Voraussetzungen, im selben Umfang oder mit denselben Befugnissen). Stattdessen normiert Art 49 UAbs 2 gewissermaßen ein modifiziertes Ziellandprinzip, das über reine Diskriminierungen hinausgehend nur bestimmte **spezifische Behinderungen** der Niederlassung verbietet.

Gradmesser der Einbeziehung einer unterschiedslos anwendbaren Beschränkung der Niederlassungsfreiheit in den Tatbestand ist der Marktzugang des Niederlassungswilligen:[42] Erschwert oder verwehrt eine, obgleich unterschiedslos auf In- und Ausländer anwendbare, Regelung Ausländern die Teilnahme am inländischen Wirtschaftsleben, also die Niederlassung im MS zu gleichen Bedingungen wie Inländern, so ist sie stets als von Art 49 erfasst anzusehen. Gemeint ist damit, in Anlehnung an die *Keck*-Logik,[43] dass eine an sich neutral gefasste Regelung Ausländer faktisch stärker betrifft als Inländer.[44] Das Problem gleichen Marktzugangs ist daher weit zu verstehen und betrifft nicht nur die Frage, ob eine Tätigkeit überhaupt aufgenommen werden darf, sondern va auch, inwieweit ein ausländisches Unternehmen, wenn es sich bereits am inländischen Markt befindet, mit den dortigen Konkurrenten wirksam in Wettbewerb treten kann.[45]

---

40 Rs C-55/94, *Gebhard*, ECLI:EU:C:1995:411, Rn 37.
41 Näher etwa *Korte*, Art 49, Rz 49, in *Calliess/Ruffert* (Hrsg), EUV/AEUV-Kommentar[5] (2016); *Tiedje*, Art 49, Rz 108 ff, in *von der Groeben/Schwarze/Hatje* (Hrsg), EUV/AEUV-Kommentar[7] (2015).
42 Vgl *Korte*, Art 49, Rz 52, in *Calliess/Ruffert* (Hrsg), EUV/AEUV-Kommentar[5] (2016).
43 Vgl Rs C-267/91, *Keck*, ECLI:EU:C:1993:905, Rn 16.
44 Siehe auch *Herzig*, in *Eilmansberger/Herzig*, Jahrbuch Europarecht 12, 121 ff.
45 Vgl Rs C-518/06, *Kommission/Italien*, ECLI:EU:C:2009:270, Rn 70; Rs C-442/02, *CaixaBank France*, ECLI:EU:C:2004:586, Rn 13 f.

4.3. Eingriff

Im Schrifttum[46] wird die *Keck*-Parallele zT mit dem Verweis abgelehnt, dass die Begriffe Verkaufsmodalitäten (Art 34 AEUV) einerseits und Ausübungsmodalitäten (Art 49) andererseits nicht gleichzusetzen seien: Keineswegs seien nämlich Ausübungsmodalitäten stets vom Tatbestand des Art 49 ausgenommen bzw, umgekehrt, Regelungen betreffend die Aufnahme einer Tätigkeit stets einbezogen.

Diese Beobachtung ist an sich auch richtig, weil weder Art 34 noch Art 49 (oder das Unionsrecht insgesamt) an Begriffen ansetzen, sondern an den **faktischen Wirkungen einer Maßnahme**. Was diese Wirkungen angeht, so ist die Stoßrichtung der Tatbestandseinschränkungen beim **Warenverkehr** und bei der **Niederlassungsfreiheit** doch sehr ähnlich: In den Blick genommen werden die **realen Marktchancen** von Ausländern. Unterschiedslos anwendbare **Marktverhaltensregeln**, also die Ausübungsmodalitäten einer Tätigkeit, haben typischerweise weniger Potenzial, diese Marktchancen zu senken als Regelungen betreffend den Zugang bzw die Aufnahme einer Tätigkeit. Auch sie können aber im Einzelfall ungleiche Wirkungen für die Teilnahme am inländischen Wirtschaftsleben entfalten (zB eine Beschränkung der Verkaufsfläche mit der Wirkung, dass sich die Markterschließung für große ausländische Unternehmen nicht mehr lohnt; oder zB Beschränkungen bei der Lieferlogistik, etwa eine Maximaldistanz, innerhalb derer bestimmte Produkte wie Frischwaren, Tiere, Abfälle odgl verliefert werden dürfen). Auch im Rahmen der *Keck*-Doktrin fallen Verkaufsmodalitäten nicht *per se* aus dem Tatbestand heraus, sondern nur, wenn sie In- und Ausländer tatsächlich ungleich berühren. Die Einzelheiten der spezifisch auf Warenverkehrsprobleme zugeschnittenen *Keck*-Doktrin sind daher für Art 49 weder beachtlich noch sinnvoll, die zugrunde liegende Logik ist aber in beiden Bereichen dieselbe.[47]

Den für Art 49 maßgeblichen **Beschränkungsbegriff** erläutert als **Beispiel** das **Urteil** *Kommission/Italien* aus 2009, betreffend einen Kontrahierungszwang für Versicherungsunternehmen. Insbesondere[48] dort hebt der EuGH auch ausdrücklich die **Bedeutung des Marktzugangs** für die Beurteilung der Eingriffstauglichkeit der staatlichen Maßnahme hervor.

Rs C-518/06, *Kommission/Italien*, ECLI:EU:C:2009:270

Die Kommission erhob Klage gegen Italien wegen einer Regelung, die Versicherungsunternehmen einen unbedingten Kontrahierungszwang beim Abschluss von KFZ-Haftpflichtversicherungen auferlegte. Sie erblickte darin einen Verstoß gegen die (Dienstleistungs- und die) Niederlassungsfreiheit.

60 Es ist unstreitig, dass der Kontrahierungszwang unterschiedslos für alle Unternehmen gilt, die in Italien Kraftfahrzeug-Haftpflichtversicherungen anbieten.

61 Die Kommission ist aber der Meinung, dass diese Verpflichtung die Niederlassung und die Erbringung von Dienstleistungen in Italien behindere, weil sie die Möglichkeiten von Versicherungsunternehmen mit Geschäftssitz in einem anderen Mitgliedstaat verringere, ihre marktstrategischen Entscheidungen autonom zu treffen.

62 Nach ständiger Rechtsprechung betrifft der Begriff ‚Beschränkung' im Sinne von Art. [49 und 56] Maßnahmen, die die Ausübung der Niederlassungsfreiheit [oder des freien Dienstleistungsverkehrs] verbieten, behindern oder weniger attraktiv machen[.]

63 In Bezug auf die Frage, wann eine unterschiedslos anwendbare Maßnahme wie der hier streitige Kontrahierungszwang unter diesen Begriff fallen kann, ist daran zu erinnern, dass eine Regelung

---

46 Vgl etwa *Tiedje*, Art 49, Rz 111, in *von der Groeben/Schwarze/Hatje* (Hrsg), EUV/AEUV-Kommentar[7] (2015).
47 IdS auch *Korte*, Art 49, Rz 52f., in *Calliess/Ruffert* (Hrsg), EUV/AEUV-Kommentar[5] (2016).
48 Vgl auch Rs C-442/02, *CaixaBank France*, ECLI:EU:C:2004:586, Rn 12; ebenso (betreffend Art 56 AEUV) Rs C-384/93, *Alpine Investments*, ECLI:EU:C:1995:126, Rn 35 und 38.

4. Niederlassung

eines Mitgliedstaats **nicht allein deshalb eine Beschränkung** ... darstellt, **weil** andere Mitgliedstaaten in ihrem Gebiet ansässige Erbringer gleichartiger [L]eistungen **weniger strengen** oder wirtschaftlich interessanteren **Vorschriften unterwerfen**[.]

64 **Hingegen** umfasst der Begriff der Beschränkung die von einem Mitgliedstaat getroffenen Maßnahmen, die, **obwohl sie unterschiedslos** anwendbar sind, den **Marktzugang** von Unternehmen aus anderen Mitgliedstaaten betreffen und somit den innergemeinschaftlichen Handel **behindern**[.]

65 Im vorliegenden Fall steht fest, dass der **Kontrahierungszwang keine** Auswirkung auf die ... **Zulassung** [von] Versicherungsunternehmen mit Geschäftssitz in einem anderen Mitgliedstaat [hat]. Sie lässt daher das aus dieser Zulassung folgende Recht auf Zugang zum italienischen Kraftfahrzeug-Haftpflichtversicherungsmarkt unberührt.

66 Gleichwohl stellt die Auferlegung eines ... eine **erhebliche Einmischung** in die den Wirtschaftsteilnehmern grundsätzlich zustehende **Vertragsfreiheit** dar.

67 In einem Bereich wie dem Versicherungssektor **betrifft** eine solche Maßnahme den **Marktzugang** der betroffenen Wirtschaftsteilnehmer, insbesondere wenn sie die Versicherungsunternehmen nicht nur dazu verpflichtet, **alle Risiken** zu **übernehmen**, die ihnen angeboten werden, sondern auch eine **maßvolle Tarifgestaltung verlangt** wird.

68 Da er die Versicherungsunternehmen, die auf dem italienischen Markt tätig werden, verpflichtet, jeden möglichen Kunden aufzunehmen, kann dieser Kontrahierungszwang nämlich in Bezug auf Organisation und Investitionen **bedeutende zusätzliche Belastungen** für diese Unternehmen mit sich bringen.

69 Damit sie auf dem italienischen Markt unter Bedingungen tätig werden können, die im Einklang mit dem italienischen Recht stehen, müssen diese Unternehmen ihre Geschäftspolitik und -strategie überdenken, u. a. indem sie ihr Angebot an Versicherungsleistungen erheblich erweitern.

70 Da der Kontrahierungszwang für diese Unternehmen **Anpassungen und Kosten** von **solchem Umfang** nach sich zieht, wird der **Zugang** zum italienischen Markt durch diese Verpflichtung **weniger attraktiv gemacht** und **verringert** im Fall des **Zugangs** die **Möglichkeit** der betroffenen Unternehmen, ohne Weiteres mit den traditionell in Italien ansässigen Unternehmen **wirksam in Wettbewerb** zu treten[.]

71 Folglich beschränkt der Kontrahierungszwang die Niederlassungsfreiheit[.]

Vor diesem Hintergrund lassen sich **Fallgruppen** von Art 49 **stets erfasster** Marktzugangsbehinderungen bilden. Darunter fallen insbesondere ...

1) **Totalverbote** einer Tätigkeit;[49]
2) **Monopole** für die Ausübung bestimmter Wirtschaftstätigkeiten;[50]
3) **Sonderbefugnisse des Staates gegenüber** einzelnen staatsnahen **Unternehmen** (sog *golden shares*, zB besondere Einflussnahmerechte);[51]

---

49 Vgl zB Rs C-340/89, *Vlassopoulou*, ECLI:EU:C:1991:193, Rn 15; Rs C-294/00, *Deutsche Paracelsus Schulen*, ECLI:EU:C:2002:442, Rn 40.
50 Vgl zB verb Rs C-316/07, C-358/07, C-359/07, C-360/07, C-409/07 und C-410/07, *Stoß*, ECLI:EU:C:2010:504, Rn 68.
51 Vgl zB Rs C-112/05, *VW-Gesetz*, ECLI:EU:C:2007:623, Rn 56.

4.3. Eingriff

4) Voraussetzungen für das **Ergreifen bestimmter Tätigkeiten**, etwa Mehrfachniederlassungsverbote,[52] Bedarfsregelungen[53] und sonstige Genehmigungs- und Zulassungserfordernisse (zB Kammermitgliedschaften,[54] Konzessionen[55] udgl).

Ein **Beispiel** für eine von Art 49 erfasste Bedarfsregelung bietet das Urteil *Hipermercatos* aus 2011. Auch hier hebt der EuGH die Wirkung der Regelung für den Marktzugang bzw dessen Behinderung besonders hervor.

> Rs C-400/08, *Hipermercatos*, ECLI:EU:C:2011:172
>
> In Katalonien erforderte die Errichtung großer Einzelhandelsgeschäfte (sog Hypermärkte) eine je nach Einzugsgebiet erteilte Genehmigung. Ist dies eine Beschränkung der Niederlassungsfreiheit?
>
> 63 Nach ständiger Rechtsprechung steht [Art 49] jeder nationalen Regelung entgegen, die zwar ohne Diskriminierung aus Gründen der Staatsangehörigkeit anwendbar ist, die aber geeignet ist, die Ausübung der durch den EU-Vertrag garantierten Niederlassungsfreiheit durch die Unionsangehörigen **zu behindern oder weniger attraktiv zu machen**[.]
>
> 64 Der Begriff der ‚Beschränkung' im Sinne von [Art 49] umfasst bekanntlich die von einem Mitgliedstaat getroffenen Maßnahmen, die, obwohl sie unterschiedslos anwendbar sind, **den Marktzugang von Unternehmen aus anderen Mitgliedstaaten beeinträchtigen** und somit den innergemeinschaftlichen Handel behindern[.]
>
> 65 Hierunter fällt insbesondere eine nationale Regelung, die die Niederlassung eines Unternehmens aus einem anderen Mitgliedstaat **von der Erteilung einer vorherigen Erlaubnis abhängig macht**, denn sie ist geeignet, die Ausübung der Niederlassungsfreiheit durch dieses Unternehmen zu beeinträchtigen, indem sie es daran hindert, seine Tätigkeiten mittels Betriebsstätte frei auszuüben[.]
>
> 66 Im vorliegenden Fall sieht die streitige Regelung insgesamt ein System der vorherigen Genehmigung vor, das für jede Eröffnung einer neuen großen Einzelhandelseinrichtung im Gebiet der Autonomen Gemeinschaft Katalonien gilt.
>
> 67 Erstens **schränkt** diese Regelung die für neue Einzelhandelseinrichtungen zur Verfügung stehenden Ansiedlungsgebiete und die Verkaufsflächen, die für diese Einrichtungen genehmigt werden können, **ein**.
>
> 68 Zweitens sieht diese Regelung die Erteilung einer Erlaubnis für neue Einrichtungen nur insoweit vor, als dies für die bestehenden kleinen Einzelhandelsgeschäfte keine Auswirkungen hat.
>
> 69 Drittens schreibt sie einige Verfahrensregeln für die Erteilung der genannten Erlaubnis vor, die sich auf die Zahl der eingereichten und/oder bewilligten Genehmigungsanträge tatsächlich negativ auswirken könnten.
>
> 70 Demzufolge hat die streitige Regelung insgesamt zur Folge, dass sie Wirtschaftsteilnehmern anderer Mitgliedstaaten die Ausübung ihrer Tätigkeiten im Gebiet der Autonomen Gemeinschaft Katalonien mit Hilfe einer Betriebsstätte erschwert oder für sie weniger attraktiv macht und dadurch ihre Niederlassung auf dem spanischen Markt beeinträchtigt.

---

[52] Vgl zB Rs C-140/03, *Kommission/Griechenland*, ECLI:EU:C:2005:242, Rn 27 ff.
[53] Vgl zB Rs C-169/07, *Hartlauer*, ECLI:EU:C:2009:141, Rn 36; vgl *Stöger*, RdM 2009, 126 ff.
[54] Vgl zB Rs 271/82, *Auer*, ECLI:EU:C:1983:243, Rn 17 ff.
[55] Vgl zB verb. Rs C-316/07, C-358/07, C-359/07, C-360/07, C-409/07 und C-410/07, *Stoß*, ECLI:EU:C:2010:504, Rn 108 ff.

4. Niederlassung

Auch **Wegzugsbeschränkungen** seitens des Heimatstaats können ein Eingriff in die Niederlassungsfreiheit sein (zB tarifvertragliche Bindungen).[56] Wegzugsbeschränkungen für Gesellschaften fallen aber nicht unter Art 49, wenn sie bloß Folge der nach Art 54 fehlenden Harmonisierung des gesellschaftsrechtlichen Statuts sind (dazu sogleich im Folgeabschnitt zum EU-Gesellschaftsrecht).

4.3.3. Mobilität von Gesellschaften im Besonderen

Nach **Art 54 AEUV** folgt das **Statut von Gesellschaften** im EU-Binnenmarkt dem nationalen Recht des Heimatstaats der Gesellschaft (Sitz- oder Gründungsstaat). Das nationale Gesellschaftsrecht bestimmt damit insbesondere die Bedingungen der Gründung, Rechtsfähigkeit, körperschaftlichen Verfassung, Geschäftsführung, Vertretung, Haftung, Umstrukturierung, Beendigung usw für Gesellschaften fest.

Allerdings sind viele Aspekte mittlerweile durch einen dichten Sekundärrechtsbestand harmonisiert. Diese **Harmonisierung des Gesellschaftsrechts** erstreckt sich auf zwei große Bereiche. Es sind dies **gemeinsame Mindeststandards** für nationale Gesellschaften einerseits sowie die Bereitstellung EU-eigener Gesellschaftsformen. Der erstgenannte Bereich der **Mindeststandards** betrifft neben der Ausgestaltung der Gesellschaft (zB Kapitalanforderungen) etwa die Rechte von Anteilseignern, Rechnungs- und Offenlegungspflichten sowie, als für die Mobilität von Unternehmen im EU-Binnenmarkt besonders wichtiger Bereich, Verschmelzungen und Spaltungen.

> Die sekundärrechtlich geschaffenen Mindeststandards stellen zunächst ganz allgemein Anforderungen für die Gründung sowie für das Kapital von Gesellschaften auf und etablieren Offenlegungspflichten. Zentrale einschlägige Rechtsakte sind die neue **Allgemeine GesellschaftsrechtsRL 2017/1132/EU**, mit der eine Reihe älterer Einzelrechtsakte (va die frühere 1., 2. und 11. GesellschaftsrechtsRL) konsolidiert wurden, sowie die 12. GesellschaftsrechtsRL 2009/102/EG betreffend Einpersonengesellschaften.
>
> Ein weiterer Harmonisierungsbereich sind Mindeststandards für **Unternehmenstätigkeiten in mehr als einem Land**. Zentrale Regelungen betreffen grenzüberschreitende Zweigniederlassungen (nunmehr ebenfalls in der Allgemeinen GesellschaftsrechtsRL 2017/1132/EU), die Besteuerung im Konzern bzw bei Mutter- und Tochtergesellschaften (Mutter-Tochter-RL 2014/86/EG und KapitalbesteuerungsRL 2008/7/EG), grenzüberschreitende Übernahmeangebote (ÜbernahmeRL 2004/25/EG) sowie die Verknüpfung der staatlichen Unternehmensregister (RL 2012/17/EU).
>
> Ein weiterer Harmonisierungsbereich sind die **Sicherheiten der Anleger** in Bezug auf die **Finanzlage von Gesellschaften**. Sie betreffen ganz maßgeblich die Vergleichbarkeit von Rechnungslegungsunterlagen, also Jahresabschlüssen, konsolidierten Abschlüssen sowie die Zulassung von Abschlussprüfern (va RechnungslegungsRL 2013/34/EU, 2006/43/EG und 2009/49/EG; VO 1606/2002), sowie die Zuständigkeit und gegenseitige Anerkennung bei grenzüberschreitenden Insolvenzen (InsolvenzVO 2015/848). Eine damit zusammenhängende RL über präventive Restrukturierungsrahmen (sog zweite Chance für Gesellschaften) ist in Vorbereitung.
>
> Auch die grenzüberschreitende **Wahrnehmung von Aktionärsrechten** bei börsennotierten Gesellschaften ist Gegenstand einer gewissen Harmonisierung. Die RL 2007/36/EG verankert einzelne Rechte, wie zB die rechtzeitige Bereitstellung von relevanten Informationen für die Hauptversammlung und eine vereinfachte Stimmrechtsvertretung.

---

[56] Vgl zB Rs C-438/05, *Viking*, ECLI:EU:C:2007:772, Rn 69.

> Harmonisiert wurden schließlich auch bestimmte Aspekte der **Umstrukturierung von Gesellschaften**. Inländische und grenzüberschreitende **Verschmelzungen und Spaltungen** sind nunmehr in der Allgemeinen **GesellschaftsrechtsRL** mitgeregelt. Eine geplante 14. GesellschaftsrechtsRL zur **grenzüberschreitenden Sitzverlegung** konnte (va wegen Uneinigkeiten beim steuerlichen Rahmen und beim Arbeitnehmerschutz) bislang **nicht realisiert** werden. Erst mit einer solchen RL wäre die volle Mobilität von Gesellschaften im Binnenmarkt gewährleistet und wären die aus dem dualen Ansatz des Art 54 (Gründung oder Sitz) beim gesellschaftsrechtlichen Statut geschaffenen Probleme bei der Wahrung der Rechtspersönlichkeit und Handlungsfähigkeit einer Gesellschaft im grenzüberschreitenden Kontext überwunden. Allerdings schaffen die (ebenfalls lange umstrittenen) Regeln über die grenzüberschreitende Verschmelzung hier immerhin eine **gewisse Abhilfe**, da die Sitzverlegung immerhin im Umweg über eine Verschmelzung bewirkt werden kann.

Wie der vorstehende Überblick zeigt, sind einzelne Aspekte der Mobilität von Gesellschaften im Binnenmarkt sekundärrechtlich harmonisiert, die **grenzüberschreitende Sitzverlegung** (unbeschadet der Behelfskonstrukte grenzüberschreitender Verschmelzung sowie der nachfolgend noch besprochenen Wahl einer europäischen Gesellschaftsform *sui generis*) aber **gerade nicht**: Die Niederlassungsfreiheit umfasst daher bislang nicht das Recht, eine Gesellschaft in einen anderen Mitgliedstaat als den Gründungsmitgliedstaat zu verlegen und dabei die Rechtsform zu wahren.[57]

Allerdings sind **Mobilitätsbeschränkungen** für Gesellschaften im Einzelnen differenziert zu betrachten. So besteht zur Frage, wann **Mobilitätshindernisse**, die auf Unterschiede zwischen den **Rechtsordnungen** der MS zurückzuführen sind, einen Eingriff in **Art 49** darstellen, eine **langjährige Rsp-Linie des EuGH**.[58] Kerngehalt dieser Rsp ist es, dass das **Statut** einer Gesellschaft grundsätzlich eine **Vorfrage für die Anwendung von Art 49** darstellt. Regelungen der MS, die diese Vorfrage (also die Handlungsfähigkeit im Grundsatz) betreffen, fallen damit noch nicht selbst in den Anwendungsbereich der Norm.[59]

Verliert eine **Gesellschaft** daher nach dem **nationalen Recht** (der Sitztheoriestaaten) bei Sitzverlegung ins Ausland ihre **Rechtspersönlichkeit**, ist dies (nach Art 54 sowie nach der Rsp des EuGH) **hinzunehmen**. Nicht vom Gewährleistungsgehalt des **Art 49** umfasst sind daher ...

1) gesellschaftsrechtliche **Beschränkungen** des **Wegzugs durch Verlegung des Verwaltungssitzes** (zB durch Verlust der gesellschaftsrechtlichen Registrierung bzw der Rechtspersönlichkeit).[60]

Alle anderen Unterschiede, also Diskriminierungen oder Beschränkungen gegenüber Gesellschaften, deren Rechtspersönlichkeit im Übrigen grundsätzlich anerkannt ist, sind dagegen **von Art 49 erfasst**. Dies betrifft also zunächst ...

---

57 Vgl dazu umfangreich *Franz*, EuZW 2016, 930 ff.
58 Wichtige Urteile sind Rs 79/85, *Segers*, ECLI:EU:C:1986:308, Rn 16; Rs 81/87, *Daily Mail*, ECLI:EU:C:1988:456, Rn 20 ff; Rs C-212/97, *Centros*, ECLI:EU:C:1999:126, Rn 22 ff; Rs C-208/00, *Überseering*, ECLI:EU:C:2002:632, Rn 52 ff; Rs C-167/01, *Inspire Art*, ECLI:EU:C:2003:512, Rn 105 ff; Rs C-411/03, *Sevic Systems*, ECLI:EU:C:2005:762, Rn 16 ff; Rs C-210/06, *Cartesio*, ECLI:EU:C:2008:723, Rn 109 ff; Rs C-371/10, *National Grid Indus*, ECLI:EU:C:2011:785, Rn 30 ff; Rs C-378/10, *VALE*, ECLI:EU:C:2012:440, Rn 33.
59 Vgl *Forsthoff*, EuZW 2015, 249 ff.
60 Vgl Rs 81/87, *Daily Mail*, ECLI:EU:C:1988:456, Rn 20 ff; Rs C-210/06, *Cartesio*, ECLI:EU:C:2008:723, Rn 109 ff.

4. Niederlassung

2) **sonstige** Wegzugsbeschränkungen bei Verlegung des Verwaltungssitzes, die nicht in den Unterschieden zwischen den Gesellschaftsrechtsordnungen der MS gründen, also nicht die Voraussetzungen der Beibehaltung der Eigenschaft als Gesellschaft eines bestimmten MS betreffen. Ein **Beispiel** sind die an eine Sitzverlegung geknüpften steuerlichen Folgen, wenn diese Sitzverlegung nach nationalem Recht ansonsten zulässig (von diesem also anerkannt) ist.[61]

In den Anwendungsbereich von Art 49 fallen überdies auch Diskriminierungen oder Beschränkungen ...

3) des **Zuzugs durch Verlegung** des Verwaltungssitzes (zB durch Nichtanerkennung dieser Verlegung[62] oder durch Anwendung besonderer Bestimmungen für zugezogene Gesellschaften);[63]

4) der grenzüberschreitenden **Verschmelzung**[64] (allerdings mit der Allgemeinen GesellschaftsrechtsRL 2017/1132/EU nunmehr weitgehend harmonisiert); sowie

5) des **Formwechsels** bzw der **Umwandlung** (zB einer ausländischen in eine inländische Gesellschaft durch Gründung einer inländischen Gesellschaft).[65]

Die **EU-eigenen** Gesellschaftsformen (Gesellschaftsformen *sui generis*) sind der **zweite** der zuvor angesprochenen **großen Bereiche** sekundärrechtlicher **Überlagerung** der primärrechtlichen Garantien des Art 49. Es handelt sich um vollständige Rechtsformen auf unmittelbarer Grundlage des EU-Rechts, die neben die **Rechtsformen** des **staatlichen Rechts** gestellt sind. Sie vergrößern daher die gesellschaftsrechtliche Wahlfreiheit der Wirtschaftsakteure. Die Gesellschaftsformen *sui generis* helfen dabei, Mobilitäts- und sonstige Probleme von grenzüberschreitend aktiven Gesellschaften zu überwinden, indem **EU-weit einheitliche gesellschaftsrechtliche Gefäße** bereitgestellt werden. Die Rechts- und Handlungsfähigkeit und inhaltliche Ausformung dieser Gesellschaftsformen ist daher in allen MS gleich, sodass auch die Sitzverlegung über die Grenze (formabhängig; nicht bei der EWIV) im Grundsatz möglich ist.

> Die **prominenteste** der Gesellschaftsformen *sui generis* ist die mit **VO 2157/2001** geschaffene Europäische Aktiengesellschaft (Societas Europaea; **SE**). Die **SE-VO** erlaubt es Unternehmen aus mindestens zwei MS, per Verschmelzung, Errichtung einer Holdinggesellschaft, Gründung einer Tochtergesellschaft oder durch Umwandlung die Form einer SE anzunehmen. Die mit 120.000 € sehr **hohen** Mindestkapitalanforderungen der SE machen diese Gesellschaftsform nur für große Unternehmen sinnvoll.
>
> Eine weitere Gesellschaftsform *sui generis* ist die mit der **SCE-VO 1435/2003** grundgelegte Europäische **Genossenschaft** (Societas Cooperativa Europaea; **SCE**). Sie ermöglicht die Gründung einer Genossenschaft durch natürliche oder juristische Personen aus verschiedenen MS mit einem **Mindestkapital** von 30.000 €. Die SCE erlaubt es, im gesamten Binnenmarkt mit einer einzigen Rechtspersönlichkeit, Satzung und Struktur tätig zu werden.

---

61 Vgl Rs C-371/10, *National Grid Indus*, ECLI:EU:C:2011:785, Rn 30 ff.
62 Vgl Rs C-208/00, *Überseering*, ECLI:EU:C:2002:632, Rn 52 ff.
63 Vgl Rs C-212/97, *Centros*, ECLI:EU:C:1999:126, Rn 22 ff; Rs C-167/01, *Inspire Art*, ECLI:EU:C:2003:512, Rn 105 ff.
64 Vgl Rs C-411/03, *Sevic Systems*, ECLI:EU:C:2005:762, Rn 16 ff.
65 Vgl Rs C-378/10, *VALE*, ECLI:EU:C:2012:440, Rn 33.

> Die älteste bestehende Gesellschaftsform *sui generis* ist die **Europäische wirtschaftliche Interessenvereinigung (EWIV)** nach der EWIV-VO 2137/85. Sie ist als **Personengesellschaft** angelegt und soll die Zusammenarbeit zwischen Gesellschaften mehrerer MS erleichtern. Die EWIV hat **rein ergänzende Funktion** in Bezug auf die wirtschaftliche Tätigkeit ihrer Mitglieder und darf selbst weder Gewinne erzielen, noch sich an den Kapitalmarkt wenden. Diese Limitierungen machen die EWIV, auch angesichts der zwischenzeitlich entwickelten weiteren Gesellschaftsformen *sui generis*, für die Praxis wenig attraktiv.
>
> In Planung ist schließlich eine Europäische Einpersonengesellschaft (Gesellschaft mit beschränkter Haftung mit einem einzigen Gesellschafter – **Societas Unius Personae; SUP**). Ziel ist es, die Gründung grenzüberschreitender Einpersonengesellschaften zu erleichtern.[66]

4.3.4. Neutrale Tätigkeitsbeschränkungen

Vom gemäßigten Beschränkungsverbot der Niederlassungsfreiheit **nicht mehr erfasst** und im Rahmen von Art 49 daher unbeachtlich sind Regelungen, die In- und Ausländer **rechtlich wie tatsächlich in gleicher Weise berühren**. Regelungen dieser Art sind daher nicht nur weder offen noch versteckt diskriminierend gefasst, sondern lassen auch bei einer **Feinprüfung** ihrer Wirkungen **keine wettbewerbliche Schlechterstellung** von am inländischen Markt tätigen Ausländern erkennen.

Bei den neutralen Tätigkeitsbeschränkungen lassen sich wiederum zwei **Fallgruppen** unterscheiden, uzw ...

1) allgemeine **Qualifikationsanforderungen** für bestimmte Tätigkeiten (die also das Anforderungsprofil für eine Berufsgruppe oder Tätigkeit neutral regeln; zu unterscheiden von jenen diskriminierenden und von Art 49 stets erfassten Fällen, wo der Zugang zur Tätigkeit wegen Nichtanerkennung eines ausländischen Nachweises verweigert wird);[67] sowie

2) sonstige **neutrale Berufsausübungsregeln** (zB der Ausschluss gewinnorientierter Pflegeheime aus dem öffentlichen Bezuschussungssystem).[68]

Art 49 verlangt also **keine Liberalisierung** von Berufszugangs- oder Berufsausübungsregelungen iS niedrigerer Anforderungen für ausländische Niederlassungswillige, solange diese Anforderungen für In- und Ausländer bzw deren Marktchancen gleichermaßen einschränkend wirken.[69] Ist mit den Anforderungen daher eine versteckte Diskriminierung verbunden (etwa bei der Nichtanerkennung ausländischer Qualifikationen), ist der Anwendungsbereich der Niederlassungsfreiheit ohne Weiteres eröffnet bzw liegt ein Eingriff vor. Diese Abgrenzung führt das Urteil *Peśla* aus 2009 vor Augen, betreffend die Versagung der Gleichwertigkeit eines binationalen (deutsch-polnischen, aber in Deutschland abgeschlossenen) Masterstudiums gegenüber dem (dt juristischen) Vollstudium festgehalten.

---

66 Dazu näher *Steinwendter*, NZ 2014, 263 ff; *Omlor*, GPR 2015, 158 f.
67 Vgl Rs C-313/01, *Morgenbesser*, ECLI:EU:C:2003:612, Rn 57 ff; verb Rs C-422/09, C-425/09 und C-426/09, *Vandorou*, ECLI:EU:C:2010:732, Rn 66.
68 Vgl Rs C-70/95, *Sodemare*, ECLI:EU:C:1997:301, Rn 33.
69 Vgl Rs C-345/08, *Peśla*, ECLI:EU:C:2009:771, Rn 50.

4. Niederlassung

Rs C-345/08, *Peśla*, ECLI:EU:C:2009:771

Herr Peśla schloss 2003 ein Jus-Grundstudium in Polen ab, 2005 graduierte er in Deutschland zusätzlich im Rahmen einer deutsch-polnischen Juristenausbildung als „Master of German and Polish Law". Daraufhin stellte er einen Antrag auf Zulassung zum juristischen Vorbereitungsdienst des Landes Mecklenburg-Vorpommern. Dieser Antrag wurde mit einer Ablehnung der Gleichwertigkeit der Ausbildung abgewiesen: Kenntnisse in ausländischem Recht könnten wegen der bestehenden Unterschiede zum dt Recht nicht als gleichwertig anerkannt werden. Zudem liege das Anforderungsniveau der von Herrn Peśla im Rahmen des Studiums zum Erwerb des Master of German and Polish Law erworbenen Leistungsnachweise deutlich unter demjenigen des dt Vollstudiums. Herrn Peśla wurde alternativ die Teilnahme an einem Eignungstest angeboten, dennoch berief er gegen den Bescheid. Ist die Gleichwertigkeitsprüfung mit (der Arbeitnehmerfreizügigkeit und) der Niederlassungsfreiheit vereinbar?

27 [Der] juristische Vorbereitungsdienst [ist] ein notwendiger Ausbildungsabschnitt und eine notwendige Voraussetzung für den Zugang ua zum Beruf des Rechtsanwalts in Deutschland, einem reglementierten Beruf[.] ...

34 [S]olange es [wie hier, denn die BerufsqualifikationsRL 2005/36/EG ist auf die juristische Ausbildung nicht anzuwenden und die RechtsanwaltsRL 98/5/EG regelt die Frage der Ausbildungsanerkennung nicht mit] an einer Harmonisierung der Bedingungen für den Zugang zu einem Beruf fehlt, ... können [die MS festlegen], welche Kenntnisse und Fähigkeiten zur Ausübung dieses Berufs notwendig sind, und dass sie die Vorlage eines Diploms verlangen können, in dem diese Kenntnisse und Fähigkeiten bescheinigt werden[.]

35 Jedoch setzt das [Unions]recht der Ausübung dieser Befugnis ... insoweit Grenzen, als die hierzu ergangenen nationalen Rechtsvorschriften keine ungerechtfertigte Behinderung der tatsächlichen Ausübung der ... Grundfreiheiten darstellen dürfen[.]

36 [N]ationale Qualifikationsvoraussetzungen [können], selbst wenn sie ohne Diskriminierung aufgrund der Staatsangehörigkeit angewandt werden, sich dahin auswirken ..., dass sie die Ausübung [der] Grundfreiheiten beeinträchtigen, wenn die fraglichen nationalen Vorschriften die von dem Betroffenen in einem anderen Mitgliedstaat bereits erworbenen Kenntnisse und Fähigkeiten unberücksichtigt lassen[.]

37 Daher müssen die Behörden ... die berufliche Qualifikation des Betroffenen ... mit der nach nationalem Recht verlangten beruflichen Qualifikation vergleichen[.] ...

39 [Diese] vergleichend[e] Prüfung [muss] es den Behörden ... ermöglichen, objektiv festzustellen, ob ein ausländisches Diplom seinem Inhaber die gleichen oder zumindest gleichwertige Kenntnisse und Fähigkeiten wie das innerstaatliche Diplom bescheinigt. Diese Beurteilung der Gleichwertigkeit eines ausländischen Diploms muss ausschließlich danach erfolgen, welches Maß an Kenntnissen und Fähigkeiten dieses Diplom unter Berücksichtigung von Art und Dauer des Studiums und der praktischen Ausbildung, auf die es sich bezieht, bei seinem Besitzer vermuten lässt[.]

40 Führt diese vergleichende Prüfung zu der Feststellung, dass die durch das ausländische Diplom bescheinigten Kenntnisse und Fähigkeiten den nach den nationalen Rechtsvorschriften verlangten entsprechen, so hat der Mitgliedstaat anzuerkennen, dass dieses Diplom die in diesen Vorschriften aufgestellten Voraussetzungen erfüllt. Ergibt der Vergleich hingegen, dass diese Kenntnisse und Fähigkeiten einander nur teilweise entsprechen, so kann der Aufnahmemitgliedstaat von dem Betroffenen den Nachweis verlangen, dass er die fehlenden Kenntnisse und Fähigkeiten erworben hat[.] ...

44 [Dabei] kann ein Mitgliedstaat ... objektiven Unterschieden Rechnung tragen, die sowohl hinsichtlich des im Herkunftsmitgliedstaat für den fraglichen Beruf bestehenden rechtlichen Rahmens als auch hinsichtlich des Tätigkeitsbereichs dieses Berufs vorhanden sind[.] ...

50 Die praktische Wirksamkeit [der Grundfreiheiten] verlangt nicht, dass für den Zugang zu einer beruflichen Tätigkeit in einem Mitgliedstaat niedrigere Anforderungen gestellt werden, als sie normalerweise für Staatsangehörige dieses Mitgliedstaats gelten.

> 51 [Vielmehr muss] das Erfordernis der für die Ausübung eines bestimmten Berufs verlangten Befähigung mit den Geboten der wirksamen Ausübung [von] Art. [45 und 49] in Einklang gebracht werden[.] ...
>
> 57 [Es ist daher nicht geboten], dass die Behörden eines Mitgliedstaats bei der Prüfung des Antrags eines Staatsangehörigen eines anderen Mitgliedstaats auf Zulassung ... im Rahmen der ... verlangten Gleichwertigkeitsprüfung niedrigere Anforderungen ... stellen als diejenigen, die mit der Qualifikation bescheinigt werden, die in diesem Mitgliedstaat für den Zugang zu diesem praktischen Ausbildungsabschnitt verlangt wird[.]

Nicht von der Niederlassungsfreiheit erfasst sind neben neutralen Tätigkeitsbeschränkungen auch alle sonstigen (also nicht zugangs- oder tätigkeitsbezogenen) Maßnahmen, deren Auswirkungen auf die Attraktivität der grenzüberschreitenden Niederlassung lediglich ganz ungewiss und indirekt sind (zB Ladenschlusszeiten).[70] Hier greift also, wie auch bei den anderen Grundfreiheiten, die allgemeine Kausalitätsgrenze der Grundfreiheiten.

4.4. Rechtfertigung

Eingriffe in die Niederlassungsfreiheit können nach Art 52 Abs 1 AEUV jedenfalls aus Gründen der öffentlichen Ordnung, Sicherheit und Gesundheit gerechtfertigt werden, sofern sie die Verhältnismäßigkeitsprüfung bestehen. Ebenso steht, wie auch bei den anderen Grundfreiheiten, gegenüber nicht diskriminierenden Eingriffen (spezifischen Beschränkungen) die Rechtfertigung mit einem offenen Katalog zwingender Erfordernisse des Allgemeininteresses offen.[71] Die einem Eingriff zugrunde liegende staatliche Maßnahme ist sodann, wie stets, dem für sie konkret ins Treffen geführten Ziel gegenüberzustellen und dabei auf ihre Verhältnismäßigkeit (Geeignetheit, Erforderlichkeit, Angemessenheit) zu untersuchen (s näher im Einleitungsteil bei den gemeinsamen Merkmalen der Grundfreiheiten).

Eine Illustration der Rechtfertigungs- und Verhältnismäßigkeitsprüfung im Rahmen der Niederlassungsfreiheit erlaubt der zuvor schon erwähnte Fall *Hipermercatos* aus 2011.

> Rs C-400/08, *Hipermercatos*, ECLI:EU:C:2011:172
>
> In Katalonien erforderte die Errichtung großer Einzelhandelsgeschäfte (sog Hypermärkte) eine je nach Einzugsgebiet erteilte Genehmigung. Lässt sich die darin liegende Beschränkung der Niederlassungsfreiheit rechtfertigen?
>
> 73 Beschränkungen der Niederlassungsfreiheit, die ohne Diskriminierung aus Gründen der Staatsangehörigkeit gelten, können nach ständiger Rechtsprechung durch zwingende Gründe des Allgemeininteresses gerechtfertigt sein, sofern sie geeignet sind, die Erreichung des mit ihnen verfolgten Ziels zu gewährleisten, und nicht über das hinausgehen, was zur Erreichung dieses Ziels erforderlich ist[.]
>
> 74 Zu derartigen vom Gerichtshof anerkannten Gründen des Allgemeininteresses gehören ua der Umweltschutz ..., die Raumordnung ... und der Verbraucherschutz[.] Rein wirtschaftliche Ziele können dagegen kein zwingender Grund des Allgemeininteresses sein[.]

---

70 Vgl verb Rs C-418/93, C-419/93, C-420/93, C-421/93, C-460/93, C-461/93, C-462/93, C-464/93, C-9/94, C-10/94, C-11/94, C-14/94, C-15/94, C-23/94, C-24/94 und C-332/94, *Semerano Casa Uno*, ECLI:EU:C:1996:242, Rn 32.
71 Vgl zB Rs C-294/00, *Gräbner*, ECLI:EU:C:2002:442, Rn 40 ff.

75 In diesem Zusammenhang ist zu beachten, dass es zwar **Sache des Mitgliedstaats** ist, der sich auf einen zwingenden Grund des Allgemeininteresses beruft, um eine Beschränkung einer der Grundfreiheiten zu rechtfertigen, **darzutun**, dass seine Regelung zur Erreichung des angestrebten legitimen Ziels geeignet und erforderlich ist, aber diese Beweislast geht nicht so weit, dass dieser Mitgliedstaat positiv belegen müsste, dass sich dieses Ziel mit keiner anderen vorstellbaren Maßnahme unter den gleichen Bedingungen erreichen ließe[.] ...

80 Dazu ist ... festzustellen, dass **Beschränkungen** in Bezug auf den **Standort und die Größe** von Einzelhandelseinrichtungen **geeignete** Mittel sind, um die ... **Ziele der Raumordnung** und des Umweltschutzes zu **erreichen**.

81 [Insoweit war] in den Gebieten, in denen ... ein Überangebot an Einzelhandelseinrichtungen in Form von Verbrauchermärkten prognostiziert worden war, eine Ausdehnung des Angebots an Einzelhandelseinrichtungen nicht vorgesehen[.] ... In den restlichen vier Bezirken war ... eine Ausdehnung des Angebots an ... Verbrauchermärkten nur unter der Voraussetzung zulässig, dass auf diese ... nicht mehr als 9 % der für den Bezirk geschätzten Verbraucherausgaben für Produkte des täglichen Bedarfs und nicht mehr als 7 % der geschätzten Verbraucherausgaben für Produkte des mittel- und langfristigen Bedarfs entfielen[.] ...

82 Die ... auferlegten spezifischen Beschränkungen **schränken** insgesamt gesehen die Möglichkeit zur Eröffnung großer Einzelhandelseinrichtungen ... **spürbar ein**.

83 Unter diesen Umständen muss ein Mitgliedstaat neben den Rechtfertigungsgründen ... eine **Untersuchung** zur Zweckmäßigkeit und Verhältnismäßigkeit der von ihm erlassenen beschränkenden Maßnahme vorlegen sowie genaue **Tatsachen** zur Stützung seines Vorbringens anführen[.]

84 ... **Spanien** hat jedoch **keine hinreichenden Gesichtspunkte** vorgetragen, um zu erläutern, weshalb die fraglichen Beschränkungen zur Erreichung der angestrebten Ziele **erforderlich sind**.

85 Angesichts dieser **fehlenden Erläuterung** und der **spürbaren Auswirkungen** der ... Beschränkungen ... ist festzustellen, dass [sie] **nicht gerechtfertigt** sind.

4.5. BerufsqualifikationsRL 2005/36/EG

Die Anerkennung im **Ausland erworbener** Qualifikationen (Diplome, Berufserfahrung etc) spielt sowohl für die Ausübung der Niederlassungsfreiheit, in deren Rahmen die Besprechung hier erfolgt, als auch für die Tätigkeit von Arbeitnehmern und die Dienstleistungsfreiheit eine wichtige Rolle. In all diesen Bereichen ist die **Anerkennung** der ausländischen Qualifikation Voraussetzung für den **Zugang zur angestrebten Tätigkeit** bzw für deren Ausübung, also etwa für die Zulassung zur selbständigen Ausübung eines reglementierten Berufs, für die Führung eines Berufstitels (zB **Arzt**) oder für die Qualifikationsvoraussetzungen im Rahmen einer Anstellung bzw Dienstleistungserbringung.

Auch **Dienstleister**, die grenzüberschreitend tätig sind, unterliegen im Zielland daher grundsätzlich den **dortigen Berufsregeln**, dh va den von der RL geregelten Qualifikationsanforderungen sowie den Regelungen für die Definition des Berufs, das Führen von Titeln oder berufliche Fehler, einschließlich der zugehörigen Disziplinarbestimmungen.[72] Dagegen darf vom Dienstleister nicht verlangt

---

72 Vgl Art 5 BerufsqualifikationsRL 2005/36/EG.

4.5. BerufsqualifikationsRL 2005/36/EG

werden, dass er Mitglied bei einer Berufsorganisation des Aufnahmestaats (zB einer Kammer) wird oder dass er sich dort sozialversichern lässt.[73]

Sonstige berufsständische Regelungen, die in keinem unmittelbarem und speziellem Zusammenhang mit den Berufsqualifikationen für den Zugang zu dem reglementierten Beruf stehen (zB Honorarordnung für Ärzte, Werbeverbot für Ärzte usw), fallen demgegenüber nicht in den Anwendungsbereich der BerufsqualifikationsRL 2005/36/EG.[74] Sie sind daher an anderen Vorschriften zu messen (va DienstleistungsRL 2006/123/EG bzw Primärrecht).

Ein **reglementierter** Beruf bzw eine reglementierte Tätigkeit liegt vor, wenn Aufnahme oder Ausübung gesetzlich an den Besitz bestimmter Qualifikationen gebunden sind.[75] Welche Tätigkeiten einer Reglementierung unterliegen, bestimmen idR die MS selbst. In der Praxis sind in den MS sehr viele Tätigkeitsbilder irgendeiner Form von Qualifikationsvoraussetzung unterworfen. Einfache Beispiele sind etwa Handwerker, Ärzte, Rechtsanwälte, Notare, usw, aber auch Berufe wie zB Kinderbetreuer, Übersetzer, Alten-, Familien- oder Heimhilfe, Schi- oder Tanzlehrer oder auch Bergführer können hinsichtlich Zugangs- und Ausübungsanforderungen reglementiert sein.

Die Nichtanerkennung oder nicht volle Anerkennung der für die **Ausübung einer reglementierten Tätigkeit** erforderlichen Qualifikation aufgrund des Umstands, dass sie im Ausland erworben wurde und daher formal oder inhaltlich nicht genau der inländischen Ausbildung entspricht, ist ein in der Praxis häufiges Problem, in dem gleichzeitig ein hohes Diskriminierungspotenzial steckt. Dementsprechend erteilt schon das Primärrecht (Art 53 Abs 1 AEUV) dem EU-Gesetzgeber den ausdrücklichen Auftrag, das Problem der Anerkennungsmodalitäten in den MS zu koordinieren. Dieser Auftrag wurde mit der (mittlerweile mehrfach ergänzten) **BerufsqualifikationsRL 2005/36/EG** (bzw den in dieser RL konsolidierten Vorgängerbestimmungen) erfüllt. Als Folge sind Qualifikationsanerkennungsregeln der MS nur an den Vorgaben der BerufsqualifikationsRL 2005/36/EG und nicht mehr unmittelbar an Art 49 (bzw 45 oder 56 AEUV) zu messen.

Der **Anwendungsbereich** der BerufsqualifikationsRL 2005/36/EG umfasst die Vorschriften, nach denen ein MS ausländische Berufsqualifikationen (also Ausbildungs- oder Befähigungsnachweise) für den Zugang zu reglementierten Berufen anzuerkennen haben. Sie gilt für EU-Bürger unabhängig vom wirtschaftlichen Kontext, in dem die Qualifikation verwertet werden soll (also als Arbeitnehmer, Selbständiger oder Dienstleister). Erfasst sind alle reglementierten Berufsgruppen mit wenigen Ausnahmen. Solche Ausnahmen bestehen etwa für Rechtsanwälte, die weiterhin dem Sonderregime der **RechtsanwaltsRL 98/5/EG** unterliegen, sowie für hoheitlich bestellte Notare.[76]

Ziel der RL ist es, dass Personen nach Anerkennung der Berufsqualifikation durch den Aufnahmestaat dort denselben Beruf wie den, für den sie in ihrem Herkunftsmitgliedstaat qualifiziert sind, aufnehmen und unter denselben Voraussetzungen wie Inländer ausüben können.

---

73 Vgl Art 6 BerufsqualifikationsRL 2005/36/EG.
74 Vgl Rs C-475/11, *Konstantinides*, ECLI:EU:C:2013:542, Rn 40 f.
75 Vgl verb Rs C-372/09 und C-373/09, *Peñarroja*, ECLI:EU:C:2011:156, Rn 27; Rs C-586/08, *Rubino*, ECLI:EU:C:2009:801, Rn 23.
76 Vgl Art 2 Abs 3 und 4 BerufsqualifikationsRL 2005/36/EG; vgl auch *Berger*, AnwBl 2015, 18 ff.

4. Niederlassung

Um denselben Beruf handelt es sich, wenn die Tätigkeiten, die das Berufsbild im Heimatstaat einerseits sowie im Aufnahmestaat andererseits umfasst, **vergleichbar** sind.

Inhalt der RL sind **zwei unterschiedliche Regelungsregimes** für die Anerkennung von Ausbildungsnachweisen: Die meisten Berufsgruppen, also alle, die nicht vom Anwendungsbereich ausgenommen sind bzw nicht unter das zweite Regelungsregime fallen) unterliegen 1) einer **allgemeinen Anerkennungsregel**.[77] Sie gibt nur einen Rahmen dafür vor, in welchen Schritten und nach welchen Gesichtspunkten die **Prüfung der Gleichwertigkeit** ausländischer Qualifikationen vorzunehmen ist. Dagegen bestehen keine inhaltlichen Vorgaben in Bezug auf das geforderte Ausbildungs- bzw Qualifikationsniveau und bleibt die Möglichkeit ausdrücklich offen, dem Anerkennungswerber aufzutragen, fehlende Qualifikationsbestandteile nachzuholen.

> Nach der allgemeinen Anerkennungsregel erfolgt eine **gegenseitige Anerkennung** der Ausbildung bzw (wo üblich, dh in den Sparten Industrie, Handwerk und Handel) der Berufserfahrung. Es werden fünf **Qualifikationsniveaus** unterschieden (Nachweis einer allgemeinen Schulbildung, technisches oder berufsbildendes Prüfungszeugnis, Diplom über einen Ausbildungsgang einer postsekundären Ausbildung von mindestens einem Jahr, Diplom über eine Hochschul- oder Universitätsausbildung von mindestens drei und höchstens vier Jahren, Hochschuldiplom als Nachweis einer mindestens vierjährigen Hochschul- oder Universitätsausbildung). Diesen Qualifikationsniveaus entsprechen sodann Anerkennungsregeln für die jeweiligen Nachweise. Allerdings kann die Gleichwertigkeit der Ausbildung (Inhalte und Fächer) überprüft werden, wofür einheitliche Kriterien vorgegeben sind: Mangelnde Gleichwertigkeit liegt vor, wenn die Ausbildungsdauer zumindest ein Jahr geringer war als im Inland, wesentliche Fächer fehlen oder sich die Tätigkeitsbereiche im Herkunfts- und Mitgliedstaat unterscheiden (unterschiedliches Leistungsbild). In solchen Fällen kann eine Ergänzung verlangt werden, die in einem maximal dreijährigen **Anpassungslehrgang** oder einer **Ergänzungsprüfung** bestehen darf.

Eine Handvoll Berufsgruppen profitiert nach dem anderen Regelungsregime der RL 2) von einer **automatischen Anerkennung**.[78] Sie gilt (nur) für (Allgemein-, Fach- und Zahn-) Ärzte, Krankenschwestern und Krankenpfleger, Hebammen, Tierärzte, Apotheker und Architekten. Die automatische Anerkennung knüpft am **Vorliegen formaler Voraussetzungen** an (zB Ausbildungsdauer, Mindestinhalte, Praxiszeiten), die der Anerkennungswerber nachzuweisen hat (zB durch Vorlage des Studienabschlusszeugnisses). Im Unterschied zur allgemeinen Anerkennungsregel erfolgt dann aber **keine weitere Prüfung der inhaltlichen Gleichwertigkeit** der Ausbildung bzw Qualifikation, sondern die RL selbst ordnet an, dass bei Erfüllen der Formalvoraussetzungen auch inhaltliche Gleichwertigkeit besteht. Es gibt daher auch keine Nachschulungsmöglichkeiten usw, sondern der Anerkennungswerber ist bereits aufgrund der vorgelegten formalen Nachweise zum Beruf zuzulassen.

> Die **automatische Anerkennung** basiert auf in der RL einheitlich festgelegten, spezifischen **Mindestanforderungen an die Ausbildung** (zB Ärzte 6 Jahre Mindestausbildung ua, Krankenschwestern 10 Jahre Schulbildung und 3 Jahre Ausbildung mit bestimmtem Mindestinhalt usw). Der MS, in dem die Anerkennung erfolgen soll, bestätigt lediglich das Vorliegen der Voraussetzungen (also, dass die fragliche Ausbildung absolviert wurde). Eine Gleichwertigkeitsprüfung ist ausgeschlossen,

---

[77] Vgl Art 10 ff BerufsqualifikationsRL 2005/36/EG.
[78] Vgl Art 21 ff BerufsqualifikationsRL 2005/36/EG.

lediglich einzelne **Anforderungen** (zB Sprachkenntnisse) **dürfen zulässigerweise noch gestellt werden** (wenn verhältnismäßig).[79]

Erfüllt ein Angehöriger einer Berufsgruppe, für die die automatische Anerkennung gilt, die dafür festgelegten Voraussetzungen **nicht**, so **kann** er immer noch nach der allgemeinen Anerkennungsregel eine **Gleichwertigkeitsfeststellung beantragen**, wenn es besondere Gründe dafür gibt, dass er die allgemeinen Nachweise nicht vorlegen kann.[80] Wer **Angehöriger einer bestimmten Berufsgruppe** ist (zB Baumeister als Architekt iSd RL?), entscheidet sich daher auch nach dem **nationalen Recht** und mag ggf von den für die automatische Anerkennung maßgeblichen Nachweisen entkoppelt sein.[81] Solche hinsichtlich der Ausbildung oder den Tätigkeiten atypischen Berufsbilder profitieren aber nicht von der automatischen Anerkennung.

Ein **Beispiel** für die Handhabe der Vorgaben der BerufsqualifikationsRL 2005/36/EG ist das Urteil *Cavallera* aus 2009. Es betrifft die Anwendung der Gleichwertigkeitsprüfung im Rahmen der allgemeinen Anerkennungsregel beim Zugang zum Beruf des Ingenieurs.

Rs C-311/06, *Marco Cavallera*, ECLI:EU:C:2009:37

Der Italiener Cavallera hatte an der Universität Turin ein **dreijähriges** Studium des Maschinenbauingenieurwesens abgeschlossen. Um in Italien als Ingenieur tätig sein zu dürfen, hätte er noch ein Staatsexamen absolvieren und sich danach in das italienische Ingenieursverzeichnis eintragen lassen müssen. In Spanien dagegen konnte die Eintragung in das spanische Ingenieursverzeichnis sofort und ohne weiteres Examen aufgrund des dreijährigen Studiums erfolgen. Um das italienische Examenserfordernis zu umgehen, beantragte Herr Cavallera in Spanien beim zuständigen Ministerium erfolgreich die Homologation seines italienischen Studienabschlusses (**Gleichstellung mit dem entsprechenden spanischen Universitätsabschluss**). Damit war Herr Cavallera befugt, in Spanien den reglementierten Beruf des **industrietechnischen Ingenieurs, Fachgebiet Maschinenbau**, auszuüben und ließ sich in das spanische Ingenieursverzeichnis eintragen. Daraufhin beantragte er in Italien beim zuständigen Ministerium die **Anerkennung seiner spanischen Qualifikationen** zum Zweck der **Eintragung** in das italienische Ingenieursverzeichnis. Dem Antrag wurde auch stattgegeben, allerdings erhob die italienische Ingenieursvereinigung gegen die stattgebende Ministerialverfügung Klage: Der spanische Befähigungsnachweis von Herrn Cavallera hätte nicht anerkannt werden dürfen. Kann sich Herr Cavallera auf die Anerkennungsregeln der BerufsqualifikationsRL berufen?

47 [Ein] ‚Diplom' im Sinne [der BerufsqualifikationsRL 2005/36/EG kann] aus einer Gesamtheit von Befähigungsnachweisen bestehen[.]

48 [D]ie von Herrn Cavallera geltend gemachten Befähigungsnachweise [erfüllen] diese Voraussetzung ..., da jeder einzelne von einer nach den italienischen oder spanischen Rechtsvorschriften bestimmten zuständigen Stelle ausgestellt wurde. ...

51 Es bleibt zu klären, ob in Anbetracht dessen, dass die Homologationsbescheinigung, auf die sich Herr Cavallera beruft, **keine unter das spanische Bildungssystem fallende Ausbildung bescheinigt** und ihr weder eine Prüfung noch eine in Spanien erworbene Berufserfahrung zugrunde liegt, die **Befähigungsnachweise** von Herrn Cavallera insgesamt gleichwohl als ‚Diplom' ... angesehen oder einem solchen Diplom ... **gleichgestellt** werden können. ...

55 Die [BerufsqualifikationsRL 2005/36/EG] bezweckt die Beseitigung der Hindernisse für die Ausübung eines Berufs in einem anderen Mitgliedstaat als demjenigen, der den Befähigungsnachweis

---

79 Vgl Art 53 ff BerufsqualifikationsRL 2005/36/EG.
80 Vgl Art 10 BerufsqualifikationsRL 2005/36/EG.
81 Vgl Rs C-477/13, *Angerer*, ECLI:EU:C:2015:239, Rn 51; Rs C-492/12, *Conseil national de l'ordre des médecins*, ECLI:EU:C:2013:576, Rn 44 f.

über die betreffenden beruflichen Qualifikationen ausgestellt hat. [E]in Befähigungsnachweis zur Bescheinigung beruflicher Qualifikationen [kann] nicht einem ‚Diplom' im Sinne der Richtlinie gleichgestellt werden kann, ohne dass die Qualifikationen ganz oder teilweise im Rahmen des Bildungssystems des Mitgliedstaats, in dem der fragliche Befähigungsnachweis ausgestellt worden ist, erworben wurden. Im Übrigen hat der Gerichtshof bereits darauf hingewiesen, dass ein Befähigungsnachweis den Zugang zu einem Beruf oder dessen Ausübung insoweit erleichtert, als er den Besitz einer zusätzlichen Qualifikation belegt[.]

56 Die spanische Homologation belegt aber keinerlei zusätzliche Qualifikation. Weder die Homologation noch die Eintragung in das [spanische] Verzeichnis … beruhen auf einer Überprüfung der beruflichen Qualifikationen oder Erfahrungen von Herrn Cavallera.

57 Würde man unter solchen Umständen eine Berufung auf die [BerufsqualifikationsRL 2005/36/EG] mit dem Ziel, sich Zugang zu dem im Ausgangsverfahren in Rede stehenden reglementierten Beruf in Italien zu verschaffen, zulassen, so liefe das darauf hinaus, denjenigen, die nur einen in diesem Mitgliedstaat ausgestellten Befähigungsnachweis erworben haben, der für sich nicht den Zugang zu diesem reglementierten Beruf eröffnet, den Zugang gleichwohl zu ermöglichen, ohne dass die in Spanien erworbene Homologationsbescheinigung aber den Erwerb einer zusätzlichen Qualifikation oder von Berufserfahrung belegt. Ein solches Ergebnis liefe dem … Grundsatz zuwider, dass die Mitgliedstaaten die Möglichkeit behalten, das Mindestniveau der notwendigen Qualifikation mit dem Ziel zu bestimmen, die Qualität der in ihrem Hoheitsgebiet erbrachten Leistungen zu sichern. …

59 Daher ist … zu antworten, dass sich im Hinblick auf den Zugang zu einem reglementierten Beruf in einem Aufnahmemitgliedstaat der Inhaber eines von einer Stelle eines anderen Mitgliedstaats ausgestellten Befähigungsnachweises, mit dem keine unter das Bildungssystem dieses Mitgliedstaats fallende Ausbildung bescheinigt wird und dem weder eine Prüfung noch eine in diesem Mitgliedstaat erworbene Berufserfahrung zugrunde liegt, nicht auf die [BerufsqualifikationsRL 2005/36/EG] berufen kann.

4.6. Wiederholungsfragen

i. Wie wird die Niederlassungsfreiheit vom freien Kapitalverkehr abgegrenzt? Wo ist diese Unterscheidung bedeutsam?

ii. Überlegen Sie drei unterschiedliche Beispiele für zwingende Erfordernisse des Allgemeininteresses, die bei der Rechtfertigung von Eingriffen in die Niederlassungsfreiheit eine Rolle spielen könnten. Beschreiben Sie die von Ihnen entworfenen Konstellationen genau, also wie sehen die staatlichen Eingriffe in die Niederlassungsfreiheit genau aus, welchen Zielen sollen sie dienen und wie bestehen sie die Verhältnismäßigkeitsprüfung?

iii. Was meint die Aussage, Art 49 sehe ein gemäßigtes Beschränkungsverbot vor?

iv. Ist die Niederlassungsfreiheit für juristische Personen im Binnenmarkt voll gewährleistet? Warum (nicht)?

v. Gegen welche Beschränkungen der Niederlassungsfreiheit können sich juristische Personen auf Basis von Art 49 zur Wehr setzen, gegen welche nicht?

vi. Unterliegt ein im Inland niedergelassener EU-ausländischer Arzt der inländischen Honorarordnung für Ärzte? Unterliegt ein im Inland niedergelassener US-amerikanischer Arzt der inländischen Honorarordnung? Wodurch unterscheiden sich diese beiden Fälle, wer ist in der vorteilhafteren Position und warum?

4.6. Wiederholungsfragen

vii. Frau Montini möchte in Hall in Tirol eine Apotheke eröffnen und muss dafür eine Konzession beantragen. Wie beurteilen sie die folgenden Konstellationen: 1) Der Antrag wird abgelehnt, weil die Behörde festgestellt hat, dass der Bedarf an Apotheken im gesetzlich festgelegten Einzugsgebiet bereits gedeckt ist. 2) Dem Antrag wird mit der Auflage stattgegeben, dass ortsansässige Ärzte sowie das örtliche Krankenhaus zu Einkaufspreisen ohne Gewinnaufschlag mit Medikamenten zu versorgen sind. 3) Dem Antrag wird mit der Auflage stattgegeben, dass die Apotheke von Frau Montini persönlich betrieben werden muss. 4) Frau Montini ist Salzburgerin.

viii. Der Betrieb von Casinos ist in Österreich im Rahmen des sog Glücksspielmonopols dem Bund vorbehalten. Dieser vergibt einzelne Konzessionen an geeignete Interessenten. 1) Wie beurteilen Sie die Monopolregelung gegenüber Art 49 im Grundsatz? 2) Unterstellt, das Glücksspielmonopol sei ein Eingriff in Art 49, wie müsste das Verfahren zur Auswahl der Konzessionäre aussehen, um die Rechtfertigungsprüfung bestehen zu können (dh welche Vorgaben ergeben sich aus Art 49 bei der Auswahl der Konzessionäre)?

ix. In einem MS ist der Beruf des Notars eigenen Staatsangehörigen vorbehalten. Ist dies mit Art 49 vereinbar?

x. Wann können sich Sportler auf die Niederlassungsfreiheit berufen? Welche Sportler fallen unter Art 49, welche unter eine andere Grundfreiheit und welche unter keine der Grundfreiheiten?

5. Dienstleistungen

Die in **Art 56 AEUV** gewährleistete Dienstleistungsfreiheit ist eine **Auffangfreiheit**: Sie umfasst nach Art 57 AEUV entgeltliche Leistungen, die nicht einer spezifischeren Freiheit unterliegen. Die Grundlegung als Auffangfreiheit erinnert an die historische Entwicklung der Dienstleistungsfreiheit. Sie entfaltete sich vergleichsweise später als etwa der Warenverkehr oder die Arbeitnehmerfreizügigkeit. Die ersten bedeutenden EuGH-Urteile im Dienstleistungsbereich stammen erst aus der Mitte der 1970er-Jahre.[1]

Heute allerdings haben Dienstleistungen **überragende wirtschaftliche Bedeutung** im Binnenmarkt: Sie machen nach Angaben der Kommission[2] mittlerweile **zwei** Drittel der Wirtschaftsleistung der EU aus und schaffen rund **90 %** aller neuen **Arbeitsplätze**. Die fortschreitende Digitalisierung lässt den Dienstleistungssektor auch weiterhin wachsen.

Der großen wirtschaftlichen Bedeutung korrespondiert eine entsprechende Notwendigkeit, Hemmnisse der Dienstleistungsfreiheit aufgrund unterschiedlicher Regelungen der MS im Weg der **Harmonisierung** zu beseitigen. Zentrale Harmonisierungsrechtsakte sind die schon erwähnte **BerufsqualifikationsRL** 2005/36/EG, aber die in diesem Abschnitt besprochenen **DienstleistungsRL** 2006/123/EG, die **EntsendeRL** 1996/71/EG mit Sondervorschriften für die Entsendung von Personal durch Unternehmen zur Erbringung von Dienstleistungen in anderen MS sowie die **PatientenmobilitätsRL** 2011/24/EU für den Bereich ausländischer Krankenbehandlungen.

5.1. Persönlicher Schutzbereich

Berechtigte der Dienstleistungsfreiheit sind nach dem Wortlaut des Art 56 **Staatsangehörige** der MS, einschließlich **juristischer** Personen, die in einem anderen MS der EU als jenem der Leistungserbringung **ansässig** (also niedergelassen) sind. Die Dienstleistung muss also von einer in der EU befindlichen, **ausländischen Niederlassung** aus erbracht werden.

Geschützt sind sowohl der (in der EU ansässige und selbst EU-Angehörige) Erbringer der Dienstleistung (aktive Dienstleistungsfreiheit bzw **Dienstleistungserbringungsfreiheit**) als auch der (einen in der EU ansässigen EU-Dienstleister in Anspruch nehmende) Empfänger (passive Dienstleistungsfreiheit bzw **Dienstleistungsempfangsfreiheit**).[3] Während die Dienstleistungserbringungsfreiheit nur EU-ansässige EU-Bürger berechtigt, steht die Dienstleistungsempfangsfreiheit (innerhalb des Binnenmarkts, nicht gegenüber Leistungen aus oder in[4] Drittstaaten) jedem Konsumenten bzw Marktbürger zu.[5]

Drittstaatsangehörige sind daher zwar Berechtigte der Dienstleistungsempfangsfreiheit, aber **keine** Berechtigten der Dienstleistungserbringungsfreiheit. Letzteres gilt auch dann, wenn sie in der EU ansässig sind.[6] Im Unterschied zur Arbeitnehmerfreizügigkeit und der

---

[1] Vgl Rs 155/73, *Sacchi*, ECLI:EU:C:1974:40; Rs 33/74, *van Binsbergen*, ECLI:EU:C:1974:131.
[2] Vgl Pressemeldung der Kommission v 10. 1. 2017, IP/17/23.
[3] Grundlegend verb Rs 286/82 und 26/83, *Luisi und Carbone*, ECLI:EU:C:1984:35, Rn 16.
[4] Aber str, näher *Kluth*, Art 56/57, Rz 35, in *Calliess/Ruffert* (Hrsg), EUV/AEUV-Kommentar[5] (2016).
[5] Vgl SA v. GA *Cruz Villalón* in Rs C-221/11, *Demitkan*, ECLI:EU:C:2013:237, Rn 50; ebenso *Tiedje*, Art 56, Rz 16, in *von der Groeben/Schwarze/Hatje* (Hrsg), EUV/AEUV-Kommentar[7] (2015).
[6] Vgl Rs C-290/04, *FKP Scorpio*, ECLI:EU:C:2006:630, Rn 67 f.

Niederlassungsfreiheit gibt es bei der Dienstleistungserbringungsfreiheit also **keine aufgrund der Familienzugehörigkeit gleichgestellten Personen**. Art 56 UAbs 2 sieht die Möglichkeit des EU-Gesetzgebers vor, die Dienstleistungserbringungsfreiheit auf in der EU ansässige Drittstaatsangehörige zu erstrecken, bislang wurde von dieser Befugnis aber (trotz eines zur Jahrtausendwende lancierten Vorschlags der Kommission)[7] kein Gebrauch gemacht. Drittstaatsangehörige Familienangehörige eines Unionsbürgers können damit auch dann nicht auf Basis der Dienstleistungsfreiheit grenzüberschreitend tätig sein, wenn sie als gleichgestellte Person im Rahmen der Niederlassungsfreiheit eine Niederlassung in der EU haben.

Allerdings gibt es Drittstaatsangehörige, die aufgrund **völkerrechtlicher Abkommen** (Freihandels- oder Assoziierungsabkommen) Berechtigte der Dienstleistungsfreiheit und insoweit **EU-Bürgern gleichgestellt** sind. Wichtigstes Beispiel ist wiederum der **EWR**, der auch die aktive und passive Dienstleistungsfreiheit für EWR-Bürger in der EU (und umgekehrt) umfasst.[8] Auch die Abkommen **EU-Türkei**[9] bzw **EU-Schweiz**[10] umfassen begrenzte **Mindestrechte** für Dienstleister in Form (**Türkei**) eines Verbots neuer Beschränkungen (**Stillhalteverpflichtung**) bzw (**Schweiz**) einer auf **90 Tage im Jahr** begrenzten (nur) **aktiven**[11] und auf **natürliche** Personen beschränkten[12] Dienstleistungsfreiheit.

> Die im Rahmen der Arbeitnehmerfreizügigkeit angesprochenen **Übergangsarrangements** im Rahmen einzelner EU-Erweiterungsrunden, insbesondere nach den letzten Beitritten von Bulgarien und Rumänien (ausgelaufen) und Kroatien (aufrecht bis 30. 6. 2020), bestanden auch im Bereich der Dienstleistungsfreiheit. Im Verhältnis zu Kroatien ist während der Übergangsfrist allerdings nicht die Dienstleistungsfreiheit als Ganzes suspendiert, sondern lediglich die Entsendung von Arbeitskräften nach Österreich und Deutschland.[13]

Verpflichtete der Dienstleistungsfreiheit sind die **MS** im die Grundfreiheiten einleitend diskutierten **weiten Verständnis**. Zur Diskussion[14] rund um eine (außerhalb des weiten Staatsbegriffs bzw staatsähnlichem kollektivem Handeln abzulehnende) mögliche Drittwirkung der Dienstleistungsfreiheit iS einer Bindung Privater kann auf das dort sowie bei der Arbeitnehmerfreizügigkeit Gesagte verwiesen werden.[15]

5.2. Sachlicher Schutzbereich

In **sachlicher** Hinsicht ist für Art 56 zu prüfen, ob 1) eine **Dienstleistung vorliegt** und diese 2) **grenzüberschreitend** erbracht wird. Der Gewährleistungsgehalt des Art 56 umfasst 3) die

---

7 Kom(1999) 3 endg.
8 Vgl Art 36 ff. EWR-Abk.
9 ABl 1964/L 217/3687; idF Art 41 des Zusatzprotokolls v 1970; dazu zB Rs C-221/11, *Demitkan*, ECLI:EU:C:2013:583, Rn 37 ff.
10 Abkommen EU-Schweiz aus 2002, ABl 2002/L 114/6.
11 Vgl Rs C-70/09, *Hengartner*, ECLI:EU:C:2010:430, Rn 43.
12 Vgl Rs C-351/08, *Grimme*, ECLI:EU:C:2009:697, Rn 50.
13 Vgl Art 18 und Anhang V Beitrittsvertrag Kroatien, ABl 2012/L 112/1.
14 Ausführlich zB *Kluth*, Art 56/57, Rz 44 ff, in *Calliess/Ruffert* (Hrsg), EUV/AEUV-Kommentar[5] (2016).
15 Vgl etwa verb Rs C-51/96 und C-191/97, *Deliège*, ECLI:EU:C:2000:199, Rn 47.

Dienstleistungserbringung ebenso wie den Empfang von Dienstleistungen. Zu prüfen ist 4) schließlich das Eingreifen einer Bereichsausnahme.

5.2.1. Dienstleistungsbegriff

Der Gewährleistungsgehalt von Art 56 setzt zunächst beim Dienstleistungsbegriff an: Nach **Art 57 AEUV** sind Dienstleistungen **wirtschaftliche Leistungen** (Tätigkeiten), die in der Regel **gegen Entgelt** erbracht werden. Art 57 nennt einige, sehr allgemein gehaltene Beispiele für Tätigkeiten, die Dienstleistungen sein können (gewerbliche, kaufmännische, handwerkliche und freiberufliche Tätigkeiten). Diese Aufzählung ist aber so pauschal, dass sie im Einzelfall nicht weiterhilft. Das Vorliegen einer Dienstleistung muss daher ungeachtet dieser Aufzählung jeweils nach den konkreten Merkmalen der jeweiligen Leistung (wirtschaftlicher Charakter, Entgeltlichkeit, vorübergehender Charakter) beurteilt werden.

Eine Leistung hat wirtschaftlichen Charakter, wenn sie überhaupt einen wirtschaftlichen Wert hat bzw **Teil des Wirtschaftslebens** ist.[16] Gemeint ist, dass zumindest potenziell ein Markt für die betreffende Leistung existiert, also jemand bereit wäre, für diese Leistung zu zahlen.

An einem Markt fehlt es etwa bei **hoheitlichen Tätigkeiten** ieS (zB Polizei, Justiz usw) bzw sonstigen Tätigkeiten im Kernbereich der staatlichen Aufgabenerfüllung (zB staatliche Pflicht- und Hochschulbildung, staatliche Pflichtversicherung, Flugsicherung usw).[17] Dass die Tätigkeit verboten ist, nimmt ihr dagegen noch nicht in allen Fällen den wirtschaftlichen Charakter. Dies gilt jedenfalls dann, wenn sie in anderen MS legal ist.[18] Gleiches gilt im Fall, dass die Tätigkeit einem **Monopol**, einer begrenzten Zahl von Anbietern (**Konzessionierung**, Andienungszwang usw) oder sonstigen besonderen Rechten des Erbringers unterliegt (zB Glücksspiel, Abfallentsorgung usw).[19] Auch unter Monopolbedingungen besteht zwischen dem dienstleistenden Monopolisten und dem Leistungsempfänger eine Dienstleistungsbeziehung.

> Monopole oder Konzessionen nehmen daher der in diesem Rahmen erbrachten Dienstleistung nicht ihren wirtschaftlichen Charakter, sondern steuern nur die Wettbewerbsbedingungen für die betreffende Dienstleistung. Anders als Warenhandelsmonopole (Art 37 AEUV), unterliegen **Dienstleistungsmonopole keiner primärrechtlichen Sonderbestimmung**. Daher lassen sich gerade auch die auf ein Monopol- oder Konzessionssystem zurückgehenden Beschränkungen für **Drittanbieter** der betreffenden Leistung (zB die Konzessionspflicht an sich, Auflagen, Sanktionen bei Verletzung des Monopols usw) am Maßstab der Dienstleistungsfreiheit prüfen.[20]
>
> Zu beachten ist außerdem, dass es auch in Monopolen, wo innerhalb des Monopols der Wettbewerb ausgeschaltet oder begrenzt ist, einen **Wettbewerb um den Markt** (also zwischen Interessenten um die Erlangung des Monopolrechts bzw die Konzessionen) gibt. Die Ausschaltung dieses Wettbewerbs um den Markt (zB durch fehlende Ausschreibung von Konzessionen, freihändige Direktvergabe an einen bestimmten Interessenten, diskriminierende Ausschreibungsbedingungen usw) kann

---

16 Vgl schon Rs 36/74, *Walrave*, ECLI:EU:C:1974:140, Rn 4 ff.
17 Vgl zB Rs C-364/92, *Eurocontrol*, ECLI:EU:C:1994:7, Rn 18 ff; verb Rs C-159/91 und C-160/91, *Poucet und Pistre*, ECLI:EU:C:1993:63, Rn 19.
18 Vgl Rs C-159/90, *Grogan*, ECLI:EU:C:1991:378, Rn 21.
19 Vgl zB Rs C-124/97, *Läärä*, ECLI:EU:C:1999:435, Rn 27.
20 Vgl zB Rs C-49/16, *Unibet*, ECLI:EU:C:2017:491, Rn 33 f mwN.

5. Dienstleistungen

> sowohl ein Verstoß gegen die Dienstleistungsfreiheit[21] als auch ein Wettbewerbsverstoß sein (zB eine Beihilfe). Zu beachten ist, dass das Verfahren bei einer Vergabe von Dienstleistungskonzessionen, also das Vorgehen der öffentlichen Stellen beim Wettbewerb um den Markt, mit der **KonzessionsRL 2014/23/EU** mittlerweile einem sekundärrechtlichen Rahmen unterliegt (näher dazu beim Vergaberecht).

Entgeltlichkeit, als zweites wesentliches Element des Dienstleistungsbegriffs, liegt vor, wenn ein Entgelt gezahlt wird und dieses die **Gegenleistung** des Empfängers für die Dienstleistung des Erbringers darstellt.[22] Daher macht noch nicht jedweder Entgeltfluss eine Tätigkeit zur Dienstleistung, soweit das Entgelt eben keine Gegenleistung für die eigentliche Dienstleistung ist (zB Schulgeld im Pflichtschulbereich).[23] Wie zudem die Formulierung „in der Regel" in Art 57 klarstellt, muss das Entgelt keineswegs unmittelbar vom Leistungsempfänger selbst entrichtet werden (zB bei werbefinanzierten Gratisangeboten).[24] Auch eine Gewinnerzielungsabsicht des Leistungserbringers ist daher allenfalls ein Indiz für das Vorliegen einer Dienstleistung,[25] aber nicht zwingend erforderlich.

> Im Zeitalter der Digitalisierung ist davon auszugehen, dass Entgeltlichkeit in dem Sinn weit zu verstehen ist, dass jedwede geldwerte Gegenleistung des Empfängers im Austausch für die Annahme einer Dienstleistungsbeziehung hinreicht.[26] Daher sind also zB auch die Bekanntgabe von **Informationen** oder die Einräumung von Nutzungsrechten an persönlichen Daten, am eigenen Bild oder an geschützten Werken (hochgeladene Fotos, Texte usw) im Austausch für digitale Dienstleistungen (zB *social media* Plattformen) als Entgelt iSv Art 56 bzw 57 anzusehen.

Die Beurteilungsgrundsätze bei der Einordnung von Tätigkeiten als Dienstleistungen illustriert als **Beispiel** etwa[27] das Urteil *Steymann* aus 1988. Es betrifft den wirtschaftlichen Charakter von Tätigkeiten der Mitglieder von Religionsgemeinschaften. Das Urteil *Steymann* betont insbesondere, dass Leistung und Gegenleistung in einem wirtschaftlich angemessenen Verhältnis stehen müssen, gleichzeitig aber in die Gesamtbetrachtung auch bloß mittelbare Leistungen einzubeziehen sind.

> Rs 196/87, *Udo Steymann*, ECLI:EU:C:1988:475
>
> Herr Steymann war ein dt Staatsangehöriger, der in die Niederlande gezogen war. Er arbeitete kurze Zeit als angestellter Installateur und später danach Mitglied der Religionsgemeinschaft ‚De Stad Rajneesh Neo-Sannyas Commune' (sog Bhagwan-Vereinigung). Bhagwan stellte ihre wirtschaftliche Unabhängigkeit durch gewerbliche Betätigungen wie den Betrieb einer Diskothek, eines Getränkehandels und eines Waschsalons sicher. Im Rahmen seiner Teilnahme am Leben der Bhagwan-Vereinigung führte Herr Steymann Installateursarbeiten am Gebäude der Vereinigung

---

21 Vgl etwa Rs C-231/03, *Co.Na.Me*, ECLI:EU:C:2005:487, Rn 16 ff.
22 Vgl Rs 263/86, *Humbel*, ECLI:EU:C:1988:451, Rn 17.
23 Vgl Rs 263/86, *Humbel*, ECLI:EU:C:1988:451, Rn 17 f.
24 Vgl Rs 352/85, *Bond van Adverteerders*, ECLI:EU:C:1988:196, Rn 16.
25 Vgl Rs 263/86, *Humbel*, ECLI:EU:C:1988:451, Rn 18.
26 IdS auch Rs 196/87, *Steymann*, ECLI:EU:C:1988:475, Rn 12.
27 Vgl auch Rs 13/76, *Donà*, ECLI:EU:C:1976:115, Rn 12f.; Rs 53/81, *Levin*, ECLI:EU:C:1982:105, Rn 17 f.

sowie Hausarbeiten allgemeiner Art durch und beteiligte sich an den allgemeinen gewerblichen Betätigungen der Vereinigung. Unabhängig von Art und Umfang seiner Tätigkeit sorgte die Vereinigung für seinen Lebensunterhalt. Als Herr Steymann eine Aufenthaltserlaubnis in den Niederlanden beantragte, wurde dies abgelehnt, da er keiner unselbständigen Beschäftigung nachgehe. Wie sind die Tätigkeiten von Herrn Steymann im Rahmen seiner Religionsgemeinschaft zu beurteilen?

9 [Es] ist ... festzustellen, daß ... die Teilnahme an einer auf Religion oder einer anderen Form der Weltanschauung beruhenden Vereinigung nur insoweit in den Anwendungsbereich des [Unions]rechts fällt, als sie als **Teil des Wirtschaftslebens** ... angesehen werden kann.

10 [E]ine **entgeltliche Arbeits- oder Dienstleistung** [ist] Teil des Wirtschaftslebens im Sinne ... des [AEUV].

11 Die Tätigkeiten, um die es im vorliegenden Ausgangsverfahren geht, umfassen ... Arbeiten, die in der Bhagwan-Vereinigung und für deren Rechnung als Teil der gewerblichen Tätigkeiten dieser Vereinigung verrichtet werden. Es scheint, daß diese Arbeiten einen ziemlich bedeutenden Platz im Leben der Bhagwan-Vereinigung einnehmen und daß die Mitglieder sich ihnen nur unter besonderen Umständen entziehen. Die Bhagwan-Vereinigung sorgt wiederum, unabhängig von Art und Umfang der Arbeiten, die ihre Mitglieder verrichten, für deren **Lebensunterhalt** und zahlt ihnen ein **Taschengeld**.

12 In einem [solchen] Fall ... kann **nicht von vornherein ausgeschlossen werden**, daß die von den Mitgliedern dieser Vereinigung verrichteten **Arbeiten** einen **Teil des Wirtschaftslebens** ... ausmachen. Soweit nämlich diese Arbeiten, mit denen der Bhagwan-Vereinigung die wirtschaftliche Unabhängigkeit gesichert werden soll, ein wesentliches Element der Teilnahme an dieser Vereinigung darstellen, können die Leistungen, die diese Vereinigung ihren Mitgliedern gewährt, als **mittelbare Gegenleistung** für deren Arbeiten angesehen werden.

13 Allerdings muß es sich ... um **tatsächliche und echte Tätigkeiten** handeln, die keinen so geringen Umfang haben dürfen, daß sie sich als **völlig untergeordnet und unwesentlich** darstellen[.]

14 Unter diesen Umständen [können] die Tätigkeiten der Mitglieder einer auf Religion oder einer anderen Form der Weltanschauung beruhenden Vereinigung im Rahmen der gewerblichen Tätigkeit dieser Vereinigung insoweit einen Teil des Wirtschaftslebens ausmachen, als die Leistungen, die die Vereinigung ihren Mitgliedern gewährt, als mittelbare Gegenleistung für tatsächliche und echte Tätigkeiten betrachtet werden können. ...

16 [Allerdings handelt es sich vorliegend um **keine Dienstleistung i.S.d. Art 56.** E]ine auf Dauer oder jedenfalls **ohne absehbare zeitliche Beschränkung** ausgeübte Tätigkeit [kann] nicht unter ... den freien Dienstleistungsverkehr fallen[.] Solche Tätigkeiten können hingegen je nach Lage des Falles in den Anwendungsbereich der [Art 45 oder 49 AUV] fallen.

17 Deshalb [erfasst Art 56] nicht ... den Angehörigen eines Mitgliedstaats ..., der sich in das Hoheitsgebiet eines anderen Mitgliedstaats begibt und dort seinen Hauptaufenthalt nimmt, um dort für **unbestimmte Dauer** Dienstleistungen zu erbringen oder zu empfangen.

Mit wirtschaftlichen Leistungen gegen Entgelt ist der Anknüpfungspunkt bei Dienstleistungen zunächst derselbe wie bei der Niederlassung, sodass auf das dort Gesagte verwiesen werden kann. Wesentlicher Unterschied zu der an einer permanenten Präsenz vor Ort anknüpfenden Niederlassungsfreiheit ist aber, wie auch im vorstehenden Urteil *Steymann* hervorgehoben wird, der **vorübergehende Charakter** einer Dienstleistung: Der Berechtigte überschreitet die Grenze, um im anderen MS bloß vorübergehend Leistungen zu erbringen. Hält er sich dagegen ohne absehbare zeitliche Beschränkung dort auf und ist dabei wirtschaftlich tätig, kann er entweder ein niedergelassener Selbständiger oder (bei Weisungsgebundenheit und Integration in den Betrieb des dienstleistungspflichtigen Vertragspartners) Arbeitnehmer sein, aber kein Dienstleister iSv Art 56.

Ob die geschuldete Dienstleistung vom Leistungserbringer selbst (als Selbständiger) erbracht wird oder er einen seiner Arbeitnehmer (oder sonstige Dritte) mit der Leistungserbringung beauftragt, ist für die Beurteilung der Leistungsbeziehung nach Art 56 unerheblich: Im Fokus steht der Vertrag (typischerweise ein **Werkvertrag**, ggf auch ein **Dauerschuldverhältnis** wie Miete, Versicherung usw) mit dem Leistungsempfänger und dessen **Leistungsgegenstand**, der daher auf eine Dienstleistung (Erfolg, Werk) gerichtet sein muss. Die Notwendigkeit der Beurteilung der Tätigkeit vor dem Hintergrund der konkret vereinbarten (vertraglichen) **Leistungsbeziehungen** führt beispielsweise das Urteil *Grogan* aus 1991 vor Augen. Es betrifft die Frage, ob Gratiswerbung für Schwangerschaftsabbrüche in den Schutzbereich von Art 56 fällt.

Rs C-159/90, *Stephen Grogan*, ECLI:EU:C:1991:378

Herr Grogan war Vorstandsmitglied einer Studierendenvereinigung, die in Irland, wo Schwangerschaftsabbrüche verboten waren, unentgeltlich Broschüren mit Informationen über britische Abtreibungskliniken verbreitete. Die Vereinigung Society for the Protection of Unborn Children Ireland (SPUC) wertete dies als, gesetzlich ebenfalls verbotene, Beihilfe zum Schwangerschaftsabbruch im Ausland. SPUC erhob beim irischen High Court Klage auf Feststellung der Rechtswidrigkeit und Unterlassung. Die beklagten Studierendenvertreter beriefen sich zur Verteidigung u.a. auf die Dienstleistungsfreiheit. Zu Recht?

18 [D]er **Schwangerschaftsabbruch**, wie er in mehreren Mitgliedstaaten **legal praktiziert** wird, [stellt] eine **ärztliche Tätigkeit** [dar], die **in der Regel gegen Entgelt** erbracht wird und im Rahmen einer freiberuflichen Tätigkeit ausgeübt werden kann[.]

19 Die SPUC trägt ... vor, die Vornahme einer **Abtreibung könne nicht als Dienstleistung** angesehen werden, da sie höchst **unmoralisch** sei und die Zerstörung des Lebens eines menschlichen Wesens, nämlich des ungeborenen Kindes, zur Folge habe.

20 [Es ist aber] **nicht Sache des Gerichtshofes**, die Beurteilung, die vom Gesetzgeber in den Mitgliedstaaten vorgenommen worden ist, in denen die betreffenden **Tätigkeiten legal ausgeübt** werden, durch seine eigene Beurteilung zu ersetzen.

21 [Daher stellt] der ärztliche Schwangerschaftsabbruch, der im Einklang mit dem Recht des Staates vorgenommen wird, in dem er stattfindet, eine Dienstleistung [dar]. ...

24 [Allerdings ist] der **Zusammenhang** zwischen der Tätigkeit der **Studentenvereinigungen** ... und den **ärztlichen Schwangerschaftsabbrüchen**, die in Kliniken in einem anderen Mitgliedstaat vorgenommen werden, **zu lose** ist, als daß das Verbot der Verbreitung von Informationen als eine Beschränkung im Sinne von [Art 56] angesehen werden könnte.

25 [Da] die Studentenvereinigungen ... **nicht mit den Kliniken zusammenarbeiten**, deren Adressen sie veröffentlichen, [betrifft das] Verbot [auch nicht die] Verbreitung von geschäftlicher Werbung[.]

26 Die Informationen ... werden aber **nicht im Auftrag eines** in einem anderen Mitgliedstaat niedergelassenen **Wirtschaftsteilnehmers** verbreitet. Sie stellen vielmehr eine **Inanspruchnahme** der **Meinungs- und Informationsfreiheit** dar, die von der wirtschaftlichen Tätigkeit, die die in einem anderen Mitgliedstaat niedergelassenen Kliniken ausüben, unabhängig ist.

27 Daraus folgt, daß jedenfalls ein **Verbot der Verbreitung von Informationen** unter Umständen wie denen des Ausgangsverfahrens **nicht als eine Beschränkung im Sinne von** [Art 56] angesehen werden kann.

Der EuGH betont in *Grogan*, dass die **Werbung** mangels **Auftragsverhältnis** zwischen den Werbenden und den eigentlichen Dienstleistungserbringern in diesem Fall **nicht** von Art 56 mit umfasst ist. Gleichzeitig ist in diesem Fall die vom Dienstleister losgelöste, **freiwillige Werbung** mangels Entgeltlichkeit auch keine eigenständige Dienstleistung. Dieses Ergebnis betrifft wohlgemerkt aber nur diesen speziellen Fall: Allgemein ist das Verbot der Werbung für eine Tätigkeit als Regel von der jeweiligen Grundfreiheit mit umfasst (also zB Werbung für Waren – Warenverkehr; Werbung für Dienstleistungen – Dienstleistungsfreiheit usw).[28] Bildet die Werbung die vertragliche Hauptleistung, ist sie als solches die Dienstleistung.

5.2.2. Grenzüberschreitende Erbringung

Kennzeichnend für Art 56 ist, dass **nur grenzüberschreitend** erbrachte Dienstleistungen in seinen Schutzbereich fallen: Die Bestimmung ist „nicht auf **Betätigungen** anwendbar, **deren Merkmale sämtlich nicht über die Grenzen eines Mitgliedstaats hinausweisen**".[29]

Anders als bei den anderen Grundfreiheiten, wo der grenzüberschreitende Bezug sich aus unterschiedlichen Anknüpfungspunkten des Sachverhalts ergeben kann und tendenziell großzügig geprüft wird, muss der grenzüberschreitende Bezug bei Art 56 schon aufgrund des Wortlauts der Bestimmung („in einem anderen Mitgliedstaat ... ansässig") **in der Leistungsbeziehung selbst** festzumachen sein. Tätigkeiten, die rein im Inland erbracht werden, mögen zwar Dienstleistungen nationalen Verständnisses sein, jedoch, wie auch das zuvor zitierte Urteil *Steymann* unterstreicht,[30] eben **nicht** Dienstleistungen iSv Art 56. Dies **gilt** auch dann, wenn der inländische **Leistungserbringer** zB (wie in *Steymann*) EU-Ausländer ist, sich auf im Ausland erworbene Qualifikationen beruft odgl.

Die Dienstleistung muss also entweder **über** *die* **Grenze** (Leistungserbringer und -empfänger sind in verschiedenen MS ansässig, einer begibt sich zum anderen) **oder über** *der* **Grenze** (Leistungserbringer und -empfänger überschreiten die Grenze gemeinsam, zB als **Reisegesellschaft**) **erbracht** werden.[31] Zum erstgenannten Fall der Leistungserbringung über die Grenze gehören auch die sogenannten **Korrespondenzdienstleistungen**, wo also Erbringer und Empfänger jeweils an ihren Orten verbleiben und die Leistung im **Fernweg** erbracht wird und nur diese daher die Grenze überquert (zB Streaming über Internet, Beratung am Telefon usw).[32] Im Bereich **E-Commerce** und digitaler Binnenmarkt existieren mittlerweile allerdings einige (va verbraucherschutzbezogene) **Sekundärrechtsakte**, die der Anwendung von Art 56 vorgehen.[33] Zum zweitgenannten Fall wiederum gehören auch Sachverhalte, bei denen sich bloß der Leistungsgegenstand auf einen über der Grenze gelegenen Anknüpfungspunkt bezieht (zB Versicherung eines in einem anderen MS gelegenen Risikos, Testamentsvollstreckung im Ausland usw).[34]

---

28 Vgl etwa (Werbung für Waren) Rs C-362/88, *GB-Inno-BM*, ECLI:EU:C:1990:102, Rn 8.
29 Rs C-134/95, *USSL*, ECLI:EU:C:1997:16, Rn 19, Hervorhebung hinzugefügt; st Rsp.
30 Vgl Rs 196/87, *Steymann*, ECLI:EU:C:1988:475, Rn 16 f.
31 Vgl zB Rs C-55/98, *Vestergaard*, ECLI:EU:C:1999:533, Rn 19f. mwN; Rs C-198/89, *Kommission/Griechenland*, ECLI:EU:C:1991:79, Rn 10.
32 Vgl zB verb Rs C-34/95, C-35/95 und C-36/95, *De Agostini*, ECLI:EU:C:1997:344, Rn 48.
33 Vgl zB E-Commerce-RL 2000/31/EG; ErwG 20 VerbraucherrechteRL 2011/83/EU.
34 Vgl Rs C-20/92, *Hubbard*, ECLI:EU:C:1993:280, Rn 12 ff.

5.2.3. Geschützte Verhaltensweisen

Die nach Art 56 geschützten Verhaltensweisen bestehen in der **Erbringung**[35] oder dem **Empfang**[36] **einer Dienstleistung**. Sowohl der Erbringer als auch der potenzielle Empfänger einer grenzüberschreitenden Dienstleistung können sich also jeweils eigenständig auf Art 56 berufen. Wie einleitend hervorgehoben sind in den Kreis der Empfänger auch Drittstaatsbürger als Berechtigte (Marktbürger) einbezogen, während die Berechtigten auf Seiten der Erbringer der Dienstleistung auf in der EU ansässige EU-Bürger begrenzt sind.

Mit eingeschlossen ist auch die **Anbahnung der Geschäftsbeziehung** (zB durch Kontaktnahme für Angebote, Werbung usw).[37] Im Rahmen der Dienstleistungserbringung mit geschützt sind alle **für die Durchführung der Tätigkeit erforderlichen Handlungen**, also etwa die Mitnahme des erforderlichen Personals, Gerätschaften und Material usw.[38]

5.2.4. Bereichsausnahmen

Von der Anwendung des Dienstleistungskapitels bestehen drei wichtige Ausnahmebereiche. Ausgenommen sind 1) nach Art 62 iVm 51 AEUV (also parallel zur Niederlassungsfreiheit) **hoheitliche** Tätigkeiten, 2) nach Art 58 Abs 1 AEUV **Verkehrsdienstleistungen**, die zur Gänze den Bestimmungen der Verkehrspolitik[39] unterliegen,[40] sowie 3) Art 58 Abs 2 **Kapitalverkehrsdienste**, die der Kapitalverkehrsfreiheit unterliegen. Verkehrspolitik bzw Kapitalverkehr bilden damit *leges speciales* zur Dienstleistungsfreiheit.

Die Anwendung der Bereichsausnahmen zeigt als **Beispiel**[41] das Urteil *Volksbank România* aus 2012. Dort geht es um eine Abgrenzung zur Kapitalverkehrsfreiheit bei Beschränkungen von Provisionen für Verbraucherkreditverträge einer Bank. Steht bei einer Tätigkeit, die sowohl Dienstleistungs- als auch Kapitalverkehrsaspekte aufweist (also: Kreditservice gegenüber den Kunden und faktisches Bewirken grenzüberschreitender Kapitalflüsse), der Dienstleistungsaspekt klar im Vordergrund, ist nur die Dienstleistungsfreiheit zu prüfen.

> Rs C-602/10, *Volksbank România*, ECLI:EU:C:2012:443
>
> Nach rumänischem Recht durfte der Kreditgeber für einen gewährten Kredit nur bestimmte Provisionen erheben (zB für die für die Prüfung der Unterlagen, die Kredit- oder Kontokorrentbearbeitung usw). Die Volksbank berechnete ihren Kunden allerdings auch andere Provisionen, darunter eine sog Risikoprovision. Die Verbraucherschutzbehörde belegte die Bank dafür mit einem Bußgeld. Ist dieses Verbot nach der Dienstleistungs- oder der Kapitalverkehrsfreiheit zu prüfen?
>
> 68 Mit seiner vierten Frage möchte das vorlegende Gericht wissen, ob die Bestimmungen des Vertrags über den freien Dienstleistungsverkehr und den freien Kapitalverkehr, insbesondere die Art 56

---

35 Vgl zB Rs C-198/89, *Kommission/Griechenland*, ECLI:EU:C:1991:79, Rn 10; Rs C-398/95, *SETTG*, ECLI:EU:C:1997:282, Rn 8.
36 Grundlegend verb Rs 286/82 und 26/83, *Luisi und Carbone*, ECLI:EU:C:1984:35, Rn 10.
37 Vgl Rs C-384/93, *Alpine Investments*, ECLI:EU:C:1995:126, Rn 28.
38 Vgl zB Rs C-113/89, *Rush Portugesa*, ECLI:EU:C:1990:142, Rn 19.
39 Art 90 ff AEUV.
40 Vgl zB Rs C-382/08, *Neukirchinger*, ECLI:EU:C:2011:27, Rn 22.
41 Vgl etwa auch Rs C-452/04, *Fidium Finanz*, ECLI:EU:C:2006:631, Rn 34.

AEUV, 58 AEUV und 63 Abs 1 AEUV, dahin auszulegen sind, dass sie einer Vorschrift des nationalen Rechts entgegenstehen, die Kreditinstituten die Erhebung bestimmter Bankprovisionen verbietet.

69 Zunächst ist darauf hinzuweisen, dass eine Prüfung der im Ausgangsverfahren in Rede stehenden nationalen Rechtsvorschrift anhand der Bestimmungen des Vertrags über den freien Kapitalverkehr nicht erforderlich ist.

70 Betrifft nämlich eine innerstaatliche Maßnahme sowohl den freien Dienstleistungsverkehr als auch den freien Kapitalverkehr, ist zu prüfen, inwieweit diese Maßnahme die Ausübung dieser Grundfreiheiten berührt und ob unter den im Ausgangsverfahren gegebenen Umständen eine von ihnen hinter die andere zurücktritt. Der Gerichtshof prüft die in Rede stehende Maßnahme grundsätzlich nur im Hinblick auf eine dieser beiden Freiheiten, wenn sich herausstellt, dass unter den Umständen des Einzelfalls **eine der beiden Freiheiten der anderen gegenüber völlig zweitrangig ist und ihr zugeordnet werden kann**[.]

71 Sollte im vorliegenden Fall festgestellt werden, dass, wie die Volksbank vorträgt, diese Vorschrift dadurch, dass von in anderen Mitgliedstaaten ansässigen Unternehmen angebotene Verbraucherkredite den **in Rumänien ansässigen Kunden weniger leicht zugänglich sind, bewirkt, dass diese Kunden die betreffenden Dienstleistungen weniger häufig in Anspruch nehmen** und dass sich somit die mit diesen Dienstleistungen zusammenhängenden **grenzüberschreitenden Geldströme** verminderen, würde es sich dabei nur um eine **zwangsläufige Folge** einer möglichen Beschränkung des freien Dienstleistungsverkehrs handeln[.]

72 Was die Prüfung der im Ausgangsverfahren in Rede stehenden nationalen Rechtsvorschrift anhand der Bestimmungen des Vertrags über den freien Dienstleistungsverkehr betrifft, ergibt sich aus der ständigen Rechtsprechung des Gerichtshofs, dass die **Tätigkeit der Kreditvergabe durch ein Kreditinstitut eine Dienstleistung** im Sinne des Art 56 AEUV darstellt[.]

5.3. Eingriff

Ein Eingriff liegt, wie bei allen Grundfreiheiten, auch bei der Dienstleistungsfreiheit zunächst nur dann vor, wenn eine **staatliche Zurechnung** erfolgen kann. Eingriffe sind daher zunächst Maßnahmen der **Hoheitsträger der MS** sowie staatsnaher Einrichtungen (öffentliche Unternehmen, Fonds usw), aber auch Maßnahmen Privater, die staatlichen Maßnahmen gleichzuhalten sind (etwa Kollektivverträge ieS[42] und sonstige branchenweit verbindliche, unentrinnbare Regelungen der Leistungsbedingungen).

Staatliche Eingriffe in die nach der Dienstleistungsfreiheit geschützten Verhaltensweisen (Gewährleistungsgehalt) liegen zunächst, wie stets, sowohl bei **offenen oder versteckten Diskriminierungen** vor. Darüber hinaus umfasst Art 56 ein **umfassendes Beschränkungsverbot**. Der **Schutzbereich** des Art 56 ist also **weiter als** jener der (aufgrund der Herausnahme neutraler Behinderungen) **bloß gemäßigten** Beschränkungsverbote nach den Art 45, 49 sowie auch 34 AEUV.[43]

Diskriminierungen oder Beschränkungen der Dienstleistungsfreiheit lassen sich zur Vereinfachung der Subsumtion danach gruppieren, ob sie **personen- oder produktbezogen** ausgerich-

---

[42] Vgl Rs C-341/05, *Laval*, ECLI:EU:C:2007:809, Rn 98.
[43] Vgl zB Rs C-490/04, *Kommission/Deutschland*, ECLI:EU:C:2007:430, Rn 66 ff, wo die dort fragliche Verpflichtung zur Bereithaltung von Arbeitnehmerunterlagen zwar nicht unter Art 45, wohl aber unter Art 56 fiel.

tet sind: Mit personenbezogenen Maßnahmen sind **in der Person** gelegene Ungleichbehandlungen von In- und Ausländern (Diskriminierung) oder auf die Person bezogene Einschränkungen ihrer wirtschaftlichen Freiheit (Beschränkung) gemeint (zB Staatsangehörigkeit, Wohnort, Sitz usw). Produktbezogene Maßnahmen wiederum sind **in der Dienstleistung** gelegene Ungleichbehandlungen (Diskriminierung) oder Einschränkungen der Dienstleistung selbst (nach Art, Umfang usw; Beschränkung).

5.3.1. Diskriminierungen

Personenbezogene offene Diskriminierungen verwehren Ausländern Zugang zur fraglichen Dienstleistung (deren Erbringung oder Empfang) also aufgrund ihrer Ausländereigenschaft. Beispiele sind etwa die Vorbehalte privater Sicherheitsdienstleistungen für eigene Staatsangehörige[44] als erbringungs-, bzw ermäßigter Eintrittspreise in Museen[45] als empfangsbezogene Diskriminierungen. Bei **produktbezogenen offenen** Diskriminierungen wird die Dienstleistung selbst benachteiligt, weil sie aufgrund ihrer Herkunft besonderen Regeln unterworfen ist. Beispiele sind etwa restriktivere Regelungen für die Werbung bei ausländischen gegenüber inländischen Fernsehübertragungen[46] oder eine Steuerbefreiung nur für im Inland erbrachte Dienstleistungen.[47]

Personenbezogene versteckte Diskriminierungen sind etwa Erfordernisse eines inländischen Wohnsitzes oder einer inländischen Niederlassung als Voraussetzung der Dienstleistungserbringung. Die Wirkung von Wohnsitz- oder Niederlassungserfordernissen ist besonders eingriffsintensiv, da die grenzüberschreitende Dienstleistungserbringung überhaupt verunmöglichen. Der EuGH sieht Sitz- und Niederlassungserfordernisse zu Recht als „praktisch[e] Negation dieser Freiheit[, mit der ihr] jede praktische Wirksamkeit genommen wird."[48] Beispiele sind etwa eine Verpflichtung für Patentanwälte, im Inland zu wohnen,[49] ein Erfordernis für Unternehmen mit Sitz im Ausland, beim Einsatz ihrer Arbeitskräfte im Inland zu jedem Zeitpunkt Lohnabrechnungen sowie Arbeitszeit- und Lohnzahlungsnachweise für Kontrollen bereitzuhalten,[50] ein Vorbehalt bestimmter Steuerberatungstätigkeiten für im Inland ansässige Gesellschaften[51] oder das Erfordernis eines inländischen Diploms für die Tätigkeit als Fremdenführer.[52] Auch sonstige Präsenzpflichten vor Ort sind als personenbezogene versteckte Diskriminierungen zu werten, beispielsweise die Pflicht, einen lokalen Zustellbevollmächtigten[53] oder sonstigen lokalen Vertreter (zB in Steuersachen)[54] zu benennen oder bei einer inländischen Bank ein Konto zu führen.[55]

---

44 Vgl Rs C-114/97, *Kommission/Spanien*, ECLI:EU:C:1998:519, Rn 48; Rs C-283/99, *Kommission/Italien*, ECLI:EU:C:2001:307, Rn 28.
45 Vgl Rs C-388/01, *Kommission/Italien*, ECLI:EU:C:2003:30, Rn 19 ff.
46 Vgl Rs C-288/89, *Gouda*, ECLI:EU:C:1991:323, Rn 13.
47 Vgl Rs C-281/06, *Jundt*, ECLI:EU:C:2007:816, Rn 54 ff.
48 Rs C-387/10, *Kommission/Österreich*, ECLI:EU:C:2011:625, Rn 22; ebenso Rs C-101/94, *Kommission/Italien*, ECLI:EU:C:1996:221, Rn 31.
49 Vgl Rs C-478/01, *Kommission/Luxemburg*, ECLI:EU:C:2003:134, Rn 19.
50 Vgl Rs C-490/04, *Kommission/Deutschland*, ECLI:EU:C:2007:430, Rn 68 f.
51 Vgl Rs C-451/03, *Calafiori*, ECLI:EU:C:2006:208, Rn 33.
52 Vgl Rs C-198/89, *Kommission/Griechenland*, ECLI:EU:C:1991:79, Rn 17.
53 Vgl Rs C-478/01, *Kommission/Luxemburg*, ECLI:EU:C:2003:134, Rn 19.
54 Vgl zB Rs C-387/10, *Kommission/Österreich*, ECLI:EU:C:2011:625, Rn 34.
55 Vgl zB verb Rs C-369/96 und C-376/96, *Arblade*, ECLI:EU:C:1999:575, Rn 56 ff.

5.3. Eingriff

Ein **Beispiel** für eine personenbezogene versteckte Diskriminierung bietet das Urteil *Navileme* aus 2014, betreffend ein Erfordernis, wonach ausgebildete Sportschiffer im Ausbildungsland ihren Wohnsitz begründen müssen.

> Rs C-509/12, *Navileme und Nautizende*, ECLI:EU:C:2014:54
>
> Navileme und Nautizende waren zwei **Schifffahrtsschulen** mit Sitz in Portugal. Sie bildeten Kandidaten für die Prüfung zum Sportschifffahrer aus. Das zuständige portugiesische Prüfungsamt lehnte allerdings die Zulassung zur Prüfung für den Sportschifferschein von Schülern ab, die keinen **Wohnsitz in Portugal** ihren **Wohnsitz** hatten. Greift das Wohnsitzerfordernis in die Dienstleistungsfreiheit ein?
>
> 10 [D]ie Dienstleistungsfreiheit [kann] von einem Unternehmen gegenüber dem Mitgliedstaat, in dem es seinen Sitz hat, in Anspruch genommen werden ..., sofern die Leistungen **Dienstleistungsnehmern** erbracht werden, **die in einem anderen Mitgliedstaat ansässig sind**[. Außerdem schließt Art 56] die Freiheit der **Dienstleistungsempfänger** [ein], sich **zur Inanspruchnahme einer Dienstleistung** in einen anderen Mitgliedstaat zu begeben, ohne durch Beschränkungen daran gehindert zu werden[.]...
>
> 12 Folglich finden die Bestimmungen über die Dienstleistungsfreiheit ... Anwendung auf die **Erbringung** von Ausbildungsdienstleistungen für den Erwerb des Sportschifferscheins [gegenüber] Schülern anderer Mitgliedstaaten ..., die nicht in Portugal wohnhaft sind und ihren Sportschifferschein in diesem Mitgliedstaat erwerben möchten, sowie zum anderen auf die **Inanspruchnahme** dieser Dienstleistungen durch die genannten Schüler. ...
>
> 14 Auch wenn [die fragliche] Vorschrift ... nicht an die Staatsangehörigkeit der Kandidaten anknüpft, stellt ... ihr gewöhnlicher **Wohnort** dennoch das entscheidende Kriterium dar. [Eine] national[e] Rechtsvorschrift, die eine Unterscheidung aufgrund des Kriteriums des Wohnsitzes trifft, [besteht] die Gefahr, dass sie sich **hauptsächlich zum Nachteil der Angehörigen anderer Mitgliedstaaten auswirkt**, da Gebietsfremde meist Ausländer sind[.]
>
> 15 Die Regelung ... ist **daher geeignet, bestimmte Empfänger** der betreffenden Dienstleistung zu **beeinträchtigen**, nämlich die **Schüler**, die nicht in Portugal wohnen, von Navileme oder Nautizende ausgebildet wurden und gestützt auf diese Ausbildung sodann ihren Sportschifferschein in Portugal erhalten möchten.
>
> 16 Diese Regelung des Ausgangsverfahrens stellt auch ein Hindernis für den freien Dienstleistungsverkehr der **von Schulen** wie Navileme oder Nautizende angebotenen Schifffahrtsausbildung dar, denn die Schüler, die nicht in Portugal wohnen, dürften sich nicht für diese Ausbildung interessieren, da sie im Anschluss keinen Sportschifferschein erhalten können.
>
> 17 Daraus folgt, dass eine solche nationale Regelung, die zum einen dazu führt, dass Angehörige der Union, die **nicht in Portugal wohnen**, davon **abgehalten werden**, sich in diesen Mitgliedstaat zu begeben, um dort an einer Ausbildung zum Erwerb eines von diesem Mitgliedstaat ausgestellten Sportschifferscheins teilzunehmen, und zum anderen dazu, dass die **Dienstleistungen**, die die **Schifffahrtsschulen** Schülern anbieten, die nicht in Portugal wohnen, **weniger attraktiv werden**, da sie weder an der Prüfung zum Erwerb des Sportschifferscheins in diesem Mitgliedstaat teilnehmen noch einen solchen Schein ausgestellt bekommen können, eine Beschränkung des freien Dienstleistungsverkehrs im Sinne von Art 56 Abs 1 AEUV darstellt.

Produktbezogene versteckte Diskriminierungen stellen etwa das **Erfordernis der Verwendung einer bestimmten Sprache** bei der Dienstleistungserbringung (zB Ausstrahlung einer Sendung)[56] sowie generell alle Hindernisse dar, die inländische Empfänger vom Bezug einer auslän-

---

[56] Vgl zB Rs C-211/91, *Kommission/Belgien*, ECLI:EU:C:1992:526, Rn 4 ff.

5. Dienstleistungen

dischen Dienstleistung abhalten (zB ungünstige Steuervorschriften für ausländische Lebensversicherungen,[57] unterschiedliche Hafenbenutzungsgebühren je nach in- oder ausländischer Destination der Schiffe[58] usw). Anders als im zuvor angesprochenen Fall der Schlechterstellung beim Empfang einer Dienstleistung im Ausland (zB Museumseintritte als personenbezogene Diskriminierung) setzen solche Maßnahmen ja nicht an der Person des Empfängers an (der ja ein Inländer ist), sondern an der Art der Leistung, die in ihrer ausländischen (ursprünglichen) Form im Inland nicht bezogen werden darf oder für die (und das ist der häufigere Fall) ungünstigere Bezugsbedingungen (va wiederum Steuern und Gebühren) gelten. Ein Beispiel bietet der Fall *Jobra* aus 2008, betreffend eine nachteilige Steuerregelung beim Leasing von LKW, die an einer ausländischen Betriebsstätte eingesetzt werden.

> Rs C-330/07, *Jobra VermögensverwaltungsGmbH*, ECLI:EU:C:2008:685
>
> Das österr EStG idF v 2002 sah vor, dass Unternehmen für Investitionen in bestimmte neue Wirtschaftsgüter des Anlagevermögens eine Investitionszuwachsprämie von 10 % steuerlich geltend machen konnten. Nicht in den Genuss der Prämie kamen nach dem EStG allerdings Wirtschaftsgüter, die nicht in einer inländischen Betriebsstätte verwendet wurden, einschließlich solcher, die auf Grund einer entgeltlichen Überlassung überwiegend im Ausland eingesetzt werden. Jobra war eine Vermögensverwaltungsgesellschaft mit Sitz in Österreich und 100 %ige Mutter des in Österreich und Deutschland niedergelassenen Speditionsunternehmens Braunshofer. Die von Braunshofer per Leasing genutzten LKW standen im Eigentum der Jobra. Eingesetzt wurden sie von Braunshofer überwiegend in anderen MS. Greift die Verweigerung der Investitionszuwachsprämie in die Dienstleistungsfreiheit durch Jobra und Braunshofer ein?
>
> 19 ... Beschränkungen ... des freien Dienstleistungsverkehrs [sind] Maßnahmen sind, die die Ausübung dieser Freihei[t] verbieten, behindern oder weniger attraktiv machen[.] ...
>
> 22 Im vorliegenden Fall verleast Jobra Lastkraftwagen an Braunshofer. Die Vermietung von Fahrzeugen stellt eine Dienstleistung im Sinne des Art. [56] dar[.] Braunshofer verwendet diese Fahrzeuge im Rahmen der Ausübung des Transportgewerbes.
>
> 23 [D]ie Investitionsprämie [wurde] Jobra ... verweigert ..., weil Braunshofer die an sie verleasten Lastkraftwagen überwiegend in anderen Mitgliedstaaten verwendete.
>
> 24 [E]ine nationale Regelung ..., die Investitionen in Wirtschaftsgüter, die entgeltlich überlassen und in anderen Mitgliedstaaten verwendet werden, steuerlich ungünstiger behandelt als Investitionen in Wirtschaftsgüter, die im Inland verwendet werden, [ist] geeignet ..., Unternehmen, die für diese Steuerbegünstigung in Betracht kommen, davon abzuhalten, Mietdienstleistungen an Wirtschaftsbeteiligte zu erbringen, die ihre Tätigkeit in anderen Mitgliedstaaten ausüben.
>
> 25 Ferner ist die fragliche nationale Regelung in einer Situation, in der ein Unternehmen einem anderen Unternehmen Wirtschaftsgüter entgeltlich überlässt und diese beiden Unternehmen wirtschaftlich eng miteinander verbunden sind, geeignet, das Unternehmen, das die Wirtschaftsgüter anmietet, davon abzuhalten, grenzüberschreitende Tätigkeiten auszuüben.
>
> 26 Aufgrund der vorstehenden Erwägungen ist festzustellen, dass eine nationale Regelung wie die im Ausgangsverfahren fragliche grundsätzlich eine Beschränkung des freien Dienstleistungsverkehrs ... darstellt[.]

---

57 Vgl Rs C-118/96, *Safir*, ECLI:EU:C:1998:170, Rn 30.
58 Vgl Rs C-381/93, *Kommission/Frankreich*, ECLI:EU:C:1994:370, Rn 15.

5.3.2. Beschränkungsverbot

Neben der Beseitigung jeder Diskriminierung von Dienstleistenden oder Dienstleistungsempfängern aufgrund der Staatsangehörigkeit, umfasst Art 56 auch „die **Aufhebung aller Beschränkungen – selbst wenn sie unterschiedslos** für inländische Dienstleistende wie für solche aus anderen Mitgliedstaaten gelten –, sofern sie geeignet sind, die Tätigkeiten des Dienstleistenden, der in einem anderen Mitgliedstaat ansässig ist und dort rechtmäßig ähnliche Dienstleistungen erbringt, zu unterbinden, zu behindern oder **weniger attraktiv zu machen**".[59] Die Dienstleistungsfreiheit ist damit ein **vollwertiges Beschränkungsverbot**. Reduktionen des weiten Beschränkungsbegriffs bzw des Anwendungsbereichs von Art 56 gibt es, anders beim Warenverkehr (neutral wirkende Verkaufsmodalitäten, *Keck*) und der Arbeitnehmerfreizügigkeit bzw Niederlassung (neutrale Ausübungsbeschränkungen, *Pesla*) nicht.

Die Vorgabe des weiten Beschränkungsbegriffs für Art 56 erfolgte durch das **Grundsatzurteil *Säger*** aus 1991 und ist seither st Rsp.[60] *Säger* betraf eine Regelung, die Patentanwaltsleistungen Rechtsanwälten vorbehielt.

> Rs C-76/90, *Säger*, ECLI:EU:C:1991:331
>
> Herr Säger bietet von Großbritannien aus für Deutschland Patentverlängerungsdienste (sog *patent renewal service*) an. Es handelt sich dabei um einen Teil patentanwaltlicher Tätigkeiten, die nach dem dt RechtsberatungsG in Deutschland befugten Rechtsberatern vorbehalten sind. Greift ein Verbot des *renewal service* auf Basis des RechtsberatungsG (und des UWG) in die Dienstleistungsfreiheit ein?
>
> 12 Zunächst ist darauf hinzuweisen, daß [Art 56 AEUV] nicht nur die Beseitigung sämtlicher Diskriminierungen des Dienstleistungserbringers aufgrund seiner Staatsangehörigkeit, sondern auch die **Aufhebung aller Beschränkungen – selbst wenn sie unterschiedslos für einheimische Dienstleistende wie für Dienstleistende anderer Mitgliedstaaten gelten** – verlangt, wenn sie geeignet sind, die Tätigkeit des Dienstleistenden, der in einem anderen Mitgliedstaat ansässig ist und dort rechtmäßig ähnliche Dienstleistungen erbringt, zu unterbinden oder zu **behindern**.
>
> 13 Ein Mitgliedstaat darf **insbesondere** die Erbringung von Dienstleistungen in seinem Hoheitsgebiet **nicht von der Einhaltung aller Voraussetzungen abhängig machen**, die für eine Niederlassung gelten, und damit den Bestimmungen [der] Dienstleistungsfreiheit ... jede praktische Wirksamkeit nehmen. Eine solche Beschränkung ist erst recht unzulässig, wenn – wie im vorliegenden Fall – die Dienstleistung ... erbracht wird, ohne daß sich der Dienstleistende in das Gebiet des Mitgliedstaats zu begeben braucht, in dem die Leistung erbracht wird.
>
> 14 Sodann ist festzustellen, daß eine nationale Regelung, die die Ausübung bestimmter Dienstleistungen durch ein in einem anderen Mitgliedstaat niedergelassenes Unternehmen im Inland von der Erteilung einer **behördlichen Erlaubnis** abhängig macht, die an bestimmte berufliche Qualifikationen geknüpft ist, eine **Beschränkung** der Dienstleistungsfreiheit ... darstellt. Denn indem eine nationale Regelung Dienstleistungen auf dem Gebiet der Patentüberwachung bestimmten Wirtschaftsteilnehmern vorbehält, die über bestimmte berufliche Qualifikationen verfügen, hindert sie sowohl ein im Ausland niedergelassenes Unternehmen daran, für Patentinhaber im Inland Dienstleistungen zu erbringen, als auch diese Patentinhaber daran, die Art und Weise der Überwachung ihrer Patente frei zu wählen. ...

---

59 Rs C-490/04, *Kommission/Deutschland*, ECLI:EU:C:2007:430, Rn 63, Hervorhebung hinzugefügt.
60 Vgl zB Rs C-272/94, *Guiot*, ECLI:EU:C:1996:147, Rn 10; Rs C-244/04, *Kommission/Deutschland*, ECLI:EU:C:2006:49, Rn 30; Rs C-490/04, *Kommission/Deutschland*, ECLI:EU:C:2007:430, Rn 63.

5. Dienstleistungen

21 Es ist daher zu antworten, daß [Art 56 AEUV] einer nationalen Regelung entgegensteht, die es einem in einem anderen Mitgliedstaat ansässigen Unternehmen deshalb verbietet, für Patentinhaber im Inland Dienstleistungen zur Überwachung und zur Aufrechterhaltung ihrer Patente durch Entrichtung der vorgesehenen Gebühren zu erbringen, weil diese Tätigkeit nach der nationalen Regelung Personen vorbehalten ist, die über eine besondere berufliche Qualifikation wie die des Patentanwalts verfügen.

5.3.2.1. Personenbezogene unterschiedslose Beschränkungen

Personenbezogene unterschiedslose Beschränkungen der Dienstleistungsfreiheit sind etwa **vollständige Verbote** (zB von verhetzenden Fernsehsendungen,[61] Tötungsspielen[62] usw) oder **Monopol- oder Konzessionsregelungen** für die Ausübung der Tätigkeit (zB für den Betrieb von Häfen oder einzelne Hafendienstleistungen,[63] Krankentransporte,[64] bestimmte Ausbildungsdienste,[65] nicht liberalisierte Postdienste[66] usw). Konzessionsregelungen sind zunächst personenbezogen, da sie die Berechtigung zur Ausübung der Tätigkeit dem konzessionierten Personen- bzw Unternehmenskreis vorbehalten und sämtliche Dritten davon ausschließen. Gleiches gilt in dem Fall, dass die Konzession auf ein bestimmtes Gebiet beschränkt ist.[67] Ist das Konzessionssystem mit Auflagen für die Ausübung der Tätigkeit verbunden (zB Gebühren, Tätigkeitsumfang, Preis- oder Qualitätsvorgaben usw), so schränken diese die Erbringung der Dienstleistung ein und sind dann produktbezogen.

Ein Bereich, der den EuGH sehr häufig beschäftigt,[68] sind Konzessionsregelungen vieler MS im Bereich des Glücksspiels. Das **Beispiel** des Urteils aus *Gambelli* aus 2003, betreffend ein Verbot des Sammelns von Sportwetten, stellt dar, worin bei Konzessionen und den damit verbundenen Auflagen und Sanktionen eine Beschränkung von Art 56 liegt.

Rs C-243/01, *Gambelli*, ECLI:EU:C:2003:597

In Italien war die Tätigkeit des Sammelns als Teil des staatlichen Glücksspielmonopols allerdings dem Staat bzw dessen Konzessionären vorbehalten. Herr Gambelli betrieb in Italien ohne staatliche Lizenz ein Büro, in dem er Sportwetten entgegennahm und über das Internet an Stanley, ein europaweit tätiges, britisches Unternehmen, weiterleitete. Stanley verwaltete die Wetten, ermittelte Ereignisse und Quoten und trug das wirtschaftliche Risiko. Stanley verfügte dazu in Großbritannien über eine Buchmacherlizenz, nicht jedoch in Italien. IdF sollte Herr Gambelli wegen Verstoßes gegen dieses Monopol bestraft werden. Greift das Verbot des Sammelns von Sportwetten ohne staatliche Lizenz in Art 56 ein?

---

61 Vgl verb Rs C-244/10 und C-245/10, *Mesopotamia Broadcast*, ECLI:EU:C:2011:607, Rn 47 ff.
62 Vgl Rs C-36/02, *Omega Spielhallen*, ECLI:EU:C:2004:614, Rn 25 f.
63 Vgl zB Rs C-343/95, *Calì*, ECLI:EU:C:1997:160, Rn 7.
64 Vgl zB Rs C-160/08, *Kommission/Deutschland*, ECLI:EU:C:2010:230, Rn 113 ff.
65 Vgl zB Rs C-1/12, *OTOC*, ECLI:EU:C:2013:127, Rn 18 ff.
66 Vgl noch Rs C-320/91, *Corbeau*, ECLI:EU:C:1993:198, Rn 9 ff.
67 Vgl Rs C-465/05, *Kommission/Italien*, ECLI:EU:C:2007:781, Rn 58 ff.
68 Vgl zB auch Rs C-685/15, *Online Games*, ECLI:EU:C:2017:452, Rn 47 ff; verb Rs C-338/04, C-359/04 und C-360/04, *Placanica*, ECLI:EU:C:2007:133, Rn 49 ff.; Rs C-390/12, *Pfleger*, ECLI:EU:C:2014:281, Rn 39 ff; Rs C-49/16, *Unibet*, ECLI:EU:C:2017:491, Rn 33 ff.

51 ... Beschränkungen des freien Dienstleistungsverkehrs innerhalb der [EU] für Angehörige der Mitgliedstaaten, die in einem anderen Mitgliedstaat als demjenigen des Leistungsempfängers ansässig sind, [sind] verboten. Dienstleistungen sind ... Leistungen, die in der Regel gegen Entgelt erbracht werden, soweit sie nicht den Vorschriften über den freien Waren- und Kapitalverkehr und über die Freizügigkeit der Personen unterliegen.

52 Der Gerichtshof hat bereits festgestellt, dass die Einfuhr von Werbematerial und Losen in einen Mitgliedstaat zu dem Zweck, die in diesem Staat wohnenden Personen an einer in einem anderen Mitgliedstaat veranstalteten Lotterie teilnehmen zu lassen, zu den Dienstleistungen gehört[.] Entsprechend gehört eine Tätigkeit, die darin besteht, die Staatsangehörigen eines Mitgliedstaats an in einem anderen Mitgliedstaat veranstalteten Wetten teilnehmen zu lassen, auch dann zu den Dienstleistungen im Sinne des [Art 57], wenn es bei den Wetten um ... Sportereignisse geht.

53 [Art 56 erfasst] Dienstleistungen ..., die ein Leistungserbringer potenziellen Leistungsempfängern, die in anderen Mitgliedstaaten ansässig sind, telefonisch anbietet und die er ohne Ortswechsel von dem Mitgliedstaat aus erbringt, in dem er ansässig ist[.]

54 [Ebenso sind] Dienstleistungen erfasst, die ein Leistungserbringer wie Stanley ... über das Internet – und damit ohne Ortswechsel – in einem anderen Mitgliedstaat ... ansässigen Leistungsempfängern anbietet, so dass jede Beschränkung dieser Tätigkeiten eine Beschränkung der freien Erbringung von Dienstleistungen durch einen solchen Leistungserbringer darstellt.

55 Außerdem umfasst der freie Dienstleistungsverkehr nicht nur die Freiheit des Leistungserbringers, Leistungsempfängern, die in einem anderen Mitgliedstaat als dem ansässig sind, in dessen Gebiet sich dieser Leistungserbringer befindet, Dienstleistungen anzubieten und zu erbringen, sondern auch die Freiheit, als Leistungsempfänger von einem Leistungserbringer mit Sitz in einem anderen Mitgliedstaat angebotene Dienstleistungen zu empfangen oder in Anspruch zu nehmen, ohne durch Beschränkungen beeinträchtigt zu werden[.] ...

57 Ein ... strafbewehrtes Verbot der Teilnahme an Wetten, die in anderen Mitgliedstaaten als dem organisiert werden, in dessen Gebiet der Wettende ansässig ist, stellt eine Beschränkung des freien Dienstleistungsverkehrs dar.

58 Das Gleiche gilt für das an Vermittler wie die Beschuldigten des Ausgangsverfahrens gerichtete ebenfalls strafbewehrte Verbot, die Erbringung von Wettdienstleistungen bei Sportereignissen, die von einem Leistungserbringer organisiert werden, der wie Stanley seinen Sitz in einem anderen Mitgliedstaat als dem hat, in dem diese Vermittler ihre Tätigkeit ausüben, zu erleichtern, da ein solches Verbot eine Beschränkung des Rechts des Buchmachers auf freien Dienstleistungsverkehr darstellt, und zwar auch dann, wenn die Vermittler in demselben Mitgliedstaat ansässig sind wie die Empfänger dieser Dienstleistungen.

59 Es ist daher festzustellen, dass eine nationale Regelung wie die italienische über Wetten ... eine Beschränkung ... des freien Dienstleistungsverkehrs darstellt.

Das Urteil *Gambelli* verdeutlicht, dass die Konzessionsregelung auf mehreren Seiten beschränkend wirkt: Sie unterbindet nicht nur die Freiheit des eigentlichen britischen Wettanbieters, die Dienstleistung anzubieten, sondern auch die Teilnahme der italienischen Agenten an der Dienstleistungsfreiheit und va auch die Freiheit der italienischen Interessenten, die Dienstleistung vom britischen Anbieter zu beziehen. Für die Anwendung von Art 56 reicht schon ein Eingriff in eines dieser drei Verhältnisse aus. Die mit dem Konzessionssystem verbundenen Auflagen und Sanktionen bei Verstößen lassen sich sodann im Weg der Rechtfertigungsprüfung näher untersuchen (va hinsichtlich ihrer Verhältnismäßigkeit).[69]

---

69 Vgl auch *Isak/Huber*, ÖBl 2016, 232.

5. Dienstleistungen

Dienstleistungskonzessionen werden häufig (aber wie etwa das Beispiel des Glücksspiels zeigt keineswegs nur) iZm Leistungen der sog **Daseinsvorsorge** vorgesehen (Dienstleistungen im allgemeinen wirtschaftlichen Interesse iSv Art 14 AEUV; näher dazu beim Wettbewerbsrecht). Die Wettbewerbsaspekte besonderer Rechte für Unternehmen und der Daseinsvorsorgeerbringung im Besonderen deckt Art 106 AEUV ab. Die reinen Dienstleistungsaspekte richten sich nach Art 56.

> Daseinsvorsorgeleistungen sind Tätigkeiten, die sich aufgrund **besonderer Merkmale des öffentlichen Interesses** von den normalen Tätigkeiten des Wirtschaftslebens unterscheiden.[70] Zumeist handelt es sich um bestimmte grundlegende Leistungen (zB, aber nicht nur, öffentliche Netzwerk- oder Versorgungsdienste), die der Allgemeinheit auf einem gleichbleibenden Preis- und Qualitätsniveau zur Verfügung gestellt werden sollen und die der Markt nicht ohne Weiteres bereitstellen würde, weil sich die Dienstleistung in dieser Form nicht rechnet. Die Einschränkung des Anbieterkreises durch (häufig ausschließliche) Konzessionen dient hier dem Zweck, einerseits dem Erbringer durch eine Senkung oder **Ausschaltung des Wettbewerbsdrucks** attraktive Leistungsbedingungen zu sichern und andererseits dem Erbringer die Bedingungen der Leistungsbereitstellung durch Auflagen vorgeben zu können. Häufig werden Daseinsvorsorgeleistungen überdies von der öffentlichen Hand bezuschusst, was dann ein Beihilfeproblem darstellt.
>
> Die Erbringung von Daseinsvorsorgeleistungen lässt sich auch in Partnerschaft zwischen der öffentlichen Hand und einem oder mehreren Privaten verfolgen.[71] Dies gilt besonders dann, wenn sie in Kombination mit der Errichtung oder dem Betrieb von öffentlicher Infrastruktur erfolgt (zB Versorgungs- oder Entsorgungsanlagen, Flughäfen, Autobahnen usw).[72] Es handelt sich im Kern um eine **Teilprivatisierung öffentlicher Dienstleistungen**, deren Bedingungen (Verfahren und Vertragsinhalte) den Vorgaben der KonzessionsRL 2014/23/EU zu folgen haben (zur KonzessionsRL 2014/23/EU näher beim Vergaberecht).[73] Diese sog Public-Private-Partnerships (**PPPs**) können über Beteiligungen oder gemeinsame Zweckgesellschaften realisiert werden (näher dazu beim Vergaberecht). Konzessionen können in PPPs dazu eingesetzt werden, den öffentlichen Anteil an den Errichtungs- oder Betriebskosten im Austausch gegen ein ausschließliches Recht (Konzession) zum Betrieb der Infrastruktur zu senken.

Art 56 macht (alleine oder, ab einem Mindestwert der Konzession, zusammen mit der KonzessionsRL 2014/23/EU) Vorgaben für die **Auswahl der Konzessionäre** durch die öffentliche Hand: Diese hat in einem **nichtdiskriminierenden und transparenten Verfahren** zu erfolgen.[74] Auch für die inhaltliche Ausgestaltung der nachfolgend geschlossenen Verträge gibt es unionsrechtliche Vorgaben, die sich teils aus der KonzessionsRL 2014/23/EU, teils aus dem Wettbewerbsrecht (va Beihilfe- und Missbrauchsverbote) ergeben. Den Zusammenhang zwischen der Konzessionsvergabe und einem Eingriff in Art 56 illustriert zB[75] das Urteil *Belgacom* aus 2013, betreffend die Einräumung ausschließlicher Rechte für Fernsehdienste und die Kabelnutzung.

---

70 Zum Begriff s zB Rs C-266/96, *Corsica Ferries France*, ECLI:EU:C:1998:306, Rn 44 f.
71 Für ein Beispiel s Rs C-29/04, *Kommission/Österreich*, ECLI:EU:C:2005:670, Rn 6 ff.
72 Für ein Beispiel s Rs C-26/03, *Stadt Halle*, ECLI:EU:C:2005:5, Rn 14 ff.
73 Vgl auch die Definition des Konzessionsbegriffs in Art 5 Z 1 KonzessionsRL 2014/23/EU.
74 Vgl auch Art 3 KonzessionsRL 2014/23/EU.
75 Vgl etwa auch Rs C-347/06, *ASM Brescia*, ECLI:EU:C:2008:416, Rn 58f; verb Rs C-147/06 und C-148/06, *SECAP*, ECLI:EU:C:2008:277, Rn 34; Rs C-231/03, *CoNaMe*, ECLI:EU:C:2005:487, Rn 18; Rs C-458/03, *Parking Brixen*, ECLI:EU:C:2005:60, Rn 55.

5.3. Eingriff

Rs C-221/12, *Belgacom*, ECLI:EU:C:2013:736

In Belgien erbrachten ursprünglich Gemeindeverbände über eigene Kabelnetze Dienstleistungen des Kabelfernsehens. Später brachten sie die **ausschließlichen Kabelnutzungsrechte** (für die Dauer von 50 Jahren) in das **Unternehmen Telnet** ein, im **Austausch gegen Anteile**. Etwas später wurde diese Einbringung in einer Grundsatzvereinbarung bekräftigt und näher ausgeführt. Das ausschließliche Recht umfasste die Nutzung für Telefondienste, Internet und für analoge, digitale und interaktive Fernsehdienste (sog triple play). Belgacom, eine Konkurrentin von Telnet, begehrte ebenfalls Zugang zu den Netzen und erhob Klage. Sie stützte sich ua darauf, dass die Einräumung der ausschließlichen Rechte im Weg der Grundsatzvereinbarung, ohne vorherigen Anbieterwettbewerb, insbesondere die Dienstleistungsfreiheit verletze.

26 [E]ine Vereinbarung wie die hier streitige, soweit durch sie Telenet die Erbringung von Fernsehdiensten der Gemeindeverbände übertragen und ihr ua zur Ausübung dieser Tätigkeit das ausschließliche Recht zur Nutzung von deren Kabelnetzen eingeräumt wird, [ist] als eine **Dienstleistungskonzession** ... anzusehen[.]

27 Zum einen ... **verpflichtet** [sie dazu], die übertragene **Tätigkeit auszuüben**[.] Zum anderen ist die Voraussetzung, dass das mit der Tätigkeit verbundene **Betriebsrisiko** auf den Konzessionär übertragen werden muss[.]

28 [Bei] Dienstleistungskonzessionen ... haben die Behörden, die eine solche Konzession vergeben, die Grundregeln des AEU-Vertrags, das **Verbot der Diskriminierung** aus Gründen der Staatsangehörigkeit und den **Gleichbehandlungsgrundsatz** sowie die sich daraus ergebende **Transparenzpflicht** zu beachten, da an dieser Konzession ein sicheres grenzüberschreitendes Interesse besteht[.]

29 Ein sicheres **grenzüberschreitendes Interesse** kann sich ua aus der **wirtschaftlichen Bedeutung** der abzuschließenden Vereinbarung, aus dem **Ort** ihrer Durchführung (vgl in diesem Sinne Urteil ASM Brescia, Randnr. 62 und die dort angeführte Rechtsprechung) oder aus **technischen Merkmalen** ergeben[.] ...

31 [Fehlt] – wie im Ausgangsverfahren – die ... **Transparenz** im Zusammenhang mit der fraglichen Vereinbarung[,] haben die in einem **anderen Mitgliedstaat niedergelassenen** Wirtschaftsteilnehmer **keine reale Möglichkeit, ihr Interesse an dieser Konzession zu bekunden**[.] ...

34 [Daher kann] ein Wirtschaftsteilnehmer eines Mitgliedstaats [Art 56] vor den Gerichten dieses Mitgliedstaats geltend machen[, wenn] bei dem Abschluss einer Vereinbarung, mit der eine oder mehrere Körperschaften des öffentlichen Rechts ... gegen Entgelt u. a. das ausschließliche Recht zur Nutzung von Kabelfernsehnetzen sowie ihre Fernsehdienste und die damit verbundenen Abonnementverträge auf einen Wirtschaftsteilnehmer desselben Mitgliedstaats übertragen, die sich aus diesen Artikeln ergebende Transparenzpflicht verletzt worden ist.

Ein **weiterer typischer Fall** personenbezogener unterschiedsloser Beschränkungen sind vom Zielland aufgestellte **Genehmigungserfordernisse** (Erlaubnisse) für die Erbringung einer bestimmten Dienstleistung (zB für einen privaten Sicherheitsdienst,[76] einzelne Beratertätigkeiten,[77] bestimmte tiermedizinische Dienstleistungen[78] usw). Anders als im eben diskutierten Fall der Konzessionierung geht es bei diesen Genehmigungen also nicht um eine Privatisierung oder Teilprivatisierung öffentlicher Aufgaben oder öffentlicher Rechte, sondern um sonstige Interessen der Sicherung der Befugnis der Anbieter, der Qualität der Dienste oder der

---

76 Vgl Rs C-355/98, *Kommission/Belgien*, ECLI:EU:C:2000:113, Rn 27 ff.; Rs C-465/05, *Kommission/Italien*, ECLI:EU:C:2007:781, Rn 58 ff.
77 Vgl Rs C-263/99, *Kommission/Italien*, ECLI:EU:C:2001:293, Rn 21.
78 Vgl Rs C-389/05, *Kommission/Frankreich*, ECLI:EU:C:2008:411, Rn 61 ff.

5. Dienstleistungen

Steuerung der Wettbewerbsbedingungen (zB bei Apotheken, Notaren usw, deren zahlenmäßige Beschränkung im Interesse der Seriosität der Beratung einen gemäßigten Wettbewerb sicherstellen soll).[79] Inhalt der Genehmigungserfordernisse kann zB die Vorlage facheinschlägiger Ausbildungsnachweise sein, aber auch die Eintragung in ein Verzeichnis befugter Dienstleister, der Beitritt zu einer Berufsvereinigung oder sogar die Hinterlegung einer Kaution.[80]

Sämtliche dieser Genehmigungserfordernisse sind ohne Weiteres als Eingriffe in den Tatbestand des Art 56 zu beurteilen. Starke Unterschiede bestehen allerdings hinsichtlich ihrer endgültigen Zulässigkeit (nach Maßgabe der DienstleistungsRL 2006/123/EG, die eine schwarze Liste enthält, bzw aufgrund der Rechtfertigungsprüfung): Wie schon zuvor hervorgehoben, sind Genehmigungserfordernisse, die effektiv eine Negation der Dienstleistungsfreiheit darstellen, weil sie niederlassungsartige Voraussetzungen beinhalten, stets unzulässig (also zB der Beitritt zu einer Berufsvereinigung im Inland, die Eröffnung einer Zweigstelle, eines Kontos usw).[81]

Ebenso stets unzulässig sind Genehmigungserfordernisse, die bereits im Herkunftsland des Dienstleisters auferlegte Bedingungen verdoppeln, die vom Herkunftsland ausgeübte Kontrolle über die Befugnis des Anbieters, Qualität der Leistung usw also nicht anerkennen. Solche Doppelkontrollen, also beispielsweise die Pflicht zur vorherigen Eintragung in ein Register mit Angaben, die dem Herkunftsland bereits vorliegen,[82] die neuerliche Vorlage eines auch im Ursprungsland schon erforderlichen und geprüften Befähigungsnachweises oder sonstiger (zB finanzieller) Garantien[83] oder auch Doppelkontrollen der Befugnis des eingesetzten Personals[84] verstoßen gegen das für Art 56 grundlegend bedeutsame Ursprungslandprinzip. Das verpönte Element liegt hier also nicht in der Nichtanerkennung einer ausländischen Befähigung (dies wäre eine indirekte Diskriminierung, s zuvor), sondern in der unterschiedslosen Kontrolle der Befugnis oder Qualifikation bei In- und Ausländern gleichermaßen, obwohl sie bei Ausländern, soweit im Ausland schon erfolgt, nicht notwendig wäre.

Vorabgenehmigungen vor Aufnahme der Tätigkeit sind deshalb besonders problematisch, weil sie starke Eingriffe in die Dienstleistungsfreiheit darstellen: Der Zugang zur Tätigkeit (bzw zum Markt) im Inland wird so lange verwehrt, bis die Genehmigung vorliegt. Rechtfertigt sich diese Vorabkontrolle daher nicht durch besonders schwerwiegende Allgemeininteressen, zu deren Schutz eine nachträgliche Kontrolle zu spät käme, sind Vorabgenehmigungspflichten auch außerhalb der eben genannten Fälle (Negation der Dienstleistungsfreiheit und Doppelkontrollen) in der Regel unzulässig.[85]

Aber auch bloße Meldepflichten oder die Erfüllung sonstiger Formalitäten vor oder im Rahmen der Dienstleistungserbringung sind nicht *per se* unproblematisch. Auch sie sind, aufgrund des weiten Beschränkungsbegriffs des Art 56, ohne Weiteres (die Ausübung der Freiheit weniger attraktiv machende) Eingriffe in den Tatbestand und können, wenn sie im Umfang

---

[79] Siehe dazu auch *Stöger*, NZ 2017, 165f.
[80] Vgl auch *Rechberger/Kieweler*, ZfRV 2017, 129ff.
[81] Vgl Rs C-387/10, *Kommission/Österreich*, ECLI:EU:C:2011:625, Rn 22.
[82] Vgl Rs C-390/99, *Canal Satélite Digital*, ECLI:EU:C:2002:34, Rn 38.
[83] Vgl Rs C-189/03, *Kommission/Niederlande*, ECLI:EU:C:2004:597, Rn 18; Rs C-171/02, *Kommission/Portugal*, ECLI:EU:C:2004:270, Rn 60.
[84] Vgl Rs C-465/05, *Kommission/Italien*, ECLI:EU:C:2007:781, Rn 93.
[85] Vgl Rs C-390/99, *Canal Satélite Digital*, ECLI:EU:C:2002:34, Rn 39.

ausufern, auf der Rechtfertigungsebene gegen das Verhältnismäßigkeitsprinzip verstoßen.[86] Ein Beispiel bietet das Urteil *Kommission/Belgien* aus 2012, betreffend die Verpflichtung zur elektronischen Vorabmeldung entsandter Arbeitskräfte bei der Sozialversicherung.

> Rs C-577/10, *Kommission/Belgien*, ECLI:EU:C:2012:814
>
> In Belgien war vorgesehen, dass vor der Ausübung der Berufstätigkeit eines entsandten Selbständigen auf belgischem Staatsgebiet eine elektronische Vorabmeldung bei der Sozialversicherungen für Selbständige mit bestimmten Mindestangaben zu machen war. Ziel der Regelung war es, Scheinselbständige von Arbeitnehmern abzugrenzen und Betrug bzw Sozialdumping vorzubeugen. Die Kommission erblickte in der Meldepflicht einen Verstoß gegen Art 56.
>
> 38 Nach ständiger Rechtsprechung verlangt Art 56 AEUV nicht nur die Beseitigung jeder Diskriminierung des Dienstleistenden aufgrund seiner Staatsangehörigkeit oder des Umstands, dass er in einem anderen Mitgliedstaat niedergelassen ist als dem, in dem die Dienstleistung erbracht werden soll, sondern auch die **Aufhebung aller Beschränkungen** – selbst wenn sie unterschiedslos für inländische Dienstleistende wie für solche aus anderen Mitgliedstaaten gelten –, sofern sie **geeignet** sind, die Tätigkeiten des Dienstleistenden, der in einem anderen Mitgliedstaat niedergelassen ist und dort rechtmäßig vergleichbare Dienstleistungen erbringt, **zu unterbinden, zu behindern oder weniger attraktiv zu machen**[.]
>
> 39 Im vorliegenden Fall ist festzustellen, dass infolge der ... Meldepflicht diejenigen, die ... in einem anderen Mitgliedstaat ... wohnhaft oder niedergelassen sind, sich **registrieren und dabei ein Konto einrichten** müssen, bevor sie anschließend ... **grundsätzlich jedes Mal**, bevor sie eine Dienstleistung im belgischen Hoheitsgebiet erbringen, den belgischen Behörden **eine Reihe von Informationen** – wie den Zeitpunkt, die Dauer und den Ort der Dienstleistung, die erbracht werden wird, ihre Art und die Identität der juristischen oder natürlichen Person, für die sie bestimmt ist – mitzuteilen haben. Diese Informationen müssen auf einem Formular übermittelt werden, das vorzugsweise online auszufüllen ist oder, falls dies nicht möglich ist, per Post oder per Fax an die zuständige Stelle gesandt werden muss. Die Nichtbeachtung dieser Formalitäten kann ... strafrechtlich geahndet werden.
>
> 40 Die Formalitäten, die die in Rede stehende Meldepflicht mit sich bringt, sind daher **geeignet**, die Erbringung von Dienstleistungen [in] Belgien durch selbständige Dienstleistungserbringer, die in einem anderen Mitgliedstaat niedergelassen sind, zu **behindern**. Diese Pflicht stellt somit ein **Hindernis für den freien Dienstleistungsverkehr** dar.
>
> 41 Das Gleiche gilt unter den Umständen, unter denen lediglich eine sogenannte ‚vereinfachte' Meldung verlangt wird. Denn der davon betroffene selbständige Dienstleistungserbringer ist ebenfalls verpflichtet, nachdem er sich registriert und dabei ein Konto eingerichtet hat, den belgischen Behörden u. a. den Zeitpunkt und die Dauer seines vorübergehenden Aufenthalts in Belgien sowie die Art der Leistungen, die er erbringen wird, mitzuteilen. Zudem kann die Nichtbeachtung dieser Formalitäten gleichfalls ... strafrechtlich geahndet werden.
>
> 42 Unter diesen Umständen ... nicht angenommen werden, dass die Auswirkung der in Rede stehenden Meldepflicht auf den freien Dienstleistungsverkehr bestenfalls zufällig oder lediglich indirekt ist, so dass diese Pflicht nicht als Hindernis einzustufen wäre.

Personenbezogene Beschränkungen sind schließlich auch **institutionelle Anforderungen** an den Dienstleistungserbringer. Gemeint ist beispielsweise das Erfordernis (oder Verbot) einer

---

[86] Vgl zB Rs C-515/08, *dos Santos Palhota*, ECLI:EU:C:2010:589, Rn 34 ff.

bestimmten Gesellschaftsform[87] oder eines gesellschaftlichen Mindestkapitals als Voraussetzung der Leistungserbringung[88] oder die Pflicht zur Hinterlegung einer Sicherheitsleistung.[89]

Relevant sind außerdem sämtliche Beschränkungen durch den Herkunftsstaat des Dienstleistungsanbieters, die diesen davon abhalten, Dienstleistungen im Ausland zu erbringen. Ein Beispiel ist etwa das Verbot für einen Profisportler, im Ausland an (nicht vom Verband autorisierten) Wettkämpfen teilzunehmen.[90]

5.3.2.2. Produktbezogene unterschiedslose Beschränkungen

Produktbezogene unterschiedslose Beschränkungen der Dienstleistungsfreiheit betreffen die Ausgestaltung der Dienstleistung, also ihren Inhalt oder die Rahmenbedingungen: Sie darf nicht so, wie vom Erbringer gewünscht, ausgeführt werden, sondern es unterliegt ihre Gestaltung einschränkenden Vorgaben.

Wesentlich für die Einstufung solcher Gestaltungsvorgaben als Beschränkung iSv Art 56 sind deren Wirkungen für die Attraktivität aus Sicht der Dienstleister, diese Dienstleistung trotz der Vorgaben grenzüberschreitend zu erbringen. Die Auswirkungen für die Attraktivität der Dienstleistungserbringung ist dabei zwar notwendige, aber alleine noch nicht hinreichende Voraussetzung der Feststellung eines Eingriffs in Art 56: Nach st Rsp stellt „eine Regelung eines Mitgliedstaats nicht allein deshalb eine Beschränkung [dar], weil andere Mitgliedstaaten in ihrem Gebiet ansässige Erbringer gleichartiger Dienstleistungen weniger strengen oder wirtschaftlich interessanteren Vorschriften unterwerfen".[91]

Knackpunkt ist vielmehr auch bei der Dienstleistungsfreiheit die Frage des Marktzugangs der ausländischen Unternehmen: Maßnahmen, die die Fähigkeit oder auch nur Bereitschaft ausländischer Unternehmen faktisch einschränken, „mit den traditionell ... ansässigen Unternehmen wirksam in Wettbewerb zu treten",[92] fallen immer in den Tatbestand des Art 56, also auch dann, wenn sie sich formal gleichermaßen an In- und Ausländer richten. Erst unter Hinzunahme der Marktzugangs- und Wettbewerbswirkungen in die Beurteilung wird also die dienstleistungsrechtlich zunächst noch farblose Feststellung einer die Attraktivität der Dienstleistungserbringung absenkenden staatlichen Regelung zum Eingangstor für die Eingriffsprüfung des Art 56.

Eine Senkung der Marktzutritts- und Wettbewerbschancen durch eine an sich neutrale Regelung in Bezug auf die Gestaltung des Produkts liegt dann vor, wenn Ausländer dadurch de facto doch stärker belastet werden als Inländer. Ansatzpunkt der Belastungsprüfung ist das Ursprungslandprinzip, also die Frage, ob die Dienstleistung gegenüber ihrer Gestalt im Herkunftsstaat für die Erbringung im Zielstaat so wesentlich verändert werden musste, dass daraus eine „zusätzlich[e] Belastung" bzw eine „Notwendigkeit Unternehmenspolitik und -strategien zu ändern" erwächst.[93]

---

[87] Vgl Rs C-376/08, *Serratoni*, ECLI:EU:C:2009:808, Rn 29 ff.
[88] Vgl Rs C-171/02, *Kommission/Portugal*, ECLI:EU:C:2004:270, Rn 74; verb Rs C-357/10 bis C-359/10, *Duomo Gpa Spa*, ECLI:EU:C:2012:283, Rn 38.
[89] Vgl Rs C-279/00, *Kommission/Italien*, ECLI:EU:C:2002:89, Rn 31 ff.; Rs C-465/05, *Kommission/Italien*, ECLI:EU:C:2007:781, Rn 109 ff.
[90] Vgl Rs C-51/96, *Deliège*, ECLI:EU:C:2000:199, Rn 41 ff.
[91] Rs C-565/08, *Kommission/Italien*, ECLI:EU:C:2011:188, Rn 49 mwN.
[92] Rs C-602/10, *Volksbank România*, ECLI:EU:C:2012:443, Rn 80, Hervorhebung hinzugefügt.
[93] Beide Zitate Rs C-602/10, *Volksbank România*, ECLI:EU:C:2012:443, Rn 79, Hervorhebung hinzugefügt.

5.3. Eingriff

> Die Inblicknahme der faktischen Belastungswirkungen neutraler Maßnahmen gegenüber ausländischen Dienstleistern erinnert an die auf gleicher Logik gründenden Tatbestandsausnahmen bei der Warenverkehrsfreiheit sowie bei Freizügigkeit und Niederlassung und verdeutlicht damit die **einheitliche Doktrin der Grundfreiheiten**: Die tragenden Beurteilungsgrundsätze sind bei allen Freiheiten einheitlich bzw kohärent. Auf der Eingriffsebene ist die tragende Logik in allen Freiheiten die Frage der faktischen Marktzugangs- bzw Wettbewerbschancen.
>
> Des ungeachtet ist es aber richtig, insbesondere bei den Art 45 und 49 von **gemäßigten Beschränkungsverboten** zu sprechen, aber bei **Art 56 nicht**. Denn anders als bei jenen Freiheiten, spielt das Ursprungslandprinzip bei der Dienstleistungsfreiheit eine viel stärkere Rolle: Der Vergleich mit dem Herkunftsstaat dient als Prüfmaßstab für die Frage des Vorliegens einer für Art 56 relevanten zusätzlichen Belastung des Dienstleistungserbringers Art 56 ähnelt in diesem Punkt stärker der, ebenfalls stark vom Ursprungslandprinzip durchdrungenen, **Warenverkehrsfreiheit**. Dies gilt unbeschadet dessen, dass die Beurteilungsgrundsätze für die Art 34 und 56 AEUV sich schon nach der Natur der betroffenen Tätigkeiten im Detail wesentlich unterscheiden.[94]

Beispiele für nach diesen Beurteilungsgrundsätzen relevante **produktbezogene unterschiedslose** Beschränkungen der Dienstleistungsfreiheit können etwa (vollständige oder bestimmte) **Werbeverbote** sein,[95] ebenso für die Geschäftsstrategie relevante **Einschränkungen der Vertragsfreiheit** (zB ein **Kontrahierungszwang**[96] oder Einschränkungen der Abrechnungsmodalitäten bzw der Handlungsmöglichkeiten bei Vertragsverletzung, etwa durch ein Verbot zur Einziehung von Forderungen durch ein Inkassobüro ohne Einschaltung eines Rechtsanwalts)[97] oder für die Geschäftsstrategie relevante[98] **Vorgaben für die Preisgestaltung** (zB das Verbot für Rechtsanwälte, durch Vereinbarung von den durch eine Rechtsanwaltsgebührenordnung festgesetzten Mindesthonoraren für Leistungen abzuweichen,[99] oder eine jede Flexibilität ausschließende Honorarordnung für Ärzte).[100]

Das **Beispiel** der Preisgestaltungsvorgaben behandelt auch das **Urteil** *Kommission/Italien* aus 2007, betreffend ein Bündel unterschiedlichster Anforderungen an private Sicherheitsdienste, darunter Preisvorgaben.

> Rs C-465/05, *Kommission/Italien*, ECLI:EU:C:2007:781
>
> Private Wach- und Sicherheitsdienste waren in Italien lizenzpflichtig. Die Erteilung einer Lizenz war von einer Reihe persönlicher Voraussetzungen des Dienstleistungserbringers abhängig und ging mit etlichen Beschränkungen der Leistungsfreiheit einher. Eine davon war eine behördliche Aufsicht über die Preisgestaltung, wobei die behördliche Genehmigung der Preise Lizenzerteilungsvoraussetzung war. Die Kommission ging gegen diese restriktiven Regelungen im Weg der Vertragsverletzung vor. Liegt ein Eingriff in Art 56 vor?

---

94 Vgl zur Übertragbarkeit der *Keck*-Doktrin auf Art 56 (krit) Tiedje, Art 56, Rz 97 ff, in *von der Groeben/Schwarze/Hatje* (Hrsg), EUV/AEUV-Kommentar[7] (2015).
95 Vgl zB Rs C-500/06, *Corporación Dermoestética*, ECLI:EU:C:2008:421, Rn 33 mwN.
96 Vgl Rs C-518/06, *Kommission/Italien*, ECLI:EU:C:2009:270, Rn 66.
97 Vgl Rs C-3/95, *Reisebüro Broede*, ECLI:EU:C:1996:487, Rn 27.
98 ZB nicht (Gebührenhöchstsätze bei Rechtsanwälten) in Rs C-565/08, *Kommission/Italien*, ECLI:EU:C:2011:188, Rn 54.
99 Vgl verb Rs C-94/04 und C-202/04, *Cipolla*, ECLI:EU:C:2006:758, Rn 58 ff.
100 Vgl Rs C-475/11, *Konstantinides*, ECLI:EU:C:2013:542, Rn 49.

5. Dienstleistungen

122 ... Art. [56 steht] jeder nationalen Regelung entgegen, die die Leistung von Diensten zwischen Mitgliedstaaten im Ergebnis gegenüber der Leistung von Diensten im Inneren eines Mitgliedstaats erschwert[.]

123 Zu verbindlichen Mindestpreisen hat der Gerichtshof bereits entschieden, dass eine Regelung, die es verbietet, im Wege einer Vereinbarung von den Mindesthonoraren abzuweichen, ... eine Beschränkung des ... freien Dienstleistungsverkehrs darstellt[.]

124 Im vorliegenden Fall [darf die Behörde] über die Höhe eines Referenzpreises und die Genehmigung der von den Wirtschaftsteilnehmern vorgeschlagenen Preise zu entscheiden, wobei die Nichtgenehmigung der Preise der Erteilung einer Lizenz entgegensteht.

125 Die dadurch herbeigeführte Beschränkung der Freiheit der Preisfestsetzung ist geeignet, den Zugang zum italienischen Markt für private Sicherheitsdienstleistungen für die Wirtschaftsteilnehmer zu beschränken, die in anderen Mitgliedstaaten niedergelassen sind und ihre Dienstleistungen in Italien anbieten wollen. Diese Beschränkung nimmt nämlich diesen Wirtschaftsteilnehmern die Möglichkeit, durch niedrigere als die verbindlich festgesetzten Preise den Wirtschaftsteilnehmern, die in Italien bereits dauerhaft ansässig sind und daher leichter als im Ausland ansässige Wirtschaftsteilnehmer sich einen Kundenstamm aufbauen können, in wirksamerer Weise Konkurrenz zu machen[.] Diese Beschränkung ist auch geeignet, die in anderen Mitgliedstaaten niedergelassenen Wirtschaftsteilnehmer daran zu hindern, bestimmte Kosten, die die in Italien ansässigen Wirtschaftsteilnehmer nicht zu tragen haben, in den Preis ihrer Dienstleistungen einfließen zu lassen.

126 [Eine] den Wirtschaftsteilnehmern belassene Preisbandbreite [kann] nicht die Wirkungen der dadurch herbeigeführten Beschränkung der Freiheit der Preisfestsetzung ausgleichen.

5.3.2.3. Empfangsbeschränkungen im Besonderen

Beschränkungen der Dienstleistungsfreiheit können sich auch daraus ergeben, dass der Empfänger seitens seines Heimatstaates oder seitens des Sitzstaates des Anbieters im Empfang der Dienstleistung beschränkt wird.[101] Diese Beschränkungen können personen- oder produktbezogener Art sein. Häufig sind diese Regelungen zudem direkt oder indirekt diskriminierend und ihr Eingriffscharakter daher einigermaßen manifest (zB an der Ansässigkeit oder dem Ort der Leistungserbringung anknüpfende Steuerregelungen,[102] Einschränkungen der Erstattung der Kosten ausländischer Krankenbehandlungskosten[103] usw). Besonders der für Bürger praktisch relevante Bereich der Inanspruchnahme ausländischer Krankenbehandlungen unterliegt mittlerweile der PatientenmobilitätsRL 2011/24/EU einer sekundärrechtlichen Regelung.

Empfangsbeschränkungen werden hier va um der Hervorhebung der Empfangsdimension des Gewährleistungsgehalts von Art 56 willen erwähnt: Es handelt sich gegenüber den zuvor diskutierten produkt- oder personenbezogenen Diskriminierungen oder Beschränkungen der Dienstleistungsfreiheit um keine zusätzliche oder eigene Kategorie. Bestehen nämlich Hindernisse, die geeignet sind, einen potenziellen Dienstleistungsempfänger davon abzuhalten, Dienstleistungen aus anderen MS nachzufragen, so benachteiligt dies zugleich auch immer Dienstleistungserbringer aus diesen anderen MS.[104]

---

101 Vgl verb Rs 286/82 und 26/83, *Luisi und Carbone*, ECLI:EU:C:1984:35, Rn 10 ff; Rs C-290/04, *FKP Scorpio*, ECLI:EU:C:2006:630, Rn 32 mwN.
102 Vgl zB Rs C-290/04, *FKP Scorpio*, ECLI:EU:C:2006:630, Rn 33 ff.
103 Vgl zB Rs C-158/96, *Kohll*, ECLI:EU:C:1998:171, Rn 35.
104 Vgl Rs C-509/12, *Navileme und Nautizende*, ECLI:EU:C:2014:54, Rn 12.

Bei der Inblicknahme der Empfangsdimension geht es daher va um den Hinweis, dass sich der Empfänger ebenfalls auf die Grundfreiheit berufen kann, um Empfangsfreiheit herzustellen, also um die Frage der **Durchsetzungsbefugnis** bzw Aktivlegitimation. Die eigentliche Tatbestandsbeurteilung (also der Fokus auf die Markt- und Wettbewerbswirkungen und das Ursprungslandprinzip) ändert sich durch den Wechsel in der Person des Geltendmachenden dagegen nicht.

5.3.2.4. Kausalitätsgrenze der Dienstleistungsfreiheit

Gleich den anderen Grundfreiheiten, greift jedoch auch im Rahmen von Art 56 eine allgemeine **Kausalitätsgrenze**: Die Attraktivität der Dienstleistungserbringung lediglich nur ganz ungewiss und indirekt beeinflussende staatliche Maßnahmen (zB Ladenschlusszeiten)[105] verbleiben außerhalb des Anwendungsbereichs. Ein Beispiel bietet auch das schon zuvor iZm der Abgrenzung zur Kapitalverkehrsfreiheit erwähnte Urteil *Volksbank România* aus 2012. Der EuGH bewertete dort die Auswirkungen eines Verbots bestimmter Bankprovisionen auf die Erbringung von Kreditdienstleistungen als zu ungewiss, um in den Tatbestand von Art 56 zu fallen.

> Rs C-602/10, *Volksbank România*, ECLI:EU:C:2012:443
>
> Nach rumänischem Recht durfte der Kreditgeber für einen gewährten Kredit **nur bestimmte Provisionen** erheben (zB für die Prüfung der Unterlagen, die Kredit- oder Kontokorrentbearbeitung usw). Die Volksbank berechnete ihren Kunden allerdings **auch andere Provisionen**, darunter eine sog Risikoprovision. Die Verbraucherschutzbehörde belegte die Bank dafür mit einem Bußgeld. Verstößt das Verbot bestimmter Provisionen gegen die Dienstleistungsfreiheit?
>
> 73 Nach ... ständiger Rechtsprechung bezieht sich der Begriff ‚Beschränkung' im Sinne von Art 56 AEUV auf Maßnahmen, die die Ausübung des freien Dienstleistungsverkehrs **verbieten, behindern oder weniger attraktiv machen**[.].
>
> 74 Was die **Frage** betrifft, unter welchen Umständen eine **unterschiedslos auf alle in Rumänien Dienstleistungen erbringenden Kreditinstitute anwendbare Maßnahme** wie das Verbot, bestimmte, im vorliegenden Fall in Streit stehende Bankprovisionen zu erheben, unter diesen Begriff fallen kann, ist daran zu erinnern, dass eine Regelung eines Mitgliedstaats nicht allein deshalb eine Beschränkung im Sinne des Vertrags darstellt, weil andere Mitgliedstaaten in ihrem Gebiet ansässige Erbringer gleichartiger Dienstleistungen weniger strengen oder wirtschaftlich interessanteren Vorschriften unterwerfen[.].
>
> 75 Hingegen umfasst der Begriff der Beschränkung die von einem Mitgliedstaat getroffenen Maßnahmen, die, obwohl sie unterschiedslos anwendbar sind, den **Marktzugang von Wirtschaftsteilnehmern** aus anderen Mitgliedstaaten betreffen[.].
>
> 76 Im vorliegenden Fall wurde jedoch **nicht behauptet**, dass **das** in der im Ausgangsverfahren in Rede stehenden nationalen Rechtsvorschrift normierte, an die Kreditgeber gerichtete **Verbot**, bestimmte Bankprovisionen zu erheben, im **Rahmen der Zulassung** in Rumänien von in anderen Mitgliedstaaten ansässigen Kreditinstituten verhängt wurde.
>
> 77 Aus den dem Gerichtshof vorgelegten Akten geht **auch nicht hervor**, dass der Umstand der Einführung eines solchen Verbots eine tatsächliche Einmischung in die **Vertragsfreiheit** dieser Institute darstellt.
>
> 78 Die ... in Rede stehende ... Regelung [beschränkt] zwar die Zahl der Bankprovisionen, die in Kreditverträge aufgenommen werden könnten, [verpflichtet] aber nicht zu einer maßvollen **Tarifgestaltung** verpflichteten, da weder hinsichtlich des Betrags der durch die im Ausgangsverfahren

---

[105] Vgl verb Rs C-418/93 bis C-421/93, C-460/93 bis C-464/93, C-9/94 bis C-11/94, C-14/94, C-15/94, C-23/94, C-24/94 und C-332/94, *Semerano Casa Uno*, ECLI:EU:C:1996:242, Rn 32.

in Rede stehende nationale Rechtsvorschrift genehmigten Provisionen noch hinsichtlich der Zinssätze im Allgemeinen eine Obergrenze vorgesehen sei.

79 Somit führt diese ... Rechtsvorschrift für sich allein selbst dann nicht zu einer zusätzlichen Belastung für die in anderen Mitgliedstaaten ansässigen Kreditinstitute, wenn sie die Anpassung bestimmter Vertragsklauseln erfordert, und erst recht nicht zu der Notwendigkeit für diese Unternehmen, ihre Unternehmenspolitik und -strategien zu ändern, um unter mit dem rumänischen Recht zu vereinbarenden Bedingungen Zugang zum rumänischen Markt zu erhalten.

80 [F]olglich [ist] nicht ersichtlich, dass die genannte nationale Rechtsvorschrift den Zugang zum Markt weniger attraktiv machen und im Fall des Zugangs die Möglichkeit der betroffenen Unternehmen, ohne Weiteres mit den traditionell in Rumänien ansässigen Unternehmen wirksam in Wettbewerb zu treten, erheblich verringern würde.

81 Unter diesen Umständen sind die Auswirkungen dieser ... Rechtsvorschrift auf den Dienstleistungsverkehr zu ungewiss und zu mittelbar, als dass eine solche nationale Maßnahme als geeignet angesehen werden könnte, den innergemeinschaftlichen Handel zu behindern[.]

82 Daher ist ... festzustellen, dass eine innerstaatliche Maßnahme wie die im Ausgangsverfahren in Rede stehende nicht gegen die Bestimmungen des Vertrags über den freien Dienstleistungsverkehr verstößt.

5.4. Rechtfertigung

Zur Rechtfertigung von Eingriffen in die Dienstleistungsfreiheit stehen einerseits die primärrechtlichen Gründe des Art 62 iVm 52 AEUV zur Verfügung (öffentliche Ordnung, Sicherheit, Gesundheit) sowie andererseits für Beschränkungen (und bloß indirekt diskriminierende Maßnahmen) der offene Katalog sonstiger zwingender Erfordernisse des Allgemeininteresses.[106]

Bei Dienstleistungen stellt sich besonders häufig das Problem, dass möglicherweise bereits die Regelungen des Herkunftsstaats bestimmte Ziele des Allgemeininteresses im Blick haben und die Dienstleistung dahingehend Anforderungen unterworfen werden. Diese Anforderungen dürfen im Zielland nicht verdoppelt werden.[107] Daher kann die Rechtfertigungsprüfung nur gelingen, wenn das behauptete „Interesse nicht durch die Vorschriften geschützt wird, denen der Dienstleistende in dem Mitgliedstaat unterliegt, in dem er ansässig ist".[108]

Bestehen solche Vorschriften, gebietet es das für Art 56 kennzeichnende Ursprungslandprinzip, dass die vom Herkunftsmitgliedstaat ausgeübte Kontrolle als ausreichend anerkannt wird. Eine Beschränkung der Dienstleistungsfreiheit kann also nur auf zusätzliche, im Herkunftsland noch nicht berücksichtigte Gesichtspunkte, also andere Schutzziele oder ein anderes Schutzniveau, gestützt werden.

In beiden Fällen (anderes Schutzziel oder höheres Niveau) muss im Rahmen der Verhältnismäßigkeitsprüfung (Eignung, Erforderlichkeit, Angemessenheit) dargelegt werden, warum das abweichende Ziel im Inland legitimerweise verfolgt wird, obwohl es im Herkunftsmitglied-

---

[106] Vgl zB Rs C-490/04, *Kommission/Deutschland*, ECLI:EU:C:2007:430, Rn 64; st Rsp; auch Rs C-164/99, *Portugaia Construções*, ECLI:EU:C:2002:40, Rn 19; Rs C-445/03, *Kommission/Luxemburg*, ECLI:EU:C:2004:655, Rn 21; verb Rs C-369/96 und C-376/96, *Arblade*, ECLI:EU:C:1999:575, Rn 34 f.
[107] Vgl Rs C-288/89, *Gouda*, ECLI:EU:C:1991:323, Rn 13.
[108] Rs C-490/04, *Kommission/Deutschland*, ECLI:EU:C:2007:430, Rn 64.

staat offenbar keine Rolle spielt, bzw in welchen Punkten im Inland ein höheres Schutzniveau verfolgt werden muss, also zB eine bereits erfolgte Kontrolle im Herkunftsstaat zur Zielverfolgung nicht ausreichend ist.[109] Das Verbot ausländischer Dienstleistungen erfordert vor diesem Hintergrund also eine tendenziell **sorgfältige** und **anspruchsvolle Begründung**.

Ein **Beispiel** für die Durchführung der Rechtfertigungs- und Verhältnismäßigkeitsprüfung bei der Dienstleistungsfreiheit bietet das schon zuvor zitierte Urteil *Gambelli* aus 2003, betreffend eine Konzessionsregelung im Glücksspielbereich.

> Rs C-243/01, *Gambelli*, ECLI:EU:C:2003:597
>
> In Italien war die Tätigkeit des Sammelns als Teil des staatlichen Glücksspielmonopols allerdings dem Staat bzw dessen Konzessionären vorbehalten. Herr Gambelli betrieb in Italien ohne staatliche Lizenz ein Büro, in dem er Sportwetten entgegennahm und über das Internet an Stanley, ein europaweit tätiges, britisches Unternehmen, weiterleitete. Stanley verwaltete die Wetten, ermittelte Ereignisse und Quoten und trug das wirtschaftliche Risiko. Stanley verfügte dazu in Großbritannien über eine Buchmacherlizenz, nicht jedoch in Italien. IdF sollte Herr Gambelli wegen Verstoßes gegen dieses Monopol bestraft werden. Lässt sich der dadurch bewirkte Eingriff in Art 56 rechtfertigen?
>
> 60 [Es] ist zu prüfen, ob [die fraglichen] Beschränkungen aufgrund der in [Art 52] ausdrücklich vorgesehenen Ausnahmeregelungen zulässig **oder** nach der Rechtsprechung des Gerichtshofes **aus zwingenden Gründen des Allgemeininteresses** gerechtfertigt sind.
>
> 61 ... **Steuermindereinnahmen** [gehören] nicht zu den in [Art 52] genannten Gründen ... und [bilden] **keinen** zwingenden Grund des Allgemeininteresses ..., der zur Rechtfertigung einer Beschränkung ... des freien Dienstleistungsverkehrs angeführt werden kann[.]
>
> 62 [Zudem] müssen die **Beschränkungen** jedenfalls **wirklich dem Ziel dienen, die Gelegenheiten zum Spiel zu vermindern**, und die **Finanzierung** sozialer Aktivitäten mit Hilfe einer Abgabe auf die Einnahmen aus genehmigten Spielen darf nur eine **nützliche Nebenfolge, nicht** aber der eigentliche Grund der betriebenen restriktiven Politik sein.
>
> 63 [D]ie **sittlichen, religiösen oder kulturellen Besonderheiten** und die sittlich und finanziell **schädlichen Folgen** für den Einzelnen wie für die Gesellschaft, die mit Spielen und Wetten einhergehen, ein ausreichendes Ermessen der staatlichen Stellen rechtfertigen können, festzulegen, welche Erfordernisse sich aus dem **Schutz der Verbraucher und der Sozialordnung** ergeben. ...
>
> 65 [Allerdings] müssen die genannten Beschränkungen ... **geeignet** sein, die Verwirklichung des mit ihnen verfolgten Zieles zu gewährleisten, und sie dürfen nicht über das hinausgehen, was zur Erreichung dieses Zieles **erforderlich** ist. Auf jeden Fall müssen sie in nichtdiskriminierender Weise angewandt werden. ...
>
> 67 ... Beschränkungen, die auf [zwingende] Gründe ... gestützt sind, [müssen] auch geeignet sein, die Verwirklichung dieser Ziele in dem Sinne zu gewährleisten, dass sie **kohärent und systematisch** zur Begrenzung der Wetttätigkeiten beitragen.
>
> 68 [Allerdings steht fest], dass der italienische Staat auf nationaler Ebene eine Politik der starken Ausweitung des Spielens und Wettens zum Zweck der Einnahmenerzielung verfolg[t] und dabei [seine] Konzessionäre [schützt].
>
> 69 Soweit nun aber die **Behörden eines Mitgliedstaats die Verbraucher dazu anreizen und ermuntern, an Lotterien, Glücksspielen oder Wetten teilzunehmen**, damit der Staatskasse daraus Einnahmen zufließen, können sich die Behörden dieses Staates nicht im Hinblick auf die Notwendigkeit, die Gelegenheiten zum Spiel zu vermindern, auf die öffentliche Sozialordnung berufen, um Maßnahmen wie die im Ausgangsverfahren in Rede stehenden zu rechtfertigen.

---

109 Vgl Rs C-490/04, *Kommission/Deutschland*, ECLI:EU:C:2007:430, Rn 65.

70 Ferner müssen die durch die italienische Regelung auferlegten Beschränkungen im Bereich der Ausschreibungen in dem Sinne **unterschiedslos anwendbar** sein, dass sie **in gleicher Weise und mit den gleichen Kriterien** für in Italien ansässige Wirtschaftsteilnehmer wie für solche aus anderen Mitgliedstaaten gelten.

71 Das vorlegende Gericht wird zu prüfen haben, ob die Voraussetzungen für die Beteiligung an Ausschreibungen für Konzessionen zur Durchführung von Wetten über Sportereignisse so festgelegt sind, dass sie **in der Praxis von den italienischen Wirtschaftsteilnehmern leichter erfüllt werden** können als von denjenigen aus dem Ausland. Gegebenenfalls wäre durch diese Voraussetzungen das Kriterium der **Nichtdiskriminierung** nicht beachtet.

72 Schließlich dürfen die durch die italienischen Rechtsvorschriften auferlegten Beschränkungen **nicht über das hinausgehen, was zur Erreichung des mit ihnen verfolgten Zieles erforderlich ist**. Insoweit wird das vorlegende Gericht zu prüfen haben, ob die Strafe, die gegen jede Person, die von ihrem Wohnort in Italien aus über das Internet mit einem in einem anderen Mitgliedstaat ansässigen Buchmacher Wetten durchführt, verhängt wird, nicht vor allem deshalb eine ... **unverhältnismäßige Sanktion** darstellt ..., weil zur Teilnahme an Wetten ermuntert wird, sofern sie im Zusammenhang mit Spielen stattfindet, die von zugelassenen nationalen Einrichtungen organisiert werden.

73 Das vorlegende Gericht wird sich außerdem die Frage stellen müssen, ob der Umstand, dass Vermittlern ... Beschränkungen auferlegt werden, die mit Strafandrohungen bis zu einem Jahr Freiheitsstrafe bewehrt sind, eine Beschränkung darstellt, die **über das zur Betrugsbekämpfung Erforderliche hinausgeht**. Dies könnte vor allem deshalb der Fall sein, weil der **Leistungserbringer im Mitgliedstaat der Niederlassung einer Kontroll- und Sanktionsregelung unterliegt**[.] ...

75 Es ist Sache des vorlegenden Gerichts, zu prüfen, ob die nationale Regelung angesichts ihrer konkreten Anwendungsmodalitäten tatsächlich den Zielen Rechnung trägt, die sie rechtfertigen könnten, und ob die mit ihr auferlegten Beschränkungen nicht außer Verhältnis zu diesen Zielen stehen.

5.5. Sekundärrecht

Im vorliegenden Abschnitt werden die Eckpunkte der DienstleistungsRL 2006/123/EG, der EntsendeRL 1996/71/EG und der PatientenmobilitätsRL 2011/24/EU dargestellt. Sie beinhalten wichtige, die DienstleistungsRL 2006/123/EG zudem die gesamte Freiheit überspannende, **Sonderregeln**, die den zuvor dargestellten Grundsätzen der Primärrechtsprüfung vorgehen. Einleitend wird darauf hingewiesen, dass zudem auch die bei der Niederlassungsfreiheit dargestellte BerufsqualifikationsRL 2005/36/EG im Dienstleistungsbereich Bedeutung besitzt.

5.5.1. DienstleistungsRL 2006/123/EG

Die DienstleistungsRL 2006/123/EG ist der zentrale Ausführungsrechtsakt zur Dienstleistungsfreiheit. Die RL gilt iW für alle Dienstleistungen, die von einem in einem Mitgliedstaat niedergelassenen Dienstleistungserbringer angeboten werden. Sie deckt dabei ein **breites Spektrum an Leistungsarten** ab, einschließlich der Leistungsbilder der meisten reglementierten Berufe (zB Rechts- und Steuerberater, Architekten und Ingenieure). Sie gilt auch im Bauwesen oder im sensiblen Bereich der (wirtschaftlichen) Daseinsvorsorgeleistungen.[110] **Bestimmte sensible Dienstleistungen** sind dennoch **ganz** (va Gesundheitsdienstleistungen, Rundfunk, Finanzdienstleistun-

---

[110] Vgl Art 14 und 106 Abs 2 AEUV.

gen, Leiharbeit, private Sicherheitsdienste, oder Glücksspiel) oder teilweise (Dienstleistungen in bestimmten Sektoren, etwa Post, Energie, Wasser, Abfallbeseitigung ...) **ausgenommen**.[111] Auch die **Entsendung** von zur Dienstleistungserbringung erforderlichem **Personal** richtet sich nach den Sonderregeln der EntsendeRL 1996/71/EG.

Die DienstleistungsRL teilt sich in zwei große Abschnitte. Der erste Abschnitt betrifft Aspekte der **Niederlassungsfreiheit** für Dienstleistungserbringer.[112] Will sich ein Dienstleistungserbringer also in einem MS niederlassen, so gibt die DienstleistungsRL 2006/123/EG dafür einen Rahmen vor.[113] So sind **Vorabgenehmigungen für die Aufnahme und die Ausübung** einer Dienstleistungstätigkeit nur zulässig, wenn sie nicht diskriminierend und durch zwingende Gründe des Allgemeininteresses gerechtfertigt sind und das angestrebte Ziel kann nicht durch ein milderes Mittel erreicht werden, insbesondere weil eine nachträgliche Kontrolle zu spät erfolgen würde, um wirksam zu sein. Die DienstleistungsRL 2006/123/EG enthält **schwarze und graue Listen** stets unzulässiger bzw eingeschränkt zulässiger Anforderungen iZm der Niederlassung. Diskriminierende Anforderungen sind nach diesen Listen zB solche betreffend die Staatsangehörigkeit oder den Firmensitz. Unzulässig ist auch jede Überprüfung des wirtschaftlichen **Bedarfs** an den Dienstleistungen. Zulässig bleiben aber Bedarfsregelungen aus anderen Gründen (zB Gesundheitsschutz, Leistungsqualität usw). Ist die Zahl der Genehmigungen beschränkt (**Konzessionen**), sieht die DienstleistungsRL 2006/123/EG vor, dass die **Auswahl** der Konzessionäre nach einem nichtdiskriminierenden und transparenten Verfahren zu erfolgen hat.

Der **zweite** große Abschnitt der DienstleistungsRL 2006/123/EG betrifft die Dienstleistungsfreiheit als solche.[114] Herzstück ist die Verankerung eines **abgeschwächten Ursprungslandprinzips**.[115] Demnach gewährleisten die MS eine freie Aufnahme und freie Ausübung von grenzüberschreitenden Dienstleistungstätigkeiten zu den Bedingungen des Herkunftslands, es erfolgt also grundsätzlich eine gegenseitige Anerkennung der Dienstleistungen.

Allerdings, und hierin liegt die weitreichende Abschwächung dieses Prinzips, dürfen sie **weiterhin Genehmigungen und inhaltliche Anforderungen** an Dienstleistungen in ihrem Hoheitsgebiet stellen. Der Mehrwert der DienstleistungsRL 2006/123/EG liegt immerhin in einer gewissen Vereinheitlichung dieser Anforderungen: So bleiben (nur) **Einschränkungen der Aufnahme und Ausübung** von Dienstleistungen zulässig, die nicht-diskriminierend, aus Gründen der öffentlichen Ordnung, Sicherheit, Gesundheit oder zum Schutz der Umwelt gerechtfertigt und verhältnismäßig sind. Auch die Einhaltung von Kollektivvertragsregelungen darf verlangt werden. Weitere Einschränkungen sind auch bei konkreten Sicherheitsbedenken gegen eine Dienstleistung zulässig, denen der Herkunftmitgliedstaat keine Rechnung trägt.

Für bestimmte Genehmigungsanforderungen besteht eine **schwarze Liste**, sie sind also stets unzulässig (etwa Staatsangehörigkeitserfordernisse, Residenzpflichten, Zwang zum Beitritt zu inländischen Berufsvereinigungen, Bedarfsprüfungen, Stellung finanzieller Sicherheiten usw). Im Übrigen gibt es auch bei den Dienstleistungen eine **graue Liste** mit Anforderungen, die nur im Fall diskriminierenden Charakters bzw fehlender Erforderlichkeit und Verhältnis-

---

111 Weiter führend *Frischhut*, RdM 2013, 274.
112 Vgl auch *Obwexer*, ecolex 2007, 5.
113 Vgl Art 9 ff DienstleistungsRL 2006/123/EG.
114 Vgl Art 16 ff DienstleistungsRL 2006/123/EG.
115 Vgl Art 16 DienstleistungsRL 2006/123/EG.

mäßigkeit unzulässig sind (zB Abstandsregelungen, Zwang zur Wahl einer bestimmten Rechtsform, Mehrfachniederlassungsverbote, Anforderungen an die Beschäftigtenzahl, Mindest- oder Höchstpreise usw).

Inhaltliche Anforderungen zur Sicherung der **Qualität der Dienstleistung** bleiben ebenfalls zulässig.[116] So haben die Dienstleistungserbringer den Empfängern eine Reihe von Mindestinformationen zur Verfügung zu stellen, Berufshaftpflicht- und sonstige Berufssicherheitsregelungen sowie Standesregelungen bleiben zulässig udgl mehr.[117]

Auch **Rechte** der **Dienstleistungsempfänger** finden sich in der DienstleistungsRL 2006/123/EG spezifisch niedergelegt.[118] Demnach dürfen die MS die Inanspruchnahme einer Dienstleistung nicht durch zusätzliche Anforderungen beschränken, zB durch eine Pflicht, bei den zuständigen Behörden eine Genehmigung einzuholen oder eine Erklärung abzugeben oder durch Diskriminierungen bei der Finanzierung (finanziellen Unterstützung) der Dienstleistung. Zentral (aber in der Praxis nur unzureichend wirksam) ist auch das in Art 20 DienstleistungsRL 2006/123/EG niedergelegte **horizontale Diskriminierungsverbot**, das sich also auch an die privaten Dienstleistungserbringer richtet: Demnach dürfen nicht nur die MS dem Dienstleistungsempfänger keine nach Staatsangehörigkeit oder Wohnsitz diskriminierenden Anforderungen auferlegen, sondern auch die Dienstleistungserbringer keine solchen Kriterien für den Zugang zu einer Dienstleistung festlegen (es sei denn, sie sind durch objektive Kriterien, zB Kosten, gerechtfertigt).[119]

5.5.2. EntsendeRL 1996/71/EG

Die **Bedingungen der Verwendung eigenen Personals** für einen begrenzten Zeitraum zum Zweck der Dienstleistungserbringung im Ausland (sog *posting*; zB für Bauleistungen, Montage bestellter Anlagen, Wartung usw) werden durch die EntsendeRL 1996/71/EG näher geregelt. Die EntsendeRL 1996/71/EG grenzt das, was noch als **vorübergehende** Entsendung zu Dienstleistungszwecken gelten kann, **gegenüber** dem ab, was als **permanente Präsenz** vor Ort im Rahmen eines Arbeitsverhältnisses oder einer Niederlassung zu werten ist.

Maßgeblich ist die Abgrenzung für die Frage, an welche (arbeits-, sozialrechtlichen usw) Regelungen des Ziellands sich der Leistungserbringer zu halten hat: **Art 56** ist als dem Ursprungslandprinzip folgendes, vollwertiges Beschränkungsverbot diesbezüglich **großzügiger** als die nur gemäßigte Beschränkungsverbote beinhaltenden Art 45 und 49 AEUV.[120]

> Posting erlaubt der Auftraggeber- wie Auftragnehmerseite, **komparative Vorteile** im Binnenmarkt zu nutzen. Jährlich gibt es im Binnenmarkt bis zu 2 Mio Entsendungen, die va auf das Baugewerbe konzentriert sind (43,7 %), gefolgt von der verarbeitenden Industrie (21,8 %), Bildung, Gesundheits- und Sozialwesen (13,5 %) sowie Unternehmensdienstleistungen (10,3 %).[121] Die durchschnittliche Entsendungsdauer beträgt vier Monate.

---

116 Vgl Art 22 ff DienstleistungsRL 2006/123/EG.
117 Näher *Calliess*, DVBl 2007, 336ff.
118 Vgl Art 19 ff DienstleistungsRL 2006/123/EG.
119 Weiter führend *Obwexer*, ecolex 2010, 328; *Safron* wbl 2016, 420f.
120 Vgl auch *Höllbacher/Kneihs*, DRdA 2012, 10.
121 Vgl Pressemeldung der Kommission v 8. 3. 2016, MEMO/16/467.

> Das Entsenderegime begegnet immer wieder dem Vorwurf, sog **Sozialdumping** Vorschub zu leisten. Tatsächlich versucht dieses Regime jedoch einen Abgleich zwischen den Interessen, einerseits grenzüberschreitende Dienstleistungen zu fördern und den Binnenmarkt und Wettbewerb zu stärken und andererseits Sozialdumping gerade entgegenzuwirken. Immerhin normiert die EntsendeRL 1996/71/EG **Mindeststandards** für im Rahmen von Dienstleistungsaufträgen entsandtes Personal, also Einschränkungen des Ursprungslandprinzips, die es ohne diese RL nicht bzw (angesichts der Regelungen der DienstleistungsRL 2006/123/EG) nicht in dieser Form gäbe. Außerdem relativiert sich der Vorwurf des Sozialdumpings auch dadurch, dass die führenden drei Zielländer von Entsendungen (Deutschland, Frankreich, Belgien) fast deckungsgleich mit den führenden drei Herkunftsstaaten sind (Polen, Deutschland, Frankreich).

Die EntsendeRL 1996/71/EG erlaubt die Mitnahme bzw Entsendung von Arbeitnehmern in andere MS zur Erbringung von Dienstleistungen für die Dauer von **maximal 2 Jahren**. Für diesen Zeitraum werden die betreffenden Arbeitnehmer grundsätzlich nach dem **Ursprungslandprinzip** behandelt, unterliegen also weiterhin den arbeits- und sozialversicherungsrechtlichen Regelungen des Herkunftslandes.

Allerdings schreibt die EntsendeRL 1996/71/EG auch während dieser Zeit die Beachtung einzelner **Mindestregeln** des **Ziellandes** bzw **Arbeitsortes** vor, um eine gewisse Angleichung an dessen Marktumfeld herbeizuführen (sog **Arbeitsortprinzip**). Ziel ist die Vermeidung von Sozialdumping. Zu diesen Mindestregeln gehören (ungeachtet dessen, dass die Arbeitnehmer im Übrigen Angestellte des entsendenden Unternehmens bleiben) die im Zielland geltenden (gesetzlichen oder kollektivvertraglichen) **Mindestentgeltsätze**,[122] Höchstarbeitszeiten und **Mindestruhezeiten**, bezahlter Mindestjahresurlaub, die dort geltenden Bedingungen für die Überlassung von Arbeitskräften durch Leiharbeitsunternehmen, Sicherheit, Gesundheitsschutz und Hygiene am Arbeitsplatz sowie die **Gleichbehandlung** von Männern und Frauen.

> Die EntsendeRL 1996/71/EG wird von der **Entsende-DurchsetzungsRL 2014/67/EU** flankiert. Sie dient va der **Betrugs- und Umgehungsbekämpfung**, etwa dem Vorgehen gegen Briefkastenfirmen, die die Entsendung zur Umgehung von Rechtsvorschriften nutzen wollen. Festgelegt sind dort, neben vielem anderen, etwa die Zuständigkeiten der MS zur Überprüfung der Einhaltung der Entsendevorschriften, Transparenzvorgaben für entsendende Unternehmen, eine **Beschwerde-** und **Klagsbefugnis** für **Gewerkschaften** und andere bei Nichteinhaltung der Mindestrechte entsandter Arbeitnehmer sowie Verwaltungssanktionen und Geldbußen.
>
> Überdies ist eine **Reform** der EntsendeRL 1996/71/EG in Vorbereitung.[123] Entgegen den Forderungen einzelner MS wird dort zwar die Höchstdauer der Entsendung nicht verkürzt, die Rechte der entsandten Arbeitnehmer jedoch wesentlich gestärkt. So sollen künftig **sämtliche Entlohnungsvorschriften des Ziellands zur Anwendung** kommen (also nicht nur Mindestlohnsätze, sondern zB auch Prämien, Zulagen, kollektivvertragliche Vorschriften usw). Wird der Auftrag vom Leistungserbringer an einen Dritten weitergegeben, so können die MS vorsehen, dass dieser Dritte seinen Arbeitnehmern das gleiche Entgelt zahlen muss wie der Hauptauftragnehmer. Schließlich ist vorgesehen, dass Arbeitnehmer, bei denen schon von Anfang an abzusehen ist, dass sie die Entsendedauer von 24 Monaten überschreiten werden, bereits ab dem ersten Tag der Entsendung behandelt werden sollen, wie lokale Arbeitnehmer.

---

122 Vgl zB Rs C-396/13, *Sähköalojen*, ECLI:EU:C:2015:86, Rn 31 ff.
123 Vgl Kom(2016) 128 endg.

5.5.3. PatientenmobilitätsRL 2011/24/EU

Über viele Jahre befasste sich der EuGH mit einem Sonderaspekt der passiven Dienstleistungsfreiheit, nämlich dem Umfang und den Grenzen des Rechts von Patienten, sich zur Inanspruchnahme einer Krankenbehandlung ins Ausland zu begeben.[124] Dem entgegen standen typischerweise sozialversicherungsrechtliche Regelungen der MS, die der Krankenbehandlung im Inland Vorrang einräumten und die Erstattung der Kosten ausländischer Behandlungen von der vorherigen Erteilung einer Genehmigung abhängig machten. Die dazu in der Rsp entwickelten Grundsätze wurden mit der PatientenmobilitätsRL 2011/24/EU iW kodifiziert.

Die KoordinierungsVO 883/2004 bzw die zugehörige DurchführungsVO 987/2009 gewährleisten eine direkte Abrechnung bestimmter Behandlungsleistungen zwischen den Sozialversicherungsträgern der MS.[125] Sichtbarer Ausdruck dessen ist die Europäische Krankenversicherungskarte (European Health Insurance Card, EHIC).

> Die EHIC ermöglicht Personen, die sich in einem anderen EU- oder EWR-Land als ihrem Wohnsitzland aufhalten (einschließlich im Urlaub), den Zugang zu medizinischen Leistungen während ihres Aufenthalts zu denselben Bedingungen und Kosten wie für die in diesem Land Versicherten. Die Kosten werden anschließend durch das System der sozialen Sicherheit ihres Herkunftslandes gezahlt bzw erstattet. Die EHIC wird von der zuständigen Stelle im Land der versicherten Person ausgestellt.
>
> Die EHIC bewirkt das Aufenthaltsrecht der Unionsbürger in anderen MS flankierende medizinische Absicherung. Halten sich Unionsbürger, gleich aus welchem Grund, in einem anderen MS auf, soll eine dort erforderlich gewordene medizinische Behandlung rasch und einfach durchgeführt werden können. Die EHIC zielt damit im Kern auf ungeplante Krankenbehandlungen ab. Hauptsächlich relevant ist dies bei Personen, die nicht ohnedies (va aufgrund selbständiger oder unselbständiger Tätigkeit) im Aufnahmestaat krankenversichert sind (also va für Kurzaufenthalte und für nicht wirtschaftlich tätige Aufenthaltsberechtigte nach der UnionsbürgerRL 2004/38/EG). Hauptanliegen der PatientenmobilitätsRL 2011/24/EU sind demgegenüber geplante Krankenbehandlungen, also tatsächlich die Öffnung der Dienstleistungsfreiheit bei medizinischen Leistungen, nicht bloß die medizinische Absicherung bei Auslandsaufenthalten.

Die KoordinierungsVO 883/2004 geht jedoch nicht so weit, bestehende Genehmigungspflichten bei geplanten ausländischen Krankenbehandlungen abzuschaffen. Dieses Defizit befüllt die PatientenmobilitätsRL 2011/24/EU. Ihr Kernanliegen ist die Abschaffung der Genehmigungspflichten für geplante einfache und ambulante Krankenbehandlungen im Ausland.[126] Patienten sollen sich also zur Krankenbehandlung ins Ausland begeben dürfen und diese Leistungen bis zur für das Inland geltenden Höhe erstattet bekommen, ohne bei ihrem Versicherungsträger um Erlaubnis ansuchen zu müssen.

Nicht umfasst sind stationäre Behandlungen mit Übernachtung, ambulante Behandlungen, die den Einsatz hoch spezialisierter und kostenintensiver medizinischer Infrastruktur oder medizinischer Ausrüstung erfordern sowie Behandlungen nach nicht gesicherten Methoden. In diesen Bereichen bleibt die vorherige Genehmigung als Erstattungsvoraussetzung weiterhin er-

---

[124] Vgl zB Rs C-158/96, *Kohll*, ECLI:EU:C:1998:171, Rn 35.; Rs C-157/99, *Smits und Peerbooms*, ECLI:EU:C:2001:404, Rn 97 ff; Rs C-273/04, *Watts*, ECLI:EU:C:2006:325, Rn 51 ff. mwN.
[125] Vgl Art 24 Abs 4 KoordinierungsVO 883/2004; Art 25 Abs 4 und 5 und 62 ff. DurchführungsVO 987/2009.
[126] Vgl Art 7 PatientenmobilitätsRL 2011/24/EU.

laubt.[127] Einzelne Leistungen, etwa die Langzeitpflege, sind zudem vom Anwendungsbereich der PatientenmobilitätsRL 2011/24/EU ausgenommen.[128]

Die PatientenmobilitätsRL 2011/24/EU gilt (vorbehaltlich der ausgenommenen Bereiche) für **jegliche Gesundheitsversorgung** von Patienten im EU- und EWR-Ausland, unabhängig davon, wie sie organisiert, erbracht oder finanziert wird, also insbesondere für **Geld- und Sachleistungen** gleichermaßen. Anknüpfungspunkt ist die für die betreffende Person in einem MS **bestehende Versicherung und deren Leistungsumfang**.[129] Fehlt eine Krankenversicherung oder gehen die Kosten der Behandlung über das hinaus, was im Inland erstattungsfähig wäre, besteht kein Erstattungsanspruch aufgrund der RL.

5.6. Wiederholungsfragen

i. Inwiefern ist der Kreis der gleichgestellten Personen im Rahmen von Art 56 enger gefasst als bei anderen Grundfreiheiten? Welche Drittstaatsangehörigen können sich auf die Freiheit berufen, welche nicht?

ii. Welche Bedeutung hat das Ursprungslandprinzip für Art 56 und inwieweit unterscheidet diese Bestimmung sich darin zB von Art 49?

iii. Die DienstleistungsRL 2006/123/EG enthält ein Verbot der Beschränkung der kommerziellen Kommunikation reglementierter Berufe. Was könnte damit gemeint sein?

iv. In Belgien ist im Baugewerbe vorgesehen, dass Arbeitnehmer neben einem Mindestlohn ua Anspruch aus Schlechtwettergeld und Entschädigung für Werkzeugverschleiß haben. Erhält ein Arbeitnehmer, der von einem in Deutschland ansässigen Dienstleistungserbringer auf eine Baustelle in Belgien entsandt wird, diese Leistungen ebenfalls? Was gilt, wenn der dt Mindestlohn unter dem belgischen liegt?

v. Das Finanzministerium plant, die Lizenzen für die Ausübung des staatlichen Glücksspielmonopols neu zu vergeben. Welche Anforderungen sind dabei zu beachten und woraus ergeben sie sich?

vi. Die dt Online-Handelsplattform Mamazone bietet ua Streaming- und Verleihservices für Filme an, jedoch nicht für in Österreich ansässige Kunden. Steht dem die Dienstleistungsfreiheit entgegen?

vii. Die dt Fluglinie Luft-Transa verrechnet ihren Kunden unterschiedliche Preise für Flüge, je nachdem, ob sie von Deutschland oder von Österreich aus gebucht werden. Steht dem die Dienstleistungsfreiheit entgegen?

viii. Das britische Unternehmen SmartCounsel bietet Unternehmensberatungsdienste an. Im Zuge der Ausweitung der Geschäftstätigkeiten wendet man sich auch an dt Kunden, die unaufgefordert per Telefon, Postwurf und E-Mails kontaktiert und über Produkte informiert werden. In Deutschland ist Geschäftstreibenden jede unaufgeforderte Kontaktnahme zu Werbezwecken verboten. Wie beurteilen Sie dies?

---

[127] Vgl Art 8 PatientenmobilitätsRL 2011/24/EU.
[128] Vgl Art 1 Abs 3 PatientenmobilitätsRL 2011/24/EU.
[129] Vgl Art 4 Abs 1 und 7 Abs 3 und 4 PatientenmobilitätsRL 2011/24/EU.

5. Dienstleistungen

ix. Das maltesische Unternehmen Luckyland bietet Glücksspiele über das Internet an und wendet sich dabei auch an österreichische Kunden. Daraufhin wird es wegen Verstoßes gegen das österr Glücksspielmonopol verwaltungsstrafrechtlich belangt. Zu Recht? Worauf würden sie bei der Beurteilung Wert legen, nach welchen Sachverhaltsumständen würden Sie als Richter/in besonders fragen?

x. Wann greift Preisregelung für eine Dienstleistung in Art 56 ein, wann nicht? Geben Sie Beispiele.

6. Kapitalverkehr

Art 63 AEUV regelt in seinem Abs 1 die Kapital- und in Abs 2 die Zahlungsverkehrsfreiheit. Demnach sind „alle Beschränkungen" von Kapital- bzw Zahlungsverkehrsvorgängen „zwischen den Mitgliedstaaten sowie zwischen den Mitgliedstaaten und dritten Ländern verboten." Die Zahlungsverkehrsfreiheit ist dabei schon eine logische Konsequenz aus den anderen Grundfreiheiten: Wer grenzüberschreitend Waren oder Dienstleistungen kauft oder Arbeitnehmer einstellt, muss diese ebenso grenzüberschreitend bezahlen können.[1] Allerdings gehen beide Teilaspekte der Freiheit heute weit über diese rudimentären Zwecke hinaus.

Man merkt den Kapitalverkehrsbestimmungen noch an, dass die Integration bzw **Liberalisierung des Bereichs nur schrittweise** erfolgt ist:[2] Bis zum 31. 12. 1993 sah das Primärrecht keine vollständige Beseitigung aller Kapitalverkehrsbeschränkungen vor, sondern lediglich „[s]oweit es für das Funktionieren des Gemeinsamen Marktes notwendig ist".[3] Die Implementierung dieser Verpflichtung erfolgte über RL, aus denen sich daher erst der Umfang der Kapitalverkehrsfreiheit ergab. Erst mit dem Vertrag von Maastricht (unterzeichnet 1992, in Kraft zum 1. 11. 1993) wurde der Grundsatz der **vollen Kapital- und Zahlungsverkehrsfreiheit ab dem 1. 1. 1994** primärrechtlich verankert. Dieser Stichtag spielt auch heute noch eine Rolle, da va die **Stillhaltepflicht** des **Art 64 AEUV** hinsichtlich zulässiger Kapitalverkehrsbeschränkungen gegenüber Drittländern auf ihn Bezug nimmt.[4]

> Zentrales Liberalisierungsinstrument vor dem Vertrag von Maastricht war die **KapitalverkehrsRL 88/361/EWG**. Sie ist formal noch immer in Kraft, ist heute jedoch mit Ausnahme der dort noch enthaltenen Definition der Kapitalverkehrsfreiheit bedeutungslos.

6.1. Räumlicher und persönlicher Schutzbereich

Eine Besonderheit des Kapital- und Zahlungsverkehrs ist zunächst der **weite räumliche** und, damit zusammenhängend, **persönliche Anwendungsbereich**: Nach der ausdrücklichen Vorgabe des Art 63 sind neben dem Kapitalverkehr **zwischen MS** untereinander auch Vorgänge über die Grenzen des Binnenmarkts hinaus vom Anwendungsbereich der Freiheit erfasst, also auch der Kapital- und Zahlungsverkehr zwischen **MS und Drittstaaten**. Die Bestimmung trägt so nicht zuletzt dazu bei, die weltweite Verfügbarkeit des Euro sicherzustellen.

Für den persönlichen Schutzbereich folgt daraus, dass sich der **Schutzbereich** nach hM[5] nicht nach der Staatsbürgerschaft, sondern nach der **Gebietsansässigkeit in der EU** definiert. Art 1 der KapitalverkehrsRL 88/361/EWG legt ihren Geltungsbereich ausdrücklich so fest („zwischen den Gebietsansässigen in den Mitgliedstaaten") und auch der Wortlaut des Art 63 stützt

---

1 Vgl auch Rs C-412/97, *ED Srl*, ECLI:EU:C:1999:324, Rn 17.
2 Im Überblick etwa *Wojcik*, Art 63-66, Rz 6 ff, in *von der Groeben/Schwarze/Hatje* (Hrsg), EUV/AEUV-Kommentar[7] (2015).
3 Ex-Art 67 EWG-Vertrag (Stammfassung 1957).
4 Zur Stillhaltepflicht siehe zB *Pinetz/Schaffer*, ÖStZ 2014, 427.
5 Vgl etwa *Wojcik*, Art 63, Rz 10, in *von der Groeben/Schwarze/Hatje* (Hrsg), EUV/AEUV-Kommentar[7] (2015); *Bröhmer*, Art 63, Rz 7, in *Calliess/Ruffert* (Hrsg), EUV/AEUV-Kommentar[5] (2016).

dies („Beschränkungen ... zwischen den Mitgliedstaaten ... und Drittstaaten").[6] Über den EWR-Vertrag ist die Gebietsansässigkeit im EWR der in der EU gleichgestellt. Welche Staatsangehörigkeit der Gebietsansässige hat, ist für die Berufung auf Art 63 dagegen zweitrangig. Sowohl gebietsansässige EU-Bürger als auch drittstaatsangehörige Gebietsansässige können sich daher auf Art 63 stützen.

> Strittig, weil in der Rsp bislang offengelassen, ist lediglich, ob sich auch **nicht gebietsansässige Drittstaatsangehörige** (also ein in Australien ansässiger Australier) auf Basis des Art 63 gegen Kapital- und Zahlungsverkehrsbeschränkungen (zB ein Genehmigungserfordernis beim Grundstückskauf) zur Wehr setzen können.[7] Da allerdings sowohl der Investor als auch das Investitionsobjekt vom Gewährleistungsgehalt des Art 63 erfasst sind (s. dazu beim sachlichen Schutzbereich), genügt es, wenn, was in der Praxis wohl stets der Fall sein wird, zumindest das Investitionsobjekt am Gebiet der EU gelegen ist.[8]

Allerdings besteht beim Kapitalverkehr (nicht auch für den Zahlungsverkehr) im Verhältnis zu Drittstaaten eine wichtige Einschränkung in Form einer (ausnahmsweise gleich hier mit besprochenen) **Bereichsausnahme**: Nach **Art 64** dürfen jene Kapitalverkehrsbeschränkungen zwischen den MS und Drittstaaten, die zum Zeitpunkt der Vollliberalisierung des Kapitalverkehrs im jeweiligen MS bereits bestanden, weiterhin beibehalten werden (**Stillhaltepflicht** bzw Verschlechterungsverbot). Die maßgeblichen Stichtage sind Ende 1993 sowie (für Bulgarien, Estland, Ungarn bzw Kroatien) Ende 1999 bzw 2002.

> In Anwendung der Ausnahme nach Art 64 sehen in Österreich etwa die **Grundverkehrsgesetze der Länder**[9] typischerweise nach wie vor Genehmigungspflichten für jedweden Immobilienerwerb durch Drittstaatsangehörige vor.[10] EU- und EWR-Bürger sind dagegen beim Grunderwerb österreichischen Staatsangehörigen gleichgestellt, unterliegen Genehmigungs- oder Meldepflichten also nur im Hinblick auf ausgewählte Rechtsgeschäfte (zB land- und forstwirtschaftlicher Grundverkehr, Wohnsitze in sog Vorbehaltsgebieten usw).
>
> Eine **punktuelle Bereichsausnahme** iZm dem Immobilienerwerb enthält auch Prot Nr 32, allerdings nur zugunsten von Dänemark. Dieser MS darf seine Einschränkungen beim Erwerb von Zweitwohnsitzen durch EU-Ausländer beibehalten. Der Anwendungsbereich dieser Ausnahme geht also über das hinaus, was über Art 64 für Österreich und andere MS möglich ist, die nur Drittstaatsangehörige weiterhin strengeren Bedingungen unterwerfen dürfen, aber Inländer und EU-Ausländer gleichbehandeln müssen.
>
> Schließlich bestehen Sonderbereiche, in denen der **Sekundärrechtsgesetzgeber** Einschränkungen des freien Kapitalverkehrs vorsehen kann. Dazu gehören der Schutz der WWU vor außergewöhnlichen Störungen aufgrund des Kapitalverkehrs mit Drittstaaten (Art 66 AEUV), die Terrorismusbekämpfung (Art 75 AEUV) sowie völkerrechtliche Embargos und Sanktionen (Art 215 AEUV).

Verpflichtete des Art 63 sind ausschließlich die MS. Drittwirkung im Verhältnis zwischen den Bürgern untereinander entfaltet die Kapital- und Zahlungsverkehrsfreiheit nicht. Aller-

---

6 Art 63 Abs 1 und gleichlautend Abs 2 AEUV.
7 Näher etwa *Bröhmer*, Art 63, Rz 8, in *Calliess/Ruffert* (Hrsg), EUV/AEUV-Kommentar[5] (2016).
8 Vgl Rs C-182/08, *Glaxo Wellcome*, ECLI:EU:C:2009:559, Rn 44.
9 Vgl zB §§ 8 f oö GVG 1994, LGBl 88/1994 idgF.
10 Vgl zB Rs C-541/08, *Fokus Invest*, ECLI:EU:C:2010:74, Rn 49.

dings können im Rahmen des weiten Staatsbegriffs zB auch öffentliche Unternehmen Verpflichtete des Art 63 sein, die also zB beim Verkauf von Teilsparten oder Anlagevermögen diskriminierungs- und beschränkungsfrei vorgehen müssen.

6.2. Sachlicher Schutzbereich

Der Begriff **Kapitalverkehr** bezeichnet die grenzüberschreitende Verfügung über Geld oder Sachkapital zu Anlagezwecken. Zahlungsverkehr sind demgegenüber Geldzahlungen aller Art, mit Bargeld oder Überweisung, uzw unabhängig vom Rechtsgrund der Zahlung, also zB mit oder ohne zugrunde liegende Zahlungsverpflichtung.

Der Gewährleistungsgehalt der Kapitalverkehrsfreiheit umfasst also va alle Verhaltensweisen iZm **Direktinvestitionen** (zB Unternehmensbeteiligungen, Neugründungen usw), **Immobilieninvestitionen** (zB Häuser, Grundstücke, Anlagen usw), **Kredite**, Darlehen und Bürgschaften, Geschäfte mit **Wertpapieren** aller Art, aber etwa auch **Schenkungen, Erbschaften** udgl. Soll zB eine Immobilie erworben werden, so lassen sich an der Freiheit sowohl die Bedingungen des Vertragsabschlusses selbst als auch sämtliche Formpflichten (zB notarielle Beglaubigung) und behördlichen Auflagen (zB Grundverkehrsgenehmigung) messen. Gleiches gilt für den Erwerbsvorgang vor- oder nachbereitende Maßnahmen, zB den Zugang zu Zahlungsmöglichkeiten (etwa Einschränkungen bei einer Finanzamtszahlung) oder die Erfüllung von Steuerpflichten. Eine Aufzählung jedenfalls unter den Begriff Kapitalverkehr fallender Vorgänge findet sich in **Anhang I zur KapitalverkehrsRL 88/361/EG**. Diese Aufzählung hat nach der Rsp zumindest Indizcharakter für die von Art 63 geschützten Vorgänge.[11]

Geschützt sind sowohl der **potenzielle Investor** als auch das **Investitionsobjekt** bzw -ziel (zB ein Unternehmen).[12] Daher ist zB auch die Investition eines nicht Gebietsansässigen ohne Weiteres vom Gewährleistungsgehalt des Art 63 abgedeckt, wenn in eine gebietsansässige Gesellschaft investiert wird.

Der sachliche Schutzbereich erfasst, wie stets, nur Kapital- oder Zahlungsverkehrsvorgänge (Verfügungen, Zahlungen) mit **grenzüberschreitendem Bezug**. Entsprechend dem weiteren räumlichen und persönlichen Anwendungsbereich des Art 63 sind dabei Vorgänge von bzw aus Drittstaaten eingeschlossen.

Die **Bereichsausnahmen** des Art 64 und nach Prot Nr 32 wurden bereits im Rahmen des persönlichen Anwendungsbereichs besprochen (va für das Verhältnis zu Drittstaaten nach Art 64 Abs 1). Auf das dort Gesagte wird verwiesen. Keine Bereichsausnahme, sondern **Rechtfertigungsgründe**, normiert wohl[13] **Art 65** (dazu näher bei den Rechtfertigungsgründen und beim Bereich Steuern).

Von den Bereichsausnahmen zu unterscheiden ist die **vorrangige Anwendung einer anderen Grundfreiheit** auf Sachverhalte mit kapitalverkehrsrechtlichen und anderen (zB Niederlassungs-, Dienstleistungs- usw) Bezügen. Grundregel dieser Abgrenzung ist stets, dass auf den

---

[11] Vgl Rs C-560/13, *Wagner-Raith*, ECLI:EU:C:2015:347, Rn 23.
[12] Vgl zB Rs C-182/08, *Glaxo Wellcome*, ECLI:EU:C:2009:559, Rn 44.
[13] Vgl zB Rs C-559/13, *Grünewald*, ECLI:EU:C:2015:109, Rn 21 ff.

Zweck der Kapitalbewegung abzustellen ist:[14] Art 63 erfasst (nur) Vorgänge, „bei denen es in erster Linie um die Anlage oder die **Investition** des betreffenden [Kapitals] geht".[15] Wird daher Kapital zB nur transferiert, um einer Zahlungsverpflichtung aus einem Warenkauf, einem Arbeitsverhältnis oder einem Dienstleistungsvertrag zu entsprechen, tritt Art 63 hinter jene Freiheiten zurück.[16]

> Bedarf an einer Abgrenzung des Kapitalverkehrsbegriffs besteht va gegenüber der **Niederlassungsfreiheit**: Der Erwerb von Beteiligungen an Unternehmen kann nämlich in den Anwendungsbereich beider Freiheiten fallen, je nachdem, ob er als reine Investition gedacht ist (dann Art 63) oder ob ein Eintritt in das Geschäftsfeld bzw den Markt des betreffenden Unternehmens angestrebt ist. Ausschließlich die Niederlassungsfreiheit ist nach der Rsp idR dann anzuwenden, wenn eine Beteiligung beherrschenden Einfluss auf das Unternehmen vermittelt.[17] Wann dies der Fall ist, hängt vom Einzelfall ab und kann zB schon ab 25 % der Anteile gegeben sein.[18]
>
> Mit Blick auf die Bereichsausnahme von der **Dienstleistungsfreiheit** für **kapitalverkehrsbezogene Tätigkeiten** von Banken und Versicherungen in Art 58 Abs 2 AEUV besteht auch diesbezüglich Abgrenzungsbedarf. Auch diese Ausnahme ist jedoch nach der Rsp so zu verstehen, dass es auf den Hauptzweck des Vorgangs ankommt.[19] Gerade bei Finanzdienstleistungen (Darlehen, Wertpapiere usw) lassen sich der Dienstleistungs- und der Kapitalverkehrsaspekt jedoch mitunter nur schwer voneinander trennen, sodass der EuGH dann beide Grundfreiheiten anwendet.[20]

6.3. Eingriff

Art 63 verbietet sowohl diskriminierende als auch beschränkende Eingriffe in den Kapitalverkehr. Diskriminierungen werden dabei, wie auch bei den anderen Grundfreiheiten, in der Praxis zunehmend seltener und durch neutrale, aber ebenfalls problematische, Beschränkungen ersetzt. Beispiele für diese Entwicklung von anfänglich diskriminierenden zu nunmehr typischerweise unterschiedslosen Eingriffen sind etwa die hier iF erwähnten Bereiche Grundverkehr, Devisentransfer oder Verkauf von Unternehmensanteilen.

6.3.1. Diskriminierungen

Eingriffe in die von Art 63 geschützten Verhaltensweisen liegen zunächst bei **Diskriminierungen** im Kapital- oder Zahlungsverkehr. Beispiele für offene Diskriminierungen sind etwa eine Deckelung der zulässigen Auslandsinvestitionen bestimmter Fonds,[21] ein Verbot der Erwerbs von Auslandsbeteiligungen für bestimmte Unternehmen[22] oder Sondergebühren für im Aus-

---

14 Vgl schon verb Rs 286/82 und 26/83, *Luisi und Carbone*, ECLI:EU:C:1984:35, Rn 21 f.
15 Verb Rs 286/82 und 26/83, *Luisi und Carbone*, ECLI:EU:C:1984:35, Rn 21.
16 Näher dazu *Daurer/Simader* in *Eilmansberger/Herzig* (Hrsg), Jahrbuch Europarecht, 309.
17 Vgl etwa Rs C-251/98, *Baars*, ECLI:EU:C:2000:205, Rn 18 ff.
18 Vgl Rs C-492/04, *Lasertec*, ECLI:EU:C:2007:273, Rn 20 ff.
19 Vgl zB Rs C-118/96, *Safir*, ECLI:EU:C:1998:170, Rn 35.
20 Vgl zB Rs C-334/02, *Kommission/Frankreich*, ECLI:EU:C:2004:129, Rn 25.
21 Vgl Rs C-271/09, *Kommission/Polen*, ECLI:EU:C:2011:855, Rn 51.
22 Vgl Rs C-148/91, *Veronica*, ECLI:EU:C:1993:45, Rn 15.

land aufgenommene Darlehen.²³ Beispiele versteckter Diskriminierungen sind etwa die Einschränkung von Steuerbefreiungen für Dividenden auf Unternehmen mit Sitz im Inland,²⁴ die Gewährung von Förderungen im Wohnbau nur für im Inland aufgenommene Wohnbaudarlehen²⁵ oder das Verbot der Eintragung einer Hypothek in einer Fremdwährung.²⁶

6.3.1.1. Genehmigungsvorbehalte und Meldepflichten

Eine typische Form diskriminierender Eingriffe in Art 63 waren Genehmigungsvorbehalte bei der Devisenverbringung über die Grenze: Jede „Vorschrift, die eine ausländische Direktinvestition einer vorherigen Genehmigung unterwirft, stellt eine Beschränkung des Kapitalverkehrs ... dar".²⁷

An die Stelle von Genehmigungsvorbehalten sind heute typischerweise Meldepflichten als verhältnismäßig geringerer, aber weiterhin diskriminierender Eingriff getreten. Meldeverfahren sind zudem, anders als Genehmigungspflichten, in Art 65 Abs 1 lit b AEUV ausdrücklich als Rechtfertigungsgrund für verhältnismäßige Kapitalverkehrsbeschränkungen anerkannt. Auch das EU-Recht statuiert etwa mit der GeldtransferVO 1781/2006 bzw der BarmittelVO 1889/2005 kapitalverkehrsrechtliche Meldepflichten (s näher beim Sekundärrecht).

Ein **Beispiel** dieser Fallgruppe behandelt etwa das Urteil *Sanz de Lera* aus 1995, betreffend einen Bargeldtransfer in die Schweiz. Klargestellt wird dort insbesondere, dass auch Meldesysteme grundsätzlich Eingriffe in Art 63 darstellen, allerdings schon mit Blick auf Art 65 Abs 1 lit b rechtfertigungsfähig und im Unterschied zu Genehmigungen angemessen sind.

> Verb Rs C-163/94, C-165/94 und C-250/94, *Sanz de Lera*, ECLI:EU:C:1995:451
>
> Der in Spanien wohnende spanische Staatsangehörige Sanz de Lera wurde in Frankreich angehalten, als er am Steuer seines Wagens auf dem Weg nach Genf (Schweiz) war. Obwohl er versicherte, dass er nichts anzumelden habe, durchsuchten die französischen Beamten sein Fahrzeug und entdeckten darin 19.600.000 spanische Peseten (rund 120.000 €) in Banknoten. Nach spanischem Recht bedurfte die Ausfuhr von Hartgeld, Banknoten oder Inhaberschecks in einem Betrag über 5.000.000 Peseten einer vorherigen devisenbehördlichen Genehmigung. Da keine Genehmigung vorlag, wurde ein Strafverfahren eingeleitet. Kann sich Herr Sanz de Lera erfolgreich auf Art 63 berufen?
>
> 24 [D]ie Genehmigungspflicht [hat] die Wirkung, dass sie die Devisenausfuhr aussetzt und in jedem einzelnen Fall von der Zustimmung durch die Verwaltung, die besonders zu beantragen ist, abhängig macht.
>
> 25 Ein solches Erfordernis stellt daher die Ausübung des freien Kapitalverkehrs letztlich in das Ermessen der Verwaltung und kann diese Freiheit illusorisch werden lassen[.]
>
> 26 Die sich aus diesem Erfordernis ergebende Beschränkung des freien Kapitalverkehrs könnte jedoch beseitigt werden, ohne dass dadurch die wirksame Verfolgung der Ziele beeinträchtigt würde, die mit dieser Regelung angestrebt werden.

---

23 Vgl Vgl Rs C-439/07, *Sandoz*, ECLI:EU:C:1999:499, Rn 31.
24 Vgl Rs C-35/98, *Verkooijen*, ECLI:EU:C:2000:294, Rn 34 ff.
25 Vgl Rs C-484/93, *Svensson*, ECLI:EU:C:1995:379, Rn 15.
26 Vgl Rs C-222/97, *Trummer*, ECLI:EU:C:1999:143, Rn 28.
27 Rs C-54/99, *Scientology*, ECLI:EU:C:2000:124, Rn 14; auch verb Rs C-358/93 und C-416/93, *Bordessa*, ECLI:EU:C:1995:54, Rn 31.

27 [Es] würde ... nämlich genügen, ein sachgerechtes Anmeldungssystem einzuführen, aus dem die Art der beabsichtigten Transaktion und die Identität des Anmeldenden hervorgeht, das die zuständigen Stellen verpflichtet, eine schnelle Prüfung der Anmeldung vorzunehmen, und das es ihnen erlaubt, gegebenenfalls rechtzeitig die Nachforschungen anzustellen, die sich als unerlässlich für die Feststellung erweisen sollten, ob es sich um rechtswidrigen Kapitalverkehr handelt, und bei einem Verstoß gegen die nationalen Rechtsvorschriften die erforderlichen Sanktionen zu verhängen.

28 Ein solches Anmeldesystem würde also anders als die vorherige Genehmigung nicht zur Aussetzung der betroffenen Transaktion führen und es dabei den nationalen Stellen dennoch ermöglichen, zur Wahrung der öffentlichen Ordnung eine wirksame Kontrolle vorzunehmen, um Verstöße gegen ihre Rechts- und Verwaltungsvorschriften zu verhindern.

6.3.1.2. Steuern

Sehr viele Fälle direkter oder indirekter Diskriminierung treten beim Kapitalverkehr naturgemäß auch iZm Besteuerungsregelungen auf. Diskriminierend ist es, zB bei der Steuerbasis, Abzügen, Prämien usw nach der Gebietsansässigkeit oder ähnlichen inländischen Anknüpfungspunkten zu unterscheiden. Diskriminierend sind zB die Abzugsfähigkeit von Sozialversicherungsbeiträgen nur für im Inland Versicherte,[28] die ungünstigere Besteuerung der Dividendenausschüttung Gebietsfremder,[29] die Versagung eines Freibetrags für Gebietsfremde,[30] die Anwendung der normalen Progressionsregeln der Einkommensbesteuerung auf ausländische Kapitalerträge, während inländische einem zumeist niedrigeren, fixen Quellsteuersatz unterliegen,[31] die schenkungssteuerliche Schlechterbehandlung eines im Ausland gelegenen Grundstücks,[32] die steuerliche Abzugsfähigkeit nur anerkannten inländischen Organisationen zugewandter Spenden,[33] die Unterscheidung bei Freibeträgen der Erbschaftsbesteuerung nach dem Wohnsitz des Erblassers[34] usw.

Art 65 Abs 1 lit a erlaubt es den MS, Steuerpflichtige je nach ihrem Wohnort oder dem Ort der Kapitalanlage in ihrem Steuerrecht unterschiedlich zu behandeln. Allerdings sieht Abs 3 derselben Norm vor, dass in einer solchen Ungleichbehandlung keine willkürlichen Diskriminierungen oder verschleierten Beschränkungen liegen dürfen. Art 65 bringt den Gedanken der Steuerautonomie der MS[35] zum Ausdruck: Der Umstand alleine, dass die Steuerrechtsordnungen der MS verschieden sind und das Regime des einen MS daher im Einzelfall ungünstigere Regelungen als das Regime eines anderen MS vorsehen mag, ist noch kein Eingriff in Art 63. Die Kapitalverkehrsfreiheit garantiert den Rechtsunterworfenen daher nicht die steuerliche Neutralität ihrer grenzüberschreitenden Investitionstätigkeiten. Dies gilt aber nur, soweit die Ungleichbehandlung sachlich gerechtfertigt (also kein „Mittel zur willkürlichen Diskriminierung" iSd Art 65 Abs 3) ist.

Kernfrage für die Beurteilung der Ungleichbehandlung von In- und Ausländern ist damit stets die Sachlichkeit der Wahl des inländischen Anknüpfungspunkts: Befinden sich Gebiets-

---

28 Vgl Rs C-512/03, *Blanckaert*, ECLI:EU:C:2005:516, Rn 36 ff.
29 Vgl Rs C-265/04, *Bouanich*, ECLI:EU:C:2006:51, Rn 43.
30 Vgl Rs C-376/03, *D*, ECLI:EU:C:2005:424, Rn 24 ff.
31 Vgl Rs C-315/02, *Lenz*, ECLI:EU:C:2004:446, Rn 19 ff.
32 Vgl Rs C-133/13, *Q*, ECLI:EU:C:2014:2460, Rn 21.
33 Vgl Rs C-318/07, *Persche*, ECLI:EU:C:2009:33, Rn 38.
34 Vgl Rs C-211/13, *Kommission/Deutschland*, ECLI:EU:C:2014:2148, Rn 40 ff.
35 Zu diesem Grundsatz etwa Rs C-298/05, *Columbus Container*, ECLI:EU:C:2007:754, Rn 44, 51 und 53.

fremde objektiv betrachtet nicht **in derselben Situation** wie Inländer (bzw sind ausländische Anknüpfungspunkte den inländischen Anknüpfungspunkten objektiv nicht vergleichbar), ist die Steuerregelung mit Art 63 vereinbar.[36]

Bei Steuerregelungen erfolgt im Anwendungsbereich von Art 63 im Ergebnis daher eine **dreistufige Prüfung**:[37] Zunächst wird 1) der **Eingriffscharakter** einer steuerlichen Ungleichbehandlung im Grundsatz geprüft (zB ob eine Ungleichbehandlung überhaupt gegeben ist). Sodann erfolgt 2) eine **Sachlichkeitsprüfung**: Stellt sich die Steuerregelung als objektiv sachlich dar, ist sie bereits aus diesem Grund mit Art 63 vereinbar. Für unterschiedslos beschränkende (weil objektiv sachliche) steuerliche Ungleichbehandlungen ist die Prüfung damit zu Ende. Schließlich wird 3) für **diskriminierende** (weil objektiv unsachliche) Steuerregelungen weiter geprüft, ob sie sich mithilfe **zwingender Gründe** des Allgemeininteresses rechtfertigen lassen.

Ein **Beispiel** für diese Fallgruppe und Beurteilungsgrundsätze bietet das Urteil *Grünewald* aus 2015.[38] Es betraf den Ausschluss Gebietsfremder von der steuerlichen Abzugsfähigkeit von Versorgungsleistungen.

> Rs C-559/13, *Josef Grünewald*, ECLI:EU:C:2015:109
>
> 1989 erwarb Herr Grünewald von seinem Vater im Wege einer vorweggenommenen Erbfolge zusammen mit seinem Bruder zu je 50 % eine Beteiligung an einem Gärtnereibetrieb in Deutschland. Als Gegenleistung hatte er bestimmte Versorgungsleistungen an die Eltern zu erbringen. Herr Grünewald, der in einem anderen MS lebte und in Deutschland auch keinen Wohnsitz oder Aufenthalt hatte, erzielte idF nur aus dieser Beteiligung Einkünfte in Deutschland. Das Finanzamt sah Herrn Grünewald als beschränkt steuerpflichtig an und versagte es ihm unter Hinweis auf § 50 dt EStG, die an seine in Deutschland wohnenden Eltern gezahlten Versorgungsleistungen von seinen in Deutschland steuerpflichtigen Einkünften in Abzug zu bringen. § 50 dt EStG bestimmte: „Beschränkt Steuerpflichtige dürfen Betriebsausgaben ... oder Werbungskosten ... nur insoweit abziehen, als sie mit inländischen Einkünften in wirtschaftlichem Zusammenhang stehen." Liegt darin ein Eingriff in Art 63?
>
> 18 [B]ei **Erbschaften und Schenkungen** [handelt es sich] um Kapitalverkehr im Sinne von Art 63 AEUV[,] Ausgenommen sind die Fälle, die mit keinem ihrer wesentlichen Elemente über die Grenzen eines Mitgliedstaats hinausweisen[. Dies gilt auch für die] Beteiligung an einer Gesellschaft ... im Rahmen einer vorweggenommenen Erbfolge[.]
>
> 19 ... Maßnahmen, die nach Art 63 Abs 1 AEUV als **Beschränkungen** des Kapitalverkehrs verboten sind, [sind] ua solche, die **Gebietsfremde davon abhalten können**, in einem Mitgliedstaat Investitionen zu tätigen oder zu halten[.]
>
> 20 [Vorliegend handelt es sich um eine] nur **Gebietsfremde** betreffende steuerliche Benachteiligung [. Sie könnte] diese davon abhalten, im Wege der vorweggenommenen Erbfolge Anteile an Gesellschaften mit Sitz in Deutschland anzunehmen. Sie kann auch in Deutschland Ansässige davon abhalten, als Begünstigte einer vorweggenommenen Erbfolge Personen zu benennen, die in einem anderen Mitgliedstaat als der Bundesrepublik Deutschland wohnen[.]
>
> 21 Diese Regelung stellt daher eine Beschränkung des freien Kapitalverkehrs dar.
>
> 22 [N]ach **Art 65 Abs 1 Buchst. a** [berührt] Art 63 AEUV nicht das Recht der Mitgliedstaaten, Steuerpflichtige mit unterschiedlichem Wohnort in ihrem Steuerrecht unterschiedlich zu behandeln[.]

---

36 Vgl zB Rs C-265/04, *Bouanich*, ECLI:EU:C:2006:51, Rn 38 mwN.
37 Vgl Rs C-450/09, *Schröder*, ECLI:EU:C:2011:198, Rn 23 ff; Rs C-559/13, *Grünewald*, ECLI:EU:C:2015:109, Rn 18 ff.
38 Vgl auch schon Rs C-450/09, *Schröder*, ECLI:EU:C:2011:198, Rn 23 ff.; Rs C-279/93, *Schumacker*, C-279/93, ECLI:EU:C:1995:31, Rn 36.

6. Kapitalverkehr

23 Allerdings ist zwischen nach Art 65 Abs 1 Buchst. a ... erlaubten Ungleichbehandlungen und nach Art 65 Abs 3 ... **verbotenen willkürlichen Diskriminierungen** oder verschleierten Beschränkungen zu unterscheiden. Eine nationale Steuerregelung wie die im Ausgangsverfahren in Rede stehende, die zwischen gebietsansässigen und gebietsfremden Steuerpflichtigen unterscheidet, kann nämlich nur dann als mit [dem] freien Kapitalverkehr vereinbar angesehen werden, **wenn die unterschiedliche Behandlung entweder Situationen betrifft, die nicht objektiv miteinander vergleichbar sind, oder wenn sie durch einen zwingenden Grund des Allgemeininteresses gerechtfertigt ist**[.]

24 Zu prüfen ist, ob sich Gebietsfremde und Gebietsansässige unter Umständen wie denen des Ausgangsverfahrens in einer **vergleichbaren Situation** befinden.

25 Gebietsansässige und Gebietsfremde [sind] im Hinblick auf die **direkten Steuern** in der Regel nicht in einer vergleichbaren Situation, da das Einkommen, das ein Gebietsfremder im Hoheitsgebiet eines Staates erzielt, meist nur einen Teil seiner Gesamteinkünfte darstellt, deren Schwerpunkt an seinem Wohnort liegt, und die persönliche Steuerkraft des Gebietsfremden, die sich aus der Berücksichtigung seiner Gesamteinkünfte sowie seiner persönlichen Lage und seines Familienstands ergibt, leichter an dem Ort beurteilt werden kann, an dem der **Mittelpunkt seiner persönlichen Interessen und seiner Vermögensinteressen** liegt und der in der Regel der Ort seines gewöhnlichen Aufenthalts ist[.]

26 Auch dass ein Mitgliedstaat Gebietsfremden bestimmte Steuervergünstigungen versagt, die er Gebietsansässigen gewährt, ist in Anbetracht der objektiven Unterschiede zwischen der Situation der Gebietsansässigen und derjenigen der Gebietsfremden sowohl hinsichtlich der **Einkunftsquelle** als auch hinsichtlich der persönlichen **Steuerkraft** sowie der persönlichen Lage und des Familienstands im Allgemeinen nicht diskriminierend[.]

27 Etwas anderes gilt jedoch zum einen, wenn der Gebietsfremde in seinem Wohnsitzmitgliedstaat keine nennenswerten Einkünfte hat und sein zu versteuerndes Einkommen im Wesentlichen aus einer Tätigkeit bezieht, die er in dem betreffenden anderen Mitgliedstaat ausübt.

28 Sollte sich daher im **vorliegenden Fall herausstellen**, dass die Einkünfte, die Herr Grünewald ... in Deutschland erzielt hat, den **wesentlichen Teil** seiner **Gesamteinkünfte** in diesem Zeitraum ..., **wäre die Situation** von Herrn Grünewald als mit der eines in diesem Mitgliedstaat Ansässigen objektiv vergleichbar anzusehen.

29 Zum anderen [sind] Gebietsansässige und Gebietsfremde in Bezug auf **Aufwendungen, die unmittelbar mit der Tätigkeit zusammenhängen**, aus der die in einem Mitgliedstaat zu versteuernden Einkünfte erzielt wurden, in einer vergleichbaren Lage befinden[.]

30 In einem unmittelbaren Zusammenhang mit dieser Tätigkeit stehen somit Aufwendungen, die durch diese Tätigkeit verursacht werden, d. h., für ihre Ausübung notwendig sind[.]

31 Machten die von Herrn Grünewald in den betreffenden Jahren in Deutschland erzielten Einkünfte **nicht den wesentlichen Teil** seiner Gesamteinkünfte aus, könnte daher die **Vergleichbarkeit** seiner Situation mit der eines Gebietsansässigen **nur bejaht werden, wenn** die von ihm gezahlten Versorgungsleistungen als Aufwendungen anzusehen wären, die mit der Tätigkeit der in Deutschland ansässigen Gesellschaft, deren Anteile ihm im Wege der vorweggenommenen Erbfolge übertragen wurden, unmittelbar zusammenhängen. ...

38 Daher verstößt eine nationale Regelung, die auf dem Gebiet der Einkommensteuer Gebietsfremden den Abzug von unter Umständen wie denen des Ausgangsverfahrens gezahlten Versorgungsleistungen verwehrt, ihn Gebietsansässigen aber erlaubt, obwohl die Situation der Gebietsfremden und der Gebietsansässigen vergleichbar ist, gegen Art 63 AEUV, wenn diese Verwehrung nicht durch **zwingende Gründe des Allgemeininteresses** gerechtfertigt ist[, die der EuGH im Folgenden prüfte und verneinte.]

Das Urteil *Grünewald* verdeutlicht, dass der EuGH **beim Steuern** einen tendenziell **großzügigen Maßstab** anlegt: Im Rahmen **direkter Besteuerung** (Einkommen usw) akzeptiert er die Gebietsansässigkeit „in der Regel",[39] also zumeist, als sachliches Unterscheidungskriterium. Gleiches gilt für Unterscheidungen nach dem Ort der Einkunftsquelle oder nach der Leistungsfähigkeit.[40] Nur ausnahmsweise stellen sich diese typischerweise sachlichen Unterscheidungsmerkmale im Einzelfall als unsachlich dar, zB wenn im Wohnsitzland keinerlei Einkünfte vorliegen.[41] Der Mittelpunkt der Vermögensinteressen liegt dann atypischerweise nicht im MS des Wohnsitzes, sodass die persönliche Lage daher vom MS der Besteuerung vollumfänglich geprüft werden muss. Andernfalls könnten zB die Leistungsfähigkeit mindernde Gesichtspunkte aufseiten des Steuerpflichtigen überhaupt nicht berücksichtigt werden. Stets zu berücksichtigen sind zudem Aufwendungen in Bezug auf die konkret besteuerten Einkünfte, sodass für diese die Gebietsansässigkeit also generell kein sachliches Kriterium ist.[42]

6.3.2. Beschränkungen

Schon nach seinem Wortlaut erfasst Art 63 zudem alle Formen von Beschränkungen des Zahlungs- und Kapitalverkehrs. Beschränkungen des Kapitalverkehrs sind alle Maßnahmen, die „geeignet sind, den **Erwerb von Aktien** der betroffenen Unternehmen zu **verhindern** oder zu **beschränken** oder aber **Investoren** aus anderen Mitgliedstaaten davon **abzuhalten**, in das Kapital dieser Unternehmen **zu investieren**".[43] Damit stellen jedenfalls direkte Eingriffe in kapitalverkehrsrelevante Transaktionen, die also den **Marktzugang** für Investitionen erschweren,[44] Beschränkungen dar.

> Im Schrifttum[45] wird diskutiert, ob im Rahmen des Art 63 eine an die *Keck*-Formel[46] bzw an das gemäßigte Beschränkungsverbot bei Art 49 angelehnte Tatbestandsausnahme für völlig neutral wirkende Kapitalverkehrsvorschriften besteht. Gedacht ist, in Anlehnung an den Begriff der Verkaufsmodalitäten, an sog neutrale **Rahmen- oder Handelsmodalitäten** des Kapitalverkehrs (zB unterschiedslos anwendbare und wirkende wertpapier-, börse-, gesellschafts- oder gewerberechtliche Vorschriften). Einige Urteile des EuGH lassen die Deutung zu, dass Art 63 eine solche Tatbestandseinschränkung beinhalte.[47]
>
> Dahinter steckt letztlich die, vom EuGH bislang eben nicht hinreichend geklärte, Frage nach dem **Stellenwert des Ursprungslandprinzips** (hier: des Kapitals) beim Kapitalverkehr: Gewährleistet Art 63 also nur (ähnlich wie Art 49) die Gleichbehandlung mit Inländern bei Investitionen, oder soll (ähnlich Art 56) das im Ursprungsland zulässige Investitionsverhalten der Maßstab und daher jede abweichende (restriktivere) Regelung eines MS rechtfertigungsbedürftig sein? Kapital kann, wie Dienstleistungen und gerade anders als Niederlassungen, im Binnenmarkt zirkulieren und soll nach dem Postulat des Art 63 auch faktisch dazu in der Lage sein. Daher scheint es ungeachtet der sach-

---

39 Rs C-559/13, *Grünewald*, ECLI:EU:C:2015:109, Rn 24.
40 Vgl Rs C-559/13, *Grünewald*, ECLI:EU:C:2015:109, Rn 25.
41 Vgl Rs C-279/93, *Schumacker*, C-279/93, ECLI:EU:C:1995:31, Rn 36.
42 Vgl Rs C-559/13, *Grünewald*, ECLI:EU:C:2015:109, Rn 29.
43 Verb Rs 105/12 bis 107/12, *Essent Nederland*, ECLI:EU:C:2013:677, Rn 39 mwN, Hervorhebungen hinzugefügt.
44 Vgl Rs C-171/08, *Kommission/Portugal*, ECLI:EU:C:2010:412, Rn 67.
45 Näher zB *Wojcik*, Art 63, Rz 14 ff, in *von der Groeben/Schwarze/Hatje* (Hrsg), EUV/AEUV-Kommentar[7] (2015); *Bröhmer*, Art 63, Rz 72 ff, in *Calliess/Ruffert* (Hrsg), EUV/AEUV-Kommentar[5] (2016).
46 Vgl Rs C-267/91, *Keck*, ECLI:EU:C:1993:905, Rn 16.
47 Vgl zB Rs C-171/08, *Kommission/Portugal*, ECLI:EU:C:2010:412, Rn 65 ff; Rs C-204/90, *Bachmann*, ECLI:EU:C:1992:35, Rn 34; Rs C-98/00, *Kommission/Großbritannien*, ECLI:EU:C:2003:273, Rn 45 f; siehe auch *Leidenmühler* ecolex 2015, 519.

> verhaltlichen Nähe[48] zwischen Niederlassungs- und Investitionsentscheidungen (oder gerade wegen dieser) sachgerechter, im Rahmen von Art 63 einen weiten, an Art 56 (und nicht an Art 49 oder *Keck*) orientierten Beschränkungsbegriff zu wählen.[49]

Ein **Beispiel** für kapitalverkehrsrelevante Beschränkungen sind etwa die sog **Fremdbesitzverbote**, also die Einschränkung der Inhaberschaft an Unternehmen auf den gewerberechtlich Befugten (zB Betrieb von Apotheken nur durch Apotheker).[50] Zwei weitere wichtige Fallgruppen von (im Einzelfall auch diskriminierend, idR aber zumeist beschränkend ausgestalteten) Eingriffen sind grundverkehrsrechtliche Beschränkungen beim Immobilienerwerb sowie Beschränkungen beim Erwerb von Unternehmensanteilen durch Sonderrechte.

6.3.2.1. Grundverkehr

In zahlreichen Fällen befasste sich der EuGH mit staatlichen Regelungen, die den (privaten oder gewerblichen, zB bäuerlichen) **Erwerb von Immobilien** bestimmter Art oder in bestimmten Gebieten Einschränkungen unterwerfen. Differenzierten die Regelungen des sog Ausländergrundverkehrs früher nach der Staatsangehörigkeit (s auch schon dazu beim persönlichen Anwendungsbereich),[51] so stehen mittlerweile unterschiedslose Beschränkungen im Vordergrund.

Beispielsweise kann der Erwerb von Bauland, Häusern oder Wohnungen in sog **Vorbehaltszonen** (va in Tourismusgebieten, wo einem Ausverkauf des verfügbaren Wohnraums vorgebeugt werden soll) für In- und Ausländer gleichermaßen davon abhängig sein, dass dort ein Hauptwohnsitz oder eine sonstige, dem Flächenwidmungsplan entsprechende Nutzung begründet wird,[52] oder jener von **landwirtschaftlichen Grundstücken** davon, dass der Erwerber Landwirt oder die Bewirtschaftung in sonstiger Weise gesichert ist.[53]

Zur Absicherung dieser Verpflichtungen sind bzw waren **unterschiedlich eingriffsstarke Instrumente** in Verwendung, die von der Pflicht zur Einholung einer Vorabgenehmigung der Transaktion durch die Grundverkehrsbehörde (die also das Vorliegen der Erwerbsvoraussetzungen im Voraus prüft) über die Genehmigungserteilung im Nachhinein bis hin zu reinen Erklärungsmodellen (wo also der Erwerber erklärt, die Immobilie in gesetzeskonformer Weise nutzen zu wollen) reichen.

In der Rsp ist mittlerweile geklärt, dass **sämtliche dieser Regelungen Eingriffe** in den freien Kapitalverkehr sind.[54] Dies gilt unabhängig von der Ausgestaltung als Genehmigungs-, Erklärungs- oder sonstiges Modell.

---

48 Vgl zB Rs C-370/05, *Festersen*, ECLI:EU:C:2007:59, Rn 22 (Art 63 notwendige Ergänzung von Art 49).
49 Siehe auch *Eilmansberger*, ÖBA 2001, 379f; *Herzig*, wbl 2007, 507f.
50 Vgl zB Rs C-531/06, *Kommission/Italien*, ECLI:EU:C:2009:315, Rn 46f. Zur darin gelegenen Niederlassungsbeschränkung zB verb Rs C-171/07 und C-172/07, *Apothekerkammer des Saarlandes*, ECLI:EU:C:2009:316, Rn 22 f.
51 Vgl zB Rs C-302/97, *Konle*, ECLI:EU:C:1999:271, Rn 39.
52 Vgl zB Rs C-300/01, *Salzmann*, ECLI:EU:C:2003:283, Rn 44 ff.; verb Rs C-515/99, C-519/99 bis C-524/99 und C-526/99 bis C-540/99, *Reisch*, ECLI:EU:C:2002:135, Rn 32.
53 Vgl zB Rs C-452/01, *Ospelt*, ECLI:EU:C:2003:493, Rn 34.
54 Vgl zB Rs C-567/07, *Sint Servatius*, ECLI:EU:C:2009:593, Rn 22; Rs C-370/05, *Festersen*, ECLI:EU:C:2007:59, Rn 25; verb Rs C-515/99, C-519/99 bis C-524/99 und C-526/99 bis C-540/99, *Reisch*, ECLI:EU:C:2002:135, Rn 32; Rs C-302/97, *Konle*, ECLI:EU:C:1999:271, Rn 39.

Die Modelle unterscheiden sich voneinander aber im Rahmen der **Rechtfertigungs- und Verhältnismäßigkeitsprüfung,** die je nach Art der betreffenden Immobilie und nach der Art des Eingriffs unterschiedliche Aussichten auf Erfolg hat. Der EuGH unterscheidet dabei zwischen dem Grundverkehr mit bebauten und bebaubaren Grundstücken (sog **grauer Grundverkehr**) und jenem in der Landwirtschaft (sog **grüner Grundverkehr**).

So reicht bei bereits **bebauten** Grundstücken (und Wohnungen) generell ein Erklärungs- bzw Anmeldemodell, da die Einhaltung der Erklärung ohne Schaden für die öffentlichen Interessen im Nachhinein überprüft werden kann.[55] Wenn also zB entgegen der abgegebenen Erklärung an einer bereits bestehenden Wohnung kein Hauptwohnsitz begründet wird, lässt sich problemlos eine verwaltungsbehördliche Sanktion verhängen, ohne dass ein unwiederbringlicher Schaden entsteht.

Bei **Baugrundstücken** gilt dies trotz der Gefahr, dass das Grundstück zwischenzeitlich bebaut wird, im Grundsatz ebenfalls. Allerdings darf das Erklärungsmodell dort mit hinreichend abschreckenden (und daher gegenüber bebauten Grundstücken wohl weitreichenderen) Sanktionen kombiniert werden: So kann die Gundverkehrsbehörde zB schon aufgrund der Erklärung im Vorfeld prüfen, „ob Grunderwerbs- und Bauvorhaben dem Flächenwidmungsplan entsprechen".[56] Bei Nutzungswidrigkeiten hält der EuGH neben finanziellen Strafen zB auch eine Unwirksamerklärung des Kaufvertrags oder sogar die Zwangsversteigerung des fraglichen Grundstücks, für zulässig.[57] Ist der Sanktionskanon daher entsprechend umfassend, „gebietet es das Allgemeininteresse nicht, dass die Ausübung der [Kapitalverkehrsf]reiheit suspendiert bleibt, bis die Verwaltung das Vorhaben des Erwerbs eines Baugrundstücks geprüft hat."[58]

Beim Erwerb **landwirtschaftlicher Flächen** und Immobilien sind dagegen verhältnismäßig einschneidendere Eingriffe erlaubt. Insbesondere ist hier generell ein Erfordernis vorheriger Genehmigung durch die Behörden statt bloßer Verpflichtungserklärungen der Käufer nicht unverhältnismäßig, da bei Nichteinhaltung der Auflagen eine konkrete Gefahr der Beeinträchtigung des Naturzustands der Flächen besteht, also ein nicht wieder gutzumachender Schaden eintreten könnte. Dies illustriert etwa das Genehmigungen im grünen Grundverkehr betreffende Urteil *Ospelt* aus 2003.

> Rs C-452/01, *Ospelt*, ECLI:EU:C:2003:493, Rn 34 ff
>
> Das Vorarlberger GrundverkehrsG (VGVG) unterwarf Transaktionen in Bezug auf landwirtschaftliche Grundstücke für In- und Ausländer gleichermaßen einem Verfahren der vorherigen behördlichen Genehmigung. Ohne Genehmigung durfte keine Eintragung des Käufers im Grundbuch erfolgen. Diese Maßnahme stellt einen Eingriff in die Kapitalverkehrsfreiheit dar, aber kann sie gerechtfertigt werden?
>
> „34 Maßnahmen, die wie die im Ausgangsverfahren in Rede stehenden eine Beschränkung des freien Kapitalverkehrs zum Gegenstand haben ..., können ... zulässig sein, wenn mit ihnen in nicht diskriminierender Weise ein im Allgemeininteresse liegendes Ziel verfolgt wird und wenn sie mit dem Grundsatz der **Verhältnismäßigkeit** in Einklang stehen, dh geeignet sind, die Erreichung des verfolgten Zieles zu gewährleisten, und nicht über das hinausgehen, was hierzu erforderlich ist[.] Da es sich um die Erteilung einer vorherigen Genehmigung handelt, müssen sich diese Maßnahmen

---

[55] Vgl zB Rs C-300/01, *Salzmann*, ECLI:EU:C:2003:283, Rn 48.
[56] Rs C-300/01, *Salzmann*, ECLI:EU:C:2003:283, Rn 51.
[57] Vgl Rs C-300/01, *Salzmann*, ECLI:EU:C:2003:283, Rn 51.
[58] Rs C-300/01, *Salzmann*, ECLI:EU:C:2003:283, Rn 51.

6. Kapitalverkehr

zudem auf **objektive** und im **Voraus** bekannte **Kriterien** stützen, und jedem, der von einer solchen ... Maßnahme betroffen ist, muss der **Rechtsweg** offen stehen[.] ...

39 [Insoweit] stellen die **Erhaltung der landwirtschaftlichen Bevölkerung**, die Wahrung einer die **Entwicklung lebensfähiger Betriebe** sowie die **harmonische Pflege** des Raumes und der Landschaft ermöglichenden Aufteilung des Grundeigentums und die Förderung einer vernünftigen Nutzung der verfügbaren Flächen unter **Bekämpfung des Drucks auf den Grundstücksmarkt** und unter **Vorbeugung gegen natürliche Gefahren** im gesellschaftlichen **Interesse liegende Ziele** dar. ...

41 [E]in System vorheriger Genehmigungen [kann] in bestimmten Fällen erforderlich sein und in angemessenem Verhältnis zu den verfolgten Zielen stehen ..., **wenn** diese Ziele **nicht durch weniger restriktive Maßnahmen,** namentlich durch ein **Meldesystem, erreicht** werden können[.] ...

42 Das **ist der Fall**, wenn sich die nationalen Stellen bemühen, die **Entwicklung der landwirtschaftlichen Bodenstrukturen zu beherrschen**, indem sie sich Ziele wie die des VGVG setzen.

43 [Dazu ist es notwendig, die] landwirtschaftlich[e] Bestimmung der ... Flächen und die Fortführung ihrer Bewirtschaftung unter zufrieden stellenden Bedingungen [beizubehalten]. In diesem Rahmen dient die von den zuständigen Stellen im Voraus ausgeübte Kontrolle nicht nur einem Informationsbedürfnis, sondern **soll gewährleisten,** dass die **Veräußerung landwirtschaftlicher** Grundstücke **nicht die Einstellung ihrer Bewirtschaftung** oder eine Nutzung, die ihre dauerhafte Verwendung für die Bedürfnisse der Landwirtschaft **gefährden könnte,** zur Folge hat.

44 Eine **Kontrolle** durch die nationalen Stellen nach der Veräußerung dieser Grundstücke **böte nicht dieselben Sicherheiten.** Sie könnte eine Veräußerung, die im Widerspruch zu dem genannten Ziel einer Fortführung der Bewirtschaftung stünde, nicht verhindern, und **wäre daher** für dieses Ziel **nicht geeignet**[.]

45 Während **Kontrollmaßnahmen,** die auf das Verbot der Errichtung von Zweitwohnsitzen nach der Veräußerung von **Baugrundstücken** abzielen, **nach der Transaktion erfolgen können**, ohne dieses Ziel zu beeinträchtigen[,] können mit nationalen Bestimmungen wie dem VGVG demnach nur dann die gesetzten Ziele erreicht werden, wenn die landwirtschaftliche Bestimmung der Flächen nicht unwiederbringlich beeinträchtigt wird. Unter diesen Umständen ist ein **System vorheriger Genehmigungen** im Grundsatz **nicht zu beanstanden.** ...

46 Allerdings darf der gewählte Mechanismus der vorherigen Genehmigung in seinen Modalitäten und inhaltlichen Voraussetzungen **nicht über das hinausgehen,** was zur Erreichung des verfolgten Zieles erforderlich ist.

47 **Eine** der im VGVG aufgestellten Voraussetzungen **entspricht** diesen Anforderungen **nicht vollständig.**

51 Wenn nämlich in einer Situation wie der des **Ausgangsverfahrens** das Grundstück, das **veräußert** wird, zum Zeitpunkt des Verkaufs nicht von dem Eigentümer, sondern von einem **Landwirt** als **Pächter** bewirtschaftet wird, dann steht eine solche **Voraussetzung** einer ... Veräußerung an einen neuen Eigentümer **entgegen, der ... sich ... verpflichtet hat,** die **Bedingungen der Bewirtschaftung** des Grundstücks **durch denselben Pächter beizubehalten.** [Damit wird] ausgeschlossen, dass juristische Personen einschließlich solcher, die Landwirtschaft betreiben sollen, ein landwirtschaftliches Grundstück erwerben können. ...

54 [Art. 63 AEUV verbietet es daher] nicht ..., dass der Erwerb landwirtschaftlicher Grundstücke von der Erteilung einer vorherigen Genehmigung, wie sie das VGVG vorsieht, abhängig gemacht wird. Sie verbieten es jedoch, dass diese Genehmigung in jedem Fall versagt wird, wenn der Erwerber die betreffenden Grundstücke nicht selbst im Rahmen eines landwirtschaftlichen Betriebes bewirtschaftet und im Betrieb seinen Wohnsitz hat."

6.3.2.2. Unternehmenserwerb

Eine weitere typische Fallgruppe mitunter diskriminierender, häufig aber unterschiedslos beschränkender nationaler Maßnahmen sind Kapitalverkehrseingriffe iZm dem **Verkauf** bzw **Erwerb von öffentlichen Anteilen** an Unternehmen durch private Investoren.[59] Gerade bei der Privatisierung wichtiger staatsnaher Unternehmen kann die öffentliche Hand ein Interesse daran haben, sich vom allgemeinen Gesellschaftsrecht abweichende, also über dieses hinausgehende, **staatliche Sonderrechte** vorzubehalten.

Diese Sonderrechte werden *golden shares* genannt, obwohl es sich dabei nicht immer um Gesellschafts- bzw **Unternehmensanteile** im eigentlichen Sinn handeln muss: Privatisierungsbezogene Kapitalverkehrsbeschränkungen können auch unabhängig von einer formalen staatlichen Beteiligung durch einfache, auf das Unternehmen bzw dessen wirtschaftliche Freiheit bezogene **Gesetzesvorgaben** niedergelegt werden.[60] *Golden shares* sind unabhängig davon Eingriffe in Art 63 (sowie ggf auch in die Niederlassungsfreiheit Art 49), wie die Sonderrechte eingeräumt werden, ob es sich um direkte oder indirekte Einflussnahmerechte handelt und insbesondere, ob sie diskriminierend oder bloß beschränkend ausgestaltet sind.[61]

So können Sonderrechte entweder bezogen auf das zu verkaufende Unternehmen **sondergesetzlich mit Anteilen verbunden** eingeräumt, als **sondergesetzliche Schranken** formuliert oder auch nur in den **Privatisierungsbedingungen** (Vertragsbedingungen des Verkaufs) vorgesehen werden. Einflussnahmerechte **direkter Art** sind solche, die auf eine fortbestehende staatliche Einflussnahme auf die Unternehmensführung nach Privatisierung abzielen, zB eine besondere Sperrminorität bei Gesellschafterbeschlüssen. Einflussnahmerechte **indirekter Art** bestehen in einer **Einengung der Handlungsfreiheit** des Unternehmens nach Privatisierung, zB allgemeines Verbot bestimmter Beteiligungen oder Verhaltensweisen.

Diskriminierend sind gesellschaftsrechtliche Sonderregelungen dann, wenn Ausländer ausdrücklich vom Unternehmenserwerb ausgeschlossen werden (zB durch eine **Höchstgrenze** für ausländische Beteiligungen).[62] Diskriminierend ist es aber auch, wenn der Verkauf in einem **Bietverfahren** durchgeführt wird, bei dem Inländer oder ein bestimmter Bieter faktisch bevorzugt wird (also zB, wenn gar kein öffentliches Verkaufsverfahren durchgeführt, sondern freihändig an einen bestimmten Interessenten verkauft wird, wenn der Verkauf nicht ausreichend bekannt gemacht wird oder, wenn die Ausschreibungsbedingungen ausländische Interessenten faktisch benachteiligen).[63]

Den Kapitalverkehr **unterschiedslos beschränkende** staatliche Sonderrechte sind solche, die „über die ... Ungleichbehandlung der Finanzmarktteilnehmer aufgrund ihrer Staatsangehörigkeit hinaus ... den Erwerb von Anteilen an den betreffenden Unternehmen verhindern und Anleger aus anderen Mitgliedstaaten davon abhalten, in das Kapital dieser Unternehmen zu

---

59 Vgl zB Rs C-367/98, *Kommission/Portugal*, ECLI:EU:C:2002:326, Rn 46 und 52; Rs C-463/00, *Kommission/Spanien*, ECLI:EU:C:2003:272, Rn 53; Rs C-98/01, *Kommission/Großbritannien*, ECLI:EU:C:2003:273, Rn 40; Rs C-171/08, *Kommission/Portugal*, ECLI:EU:C:2010:412, Rn 48 ff.
60 Vgl auch *Lewisch/Kristoferitsch*, GesRZ 2012, 24.
61 Vgl zB Rs C-367/98, *Kommission/Portugal*, ECLI:EU:C:2002:326, Rn 46 ff; Rs C-483/99, *Elf-Aquitaine*, ECLI:EU:C:2002:327, Rn 40 ff.
62 Vgl Rs C-367/98, *Kommission/Portugal*, ECLI:EU:C:2002:326, Rn 46 ff.
63 So (aus dem Blickwinkel des wettbewerblichen Privatinvestortests) zB in verb. Rs C-214/12 P, C-215/12 P und C-223/12 P, *GRAWE*, ECLI:EU:C:2013:682, Rn 3 ff.

6. Kapitalverkehr

investieren."[64] Auch Sonderrechte dieser Art sind, mit den Worten des EuGH, „geeignet, den freien Kapitalverkehr illusorisch zu machen".[65]

Ein Beispiel ist etwa die Schaffung einer Sonderaktie der zu privatisierenden Gesellschaft, die ihrem (staatlichen) Inhaber ein Vetorecht gegenüber dem Erwerb größerer Beteiligungen durch Dritte sowie gegen die Veräußerung oder Belastung bestimmter Aktiva Widerspruch verleiht.[66] Gleiches gilt für einen behördlichen Genehmigungsvorbehalt für bestimmte Beschlüsse (Auflösung, Spaltung, Verschmelzung, Veräußerung oder Belastung von Vermögensgegenständen oder Gesellschaftsanteilen, Verfügungen über das Gesellschaftskapital und den Erwerb von Beteiligungen) sowie für die Änderung des Gesellschaftszwecks.[67] Unterschiedslos beschränkend sind etwa auch eine automatische Aussetzung der Stimmrechte für Drittbeteiligungen von mehr als 2 % bei marktbeherrschenden, nicht börsenotierten Unternehmen in den Sektoren Elektrizität und Gas[68] oder die Schaffung einer ausschließlich öffentlichen Inhabern zustehenden Sonderaktie an einem Flughafen, die es ausschließt, dass andere als öffentlich ermächtigte Dritte mehr als 15 % der stimmberechtigten Gesellschaftsanteile erwerben können.[69]

Die Funktionsweise und kapitalverkehrsrechtliche Beurteilung von unterschiedslos wirkenden *golden shares* illustriert als Beispiel auch das Urteil *Kommission/Deutschland* aus 2007. Es betrifft Abweichungen bei Stimmrecht und Sperrminorität beim Verkauf öffentlicher Anteile am VW-Konzern.[70]

Verb Rs C-112/05, *Kommission/Deutschland*, ECLI:EU:C:2007:623

Bereits 1960 hatte Deutschland ein Sondergesetz zur Vorbereitung der Überführung seiner Anteilsrechte an der Volkswagenwerk GmbH in private Hand erlassen (sog VW-G). Im Zuge dessen war VW in eine AG umgewandelt, dabei aber eine Reihe von Sonderbestimmungen gegenüber dem allgemeinen Aktienrecht vorgesehen worden. So wurde erstens abweichend von der allgemeinen Regelung das Stimmrecht jedes Aktionärs auf 20 % des Grundkapitals von Volkswagen begrenzt. Zweitens wurde für die Beschlüsse der Hauptversammlung, für die nach dem AktienG nur eine Mehrheit von 75 % des vertretenen Kapitals erforderlich war, eine Mehrheit von mehr als 80 % vorschrieben. Drittens wurden dem Bund und dem Land Niedersachsen das Recht eingeräumt, je zwei Aufsichtsratsmitglieder in den Aufsichtsrat von Volkswagen zu entsenden. Sind diese Sonderrechte Eingriffe in den freien Kapitalverkehr?

17 ... Art. [63 verbietet] ganz allgemein Beschränkungen des Kapitalverkehrs zwischen den Mitgliedstaaten[.]

18 [Der] Begrif[f] ‚Kapitalverkehr' [umfasst] Investitionen jeder Art durch natürliche oder juristische Personen zur Schaffung oder Aufrechterhaltung dauerhafter und direkter Beziehungen zwischen denjenigen, die die Mittel bereitstellen, und den Unternehmen, für die die Mittel zum Zweck einer wirtschaftlichen Tätigkeit bestimmt sind[.] Bei Beteiligungen an neuen oder bereits bestehenden Unternehmen setzt das Ziel der Schaffung oder Aufrechterhaltung dauerhafter Wirtschaftsbeziehungen, wie auch aus diesen Begriffsbestimmungen hervorgeht, voraus, dass die Aktien ihrem Inhaber entweder nach den nationalen aktienrechtlichen Vorschriften oder aus anderen Gründen

---

64 Rs C-483/99, *Elf-Aquitaine*, ECLI:EU:C:2002:327, Rn 40 und 41.
65 Rs C-483/99, *Elf-Aquitaine*, ECLI:EU:C:2002:327, Rn 41.
66 Vgl Rs C-483/99, *Elf-Aquitaine*, ECLI:EU:C:2002:327, Rn 12 ff.
67 Vgl Rs C-463/00, *Kommission/Spanien*, ECLI:EU:C:2003:272, Rn 54 ff.
68 Vgl Rs C-174/04, *Kommission/Italien*, ECLI:EU:C:2005:350, Rn 30 ff.
69 Vgl Rs C-98/00, *Kommission/Großbritannien*, ECLI:EU:C:2003:273, Rn 38 ff.
70 Vgl auch *Kilian*, NJW 2007, 1508ff.

die Möglichkeit geben, sich effektiv an der Verwaltung dieser Gesellschaft oder an deren Kontrolle zu beteiligen[.]

19 ... ‚Beschränkungen' [sind daher Maßnahmen, die] geeignet sind, den Erwerb von Aktien der betreffenden Unternehmen **zu verhindern** oder zu **beschränken** oder aber Investoren anderer Mitgliedstaaten davon **abzuhalten**, in das Kapital dieser Unternehmen **zu investieren**[.] ...

38 [Ein] **Höchststimmrecht** [ist] ein gängiges gesellschaftsrechtliches Instrument.

39 [Das] AktG [statuiert zwar einen] Grundsatz der Korrelation von Kapitalbeteiligung und Stimmkraft ..., [erlaubt] jedoch eine Beschränkung des Stimmrechts in bestimmten Fällen[.]

40 [Allerdings] besteht ein Unterschied zwischen einer den Aktionären verliehenen **Befugnis**, von der sie Gebrauch machen können oder auch nicht, und einer den Aktionären durch Gesetz auferlegten spezifischen **Verpflichtung**, von der sie nicht abweichen können. ...

46 [Das] Erfordernis[, dass eine Mehrheit erst bei mehr als 80 % des Grundkapitals zustande kommt], das von der allgemeinen Regelung abweicht und durch ein besonderes Gesetz aufgestellt wird, räumt so jedem Aktionär mit einer Beteiligung von 20 % am Grundkapital eine **Sperrminorität** ein.

47 Richtig ist zwar, dass diese Möglichkeit ... **unterschiedslos** gilt. Wie auch das Höchststimmrecht kann sie zugunsten oder zulasten jedes Aktionärs der Gesellschaft wirken. ...

50 [Angesichts der Beteiligungsverhältnisse wird damit jedoch faktisch] ein Instrument bereit[gestellt], das den öffentlichen Akteuren ermöglicht, sich mit einer geringeren Investition als nach dem allgemeinen Gesellschaftsrecht erforderlich eine **Sperrminorität** vorzubehalten, mittels deren sie wichtige Entscheidungen blockieren können. ...

52 Diese Situation ist geeignet, **Anleger aus anderen Mitgliedstaaten von Direktinvestitionen abzuhalten**, da sie die Möglichkeit anderer Aktionäre einschränkt, sich an der Gesellschaft zu beteiligen, um dauerhafte und direkte Wirtschaftsbeziehungen mit ihr zu schaffen oder aufrechtzuerhalten, die es ihnen ermöglichen, sich effektiv an ihrer Verwaltung oder ihrer Kontrolle zu beteiligen. ...

56 Daher stellt das ... VW-Gesetz [insoweit] eine Beschränkung des Kapitalverkehrs ... dar. ...

59 [Gleiches gilt für die] Bund und ... Land [eingeräumte] Möglichkeit, je zwei **Aufsichtsratsmitglieder** in den Aufsichtsrat von Volkswagen zu entsenden, also insgesamt vier Personen, solange ihnen Aktien von Volkswagen gehören.

60 Eine solche Möglichkeit stellt eine **Abweichung vom allgemeinen Gesellschaftsrecht** dar. Dieses beschränkt nämlich die Entsenderechte bestimmter Aktionäre auf ein Drittel der von den Aktionären entsandten Aufsichtsratsmitglieder. ...

62 Das ... Entsenderecht gibt [der öffentlichen Hand] daher die Möglichkeit, sich stärker an der Tätigkeit des Aufsichtsrats zu beteiligen, als es ihr Aktionärsstatus normalerweise zuließe. ...

64 [Das] VW-Gesetz stellt damit ein Instrument bereit, das den öffentlichen Akteuren ermöglicht, einen **Einfluss auszuüben, der über ihre Investitionen hinausgeht**. Entsprechend kann der Einfluss der anderen Aktionäre hinter ihren eigenen Investitionen zurückbleiben.

65 Dass der Aufsichtsrat ... kein Entscheidungsorgan, sondern ein einfaches Kontrollorgan ist, ändert nichts an der Position und dem Einfluss der öffentlichen Akteure[.] ...

68 [Wiederum ist daher] festzustellen, dass [das] VW-Gesetz [insoweit] eine Beschränkung des freien Kapitalverkehrs ... darstellt.

6.4. Rechtfertigung

Die primärrechtlichen Rechtfertigungsmöglichkeiten von Kapital- und Zahlungsverkehrsbeschränkungen regelt **Art 65**. Demnach sind iW **vier Gruppen** von Maßnahmen rechtfertigungsfähig.

6. Kapitalverkehr

Art 65 Abs 1 **lit a** erlaubt 1) **steuerrechtliche Ungleichbehandlungen** je nach Vorliegen von in- oder ausländischen Anknüpfungspunkten (s dazu bereits zuvor bei der Maßnahmengruppe Steuern). Art 65 Abs 1 **lit b** ermächtigt außerdem zu 2) Maßnahmen zur Vorsorge für die **Einhaltung von steuer- und aufsichtsrechtlichen Vorschriften** sowie 3) zu **Meldeverfahren** für den Kapitalverkehr zur Information der Behörden über Kapitalverkehrsvorgänge und 4) sonstigen Maßnahmen aus Gründen der **öffentlichen Ordnung oder Sicherheit**.[71] Art 65 Abs 2 verweist außerdem auf zulässige Beschränkungen der Niederlassungsfreiheit und stellt klar, dass diese nicht unter Berufung auf Art 63 ausgehebelt werden können.

Art 65 Abs 3 enthält ein **Sachlichkeitsgebot,** das der EuGH so auslegt, dass objektiv sachliche Ungleichbehandlungen aus den genannten Gründen jedenfalls zulässig sind (s dazu bei den Steuern). Er prüft daher nur für sachlich nicht gerechtfertigte Maßnahmen weiter, ob sie allenfalls noch durch zwingende Gründe des Allgemeininteresses gerechtfertigt werden können.[72]

Aus der Struktur des Art 65 ergeben sich damit gegenüber den anderen Grundfreiheiten zwei **Besonderheiten** bei der Durchführung der Rechtfertigungsprüfung. Die Rechtfertigungsprüfung aus den in Art 65 genannten Gründen ist **erstens zweistufig** (Sachlichkeit und sodann zwingende Erfordernisse) und zweitens stehen die **zwingenden Erfordernisse ausdrücklich auch** für **mittelbar diskriminierende Maßnahmen** (also sachlich nicht gerechtfertigte Ungleichbehandlungen) zur Verfügung.

Daher kann auch bei Art 63 der primärrechtliche Katalog der Rechtfertigungsgründe durch einen **offenen Kreis** zwingender Erfordernisse des Allgemeininteresses **erweitert** werden. Eine Illustration erlaubt das eben zuvor verwendete Beispiel des Urteils *Elf-Aquitaine* aus 2002 zur Rechtfertigungsfähigkeit von kapitalverkehrsbeschränkenden *golden shares*.

Rs C-483/99, *Elf-Aquitaine,* ECLI:EU:C:2002:327, Rn 42 ff

Frankreich hat sich an einem staatsnahen Unternehmen per Gesetz Sonderrechte vorbehalten, die in die Kapitalverkehrsfreiheit eingreifen. Lässt sich dies rechtfertigen?

42. [Es] ist zu prüfen, ob und unter welchen Voraussetzungen diese Beschränkung gerechtfertigt sein kann.

43. [J]e nach den Umständen [kann es gerechtfertigt sein], dass die Mitgliedstaaten einen gewissen Einfluss auf ursprünglich öffentliche und später privatisierte Unternehmen behalten, wenn diese Unternehmen **Dienstleistungen** von **allgemeinem Interesse** oder von **strategischer Bedeutung** erbringen[.]

44. Diese Bedenken erlauben es den Mitgliedstaaten jedoch nicht, sich auf ihre **Eigentumsordnung**, die Gegenstand von [**Art 345 AEUV**] ist, zu berufen, um Beeinträchtigungen der im Vertrag vorgesehenen Freiheiten zu rechtfertigen, die sich aus Vorrechten ergeben, mit denen ihre Aktionärsstellung in einem privatisierten Unternehmen ausgestattet ist. [So] führt dieser Artikel nicht dazu, dass die in den Mitgliedstaaten bestehende Eigentumsordnung den Grundprinzipien des Vertrages entzogen ist.

45. Der freie Kapitalverkehr kann als tragender Grundsatz des Vertrages nur dann durch eine nationale Regelung beschränkt werden, wenn diese aus den in [**Art 65 AEUV**] genannten Gründen oder durch **zwingende Gründe des Allgemeininteresses** gerechtfertigt ist, die **für alle** im Hoheitsgebiet des Aufnahmemitgliedstaats tätigen Personen oder Unternehmen gelten. Ferner ist die nationale

---

71 Vgl zB verb Rs C-163/94, C-165/94 und C-250/94, *Sanz de Lera*, ECLI:EU:C:1995:451, Rn 22 ff.
72 Vgl zB Rs C-599/13, *Grünewald*, ECLI:EU:C:2015:109, Rn 23; Rs C-450/09, *Schröder*, ECLI:EU:C:2011:198, Rn 35; Rs C-194/06, *Orange*, ECLI:EU:C:2008:289, Rn 77 ff.

Regelung nur dann gerechtfertigt, wenn sie **geeignet** ist, die Verwirklichung des mit ihr verfolgten Zieles zu gewährleisten, und nicht über das hinausgeht, was zur Erreichung dieses Zieles erforderlich ist, so dass sie dem Kriterium der **Verhältnismäßigkeit** entspricht[.] ...

47. Im vorliegenden Fall lässt sich nicht leugnen, dass an dem mit der fraglichen Regelung verfolgten Ziel – der **Sicherstellung der Versorgung mit Erdölprodukten im Krisenfall** – ein legitimes öffentliches Interesse besteht. Wie der Gerichtshof bereits anerkannt hat, gehört zu den Gründen der öffentlichen Sicherheit, aus denen eine Beeinträchtigung des freien Warenverkehrs gerechtfertigt sein kann, das Ziel, jederzeit eine Mindestversorgung mit Erdölprodukten sicherzustellen[.] ...

48. Der Gerichtshof hat aber auch entschieden, dass die Erfordernisse der öffentlichen Sicherheit, insbesondere als Ausnahme von dem grundlegenden Prinzip des freien Kapitalverkehrs, eng zu verstehen sind, so dass ihre Tragweite nicht von jedem Mitgliedstaat einseitig ohne Nachprüfung durch die Organe der Gemeinschaft bestimmt werden kann. So kann die öffentliche Sicherheit nur geltend gemacht werden, wenn eine **tatsächliche und hinreichend schwere Gefährdung** vorliegt, die ein Grundinteresse der Gesellschaft berührt[.] ...

50. Insoweit [unterwirft die Regelung jede **größere**] Beteiligung gleich welcher Natur oder Rechtsform bei jedem Beteiligten der vorherigen Genehmigung durch den Wirtschaftsminister[.] Die Ausübung dieses Rechts **unterliegt ... keiner Voraussetzung**[.] Die betreffenden Anleger erhalten keinerlei Hinweis darauf, unter **welchen konkreten objektiven Umständen** eine vorherige Genehmigung erteilt oder versagt wird. Bei einer derartigen **Unbestimmtheit** ist für den Einzelnen der Umfang seiner Rechte und Pflichten aus [Art 63 AEUV] nicht erkennbar, so dass eine solche Regelung gegen den Grundsatz der Rechtssicherheit verstößt[.]

51. Ein so **weites Ermessen** stellt eine schwerwiegende Beeinträchtigung des freien Kapitalverkehrs dar, die zu dessen Ausschluss führen kann. Die fragliche Regelung geht somit eindeutig über das hinaus, was zur Erreichung des von der französischen Regierung angeführten Zieles – eine Beeinträchtigung der Mindestversorgung mit Erdölerzeugnissen für den Fall einer tatsächlichen Gefährdung zu verhindern – erforderlich ist.

Wie stets, schließt auch für Art 63 eine **Verhältnismäßigkeitsprüfung** der konkret getroffenen Maßnahmen im Hinblick auf das jeweilige Ziel an. Art 65 Abs 1 lit b unterstreicht dies auch ausdrücklich für die dort genannten Rechtfertigungsgründe („unerläßlich[e] Maßnahmen").

6.5. Sekundärrecht

Auf die, heute weitestgehend bedeutungslose, KapitalverkehrsRL 88/361/EWG als historisch wichtigstes Ausführungsinstrument zur Kapitalverkehrsfreiheit wurde schon einleitend hingewiesen. Heute von Bedeutung ist dagegen das in Ausführung der Kapitalverkehrsfreiheit entstandene und mittlerweile sehr dichte Regelwerk des sog **Europäischen Finanzraums**.[73] Es handelt sich um bereichsspezifische Harmonisierung zur Integration der Finanzmärkte der EU. Die zugehörigen (hier nur im Überblick wiedergegebenen) Rechtsakte umspannen grob besehen acht Bereiche: Es sind dies ...

1) **bankenbezogene Regulierung** (zB. EZB-Aufsicht über Großbanken im Rahmen des Single Supervisory Mechanism **SSM**,[74] Entwicklung von Aufsichtsstandards für Banken durch die

---

[73] Ausführlich zB *Wojcik*, Art 63, Rz 79 ff, in *von der Groeben/Schwarze/Hatje* (Hrsg), EUV/AEUV-Kommentar[7] (2015).
[74] Vgl SSM-VO 1024/2013, ABl 2013/L 287/63 ff.

6. Kapitalverkehr

Europäische Bankenaufsichtsbehörde **EBA**,[75] Bankenabwicklung,[76] Eigenkapitalanforderungen,[77] Einlagensicherung[78] usw);

2) **Versicherungswesen** (zB Versicherungsaufsichtsbehörde **EIOPA**,[79] Schadens-, Lebens- und Rückversicherung[80] uvm);

3) **Kapitalmarktwesen** (zB Wertpapierprospekte,[81] Transparenz,[82] Leerverkäufe[83] usw);

4) **Finanzmarktinfrastruktur** (zB Wertpapieraufsichtsbehörde **ESMA**,[84] allgemeiner Rahmen für Wertpapierdienstleistungen,[85] Finanzsicherheiten[86] usw);

5) **Investmentrecht** (zB gemeinsame Anlageorganismen,[87] alternative Fonds[88] usw);

6) **Zahlungsverkehr** (va Zahlungsdienste und Gebühren);[89]

7) **Verbraucherschutz** (zB Verbraucherkreditverträge,[90] Fernabsatz von Finanzdienstleistungen,[91] Basiskonto[92] uvm); und

8) **Geldwäsche** (va Überwachung und Meldepflichten).[93]

Die Aufsichtsbehörden EBA, EIOPA und ESMA sind Teil des 2010 im Gefolge der damaligen Finanz- und Wirtschaftskrise errichteten Europäischen Systems der Finanzaufsicht (European System of Financial Supervision, **ESFS**). Ihre Aufgaben liegen va in der Entwicklung von einheitlichen Standards und der Überwachung der Anwendung des EU-Rechts. Unmittelbare Durchgriffsrechte haben sie nur in Ausnahmefällen.

Das ESFS ist nicht mit dem SSM zu verwechseln, in dessen Rahmen der EZB die spezifische Aufgabe der Aufsicht über sog **systemrelevante Großbanken** übertragen und dazu mit starken Rechten (bis hin zur Kontrollübernahme im Fall beantragter Hilfen) ausgestattet ist. Die Bankenaufsicht im Rahmen des SSM erlaubt auch Finanzhilfen der Euro-Staaten aus dem sog Euro-Rettungsschirm (Europäischer Stabilitätsmechanismus, **ESM**).[94] Wird im Rahmen des SSM die Abwicklung einer notleidenden Bank notwendig, richtet diese sich nach den Regeln des einheitlichen Bankenabwicklungsmechanismus (Single Resolution Mechanism, **SRM**).[95] Der SRM

---

75 Vgl EBA-VO 1093/2010, ABl 2010/L 331/12.
76 Vgl BRRD-RL 2014/59/EU, ABl 2014/L 173/190.
77 Vgl das sog CDR IV-Paket: VO 575/2013, ABl 2013/L 176/1; RL 2013/36/EU, ABl 2013/L 176/338.
78 Vgl EinlagensicherungsRL 2014/49/EU, ABl 2014/L 173/149.
79 EIOPA-VO 1094/2010, ABl 2010/L 331/48.
80 Sog Solvency II-RL 2009/138/EG, ABl 2009/L 355/1.
81 Vgl ProspektRL 2003/71/EG, ABl 2003/L 345/64.
82 Vgl KapitalmarkttransparenzRL 2004/109/EG, ABl 2004/L 390/38.
83 Vgl LeerverkaufsVO 236/2012, ABl 2012/L 86/1.
84 ESMA-VO 1095/2010, ABl 2010/L 331/84.
85 Sog MiFID-RL 2004/39/EG, ABl 2004/L 145/1.
86 Vgl Finanzsicherheiten-RL 2002/47/EG, ABl 2002/L 168/43.
87 Sog OGAW-RL 2009/65/EG, ABl 2009/L 302/32.
88 Vgl AIFM-RL 2011/61/EU, ABl 2011/L 174/1.
89 Vgl va ZahlungsdiensteRL 2007/64/EG, ABl 2007/L 319/1; ZahlungsgebührenVO 924/2009, ABl 2009/L 266/11.
90 Vgl VerbraucherkreditRL 2008/48/EG, ABl 2008/L 133/66.
91 Vgl FinanzdienstleistungsRL 2002/65/EG, ABl 2002/L 271/16.
92 Vgl Empfehlung 2011/442/EU, ABl 2011/L 190/87.
93 Vgl va TerrorismusfinanzierungsRL 2005/60/EG, ABl 2005/L 309/15; GeldtransferVO 1781/2006, ABl 2006/L 345/1; BarmittelVO 1889/2005, ABl 2005/L 309/9.
94 Vgl ESM-Vertrag, veröffentlicht als Pressemeldung v 1. 2. 2012, D/12/3.
95 Vgl SRM-VO 806/2014, ABl 2014/L 225/1.

kann dazu auf einen aus Bankenabgaben gespeisten Fonds (Single Resolution Fund, SRF) zurückgreifen und soll so aus Steuergeldern gespeiste Bankrettungsmaßnahmen (sog *bail outs*) unnötig werden lassen. Der Querverweis auf ESM und SRM zeigt auch die mittlerweile enge Nahbeziehung zwischen der Kapitalverkehrsfreiheit in Form der Europäischen Finanzraumregulierung und der **Wirtschafts- und Währungspolitik** nach den Art 119 ff AEUV.[96]

6.6. Wiederholungsfragen

i. Wer ist vom persönlichen Schutzbereich der Kapitalverkehrsfreiheit umfasst?

ii. Was umfasst die Zahlungsverkehrsfreiheit? Handelt es sich um eine eigenständige Grundfreiheit?

iii. Worin unterscheidet sich Prot Nr 32 von Art 64?

iv. Wie geraten Steuervorschriften in den Anwendungsbereich von Art 63, nach welchen besonderen Grundsätzen werden sie beurteilt und was ist der Hintergrund dieser Besonderheiten?

v. Umfasst Art 63 eine der *Keck*-Doktrin nachempfundene Tatbestandsausnahme?

vi. Was ist der Unterschied zwischen SSM und ESFS?

vii. Die Tirolerin Lantscher hat Vermögen bei einer dt Bank veranlagt. Ehrlicherweise gibt sie die dort erzielten Kapitalerträge in ihrer Einkommensteuererklärung an. Aufgrund ihrer sonstigen Einkünfte unterliegt sie damit einem Steuersatz von 50 %. Hätte sie das Geld im Inland veranlagt, könnte sie für einen einmaligen, automatischen Kapitalertragsteuerabzug im Ausmaß von 25 % optieren. Wie beurteilen Sie diese Situation?

viii. Das frz Unternehmen Aaah kauft eine Beteiligung am österr Unternehmen Beeh. Sind auf diesen Vorgang die Vorschriften zum Kapitalverkehr oder zur Niederlassungsfreiheit anwendbar? Wovon hängt dies ab und welchen Unterschied macht es für die Beurteilung einer börserechtlichen Vorschrift, die bewirkt, dass die Anteile von Beeh nicht an der Börse gehandelt werden dürfen?

ix. Wann unterliegen die Bedingungen für Bankdarlehen der Beurteilung nach der Dienstleistungs-, wann einer Beurteilung nach der Kapitalverkehrsfreiheit?

x. Zählen unbebaute Grundstücke zum grauen oder zum grünen Grundverkehr bzw wovon hängt dies ab? Inwieweit sind grauer und grüner Grundverkehr unterschiedlich zu beurteilen? Geben Sie drei Beispiele und erörtern Sie für diese jeweils die Rechtfertigungs- und Verhältnismäßigkeitsprüfung im Detail.

---

[96] Vgl auch *Potacs/Wutscher*, JRP 2014, 255ff; *Ruffert* ZG 2015, 51ff.

7. Vergaberecht

Das Recht der öffentlichen Auftragsvergabe (Vergaberecht, zT auch Beschaffungsrecht) legt binnenmarktweit einheitliche Mindestvorschriften für ein transparentes und faires Vorgehen bei der Beschaffungen von Waren und Dienstleistungen sowie der Herstellung von Bauwerken durch die öffentliche Hand fest.[1] Neben den eigentlichen Vergabeverfahrensvorgaben umfasst das Regime insbesondere Mindeststandards für den Vergaberechtsschutz für (aktuelle oder übergangene) Bieter.

Die öffentliche Hand (zB Bund, Länder, Gemeinden, Polizei, Schulen und Universitäten, öffentliche Unternehmen usw) ist in Summe ein wichtiger Einkäufer. Das öffentliche Beschaffungswesen hat daher große volkswirtschaftliche Bedeutung und gleichzeitig ein enormes Binnenmarktpotenzial. Verfahrensvorgaben, die bei Einkäufen der öffentlichen Hand Transparenz und Gleichbehandlung sichern, versprechen zudem einen effizienteren und sparsameren Einsatz öffentlicher Mittel.[2]

7.1. Internationaler Rahmen

Bei der Ausgestaltung des Rechtsrahmens für die öffentliche Auftragsvergabe hat der Unionsgesetzgeber verschiedene internationale Abkommen mit va räumlich unterschiedlichen Anwendungsbereichen zu beachten. Die Union hat den wechselseitigen Zugang zu Beschaffungsmärkten etwa im Rahmen des EWR-Abkommens, des EFTA-Abkommens[3] und im Rahmen von Handels- und Partnerschaftsabkommen mit einzelnen Staaten oder Staatengruppen[4] geregelt.

Das bedeutendste, weil sachlich umfassendste dieser Abkommen ist das auf dem GATT-Kodex von 1981 (Government Procurement Code – GPC) fußende und im Rahmen der Uruguay-Runde neu verhandelte Übereinkommen über das öffentliche Beschaffungswesen (Government Procurement Agreement; GPA) von 1994. Die aktuelle Fassung des GPA 2012 trat am 2014 in Kraft. Das GPA bindet, anders als die WTO-Hauptabkommen, nur jene Mitglieder, die es gesondert ratifiziert haben. Dies sind neben der EU (und ihren Mitgliedstaaten) insb die USA, Kanada, Japan, Korea, Norwegen und die Schweiz. Die EU hat sich bemüht, ihre eigenen Vergaberichtlinien an das GPA anzugleichen,[5] wobei der schon davor bestehende Rechtsbestand aber keine tiefgreifenden Änderungen erforderte.

---

1 Vgl auch *Burgi*, VergabeR 2016, 261.
2 Weiter führend *Holoubek/Fuchs* in *Holoubek/Potacs* (Hrsg), Öffentliches Wirtschaftsrecht, 743.
3 Vgl Rs 104/81, *Kupferberg*, ECLI:EU:C:1982:362, Rn 8 ff; Rs 270/80, *Polydor*, ECLI:EU:C:1982:43, Rn 8 ff.
4 Vgl etwa Memorandum of Understanding mit den USA, ABl 1993/L 125/1; Titel III der Entscheidung 2/2000 des Gemeinsamen EG-Mexiko Rates, ABl 2000/L 157/10; Freihandelsabkommen EU-Schweiz, ABl 1972/L 300/189.
5 RL 97/52/EG über die Koordinierung der Verfahren zur Vergabe öffentlicher Dienstleistungs-, Liefer- und Bauaufträge, ABl 1997/L 328/1; RL 98/4/EG zur Koordinierung der Auftragsvergabe durch Auftraggeber im Bereich der Wasser-, Energie- und Verkehrsversorgung sowie im Telekommunikationssektor, ABl 1998/L 101/1.

7.2. Primärrechtliche Vorgaben

Die wesentlichen primärrechtlichen Vorgaben für das EU-Vergaberecht sind die **Grundfreiheiten** sowie das **Diskriminierungsverbot**. Die Vergaberichtlinien führen diese Bestimmungen aus. Die Benachteiligung ausländischer Bieter verstößt nach der Rsp daher gegen diese Vorschriften, soweit die Richtlinien selbst (etwa unterhalb ihrer Schwellenwerte) nicht greifen (dazu sogleich hier).[6] Innerhalb ihres Anwendungsbereichs verdrängen die VergabeRL als speziellere Vorschriften jedoch die Warenverkehrs- und Dienstleistungsfreiheit.[7] Dasselbe gilt für das, gegenüber den Grundfreiheiten subsidiäre, allgemeine Diskriminierungsverbot.[8]

Nach der Rsp bedingt die subsidiäre Geltung von Grundfreiheiten und Diskriminierungsverbot, dass Mindestgrundsätze der **Fairness und Gleichbehandlung** bei öffentlichen Beschaffungsvorgängen auch außerhalb des Anwendungsbereichs der vergaberechtlichen Richtlinien (insbesondere unterhalb der Schwellenwerte) zu beachten sind.[9] Aus dem Diskriminierungsverbot folgt überdies eine Verpflichtung zur Transparenz im Verfahren.[10] Dies begründete der EuGH im Urteil *Co.Na.Me* aus 2005 näher, betreffend eine Konzession für die Leitung und Überwachung eines Gemeindegasnetzes.

Rs C-231/03, *Co.Na.Me*, ECLI:EU:C:2005:487

Der Consorzio Aziende Metano (Co.Na.Me) war mit der Leitung und Überwachung des Methangasnetzes der italienischen Gemeinde Cingia de' Botti betraut. Ab 2000 beauftragte die Gemeinde per Beschluss das überwiegend in öffentlicher Hand befindliche Unternehmen Padania mit diesen Leistungen. Da es sich um eine Dienstleistungskonzession handelte, unterlag die Beauftragung nach damaliger Rechtslage nicht dem Vergaberecht. Co.Na.Me beantragte vor dem nationalen Gericht die Aufhebung des Betrauungsbeschlusses mit der Begründung, dass sich unbeschadet der Unanwendbarkeit des Vergaberechts aus der Niederlassungs- und der Dienstleistungsfreiheit Mindesterfordernisse der Transparenz und Nichtdiskriminierung ergeben, die die Gemeinde Cingia de' Botti missachtet habe.

16 Die Vergabe einer solchen Konzession wird von keiner der Richtlinien erfasst, mit denen der Gemeinschaftsgesetzgeber den Bereich des öffentlichen Auftragswesens geregelt hat. In Ermangelung einer solchen Regelung sind die Folgen, die sich aus dem Gemeinschaftsrecht für die Erteilung solcher Konzessionen ergeben, im Licht des primären Rechts und insbesondere der im Vertrag vorgesehenen Grundfreiheiten zu prüfen.

17 Da an dieser Konzession auch ein in einem anderen Mitgliedstaat als dem der Gemeinde Cingia de' Botti niedergelassenes Unternehmen Interesse haben kann, liegt in der ohne jede Transparenz

---

[6] Vgl etwa Rs C-328/96, *Kommission/Österreich*, ECLI:EU:C:1999:526, Rn 79.

[7] Vgl etwa Rs C-237/99, *Kommission/Frankreich*, ECLI:EU:C:2001:70, Rn 41; Rs C-380/98, *University of Cambridge*, ECLI:EU:C:2000:529, Rn 16; Rs C-92/00, *HI*, ECLI:EU:C:2002:379, Rn 43; Rs C-470/99, *Universale-Bau*, ECLI:EU:C:2002:746, Rn 51.

[8] Vgl Rs C-379/92, *Matteo Peralta*, ECLI:EU:C:1994:296, Rn 18.

[9] Vgl Rs C-324/98, *Telaustria und Telefonadress*, ECLI:EU:C:2000:669, Rn 60; Rs C-57/01, *Makedoniko Metro*, ECLI:EU:C:2003:47, Rn 69; Rs C-59/00, *Vestergaard*, ECLI:EU:C:2001:654, Rn 20 f.; Rs C-458/03, *Parking Brixen*, ECLI:EU:C:2005:605, Rn 44 ff; Rs C-410/04, *ANAV*, ECLI:EU:C:2006:237, Rn 15 ff; Rs C-91/08, *Wall*, ECLI:EU:C:2010:182, Rn 28.

[10] Vgl Rs C-324/98, *Telaustria und Telefonadress*, ECLI:EU:C:2000:669, Rn 61; Rs C-275/98, *Unitron Scandinavia*, ECLI:EU:C:1999:567, Rn 31; Rs C-92/00, *HI*, ECLI:EU:C:2002:379, Rn 47; Rs C-458/03, *Parking Brixen*, ECLI:EU:C:2005:605, Rn 48; Rs C-91/08, *Wall*, ECLI:EU:C:2010:182, Rn 28; Rs C-410/04, *ANAV*, ECLI:EU:C:2006:237, Rn 15 ff; Rs C-64/08, *Engelmann*, ECLI:EU:C:2010:506, Rn 41 ff; Rs C-203/08, *Sporting Exchange*, ECLI:EU:C:2010:307, Rn 39.

7.2. Primärrechtliche Vorgaben

> erfolgenden Vergabe dieser Konzession an ein im letztgenannten Mitgliedstaat niedergelassenes Unternehmen eine unterschiedliche **Behandlung zum Nachteil des in dem anderen Mitgliedstaat niedergelassenen Unternehmens**[.]
>
> 18 In Ermangelung jeder Transparenz hat nämlich das letztgenannte Unternehmen keine tatsächliche Möglichkeit, sein Interesse am Erhalt der erwähnten Konzession kundzutun.
>
> 19 Eine solche unterschiedliche Behandlung, die durch den Ausschluss aller in einem anderen Mitgliedstaat niedergelassenen Unternehmen hauptsächlich diese benachteiligt, stellt, sofern sie nicht durch objektive Umstände gerechtfertigt ist, eine nach [Art 49 und 56 AEUV] **verbotene mittelbare Diskriminierung aufgrund der Staatsangehörigkeit** dar[.]
>
> 20 Aus den Akten des Ausgangsverfahrens geht nicht hervor, dass wegen besonderer Umstände wie beispielsweise einer sehr geringfügigen wirtschaftlichen Bedeutung vernünftigerweise angenommen werden könnte, dass ein Unternehmen, das in einem anderen Mitgliedstaat als demjenigen niedergelassen ist, dem die Gemeinde Cingia de' Botti angehört, kein Interesse an der in Rede stehenden Konzession hätte und dass die Auswirkungen auf die betreffenden Grundfreiheiten daher zu zufällig und zu unmittelbar wären, als dass auf eine Verletzung dieser Freiheiten geschlossen werden könnte[.]
>
> 21 Unter diesen Umständen obliegt es dem vorlegenden Gericht, zu prüfen, ob die Vergabe der Konzession durch die Gemeinde Cingia de' Botti an Padania **Transparenzerfordernissen entspricht**, die, ohne notwendigerweise eine Verpflichtung zur Vornahme einer Ausschreibung zu umfassen, insbesondere geeignet sind, einem in einem anderen Mitgliedstaat als der Italienischen Republik niedergelassenen Unternehmen vor der Vergabe **Zugang zu angemessenen Informationen über diese Konzession zu ermöglichen, so dass dieses Unternehmen gegebenenfalls sein Interesse am Erhalt dieser Konzession hätte bekunden können.**
>
> 22 Ist dies **nicht der Fall**, so ist auf das Vorliegen einer **unterschiedlichen Behandlung** zum Nachteil dieses Unternehmens zu schließen.
>
> 24 Selbst wenn man nämlich in der **Notwendigkeit für eine Gemeinde, eine Kontrolle über den Konzessionsinhaber auszuüben**, der eine öffentliche Dienstleistung verwaltet, einen objektiven Umstand sehen wollte, der geeignet ist, eine mögliche unterschiedliche Behandlung zu rechtfertigen, so ist die **Beteiligung von 0,97 % doch so geringfügig**, dass sie eine solche Kontrolle nicht ermöglichen kann, wie das vorlegende Gericht selbst ausführt.

Aus dem Primärrecht lassen sich daher **prozedurale Mindestanforderungen an Beschaffungsvorgänge** ableiten, die öffentlichen Auftraggebern – unabhängig von den Vergaberichtlinien – vor den nationalen Gerichten unmittelbar wirksame Pflichten auferlegen.[11] Anders als im Anwendungsbereich der Richtlinien, wo Verstöße (ungeachtet gewisser Anwendungsunschärfen im Prinzip) keiner Rechtfertigung zugänglich sind, ist es im Rahmen der Grundfreiheiten aber **möglich,** die Nichtbeachtung dieser Verfahrensgrundsätze aus den im Vertrag vorgesehenen Gründen und, wie *Co.Na.Me* verdeutlicht, aus so**nstigen zwingenden Gründen des Allgemeininteresses** zu **rechtfertigen.**[12]

Wie Auftraggeber in Fällen von Beschaffungen vorgehen sollen, die nicht unter die Vergaberichtlinien fallen und bei denen daher Mindestgrundsätze auf Basis der Grundfreiheiten gelten, hat die Kommission in der älteren **Mitteilung zu Auftragsvergaben außerhalb der Vergaberichtlinien** näher erläutert. Die Mitteilung bezieht sich auf das alte Regime vor den

---

11 Ausführlich zB SA v GA *Stix-Hackl* in Rs C-231/03, *Co.Na.Me*, ECLI:EU:C:2005:212, Rn 31 ff.
12 Vgl auch *Egger* in *Schramm/Aicher/Fruhmann/Thienel* (Hrsg), BVergG 2006, Rz 7f.

geltenden RL (und insbesondere vor Erlass der KonzessionsRL 2014/23/EU, ist aber in vielen Punkten nach wie vor informativ. Die Kommission nennt in der Mitteilung eine Reihe von Grundanforderungen für die Bekanntmachung und die Modalitäten der Auftragsvergabe und skizziert die Rechtsschutzmöglichkeiten.

7.3. VergabeRL 2014/24/EU und 2014/25/EU

Die ersten VergabeRL wurden schon in den 1970er-Jahren erlassen. Sie unterwerfen öffentliche Aufträge, deren Wert eine bestimmte Schwelle überschreitet, einem **förmlichen Verfahren zur Wahl** des Vertragspartners und insbesondere einer Pflicht zur EU-weiten **Ausschreibung**. Ziele des Regimes sind die Gewährleistung von **Transparenz** bei der Vergabe und die **Gleichbehandlung** aller Bieter, damit die Aufträge im **fairen Vergabewettbewerb** tatsächlich an den Bieter vergeben werden, der das beste Preis-Leistungs-Verhältnis bietet.

7.3.1. Überblick

Die geltenden **zwei materiellen VergabeRL** decken jeweils Bau-, Liefer- und Dienstleistungsaufträge ab. Die Allgemeine VergabeRL 2014/24/EU (**AVRL**) richtet sich an die öffentliche Hand und von ihr kontrollierte öffentliche Unternehmen. Die Sektoren-VergabeRL 2014/25/EU (**SVRL**) enthält etwas weniger strenge Vorschriften für Unternehmen der Bereiche Wasser-, Energie- und Verkehrsversorgung sowie Postdienste.[13]

Neben die AVRL 2014/24/EU und die SVRL 2014/25/EU trat ab 2014 mit der **KonzessionsRL 2014/23/EU** erstmals auch ein **spezifisches Regime** für die Vergabe von Konzessionen. Konzessionen nehmen eine Zwischenstellung zwischen Beschaffungs- und Verkaufsvorgängen ein, soweit die Konzession im Austausch für die Erbringung einer Leistung im Allgemeininteresse an einen Betreiber gewissermaßen verkauft wird. Dienstleistungskonzessionen (ausgenommen solche in gemischten Verträgen)[14] waren und sind aus dem Anwendungsbereich der AVRL 2014/24/EU und SVRL 2014/25/EU ausgenommen.[15]

Besondere Regeln gelten schließlich für Beschaffungen im **Verteidigungsbereich**.[16] Verteidigungsbeschaffungen sind damit trotz der Vorbehalte in Art 346 Abs 1 lit b AEUV gerade nicht allgemein von der Anwendung der Binnenmarktvorschriften ausgenommen.[17]

Spezifische Versorgungsmärkte in einzelnen Mitgliedstaaten können auf Basis eines flexiblen Verfahrens von der Anwendung der SVRL 2014/25/EU ausgenommen werden. Voraussetzung ist der Nachweis, dass das Rechts- oder Regulierungsumfeld in dem betreffenden Sektor freien Marktzugang und Wettbewerb vorsieht und die Versorgungsunternehmen auf dem be-

---

[13] Näher *Soudry/Hettich* (Hrsg), Das neue Vergaberecht, 107.
[14] Vgl Art 3 Abs 4 AVRL 2014/24/EU.
[15] Siehe auch *Lanser*, ecolex 2016, 645.
[16] VerteidigungsbeschaffungsRL 2009/81/EG.Dazu zB Rs C-615/10, *Insinööritoimisto InsTiimi*, ECLI:EU:C:2012:26.
[17] Vgl auch Mitteilung zu Auslegungsfragen bezüglich der Anwendung des Art 296 EGV, KOM(2006) 779 endg.

troffenen Markt dem Wettbewerbsdruck ausgesetzt sind. In Österreich bestehen solche **Freistellungen** für **Post-**[18] und **Paketdienste**[19] und für die **Stromerzeugung**[20].

Entsprechend der materiellen Zweiteilung bestehen auch **zwei RechtsmittelRL** (RMRL), nämlich eine Allgemeine RMRL 89/665/EWG sowie eine besondere RMRL für den Sektorenbereich.[21] Die RMRL verpflichten die Mitgliedstaaten zur Einrichtung von **wirksamen Rechtsbehelfen**, mit denen Bieter die richtige Durchführung von Auftragsvergaben von einer unabhängigen Stelle nachprüfen lassen können.

Der EuGH hat in jahrelanger Rsp den meisten Bestimmungen der AVRL 2014/24/EU und SVRL 2014/25/EU sowie der RMRL **unmittelbare Wirkung** zuerkannt.[22] Einzelne können sich daher bei unrichtiger Umsetzung vor den nationalen Gerichten direkt auf die aus den RL ableitbaren Rechte berufen.

7.3.2. Umsetzung in Österreich

Die Umsetzung aller vergaberelevanten Richtlinien ist in Österreich überwiegend durch ein einheitliches Bundesgesetz erfolgt.[23] Das BundesvergabeG (**BVergG**) ist die einzige Rechtsquelle für die materiellen Verfahrensvorgaben bei Beschaffungen. Die Vergabegesetze der Länder beschränken sich demgegenüber mittlerweile auf Regelungen über den Rechtsschutz (vor den Landesverwaltungsgerichten sowie ggf Ombudsstellen) bei Beschaffungen durch Länder und Gemeinden. Materielle Landesvergaberegeln gibt es seit der Reform des Jahres 2002 nicht mehr.

Aktuell steht noch das BVergG 2006[24] in mehrfach novellierter Fassung in Kraft. Allerdings soll es noch im Jahr 2017 vom bislang erst im Entwurf[25] vorliegenden **BVergG 2017** abgelöst werden. Das BVergG 2017 soll, mit einiger Verspätung (die Umsetzungsfrist lief 2016 aus), das Paket der VergabeRL 2014 (**AVRL 2014/24/EU und SVRL 2014/25/EU**) endgültig für Österreich umsetzen.

Konzessionsvergaben werden mit dem BVergG 2017 aus dem BVergG herausgelöst (also zB auch die von den VergabeRL erfassten Baukonzessionen) und in Umsetzung der KonzessionsRL einem eigenen KonzessionsvergabeG (**BVergGKonz 2017**) unterstellt.[26] Daneben erfolgt

---

18 Vgl (noch nicht in Kraft) Durchführungsbeschluss 2014/184/EU zur Ausnahme bestimmter Dienste des Postsektors in Österreich von der Anwendung der Richtlinie 2004/17/EG, ABl 2014/L 101/4.
19 Vgl zB Beschluss 2010/142/EG zur Ausnahme bestimmter Dienste des Postsektors in Österreich von der Anwendung der Richtlinie 2004/17/EG, ABl 2012 L 56/8.
20 Vgl Entscheidung 2008/585/EG zur Freistellung der Erzeugung von Strom in Österreich von der Anwendung der Richtlinie 2004/17/EG des Europäischen Parlaments und des Rates zur Koordinierung der Zuschlagserteilung durch Auftraggeber im Bereich der Wasser-, Energie- und Verkehrsversorgung sowie der Postdienste, ABl 2008/L 188/28.
21 Vgl RMRL 89/665/EWG, RMRL 92/13/EWG; beide idgF.
22 Vgl etwa Rs C-258/97, *HI*, ECLI:EU:C:2002:379, Rn 39; Rs C-111/97, *EvoBus Austria*, ECLI:EU:C:1998:434, Rn 21 mwN; Rs C-76/97, *Tögel*, ECLI:EU:C:1998:432, Rn 47; Rs 31/87, *Beentjes*, ECLI:EU:C:1988:422, 4635, Rn 40.
23 Vgl auch *Fruhmann*, ZVB 2016, 98ff.
24 BGBl I Nr 17/2006.
25 RV Nr 1658 Blg NR XXV. GP.
26 RV Nr 1658 Blg NR XXV. GP; siehe dazu *Elsner/Rützler*, ecolex 2017, 485.

7. Vergaberecht

eine Neuregelung des Rechtsschutzes für Vergaben des Bundes im öffentlichen Personenverkehr (im neuen BVRG-ÖPV) sowie der Vergaben im Bereich Verteidigung und Sicherheit.[27]

Neben der Umsetzung der materiellen Vorgaben der AVRL 2014/24/EU und der SVRL 2014/25/EU enthält das BVergG auch Regeln über den Vergaberechtsschutz gegen Entscheidungen öffentlicher Auftraggeber im Bereich des Bundes (mit Ausnahme des Personenverkehrs, s eben). Das BVergG geht dabei insoweit über die Vorgaben der AVRL 2014/24/EU hinaus, als auch für den Unterschwellenbereich Verfahrensvorschriften enthalten sind (also für den Bereich, in dem sich die Verfahrenspflichten nur aus dem PrimärR ergeben). Der eben erwähnte Vergaberechtsschutz der Länder für den Vollzugsbereich der Länder und Gemeinden ist in neun Landes-VergaberechtsschutzG geregelt, die allerdings weitgehend dem BVergG nachgebildet sind. In Österreich bestanden iW bis zum BVergG 2006 gerade im Bereich des Rechtsschutzes teils gravierende, nur sukzessive behobene Umsetzungsdefizite, die sich in einer großen Zahl von einschlägigen Vorabentscheidungsersuchen niederschlugen.[28]

> Die Zuständigkeit für die Vergabenachprüfung oblag in Österreich bis zur **Verwaltungsgerichtsbarkeits-Novelle 2012** dem **Bundesvergabeamt (BVA)** bzw den Landesvergabekontrollbehörden (dies waren überwiegend die UVS der Länder). Die zur Schlichtung von Meinungsverschiedenheiten zwischen Auftraggeber und Bietern auf freiwilliger Basis[29] zuständige Bundesvergabekontrollkommission (B-VKK) wurde mangels Inanspruchnahme schon durch das BVergG 2006 abgeschafft.

Heute (seit 2014) ist der **Vergaberechtsschutz** in die nunmehr zweistufige **Verwaltungsgerichtsbarkeit** eingliedert. Zuständig für den Vergaberechtsschutz im Bundesbereich ist demnach das Bundesverwaltungsgericht, für jenen im Bereich der Länder sind die jeweiligen Landesverwaltungsgerichte zuständig. Zweite und letzte Instanz ist jeweils der Verwaltungsgerichtshof.

Für die Zuerkennung von **Schadenersatz** an **übergangene** Bieter sind die **ordentlichen Zivilgerichte** zuständig. Basis des Schadenersatzanspruchs sind die Feststellung des Verstoßes durch die Verwaltungsgerichte. Der Auftraggeber kann den Schadenersatzanspruch dadurch **abwehren**, dass er schon im verwaltungsgerichtlichen Feststellungsverfahren beantragt mit **festzustellen**, dass der **Kläger** trotz eines möglicherweise erfolgten Verfahrensverstoßes auch so **keine echte Chance** auf **Erteilung des Zuschlags** hatte (sodass ihm **kein Schaden** entstanden ist). Anspruchsgrundlagen und einzelne besondere Vorgaben enthält das BVergG,[30] das die Gerichte insoweit anzuwenden haben. Eine wichtige Vorgabe ist insbesondere das Erfordernis eines hinreichend qualifizierten (also hinreichend schwerwiegenden) Verstoßes als Anspruchsvoraussetzung.

Neben dem spezifisch vergaberechtlichen Rechtsschutz kann gegen den Auftraggeber und/oder einzelne der Bieter **alternativ oder parallel** auch nach allgemeinem **Lauterkeitsrecht**

---

27 RV Nr 1658 Blg NR XXV. GP.
28 Vgl zB die Urteile Rs C-314/09, *Strabag*, ECLI:EU:C:2010:567; Rs C-314/01, *ARGE Telekom & Partner*, ECLI:EU:C:2004:159; Rs C-230/02, *Grossmann Air Service*, ECLI:EU:C:2004:93; Rs C-448/01, *EVN und Wienstrom*, ECLI:EU:C:2003:651; Rs C-249/01, *Hackermüller*, ECLI:EU:C:2003:359; Rs C-315/01, *Gesellschaft für Abfallentsorgungs-Technik*, ECLI:EU:C:2003:360; Rs C-410/01, *Fritsch, Chiari & Partner*, ECLI:EU:C:2003:362; Rs C-470/99, *Universale-Bau*, ECLI:EU:C:2002:746.
29 Vgl dazu Rs C-410/01, *Fritsch, Chiari & Partner*, ECLI:EU:C:2003:362, Rn 31 ff.
30 Vgl §§ 337 ff BVergG 2006; §§ 353 ff BVergG 2017.

(UWG) vorgegangen werden, wenn sich diese in einem Vergabeverfahren unlauter und sittenwidrig verhalten.[31] Das UWG gewährt über den reinen Vergaberechtsschutz hinaus insbesondere Ansprüche auf Unterlassung und Beseitigung sowie einen selbständigen Schadenersatzanspruch.

7.3.3. Adressaten des Vergaberechts

Die Verpflichtungen aufgrund des Vergaberechts treffen einen bestimmten Kreis an **staatlichen oder mit dem Staat verbundenen Einrichtungen**. Die Verbundenheit mit dem Staat kann sich aus unterschiedlichen Anknüpfungspunkten ergeben. Es sind dies insbesondere die staatliche Kontrolle einer Einrichtung, die staatliche Subventionierung einer Beschaffung oder eine vom Wettbewerbsdruck abgeschottete Marktposition aufgrund besonderer rechtlicher oder natürlicher (zB Verfügung über Netzwerke, Schienen usw) Monopole.

7.3.3.1. Öffentliche Auftraggeber

Schlüsselbegriff und Hauptanwendungsbereich des Vergaberechts sind öffentliche Auftraggeber. Das zugehörige Regime findet sich in der AVRL 2014/24/EU. Sie enthält Verfahrensvorgaben für Bau-, Liefer- oder Dienstleistungsaufträge durch öffentliche Auftraggeber. Öffentliche Auftraggeber sind nach Art 2 Abs 1 Z 1 AVRL 2014/24/EU zunächst der Staat, Gebietskörperschaften, Einrichtungen des öffentlichen Rechts und Verbände, die aus einer oder mehrerer dieser Körperschaften oder Einrichtungen bestehen.

Nach der Rechtsprechung des EuGH ist der Begriff des öffentlichen Auftraggebers generell **funktional umschrieben**. Dies verdeutlicht etwa das Beispiel[32] des Urteils *Beentjes* aus 1988, betreffend die Vergabepflichtigkeit einer sog Flurbereinigungskommission.

> Rs 31/87, *Gebroeders Beentjes*, ECLI:EU:C:1988:422
>
> In den Niederlanden waren für Aufgaben der Flurbereinigung in den einzelnen Provinzen sog Örtliche Flurbereinigungskommissionen eingerichtet. Sie besaßen keine eigene Rechtspersönlichkeit, ihre Aufgaben und ihre Zusammensetzung waren gesetzlich geregelt und ihre Mitglieder wurden vom Provinzialausschuss der jeweiligen Provinz ernannt. Sie hatten überdies Anweisungen einer Zentralkommission auszuführen, die durch Königliche Verordnung geschaffen wurde und deren Mitglieder von der Krone ernannt wurden. Der Staat gewährleistete die Beachtung der Verpflichtungen, die sich aus den Rechtshandlungen der Kommission ergaben, und finanzierte die öffentlichen Arbeiten, die von ihr ausgeschrieben wurden. Im Rechtsstreit über die ordnungsgemäße Durchführung der von einer solchen Flurbereinigungskommission vorgenommenen öffentlichen Ausschreibung eines Bauauftrags stellte sich die Frage nach deren Einbeziehung in den Begriff des öffentlichen Auftraggebers
>
> 10 [A]ls öffentliche Auftraggeber [gelten] der Staat, die Gebietskörperschaften und die [besonders] aufgeführten juristischen Personen des öffentlichen Rechts.
>
> 11 Der in dieser Bestimmung verwendete **Begriff des Staates ist im funktionellen Sinne zu verstehen**. Das Ziel der Richtlinie, die die tatsächliche Verwirklichung der Niederlassungsfreiheit und des freien Dienstleistungsverkehrs auf dem Gebiet der öffentlichen Bauaufträge anstrebt, wäre gefährdet, wenn sie allein deswegen unanwendbar wäre, weil ein öffentlicher Bauauftrag von einer

---

31 Vgl zB OGH v 23. 5. 2006, 4 Ob 23/06w.
32 Vgl auch Rs C-393/06, *Aigner*, ECLI:EU:C:2008:213, Rn 37 mwN.

Einrichtung vergeben wird, die geschaffen wurde, um ihr durch Gesetz zugewiesene Aufgaben zu erfüllen, die jedoch nicht förmlich in die staatliche Verwaltung eingegliedert ist.

12 Eine Einrichtung der hier in Rede stehenden Art, deren Zusammensetzung und Aufgaben gesetzlich geregelt sind und die insoweit von der öffentlichen Hand abhängig ist, als diese ihre Mitglieder ernennt, die Beachtung der sich aus ihren Handlungen ergebenden Verpflichtungen gewährleistet und die von ihr vergebenen öffentlichen Aufträge finanziert, ist daher als dem Staat im Sinne der vorgenannten Bestimmung zugehörig anzusehen, auch wenn sie formell kein Bestandteil desselben ist.

Statt formellen Gesichtspunkten (zB Rechtsgrundlage, Gesellschaftsform usw) gibt also das wirkungsbezogene Kriterium der öffentlichen Kontrolle den Ausschlag für die Einstufung als öffentlicher Auftraggeber. Dieses Verständnis setzen die Vergaberichtlinien um: Art 2 Abs 1 Z 1 AVRL 2014/24/EU bzw Art 3 Abs 1 SVRL 2014/25/EU definieren als öffentliche Auftraggeber neben dem Staat, Gebietskörperschaften und öffentlichen Verbänden auch alle sonstigen Einrichtungen öffentlichen Rechts.

Der Begriff der Einrichtung öffentlichen Rechts ist in den RL funktional umschrieben.[33] Er umfasst jede Einrichtung, die

1) zu dem besonderen Zweck gegründet wurde, im Allgemeininteresse liegende Aufgaben zu erfüllen, die nicht gewerblicher Art sind; und

2) Rechtspersönlichkeit besitzt; und

3) überwiegend vom Staat, von Gebietskörperschaften oder von anderen Einrichtungen des öffentlichen Rechts finanziert wird oder die hinsichtlich ihrer Leitung der Aufsicht durch Letztere unterliegt oder deren Verwaltungs-, Leitungs- oder Aufsichtsorgan mehrheitlich aus Mitgliedern besteht, die vom Staat, von Gebietskörperschaften oder von anderen Einrichtungen des öffentlichen Rechts ernannt worden sind.

Diese drei Tatbestandsmerkmale sind kumulativ.[34] Die staatliche Finanzierung bezieht sich dabei nur auf mitgliedstaatliche Mittel, während Mittel aus einem EU-Fonds nicht darunter fallen.[35] Sie alleine macht eine Einrichtung daher nicht zum öffentlichen Auftraggeber.

Die RL enthalten zudem einen offenen Katalog an Einrichtungen der Mitgliedstaaten, die jedenfalls als Einrichtungen öffentlichen Rechts gelten. Für Österreich ist dort insbesondere die Bundesbeschaffung GmbH (BBG) genannt,[36] die seit 2001 zwingend den zentralen Einkauf für Bundesdienststellen erledigt und auf die optional auch Bundesländer, Gemeinden sowie ausgegliederte Unternehmen zurückgreifen können.

Der Begriff erfasst darüber hinaus va auch privatrechtlich organisierte, ausgegliederte Unternehmen, wenn sie überwiegend öffentlich finanziert oder beaufsichtigt sind und zu dem besonderen Zweck gegründet wurden, nicht gewerbliche Allgemeinaufgaben zu erfüllen. Nichtgewerblichkeit liegt etwa bei Aufgaben vor, die üblicherweise nicht kommerziell sind. Sie ist auch dann schon zu bejahen, wenn das Nichtgewerbliche nur einen Teil der Gesamttätigkeit

---

[33] Vgl Art 2 Abs 1 Z 4 AVRL 2014/24/EU; Art 3 Abs 4 SVRL 2014/25/EU.
[34] Vgl zB Rs C-393/06, *Aigner*, ECLI:EU:C:2008:213, Rn 36 mwN; Rs C-300/07, *Oymanns*, ECLI:EU:C:2009:358, Rn 48; Rs C-44/96, *Mannesmann Anlagenbau*, ECLI:EU:C:1998:4, Rn 21.
[35] Vgl Rs C-44/96, *Mannesmann Anlagenbau*, ECLI:EU:C:1998:4, Rn 49.
[36] Vgl Anhang I AVRL.

ausmacht.[37] Diese Erwägungen illustriert zB[38] das Urteil *Korhonen* aus 2003, betreffend eine Gesellschaft, die eigens von einer Gebietskörperschaft zur Erfüllung bestimmter gewerblicher Zwecke gegründet worden war.

> Rs C-18/01, *Riitta Korhonen*, ECLI:EU:C:2003:300
>
> Das finnische Ausgangsverfahren betraf eine Entscheidung der beklagten Auftraggeberin, das von den Klägerinnen im Rahmen einer Ausschreibung von Planungs- und Bauleistungen für ein Immobilienprojekt vorgelegte Angebot nicht zu berücksichtigen. Die Auftraggeberin war eine private Aktiengesellschaft, deren Anteile allerdings vollständig der Stadt Varkaus gehören und deren Gesellschaftszweck den Erwerb, den Verkauf und die Vermietung von Immobilien und Anteilen an Immobiliengesellschaften sowie die Organisation und Durchführung der Unterhaltung von Immobilien und andere für die Verwaltung der Immobilien und Beteiligungen notwendige Dienstleistungen umfasste. Ihr Verwaltungsrat bestand aus drei Mitgliedern, bei denen es sich um Bedienstete der Stadt Varkaus handelte, die von der Hauptversammlung der Aktionäre der Gesellschaft bestellt wurden, bei der die Stadt über 100 % der Stimmrechte verfügte. Die auftraggebende Aktiengesellschaft trug in ihrer Klagserwiderung vor, dass die Klage unzulässig sei, weil sie keine öffentliche Auftraggeberin iSd Vergaberechts sei.
>
> 31 [D]er Begriff Einrichtung des öffentlichen Rechts [ist] definiert als jede Einrichtung, die zu dem besonderen Zweck gegründet wurde, im Allgemeininteresse liegende Aufgaben nicht gewerblicher Art zu erfüllen, die Rechtspersönlichkeit besitzt und die durch die Art ihrer Finanzierung, Leitung oder Beaufsichtigung eng mit dem Staat, Gebietskörperschaften oder anderen Einrichtungen des öffentlichen Rechts verbunden ist.
>
> 32 Nach ständiger Rechtsprechung ... müssen die drei in dieser Bestimmung enthaltenen Voraussetzungen kumulativ vorliegen, so dass beim Fehlen auch nur einer Voraussetzung die betreffende Einrichtung nicht als Einrichtung des öffentlichen Rechts und folglich auch nicht als öffentlicher Auftraggeber ... qualifiziert werden kann.
>
> 33 Da die Beklagte unstreitig von einer Gebietskörperschaft kontrolliert und geleitet wird und da sie – zumindest seit ihrer Eintragung in das Handelsregister ... – Rechtspersönlichkeit besitzt, sind die Fragen des vorlegenden Gerichts so zu verstehen, dass sie nunmehr dahin gehen, ob diese Gesellschaft zu dem besonderen Zweck gegründet wurde, im Allgemeininteresse liegende Aufgaben zu erfüllen, die nicht gewerblicher Art sind.
>
> 40 [die AVRL unterscheidet insoweit] zwischen den im Allgemeininteresse liegenden Aufgaben nichtgewerblicher Art einerseits und den im Allgemeininteresse liegenden Aufgaben gewerblicher Art andererseits[. Daher ist] zunächst zu prüfen, ob Tätigkeiten wie die im Ausgangsverfahren streitigen einer im Allgemeininteresse liegenden Aufgabe entsprechen, um sodann gegebenenfalls festzustellen, ob diese Aufgabe gewerblicher oder nichtgewerblicher Art ist.
>
> 45 Tätigkeiten wie die der Beklagten können ... als im Allgemeininteresse liegende Aufgaben angesehen werden, wenn sie eine Impulswirkung für den Handel und die wirtschaftliche und soziale Entwicklung der betreffenden Gebietskörperschaft haben, wobei die Ansiedlung von Unternehmen auf dem Gebiet einer Gebietskörperschaft für diese häufig positive Auswirkungen im Hinblick auf die Schaffung von Arbeitsplätzen, die Erhöhung der Steuereinnahmen und die Steigerung von Angebot und Nachfrage bei Waren und Dienstleistungen hat.
>
> 46 Schwieriger zu beantworten ist dagegen die Frage, ob diese im Allgemeininteresse liegenden Aufgaben gewerblicher Art sind. ...

---

[37] Vgl auch Rs C-360/96, *Gemeente Arnhem*, ECLI:EU:C:1998:525, Rn 55.

[38] Vgl auch Rs C-373/00, *Truley*, ECLI:EU:C:2003:110, Rn 34; verb. Rs C-223/99 und C-260/99, *Agorà*, ECLI:EU:C:2001:259, Rn 26; Rs C-360/96, *Gemeente Arnhem*, ECLI:EU:C:1998:525, Rn 29; Rs C-44/96, *Mannesmann Anlagenbau*, ECLI:EU:C:1998:4, Rn 20 ff.

7. Vergaberecht

47 Nach ständiger Rechtsprechung stellen **Aufgaben**, die auf **andere Art** als durch das **Angebot von Waren oder Dienstleistungen** auf dem Markt erfüllt werden und **die der Staat aus Gründen des Allgemeininteresses selbst erfüllt oder bei denen er einen entscheidenden Einfluss behalten möchte, in der Regel** im Allgemeininteresse liegende Aufgaben **nichtgewerblicher Art** ... dar[.]

49 Dabei ist insbesondere zu prüfen, ob die **fragliche** Einrichtung ihre **Tätigkeit unter Wettbewerbsbedingungen ausübt,** denn das Vorliegen von Wettbewerb kann, wie der Gerichtshof bereits entschieden hat, darauf **hinweisen,** dass es sich um eine im Allgemeininteresse liegende Aufgabe **gewerblicher Art** handelt[.]

50 [Allerdings lässt] das Vorliegen eines entwickelten Wettbewerbs allein nicht auf das Nichtvorliegen einer im Allgemeininteresse liegenden Aufgabe nichtgewerblicher Art schließen[.] Dasselbe gilt für den Umstand, dass die betreffende Einrichtung Leistungen für bestimmte gewerbliche Unternehmen erbringt. Um zu dem genannten Schluss zu gelangen, müssen zusätzliche Gesichtspunkte berücksichtigt werden, wobei insbesondere zu prüfen ist, **unter welchen Voraussetzungen die Einrichtung ihre Tätigkeit ausübt.**

51 Wenn die Einrichtung nämlich unter **normalen Marktbedingungen** tätig ist, **Gewinnerzielungsabsicht** hat und die mit ihrer Tätigkeit verbundenen **Verluste trägt,** dann ist es wenig wahrscheinlich, dass sie Aufgaben erfüllen soll, die nichtgewerblicher Art sind. In einem solchen Fall besteht auch kein Grund für die Anwendung der Gemeinschaftsrichtlinien über die Koordinierung der Verfahren zur Vergabe öffentlicher Aufträge, denn eine Einrichtung mit Gewinnerzielungsabsicht, die die mit ihrer Tätigkeit verbundenen Risiken selbst trägt, wird in der Regel keine Vergabeverfahren zu Bedingungen durchführen, die wirtschaftlich nicht gerechtfertigt sind.

55 [Insgesamt] ist es **wahrscheinlich,** dass eine Tätigkeit wie die von der Beklagten im Ausgangssachverhalt ausgeübte eine im Allgemeininteresse liegende Aufgabe **nichtgewerblicher** Art darstellt, zumal, wie das vorlegende Gericht erwähnt, die **Beklagte öffentliche Mittel** für die Durchführung des fraglichen Immobilienprojekts **erhalten hat.** ...

57 Zum Vorbringen der Kommission, es sei nicht auszuschließen, dass die dem Ausgangsverfahren zugrunde liegende Tätigkeit **nur einen unbedeutenden Teil der Tätigkeiten** der Beklagten darstelle, ist zu sagen, dass dieser Umstand, wenn er denn zutreffen sollte, **keine Auswirkungen** auf die **Entscheidung** des Ausgangsrechtsstreits hätte, solange die Gesellschaft auch weiterhin im Allgemeininteresse liegende Aufgaben erfüllen würde.

58 Nach ständiger Rechtsprechung hängt nämlich die Eigenschaft einer Stelle als Einrichtung des öffentlichen Rechts nicht davon ab, welchen Anteil ihrer Tätigkeit die Erfüllung von im Allgemeininteresse liegenden Aufgaben nichtgewerblicher Art ausmacht[.]

Für das Vorliegen einer **Aufgabe im Allgemeininteresse**[39] kann die **Nichtgewerblichkeit** demnach ein **Indiz sein,**[40] ebenso ein nur geringer Wettbewerb.[41] Solche Aufgaben sind oft eng mit der **öffentlichen Ordnung** und dem **institutionellen Funktionieren** des Staates ver-

---

39 Vgl Rs C-480/06, *Kommission/Deutschland*, ECLI:EU:C:2009:357, Rn 45 f; Rs C-393/06, *Aigner*, ECLI:EU:C:2008:213, Rn 46 f.; Rs C-360/96, *Gemeente Arnhem*, ECLI:EU:C:1998:525, Rn 49; verb. Rs C-223/99 und C-260/99, *Agorà*, ECLI:EU:C:2001:259, Rn 38; Rs C-380/98, *University of Cambridge*, ECLI:EU:C:2000:529, Rn 18 ff; Rs C-300/07, *Oymanns*, ECLI:EU:C:2009:358, Rn 49.

40 So auch schon Rs C-44/96, *Mannesmann Anlagenbau*, ECLI:EU:C:1998:4, Rn 22 ff; Rs C-480/06, *Kommission/Deutschland*, ECLI:EU:C:2009:357, Rn 45 f; Rs C-393/06, *Aigner*, ECLI:EU:C:2008:213, Rn 46f.; Rs C-360/96, *Gemeente Arnhem*, ECLI:EU:C:1998:525, Rn 49; verb. Rs C-223/99 und C-260/99, *Agorà*, ECLI:EU:C:2001:259, Rn 38; Rs C-380/98, *University of Cambridge*, ECLI:EU:C:2000:529, Rn 18 ff.; Rs C-300/07, *Oymanns*, ECLI:EU:C:2009:358, Rn 49.

41 Vgl Rs C-360/96, *Gemeente Arnhem*, ECLI:EU:C:1998:525, Rn 48 f.

knüpft.[42] Nationale Traditionen spielen hier eine Rolle, sodass sich das Verständnis einzelner Aufgaben je nach Mitgliedstaat unterscheidet.

7.3.3.2. Subventionierte Auftraggeber

Eine **Sonderregelung** gilt nach Art 13 AVRL 2014/24/EU bei der **öffentlichen Bezuschussung** privater Bau- und Dienstleistungsaufträge. In den Anwendungsbereich der AVRL 2014/24/EU sind demnach auch solche von – im Übrigen nicht dem Vergaberecht unterliegenden – Privaten vergebene Bau- und Dienstleistungsaufträge einbezogen, die von einem öffentlichen Auftraggeber zu mehr als 50 % subventioniert werden.[43] Bei Bauaufträgen betrifft dies allerdings **nur einzelne Leistungen** (bestimmte Tiefbauarbeiten, Krankenhäuser, Sport-, Erholungs- und Freizeiteinrichtungen, Schulen und Hochschulen und Verwaltungsgebäude).

7.3.3.3. Public-Private-Partnerships

Eine Subventionierung ist häufig Teil eines Public-Private-Partnership (**PPP**) (s zu PPP auch schon bei der Dienstleistungsfreiheit).[44] PPP sind **nicht vom Vergaberecht ausgenommen**. Inwieweit sie ihm unterliegen, entscheidet sich nach den eben diskutierten, allgemeinen Vorschriften.

Als PPP bezeichnet man die Zusammenarbeit zwischen öffentlichen Stellen und Privatunternehmen zum Zweck der **Finanzierung**, des **Baus**, der **Renovierung**, des **Betriebs** oder des **Unterhalts** einer Infrastruktur oder zur Bereitstellung einer Dienstleistung.[45] Charakteristisch für PPP sind eine **langfristige Zusammenarbeit**, eine zumindest **teilweise private Finanzierung** des Projekts, die **bestimmende Rolle des Privaten** bei Konzeption und Durchführung unter **öffentlichen Zielvorgaben**, die **öffentliche Überwachung** dieser Ziele und öffentlichen Interessen (etwa Qualität und Preis) und eine **Risikoteilung** dahin, dass der Private zumindest teilweise Risiken der öffentlichen Hand übernimmt.[46]

Gründen die öffentliche Hand und der Private ein **gemeinsames Unternehmen**, so **kann** ein Teil des PPP nach dem sog **In-House-Privileg** vom Vergaberecht **ausgenommen** sein. Wie das Urteil *Mehiläinen* aus 2010, betreffend ein PPP im Gesundheitsbereich zeigt, wird dazu maßgeblich auf das Kriterium der Trennbarkeit der Elemente des PPP abgestellt.

> Rs C-215/09, *Mehiläinen Oy*, ECLI:EU:C:2010:807
>
> Der Stadtrat von Oulun kaupunki beschloss, mit einem privaten Partner ein Gemeinschaftsunternehmen mit dem Geschäftsbereich Dienstleistungen für Gesundheit und Wohlbefinden am Arbeitsplatz zu gründen. Beide Vertragspartner sollten zu gleichen Teilen an dem Gemeinschaftsunterneh-

---

42 Vgl Rs C-44/96, *Mannesmann Anlagenbau*, ECLI:EU:C:1998:4, Rn 24.
43 Vgl Auch Rs C-380/98, *University of Cambridge*, ECLI:EU:C:2000:529, Rn 34 ff.; Rs C-337/06, *Bayerischer Rundfunk*, ECLI:EU:C:2007:786, Rn 40 ff.
44 Zu Begriff und Beispielen vgl Grünbuch zu öffentlich-privaten Partnerschaften und den Gemeinschaftlichen Rechtsvorschriften für öffentliche Aufträge und Konzessionen, KOM(2004) 327 endg; Mitteilung der Kommission zu Auslegungsfragen in Bezug auf die Anwendung der gemeinschaftlichen Rechtsvorschriften für öffentliche Aufträge und Konzessionen auf institutionalisierte öffentlich-private Partnerschaften (IÖPP), ABl 2008/C 91/4.
45 Vgl Grünbuch zu öffentlich-privaten Partnerschaften und den Gemeinschaftlichen Rechtsvorschriften für öffentliche Aufträge und Konzessionen, KOM(2004) 327 endg, Tz 1.
46 Vgl Grünbuch zu öffentlich-privaten Partnerschaften und den Gemeinschaftlichen Rechtsvorschriften für öffentliche Aufträge und Konzessionen, KOM(2004) 327 endg, Tz 2.

men beteiligt sein und die Geschäftsleitung gemeinsam ausüben. Der überwiegende Umsatz wurde zwar durch Dienstleistungen an private Kunden erzielt, allerdings beschloss auch der Stadtrat für die Beschäftigten der Stadt entsprechende Dienstleistungen vom Gemeinschaftsunternehmen zu beziehen. Der entsprechende Vertrag wurde ohne vorherige Ausschreibung unterzeichnet. Im von Wettbewerbern angestrengten Gerichtsverfahren stellte sich die Frage, ob der Eigenbezug im Rahmen eines PPP nach dem In-House-Privileg ausschreibungsfrei erfolgen konnte.

31 [Es] ist darauf hinzuweisen, dass eine öffentliche Stelle ihre im allgemeinen Interesse liegenden Aufgaben mit ihren eigenen Mitteln und auch in Zusammenarbeit mit anderen öffentlichen Stellen erfüllen kann, ohne gezwungen zu sein, sich an externe Einrichtungen zu wenden, die nicht zu ihren Dienststellen gehören[.] Zudem steht es den öffentlichen Verwaltungen [...] frei, eine Wirtschaftstätigkeit selbst auszuüben oder sie einem Dritten, beispielsweise einem im Rahmen einer öffentlich-privaten Partnerschaft gegründeten gemischtwirtschaftlichen Unternehmen, zu übertragen.

32 Darüber hinaus ist die Anwendung des Unionsrechts im Bereich der öffentlichen Aufträge zwar ausgeschlossen, wenn der öffentliche Auftraggeber über den Auftragnehmer eine Kontrolle ausübt wie über seine eigenen Dienststellen und wenn der Auftragnehmer seine Tätigkeit im Wesentlichen für den Auftraggeber verrichtet, der seine Anteile innehat[.] Eine – auch minderheitliche – Beteiligung eines privaten Unternehmens am Grundkapital einer Gesellschaft, an der auch der betreffende öffentliche Auftraggeber beteiligt ist, schließt jedoch aus, dass dieser über die Gesellschaft eine ähnliche Kontrolle ausüben kann wie über seine eigenen Dienststellen[.]

33 Was insbesondere die Frage des vorlegenden Gerichts betrifft, ob die Verpflichtung von Oulun kaupunki, die Dienstleistungen im Bereich Gesundheit und Wohlbefinden am Arbeitsplatz, die sie ihren Arbeitnehmern gewähren muss, während der Übergangszeit von dem Gemeinschaftsunternehmen zu beziehen, deswegen aus dem Anwendungsbereich der [AVRL] herausfällt, weil sie Bestandteil des Vertrags über die Gründung des Gemeinschaftsunternehmens ist, ist darauf hinzuweisen, dass die Gründung eines Gemeinschaftsunternehmens durch einen öffentlichen Auftraggeber und einen privaten Wirtschaftsteilnehmer als solche nicht unter die [AVRL] fällt[.]

34 [Jedoch] sollte man sich [...] vergewissern, dass eine Kapitalübertragung nicht in Wirklichkeit als Deckmantel für die Übertragung von öffentlichen Aufträgen oder Konzessionen an einen privaten Partner dient. [So kann] die Tatsache, dass eine private Partei und ein öffentlicher Auftraggeber im Rahmen eines gemischtwirtschaftlichen Unternehmens zusammenarbeiten, nicht dazu führen, dass die rechtlichen Bestimmungen über öffentliche Aufträge bei der Vergabe eines solchen Auftrags an die betreffende private Partei oder das gemischtwirtschaftliche Unternehmen unbeachtet bleiben[.]

36 [Sodann kann] ein gemischter Vertrag, dessen einzelne Teile untrennbar miteinander verbunden sind und somit ein unteilbares Ganzes bilden, im Hinblick auf seine rechtliche Einordnung in seiner Gesamtheit und einheitlich zu prüfen und auf der Grundlage der Vorschriften über öffentliche Aufträge, die den Teil regeln, der seinen Hauptgegenstand oder vorherrschenden Bestandteil bildet, zu untersuchen ist[.]

37 Daraus folgt, dass ... zu prüfen ist, ob sich der Teil, der die Gesundheitsdienstleistungen für die Beschäftigten von Oulun kaupunki betrifft und der grundsätzlich unter diese Richtlinie fällt, von dem Vertrag trennen lässt. ....

Zusätzlich verwirklichen PPP typischerweise Querschnittssachverhalte, die daher zumeist auch mehreren Regimes des Unionsrechts unterliegen. Neben dem Vergaberecht sind auf PPP etwa auch die Beihilfenbestimmungen, die Kartell- und Missbrauchsaufsicht, die Grundfreiheiten und das allgemeine Diskriminierungsverbot sowie das einschlägige Sekundärrecht, beispielsweise die UVP-RL 2011/92/EU die TransparenzRL 2006/111/EG oder auch Regulierungsgesetzgebung anwendbar.[47]

---

[47] Weiter führend *Jaeger*, wbl 2014, 493ff.

7.3.3.4. Sektorenauftraggeber

Die SVRL 2014/25/EU definiert einen eigenen, über die öffentlichen Auftraggeber der AVRL 2014/24/EU hinausgehenden Auftraggeberbegriff. Im Fokus dieses Auftraggeberbegriffs liegen Einrichtungen und Unternehmen, die bestimmte Tätigkeiten in nicht liberalisierten Bereichen ausüben. Im Einzelnen sind dies[48] die Bereiche

1) **Gas und Wärme, Strom und Wasser**, wenn es sich dabei um eine für die Öffentlichkeit erbrachte Dienstleistung handelt und in Zusammenhang mit deren Herstellung steht sowie deren Transport bzw Verteilung;
2) **öffentlicher Verkehr** per Eisenbahn, Straßenbahn, Trolleybus, Bus oder Kabelbahn;
3) **Flughäfen**, See- oder Binnenhäfen oder andere **Terminaleinrichtungen** für die Luft- oder Seefahrt oder Fahrt auf Kanälen;
4) **Postdienste** und andere Unternehmen, die die Öffentlichkeit mit ähnlichen Dienstleistungen versorgen, die die Abholung, das Sortieren, den Transport und die Zustellung von Postsendungen betreffen;
5) **Erdöl- und Erdgasförderung** sowie Exploration bzw Förderung von Kohle und anderen festen Brennstoffen.

Unternehmen bzw Einrichtungen, die in diesen Bereichen tätig sind, fallen unter die Vergabepflichten der SVRL. Die erfassten Auftraggeber müssen Aufträge, die sich auf die von der SVRL 2014/25/EU erfassten Tätigkeiten beziehen, nach den Vorgaben der SVRL durchführen. Nach Art 4 SVRL sind diese vergabepflichtigen Auftraggeber entweder

1) **öffentliche Auftraggeber** (s zuvor); oder
2) Einrichtungen, die ihre **Tätigkeit auf Grundlage von besonderen Rechten** ausüben, also zB aufgrund von Konzessionen, Monopolen usw; sowie
3) **öffentliche Unternehmen**. Öffentliche Unternehmen sind solche, auf die ein öffentlicher Auftraggeber aufgrund von Eigentum, finanzieller Beteiligung oder sonstiger Vorschriften unmittelbar oder mittelbar einen **beherrschenden Einfluss** ausüben kann. Der beherrschende Einfluss wird vermutet, wenn der öffentliche Auftraggeber unmittelbar oder mittelbar die Mehrheit des Kapitals oder der Stimmrechte hält oder mehr als die Hälfte der Mitglieder eines Verwaltungs-, Leitungs- oder Aufsichtsorgans des Unternehmens ernennen kann.

Diese **Kombination** aus bestimmten Tätigkeitsbereichen und bestimmten Einrichtungen, die der Vergabepflicht nach der SVRL 2014/25/EU unterliegen, erklärt sich daraus, dass in Bezug auf diese typischerweise stark regulierten und oft von staatsnahen Unternehmen durchgeführten Tätigkeiten eine ähnliche Gefahr der Verwendung unsachlicher Kriterien bei Beschaffungsvorgängen (Stichwort Haus- und Hoflieferanten) besteht, wie im öffentlichen Bereich. Entwickelt sich der Wettbewerb in einem Sektor jedoch soweit, dass diese Gefahr aufgrund des dann am Unternehmen lastenden Preis- und Qualitätsdrucks nicht mehr besteht, besteht kein Grund mehr für die Einbeziehung in die SVRL 2014/25/EU. So wurde zB 2004 der davor noch erfasste Bereich der Telekommunikationssektor aus der SVRL 2014/25/EU herausgenommen. Außerdem besteht die bereits erwähnte Möglichkeit einer beschlussweisen Frei-

---

48 Vgl Art 8 ff SVRL 2014/25/EU.

stellung einzelner Tätigkeiten je nach mitgliedstaatlicher Wettbewerbssituation (in Österreich bei Post-[49] und Paketdiensten[50] und der Stromerzeugung[51]).

7.3.3.5. Zentrale Beschaffungsstellen

Die VergabeRL erlauben es öffentlichen Auftraggebern, Vergabeverfahren auf zentrale Beschaffungsstellen auszulagern.[52] Zentrale Beschaffungsstellen sind selbst öffentliche Auftraggeber. Die Möglichkeit (bzw ggf Verpflichtung) zur Inanspruchnahme von zentralen Beschaffungsstellen sowie deren Art und Anzahl sind im nationalen Recht zu verankern. In Österreich übernimmt diese Aufgabe seit 2001 die Bundesbeschaffung GmbH (BBG).[53] Sie besorgt zwingend den zentralen Einkauf für Bundesdienststellen und kann optional von Bundesländern, Gemeinden sowie ausgegliederten Unternehmen beansprucht werden.

7.3.4. Auftragsarten

Der sachliche Anwendungsbereich der VergabeRL richtet sich nach der vom öffentlichen Auftraggeber beabsichtigten Beschaffung. Anders gesagt sind nicht jedwede Beschaffungen vergabepflichtig, sondern nur jene der in die Richtlinien einbezogenen Leistungen (die allerdings das Gros der typischerweise nachgefragten Leistungen abdecken). Auch inhaltlich unterscheiden sich die materiellen Regelungen teils je nach Beschaffungsart, zB hinsichtlich der anzuwendenden Schwellenwerte.

Erfasst sind, grob besehen, **Bauleistungen, Lieferungen und Dienstleistungen**. Einzelne Leistungen sind ausdrücklich vom Anwendungsbereich ausgenommen, zB die Produktion von Fernsehprogrammen, Arbeitsverträge oder Verträge über bestimmte finanzielle Dienstleistungen und bestimmte Forschungs- und Entwicklungsdienstleistungen[54]. Auch sie unterliegen aber dem allgemeinen Unionsrecht (va Grundfreiheiten und Diskriminierungsverbot).

Bauaufträge sind schriftlich geschlossene, entgeltliche Verträge über die Ausführung oder die Ausführung und Planung von Bauvorhaben durch bestimmte (in den Anhängen aufgelistete) Tätigkeiten des Baugewerbes.[55] Erfasst ist auch die Gesamtplanung von Bauwerken (also in Gesamtheit von Hoch- und Tiefbauarbeiten).

Ein **Lieferauftrag** ist ein schriftlich geschlossener, entgeltlicher Vertrag über den Kauf, Leasing, Miete, Pacht oder Ratenkauf von Waren.[56] Der Auftrag bleibt auch dann ein Lieferauftrag, wenn Nebenarbeiten wie das Verlegen oder Anbringen vom Vertrag erfasst sind.

---

49 Vgl Durchführungsbeschluss 2014/184/EU zur Ausnahme bestimmter Dienste des Postsektors in Österreich von der Anwendung der Richtlinie 2004/17/EG, ABl 2014/L 101/4.
50 Vgl Beschluss 2010/142/EG zur Ausnahme bestimmter Dienste des Postsektors in Österreich von der Anwendung der Richtlinie 2004/17/EG , ABl 2012/L 56/8.
51 Vgl Entscheidung 2008/585/EG zur Freistellung der Erzeugung von Strom in Österreich von der Anwendung der Richtlinie 2004/17/EG des Europäischen Parlaments und des Rates zur Koordinierung der Zuschlagserteilung durch Auftraggeber im Bereich der Wasser-, Energie- und Verkehrsversorgung sowie der Postdienste, ABl 2008/L 188/28.
52 Vgl die Begriffsdefinition in Art 2 Z 14 AVRL 2014/24/EU; Art 2 Z 10 SVRL 2014/25/EU.
53 Vgl BundesbeschaffungsG 2001, BGBl I 2001/39 idF BGBl I 2002/99.
54 Vgl Art 7 ff AVRL 2014/24/EU.
55 Vgl Art 2 Z 6 AVRL; Art 2 Z 2 SVRL 2014/25/EU.
56 Vgl Art 2 Z 8 AVRL; Art 2 Z 1 SVRL 2014/25/EU.

Dienstleistungsaufträge sind Verträge, die keine Liefer- oder Bauaufträge sind.[57] Die früher gebräuchliche Unterscheidung in prioritäre und nicht-prioritäre Dienstleistungen (Erstere unterlagen dem Vergaberecht zur Gänze, Letztere nur einzelnen Vorschriften, zB hinsichtlich der Bekanntmachung) wurde in der Neufassung der RL 2014 aufgegeben. Stattdessen sind seither nur noch Dienstleistungen in einzelnen Sparten (etwa Soziales, Gesundheit, Kultur ua) spezifischen, einfacheren Regeln unterworfen.

Von den RL nicht erfasst sind und bleiben **Dienstleistungskonzessionen**, also Verträge, bei denen als Gegenleistung für die Erbringung der Dienstleistungen ein ausschließliches Recht zur Kommerzialisierung der Leistung erteilt wird (ggf unter weiterer Bezuschussung). Im Bereich der Daseinsvorsorge oder bei PPP sind Dienstleistungskonzessionen gängig. Seit 2014 unterliegen sie allerdings dem gesonderten Regime der **KonzessionsRL 2014/23/EU**.[58] Davor galten für Dienstleistungskonzessionen lediglich die allgemeinen Mindestpflichten der Auftragsvergabe auf Grundlage der Grundfreiheiten und des Diskriminierungsverbots.[59]

Ein Auftrag, der gleichzeitig Elemente verschiedener Auftragstypen enthält, ist ein sog **gemischter Vertrag**. Die VergabeRL sehen vor, dass bei gemischten Verträgen eine Zuordnung nach der überwiegenden Leistung vorzunehmen und dann das entsprechende Regime anzuwenden ist[60]. Dennoch ist die Zuordnung zu einer Auftragsart mitunter schwierig. Anhaltspunkte für eine Abgrenzung bietet zB das Urteil *Gestión Hotelera* aus 1994, betreffend die **Abgrenzung zwischen Bau- und anderen Leistungen**. Demnach kann ein Auftrag, der Bau- und Dienstleistungen umfasst, als öffentlicher Bauauftrag gesehen werden kann, wenn die Bauleistungen gegenüber der Dienstleistung nicht von lediglich untergeordneter Bedeutung sind:

> Rs C-331/92, *Gestión Hotelera*, ECLI:EU:C:1994:155
>
> Die Regionalverwaltung der Kanaren schrieb zwei Konzessionen aus: Die erste zur Einrichtung und Eröffnung eines Spielkasinos in einem bestehenden Hotel (das umgestaltet werden hätte sollen) und die zweite zur Nutzung der Einrichtungen des Hotels und für den Hotelbetrieb. Es erfolgte aber keine unionsweite Veröffentlichung. Die aktuelle Pächterin des umzubauenden Hotels wandte sich ua mit dem Vorbringen gegen die Ausschreibungen, dass es sich schwerpunktmäßig um Bau-, nicht um Dienstleistungen handle, die unionsweit auszuschreiben gewesen wären.
>
> 25 Dem vorlegenden Gericht stellt sich die Frage, ob ein solcher gemischter Vertrag, der sich sowohl auf die Durchführung von Bauarbeiten als auch auf eine Überlassung von Vermögensgegenständen bezieht, in den Anwendungsbereich der [früheren BaukoordinierungsRL] fällt.
>
> 26 Hierauf ist zu antworten, daß die gesamte Ausschreibung nicht als öffentlicher Bauauftrag ... angesehen werden kann, wenn die in dem Hotel und dem Kasino durchzuführenden Bauarbeiten gegenüber dem Hauptgegenstand dieser Ausschreibung von untergeordneter Bedeutung sind.
>
> 27 [U]m als öffentlicher Bauauftrag eingeordnet zu werden, [muss ein Vertrag] die hauptsächliche Errichtung eines Bauwerks zum Inhalt haben ... und [dürfen] Bauleistungen, soweit sie lediglich von untergeordneter Bedeutung sind und somit nicht den Inhalt des Vertrags ausmachen, nicht zu einer Einordnung des Vertrags als öffentlicher Bauauftrag führen.

---

57 Vgl Art 2 Z 9 AVRL 2014/24/EU; Art 2 Z 5 SVRL 2014/25/EU.
58 Vgl auch *Mösinger*, NZBau 2015, 546.
59 Vgl Rs C-324/98, *Telaustria und Telefonadress*, ECLI:EU:C:2000:669, Rn 46 ff und 57.
60 Vgl Art 3 AVRL; Art 5 SVRL.

> 28 Es ist Sache des nationalen Gerichts, die Frage zu beurteilen, ob die Bauarbeiten gegenüber dem Hauptgegenstand der Ausschreibung von untergeordneter Bedeutung sind.

In ähnlicher Weise ist ein Vertrag, der **Lieferelemente und Dienstleistungselemente** enthält, dann zur Gänze als Dienstleistungsauftrag zu qualifizieren, wenn der Wert der betreffenden Dienstleistungen den Wert der Waren übersteigt.[61] Ist ein Überwiegen objektiv nicht einwandfrei feststellbar, gilt der Vertrag als Dienstleistungsvertrag.

7.3.5. Schwellenwerte

Die Vergaberichtlinien finden nur auf Aufträge Anwendung, deren Wert bestimmte Schwellenwerte überschreitet. Hierbei wird stets vom geschätzten Auftragswert ohne Mehrwertsteuer ausgegangen. Die Kommission gleicht die in den VO festgelegten Schwellenwerte etwa alle zwei Jahre mit (den internationalen Vorgaben nach dem GPA und) der Änderung der Wechselkurse zum Euro (im GPA ausgedrückt in der Buchwährung Special Drawing Rights, SDR) ab. Für die exakte Höhe der Schwellenwerte in Euro zu einem bestimmten Zeitpunkt müssen daher diese Ausführungsakte[62] in der jeweils aktuellen Fassung konsultiert werden.

Im Anwendungsbereich der **AVRL 2014/24/EU** gelten für Liefer- und Dienstleistungsaufträge (Basis-) Schwellenwerte von 134.000 € (zentrale Beschaffungsstellen), 750.000 € (bestimmte soziale und andere Dienstleistungen) bzw 207.000 € (sonstige Beschaffungen) und von 5.186.000 € für öffentliche Bauaufträge.[63] Im Anwendungsbereich der **SVRL 2014/25/EU** liegen die (Basis-) Schwellenwerte für (allgemeine) Liefer- und Dienstleistungsaufträge sowie Wettbewerbe bei 414.000 € bzw (für bestimmte soziale und andere Dienstleistungen) bei 1.000.0000 € sowie bei 5.186.000 € für Bauaufträge.[64]

In **Österreich** ist auch der unter diesen Schwellenwerten liegende Vergabebereich grundsätzlich in das BVergG einbezogen. Dort gelten abgestuft vereinfachte Ausschreibungsverpflichtungen.

7.3.6. Inhouse-Vergaben

Das Vergaberecht erfasst nach seiner Logik nur Verträge mit echten Dritten. Der Fall der **Eigenerbringung** der Leistung durch einen öffentlichen Auftraggeber im Rahmen der eigenen Strukturen und mit eigenen Ressourcen unterliegt nicht dem Vergaberecht.

Diese Logik soll auch dann gelten, wenn die Leistung von einer sparaten Einrichtung des Auftraggebers erbracht wird, die ausgegliedert ist. Als Beispiel[65] dient das **Grundsatzurteil**

---

61 Vgl zB Rs C-107/98, *Teckal*, ECLI:EU:C:1999:562, Rn 38 ff.
62 Vgl zB Delegierte VO 2015/2170 der Kommission zur Änderung der Richtlinie 2014/24/EU des Europäischen Parlaments und des Rates im Hinblick auf die Schwellenwerte für Auftragsvergabeverfahren, ABl 2015/L 307/5.
63 Vgl Art 4 AVRL 2014/24/EU, laufend angepasst.
64 Vgl Art 15 SVRL 2014/25/EU, laufend angepasst.
65 Vgl zB auch Rs C-51/15, *Remondis*, ECLI:EU:C:2016:985, Rn 55; Rs C-553/15, *Undis*, ECLI:EU:C:2016:935, Rn 28 ff.

Teckal aus 1999, betreffend die Wärmeversorgung gemeindeeigener Gebäude durch ein dazu errichtetes Konsortium.

> Rs C-107/98, *Teckal Srl*, ECLI:EU:C:1999:562
>
> Die italienische Gemeinde Viano übertrug dem öffentlichen Konsortium AGAC per Beschluss den Betrieb der Heizungsanlagen in bestimmten ihrer öffentlichen Gebäude, ohne dass dem ein öffentliches Ausschreibungsverfahren vorangegangen wäre. Die AGAC war ein aus mehreren Gemeinden – darunter der Gemeinde Viano – bestehendes Konsortium zur Erbringung von Energie- und Umweltdienstleistungen. Gemäß ihrer Satzung besaß sie Rechtspersönlichkeit und unternehmerische Selbständigkeit. Gegen die Auftragszuteilung an AGAC erhob eine private Konkurrentin Klage und machte geltend, die Gemeinde Viano hätte ungeachtet des Bestands des eigens dafür errichteten Konsortiums die im Unionsrecht vorgesehenen Verfahren zur Vergabe öffentlicher Aufträge einhalten müssen.
>
> 41 Ob die [AVRL] ein Ausschreibungsverfahren für den **Fall** vorschreibt, daß eine **Gebietskörperschaft** die Lieferung von **Waren** einem Konsortium überträgt, dem sie selbst angehört, richtet sich danach, ob diese Übertragung einen **öffentlichen Lieferauftrag** darstellt.
>
> 42 **Ist dies** der Fall und [liegt] der geschätzte Auftragswert [über dem Schwellenwert], so ist die [AVRL] anwendbar. Unerheblich ist insoweit, ob auch der Lieferant öffentlicher Auftraggeber ist. ...
>
> 46 Die Gemeinde Viano ist als Gebietskörperschaft ein **öffentlicher Auftraggeber**[.] Das vorlegende Gericht hat somit zu prüfen, **ob das Verhältnis zwischen ihr und der AGAC die übrigen Voraussetzungen erfüllt**, die ... für das Vorliegen eines öffentlichen Lieferauftrags [erforderlich sind].
>
> 47 Dies ist ... der Fall, wenn es sich um einen **schriftlichen entgeltlichen** Vertrag ua über den Kauf von Waren handelt.
>
> 48 Im vorliegenden Fall liefert die AGAC der Gemeinde Viano gegen Zahlung eines Entgelts Waren, nämlich Brennstoffe.
>
> 49 Zur Beantwortung der Frage, ob ein Vertrag vorliegt, muß das vorlegende Gericht prüfen, ob eine **Vereinbarung zwischen zwei verschiedenen Personen** getroffen wurde.
>
> 50 Dazu genügt es ... grundsätzlich, daß der Vertrag zwischen einer Gebietskörperschaft und einer rechtlich von dieser **verschiedenen Person** geschlossen wurde. Etwas anderes kann nur dann gelten, wenn die Gebietskörperschaft über die fragliche Person eine **Kontrolle** ausübt **wie über ihre eigenen Dienststellen** und wenn diese Person zugleich ihre **Tätigkeit im wesentlichen für die Gebietskörperschaft** oder die Gebietskörperschaften verrichtet, die ihre Anteile innehaben.
>
> 51 Deshalb ist auf die Vorlagefrage zu antworten, daß die [AVRL] anwendbar ist, wenn ein öffentlicher Auftraggeber wie etwa eine Gebietskörperschaft beabsichtigt, mit einer **Einrichtung, die sich formal von ihm unterscheidet** und die ihm gegenüber **eigene Entscheidungsgewalt** besitzt, einen schriftlichen entgeltlichen Vertrag über die Lieferung von Waren zu schließen, wobei unerheblich ist, ob diese Einrichtung selbst ein öffentlicher Auftraggeber ist.

Ein **vergabepflichtiger** Vertrag mit Dritten liegt also **nicht** vor, wenn der öffentliche Auftraggeber über die Leistungserbringerin **unmittelbare Kontrolle** ausübt und diese ihre Tätigkeit auch überwiegend für den oder die Auftraggeber ausübt.[66] Öffentliche Stellen können daher frei **entscheiden**, ob sie die Erfüllung der ihnen übertragenen Aufgaben **auf den Markt auslagern oder diese Aufgaben selbst erbringen** – auch, wenn Letzteres mit einer internen Re-

---

[66] Vgl auch Rs C-573/07, *Sea*, ECLI:EU:C:2009:532, Rn 46; Rs C-196/08, *Acoset*, ECLI:EU:C:2009:628, Rn 53; Rs C-159/11, *Azienda Sanitaria Locale di Lecce*, ECLI:EU:C:2012:817, Rn 22 ff.

Organisation verbunden ist. Eine solche innerstaatliche Neuordnung von Kompetenzen ohne Auslagerung auf den Markt ist durch Art 4 Abs 2 EUV auch explizit geschützt.[67]

Offen blieb nach *Teckal*, was genau unter einer Kontrolle „wie über [die] eigenen Dienststellen"[68] zu verstehen ist. Bei Unternehmen mit **Anteilsbeteiligung eines privaten Dritten** war insbesondere fraglich, bis zu welchem Ausmaß einer privater Beteiligung noch eine Zurechnung zum Geschäftsbetrieb des öffentlichen Auftraggebers in Frage kommt. Eine Präzisierung brachten hier va das schon angesprochene Urteil *Co.Na.Me*[69] und das knapp nachfolgende Urteil *Stadt Halle*, beide aus 2005. *Stadt Halle* betraf die Frage einer Ausschreibungspflicht bei der gemeindeeigenen Abfallentsorgung.

> Rs C-26/03, *Stadt Halle und RPL Recyclingpark Lochau*, ECLI:EU:C:2005:5
>
> Die deutsche Stadt Halle hatte einen Dienstleistungsauftrag im Bereich der Abfallentsorgung ohne öffentliche Ausschreibung an die RPL Lochau vergeben, deren Geschäftsgegenstand im Betrieb von Recycling- und Abfallentsorgungsanlagen bestand. Das Kapital der RPL Lochau wurde mittelbar zu 75,1 % von der Stadt Halle gehalten, der verbleibende Minderheitsanteil gehörte einer privaten GmbH. Im von einer Wettbewerberin angestrengten nationalen Nachprüfungsverfahren wegen zu Unrecht unterlassener Ausschreibung (nach der alten RL 92/50/EWG)[70] stellte sich die Frage, ob die Einordnung des Vertrages zwischen der Stadt Halle und der RPL Lochau als vergabefreies Eigengeschäft schon durch die bloße gesellschaftsrechtliche Beteiligung eines privaten Unternehmens am Vertragspartner ausgeschlossen sei.
>
> 46 Jede Ausnahme von der Geltung [der Ausschreibungs-]Verpflichtung ist [...] eng auszulegen. [Zudem obliegt] die Beweislast dafür, dass die außergewöhnlichen Umstände, die die Ausnahme rechtfertigen, tatsächlich vorliegen, demjenigen ..., der sich auf sie berufen will[.]
>
> 47 Im Sinne einer mit den [RL-V]orschriften bezweckten Öffnung des öffentlichen Auftragswesens für einen möglichst umfassenden Wettbewerb hat der Gerichtshof [in *Teckal*] entschieden, dass [die AVRL] anwendbar ist, wenn ein öffentlicher Auftraggeber beabsichtigt, mit einer Einrichtung, die sich rechtlich von ihm unterscheidet, einen entgeltlichen Vertrag zu schließen, ob diese Einrichtung nun selbst ein öffentlicher Auftraggeber ist oder nicht[.] Der Vertragspartner in dieser Rechtssache war ein aus mehreren öffentlichen Auftraggebern bestehendes Konsortium, an dem auch der betreffende öffentliche Auftraggeber beteiligt war.
>
> 48 Eine öffentliche Stelle, die ein öffentlicher Auftraggeber ist, hat die Möglichkeit, ihre im allgemeinen Interesse liegenden Aufgaben mit ihren eigenen administrativen, technischen und sonstigen Mitteln zu erfüllen, ohne gezwungen zu sein, sich an externe Einrichtungen zu wenden, die nicht zu ihren Dienststellen gehören. In einem solchen Fall kann von einem entgeltlichen Vertrag mit einer Einrichtung, die sich rechtlich von dem öffentlichen Auftraggeber unterscheidet, nicht die Rede sein. Die [V]orschriften über das öffentliche Auftragswesen sind daher nicht anwendbar.
>
> 49 [Dabei] ist es nicht ausgeschlossen, dass es weitere Umstände gibt, unter denen eine Ausschreibung nicht obligatorisch ist, auch wenn der Vertragspartner eine Einrichtung ist, die sich vom öffentlichen Auftraggeber rechtlich unterscheidet. Das gilt dann, wenn die öffentliche Stelle, die ein öffentlicher Auftraggeber ist, über die fragliche Einrichtung eine ähnliche Kontrolle ausübt wie über ihre eigenen Dienststellen und diese Einrichtung ihre Tätigkeit im Wesentlichen mit der oder den öffentlichen Stellen verrichtet, die ihre Anteile innehaben[.] Es ist daran zu erinnern,

---

67 Vgl Rs C-51/15, *Remondis*, ECLI:EU:C:2016:985, Rn 41.
68 Rs C-107/98, *Teckal*, ECLI:EU:C:1999:562, Rn 50.
69 Vgl Rs C-231/03, *Co.Na.Me*, ECLI:EU:C:2005:487, Rn 25 f.
70 RL 92/50/EWG des Rates vom 18. Juni 1992 über die Koordinierung der Verfahren zur Vergabe öffentlicher Dienstleistungsaufträge, ABl 1992/L 209/1.

dass in dem vorgenannten Fall die Einrichtung zu 100 % von öffentlichen Stellen gehalten wurde. **Dagegen schließt die – auch nur minderheitliche – Beteiligung eines privaten Unternehmens am Kapital einer Gesellschaft, an der auch der betreffende öffentliche Auftraggeber beteiligt ist, es auf jeden Fall aus**, dass der öffentliche Auftraggeber über diese Gesellschaft eine ähnliche Kontrolle ausübt wie über seine eigenen Dienststellen.

50 Insoweit ist zunächst festzustellen, dass die Beziehung zwischen einer öffentlichen Stelle, die ein öffentlicher Auftraggeber ist, und ihren Dienststellen durch Überlegungen und Erfordernisse bestimmt wird, die mit der Verfolgung von im **öffentlichen Interesse** liegenden Zielen zusammenhängen. Die Anlage von privatem Kapital in einem Unternehmen beruht dagegen auf Überlegungen, die mit **privaten Interessen** zusammenhängen, und verfolgt andersartige Ziele.

51 Zweitens würde die Vergabe eines öffentlichen Auftrags an ein gemischtwirtschaftliches Unternehmen ohne Ausschreibung das Ziel eines freien und unverfälschten Wettbewerbs und den [...] Grundsatz der Gleichbehandlung der Interessenten beeinträchtigen, insbesondere weil ein solches Verfahren einem am Kapital dieses Unternehmens beteiligten privaten Unternehmen einen Vorteil gegenüber seinen Konkurrenten verschaffen würde.

Nach *Stadt Halle* sind also die mit der Gründung der kontrollierten Einrichtung verfolgten **Ziele wesentlich**. Ist der Bestandszweck im Kern darauf gerichtet, „Überlegungen und Erfordernisse [...] im öffentlichen Interesse"[71] zu gewährleisten, so ist eine **Beteiligung Privater** nach Auffassung des EuGH verzichtbar. Eine solche Beteiligung lässt vielmehr darauf schließen, dass neben den rein öffentlichen auch finanzielle Interessen der öffentlichen Hand eine Rolle spielen. Aber auch dann, wenn zB ein öffentlich beherrschtes Unternehmen von einer öffentlichen Stelle (zB der Regionalregierung) verpflichtet wird, Dienstleistungen für **verbandsfremde Gebietskörperschaften**, liegen gemischte (wenngleich insgesamt öffentliche) Interessen vor und sind diese Leistungen als daher Dienstleistungen gegenüber Dritten (nämlich den verbandsfremden öffentlichen Stellen) zu qualifizieren.[72]

In solchen **Fällen gemischter Interessenslagen** hält der Gerichtshof die Anwendung der Vergabebestimmungen zu Recht für angebracht – es sei denn, die Aufgabenbereiche lassen sich klar trennen.[73] Leistungserbringer, bei denen finanzielle Gesichtspunkte keine Rolle spielen, werden ihre Leistungen allerdings iaR auch nicht auf dem freien Markt anbieten. Eine regelmäßige **Marktbetätigung außerhalb des reservierten Bereichs** wird daher ebenfalls auf eine Unzulässigkeit der In-House-Vergabe schließen lassen.

7.3.7. Verfahrensarten

Die VergabeRL unterscheiden **mehrere Verfahrensarten** unterschiedlicher Anforderungsdichte.[74] Die wichtigsten davon sind das offene Verfahren, das nicht offene Verfahren sowie das Verhandlungsverfahren. Vergaben, die überhaupt keinen Vorschriften unterliegen, heißen **Direktvergaben** (freihändige Vergaben).

---

71 Rs C-26/03, *Stadt Halle*, ECLI:EU:C:2005:5, Rn 50.
72 Vgl Rs C-553/15, *Undis*, ECLI:EU:C:2016:935, Rn 28 ff.
73 Vgl auch Rs C-18/01, *Korhonen*, ECLI:EU:C:2003:300, Rn 40 ff.
74 Vgl Art 25 ff. AVRL 2014/24/EU; Art 43 ff. SVRL 2014/25/EU.

Bei einem **offenen** Verfahren[75] können alle interessierten Unternehmen ein Angebot zu einem Beschaffungsvorhaben abgeben. In **nicht offenen** Verfahren[76] müssen sich die Unternehmen zuerst um die Teilnahme bewerben und werden bei entsprechender Eignung idF vom Auftraggeber zur Abgabe eines Angebots eingeladen. Beim **Verhandlungsverfahren**[77] wendet sich der öffentliche Auftraggeber gleich nur an bestimmte Unternehmen seiner Wahl und verhandelt mit mehreren oder auch nur einem einzigen Unternehmen über die Vergabe des Auftrags. Die RL kennen Verhandlungsverfahren mit vorheriger öffentlicher Bekanntmachung und (ausnahmsweise) ohne vorherige öffentliche Bekanntmachung. Offene Verfahren sind damit vergleichsweise aufwändig, Verhandlungsverfahren vergleichsweise einfach für den Auftraggeber.[78]

Weitere Verfahrenstypen sind der sog **Wettbewerbliche Dialog** für komplexe Leistungen, bei denen die genaue Leistung erst zusammen mit den Unternehmen geplant wird, sowie die sog Innovationspartnerschaften.[79] Beim **Wettbewerblichen Dialog** bewerben sich die Unternehmen um Teilnahme und arbeiten dann mit dem Auftraggeber gemeinsam Lösungen aus; erst auf deren Grundlage werden idF Angebote abgegeben. Bei **Innovationspartnerschaften** kann jeder Wirtschaftsteilnehmer auf einen Aufruf zum Wettbewerb hin einen Teilnahmeantrag einreichen, indem er die vom Auftraggeber verlangten Informationen im Hinblick auf die Eignung vorlegt. Gegenstand ist die Nachfrage nach einem innovativen Produkt (Ware, Dienstleistung, Bauleistung), die nicht durch den Erwerb von bereits auf dem Markt verfügbaren Produkten, Dienstleistungen oder Bauleistungen befriedigt werden kann.

Welches Verfahren zur Anwendung kommt, hängt davon ab, was beschafft werden soll. Bau-, Liefer- und Dienstleistungsaufträge sind nach der AVRL 2014/24/EU grundsätzlich im offenen und nicht offenen Verfahren zu vergeben. Auftraggeber im Sektorenbereich können hingegen frei zwischen den Verfahrensarten wählen.

Im Interesse der Flexibilisierung und Verbilligung der Vergabeverfahren streben die Vergaberichtlinien danach, Online-Beschaffungen und die **elektronische Verfahrensabwicklung** zu fördern. Entsprechende Instrumente sind etwa die **elektronische Auktion**[80] sowie die sog **dynamischen Beschaffungssysteme**. Bei Letzteren handelt es sich um ein vollelektronisches Verfahren für Beschaffungen von marktüblichen Leistungen, bei denen die allgemein auf dem Markt verfügbaren Merkmale den Anforderungen des Auftraggebers genügen.[81] Bieter können dabei online unverbindliche Angebote abgeben und diese jederzeit nachbessern. Über **Rahmenvereinbarungen**[82] können für eine Laufzeit von max vier (AVRL 2014/24/EU) bzw acht (SVRL 2014/25/EU) Jahren laufend Aufträge für den Auftraggeber von Unternehmen erbracht werden, die vorher in einem herkömmlichen Vergabeverfahren ermittelt wurden.

---

75 Vgl Art 27 AVRL 2014/24/EU; Art 45 SVRL 2014/25/EU.
76 Vgl Art 28 AVRL 2014/24/EU; Art 46 SVRL 2014/25/EU.
77 Vgl Art 29 und 32 AVRL 2014/24/EU; Art 47 und 50 SVRL 2014/25/EU.
78 Näher *Heid/Preslmayr* (Hrsg), Handbuch Vergaberecht, 280ff.
79 Vgl Art 30 und 31 AVRL 2014/24/EU; Art 48 und 49 SVRL 2014/25/EU.
80 Vgl Art 35 AVRL 2014/24/EU; Art 53 SVRL 2014/25/EU.
81 Vgl Art 34 AVRL 2014/24/EU; Art 52 SVRL 2014/25/EU.
82 Vgl Art 33 AVRL 2014/24/EU; Art 51 SVRL 2015/25/EU.

7.3.8. Bekanntmachung

Die Bekanntmachung der Auftragsvergabe ist **Dreh- und Angelpunkt** des Vergaberechts: Nur bei rechtzeitiger und ausreichend weiter Bekanntmachung können sich dem Auftraggeber noch nicht bekannte Unternehmen überhaupt am Verfahren beteiligen.[83]

Die RL sehen als Regelfall eine **EU-weite Bekanntmachung** vor.[84] Sie erfolgt im Supplement zum Amtsblatt der Europäischen Union (Teil S). Das Amtsblatt S steht nur in elektronischem Format zur Verfügung und der Zugriff darauf ist über die Website TED (‚Tenders Electronic Daily') möglich. Über geplante Beschaffungen während der nächsten 12 Monate kann eine **Vorinformation** veröffentlicht werden. Bieter, die dort ihr Interesse bekundet haben, sind bei Verfahrensbeginn zu kontaktieren (sog Aufforderung zur Interessensbestätigung). Im Gegenzug können die Angebotsfristen bei veröffentlichter Vorinformation verkürzt werden.

Vereinfachungen bei den Bekanntmachungspflichten gibt es nur sehr eingeschränkt. So darf ein Auftrag **ohne vorhergehende Bekanntmachung** vergeben werden, wenn keine geeigneten Angebote im Rahmen eines offenen oder nicht offenen Verfahrens eingegangen sind oder wenn dringliche, zwingende Gründe vorliegen, die der Auftraggeber nicht vorhersehen konnte. Nach der Rsp ist Dringlichkeit restriktiv zu verstehen und liegt nur vor, wenn die Zeit selbst zur Durchführung eines für dringliche Fälle vorgesehenen beschleunigten Verfahrens[85] nicht reicht.[86] Der Nachweis des Vorliegens außergewöhnlicher Umstände obliegt dem Auftraggeber.

Da Auftragsvergaben **unterhalb der Schwellenwerte** von den RL nicht erfasst sind, besteht hier auch keine Pflicht zur EU-weiten Bekanntmachung. Allerdings verlangt die eingangs (s. primärrechtliche Vorgaben) besprochene Judikatur auf Basis der Grundfreiheiten auch unterhalb der Schwellenwerte eine Einhaltung von Mindesttransparenzregeln: Daher sind auch bei solchen Vergaben gewisse Publizitätsmaßnahmen zu setzen, etwa eine Veröffentlichung von Informationen und Aufforderung zur Angebotslegung auf der eigenen Homepage.

7.3.9. Fristen

Die Durchführung der einzelnen Schritte der Ausschreibung, von der ersten Veröffentlichung bis zur Erteilung des Zuschlags an den erfolgreichen Bieter, unterliegt **zwingenden Mindestfristen**. Sie dienen dem Schutz der Bieter und sind daher sorgfältig zu beachten. Ausländische Bieter können zB durch zu kurze Fristen gegenüber Inländern benachteiligt werden.[87] Die Fristen sind je Verfahrensart, Verfahrensschritt (sowie teils auch zwischen der AVRL 2014/24/EU und der SVRL 2014/25/EU) unterschiedlich.

Im **offenen Verfahren** muss, als wichtiges Beispiel, die Frist zwischen der Bekanntmachung der Ausschreibung und dem Eingang der Angebote sowohl nach der AVRL 2014/24/EU als auch nach der SVRL 2014/25/EU mindestens 35 Tage (bei elektronischen Angeboten 30 Tage) betra-

---

83 Näher *Schneider*, ZfV 2014, 651.
84 Vgl Art 49 und 51 AVRL 2014/24/EU; Art 69 und 71 SVRL 2014/25/EU.
85 Vgl zB Art 27 Abs 3 AVRL 2014/24/EU (beschleunigtes offenes Verfahren).
86 Vgl zB Rs C-107/92, *Kommission/Italien*, ECLI:EU:C:1993:344, Rn 12 ff; Rs C-24/91, *Kommission/Spanien*, ECLI:EU:C:1992:134, Rn 13 ff.
87 Vgl zB verb Rs C-20/01 und C-28/01, *Kommission/Deutschland*, ECLI:EU:C:2003:220, Rn 58 mwN.

gen.[88] Eine Fristverkürzung auf 15 Tage ist möglich, wenn eine Vorinformation für das Haushaltsjahr veröffentlicht wurde. Für das **nicht offene** Verfahren und das **Verhandlungsverfahren** (mit vorheriger Bekanntmachung) unterscheiden die RL zwischen der Frist für den Eingang der Anträge auf Teilnahme und der in der Aufforderung zur Angebotsabgabe gesetzten Frist für den Eingang der Angebote. Beide Fristen betragen für beide Verfahrensarten mindestens 30 Tage (25 Tage bei elektronischen Angeboten).[89] Wurde eine Vorabinformation veröffentlicht, kann die Frist für den Eingang der Angebote auf 10 Tage verkürzt werden.

7.3.10. Leistungsbeschreibung

Die RL schreiben den Inhalt der Ausschreibungsunterlagen bzw die Leistungsbeschreibung nicht im Detail vor. Vorgaben bestehen nur in einigen wenigen Punkten. So va hinsichtlich der **Verwendung technischer Normen** (sog technischer Spezifikationen), da diese in besonderer Weise geeignet sind, ausländische Anbieter (wo andere technische Standards üblich sein können) zu benachteiligen.[90] Regeln bestehen auch für den Rückgriff auf Gütezeichen, Testberichte oder Zertifizierungen als Nachweis der Konformität mit den technischen Spezifikationen oder als Zuschlagskriterien.

Die RL verpflichten Auftraggeber, bei der Beschreibung der Leistung und deren technischen Anforderungen soweit wie möglich auf **europäische technische Normen** Bezug zu nehmen. Auftraggebern ist es grundsätzlich weiters untersagt, den Auftrag durch Hinweis auf bestimmte Erzeugnisse, Verfahren, Warenzeichen, Patente etc zu definieren. Kann ein Auftragsgegenstand ansonsten nicht hinreichend genau beschrieben werden, darf ausnahmsweise ein bestimmtes Erzeugnis angegeben werden, jedoch nur mit dem Zusatz ‚oder gleichwertig'.

Der Gerichtshof hatte sich verschiedentlich mit **versteckten Bevorzugungen inländischer Bieter** zu befassen. Ein Leiturteil ist *Kommission/Irland* aus 1988, betreffend die Verwendung nationaler Normen anstelle europäischer Standards.

> Rs 45/87, *Kommission/Irland*, ECLI:EU:C:1988:435
>
> Für den Ausbau der Wasserversorgung der irischen Stadt Dundalk wurde eine öffentliche Bauausschreibung vorgenommen. Dabei war eine Klausel enthalten, wonach für Rohre aus Asbestzement für Druckrohrleitungen eine gemäß dem ‚Irish Standard Mark licensing Scheme' des irischen Instituts für industrielle Forschung und Normung erteilte Bescheinigung über die Übereinstimmung mit der einschlägigen irischen Norm vorliegen müsse. Die Auftraggeberin weigerte sich idF ein Angebot zu prüfen, das dieser Klausel nicht entsprach. Dieses Angebot sah die Verwendung von Rohren aus Asbestzement vor, die nach einer anderen als der irischen Norm hergestellt waren, aber gleichwertige Garantien für Sicherheit, Leistung und Zuverlässigkeit bot. Die Kommission griff den Fall auf und trug vor, dass die Zurückweisung eines Angebots aufgrund seiner mangelnden Entsprechung mit nationalen technischen Normen nicht zulässig sei.
>
> 19 Die Einfügung einer Klausel wie der vorliegenden in die Bekanntmachung einer Ausschreibung kann dazu führen, daß Wirtschaftsteilnehmer, die Rohre herstellen oder verwenden, die denjenigen gleichwertig sind, deren Übereinstimmung mit den irischen Normen bescheinigt wurde, auf die Teilnahme an der Ausschreibung verzichten.

---

[88] Vgl Art 27 AVRL 2014/24/EU; Art 45 SVRL 2014/25/EU.
[89] Vgl Art 28 und 29 AVRL 2014/24/EU; Art 46 und 47 SVRL 2014/25/EU.
[90] Vgl Art 42 AVRL 2014/24/EU; Art 60 SVRL 2014/25/EU.

20 Aus den Akten geht zudem hervor, daß **nur ein einziges Unternehmen** vom irischen Institut für industrielle Forschung und Normung im Rahmen der [irischen] Norm ... in dem Sinne zugelassen war, daß es das irische Normzeichen auf Rohren des für den streitigen Bauauftrag geforderten Typs anbringen darf. Dieses Unternehmen hat seinen Sitz in Irland. Die Einfügung der Klausel ... hat somit dazu geführt, daß die Lieferung der Leitungsrohre, die für die in Dundalk auszuführenden Arbeiten erforderlich waren, **irischen Herstellern vorbehalten** blieb.

21 Die **irische Regierung** trägt vor, die Spezifizierung der Normen, gemäß denen die Materialien herzustellen seien, sei insbesondere in einem Fall wie dem vorliegenden notwendig, in dem die verwendeten Rohre zu dem **bereits bestehenden Netz passen müßten**. Daß sie einer anderen Norm, und sei es einer internationalen wie der **Norm ISO** ..., entsprächen, reiche nicht aus, um bestimmte **technische Schwierigkeiten** auszuräumen.

22 Diesem technischen Argument kann nicht gefolgt werden. Der Vorwurf der Kommission zielt nicht auf die Erfüllung der technischen Anforderungen, sondern auf die Weigerung der irischen Behörden, zu prüfen, ob diese Anforderungen in einem Fall erfüllt sind, in dem der Hersteller der Materialien nicht vom irischen Normungsinstitut ... zugelassen worden war. Hätten die irischen Behörden, wie es die [AVRL] vorschreibt, die Angabe der irischen Norm mit dem **Zusatz „oder gleichwertiger Art"** versehen, so hätten sie die Erfüllung der technischen Voraussetzungen kontrollieren können, ohne den Auftrag von vornherein denjenigen Bietern vorzubehalten, die irische Materialien zu verwenden beabsichtigten.

Im Fall *Kommission/Irland* sah der EuGH in den rechtswidrigen Spezifikationen neben einer Verletzung der Vergabepflichten auch einen Verstoß gegen den freien Warenverkehr. Eine solche Doppelwirkung rechtswidriger Spezifikationen besteht auch im Verhältnis zu den anderen Grundfreiheiten, wie das Urteil *Französische Schulen* aus 2000 vor Augen führt. Dort ging es um technische Spezifikationen, die ausländische Bieter aufgrund ihrer **Komplexität** faktisch benachteiligten und damit neben dem Vergaberecht auch in die Dienstleistungsfreiheit eingriffen.

Rs C-225/98, *Kommission/Frankreich*, ECLI:EU:C:2000:494

Die Kommission war Anfang 1993 auf die Vergabe einer Anzahl öffentlicher Bauaufträge betreffend den Bau und die Unterhaltung von Schulgebäuden durch die französische Region Nord-Pas-de-Calais und das Departement Nord aufmerksam geworden. Die Kommission rügte dabei verschiedene Unvereinbarkeiten mit den Vergabevorschriften der Union, unter anderem eine **diskriminierende Bezeichnung der Baulose**. So sei zur Information der Bieter über die geforderten Qualifikationen lediglich auf die **gängigen Klassifizierungen** der französischen Berufsverbände Bezug genommen worden, etwa in der Form ‚QPQCB', ‚Qualibat – Qualifélec' oder ‚Qualibat chauffage 5312'. Letzteres entsprach beispielsweise einem Studienbüro der Klimatechnik mit mindestens vierjähriger Praxis und einer ‚Position 6' im Kollektivvertrag ‚ETAM' der ‚Bâtiment et travaux publics'. Ungeachtet des Umstands, dass auch gleichwertige ausländische Qualifikationsnachweise zulässig waren konnte die Form der Bezeichnung nach Ansicht der Kommission dazu führen, dass die **nationalen Unternehmen**, denen dieses System der Zertifizierung der Qualität bekannt sei und die es gewohnt seien, Erzeugnisse oder Leistungen entsprechend der in der Bekanntmachung des Auftrags verlangten Referenzen anzubieten, **gegenüber ausländischen** und mit diesen Systemen nicht vertrauten Unternehmen **begünstigt würden**.

80 [D]er **Grundsatz der Gleichbehandlung** [der Bieter], der in [Art 56 AEUV] eine besondere Ausprägung gefunden hat, [verbietet] nicht nur offenkundige **Diskriminierungen** aufgrund der Staatsangehörigkeit, sondern auch alle verschleierten Formen der Diskriminierung, die mit Hilfe der Anwendung anderer Unterscheidungsmerkmale tatsächlich zu demselben Ergebnis führen[.]

81 Im vorliegenden Fall bedeutet die Bezugnahme auf Klassifizierungen nationaler Berufsverbände zwar nicht, dass nur die von diesen Verbänden ausgestellten Zertifikate berücksichtigt werden kön-

nen, letztlich sind die verwendeten technischen Spezifikationen aber so eigentümlich und abstrakt, dass grundsätzlich nur französische Bewerber ihre Bedeutung ohne weiteres verstehen können. Durch die kodifizierten Bezeichnungen der Lose erhalten die französischen Unternehmen daher mehr Informationen über die Art der Lose, so dass es für sie leichter ist, Angebote einzureichen, die den in der Bekanntmachung des Auftrags aufgeführten Anforderungen entsprechen.

82 Dagegen ist es für die Bieter aus anderen Mitgliedstaaten schwerer, innerhalb der gesetzten kurzen Frist Gebote abzugeben, da sie sich bei den betreffenden öffentlichen Auftraggebern zunächst über den Gegenstand und Inhalt dieser Referenzen informieren müssen.

83 Da ausländische Bieter durch die Bezeichnung der Lose unter Verweis auf Klassifizierungen nationaler Berufsverbände abgeschreckt werden können, stellt eine solche Bezeichnung eine versteckte Diskriminierung und somit eine Beschränkung des freien Dienstleistungsverkehrs ... dar.

Nach den RL können technische Spezifikationen auch „auf den spezifischen Prozess oder die spezifische Methode zur Produktion beziehungsweise Erbringung" der Leistung oder „auf einen spezifischen Prozess eines anderen Lebenszyklus-Stadiums" bezogen sein, „auch wenn derartige Faktoren nicht materielle Bestandteile" des beschafften Produkts sind, soweit „sie in Verbindung mit dem Auftragsgegenstand stehen und zu dessen Wert und Zielen verhältnismäßig sind."[91] Angesprochen sind damit die, auch bei der technischen Leistungsfähigkeit und den Zuschlagskriterien zulässigen, sog vergabefremden Kriterien. Die Leistungs- oder Funktionsanforderungen des beschafften Produkts können also so formuliert werden können, dass sie zB auf die Umwelteigenschaften der ausgeschriebenen Leistung odgl Rücksicht nehmen. Allerdings darf es dadurch nicht zu versteckten Ungleichbehandlungen kommen. Zudem muss das Kriterium die tatsächlich leistungsrelevante Eigenschaften betreffen (also auf den Auftragsgegenstand bezogen bleiben).

Die Rahmenbedingungen der Leistung (etwa *fair trade*) können nicht als technische Spezifikationen, wohl aber als Bedingungen für die Ausführung der Leistung berücksichtigt werden. Dies illustriert etwa das Urteil *Kommission/Niederlande* aus 2012, betreffend die Beschaffung von *fair trade*-Kaffee für Kaffeeautomaten des öffentlichen Auftraggebers

Rs C-368/10, *Kommission/Niederlande*, ECLI:EU:C:2012:284

Gegenstand des Rechtsstreits bildeten zwei in den Niederlanden gebräuchliche Gütezeichen für Erzeugnisse aus ökologisch erzeugten Zutaten bzw aus fairem Handel mit Entwicklungsländern. Im Jahr 2008 veröffentlichte die Provinz Nord-Holland eine Bekanntmachung über die Vergabe eines öffentlichen Auftrags für die Lieferung und Bewirtschaftung von Kaffeeautomaten. In dieser Bekanntmachung wurde hervorgehoben, dass die Provinz Wert auf eine vermehrte Verwendung von ökologischen und Fair-Trade-Erzeugnissen in Kaffeeautomaten legte. Zudem war genauer angegeben, dass „die Provinz Nord-Holland beim Kaffee- und Teeverzehr das MAX HAVELAAR- und das EKO-Gütezeichen verwendet" und dass andere Zutaten als Kaffee oder Tee wie Milch, Zucker und Kakao diesen beiden Gütezeichen entsprechen sollten. Wenig später wurde in einer Informationsmitteilung erläutert, dass andere Gütezeichen auch akzeptiert würden, „solange die Kriterien vergleichbar oder identisch sind". Die Kommission sah in dieser Ausschreibung einen Verstoß gegen die AVRL.

61 Vorab ist darauf hinzuweisen, dass zum einen die technischen Spezifikationen [...] in Form von Leistungs- oder Funktionsanforderungen formuliert werden können, die Umwelteigenschaften umfassen können. [Demnach] kann eine bestimmte Produktionsmethode eine solche Umwelt-

---

91 Alle Zitate Art 42 Abs 1 AVRL 2014/24/EU; wortgleich Art 60 Abs 1 SVRL 2014/25/EU.

eigenschaft darstellen. Wie zwischen den Parteien unstreitig ist, stellt daher das [auf die ökologische Zusammensetzung abstellende] Gütezeichen, soweit es auf Umwelteigenschaften beruht und die in [der AVRL] aufgezählten Voraussetzungen erfüllt, ein „**Umweltgütezeichen**" ... dar. ...

63 [Allerdings ist] öffentlichen Auftraggebern bei Anforderungen in Bezug auf Umwelteigenschaften [nur] die Befugnis [verliehen], die **detaillierten Spezifikationen eines Umweltgütezeichens, nicht aber ein Umweltgütezeichen als solches** zu verwenden. [...]

67 [D]ie dem öffentlichen Auftraggeber auferlegte Verpflichtung, die detaillierten Umwelteigenschaften, die er vorschreiben will, auch dann ausdrücklich anzugeben, wenn er die für ein Umweltzeichen festgelegten Eigenschaften verwendet, [...] ist auch unerlässlich, um es potenziellen Bietern zu ermöglichen, sich auf ein einheitliches und amtliches Dokument des öffentlichen Auftraggebers selbst zu stützen, ohne dass sie also den Zufälligkeiten einer Informationssuche und möglichen im Laufe der Zeit eintretenden Veränderungen der für ein Umweltgütezeichen geltenden Kriterien ausgesetzt sind.

70 [Daher hat] die **Provinz Nord-Holland dadurch**, dass sie im Lastenheft vorgeschrieben hat, dass **bestimmte** zu liefernde **Erzeugnisse** mit einem bestimmten **Umweltgütezeichen** versehen sind, **anstatt die für dieses Umweltgütezeichen festgelegten detaillierten Spezifikationen** zu verwenden, eine [...] unvereinbare technische Spezifikation aufgestellt[.]

73 [Was sodann] das Gütezeichen [für] Erzeugnisse [...] aus einer Form des **fairen Handels** [betrifft, so beruht dieses] auf vier Kriterien [...], nämlich darauf, dass der gezahlte Preis kostendeckend sein und einen Zuschlag auf den Weltmarktpreis enthalten muss, dass die Produktion vorfinanziert sein muss und dass zwischen Erzeuger und Importeur langfristige Handelsbeziehungen bestehen müssen.

74 Es ist festzustellen, dass diese Kriterien nicht der Definition des Begriffs „technische Spezifikation" [...] entsprechen, denn diese Definition stellt ausschließlich auf die **Merkmale der Erzeugnisse** selbst, ihre **Produktionsprozesse und -methoden**, ihre **Verpackung** oder ihre **Verwendung** und nicht auf die Bedingungen ab, unter denen der Lieferant sie vom Erzeuger erworben hat.

75 Dagegen fällt die Einhaltung dieser Kriterien unter den Begriff „**Bedingungen für die Auftragsausführung**" im Sinne ... der [AVRL].

76 Nach diesem Artikel **können die Bedingungen** für die Ausführung eines Auftrags **nämlich insbesondere soziale Aspekte** betreffen. Vorzuschreiben, dass der zu liefernde Tee und Kaffee von Kleinerzeugern aus Entwicklungsländern stammt, zu denen für sie günstige Handelsbeziehungen bestehen, ist ein solcher sozialer Aspekt. ...

7.3.11. Eignungsprüfung

Die Eignungsprüfung dient der Bewertung der Bieter beim offenen Verfahren sowie der Auswahl der Bewerber beim nicht offenen Verfahren und beim Verhandlungsverfahren. Sie soll sicherstellen, dass nur die Angebote solcher Bieter geprüft werden müssen, von denen zu erwarten ist, dass sie die **auftragsgemäße Leistung qualitativ einwandfrei** erbringen werden. Die Eignungsprüfung befasst sich daher mit Fragen wie zB dem Vorliegen der **Befähigung** (etwa Gewerbeberechtigung), der **persönlichen Lage** des Bewerbers (etwa Verurteilungen), **wirtschaftlicher und finanzieller Leistungsfähigkeit** (etwa Liquidität) sowie **technischer Leistungsfähigkeit** (etwa technische Ausrüstung im Betrieb). Eignungskriterien sind von den sogleich besprochenen Zuschlagskriterien abzugrenzen und dürfen nicht in beiden Bereichen doppelt verwendet werden.[92]

---

[92] Vgl zB Rs 31/87, *Beentjes*, ECLI:EU:C:1988:422, Rn 16; Rs C-199/07, *Kommission/Griechenland*, ECLI:EU:C:2009:693, Rn 51; Rs T-461/08, *Evropaïki Dynamiki*, ECLI:EU:T:2011:494, Rn 142; Rs C-532/06, *Lianakis*, ECLI:EU:C:2008:40, Rn 30 ff.

Die Eignungskriterien werden vom Auftraggeber im eigenen Ermessen festgelegt.[93] Dabei kann unter den in den RL[94] (zT abschließend, zT nicht abschließend) aufgezählten Eignungsnachweisen gewählt werden. Darüber hinaus gelten die allgemeinen Grundsätze der **Nichtdiskriminierung** und der **Verhältnismäßigkeit**. Besteht ein Bieter die Eignungsprüfung nicht, ist er zwingend vom Verfahren auszuschließen.[95]

Die Eignungsprüfung wird für Bieter durch die sog **Einheitliche Europäische Eigenerklärung (EEE)** vereinfacht.[96] In der (elektronischen) EEE deklariert sich der Bieter hinsichtlich seiner Eignung und des Nichtvorliegens von Ausschlussgründen. Die EEE ersetzt vorläufig die Vorlage von Nachweisen. Wesentliche Inhalte sind die Versicherung seitens des Bieters, dass 1) keine Ausschlussgründe vorliegen, 2) die Vorgaben des Auftraggebers zur Eignung bei der Befähigung zur Berufsausübung, der wirtschaftlichen und finanziellen Leistungsfähigkeit sowie der technischen und beruflichen Leistungsfähigkeit erfüllt sowie 3) eventuell vorgegebene (objektive und nichtdiskriminierende) Kriterien zur Reduzierung der Zahl der Teilnehmer am Wettbewerb erfüllt werden. Spätestens vor Zuschlagserteilung müssen die verlangten Nachweise und Bescheinigungen vom Auftraggeber tatsächlich angefordert werden. Öffentliche Auftraggeber müssen die EEE akzeptieren, wenn sie vom Unternehmen vorgelegt wird. Die SVRL 2014/25/EU wiederum erlaubt zur Vereinfachung der Eignungsprüfung und zur Verwaltung eines permanenten Pools an Bewerbern die Einrichtung eines permanenten **Qualifizierungssystems**.[97]

Vergabefremde Kriterien, also nicht wirtschaftliche Kriterien wie zB Umweltgerechtigkeit der Leistung, Umweltmanagement usw, können bei der technischen Leistungsfähigkeit in die Eignungsprüfung mit einfließen, bei der wirtschaftlichen und finanziellen Leistungsfähigkeit aber nicht.[98]

7.3.12. Inanspruchnahme Dritter und Subvergaben

Die RL erlauben es Bietern ausdrücklich, sich umfassend auf die **Kapazitäten Dritter** zu stützen.[99] Dies gilt sowohl im Rahmen der Eignungsprüfung, also zur Erbringung der erforderlichen Nachweise der wirtschaftlichen und finanziellen Leistungsfähigkeit und der technischen und beruflichen Leistungsfähigkeit, als auch bei der Auftragsausführung. Die Inanspruchnahme ist ungeachtet des rechtlichen Charakters der Art der Verbindung zwischen Bieter und Subunternehmer (also Konzern, Vertrag usw) zulässig.

Bei der Eignungsprüfung müssen daher die Eignungsnachweise nicht sämtlich vom Bieter selbst stammen bzw sich auf diesen beziehen, sondern können im Regelfall auch durch Dritte erbracht werden, soweit der Bieter seine tatsächliche Zugriffsmöglichkeit auf die Ressourcen

---

93 Vgl verb. Rs 27/86 bis 29/86, *CEI*, ECLI:EU:C:1987:355, Rn 13.
94 Vgl Art 56 ff AVRL 2014/24/EU; Art 76 ff SVRL 2014/25/EU.
95 Vgl Rs C-272/91, *Kommission/Italien*, ECLI:EU:C:1994:167, Rn 35; Rs 76/81, *SA Transporoute*, ECLI:EU:C:1982:49, Rn 10.
96 Vgl Art 59 AVRL 2014/24/EU.
97 Vgl Art 77 SVRL 2014/25/EU.
98 Vgl etwa Rs 31/87, *Beentjes*, ECLI:EU:C:1988:422, Rn 28 und 34; Rs C-549/13, *Bundesdruckerei*, ECLI:EU:C:2014:2235, Rn 30 ff.
99 Vgl Art 63 und 71 AVRL 2014/24/EU; Art 79 und 88 SVRL 2014/25/EU.

der Dritten nachweisen kann.[100] Von diesem Grundsatz bestehen nur **wenige Ausnahmen**, etwa für „**kritische Aufgaben**"[101] bei Bau-, Dienstleistungs- und bestimmten Lieferaufträgen.

Der Kreis dieser Dritten ist prinzipiell **unbeschränkt**. In Frage kommen zB Bürgen iSd § 1346 ABGB,[102] verbundene (Konzern-)Unternehmen, unbeschränkt haftende Gesellschafter einer Bieterin sowie grundsätzlich auch **Subunternehmer**. Werden Dritte zum Nachweis der Leistungsfähigkeit herangezogen, so sind sie, falls der Auftraggeber dies verlangt, schon im Angebot zu benennen und zugleich ihre Nachweise sowie eine Bescheinigung, dass der Bieter über die betreffenden Ressourcen verfügen kann (dh für die wirtschaftliche und finanzielle Leistungsfähigkeit) vorzulegen.[103] Ist der Bieter eine Arbeits- oder **Bietergemeinschaft (ARGE/ BIEGE)**, braucht die wirtschaftliche und finanzielle Leistungsfähigkeit nur für die Gemeinschaft insgesamt nachgewiesen werden, nicht aber für jedes einzelne Mitglied.

Die Inanspruchnahme Dritter bei den Eignungsnachweisen und deren **Grenzen** illustriert als Beispiel[104] das Urteil *Pizzo* aus 2016. Es betraf die Erbringung eines Nachweises der finanziellen Leistungsfähigkeit durch einen Dritten. Die Grenze der Freiheit der Bieter, sich auf Dritte zu stützen, liegt demnach dort, wo **spezifische Kapazitäten** nachgewiesen werden müssen, bei denen die Inanspruchnahme Dritter ausnahmsweise keinen Mehrwert birgt bzw es erforderlich ist, dass die auftragsnotwendige Kapazität bei einem einzigen Unternehmen vereint ist. Wie in *Pizzo* bekräftigt wird, ist dies aber beim Verweis auf Bankerklärungen Dritter als Beleg der Solvenz keinesfalls der Fall. Dies gilt umso mehr, als der Auftraggeber nach den RL verlangen kann, dass der Dritte bei der Auftragsausführung gesamtschuldnerisch haftet.

> Rs C-27/15, *Pippo Pizzo*, ECLI:EU:C:2016:404
>
> Die Hafenbehörde von Messina, Italien, führte ein offenes Verfahren durch, um für die Dauer von vier Jahren die Dienstleistung der Behandlung von Abfällen und Ladungsrückständen an Bord anlaufender Schiffe zu vergeben. Diese Dienstleistung war zuvor von dem Unternehmen CRGT erbracht worden. Es langten vier Angebote ein, von denen idF jedoch drei (darunter CRGT) ausgeschlossen wurden, weil sie die in Italien (allerdings nur bei Bauaufträgen ausdrücklich) als Zulassungsbedingung vorgeschriebene Gebühr an die Aufsichtsbehörde für öffentliche Aufträge (AVCP) nicht gezahlt hatten (worauf die Ausschreibungsunterlagen nicht eigens hingewiesen hatten). Die Vergabe erfolgte daher an Herrn Pizzo, den einzigen verbliebenen Bieter. CRGT erhob dagegen Klage auf Nichtigerklärung des Verfahrensausschlusses und Schadenersatz, Herr Pizzo Widerklage. Er machte ua geltend, CRGT habe auch deshalb von dem Verfahren ausgeschlossen werden müssen, weil sie nicht, wie in der Ausschreibung gefordert, zwei verschiedene Bankerklärungen zum Nachweis ihrer wirtschaftlichen und finanziellen Leistungsfähigkeit vorgelegt habe. CRGT hatte sich dazu eines Dritten bedient.
>
> 22 [Die VergabeRL] sehen fast wortgleich vor, dass „[e]in Wirtschaftsteilnehmer ... sich ... auf die **Kapazitäten anderer Unternehmen** ... stützen [kann]", um seine wirtschaftliche und finanzielle Leistungsfähigkeit sowie die technische und berufliche Leistungsfähigkeit, die durch den fraglichen Auftrag verlangt wird, nachzuweisen.

---

100 Vgl Rs C-176/98, *Holst Italia*, ECLI:EU:C:1999:593, Rn 29; Rs C-314/01, *Siemens und ARGE Telekom*, ECLI: EU:C:2004:159, Rn 44.
101 Art 63 Abs 2 AVRL 2014/24/EU; wortgleich Art 79 Abs 3 SVRL 2014/25/EU.
102 Nicht genehmigte Beihilfen (zB prämienfreie Haftungen) sind aber ein Ausschließungsgrund, vgl Rs C-94/ 99, *ARGE Gewässerschutz*, ECLI:EU:C:2000:677, Rn 29.
103 Vgl Art 63 und 71 AVRL 2014/24/EU; Art 79 und 88 SVRL 2014/25/EU.
104 Vgl auch Rs C-305/08, *CoNISMa*, ECLI:EU:C:2009:807, Rn 41; Rs C-94/12, *Swm Costruzioni 2*, ECLI:EU: C:2013:646, Rn 30; Rs C-234/14, *Ostas celtnieks*, ECLI:EU:C:2016:6, Rn 23.

23 Der Gerichtshof hat entschieden, dass eine Person, die von einem öffentlichen Auftraggeber einen Auftrag erhalten möchte, nach dem Unionsrecht, um als vergabeverfahrensberechtigter Wirtschaftsteilnehmer eingestuft zu werden, **nicht in der Lage zu sein braucht, die Leistung unmittelbar mit eigenen Mitteln zu erbringen**[.]

24 [Die VergabeRL kennen] kein grundsätzliches Verbot für einen Bewerber oder Bieter ..., sich über seine eigenen Kapazitäten hinaus auf die Kapazitäten eines oder mehrerer Drittunternehmen zu stützen, um die von einem öffentlichen Auftraggeber festgelegten Kriterien zu erfüllen[.]

25 [Die VergabeRL] erkennen [damit] jedem Wirtschaftsteilnehmer das **Recht** zu, sich für einen bestimmten Auftrag auf die Kapazitäten anderer Unternehmen – „ungeachtet des Charakters der zwischen ihm und diesen Unternehmen bestehenden Verbindungen" – zu stützen, sofern gegenüber dem öffentlichen Auftraggeber nachgewiesen wird, **dass dem Bieter die Mittel dieser Unternehmen zur Verfügung stehen**, die für die Ausführung des Auftrags erforderlich sind[.]

26 Somit ist festzustellen, dass die [AVRL] es erlaubt, die **Kapazitäten mehrerer Wirtschaftsteilnehmer zu kumulieren**, um die vom öffentlichen Auftraggeber festgelegten Mindestanforderungen an die Leistungsfähigkeit zu erfüllen, soweit diesem gegenüber der Nachweis erbracht wird, dass der Bewerber oder der Bieter, der sich auf die Kapazitäten eines oder mehrerer anderer Unternehmen stützt, tatsächlich über deren Mittel, die für die Ausführung des Auftrags erforderlich sind, verfügt[.]

27 Diese Auslegung steht im Einklang mit dem **Ziel, den Bereich des öffentlichen Auftragswesens einem möglichst umfassenden Wettbewerb zu öffnen**, das mit den einschlägigen Richtlinien im Interesse nicht nur der Wirtschaftsteilnehmer, sondern auch der öffentlichen Auftraggeber angestrebt wird[.] Außerdem ist diese Auslegung auch geeignet, kleinen und mittleren Unternehmen den Zugang zu öffentlichen Aufträgen zu erleichtern[.]

28 Der Gerichtshof hat allerdings festgestellt, dass es Arbeiten geben mag, deren **Besonderheiten** eine **bestimmte Kapazität erfordern,** die sich durch die Zusammenfassung der kleineren Kapazitäten mehrerer Wirtschaftsteilnehmer möglicherweise nicht erlangen lässt. So hat er eingeräumt, dass der Auftraggeber in einem solchen Fall berechtigt wäre, zu verlangen, dass ein einziger Wirtschaftsteilnehmer die Mindestanforderung hinsichtlich der betreffenden Kapazität erfüllt oder auf eine begrenzte Anzahl von Wirtschaftsteilnehmern zurückgreift, soweit dieses Erfordernis mit dem fraglichen Auftragsgegenstand zusammenhängt und ihm angemessen ist. Der Gerichtshof hat jedoch klargestellt, dass dieser Fall eine Ausnahme darstellt und das innerstaatliche Recht die fraglichen Erfordernisse nicht als allgemeine Regeln aufstellen kann[.]. ...

30 Zu dem Argument von Pizzo, CRGT hätte ihre wirtschaftliche und finanzielle Kapazität durch Vorlage von Erklärungen mindestens zweier Bankinstitute nachweisen müssen, ist darauf hinzuweisen, dass der Möglichkeit ... sich der Kapazitäten Dritter zu bedienen, offensichtlich **jede praktische Wirksamkeit genommen** würde, wenn ein Unternehmen, das sich auf die Kapazitäten eines Drittunternehmens beruft, nicht dessen **Bankerklärungen** verwenden dürfte. Diese Bestimmungen sind deshalb dahin auszulegen, dass die Wirtschaftsteilnehmer sich für einen bestimmten Auftrag auf die Kapazitäten anderer Unternehmen, auch unter Verwendung von deren Bankerklärungen, stützen können. ...

Erlaubt ist auch die **Weitergabe** von Teilen des Auftrags (sog Subvergabe) durch einen erfolgreichen Bieter an einen Dritten (sog Subunternehmer). Dies gilt sogar bei **Weitergabe des gesamten Auftrags**.[105] Voraussetzung ist lediglich ein Nachweis des Bieters, dass die Nachunternehmer zur Ausführung der Leistung geeignet sind und der Bieter hinsichtlich der Ein-

---

[105] Vgl zB Rs C-176/98, *Holst Italia*, ECLI:EU:C:1999:593, Rn 21 ff; Rs C-314/01, *Siemens und ARGE Telekom*, ECLI:EU:C:2004:159, Rn 45.

richtungen und Mittel seines Nachunternehmers, die für die Ausführung der ausgeschriebenen Leistung erforderlich sind, ausreichende Einfluss- und Beherrschungsmöglichkeiten hat.

7.3.13. Angebotsprüfung

Die Angebotsprüfung umfasst die Verfahrensschritte von der Angebotsöffnung bis zur Zuschlagsentscheidung. Neben der formalen Prüfung der Angebote (also zB Rechtzeitigkeit, Unterschriften usw) beinhaltet sie va auch die Prüfung in technischer und in wirtschaftlicher Hinsicht (nach den dafür in der Ausschreibung jeweils angegebenen Kriterien). Zu prüfen sind auch Bieterangaben zu qualitativen Zuschlagskriterien (also zuschlagsrelevanten Kriterien neben dem Preis).

Besonderes Augenmerk ist dabei auf die wirtschaftliche Plausibilität zu richten: Zu nach dem ersten Eindruck ungewöhnlich niedrigen Angeboten) ist Rücksprache mit dem Bieter zu halten.[106] Lässt sich die Kalkulation nicht plausibel erklären, ist das Angebot zwingend auszuscheiden, weil sich daraus eine Gefahr für die Gleichbehandlung der Bieter und für die Leistungserbringung ergeben kann. Insbesondere können ungewöhnlich niedrige Angebote wettbewerbsrechtliche Bedenken aufwerfen, etwa soweit sie auf missbrauchsrelevanten Kampfpreisen (Art 102 AEUV) oder nicht genehmigten Beihilfen (Art 107 AEUV)[107] beruhen.

Im Hinblick auf Ungenauigkeiten der technischen Angaben ist dagegen eine Rücksprache sogar untersagt. Dies illustriert etwa das Urteil *SAG* aus 2012, betreffend die Aufforderung des Auftraggebers, ein unklares Angebot zu erläutern. Reine Berichtigungen des Angebots bleiben aber erlaubt, solange sie umfänglich keine Bedenken gegen den Gleichbehandlungsgrundsatz aufwerfen.

> Rs C-599/10, *SAG ELV Slovensko*, ECLI:EU:C:2012:191
>
> Die zu 100 % vom slowakischen Staat kontrollierte Handelsgesellschaft NDS leitete im Jahr 2007 ein nichtoffenes Ausschreibungsverfahren zur Vergabe eines öffentlichen Auftrags über die Erbringung von Dienstleistungen der Erhebung von Maut auf Autobahnen und bestimmten Straßen in der Slowakei mit einem geschätzten Wert von mehr als 600 Mio € ein. Neben anderen Bewerbern reichten die Konsortien SAG und Slovakpass Angebote ein. Die NDS forderte die beiden Konsortien auf, ihre Angebote hinsichtlich bestimmter technischer Aspekte klarzustellen und die ungewöhnlich niedrigen Preise, die sie angesetzt hatten, zu erläutern. Obwohl sie diese Fragen beantworteten, wurden SAG und Slovakpass vom Verfahren ausgeschlossen.
>
> 27 Nach [der AVRL] muss der öffentliche Auftraggeber, wenn im Fall eines bestimmten Auftrags Angebote den Eindruck erwecken, im Verhältnis zur Leistung ungewöhnlich niedrig zu sein, vor Ablehnung dieser Angebote „schriftlich Aufklärung über die Einzelposten des Angebots verlangen, wo er dies für angezeigt hält".
>
> 28 Aus diesen zwingend abgefassten Bestimmungen geht eindeutig hervor, dass der Unionsgesetzgeber vom öffentlichen Auftraggeber verlangen wollte, dass er die Einzelposten der ungewöhnlich niedrigen Angebote überprüft, indem er ihn in diesem Zusammenhang dazu verpflichtet, die Bewerber zur Vorlage der erforderlichen Belege für die Seriosität dieser Angebote aufzufordern[.]

---

[106] Vgl Art 69 AVRL 2014/24/EU; Art 84 SVRL 2014/25/EU; dazu etwa verb Rs C-285/99 und C-286/99, *Lombardini und Mantovani*, ECLI:EU:C:2001:640, Rn 46 ff; Rs C-599/10, *SAG ELV Slovensko*, ECLI:EU:C:2012:191, Rn 27 ff.
[107] Vgl dazu Rs C-94/99, *ARGE*, ECLI:EU:C:2000:677, Rn 22.

29 Es stellt daher ein Erfordernis der [AVRL] dar, dass eine effektive kontradiktorische Erörterung zwischen dem öffentlichen Auftraggeber und dem Bewerber zu einem zweckmäßigen Zeitpunkt im Verfahren der Prüfung von Angeboten stattfindet, damit der Bewerber den Nachweis der Seriosität seines Angebots erbringen kann; [D]adurch soll Willkür des öffentlichen Auftraggebers verhindert und ein gesunder Wettbewerb zwischen den Unternehmen gewährleistet werden[.]

31 [Dabei] hat der öffentliche Auftraggeber [...] die an die betreffenden Bewerber gerichtete Aufforderung klar zu formulieren, so dass diese in zweckdienlicher Weise den vollen Beweis der Seriosität ihrer Angebote erbringen können.

35 [Dagegen enthält die AVRL] keine Bestimmung [...], die ausdrücklich regelte, was zu tun ist, wenn der öffentliche Auftraggeber im Rahmen des nichtoffenen Ausschreibungsverfahrens feststellt, dass das Angebot eines Bewerbers ungenau ist oder nicht den in den Verdingungsunterlagen enthaltenen technischen Spezifikationen entspricht.

37 Dürfte der öffentliche Auftraggeber von einem Bewerber, dessen Angebot seiner Auffassung nach ungenau ist oder nicht den in den Verdingungsunterlagen enthaltenen technischen Spezifikationen entspricht, Erläuterungen verlangen, könnte [...], wenn letztlich das Angebot dieses Bewerbers ausgewählt würde, der Eindruck entstehen, dass der öffentliche Auftraggeber dieses Angebot insgeheim ausgehandelt hat – zum Nachteil der anderen Bewerber und unter Verstoß gegen den Grundsatz der Gleichbehandlung.

40 Jedoch verbietet [es die AVRL] nicht, dass die Angebote ausnahmsweise in einzelnen Punkten berichtigt oder ergänzt werden, insbesondere wegen einer offensichtlich gebotenen bloßen Klarstellung oder zur Behebung offensichtlicher sachlicher Fehler – vorausgesetzt diese Änderung läuft nicht darauf hinaus, dass in Wirklichkeit ein neues Angebot eingereicht wird. [...]

41 Bei der Ausübung des Ermessens, über das der öffentliche Auftraggeber somit verfügt, hat er die verschiedenen Bewerber gleich und fair zu behandeln, so dass am Ende des Verfahrens zur Auswahl der Angebote und im Hinblick auf das Ergebnis dieses Verfahrens nicht der Eindruck entstehen kann, dass die Aufforderung zur Erläuterung den oder die Bewerber, an den bzw die sie gerichtet war, ungerechtfertigt begünstigt oder benachteiligt hätte.

7.3.14. Zuschlag

Während Eignungskriterien bieterbezogen sind, bewerten Zuschlagskriterien das Angebot selbst mit dem Zweck, unter mehreren geeigneten Bietern einen Sieger zu ermitteln. Die VergabeRL sehen dazu zwei Modelle vor, nach denen die Zuschlagsentscheidung wahlweise getroffen werden darf, uzw (ausnahmsweise) jenes des niedrigsten Preises (Billigstbieterprinzip) und (als Regelfall) jenes des wirtschaftlich günstigsten Angebots (Bestbieterprinzip)[108]. Das Kriterium des niedrigsten Preises ist ein rein quantitatives, die Ausschreibung gewinnt das Angebot mit dem geringsten Preis. Das Billigstbieterprinzip ist daher vergleichsweise unaufwendig und eignet sich für einfache Leistungen oder Produkte.

Das Bestbieterprinzip hingegen verbietet eine Entscheidung nur auf Basis des Preises und verlangt die Einbeziehung bestimmter, in den Richtlinien genannter Zuschlagskriterien wie beispielsweise Qualität, technischer Wert, Rentabilität, Preis etc.[109] Idee hinter dem Bestbieterprinzip ist also die Förderung eines Qualitätswettbewerbs zwischen den Bietern anstelle des reinen Preiswettbewerbs. Die zulässigen Kriterien können je nach Art des Auftrages um

---

[108] Vgl Art 67 AVRL 2014/24/EU; Art 82 SVRL 2014/25/EU.
[109] Vgl etwa Rs 274/83, *Kommission/Italien*, ECLI:EU:C:1985:148, Rn 25.

weitere ergänzt werden.[110] Welche Kriterien gewählt werden und wie diese im Verhältnis zu einander **gewichtet** sind, ist schon in der Ausschreibung anzuführen.[111] Spätere Veränderungen sind unzulässig.[112] Gegenüber den Eignungskriterien gilt das **Doppelverwertungsverbot**, dh dass Eignungskriterien nicht auch bei der Zuschlagsentscheidung herangezogen werden dürfen.

In **Österreich** ist das Bestbieterprinzip für bestimmte Vergabeverfahren verpflichtend und das Billigstbieterprinzip außerhalb dieser Fälle zulässig. Wo das Bestbieterprinzip verpflichtend ist, ist daher nicht alleine der niedrigste Preis für den Zuschlag maßgeblich, sondern muss zumindest ein weiteres Zuschlagskriterium vom Auftraggeber festgelegt sein und in die Zuschlagsentscheidung einfließen.

Wie schon bei den technischen Spezifikationen und der technischen Leistungsfähigkeit sind auch **vergabefremde Zuschlagskriterien** erlaubt: In der Rsp haben verschiedene vergabefremde Ziele, insbesondere Sozialbelange und der Umweltschutz, als zulässige Vergabekriterien Anerkennung gefunden.[113] Die dabei einfließenden Erwägungen illustriert zB das **Urteil Concordia Bus** aus 2002, betreffend die Berücksichtigung von Umweltschutzkriterien bei der Organisation von Busverkehrsdiensten.

> Rs C-513/99, *Concordia Bus Finland Oy*, ECLI:EU:C:2002:495
>
> Die Stadt Helsinki hatte bei der Vergabe eines Auftrags für den Betrieb einer Linie des städtischen Busnetzes in der öffentlichen Ausschreibung Zuschlagskriterien wie folgt vorgesehen: Der Zuschlag sollte auf das für die Stadt **gesamtwirtschaftlich günstigste Angebot** erteilt werden. Bei dieser Beurteilung sollten **drei Gruppen von Kriterien** berücksichtigt werden, nämlich der für den Betrieb geforderte **Gesamtpreis**, die **Qualität** des Busfuhrparks und das Qualitäts- und Umweltkonzept des Verkehrsunternehmers anhand einer Umweltzertifizierung. Dabei war insb die Vergabe von **Zusatzpunkten** für Fahrzeuge vorgesehen, die **gewisse Stickoxidemissionen und Lärmpegel unterschritten**. Das letztgenannte Kriterium der Umweltgerechtheit der Leistung wurde von einer nicht erfolgreichen Bieterin mit dem Argument angegriffen, es sei einerseits nach den Dienstleistungs- und Sektorenrichtlinien überhaupt nicht zulässig, da es sich nicht unmittelbar auf die Qualität der Leistung beziehe, sowie andererseits mittelbar diskriminierend, da tatsächlich nur eine einzige, mit der Auftraggeberin verbundene, Bieterin die niedergelegten Umweltkriterien erfüllen konnte.
>
> 53 [D]er Auftraggeber [kann] bei der Erteilung des Zuschlags – wenn der Zuschlag auf das **wirtschaftlich günstigste Angebot** erfolgt – verschiedene auf den jeweiligen Auftrag bezogene Kriterien, zum Beispiel Qualität, technischer Wert, Ästhetik, Zweckmäßigkeit der Leistung, Kundendienst und technische Hilfe, Lieferzeitpunkt, Ausführungszeitraum oder -frist und Preis, anwenden.
>
> 54 Um zu bestimmen, ob und unter welchen Voraussetzungen der Auftraggeber ... **Umweltschutzkriterien** berücksichtigen kann, ist erstens festzustellen, dass – wie eindeutig aus dem Wortlaut dieser Vorschrift und insbesondere aus der Verwendung des Ausdrucks ‚zum Beispiel' hervorgeht – die Kriterien, die als Kriterien für die Erteilung des Zuschlags für einen öffentlichen Auftrag an das wirtschaftlich günstigste Angebot festgelegt werden können, **nicht abschließend** aufgezählt sind[.]

---

110 Vgl zB Rs C-19/00, *SIAC Construction*, ECLI:EU:C:2001:553, Rn 35.
111 Vgl etwa Rs C-19/00, *SIAC Construction*, ECLI:EU:C:2001:553, Rn 42; Rs C-470/99, *Universale-Bau*, ECLI:EU:C:2002:746, Rn 97.
112 Vgl etwa Rs C-87/94, *Kommission/Belgien*, ECLI:EU:C:1996:161, Rn 70f.; Rs C-243/89, *Kommission/Dänemark*, ECLI:EU:C:1993:257, Rn 37 f.
113 Vgl Rs C-448/01, *EVN und Wienstrom*, ECLI:EU:C:2003:651, Rn 34; Rs C-225/98, *Kommission/Frankreich*, ECLI:EU:C:2000:494, Rn 49 ff; Rs 31/87, *Beentjes*, ECLI:EU:C:1988:422, Rn 16.

55 Zweitens [muss nicht] jedes Vergabekriterium, das der Auftraggeber festgelegt hat, um das wirtschaftlich günstigste Angebot zu ermitteln, notwendigerweise rein wirtschaftlicher Art sein[.] Es kann nämlich nicht ausgeschlossen werden, dass Faktoren, die nicht rein wirtschaftlich sind, sich auf den Wert eines Angebots für diesen Auftraggeber auswirken können. Diese Feststellung wird auch durch den Wortlaut dieser Vorschrift, in dem die Ästhetik eines Angebots ausdrücklich als Kriterium genannt wird, bekräftigt.

56 Im Übrigen soll, wie der Gerichtshof bereits entschieden hat, die Koordinierung der Verfahren zur Vergabe öffentlicher Aufträge ... die Hemmnisse für den freien Dienstleistungs- und Warenverkehr beseitigen[...]

57 Mit Rücksicht auf dieses Ziel und auch in Anbetracht des [Art 11 AEUV,] nach dem die Erfordernisse des Umweltschutzes bei der Festlegung und Durchführung der [Unions-]politiken und -maßnahmen einbezogen werden müssen, ist zu folgern, dass [die AVRL] die Möglichkeit nicht ausschließt, dass der Auftraggeber im Rahmen der Beurteilung, welches Angebot wirtschaftlich am günstigsten ist, Umweltschutzkriterien anwendet.

58 Diese Feststellung bedeutet jedoch nicht, dass alle derartigen Kriterien vom Auftraggeber berücksichtigt werden dürfen.

59 Zwar überlässt [die AVRL] dem öffentlichen Auftraggeber die Wahl der Kriterien für die Zuschlagserteilung, doch kommen nur Kriterien in Betracht, die der Ermittlung des wirtschaftlich günstigsten Angebots dienen[.] Da ein Angebot sich notwendigerweise auf den Auftragsgegenstand bezieht, müssen auch die Zuschlagskriterien, die nach dieser Vorschrift festgelegt werden können, mit dem Auftragsgegenstand zusammenhängen.

60 Dabei ist zunächst darauf hinzuweisen, dass – wie der Gerichtshof bereits entschieden hat – der öffentliche Auftraggeber, um das günstigste Angebot herauszufinden, aufgrund qualitativer und quantitativer Kriterien, die je nach Auftrag wechseln, die vorgelegten Angebote beurteilen und eine Entscheidung treffen muss[.]

61 Außerdem geht ebenfalls aus der Rechtsprechung hervor, dass ein Zuschlagskriterium, das einem öffentlichen Auftraggeber bei der Vergabe des Auftrags an einen Bieter eine uneingeschränkte Entscheidungsfreiheit einräumen würde, unvereinbar mit [der AVRL] wäre[.]

62 Sodann ist festzustellen, dass die zur Ermittlung des wirtschaftlich günstigsten Angebots festgelegten Kriterien unter Beachtung aller Verfahrensvorschriften ..., insbesondere der Publizitätsvorschriften, angewendet werden müssen. [Daher] müssen ... alle derartigen Kriterien im Leistungsverzeichnis oder in der Bekanntmachung des Auftrags ausdrücklich angegeben werden, wenn möglich in absteigender Reihenfolge der ihnen zugemessenen Bedeutung, damit die Unternehmer in der Lage sind, vom Bestehen und von der Tragweite dieser Kriterien Kenntnis zu nehmen[.]

63 Schließlich müssen bei solchen Kriterien alle wesentlichen Grundsätze des [Unions-]rechts, vor allem das Diskriminierungsverbot, das aus den Bestimmungen des Vertrages zum Niederlassungsrecht und zum Recht des freien Dienstleistungsverkehrs folgt, beachtet werden[.]

64 Aus diesen Erwägungen ergibt sich, dass der öffentliche Auftraggeber, wenn er beschließt, einen Auftrag an den Bieter zu vergeben, der das wirtschaftlich günstigste Angebot ... abgegeben hat, Umweltschutzkriterien berücksichtigen darf, sofern diese Kriterien mit dem Gegenstand des Auftrags zusammenhängen, diesem Auftraggeber keine uneingeschränkte Entscheidungsfreiheit einräumen, im Leistungsverzeichnis oder in der Bekanntmachung des Auftrags ausdrücklich genannt sind und bei ihnen alle wesentlichen Grundsätze des Gemeinschaftsrechts, vor allem das Diskriminierungsverbot, beachtet werden. ...

83 Im vorliegenden Fall ist zunächst festzustellen, dass die im Ausgangsverfahren streitigen Zuschlagskriterien, wie aus dem Vorlagebeschluss hervorgeht, objektiv und ohne Unterschied auf alle Angebote anwendbar waren. Sodann standen diese Kriterien in einem unmittelbaren Zusammenhang mit dem angebotenen Fuhrpark und waren in ein System der Zuteilung von Punkten integriert. Schließlich konnten im Rahmen dieses Systems Zusatzpunkte aufgrund anderer mit dem Fuhrpark zusammenhängender Kriterien vergeben werden, wie z. B. aufgrund des Einsatzes von Niederflurbussen, der Zahl der Sitzplätze und der Klappsitze sowie des Alters der Busse.

85 Es ist daher festzustellen, dass in einem solchen tatsächlichen Rahmen der Umstand, dass eines der Kriterien, die der Auftraggeber zur Ermittlung des wirtschaftlich günstigsten Angebots festgelegt hatte, **nur von einer kleinen Zahl von Unternehmen** erfüllt werden konnte, zu denen ein zu diesem Auftraggeber gehörendes Unternehmen gehörte, **als solcher keinen Verstoß** gegen den Gleichbehandlungsgrundsatz darstellen kann.

Zulässig sind daher vergabefremde Kriterien, die mit dem Auftragsgegenstand noch in einem **klaren Zusammenhang** stehen und die Bieter weder unmittelbar noch mittelbar ungleich behandeln. Mit der Leistung in Zusammenhang stehen daher sowohl **Auflagen** über die **Art der Beschäftigten** zur Erbringung einer Bauleistung als auch Auflagen über **Emissionsgrenzen** bei der Beauftragung mit Transportleistungen oder die **Herkunft von Strom** aus erneuerbaren Energieträgern beim Bezug desselben. Hingegen stehen wohl etwa Auflagen betreffend die Art der in einem Kraftwerk Beschäftigten in keinem Zusammenhang mehr zum Bezug von Strom als Auftragsgegenstand. Eine **Diskriminierung** der Bieter durch vergabefremde Kriterien liegt dabei **nicht schon deswegen** vor, weil im Nachhinein **tatsächlich nur heimische** oder gar nur ein einziger Bieter die geforderten Auflagen erfüllen konnten, **wenn** dies **vorweg nicht objektiv zu erwarten** war.

Eine Illustration bietet auch das zuvor erwähnte **Urteil** *Kommission/Niederlande* aus 2012, betreffend die Beschaffung von *fair trade*-Kaffee. Es verdeutlicht, dass auch bei den Zuschlagskriterien über den Umweltschutz hinaus gerade auch **soziale Belange** einfließen können.

Rs C-368/10, *Kommission/Niederlande*, ECLI:EU:C:2012:284

Gegenstand des Rechtsstreits bildeten zwei in den Niederlanden gebräuchliche **Gütezeichen** für Erzeugnisse aus **ökologisch** erzeugten Zutaten bzw aus **fairem Handel** mit Entwicklungsländern. Im Jahr 2008 veröffentlichte die Provinz Nord-Holland eine Bekanntmachung über die Vergabe eines öffentlichen Auftrags für die Lieferung und Bewirtschaftung von Kaffeeautomaten. In dieser Bekanntmachung wurde hervorgehoben, dass die Provinz Wert auf eine vermehrte Verwendung von ökologischen und Fair-Trade-Erzeugnissen in Kaffeeautomaten legte. Zudem war genauer angegeben, dass „die Provinz Nord-Holland beim Kaffee- und Teeverzehr das **MAX HAVELAAR-** und das **EKO-Gütezeichen** verwendet" und dass andere Zutaten als Kaffee oder Tee wie Milch, Zucker und Kakao diesen beiden Gütezeichen entsprechen sollten. Wenig später wurde in einer Informationsmitteilung erläutert, dass **andere Gütezeichen** auch akzeptiert würden, „solange die Kriterien **vergleichbar oder identisch sind**". Die Kommission sah in dieser Ausschreibung einen Verstoß gegen die AVRL 2014/24/EU.

85 [Die AVRL stellt klar], dass die Zuschlagskriterien nicht nur wirtschaftlich, sondern auch qualitativ sein dürfen. Daher gehören zu den [Zuschlags-]Kriterien ua **Umwelteigenschaften**. [Auch] heißt es im vierten Absatz des 46. Erwägungsgrundes [der AVRL] zudem, dass „ein öffentlicher Auftraggeber auch Kriterien zur Erfüllung sozialer Anforderungen anwenden [kann], die insbesondere den in den ... Spezifikationen [des Auftrags] festgelegten Bedürfnissen besonders benachteiligter Bevölkerungsgruppen entsprechen, denen die Nutznießer/Nutzer der Bauleistungen, Lieferungen oder Dienstleistungen angehören". Daher ist davon auszugehen, dass öffentliche Auftraggeber auch Zuschlagskriterien wählen dürfen, die auf **soziale Aspekte gestützt** sind, die die Nutzer oder Nutznießer der Bauleistungen, Lieferungen oder Dienstleistungen, die Gegenstand des Auftrags sind, aber auch andere Personen betreffen können.

86 [Allerdings müssen] die Zuschlagskriterien **mit dem Auftragsgegenstand zusammenhängen**. [D]ie Festlegung dieser Kriterien [hängt] insofern vom Auftragsgegenstand ab, als sie es ermöglichen müssen, das **Leistungsniveau** jedes einzelnen **Angebots** im **Verhältnis** zu dem in den technischen Spezifikationen beschriebenen Auftragsgegenstand zu bewerten sowie das Preis-Leistungs-

Verhältnis jedes Angebots zu bestimmen[,] wobei das „wirtschaftlich günstigste Angebot" das mit dem „besten Preis-Leistungs-Verhältnis" ist.

88 [Schließlich sind bei der Festlegung der Zuschlagskriterien der] Grundsatz der Gleichbehandlung potenzieller Bieter [und der] Grundsatz der Transparenz der Zuschlagskriterien zu wahren, wobei diese so zu formulieren sind, dass alle gebührend informierten und mit der üblichen Sorgfalt handelnden Bieter deren genaue Bedeutung verstehen und sie somit in gleicher Weise auslegen können[.]

90 [Im vorliegenden Fall waren die vergabefremden Zuschlagskriterien] auf die Lieferung von Kaffee, Tee und andere zur Herstellung der in den Automaten angebotenen Getränke erforderlichen Zutaten bezog[en]. Aus der Fassung des streitigen Zuschlagskriteriums ergibt sich im Übrigen, dass dieses ausschließlich die im Rahmen dieses Auftrags zu liefernden Zutaten betraf und keine Auswirkung auf die allgemeine Einkaufspolitik der Bieter hatte. Mithin bezogen sich diese Kriterien auf Erzeugnisse, deren Lieferung ein Teil des Gegenstands des fraglichen Auftrags war.

91 [Insoweit] ist es nicht erforderlich, dass sich ein Zuschlagskriterium auf eine echte innere Eigenschaft eines Erzeugnisses, also ein Element, das materiell Bestandteil von ihm ist, bezieht. ... Grundsätzlich steht somit einem Zuschlagskriterium, das darauf abstellt, dass ein Erzeugnis fair gehandelt worden ist, nichts entgegen.

97 [Allerdings] hat die Provinz Nord-Holland [im Ergebnis doch] ein [unzulässiges] Zuschlagskriterium aufgestellt, indem sie im Lastenheft vorgesehen hat, dass, wenn bestimmte zu liefernde Erzeugnisse mit bestimmten Gütezeichen versehen seien, dies zur Vergabe einer bestimmten Punktzahl im Rahmen der Auswahl des wirtschaftlich günstigsten Angebots führe, ohne die Kriterien aufgeführt zu haben, die diesen Gütezeichen zugrunde liegen, und ohne zugelassen zu haben, dass der Nachweis, dass ein Erzeugnis diesen Kriterien genügt, durch jedes geeignete Beweismittel erbracht werden kann. ...

7.4. KonzessionsRL 2014/23/EU

Die **KonzessionsRL 2014/23/EU** unterwirft die Vergabe von Konzessionen gewissen, einfachen Verfahrensvorschriften. Daneben regelt die KonzessionsRL 2014/23/EU va die Ausgestaltung der Konzessionsverträge. Bislang zum Erlass der KonzessionsRL waren Konzessionen bei Bauaufträgen nur teilweise bzw bei Dienstleistungsaufträgen überhaupt nicht vergabepflichtig, da vom Anwendungsbereich der AVRL 2014/24/EU und SVRL 2014/25/EU ausgenommen. Die KonzessionsRL 2014/23/EU soll hier Rechtsklarheit schaffen und ein den VergabeRL nachempfundener tatsächlicher Zugang ausländischer Unternehmen zu den Märkten für konzessionierte Dienstleistungen in den MS erreicht werden.[114]

Eine Konzession ist das von der öffentlichen Hand verliehene Recht zum Betrieb einer Infrastruktur oder eines Dienstes: Die KonzessionsRL 2014/23/EU definiert Konzessionen als entgeltliche Verträge, mit denen Auftraggeber ein oder mehrere Unternehmen mit Bauleistungen oder der Erbringung und Verwaltung von Dienstleistungen beauftragen.[115] Die Gegenleistung für die Bau- oder Dienstleistungen besteht in dem Recht zu deren Nutzung bzw Verwertung oder in diesem Recht zuzüglich einer Zahlung. Das Recht zur Nutzung schließt die Übertragung eines Betriebsrisikos wirtschaftlicher Art auf den Konzessionsnehmer ein (also zB, dass die Investitionsaufwendungen nicht wieder erwirtschaftet werden können).

---

114 Näher dazu *Nettesheim* in *Kment* (Hrsg), Konzessionen im Umwelt- und Infrastrukturrecht, 5.
115 Vgl Art 5 Z 1 KonzessionsRL 2014/23/EU.

7.5. Rechtsschutz und Überwachung

Adressaten der KonzessionsRL 2014/23/EU entsprechen jenen der AVRL 2014/24/EU und der SVRL 2014/25/EU.[116] Vergabepflichtig, sind demnach 1) **öffentliche Auftraggeber**, wobei der Begriff jenem der VergabeRL entspricht (also neben Gebietskörperschaften auch beherrschte Einrichtungen öffentlichen Rechts umfasst). Einbezogen sind 2) (öffentliche oder private) **Körperschaften** oder Wirtschaftsteilnehmer (Unternehmen), die eine **einschlägige Tätigkeit** ausüben und Konzessionen für deren Durchführung vergeben. Die betreffenden Tätigkeiten sind (wie bei der SVRL 2014/25/EU) solche der **Versorgungswirtschaft** in den Bereichen Gas, Wärme, Strom, (Straßen-, Schienen- Flug- und Schiff-) Verkehrsdienste, Post und Exploration von Öl und Gas.

Die KonzessionsRL 2014/23/EU enthält eine lange Liste an **Ausnahmen**, auf die sie keine oder keine volle Anwendung findet.[117] Vollständig ausgenommen sind etwa Konzessionsvergaben zwischen öffentlichen Auftraggebern, also zB die Konzessionierung einer Körperschaft öffentlichen Rechts, Konzessionen zwischen verbundenen Unternehmen und Inhouse-Vergaben. Ausgenommen sind aber zB auch bestimmte Beratungsdienste, Lotterien, Kommunikationsnetzdienste, aber auch der Bereich Wasser. Teilausnahmen etwa für soziale Dienstleistungen, die nur Bekanntmachungspflichten unterworfen sind.[118]

Nach der KonzessionsRL 2014/23/EU greift eine **generelle Ausschreibungspflicht** im (bei 5.186.000 € angesiedelten) **Oberschwellenbereich**.[119] Wie bei den VergabeRL werden die Schwellenwerte laufend angepasst.

Inhaltlich sieht die KonzessionsRL 2014/23/EU einen im Vergleich zum allgemeinen Vergaberecht lediglich sehr **grob gehaltenen Verfahrensrahmen** vor.[120] Vorgeschrieben werden dabei neben der generellen Einhaltung bestimmter zentraler Vergabegrundsätze vor allem die einzelnen Verfahrensschritte von Bekanntmachung bis Zuschlagserteilung. Dagegen ist etwa die Wahl einer bestimmten Verfahrensart gerade nicht vorgeschrieben. Ein Hauptaugenmerk der KonzessionsRL 2014/23/EU für die ihr unterliegenden Ausschreibungen liegt vielmehr in **inhaltlichen Vorgaben** für die so abgeschlossenen **Konzessionsverträge**, etwa was deren Laufzeit, die Zulässigkeit von Unteraufträgen oder Vertragsänderungen betrifft.[121]

Zentral ist auch die bei Verstößen vorgesehene **Anwendbarkeit der** (mittlerweile mehrfach aktualisierten) **RMRL 89/665/EWG**.[122] Für den Vergabevorgang selbst greifen damit die herkömmlichen vergaberechtlichen Rechtsschutzmechanismen, während die Einhaltung der inhaltlichen Vorgaben insb vor den Zivilgerichten (etwa bei Vertragsstreitigkeiten zwischen den Parteien sowie für Wettbewerber nach Maßgabe des UWG) Überprüfung finden kann.

7.5. Rechtsschutz und Überwachung

Unternehmen können sowohl dann ein **Rechtsschutzinteresse** haben, wenn im Rahmen einer Ausschreibung Verfahrensfehler unterlaufen sind als auch dann, wenn eine Ausschreibung überhaupt unterlassen wurde. Der Rechtsschutz beruht auf den beiden **RechtsmittelRL (RMRL)**

---

116 Vgl Art 6 und 7 KonzessionsRL 2014/23/EU.
117 Vgl Art 10 ff KonzessionsRL 2014/23/EU.
118 Vgl Art 19 KonzessionsRL 2014/23/EU.
119 Vgl Art 8 KonzessionsRL 2014/23/EU.
120 Vgl Art 3 und 30 ff KonzessionsRL 2014/23/EU.
121 Vgl Art 18 ff KonzessionsRL 2014/23/EU.
122 Vgl Art 46 KonzessionsRL 2014/23/EU.

7. Vergaberecht

89/665/EWG (allgemein) und 92/13/EWG (für Sektorenvergaben). Demnach haben die Mitgliedstaaten **wirksame und rasche Nachprüfungsverfahren** einzurichten, wobei die Organisation und Ausgestaltung des Verfahrens im Einzelnen ihrem Ermessen unterliegt. Dies entspricht auch dem allgemeinen Grundsatz der mitgliedstaatlichen Verfahrensautonomie.[123] Dementsprechend greifen auch die allgemeinen Grenzen dieser Autonomie nach den **Grundsätzen der Effektivität und Äquivalenz**.[124]

Allerdings müssen die eingerichteten Verfahren jedenfalls eine **Aufhebung rechtswidriger Entscheidungen** und eine Entschädigung geschädigter Bieter umfassen. **Schadenersatz** ist für Bieter allerdings, nicht zuletzt aufgrund der dortigen Nachweishürden hinsichtlich Erfolgschancen (sog echte Chance auf Zuschlagserteilung), Schwere des Verstoßes und Schadenshöhe, ungleich weniger attraktiv als eine Korrektur des laufenden Vergabeverfahrens. Die Nachprüfung hat dabei jedem offenzustehen, der ein **Interesse an einem bestimmten Auftrag** hatte und dem durch die behauptete Verletzung der Vergaberichtlinien ein Schaden entstanden ist oder zu entstehen droht. **Bieter müssen** (allerdings optional nach Wahl der Mitgliedstaaten) den behaupteten Rechtsverstoß **zuerst beim Auftraggeber beanstanden**, bevor sie ein Nachprüfungsverfahren einleiten. Zudem müssen die Vergabekontrollbehörden zum Erlass von **vorläufigen Maßnahmen**[125] befugt sein, um in dringlichen Fällen weitere Schädigungen vom Betroffenen abzuwehren.

Der EuGH hat klargestellt, dass die Befugnis zur Aufhebung rechtswidriger Entscheidungen auch die eigentliche **Zuschlagsentscheidung** umfassen, der **Vertragsschluss** also **ggf rückgängig gemacht werden muss**. Diesen fundamentalen Rechtsschutzgrundsatz verdeutlicht beispielsweise das Urteil *Alcatel* aus 1999, betreffend den Erlass einstweiliger Verfügungen nach Anfechtung der Zuschlagsentscheidung.

> Rs C-81/98, *Alcatel*, ECLI:EU:C:1999:534
>
> Das österreichische Wirtschaftsministerium hatte zur Einführung des sog ‚road-pricing' auf österreichischen Autobahnen die Lieferung, Montage und Inbetriebnahme des dazu notwendigen Datenübermittlungssystems inklusive der Hard- und Softwarekomponenten öffentlich ausgeschrieben. Nach Zuschlagserteilung an die erfolgreiche Bieterin wurde mit dieser noch am selben Tag der entsprechende Vertrag geschlossen, ohne die übrigen Bieter davon zu verständigen und eine Stillhaltefrist zu beachten. Das damals als Rechtsschutzbehörde in Österreich befasste Bundesvergabeamt wies Anträge der übergangenen Bieter auf Erlass einer einstweiligen Verfügung zur Aussetzung der Durchführung des geschlossenen Vertrages mit der Begründung zurück und erklärte, es sei nach erfolgtem Zuschlag nur mehr zur Feststellung der Rechtswidrigkeit des Verfahrens zuständig und könne weder einstweilige Verfügungen erlassen, noch Auftraggeberentscheidungen für nichtig erklären. Es stellte sich die Frage, ob die Allgemeine Rechtsmittelrichtlinie die Mitgliedstaaten verpflichtet, die Zuschlagsentscheidung einem Nachprüfungsverfahren und damit einer Aufhebung der Entscheidung zugänglich zu machen, obwohl übergangene Bieter in einem anderen Verfahren Schadenersatz erlangen könnten.
>
> 31 [Die RMRL 89/665/EWG] legt unstreitig nicht fest, **welche rechtswidrigen Entscheidungen** auf Antrag aufgehoben werden können. Der [Unions]gesetzgeber hat nämlich nur vorgesehen, daß zu den rechtswidrigen Entscheidungen ... insbesondere solche gehören, die diskriminierende tech-

---

[123] Vgl Art 19 Abs 1 EUV; Art 291 Abs 1 AEUV.
[124] Vgl auch *Eder*, ZVB 2017, 216ff.
[125] Vgl Art 2 RL 89/665/EWG; Art 2 RL 92/13/EWG.

nische, wirtschaftliche oder finanzielle Spezifikationen in den sich auf das betreffende Vergabeverfahren beziehenden Ausschreibungsdokumenten betreffen.

32 Dem Wortlaut [der RMRL] lässt sich nicht entnehmen, daß eine **rechtswidrige Entscheidung über den Zuschlag** eines öffentlichen Auftrags **nicht zu** den rechtswidrigen Entscheidungen gehören soll, die angefochten werden können.

33 Wie sich nämlich aus ihrer ersten und zweiten Begründungserwägung ergibt, ist die [RMRL] darauf gerichtet, die auf einzelstaatlicher Ebene wie auf Gemeinschaftsebene vorhandenen Mechanismen zur Durchsetzung ... des öffentlichen Auftragswesens zu verstärken, vor allem dann, wenn Verstöße noch beseitigt werden können[.]

34 Insoweit sind nämlich die **Mitgliedstaaten ... verpflichtet, wirksame und möglichst rasche Nachprüfungsverfahren** einzuführen, um sicherzustellen, daß die [Unions]richtlinien im Bereich des öffentlichen Auftragswesens beachtet werden.

35 Nach dieser Bestimmung werden in diesen Verfahren die Entscheidungen der Vergabebehörde auf Verstöße gegen das [Unions]recht im Bereich des öffentlichen Auftragswesens oder gegen die einzelstaatlichen Vorschriften, die dieses Recht umsetzen, nachgeprüft; sie sieht jedoch keine Beschränkung in bezug auf Art und Inhalt dieser Entscheidung vor.

38 [Anderes könnte] dazu führen, daß **die wichtigste Entscheidung des Auftraggebers**, nämlich der **Zuschlag, systematisch den Maßnahmen entzogen wäre**, die ... im Rahmen der Nachprüfung ... zu ergreifen sind. Damit wäre das ... Ziel ... in Frage gestellt, wirksame und rasche Verfahren einzuführen, mit denen rechtswidrige Entscheidungen des Auftraggebers **zu einem Zeitpunkt nachgeprüft werden können, zu dem Verstöße noch zu beseitigen sind**. ...

43 Nach alledem [sind] die Mitgliedstaaten verpflichtet ..., die dem **Vertragsschluß vorangehende Entscheidung** des Auftraggebers darüber, mit welchem Bieter eines Vergabeverfahrens er den Vertrag schließt, **in jedem Fall einem Nachprüfungsverfahren zugänglich** zu machen, in dem der Antragsteller unabhängig von der Möglichkeit, nach dem Vertragsschluß **Schade[n]ersatz** zu erlangen, die **Aufhebung der Entscheidung** erwirken kann, wenn die Voraussetzungen hierfür erfüllt sind.

Das Rechtsschutzsystem soll Bietern daher im Idealfall eine **Überprüfung** der Rechtmäßigkeit der Zuschlagsentscheidung **noch vor Vertragsabschluss** ermöglichen. Auch wenn der unionsrechtswidrig zustande gekommene Vertrag aber schon geschlossen ist, muss er grundsätzlich, also sofern er noch nicht erfüllt ist oder diese Maßnahme nicht unzumutbar wäre, aufgehoben und ausgetauschte Leistungen rückabgewickelt werden.[126]

In **Österreich** besteht vergaberechtlicher Rechtsschutz sowohl im Ober- als auch im (von den Vorgaben der Grundfreiheiten erfassten) Unterschwellenbereich. Zuständig für die Vergabekontrolle in Österreich sind (je nach Auftraggeber) in erster Instanz das **Bundesverwaltungsgericht** bzw die **Landesverwaltungsgerichte** und in zweiter Instanz der VwGH. Flankierend besteht eine Zuständigkeit der **Zivilgerichte** beim Schadenersatz. Hinsichtlich der in Frage kommenden **Anspruchsgrundlagen** (neben dem BVergG va auch das UWG) kann auf das zuvor zur Umsetzung der VergabeRL und RMRL in Österreich Gesagte verwiesen werden.

Auch die **Kommission** verfügt über Instrumente zur Überwachung der Vergabepflichten. Neben dem allgemeinen **Vertragsverletzungsverfahren** der Art 258 und 260 AEUV ist dies va das eigens für den Vergabebereich eingerichtete **Beanstandungsverfahren** gem Art 3 bzw 8 der RMRL 89/665/WEG bzw 92/13/EWG. Ein Vertragsverletzungsverfahren kann mehrere Jahre

---

126 Vgl zB Rs C-328/96, *Kommission/Österreich*, ECLI:EU:C:1999:526, Rn 79.

dauern. Das Beanstandungsverfahren erlaubt der Kommission demgegenüber den Eingriff in ein laufendes Vergabeverfahren, sofern die Kommission zur Auffassung gelangt, dass ein eindeutiger Verstoß gegen die Vergaberichtlinien vorliegt und der Vertrag noch nicht geschlossen wurde. Dennoch hat das Beanstandungsverfahren in der Praxis kaum Bedeutung erlangt: Die Kommission geht idR im Weg der Vertragsverletzung (und damit *ex post facto*) vor.

7.6. Wiederholungsfragen

i. Wie verhält sich das Vergaberecht zu den Grundfreiheiten? Können Sie Beispiele für die Aussage nennen, dass Ausschreibungsbedingungen den freien Warenverkehr beschränken können?

ii. Was erfasst der Begriff des öffentlichen Auftraggebers? Unter welchen Voraussetzungen fallen Private unter diesen Begriff?

iii. Müssen öffentliche Auftraggeber sämtliche ihrer Aufträge bekannt machen? Wann nicht?

iv. Sind Einrichtungen, die nicht unter den Begriff des öffentlichen Auftraggebers fallen, in jedem Fall vor einer Anwendung der AVRL 2014/24/EU gefeit oder gibt es Fälle, in denen auch solche Unternehmen ausschreiben müssen?

v. Warum werden die Schwellenwerte laufend angepasst und von wem?

vi. Was regelt die KonzessionsRL 2014/23/EU und wie verhält sie sich zur AVRL 2014/24/EU?

vii. Erläutern Sie den Zusammenhang von PPP und In-House-Vergabe.

viii. Skizzieren Sie die wesentlichen Verfahrensarten. Welche davon sind Ihrer Meinung nach für Auftraggeber besonders attraktiv?

ix. Was sind vergabefremde Kriterien, wo kommen sie vor und in welchen Fällen sind sie zulässig?

x. Fall 1: Ihr Unternehmen wurde zu Unrecht von einem Vergabeverfahren ausgeschlossen. Was können Sie tun? Fall 2: Ihr Unternehmen erfährt, dass ein bestimmter Auftrag ohne Ausschreibung und ohne Bekanntmachung vergeben und der Vertrag bereits geschlossen wurde. Was können Sie jeweils tun?

8. Kartellrecht

Unter der Überschrift **Kartellrecht iwS** werden hier die Bereiche des **Kartellverbots ieS** (Art 101 AEUV), des **Marktmachtmissbrauchsverbots** (Art 102 AEUV) sowie der **Fusionskontrolle** (FKVO 139/2004) zusammengefasst. All diese Bestimmungen richten sich überwiegend an **Private** (Unternehmen) und nur ausnahmsweise (über die Verweisnorm des Art 106 Abs 1 AEUV) an die öffentliche Hand. Die Bezeichnung dieser Bestimmungen als Kartellrecht iwS dient damit der Abgrenzung zum (umgekehrt) überwiegend an die öffentliche Hand und (über das Durchführungsverbot des Art 108 Abs 3 letzter Satz AEUV) nur mittelbar an Private gerichteten Beihilfeverbot.

> **Funktional** ist das Wettbewerbsrecht im Gesamten (also einschließlich des Beihilferechts) ein Instrument dafür, **Verteilungsentscheidungen betreffend Güter** grundsätzlich dem Markt bzw Wettbewerb, also Privaten, zu überlassen und hoheitlich nur so weit einzugreifen, als für das Funktionieren des Wettbewerbs notwendig. Anders als in einer Planwirtschaft, wo der Einsatz der Produktionsressourcen und weitgehend auch die Verteilung der erzeugten Güter zentral gesteuert werden, entscheiden Private daher selbst, welche Güter und Dienstleistungen erzeugt und zu welchen Bedingungen sie angeboten werden.
>
> Im Idealfall führt dies dazu, dass Güter einerseits zu den **niedrigstmöglichen Kosten** hergestellt (**Produktionseffizienz**) und andererseits jene Güter, die nachgefragt werden, auch tatsächlich angeboten werden (**Allokationseffizienz**). Wettbewerb soll daher sowohl die Vollständigkeit des Angebots als auch attraktive Preise gewährleisten.

Das freie Spiel von Angebot und Nachfrage kann einen Idealzustand der Güterproduktion und -verteilung am Markt allerdings nur dann herstellen, wenn die einzelnen Marktteilnehmer ihr Verhalten selbst bestimmen, also **voneinander unabhängig** sind. Unternehmen sollen daher aufgrund ihrer eigenen Leistung am Markt reüssieren, also Profite erwirtschaften, wachsen usw (sog **Leistungswettbewerb**), nicht aber durch leistungsfremdes Verhalten.[1] Leistungsfremd ist es, den auf einem Unternehmen lastenden **Wettbewerbsdruck** sowie das unternehmerische **Risiko** künstlich zu senken, etwa indem mit Wettbewerbern Absprachen über das Marktverhalten getroffen und daher die individuelle Unabhängigkeit beseitigt wird (**Kartellverbot**), indem bereits erlangte **Marktmacht** zur Ausbeutung der Abnehmer oder Behinderung der Wettbewerber eingesetzt wird (**Missbrauchsverbot**) oder indem die öffentliche Hand ein bestimmtes Unternehmen wirtschaftlich unterstützt (**Beihilfeverbot**).

Der Binnenmarkt ist nach Art 3 Abs 2 EUV als eine wettbewerbsfähige, soziale **Marktwirtschaft** angelegt. Nach Prot 27 zu EUV und AEUV gehört dazu ein System, das den **Wettbewerb im Binnenmarkt vor Verfälschungen schützt**. Dieses System etablieren die Normen des Kapitels Wettbewerb sowie die zugehörige Gesetzgebung. Grundfreiheiten und Wettbewerbsrecht greifen daher zur wechselseitigen Ergänzung ineinander und bilden ein gemeinsames Ganzes zur Gewährleistung der Binnenmarktintegration.

---

1 Vgl zB Rs C-62/86, *AKZO*, ECLI:EU:C:1991:286, Rn 69 f.

8. Kartellrecht

8.1. Gemeinsame Grundlagen

Die Kartellnormen weisen eine Reihe von Gemeinsamkeiten auf, die hier einleitend horizontal besprochen werden. Dazu gehören va der **Adressatenkreis** Unternehmen, der kommissionsunmittelbare **Vollzug** im Zusammenwirken mit nationalen Behörden und Gerichten sowie die Frage der **Marktabgrenzung**. Vorangestellt sind einige Bemerkungen zum Anwendungsbereich der Kartellnormen.

> Einige der hier diskutierten Punkte sind auch für das **Beihilferecht** bzw teils auch für die Grundfreiheiten relevant. So ist etwa der Unternehmensbegriff in allen Materien einheitlich. Ebenso fußt, während die Grundfreiheiten von den Mitgliedstaaten vollzogen werden, das Beihilferecht auf dem Grundsatz des kommissionseigenen Vollzugs mit flankierenden Zuständigkeiten der nationalen Gerichte. Allerdings unterscheidet sich das Vollzugssystem dort von jenem des Kartellrechts sind beruht auch auf anderen Rechtsgrundlagen.

Art 101 und 102 AEUV legen jeweils **unmittelbar wirksame Verbote** für Unternehmen als Normadressaten fest.[2] Verstöße können daher von Einzelnen (zB Abnehmern, Mitbewerbern usw) vor nationalen Gerichten geltend gemacht und die entsprechenden Bestimmungen (in Kombination mit dem nationalen Recht, zB UWG, ABGB) als Anspruchsgrundlagen geltend gemacht werden. Da die unmittelbare Anwendbarkeit auch die Freistellungsklausel des Art 101 Abs 3 (sowie die spezifischeren Freistellungen aufgrund von GruppenfreistellungsVO, GVO) umfasst, kann auch das Vorliegen der Freistellungsvoraussetzungen unmittelbar vor den nationalen Gerichten vorgetragen und geprüft werden.[3]

8.1.1. Anwendungsbereich

Neben dem **sachlichen, räumlichen** und **zeitlichen** Anwendungsbereich der Kartellnormen stellt sich auch die hier abschließend angesprochene Frage nach dem Verhältnis des primärrechtlichen Kartellverbots zum nationalen Kartellrecht. Sie steht einerseits vor dem Hintergrund des Zwischenstaatsbezugs als genereller Anwendungsschranke des EU-Rechts, hängt aber andererseits auch eng mit den Anordnungen der **VO 1/2003** zusammen.

8.1.1.1. Sachlicher Anwendungsbereich

Sachlich sind die Kartellnormen auf alle Bereiche anwendbar, für die keine besonderen Ausnahmen bestehen. Beschränkte **Bereichsausnahmen** bestehen nach Art 346 Abs 1 AEUV etwa im Bereich **Rüstung** und nach Art 42 AEUV für die **Landwirtschaft**. Für die Landwirtschaft ordnet allerdings das zugehörige Sekundärrecht (va Gemeinsame Marktorganisationen, GMOs) doch wieder eine weitgehende Anwendbarkeit der Kartell- und Beihilfenormen an. Demnach ist Art 101 eingeschränkt anwendbar (zB nicht für Verhaltensweisen, die landwirtschaftliche Betriebe oder Genossenschaften aus nur einem Mitgliedstaat betreffen, und ohne Preisbindung die Erzeugung oder den Absatz landwirtschaftlicher Erzeugnisse oder die Benutzung gemein-

---

[2] Vgl Art 1 VO 1/2003.
[3] Vgl Rs C-234/89, *Delimitis*, ECLI:EU:C:1991:91, Rn 38 ff.

schaftlicher Einrichtungen für die Lagerung, Be- oder Verarbeitung regeln), Art 102 uneingeschränkt.

Eine Teilausnahme besteht nach Art 106 Abs 2 AEUV überdies für Unternehmen der **Daseinsvorsorge**. Demnach sind die Wettbewerbsregeln (also Kartellrecht und Beihilfeverbot) auf Unternehmen, die mit Dienstleistungen von allgemeinem wirtschaftlichem Interesse betraut sind nur anwendbar, soweit dies nicht die Erfüllung der übertragenen Aufgaben verhindert. Kann eine Daseinsvorsorgeleistung also unter Wettbewerbsbedingungen nicht angemessen erbracht werden, so sind (private oder staatliche) Maßnahmen zur Absenkung des Wettbewerbsdrucks im leistungsnotwendigen Umfang erlaubt.

Keine generellen Bereichsausnahmen bestehen dagegen insbesondere für Sektoren unter staatlicher Aufsicht oder Regulierung (etwa Banken und Versicherungen).[4] Gleiches gilt im **Verkehrsbereich**.[5] Allerdings sind dort die Modalitäten der Anwendung der Art 101 und 102 teilweise durch spezifischere Bestimmungen für einzelne Verkehrsbereiche gesondert geregelt.

8.1.1.2. Räumlicher Anwendungsbereich

Der räumliche Geltungsbereich umschreibt das Gebiet, in dem die Kartellvorschriften hoheitlich durchgesetzt werden können. Er deckt sich zunächst mit dem in Art 355 AEUV festgelegten, generellen Anwendungsbereich der Verträge (auf das **Territorium der EU**).

Allerdings können die Kartellvorschriften auch auf Unternehmen mit Sitz in einem **Drittland** sowie auf Handlungen zur Anwendung gebracht werden, die außerhalb der EU vorgenommen wurden (**extraterritoriale Anwendbarkeit**). Die extraterritoriale Anwendbarkeit lässt sich auf unterschiedliche Weise begründen.

Eine extraterritoriale Anwendung des EU-Kartellrechts ist erstens jedenfalls dann möglich, wenn Handlungen von Drittstaatsunternehmen einer in der EU ansässigen **Tochter zugerechnet** werden können. Dieser Anknüpfungspunkt findet sich va in der frühen Rsp des EuGH.[6]

Ist die Anknüpfung über eine Tochter allerdings nicht möglich, bringen die Kommission und die hM im Schrifttum das sog **Auswirkungsprinzip** zur Anwendung.[7] Demnach ist die Anwendung des EU-Rechts auf Auslandssachverhalte dann gerechtfertigt, wenn die betreffenden Maßnahmen Wirkungen in der EU entfalten. Von der Rsp ausdrücklich anerkannt ist das Auswirkungsprinzip allerdings nur im Rahmen der (extraterritorialen) Anwendung der FKVO 139/2004.[8]

Der EuGH dagegen verwendet ganz überwiegend das, dem Auswirkungsprinzip ähnliche, aber nicht in allen Fällen deckungsgleiche, sog **Durchführungsprinzip**. Die Anwendbarkeit des Kartellrechts auf Drittstaatsunternehmen ergibt sich dabei aus der Durchführung des Kar-

---

[4] Vgl Rs 172/80, *Züchner*, ECLI:EU:C:1981:178, Rn 6 ff; Rs 45/85, *Verband der Sachversicherer*, ECLI:EU:C:1987:34, Rn 12.
[5] Vgl verb Rs 209/84 bis 213/84, *Asjes*, ECLI:EU:C:1986:188, Rn 42.
[6] Vgl zB Rs 48/69, *ICI*, ECLI:EU:C:1972:70, Rn 132 ff; verb Rs 6/73 und 7/73, *Commercial Solvents*, ECLI:EU:C:1974:18, Rn 41.
[7] Näher zB *Schuhmacher*, Art 101, Rz 31 ff, in *Grabitz/Hilf/Nettesheim* (Hrsg), EUV/AEUV-Kommentar,; *Zurkinden/Lauterburg*, Vor Art 101-105 AEUV, Rz 105 ff, in *von der Groeben/Schwarze/Hatje* (Hrsg), Europäisches Unionsrecht Kommentar[7].
[8] Vgl Rs T-102/96, *Gencor*, ECLI:EU:T:1999:65, Rn 90.

tells in der EU (also daraus, dass es auch in der EU zur Anwendung kam). Diesen Ansatz illustriert etwa[9] das Urteil *Ahlström* aus 1988, betreffend ein internationales Zellstoffkartell.

> Verb Rs C-89/85, C-104/85, C-114/85, C-116/85, C-117/85, C-125/85 bis C-129/85, **Ahlström Osakeyhtiö**, ECLI:EU:C:1988:447
>
> In Finnland (das damals noch nicht Mitglied der Union war), Kanada und den USA ansässige Zellstoffhersteller hatten mehrere Verstöße gegen Art 101 begangen und waren von der Kommission mit Geldstrafen bebußt worden. Eine Anknüpfung dieser Entscheidung an in der Union ansässige Konzernunternehmen war nicht möglich. Ist das EU-Kartellrecht auf nicht in der EU ansässige Zellstoffhersteller anwendbar?
>
> 15 Soweit die Unvereinbarkeit der Entscheidung mit dem Völkerrecht gerügt wird, machen die Klägerinnen geltend, die Anwendung der Wettbewerbsvorschriften im vorliegenden Fall sei allein auf die wirtschaftlichen Auswirkungen der wettbewerbsbeschränkenden Verhaltensweisen innerhalb des [Binnenm]arktes gestützt worden, die außerhalb der [EU] vorgenommen worden seien.
>
> 16 Dazu ist zu bemerken, daß ein Verstoß gegen [Art 101], wie der Abschluß einer Vereinbarung, die eine Einschränkung des Wettbewerbs innerhalb des [Binnenm]arktes bewirkt hat, zwei Verhaltensmerkmale aufweist, nämlich die Bildung des Kartells und seine Durchführung. Wenn man die Anwendbarkeit der wettbewerbsrechtlichen Verbote von dem Ort der Bildung des Kartells abhängig machen würde, so liefe dies offensichtlich darauf hinaus, dass den Unternehmen ein einfaches Mittel an die Hand gegeben würde, sich diesen Verboten zu entziehen. Entscheidend ist somit der Ort, an dem das Kartell durchgeführt wird.
>
> 17 Im vorliegenden Fall haben die Hersteller ihr Preiskartell innerhalb des [Binnenm]arktes durchgeführt. Dabei ist es unerheblich, ob sie in der Gemeinschaft ansässige Tochterunternehmen, Agenten, Unteragenten oder Zweigniederlassungen eingeschaltet haben, um Kontakte zwischen sich und den dort ansässigen Abnehmern zu knüpfen, oder ob sie das nicht getan haben.
>
> 18 Unter diesen Umständen ist die Zuständigkeit der [EU] für die Anwendung ihrer Wettbewerbsvorschriften auf derartige Verhaltensweisen durch das Territorialitätsprinzip gedeckt, das im Völkerrecht allgemein anerkannt ist.

Die extraterritoriale Anwendung des Kartellrechts kann zu Konflikten mit anderen Rechtsordnungen führen. Va mit den USA und Kanada schloss die EU daher bilaterale Abkommen über eine Zusammenarbeit bei der Anwendung der Wettbewerbsvorschriften ab.[10] Kernstück dieser Abkommen ist die sog „*Positive Comity*"[11], wonach die andere Partei ersucht werden kann, gegen wettbewerbswidriges Verhalten auf der Grundlage ihres eigenen Wettbewerbsrechts vorzugehen. Allerdings funktioniert diese Zusammenarbeit mitunter dann nicht reibungsfrei, wenn Auffassungsunterschiede über die wettbewerbsrechtliche Würdigung der betreffenden Verhaltensweise bestehen.[12] Darüber finden auf der Ebene der WTO und der OECD (bislang aber nur

---

[9] Ähnlich zB verb Rs T-25/95, T-26/95, T-30/95 bis T-32/95, T-34/95 bis T-39/95, T-42/95 bis T-46/95, T-48/95, T-50/95 bis T-65/95, T-68/95 bis T-71/95, T-87/95, T-88/95, T-103/95 und T-104/95, *Cimenteries*, ECLI:EU:T:2000:77, Rn 4240 f.; grundsätzlich bestätigt in verb Rs C-204/00 P, C-205/00 P, C-211/00 P, C-213/00 P, C-217/00 P und C-219/00 P, *Aalborg*, ECLI:EU:C:2004:6, Rn 156 ff.

[10] Vgl zB Abkommen zwischen der Regierung der Vereinigten Staaten von Amerika und der Kommission der Europäischen Gemeinschaften über die Anwendung ihrer Wettbewerbsregeln, ABl 1995/L 95/47.

[11] Vgl Abkommen zwischen den Europäischen Gemeinschaften und der Regierung der Vereinigten Staaten von Amerika über die Anwendung der „positive comity"-Grundsätze bei der Durchsetzung der Wettbewerbsregeln, ABl 1998/L 173/26.

[12] So etwa im Rs T-209/01, *Honeywell*, ECLI:EU:T:2005:455, zugrunde liegenden Fusionskontrollverfahren.

mäßig erfolgreiche) Bemühungen statt, die kartellrechtlichen Regeln international stärker zu vereinheitlichen.

8.1.1.3. Verhältnis zum nationalen Kartellrecht

Art 3 VO 1/2003 sieht eine **parallele Anwendbarkeit** von nationalem und europäischem Kartellrecht **oberhalb der Zwischenstaatlichkeitsschwelle** vor, also für Vereinbarungen und Verhaltensweisen von Unternehmen, „welche den Handel zwischen Mitgliedstaaten zu beeinträchtigen geeignet sind".[13] Das Zwischenstaatlichkeitserfordernis wird, ähnlich wie bei den Grundfreiheiten, in der Praxis weit ausgelegt. **Unterhalb der Zwischenstaatlichkeitsschwelle** ist ausschließlich nationales Kartellrecht anzuwenden.

Im Rahmen der parallelen Anwendung enthält Art 3 VO 1/2003 überdies eine spezielle Ausformung des **Anwendungsvorrangs** des Unionsrechts, die bei Art 101 und Art 102 teilweise verschieden ausfällt. Als gemeinsamen Ausgangspunkt müssen die nationalen Wettbewerbsbehörden und Gerichte (also nicht nur die Kommission) demnach jedenfalls **auch die Art 101 und 102 anwenden**, wenn ein zwischenstaatlicher Sachverhalt vorliegt. Sie können auf solche Sachverhalte also zusätzlich das nationale Kartellrecht anwenden, aber **keine separaten Verfahren nach nationalem Recht** durchführen.

Kommt es durch die zusätzliche Anwendung nationalen Rechts zu Konflikten zwischen diesem und EU-Recht, so enthält Art 3 VO 1/2003 eine eigene **Konfliktlösungsregel**. Im Rahmen von **Art 101** geht das EU-Recht vor: Die parallele Anwendung des staatlichen Rechts darf nicht zum Verbot von Verhaltensweisen führen, die nach EU-Recht erlaubt (also nicht wettbewerbsbeschränkend oder freigestellt) sind. Auch wenn daher Art 101 keine Anwendung findet, darf die betreffende Verhaltensweise nicht auf Grundlage eines (allenfalls weitergehenden) innerstaatlichen Kartellverbots untersagt werden. Faktisch nimmt dies einer eigenständigen Anwendung nationaler Beurteilungsmaßstäbe bei der Anwendung von Art 101 oberhalb der Zwischenstaatlichkeitsschwelle jeden Raum. Das staatliche Recht darf bei Art 101 also nur unterhalb der Zwischenstaatlichkeitsschwelle strenger sein.

Anderes gilt im Rahmen von **Art 102**. Dort ist in Art 3 VO 1/2003 ausdrücklich vorgesehen, dass eine Anwendung strengeren nationalen Rechts zulässig bleibt. Ist daher Art 102 unanwendbar, so bleibt eine Ahndung missbräuchlicher Verhaltensweisen nach dem möglicherweise strengeren Maßstab des nationalen Missbrauchsverbots zulässig.

8.1.2. Unternehmen als Adressaten

Die Kartellvorschriften gelten nach dem Wortlaut der Art 101 und 102 **für Unternehmen** und **Unternehmensvereinigungen**. Wesentlich ist der Unternehmensbegriff, während jener der **Unternehmensvereinigung** keinen wesentlichen tatbestandlichen Mehrwert aufweist: Die Einbeziehung stellt lediglich klar, dass das Kartellverbot nicht etwa dadurch umgangen werden kann, dass ein Beschluss auf der Ebene eines Branchenverbandes gefasst wird, der gegebenenfalls selbst nicht wirtschaftlich tätig ist.[14]

---

13 Art 101 Abs 1 AEUV; ähnlich Art 102 AEUV.
14 Vgl etwa verb Rs 209/78 bis 215/78 und 218/78, *van Landewyck*, ECLI:EU:C:1980:248, Rn 88.

8.1.2.1. Unternehmensbegriff

Der Begriff des Unternehmens ist gleich dem im Bereich der Grundfreiheiten angesprochenen. Maßgeblich für die Definition ist das **Grundsatzurteil** *Höfner* aus 1991, betreffend die Einordnung der Dienstleistungen einer staatlichen Arbeitsvermittlungsagentur als unternehmerisch iSd Unionsrechts.

> Rs C-41/90, *Klaus Höfner und Fritz Elser*, ECLI:EU:C:1991:161
>
> In Deutschland bestand ein Monopol für Arbeitsvermittlungsdienste zugunsten der staatlichen Bundesanstalt für Arbeit. Die Herren Höfner und Elser hatten einem Unternehmen bei der Besetzung einer Führungsposition geholfen und dafür eine Honorarforderung gestellt. Im Zuge des Streits um die Rechtmäßigkeit dieser Forderung war die Vereinbarkeit des Arbeitsvermittlungsmonopols mit der Dienstleistungsfreiheit sowie mit dem Missbrauchsverbot des Art 102 zu klären.
>
> 21 Im Rahmen des Wettbewerbsrechts umfasst der Begriff des **Unternehmens jede eine wirtschaftliche Tätigkeit ausübende Einheit, unabhängig** von ihrer **Rechtsform** und der **Art ihrer Finanzierung**. Die Arbeitsvermittlung stellt eine wirtschaftliche Tätigkeit dar.
>
> 22 Daß die Vermittlungstätigkeit **normalerweise öffentlich-rechtlichen** Anstalten übertragen ist, **spricht nicht gegen** die **wirtschaftliche Natur** dieser Tätigkeit. Die Arbeitsvermittlung ist nicht immer von öffentlichen Einrichtungen betrieben worden und muß nicht notwendig von solchen Einrichtungen betrieben werden. Diese Feststellung gilt insbesondere für die Tätigkeiten zur Vermittlung von Führungskräften der Wirtschaft.
>
> 23 Somit lässt sich eine Einheit wie eine öffentlich-rechtliche Anstalt für Arbeit, die Arbeitsvermittlung betreibt, als Unternehmen im Sinne der ... Wettbewerbsregeln qualifizieren.

Der unionsrechtliche Unternehmensbegriff ist mit *Höfner* also **funktional definiert**. Im Blick steht die **tatsächlich ausgeübte Tätigkeit**, die demnach wirtschaftlicher Natur sein muss. Eine **wirtschaftliche Tätigkeit** besteht darin, Güter oder Dienstleistungen auf einem bestimmten Markt anzubieten.[15] Wesentlich ist also das **Bestehen eines Marktes** auf dem das betreffende Produkt zumindest potenziell verkauft bzw vermarktet werden könnte.

Dagegen kommt es auf sonstige Gesichtspunkte nicht an. Dazu gehören die (zB öffentlich-rechtliche) **Rechtsform**, das Vorliegen von **Rechtspersönlichkeit** (zB iSd Steuer- oder Gesellschaftsrechts), die (zB öffentliche) **Finanzierung** der fraglichen Einheit oder deren Absicht zur Erzielung von Gewinnen.[16] Ohne Weiteres in den Unternehmensbegriff einbezogen sind also insbesondere **öffentliche Unternehmen**.[17] Unter den Begriff können aber beispielsweise auch ausgegliederte Einheiten der öffentlichen Verwaltung fallen (zB eben die Arbeitsvermittlung oder gemeindeeigene Abfallentsorgung) oder soziale oder karitative Einrichtungen (zB Pflegeheime, Beratungsstellen), Stiftungen oder Vereine mit besonderem Zweck usw.

> Auch **Gewinnerzielungsabsicht** ist **nicht erforderlich**, solange die betreffende Tätigkeit grundsätzlich gegen Entgelt erbracht, also vom Markt honoriert werden könnte. Ebenso ist daher der **soziale Charakter** einer Leistung **unerheblich**, solange es sich überhaupt um eine wirtschaftliche (also po-

---

15 Vgl etwa Rs C-82/01 P, *Aéroports de Paris*, ECLI:EU:C:2002:617, Rn 79 mwN.
16 Vgl zB Rs C-67/96, *Albany*, ECLI:EU:C:1999:430, Rn 79; Rs C-49/07, *MOTOE*, ECLI:EU:C:2008:376, Rn 19 ff, Rs C-97/08 P, *Akzo Nobel*, ECLI:EU:C:2009:536, Rn 54.
17 Vgl Rs C-35/96, *Kommission/Italien*, ECLI:EU:C:1998:303, Rn 40.

> tenziell entgeltfähige) Leistung handelt. Nicht wirtschaftlicher Art sind etwa die sogleich angesprochenen genuin hoheitlichen und außerhalb des Marktes erbrachte Kernaufgaben des Staates.[18]
>
> Der soziale Charakter einer (wirtschaftlichen) Leistung ist aber nicht gänzlich irrelevant. Er kann dazu führen, dass eine wirtschaftliche Leistung einen besonderen Status zuerkannt bekommt, wenn sie sich von herkömmlichen wirtschaftlichen Tätigkeiten aufgrund bestimmter Merkmale besonders unterscheidendet. Angesprochen sind damit die sog **Daseinsvorsorgeleistungen** bzw (synonym) Dienstleistungen im allgemeinen wirtschaftlichen Interesse iSd Art 106 Abs 2 AEUV.[19] Nach Art 106 Abs 2 können Daseinsvorsorgeleistungen in jenem Umfang, der zur Erfüllung der besonderen Aufgabe notwendig ist, in den Genuss einer besonderen Freistellung (Rechtfertigung) von den Verboten des Wettbewerbskapitels kommen.[20]

Da es auf die Tätigkeit und nicht auf die Rechtsform ankommt, sind generell auch **natürliche Personen** einbezogen, soweit sie auf eigenes Risiko und Rechnung wirtschaftlich tätig sind.[21] Beispiele sind etwa Erfinder, Sportler, Künstler, Handelsvertreter, Patentanwälte, Rechtsanwälte, Schiffslotsen, Ärzte oder Zollagenten. Keine Unternehmen (sondern in das Unternehmen ihres Arbeitgebers eingegliedert) sind Arbeitnehmer iSd Art 45 AEUV.[22]

Keine Unternehmen sind **Tätigkeiten in Ausübung öffentlicher Gewalt**.[23] Ausnahmsweise kann dies auch bei privaten Einrichtungen der Fall sein, wenn bzw soweit sie von der öffentlichen Hand mit der Erfüllung öffentlicher Aufgaben betraut und zu diesem Zweck mit hoheitsartigen Eingriffsbefugnissen ausgestattet wurden (zB Umweltüberwachung).[24] Ebenso sind Tätigkeiten im **Kernbereich staatlicher Aufgaben**, die außerhalb eines Wettbewerbsverhältnisses erbracht werden, nicht wirtschaftlicher Art. Darunter fallen beispielsweise die auf dem Grundsatz der Solidarität beruhenden Systeme der sozialen Sicherheit bzw die Tätigkeiten der betreffenden Einrichtungen (Versicherer und Sozialversicherungsträger) oder der Kernbereich der Schul- und Hochschulbindung.[25]

Eine wirtschaftliche Tätigkeit ist ausschließlich das **Anbieten** von Gütern oder Dienstleistungen.[26] Die reine **Nachfrage** nach Gütern und Dienstleistungen begründet für sich alleine dagegen keine Unternehmereigenschaft, selbst wenn das Nachfragevolumen bzw das Verhalten eines großen Nachfragers für den Anbietermarkt bedeutend sein mag.[27]

---

18 Vgl zB Rs C-364/92, *SAT Fluggesellschaft*, ECLI:EU:C:1994:7, Rn 18 ff.
19 Vgl neben Art 106 Abs 2 AEUV auch die horizontale Zielbestimmung des Art 14 AEUV und die Einstufung als Grundrecht nach Art 36 GRC.
20 Vgl zB Rs C-179/90, *Porto di Genova*, ECLI:EU:C:1991:464, Rn 27.
21 Vgl zB verb Rs C-51/96 und C-191/97, *Deliège*, ECLI:EU:C:2000:199, Rn 13; Rs C-309/99, *Wouters*, ECLI:EU:C:2002:98, Rn 48; Rs C-18/93, *Corsica Ferries*, ECLI:EU:C:1994:195, Rn 40; verb Rs C-180/98 bis C-184/98, *Pavlov*, ECLI:EU:C:2000:428, Rn 77; Rs C-35/96, *Kommission/Italien*, ECLI:EU:C:1998:303, Rn 37 f.
22 Vgl Rs C-22/98, *Becu*, ECLI:EU:C:1999:419, Rn 26.
23 Vgl etwa Rs 30/87, *Bodson*, ECLI:EU:C:1988:225, Rn 18; Rs C-113/07, *SELEX Sistemi*, ECLI:EU:C:2009:191, Rn 14 ff.
24 Vgl Rs C-343/95, *Diego Calì*, ECLI:EU:C:1997:160, Rn 22 ff.
25 Vgl Rs C-159/91 und C-160/91, *Poucet und Pistre*, ECLI:EU:C:1993:63, Rn 18; Rs C-218/00, *INAIL*, ECLI:EU:C:2002:36, Rn 35 ff; verb Rs C-264/01, C-306/01, C-354/01 und C-355/01, *AOK*, ECLI:EU:C:2004:150, Rn 33 ff.
26 Vgl Rs C-475/99, *Ambulanz Glöckner*, ECLI:EU:C:2001:577, Rn 19; Rs C-309/99, *Wouters*, ECLI:EU:C:2002:98, Rn 47.
27 Vgl Rs C-205/03 P, *FENIN*, ECLI:EU:C:2006:453, Rn 25 f.

8.1.2.2. Verbundene Unternehmen

Unternehmen sind aus einer Gesamtheit personeller Akteure und materieller Teile bestehende Einheiten. An einem Kartellverstoß können unterschiedliche Akteure bzw Teile innerhalb einer Unternehmensgesamtheit beteiligt sein. Dabei stellt sich die Frage, in welchem Rahmen das Verhalten einzelner Akteure noch als Teil derselben Unternehmensgesamtheit gesehen wird oder als Handeln zweier selbständiger Unternehmen. Relevant ist dies nicht zuletzt deshalb, weil Art 101 nur „Vereinbarungen zwischen Unternehmen"[28] erfasst, nicht aber einheitliche Vorgaben oder Verhaltensweisen innerhalb eines Unternehmens.

Die Abgrenzung richtet sich danach, welches Wettbewerbspotential zwischen den betrachteten Einheiten besteht, dh ob diese über die Fähigkeit zu autonomem Marktverhalten verfügen.[29] Auf dieser Überlegung gründen drei zentrale Konzepte des Wettbewerbsrechts, uzw 1) das sog Konzernprivileg, 2) das sog Handelsvertreterprivileg und 3) die Konzernhaftung bei Zurechnung von Wettbewerbsverstößen im Unternehmensverbund.

Nach dem Konzernprivileg sind Vereinbarungen zwischen im Konzern verbundenen Einheiten vom Kartellverbot ausgenommen.[30] Der Grund dafür ist, dass Konzerngesellschaften idR unter einheitlicher Leitung stehen. Aufgrund der Einflussmöglichkeiten der Konzernmutter treten sie am Markt als wirtschaftliche Gesamtheit auf. Die Anwendung des Art 101 auf Vereinbarungen zwischen Mutter- und Tochtergesellschaften im Konzern scheitert also schon an der fehlenden Entscheidungsautonomie der beteiligten Unternehmen: Es besteht kein Wettbewerbspotential, das eingeschränkt werden könnte. Konzerninterne Vereinbarungen sind daher wettbewerbsrechtlich unbedenklich (sog Kartellrechtsimmunität konzerninterner Absprachen), selbst wenn sie im Einzelfall erhebliche Wettbewerbsbeschränkungen vorsehen (zB selbst Preisabsprachen, Marktaufteilungen oder Exportverbote).

> Im Vergleich zum allgemeinen Zivilrecht nimmt das Wettbewerbsrecht mit dem Konzernprivileg daher eine abweichende Sichtweise ein: Im Zivil- und insbesondere Gesellschaftsrecht greift als Prinzip eine getrennte Betrachtung der Konzernteile: Träger von Rechten und Pflichten sind natürliche und juristische Personen und nicht der Konzern als Ganzes. Daher haftet eine Gesellschaft innerhalb des Konzerns auch grundsätzlich nicht für die Verbindlichkeiten anderer Gesellschaften im Konzern, es sei denn, es besteht ein besonderer Verpflichtungsgrund (zB ein Rechtsgeschäft). Ähnliches gilt im Strafrecht, wo das Schuldprinzip ebenfalls einen individuellen Anknüpfungspunkt bildet.
>
> Das Kartellrecht nimmt gegenüber diesen Rechtsgebieten keine grundsätzlich andere Sichtweise ein, legt aber mit dem Blick auf die Fähigkeit zu unabhängigem Marktverhalten einen anderen Fokus: Für den Wettbewerb und dessen Funktionieren entscheidend ist nicht die Art der formalen Rechtsbeziehungen zwischen den Einheiten, sondern die Frage, ob sie wechselseitig Wettbewerbsdruck generieren. Dies streitet zwingend für eine funktionale, nicht formale Betrachtungsweise der Beziehungen im Konzern und deckt sich im Übrigen auch mit der (auf ähnlichen Erwägungen beruhenden) funktionalen Beurteilung des Vereinbarungsbegriffs.

---

28 Hervorhebung hinzugefügt.
29 Vgl schon Rs 48/69, *ICI*, ECLI:EU:C:1972:70, Rn 132 ff.; zB auch Rs 170/83, *Hydrotherm*, ECLI:EU:C:1984:271, Rn 11; Rs T-203/01, *Michelin II*, ECLI:EU:T:2003:250, Rn 290.
30 Vgl Rs C-73/95, *Viho*, ECLI:EU:C:1996:405, Rn 50 ff.

Eine Variante des Konzernprivilegs ist das **Handelsvertreterprivileg**. Dieses erweitert den Leitungs- bzw Anleitungsgedanken auf die Beziehungen zwischen Geschäftsherrn und ihren Vertretern. Auch diese Beziehungen bzw Vereinbarungen unterliegen nicht dem Kartellverbot, soweit es sich um echte bzw **wirtschaftlich unselbständige** Handelsvertreter handelt. Sie handeln als bloße Hilfsorgane des Geschäftsherrn.[31] Entscheidend ist, dass der Geschäftsherr das finanzielle oder geschäftliche Risiko für die dem Vertreter übertragenen Tätigkeiten trägt.[32] Ist der Vertreter dagegen wirtschaftlich selbständig (also kein echter Vertreter sondern tatsächlich Vertragshändler auf eigene Rechnung), unterliegt die Beziehung im Grunde Art 101. Allerdings besteht mit der VertikalGVO 330/2010 eine großzügige (bis 30 % Marktanteilen) Ausnahme vertikaler Handelsbeziehungen (also zwischen Produzent und Händler udgl) vom Kartellverbot.

Kehrseite des Konzernprivilegs ist die einheitliche **Konzernhaftung**: Stehen mehrere Einheiten unter einheitlicher Leitung, wenden sich die Kartellnormen an die Unternehmensgesamtheit. Für Verstöße haftet so der Gesamtkonzern.[33] Die Kommission kann daher Bußgelder nicht nur gegen jene Gesellschaft verhängen, die direkt eine Zuwiderhandlung nach dem Kartellrecht begangen hat, sondern auch gegen die Konzernmutter als Gesamtschuldnerin.[34] Eine solche (Mit-) **Verantwortlichkeit der Mutter** besteht, wenn erwiesen ist, dass die Tochter ihr Marktverhalten nicht autonom bestimmt, sondern den Weisungen der Mutter folgt.[35]

Für die Zurechnung zur Mutter und den der Tochter verbleibenden Grad an Autonomie sind die Anteilsverhältnisse ein wesentliches Indiz.[36] Hält die Mutter 100 % der Anteile, so besteht eine Vermutung der Beherrschung.[37] Die Vermutung kann aber im Einzelfall widerlegt werden, zB wenn die Tochter nachweislich von Konzernvorgaben bzw der gemeinsamen Geschäftspolitik abgewichen ist oder wenn die Beherrschung erst nach dem kartellrechtsrelevanten Verhalten begründet wurde.[38] Auch bei geringeren Anteilsverhältnissen kann grundsätzlich eine Zurechnung erfolgen. Dies ist jedenfalls dann der Fall, wenn weitere Indizien hinzutreten, zB neben einer 51 %-igen Beherrschung auch eine nachweisliche tatsächliche Einflussnahme der Mutter.[39]

Die Beurteilungsmaßstäbe bei der Konzernhaftung illustriert beispielsweise[40] das Urteil *Akzo Nobel* aus 2009. Es betraf Absprachen innerhalb eines Chemiekonzerns.

> Rs C-97/08, *Akzo Nobel*, ECLI:EU:C:2009:536
>
> Die Kommission hatte festgestellt, dass mehrere Unternehmen der Akzo Nobel Gruppe gemeinsam mit anderen Unternehmen ein Cholinchloridkartell gebildet hatten. Der Konzernmutter Akzo Nobel

---

31 Vgl zB Rs C-266/93, *VW*, ECLI:EU:C:1995:345, Rn 19 f.
32 Vgl etwa Rs C-279/06, *CEPSA*, ECLI:EU:C:2008:485, Rn 33 ff.
33 Für Österreich vgl zB *Jeneral*, ÖZK 2014, 216 f.
34 Vgl zB verb Rs C-201/09 P und C-216/09 P, *ArcelorMittal*, ECLI:EU:C:2011:190, Rn 83 ff.
35 Vgl zB Rs C-97/08, *Akzo Nobel*, ECLI:EU:C:2009:536, Rn 58 mwN.
36 Vgl *Kersting*, GesRZ 2015, 380.
37 Vgl zB Rs C-97/08, *Akzo Nobel*, ECLI:EU:C:2009:536, Rn 60; Rs 107/82, *AEG*, ECLI:EU:C:1983:293, Rn 50; Rs C-286/98 P, *Stora*, ECLI:EU:C:2000:630, Rn 29.
38 Vgl zB Rs T-138/07, *Schindler*, ECLI:EU:C:2009:82, Rn 63 ff.
39 Vgl verb Rs 6/73 und 7/73, *Commercial Solvents*, ECLI:EU:C:1974:18, Rn 36 ff.
40 Vgl auch verb Rs C-189/02 P, C-202/02 P, C-205/02 P bis C-208/02 P und C-213/02 P, *Dansk Rørindustri*, ECLI:EU:C:2005:408, Rn 117; Rs C-280/06, *ETI*, ECLI:EU:C:2007:775, Rn 49.

und ihren Töchtern war gesamtschuldnerisch eine Geldbuße von 20,99 Mio. € auferlegt worden. Nach welchen Maßstäben kann die Mutter zur gesamtschuldnerischen Haftung verpflichtet werden?

58 [E]iner Muttergesellschaft [kann] das Verhalten ihrer Tochtergesellschaft insbesondere dann zugerechnet werden, wenn die Tochtergesellschaft trotz eigener Rechtspersönlichkeit ihr Marktverhalten nicht autonom bestimmt, sondern im Wesentlichen Weisungen der Muttergesellschaft befolgt ..., und zwar vor allem wegen der wirtschaftlichen, organisatorischen und rechtlichen Bindungen, die die beiden Rechtssubjekte verbinden[.]

59 Dies liegt darin begründet, dass in einem solchen Fall die Muttergesellschaft und ihre Tochtergesellschaft Teil ein und derselben wirtschaftlichen Einheit sind und damit ein Unternehmen ... bilden. Weil eine Muttergesellschaft und ihre Tochtergesellschaft ein Unternehmen ... bilden, kann die Kommission demnach eine Entscheidung, mit der Geldbußen verhängt werden, an die Muttergesellschaft richten, ohne dass deren persönliche Beteiligung an der Zuwiderhandlung nachzuweisen wäre.

60 In diesem besonderen Fall, dass eine Muttergesellschaft 100 % des Kapitals ihrer Tochtergesellschaft hält, die gegen die Wettbewerbsregeln der Gemeinschaft verstoßen hat, kann zum einen diese Muttergesellschaft einen bestimmenden Einfluss auf das Verhalten dieser Tochtergesellschaft ausüben ... und besteht zum anderen eine widerlegliche Vermutung, dass diese Muttergesellschaft tatsächlich einen bestimmenden Einfluss auf das Verhalten ihrer Tochtergesellschaft ausübt.

61 Unter diesen Umständen genügt es, dass die Kommission nachweist, dass die Muttergesellschaft das gesamte Kapital der Tochtergesellschaft hält, um anzunehmen, dass die Muttergesellschaft einen bestimmenden Einfluss auf die Geschäftspolitik dieses Tochterunternehmens ausübt. Die Kommission kann in der Folge dem Mutterunternehmen als Gesamtschuldner die Haftung für die Zahlung der gegen dessen Tochterunternehmen verhängten Geldbuße zuweisen, sofern die vom Mutterunternehmen, dem es obliegt, diese Vermutung zu widerlegen, vorgelegten Beweise nicht für den Nachweis ausreichen, dass sein Tochterunternehmen auf dem Markt eigenständig auftritt[.]

62 [N]ben der 100%igen Kapitalbeteiligung an dem Tochterunternehmen [können] weitere Umstände, wie das Nichtbestreiten des vom Mutterunternehmen auf die Geschäftspolitik seines Tochterunternehmens ausgeübten Einflusses und die gemeinsame Vertretung der beiden Unternehmen im Verwaltungsverfahren, angeführt [werden], doch ... nur ..., um die Gesamtheit der Gesichtspunkte aufzuführen ... und nicht, um die Geltung der in Randnr. 60 des vorliegenden Urteils genannten Vermutung von der Beibringung zusätzlicher Indizien für die tatsächliche Einflussnahme durch die Muttergesellschaft abhängig zu machen.

63 [Demn]ach [besteht] bei einer 100%igen Kapitalbeteiligung einer Muttergesellschaft an ihrer Tochtergesellschaft eine widerlegliche Vermutung ..., dass diese Muttergesellschaft einen bestimmenden Einfluss auf das Verhalten ihrer Tochtergesellschaft ausübt.

8.1.3. Marktabgrenzung

Ob und wie die Wettbewerbsvorschriften Anwendung finden, hängt vielfach davon ab, dass die betroffenen Unternehmen über ein bestimmtes Maß an Marktmacht verfügen: Bei Art 102 ist die Marktmacht bereits Tatbestandsvoraussetzung, bei Art 101 entscheidet sie über die Spürbarkeit (und damit: die Verbotsnotwendigkeit) von Wettbewerbsbeschränkungen. Die Marktmacht von Unternehmen lässt sich am einfachsten und zweckmäßigsten anhand der Marktanteile bestimmen. Diese können aber nur dann ermittelt werden, wenn zuerst der relevante Markt bestimmt wird.

Die Marktmacht bzw der Marktanteil eines Unternehmens zeigt an, welchem Wettbewerbsdruck es unterliegt. Dieser ist umso höher, je kleiner der Marktanteil. Umgekehrt ist die

8.1. Gemeinsame Grundlagen

wettbewerbsbeschränkende Wirkung einer Verhaltensweise umso schädigender, je größer der davon erfasste Anteil am Gesamtmarkt ist. Daher wird die Marktmacht eines Unternehmens durch die Wettbewerbskräfte bestimmt, denen es bei seinem Marktauftritt unterliegt. Die Bestimmung des relevanten Marktes fokussiert auf die weiteren am Markt tätigen Wettbewerber, die wirksamen Wettbewerbsdruck aufbauen und so den Verhaltensspielräumen des betreffenden Unternehmens Schranken setzen können.

Ausschlaggebend für die Fähigkeit anderer Unternehmen, Wettbewerbsdruck auszuüben, sind iW zwei Faktoren, uzw 1) **die Austauschbarkeit ihres aktuellen Angebots** mit dem des fraglichen Unternehmens (sog Nachfragesubstituierbarkeit) sowie 2) ihre **Fähigkeit**, durch **Umstellung** ihrer Produktion kurzfristig in den Markt des geprüften Unternehmens **einzutreten** (sog Angebotssubstituierbarkeit).[41] Einzelheiten der Beurteilung sind insbesondere in der mittlerweile etwas in die Jahre gekommenen, im Grundsatz aber nach wie vor relevanten **Bekanntmachung** zur Marktabgrenzung aus 1997 niedergelegt.

Nachfragesubstituierbarkeit bedeutet, dass die Produkte des betreffenden Unternehmens aus Sicht der Abnehmer durch Produkte der Mitbewerber ersetzt werden können. Können Abnehmer problemlos auf das Angebot von Mitbewerbern ausweichen, hat das betreffende Unternehmen darauf bei seinen Preisentscheidungen Bedacht zu nehmen. Ein bekanntes Beispiel[42] liefert das Urteil *United Brands* aus 1978, betreffend die Substituierbarkeit von Bananen mit anderem Obst und die daraus resultierende Frage nach der Marktmacht eines Bananenproduzenten. Der EuGH zog den Kreis der Substitutionsbeziehungen dort betont eng (und damit tatbestandsausweitend).

> Rs 27/76, *United Brands*, ECLI:EU:C:1978:22
>
> Die Kommission hegte Bedenken gegen die Vereinbarkeit der Preis- und Vertriebspolitik von United Brands, einem weltweit führenden, u.a. unter der Marke „Chiquita" tätigen Bananenproduzenten, mit Art 102. Um die Marktmacht zu quantifizieren war ua zu klären, ob Bananen einen eigenständigen Markt darstellen oder sie mit Frischobst allgemein konkurrieren (und der Markt daher weiter zu fassen wäre).
>
> 22 Damit die Banane als Gegenstand eines hinreichend abgesonderten Marktes angesehen werden kann, müssen ihre besonderen, sie von anderem frischen Obst unterscheidenden **Eigenschaften so kennzeichnend sein, dass sie mit ihm nur geringfügig austauschbar** und seinem Wettbewerb nur in wenig spürbarer Form ausgesetzt ist.
>
> 23/33 Die Banane reift unabhängig von den Jahreszeiten das ganze Jahr hindurch. Die Produktion übersteigt die Nachfrage während des ganzen Jahres und kann diese jederzeit befriedigen. Diese Besonderheit macht aus ihr eine **bevorzugte Frucht**, deren Produktion und Absatz sich an die bekannten und messbaren jahreszeitlichen Schwankungen anderen frischen Obstes anpassen lassen. Es gibt keine erzwungene jahreszeitliche Substitution, denn der Verbraucher kann sich die Frucht das ganze Jahr hindurch beschaffen. Da die Banane jederzeit in genügenden Mengen verfügbar ist, muss man, um das Ausmaß des zwischen ihr und anderem frischen Obst bestehenden Wettbewerbs zu ermitteln, ihre Austauschbarkeit mit anderem Obst für das ganze Jahr beurteilen. Aus den zu den Akten gereichten Untersuchungen über den Bananenmarkt ergibt sich, dass auf diesem keine spürbare langfristige Kreuzelastizität besteht, ebenso wie es eine jahreszeitliche Austauschbarkeit nicht zwischen der Banane und allen Saisonfrüchten allgemein, sondern nur zwischen ihr und zwei Obstsorten (Pfirsichen und Tafeltrauben) in einem Lande des relevanten räumlichen Marktes (Deutschland) gibt. Was

---

[41] Vgl schon Rs 85/76, *Hoffmann-La Roche*, ECLI:EU:C:1979:36, Rn 28.
[42] Vgl etwa auch Rs 85/76, *Hoffmann-La Roche*, ECLI:EU:C:1979:36, Rn 227 ff.

> die beiden das ganze Jahr hindurch verfügbaren Früchte ([Orangen] und Äpfel) anbelangt, so besteht mit der ersten keine Austauschbarkeit und nur eine begrenzte Austauschbarkeit mit der zweiten. Dieser sehr geringe Grad an Austauschbarkeit beruht auf den spezifischen Eigenschaften der Banane sowie auf allen Faktoren, die die Verbraucherentscheidung beeinflussen. Die Banane ist durch ihr Ansehen, ihren Geschmack, ihre weiche Beschaffenheit, das Fehlen von Kernen, eine einfache Handhabung und ein gleich bleibendes Produktionsniveau geeignet, den gleich bleibenden Bedarf einer bedeutenden, sich aus Kindern, Alten und Kranken zusammensetzenden Bevölkerungsgruppe zu befriedigen. Was die Preise betrifft, zeigen zwei Untersuchungen ..., dass die Banane dem Einfluss der fallenden Preise anderen Obstes (nur von Pfirsichen und Tafeltrauben) lediglich während der Sommermonate und vorwiegend im Monat Juli, und zwar zu nicht mehr als 20 %, unterworfen ist. Wenn auch unbestreitbar ist, dass dieses Erzeugnis während dieser Monate und während einiger Wochen am Jahresende dem Wettbewerb anderen Obstes ausgesetzt ist, so bewirkt doch die Anpassungsfähigkeit des Umfanges von Einfuhr und Absatz im Bereich des relevanten räumlichen Marktes, dass der Wettbewerb äußerst begrenzt ist und dass der Preis sich ohne größeren Schwierigkeiten an dieser Situation des Überangebots ausrichtet.
>
> 34/35 All diese Überlegungen zeigen, dass eine große Zahl von Verbrauchern mit gleich bleibendem Bedarf nach Bananen von dem Verbrauch dieses Erzeugnisses nicht in erheblicher oder auch nur spürbarer Weise dadurch abgehalten wird, dass anderes Obst auf den Markt gelangt; sie zeigen ferner, dass sogar ein jahreszeitlich bedingtes Überangebot nur einen in zeitlicher Hinsicht mäßigen und im Hinblick auf die Austauschbarkeit sehr begrenzten Einfluss ausübt. Sonach ist der Markt für Bananen ein von dem Markt für frisches Obst hinreichend abgesonderter Markt.

Die Austauschbarkeit wird in sachlicher (**sachlich relevanter Markt, Produktmarkt**) und räumlicher Hinsicht (**räumlich relevanter Markt**) beurteilt. Sie lässt sich in vielen Fällen bereits anhand der jeweiligen physischen Produktmerkmale sowie aufgrund der dadurch bedingten Unterschiede in der Verwendung schlüssig beurteilen; auch die jeweiligen Marktpreise können ein aussagekräftiges Indiz für die Austauschbarkeit sein.

In weniger eindeutigen Fällen wird auf die, auch in *United Brands* erwähnte, **Kreuzpreiselastizität** abgestellt. Dabei wird geprüft, ob und in welchem Ausmaß eine Preiserhöhung bei dem betreffenden Produkt zur Verlagerung der Nachfrage auf ein anderes Produkt führt. In der Anwendungspraxis wird dies mit Hilfe des sog **SSNIP-Tests** (Small but Significant Non-Transitory Increase in Price) ermittelt. Dabei wird die wahrscheinliche Reaktion der Kunden auf eine geringe, aber doch spürbare und nicht bloß vorübergehende Änderung der relativen Preise erhoben. Die Frage lautet im Einzelnen, ob die Kunden als Reaktion auf eine bleibende Preiserhöhung im Ausmaß zwischen 5 % und 10 % für die betreffenden Produkte auf Substitute ausweichen würden.[43] Ist die Substitution so groß (dh wechseln so viele Abnehmer), dass durch den damit einhergehenden Absatzrückgang eine Preiserhöhung nicht mehr profitabel wäre, sind die betreffenden Produkte in den sachlich relevanten Markt einzubeziehen.

Als **räumlich relevanter** Markt gilt jenes Gebiet, in dem **einheitliche Wettbewerbsbedingungen** herrschen bzw in dem die für das betreffende Unternehmen maßgeblichen Wettbewerbskräfte noch wirken.[44] Gefragt wird, innerhalb welchen Gebietes Abnehmer im Fall einer Preiserhöhung (oder sonstigen Verschlechterungen des Angebots) auf Substitute ausweichen könnten. Mit der fortschreitenden Integration des Binnenmarkts und der Zunahme des Online-Handels hat sich das räumliche Angebot mittlerweile sehr ausgeweitet. Dennoch bestehen wei-

---

[43] Vgl Bekanntmachung zur Marktabgrenzung, Tz 17.
[44] Vgl zB Rs T-504/93, *Tiercé Ladbroke*, ECLI:EU:T:1997:84, Rn 102 mwN.

terhin gewisse **räumliche Zugangsschranken** bzw einengende Nachfragepräferenzen für die Nachfragesubstitution, etwa die Unterschiede im Vertrags-, Delikts- oder Verbraucherschutzrecht, Sprachunterschiede, Transportkosten usw. Zudem müssen der **Online-Handel** und der Offline-Handel eines Unternehmens keinesfalls stets auf einem einheitlichen Markt erfolgen, sondern es **kann sich,** je nach Produkt und Umfeld, bei Online- und Offline-Handel durchaus auch um **getrennte Märkte** für **dasselbe Produkt** handeln, soweit der Online-Einkauf bestimmte uU relevante Verbraucherpräferenzen (zB Anprobe, Beratung, Service, Sortimentsvergleich usw) nicht befriedigen kann und umgekehrt. Nach wie vor ist der relevante räumliche Markt daher im Einzelfall mitunter beträchtlich kleiner als der Binnenmarkt.

Die **Angebotssubstituierbarkeit**, als zweite für die Marktabgrenzung beachtliche Komponente, nimmt die **Erzeuger aktuell (noch) nicht substitutionsfähiger Produkte** oder allenfalls ganz neu eintretende Anbieter in den Blick. Gefragt wird danach, ob diese Unternehmen dadurch Wettbewerbsdruck ausüben, dass sie in der Lage wären, bei Preisveränderungen rasch **in den betreffenden Markt einzutreten,** zB durch Umstellung oder Erweiterung ihrer Produktion oder als Start-up. Entscheidend dafür sind die Kosteneffekte einer solchen Produktionsumstellung, ihre Dauer und die Marktdynamik (also zB Länge der Produkt- und Innovationszyklen).

Sind die **Eintrittsinvestitionen** oder das **Eintrittsrisiko** hoch, ist die **Amortisationsdauer** der Investitionen lang bzw allenfalls sogar ungewiss oder hätte die Angebotsumstellung **lange Vorlaufzeit,** spricht dies gegen die Annahme eines einheitlichen Marktes, da es den kurzfristigen Eintritt neuer Anbieter unwahrscheinlich werden lässt. Ein Beispiel[45] für die maßgeblichen Gesichtspunkte der Angebotssubstitution bietet das Urteil *Continental Can* aus 1973. Es betraf einen Zusammenschluss auf dem Markt für Metallverpackungen und die Frage des Ausbaus einer marktbeherrschenden Stellung des Erwerbers.

> Rs 6/72, *Continental Can*, ECLI:EU:C:1973:22
>
> Das amerikanische Metallverpackungsunternehmen Continental Can wollte über 80 % der Anteile an einem deutschen und einem niederländischen Unternehmen derselben Branche erwerben. Die Kommission entschied, dass durch den Zusammenschluss die **starke Marktstellung** von Continental Can weiter ausgebaut würde und der Erwerb daher (damals noch, heute wäre dies nach der FKVO 139/2004 zu beurteilen) einen Missbrauch einer marktbeherrschenden Stellung nach Art 102 darstellte. Für die Frage der Marktbeherrschung war ua die **Angebotssubstituierbarkeit** relevant.
>
> 32 Für die Beurteilung der beherrschenden Stellung ... und der Folgen des streitigen Zusammenschlusses ist die **Abgrenzung des betroffenen Marktes** von wesentlicher **Bedeutung,** denn die Wettbewerbsmöglichkeiten lassen sich nur nach Maßgabe derjenigen Merkmale der fraglichen Erzeugnisse beurteilen, die sich zur **Befriedigung eines gleichbleibenden Bedarfs** besonders geeignet und mit anderen Erzeugnissen nur in geringem Maße austauschbar erscheinen lassen.
>
> 33 [Dabei wurden ein] „**Markt der Leichtverpackungen für Fleischkonserven**", ei[n] „Markt der Leichtverpackungen für Fischkonserven" und ei[n] „Markt der **Metallverschlüsse** für die **Konservenindustrie,** mit Ausnahme der Kronenkorken", [unterschieden] auf denen der streitige Zusammenschluß den Wettbewerb auszuschalten drohe. In der [angefochtenen Kommissions-] Entscheidung wird jedoch nicht näher angegeben, welche **Besonderheiten** diese drei Märkte voneinander unterscheiden und deshalb zu deren **getrennter Betrachtung** nötigen. Ebensowenig wird gesagt, durch welche Besonderheiten sich diese drei Märkte von dem allgemeinen Markt für Leichtmetallverpackungen, namentlich dem Markt der Metallverpackungen für Obst- und Gemüsekonserven, Kon-

---

45 Vgl zB auch Rs 322/81, *Michelin*, ECLI:EU:C:1983:313, Rn 41.

densmilch, Olivenöl, Fruchtsäfte und chemisch-technische Erzeugnisse, unterscheiden. Es kann aber nur dann davon ausgegangen werden, daß die fraglichen Erzeugnisse einen besonderen Markt haben, wenn sie nicht nur durch die bloße Tatsache zu individualisieren sind, daß sie für die Verpackung bestimmter Erzeugnisse verwendet werden, sondern außerdem durch besondere Produktionsmerkmale, die ihnen für diese Zweckbestimmung eine spezifische Eignung verleihen. Hiernach kann eine beherrschende Stellung auf dem Markt der Leichtmetallverpackungen für Fleisch- und Fischkonserven nicht ausschlaggebend sein, solange nicht nachgewiesen ist, daß die Wettbewerber aus anderen Bereichen des Marktes für Leichtmetallverpackungen nicht in der Lage seien, dank einer einfachen Umstellung auf diesem Markt mit hinreichender Stärke aufzutreten, um ein ernst zu nehmendes Gegengewicht zu bilden.

34 Im übrigen finden sich auch in der Entscheidung selbst Anhaltspunkte, die daran zweifeln lassen, daß die drei Märkte von anderen Märkten für Leichtmetallverpackungen getrennt zu sehen sind, vielmehr den Schluß nahelegen, daß sie Teile eines größeren Marktes sind. [So gibt es] ein deutsches Unternehmen, das einen größeren Anteil an der Erzeugung von Leichtmetallverpackungen für Obst- und Gemüsekonserven [hält], und ein anderes Unternehmen, das 38 bis 40 % der deutschen Nachfrage nach Kronenkorken deck[t]: Dies scheint zu bestätigen, daß die Erzeugung von Metalldosen für Fleisch-und Fischkonserven nicht getrennt von der Metalldosenproduktion für andere Zweckbestimmungen gesehen werden darf und daß bei der Beurteilung der Erzeugung von Metallverschlüssen die Kronenkorken nicht unberücksichtigt bleiben dürfen. ...

36 Im übrigen wird in der angefochtenen Entscheidung bezüglich des potentiellen Wettbewerbs durch Großabnehmer, die Eigenhersteller werden können ... behauptet, ein solcher Wettbewerb scheide wegen der Höhe der für eine integrierte Fabrikation erforderlichen Investitionen und wegen des technologischen Vorsprungs der Continentalgruppe auf diesem Gebiet aus, wohingegen [aber] auf dem belgischen Markt die Konservenfabrik Marie Thumas durch ihre Tochtergesellschaft Eurocan Blechverpackungen für den eigenen Verbrauch und für den Verkauf an andere Verbraucher herstell[t]. Dieser Widerspruch ist ein weiteres Indiz für die Unsicherheit der Kommission hinsichtlich der Abgrenzung des oder der betroffenen Märkte. [Zudem ist] die Rede davon ..., daß einige deutsche Eigenhersteller ebenfalls begonnen hätten, ihre überschüssige Produktion von Metallverpackungen in den Handel zu bringen. Aus alledem geht hervor, daß einige Unternehmen, die bereits zur integrierten Fabrikation von Verpackungen übergegangen sind, die technologischen Schwierigkeiten überwinden konnten, daß aber der Entscheidung keine Anhaltspunkte für die Beurteilung der Wettbewerbsfähigkeit dieser Unternehmen zu entnehmen sind. Diese Begründungserwägungen lassen somit neue Widersprüche erkennen, die gleichfalls die Rechtmäßigkeit der angefochtenen Entscheidung beeinträchtigen.

37 Nach alledem hat die Entscheidung die Tatsachen und Bewertungen, auf die sie sich stützt, nicht hinlänglich dargetan. Sie ist daher aufzuheben.

8.1.4. Vollzug

Der Vollzug des Kartellrechts teilt sich in zwei Hälften: Es sind dies die öffentliche Durchsetzung unter Federführung der Kommission einerseits sowie die Durchsetzung durch Private vor den nationalen Gerichten andererseits.

8.1.4.1. Öffentliche Durchsetzung

Abweichend von den allgemeinen Grundsätzen der Verfahrensautonomie und des dezentralen Vollzugs von Unionsrecht[46] beauftragt Art 105 AEUV die Kommission mit dem direkten Voll-

---

46 Vgl Art 19 Abs 1 EUV; Art 291 Abs 1 AEUV.

zug des EU-Kartellrechts (Art 101 und 102). Anders als im Bereich des Beihilferechts (dort nach Art 108 AEUV) ist sie aber **nicht ausschließlich vollzugszuständig**: Gem Art 104 AEUV sind auch die Behörden und Gerichte der MS an der Durchsetzung des Kartellrechts beteiligt, jedoch nur nach Maßgabe der ihnen im Sekundärrecht zugewiesenen Befugnisse.

Das in den Art 104 und 105 grundgelegte System der öffentlichen Durchsetzung des Kartellrechts führt die **VO 1/2003** aus. Sie weist der Kommission und den Behörden und Gerichten der MS die Zuständigkeiten und Befugnisse bei der Kartellrechtsdurchsetzung im Einzelnen zu und regelt, wie zuvor einleitend angesprochen, auch das Verhältnis zum nationalen Wettbewerbsrecht. Neben der Kommission existieren in den MS **nationale Wettbewerbsbehörden und Gerichte**, die nach der VO 1/2003 ebenfalls für den Vollzug des EU-Kartellrechts zuständig sind.[47]

> In **Österreich** sind für den Vollzug des EU-Kartellrechts und des nationalen Kartellrechts nach den Bestimmungen des KartG und des WettbG das **Kartellgericht**, die Bundeswettbewerbsbehörde (**BWB**) und der Bundeskartellanwalt zuständig. Die Untersuchung von Wettbewerbsverstößen obliegt dabei zentral der BWB und sie ist auch für die Zusammenarbeit mit der Kommission in Wettbewerbssachen vorrangig zuständig, doch hat sie kaum eigene Entscheidungsbefugnisse: Die Feststellung von Wettbewerbsverstößen und alle damit verbundenen Entscheidungen (Anordnung von Hausdurchsuchungen, Abstellung, Geldbußen usw) obliegen dem **Kartellgericht** (OLG Wien) bzw Kartellobergericht (OGH). Es entscheidet antragsgebunden und im Außerstreitverfahren über von der BWB, dem Bundeskartellanwalt oder Dritten eingebrachte Anträge. Der **Bundeskartellanwalt** ist zur Vertretung der öffentlichen Interessen in Angelegenheiten des Wettbewerbsrechts dem Kartellgericht als unabhängiges Organ beigeordnet.

Im Zusammenwirken der Kommission und der nationalen Wettbewerbsbehörden nach dem System der VO 1/2003 steht die **Kommission im Zentrum** der öffentlichen Kartellrechtsdurchsetzung.[48] Sie hat eine umfassende und in ihr pflichtgemäßes Ermessen gestellte **Aufgriffsbefugnis**. Bei der Entscheidung darüber, welche der Behörden einen Anknüpfungspunkte in mehreren MS aufweisenden Sachverhalt aufgreifen soll, arbeiten die Kommission und die Wettbewerbsbehörden nach dem Auftrag der VO eng zusammen. Allerdings kann die Kommission jedes (auch laufende) Verfahren an sich ziehen und damit die Zuständigkeit der nationalen Wettbewerbsbehörden beenden (**Aufgriffsvorrang**).[49] Diese Regeln erlauben es der Kommission, ihre Ressourcen auf große bzw binnenmarktweit bedeutsame Fälle zu konzentrieren.

Im direkten Vollzug verfügt die Kommission nach der VO 1/2003 über **umfassende Befugnisse**.[50] Sie leitet Kartellverfahren entweder von Amts wegen oder auf Beschwerde hin ein. Zur Aufklärung der relevanten Tatsachen hat sie insbesondere das (sanktionsbewehrte) Recht, Auskünfte von den Unternehmen anzufordern und ist auch befugt, unangekündigte Nachprüfungen in Geschäftsräumlichkeiten vorzunehmen (sog Hausdurchsuchungen). Da sie die örtliche Polizei selbst nicht beanspruchen kann, wird sie dabei durch die nationalen Wettbewerbsbehörden unterstützt.

---

47 Vgl Art 5 und 6 VO 1/2003.
48 Vgl Art 4 VO 1/2003.
49 Vgl Art 11 Abs 6 VO 1/2003.
50 Vgl Art 17 ff VO 1/2003.

Verstöße gegen das Kartellverbot kann die Kommission durch unmittelbar an die Unternehmen gerichtete und für sie verbindliche **Feststellungs- und Abstellungsentscheidungen** beenden.[51] Ebenso kann sie auch nur **Verpflichtungszusagen** der Unternehmen betreffend die Änderung des unternehmerischen Verhaltens oder der unternehmerischen Strukturen vorschlagen bzw annehmen. Sie wirken bindend und beenden das Verfahren ohne förmliche Abstellungsentscheidung.[52]

Zur Sanktionierung von Verstößen stehen der Kommission **Geldbußen** zur Verfügung: Aus general- und spezialpräventiven Gründen sind sie drastisch hoch angesetzt und erreichen häufig die in den BußgeldLL festgelegte Obergrenze (sog Kappungsgrenze) von 10 % des im letzten Geschäftsjahr erzielten Umsatzes. Maßgebliche Faktoren bei der Festsetzung des Bußgeldes sind die Schwere des Verstoßes und die Dauer der Zuwiderhandlung. Kartellbeteiligten, die durch eine rechtzeitige und vollständige Selbstanzeige bei der Kommission zur Aufdeckung und Beendigung von Kartellen beitragen (sog **Kronzeugen**), winken je nach Zeitpunkt und Beitrag Bußgeldermäßigungen von bis zu 100 %.[53] Die im Rahmen der Kronzeugenregelung gemachte Unternehmenserklärung ist vor einer Offenlegung in zivilrechtlichen Schadenersatzklagen geschützt, die Klage an sich kann aber auch gegen den Kronzeugen eingebracht werden (dazu sogleich bei der privaten Durchsetzung).

Da die Kommission ein Kollegialorgan ist, werden sämtliche Entscheidungen, auch jene in Wettbewerbssachen, im **Kollegium** erlassen. Innerhalb der Kommission werden die Verfahren (außer in Sonderbereichen, zB Transport) von der Generaldirektion Wettbewerb geführt, die auch die Entscheidungen vorbereitet.

8.1.4.2. Private Durchsetzung

Private (Wettbewerber und Geschädigte, aber mitunter auch Kartellbeteiligte selbst, die sich von kartellrelevanten Klauseln befreien wollen) können sich vor den nationalen Gerichten auf die **unmittelbar wirksamen Bestimmungen** des Kartellrechts berufen. Anspruchsgrundlagen der Klage sind die in Art 101 Abs 2 ausdrücklich angeordnete und in Art 102 implizit enthaltene **Nichtigkeits-** bzw Unwirksamkeitsfolge kartellrechtswidriger Absprachen oder Verhaltensweisen sowie das Durchführungsverbot des Art 7 Abs 1 FKVO 139/2004iVm dem nationalen materiellen Recht (dazu näher bei den jeweiligen Bestimmungen).

Die materiellen Anspruchsgrundlagen im nationalen Recht sind vereinzelt kartellrechtsspezifisches **Sonderzivilrecht** (zB §§ 37a ff KartG betreffend Schadenersatz), zumeist aber handelt es sich um **Blankettnormen** des allgemeinen Zivilrechts. Zivilrechtliche Blankettnormen, deren Tatbestände Verstöße gegen Unionsrecht mit einschließen, sind zB die §§ 879 („Ein Vertrag, der gegen ein gesetzliches Verbot ... verstößt, ist nichtig") und 1311 („hat er ein Gesetz ... übertreten ... so haftet er für allen Nachtheil") ABGB oder § 1 UWG („Wer im geschäftlichen Verkehr ... eine unlautere Geschäftspraktik oder sonstige unlautere Handlung anwendet, die geeignet ist, den Wettbewerb zum Nachteil von Unternehmen nicht nur unerheblich zu beeinflussen ... kann auf Unterlassung und bei Verschulden auf Schadenersatz in Anspruch genommen werden").

---

51 Vgl Art 7 ff VO 1/2003.
52 Vgl etwa Rs C-441/07 P, *Alrosa*, ECLI:EU:C:2010:377, Rn 34 ff; vgl auch *Krenn*, ecolex 2012, 797 ff.
53 Vgl Kronzeugenmitteilung.

8.1. Gemeinsame Grundlagen

> Die private Durchsetzung (sog *private enforcement*) vor den nationalen Gerichten ist **keine Besonderheit des Wettbewerbsrechts**: Auch bei den Grundfreiheiten und anderswo bilden nicht Kommissionsverfahren (dort: Vertragsverletzungsverfahren nach Art 258 AEUV) die Hauptform der Durchsetzung, sondern Streitigkeiten vor den nationalen zivilen oder öffentlichen Gerichten über aus dem EU-Recht ableitbare Berechtigungen Einzelner. Auch in diesen anderen Bereichen hat die private Durchsetzung eine wichtige Ergänzungsfunktion (bzw historisch sogar die Hauptfunktion) für die Durchsetzung der betreffenden Freiheiten, die Herstellung von EU-Rechtskonformität in den MS und die Binnenmarktintegration.
>
> Im Wettbewerbsrecht war die private Durchsetzung jedoch **historisch unterentwickelt**, weil hinreichende **Anreize** zu privaten Klagen fehlten: Das Prozessrisiko ist notorisch hoch, Nachweise über das Bestehen und die Einzelheiten von Kartellen schwer zu erlangen, Schäden schwer zu erweisen und die Schäden Einzelner Endverbraucher pro Kopf fallen mitunter nur gering aus und werden erst in Summe relevant.
>
> Die Bekanntheit der privaten Durchsetzung besonders im Wettbewerbsrecht (einschließlich des Beihilferechts) rührt aus den seit den 2000er-Jahren unternommenen **Bestrebungen der Rsp und Kommission**, die private Durchsetzung durch eine Reihe von Rechtssätzen (zB in den Urteilen *Courage* oder *Manfredi*)[54] und Maßnahmen (zB mithilfe der SchadenersatzRL 2014/104/EU) zu stärken, um die Effektivität der Wettbewerbsnormen zu erhöhen und die Kommission im Rahmen der öffentlichen Durchsetzung zu entlasten.[55]

Voraussetzungen, Art, Gewährleistungsgehalt und Umfang der den Einzelnen verliehenen und von den nationalen Gerichten zu wahrenden Ansprüche bei Kartellverstößen **gibt das Unionsrecht vor**. Im Fall des Art 101 Abs 2 ist die Vorgabe ausdrücklich („sind nichtig"), im Übrigen ergeben sie sich aber aus der Auslegung der Tatbestände durch den EuGH. Wann also zB eine gegen Art 102 verstoßende Verhaltensweise Nichtigkeit nach sich zieht bzw welche Rechtsfolgen und Abhilfemaßnahmen insgesamt angemessen sind, wer Anspruch auf Schadenersatz bei Verstößen hat und in welchem Umfang oder ob bzw dass einstweilige Verfügungen gegen kartellwidriges Verhalten zur Verfügung stehen müssen, folgt also aus dem vom EuGH pronocierten *telos* der Verbote und bildet dann den Inhalt des unionsrechtlich gewährleisteten individuellen Rechts.[56] Die Durchsetzung dieses Rechts im vollen Umfang muss nach den Grundsätzen der **Äquivalenz** und der **Effektivität** den Modalitäten der Durchsetzung vergleichbarer Ansprüche auf Basis des nationalen Rechts gleichwertig und dem Einzelnen außerdem tatsächlich vollumfänglich möglich sein. Die materiellen Blankettnormen des nationalen Rechts und auch das Verfahrensrecht sind also im Zweifelsfall entsprechend **unionsrechtskonform auszulegen**.[57]

Die **grundlegenden**, aus der Nichtigkeit bzw Unwirksamkeit kartellrechtswidriger Handlung folgenden Ansprüche sind jene auf **Unterlassung** und **Beseitigung**, einschließlich einstweiligen Rechtsschutzes. Ein weiterer grundlegender Anspruch ist jener auf **Schadenersatz**. Den Schadenersatzanspruch behandelt das Grundsatzurteil *Courage* aus 2001, betreffend einen gegen Art 101 verstoßenden Bierbezugsvertrag. *Courage* dient hier als Beispiel[58] für die Auslegung des Gewährleistungsgehalts der Kartellbestimmungen und deren *telos* durch den EuGH.

---

54 Vgl Rs C-453/99, *Courage*, ECLI:EU:C:2001:465, Rn 18 ff; verb Rs C-295/04 bis C-298/04, *Manfredi*, ECLI:EU:C:2006:461, Rn 56 ff.
55 Siehe *Schuhmacher*, wbl 2016, 7.
56 Vgl etwa OGH v 15. 10. 2002, 4 Ob 187/02g; OGH v 20. 12. 2005, 16 Ok 46/05.
57 Vgl zB Rs C-432/05, *Unibet*, ECLI:EU:C:2007:163, Rn 36 ff.
58 Vgl auch verb Rs C-295/04 bis C-298/04, *Manfredi*, ECLI:EU:C:2006:461, Rn 60 ff.

8. Kartellrecht

Klargestellt wird in *Courage*, dass Kartellverstöße zu Schadenersatz berechtigen und dass dieses Recht außerdem **jedermann**, also zB selbst einem am Kartell beteiligten Unternehmen, **zusteht**.

> Rs C-453/99, **Courage Ltd gegen Bernard Crehan**, ECLI:EU:C:2001:465
>
> Herr Crehan war im Rahmen eines Pachtvertrages einen Bezugsvertrag für Bier mit einer Brauerei eingegangen. Die Brauerei erhob vor einem britischen Gericht Klage auf Zahlung des Entgelts für Bierlieferungen, deren Bezahlung offen geblieben war. Crehan trat dem mit der Begründung entgegen, die Bezugsverpflichtung verstoße gegen Art 101 und forderte zudem per Widerklage Schadenersatz. Kann auch eine Partei eines rechtswidrigen Vertrages von der anderen Partei Schadenersatz verlangen oder steht dem zB der englische Rechtsgrundsatz entgegen, wonach man sich zur Begründung eines Schadenersatzanspruches nicht auf eigenes rechtswidriges Verhalten stützen darf?
>
> 19. Erstens hat der [V]ertrag eine eigene Rechtsordnung geschaffen, die in die Rechtsordnungen der Mitgliedstaaten aufgenommen worden und von den nationalen Gerichten anzuwenden ist. Rechtssubjekte dieser Rechtsordnung sind nicht nur die Mitgliedstaaten, sondern auch die Einzelnen, denen das [Unions]recht Pflichten auferlegen, aber auch Rechte verleihen kann. Solche Rechte entstehen nicht nur, wenn der Vertrag dies ausdrücklich bestimmt, sondern auch aufgrund von eindeutigen Verpflichtungen[.]
>
> 20. Zweitens stellt [Art 101] eine **grundlegende Bestimmung** dar, die für die Erfüllung der Aufgaben der [Union] und insbesondere für das Funktionieren des Binnenmarktes unerlässlich ist[.]
>
> 21. Die Bedeutung dieser Bestimmung hat die Verfasser des [V]ertrags im Übrigen dazu veranlasst, in [Art 101 Abs 2] ausdrücklich anzuordnen, dass die nach diesem Artikel verbotenen Vereinbarungen oder Beschlüsse **nichtig** sind[.]
>
> 22. Diese Nichtigkeit, die **von jedem geltend gemacht** werden kann, hat das Gericht zu beachten, sofern der Tatbestand des [Art 101] erfüllt ist und die betroffene Vereinbarung die Gewährung einer Freistellung ... nicht rechtfertigen kann[.] Da die Nichtigkeit ... **absolut** ist, erzeugt eine nach dieser Vorschrift nichtige Vereinbarung zwischen den Vertragspartnern keine Wirkungen und kann Dritten nicht entgegengehalten werden[.] Darüber hinaus erfasst diese Nichtigkeit die getroffenen Vereinbarungen oder Beschlüsse in allen ihren vergangenen oder zukünftigen Wirkungen[.]
>
> 23. Drittens hat der Gerichtshof bereits entschieden, dass die [Art 101 und 102] in den Beziehungen zwischen Einzelnen **unmittelbare** Wirkungen erzeugen und unmittelbar in deren Person Rechte entstehen lassen, die die Gerichte der Mitgliedstaaten zu wahren haben[.]
>
> 24. Aus den vorstehenden Erwägungen ergibt sich, dass ein Einzelner berechtigt ist, sich auf einen Verstoß gegen [Art 101] zu berufen, **auch wenn er Partei eines Vertrages ist,** der den Wettbewerb im Sinne dieser Vorschrift beschränken oder verfälschen kann.
>
> 25. Was die Befugnis angeht, Ersatz des Schadens zu verlangen, der durch einen Vertrag, der den Wettbewerb beschränken oder verfälschen kann, oder ein entsprechendes Verhalten verursacht worden ist, so müssen die nationalen Gerichte, die im Rahmen ihrer Zuständigkeit das Gemeinschaftsrecht anzuwenden haben, **die volle Wirkung** von dessen Bestimmungen gewährleisten und die Rechte schützen, die das [Unions]recht dem Einzelnen verleiht[.]
>
> 26 Die volle Wirksamkeit des [Art 101] und insbesondere die praktische Wirksamkeit [dieses] Verbots **wären beeinträchtigt, wenn nicht jedermann Ersatz des Schadens verlangen** könnte, der ihm durch einen Vertrag, der den Wettbewerb beschränken oder verfälschen kann, oder durch ein entsprechendes Verhalten entstanden ist.
>
> 27 Ein solcher Schadensersatzanspruch **erhöht nämlich die Durchsetzungskraft** der ... Wettbewerbsregeln und ist geeignet, von – oft verschleierten – Vereinbarungen oder Verhaltensweisen abzuhalten, die den Wettbewerb beschränken oder verfälschen können. Aus dieser Sicht können

> Schadensersatzklagen vor den nationalen Gerichten wesentlich zur Aufrechterhaltung eines wirksamen Wettbewerbs ... beitragen.
>
> 29 Mangels einer einschlägigen Gemeinschaftsregelung ist es jedoch Sache des innerstaatlichen Rechts der einzelnen Mitgliedstaaten, die zuständigen Gerichte zu bestimmen und die **Verfahrensmodalitäten für Klagen zu regeln**, die den Schutz der dem Bürger aus der unmittelbaren Wirkung des Gemeinschaftsrechts erwachsenden Rechte gewährleisten sollen, sofern diese Modalitäten nicht weniger günstig ausgestaltet sind als die entsprechender innerstaatlicher Klagen (**Äquivalenzgrundsatz**) und die Ausübung der durch die Gemeinschaftsrechtsordnung verliehenen Rechte nicht praktisch unmöglich machen oder übermäßig erschweren (**Effektivitätsgrundsatz**)[.]
>
> 36 Nach alledem sind die Vorlagefragen wie folgt zu beantworten:
>
> - Eine **Partei** eines **Vertrages**, der den Wettbewerb im Sinne von [Art 101] beschränken oder verfälschen kann, **kann** sich auf einen Verstoß gegen diese Vorschrift **berufen**, um Rechtsschutz gegenüber der anderen Vertragspartei zu erlangen;
> - [Art 101] steht einem Grundsatz des innerstaatlichen Rechts entgegen, nach dem eine Partei eines Vertrages, der den Wettbewerb im Sinne dieser Vorschrift beschränken oder verfälschen kann, **allein deshalb keinen Ersatz des Schadens fordern kann**, der ihr durch die Durchführung dieses Vertrages entstanden ist, weil sie **Partei** dieses Vertrages **ist**;
> - das [Unions]recht steht einem Grundsatz des innerstaatlichen Rechts **nicht entgegen**, nach dem eine **Partei** eines Vertrages, der den Wettbewerb beschränken oder verfälschen kann, sich **nicht** auf ihre eigenen rechtswidrigen Handlungen stützen kann, um Schade[n]ersatz zu erlangen, sofern sie eine erhebliche Verantwortung an der Wettbewerbsverzerrung trifft.

Die großzügigen Schadenersatzregeln nach den Urteilen *Courage* und (wenig später) *Manfredi*[59] sind ein wesentlicher Eckpunkt, um die **Anreize der privaten Durchsetzung des Wettbewerbsrechts zu fördern** und Kartellklagen vor den nationalen Gerichten zu stimulieren. Solche Klagen **stärken** die **Wirksamkeit des Kartellrechts** einerseits durch die davon ausgehende **Abschreckungswirkung** (zusätzlich zu Geldbußen durch die Kommission auch noch drohender Schadensersatz für Geschädigte) und sollen außerdem die **Aufdeckungswahrscheinlichkeit** von Kartellen erhöhen. Da Schadensersatzklagen in der Praxis aber häufig erst im Nachgang zur behördlichen Feststellung und Bebußung eines Kartells angestrengt werden (sog *follow-on claims*), leisten sie zur Aufdeckungswahrscheinlichkeit einen **geringeren Beitrag als** die hiefür viel wichtigere, iZm der öffentlichen Durchsetzung angesprochene **Kronzeugenregelung**. Wichtig ist es daher, die Kronzeugenregelung nicht durch Einflüsse aus dem Schadensersatzrecht zu behindern (etwa, wenn bei *follow-on claims* auf von den Behörden herausgegebene Kronzeugenanträge zurückgegriffen werden könnte).

Mit der **SchadenersatzRL 2014/104/EU** wurde die Effektivität der privaten Kartellrechtsdurchsetzung der Art 101 und 102 auch gesetzgeberisch gestärkt. Ausgehend von den in *Courage* festgelegten Grundsätzen regelt die RL **Detailfragen des Kartellschadensersatzanspruchs** mit dem Ziel, die Einheitlichkeit und Vollständigkeit des Schadensersatzes in allen MS zu gewährleisten und seine Durchsetzung durch **klägerfreundliche verfahrensrechtliche Vorgaben** zu erleichtern.[60] In **Österreich** finden sich die sonderzivilrechtlichen Bestimmungen betreffend den Kartellschadensersatz in den §§ 37a ff KartG.[61]

---

[59] Vgl verb Rs C-295/04 bis C-298/04, *Manfredi*, ECLI:EU:C:2006:461, Rn 56 ff.
[60] Vgl Art 5 ff SchadenersatzRL 2014/104/EU.
[61] Zur Umsetzung in Österreich vgl zB *Ablasser-Neuhuber/Stenitzer*, ÖBl 2017, 116 ff sowie *Hoffer/Raab*, NZKart 2017, 206 ff.

Anspruchsberechtigt sind nicht nur unmittelbare Abnehmer (zB Großhändler) des bzw der Kartellanten, sondern **auch mittelbare** (zB Einzelhändler, Konsumenten). Als **Nachweis des Kartellverstoßes** genügt eine bestandskräftige **Zuwiderhandlungsentscheidung** einer nationalen Wettbewerbsbehörde, sodass die Frage der Rechtswidrigkeit des Handelns im Schadenersatzverfahren bei *follow-on claims* nicht mehr aufgerollt werden muss. Sodann wird der Nachweis des Schadens und seiner Höhe durch eine Pflicht zur **Offenlegung** von Beweismitteln durch die betreffenden Unternehmen erleichtert.[62] Die Geltendmachung des Schadens wird durch eine **gesamtschuldnerische Haftung** erleichtert, wenn mehrere Unternehmen gemeinsam für den Verstoß verantwortlich sind.[63]

Ersatzfähig sind sowohl der **positive Schaden** als auch der **entgangene Gewinn** (*damnum emergens* und *lucrum cessans*) zuzüglich Zinsen.[64] Eine darüber hinausgehende Schadens-Überkompensation, die bei Vorbereitung der RL in Diskussion war, wird aber ausdrücklich ausgeschlossen. Der Kartellant darf aus diesem Grund zB auch einwenden, dass dem Kläger kein Schaden entstanden ist, weil er nachweislich Mehrkosten aufgrund des Kartells an seine eigenen Abnehmer weitergegeben bzw überwälzt hat (sog ***passing-on defense***). Die RL erteilt mit diesem insbesondere dem im anglo-amerikanischen Recht möglichen Strafschadenersatz (sog *punitive* oder *treble damages*) eine Absage. Der Anspruch verjährt frühestens in fünf Jahren.

8.2. Kartellverbot

Das **Kartellverbot** des Art 101 weist mit seinen drei Absätzen folgende **Grundstruktur** auf: **Abs 1** enthält ein **grundsätzliches Verbot** von Kartellen. **Abs 2** statuiert als Rechtsfolge grundsätzlich die **Nichtigkeit** sämtlicher Rechtsakte (Absprachen, zB Verträge), die unter den Tatbestand des Abs 1 fallen. **Abs 3** lässt bei Vorliegen **besonderer** Gründe eine **Rechtfertigung** von nach Abs 1 tatbestandsmäßigen Absprachen zu (sog **Freistellung** vom Verbot).

8.2.1. Kartelltatbestand

Der in Art 101 Abs 1 festgelegte Tatbestand des Kartellverbots umfasst **vier Tatbestandsmerkmale**: Es handelt sich um 1) eine Form der Verhaltenskoordination zwischen 2) zumindest zwei Unternehmen, die 3) geeignet ist, den Handel zwischen Mitgliedstaaten zu beeinträchtigen und 4) eine Verhinderung, Einschränkung oder Verfälschung des Wettbewerbs innerhalb des Binnenmarktes bezweckt oder bewirkt.

8.2.1.1. Vereinbarungsbegriff

Eine Vereinbarung liegt vor, wenn Unternehmen einen **gemeinsamen Willen** zum Ausdruck gebracht haben, sich auf dem Markt in einer bestimmten Weise zu verhalten.[65] Zentrales Merkmal ist also ein, dem zivilrechtlichen Vereinbarungsbegriff im Grundsatz ähnlicher, Kon-

---

62 Vgl *Schuhmacher*, wbl 2016, 9.
63 Weiterführend *Brunner/Bacher*, NZKart 2017, 345 ff.
64 Vgl Art 3 SchadenersatzRL 2014/104/EU.
65 Vgl schon Rs 41/69, *ACF Chemiefarma*, ECLI:EU:C:1970:71, Rn 112; verb Rs 209/78 bis 215/78 und 218/78, *Van Landewyck*, ECLI:EU:C:1980:248, Rn 86; Rs C-49/92 P, *Anic Partecipazioni*, ECLI:EU:C:1999:356, Rn 130.

sens zur **Verhaltenskoordination**. Die Zustimmung muss nicht ausdrücklich erklärt sein, sondern kann auch durch konkludentes Handeln erfolgen.[66]

Unerheblich sind dagegen zB die **Schriftlichkeit** oder Mündlichkeit der Vereinbarung oder ihre **Durchführung**, also inwieweit das vereinbarte Verhalten tatsächlich gesetzt wird. Gleiches gilt für die Art und Weise des Zustandekommens der Willensübereinstimmung, also im Einzelfall zB auch durch Ausübung von Zwang oder Androhung von Sanktionen einer Partei.[67] Anderes gilt nur dann, wenn das Verhalten des unter Druck gesetzten Vertragspartners zum Ausdruck bringt, dass dieser die Befolgung der betreffenden Verhaltensanordnungen ablehnt (also bereits kein Konsens vorliegt).[68] Unerheblich ist auch, auf welcher Marktstufe diese Verhaltensweisen gesetzt werden (also zB zwischen Wettbewerbern, also horizontal, oder zwischen Hersteller und Zwischen- oder Einzelhändler, also vertikal).[69]

Die Anwendung des Vereinbarungsbegriffs im Rahmen von Art 101 illustriert das Grundsatzurteil *Bayer* aus 2004, betreffend von einem Arzneimittelhersteller und seinen Händlern vereinbarte Wiederverkaufsbeschränkungen zur Verhinderung von binnenmarktinternen Parallelimporten. Der Gerichtshof stellte fest, dass es sich letztlich um eine den Händlern einseitig vorgegebene Maßnahme handelte, dass ihre konkludenten Handlungen auf Widerspruch und nicht auf Zustimmung schließen ließen. In *Bayer* werden damit va die **äußeren Grenzen des Vereinbarungsbegriffs** diskutiert.

Verb Rs C-2/01 und C-3/01 P, *Bayer*, ECLI:EU:C:2004:2

Der Arzneimittelhersteller Bayer vermarktete das Arzneimittel Adalat durch Tochtergesellschaften in den verschiedenen MS. Staatliche Preisfestsetzung führte dabei zu erheblichen Preisunterschieden. Dies veranlasste Großhändler in Frankreich und Spanien dazu, große Mengen Adalat, die zum Verbrauch in ihren Ländern bestimmt waren, nach Großbritannien auszuführen, wodurch der britischen Tochter von Bayer erhebliche Verluste entstanden. Mit Hilfe eines Kontrollsystems identifizierte Bayer die exportierenden Großhändler und kürzte daraufhin die Lieferungen an die französischen und spanischen Großhändler auf etwa das Ausmaß der Nachfrage in deren eigenem Vertriebsgebiet. So wurde, ohne es aussprechen zu müssen, *de facto* die Wirkung eines Exportverbotes erreicht. Die Großhändler versuchten daraufhin Bayer über das Ausmaß ihres nationalen Bedarfs zu täuschen, um so an größere Mengen Adalat zum Parallelexport zu kommen. Ist das Verhalten der Händler als konkludente Zustimmung zu einer von Bayer vorgegebenen Exportbeschränkung zu sehen?

97 [D]er Begriff der Vereinbarung [ist] durch das **Vorliegen einer Willensübereinstimmung zwischen mindestens zwei Parteien** gekennzeichnet …, deren Ausdrucksform unerheblich ist, sofern sie den Willen der Parteien getreu wiedergibt[.] [E]ine Vereinbarung [liegt damit] schon dann [vor], wenn die betreffenden Unternehmen ihren **gemeinsamen Willen zum Ausdruck gebracht** [haben], sich auf dem Markt in einer bestimmten Weise zu verhalten.

98 [Vorliegend geht es] um die Frage …, ob eine **dem Anschein nach einseitig** getroffene oder auferlegte Maßnahme eines Herstellers im Rahmen fortlaufender Geschäftsbeziehungen, die er zu seinen Großhändlern unterhält, eine **Vereinbarung … darstellt**[. Die] Kommission [war allerdings der Ansicht,] Bayer [habe] im Rahmen [der] fortlaufenden Geschäftsbeziehungen [von Bayer Frankreich und Bayer Spanien] mit ihren Kunden … ein Ausfuhrverbo[t] vorgesehen …, gegenüber dem die Großhändler ein Verhalten gezeigt hätten, das [e]ine **konkludente Einwilligung** … darstell[e].

---

66 Vgl verb Rs C-2/01 und C-3/01 P, *Bayer*, ECLI:EU:C:2004:2, Rn 98 ff.
67 Vgl zB KomE 2001/146/EG, *Opel*, ABl 2001/L 59/1, Tz 110; KomE 98/273/EG, *VW*, ABl 1998/L 124/60, Tz 112 ff.
68 Vgl verb Rs C-2/01 und C-3/01 P, *Bayer*, ECLI:EU:C:2004:2, Rn 123.
69 Grundlegend Rs 56/64, *Consten*, ECLI:EU:C:1966:41, S. 387f.

8. Kartellrecht

99 [Der] Nachweis eines ausdrücklichen Ausfuhrverbots durch Bayer [ist nicht] erforderlich[.].

100 [D]as Vorliegen einer Vereinbarung [kann] aus dem Verhalten der jeweils Beteiligten abgeleitet werden[.].

101 Jedoch kann eine solche Vereinbarung nicht durch etwas begründet werden, was nur Ausdruck der einseitigen Politik einer der Vertragsparteien ist, die ohne Unterstützung durch die andere durchgeführt werden kann. Denn die Annahme, dass eine ... verbotene Vereinbarung allein aufgrund des Ausdrucks einer auf die Verhinderung von Paralleleinfuhren gerichteten einseitigen Politik zustande kommen könne, würde zu einer Vermengung des Anwendungsbereichs dieser Bestimmung mit dem des [Art 102] führen.

102 Für die Annahme, dass eine Vereinbarung ... durch stillschweigende Zustimmung zustande gekommen ist, ist es erforderlich, dass die auf ein wettbewerbswidriges Ziel gerichtete Willensbekundung einer der Vertragsparteien eine stillschweigende oder konkludente Aufforderung an die andere Seite darstellt, dieses Ziel gemeinsam zu verwirklichen, zumal wenn eine solche Vereinbarung, wie hier der Fall, auf den ersten Blick nicht im Interesse der anderen Seite, nämlich der Großhändler, liegt.

103 Folglich [ist zu prüfen], ob das Verhalten von Bayer den Schluss zuließ, dass sie von den Großhändlern als Bedingung ihrer künftigen Vertragsbeziehungen ein Eingehen auf ihre neue Geschäftspolitik gefordert hat. ...

121 [Zu fragen ist], ob die Großhändler trotz fehlenden Ausfuhrverbots den auf eine Verhinderung der Paralleleinfuhren gerichteten Willen von Bayer gleichwohl teilten. [Keine Vereinbarung liegt vor, wenn der] wirklich[e] Will[e] der Großhändler [war], weiterhin Bestellungen von Arzneimitteln für die Ausfuhr wie für den Bedarf des heimischen Marktes aufzugeben[.]

122 [D]ie von der Kommission vorgelegten Unterlagen ... bew[ei]sen [insoweit nicht], dass die Großhändler bei Bayer den Eindruck hätten erwecken wollen, sie seien, um deren erklärtem Willen zu entsprechen, zu einer Reduzierung ihrer Bestellungen auf ein bestimmtes Niveau bereit gewesen.

123 Die Strategie der Großhändler war vielmehr darauf gerichtet, Bayer durch eine Aufteilung der Bestellungen für die Ausfuhr auf die verschiedenen Vertretungen vorzutäuschen, dass der Bedarf der heimischen Märkte gestiegen sei. Diese Strategie beweist keineswegs eine Willensübereinstimmung, sondern stellte nur einen Versuch der Großhändler dar, die Anwendung der einseitigen Politik von Bayer, deren Umsetzung von ihrer Mitwirkung unabhängig war, zu ihrem Vorteil zu wenden.

124 Demnach ist ... das Fehlen einer Übereinstimmung zwischen dem Willen von Bayer und dem der Großhändler in Bezug auf die von Bayer zur Reduzierung der Paralleleinfuhren verfolgte Politik [festzustellen].

141 [Es ist schließlich noch] darauf hinzuweisen, dass [d]er bloße Umstand, dass eine an sich neutrale Vereinbarung und eine einseitig auferlegte wettbewerbsbeschränkende Maßnahme nebeneinander vorliegen, ... einer nach dieser Bestimmung verbotenen Vereinbarung nicht gleich[kommt]. Daher kann der bloße Umstand, dass sich eine von einem Hersteller getroffene Maßnahme, die eine Wettbewerbsbeschränkung bezweckt und bewirkt, in fortlaufende Geschäftsbeziehungen zwischen diesem Hersteller und seinen Großhändlern einfügt, nicht genügen, um auf das Vorliegen einer solchen Vereinbarung zu schließen.

Nach *Bayer* muss also zur Annahme einer konkludenten Zustimmung der betreffenden Partei, was dort nicht gelang, eine zustimmungsfähige Willensäußerung nachgewiesen werden. Klargestellt wird auch, dass das bloße Fortsetzen der Geschäftsbeziehungen trotz einer bestimmten Änderung der Lieferpolitik für sich alleine noch keine Zustimmung darstellt. Wird die Geschäftsbeziehung aber neu aufgenommen, kann dies wohl nicht gelten und unterschreibt der Vertragspartner daher mit dem Vertragsschluss auch diese Geschäftspolitik.

8.2. Kartellverbot

Parallelimporte, wie in *Bayer*, sind besonders im Arzneimittelsektor häufig. Dort wie anderswo ist es mitunter lukrativ, Preisunterschiede im Binnenmarkt auszunutzen, indem (identische) Waren in Niedrigpreisländern ein- und in Hochpreisländern verkauft werden. Auf Basis zB des **Marken- oder Patentrechts** gegen Parallelimporte vorzugehen ist den Herstellern aufgrund des Grundsatzes der **binnenmarktweiten Erschöpfung** dieser Rechte im Regelfall nicht möglich.[70] Daher wird häufig versucht, Parallelimporten durch (wie in *Bayer*) Liefer- oder vertragliche Beschränkungen vorzubauen. Ein Beispiel für Letzteres sind auch sog **duale Preissysteme**, wo für exportierte Arzneimittel höhere Preise verrechnet werden als für die im Land abgesetzten. Ein duales Preissystem verletzt nach der Rsp[71] im Regelfall (also wenn, wie wohl zumeist, eine Rechtfertigung nach Abs 3 nicht in Frage kommt) Art 101. Klauseln, die den Parallelimport behindern, sind damit grundsätzlich als wettbewerbsbeschränkend anzusehen.

In einigen Fällen betreffend **selektive Vertriebssysteme** wurde angenommen, dass eine implizite Zustimmung nicht zwingend bei den Adressaten einer Maßnahme vorliegen müsse, sondern durch andere Mitglieder des Vertriebssystems zum Ausdruck gebracht werden könne. Ein Beispiel ist die Lieferverweigerung eines Herstellers gegenüber bestimmten Händlern (bzw die Verweigerung der Zulassung zum Händlernetz), wenn sich dies in die vertraglichen Beziehungen des Herstellers mit den übrigen (schon im Vertriebsnetz befindlichen) Wiederverkäufer einfügt und damit Ausdruck einer stillschweigend vereinbarten Vertriebspolitik ist.[72]

Der konkludenten Zustimmung zu einer Maßnahme (zB durch deren Befolgung) sehr ähnlich ist der, in Art 101 ebenfalls verwendete, **Begriff des abgestimmten Verhaltens**. Die Einfügung neben dem Begriff der Vereinbarung stellt klar, dass sämtliche Formen der Verhaltenskoordinierung von Art 101 erfasst werden, also auch die rein **tatsächliche Zusammenarbeit** (zB durch Informationsaustausch).[73] Eine Verhaltensabstimmung ist jede „Form der Koordinierung zwischen Unternehmen, die zwar noch nicht bis zum Abschluss eines Vertrages im eigentlichen Sinne gediehen ist, jedoch bewusst eine **praktische Zusammenarbeit** an die Stelle des mit Risiken verbundenen Wettbewerbs treten lässt und zu Wettbewerbsbedingungen führt, die im Hinblick auf die Art der Waren, die Bedeutung und Anzahl der beteiligten Unternehmen sowie den Umfang und die Eigentümlichkeiten des in Betracht kommenden Marktes nicht den normalen Marktbedingungen entsprechen".[74] Auch die rein faktische Abstimmung verletzt das Selbständigkeitspostulat,[75] wonach jedes Unternehmen sein Marktverhalten autonom zu bestimmen hat.

Der Tatbestand des abgestimmten Verhaltens erfordert also in jedem Fall 1) gewisse **Koordinationsanstrengungen** der Unternehmen sowie 2) ein **entsprechendes Marktverhalten**, also eine Umsetzung der Verhaltensabstimmung. Darin liegt ein aus der Natur der Sache bedingter Unterschied zur reinen Vereinbarung, die, wie einleitend hervorgehoben, nicht zwingend zur Durchführung gelangen muss. Allerdings greift bei den abgestimmten Verhaltensweisen nach der Rsp eine **Vermutung zugunsten der Durchführung**, wonach die an einer Abstimmung be-

---

[70] Vgl zB Rs 16/74, *Centrafarm*, ECLI:EU:C:1974:115, Rn 4 ff.
[71] Vgl verb Rs C-501/06 P, C-513/06 P, C-515/06 P und C-519/06 P, *GlaxoSmithKline*, ECLI:EU:C:2009:610, Rn 54 ff.
[72] Vgl etwa Rs 25/84, *Ford II*, ECLI:EU:C:1985:340, Rn 21 f; Rs 107/82, *AEG*, ECLI:EU:C:1983:293, Rn 38; Rs C-338/00 P, *VW*, ECLI:EU:C:2003:473, Rn 64f.
[73] Vgl zB Rs C-455/11 P, *Solvay*, ECLI:EU:C:2013:796, Rn 39 f.
[74] Rs 48/69, *ICI*, ECLI:EU:C:1972:70, Rn 64.
[75] Vgl Rs C-7/95, *John Deere*, ECLI:EU:C:1998:256, Rn 96 f.

teiligten Unternehmen erlangte Informationen bei der Bestimmung ihres Marktverhaltens auch tatsächlich berücksichtigen und ihnen daher die Beweislast auferlegt ist, den (schwierigen) Beweis des Gegenteils zu erbringen.[76]

Die Annahme einer faktischen Zusammenarbeit beruht häufig auf einem Informationsaustausch zwischen Unternehmen.[77] Er beseitigt oder verringert die Ungewissheit der Marktteilnehmer über zukünftiges Wettbewerbsverhalten (insbesondere hinsichtlich der Preisbildung). Informationsaustauschsysteme sind jedoch nicht generell untersagt: In einer Art beweglichem System kommt es auf die Marktstruktur (Marktkonzentration und Homogenität der Produkte) einerseits und die Art, Regelmäßigkeit und Adressaten der Informationen andererseits an.[78]

Faktisches Parallelverhalten kann ein Indiz für eine tatsächliche Abstimmung bzw Zusammenarbeit sein, genügt für sich alleine (ohne weitere Indizien), aber noch nicht zum Nachweis einer tatsächlichen Abstimmung. Dies stellt etwa[79] das Urteil *Ahlström* aus 1993 klar, betreffend vierteljährliche Preisankündigungen vor dem Hintergrund tatsächlich zusammenfallender Preise im Zellstoffsektor.

> Verb Rs C-89/85, C-104/85, C-114/85, C-116/85, C-117/85 und C-125/85 bis C-129/85, *Ahlström Osakeyhtiö*, ECLI:EU:C:1993:120
>
> Etliche Zellstoffhersteller hatten mit ihren Abnehmern langfristige Lieferverträge geschlossen. Durch diese Verträge räumte der Hersteller seinen Abnehmern die Möglichkeit ein, in jedem Quartal eine Mindestmenge von Zellstoff zu einem Preis zu kaufen, der nicht über einem am Anfang des Quartals angekündigten Preis liegen würde. Der Abnehmer konnte seinerseits mehr oder weniger als die für ihn reservierte Menge kaufen und Nachlässe auf den angekündigten Preis aushandeln. Die vierteljährlichen Ankündigungen stellten eine feste Handelspraxis dar. Nach diesem System teilten die Hersteller einige Wochen oder manchmal einige Tage vor Beginn des Quartals ihren Abnehmern und ihren Agenten die im Allgemeinen in US-Dollars festgesetzten Preise mit, die sie in dem Quartal für jede einzelne Zellstoffart zu erzielen wünschten. Diese Preise waren unterschiedlich hoch, je nachdem, ob der Zellstoff für Häfen in Nordwesteuropa oder aber für Mittelmeerhäfen bestimmt war. Die Preise wurden in der Fachpresse veröffentlicht. Die tatsächlichen Verkaufspreise fielen mit den angekündigten Preisen zusammen, soweit nicht Käufern Nachlässe oder Zahlungserleichterungen gewährt wurden.
>
> 70 [Es existieren keine] Schriftstücke ..., die die Abstimmung zwischen den betroffenen Herstellern unmittelbar belegen[. Daher ist] zu prüfen, ob das System der vierteljährlichen Preisankündigungen, die Gleichzeitigkeit oder annähernde Gleichzeitigkeit dieser Ankündigungen und die ... festgestellte Parallelität der angekündigten Preise ein Bündel von ernsthaften, genauen und übereinstimmenden Indizien für eine vorherige Abstimmung darstellen.
>
> 71 [Es] ist darauf hinzuweisen, daß ein Parallelverhalten nur dann als Beweis für eine Abstimmung angesehen werden kann, wenn es sich nur durch die Abstimmung einleuchtend erklären läßt. Denn [Art 101] verbietet zwar jede Form der heimlichen Absprache, die geeignet ist, den Wettbewerb zu verfälschen; er beseitigt aber nicht das Recht der Unternehmen, sich dem festgestellten oder erwarteten Verhalten ihrer Konkurrenten auf intelligente Weise anzupassen[.]

---

76 Vgl Rs C-199/92 P, *Hüls*, ECLI:EU:C:1999:358, Rn 162; Rs C-49/92 P, *Anic Participazioni SpA*, ECLI:EU:C:1999:356, Rn 121.

77 Vgl zB Rs C-455/11 P, *Solvay*, ECLI:EU:C:2013:796, Rn 39 f.

78 Vgl Rs C-7/95 P, *Deere*, ECLI:EU:C:1998:256, Rn 88; Rs T-16/98, *Wirtschaftsvereinigung Stahl*, ECLI:EU:T:2001:117, Rn 44.

79 Vgl auch verb Rs 40/73 bis 48/73, 50/73, 54/73 bis 56/73, 111/73, 113/73 und 114/73, *Suiker Unie*, E-CLI:EU:C:1975:174, Rn 173 f.

> 72 Daher ist ... zu prüfen, ob sich das ... behauptete Parallelverhalten nicht unter Berücksichtigung der Art der Erzeugnisse, der Größe und der Anzahl der Unternehmen sowie des Marktvolumens anders als durch eine Abstimmung erklären läßt. ...
>
> 126 [Insgesamt] ist festzustellen, daß eine **Abstimmung nicht die einzige einleuchtende Erklärung für ein Parallelverhalten** darstellt. Zunächst kann das System der Preisankündigungen als eine vernünftige Reaktion darauf angesehen werden, daß der Zellstoffmarkt ein langfristiger Markt war und daß sowohl die Abnehmer als auch die Lieferanten ein Interesse daran hatten, die geschäftlichen Risiken zu verringern. Sodann läßt sich die Übereinstimmung der Zeitpunkte der Preisankündigungen als eine unmittelbare Folge der ausgeprägten Transparenz des Marktes ansehen, die nicht als eine künstliche qualifiziert werden kann. Schließlich stellen die oligopolistischen Tendenzen des Marktes sowie die besonderen Umstände der einzelnen Zeiträume eine befriedigende Erklärung für die Parallelität und die Entwicklung der Preise dar. Unter diesen Umständen ergibt sich aus dem von der Kommission festgestellten Parallelverhalten nicht der Beweis für eine Abstimmung der Preise.

Parallelverhalten ist also nicht schon deshalb tatbestandsmäßig, weil es bewusst erfolgt. ZB ist eine einheitliche Preissetzung in gezielter Anpassung an die Preise des Marktführers zulässig, solange es keine Anzeichen für eine weitergehende Zusammenarbeit gibt. Allerdings reichen schon kleinere Indizien hin, den Verdacht einer Zusammenarbeit zu erregen. Lediglich dann, wenn sich das **gleichförmige Verhalten** bei einer **Gesamtbewertung aller Umstände** auch ohne Verhaltensabstimmung erklären lässt, ist es unproblematisch.[80] Ein wichtiges Indiz für eine Koordinierung ist es zB, wenn das gleichförmige Marktverhalten offenkundig den wirtschaftlichen Interessen der Beteiligten zuwiderläuft.[81]

In Art 101 findet sich schließlich auch der Begriff der Beschlüsse von **Unternehmensvereinigungen** (zB Interessensvertretungen). Wie beim Unternehmensbegriff hervorgehoben, dient die Einbeziehung dem Zweck der Klarstellung, dass das Kartellverbot nicht durch Auslagerung einer Verhaltenskoordinierung auf die Ebene einer Unternehmensvereinigung, die ggf selbst nicht wirtschaftlich tätig ist, umgangen werden kann. Eine Vereinbarung oder Verhaltensabstimmung kann daher insbesondere auf der Ebene von Unternehmensvereinigungen erfolgen, etwa über schriftlich oder mündlich gefasste satzungsmäßige Beschlüsse, aber auch über die Satzung selbst bzw Satzungsänderungen oder die Geschäftsordnung. Ein koordiniertes Vorgehen im Rahmen einer Unternehmensvereinigung kann etwa in Vorgaben (Beschlüssen) hinsichtlich Preisen, Gebühren, Geschäftsbedingungen udgl ihrer Mitglieder liegen. Es gelten dieselben Beurteilungsmaßstäbe für das Vorliegen einer Verhaltenskoordinierung wie bei Absprachen und Verhaltensabstimmungen.

Im Idealfall kann das Vorhandensein einer Absprache oder Verhaltensabstimmung unmittelbar anhand von Dokumenten (Sitzungsniederschriften, Schriftwechsel usw) oder Zeugenbeweisen nachgewiesen werden. Der Kommission stehen zu diesem Zweck im Rahmen der VO 1/2003 erläuterte **Ermittlungsbefugnisse** (Hausdurchsuchungen, Einholung von Auskünften) zur Verfügung. Einen wichtigen Beitrag zur Aufdeckung von Absprachen und Kooperationen leistet insbesondere die **Kronzeugenregelung**.

---

[80] Vgl verb Rs 29/83 und 30/83, *CRAM*, ECLI:EU:C:1984:130, Rn 16; verb Rs C-89/85, C-104/85, C-114/85, C-116/85, C-117/85 und C-125/85 bis C-129/85, *Ahlström*, ECLI:EU:C:1993:120, Rn 126.
[81] Vgl KomE 80/1283/EWG, *Johnson & Johnson*, ABl 1980/L 377/16, Tz 28.

8.2.1.2. Wettbewerbsbeschränkung

Kern der Kartellrechtsprüfung ist die Frage des Vorliegens einer Wettbewerbsbeschränkung. Erfasst sind nur Verhaltensweisen, die den **Leistungswettbewerb** (Wettbewerbsvorteil aufgrund eigener Leistung und nicht aufgrund leistungsfremder Merkmale) einschränken bzw verfälschen. Mit Blick auf das **Selbständigkeitspostulat** ist dabei jede Beschränkung der individuellen wirtschaftlichen Handlungsfreiheit eines Unternehmens am Markt relevant. Hätte sich der Wettbewerb ohne Koordinierung anders entwickelt, liegt eine Wettbewerbsbeschränkung vor.

Art 101 ist durch einen **umfassenden** Wettbewerbsbegriff gekennzeichnet. Geschützt ist nicht nur der aktuelle Wettbewerb, sondern auch der potentielle Wettbewerb. Ebenso ist sowohl der Interbrand-Wettbewerb (also der Wettbewerb zwischen verschiedenen Marken, zB verschiedenen Autoherstellern) als auch der Intrabrand-Wettbewerb (zwischen den Anbietern einer Marke) erfasst. Ebenso sind sowohl horizontale Wettbewerbsbeziehungen (zwischen Unternehmen auf gleicher Wirtschaftsstufe) als auch vertikale Wettbewerbsbeziehungen (zwischen Unternehmen auf unterschiedlichen Wirtschaftsstufen) geschützt.

Schon nach dem Wortlaut erfasst Art 101 sowohl **bezweckte** als auch **bewirkte** Wettbewerbsbeschränkungen. Eine **bezweckte Wettbewerbsbeschränkung** liegt vor, wenn Vereinbarungen ihrem Zweck nach darauf gerichtet sind, den Wettbewerb einzuschränken. Dass eine tatsächlich wettbewerbsbeschränkende Wirkung eingetreten ist, ist nicht notwendig.

> Bezweckte und bewirkte Beschränkungen sind **zwei selbständige Tatbestandsalternativen**. Ergibt eine Prüfung des Vereinbarungszwecks in objektiver Hinsicht, dass er auf eine Beschränkung des Wettbewerbs gerichtet ist, brauchen die tatsächlichen Auswirkungen nicht mehr berücksichtigt werden. Die Miteinbeziehung bewirkter Wettbewerbsbeschränkungen in den Kartelltatbestand soll sicherstellen, dass wettbewerbsbeschränkende Verhaltensweisen auch dann unterbunden werden können, wenn eine wettbewerbsbeschränkende Intention der Parteien nicht nachgewiesen werden kann oder tatsächlich nicht vorliegt. Die Feststellung einer bewirkten Wettbewerbsbeschränkung setzt jedoch eine genauere Prüfung der rechtlichen und tatsächlichen Begleitumstände der betreffenden Vereinbarung voraus.

8.2.1.2.1. Kernbeschränkungen

Bezweckte Wettbewerbsbeschränkungen sind häufig zugleich sog **Kernbeschränkungen** (bzw umgekehrt; auch *hardcore restrictions*, *naked restraints* bzw nackte Beschränkungen genannt). Kernbeschränkungen sind eine Kategorie wettbewerbsbeschränkender unternehmerischer Maßnahmen mit **besonderem Unwertgehalt**. Bei Kernbeschränkungen geht es den beteiligten Unternehmen offenkundig nur oder hauptsächlich darum, den Wettbewerbsdruck zu verringern und auf diese Weise ihre Erträge zu steigern. Kernbeschränkungen sind **Preisabsprachen**, **Produktions- und Absatzbeschränkungen** und **Marktaufteilungsabsprachen** (einschließlich deren Untervariante verbotener Absprachen zwischen Bietern in öffentlichen Vergabeverfahren, sog Submissionsabsprachen). In vertikalen Verhältnissen fallen auch Exportverbote darunter. Kernbeschränkungen sind **immer tatbestandsmäßig** und in den meisten Fällen (soweit nicht ausnahmsweise Effizienzgewinne iSd Art 101 Abs 3 vorliegen) auch verboten.[82]

---

[82] Vgl zB verb Rs T-374/94, T-375/94, T-384/94 und T-388/94, *European Night Services*, ECLI:EU:T:1998:198, Rn 136.

> Kernbeschränkungen wird unterstellt, dass sie eine Wettbewerbsbeschränkung **bezwecken**. Der Nachweis wettbewerbsbeschränkender Wirkungen im Einzelnen ist daher für Verhaltensabstimmungen, die ohnedies schon Kernbeschränkungen darstellen, nicht erforderlich.[83]
>
> Die Begriffe sind aber im Übrigen **nicht ganz deckungsgleich**, da zB auch Bindungen im vertikalen Verhältnis (zwischen Hersteller und Händler) Beschränkungen des Wettbewerbs bezwecken können, ohne deshalb in allen Fällen verboten zu sein.[84] Bezweckte Wettbewerbsbeschränkungen, für die ein Nachweis des wettbewerbsbeschränkenden Potenzials also erforderlich ist, erfassen daher viel mehr Fälle, als die relativ enge Kategorie der *per se*-Verbote von Verhaltensweisen (Kernbeschränkungen) ohne Nachweis der Wirkungen.

8.2.1.2.2. Bewirkte Beschränkungen

Bloß **bewirkte** Wettbewerbsbeschränkungen sind im Vergleich zu den bezweckten Beschränkungen Verhaltensweisen **ohne explizit wettbewerbswidrigen Zweck**, die dennoch faktisch eine Beschränkung der individuellen wirtschaftlichen Handlungsfreiheit eines Unternehmens zur Folge haben. Ihre Beurteilung ist komplexer als jene der bezweckten Wettbewerbsbeschränkungen, da der Nachweis der Wirkung der Maßnahme am Markt geführt werden muss.[85] Va aber können hinter bewirkten Wettbewerbsbeschränkungen auch legitime wirtschaftliche Motive der beteiligten Unternehmen stehen und diese Vereinbarungen daher ein Mittel zur Herbeiführung positiver, leistungssteigernder Ergebnisse sein.

Es ist daher notwendig, **legitime von illegitimen** Wettbewerbsbeschränkungen zu unterscheiden. Dafür sind zwei Gruppen von Überlegungen relevant: Erstens muss erörtert werden, inwieweit die fragliche Vereinbarung zu einer Einschränkung der unternehmerischen Handlungsfreiheit führt oder eine Interessenslage schafft, in der Wettbewerb unwahrscheinlich ist. Zweitens sind aber trotz bestehender Handlungsbeschränkung bestimmte Wettbewerbswirkungen irrelevant.

Ausgangspunkt der Beurteilung bewirkter Wettbewerbsbeschränkungen ist also die **Einschränkung der wettbewerblich relevanten Handlungsfreiheit**. Dieses Kriterium bietet einen einfachen Einstieg in die Prüfung.

Relevant sind Klauseln, über die sich die Unternehmen ihrer Möglichkeiten begeben, ihr Wettbewerbsverhalten (zB die Festlegung von Preisen und Konditionen, Abnehmern, Absatzgebieten usw) **autonom zu gestalten**. So wird ein Händler etwa durch eine Preisbindungsklausel in einem Vertriebsvertrag daran gehindert, den Verkaufspreis für das von ihm zum Weiterverkauf erworbene Produkt frei festzusetzen. Durch den Abschluss eines Alleinvertriebsvertrags wird der Lieferant daran gehindert, auch andere Wiederverkäufer in einem bestimmten Gebiet zu beliefern. Wettbewerbsbeschränkend ist dabei nicht nur die unmittelbare Beschränkung der Freiheit der beteiligten Unternehmen selbst, sondern auch die mittelbare Wirkung einer solchen Vereinbarung für Dritte. So engen zB Alleinbezugsverpflichtungen die Möglichkeiten auch Dritter ein, in den Markt einzudringen.

---

[83] Vgl verb Rs C-501/06 P, C-513/06 P, C-515/06 P und C-519/06 P, *GlaxoSmithKline*, ECLI:EU:C:2009:610, Rn 55.
[84] Vgl Art 4 Vertikal-GVO 330/2010.
[85] Vgl zB Rs T-148/89, *Tréfilunion*, ECLI:EU:T:1995:68, Rn 109.

Liegt keine Freiheitsbeschränkung vor, kann die Prüfung dennoch nicht sofort beendet werden: Die Beschränkung der wettbewerblich relevanten Handlungsfreiheit ist eine **häufige Wirkung, aber keine notwendige Voraussetzung** für das Vorliegen einer Wettbewerbsbeschränkung.

Kartellrelevant ist es nämlich ebenso, wenn Absprachen zwar die Handlungsfreiheit der Parteien unberührt lassen, aber eine **Interessenlage schaffen, in der es unwahrscheinlich ist, dass die Parteien bestimmte Wettbewerbshandlungen setzen.** Sind Unternehmen zB durch ein Gemeinschaftsunternehmen oder (wechselseitige) Kapitalbeteiligungen miteinander verbunden, werden sie kaum in aggressiven Wettbewerb gegeneinander treten. Ähnliches gilt für Forschungs- und Entwicklungskooperationen: Auch wenn die Kooperationspartner kein Wettbewerbsverbot vereinbaren, ist es wenig wahrscheinlich, dass sie dieses Forschungsvorhaben auch individuell oder mit anderen Partnern verwirklichen werden. Auch aus solchen Interessenslagen ergibt sich daher im Einzelfall eine kartellrelevante Beschränkung des Wettbewerbs.

Liegt eine Einschränkung der Handlungsfreiheit (oder eine wettbewerbshemmende Interessenslage) vor, müssen sodann weitere **Indizien für die tatsächlichen Wirkungen** der Vereinbarung einbezogen werden: Sie können im Einzelfall dazu führen, dass eine Handlungsbeschränkung wettbewerblich unbeachtlich bleibt. Die Einschränkung der Handlungsfreiheit alleine ist also noch keine hinreichende Voraussetzung für Wettbewerbsbeschränkung, wenn weitere Indizien anderes ergeben.

8.2.1.2.3. Unbeachtliche Beschränkungen

Es lassen sich einzelne Fallgruppen identifizieren, in denen eine Handlungsbeschränkung der beteiligten Unternehmen typischerweise bzw bei Vorliegen bestimmter Voraussetzungen wettbewerblich unbeachtlich bleibt. Beispielsweise fehlt eine Wettbewerbsbeschränkung trotz Vorliegens einer vertraglichen Einschränkung der Handlungsfreiheit Beschränkungen der Handlungsspielräume der Parteien in marktfernen Bereichen (zB Grundlagenforschung), aus denen sich nur unbedeutende und mittelbare Auswirkungen auf das Angebot auf dem relevanten Markt ergeben.[86]

Gleiches gilt für Vereinbarungen, die darauf abzielen und sich auch darauf beschränken, lauteres und leistungsgerechtes Verhalten im Wettbewerb zu gewährleisten (also den Leistungswettbewerb selbst zu schützen). Daher ist beispielsweise das Großhändlern in selektiven Vertriebssystemen häufig auferlegte Sprunglieferungsverbot eine nach Art 101 unbedenkliche Wettbewerbsbeschränkung. Der Großhändler ist dadurch zwar gehindert, direkt an Endabnehmer zu verkaufen und damit mit Einzelhändlern in Wettbewerb zu treten, ein solcher Wettbewerb wäre aber eben nicht leistungsgerecht und ist daher vom Kartellverbot nicht geschützt.[87]

Auch eine Einschränkung der Handlungsfreiheit von Unternehmen beim Bezug von Waren (oder Dienstleistungen) in Form von Alleinbezugsverträgen, Wettbewerbsverboten[88] oder langfristigen Abnahmeverpflichtungen führt nicht zwingend zu einer relevanten Wettbewerbsbeschränkung. Ausschlaggebend ist hier, ob die betreffenden Bezugsvereinbarungen eine spürbare Marktabschottungswirkung entfalten,[89] also die Nachfrage auf einem Markt

---

[86] Vgl zB verb Rs T-185/96, T-189/96 und T-190/96, *Riviera Auto Service*, ECLI:EU:T:1999:8, Rn 60 ff und 77 f.
[87] Vgl zB Rs 26/76, *Metro*, ECLI:EU:C:1977:167, Rn 28.
[88] Vgl zB *Müller/Thiede*, EuZW 2017, 246 ff.
[89] Vgl Rs C-234/89, *Delimitis*, ECLI:EU:C:1991:91, Rn 15.

umfassend und langfristig gebunden ist. Dies stellt eine signifikante Zugangsschranke zu dem betreffenden Markt dar: Wollen neue Anbieter auf dem Markt auftreten, finden sie keine Abnehmer für ihre Produkte, da die Nachfrager bereits an die bestehenden Anbieter (sog *incumbents*) gebunden sind. Entfaltet die Bezugsvereinbarung dagegen keine solche Abschottungswirkung bzw belässt sie, unbeschadet anderer Handlungsbeschränkungen, die Freiheit zur Wahl des Anbieters bzw der Produkte, ist sie im Regelfall unproblematisch. Bei der Beurteilung solcher Vereinbarungen ist also notwendig auf die konkrete Marktsituation Bedacht zu nehmen.

> Werden etwa **Wiederverkäufer** durch Alleinbezugsverpflichtungen oder Wettbewerbsverbote daran gehindert, Produkte anderer Hersteller zu führen, wird dies in vielen Fällen auf das auf einem bestimmten Markt vorfindbare Leistungsangebot keinen signifikanten Einfluss nehmen, dh Anzahl und Qualität der auf dem Markt in Wettbewerb tretenden Güter nicht spürbar beeinflussen. Eine solche Auswirkung „auf das Sortiment der dem Verbraucher angebotenen Waren"[90] und damit eine Beschränkung des von Art 101 geschützten Wettbewerbs ergibt sich nur dann, wenn die betreffenden Bindungen dritte Unternehmen daran behindern, ihr Angebot am Markt zu platzieren.

Die Beurteilung von Alleinbezugsverträgen illustriert etwa das Urteil *Delimitis* aus 1991, betreffend Bierbezugsverträge. Der EuGH entwickelte dort einen **Zwei-Stufen-Test** zur Beurteilung von Bezugsvereinbarungen.

> Rs C-234/89, *Stergios Delimitis*, ECLI:EU:C:1991:91
>
> Henninger Bräu verpachtete eine Gastwirtschaft an Herrn Delimitis. Im Pachtvertrag verpflichtete sich Delimitis, Bier und alkoholfreie Getränke ausschließlich von Henninger Bräu oder deren Töchtern zu beziehen. Bei Kündigung der Vereinbarung rechnete der Verpächter wegen offener Pachtforderungen und nicht erfüllter Mindestbezugsverpflichtung mit der hinterlegten Kaution auf. Delimitis klagte und behauptete die Nichtigkeit des Vertrages aufgrund von Art 101 Abs 2. Zu Recht?
>
> 27 [E]in Bierlieferungsvertrag [ist] nach [Art 101] verboten ..., wenn zwei Voraussetzungen kumulativ erfüllt sind. **Erstens** muß unter Berücksichtigung der wirtschaftlichen und rechtlichen Begleitumstände des streitigen Vertrags der nationale Markt für den Absatz von Bier in Gaststätten für Mitbewerber, die auf diesem Markt Fuß fassen oder ihren Marktanteil vergrößern könnten, schwer zugänglich sein. Daß der streitige Vertrag zu einem Bündel gleichartiger Verträge auf diesem Markt gehört, die sich kumulativ auf den Wettbewerb auswirken, ist nur einer unter mehreren Faktoren, anhand derer zu beurteilen ist, ob dieser Markt tatsächlich schwer zugänglich ist. **Zweitens** muß der streitige Vertrag in erheblichem Maße zu der Abschottungswirkung beitragen, die das Bündel dieser Verträge aufgrund ihres wirtschaftlichen und rechtlichen Gesamtzusammenhangs entfaltet. Die Bedeutung des Beitrags des einzelnen Vertrags hängt von der Stellung der Vertragspartner auf dem relevanten Markt und von der Vertragsdauer ab.

Unbeachtlich sind auch Beschränkungen, bei deren Fehlen es ebenfalls nicht zu mehr Wettbewerb käme (sog **Markterschließungsdoktrin**). Dies ist dann der Fall, wenn „die Vereinbarung gerade für das Eindringen eines Unternehmens in ein Gebiet, in dem es bisher nicht tätig war, ... notwendig"[91] ist.

---

90 Vgl Rs C-234/89, *Delimitis*, ECLI:EU:C:1991:91, Rn 15.
91 Rs 56/65, *Maschinenbau Ulm*, ECLI:EU:C:1966:38, S 304.

Gemeint sind zB **Projekte** oder Tätigkeiten, die von den **beteiligten Unternehmen** jeweils **nicht unabhängig voneinander** durchgeführt werden **könnten**. Dort schützt die Markterschließungsdoktrin die für den Marktzutritt erforderlichen Investitionen und schafft die Voraussetzung dafür, dass diese Aufwendungen überhaupt getätigt werden.[92]

Eine Klausel ist daher wettbewerblich **unbeachtlich**, wenn sie Handlungsspielräume betrifft, die *ohne sie gar nicht bestünden*. Das Verbot einer solchen Klausel brächte keinen Zugewinn an Wettbewerbsfreiheit. Gegenstand der Beurteilung ist eine **kontrafaktische Analyse**, bei der der durch die betreffende Klausel geprägte Zustand mit der Wettbewerbslage verglichen wird, die ohne diese Einschränkung bestehen würde.[93] Gäbe es ein objektiv wünschenswertes Kooperationsvorhaben ohne die fragliche Vereinbarung daher überhaupt nicht, spricht dies für die Unbedenklichkeit der Wirkungen.

Unbeachtlich sind daher, aus ganz ähnlichen Gründen wie bei der Markterschließung, auch sog **funktionsnotwendige** Wettbewerbsbeschränkungen (*ancillary restraints*). Gemeint sind Vertragsklauseln, die für ein bestimmtes Kooperationsvorhaben oder eine Transaktion **funktionsnotwendig** (also **nicht bloß förderlich**) sind. Da es häufig erst das Grundgeschäft ist, das den Parteien die durch die fragliche Klausel beschränkten Handlungsmöglichkeiten eröffnet, würde der Wegfall einer solchen Klausel auch kein Mehr an Wettbewerb bringen.[94]

Voraussetzung der Privilegierung einer funktionsnotwendigen Wettbewerbsbeschränkung ist es, dass die **Hauptabrede**, auf die sie sich bezieht, für sich wettbewerblich **unbedenklich ist**.[95] Weitere Voraussetzung ist, dass die in Frage stehende **Klausel** mit dieser **Hauptabrede unmittelbar verbunden** und für ihre Durchführbarkeit, dh für die Realisierung der betreffenden Transaktion, **erforderlich** ist. Dabei wird sowohl die objektive Notwendigkeit als auch deren Verhältnismäßigkeit geprüft.

Beispiele sind etwa **Wettbewerbsverbote** beim Unternehmensübergang, soweit sie für eine effektive **Übertragung** rechtlich weitgehend **schutzloser Güter** wie Good-will, **Kundenstamm** und Know-how erforderlich sind,[96] Lieferpflichten[97] bzw Bezugsverpflichtungen und Verbote von Doppelmitgliedschaften in Genossenschaftsverträgen,[98] Klauseln zum Schutz von Know-how, Good-will und Einheitlichkeit des Erscheinungsbildes bei Franchiseverträgen.[99] Die Notwendigkeit einer die Handlungsfreiheit einschränkenden Klausel kann sich im Einzelfall auch aus der besonderen Funktion der Vertragspartner oder den Eigenheiten der betreffenden Tätigkeit ergeben, so etwa Verbote von Erfolgshonoraren[100] oder der Bildung bestimmter multidisziplinärer Gesellschaften für Rechtsanwälte.[101]

---

[92] Vgl zB Rs 258/78, *Nungesser*, ECLI:EU:C:1982:211, Rn 57; Rs 27/87, *Erauw-Jacquery*, ECLI:EU:C:1988:183, Rn 10.
[93] Vgl schon Rs 56/65, *Maschinenbau Ulm*, ECLI:EU:C:1966:38, S 304.
[94] Vgl Rs 42/84, *Remia*, ECLI:EU:C:1985:327, Rn 18.
[95] Vgl zB Rs T-112/99, *Métropole Télévision*, ECLI:EU:T:2001:215, Rn 116.
[96] Vgl Rs 42/84, *Remia*, ECLI:EU:C:1985:327, Rn 19.
[97] Vgl zB Rs T-61/89, *Dansk Pelsdyravlerforening*, ECLI:EU:T:1992:79, Rn 78.
[98] Vgl Rs C-399/93, *Oude Luttikhuis*, ECLI:EU:C:1995:434, Rn 12.
[99] Vgl Rs 161/84, *Pronuptia*, ECLI:EU:C:1986:41, Rn 15.
[100] Vgl KomE 1999/267/EG, *Patentvertreter*, ABl 1999/L 106/14, Tz 35.
[101] Vgl Rs C-309/99, *Wouters*, ECLI:EU:C:2002:98, Rn 98 ff.

Schließlich könnten[102] sich **positive und negative Wirkungen** einer beschränkenden Vereinbarung im Weg der Erstellung einer **Wettbewerbsbilanz** gegeneinander abwägen (sog *rule of reason* des u.s.-amerikanischen Kartellrechts). Wird die aus einer Klausel resultierende Beschränkung des Wettbewerbs also durch positive Wettbewerbswirkungen kompensiert, könnte sie im Weg dieser Gesamtwürdigung dennoch für unbedenklich erklärt werden. Beschränkt beispielsweise ein selektiver Vertriebsvertrag den Wettbewerb zwischen Händlern einer Marke, so könnte dies dadurch aufgewogen werden, dass der Wettbewerb zwischen den Herstellern im Bereich der Zusatzleistungen (Beratung, Service, Reparatur, Errichtung eines geeigneten Verkaufsumfeldes) intensiviert wird.[103] Die Rsp gibt hier allerdings keine klare Linie vor.[104]

8.2.1.2.4. Staatlich angeordnete Beschränkungen

Ausnahmsweise können auch **staatliche Maßnahmen** die Möglichkeit autonomen wettbewerblichen Handelns von Unternehmen beseitigen oder den Abschluss wettbewerbsbeschränkender Vereinbarungen **vorschreiben oder erleichtern**. In diesem Fall sind die Unternehmen insoweit von ihrer kartellrechtlichen Verantwortung befreit (sog *state action doctrine*).[105] Ob die staatliche Maßnahme ihrerseits mit Unionsrecht vereinbar ist, ist für die Exkulpation irrelevant.[106]

Für den **Kartellverstoß** verantwortlich ist in solchen Fällen die **öffentliche Hand**, die über die Verweisnorm des **Art 106 Abs 1 AEUV** auch an das Kartellverbot gebunden ist. Dies folgt auch aus dem Loyalitätsprinzip des Art 4 Abs 3 EUV.[107]

Ein Beispiel[108] bietet das **Urteil CIF** aus 2003, betreffend eine staatliche Marktregulierung für Zündhölzer. Klargestellt wird dort, dass eine vollständige Regulierung des unternehmerischen Verhaltens die kartellrechtliche Verantwortung auch vollständig ausschließt. Leisten die Unternehmen dagegen einen **Eigenbeitrag zum Verstoß**, weil die staatliche Vorgabe das Verhalten nur erleichtert, bleiben sie in diesem Umfang (neben der öffentlichen Hand mit-) verantwortlich. Die autonome Verantwortung der Unternehmen beginnt aber spätestens dann, wenn die Kartellbehörde eine Abstellung des Verhaltens angeordnet hat.

> Rs C-198/01, *Consorzio Industrie Fiammiferi (CIF)*, ECLI:EU:C:2003:430
>
> In Italien war es nur Mitgliedern des Handelskonsortiums CIF gestattet, Zündhölzer zu produzieren und zu vertreiben. Auf die Beschwerde eines deutschen Zündholzherstellers, der behauptete, Schwierigkeiten beim Absatz seiner Erzeugnisse auf dem italienischen Markt zu haben, eröffnete die italienische Wettbewerbsbehörde ein Untersuchungsverfahren und ordnete die Abstellung der Verstöße an, da die Rechtsvorschriften, die das CIF begründeten und seine Tätigkeit regeln, insbesondere

---

[102] Vgl Rs C-235/92 P, *Montecatini*, ECLI:EU:C:1999:362, Rn 133.
[103] Vgl Rs 107/82, *AEG*, ECLI:EU:C:1983:293, Rn 42.
[104] Offengelassen in Rs C-235/92 P, *Montecatini*, ECLI:EU:C:1999:362, Rn 133; positiv Rs 107/82, *AEG*, ECLI:EU:C:1983:293, Rn 42; Rs T-88/92, *Leclerc*, ECLI:EU:T:1996:192, Rn 106; ablehnend zB Rs T-112/99, *Métropole Télévision*, ECLI:EU:T:2001:215, Rn 72.
[105] Grundlegend verb Rs 40/73 bis 48/73, 50/73, 54/73 bis 56/73, 111/73, 113/73 und 114/73, *Suiker Unie*, E-CLI:EU:C:1975:174, Rn 71 f.
[106] Vgl verb Rs C-359/95 P und C-379/95 P, *Ladbroke Racing*, ECLI:EU:C:1997:531, Rn 33.
[107] Vgl verb Rs 209/84 bis 213/84, *Asjes*, ECLI:EU:C:1986:188, Rn 72.
[108] Vgl auch Rs T-513/93, *CNSD*, ECLI:EU:T:2000:91, Rn 59 ff.; verb Rs T-202/98, T-204/98 und T-207/98, *Tate & Lyle*, ECLI:EU:T:2001:185, Rn 44.

die Zuteilung von Erzeugerquoten, gegen Art 101 verstießen. Zu beurteilen war insbesondere, inwieweit die staatliche Regulierung die Eigenständigkeit des Handelns von CIF beseitigte.

58 [I]m Fall von Verhaltensweisen von Unternehmen, die gegen [Art 101] verstoßen und die durch nationale Rechtsvorschriften, die deren Wirkungen rechtfertigen oder verstärken, vorgeschrieben oder erleichtert werden, besonders im Hinblick auf die Festlegung von Preisen oder auf Marktaufteilungsvereinbarungen, [darf] eine nationale Wettbewerbsbehörde …

- diese nationalen Rechtsvorschriften nicht anwenden …,
- gegen die betroffenen Unternehmen keine Sanktionen für in der Vergangenheit liegende Verhaltensweisen verhängen …, wenn diese Verhaltensweisen ihnen durch diese nationalen Rechtsvorschriften vorgeschrieben waren,
- gegen die betroffenen Unternehmen Sanktionen für ihr Verhalten nach der Entscheidung, diese nationalen Rechtsvorschriften nicht anzuwenden, verhängen …, sobald diese Entscheidung ihnen gegenüber Bestandskraft erlangt hat,
- gegen die betroffenen Unternehmen Sanktionen für in der Vergangenheit liegende Verhaltensweisen verhängen …, wenn diese durch diese nationalen Rechtsvorschriften erleichtert oder begünstigt wurden, allerdings unter Berücksichtigung der Besonderheiten des rechtlichen Rahmens, innerhalb dessen die Unternehmen gehandelt haben.

Auch für die betreffenden Unternehmen problematisch ist es daher zB, wenn ein MS eine wettbewerbsbeschränkende Regelung zwar in Ausübung der staatlichen Regulierungsbefugnis trifft, der Vorschrift ihren staatlichen Charakter aber dadurch nimmt, dass er den betroffenen Wirtschaftsteilnehmern unverhältnismäßig große und über normale gesetzgeberische Konsultationen hinausgehende[109] Einflussmöglichkeiten auf die Gestaltung der Regelung einräumt.[110] Unbeschränkt dem Kartellverbot unterliegen überdies jene wettbewerbsbeschränkenden Absprachen, die den staatlichen Stellen bekannt waren, oder sogar von diesen angeregt bzw nachträglich in ihrer Wirkung (zB durch Umwandlung in eine staatliche Regelung) verstärkt wurden.[111]

8.2.1.3. Handelsbeeinträchtigung

Das Tatbestandsmerkmal der Beeinträchtigung des zwischenstaatlichen Handels ist die Ausformung des allgemeinen unionsrechtlichen Zwischenstaatlichkeitserfordernisses für das Kartellrecht. Es sollen nur jene Kartelle und Praktiken von Art 101 erfasst werden, „die geeignet sind, die Freiheit des Handels zwischen Mitgliedstaaten in einer Weise zu gefährden, die der Verwirklichung der Ziele eines einheitlichen Marktes zwischen den Mitgliedstaaten nachteilig sein kann".[112]

Die Zwischenstaatlichkeitsklausel wird auch im Rahmen von Art 101 regelmäßig weit ausgelegt. Demnach liegt eine Handelsbeeinträchtigung bereits dann vor, wenn sich mit hinreichender Wahrscheinlichkeit voraussehen lässt, dass die Vereinbarung unmittelbar oder mittelbar, tatsächlich oder potentiell den Warenverkehr zwischen MS beeinflussen und dadurch

---

109 Dazu etwa auch Rs C-96/94, *Centro Servizi Spediporto*, ECLI:EU:C:1995:308, Rn 23 ff; verb Rs C-180/98 bis C-184/98, *Pavlov*, ECLI:EU:C:2000:428, Rn 87; Rs C-35/99, *Arduino*, ECLI:EU:C:2002:97, Rn 37.
110 Vgl Rs 267/86, *Van Eycke*, ECLI:EU:C:1988:427, Rn 16; Rs C-35/96, *Kommission/Italien*, ECLI:EU:C:1998:303, Rn 56 ff.
111 Vgl Rs 123/83, *Clair*, ECLI:EU:C:1985:33, Rn 17 ff; Rs 229/83, *Leclerc*, ECLI:EU:C:1985:1, Rn 19; Rs T-7/92, *Asia Motor France*, ECLI:EU:T:1993:52, Rn 71; Rs T-148/89, *Tréfilunion*, ECLI:EU:T:1995:68, Rn 118.
112 Vgl Rs 22/78, *Hugin*, ECLI:EU:C:1979:138, Rn 17.

der Errichtung eines einheitlichen Marktes hinderlich sein kann. Dabei kommt es also nicht darauf an, ob es tatsächlich zu einer Beeinträchtigung gekommen ist oder kommen würde. Ausschlaggebend ist die **bloße Eignung**, solche Auswirkungen zu zeitigen.[113] Da es unwesentlich ist, ob der Einfluss auf den zwischenstaatlichen Wirtschaftsverkehr förderlich oder hemmend ist, ist die Zwischenstaatlichkeitsklausel auch dann erfüllt, wenn das kartellrelevante Verhalten zu einer Ausdehnung des Handelsvolumens führen würde.[114]

Bezugspunkt ist die **gesamte Vereinbarung**, nicht die einzelnen Vertragsklauseln, sodass eine Vertragsklausel auch dann erfasst sein kann, wenn sie für sich allein betrachtet den Handel innerhalb der Union nicht beeinträchtigen würde.[115] Die Eignung zur Beeinträchtigung des zwischenstaatlichen Handels wird außerdem nicht nur anhand eines einzelnen Vertrages geprüft, sondern ggf, bei Vorliegen einer **Anzahl gleichartiger Verträge** am Markt, anhand des **gesamten Vertragsbündels**. Schottet die kumulierte Wirkung dieser Verträge einen Markt ab, so kann das Vertragsbündel in seiner Gesamtheit geeignet sein, die Handelsströme zwischen den Mitgliedstaaten zu beeinflussen (sog **Bündeltheorie**[116]). Ein Beispiel[117] bietet das Urteil *Neste* aus 2000, betreffend die kumulierte Wirkung von Tankstellenverträgen.

> Rs C-214/99, *Neste Markkinointi Oy*, ECLI:EU:C:2000:679
>
> Neste war ein Mineralölunternehmen, dessen Rechtsvorgängerin mit einer Betreiberin von Tankstellen einen Alleinbezugsvertrag geschlossen hatte, aufgrund dessen in den Tankstellen nur noch Produkte der Neste verkauft wurden. Die Betreiberin kündigte den Vertrag vor Ablauf der vereinbarten Frist von 10 Jahren, woraufhin Neste auf Ersatz des durch die vorzeitige Kündigung entstandenen Schadens klagte. Die Betreiberin beantragte im Verfahren die Abweisung der Klage mit der Begründung, dass der Alleinbezugsvertrag gegen Art 101 verstoße und nichtig sei. Ist der Vertrag hinreichend handelsrelevant, um unter Art 101 zu fallen?
>
> 25 Auch wenn Alleinbezugsverträge keine Wettbewerbsbeschränkung ... bezwecken, ist doch zu prüfen, ob sie nicht eine Verhinderung, Einschränkung oder Fälschung des Wettbewerbs **bewirken**. Bei der Beurteilung der Wirkungen eines Alleinbezugsvertrags ist der **wirtschaftliche und rechtliche Gesamtzusammenhang** zu betrachten, in dem der Vertrag steht und zusammen mit anderen zu einer **kumulativen Auswirkung auf den Wettbewerb** führen kann. Somit ist zu prüfen, wie sich ein solcher Vertrag in Verbindung mit anderen gleichartigen Verträgen auf die Möglichkeiten der Mitbewerber aus dem Inland oder aus anderen Mitgliedstaaten, auf dem relevanten Markt Fuß zu fassen oder ihren Anteil an diesem Markt zu vergrößern, auswirkt[.]
>
> 26 Zu diesem Zweck sind **Art und Bedeutung aller gleichartigen Verträge** zu prüfen, die eine **bedeutende Zahl von Verkaufsstellen** an einige Lieferanten binden; von den übrigen Faktoren des wirtschaftlichen und rechtlichen Gesamtzusammenhangs, in den sich die Verträge einfügen, sind diejenigen zu berücksichtigen, die die Möglichkeiten des Zugangs zum Referenzmarkt beeinflussen. In diesem Zusammenhang ist zu prüfen, ob ein neuer Mitbewerber tatsächlich konkrete Möglichkeiten einer Eingliederung in das Vertragsnetz besitzt. Ferner ist auch zu berücksichtigen, unter welchen Bedingungen der Wettbewerb auf dem relevanten Markt stattfindet[.]
>
> 27 Ergibt die Prüfung sämtlicher vergleichbarer Verträge, dass der relevante **Markt schwer zugänglich** ist, so ist zu untersuchen, inwieweit die Verträge des betroffenen Lieferanten zu der kumulativen Wirkung beitragen, die diese gleichartigen Verträge zusammen entfalten. Diese Marktabschottungs-

---

[113] Vgl Rs 19/77, *Miller*, ECLI:EU:C:1978:19, Rn 15; Rs C-219/95 P, *Ferriere Nord*, ECLI:EU:C:1997:375, Rn 19.
[114] Vgl verb Rs 56/64 und 58/64, *Consten und Grundig*, ECLI:EU:C:1966:41, S 389.
[115] Vgl Rs 193/83, *Windsurfing International*, ECLI:EU:C:1986:75, Rn 96 f.
[116] Vgl zB Rs C-214/99, *Neste Markkinointi*, ECLI:EU:C:2000:679, Rn 25 ff.
[117] Vgl auch Rs C-234/89, *Delimitis*, ECLI:EU:C:1991:91, Rn 13 ff.

> wirkung ist nach dem Wettbewerbsrecht der Gemeinschaft denjenigen Lieferanten zuzurechnen, die dazu in erheblichem Maße beitragen. Die Verträge der Lieferanten, deren Beitrag zur kumulativen Wirkung nur unerheblich ist, fallen deshalb nicht unter das Verbot des [Art 101]. Für die Beurteilung, in welchem Umfang die Verträge eines Lieferanten zu der kumulativen Abschottungswirkung beitragen, ist die Stellung der Vertragspartner auf dem Markt zu berücksichtigen. Der Beitrag hängt im Übrigen von der Dauer dieser Verträge ab. Ist diese Dauer, gemessen an der durchschnittlichen Dauer der auf dem relevanten Markt allgemein geschlossenen Verträge, unverhältnismäßig lang, so fällt der einzelne Vertrag unter das Verbot des [Art 101].

Der Zwischenstaatsbezug wird regelmäßig gegeben sein, wenn an der Kartellvereinbarung Unternehmen aus verschiedenen MS beteiligt sind. Aber auch Vereinbarungen, an denen nur Unternehmen aus einem einzigen MS beteiligt sind, sowie Vereinbarungen eines EU-Unternehmens mit einem Drittlandsunternehmen, können den Handel im Einzelfall beeinträchtigen. Dies ist etwa dann der Fall, wenn sich ein innerstaatliches Kartell auf Importe oder Exporte bezieht oder importierte Waren mit einschließt. Dasselbe gilt zB auch, wenn an der Vereinbarung Tochtergesellschaften oder Zweigstellen von Unternehmen anderer MS beteiligt sind,[118] Unternehmen aus anderen MS eingebunden sind,[119] eine Dienstleistung ihrer Natur nach grenzüberschreitenden Charakter hat,[120] ein Vertrag in Verbindung mit anderen gleichartigen Verträgen (wie in *Neste*) die Möglichkeiten der Mitbewerber aus anderen MS zum Markteintritt behindert,[121] eine vertikale Vertriebsbindung generell (und damit auch ausländischen Abnehmern) Querlieferungen verbietet,[122] eine Vereinbarung sich auf ein (selbst nicht grenzüberschreitend gehandeltes) Produkt bezieht, das den Ausgangsstoff für ein in einem anderen MS vertriebenes Produkt darstellt,[123] eine Absprache und die von ihr ausgehenden wettbewerbsbeschränkenden Wirkungen sich auf das gesamte Hoheitsgebiet eines MS erstrecken[124] oder eine Vereinbarung von Unternehmen getroffen wurde, die den Markt dominieren.[125]

Das Tatbestandselement der Beeinträchtigung des zwischenstaatlichen Handels ist auch bei der Beurteilung von Vereinbarungen, die mit Drittlandsunternehmen geschlossen wurden oder sich auf den Absatz der Vertragsprodukte in Drittländern beziehen, zu beachten.[126] Art 101 ist auf solche Verträge anwendbar, wenn sie zu einer Abschottung des gesamten Unionsmarkts gegenüber Drittlandsmärkten führen und auf die Verhinderung der Einfuhr von Erzeugnissen gerichtet sind, die sonst in mehreren Mitgliedstaaten vertrieben worden wären. Bei vertraglichen Verboten der Wiedereinfuhr von Vertragsware aus einem Drittstaat in die Union kann eine Be-

---

118 Vgl Rs 45/85, *Verband der Sachversicherer*, ECLI:EU:C:1987:34, Rn 48 ff; verb Rs C-215/96 und C-216/96, *Bagnasco*, ECLI:EU:C:1999:12, Rn 49.
119 Vgl Rs C-309/99, *Wouters*, ECLI:EU:C:2002:98, Rn 96.
120 Vgl Rs 172/80, *Züchner*, ECLI:EU:C:1981:178, Rn 18; Rs C-35/96, *Kommission/Italien*, ECLI:EU:C:1998:303, Rn 49.
121 Vgl Rs C-234/89, *Delimitis*, ECLI:EU:C:1991:91, Rn 14 f.
122 KomE 77/100/EWG, *Junghans*, ABl 1977/L 30/10, Tz 17.
123 Vgl Rs 123/83, *Clair*, ECLI:EU:C:1985:33, Rn 30; verb Rs 40/73 bis 48/73, 50/73, 54/73 bis 56/73, 111/73, 113/73 und 114/73, *Suiker Unie*, E-CLI:EU:C:1975:174, Rn 142.
124 Vgl Rs 8/72, *Cementhandelaren*, ECLI:EU:C:1972:84, Rn 15 ff; Rs C-35/96, *Kommission/Italien*, ECLI:EU:C:1998:303, Rn 48; Rs C-309/99, *Wouters*, ECLI:EU:C:2002:98, Rn 95; allerdings nicht immer (Italien insgesamt erfasst), vgl verb Rs C-215/96 und C-216/96, *Bagnasco*, ECLI:EU:C:1999:12, Rn 49 ff.
125 Vgl verb Rs T-202/98, T-204/98 und T-207/98, *Tate & Lyle*, ECLI:EU:T:2001:185, Rn 82.
126 Vgl Rs 28/77, *Tepea*, ECLI:EU:C:1978:133, Rn 46f.; Rs C-306/96, *Javico*, ECLI:EU:C:1998:173, Rn 25.

einträchtigung des zwischenstaatlichen Handels nur dann vorliegen, wenn die zum Absatz auf dem Drittlandsmarkt bestimmten Erzeugnisse einen bedeutenden Prozentsatz des Gesamtmarkts dieser Erzeugnisse im Binnenmarkt ausmachen.[127]

8.2.1.4. Spürbarkeit

Die Anwendbarkeit von Art 101 hängt über die dort ausdrücklich genannten Tatbestandsvoraussetzungen hinaus noch davon ab, dass **Wettbewerbsbeschränkung und Handelsbeeinträchtigung ein bestimmtes Mindestmaß erreichen** (also spürbar sind).[128] Die Spürbarkeit ist also kein eigenes Tatbestandsmerkmal, sondern eine inhaltliche Determinante für, bzw Anforderung an, die Tatbestandsmerkmale der Wettbewerbsbeschränkung und Handelsbeeinträchtigung.[129] Es muss bei beiden dieser Merkmale jeweils vorliegen und wird von der Kommission über die Bagatellbekanntmachung einerseits und die LL zur Handelsbeeinträchtigung andererseits (s sogleich) auch jeweils getrennt geprüft.

Die einfachste, und auch in der Praxis gängigste, Herangehensweise an die Prüfung der Spürbarkeit ist der Blick auf die von einer Vereinbarung erfassten Marktanteile (**quantitativer Ansatz**). Diesen quantitativen Ansatz verfolgt die Kommission in ihren beiden für die Beurteilung der Spürbarkeit relevanten Dokumenten, der Bagatellbekanntmachung (auch *De minimis*-Bekanntmachung) und den LL zur Handelsbeeinträchtigung. In beiden Dokumenten stellt die Kommission bei der Beurteilung der Spürbarkeit einer Wettbewerbsbeschränkung maßgeblich auf die abgedeckten Marktanteile ab.

In den **LL zur Handelsbeeinträchtigung** ist eine Kombination aus einem Schwellenwert für den gemeinsamen Marktanteil der Parteien (5 %) und einem Schwellenwert für den gesamten Jahresumsatz (40 Mio €) festgelegt, unterhalb derer Vereinbarungen grundsätzlich nicht geeignet sind, den Handel zwischen Mitgliedstaaten spürbar zu beeinträchtigen. Anders als bei der Bagatellbekanntmachung gilt dies auch für bezweckte Wettbewerbsbeschränkungen.

Nach der **Bagatellbekanntmachung** ist eine Wettbewerbsbeschränkung nicht spürbar, wenn die zugrunde liegenden Vereinbarungen gemeinsam weniger als einen Mindestanteil des relevanten Marktes erfassen. Bei vertikalen Vereinbarungen liegt dieser Anteil bei 15 % des relevanten Marktes, bei horizontalen Vereinbarungen bei 10 %. Festgelegt werden überdies Spürbarkeitsgrenzen für den Beitrag eines Vertragsnetzes zu einem kumulativen Marktabschottungseffekt iSd *Delimitis*-Rsp:[130] Hat ein einzelner Lieferant weniger als 5 % Marktanteil, so ist anzunehmen, dass seine Vereinbarung nicht zu besagtem Effekt beiträgt. Ein kumulativer Abschottungseffekt soll aber vorliegen, wenn mehr als 30 % des Marktes von nebeneinander bestehenden Vertragsnetzen abgedeckt werden.

Im Unterschied zu den LL verweigert die Bagatellbekanntmachung das *De minimis*-Privileg sowohl **bezweckten Wettbewerbsbeschränkungen** als auch **Kernbeschränkungen**. Sie können damit niemals vom *safe harbour* profitieren.[131] Horizontale Vereinbarungen, die unmittelbar oder mittelbar eine Festsetzung der Preise beim Verkauf von Produkten an Dritte,

---

127 Vgl Rs C-306/96, *Javico*, ECLI:EU:C:1998:173, Rn 25 f.
128 Vgl schon Rs 56/65, *Maschinenbau Ulm*, ECLI:EU:C:1966:38, S. 303; Rs 5/69, *Völk*, ECLI:EU:C:1969:35, Rn 7; Rs C-226/11, *Expedia*, ECLI:EU:C:2012:795, Rn 16 ff.
129 Vgl dazu auch *Sonnberger*, wbl 2015, 615 ff.
130 Vgl Rs C-234/89, *Delimitis*, ECLI:EU:C:1991:91, Rn 27.
131 So auch die Vorgabe in Rs C-226/11, *Expedia*, ECLI:EU:C:2012:795, Rn 16 ff.

eine Beschränkung der Produktion oder des Absatzes oder eine Zuweisung von Märkten oder Kundengruppen bezwecken, fallen daher unabhängig von den Marktanteilen unter Art 101. Selbiges gilt für sämtliche Beschränkungen, die in einer GVO als Kernbeschränkungen aufgeführt sind.

Die Bekanntmachung und die LL sind va für Vereinbarungen relevant, die nicht ohnedies durch eine GVO von der Anwendung des Kartellverbots freigestellt sind. Mit den Bekanntmachungen bzw den LL legt die Kommission dabei aber, anders als durch die (aufgrund des Charakters als VO) drittverbindlichen GVO, nur ihr eigenes Einschreiten fest: Der Tatbestand selbst wird dadurch nicht verbindlich definiert. Insbesondere die Bagatellbekanntmachung steht daher auch dem Einschreiten einer nationalen Wettbewerbsbehörde gegenüber einer den zwischenstaatlichen Handel beeinträchtigenden Vereinbarung nicht entgegen, wenn sie die fraglichen Schwellenwerte nicht erreicht.[132] Im Verhältnis zur Kommission begründet die Bekanntmachung Vertrauensschutz: Gehen Unternehmen gutgläubig davon aus, dass eine Vereinbarung in den Anwendungsbereich der Bekanntmachung fällt, kann diese zumindest keine Geldbußen verhängen.

Nur gelegentlich wird die Spürbarkeit in der Anwendungspraxis alternativ oder ergänzend zum quantitativen Ansatz anhand bestimmter Sachverhaltsmerkmale im Einzelnen inhaltlich belegt (**qualitativer Ansatz**).[133] Erwogen werden dann die Bedeutung des betroffenen Wettbewerbsparameters und das besondere rechtliche und faktische Umfeld der Absprache.

Zum **Beispiel** kann demnach ein Kartell den Wettbewerb nicht spürbar beeinträchtigen, wenn ihm aufgrund staatlicher Regelung nur ein schmaler Anwendungsbereich verbleibt.[134] Auch die Pflichtmitgliedschaft von Ärzten in einem Zusatzrentensystem kann wegen der daraus resultierenden Angleichung eines Kostenfaktors für ärztliche Leistungen zwar wettbewerbsbeschränkend, angesichts der nur marginalen Kosten des Zusatzrentensystems aber ohne Einfluss auf die Endkosten der ärztlichen Leistungen und daher nicht spürbar sein.[135] Verneint wurde die Spürbarkeit etwa auch für eine Beschränkung des Vertragspartners auf den Weiterverkauf für den zoll- und abgabenfreien Verbrauch,[136] für ein Werbeverbot für andere als die vertragsgegenständlichen Produkte,[137] für eine Nichtangriffsklausel, weil die betreffende Marke nicht bekannt genug war, um ihrem Inhaber einen wesentlichen Wettbewerbsvorteil zu verschaffen bzw ihr Fehlen keine Marktzutrittsschranke darstellen würde,[138] für ein Aufgriffsrecht für Gesellschaftsanteile, da der Wettbewerb auf dem Beteiligungsmarkt nur unerheblich beschränkt würde[139] sowie für eine Beschränkung der Fernsehübertragungszeiten von Fußballspielen.[140]

---

132 Vgl Rs C-226/11, *Expedia*, ECLI:EU:C:2012:795, Rn 38.
133 Vgl umfassend zum ungeschriebenen Tatbestandsmerkmal der Spürbarkeit, *Terhechte*, Tatbestandsmerkmale, 39 ff.
134 Vgl verb Rs 40/73 bis 48/73, 50/73, 54/73 bis 56/73, 111/73, 113/73 und 114/73, *Suiker Unie*, E-CLI:EU:C:1975:174, Rn 71 ff.
135 Vgl verb Rs C-180/98 bis C-184/98, *Pavlov*, ECLI:EU:C:2000:428, Rn 41 ff.
136 Vgl KomE 80/789/EWG, *The Distillers Company*, ABl 1980/L 233/43, Tz 13 ff.
137 Vgl KomE 1999/473/EG, *Bass*, ABl 1999/L 186/1, Tz 159.
138 Vgl KomE 90/186/EWG, *Moosehead*, ABl 1990/L 100/32, Tz 15.4.b.
139 Vgl KomE 2001/696/EG, *Identrus*, ABl 2001/L 249/12, Tz 54.
140 Vgl KomE 2001/478/EG, *UEFA-Übertragungsregelung*, ABl 2001/L 171/12, Tz 51.

8.2.2. Legalausnahme und Freistellung

Die Anwendung des Kartellverbots scheidet aus, wenn eine Vereinbarung aufgrund des Primärrechts (**Art 101 Abs 3**) oder durch spezifisches **Sekundärrecht** (GVO) freigestellt ist. Art 101 Abs 3 ist ausdrücklich als Freistellung bzw Legalausnahme gefasst ist („nicht anwendbar"). Obwohl die Bestimmung zwar funktional wie eine Rechtfertigungsprüfung gehandhabt wird, da sie mit weitem inhaltlichem Ermessen verbunden ist, ist es also terminologisch nicht ganz sauber, von einer Rechtfertigungsprüfung zu sprechen.

8.2.2.1. Legalausnahme und Selbstveranlagung

Entgegen dem Wortlaut von Art 101 Abs 3 („können für nicht anwendbar erklärt werden"), sieht die verfahrensrechtliche Ausführungsgesetzgebung der VO 1/2003 in ihrem Art 1 Abs 2 eine **Freistellung** *de lege* vor: Fällt eine kartelltatbestandsmäßige Verhaltensweise unter die Rechtfertigungsgründe, so ist sie *de lege* zulässig, ohne dass die Kommission das Vorliegen der Rechtfertigung vorab prüfen oder bestätigen müsste. Die Freistellung tritt also automatisch ein, wenn die Voraussetzungen dafür erfüllt sind. Dies dient iW der Entlastung der, davor mit zahlreichen Freistellungsersuchen belasteten, Kommission.

Vom Kartellverbot ausgenommen sind demnach dem Kartelltatbestand an sich unterliegende Vereinbarungen, die jedoch positive Effekte haben. Dazu müssen **vier kumulative Voraussetzungen** vorliegen: Die Vereinbarungen haben 1) zu einer **Verbesserung** der Warenerzeugung oder -verteilung oder zur **Förderung** des technischen oder wirtschaftlichen **Fortschritts** beizutragen (sog **Effizienzgewinne**, zB Qualitätsverbesserungen, Verbilligungen, Synergieeffekte usw), an der 2) die **Verbraucher** in angemessener Weise **beteiligt** (die also an die Verbraucher zumindest teilweise weitergegeben) werden. Darüber hinaus dürfen den beteiligten Unternehmen 3) **keine Beschränkungen** auferlegt werden, **die** für die Verwirklichung dieser Ziele **nicht unerlässlich sind** und 4) das Kartell darf diesen **auch nicht** die Möglichkeit eröffnen, für einen wesentlichen Teil der betreffenden Waren den Wettbewerb auszuschalten (**Totalausschaltung des Wettbewerbs**).

Die beiden letztgenannten Kriterien sind Ausdruck einer **Verhältnismäßigkeitsprüfung** im Rahmen der Anwendung von Art 101 Abs 3: Keinesfalls darf also eine effizienzgetriebene Vereinbarung in ihren wettbewerbsbeschränkenden Wirkungen über das hinausgehen, was zur Effizienzsteigerung unerlässlich ist.

Ob die Rechtfertigungsgründe greifen, müssen die beteiligten Unternehmen selbst einschätzen (sog **Selbstveranlagung**), dh dass die VO 1/2003 das Risiko eines Verstoßes grundsätzlich auf sie überwälzt. Allerdings hat die Kommission eine Reihe typischer kartellrelevanter Verhaltensweisen und die Voraussetzungen ihrer Rechtfertigung in mehreren **GVO** zusammengefasst (dazu sogleich). GVO bieten den Unternehmen daher im Vergleich zu Art 101 Abs 3 erhöhte Rechtssicherheit hinsichtlich der kartellrechtlichen Unbedenklichkeit ihres Marktverhaltens.

8.2.2.2. Gruppenfreistellungen und Leitlinien

Die aus der Selbstveranlagung nach Art 101 Abs 3 bzw der VO 1/2003 resultierende Rechtsunsicherheit für Unternehmen bei der Anwendung des Kartelltatbestands wird in der Praxis zweifach abgemildert, uzw über GruppenfreistellungsVO (GVO) und durch erläuternde Dokumente wie Leitlinien (LL) und Mitteilungen bzw Bekanntmachungen. Ist eine Kartellvereinbarung von einer GVO erfasst, ist sie **automatisch freigestellt**.

Die bestimmte Bereiche bzw Fragestellungen betreffenden, diversen LL und Mitteilungen bewirken dagegen keine Freistellungen, sondern helfen den Rechtsunterworfenen lediglich dabei, die kartellrechtliche Beurteilung ihrer Vereinbarungen besser einschätzen und entsprechend **vorausschauend planen** zu können. Beispiele sind die zuvor bei der Spürbarkeit erwähnten LL zur Handelsbeeinträchtigung und die *De minimis*-Bekanntmachung. Große praktische Bedeutung haben auch die HorizontalLL.

Eine GVO betreffend Vereinbarungen zwischen Nichtwettbewerbern (vertikales Verhältnis) besteht für vertikale **Liefer- und Vertriebsvereinbarungen** (Vertikal-GVO 330/2010). GVO für Vereinbarungen zwischen Wettbewerbern (horizontales Verhältnis) bestehen für die Kooperation bei **Forschung und Entwicklung** (FuE-GVO 1217/2010)und für **Spezialisierungsvereinbarungen** (Spezialisierungs-GVO 1218/2010). Eine sowohl Wettbewerber als auch Nichtwettbewerber umspannende GVO ist jene zu **Technologietransfer- und Lizenzvereinbarungen** (TT-GVO). In Einzelbereichen (zB Landwirtschaft, Automobilindustrie, Versicherungen usw) bestehen darüber hinaus zT spezifische GVO.

Die großen GVO enthalten durchwegs sog **schwarze Listen** von Klauseln, die keinesfalls freistellungsfähig und daher von den GVO nicht erfasst sind. Wie zuvor hervorgehoben, fallen solche Klauseln auch nicht in den Anwendungsbereich der Bagatellbekanntmachung, profitieren also von keinerlei *safe harbour*. Zudem entfällt die Freistellung durchwegs bei Überschreiten bestimmter **Marktanteilsschwellen**. In den meisten GVO gilt dabei das sog **Alles-oder-Nichts-Prinzip**: Die Aufnahme auch nur einer überschießenden (dh einer tatbestandsmäßigen und nicht freigestellten) Klausel führt zur Unanwendbarkeit der GVO auf die Vereinbarung insgesamt.

8.2.3. Rechtsfolge Nichtigkeit

Schon einleitend wurde iZm der privaten Durchsetzung der Kartellbestimmungen auf die spezielle **Nichtigkeitssanktion** des **Art 101 Abs 2** hingewiesen. Zur Feststellung der Nichtigkeit und zu den daraus resultierenden Folgen für den Rechtsschutz der Einzelnen sind die **nationalen Gerichte** schon aufgrund der unmittelbaren Wirkung des Art 101 vollumfänglich **berufen**. Diese Zuständigkeit hängt insbesondere nicht von der vorherigen Feststellung des Kartellverstoßes durch eine Wettbewerbsbehörde ab.

Die **Nichtigkeit** tritt mit Erfüllung der Tatbestandsvoraussetzungen ein und wirkt daher *ex tunc* und **absolut**. Sie wirkt also gegenüber jedermann (und damit auch für eine Partei eines wettbewerbswidrigen Vertrages selbst).[141]

Die **Nichtigkeit erfasst nur diejenigen Teile** einer Vereinbarung, die den Verstoß gegen das Kartellverbot konkret bewirken. Der Rest der Vereinbarung bleibt aufrecht bzw fällt nur dann weg, wenn sich die tatbestandsmäßigen Teile nicht vom Rest des Rechtsaktes trennen lassen.[142] Das Schicksal des vom Verbot und der Nichtigkeitsfolge nicht erfassten Vertragsrests bestimmt sich dann nach nationalem Recht. Der Gerichtshof erläutert diese Zusammenhänge

---

[141] Rs C-453/99, *Courage/Crehan*, Slg 2001, I-6297, Rn 24.
[142] Vgl *Richter/Rittenauer*, ecolex 2015, 878.

zB im Urteil *Ciments et Bétons* aus 1983, betreffend das Schicksal eines kartellrechtswidrigen Zementliefervertrages.

> Rs 319/82, *Société de vente de ciments et bétons de l'Est*, ECLI:EU:C:1983:374
>
> Die Société ciments et bétons schloss mit einem deutschen Unternehmen einen Vertrag über die jährliche Lieferung von Zement, wobei der Vertrag einige Klauseln betreffend die Verwendung dieses Zements enthielt. Die Société kündigte den Vertrag vorzeitig und klagte auf Zahlung noch offener Beträge. Kerpen rechnete mit Gegenforderungen aus der vorzeitigen Kündigung auf, behauptete aber auch die Nichtigkeit des Vertrages aufgrund eines Verstoßes gegen Art 101. Wie ist die Nichtigkeitsfolge im Fall des Verstoßes gegen Art 101 handzuhaben?
>
> 10 [Gefragt wurde nach den] Folgen, die sich aus der Nichtigkeit eines solchen Vertrages gemäß [Art 101 Abs 2] ergeben, und zwar insbesondere hinsichtlich der aufgrund des Rahmenvertrages erteilten Aufträge und durchgeführten Lieferungen.
>
> 11 [E]ine Vereinbarung, die unter das Verbot des [Art 101] fällt, [ist] nichtig und erzeugt, da die **Nichtigkeit absolut** ist, in den Rechtsbeziehungen zwischen den Vertragsparteien keine Wirkungen. Ferner [erstreckt sich] die Nichtigkeit ... **nur auf die mit [Art 101] unvereinbaren vertraglichen Bestimmungen**[.] Die Auswirkungen dieser Nichtigkeit auf die übrigen Bestandteile der Vereinbarung sind nicht nach [Unions]recht zu beurteilen. Das Gleiche gilt für aufgrund einer solchen Vereinbarung etwa erteilte Aufträge und durchgeführte Lieferungen sowie für die daraus folgenden Zahlungsverpflichtungen.
>
> 12 [D]aher [erstreckt sich] die Nichtigkeit nach [Art 101 Abs 2] nur auf die mit [Art 101 Abs 1] unvereinbaren vertraglichen Bestimmungen[.] Die Auswirkungen dieser Nichtigkeit auf die übrigen Bestandteile des Vertrages, auf die aufgrund des Vertrages etwa erteilten Aufträge und durchgeführten Lieferungen sowie die daraus folgenden Zahlungsverpflichtungen sind nicht nach [Unions]recht zu beurteilen. Über diese **Auswirkungen** hat das **nationale Gericht** nach seinen eigenen **Rechtsvorschriften** zu entscheiden.

Die Gültigkeit des Restvertrags bestimmt sich in **Österreich** nach der für § 879 ABGB vorzunehmenden, geltungserhaltenden Reduktion, also iW nach dem hypothetischen Parteiwillen. Die Rückforderung von Leistungen infolge der kartellrechtlichen Nichtigkeit richtet sich nach den Grundsätzen des § 877 ABGB.[143]

8.2.4. Kooperationsformen

Der vorliegende Abschnitt bietet einen groben Überblick über gängige Kooperationsformen mit wettbewerbsbeschränkendem Potenzial. Die Gruppierung erfolgt nach dem **Sachkontext der Kooperation** (also zwischen Wettbewerbern oder Nichtwettbewerbern, beim Verkauf, Einkauf, Forschung, zur Spezialisierung usw). Dies entspricht auch der Herangehensweise der Kommission bei GVO, LL und Mitteilungen.

> Die Gruppierung könnte auch nach der **Art der Wettbewerbsbeschränkung** erfolgen. Diese Art der Gruppierung unternimmt **Art 101 Abs 1 lit a bis e**. Dort findet sich eine, bei Weitem nicht erschöpfende, **Beispielliste** vom Kartellverbot erfasster Beschränkungen. Wichtige Formen wett-

---

[143] Vgl zB OGH v 13. 3. 2012, 10 Ob 10/12m.

> bewerbsbeschränkender Vereinbarungen sind etwa **Preiskartelle** (zB Festsetzungen der An- oder Verkaufspreise, aber auch Preisbindungen beim Vertrieb), **Konditionenkartelle** (also die übereinstimmende Festsetzung von Geschäftsbedingungen), **Marktaufteilungsverträge** (zB betreffend Absatzgebiete oder Kundenstöcke oder durch Herstellungsverbote, Spezialisierungsvereinbarungen oder Quotenabsprachen) sowie die Gründung von Gemeinschaftsunternehmen (soweit sie nicht ohnedies unter die FKVO 139/2004 fallen) und ähnliche Kooperationsformen. Häufig sind auch Beschränkungen in **vertikalen** Vertriebssystemen (also zwischen Herstellern und Händlern), etwa in Form von Absatz-, Bezugs- oder Vertriebsbindungen oder sonstigen **Ausschließlichkeitsregelungen**.

8.2.4.1. Horizontale und vertikale Kooperationen

Als Faustregel sind **va horizontale** Vereinbarungen, also zwischen aktuellen oder potenziellen, **direkten Wettbewerbern** (Unternehmen derselben Marktstufe), wettbewerblich **problematisch**. Sie unterliegen daher **wesentlich strengeren** Beurteilungsmaßstäben als vertikale Vereinbarungen. Gerade dann, wenn die Parteien über eine gewisse Marktmacht verfügen, kann eine horizontale Zusammenarbeit schwere Wettbewerbsprobleme verursachen.

Dies ist auch der Grund, warum es **für horizontale** Vereinbarungen **keine allgemeine** GVO (sondern nur GVO für Einzelaspekte horizontaler Kooperation, nämlich Spezialisierung und Forschung) gibt, für vertikale aber sehr wohl: **Vertikale Vereinbarungen** (zwischen Nichtwettbewerbern, also Unternehmen unterschiedlicher Marktstufen), die von Unternehmen mit **jeweils nicht mehr als 30 % Marktanteil** auf der jeweiligen Marktstufe abgeschlossen werden und die **nicht bestimmte Arten** schwerwiegender Wettbewerbsbeschränkungen enthalten, sind von der Anwendung des Art 101 **generell freigestellt**.[144] Die Kommission geht davon aus, dass solche vertikalen Vereinbarungen vorrangig zu einer Verbesserung der Produktion oder des Vertriebs und zu einer angemessenen Beteiligung der Verbraucher an dem daraus entstehenden Gewinn führen. Bei horizontalen Vereinbarungen gilt diese Vermutung dagegen gerade nicht.

Horizontale Kartellabsprachen, die ausschließlich oder doch **vorrangig** auf die **Beseitigung wettbewerblicher Risiken** und damit eigentlich auf die Beseitigung des Wettbewerbs selbst, abzielen, sind als **Kernbeschränkungen** klar vom Verbot des Abs 1 **erfasst** (Preisabsprachen, Marktaufteilung, Produktionsbeschränkungen). Zumeist kommen sie auch nicht in den Genuss der Legalausnahme des Abs 3.

Gleichwohl gibt es auch Gruppen horizontaler Vereinbarungen, die **idR nicht wettbewerbsbeschränkend** sind. Dies ist **etwa** dann der Fall, wenn kooperierende Unternehmen derselben Marktstufe auf **unterschiedlichen Märkten** tätig, also letztlich **Nichtwettbewerber** sind. Wettbewerblich unproblematisch ist auch eine Zusammenarbeit zwischen Wettbewerbern, die von der Zusammenarbeit erfasste Tätigkeit oder Projekte **nicht eigenständig durchführen können** (**Markterschließungsdoktrin**) oder bei Tätigkeiten, die die relevanten **Wettbewerbsparameter** und den Marktauftritt der Unternehmen **nicht beeinflussen** (zB eine Kooperation bei der Betriebsanlagensicherung).

---

[144] Vgl Art 2 VertikalGVO 330/2010.

8.2.4.2. Einzelne horizontale Kooperationsformen

Die meisten Formen horizontaler Zusammenarbeit in der Praxis fallen unter keine klar wettbewerblich problematische (Kernbeschränkungen) oder unproblematische (Markterschließung usw) Kategorie. Einzelne profitieren, wie eingangs hervorgehoben, von einer GVO (Forschung und Spezialisierung). Alle anderen horizontalen Vereinbarungen bedürfen einer Beurteilung im Detail. Dabei helfen die von der Kommission als Erläuterung der Anwendung des Kartellverbots (und der Freistellungsmöglichkeit) auf diese Vereinbarungen herausgegebenen **HorizontalLL**. Sie stellen maßgeblich auf die Marktmacht der beteiligten Unternehmen und die Marktstruktur ab und geben insbesondere nützliche Hinweise für die Beurteilung von Informationsaustausch, gemeinsamer Forschung und Entwicklung, Produktionskooperationen, Vereinbarungen über den gemeinsamen Einkauf bzw die gemeinsame Vermarktung sowie Kooperationen bei der Setzung von (Industrie-) Normen.

Grundsätzlich positiv bewerten die HorizontalLL gemeinsame **Forschung und Entwicklung** durch Wettbewerber.[145] Wettbewerbsbeschränkungen können sich dabei dann ergeben, wenn sich die Kooperation auf die Entwicklung und den Vertrieb eines vermarktbaren Produkts erstreckt und die Partner sich in ihren Möglichkeiten, auch selbständig noch Forschung und Entwicklung zu betreiben, einschränken. Beschränkt wird dann der Innovationswettbewerb. Vereinbarungen über Forschung und Entwicklung sind zudem über die **FuE-GVO 1217/2010 freigestellt**, sodass die LL nur für die nicht ohnedies von der GVO erfassten Vorhaben relevant sind.

Zum **gemeinsamen Verkauf und gemeinsamer Vermarktung** durch Wettbewerber verhalten sich die HorizontalLL teils restriktiv (wenn der Verkauf nicht Bestandteil einer anderen Kooperation, zB bei Forschung und Entwicklung, ist):[146] Ein gemeinsamer Verkauf ist wegen der damit bewirkten Vereinheitlichung der Preisgestaltung idR wettbewerbsbeschränkend und stellt häufig sogar eine Kernbeschränkung dar. Dennoch sind aber Kooperationen, die sich nur auf bestimmte Absatzfunktionen (zB Werbung oder Serviceleistungen) beziehen, zumeist unbedenklich, wenn sie die Freiheit der Parteien, zusätzliche Anstrengungen in diesen Bereichen zu unternehmen, nicht beschränken.

Dagegen wird der **gemeinsame Einkauf** in den HorizontalLL deutlich positiver beurteilt.[147] Einkaufskooperationen betreffen zwei Märkte, zum einen den Markt, auf dem die Unternehmen als Nachfrager auftreten, und zum anderen den Markt, auf dem die Parteien als Verkäufer tätig sind. Einkaufsvereinbarungen sollen nur dann von Art 101 erfasst werden, wenn die Beteiligten auf beiden Märkten über gewisse Marktmacht (mehr als 15 % Marktanteil) verfügen. Einkaufsvereinbarungen, die von kleinen und mittleren Unternehmen (KMU) geschlossen werden, werden sogar als grundsätzlich wettbewerbsfördernd angesehen.

Bei **Produktionsvereinbarungen** zwischen Wettbewerbern unterscheiden die HorizontalLL drei Arten.[148] Es sind dies 1) Vereinbarungen über die gemeinsame Produktion, 2) Vereinbarungen über die einseitige oder gegenseitige Spezialisierung, bei der die Partner allein oder gemeinsam die Herstellung eines bestimmten Erzeugnisses einstellen und dieses vom anderen Partner

---

145 Vgl Abschn 3 HorizontalLL.
146 Vgl Abschn 6 HorizontalLL.
147 Vgl Abschn 5 HorizontalLL.
148 Vgl Abschn 4 HorizontalLL.

beziehen sowie 3) Zuliefervereinbarungen, bei denen der eine Partner (der Auftragnehmer) dem anderen Partner (dem Zulieferer) die Herstellung eines Erzeugnisses überlässt. Kernbeschränkungen in Produktionsvereinbarungen werden als jedenfalls wettbewerbsbeschränkend angesehen, während sonstige Beschränkungen anhand des wirtschaftlichen Umfelds (insbesondere anhand der Marktmacht der beteiligten Unternehmen) im Einzelfall beurteilt werden. Ein Teil der Produktionsvereinbarungen von Wettbewerbern (Zusagen, die eigene Produktion auf bestimmte Produkte zu konzentrieren oder gemeinsam zu produzieren) fallen zudem in den Anwendungsbereich der Spezialisierungs-GVO 1218/2010. Soweit Patent-, Software- oder Know-How-Lizenzvereinbarungen eine Rolle spielen, kann auch eine Anwendung der (sowohl in horizontalen wie vertikalen Verhältnissen anwendbaren) TT-GVO 316/2014 in Frage kommen.

8.2.4.3. Einzelne vertikale Kooperationsformen

Ungeachtet dessen, dass horizontale Vereinbarungen tendenziell stärker wettbewerbsbeschränkend wirken, können auch vertikale Vereinbarungen wettbewerbliche Bedenken hervorrufen. Dies gilt besonders für **Vertriebsverträge**, die mitunter geeignet sind, nationale Märkte voneinander abzuschotten. Einen Anreiz zur Marktabschottung geben etwa Preisunterschiede zwischen den MS und das Bestreben, Parallelimporte der eigenen Produkte aus Niedrigpreisländern zu unterbinden. Aber auch unabhängig von der Marktabschottungsproblematik können Klauseln in Vertriebsverträgen die **Handlungsfreiheit** der Handelspartner in der Vertriebskette in wettbewerblich problematischer Weise einschränken (zB durch Preisbindung, Abnehmerbeschränkungen usw).

Für die Beurteilung vertikaler Vereinbarungen bestehen mit den VertikalLL Erläuterungen der Kommission in Bezug auf die Anwendung des Kartellverbots (und der Freistellungsaussichten) auf diese Vereinbarungen. Ein großer Teil vertikaler Vereinbarungen fällt aber bereits in den Anwendungsbereich der allgemeinen VertikalGVO 330/2010. Sie erfasst alle Arten vertikaler Vereinbarungen, soweit dafür nicht (wie etwa für Fahrzeuge) Sonderbestimmungen bestehen.

Die VertikalGVO 330/2010 trägt der Überlegung Rechnung, dass bei den meisten vertikalen Vereinbarungen Effizienzgewinne (zB Verringerung der Transaktions- und Distributionskosten, Investitionsanreize usw) die allenfalls mit solchen Vereinbarungen auch verbundenen wettbewerbsschädlichen Wirkungen überwiegen. Voraussetzung dafür ist aber, dass die beteiligten Unternehmen keine zu große Marktmacht haben und daher wirksamem Wettbewerb anderer Anbieter ausgesetzt sind. Außerdem sind bestimmte Klauseln generell verboten. Außerhalb dieser beiden Vorbehalte sind vertikale Vereinbarungen aber über die GVO **generell freigestellt**.

Ausgangspunkt der VertikalGVO 330/2010 ist die Kooperation von **Unternehmen verschiedener Ebenen** der Produktions- oder Vertriebskette. Die Kooperation betrifft die Bedingungen, zu denen die beteiligten Unternehmen Waren oder Dienstleistungen beziehen, verkaufen oder weiterverkaufen dürfen. Vertriebsvereinbarungen zwischen Wettbewerbern fallen nicht unter die VertikalGVO 330/2010, sondern sind nach den HorizontalLL zu beurteilen. Ausgenommen sind nur vertikale Vereinbarungen zwischen Wettbewerbern, bei denen der Anbieter zugleich Hersteller und Händler von Waren ist, der Abnehmer dagegen Händler, jedoch kein Wettbewerber auf der Herstellungsebene.

Die **Martkanteilsschwelle** für die Anwendung der GVO auf solche Vereinbarungen beträgt **30 %** bei jedem der beteiligten Unternehmen auf ihren jeweiligen Märkten (also der Hersteller am Anbietermarkt bzw der Händler am Abnehmermarkt).[149] Darüber ist die GVO unanwendbar.

Von der Freistellung im Weg **schwarzer** und **grauer Listen** ausgenommen sind aber Klauseln bzw Vereinbarungen, die als besonders wettbewerbsschädlich angesehen werden.[150] Auf der **schwarzen Liste** finden sich Beschränkungen ...

1) der **Preisfestsetzungsfreiheit** des Händlers. **Zulässig** sind aber Höchstverkaufspreise und Preisempfehlungen;
2) der **Auswahl** des zu beliefernden **Gebietes** und der zu beliefernden **Kunden**. **Zulässig** sind aber Beschränkungen aktiver Verkaufsbemühungen, Beschränkungen des Verkaufs an Endbenutzer durch Großhändler (sog Sprunglieferungsverbote), Weiterverkaufsbeschränkungen in einem selektiven Vertriebssystem (dh ein Verbot des Verkaufs an nicht zugelassene Händler) und Weiterverkaufsverbote hinsichtlich Unternehmen, die die betreffenden Bestandteile zur Herstellung von Konkurrenzerzeugnissen verwenden würden;
3) des **Verkaufs an Endverbraucher** in einem **selektiven Vertriebssystem**, soweit sie Händlern auferlegt werden, die auf der Einzelhandelsstufe tätig sind;
4) von **Querlieferungen** zwischen Händlern innerhalb eines selektiven Vertriebssystems; und
5) beim **Weiterverkauf** von Ersatzteilen (jedoch nur bestimmte Beschränkungen).

Auf der **grauen Liste** befinden sich Verbote ...

6) des unmittelbaren oder mittelbaren Wettbewerbs die über eine Dauer von fünf Jahren hinaus oder auf unbestimmte Zeit sowie überschießende Verbote des nachvertraglichen Wettbewerbs. Die erfassten **Wettbewerbsverbote** bestehen in **Verpflichtungen**, keine mit den **Vertragswaren** in **Wettbewerb** stehenden **Waren** herzustellen, zu beziehen, zu verkaufen oder weiterzuverkaufen; und
7) des **Verkaufs konkurrierender Marken**.

Für die Klauseln der schwarzen Liste gilt das sog **Alles-oder-nichts-Prinzip**, dh dass bei Aufnahme einer solchen Klausel in eine Vereinbarung die GVO auf die Vereinbarung insgesamt unanwendbar wird. Die Klauseln der grauen Liste sind dagegen nur für sich unwirksam, der Rest der Vereinbarung bleibt aufrecht.

8.2.4.4. Beteiligungen

Wettbewerblich problematisch sind auch bestimmte **Beteiligungen** eines Unternehmens an anderen Unternehmen. Die **Veränderung der Eigentümerstruktur** kann sich auf das Wettbewerbsverhalten der betroffenen Unternehmen auswirken. Dies gilt sowohl im horizontalen als auch im vertikalen Verhältnis.

Nicht von Art 101 erfasst sind **rein passive Investitionen,** die **nur** dem Zweck der Geldanlage dienen und mit keinen weitergehenden Verbindungen oder Kontakten zwischen den Unternehmen einhergehen **oder die** bei **Nichtwettbewerbern** getätigt werden. Weder erlangt der Käufer bei rein passiven Beteiligungen daher **Kontrolle** über das Zielunternehmen, noch sonstigen für ihn wettbewerblich relevanten **Einfluss** oder wettbewerbliche Vorteile bzw Informationen,

---

149 Vgl Art 2 VertikalGVO 330/2010.
150 Vgl Art 4 f. VertikalGVO 330/2010.

die über das hinausgehen, was sonstigen Dritten an Möglichkeiten bzw Informationen zur Verfügung steht. Rein passive Investitionen berühren also nicht die wirtschaftliche Selbständigkeit.

Problematisch können dagegen **Minderheitsbeteiligungen an Mitbewerbern** sein, die das Selbständigkeitspostulat berühren. Dies kann der Fall sein, wenn die Investition nicht bloß geringfügig ist und daher zu einer wechselseitigen Rücksichtnahme zwischen den Unternehmen führt. Va aber kann eine Minderheitsbeteiligung Strukturen schaffen, die eine **Koordinierung** des Wettbewerbs ermöglichen oder erleichtern, etwa durch Etablierung eines institutionalisierten Informationsaustauschs, personelle Verflechtungen usw.[151] Für die Beurteilung ausschlaggebend ist der wirtschaftliche Kontext, insbesondere die Struktur des betroffenen Marktes. ZB ist die eine Minderheitsbeteiligung auf einem oligopolistischen Markt eher problematisch als auf Märkten mit starkem Wettbewerbsdruck.[152]

Mehrheitsbeteiligungen bzw ein **Kontrollerwerb** unterliegen nicht Art 101, sondern der Fusionskontrolle. **Abgrenzungsbedarf** ergibt sich dabei jedoch bei der Gründung eines **Gemeinschaftsunternehmens** (sog *joint venture*) zur Realisierung bestimmter Vorhaben (zB gemeinsame Forschung, gemeinsamer Einkauf usw). Ein Gemeinschaftsunternehmen wird von den beteiligten Müttern gemeinsam kontrolliert. Kartellrechtlich ist es nach zwei Gesichtspunkten zu prüfen: Zum einen ist das angestrebte Kooperationsvorhaben wettbewerblich zu beurteilen, zum anderen kann die Gründung des Gemeinschaftsunternehmens als solches problematisch sein, also der Umstand, dass die Unternehmen eine gemeinsame Einheit schaffen und sich daraus Auswirkungen auf das jeweilige Wettbewerbsverhalten der Mütter ergeben können (sog *spillover*-Effekte).

Art 3 Abs 4 FKVO 139/2004 sieht vor, dass **Vollfunktions-Gemeinschaftsunternehmen** (das sind solche, die auf Dauer alle Funktionen einer selbständigen wirtschaftlichen Einheit erfüllen) als Zusammenschlüsse anzusehen sind und nach der FKVO angemeldet und beurteilt werden. Teilfunktions-Geimeinschaftsunternehmen (das sind solche, die bloß Hilfstätigkeiten für die Mütter verrichten, etwa Einkauf, Verkauf, Produktentwicklung odgl) werden dagegen auf Grundlage des Art 101 beurteilt. Die Unterscheidung spielt va für das Verfahren (und die Anmeldepflicht) eine Rolle: Materiell werden *spillover*-Effekte von Vollfunktions-Gemeinschaftsunternehmen im Rahmen der Fusionskontrolle ebenfalls unter Anwendung der Maßstäbe von Art 101 geprüft.[153] Entscheidend für die Prüfung ist, ob die Gründung des Gemeinschaftsunternehmens den Müttern einen zusätzlichen Anreiz zur Koordinierung des Wettbewerbsverhaltens bietet. Zusätzlich wird nach den Maßstäben der Fusionskontrolle bzw des SIEC-Tests (dazu bei der FKVO 139/2004) beurteilt, welche Auswirkungen das Vorhaben als solches hat, ob dadurch also wirksamer Wettbewerb erheblich behindert würde, insbesondere durch die Begründung oder Verstärkung einer beherrschenden Stellung.

8.3. Missbrauchsverbot

Der **Tatbestand** des Art 102 AEUV erfasst 1) den Missbrauch 2) einer marktbeherrschenden Stellung im Binnenmarkt oder in einem wesentlichen Teil desselben 3) eines oder mehrerer

---

[151] Vgl verb Rs 142/84 und 156/84, *BAT*, ECLI:EU:C:1987:490, Rn 38 ff.
[152] Vgl verb Rs 142/84 und 156/84, *BAT*, ECLI:EU:C:1987:490, Rn 44.
[153] Vgl Art 2 Abs 4 FKVO 139/2004.

Unternehmen, der 4) zwischenstaatlich handelsbeeinträchtigende Wirkung hat. Zum (hier gleichen) **Unternehmensbegriff** sowie zur **Abgrenzung des relevanten Marktes** gilt das einleitend sowie bei Art 101 Gesagte.

Erfasst sind, anders als bei Art 101, also **einseitige Verhaltensweisen** eines Unternehmens am Markt. **Ziel** von Art 102 ist der **Schutz** des (Rest-) **Wettbewerbs** auf Märkten, wo der Wettbewerb wegen der Anwesenheit eines oder mehrerer marktbeherrschender Unternehmen bereits geschwächt ist.[154]

Art 102 erlegt Unternehmen dazu gewissermaßen eine sanktionsbewehrte Etikette bzw einen **Verhaltenskodex** auf, deren Grund in jener **besonderen Verantwortung** für den Markt liegt, der **mit der Größe** des Unternehmens (Marktbeherrschung) **einhergeht**. Verboten ist also keineswegs die marktbeherrschende Stellung (oder auch eine Monopolstellung) als solche. Im Hintergrund der Bestimmung steht also ein Machtgefälle zwischen dem Marktbeherrscher und anderen Marktteilnehmern (Mitbewerbern, Abnehmern). Darin, dieses Machtgefälle zum Anlass eines regulierenden Regimes zu nehmen, ist Art 102 nicht alleine: Auf **ähnlichen Erwägungen** (wenngleich mit anderen Schutzgütern und entsprechend weitgehend anderen Prinzipien) beruhen etwa **auch** das Konsumentenschutzrecht, das Mietrecht usw.

Soweit ein (aus mehreren Einzelkomponenten bestehendes) Verhalten ausnahmsweise in den Anwendungsbereich beider Normen gerät (zB Vertriebsbedingungen, die zT auf Absprachen, zT auf einseitigem Verhalten beruhen), können die **Art 101 und 102 kumulativ anwendbar** sein. Freistellungen nach Art 101 berühren daher auch die Anwendbarkeit von Art 102 nicht.

Eigene **GVO** im Rahmen von Art 102 **gibt es nicht**: Eine bestimmte Verhaltensweise ist entweder missbräuchlich iSd Norm oder nicht. Ist sie missbräuchlich, lässt sie sich auch nicht ausnahmsweise hinnehmen (freistellen).

8.3.1. Marktbeherrschung

Ein Unternehmen verfügt über eine marktbeherrschende Stellung, wenn es in der Lage ist, die **Aufrechterhaltung eines wirksamen Wettbewerbs** auf dem relevanten Markt **zu verhindern**. Die Verhinderung wirksamen Wettbewerbs ist dem Marktbeherrscher dann möglich, wenn seine **Größe** ihm die Möglichkeit zu einem **unabhängigen Marktverhalten** ohne Rücksichtnahme auf die Marktpartner **verleiht**. Das Marktbeherrschungskonzept illustriert etwa[155] das auch bei der Marktabgrenzung (s einleitend) herangezogene **Grundsatzurteil** *United Brands* aus 1978, betreffend die Vertriebspolitik eines marktbeherrschenden Bananenproduzenten.

> Rs 27/76, *United Brands*, ECLI:EU:C:1978:22
>
> Die Kommission hegte Bedenken gegen die Vereinbarkeit der Preis- und Vertriebspolitik von United Brands, einem weltweit führenden, ua unter der Marke „Chiquita" tätigen Bananenproduzenten, mit Art 102. Um die Marktmacht zu quantifizieren war ua zu klären, ob Bananen einen eigen-

---

[154] Vgl zB Rs C-95/04 P, *British Airways* ECLI:EU:C:2007:166, Rn 66.
[155] Vgl zB verb Rs C-395/96 P und C-396/96 P, *Compagnie maritime belge*, ECLI:EU:C:2000:132, Rn 34; Rs C-95/04 P, *British Airways* ECLI:EU:C:2007:166, Rn 57 ff.; Rs C-82/01 P, *Aéroports de Paris*, ECLI:EU:C:2002:617, Rn 107.

ständigen Markt darstellen oder sie mit Frischobst allgemein konkurrieren (und der Markt daher weiter zu fassen wäre).

63/66 [Art 102] ist ein Ausfluss des allgemeinen [Unions-]Ziels, ein System zu errichten, das den Wettbewerb innerhalb des [Binnen-]Marktes vor Verfälschungen schützt. Er verbietet die missbräuchliche Ausnutzung einer beherrschenden Stellung auf einem wesentlichen Teil des gemeinsamen Marktes durch ein Unternehmen, soweit diese dazu führen kann, den Handel zwischen Mitgliedstaaten zu beeinträchtigen. Mit der beherrschenden Stellung im Sinne dieses Artikels ist die **wirtschaftliche Machtstellung** eines Unternehmens gemeint, die dieses in die Lage versetzt, die **Aufrechterhaltung eines wirksamen Wettbewerbs auf dem relevanten Markt zu verhindern**, indem sie ihm die Möglichkeit verschafft, sich **seinen Wettbewerbern, seinen Abnehmern und schließlich den Verbrauchern** gegenüber in einem **nennenswerten Umfang** unabhängig zu verhalten. Das Vorliegen einer beherrschenden Stellung ergibt sich im Allgemeinen aus dem **Zusammentreffen mehrerer Faktoren**, die jeweils für sich genommen nicht ausschlaggebend sein müssen.

Neben der in *United Brands* diskutierten **Angebotsmacht** erfasst Art 102 auch die beherrschende Stellung als Nachfrager (**Nachfragemacht**).[156] Voraussetzung ist allerdings, dass die Nachfrage dem Wiederverkauf dient: Ist der **Nachfrager selbst Endverbraucher**, so fällt er **nicht** unter den **Unternehmensbegriff** und ist damit auch nicht Adressat des Art 102.[157]

Wie auch in *United Brands* betont, entscheidet sich das Vorliegen einer marktbeherrschenden Stellung aus einer **Gesamtwürdigung** der im Einzelfall zusammentreffenden Umstände (**Faktoren**). Wann ein Unternehmen die Größe zu marktunabhängigem Verhalten erreicht hat, ist also von den Gegebenheiten am jeweiligen Markt abhängig. Sie lassen sich **qualitativ** und **quantitativ** ausloten, wobei für das Ergebnis beide Ansätze zu kombinieren sind. Vorangehen muss dem eine **Abgrenzung** des **relevanten Marktes** (dazu bei Art 101).

In **qualitativer** Hinsicht entscheidend sind die konkreten Gegebenheiten am Markt. Dazu gehören va die **Marktstruktur** (zB Zahl der Mitbewerber, Abstand zu diesen usw), **Marktzutrittschancen** (Eintrittsmöglichkeiten und tatsächliche Anreize für neue auftretende Anbieter, zB technologischer Vorsprung, Investitionskosten, Amortisationszyklen usw) sowie **besondere Merkmale des Unternehmens** oder der Produkte (zB Länge der Produkt- und Innovationszyklen, bisheriges Marktverhalten des Unternehmens usw).[158]

In **quantitativer** Hinsicht bestehen an den **Marktanteilen** orientierte **Vermutungsregeln** für die Marktbeherrschung. Ein hoher Marktanteil indiziert Marktbeherrschung, wobei idR Anteile **ab 50 %** als **ausreichend** gelten.[159] **Geringe** Marktanteile von idR unter 25 % **schließen** dagegen eine Marktbeherrschung praktisch **aus**. Bis etwa 40 % bleibt die Marktbeherrschung unwahrscheinlich.[160]

Allerdings werden die Marktanteile mit den qualitativen Faktoren **gemeinsam gewürdigt**, sodass es letztendlich auf das Ergebnis nach Kombination aller Faktoren ankommt. Diese übrigen Faktoren können also die quantitativen Vermutungen entkräften, sind aber va im Übergangsbereich zwischen tendenziell unproblematischen zu tendenziell problematischen Marktantei-

---

156 Vgl zB Rs T-22/97, *Kesko*, ECLI:EU:T:1999:327, Rn 103 ff.
157 Vgl zB Rs C-205/03 P, *FENIN*, ECLI:EU:C:2006:453, Rn 25 f.
158 Vgl zB Rs T-221/95, *Endemol*, ECLI:EU:T:1999:85, Rn 134 ff.
159 Vgl Rs C-62/86, *AKZO*, ECLI:EU:C:1991:286, Rn 60.
160 Vgl Prioritätenmitteilung zu Behinderungsmissbräuchen.

len (also ab 25 %, va aber **zwischen 40 % und 50 %**) beurteilungsentscheidend. Qualitative Merkmale alleine können zudem die Anwendung von Art 102 niemals rechtfertigen: Schon tatbestandlich verlangt die Norm, dass das betreffende Unternehmen über einen zumindest „nicht unerheblichen Anteil dieses Marktes verfügt".[161] Strittig kann daher nur die Grenzziehung im Einzelfall sein.

Art 102 schließt schon nach dem Wortlaut die Möglichkeit einer Marktbeherrschung durch „mehrere Unternehmen" mit ein (sog **kollektive Marktbeherrschung**). Gemeint sind sowohl unter einheitlicher Leitung stehende Konzerngesellschaften[162] als auch voneinander wirtschaftlich unabhängige Unternehmen, die gegenüber Konkurrenten, Geschäftspartnern oder Konsumenten als Einheit in Erscheinung treten.[163] Entscheidend ist, ob die Verbindungen zwischen den Unternehmen so beschaffen sind, dass sie diesen tatsächlich ein einheitliches Verhalten auf dem Markt erlauben. In Frage kommen vertragliche,[164] strukturelle (zB wechselseitige Kapitalbeteiligungen, personeller Verflechtungen)[165] oder marktbedingte bzw wirtschaftliche Verbindungen (zB Reaktionsverbundenheit im Oligopol).[166]

Oligopole beschreiben Märkte mit einer beschränkten Zahl von Anbietern und (damit zusammenhängenden) weiteren besonderen Merkmalen (zB hohe Transparenz, Homogenität der Erzeugnisse usw). Da die Anbieter im Oligopol die Verhaltensweisen der anderen häufig gut vorhersagen können, stehen sie unter einem starken Druck, ihr Marktverhalten einander anzupassen (zB bei Preisen oder Mengen). Oligopole unterliegen deshalb bzw soweit nicht Art 101, als die vorhandenen Anbieter zur Wettbewerbsbeschränkung nicht auf Vereinbarungen oder sonstige Verhaltensabstimmungen zurückgreifen müssen, sondern der Markt auch ohne solche zusätzlichen Verbindungen so transparent ist, dass de facto gemeinsam vorgegangen werden kann (**stillschweigende Koordinierung**). Die für die Annahme einer kollektiven Marktbeherrschung grundlegenden marktbedingten Verbindungen zwischen Oligopolisten (sog oligopolistische Interdependenz) erläutert etwa[167] das Urteil *Airtours* aus 2002, betreffend die Zulässigkeit einer Fusion in einem hoch konzentrierten Markt für Pauschalreisen.

> Rs T-342/99, *Airtours plc*, ECLI:EU:T:2002:146
>
> Am britischen Markt für Pauschalreisen zu ausländischen Kurzstreckenzielen wollten zwei mit Charterfluglinien und Reisebüros verbundene (sog vertikale Integration) Reiseveranstalter fusionieren. Am Markt gab es noch zwei weitere große und zahlreiche kleinere Anbieter. Durch die Fusion drohte eine Konzentration des Marktes von vier auf drei Anbieter und eine Unfähigkeit der kleineren Anbieter, für ausreichenden Wettbewerb zu sorgen. Die Kommission untersagte den Zusammenschluss daher aufgrund der Gefahr einer kollektiven Marktbeherrschung nach Fusion.
>
> 61 Eine **kollektive beherrschende Stellung**, durch die der wirksame Wettbewerb im [Binnen-] Markt oder in einem wesentlichen Teil desselben erheblich behindert wird, kann sich ... aus einem Zusammenschluss ergeben, wenn dieser – **aufgrund der Merkmale des relevanten Marktes** und

---

161 Rs 27/76, *United Brands*, ECLI:EU:C:1978:22, Rn 107.
162 Vgl verb Rs T-68/89, T-77/89 und T-78/89, *SIV*, ECLI:EU:T:1992:38, Rn 357f.; verb Rs C-395/96 P und C-396/96 P, *Compagnie maritime belge*, ECLI:EU:C:2000:132, Rn 36.
163 Vgl verb Rs C-395/96 P und C-396/96 P, *Compagnie maritime belge*, ECLI:EU:C:2000:132, Rn 39.
164 Vgl verb Rs C-395/96 P und C-396/96 P, *Compagnie maritime belge*, ECLI:EU:C:2000:132, Rn 45.
165 Vgl zB Rs C-497/99 P, *Irish Sugar*, ECLI:EU:C:2001:393, Rn 35 ff.
166 Vgl Rs T-102/96, *Gencor*, ECLI:EU:T:1998:529, Rn 276.
167 Vgl auch Rs T-102/96, *Gencor*, ECLI:EU:T:1998:529, Rn 276 f.

indem die **Marktstruktur** durch den Zusammenschluss geändert wird – dazu führt, dass jedes Mitglied des beherrschenden Oligopols es in Wahrnehmung der gemeinsamen Interessen für möglich, wirtschaftlich vernünftig und daher ratsam hält, **dauerhaft einheitlich** auf dem Markt **vorzugehen**, um zu höheren als den Wettbewerbspreisen zu verkaufen, ohne zuvor eine Vereinbarung im Sinne von [Art 101] treffen oder auf eine abgestimmte Verhaltensweise in Sinne dieser Vorschrift zurückgreifen zu müssen ... und ohne dass die tatsächlichen oder potenziellen Wettbewerber oder die Kunden und Verbraucher wirksam reagieren können.

62 [D]ie **Begründung** einer solchen kollektiven beherrschenden Stellung [setzt] **dreierlei** voraus:

- Zum einen muss jedes Mitglied des beherrschenden Oligopols das **Verhalten der anderen Mitglieder in Erfahrung bringen können**, um festzustellen, ob sie einheitlich vorgehen oder nicht. [Dabei] genügt es nicht, dass jedes Mitglied des beherrschenden Oligopols sich dessen bewusst ist, dass alle von einem interdependenten Verhalten auf dem Markt profitieren können, sondern es muss auch über ein **Mittel** verfügen, zu **erfahren**, ob die anderen Marktbeteiligten dieselbe **Strategie wählen und beibehalten**. Der **Markt müsste daher so transparent sein**, dass jedes Mitglied des beherrschenden Oligopols mit hinreichender Genauigkeit und Schnelligkeit die Entwicklung des Verhaltens aller anderen Mitglieder auf dem Markt in Erfahrung bringen kann;

- zum anderen muss die **stillschweigende Koordinierung auf Dauer** erfolgen können, dh, es muss einen **Anreiz** geben, **nicht vom gemeinsamen Vorgehen auf dem Markt abzuweichen**. [So] können die Mitglieder des beherrschenden Oligopols nur dann, wenn sie alle ein Parallelverhalten beibehalten, davon profitieren. Diese Voraussetzung schließt daher Gegenmaßnahmen im Fall eines Abweichens vom gemeinsamen Vorgehen ein. Die Parteien sind sich hier darin einig, dass eine kollektive **beherrschende Stellung nur dann Bestand** haben kann, wenn **genügend Abschreckungsmittel** langfristig für einen Anreiz sorgen, nicht vom gemeinsamen Vorgehen abzuweichen, was voraussetzt, dass jedes Mitglied des beherrschenden Oligopols weiß, dass jede auf Vergrößerung seines Marktanteils gerichtete, stark wettbewerbsorientierte Maßnahme seinerseits die gleiche Maßnahme seitens der anderen auslösen würde, so dass es keinerlei Vorteil aus seiner Initiative ziehen könnte[;]

- zum dritten [ist nachzuweisen], dass die **voraussichtliche Reaktion** der tatsächlichen und potenziellen Konkurrenten sowie der Verbraucher die erwarteten Ergebnisse des gemeinsamen Vorgehens nicht in Frage stellt.

8.3.2. Marktmachtmissbrauch

Der Begriff des Marktmachtmissbrauchs ist objektiv, also von der konkreten tatsächlichen Intention des Marktbeherrschers unabhängig. Kern des Begriffs ist die **Unsachlichkeit** der beanstandeten Verhaltensweise: Den wettbewerbsbehindernden Verhaltensweisen fehlt eine sachliche objektive Rechtfertigung. Reüssiert der Marktbeherrscher mit besserer Leistung, so haben Mitbewerber die für sie daraus entstehenden Nachteile hinzunehmen. Lässt sich also eine für Geschäftspartner oder Abnehmer *prima facie* nachteilige Maßnahme (zB eine Preissenkung) nach Effizienzgesichtspunkten erklären, so fehlt dem Verhalten die Missbräuchlichkeit und ist es nicht nach Art 102 verboten.

Eine erste grobe Annäherung an die Formen missbräuchlicher Verhaltensweisen erlaubt die in Art 102 enthaltene **Beispielliste**. Sie ist aber ebenso unvollständig wie knapp und unsystematisch. Ausführlichere Informationen zu Fallgruppen und Beurteilungsgrundsätzen gibt die **Prioritätenmitteilung** der Kommission betreffend Behinderungsmissbräuche.[168]

---

[168] Tz 32 ff.

8.3. Missbrauchsverbot

Tatsächlich lassen sich die Formen möglichen Marktmachtmissbrauchs in **zwei Hauptgruppen** teilen, den **Behinderungs-** und den **Ausbeutungsmissbrauch**. Diese zwei Gruppen entsprechen der doppelten Erscheinungsform von Marktmacht, nämlich der Fähigkeit zur **Verhinderung** wirksamen **Wettbewerbs** einerseits (Behinderung) und Fähigkeit zu **marktunabhängigem Verhalten** andererseits (Ausbeutung).

> Eine dritte Missbrauchsgruppe, der **Marktstrukturmissbrauch**,[169] spielt dagegen nur eine untergeordnete Rolle, da sie heute weitgehend von der Fusionskontrolle nach der FKVO 139/2004 als eigenem Regime überlagert wird. Marktstrukturverändernde Maßnahmen des Marktbeherrschers sind Fälle, die ggf noch außerhalb der Fusionskontrolle selbständig nach Art 102 zu beurteilen wären, könnten etwa der Erwerb von Exklusivlizenzen an konkurrierenden Technologien[170] oder von Minderheitsbeteiligungen[171] sein.

8.3.2.1. Behinderungsmissbrauch

Beim Behinderungsmissbrauch richtet das marktbeherrschende Unternehmen seine **Marktmacht direkt gegen** die **Mitbewerber**. Da das Wettbewerbsrecht jedoch den Wettbewerb als solches (dh dessen Funktionieren) und nicht den einzelnen Wettbewerber (also dessen unternehmerisches Überleben) schützt, ist nicht jede Wettbewerbshandlung eines Marktbeherrschers, die Mitbewerbern schadet, missbrauchsrelevant. **Missbrauchsrelevant** ist die Handlung **nur**, wenn die **Zurückdrängung der Mitbewerber** mit anderen Mitteln als jenen des **Leistungswettbewerbs** erfolgt, dh unter Ausnutzung der eigenen Übermacht und nicht aufgrund eines (preislich, qualitativ usw) überlegenen Angebots. Die Kategorie der Behinderungsmissbräuche erfasst also Verhaltensweisen, denen die (aufgrund der Größe des Marktbeherrschers möglich gewordene) Mitbewerberbehinderung mit anderen Mitteln als durch Leistungswettbewerb gemeinsam ist. Im Folgenden werden gängige Strategien dargestellt, die nach diesen Maßstäben als Behinderungsmissbrauch gelten.

8.3.2.1.1. Geschäftsverweigerung

Grundsätzlich haben auch marktbeherrschende Unternehmen das Recht, ihre Geschäftspartner frei zu wählen. Unter bestimmten Voraussetzungen kann die **Weigerung der Aufnahme oder der Abbruch von Geschäftsbeziehungen** jedoch missbräuchlich sein. **Marktbeherrscher** werden dann also **gezwungen**, Geschäftsbeziehungen aufzunehmen oder aufrechtzuerhalten (sog Abschluss- bzw **Kontrahierungszwang**).

> Eine Geschäftsverweigerung scheint zunächst **wirtschaftlich irrational**: Auch marktbeherrschende Unternehmen streben danach, Profite zu maximieren und daher möglichst viele Abnehmer zu finden. Zudem sind Abnehmer zumeist keine Wettbewerber, da sie das betreffende Produkt ja nachfragen und gerade nicht selbst anbieten. Dies gilt aber nur bei isolierter Betrachtung des Produktmarkts.

---

[169] Vgl noch Rs 6/72, *Continental Can*, ECLI:EU:C:1973:22, Rn 26.
[170] Ähnlich im Fall KomE 88/501/EWG, *Tetra Pak I*, ABl 1988 L 272/27, Rn 45 ff; Rs T-51/89, *Tetra Pak I/Kommission*, Slg 1990, II-309, Rn 23 ff.
[171] Vgl verb Rs 142/84 und 156/84, *BAT und Reynolds*, ECLI:EU:C:1987:490, Rn 65.

> Bezieht man den **nachgelagerten Markt,** auf dem das betreffende Produkt Verwendung findet, mit ein, so können der Marktbeherrscher und seine Abnehmer dort durchaus in direktem Wettbewerb stehen. Bietet der Marktbeherrscher also sowohl den Rohstoff (bzw eine Komponente) für das Produkt an als auch das daraus erzeugte Produkt selbst, kann er durch Einschränkung des Zugangs zum Rohstoff seine Position am nachgelagerten Markt stärken (einen solchen Fall behandelt das sogleich besprochene Urteil *Commercial Solvents*). Dasselbe gilt dann, wenn der Marktbeherrscher nicht einen Rohstoff oder eine Komponente beherrscht, sondern eine Infrastruktur (zB eine Leitung, einen Hafen usw), die für die Vermarktung konkurrierender Produkte essentiell ist. Der Marktbeherrscher nutzt in all diesen Fällen seine Marktmacht am ersten Markt daher als Hebel zum Ausbau der Marktposition am zweiten Markt (sog *leveraging* bzw Marktmachttransfer). Behindert wird also der Wettbewerb bzw die Mitbewerber auf jenem nachgelagerten Markt.

Der Kontrahierungszwang greift zwar in die **Privatautonomie** bzw die Geschäftsfreiheit[172] ein, deren Beschränkung durch eine Etikette für das Geschäftsverhalten von Marktbeherrschern ist aber gerade Gegenstand des Art 102 (s dazu einleitend unter dem Stichwort besondere Verantwortung des Marktbeherschers). Erst dann, wenn der Kontrahierungszwang mit einem Eingriff in die Eigentumsfreiheit einhergeht, erlangt er durch diese (weitere) grundrechtliche Berührung eine neue Qualität und bedarf dann einer besonders restriktiven Handhabe (s dazu unten bei den sog *essential facilities*).

Die Fälle des Kontrahierungszwangs aufgrund von Art 102, wo marktbeherrschende Unternehmen also zur Aufnahme oder Weiterführung von Geschäftsbeziehungen gezwungen werden, können grob in zwei Kategorien unterschieden werden. Es sind dies Verhaltensweisen betreffend 1) für den Markt bestimmte Gegenstände bzw Produkte gegenüber 2) für den Eigengebrauch bestimmten Gegenständen. Die zweitgenannte Kategorie ist auch unter dem Schlagwort *essential facilities* (essentielle Einrichtungen) bekannt.

Bezieht sich die Abschlussverweigerung 1) auf **Produkte** und Dienstleistungen, die ohnehin für die selbständige Vermarktung bestimmt waren, so liegt darin eine gewisse sachliche Nähe zur Diskriminierung der Geschäftspartner als einer (unten besprochenen) Kategorie des Ausbeutungsmissbrauchs.[173] Anders ist lediglich die Stoßrichtung des Verhaltens, die hier auf die Behinderung der wirtschaftlichen Betätigung aktueller oder potenzieller Mitbewerber bzw dort auf die Ausbeutung der Abnehmer gerichtet ist. Die Nähe zur Diskriminierung vereinfacht die Prüfung dieser Kategorie: Im vom Marktbeherrscher gesetzten Verhalten liegt insofern eine gewisse Widersprüchlichkeit, als sich das gegenüber einem Unternehmen gesetzte Verhalten mit jenem gegenüber anderen vergleichen lässt: Das für den Markt bestimmte Produkt wird A verkauft, B aber nicht. Lässt sich die Ungleichbehandlung nicht objektiv sachlich erklären (zB mit Kapazitätsgrenzen), streitet dies für einen Missbrauch der Angebotsmacht mit dem Ziel, B zu behindern.

Die Kategorie der Geschäftsverweigerung bei selbständig vermarkteten Produkten illustriert das Grundsatzurteil *Commercial Solvents* aus 1974. Es betraf ein Unternehmen, das den Zugang zum Rohstoff für ein Arzneimittel beherrschte und gleichzeitig auch das Arzneimittel selbst herstellte. Ist die Weigerung, den Rohstoff an konkurrierende Arzneimittelhersteller zu

---

[172] Vgl Art 16 GRC.
[173] Vgl für diese Doppelnatur zB Rs 27/76, *United Brands*, ECLI:EU:C:1978:22, Rn 163 f. und 227 ff (Abbruch der Lieferbeziehungen und Anwendung unterschiedlicher Preise).

liefern, auf das Bestreben zurückzuführen, den **Wettbewerber am nachgelagerten Markt auszuschalten**, oder hat sie diese Wirkung, liegt ein Missbrauch vor.

> Verb Rs 6/73 und 7/73, *Commercial Solvents Corporation*, ECLI:EU:C:1974:18
>
> Commercial Solvents produzierte und verkaufte Erzeugnisse auf der Grundlage von Nitroparaffinen, ua Nitropropan und dessen Derivat Aminobutanol. Beide sind Zwischenprodukte für die Herstellung von Etambutol und Arzneimittelspezialitäten auf der Basis von Etambutol, die als Anti-Tuberkulose-Medikamente verwendet wurden. Als Anbieter dieser Rohstoffe war Commercial Solvents marktbeherrschend. Commercial Solvents stellte die Belieferung eines Weiterverarbeiters und langjährigen Abnehmers (Zoja) ein, als und weil es begann, den Rohstoff (über eine Tochter, ICI) selbst weiter zu verarbeiten und damit in Wettbewerb mit dem Abnehmer zu treten. Kann der Abnehmer dagegen auf Grundlage von Art 102 vorgehen?
>
> 25 [E]in Unternehmen, das eine **marktbeherrschende Stellung hinsichtlich der Herstellung der Rohstoffe** einnimmt und **deswegen** die Belieferung der Produzenten von Derivaten zu kontrollieren in der Lage ist, sich nicht bloß weil es beschlossen hat, diese Derivate (**nunmehr im Wettbewerb zu seinen früheren Kunden**) selbst herzustellen, so verhalten, dass es deren Wettbewerb beseitigt, was im vorliegenden Fall die Ausschaltung eines der wichtigsten Hersteller von Etambutol im gemeinsamen Markt bedeutet hätte. Da ein solches Verhalten den ... Zielen [unverfälschten Wettbewerbs] zuwiderläuft, missbraucht ein Unternehmen seine marktbeherrschende Stellung im Sinne des [Art 102], wenn es eine beherrschende Stellung auf dem Markt für Rohstoffe hat und sich in der Absicht, sich den Rohstoff für die Herstellung seiner eigenen Derivate vorzubehalten, weigert, einen Kunden, der seinerseits Hersteller dieser Derivate ist, zu beliefern, auch auf die Gefahr hin, **jeglichen Wettbewerb durch diesen Kunden auszuschalten**[.]

Andere **Beispiele** missbräuchlicher Geschäftsverweigerung sind ein **Abbruch der Lieferbeziehungen** durch einen **Hersteller von Musikinstrumenten** gegenüber einem **Absatzmittler**, der selbst begonnen hatte, diese Instrumente herzustellen,[174] ein Abbruch der Lieferbeziehungen zu einem Unternehmen, das auf einem **benachbarten Markt als Wettbewerber** auftrat,[175] ein Abbruch der Lieferbeziehungen zu einem Unternehmen, das in einem Wettbewerbsverhältnis auf dem Markt für **Reparatur- und Serviceleistungen** stand,[176] eine Lieferverweigerung gegenüber alten Kunden oder Händlern, um deren Weiterverkauf an Erzeuger **kompatibler Produkte** zu verhindern,[177] die Zurverfügungstellung von Sendezeit durch ein Rundfunkunternehmen an eine Telemarketinggesellschaft nur unter der Bedingung, dass sich diese einer ihrer Dienstleistungseinrichtungen bedient[178] oder ein Abbruch der Lieferbeziehungen gegenüber einem Händler, als **Sanktion** für die Aufnahme von **Wettbewerbsbeziehungen** bzw für die Zusammenarbeit mit einem Wettbewerber.[179]

Ist die Weigerung eines marktbeherrschenden Herstellers, einen Abnehmer zu beliefern, **objektiv gerechtfertigt**, ist sie **zulässig**. Dies illustriert etwa das **Urteil *Lélos*** aus 2008, betreffend Lieferbeschränkungen zur Verhinderung von Parallelimporten bei Arzneimitteln. Die Beschränkung wurde hier als (mangels Alternativen) legitime Verteidigung der geschäftlichen Interessen gesehen. Dies galt aber nur für die Ablehnung über die normalen Liefermengen

---

174 Vgl KomE 87/500/EWG, *Boosey & Hawkes*, ABl 1987/L 286/36, Tz 19.
175 Vgl KomE 88/518/EWG, *British Sugar*, ABl 1988/L 284/41, Tz 61 ff.
176 Vgl KomE 78/68/EWG, *Hugin*, ABl 1978/L 22/23, S 31 f. (aufgehoben, jedoch nicht in diesem Punkt, durch Rs 22/78, *Hugin*, ECLI:EU:C:1979:138, Rn 26).
177 Vgl Rs C-53/92 P, *Hilti*, ECLI:EU:C:1994:77, Rn 11 ff.
178 Vgl Rs 311/84, *CBEM*, ECLI:EU:C:1985:394, Rn 25 f.
179 Vgl Rs 27/76, *United Brands*, ECLI:EU:C:1978:22, Rn 163 f.

hinausgehender Mengen (also der für den Parallelimport bestimmten Mengen). Wären auch normale Bestellungen abgelehnt worden, wäre dies jedenfalls missbräuchlich gewesen.

> Verb Rs C-468/06 und C-478/06, *Sot. Lélos kai Sia EE*, ECLI:EU:C:2008:504
>
> Der Arzneimittelhersteller GlaxoSmithKline vertrieb in Griechenland über eine Tochtergesellschaft verschiedene patentgeschützte Präparate. Zwischengroßhändler hatten diese erworben, um sie auf dem griechischen Markt, aber auch in anderen MS zu höheren Preisen abzusetzen. Glaxo konnte seine eigenen Preise nicht anpassen, da die Arzneimittelpreise in vielen MS staatlich reglementiert waren. Es reagierte daher so, dass es sein griechisches Vertriebssystem änderte und die Bestellungen der Großhändler nicht mehr ausgeführt wurden. Liegt darin ein Verstoß gegen Art 102?
>
> 66. Aufgrund dieses Ziels des Vertrags und des Ziels, sicherzustellen, dass der Wettbewerb im Binnenmarkt nicht verfälscht wird, können daher dem in Art. [102] ausgesprochenen Verbot auch die Praktiken eines Unternehmens in beherrschender Stellung nicht entzogen sein, durch die Parallelexporte aus einem Mitgliedstaat in andere Mitgliedstaaten verhindert werden sollen und die durch die Abschottung der nationalen Märkte die Vorteile eines wirksamen Wettbewerbs bei der Versorgung und bei den Preisen zunichtemachen, die diese Exporte den Endverbrauchern in diesen anderen Mitgliedstaaten verschaffen würden.
>
> 67. Zwar kann der Grad der Preisreglementierung im Sektor der pharmazeutischen Erzeugnisse daher die Anwendung der gemeinschaftlichen Wettbewerbsregeln nicht ausschließen, doch kann bei den Mitgliedstaaten, die ein Preisfestsetzungssystem kennen, bei der Beurteilung der Missbräuchlichkeit der Weigerung eines Pharmaunternehmens, Arzneimittel an im Parallelexport tätige Großhändler zu liefern, nicht außer Acht gelassen werden, dass dieser staatliche Eingriff einer der Faktoren ist, der Gelegenheiten für den Parallelhandel eröffnet.
>
> 68. Außerdem dürfen diese Wettbewerbsregeln im Licht der Ziele des Vertrags, den Verbraucher durch einen nicht verfälschten Wettbewerb zu schützen und die Integration der nationalen Märkte herbeizuführen, auch nicht dahin ausgelegt werden, dass die einzige Wahl, die einem Pharmaunternehmen in beherrschender Stellung bei der Verteidigung seiner eigenen geschäftlichen Interessen bleibt, darin besteht, seine Arzneimittel in einem Mitgliedstaat, in dem deren Preise auf einem verhältnismäßig niedrigen Niveau festgesetzt sind, überhaupt nicht zu vermarkten.
>
> 69. Daraus folgt, dass der Grad der Reglementierung der Arzneimittelpreise zwar einer Weigerung eines Pharmaunternehmens in beherrschender Stellung, die an dieses Unternehmen gerichteten Bestellungen von im Parallelexport tätigen Großhändlern auszuführen, ihren missbräuchlichen Charakter nicht nehmen kann, dass ein solches Unternehmen jedoch in der Lage sein muss, angemessene und der Notwendigkeit, seine eigenen geschäftlichen Interessen zu schützen, entsprechende Maßnahmen zu ergreifen.
>
> 70. In diesem Zusammenhang ist ... festzustellen, dass für die Beurteilung der Frage, ob die Weigerung eines Pharmaunternehmens, im Parallelexport tätige Großhändler zu beliefern, eine im Verhältnis zu der Bedrohung, die diese Exporte für ihre berechtigten geschäftlichen Interessen darstellen, angemessene und verhältnismäßige Maßnahme darstellt, zu ermitteln ist, ob die von diesen Großhändlern aufgegebenen Bestellungen anormal sind[.]
>
> 71. Zwar kann nicht zugelassen werden, dass ein Pharmaunternehmen in beherrschender Stellung in einem Mitgliedstaat, in dem die Preise verhältnismäßig niedrig sind, normale Bestellungen eines langjährigen Kunden allein deshalb nicht mehr ausführt, weil dieser einige der bestellten Mengen in andere Mitgliedstaaten exportiert, in denen die Preise höher sind, jedoch steht es diesem Unternehmen frei, in einem vernünftigen und verhältnismäßigen Umfang der Bedrohung zu begegnen, die die Tätigkeiten eines Unternehmens, das im erstgenannten Mitgliedstaat mit bedeutenden Mengen von im Wesentlichen für den Parallelexport bestimmten Erzeugnissen beliefert werden möchte, für seine eigenen geschäftlichen Interessen darstellen können.

Bezieht sich die Abschlussverweigerung 2) auf Einrichtungen oder **Gegenstände für den Eigengebrauch**, so ist die missbrauchsrechtliche Beurteilung vergleichsweise schwieriger. Diese Einrichtungen oder Gegenstände können materieller oder immaterieller Art sein: Errichtet ein Unternehmen beispielsweise ein Leitungsnetz, organisiert es ein besonderes Vertriebssystem oder macht es eine patentgeschützte Erfindung, so können Wettbewerber ein Interesse daran haben, an diesen materiellen oder immateriellen Gegenständen zu partizipieren. Dieses Interesse auf Mitnutzung ist jedoch nicht generell beachtlich, sondern nur in bestimmten, eng begrenzten Fällen der Unerlässlichkeit dieser Einrichtungen für das Funktionieren des Wettbewerbs (sog essentielle Einrichtung, *essential facility*).

Die Begründung eines Kontrahierungszwangs zur Mitnutzung von Eigentum oder sonstigen ausschließlichen Berechtigungen steht in einem **Spannungsverhältnis zur Eigentumsfreiheit**[180] und zum Grundsatz der Neutralität des Unionsrechts gegenüber der staatlichen Eigentumsordnung (Art 345 AEUV). Auch bei Marktbeherrschern bedarf der mit dem Kontrahierungszwang bewirkte Eingriff in die **Privatautonomie** und die damit verbundenen grundrechtlichen Garantien daher sowohl einer Beschränkung auf unbedingt notwendige Fälle und innerhalb dieser Fälle auf das zwingend erforderliche Maß (Verhältnismäßigkeit). Im Urteil *Van den Bergh* aus 2003, betreffend die (Verweigerung einer) Mitbenutzung von Gefriertruhen für Speiseeis in Geschäften, wird dieses Spannungsverhältnis und seine Auflösung im Kontext des Wettbewerbsrechts erörtert.

> Rs T-65/98, *Van den Bergh Foods Ltd*, ECLI:EU:T:2003:281
>
> Die Van den Bergh Foods, Teil der Unilever-Gruppe, war der Hauptsteller von Speiseeis in Irland, insbesondere von Kleineis in Einzelportionspackungen. Sie stellte den Speiseeis-Wiederverkäufern seit Jahren kostenlos in ihrem Eigentum verbleibende Kühltruhen unter der Bedingung zur Verfügung, dass sie ausschließlich für die Lagerung der von ihr gelieferten Speiseeiserzeugnisse benutzt werden (Ausschließlichkeitsklausel). Masterfoods, eine Tochter der amerikanischen Firma Mars, trat etwas später in den irischen Speiseeismarkt ein. Daraufhin begannen zahlreiche Wiederverkäufer in ihren bereitgestellten Kühltruhen Erzeugnisse von Mars aufzubewahren und zu präsentieren. Van den Bergh verlangte von ihnen die Einhaltung der Ausschließlichkeitsklausel. Mars erhob gegen die Ausschließlichkeitsklausel Klage auf Feststellung, dass sie gegen Art (101 und) 102 verstoße und nichtig sei.
>
> 170 Das **Eigentumsrecht** gehört ... zu den allgemeinen Grundsätzen des [Unions]rechts; es ist aber **nicht schrankenlos gewährleistet**, sondern muss im Hinblick auf seine **gesellschaftliche Funktion** gesehen werden. Folglich kann die Ausübung des Eigentumsrechts Beschränkungen unterworfen werden, sofern diese Beschränkungen tatsächlich **dem Gemeinwohl dienenden Zielen** der [Union] entsprechen und keinen im Hinblick auf den verfolgten Zweck unverhältnismäßigen, nicht tragbaren Eingriff darstellen, der die so gewährleisteten Rechte in ihrem **Wesensgehalt** antastet[. Die Aufgaben der Union schließen] ein System, das den Wettbewerb innerhalb des Binnenmarkts vor Verfälschungen schützt [ein]. Infolgedessen fällt die Anwendung der [Art 101 und 102] unter das öffentliche Interesse der [Union.] **Somit kann** die Ausübung des **Eigentumsrechts** nach diesen Artikeln **Beschränkungen unterworfen** werden, sofern sie **nicht unangemessen** sind und das Recht nicht in seinem Wesensgehalt antasten.

Das Spannungsverhältnis zwischen Kontrahierungszwang und Eigentumsrecht ist grundlegend für das Verständnis der Voraussetzungen und Grenzen der Anwendung von Art 102 in

---

[180] Art 17 GRC.

Fällen des Zugangs zu *essential facilities*.[181] Sie erfolgt **tendenziell restriktiv**, etwa soweit eine **bestimmte Schwere** der Wettbewerbswirkungen der Zugangsverweigerung Anwendungsvoraussetzung ist oder soweit der Einrichtungseigner in jedem Fall das Anrecht auf eine angemessene Gegenleistung behält.

Der historisch-klassische Anwendungsfall der Zugangsverweigerung betrifft **physische Infrastruktur**, etwa die Nutzungsbedingungen für Häfen,[182] Flughäfen,[183] Schienen,[184] Gasleitungen,[185] Telekom Infrastruktur,[186] Flugzeuge[187] usw. Essentielle Einrichtungen können aber auch sonstige (nicht physische) Netzwerke sein, etwa Flugreservierungssysteme,[188] Decoderboxen für Pay-TV,[189] Finanzdienstleistungsnetze bzw Abrechnungssysteme[190] oder ein Zeitungszustellungssystem.[191] Besondere Prominenz hat die Zugangsproblematik mittlerweile aber im Bereich der Mitnutzung von **Immaterialgüterrechten** (va Patente[192] und Urheberrechte[193]) und sonstigem **Know-how** (zB Interoperabilitäts- und Schnittstelleninformationen,[194] Zugang zu digitalen Plattformen[195]) bekommen.

Die Beurteilung der Zugangsverweigerung zu einer materiellen oder immateriellen *essential facility* erfolgt nach einem **vierstufigen Test**.[196] Seine Einzelelemente sind **kumulativ**.[197] Gefragt wird nach dem/der ...

1) **Bestehen beherrschender Kontrolle** über die betreffende Einrichtung bzw den Gegenstand. Kann iW. unabhängig von Dritten über die Nutzung der Einrichtung verfügt werden, so liegt damit Marktmacht iSv Art 102 auf jenem Markt vor, der dem Produkt, für das die Einrichtung wesentlich ist, vorgelagert ist;

> Verfügt ein Unternehmen als **Beispiel** über ein Patent für ein gängiges bzw standardisiertes Bauteil für ein Handy, beherrscht es damit den Markt für dieses Bauteil, das also nur vom Patentinhaber bzw mit dessen Zustimmung bezogen oder gebaut werden kann. Der Zugang zum Bauteil bzw zur patentgeschützten Technologie bildet ein Nadelöhr für jede Tätigkeit am davon abhängigen (nachgelagerten) Markt für die Herstellung der Handys.

---

181 Siehe auch *Kohl/Schmidt*, RdW 2017, 549 ff.
182 Vgl zB KomE 94/19/EG, *Sealink*, ABl 1994/L 15/8; KomE 94/119/EG, *Rødby*, ABl 1994/L 55/52.
183 Vgl zB KomE 98/190/EG, *Flughafen Frankfurt*, ABl 1998/L 72/30.
184 Vgl zB KomE 2004/33/EG, *GVG*, ABl 2004/L 11/17.
185 Vgl KomE v 3. 12. 2009 im Verf Nr COMP/39.316, *GDF Suez*; KomE v 4. 5. 2010 im Verf Nr COMP/39.317, *E.ON Gas*.
186 Vgl Telekom-Mitteilung 1998, ABl 1998/C 265/2, Tz 83 ff.
187 Vgl KomE 92/213/EWG, *Aer Lingus*, ABl 1992/L 96/34.
188 Vgl KomE im Verf Nr IV/32.318, *Sabena*, ABl 1988/L 317/47.
189 Vgl Rs T-158/00, *ARD*, ECLI:EU:T:2003:246, Rn 205 ff.
190 Vgl Rs T-301/04, *Clearstream*, ECLI:EU:T:2009:317, Rn 139 ff.
191 Vgl Rs C-7/97, *Bronner*, ECLI:EU:C:1998:569, Rn 47.
192 Vgl KomE v 29. 4. 2014 im Verf Nr AT.39985, *Motorola*; KomE v 29. 4. 2014 im Ver Nr AT.39939, *Samsung*.
193 Vgl verb Rs C-241/91 P und C-242/91 P, *RTE*, ECLI:EU:C:1995:98, Rn 48 ff; Rs C-418/01, *IMS Health*, ECLI:EU:C:2004:257, Rn 34 ff.
194 Vgl Rs T-201/04, *Microsoft*, ECLI:EU:T:2007:289, Rn 312 ff; KomE v 20. 4. 2016 im Verf Nr AT.40099, *Google Android*.
195 Vgl KomE v. 27. 6. 2017 im Verf. Nr AT.39740, *Google price search*.
196 Ausführlich zB Rs T-201/04, *Microsoft*, ECLI:EU:T:2007:289, Rn 319 ff.und 332 mwN.
197 Vgl Rs C-418/01, *IMS Health*, ECLI:EU:C:2004:257, Rn 82.

2) unverzichtbaren bzw **essenziellen Charakter** der beherrschten Einrichtung für den Zugang zum nachgelagerten Markt (Nadelöhr). Bestehen für den Zugangswerber Alternativen, kann die Einrichtung also zB dupliziert oder von anderer Quelle Zugang zu einer für den Marktzugang gleichwertigen Einrichtung oder einem anderen Gegenstand erlangt werden, so liegt Essenzialität bzw ein Nadelöhr nicht vor und muss kein Zugang gewährt werden;

> Gerade **physische Infrastruktur** ist aus rechtlichen und wirtschaftlichen Gründen häufig nicht duplizierbar. Die Bahn-Hauptstrecke Salzburg-Linz, den Hafen Linz oder den Flughafen Salzburg ein zweites Mal zu bauen, ist weder rechtlich möglich noch wirtschaftlich sinnvoll.
>
> Bei **Immaterialgüterrechten** und Know-how ist die Duplizierbarkeit rechtlich ebenfalls ausgeschlossen (Ausschließlichkeitsrechte, Geschäftsgeheimnisschutz). Hier stellt sich also nur die Frage, ob es am Markt gleichwertige technische Lösungen gibt. Jedenfalls dann, wenn es um standardessenzielle Technologien (Technikstandards) oder den Zugang zu überragend dominanten Plattformen (Betriebssysteme, Suchmaschinen usw) geht, sind Alternativen ausgeschlossen. Gleiches gilt für urheberrechtlich geschützte Informationen und Daten, wenn es für die Herstellung des Produkts genau diese Daten sein müssen (zB Programminformationen für eine TV-Zeitschrift).
>
> Vergleichsweise schwieriger ist der Beleg der Essenzialität und Nicht-Duplizierbarkeit dagegen bei **nicht physischen Netzwerken**, also Buchungssystemen, Vertriebsnetzen usw. In vielen dieser Fälle scheiterte die Einstufung als *essential facility* daran, dass es dem Zugangswerber wirtschaftlich zumutbar war, auf Alternativen auszuweichen oder sich selbst um die Herstellung eines entsprechenden Netzes zu bemühen (so zB im sogleich besprochenen Fall *Bronner*).

Die Anwendung des Konzepts der Unentbehrlichkeit der Nutzung der Einrichtung für Mitbewerber auf dem nachgelagerten Markt illustriert das Urteil *Bronner* aus 1998, betreffend die Öffnung eines Hauszustellungssystems für Tageszeitungen für einen Konkurrenten. Demnach ist sowohl danach zu fragen, ob der betreffende Typ Einrichtung überhaupt gebraucht wird, um auf dem nachgelagerten Markt auftreten zu können (**Unerlässlichkeit**) als auch danach, ob es zu der in Frage stehenden Einrichtung eine Alternative gibt (**Duplizierbarkeit**).

> Rs C-7/97, *Oskar Bronner*, ECLI:EU:C:1998:569
>
> Das marktbeherrschende Presseunternehmen Mediaprint druckte in Österreich zwei auflagenstarke Tageszeitungen und lieferte diese über ein eigenes Hauszustellungssystem an die Abonnenten. Herr Bronner, Herausgeber einer erst viel später in den Markt eingetretenen Konkurrenztageszeitung, begehrte die Aufnahme in das Hauszustellungssystem der Mediaprint. Die Begründung war, es handle sich um eine *essential facility*, da es Bronner wirtschaftlich unmöglich sei, selbst ein solches System zu errichten. Besteht ein Recht auf Zugang?
>
> 41 [Vorliegend] ließe sich ... **nur dann** auf einen Mißbrauch im Sinne des [Art 102] schließen, wenn die Verweigerung der in der Hauszustellung liegenden Dienstleistung zum einen **geeignet** wäre, **jeglichen Wettbewerb** auf dem Tageszeitungsmarkt durch denjenigen, der die Dienstleistung begehrt, **auszuschalten**, und nicht objektiv zu rechtfertigen wäre, und zum anderen die Dienstleistung selbst für die Ausübung der Tätigkeit des Wettbewerbers **in dem Sinne unentbehrlich wäre, daß kein tatsächlicher oder potentieller Ersatz** für das Hauszustellungssystem **bestünde**.
>
> 42 Dies aber ist **mit Sicherheit nicht einmal dann der Fall**, wenn, wie im Ausgangsverfahren, in einem Mitgliedstaat nur ein einziges landesweites Hauszustellungssystem existiert und wenn zudem der Inhaber dieses Systems auf dem Dienstleistungsmarkt, der durch dieses System gebildet wird oder zu dem dieses System gehört, eine beherrschende Stellung innehat.

43 Zum einen steht nämlich fest, daß für Tageszeitungen **andere Vertriebswege**, wie die Postzustellung oder Laden- oder Kioskverkauf, bestehen – auch wenn sie für den Vertrieb bestimmter Tageszeitungen weniger günstig sein dürften – und von den Verlegern dieser Tageszeitungen auch in Anspruch genommen werden.

44 Zum anderen sind **keine technischen, rechtlichen oder auch nur wirtschaftlichen Hindernisse ersichtlich**, die geeignet wären, jedem anderen Verleger von Tageszeitungen – allein oder in Zusammenarbeit mit anderen Verlegern – die Errichtung eines eigenen landesweiten Hauszustellungssystems und dessen Nutzung für den Vertrieb der eigenen Tageszeitungen unmöglich zu machen oder zumindest unzumutbar zu erschweren.

45 Daß die Schaffung eines solchen Systems **keine realistische potentielle Alternative** darstelle und daher der Zugang zum bestehenden System unverzichtbar sei, ist **nicht schon mit der** Behauptung dargetan, daß die Schaffung eines solchen Systems wegen der geringen Auflagenhöhe der zu vertreibenden Zeitung oder Zeitungen **unrentabel** sei.

46 [D]er Zugang zum bestehenden System [könnte] nur dann als unverzichtbar angesehen werden, wenn zumindest dargetan wäre, daß es unrentabel wäre, für den Vertrieb von Tageszeitungen mit einer Auflagenhöhe, die mit derjenigen der anhand des vorhandenen Systems vertriebenen Tageszeitungen vergleichbar wäre, ein zweites Hauszustellungssystem zu schaffen.

47 Aufgrund dessen ist ... zu antworten, daß es **keine mißbräuchliche Ausnutzung einer beherrschenden Stellung** ... darstellt, wenn ein Presseunternehmen, das einen überwiegenden Anteil am Tageszeitungsmarkt in einem Mitgliedstaat hat und das einzige in diesem Mitgliedstaat bestehende landesweite System der Hauszustellung von Zeitungen betreibt, sich weigert, dem Verleger einer Konkurrenztageszeitung, der wegen der geringen Auflagenhöhe dieser Zeitung nicht in der Lage ist, unter wirtschaftlich vertretbaren Bedingungen allein oder in Zusammenarbeit mit anderen Verlegern ein eigenes Hauszustellungssystem aufzubauen und zu betreiben, gegen angemessenes Entgelt Zugang zum genannten System zu gewähren.

3) **Ausschaltung wirksamen Wettbewerbs** am nachgelagerten Markt aufgrund der Zugangsverweigerung. Dieser Prüfschritt weicht bei Immaterialgüterrechten, Know-how und nicht-physischen Netzwerken inhaltlich von der Prüfung bei physischer Infrastruktur ab.[198] (Nur) Bei Ersteren wird danach gefragt, ob „die Weigerung das **Auftreten eines neuen Produkts** verhindert, nach dem eine potenzielle Nachfrage der Verbraucher besteht".[199] Allerdings ist unter neuem Produkt wohl nicht nur ein gänzlich neuartiges Erzeugnis zu verstehen, sondern auch schon eine qualitative Verbesserung eines bestehenden Erzeugnisses.[200] Zugang ist also auch dann schon zu gewähren, damit bzw soweit die **Innovationsanreize** zur Weiterentwicklung des Produkts aufrecht bleiben;[201]

Die Notwendigkeit, den Prüfschritt bei Immaterialgüterrechten abzuwandeln, ergibt sich einerseits aus der hohen Dynamik wissensbasierter Märkte, wo Innovationen eine größere Rolle spielen als Wettbewerb in Bezug auf Standardprodukte, sondern auch aus der **Abgrenzung zur immaterialgüterrechtlichen Rsp** des EuGH: Nach der im Rahmen der Warenverkehrsfreiheit entwickelten **Wesensgehaltstheorie**[202] ist es Teil des vom Unionsrecht respektierten Kerngehalts von Immaterialgüterrechtsschutz, dass der Inhaber über Zeitpunkt, Art und Bedingungen der (erstmaligen) Kommerzialisierung des Schutzrechts entscheiden kann. Dies umfasst insbesondere die Entschei-

---

[198] Grundlegend verb Rs C-241/91 P und C-242/91 P, *RTE*, ECLI:EU:C:1995:98, Rn 54.
[199] Rs T-201/04, *Microsoft*, ECLI:EU:T:2007:289, Rn 332, Hervorhebung hinzugefügt.
[200] Vgl Prioritätenmitteilung, ABl 2009/C 45/7, Tz 87.
[201] So Rs T-201/04, *Microsoft*, ECLI:EU:T:2007:289, Rn 659.
[202] Vgl zB Rs 15/74, *Centrafarm*, ECLI:EU:C:1974:114, Rn 9.

dung darüber, wer Lizenznehmer sein soll. ZB muss der Inhaber eines Designrechts nicht jedem, der Ersatzteile für designrechtlich geschützte Fahrzeuge erzeugen möchte, eine Lizenz dafür gewähren.[203] Das Kriterium der Verhinderung der Entstehung eines neuen Produkts dient daher der Abgrenzung jener (inhaberfreundlicheren) Warenverkehrsrechtsprechung gegenüber der (zum Schutz des Wettbewerbs restriktiveren) Kartellrechtsprechung.

Die Prüfung der *essential facilites*-Doktrin für Immaterialgüterrechte illustriert das **Beispiel**[204] der Leitentscheidung *RTE* aus 1995 (auch als Urteil *Magill* bekannt), betreffend die Verweigerung des Zugangs zu urheberrechtlich geschützten Informationen für die Herstellung einer Programmzeitschrift. Demnach kann unter außergewöhnlichen Umständen (in Abweichung von der eben diskutierten allgemeinen Rsp zum Wesensgehalt der Schutzrechte) bereits die Weigerung missbräuchlich sein, Dritten eine Lizenz zur Nutzung eines Schutzrechts zu erteilen.

Verb Rs C-241/91 P und C-242/91 P, *RTE und ITP*, ECLI:EU:C:1995:98

Die irischen bzw britischen Rundfunkstationen RTE und ITP veröffentlichten ihr TV-Programm in ihren jeweils eigenen, wöchentlichen Programmzeitschriften. Das Unternehmen Magill TV Guide Ltd wollte erstmals eine alle Kanäle umfassende, wöchentliche Programmzeitschrift herausgeben und ersuchte die einzelnen TV-Stationen um Bekanntgabe ihrer Programmlisten. Diese verweigerten den Zugang zu den relevanten Informationen mit der Begründung, die Inhalte seien urheberrechtlich geschützt. Müssen die Informationen lizensiert werden, damit das neue, verbesserte Konkurrenzprodukt hergestellt werden kann?

51 Hier besteht das ... vorgeworfene Verhalten darin, daß sie sich auf **das vom nationalen Recht verliehene Urheberrecht** berufen, um die Firma Magill oder jedes andere Unternehmen, das das gleiche Projekt verfolgt daran zu hindern, wöchentlich Informationen (über Fernsehkanal, Tag, Uhrzeit und Titel der Sendungen) zusammen mit Kommentaren und Bildern zu veröffentlichen, die sie ohne Zutun der Rechtsmittelführerinnen erhalten haben.

52 [Das erstinstanzlich befasste EuG beurteilte] dieses Verhalten [als] mißbräuchlich[, weil] es ... **keinen tatsächlichen oder potentiellen Ersatz** für einen wöchentlichen Fernsehprogrammführer gab, der Informationen über die Programme der folgenden Woche enthielt. Das Gericht hat insoweit die Feststellung der Kommission bestätigt, daß die in bestimmten Tages- und Sonntagszeitungen veröffentlichten vollständigen Programmvorschauen für einen Zeitraum von 24 Stunden oder von 48 Stunden am Wochenende oder am Vortag von Feiertagen sowie die Fernsehrubriken bestimmter Zeitschriften, die zusätzlich über die Höhepunkte der wöchentlichen Programme berichteten, eine vorherige Information der Fernsehzuschauer über alle wöchentlichen Programme **kaum ersetzen könnten**. Nur ein wöchentlicher Fernsehprogrammführer, der eine vollständige Information über die Programme der kommenden Woche enthalte, gestatte es den Verbrauchern, im voraus zu entscheiden, welche Sendungen sie ansehen wollten, und gegebenenfalls ihre Freizeitaktivitäten der Woche dementsprechend zu planen. Das Gericht hat ferner festgestellt, daß insoweit eine **besondere, ständige und regelmäßige potentielle Nachfrage der Verbraucher** bestehe[.]

53 Auf diese Weise ließen [RTE und ITP], die zwangsläufig die **einzige Quelle für die Grundinformationen** über die Programmplanung waren, die das unentbehrliche Ausgangsmaterial für die Herstellung eines wöchentlichen Fernsehprogrammführers bildeten, den Fernsehzuschauern, die sich über die Programmangebote für die kommende Woche informieren wollten, keine andere Möglichkeit, als sich die wöchentlichen Programmführer für jeden Sender zu kaufen und daraus selbst die Angaben zu entnehmen, die sie benötigten, um Vergleiche anzustellen.

---

203 Vgl zB Rs 53/87, *Renault*, ECLI:EU:C:1988:472, Rn 9 ff; Rs 238/87, *Volvo*, ECLI:EU:C:1988:477, Rn 7 ff.
204 Instruktiv auch Rs T-201/04, *Microsoft*, ECLI:EU:T:2007:289, Rn 312 ff.

54 Die auf nationale urheberrechtliche Vorschriften gestützte Weigerung ..., die Grundinformationen zur Verfügung zu stellen, hat somit das Auftreten eines neuen Erzeugnisses, nämlich eines umfassenden wöchentlichen Fernsehprogrammführers, den sie selbst nicht anboten und nach dem eine potentielle Nachfrage der Verbraucher bestand, verhindert, was einen Mißbrauch gemäß [Art 102 lit b] darstellt.

55 Zweitens war diese Weigerung weder durch die Tätigkeit der Ausstrahlung von Fernsehsendungen noch durch die der Herausgabe von Fernsehzeitschriften gerechtfertigt[.]

56 Schließlich und drittens behielten sich [RTE und ITP] durch ihr Verhalten einen abgeleiteten Markt – den der wöchentlichen Fernsehprogrammführer – vor, indem sie jeden Wettbewerb auf diesem Markt ausschlossen ..., da sie den Zugang zu den Grundinformationen dem unentbehrlichen Ausgangsmaterial für die Herstellung eines solchen Programmführers verweigerten.

4) **Fehlen einer objektiven Rechtfertigung** für die Zugangsverweigerung. In Frage kommen all jene Gründe, die zuvor allgemein für die Geschäftsverweigerung diskutiert wurden (zB Kapazitätsgrenzen, Fehlen zumutbaren Alternativverhaltens usw).

Attraktiv macht die Berufung auf Art 102 in Fällen der Zugangsverweigerung, besonders bei Immaterialgüterrechten, die damit verbundene Nichtigkeitssanktion: Sie erlaubt eine effektive Abhilfe in der Weise, dass der Lizenzwerber mit der Nutzung der geschützten Informationen oder Technologien beginnen kann, ohne auf die Zustimmung des Schutzrechtsinhabers warten zu müssen. Einer Klage des Inhabers wegen Schutzrechtsverletzung kann nämlich der Einwand entgegengehalten werden, dass dieser nach den Kriterien der *essential facilities*-Doktrin eine Lizenz zur Nutzung gewähren hätte müssen, dies aber in missbräuchlicher Weise nicht tat (sog **kartellrechtlicher Zwangslizenzeinwand**).[205]

Die Zulässigkeit des kartellrechtlichen Zwangslizenzeinwands unterliegt allerdings einigen Voraussetzungen:[206] Zunächst muss es sich 1) tatsächlich um eine *essential facility* handeln (zB eine zum Standard erhobene Technologie). Liegt keine *essential facility* vor, unterliegt der Schutzrechtsinhaber keinerlei Kontrahierungszwang. Sodann muss der Dritte 2) den Schutzrechtsinhaber im Vorfeld erfolglos um Erteilung einer Lizenz ersucht haben, uzw 3) zu fairen, zumutbaren und diskriminierungsfreien Bedingungen (sog FRAND-Bedingungen: *fair, reasonable and non-discriminatory*). Der Inhaber hat dem Dritten daraufhin ein konkretes schriftliches Lizenzangebot zu diesen Bedingungen zu unterbreiten und insbesondere die Lizenzgebühr sowie die Art und Weise ihrer Berechnung vorzuschlagen. Nur dann, wenn kein solches Angebot unterbreitet wird oder die vorgeschlagenen Bedingungen nicht FRAND-konform sind, kann der Dritte unter Berufung auf Art 102 mit der Nutzung des Schutzrechts beginnen. Dabei hat er allerdings 4) den seiner Ansicht nach angemessenen Lizenzbetrag sofort treuhänderisch zu hinterlegen. Erblickt der Schutzrechtsinhaber darin weiterhin eine Verletzung, hat er den Dritten vor Erhebung der Klage auf die seiner Ansicht nach bestehende Verletzung hinzuweisen.

Zu betonen ist, dass diese Voraussetzungen vom EuGH vor dem spezifischen Hintergrund einer zum Standard erhobenen (Mobilfunk-)Technologie aufgestellt wurden. Der Schutzrechtsinhaber hatte schon im Rahmen der Standardisierung eine offene Lizenzbereitschaftserklärung abgeben müssen, sodass die spätere Nichtlizensierung besonders deutlich für eine Missbräuchlichkeit stritt. Andere Konstellationen mögen hinsichtlich des *essential facility*-Charakters oder hinsichtlich der Missbräuchlichkeit der Weigerung weniger klar ausfallen. Es ist auch nicht auszuschließen, dass

---

205 Vgl Rs C-170/13, *Huawei*, ECLI:EU:C:2015:477, Rn 71.
206 Vgl Rs C-170/13, *Huawei*, ECLI:EU:C:2015:477, Rn 44 ff; wegweisend (aber etwas restriktiver) schon dt BGH v 6. 5. 2009, KZR 39/06 – *Orange Book*; dt BGH v 13. 7. 2004, KZR 40/02 – *Standard-Spundfass*.

der EuGH die Voraussetzungen in solchen anderen Konstellationen künftig leicht variieren mag. Die Grundtendenz ist jedoch in allen Konstellationen gleich,[207] sodass also der kartellrechtliche Zwangslizenzeinwand im Rahmen der *essential facilities*-Doktrin generell offensteht.

Nachteil des kartellrechtlichen Zwangslizenzzweinwands ist das damit verbundene **Risiko der Selbstveranlagung**: Der Lizenzwerber muss daher seine Erfolgsaussichten sowie den nach dem FRAND-Standard angemessenen Lizenzbetrag (bzw die FRAND-Konformität des Angebots des Schutzrechtsinhabers) selbst einschätzen. Liegt er falsch, haftet er im Grunde vollumfänglich für die Schutzrechtsverletzung (Unterlassung, Beseitigung in Form von Rückruf oder Vernichtung, Schadenersatz usw). Die dem Schutzrechtsinhaber aufgrund der IP-DurchsetzungsRL 2004/48/EG zur Verfügung gestellten Instrumentarien sind diesbezüglich sehr rigoros.

Dennoch ist die kartellrechtliche Zwangslizenz im Vergleich zu den prozedural schwerfälligen, teils sehr eng gefassten und in der Praxis kaum genutzten **immaterialgüterrechtseigenen Zwangslizenzbestimmungen**[208] die für Zugangswerber deutlich attraktivere Option: Immaterialgüterrechte spielen typischerweise in dynamischen Märkten mit schnellen Produkt- und Innovationszyklen eine Rolle. Nur wer hier mit seinem Produkt rasch am Markt präsent sein kann, ist konkurrenzfähig. Der Zeitvorsprung, den die kartellrechtliche Zwangslizenz ermöglicht, übertragt daher ihre Nachteile.

8.3.2.1.2. Kampfpreisunterbietung

Auch marktbeherrschenden Unternehmen wird zugestanden, sich gegen Mitbewerber durch eine Anpassung der Preise zur Wehr zu setzen.[209] Problematisch ist allerdings eine **gezielte Niedrigpreispolitik** mit dem Ziel oder der Wirkung, Mitbewerber gewissermaßen auszuhungern und so aus dem Markt zu drängen oder an einem Eintritt in den Markt zu hindern (sog *predatory pricing*).[210]

Ein **Indiz** für Kampfpreise ist es va, dass diese für das Unternehmen selbst **unrentabel** sind und auch keine andere Amortisation als jene im Raum steht, dass die Preise nach Ausscheiden des Mitbewerbers wieder angehoben werden können. Das Leiturteil zur Beurteilung derartiger Kampfpreise nach Art 102 ist *AKZO* aus 1991, betreffend die Preispolitik eines Pestizidherstellers

Rs C-62/86, *AKZO Chemie BV*, ECLI:EU:C:1991:286

AKZO, ein marktbeherrschender Produzent organischer Peroxide, hatte versucht, ECS, einen seiner Wettbewerber, durch exzessiv niedrige Preise aus dem Markt zu drängen. AKZO hatte zB mit direkt an die Kunden des Konkurrenten gerichteten, selektiven Preisnachlässen gedroht. Ist dieses Verhalten missbräuchlich bzw welche Preise, um Kunden eines Konkurrenten abspenstig zu machen, sind noch zulässig?

69 [D]er Begriff der mißbräuchlichen Ausnutzung [ist] ein objektiver Begriff. Er erfasst die Verhaltensweisen eines Unternehmens in beherrschender Stellung, die die **Struktur eines Marktes** beeinflussen können, auf dem der Wettbewerb gerade wegen der Anwesenheit des fraglichen Unternehmens bereits geschwächt ist, und die die Aufrechterhaltung des auf dem Markt noch bestehenden

---

207 Vgl auch dt BGH v 6. 5. 2009, KZR 39/06 – *Orange Book*; dt BGH v 13. 7. 2004, KZR 40/02 – *Standard-Spundfass*.
208 Vgl zB § 36 PatG, § 58 UrhG.
209 Vgl zB Rs C-202/07 P, *France Télécom*, ECLI:EU:C:2009:214, Rn 41 ff.
210 Vgl zB Rs C-202/07 P, *France Télécom*, ECLI:EU:C:2009:214, Rn 29 ff; Rs C-497/99 P, *Irish Sugar*, ECLI:EU:C:2001:393, Rn 52.

> Wettbewerbs oder dessen Entwicklung durch den Einsatz von Mitteln behindern, die von den Mitteln eines normalen Produkt- oder Dienstleistungswettbewerbs auf der Grundlage der Leistungen der Marktbürger abweichen.
>
> 70 Daraus ergibt sich, daß [Art 102] es einem beherrschenden Unternehmen verbietet, einen Mitbewerber zu verdrängen und auf diese Weise die eigene Stellung zu stärken, indem es zu anderen Mitteln als denjenigen eines Leistungswettbewerbs greift. Unter diesem Gesichtspunkt kann nicht jeder Preiswettbewerb als zulässig angesehen werden.
>
> 71 Preise, die unter den durchschnittlichen variablen Kosten (d. h. den Kosten, die je nach den produzierten Mengen variieren) liegen und mit deren Hilfe ein beherrschendes Unternehmen versucht, einen Konkurrenten auszuschalten, sind als mißbräuchlich anzusehen. Ein beherrschendes Unternehmen hat nämlich nur dann ein Interesse, derartige Preise zu praktizieren, wenn es seine Konkurrenten ausschalten will, um danach unter Ausnutzung seiner Monopolstellung seine Preise wieder anzuheben, denn jeder Verkauf bringt für das Unternehmen einen Verlust in Höhe seiner gesamten Fixkosten (d. h. der Kosten, die ungeachtet der produzierten Mengen konstant bleiben) und zumindest eines Teils der variablen Kosten je produzierte Einheit mit sich.
>
> 72 Auch Preise, die unter den durchschnittlichen Gesamtkosten – das heißt Fixkosten plus variable Kosten –, jedoch über den durchschnittlichen variablen Kosten liegen, sind als mißbräuchlich anzusehen, wenn sie im Rahmen eines Plans festgesetzt wurden, der die Ausschaltung eines Konkurrenten zum Ziel hat. Diese Preise können nämlich Unternehmen vom Markt verdrängen, die vielleicht ebenso leistungsfähig sind wie das beherrschende Unternehmen, wegen ihrer geringeren Finanzkraft jedoch nicht dem auf sie ausgeübten Konkurrenzdruck standhalten können.

Ein Kampfpreis liegt also jedenfalls vor, wenn das Produkt unter den **durchschnittlichen variablen Kosten** (also Kosten, die sich mit der Leistungsmenge verändern) angeboten wird. Noch etwas präziser ist die Preisermittlung anhand der **vermeidbaren Kosten** (*average avoidable costs*). Es sind dies die Kosten, die durch eine Stilllegung des Betriebes vermieden würden (idR., aber nicht immer, die variablen Kosten). Wird auf eine Stilllegung verzichtet, muss der verrechnete Preis mindestens diese Kosten decken. Eine für netzwerkgebundene Unternehmen sowie Mehrproduktunternehmen, die von wesentlichen Verbundeffekten profitieren, geeignete Methode ist auch die Preisberechnung nach den **durchschnittlichen Grenzkosten** (*long range average incremental costs*). Sie bezeichnen das Mittel aller (variablen und fixen) Kosten, die im Hinblick auf ein bestimmtes Produkt entstehen. Neben den variablen Kosten sind dann auch produktspezifische fixe Kosten umfasst, die vor der Zeit, in der das mutmaßlich missbräuchliche Verhalten stattfand, angefallen sind. Wenn das marktbeherrschende Unternehmen seine durchschnittlichen Grenzkosten nicht deckt, deutet dies darauf hin, dass (künstlich bzw missbräuchlich) nicht alle zurechenbaren fixen Kosten in die Preisfestsetzung einbezogen wurden.[211]

Diese Kostenberechnungsmethoden sind Kernbestandteil des sog *as efficient competitor*-Tests (AEC-Test; Test des ebenso effizienten Wettbewerbers):[212] Stellen sich die Preise eines marktbeherrschenden Unternehmens nach den eben dargestellten Maßstäben als nicht kostendeckend dar, spricht das für einen preisbezogenen Behinderungsmissbrauch. Der AEC-Test spielt damit bei allen preisbezogenen Missbräuchen eine Rolle, also über die hier besprochenen Kampfpreise hinaus zB auch bei der Beurteilung von Rabattsystemen (s bei der Abnehmerbindung). Referenzmaßstab ist ein hypothetischer Wettbewerber, der ebenso effizient wie

---

211 Ausführlich zB OGH v 18.10.2015, 16 Ok 9/15g - *Recyclingsystem*.
212 Vgl zB Rs C-413/14 P, *Intel*, ECLI:EU:C:2017:632, Rn 129 ff.

das marktbeherrschende Unternehmen ist, aber nicht über dessen **Marktmacht** verfügt, und der sich solche Preise nicht könnte leisten bzw keine derartige Preispolitik verfolgen würde.

Lässt sich darüber hinaus eine auf die Vernichtung von Mitbewerbern gerichtete **Strategie** nachweisen, genügt bereits die Unterschreitung der durchschnittlichen Gesamtkosten. Nicht eigens nachgewiesen werden müssen die Intention oder Möglichkeit, den betreffenden Markt mithilfe der Kampfpreise zu monopolisieren und danach mit überhöhten Preisen die erlittenen Verluste wieder wettzumachen.[213] In weniger eindeutigen Fällen kommt es auf die Bewertung der weiteren Indizien an, sodass im Einzelfall eine diskriminierende oder selektive Unterpreispolitik auch dann missbräuchlich sein mag, wenn bestimmte Kostengrenzen nicht unterschritten wurden.[214]

8.3.2.1.3. Abnehmerbindung

Eine Bindung von Abnehmern und Lieferanten an den Marktbeherrscher kann missbräuchlich sein, wenn dadurch die **Absatzmöglichkeiten von Mitbewerbern** ernsthaft beeinträchtigt werden.[215] Problematisch sind in erster Linie langfristige Verträge mit Ausschließlichkeitsbindungen, also **langfristige Alleinbezugsverpflichtungen.**[216] Im Einzelfall ist dies auch (bzw: gerade auch) dann anzunehmen, wenn die bezogene Leistung gratis oder geringpreisig ist, aber dazu führt, dass Konkurrenzprodukte von den betroffenen Händlern nicht angeboten werden können.[217]

> Eine sog **Englische Klausel** ist der in der Praxis gängige Versuch, die Missbräuchlichkeit der Alleinbezugsverpflichtung abzuwenden. Sie berechtigt den Abnehmer zum Wechsel des Lieferanten, wenn dort Vertragsware zu günstigeren Bedingungen angeboten wird und der Vertragspartner es ablehnt, sein Angebot an das des Konkurrenten anzupassen. Die Abrede bleibt allerdings trotz Englischer Klausel problematisch, weil sie zum einen Mitbewerber von vornherein davon abhalten könnte, attraktive Konkurrenzangebote zu legen und sie zweitens künstlich die **Markttransparenz** einseitig zugunsten des marktbeherrschenden Unternehmens (das auf diese Weise Einblick in die Angebote seiner Mitbewerber erhält) erhöht.[218]

Zu einer missbräuchlichen Abnehmerbindung können aber auch bestimmte Rabatte führen. Dies gilt gerade für **Treuerabatte**, die nicht auf die abgenommene Menge abstellen, sondern auf einen Prozentsatz vom Gesamtbedarf. Sie bilden dann eine **Belohnung** dafür, dass der Abnehmer auf den Bezug bei Mitbewerbern verzichtet. Eine ähnliche treuefördernde Wirkung entfalten individualisierte **Zielrabatte** (also bei Erreichen einer bestimmten vereinbarten Menge)[219] und **rückwirkend gewährte Rabatte.**[220]

---

213 Vgl Rs C-333/94 P, *Tetra Pak II*, ECLI:EU:C:1996:436, Rn 40 ff; Rs C-202/07 P, *France Télécom*, ECLI:EU:C:2009:214, Rn 37.
214 Vgl zB KomE 88/138/EWG, *Eurofix-Bauco*, ABl 1988/L 65/19, Tz 81.
215 Vgl zB Rs T-65/89, *BPB*, ECLI:EU:T:1993:31, Rn 68.
216 Vgl zB Rs 85/76, *Hoffmann-La Roche*, ECLI:EU:C:1979:36, Rn 89 ff.
217 Vgl Rs T-65/98, *Van den Bergh*, ECLI:EU:T:2003:281, Rn 94.
218 Vgl zB Rs 85/76, *Hoffmann-La Roche*, ECLI:EU:C:1979:36, Rn 102 ff.
219 Vgl Rs C-95/04, *British Airways*, ECLI:EU:C:2007:166, Rn 61 ff.
220 Vgl Rs C-549/10 P, *Tomra*, ECLI:EU:C:2012:221, Rn 70 ff.

Rabattsysteme als potenzieller preisbezogener Behinderungsmissbrauch lassen sich am Maßstab des *as efficient competitor*-Tests (AEC-Test; Test des ebenso effizienten Wettbewerbers) messen (s. näher auch bei den Kampfpreisen):[221] Muss ein ebenso leistungsfähiger Wettbewerber gegenüber dem vom Marktbeherrscher praktizierten Rabattsystem Preise anwenden, die für ihn nicht rentabel sind, besteht die Gefahr, dass dieser Wettbewerber verdrängt wird. Solche Rabatte sind daher wettbewerbsbeschränkend und, bei Fehlen einer objektiven Rechtfertigung (zB durch Effizienzen), missbräuchlich. Diese Beurteilungsmaßstäbe illustriert etwa das Urteil Intel aus 2017, betreffend ein an eine Alleinbezugsverpflichtung gebundenes Treuerabattsystem. Der EuGH stellte dort klar, dass das Treuerabattsystem eines Marktbeherrschers nicht *per se* geeignet ist, den Wettbewerb zu beschränken, sondern nur nach den Maßstäben des AEC-Tests und nach einer Abwägung allfälliger Effizienzvorteile aus einer solchen Praxis gegenüber ihren Nachteilen.

> Rs C-413/14 P, *Intel Corporation*, ECLI:EU:C:2017:632
>
> Der amerikanische Mikroprozessorhersteller Intel hatte mit einem Marktanteil von rund 70 % eine beherrschende Stellung auf dem Weltmarkt für x86-Prozessoren inne. Intel gewährte vier führenden Computerherstellern (Dell, Lenovo, HP und NEC) sowie der Handelskette Media-Saturn Rabatte, die an die Bedingung geknüpft waren, dass sie alle oder nahezu alle x86-Prozessoren bei Intel kauften (Treuerabatte). Die Kommission warf Intel vor, dahinter stehe eine Strategie zum Marktausschluss des einzigen ernsthaften Wettbewerbers von Intel, des Unternehmens AMD. Für AMD sei es unmöglich, mit den rabattierten Preisen von Intel so zu konkurrieren, dass weiterhin Investitionen in Forschung und Entwicklung und Produktionsanlagen möglich seien. Ist das Treuerabattsystem daher als Behinderung von AMD missbräuchlich und ist dafür der AEC-Test maßgeblich?
>
> 133 ... Art. 102 [hat] keineswegs zum Ziel ..., zu verhindern, dass ein Unternehmen auf einem Markt aus eigener Kraft eine beherrschende Stellung einnimmt. Ebenso wenig soll diese Vorschrift gewährleisten, dass sich Wettbewerber, die weniger effizient als das Unternehmen in beherrschender Stellung sind, weiterhin auf dem Markt halten[.]
>
> 134 Der Wettbewerb wird also nicht unbedingt durch jede Verdrängungswirkung verzerrt. Leistungswettbewerb kann definitionsgemäß dazu führen, dass Wettbewerber, die weniger leistungsfähig und daher für die Verbraucher im Hinblick insbesondere auf Preise, Auswahl, Qualität oder Innovation weniger interessant sind, vom Markt verschwinden oder bedeutungslos werden[.]
>
> 135 Das Unternehmen, das eine beherrschende Stellung innehat, trägt jedoch eine besondere Verantwortung dafür, dass es durch sein Verhalten einen wirksamen und unverfälschten Wettbewerb auf [im Binnenm]arkt nicht beeinträchtigt[.]
>
> 136 Deshalb verbietet Art. 102 ... einem Unternehmen in beherrschender Stellung insbesondere die Anwendung von Praktiken, die für seine als ebenso effizient geltenden Wettbewerber eine Verdrängungswirkung entfalten und damit seine Stellung stärken, indem andere Mittel als diejenigen eines Leistungswettbewerbs herangezogen werden. Unter diesem Blickwinkel kann nicht jeder Preiswettbewerb als zulässig angesehen werden[.] ...
>
> 140 Die ... Eignung zur Verdrängung ist ... maßgeblich für die Beurteilung der Frage, ob sich ein Rabattsystem, das grundsätzlich unter das Verbot des Art. 102 ... fällt, objektiv rechtfertigen lässt. Außerdem kann die für den Wettbewerb nachteilige Verdrängungswirkung eines Rabattsystems durch Effizienzvorteile ausgeglichen oder sogar übertroffen werden, die auch dem Verbraucher zugutekommen[.] Eine solche Abwägung der für den Wettbewerb vorteilhaften und nachteiligen Auswirkungen der beanstandeten Praxis kann in der Kommissionsentscheidung nur im Anschluss an

---

[221] Vgl zB Rs C-413/14 P, *Intel*, ECLI:EU:C:2017:632, Rn 129 ff.; Rs C-209/10, *Post Danmark*, ECLI:EU:C:2012:172, Rn 29.

eine Analyse der dieser Praxis innewohnenden **Eignung zur Verdrängung mindestens ebenso leistungsfähiger Wettbewerber** vorgenommen werden.

Unbedenklich sind dagegen **nicht individualisierte Mengenrabatte** (echte Mengenrabatte).[222] Diese sind **idR sachlich gerechtfertigt**, da der Lieferant mit diesen Nachlässen Kostenvorteile weitergibt, die ihm durch die Abnahme größerer Mengen entstehen. Problematisch sind (scheinbar) allgemeine Mengenrabatte dann, wenn die den Rabatt auslösenden Schwellen so hoch sind, dass sie nur von bestimmten Abnehmern erreicht werden können.[223]

Ein Rabattsystem, das nicht an **für alle Abnehmer einheitliche Schwellenwerte** anknüpft, setzt sich auch dem Verdacht der Preisdiskriminierung aus: Ein individuell an dem Bedarf des Kunden ausgerichteter Rabatt wird dazu führen, dass Abnehmer in den Genuss unterschiedlicher Rabattsätze kommen, obwohl sie die gleiche Menge abnehmen.

8.3.2.1.4. Kopplung und Bündelung

Unter Kopplung versteht Art 102 lit d die „an den Abschluss von Verträgen geknüpft[e] Bedingung, dass die Vertragspartner zusätzliche Leistungen annehmen, die weder sachlich noch nach Handelsbrauch in Beziehung zum Vertragsgegenstand stehen." Es erfolgt also ein **Zusammenspannen von Haupt- und Nebenleistungen** mit der Verpflichtung, neben dem eigentlich nachgefragten Produkt noch weitere, separate Produkte (oder Dienstleistungen) zu beziehen.

> Die Kopplung erlaubt dem marktbeherrschenden Unternehmen einen **Marktmachttransfer** (sog *leveraging*): Die bestehende Marktmacht auf dem Markt für das Hauptprodukt (sog *tying product*) soll auf benachbarte Märkte für das gekoppelte Produkt (sog *tied product*), wo der Marktbeherrscher ebenfalls aktiv ist, ausgedehnt werden. Sie kann, je nach Ausgestaltung, sowohl als Mitbewerberbehinderung als auch als Ausbeutung der Abnehmer zu werten sein. Allerdings ist die Zahl der Anwendungsfälle von Art 102 auf Kopplungsgeschäfte überschaubar.

Kennzeichen der Kopplung ist, 1) dass ein **Marktbeherrscher** agiert (Kopplungen durch Nichtmarktbeherrscher sind allenfalls lauterkeitsrechtlich bedenklich), es sich 2) um **keine einheitliche Leistung** handelt (Haupt- und Nebenleistung lassen sich unterscheiden), daher 3) Haupt- und Nebenprodukt **jeweils getrennten Märkten** zuzuordnen sind und 4) eine objektive **Rechtfertigung** für das Zusammenspannen fehlt.[224] Bei Zusammentreffen unterliegt eine Verpflichtung zur Abnahme der Zusatzleistung dem Missbrauchsverbot.

Missbräuchlich kann es daher sein, beim **Kauf einer Maschine** vom Marktbeherrscher **Lieferung und Montage** oder die regelmäßige **Wartung** zwingend mit bezogen werden müssen. Ganz ausnahmsweise mag eine solche Kombination je nach Art des Produkts aus objektiv gül-

---

222 Vgl verb Rs 40/73 bis 48/73, 50/73, 54/73 bis 56/73, 111/73, 113/73 und 114/73, *Suiker Unie*, E-CLI:EU:C:1975:174, Rn 518.
223 Vgl zB Rs C-163/99, *Portugal/Kommission*, ECLI:EU:C:2001:189, Rn 51.
224 Vgl etwa Rs T-201/04, *Microsoft*, ECLI:EU:T:2007:289, Rn 859 ff; Rs T-30/89, *Hilti*, ECLI:EU:T:1991:70, Rn 64 ff; Rs C-333/94 P, *Tetra Pak*, ECLI:EU:C:1996:436, Rn 24 ff.

tigen Qualitäts- oder Sicherheitsgründen sachlich erklärbar sein. Ähnliches gilt für die Kombination von Hauptprodukt und Verschleiss- oder Ersatzteilkauf oder für die Kopplung der Maschine mit den für ihren Betrieb nötigen Rohstoffen. Einen solchen Fall behandelt das Urteil *Tetra Pak* aus 1996, betreffend ein Zusammenspannen von Abfüllmaschinen für Getränke und den zugehörigen Kartonverpackungen dieser Getränke. Klargestellt wird dort insbesondere, dass das Vorliegen von Rechtfertigungsgründen objektiv geprüft wird und nicht jedwedes subjektive bzw behauptete Sicherheits- oder Qualitätsbedenken, das ein Marktbeherrscher Abnehmern aufzwingen möchte, für eine Kopplung hinreicht.

> Rs C-333/94 P, *Tetra Pak International SA*, ECLI:EU:C:1996:436
>
> Das Unternehmen Tetra Pak stellte sowohl septische und aseptische Kartonverpackungen für Flüssignahrungsmittel als auch entsprechende Abfüllmaschinen her. Letztere verkaufte oder vermietete es an Abfüller. Nach Ansicht der Kommission hatte Tetra Pak dabei Maschinen und Kartons zwingend gekoppelt und so gegen Art 102 verstoßen. Liegt eine verbotene Kopplung vor?
>
> 34 ... Tetra Pak [macht] geltend, ... die Koppelungsverkäufe von Kartons und Maschinen [seien vereinbar mit Art 102, weil] zwischen diesen Erzeugnissen sachlich eine Beziehung bestehe und die Koppelungsverkäufe dem Handelsbrauch entsprächen.
>
> 35 Nach Ansicht von Tetra Pak [sei es nur verboten], den Abschluß von Verträgen an die Bedingung zu knüpfen, zusätzliche Leistungen anzunehmen, die weder sachlich noch nach Handelsbrauch in Beziehung zum Vertragsgegenstand stehen.
>
> 36 Das [erstinstanzlich befasste EuG] hat das Vorbringen, mit dem Tetra Pak darzutun versuchte, daß sachlich eine Beziehung zwischen den Maschinen und den Kartons besteht, ausdrücklich zurückgewiesen. Es ... ausgeführt, daß die Prüfung des Handelsbrauchs ... nicht den Schluß zulässt, daß eine untrennbare Verbindung zwischen den für die Verpackung eines Produktes bestimmten Maschinen und den Kartons besteht. Schon seit langem gibt es nämlich unabhängige Hersteller, die selbst keine Maschinen herstellen und auf die Herstellung nichtaseptischer Kartons spezialisiert sind, die zur Verwendung in von anderen Unternehmen hergestellten Maschinen bestimmt sind. Auch wenn in diesen Ausführungen auf den Handelsbrauch Bezug genommen wird, schließen sie das Vorliegen der von Tetra Pak geltend gemachten sachlichen Beziehung mit dem Hinweis darauf aus, daß andere Unternehmen Kartons zur Verwendung in den Maschinen von Tetra Pak herstellen können. In Bezug auf die aseptischen Kartons hat das Gericht ... ausgeführt, daß es jedem unabhängigen Hersteller ... nach dem Wettbewerbsrecht ... vollkommen frei[steht], Verbrauchsgüter herzustellen, die zur Verwendung in von anderen hergestellten Geräten bestimmt sind, es sei denn, daß er damit ein dem Schutz des geistigen Eigentums dienendes Recht eines Wettbewerbers verletzt. Das Gericht hat ... auf das aus der angeblichen sachlichen Beziehung abgeleitete Argument entgegnet, daß es Tetra Pak nicht zukomme, aus eigener Initiative aufgrund von Erwägungen, die die Technik, die Produkthaftung, den Gesundheitsschutz oder den Schutz ihres Rufes beträfen, anderen bestimmte Maßnahmen aufzuzwingen. Alle diese Ausführungen zeigen, daß nach Ansicht des Gerichts nicht allein Tetra Pak Kartons zur Verwendung in ihren Maschinen herstellen konnte.
>
> 37 Sodann ist darauf hinzuweisen, daß die Aufzählung der mißbräuchlichen Verhaltensweisen in [Art 102] nicht abschließend ist. Folglich kann der Koppelungsverkauf von zwei Erzeugnissen auch dann einen Mißbrauch ... darstellen, wenn er dem Handelsbrauch entspricht oder wenn zwischen diesen beiden Erzeugnissen sachlich eine Beziehung besteht, es sei denn, daß er objektiv gerechtfertigt ist. ...

8.3.2.1.5. Rechtsmissbrauch

Eine angesichts einer nur spärlichen Anwendungspraxis eher theoretische Möglichkeit des Verstoßes gegen Art 102 ist der Rechtsmissbrauch. Gemeint ist ein Übersäen von Mitbewerbern mit **offensichtlich rechtsgrundlosen Klagen** (sog *spurious, vexatious* oder *frivolous litgation*), denen also keinerlei ersichtlicher Anspruch des Klägers zugrunde liegt. Die Kategorie ist dem angloamerikanischen Zivilprozessrecht entlehnt und passt sich in das kontinentale Recht nur sperrig ein.

Klagen eines Marktbeherrschers gegen Wettbewerber sollen demnach unter Art 102 fallen (also den Beklagten zu Unterlassung, Schadenersatz etc berechtigen), wenn sie 1) nicht **vernünftigerweise als Geltendmachung von Rechten** verstanden werden und daher nur der Belästigung des Klägers dienen können und 2) **Teil eines Plans** zur Ausschaltung des betreffenden Wettbewerbers sind.[225] Die spärliche Praxis liegt damit keineswegs darin begründet, dass Klagen oder Klagsdrohungen auf Basis zweifelhafter Ansprüche im Wirtschaftsleben selten wären (im Gegenteil), sondern im hohen Maßstab einer Offensichtlichkeit der Anspruchslosigkeit der Klage und ihrem reinen Zweck der Wettbewerberbehinderung.

8.3.2.2. Ausbeutungsmissbrauch

Die Kategorie des Ausbeutungsmissbrauchs beschreibt eine **Ausbeutung eigener Abnehmer** oder Geschäftspartner, die aufgrund der Größe des Marktbeherrschers nicht leicht auf Alternativen ausweichen können (sog *lock-in*). Der Marktbeherrscher nützt hier also die Abhängigkeit seiner Marktpartner, um **geschäftliche Vorteile zu erzwingen**, die unter normalen Wettbewerbsverhältnissen nicht erzielt werden könnten. Die wesentlichen in Frage kommenden Verhaltensweisen sind im **Beispielkatalog** des Art 102 angeführt (unangemessene Preise und Geschäftsbedingungen, Diskriminierungen und Produktionsbeschränkungen).

8.3.2.2.1. Preise und Geschäftsbedingungen

Überhöhte Preise und unangemessene Geschäftsbedingungen sind gewissermaßen der Prototyp des Ausbeutungsmissbrauchs. Überhöht bzw unangemessen bedeutet, dass sie **bei normalem Wettbewerb nicht erzielbar** bzw durchsetzbar gewesen wären.

Unangemessene **Geschäftsbedingungen** werden nach einem Billigkeitsmaßstab beurteilt: Eine von einem Marktbeherrscher gegenüber Abnehmern bzw Geschäftspartnern verwendete Klausel ist **unbillig, wenn** sie unter Abwägung aller beteiligten Interessen **offensichtlich unbillig, dh va klar unverhältnismäßig** ist.[226] Beispiele sind etwa Knebelungsbestimmungen zur Abtretung von Nutzungsrechten an Immaterialgüterrechten[227] oder die Möglichkeit einer einseitigen Änderung der Mietbedingungen in einem Mietvertrag.[228]

Im Fall überhöhter **Preise** kann die Überhöhung bzw Unangemessenheit durch einen **Vergleich zum wirtschaftlichen Wert** der erbrachten Leistung festgestellt werden. Ein Preismissbrauch liegt im Regelfall jedoch nur **bei einer erheblichen** bzw deutlichen Abweichung vom

---

[225] Vgl Rs T-111/96, *ITT Promedia*, ECLI:EU:T:1998:183, Rn 54 ff.
[226] Vgl zB Rs 127/73, *BRT*, ECLI:EU:C:1974:25, Rn 15; Rs T-111/96, *ITT Promedia*, ECLI:EU:T:1998:183, Rn 140.
[227] Vgl Rs 127/73, *BRT*, ECLI:EU:C:1974:25, Rn 6 ff.
[228] Vgl Rs 247/86, *Alsatel*, ECLI:EU:C:1988:469, Rn 10.

Wettbewerbspreis vor (sog **Erheblichkeitszuschlag**).[229] Ab wann Erheblichkeit vorliegt, ist einzelfallbezogen zu beurteilen. Bejaht wurde sie zB bei einer Abweichung von 25 %.[230]

Ein Ansatzpunkt für den Preisvergleich ist die vom Marktbeherrscher erzielte **Gewinnspanne**.[231] Allerdings ist die Ermittlung der Gewinnspanne schwierig, weil sie von der (oft nicht ganz transparenten oder bei mitunter nicht effizient wirtschaftenden Marktbeherrschern nicht vergleichsfähigen) Kostenstruktur abhängt. Zudem bietet auch die Frage der Angemessenheit der Gewinnspanne einigen Spielraum für Unschärfen.

Alternativ oder zusätzlich möglich ist es, die Preise des Marktbeherrschers mit dem zu vergleichen, was auf anderen Märkten praktiziert wird (sog Vergleichsmarktkonzept).[232] Möglich sind sowohl ein räumlicher Vergleich der Märkte (also des Preises etc für dieselbe Ware im Ausland) als auch ein zeitlicher (früherer Preis etc auf demselben sachlichen und räumlichen Markt) oder sachlicher (Vergleich mit dem Preis für andere, sehr ähnliche Waren, zumeist auf demselben räumlichen Markt). Die durch den Vergleich erzielten Werte unterliegen ggf einer Korrektur durch Zu- oder Abschläge, je nach den konkreten Marktverhältnissen (zB Kaufkraft, objektiv höhere Kosten usw).

Teils aufgrund der unscharfen Maßstäbe (Billigkeit, Vergleichsmarkt), teils aufgrund der hohen Anforderungen (Offensichtlichkeit, Erheblichkeit) hat dieser Missbrauchstyp in der Praxis geringe Bedeutung. Häufig sind **Preisinterventionen** auf der Grundlage von Art 102 bzw den zugehörigen Ausführungsrechtsakten allerdings in liberalisierten Märkten (zB Telekommunikation, Strom, Gas usw). In liberalisierten Märkten sind die Preise für sog Vorfeldleistungen (also zB Leitungs- oder Schienennutzungsentgelt als Vorfeldleistung der Erbringung der Lieferung von Energie oder für Telekom- oder Verkehrsdienste). Beispielsweise verstößt ein marktbeherrschender Telekom-Netzbetreiber gegen Art 102, wenn für den Zugang der Wettbewerber zum Netz höhere Entgelte erhoben werden als jene, die Endkunden zahlen müssen.[233] Eine solche Preisgestaltung zwingt (im Übrigen gleich effiziente) Wettbewerber dazu, ihren eigenen Kunden stets höhere Entgelte zu berechnen als der Marktführer (sog **Preis-Kosten-Schere** oder *margin squeeze*).

8.3.2.2.2. Diskriminierung von Handelspartnern

Anders als unangemessene Preise oder Geschäftsbedingungen werden Diskriminierungen, wie sie in Art 102 lit c als Missbrauchsbeispiel angeführt sind, nur gegenüber einzelnen Geschäftspartnern praktiziert: Der Marktbeherrscher setzt ihnen gegenüber unterschiedliche (nachteiligere) Bedingungen für Leistungen fest, die jenen gleichwertig sind, die anderen Abnehmern zu vorteilhafteren Bedingungen verkauft werden (ungleiche Bedingungen bei gleicher Leistung).[234] Relevant ist jede Ungleichbehandlung von Geschäftspartnern (nicht nur Lieferanten

---

[229] Vgl Rs 395/87, *Tournier*, ECLI:EU:C:1989:319, Rn 46; verb Rs 110/88, 241/88 und 242/88, *Lucazeau*, ECLI:EU:C:1989:326, Rn 33.
[230] Vgl KomE 2001/892/EG, *DPAG*, ABl 2001/L 331/40, Tz 72 ff und 155 ff.
[231] Vgl Rs 27/76, *United Brands*, ECLI:EU:C:1978:22, Rn 251 ff.
[232] Vgl zB Rs 395/87, *Tournier*, ECLI:EU:C:1989:319, Rn 38; Rs T-198/98, *Micro Leader/Kommission*, ECLI:EU:T:1999:341, Rn 54.
[233] Vgl Rs C-280/08 P, *Deutsche Telekom*, ECLI:EU:C:2010:603, Rn 172 ff; Rs C-52/09, *TeliaSonera*, ECLI:EU:C:2011:83, Rn 31.
[234] Vgl etwa Rs C-95/04, *British Airways*, ECLI:EU:C:2007:166, Rn 143 ff, Rs T-301/04, *Clearstream*, ECLI:EU:T:2009:317, Rn 192 ff.

oder Abnehmern), soweit die ungleich behandelten Unternehmen zueinander in einem **Wettbewerbsverhältnis** stehen.[235]

Beispiele für Diskriminierungen sind etwa die vorrangige Erledigung von Aufträgen loyaler Abnehmer gegenüber Abnehmern, die ihren Bedarf auch bei Mitbewerbern decken,[236] oder die Anwendung unterschiedlicher Preise für vergleichbare Transaktionen trotz gleicher (Transport-) Kosten.[237] Diskriminierend können auch Treue- oder Zielrabatte sein, weil sie (anders als allgemeine Mengenrabatte)[238] eine Ungleichbehandlung von Abnehmern bewirken.[239] Erfasst sind überdies auch Diskriminierungen durch einen Marktbeherrscher aus Gründen der Staatsangehörigkeit.[240]

Wie bei allen Diskriminierungsverboten beseitigt eine objektive Erklärbarkeit der Ungleichbehandlung deren Unsachlichkeit. Solche **sachlichen Rechtfertigungen** können zB in unterschiedlichen Kosten oder Wettbewerbsbedingungen liegen.[241]

8.3.2.2.3. Produktionsbeschränkungen

Art 102 lit b nennt schließlich das Verbot, die **Erzeugung**, den **Absatz** oder die **technische Entwicklung** von Produkten eines Marktbeherrschers ohne sachlichen Grund einzuschränken. Hinter der Nennung in der Beispielliste steht die Sorge, Marktbeherrscher könnten versucht sein, Preise durch eine **künstliche Angebotsverknappung** in die Höhe zu treiben oder auch nur die Gewinnmarge zu erhöhen, indem die Qualität bei gleichbleibenden Preisen gesenkt oder nicht mehr in Innovation investiert wird.[242]

Auch diese Kategorie begegnet allerdings **Nachweisschwierigkeiten**, die ihre praktische Bedeutung schwächen: Einen klaren Maßstab wie hoch zB die Erzeugungskapazität eines Unternehmens für ein bestimmtes Produkt sein müsste, wie viel Geld es in Forschung investieren müsste usw gibt es nicht. Immerhin erfordert die Feststellung der Missbräuchlichkeit keinen Nachweis konkreter Auswirkungen am Markt, sodass also **drohende Nachteile genügen**.[243]

Ein **Beispiel** für eine missbräuchliche Produktionsbeschränkung ist es, wenn ein Autohersteller für ein bestimmtes Modell keine Ersatzteile mehr herstellt, obwohl noch viele Fahrzeuge im Umlauf sind.[244] Abnehmer bzw Endkunden können so gezwungen werden, auf ein neues Modell umzusteigen. Auch das Angebot nur eines Produkttyps (konkret nur eines Versicherungspakets) kann missbräuchlich sein, wenn das Unternehmen damit einen nachweislich be-

---

[235] Vgl zB Rs C-95/04, *British Airways*, ECLI:EU:C:2007:166, Rn 144; Rs T-504/93, *Tiercé Ladbroke*, ECLI:EU:T:1997:84, Rn 124; Rs T-301/04, *Clearstream*, ECLI:EU:T:2009:317, Rn 192.
[236] Vgl Rs T-65/89, *BPB*, ECLI:EU:T:1993:31, Rn 94.
[237] Vgl Rs 27/76, *United Brands*, ECLI:EU:C:1978:22, Rn 227 ff.
[238] Vgl verb Rs 40/73 bis 48/73, 50/73, 54/73 bis 56/73, 111/73, 113/73 und 114/73, *Suiker Unie*, E-CLI:EU:C:1975:174, Rn 518.
[239] Vgl zB Rs C-163/99, *Portugal/Kommission*, ECLI:EU:C:2001:189, Rn 51; Rs C-95/04, *British Airways*, ECLI:EU:C:2007:166, Rn 61 ff.
[240] Vgl Rs C-163/99, *Portugal/Kommission*, ECLI:EU:C:2001:189, Rn 46.
[241] Vgl Rs 27/76, *United Brands*, ECLI:EU:C:1978:22, Rn 227 ff; Rs C-62/86, *AKZO*, ECLI:EU:C:1991:286, Rn 110 ff.
[242] Vgl zB verb Rs 40/73 bis 48/73, 50/73, 54/73 bis 56/73, 111/73, 113/73 und 114/73, *Suiker Unie*, E-CLI:EU:C:1975:174, Rn 500 ff.
[243] Vgl Rs T-155/06, *Tomra*, ECLI:EU:T:2010:370, Rn 219.
[244] Vgl Rs 53/87, *Renault*, ECLI:EU:C:1988:472, Rn 16.; Rs 238/87, *Volvo*, ECLI:EU:C:1988:477, Rn 9.

stehenden Differenzierungsbedarf bzw eine manifeste Nachfrage seitens der Abnehmer ignoriert.[245]

8.3.3. Wesentlicher Teil des Binnenmarkts

Die Anwendung von Art 102 setzt voraus, dass der im Rahmen der Marktabgrenzung ermittelte **sachlich und räumlich relevante Markt** zumindest einen wesentlichen Teil des Binnenmarkts umfasst. Ist dies nicht der Fall, greift allenfalls ein nationales Missbrauchsverbot ein. Fälle mit rein lokaler Bedeutung fallen damit aus dem Anwendungsbereich des Art 102 heraus.

Umfasst eine Verhaltensweise das **gesamte Gebiet eines MS**, so stellt dies (unabhängig von dessen Größe) immer einen wesentlichen Teil des Binnenmarkts dar.[246] **Größere Regionen** oder **bevölkerungsreiche Gebiete** in den MS sind ebenfalls immer wesentliche Teile des Binnenmarkts (zB Süddeutschland, das dt Bundesland Rheinland-Pfalz, aber auch London oder Kopenhagen).[247]

Abgesehen von diesen territorialen Herangehensweisen kommt es auf die **Bedeutung des fraglichen Markts für den Binnenmarkt** insgesamt an: Für ausreichend wurde zB ein Anteil von 10 % am binnenmarktweiten Gesamtmarkt des Produkts angesehen.[248] Gleiches gilt für Infrastruktureinrichtungen oder Verkehrsknotenpunkte mit Bedeutung für den Binnenmarkt, etwa größere Flug- und Seehäfen.[249]

8.3.4. Handelsbeeinträchtigung

Wie das Unionsrecht insgesamt erfordert die Anwendung von Art 102 einen ausreichenden **Zwischenstaatsbezug**, also die Eignung des Verhaltens, die Waren- oder Dienstleistungsströme zwischen den MS zu beeinflussen. Die Prüfung unterscheidet sich nicht von jener bei Art 101, es gilt das dort Gesagte (insbesondere zur niedrigen Aufgriffsschwelle).[250]

> Das Tatbestandselement des Zwischenstaatsbezugs ist sachlich eng mit dem Erfordernis der Erfassung eines wesentlichen Teils des Binnenmarkts verbunden, aber nicht deckungsgleich: Während die Frage nach dem wesentlichen Teil des Binnenmarkts an der Marktabgrenzung und damit an den **Wettbewerbsbeziehungen im Sektor** anknüpft, nimmt das Kriterium des Zwischenstaatsbezuges die Verwaltungsgrenzen zwischen den MS in den Blick und prüft, ob die Verhaltensweise in ihren zumindest potenziellen Wirkungen darüber hinausreicht.

---

245 Vgl KomE 1999/329/EG, *P&I*, ABl 1999/L 125/12, Tz 128.
246 Vgl Rs 322/81, *Michelin*, ECLI:EU:C:1983:313, Rn 28; verb Rs C-241/91 P und C-242/91 P, *RTE*, ECLI:EU:C:1995:98, Rn 70.
247 Vgl verb Rs 40/73 bis 48/73, 50/73, 54/73 bis 56/73, 111/73, 113/73 und 114/73, *Suiker Unie*, E-CLI:EU:C:1975:174, Rn 441 ff; Rs C-475/99, *Ambulanz Glöckner*, ECLI:EU:C:2001:577, Rn 38; Rs 22/78, *Hugin*, ECLI:EU:C:1979:138, Rn 19; Rs C-209/98, *FFAD*, ECLI:EU:C:2000:279, Rn 64.
248 Vgl verb Rs 40/73 bis 48/73, 50/73, 54/73 bis 56/73, 111/73, 113/73 und 114/73, *Suiker Unie*, E-CLI:EU:C:1975:174, Rn 373 ff.
249 Vgl zB Rs C-179/90, *Porto di Genova*, ECLI:EU:C:1991:464, Rn 15.
250 Vgl zB verb Rs 6/73 und 7/73, *Commercial Solvents*, ECLI:EU:C:1974:18, Rn 33; Rs T-22/97, *Kesko*, ECLI:EU:T:1999:327, Rn 105.

Wiederum greift bei fehlendem Zwischenstaatsbezug allenfalls ein nationales Missbrauchsverbot ein.[251] Aber auch bei vorliegendem Zwischenstaatsbezug bleibt, anders als bei Art 101, im Rahmen der parallelen Anwendung von Art 102 und nationalem Kartellrecht (s dazu bei den Grundlagen) die **Anwendung strengeren** nationalen Missbrauchsrechts zulässig.[252]

8.3.5. Rechtsfolgen

Wie Art 101 ist auch das **Verbot des Art 102** unmittelbar anwendbar: Ihm zuwiderlaufende Verhaltensweisen marktbeherrschender Unternehmen sind *per se* **verboten**, ohne dass es einer vorherigen Feststellung der Rechtswidrigkeit durch die Kommission bedarf.[253]

Im Übrigen gilt zur **öffentlichen und privaten Durchsetzung** das beim Kartellverbot Gesagte: Im Rahmen der öffentlichen Missbrauchsaufsicht ist ebenfalls die **VO 1/2003** anzuwenden. Dabei verfügt die (neben den nationalen Wettbewerbsbehörden nach dem Zuständigkeitssystem der VO 1/2003 wiederum prioritär zuständige) **Kommission** über Befugnisse zur **Feststellung** und **Abstellung** von Zuwiderhandlungen und zur Verhängung von **Geldbußen**. Die **nationalen Gerichte** wahren daneben im Rahmen der privaten Missbrauchsaufsicht die **Rechte Einzelner** (Wettbewerber, Geschäftspartner oder sonstige Geschädigte missbräuchlichen Verhaltens).

Die konkreten Rechtsfolgen des Verstoßes haben auch bei Art 102 die **Nichtigkeit** missbrauchsrelevanter Handlungen (zB also von Vertragsklauseln) zum Ausgangspunkt.[254] Bei der Anwendung der Nichtigkeitsfolge ist, wie auch sonst, nach dem **Normzweck** und (in dieser Reihenfolge) dem **Parteiwillen** zu differenzieren. Bei **Ausbeutungsmissbräuchen** werden der Normzweck im Regelfall schon deshalb die **Nichtigkeit des Gesamtvertrags** streiten, da die Fortsetzung der Geschäftsbeziehung dem Vertragspartner werder zugemutet werden kann noch soll. Bei bestimmten **Behinderungsmissbräuchen** (zB Rabattregelungen oder Kampfpreisunterbietung) **genügt** dagegen wohl die Beseitigung der **konkreten Klausel**.[255] Klagen oder Einwendungen der Berechtigten können (neben **Unterlassung** und **Beseitigung**) insbesondere auf **Schadenersatz** hinauslaufen. Auf das einleitend bei der privaten Durchsetzung des Kartellrechts Gesagte wird verwiesen.

8.4. Fusionskontrolle

Die Fusionskontrolle (auch Zusammenschlusskontrolle bzw *merger control*) befasst sich mit Änderungen der **Marktstruktur**, die aus **vertraglich** (insbesondere, aber nicht nur, gesellschaftsrechtlich) vereinbarten **Veränderungen** der **Selbständigkeit** am Markt tätiger Unternehmen resultieren. Der Begriff der Marktstruktur umfasst alle Merkmale, die aktuelle Zusammensetzung und die Merkmale eines Marktes beschreiben, etwa die **Zahl der Anbieter** und **Nachfrager** und ihrer **Marktanteile**, die **Art** der angebotenen **Güter**, **Zutrittsschranken**, **Transparenz** des Marktes usw. Erwirbt ein Unternehmen über ein anderes **Kontrolle** (zB durch Kauf), verschieben sich

---

[251] Vgl §§ 4 f KartG.
[252] Vgl Art 3 VO 1/2003.
[253] Vgl auch Art 1 Abs 3 VO 1/2003.
[254] Vgl zB OGH v 15. 10. 2002, 4 Ob 187/02g; OGH v 20. 12. 2005, 16 Ok 46/05.
[255] Aber str, vgl zB OGH v 19. 1. 2009, 16 Ok 13/08.

diese Parameter zwangsläufig (zB Zahl der Anbieter oder Wettbewerbsanreize sinken, Güterangebot verändert sich usw).

> Für die Ermittlung des relevanten Marktes gilt das einleitend zur Marktabgrenzung Gesagte. Im Rahmen der Fusionskontrolle besonders vergleichsweise bedeutsamer als in den anderen Gebieten ist die zeitliche Dimension des Marktes, da bei der Bewertung eines Zusammenschlusses eine Prognoseentscheidung hinsichtlich der künftigen Wettbewerbsentwicklung getroffen wird. Relevant ist es daher zB, ob die betreffenden Unternehmen in der Lage sein werden, die aufgrund der Fusion entstehenden Marktanteile zu halten.

Ziel der Fusionskontrolle ist die **Aufrechterhaltung einer funktionsfähigen Marktstruktur** durch **vorsorgliche Überprüfung** der Wirkungen des Kontrollerwerbs eines Unternehmens an einem anderen. Vorsorglich bedeutet, dass das Fusionsvorhaben, wenn es den Tatbestand der FKVO 139/2004 erfüllt, vorab bei der Kommission zur Prüfung angemeldet werden muss und vor Erteilung der Genehmigung (bei sonstiger Nichtigkeit der Transaktion) nicht durchgeführt werden darf (**Durchführungsverbot**). Verhindert werden sollen so Fusionen, bei denen die Gefahr besteht, dass der Wettbewerb danach erheblich eingeschränkt sein wird.

Das Fusionskonrollregime war bis zum Erlass der ersten FusionskontrollVO (FKVO) im Jahr 1989 direkt in Art 102 eingebettet.[256] Heute gründet sie auf die materiellen und verfahrensrechtlichen Vorschriften der aktuellen FKVO 139/2004. Zentrale Begriffe und Konzepte für die Anwendung der FKVO 139/2004 finden sich als Orientierungshilfe in der **Fusionskontrollmitteilung** aus 2007 näher erläutert (va die Konzepte Zusammenschluss, Vollfunktionsgemeinschaftsunternehmen, beteiligte Unternehmen und Berechnung des Umsatzes). Daneben bestehen mehrere weitere Mitteilungen zu Einzelfragen (zB zu den Beurteilungsmaßstäben bei horizontalen und vertikalen Fusionen, zu Abhilfemaßnahmen, zu unmittelbar mit der Fusion verbundenen Wettbewerbsbeschränkungen usw). Relevanz besitzt auch die für das Kartellrecht allgemein beachtliche Bekanntmachung zur Marktabgrenzung.

> Im Tätigkeitsbereich vieler Anwaltskanzleien findet sich der Bereich vielfach mit dem Kürzel **M&A** (*mergers and acquisitions*) benannt. Die Herausstellung des Ankaufsaspekts weist darauf hin, dass die Rechtsfragen des Erwerbs von Unternehmensbeteiligungen bzw der Errichtung neuer (gemeinsamer) Unternehmen thematisch über die Anmeldung und das Verfahren nach der FKVO 139/2004 hinausgehen: Zu bedenken sind etwa auch allgemeine zivil- (Vertragsrecht, Haftungen usw), kartell-, arbeits- oder gesellschaftsrechtliche Fragestellungen oder Fragen sektorspezifischer Regulierung.

8.4.1. Fusionsbegriff

Der Begriff des Zusammenschlusses bzw der Fusion meint die dauerhafte Veränderung der Kontrolle eines Unternehmens, also den Erwerb von bestimmendem Einfluss. Art 3 FKVO 139/2004 definiert die verschiedenen, vom Anwendungsbereich erfassten Zusammenschluss-

---

[256] Vgl zB noch Rs 6/72, *Continental Can*, ECLI:EU:C:1973:22; verb Rs 142/84 und 156/84, *BAT*, ECLI:EU:C:1987:490.

varianten. Ihnen ist gemeinsam, dass sie zu einer **dauerhaften Veränderung** der Struktur der beteiligten Unternehmen führen.

Ein Zusammenschluss wird bewirkt, wenn **zwei oder mehr** bisher unabhängige Unternehmen entweder zu einem **verschmelzen** oder **eines** (oder mehrere) das **andere** (oder wesentliche Teile davon) **kauft**, also **Kontrolle erwirbt**.[257] Die Gründung bestimmter Gemeinschaftsunternehmen (*joint venture*; s dazu auch bei den Kooperationsformen nach Art 101) fällt **ebenfalls** unter den Begriff des Kontrollerwerbs. Hinsichtlich der erfassten Verschmelzungsvorgänge ist es irrelevant, ob sie durch Aufnahme eines Unternehmens in das andere oder durch gemeinsame Neugründung erfolgt: beides ist erfasst.

Unbeachtlich ist es, ob der Zusammenschluss **vertikal** (Produzent-Händler) **oder horizontal** (Wettbewerber derselben Marktstufe, zB Produzent-Produzent) erfolgt. Unbeachtlich ist auch, ob der Zusammenschluss durch einen (mittelbaren oder unmittelbaren) Erwerb von Anteilen (sog *share deal*) oder den Erwerb von Anlagevermögen (sog *asset deal*) des Zielunternehmens erfolgt.

Tatbestandsmäßig ist nur die **Fusion bisher unabhängiger Unternehmen**. Maßgeblich ist die Unabhängigkeit in wirtschaftlicher Hinsicht. Aus diesem Grund stellen **konzerninterne** Konzentrationsvorgänge **keine** Fusionen iSd FKVO 139/2004 dar und unterliegen keiner Zusammenschlusskontrolle (sog **Konzernprivileg**). Gehörten die betreffenden Unternehmen zuvor einer öffentlich-rechtlichen Körperschaft (also dem Staat), greift das Konzernprivileg nur, **wenn** bereits vor dem Zusammenschluss eine einheitliche Leitung bestand.

Vom Fusionsbegriff **ausgenommen** sind bestimmte **Fälle** des vorübergehenden Anteilserwerbs durch Finanzinstitute zum Zweck der Weiterveräußerung, der Kontrollerwerb durch öffentlich eingesetzte Insolvenzverwalter sowie der Anteilserwerb durch Beteiligungsgesellschaften.[258] Auf diese Vorgänge findet die FKVO 139/2004 keine Anwendung.

8.4.2. Kontrollerwerb

Kontrolle bezeichnet die Möglichkeit, auf das Unternehmen einen **bestimmenden Einfluss** auszuüben.[259] Maßgeblich sind die Verlagerung der unternehmerischen Entscheidungsgewalt des Unternehmens auf einen Dritten (den Erwerber) und der damit einhergehende **Verlust** der wirtschaftlichen Selbständigkeit. Bestimmender Einfluss liegt dann vor, wenn der Erwerber das **Tagesgeschäft** des Unternehmens **mitbestimmen** kann, aber auch schon dann, wenn lediglich das **strategische Wirtschaftsverhalten**, die allgemeine Geschäftspolitik, Finanzplanung odgl **mitbestimmt** wird (zB, grundsätzliche Ausrichtung des Unternehmens, die Aufstellung detaillierter Geschäftspläne, wesentliche Investitionsentscheidungen, den Abschluss von Lizenzverträgen oder die Bestellung der Geschäftsführung). Nicht erforderlich ist es, dass vom bestimmenden Einfluss tatsächlich Gebrauch gemacht wird: Die Möglichkeit, diesen Einfluss auszuüben, reicht aus. Unbeachtlich ist auch, ob der bestimmende Einfluss **positive** Mitgestaltungsrechte vermittelt oder (negativ) die Möglichkeit einer **Blockade** wichtiger Entscheidungen.

---

[257] Vgl Art 3 Abs 1 FKVO 139/2004.
[258] Vgl Art 3 Abs 5 FKVO 139/2004.
[259] Vgl Art 3 Abs 2 FKVO 139/2004.

Eine für die Anwendung der FKVO 139/2004 maßgebliche Kontrollveränderung liegt jedenfalls beim Erwerb von **Mehrheitsbeteiligungen** (ab 50 % aufwärts) vor, ist aber auch darunter nicht ausgeschlossen, sondern nach den konkreten Einflussrechten im Einzelfall zu beurteilen. Entscheidend ist, dass die Selbständigkeit des erworbenen (oder verschmolzenen) Unternehmens beseitigt wird oder ein dauerhafter Wechsel der Kontrolle stattfindet. Daher kann auch eine **Minderheitsbeteiligung** je nach Gesellschaftsform Einfluss auf das strategische Wirtschaftsverhalten vermitteln.[260] Gleiches gilt bei starker Streuung der übrigen Anteile (sog faktische Hauptversammlungsmehrheit) bzw dann, wenn mit einzelnen Anteilen besondere Rechte verbunden sind (sog *golden shares*, zB Recht zur Nominierung der Mehrheit der Mitglieder in den Leitungsgremien).

Die Gründung oder der Kauf eines **Gemeinschaftsunternehmens** (*joint venture*) durch mehrere Mutterunternehmen umfasst dann einen (gemeinsamen) Kontrollerwerb, wenn dieses **auf Dauer alle Funktionen einer selbständigen wirtschaftlichen Einheit** erfüllt. Es kommt also darauf an, wie lange das *joint venture* bestehen soll sowie darauf, ob es nach seinen Aufgaben und Befugnissen sowie nach der sachlichen und personellen Ausstattung in der Lage ist, am Markt selbständig zu agieren. Keine Selbständigkeit liegt in der Verrichtung bloßer Hilfstätigkeiten für die Mütter (zB Auslagerung von Ein- oder Verkauf). Gemeinsame Kontrolle der Mütter über das *joint venture* ist sowohl dann gegeben, wenn sie gleiche Stimmrechte haben, als auch bei der Minderheitsbeteiligung einer der Mütter, soweit diese relevante Vetorechte betreffend strategische Entscheidungen ausüben kann.

> Erlaubt das *joint venture* die Koordinierung des Wettbewerbsverhaltens zwischen unabhängig bleibenden Unternehmen (**kooperative Gemeinschaftsunternehmen**), dh bleiben die Mütter auf anderen Märkten Wettbewerber, wendet die Kommission auf die Fusion materiell die Kriterien des Kartellverbots nach Art 101 an.[261] Gefragt wird daher nicht nur, ob durch die Zusammenführung der betreffenden unternehmerischen Aktivitäten in dem Gemeinschaftsunternehmen wirksamer Wettbewerb erheblich behindert würde, sondern auch nach den Auswirkungen auf den Wettbewerb zwischen den Müttern in Bereichen, die von diesem Zusammenschluss nicht betroffen sind und in denen sie daher nach wie vor Konkurrenten sind.

8.4.3. Unionsweite Bedeutung

Die FKVO 139/2004 gilt nach ihrem Art 1 Abs 1 für alle **Zusammenschlüsse von unionsweiter Bedeutung** (dort noch gemeinschaftsweite Bedeutung genannt). Unter die FKVO 139/2004 fallen daher erst Zusammenschlüsse ab einer bestimmten Größe der beteiligten Unternehmen (sog **Aufgriffsschwellen**). Bei ihrem Überschreiten wird vermutet, dass die Fusion unionsweite Bedeutung hat und besteht eine ausschließliche Prüfzuständigkeit der Kommission.

Die Aufgriffsschwellen richten sich maßgeblich nach den Umsätzen der beteiligten Unternehmen. Unionsweite Bedeutung liegt vor, wenn eine der beiden alternativ angeführten Schwel-

---

260 Vgl zB *Schmidt*, ÖZK 2014, 9 f.
261 Vgl ErwG 27 und Art 2 Abs 4 und 5 FKVO 139/2004.

lenkombinationen erfüllt ist (sog **doppelte Aufgriffsschwelle**).[262] Die erste Schwellenkombination bezieht sich auf die **absolute Größe** der beteiligten Unternehmen, deren ...

1) gemeinsamer weltweiter **Gesamtumsatz** mehr als 5 Mrd €; und
2) **unionsweiter Umsatz** von **mindestens zwei Unternehmen** jeweils mehr als 250 Mio €;

beträgt. Die zweite, alternative Schwellenkombination stellt demgegenüber auf die **Auswirkungen des Zusammenschlusses** in mehreren MS ab. Erfasst sind demnach auch Zusammenschlüsse, die zwar die Umsatzschwellen nach der ersten Kombination nicht erreichen, wo aber zumindest der ...

1) weltweite **Gesamtumsatz** aller beteiligten Unternehmen mehr als 2,5 Mrd €; und
2) **unionsweite Umsatz** von **mindestens zwei Unternehmen** mehr als 100 Mio € erreicht; und
3) **zumindest drei MS betroffen** sind. Dies ist der Fall, wenn der Gesamtumsatz aller beteiligten Unternehmen in mindestens drei MS zusammengerechnet mehr als 100 Mio € beträgt und zusätzlich mindestens zwei Unternehmen in jedem dieser drei MS jeweils mehr als 25 Mio € umsetzen (also beide Unternehmen in den drei MS eine relevante Präsenz aufweisen).

Gegenüber beiden Schwellenkombinationen besteht eine **Gegenausnahme**, wonach dennoch **keine unionsweite** (sondern lediglich lokale) **Bedeutung** vorliegt, wenn **mehr als zwei Drittel** des unionsweiten **Umsatzes** der beteiligten Unternehmen in **ein- und demselben MS** erzielt werden. Dann greift daher allenfalls die nationale Zusammenschlusskontrolle.

Die **Berechnung der Umsätze**[263] erfolgt unter Einbeziehung der mit den beteiligten Unternehmen verbundenen Unternehmen (also des **gesamten Konzerns**). Die Umsätze des Verkäufers bleiben außer Betracht, außer er bleibt an einer gemeinsamen Kontrolle über den veräußerten Unternehmensteil (als *joint venture*) beteiligt. Einbezogen werden die im **letzten Geschäftsjahr** erzielten Verkaufserlöse aus dem normalen geschäftlichen Tätigkeitsbereich. Erlösschmälerungen (zB Abschläge, Rabatte, Vergütungen) und Steuern auf den Umsatz (also Umsatz- und Verbrauchssteuern) sind herauszurechnen.

8.4.4. Untersagungskriterien

Nach Art 2 Abs 3 FKVO 139/2004 sind „Zusammenschlüsse, durch die **wirksamer Wettbewerb im Gemeinsamen Markt** oder in einem wesentlichen Teil desselben **erheblich behindert** würde, insbesondere durch Begründung oder Verstärkung einer beherrschenden Stellung, ... für mit dem [Binnenm]arkt unvereinbar zu erklären."[264] Die Prüfung und ggf Untersagung eines Zusammenschlusses kann nach zwei unterschiedlichen, einander **ergänzenden Anknüpfungspunkten** erfolgen.

Den ersten Anknüpfungspunkt bildet der sog **Dominanztest**, den die FKVO 139/2004 nach wie vor als Variante der erheblichen Wettbewerbsbehinderung nennt: Begründet oder verstärkt das Vorhaben eine **marktbeherrschende Stellung** iSv Art 102? Die Kommission geht hier iW nach den betreffenden Marktanteilen vor, wobei die Frage der Marktbeherrschung so zu beur-

---

262 Vgl Art 1 Abs 2 und 3 FKVO 139/2004.
263 Vgl Art 5 FKVO 139/2004.
264 Hervorhebung hinzugefügt.

teilen ist, wie zuvor bei Art 102 AEUV dargestellt. Es soll also das Entstehen neuer Marktbeherrscher bzw das Verstärken bestehender Marktbeherrschung verhindert werden. Aus dieser Perspektive sind Fusionen (parallel zu Art 102) im Regelfall unbedenklich, wenn der Marktanteil der beteiligten Unternehmen 25 % nicht überschreitet.[265]

Den zweiten Anknüpfungspunkt, der als Überbegriff den Dominanztest einbezieht („insbesondere"),[266] bildet das Kriterium der **erheblichen Behinderung wirksamen Wettbewerbs** (*significant impediment to effective competition*, sog SIEC-Test). Der SIEC-Test prüft die wettbewerbsbeschränkenden Effekte des Zusammenschlusses über die reine Marktbeherrschung hinaus und eröffnet damit also auch Raum für die Berücksichtigung nachteiliger Effekte unterhalb oder neben der Frage der Marktbeherrschung.[267] So kann zB ein Zusammenschluss mehrerer kleinerer Unternehmen auch dann nachteilig für die Marktstruktur und den Wettbewerb sein, wenn sie durch den Zusammenschluss zwar keine marktbeherrschende Stellung erlangen, danach aber nur noch wenige Anbieter am Markt verbleiben (sog Oligopol). Der SIEC-Test soll daher va mögliche wettbewerblich beachtliche Lücken unterhalb des Begriffs der Marktbeherrschung iSv Art 102 füllen. Desungeachtet bleibt aber die Marktbeherrschung der wichtigste Fall der erheblichen Wettbewerbsbehinderung und der Anwendung der Fusionskontrolle.

Bei der Beurteilung der Frage, ob eine dominante Marktstellung erreicht oder verstärkt wird, berücksichtigt die Kommission diverse **Parameter der Marktstruktur** bzw deren Veränderung durch die Fusion. Dazu gehören beispielsweise[268] die wirtschaftliche Macht und die Finanzkraft der beteiligten Unternehmen, die Wahlmöglichkeiten der Lieferanten und Abnehmer, die Entwicklung des Angebots und der Nachfrage zwischen den jeweiligen Erzeugnissen und Dienstleistungen, sowie die Entwicklung des technischen und wirtschaftlichen Fortschritts. Auf Grundlage des zuletzt genannten Faktors berücksichtigt die Kommission eventuell auch Effizienzvorteile, die sich aus einem Zusammenschluss ergeben können.

> Beim Kontrollerwerb wurde darauf hingewiesen, dass bei **kooperativen Gemeinschaftsunternehmen** leicht abweichende Prüfkriterien angewandt werden:[269] Gefragt wird neben der Behinderung wirksamen Wettbewerbs auch nach den Auswirkungen auf den Wettbewerb zwischen den Müttern in Bereichen, die von diesem Zusammenschluss nicht betroffen sind.

Im Rahmen eines fusionskontrollrelevanten Ankaufs von Anteilen oder Vermögensgegenständen bzw -rechten gehen die Parteien häufig weitere Verpflichtungen zum Schutz des wirtschaftlichen Zwecks der Transaktion ein (sog **wettbewerbsbeschränkende Nebenabreden** bzw *ancillary restraints*). Klassisches Beispiel ist etwa ein Wettbewerbsverbot zulasten des Verkäufers, das dem Schutz mit übertragenen Know-hows dient (zB Geschäftsgeheimnisse, Kundenstock usw). Soweit solche Nebenabreden tatsächlich unmittelbar mit dem betreffenden Zusammenschluss verbunden und für dessen Durchführung notwendig (sowie verhältnismäßig) sind, sind sie von der Zusammenschlussgenehmigung miterfasst. Sie unterliegen dann also keiner gesonderten Prüfung nach Art 101 mehr. Dazu, ob eine Nebenabrede unmittelbar mit der Fusion ver-

---

[265] Vgl ErwG 32 FKVO 139/2004.
[266] Art 2 Abs 3 FKVO 139/2004.
[267] Vgl auch ErwG 25 FKVO 139/2004.
[268] Vgl Art 2 Abs 1 lit b FKVO 139/2004.
[269] Vgl ErwG 27 und Art 2 Abs 4 und 5 FKVO 139/2004.

bunden, notwendig und verhältnismäßig ist, äußert sich die Kommission in der Fusionskontrollentscheidung jedoch häufig nicht. In diesen Fällen haben die Parteien diese Nebenabreden hinsichtlich der Einbeziehung in die Fusionskontrollgenehmigung bzw (für nicht einbezogene Abreden) hinsichtlich der Vereinbarkeit mit dem Kartellverbot selbst einzuschätzen (s zu dieser **Selbstveranlagung** bei Art 101). Als Orientierungshilfe besteht eine **Bekanntmachung** zu *ancillary restraints*.

Eine Fusion kann nur untersagt werden, wenn zwischen der Verschlechterung der Wettbewerbsbedingungen und dem Zusammenschluss ein **kausaler Zusammenhang** besteht. Darauf gründet die mögliche Verteidigung eines Zusammenschlusses mit der sog *failing company defense*: Ein Zusammenschluss ist nicht kausal für die Verschlechterung der Wettbewerbsstruktur, wenn feststeht, dass 1) das erworbene Unternehmen ohne die Übernahme durch ein anderes Unternehmen kurzfristig aus dem Markt **ausscheiden** würde, 2) die Marktposition des erworbenen Unternehmens im Falle seines Ausscheidens aus dem Markt **dem erwerbenden Unternehmen zuwachsen** würde und 3) die Übernahme **verhältnismäßig** iS des Fehlens einer weniger wettbewerbsschädlichen Erwerbsalternative gibt.[270] Nach der Fusionskontrollmitteilung ist es dabei nicht erforderlich, dass bei Ausscheiden der gesamte Marktanteil des Zielunternehmens dem Erwerber zuwächst, sondern es genügt, wenn die zur Übernahme anstehenden Vermögenswerte ohne Fusion dem Markt unweigerlich verloren gingen.[271]

8.4.5. Verfahren und Vollzugsverbot

Kennzeichnend für das Fusionskontrollverfahren sind einerseits die **ausschließliche Zuständigkeit** der Kommission für der FKVO 139/2004 unterliegende Zusammenschlüsse und die daraus resultierenden Folgen nicht nur für die verbleibenden Zuständigkeiten der nationalen Behörden, sondern auch für das Verhältnis zum Kartellrecht. Andererseits kennzeichnen die Fusionskontrolle die Anmeldepflicht tatbestandsmäßiger Fusionen und die mit deren Unterlassung verknüpfte Nichtigkeitssanktion (sog Durchführungsverbot).

8.4.5.1. One-stop-shop

Im Rahmen der FKVO 139/2004 ist die **Kommission ausschließlich zuständig**. Anders als bei den Art 101 und 102 nach der VO 1/2003 bestehen also keine parallelen Zuständigkeiten der nationalen Wettbewerbsbehörden. Der Grundsatz, dass ein vom Anwendungsbereich der FKVO 139/2004 erfasster Zusammenschluss ausschließlich nach dieser VO (von der Kommission) geprüft wird, ist als **One-stop-shop** bekannt. Nationales Recht ist auf einen solchen Zusammenschluss generell nicht mehr bzw nur noch zum Schutz bestimmter in nationaler Interessen anwendbar.[272]

Die **nationalen Behörden** sind unterhalb der Schwellenwerte ggf auf Basis der nationalen Fusionskontrollbestimmungen alleine zuständig, oberhalb der Schwellenwerte die Kommission alleine.[273] Der One-stop-shop hat allerdings Folgen für das Verhältnis zwischen Fusionskontrolle und Kartellrecht (und dessen Anwendung durch die nationalen Behörden): Ausnehmlich

---

[270] Vgl verb Rs C-68/94 und C-30/95, *SCPA*, ECLI:EU:C:1998:148, Rn 111.
[271] Vgl LL zu horizontalen Zusammenschlüssen, ABl 2004/C 31/5, Tz 89 ff.
[272] Vgl Art 21 FKVO 139/2004.
[273] *Swoboda*, ZfRV 2016, 84 f.

der Sonderprüfung bei kooperativen Gemeinschaftsunternehmen (s bei den Untersagungskriterien) ist die **Anwendung der Art 101 und 102 auf Zusammenschlüsse** iSd FKVO 139/2004 **ausgeschlossen**. Dies gilt unabhängig davon, ob die Schwellenwerte für die unionsweite Bedeutung erreicht sind.[274]

Jedoch können die Kommission und die nationalen Behörden einander nach den **Verweisungsregeln** der FKVO 139/2004 Fälle zuweisen, wenn die jeweilige Behörde besser zu deren Prüfung geeignet erscheint. So kann die Kommission ggf einen bei ihr angemeldeten Zusammenschluss von unionsweiter Bedeutung an die zuständige Behörde eines MS verweisen (sog dt Klausel).[275] Im umgekehrten Fall kann ein MS die Untersuchung eines Zusammenschlusses durch die Kommission auch dann beantragen, wenn der Zusammenschluss keine unionsweite Bedeutung hat (sog niederländ Klausel).[276] Zudem kann einerseits die Kommission einen MS unverbindlich zu einer Abtretung der Zuständigkeit auffordern, und können andererseits die Parteien selbst schon vor der eigentlichen Anmeldung beantragen, dass ein an sich in die Kompetenz eines MS fallender **Zusammenschluss von der Kommission behandelt** wird oder umgekehrt (also trotz unionsweiter Bedeutung von einem MS).

8.4.5.2. Anmeldepflicht und Durchführungsverbot

Zusammenschlüsse von unionsweiter Bedeutung sind bei der Kommission **anzumelden**.[277] Anmeldepflichtig sind bei Akquisitionen das erwerbende Unternehmen, bei Fusionen oder dem Erwerb gemeinschaftlicher Kontrolle die beteiligten Unternehmen gemeinsam. Machen die Parteien glaubhaft, dass sie die Transaktion jedenfalls durchführen wollen, kann eine Anmeldung schon vor Vertragsabschluss erfolgen. Für die Anmeldung (Aufbau und erforderliche Inhalte) stellt die DurchführungsVO 802/2004 ein Formblatt bereit.

Die FKVO 139/2004 etabliert ein Prinzip der **Kontrolle** *ex ante*: Die Anmeldepflicht ist mit einem **Vollzugs- bzw Durchführungsverbot** des Zusammenschlusses bis zur erteilten Genehmigung verbunden. Dem Vollzugsverbot entgegenstehende Rechtsgeschäfte sind schwebend unwirksam und müssen auf Verlangen der Kommission rückgängig gemacht werden (sog Entflechtung).[278]

8.4.5.3. Verfahrensphasen

Das Kommissionsverfahren selbst ist **zweistufig**. Im Rahmen einer **Vorprüfung** (Phase 1) wird untersucht, ob das Vorhaben tatsächlich unter die FKVO 139/2004 fällt und ob es grundsätzlich Wettbewerbsbedenken aufwirft. Die Kommission hat diese Entscheidung innerhalb von **25 Arbeitstagen** zu treffen, die Frist beginnt allerdings erst dann zu laufen, wenn die Anmeldung aus Sicht der Kommission vollständig ist. Die Kommission kann feststellen, dass der angemeldete Zusammenschluss außerhalb des Anwendungsbereichs der FKVO 139/2004 liegt (etwa weil die einschlägigen Schwellenwerte nicht erreicht sind oder gar kein Zusammenschluss vorliegt), er keinen Anlass zu ernsthaften Bedenken hinsichtlich seiner Vereinbarkeit mit dem

---

[274] Vgl Art 21 Abs 1 FKVO 139/2004.
[275] Vgl Art 9 FKVO 139/2004.
[276] Vgl Art 22 FKVO 139/2004.
[277] Vgl Art 4 FKVO 139/2004.
[278] Vgl Art 7 Abs 4 und 8 Abs 4 FKVO 139/2004.

Binnenmarkt gibt (weil keine marktbeherrschende Stellung begründet wird) **oder aber**, dass er unter die FKVO 139/2004 fällt und **Anlass zu ernsthaften Bedenken** gibt. Lässt die Kommission die 25-Tages-Frist verstreichen, ohne über die Freigabe des Zusammenschlusses oder die Einleitung des Verfahrens zu entscheiden, **gilt der Zusammenschluss als freigegeben**.[279] Die ganz überwiegende Anzahl von Zusammenschlussanmeldungen endet in Phase 1.

Gibt die Anmeldung Anlass zu ernsthaften wettbewerblichen Bedenken, folgt die **Hauptprüfungsphase** (Phase 2). Dieses Verfahren ist also immer zu eröffnen, wenn *prima facie* eine Untersagung droht. Hier wird das Vorhaben vertieft geprüft und kann am Ende dieser Prüfung entweder (mit oder ohne Auflagen) **genehmigt oder endgültig untersagt** werden. Zur Informationsbeschaffung stehen der Kommission dabei umfangreiche Auskunfts- und Nachprüfungsbefugnisse zur Verfügung, auch gegenüber dritten Unternehmen. Auf Ersuchen der Kommission können auch nationale Wettbewerbsbehörden Nachprüfungen vornehmen. Binnen **90 Tagen** (bzw bei Verlängerung 105 Tagen) ist zu **entscheiden**, ob der Zusammenschluss mit dem Binnenmarkt unvereinbar oder vereinbar, dh zu untersagen oder freizugeben ist. Ein Verstreichen der Frist ohne eine Entscheidung der Kommission bewirkt wiederum, dass der Zusammenschluss **als genehmigt** gilt.

Mit **Verpflichtungserklärungen**, die in Form von **Bedingungen** und **Auflagen** in der Entscheidung festgehalten werden, können die **Unternehmen Bedenken** der Kommission in Bezug auf den betreffenden Zusammenschluss **zerstreuen**. Diese sind idR struktureller Art (zB Verkauf eines Teils der Filialen oder einer Sparte). Manchmal beziehen sich Auflagen auch auf das künftige Verhalten der Unternehmen (zB keine Ausübung bestimmter Rechte oder kein Eindringen in bestimmte Märkte). Die Abgabe von Verpflichtungserklärungen ist in beiden Verfahrensphasen möglich.

8.5. Wiederholungsfragen

i. Wodurch unterscheidet sich das Auswirkungsprinzip vom Territorialitätsprinzip bei der extraterritorialen Anwendung des EU-Kartellrechts und welchen Ansatz wählte der EuGH im Zellstoff-Urteil?

ii. Wie ist das „Unternehmen" im Kartellrecht definiert? In welchen Zusammenhängen spielt der Unternehmensbegriff im Kartellrecht eine wichtige Rolle?

iii. Nennen und beschreiben Sie die zentralen Konzepte der Marktabgrenzung am Beispiel der Getränkeindustrie.

iv. Erläutern Sie das Vollzugssystem im europäischen Wettbewerbsrecht. Welche Institutionen nehmen daran teil und wie verteilen sich ihre Aufgaben?

v. Sie beraten Bono, ein Produktionsunternehmen in einem Markt, in dem nur noch drei weitere Hersteller operieren. Wären die folgenden Verhaltensweisen von Art 101 erfasst?

   a. Die Ankündigung einer 10%igen Preiserhöhung durch Bono, 14 Tage im Voraus in einer Anzeige im führenden Medium der Branche;

   b. Eine Weihnachtsgrußkarte von Bono an die anderen Hersteller, auf der neben „Herzliche Festtagswünsche!" noch folgender Satz vermerkt ist: „Das Leben wäre um so

---

[279] Vgl Art 10 FKVO 139/2004.

8. Kartellrecht

vieles angenehmer, wenn wir nur bei den Preisen an einem Strang ziehen würden! Aber damit kämen wir natürlich nie durch." Am 10. Jänner folgen die anderen Hersteller einer 5%igen Preiserhöhung durch Bono vom 1. Jänner.

c. Die Gründung eines Industriefachverbands, in dem alle vier Hersteller Mitglied sind.

vi. Was ist ein Sprunglieferungsverbot? Erläutern Sie anhand dieses Begriffs die Beurteilung von Wettbewerbsverstößen nach Art 101, die nicht in die Kategorie Kernbeschränkung fallen.

vii. Was ist die Funktion einer GVO, wie verhalten sich die bestehenden GVO zu Art 101 Abs 3, wie zu den bestehenden LL zu Art 101?

viii. In welchen Ausprägungen tritt Marktbeherrschung auf und wie schlagen sich diese in der Kategorisierung marktmissbräuchlichen Verhaltens nieder?

ix. Welche Kriterien werden für die Beurteilung von Marktmacht maßgeblich herangezogen und welches dieser Kriterien spielt in der Praxis die größte Rolle? Warum?

x. Banana Company ist marktbeherrschend und möchte ein neues Rabattsystem einführen, nach dem den Abnehmern bei Erreichen gewisser Mengenschwellen von Banana Company bezogener Produkte gestaffelt Preisnachlässe gewährt werden. Die relevanten Mengenschwellen werden den Abnehmern nicht im Voraus mitgeteilt. Wie beurteilen Sie die Zulässigkeit?

xi. Die Fenster AG ist marktbeherrschend auf dem Markt für das Softwareprodukt X, einem langjährigen Klassiker seiner Art. Um die demgegenüber eher dahindümpelnde Nachfrage nach der Softwareanwendung Y anzukurbeln, beschließt die Geschäftsführung, ihr dieses Jahr neu entwickeltes Produkt Z, ein völlig neuartiges Upgrade zu X, gemeinsam mit Y zu vermarkten. Y und Z können in einem preislich attraktiveren Kombipaket, aber auch weiterhin einzeln erworben werden. Was halten Sie davon?

xii. Was ist ein Zusammenschluss iSd FKVO 139/2004 und welche Folgen knüpfen hinsichtlich der Anwendbarkeit von Art 101 an diesen Begriff?

xiii. Wie löst die FKVO 139/2004 die Frage nach der unionsweiten Bedeutung eines Zusammenschlusses?

xiv. Erklären Sie Problem und wettbewerbsrechtliche Lösung der Beurteilung von joint ventures: Welchem Regime unterliegen sie, warum und welche Maßstäbe sind anwendbar?

xv. Unternehmen Aal hält eine 30%ige Minderheitsbeteiligung am Unternehmen Beer. Unternehmen Beer wiederum hält 50 % an Unternehmen Ceeh. Die Unternehmen Yps und Zett sind 70%ige bzw 51%ige Töchter des Unternehmens Igs. Yps beabsichtigt, Beer zu erwerben. Welche der genannten Unternehmen sind beteiligte Unternehmen iSd FKVO 139/2004 und wofür ist dies relevant?

9. Beihilferecht und öffentliche Unternehmen

Das Verbot staatlicher Beihilfen nach **Art 107 AEUV** ist die zentrale staatengerichtete Vorschrift des Wettbewerbskapitels. Gemeinhin (und daher auch vorliegend) wird innerhalb des Wettbewerbsrechts zwischen den an Private gerichteten Vorschriften des Kartellrechts iwS und dem Beihilferecht als staatengerichteter Vorschrift unterschieden. Darauf, dass diese scheinbar klare Trennung im Einzelnen zerfließt, weil sowohl das Kartellrecht eine staatengerichtete Dimension aufweist als auch das Beihilferecht eine an Private gerichtete, wurde einleitend hingewiesen.

Eng mit dem Beihilfeverbot verbunden ist **Art 106 AEUV**, in dessen ersten beiden Absätzen einerseits ein Gebot der Gleichbehandlung öffentlicher und privater Unternehmen und andererseits ein besonderer Rechtfertigungstatbestand für Wettbewerbsausnahmen zugunsten von Daseinsvorsorgeunternehmen normiert sind. Art 106 nimmt eine Zwischenstellung zwischen Kartell- und Beihilferecht ein, da er als Verweisnorm (Abs 1) bzw Rechtfertigungstatbestand (Abs 2) gegenüber beiden Normenkomplexen zur Anwendung gelangt. Die etwas engere Nahebeziehung besteht allerdings zum Beihilfeverbot, sodass die Norm in diesem Kontext besprochen wird.

9.1. Staatliche Beihilfen

Die Kontrolle staatlicher Beihilfen nach den Art 107 bis 109 bildet den letzten Abschnitt des Wettbewerbskapitels des AEUV. Auch die Beihilfekontrolle ist damit Teil des nach Prot Nr 27 zu errichtenden Systems, den Wettbewerb im Binnenmarkt vor Verfälschungen zu schützen. Zweck des Beihilfeverbots ist also die **Verhinderung staatlicher Eingriffe in den Leistungswettbewerb**: Die öffentliche Hand kann bestimmte (staatsnahe oder sonst politisch bedeutsame) Unternehmen mit ihren überragenden wirtschaftlichen und rechtlichen Möglichkeiten im Wettbewerb stützen. Solche Eingriffe, die man zB auch als Förderungen, Stützungen, Zuschüsse oder Subventionen bezeichnen könnte, werden im europäischen Recht staatliche Beihilfen genannt.

Im Binnenmarkt haben die MS einen Anreiz, ihre nationalen Player im Wettbewerb gegenüber den Unternehmen anderer MS zu stärken: Beihilfen sind für Staaten traditionell **wichtige Steuerungsinstrumente der Wirtschaftspolitik**. Als solche zielen sie gerade darauf ab, im Dienste öffentlicher (politischer) Interessen in den Leistungswettbewerb zwischen Unternehmen einzugreifen. Die Beihilfekontrolle versucht dabei einen Ausgleich zwischen diesen nationalen Gewährungsinteressen und dem Unionsinteresse am Schutz unverfälschten Wettbewerbs zu schaffen.

Die Folge unkontrollierter Stützungen wäre eine **Fragmentierung der Märkte** nach dem Recht des Stärkeren: Wer mehr staatliche Mittel aufbringen kann, dessen Unternehmen haben im binnenmarktinternen Wettbewerb die besten Karten. Insoweit flankiert daher auch das Beihilfeverbot, genau wie das Kartellrecht iwS, die Grundfreiheiten und ergänzt deren Integrationsauftrag für den Binnenmarkt. Das Beihilfeverbot trägt also entscheidend **zur Homogenisierung der Wettbewerbsbedingungen** für in unterschiedlichen MS ansässige Unternehmen bei.

> Staatliche Beihilfen sind ein **spezifisches Problem des europäischen Binnenmarkts** bzw deren Kontrolle ein europäisches Spezifikum: Erst die zur schrittweisen Integration der Märkte vereinbarten Regeln der Nichtdiskriminierung und Nichtbeschränkung wirtschaftlicher Aktivität machen staatliche Eingriffe in den grenzüberschreitenden Wettbewerb und zwischenstaatlichen Handel zum Problem und deren flankierende Kontrolle daher notwendig.
>
> Dagegen verfügen die **meisten übrigen Staaten** der Erde (zB große Binnenmärkte wie die USA, China oder Brasilien) über **kein Beihilfeverbot**. Gleiches gilt für die meisten regionalen Wirtschaftskooperationen, die entweder kein (zB Mercosur, ASEAN) oder ein bloß auf wenige Bereiche begrenztes (zB NAFTA: Landwirtschaft) Beihilfeverbot kennen. Grund dafür ist, dass der Integrationsstatus dort entweder über (USA) oder unter (Wirtschaftszonen) jenem der EU liegt. In ersterem Fall spielen protektionistische staatliche Eingriffe keine Rolle, in zweiterem Fall sind die nationalen Grenzen vergleichsweise bedeutendere Determinanten der Wettbewerbsbedingungen und würde die wettbewerbsverzerrende Wirkung von Beihilfen erst bei einem höheren Integrationsniveau zum Problem.
>
> Das einzige andere sektorübergreifende Regime zur Kontrolle staatlicher Förderungen ist jenes der WTO nach dem **WTO-Subventionskodex**. Der Subventionstatbestand des WTO-Rechts erfasst ähnliche Verhaltensweisen wie jener des EU-Rechts, wird allerdings in der Praxis restriktiv und auf große Fälle reduziert gehandhabt. Ein wesentlicher Unterschied besteht zudem beim Vollzug: Während im Unionsrecht ein grundsätzliches Verbot von Beihilfen vorgesehen ist, die ausnahmsweise genehmigungsfähig sein können, unterscheidet der Subventionskodex zwischen einzelnen verbotenen Subventionen, die stets unzulässig sind, und sonstigen (anfechtbaren) Subventionen, die unzulässig sind, wenn bzw weil sie eine handelsbeeinträchtigende Wirkung entfalten. Der Eintritt einer solchen Wirkung muss allerdings dargelegt werden. Entsprechend dem völkerrechtlichen Charakter des WTO-Subventionsregimes beschränken sich die Sanktionen bei Verletzung zudem auf staatliche Gegenmaßnahmen (va Strafzölle).[1]

9.1.1. Systematik

Art 107 Abs 1 statuiert ein **generelles Verbot** staatlicher Beihilfen: „[S]taatliche oder aus staatlichen Mitteln gewährte Beihilfen gleich welcher Art, die durch die Begünstigung bestimmter Unternehmen oder Produktionszweige den Wettbewerb verfälschen oder zu verfälschen drohen, [sind] mit dem Binnenmarkt unvereinbar, soweit sie den Handel zwischen Mitgliedstaaten beeinträchtigen."

9.1.1.1. Primärrecht

Maßnahmen, die die Tatbestandsmerkmale des Art 107 (**Staatlichkeit** der Initiative und der Mittel, **Begünstigungseffekt**, **Unternehmen** als Empfänger, Bestimmtheit der Empfänger (**Selektivität**), **Wettbewerbsverfälschung** und **Handelsbeeinträchtigung**) erfüllen sind sog tatbestandsmäßige Beihilfen. Sie sind schon nach dem Wortlaut des Art 107 verboten, ohne dass es einer Entscheidung der Kommission bedarf. Die Rolle der Kommission beschränkt sich darauf, festgestellte Verstöße durch Rückzahlungsanordnungen zu sanktionieren und ausnahmsweise gerechtfertigte Beihilfegewährungen im Einzelfall zu genehmigen.

---

[1] Vgl dazu auch *Bungenberg/Schelhaas* in *Jaeger/Haslinger* (Hrsg), Jahrbuch Beihilferecht 2017, 598 ff; *Jaeger*, Beihilfen durch Steuern und parafiskalische Abgaben, 42 ff.

Für Letzteres sehen Art 107 Abs 2 und 3 sowie (für den besonderen Bereich der Daseinsvorsorge) Art 106 Abs 2 und (für den Verkehrsbereich) Art 93 spezifische **Rechtfertigungsgründe** vor. Bei ihrer Anwendung verfügt die Kommission über weites Ermessen. Für die Rechtfertigungsprüfung ist die Kommission zudem (vorbehaltlich einer ganz ausnahmsweisen Sondergenehmigungsbefugnis des Rates)[2] ausschließlich zuständig: Die nationalen Behörden und Gerichte dürfen zwar die Frage prüfen, ob eine Maßnahme überhaupt eine Beihilfe ist (also unter das Verbot fällt), aber nicht, ob sie wegen Vorliegen eines Rechtfertigungsgrunds letztlich doch zulässig ist.

Die Art 108 und 109 regeln das zugehörige **Verfahren** der Prüfung der Tatbestandsmäßigkeit und Rechtfertigungsfähigkeit beihilfeverdächtiger Maßnahmen. Demnach müssen Mitgliedstaaten, die Beihilfen gewähren wollen (sog **neue Beihilfen**), diese zwingend bei der Kommission zur (Tatbestands- und) Rechtfertigungsprüfung (**Genehmigung**) anmelden. Auch Beihilfen, die schon genehmigt wurden (sog **bestehende Beihilfen**),[3] können von der Kommission laufend überprüft und gegebenenfalls (etwa wenn sich die Marktlage ändert) in verbindlicher Form eine Anpassung oder Abschaffung vorgeschlagen werden.

Ohne bzw vor Genehmigung sind tatbestandsmäßige Beihilfen ausnahmslos verboten (sog **Durchführungsverbot**, Art 108 Abs 3 letzter Satz). Folge eines Verstoßes sind die **Unwirksamkeit** der Gewährungsgrundlagen (Gesetz, Bescheid, Vertrag usw) und die **Pflicht zur Rückführung** der Beihilfe. Diese Unwirksamkeit und die damit verbundenen Rechtsfolgen können von **Wettbewerbern** vor den **nationalen Gerichten** geltend gemacht werden:[4] Art 108 Abs 3 letzter Satz (Durchführungsverbot) ist insoweit als einzige Norm des Beihilfekapitels **unmittelbar anwendbar**.[5] Diese Rechtsschutzzuständigkeit der nationalen Gerichte besteht **parallel** (alternativ oder kumulativ) zu jener der **Kommission**, ist jedoch, wie gezeigt, durch den Ausschluss der Frage der Genehmigungsfähigkeit begrenzter als diese.

Art 109 enthält eine (Art 103 für das Kartellrecht entsprechende) **Rechtsgrundlage** zum Erlass von Durchführungsverordnungen durch **den Rat**. In der Praxis hat der Rat diese Befugnis (iW zum Erlass von **GVO**) in beschränktem Umfang an die Kommission delegiert.[6]

9.1.1.2. Sekundärrecht

GruppenfreistellungsVO (**GVO**) bieten der Kommission eine zur Vorgehensweise im Kartellrecht analoge Handhabe dafür, sich bei der Prüfung von Beihilfen **reiner Routinefälle zu entledigen**. GVO bringen eine wesentliche Vereinfachung des Beihilfeverfahrens in den von ihnen abgedeckten Bereichen. Sind **Voraussetzungen einer GVO** erfüllt, gilt die Maßnahme als **automatisch genehmigt**, ohne dass dazu ein Verfahren bei der Kommission durchlaufen werden müsste. Dementsprechend bestehen weder **Anmeldepflicht** noch **Durchführungsverbot**. Im Beihilferecht existieren (neben einigen GVO mit spezialisiertem Anwendungsbereich) **zwei all-**

---

2 Vgl Art 108 Abs 2 UAbs 3 AEUV.
3 Vgl dazu die Definition in Art 1 lit b der Beihilfe-VerfahrensVO (VVO) 2015/589.
4 Vgl verb Rs C-261/01 und C-262/01, *van Calster und Cleeren*, ECLI:EU:C:2003:571, Rn 64 mwN; Rs C-71/04, *Xunta de Galicia*, ECLI:EU:C:2005:493, Rn 49; Rs C-199/06, *CELF*, ECLI:EU:C:2008:79, Rn 41; Rs C-275/10, *Residex Capital*, ECLI:EU:C:2011:354, Rn 29.
5 Vgl etwa Rs C-354/90, *FNCE*, ECLI:EU:C:1991:440, Rn 12 f.; Rs 78/76, *Steinike und Weinling*, ECLI:EU:C:1977:52, Rn 10.
6 Vgl ErmächtigungsVO 2015/1588, ABl 2015/L 248/1.

gemeine, breit anwendbare GVO. Es sind dies die **Allgemeine GVO 651/2014 (AGVO 651/2014)** einerseits und die *De-minimis*-GVO 1407/2013 andererseits.

Die **AGVO 651/2014** gilt für eine große Zahl bestimmter Beihilfen innerhalb der Bereiche Regionalbeihilfen, KMU-Förderung und KMU-Finanzierung, F&E und Innovation, Ausbildung und Förderung benachteiligter Arbeitnehmer, Umweltschutz, Bewältigung der Folgen von Naturkatastrophen, Beförderung von Einwohnern entlegener Gebiete, Breitbandinfrastrukturen, Kultur und Erhaltung des kulturellen Erbes, Sport- und multifunktionale Freizeitinfrastrukturen sowie lokale Infrastrukturen. Die Freistellungsvoraussetzungen sind für jede dieser Gruppen unterschiedlich und jeweils in eigenen Kapiteln geregelt. Ein eigenes Kapitel enthält gemeinsame horizontale Vorschriften, va über die Berechnung der Beihilfeintensität, Transparenz- und Dokumentationsvorschriften, Anreizeffekte,[7] Schwellenwerte oberhalb derer eine Einzelanmeldung erforderlich wird, die Kumulierung mit anderen Beihilfen und förderfähige Kosten bei Investitionsbeihilfen. Die AGVO 651/2014 zielt darauf ab, die überwiegende Mehrzahl (bis zu 75 %) der von den MS gesetzten Beihilfemaßnahmen zu erfassen, sodass diese nicht mehr von der Kommission geprüft werden müssen. Voraussetzung ist freilich, dass diese Maßnahmen bereits vorausschauend konform mit den Bedingungen der AGVO 651/2014 gestaltet werden.

Der Anwendungsbereich der *De-minimis*-GVO 1407/2013 definiert sich nur nach der Beihilfehöhe: Die Freistellung gilt für Beihilfen an Unternehmen in fast allen Wirtschaftsbereichen und erlaubt die anmeldefreie Gewährung von Beihilfen gleich welcher Art und Zielsetzung, die den Betrag von (zumeist; es gibt einzelne Ausnahmen) 200.000 € im der Gewährung jeweils vorangehenden Dreijahreszeitraum nicht übersteigen. Die Freistellung nach der *De-minimis*-GVO 1407/2013 gilt nur für transparente Beihilfen, also etwa nicht für bestimmte Formen von Darlehens-, Bürgschafts- oder Risikokapitalbeihilfen. Eine Kumulierung von *De-minimis*-Beihilfen mit anderen Beihilfen ist nicht zulässig.

Zur Erläuterung der Auslegung und Anwendung der Tatbestandselemente des Art 107 Abs 1, der Rechtfertigungsgründe des Art 107 Abs 3 und Art 106 Abs 2 sowie hinsichtlich bestimmter Verfahrens- und Rechtsfolgenfragen besteht überdies eine große Zahl an erläuternden Mitteilungen und LL.[8] Zentral ist die Mitteilung zum Beihilfebegriff aus 2016, die eine Vielzahl einzelner Gewährungsformen von Beihilfen hinsichtlich ihrer Tatbestandsmäßigkeit bewertet und dabei eine Reihe älterer Mitteilungen konsolidiert.[9]

Mitteilungen und LL sind nicht drittverbindlich, entfalten hinsichtlich ihrer Einhaltung durch die Kommission aber für diese Selbstbindungswirkung.[10] MS und sonstige Verfahrensbeteiligte (va auch der Empfänger) können daher berechtigtes Vertrauen darauf begründen, dass die niedergelegten Maßstäbe Anwendung finden und die Kommission davon nicht unerwartet abweicht.

9.1.1.3. Verhältnis zu anderen Bestimmungen

Da sich das Beihilfeverbot, gleich wie das allgemeine Primärrecht und va die Grundfreiheiten, zunächst an die MS richtet, können sich die Verhaltenspflichten aufgrund des Beihilfeverbots mit ei-

---

7   Zum Anreizeffekt vgl zB Rs C-459/10 P, *Freistaat Sachsen*, ECLI:EU:C:2011:515, Rn 17 f.
8   Vgl dazu *Gundel*, EuZW 2016, 606 ff.
9   Vgl einen Rückblick dazu bei *Votova* in *Jaeger/Haslinger* (Hrsg), Jahrbuch Beihilferecht 2017, 360 ff.
10 Vgl zB Rs C-382/99, *Niederlande/Kommission*, ECLI:EU:C:2002:363, Rn 24; verb Rs C-278/92 bis C-280/92, *Spanien/Kommission*, ECLI:EU:C:1994:325, Rn 57 f.

ner Reihe anderer primärrechtlicher Verhaltenspflichten überschneiden. Zu nennen sind va das allgemeine **Diskriminierungsverbot** und die **Freizügigkeitsbestimmungen iwS** (Art 18, 21, 45 und 49 AEUV), die **Warenverkehrsbestimmungen** (Art 30, 34, 35 oder 37), die **Dienstleistungsfreiheit** (Art 56), die **Kapitalverkehrsfreiheit** (Art 63) oder die Bestimmungen über **indirekte Steuern** (Art 110). Art 50 Abs 2 lit h AEUV enthält insoweit etwa den klarstellenden Hinweis darauf, dass „die Bedingungen für die Niederlassung nicht durch Beihilfen der Mitgliedstaaten verfälscht werden" dürfen. Auch im Fall öffentlicher **Monopolunternehmen** kann eine Quersubvention an eine im Wettbewerb stehende Tochter sowohl als Beihilfe (Art 106 Abs 1 iVm 107) als auch als **Missbrauch einer marktbeherrschenden Stellung** (Art 106 Abs 1 iVm 102) anzusehen sein.[11]

Grundsätzlich sind diese Bestimmungen mit Art 107 **kumulativ anwendbar**, sodass separate Verstöße gegen alle berührten Normen vorliegen. Ein Beispiel[12] bietet das **Urteil** *Lornoy* aus 1992, betreffend beihilferechtswidrige Schlachtabgaben. Fraglich war, ob auf diese Abgaben neben dem Beihilfeverbot auch die Art 18 und 30 (Diskriminierungsverbot, Zölle) oder alternativ 110 (indirekte Steuern) anzuwenden sind. Der EuGH bejahte dies.

> Rs C-17/91, *Georges Lornoy*, ECLI:EU:C:1992:514
>
> In Belgien hatten Unternehmen, die Schlachtungen oder die Ausfuhr von Rindern, Kälbern und Schweinen durchführten, sog ‚parafiskalische' Pflichtabgaben an den staatlichen Fonds für die Tiergesundheit und die Tiererzeugung zu entrichten. Der Fonds sollte „zur Finanzierung von Vergütungen, Zuschüssen und anderen Leistungen im Zusammenhang mit der Bekämpfung von Tierkrankheiten und der Verbesserung der Hygiene mit der Gesundheit und der Qualität von Tieren und tierischen Erzeugnissen beitragen". Ziel der Regelung war neben dem Gesundheitsaspekt auch eine wirtschaftliche Entlastung der Tierhalter von Sanitärkosten. Eine Anzahl betroffener Unternehmen bekämpfte diese Regelung mit der Begründung, dass die Beiträge gegen die Art 30 und 110 verstießen, da sie auch auf nach Belgien eingeführte Kälber erhoben würden, obwohl die Mittel des Fonds allein zugunsten der belgischen Erzeugung verwendet würden.
>
> 28 Die streitige parafiskalische Abgabe kann zwar entweder nach den Artikeln [18 und 30] oder nach Artikel [110] verboten sein, doch kann die **Verwendung des Aufkommens aus der Abgabe** eine mit dem [Binnenm]arkt unvereinbare staatliche Beihilfe darstellen, wenn die Voraussetzungen für die Anwendung des Artikels [107] erfüllt sind[.]
>
> 30 Es ist ... **Sache der nationalen Gerichte, die Rechte des einzelnen** gegen eine mögliche Verletzung des in Artikel [108] Abs 3 letzter Satz ... ausgesprochenen Verbots der Durchführung der Beihilfen, das unmittelbare Wirkung hat, durch die staatlichen Stellen **zu schützen**.
>
> 32 Dem vorlegenden Gericht ist daher zu antworten, daß eine parafiskalische Abgabe wie die im Ausgangsverfahren betroffene entsprechend der Verwendung ihres Aufkommens eine mit dem [Binnenm]arkt **unvereinbare staatliche Beihilfe** darstellen kann, wenn die Voraussetzungen für die Anwendung von Artikel [107] erfüllt sind, wobei für diese Beurteilung die Kommission nach dem hierfür vorgesehenen Verfahren gemäß Artikel [108] zuständig ist. **In diesem Zusammenhang** sind auch die Zuständigkeiten des nationalen Gerichts zu berücksichtigen, wenn der betroffene Mitgliedstaat bei der Einführung der Abgabe seine Verpflichtungen aus Artikel [108] Abs 3 ... verletzt hat und wenn die Kommission durch eine Entscheidung ...festgestellt hat, daß die **Erhebung der Abgabe als Methode der Finanzierung einer staatlichen Beihilfe mit dem [Binnenm]arkt unvereinbar** ist.

---

11 Vgl zum Überschneidungsbereich zwischen Beihilfekontrolle und Missbrauchskontrolle insb *Potocnik-Manzouri/Safron*, in *Jaeger/Haslinger* (Hrsg), Jahrbuch Beihilferecht 2017, 577 ff.

12 Vgl auch Rs C-78/90 bis C-83/90, *Compagnie commerciale de l'Ouest*, ECLI:EU:C:1992:118, Rn 32; Rs C-21/88, *Du Pont de Nemours*, ECLI:EU:C:1990:121, Rn 20.

In der Praxis wird dennoch oftmals nur das Beihilfeverbot angewandt. Denn die Genehmigung einer Beihilfe setzt die Vereinbarkeit mit dem Primärrecht insgesamt voraus. Das Beihilfeverbot ist insoweit also die breitere Norm, die andere Primärrechtsbedenken mit einschließt. Können sie nicht bereinigt werden, darf auch die Beihilfe nicht genehmigt werden. Werden sie bereinigt, konsumiert die Beihilfegenehmigung diese Bedenken (also abgeleiteter Akt des Sekundärrechts) mit und können sie nicht neuerlich (vor der Kommission oder vor einem nationalen Gericht) beanstandet werden. Die Beihilfegenehmigung umfasst maW eine Totalabwägung der Auswirkungen der Beihilfe auf das Gesamtgefüge des Binnenmarkts.

Die kumulative Anwendung greift aber nur für Elemente von Maßnahmen, die direkt mit der Beihilfe bzw ihrem Funktionieren in Zusammenhang stehen. Überschießende, dh von der eigentlichen Beihilfe losgelöste, Beeinträchtigungen können nach wie vor getrennt beanstandet und verfolgt werden. Dies illustriert das Urteil *Iannelli* aus 1977, betreffend eine Abgabe auf Zellstoff für eingeführte Tapeten.

Rs 74/76, *Iannelli & Volpi SpA*, ECLI:EU:C:1977:51

Iannelli, ein Verkäufer von nach Italien eingeführten Tapeten, und dessen Kunde führten einen Rechtsstreit über die Zahlung der Ware. Der Verkäufer hatte anlässlich der Einfuhr der Ware nach Italien an einen nationalen Fonds für Zellstoff-, Pappe- und Papierprodukte eine Abgabe zu zahlen, die er dem Käufer anteilig in Rechnung stellte. Die Abgabe kam italienischen Presseverlagen zugute und sollte diesen den ermäßigten Bezug von Druckpapier ermöglichen. Da die Überwälzung der Abgabe durch den Verkäufer gesetzlich gedeckt war, wandte sich der Käufer gegen die gesetzliche Regelung und behauptete deren Widerspruch zum Unionsrecht.

9/10 So weit der Anwendungsbereich von Artikel [34] auch sein mag, so erfasst er doch solche Beeinträchtigungen nicht, für die sonstige spezifische Vertragsvorschriften gelten. ...

14 Modalitäten einer Beihilfe, die einen etwaigen Verstoß gegen andere besondere Vertragsbestimmungen als die Artikel [107 und 108] enthalten, können derart untrennbar mit dem Zweck der Beihilfe verknüpft sein, dass sie nicht für sich allein beurteilt werden können; die Prüfung ihrer Auswirkung auf die Vereinbarkeit oder Nichtvereinbarkeit der Beihilfe insgesamt hat in einem solchen Fall zwangsläufig nach dem Verfahren des Artikels [108] zu erfolgen. Etwas anderes gilt jedoch, wenn sich bei der Analyse einer Beihilferegelung Voraussetzungen oder Bestandteile herausarbeiten lassen, die zwar zu dieser Regelung gehören, zur Verwirklichung ihres Zwecks oder zu ihrem Funktionieren aber nicht unerläßlich sind. In diesem Fall läßt sich aus der Zuständigkeitsverteilung nach den Artikeln [107 und 108] nichts dafur herleiten, daß bei einer Verletzung sonstiger Vertragsbestimmungen mit unmittelbarer Wirkung eine Berufung auf diese Vorschriften vor den einzelstaatlichen Gerichten allein deshalb ausgeschlossen wäre, weil der betreffende Bestandteil der Regelung eine Modalität einer Beihilfe darstellt.

15 Zwar begründet eine Beihilfe häufig schon als solche einen Schutz und folglich eine gewisse Abschottung des Marktes gegenüber Erzeugnissen von Unternehmen, die nicht in ihren Genuß kommen, doch darf sie nicht zu einschränkenden Wirkungen führen, die über das zur Erreichung der nach dem Vertrag zulässigen Ziele der Beihilfe erforderliche Maß hinausgehen. ...

17 Auf die ... Fragen ist somit zu antworten, ... daß Beihilfen ... als solche nicht dem Anwendungsbereich des in Artikel [34] aufgestellten Verbots von mengenmäßigen Beschränkungen und Maßnahmen gleicher Wirkung unterliegen, daß aber die Modalitäten einer Beihilfe, die zur Erreichung des Beihilfezwecks oder zu ihrem Funktionieren nicht erforderlich sind und diesem Verbot zuwiderlaufen, aus diesem Grund mit der genannten Bestimmung unvereinbar sein können [, dass aber] die Unvereinbarkeit einer zur Erreichung des Beihilfezwecks oder zu ihrem Funktionieren nicht erforderlichen Bestimmung mit einer anderen Vertragsbestimmung als den Artikeln [107

> und 108] weder die Fehlerhaftigkeit der Beihilfe insgesamt noch die daraus hergeleitete Rechtswidrigkeit des Finanzierungssystems für diese Beihilfe bewirkt.

Maßgeblich ist also der **Kern der Maßnahme**: Auf zum Kern gehörige Beeinträchtigungen ist nur das Beihilfeverbot anzuwenden. Nur unter der Voraussetzung der Trennbarkeit vom Kern können also etwa nationale Gerichte eine weitere Überprüfung solcher Maßnahmen vornehmen, obwohl für sie im Übrigen eine Beihilfegenehmigung vorliegt.

9.1.2. Beihilfetatbestand

Der Beihilfetatbestand des **Art 107 Abs 1** umfasst folgende **kumulativen** Elemente: 1) Ein wirtschaftlicher **Vorteil** (Begünstigung) 2) **staatlichen** Ursprungs (Veranlassung und Finanzierung), die 3) an **Unternehmen** (und nicht etwa Endverbraucher) und 4) mit bestimmbarem Begünstigtenkreis (also **selektiv**, nicht den Rechtsunterworfenen allgemein) gewährt wird und die 5) zu einer **spürbaren** (also nicht bloß ganz geringfügigen) Verfälschung des Wettbewerbs und Beeinträchtigung des zwischenstaatlichen Handels führt oder führen kann. Zentrale **Auslegungshilfe** für diese Tatbestandselemente ist die **Mitteilung zum Beihilfebegriff aus 2016**, in der diese Tatbestandselemente beschrieben sowie zahlreiche Fallgestaltungen diskutiert und hinsichtlich ihrer Tatbestandsmäßigkeit bewertet werden.

Fehlt auch nur eines dieser Merkmale, fällt die Maßnahme nicht unter Art 107 Abs 1. Dann greifen weder Verbot noch Anmeldepflicht. Ein (etwa an Art 34 angelehntes) Verbot von **Maßnahmen gleicher Wirkung wie Beihilfen** kennt das Beihilfeverbot nicht.[13]

Nach diesen Tatbestandsmerkmalen ist der Beihilfebegriff des Unionsrechts mit dem eingangs erwähnten **Subventionsbegriff** des WTO-Rechts, aber auch mit dem **Förderungsbegriff** nationalen (österr) Rechts nicht deckungsgleich. Solche Subventionen oder Förderungen unterliegen daher nicht automatisch dem Beihilfeverbot, sondern nur soweit, als sich ihre Merkmale mit Art 107 Abs 1 überschneiden.

9.1.2.1. Unternehmen als Begünstigte

Beihilfeempfänger iSv Art 107 Abs 1 können nur **Unternehmen** sein. Der Verweis des Art 107 auch auf **Produktionszweige** (Wirtschaftszweige) generiert keinen zusätzlichen Regelungsgehalt. Der Begriff meint lediglich Gruppen von Einzelunternehmen[14] und stellt insoweit klar, dass eine Beihilfe auch mehrere Unternehmen gleichzeitig begünstigen kann.

Der in Art 107 Abs 1 verwendete **Unternehmensbegriff**[15] entspricht jenem des übrigen Wettbewerbskapitels.[16] Unternehmen iSd Wettbewerbsrechts ist jede eine wirtschaftliche Tätigkeit ausübende Einheit, unabhängig von ihrer Rechtsform und der Art ihrer Finanzierung.[17]

---

13 Vgl Rs 290/83, *Kommission/Frankreich*, ECLI:EU:C:1985:37, Rn 18.
14 Vgl etwa verb Rs C-298/00 P, *Italien/Kommission*, ECLI:EU:C:2004:240, Rn 45.
15 Huber in *Jaeger/Haslinger* (Hrsg), Jahrbuch Beihilferecht 2017, 380 ff.
16 Vgl verb Rs C-180/98 bis C-184/98, *Pavlov*, ECLI:EU:C:2000:428, Rn 74 mwN.
17 Vgl Rs C-41/90, *Höfner und Elser*, ECLI:EU:C:1991:161, Rn 21; Rs C-244/94, *Fédération francaise des sociétés d'assurance*, ECLI:EU:C:1995:392, Rn 14.

9. Beihilferecht und öffentliche Unternehmen

Wirtschaftlich ist jede Tätigkeit, die darin besteht, Güter oder Dienstleistungen auf einem bestimmten Markt anzubieten.[18] Es gilt das zum Kartellrecht Gesagte.

Auch das Beihilfeverbot umfasst demnach nicht nur Zuwendungen an private und öffentliche Unternehmen und alle Mischformen zwischen diesen, sondern auch Zuwendungen an wirtschaftlich tätige natürliche Personen, etwa Freiberufler.[19] Selbst in die Staatsverwaltung integrierte Einheiten ohne eigene Rechtspersönlichkeit gelten, wenn sie als Anbieter selbständig am Markt auftreten, als Unternehmen im Sinne der Wettbewerbsvorschriften und damit als potentielle Beihilfeempfänger.[20] Eine mangelnde Gewinnorientierung oder ein sozialer Charakter der Leistung schließen die Unternehmenseigenschaft nicht aus, soweit überhaupt ein Markt für die Leistung besteht, der Erbringer also aktuell oder potenziell mit gewinnorientierten Unternehmen konkurriert bzw zumindest eine abstrakte Gewinnaussicht besteht. Entsprechend können beispielsweise auch Naturschutzorganisationen[21] oder nicht gewinnorientierte Betriebsrentenfonds Unternehmen und damit Beihilfeempfänger sein.[22]

Nicht mehr unter den Unternehmensbegriff fällt, wie auch sonst, die Hoheitsverwaltung.[23] Keine Unternehmen und damit keine potenziellen Beihilfeempfänger sind auch Endverbraucher (kein Anbieten, sondern nur Konsum). Der unionsrechtliche Beihilfebegriff unterscheidet sich damit insbesondere vom österreichischen Subventionsbegriff, der Beihilfen an Endverbraucher einschließt (zB Familienbeihilfen, Schülerbeihilfen usw).

Eine Endverbrauchern gewährte Vergünstigung kann aber problematisch sein, wenn die Vergünstigung indirekt Unternehmen zugute kommt (sog Überwälzung).[24] Zu denken ist hier etwa an Verwendungsauflagen, die eine Zuwendung (etwa eine Förderung oder steuerliche Vorteile) davon abhängig machen, dass sich der Verbraucher für ein bestimmtes Produkt entscheidet. Die Überwälzung erfüllt allerdings nur dann den Beihilfetatbestand, wenn mit ihr ein marktunüblicher Vorteil für die Unternehmen, auf die der Vorteil überwälzt wird, verbunden ist (etwa Absatz zu überhöhten Preisen). Ein Beispiel[25] ist etwa ein staatlicher Zuschuss für Fernsehendkunden zum Kauf eines terrestrischen digitalen Decoders, der nach der Umstellung auf digitale Fernsehsignale benötigt wird. Darin kann eine mittelbare Beihilfe für jene Rundfunksender liegen, deren Signal digitalisiert wurde und die so vor dem Verlust von Marktanteilen (etwa gegenüber Satellitenfernsehen) bewahrt wurden. Ohne marktunübliche Begünstigung kann eine selektive Förderung zB eine Beeinträchtigung der Grundfreiheiten oder einen Verstoß gegen das Diskriminierungsverbot, aber keine Beihilfe darstellen.

---

18 Vgl etwa Rs C-35/96, *Kommission/Italien*, ECLI:EU:C:1998:303, Rn 36; Rs C-49/07, *MOTOE*, ECLI:EU:C:2008:376, Rn 22.
19 Vgl zB Rs C-35/96, *Kommission/Italien*, ECLI:EU:C:1998:303, Rn 36 ff.
20 Vgl Rs 118/85, *Kommission/Italien*, ECLI:EU:C:1987:283, Rn 8.
21 Vgl zB Rs T-347/09, *Deutschland/Kommission*, ECLI:EU:T:2013:418, Rn 24 ff.
22 Vgl zB Rs C-219/97, *Drijvende Bokken*, ECLI:EU:C:1999:437, Rn 61 ff.
23 Vgl zB Rs C-364/92, *Eurocontrol*, ECLI:EU:C:1994:7, Rn 30; Rs C-113/07 P, *SELEX*, ECLI:EU:C:2009:191, Rn 70.
24 Vgl auch Mitteilung Beihilfebegriff, Tz 115 f.
25 Vgl Rs C-403/10 P, *Mediaset SpA*, ECLI:EU:C:2011:533, Rn 73 ff.

9.1.2.2. Wirtschaftlicher Vorteil

Art 107 Abs 1 liegt ein **weiter Begünstigungsbegriff** zugrunde.[26] Erfasst sind keineswegs nur direkte Zuschüsse,[27] sondern **alle Formen wirtschaftlicher Vorteile** für Unternehmen.

9.1.2.2.1. Grundkonzept

Den allgemein **weiten Beihilfebegriff** illustriert als Beispiel[28] das Urteil *Frankreich/Kommission* aus 1999. Es betraf eine Befreiung der französischen Textil- und Bekleidungsindustrie von Soziallasten.

> Rs C-251/97, *Frankreich/Kommission*, ECLI:EU:C:1999:480
>
> Um den Verlust von Arbeitsplätzen in der Textil-, Bekleidungs-, Leder- und Schuhindustrie zu bekämpfen, räumte das französische Parlament dem Staat 1996 per Gesetz die Möglichkeit ein, mit diesen Sektoren versuchsweise Rahmenabkommen über die Erhaltung und Entwicklung der Arbeitsplätze abzuschließen. Als Gegenleistung für den Erhalt von Arbeitsplätzen sollten Unternehmen dabei Kürzungen bei den Sozialabgaben für niedrig bezahlte Arbeitnehmer eingeräumt werden, die über die auf die gesamte Wirtschaft anwendbaren Maßnahmen für Beschäftigung und soziale Sicherheit hinausgingen. Die Kommission qualifizierte diese Maßnahmen als staatliche Beihilfen zugunsten der betroffenen Sektoren. Gegen diese Entscheidung erhob Frankreich Klage. Die betreffenden Unternehmen verpflichteten sich freiwillig zu einem bestimmten Verhalten und hätten dadurch zusätzliche Lasten. Jene Kosten, die den Unternehmen aus ihrer Zusage erwüchsen, seien also nicht solche, die ein Unternehmen normalerweise zu tragen habe, weil diese Unternehmen solche Gegenleistungen ohne das staatliche Eingreifen nicht übernommen hätten. Mangels eines marktrelevanten Vorteils lägen daher weder Beihilfen noch eine Wettbewerbsverfälschung vor.
>
> 35 [D]er Begriff der Beihilfe [umfasst] die von den staatlichen Stellen gewährten **Vorteile, die in verschiedener Form die Belastungen mindern**, die ein Unternehmen normalerweise zu tragen hat[...]
>
> 36 [D]ie **teilweise Befreiung von den Soziallasten**, die Arbeitgeber in einem bestimmten Sektor zu tragen haben, [stellt] eine Beihilfe [dar], wenn diese Maßnahme diese Unternehmen teilweise von den finanziellen Lasten freistellen soll, die sich aus der **normalen Anwendung des allgemeinen Sozialversicherungssystems** ergeben, ohne daß diese Befreiung durch die Natur oder den inneren Aufbau dieses Systems gerechtfertigt ist[.]
>
> 41 Im übrigen ist unbestritten, daß die fraglichen Branchentarifverträge nicht nur zu Reorganisationskosten für die Unternehmen führen können, sondern auch deren **Wettbewerbsfähigkeit verbessern sollen.**

Eine **Verringerung von Belastungen**, die ein Unternehmen im Rahmen seiner normalen Geschäftstätigkeit zu tragen gehabt hätte, stellt also jedenfalls einen beihilferelevanten wirtschaftlichen Vorteil dar.[29] Erfasst sind neben Sozialversicherungsabgaben daher auch sonstige

---

26 Vgl zB Rs C-379/98, *PreussenElektra*, ECLI:EU:C:2001:160, Rn 62; Rs C-280/00, *AltmarkTrans,* ECLI:EU:C:2003:415, Rn 63; Rs C-482/99, *Frankreich/Kommission*, ECLI:EU:C:2002:294, Rn 57; Rs C-345/02, *Pearle*, ECLI:EU:C:2004:448, Rn 61.
27 Vgl schon Rs 30/59, *De Gezamenlijke Steenkolenmijnen in Limburg*, ECLI:EU:C:1961:2, S 42.
28 Vgl auch verb Rs C-71/09 P, C-73/09 P und C-76/09 P, *Venezia vuole vivere*, ECLI:EU:C:2011:368, Rn 90 ff; Rs C-75/97, *Belgien/Kommission*, ECLI:EU:C:1999:311, Rn 25.
29 Vgl zB Rs C-256/97, *DMT*, ECLI:EU:C:1999:332, Rn 19.

9. Beihilferecht und öffentliche Unternehmen

Befreiungen oder ungleiche Bedingungen bei der Einhebung von Steuern oder parafiskalischen Abgaben (zB Kammerbeiträge; Schlachtabgaben; Tourismusabgaben; Marketingbeiträge; usw).[30]

Das Konzept der Belastungsverringerung illustriert auch das Urteil *Kommission/Niederlande* aus 2011, betreffend den Vorteilscharakter eines Emissionshandelssystems. Dort wurde die Gratiszuteilung von Emissionszertifikaten aufgrund der damit verbundenen Möglichkeiten, mithilfe von Emissionszertifikaten Geldbußen wegen Überschreitung der Emissionsgrenze zu entgehen und mit diesen Zertifikaten zu handeln, als wirtschaftlicher Vorteil beurteilt.

> Rs C-279/08 P, *Kommission/Niederlande*, ECLI:EU:C:2011:551
>
> Mit dem Ziel der Reduktion des Emissionsniveaus ihrer Industrieanlagen hatten die Niederlande für jede Anlage ein maximales Emissionsniveau für Stickoxyde (NOx) festgelegt. Bei Überschreitung wurden Geldbußen fällig. Ein Unternehmen konnte das ihm vorgeschriebene Emissionsniveau dadurch einhalten, dass es Maßnahmen zur Verringerung der NOx-Emissionen in seiner eigenen Anlage traf, dass es Emissionsrechte von anderen Unternehmen käuflich erwarb oder dass es beide Möglichkeiten miteinander kombinierte. Anlagen, deren Emissionen unterhalb des Emissionsniveaus blieben, konnten die überschüssigen Verschmutzungsquoten in Form von NOx-Gutschriften anderen Unternehmen verkaufen. Strittig war insbesondere die Staatlichkeit dieses Systems iSv Art 107 Abs 1.
>
> 86 ... Der Begriff der staatlichen Beihilfe ... ist weiter als der der Subvention, weil er nicht nur positive Leistungen wie die Subventionen selbst, sondern auch Maßnahmen umfasst, die in verschiedener Form die Belastungen vermindern, die ein Unternehmen regelmäßig zu tragen hat, und die somit, obwohl sie keine Subventionen im strengen Sinne des Wortes darstellen, diesen nach Art und Wirkung gleichstehen. [...]
>
> 88 [D]ie Handelbarkeit der NOx-Emissionsrechte [hängt] vor allem davon ab[,] dass der Staat zum einen den Verkauf dieser Rechte erlaubt und zum anderen den Unternehmen, die zu viel NOx ausgestoßen haben, gestattet, von anderen Unternehmen die fehlenden Emissionsrechte zu erwerben, und damit der Schaffung eines Marktes für diese Rechte zustimmt[.]
>
> 89 Das Vorbringen, die Handelbarkeit dieser Rechte sei eine dem Marktpreis entsprechende Gegenleistung für die Anstrengungen der unter die fragliche Maßnahme fallenden Unternehmen zur Verringerung ihrer NOx-Emissionen, ist ... zurückzuweisen, da die Kosten der Verringerung dieser Emissionen zu den Belastungen gehören, die das Unternehmen normalerweise zu tragen hat.
>
> 90 Zum Vorbringen, die Handelbarkeit dieser Rechte könne wegen der Unwägbarkeiten des Marktes nicht als ein konkreter Vorteil für die betreffenden Unternehmen angesehen werden, ist festzustellen, dass die Möglichkeit, zwischen den Aufwendungen für den Erwerb von Emissionsrechten und den Aufwendungen für Maßnahmen zur Verringerung der NOx-Emissionen zu wählen, für diese Unternehmen einen Vorteil darstellt. Ferner stellt es einen zusätzlichen Vorteil für die unter die fragliche Maßnahme fallenden Unternehmen dar, dass sie mit sämtlichen Emissionsrechten und nicht nur mit den Gutschriften, die sich am Ende des Jahres durch den positiven Unterschied zwischen dem erlaubten und dem festgestellten NOx-Ausstoß ergeben, handeln können. Sie können sich außerdem Liquidität verschaffen, indem sie die Emissionsrechte verkaufen, bevor die Voraussetzungen für ihre endgültige Zuteilung erfüllt sind, und zwar unabhängig davon, ob für sie eine Obergrenze gilt und ob die das vorgeschriebene Emissionsniveau überschreitenden Unternehmen die überschießende Menge im folgenden Jahr wieder ausgleichen müssen.
>
> 91 Folglich ist die fragliche Maßnahme, die die Handelbarkeit dieser Emissionsrechte beinhaltet, als ein wirtschaftlicher Vorteil anzusehen, den das begünstigte Unternehmen unter normalen Marktbedingungen nicht erlangt hätte.

---

30 Vgl zB Rs C-83/98 P, *Frankreich/Kommission*, ECLI:EU:C:2000:248, Rn 25 ff.

Ein beihilferelevanter Vorteil liegt ferner im **Verzicht des Staates** auf ein **angemessenes Entgelt** bei Rechtsgeschäften, wie zB einer unentgeltlichen Übernahme von Bürgschaften,[31] der Gewährung zinsbefreiter oder begünstigter Darlehen[32] oder einer unentgeltlichen oder besonders günstigen Zurverfügungstellung[33] von Immobilien, Infrastruktur, Arbeitskräften und anderen Produktionsfaktoren (zB Energie).[34] Hier fehlt es also seitens des Empfängers an einer adäquaten **Gegenleistung iS** des zivilrechtlichen Prinzips *do ut des*. Auch beim An- oder Verkauf von Waren, Immobilien oder Dienstleistungen durch die öffentliche Hand[35] kann ein beihilferelevanter Vorteil im Verzicht auf ein marktübliches Entgelt liegen (wenn der **Staat** dabei also **zu viel** oder **zu wenig bezahlt**). In einer Verletzung der Regeln über die **öffentliche Auftragsvergabe** (s dazu beim Vergaberecht) kann daher ebenfalls ein beihilferelevanter Vorteil liegen, wenn dies dazu führt, dass ein Auftrag zu nicht marktgerechten Konditionen vergeben wird. Gemeinsam ist all diesen Fällen ein Verzicht der öffentlichen Hand auf Einnahmen, die sie andernfalls erzielen hätte können.[36]

Die **weite Ausdehnung** des Begünstigungsbegriffs illustriert das **Urteil *Piaggio*** aus 1999, wo selbst eine bloße **Abweichung vom allgemeinen Rechtsrahmen** für bestimmte Unternehmen als beihilferelevanter wirtschaftlicher Vorteil angesehen wurde. Konkret ging es um eine Abweichung vom allgemeinen Konkursrecht, die insolventen öffentlichen Unternehmen die Weiterführung des Betriebs erlaubte.[37] Die Kosten der Weiterführung des Betriebs wurden auf die öffentliche Hand abgewälzt.

> Rs C-295/97, *Rinaldo Piaggio SpA*, ECLI:EU:C:1999:313
>
> Das Unternehmen Piaggio hatte 1992 bei der Produzentin Dornier drei Luftfahrzeuge für die italienischen Streitkräfte gekauft. Piaggio ging in Konkurs und wurde 1994 staatlicher Sonderverwaltung unterstellt. Diese Möglichkeit war aufgrund Gesetzes für bestimmte italienische Unternehmen vorgesehen und sollte es dem betreffenden Unternehmen erlauben, seine Tätigkeit mit staatlicher Hilfe und unter staatlicher Kontrolle fortzuführen. Der Feststellung der Zahlungsunfähigkeit nachfolgend wurden allerdings noch eine Reihe von Zahlungen, Zahlungsanweisungen und Forderungsabtretungen zugunsten von Dornier vorgenommen. 1996 erhoben die Masseverwalter von Piaggio Klage gegen Dornier mit der Begründung, Dornier habe, obwohl sie von der Zahlungsunfähigkeit gewusst habe, die besagten Zuwendungen unter Verstoß gegen den Grundsatz der Gleichbehandlung der Gläubiger bevorzugt erhalten und entgegengenommen. Dornier machte zu ihrer Verteidigung insb die Unvereinbarkeit des italienischen Gesetzes über die Sonderverwaltung mit Art 107 geltend, da das Regime der staatlichen Sonderverwaltung in vielfacher Hinsicht beihilferelevante Vorteile für die betreffenden Unternehmen beinhalte. Es stellte sich damit die Frage nach dem Umfang des Beihilfe-, genauer: des Vorteilsbegriffs von Art 107 Abs 1.
>
> 34 [D]er Begriff der Beihilfe [ist] weiter als der Begriff der Subvention, denn er umfasst **nicht nur positive Leistungen** wie Subventionen selbst, **sondern auch Maßnahmen, die in verschiedener**

---

31 Vgl etwa Rs C-559/12 P, *Frankreich/Kommission*, ECLI:EU:C:2014:217, Rn 54 ff.
32 Vgl zB Rs 323/82, *Intermills*, ECLI:EU:C:1984:345, Rn 32; Rs C-278/00, *Griechenland/Kommission*, ECLI:EU:C:2004:239, Rn 41 ff.
33 Vgl zB Rs C-367/95 P, *Sytraval*, ECLI:EU:C:1998:154, Rn 33 ff.
34 Vgl zB Rs C-344/12, *Kommission/Italien*, ECLI:EU:C:2013:667, Rn 37 ff.
35 Dazu SA von GA *Slynn* in verb Rs 106/87 bis 120/87, *Asteris*, ECLI:EU:C:1988:363, S 5530.
36 Vgl Rs C-124/10 P, *EDF*, ECLI:EU:C:2012:318, Rn 35 ff; Rs C-156/98, *Deutschland/Kommission*, ECLI:EU:C:2000:467, Rn 26.
37 Vgl zB verb Rs C-52/97 bis C-54/97, *Viscido*, ECLI:EU:C:1998:209, Rn 13; Rs C-53/00, *Ferring*, ECLI:EU:C:2001:627, Rn 16; Rs T-196/04, *Ryanair*, ECLI:EU:T:2008:585, Rn 38.

Form die Belastungen vermindern, die ein Unternehmen normalerweise zu tragen hat und die somit zwar keine Subventionen im strengen Sinne des Wortes darstellen, diesen aber nach Art und Wirkung gleichstehen[...]

35 Der Begriff Beihilfe ... schließt zwangsläufig Vorteile ein, die unmittelbar oder mittelbar aus staatlichen Mitteln finanziert werden oder die eine zusätzliche Belastung für den Staat oder die für diesen Zweck benannten oder errichteten Einrichtungen darstellen[.]

40 Unabhängig von dem vom nationalen Gesetzgeber verfolgten Ziel ist die streitige Regelung offensichtlich geeignet, die Unternehmen, für die sie gilt, in eine günstigere Lage zu versetzen als andere, indem sie ihnen erlaubt, ihre wirtschaftliche Tätigkeit unter Umständen fortzusetzen, unter denen dies bei Anwendung der normalen konkursrechtlichen Vorschriften ausgeschlossen wäre, da diese entscheidend auf den Schutz der Gläubigerinteressen abstellen. Angesichts des Vorrangs der Forderungen, die mit der Fortsetzung der wirtschaftlichen Tätigkeit zusammenhängen, kann die Genehmigung zu einer solchen Fortsetzung unter diesen Umständen eine zusätzliche Belastung für die öffentliche Hand mit sich bringen, wenn tatsächlich feststeht, daß der Staat oder öffentliche Einrichtungen zu den Hauptgläubigern des in Schwierigkeiten befindlichen Unternehmens gehören, zumal dieses definitionsgemäß erhebliche Beträge schuldet.

41 Die Anordnung der Sonderverwaltung hat neben der Gewährung [einer] staatlichen Bürgschaft [auch] zur Folge, daß das Verbot und die Aussetzung jeglicher Einzelzwangsvollstreckungsmaßnahmen auf Steuerschulden sowie auf Zwangsgelder, Zinsen und Zuschläge im Fall der verspäteten Zahlung der Körperschaftsteuer ausgedehnt werden, wegen Nichtzahlung der Sozialabgaben verhängte Geldbußen und Zwangsgelder erlassen werden und im Falle der vollständigen oder teilweisen Übertragung des Unternehmens ein Vorzugssatz angewandt wird, da die Übertragung einer pauschalen Registersteuer ... unterliegt, während die normale Registersteuer 3 % des Wertes der übertragenen Gegenstände beträgt.

42 Derartige vom nationalen Gesetzgeber gewährte Vergünstigungen können ebenfalls eine zusätzliche Belastung der öffentlichen Hand in Form einer staatlichen Bürgschaft, eines tatsächlichen Verzichts auf öffentliche Forderungen, des Erlasses von Geldbußen oder anderen Zwangsgeldern oder einer Verringerung des Abgabensatzes bewirken. Etwas anderes könnte nur gelten, wenn nachgewiesen wäre, daß die Anordnung der Sonderverwaltung und die Fortsetzung der wirtschaftlichen Tätigkeit des Unternehmens tatsächlich nicht zu einer zusätzlichen Belastung für den Staat im Vergleich zu derjenigen, die sich aus der Anwendung der normalen konkursrechtlichen Vorschriften ergeben hätte, geführt haben oder führen sollen. ...

Insgesamt sind also all jene Maßnahmen beihilferelevante wirtschaftliche Vorteile, die einzelne Unternehmen in eine wirtschaftlich günstigere Lage versetzen. Welche Form dies annimmt, ist irrelevant. Es kommt alleine auf die Wirkungen an. Als Vergleichsmaßstab, ob eine marktunübliche Begünstigung vorliegt, dienen die wirtschaftlichen oder rechtlichen Bedingungen, wie sie ohne die betreffende Maßnahme unter den gegebenen Umständen geherrscht hätten.[38] Es erfolgt maW eine Gegenüberstellung mit den üblichen Bedingungen am Markt oder der üblichen Rechtslage. Wesentlich ist, dass der Begünstigte keine marktgerechte Gegenleistung erbringt. Ob daneben auch Begünstigungsabsicht vorliegt, kann allenfalls als Indiz gewertet werden.

Marktunüblichkeit kann sich auch daraus ergeben, dass vom Staat eine effektiv gar nicht benötigte Leistung eingekauft wird, um ein Unternehmen zu stützen. Dies zeigt das Urteil BAI aus 1999, betreffend eine langfristige Erwerbsverpflichtung zum Ankauf einer großen Zahl von Fahrscheinen bei einem lokalen Fährrunternehmen.

---

[38] Vgl verb Rs T-80/06 und T-182/09, *Budapesti Erömü*, ECLI:EU:T:2012:65, Rn 63 ff.

9.1. Staatliche Beihilfen

Rs T-14/96, *Bretagne Angleterre Irlande (BAI)*, ECLI:EU:T:1999:12

Die baskische Regierung schloss 1992 mit dem lokalen Fährunternehmen Ferries Golfo de Vizcaya eine Vereinbarung, wonach sie über drei Jahre 26.000 Reisegutscheine für die Strecke Bilbao-Portsmouth erwerben werde. Diese Vereinbarung wurde 1995 wiederum für drei Jahre und mit einer erhöhten Zahl von Gutscheinen (46.500) erneuert. Der Preis der Gutscheine lag dabei zunächst über dem Marktpreis und das Gesamtvolumen des Kaufs war nach Maßgabe der positiven oder negativen Unternehmensergebnisse des Fährunternehmens veränderlich. Ab 1995 waren diese Besonderheiten nicht mehr Bestandteil der Vereinbarung, die nun einen Ankauf der Gutscheine zum durchschnittlichen Marktpreis vorsah. Über die Beschwerde einer Konkurrentin des Fährunternehmens leitete die Kommission zunächst eine Untersuchung des fraglichen Rechtsgeschäfts ein, verneinte im Ergebnis aber das Vorliegen einer Beihilfe. Es handle sich um ein normales Handelsgeschäft, da der Preis ab 1995 marktadäquat war und die baskischen Behörden zudem einen Bedarf für die Gutscheine nachweisen konnten, der sich aus bestimmten von ihr durchgeführten Sozial- und Kulturprogrammen ergab. Die Konkurrentin erhob dagegen Nichtigkeitsklage.

74 [D]ie neue Vereinbarung [sieht] immer noch den **Erwerb einer im voraus bestimmten Zahl von Gutscheinen über mehrere Jahre** vor und sichert Ferries Golfo de Vizcaya trotz der Senkung des einheitlichen Referenzpreises Gesamteinnahmen, die den in der ursprünglichen Vereinbarung festgelegten Einnahmen nicht nur entsprechen, sondern sogar noch leicht darüber hinausgehen.

75 Aufgrund dieser Umstände **genügt die Tatsache**, daß der Wortlaut der Vereinbarung von 1995 insbesondere hinsichtlich der **langfristigen Erwerbsverpflichtung** und der dem Käufer gewährten Mengenrabatte mit dem Wortlaut der Verträge vergleichbar ist, die im allgemeinen zwischen Schiffahrtsgesellschaften und [touristischen Großabnehmern] geschlossen werden, **nicht für die Feststellung**, daß der Erwerb von Gutscheinen durch den Bezirksrat von Vizcaya den **Charakter eines normalen Handelsgeschäfts** hat.

76 Aus den dem Gericht vorgelegten Unterlagen lässt sich nicht schließen, daß ausschlaggebend für die in der Vereinbarung von 1995 genannte Zahl der Gutscheine ein Anstieg des **tatsächlichen Bedarfs der staatlichen Stellen** war, der den Erwerb von insgesamt 46 500 in den Jahren 1995 bis 1998 auf der Linie Bilbao-Portsmouth zu verwendenden Gutscheine erforderlich gemacht hätte, während ursprünglich für die Jahre 1993 bis 1996 nur insgesamt 26 000 Gutscheine benötigt wurden. Darüber hinaus ist der Vorteil, der die Wettbewerbsstellung von Ferries Golfo de Vizcaya stärken konnte, nicht bereits deshalb entfallen, weil das begünstigte Unternehmen verpflichtet ist, eine größere Menge von Beförderungsleistungen gegen eine relativ unverändert gebliebene finanzielle Leistung zu erbringen. Da die von den spanischen Behörden erworbenen Gutscheine nur während der Nebensaison verwendet werden können, entstehen dem Unternehmen durch seine Mehrleistungen grundsätzlich **keine erheblichen Zusatzkosten**, weshalb die neue Vereinbarung auf den Wettbewerb und den Handel zwischen Mitgliedstaaten die gleichen Auswirkungen hat, wie sie der Vereinbarung von 1992 angelastet werden konnten.

79 [Im vorliegenden Fall] geht aus den Akten nicht hervor, daß die **Gesamtmenge** der im Rahmen der Vereinbarung von 1995 vom Bezirksrat von Vizcaya erworbenen Gutscheine nach Maßgabe seines **tatsächlichen Bedarfs** festgesetzt wurde. Dagegen ergibt sich aus den Akten, daß es – um die aufgrund dieser Vereinbarung gewährte Leistung auf dem gleichen Niveau zu halten wie die in der ursprünglichen Vereinbarung vorgesehene Leistung – erforderlich war, die von den staatlichen Stellen zu erwerbende **Gesamtzahl** von Gutscheinen beträchtlich zu erhöhen, da der einheitliche **Referenzpreis** gesenkt worden war.

80 Die Feststellung, daß die Vereinbarung von 1995 kein normales Handelsgeschäft ist, drängt sich für das Gericht um so mehr auf, als [...] die **Beträge**, die Ferries Golfo [aufgrund der Vereinbarung aus 1992] gezahlt worden waren, [...] dem **begünstigten Unternehmen so lange zur Verfügung standen**, bis der Abschluß einer neuen Vereinbarung es ihm ermöglichte, seine Schulden und Forderungen gegenüber dem Bezirksrat von Vizcaya zu verrechnen.

81 Zudem ist darauf hinzuweisen, daß die **kulturellen und sozialen Ziele**, die die spanischen Behörden möglicherweise verfolgen, bei der Qualifizierung der Vereinbarung von 1995 [...] **keine Rol-**

le spielen. Denn nach ständiger Rechtsprechung unterscheidet Artikel [107] nicht nach den Gründen und Zielen der staatlichen Maßnahmen, sondern bestimmt diese nach ihren Wirkungen[.] Diese Ziele werden jedoch von der Kommission berücksichtigt, wenn sie sich bei der Ausübung der ihr durch Artikel [108] des Vertrages eingeräumten Befugnis zur ständigen Überprüfung zur Vereinbarkeit einer bereits als staatliche Beihilfe qualifizierten Maßnahme mit dem [Binnenm]arkt äußert und ermittelt, ob diese Maßnahme unter eine der Ausnahmen gemäß [Art 107 Abs 2 und 3] fallen kann[.]

Vom Begünstigungsbegriff bzw vom Verbot erfasst werden auch Umgehungskonstruktionen, mit denen Beihilfeempfänger im Fall der Rückzahlung einer verbotenen Beihilfe schadlos gestellt werden, indem sie eine rechtswidrige Beihilfe in anderer Form (wieder) erlangen (zB als vertraglich zugesicherter Schadenersatz, Garantieregelung, neue Förderung usw). Gleiches gilt für Arrangements zur Verzögerung einer Rückzahlung einer rechtswidrigen Beihilfe.[39]

9.1.2.2.2. Fallgruppe Staat als Investor

Die öffentliche Hand hat ein legitimes Interesse an eigener wirtschaftlicher Betätigung, etwa über den Erwerb oder die Veräußerung von Anteilen an Unternehmen, Kapitalerhöhungen bei eigenen Unternehmen, die Mitwirkung an Geschäftsentscheidungen treffen usw.[40] Solche Maßnahmen können in Erwartung angemessener Rendite getroffen werden und unterscheiden sich dann nicht vom Handeln Privater, sind also auch keine Beihilfen.[41]

Die Frage, ob hinter staatlichen Investitionsentscheidungen eine legitime Renditeerwartung steht oder sie (stattdessen) vom Motiv einer Stützung des Zielunternehmens im Wettbewerb getragen sind, entscheidet sich wiederum anhand eines Marktvergleichs, der hier **Privatinvestortest** genannt wird.[42] Demnach liegt eine Beihilfe vor, wenn die Investitionsentscheidung nicht zu Bedingungen erfolgt, unter denen sie auch ein marktwirtschaftlich handelnder Kapitalgeber vorgenommen hätte.[43] Den Privatinvestortest bestehen damit nur Maßnahmen, die bei Betrachtung *ex ante* eine marktüblich attraktive Rendite versprechen.[44]

Vergleichsfigur ist ein unter normalen wirtschaftlichen Verhältnissen agierender Privater.[45] Auch langfristig-strategische Amortisationsaussichten, wie sie zB eine international agierende Unternehmensgruppe haben würde, können dabei in die Beurteilung einfließen. Was unter einer solchen längerfristigen Rentabilität zu verstehen ist, illustriert beispielsweise das Urteil *Kommission/Italien* aus 1991. Es betrifft Kapitalzuschüsse für ein im Eigentum der öffentlichen Hand stehendes Textilunternehmen.

---

39 Vgl etwa verb Rs T-115/09 und T-116/09, *Electrolux und Whirlpool*, ECLI:EU:T:2012:76, Rn 65 ff.
40 Vgl zB verb Rs C-533/12 P und C-536/12 P, *SNCM ua*, ECLI:EU:C:2014:2142, Rn 20 ff; Rs T-123/09, *Ryanair*, ECLI:EU:T:2012:164, Rn 105 ff.
41 Vgl zB verb Rs C-329/93, C-62/95 und C-63/95, *Deutschland/Kommission*, ECLI:EU:C:1996:394, Rn 23 ff.
42 Vgl auch Mitteilung Beihilfebegriff, Tz 73 ff.
43 Vgl etwa Rs C-124/10 P, *EDF*, ECLI:EU:C:2012:318, Rn 78; verb Rs C-71/09 P, C-73/09 P und C-76/09 P, *Venezia vuole vivere*, ECLI:EU:C:2011:368, Rn 91; verb Rs T-29/10 und T-33/10, *Niederlande und ING/Kommission*, ECLI:EU:T:2012:98, Rn 74 ff; Rs T-296/97, *Alitalia*, ECLI:EU:T:2000:289, Rn 96 ff.
44 Vgl verb Rs T-228/99 und T-233/99, *Westdeutsche Landesbank Girozentrale*, ECLI:EU:T:2003:57, Rn 314.
45 Vgl zB Rs C-256/97, *DMT*, ECLI:EU:C:1999:332, Rn 24 mwN.

Rs C-303/88, *Kommission/Italien*, ECLI:EU:C:1991:136

Italien hatte der vom Staat kontrollierten Unternehmensgruppe ENI/Lanerossi zugunsten einiger in der Herrenoberbekleidungsindustrie tätigen Tochtergesellschaften Kapitalzuschüsse zukommen lassen. Die Kommission stufte diese als Beihilfen ein. Italien erhob dagegen Klage beim Gerichtshof und trug ua vor, dass öffentliche Unternehmen einen Anspruch auf Gleichbehandlung mit privaten Unternehmen haben und daher auch Kapitalzuschüsse der Eigentümer zulässig sein müssen.

19 Die Kommission ist sich der Auswirkungen des Grundsatzes der Gleichbehandlung von öffentlichen und privaten Unternehmen bewusst[.] Sie stellt ... zurecht fest, daß ihr Vorgehen die öffentliche Hand bei Kapitalbeteiligungen weder begünstigen noch benachteiligen dürfe.

20 Aus dem Grundsatz der Gleichbehandlung folgt, daß Mittel, die der Staat einem Unternehmen direkt oder indirekt unter normalen Marktbedingungen zur Verfügung stellt, nicht als staatliche Beihilfen anzusehen sind. Im vorliegenden Fall ist deshalb zu prüfen, ob ein privater Industriekonzern unter vergleichbaren Umständen Betriebsverluste der vier Tochtergesellschaften in den Jahren 1983 bis 1987 hätte ausgleichen können.

21 [E]in privater Anteilseigner [kann] vernünftigerweise einem Unternehmen das Kapital zuführen, das zur Sicherstellung seines Fortbestandes erforderlich ist, wenn es sich in vorübergehenden Schwierigkeiten befindet, aber seine Rentabilität – gegebenenfalls nach einer Umstrukturierung – wieder zurückgewinnen kann. Eine Muttergesellschaft kann somit während eines beschränkten Zeitraums auch Verluste einer ihrer Tochtergesellschaften übernehmen, um dieser die Einstellung ihrer Tätigkeit unter möglichst günstigen Bedingungen zu ermöglichen. Solche Entscheidungen können nicht nur mit der Wahrscheinlichkeit eines mittelbaren materiellen Gewinns begründet werden, sondern auch mit anderen Erwägungen, etwa dem Bemühen um Imagepflege des Konzerns oder um Neuorientierung seiner Tätigkeit.

22 Wenn Kapitalzuschüsse eines öffentlichen Kapitalgebers jedoch selbst langfristig von jeder Aussicht auf Rentabilität absehen, sind sie als Beihilfen im Sinne des Artikels [107] anzusehen; sie sind mit dem [Binnenm]arkt nur dann vereinbar, wenn sie den Kriterien dieser Bestimmung gerecht werden.

Einem Unternehmen in Schwierigkeiten kann also Kapital zugeführt werden, wenn dies *ex ante* zumindest längerfristig noch rentabel erscheint. Allzu großzügig darf die noch zulässige Amortisationsdauer allerdings nicht ausgelegt werden. Ist keine marktgerechte Amortisation mehr zu erwarten, liegt jedenfalls eine Beihilfe vor und muss der Zuschuss als Beihilfe zur Rettung und Umstrukturierung von der Kommission genehmigt werden.[46] Diese Beihilfekategorie erachtet die Kommission als besonders wettbewerbsschädlich, denn im Normalfall sollte ein nicht mehr leistungsfähiges Unternehmen aus dem Markt ausscheiden. Hier werden daher eher hohe Anforderungen an die Zulässigkeit von Beihilfen zur Wiederherstellung der Rentabilität gestellt. Dazu gehört insbesondere (mittlerweile auch außerhalb des Bankensektors) ein angemessener Eigenbeitrag der Anteilseigner zur Unternehmenssanierung, bevor öffentliche Hilfen in Anspruch genommen werden dürfen.

Der Überwachung der finanziellen Beziehungen zwischen dem Staat und eigenen oder bezuschussten Unternehmen dient auch die TransparenzRL 2006/111/EG. Demnach haben die MS die Transparenz der finanziellen Beziehungen zwischen der öffentlichen Hand und den öffentlichen Unternehmen dadurch zu gewährleisten, dass sie bestimmte Informationen über

---

46 Vgl dazu LL zur Rettung und Umstrukturierung von Unternehmen in Schwierigkeiten, ABl 2014/C 249/1. auch verb Rs T-115/09 und T-116/09, *Electrolux und Whirlpool*, ECLI:EU:T:2012:76, Rn 36 ff.

9. Beihilferecht und öffentliche Unternehmen

finanzielle Verflechtungen offenlegen und die betreffenden Unternehmen zur getrennten Buchführung verpflichten.

> Offenzulegen sind demnach[47] die unmittelbare Bereitstellung öffentlicher Mittel durch die öffentliche Hand für öffentliche Unternehmen direkt oder über Dritte (öffentliche Unternehmen oder Finanzinstitute) sowie die tatsächliche Verwendung dieser öffentlichen Mittel. Die Verpflichtung der Zielunternehmen zur getrennten Buchführung umfasst eine nach den verschiedenen Geschäftsbereichen getrennte Aufstellung der Kosten und Erlöse sowie eine genaue Angabe der Methode, nach der die Kosten und Erlöse den verschiedenen Geschäftsbereichen zugeordnet und zugewiesen werden.

Erst diese Offenlegung erlaubt es, das Vorhandensein etwaiger Beihilfen sowie insbesondere Quersubventionen zwischen bezuschussten und nicht bezuschussten Geschäftsbereichen eines öffentlichen Unternehmens (dazu bei der Fallgruppe Quersubventionen) auf die Spur zu kommen.[48] Besondere Relevanz besitzt dies zB bei Daseinsvorsorgeunternehmen (näher bei bei Art 106 Abs 2), die für den daseinsvorsorgerelevanten Unternehmensbereich Ausgleichszahlungen erhalten und die diese Geschäftsbereiche daher buchhalterisch genau zu trennen haben.

Der dargestellten Investitions- und Renditelogik unterliegen auch Verkäufe öffentlichen Eigentums, va von Anteilen an Unternehmen (Privatisierungen)[49], sowie von Immobilien.[50] Gleiches gilt für Vermietung und Verpachtung öffentlichen Vermögens[51] sowie alle sonstigen Bereitstellungen öffentlichen Eigentums für Unternehmen.[52] Die Schwierigkeit besteht in all diesen Fällen in der Ermittlung des tatsächlichen Marktwerts des Objekts, um eine Beihilfe beim Käufer auszuschließen.

Den Beihilfeverdacht ausschließen können dabei 1) ein Verkauf über die Börse, 2) eine Einbeziehung von privaten Wirtschaftsbeteiligten zu gleichen Bedingungen (sog *pari passu*-Transaktionen) sowie (als wichtigster Fall) eine transparente und diskriminierungsfreie öffentliche Ausschreibung.[53] Diese Verfahren bringen realistische Näherungswerte an die tatsächlichen Marktgegebenheiten und werden von der Kommission daher als vorrangig angesehen. Weniger marktnah (und daher nur subsidiär zulässig) sind sonstige Bewertungsmethoden, va die Einholung eines unabhängigen Wertgutachtens.[54]

---

47 Vgl Art 1 TransparenzRL 2006/111/EG.
48 Vgl auch Mitteilung Beihilfebegriff, Tz 188.
49 Vgl KomE 2000/628/EG, *Centrale del Latte di Roma*, ABl 2000/L 265/15, Tz 86 f.; KomE 2006/900/EG, *Componenta*, ABl 2006/L 353/36, Tz 36.
50 Vgl verb Rs T-127/99, T-129/99 und T-148/99, *Diputación Foral de Álava*, ECLI:EU:T:2002:59, Rn 72; Rs T-274/01, *Valmont Nederland*, ECLI:EU:T:2004:266, Rn 44; Rs T-62/08, *ThyssenKrupp*, ECLI:EU:T:2010:268, Rn 57.
51 Vgl KomE 2003/162/EG, *Landesentwicklungsgesellschaft Thüringen*, ABl 2003/L 66/36, Tz 30; KomE 2000/389/EG, *EP/PIP scheme*, ABl 2000/L 145/27, Tz 64.
52 Vgl zum spiegelbildlichen Fall des Immobilienerwerbs durch die öffentliche Hand KomE 2006/900/EG, *Componenta*, ABl 2006/L 353/36, Tz 36; KomE 2002/865/EG, *Graf von Henneberg Porzellan*, ABl 2002/L 307/1, Tz 86; KomE 2005/664/EG, *Lemwerder*, ABl 2005/L 247/32, Tz 19f.
53 Vgl auch Mitteilung Beihilfebegriff, Tz 84 ff.
54 Vgl auch Mitteilung Beihilfebegriff, Tz 97 ff.

9.1. Staatliche Beihilfen

Der Verzicht auf solche Verkaufsverfahren oder Fehler bei ihrer Durchführung begründen einen, in der Praxis schwer zu widerlegenden, Verdacht marktunüblicher Begünstigung.[55] Die Fallstricke beim Verkauf öffentlicher Unternehmen illustriert als Beispiel[56] das Urteil *Land Burgenland* aus 2012, betreffend den Verkauf einer Hypothekenbank (ehemaligen Hausbank) aus dem Eigentum eines Bundeslandes. Erörtert wird dort va das Verhältnis der unterschiedlichen Wertermittlungsmethoden zueinander.[57]

> Verb Rs T-268/08 und T-281/08, *Land Burgenland und Republik Österreich*, ECLI:EU:T:2012:90
>
> Nach Aufdeckung des HOWE Bau-Skandales im Jahr 1999 geriet die im Eigentum des Landes stehende Bank Burgenland (BB) ins Trudeln und musste mit öffentlichen Mitteln aufgefangen werden. Teil der nachfolgenden Umstrukturierung der Bank sollte ihre Privatisierung sein. Nach zwei gescheiterten Versuchen wurde die BB schließlich im Jahr 2006 nach einer Ausschreibung an die Grazer Wechselseitige Versicherung (GRAWE) verkauft. Dieser Verkauf ging allerdings misslich vonstatten: Die GRAWE hatte nur das zweithöchste Angebot gelegt, der preislich um ein sattes Drittel höher liegende Meistbieter, ein österr-ukrain Konsortium, kam nicht zum Zug. Die Kommission stellte das Vorliegen einer Beihilfe im Rahmen des Verkaufs fest und ordnete deren Rückzahlung an. Dagegen erhoben der Bund und das Land sowie die GRAWE Nichtigkeitsklagen beim EuG. Knackpunkt war die Frage nach dem Vorhandensein eines marktunüblichen Vorteils für die erfolgreiche Bieterin.
>
> 68 [Z]u prüfen [ist], ob die Kommission einen offensichtlichen Beurteilungsfehler beging, soweit sie es ablehnte, die verschiedenen Gutachten zu berücksichtigen, auf die sich die Kläger im vorliegenden Fall zum Zweck der Bestimmung des Marktpreises der BB berufen haben.
>
> 69 Hierzu ist darauf hinzuweisen, dass der Marktpreis eines Unternehmens, der im Allgemeinen durch das Zusammenspiel von Angebot und Nachfrage gebildet wird, dem höchsten Preis entspricht, den ein privater Investor unter normalen Wettbewerbsbedingungen für das Unternehmen zu zahlen bereit wäre[.]
>
> 70 Beabsichtigt die öffentliche Hand, ein ihr gehörendes Unternehmen zu verkaufen, und bedient sie sich hierfür eines offenen, transparenten und bedingungsfreien Ausschreibungsverfahrens, kann daher vermutet werden, dass der Marktpreis dem höchsten Angebot entspricht, wobei erstens festzustellen ist, ob dieses Angebot verpflichtend und verlässlich ist, und zweitens, ob es nicht gerechtfertigt ist, andere wirtschaftliche Faktoren als den Preis, wie zwischen den Angeboten bestehende außerbilanzielle Risiken, zu berücksichtigen. Daher begeht die Kommission keinen offensichtlichen Beurteilungsfehler, wenn sie davon ausgeht, dass das Beihilfeelement anhand des Marktpreises bewertet werden kann, der seinerseits grundsätzlich anhand der im Rahmen einer Ausschreibung konkret abgegebenen Angebote gebildet wird.
>
> 72 Die Heranziehung [von] Gutachten zur Bestimmung des Marktpreises der BB hätte [...] nur dann einen Sinn, wenn im Hinblick auf deren Verkauf gar kein Ausschreibungsverfahren durchgeführt worden wäre, oder möglicherweise auch dann, wenn man zu dem Ergebnis gelangt wäre, dass das durchgeführte Ausschreibungsverfahren nicht offen, transparent und bedingungsfrei gewesen sei. Insoweit lässt sich nicht bestreiten, dass Angebote, die im Rahmen des zur Privatisierung eines bestimmten Unternehmens eingeleiteten Ausschreibungsverfahrens gültig und tatsächlich abgegeben wurden, grundsätzlich einen besseren Näherungswert für den Marktpreis dieser Einrichtung bilden als unabhängige Wertgutachten. Solche Gutachten beruhen nämlich unabhängig davon, welche Methode und Parameter für ihre Erstellung gewählt werden, auf einer prognostischen Prüfung und führen daher zu einer Ermittlung des Marktpreises des betreffenden Unternehmens von

---

55 Vgl zB Rs C-290/07 P, *Scott*, ECLI:EU:C:2010:480, Rn 90 ff.
56 Bestätigt in verb Rs C-214/12 P, C-215/12 P und C-223/12 P, *Land Burgenland und GRAWE*, ECLI:EU:C:2013:682, Rn 46 ff.
57 Vgl dazu etwa auch *Jaeger*, ecolex 2014, 98 ff.

9. Beihilferecht und öffentliche Unternehmen

geringerer Wertigkeit als der, die sich aus im Rahmen eines regelgerecht durchgeführten Ausschreibungsverfahrens konkret und gültig eingereichten Angeboten ergibt.

87 [Soweit] gerügt wird, dass das Angebot des Konsortiums nicht als Grundlage für die Ermittlung des Marktwerts habe dienen können, ist darauf hinzuweisen, dass ... in einem Fall, in dem die öffentliche Hand beabsichtigt, ein ihr gehörendes Unternehmen zu verkaufen, und sich hierfür eines offenen, transparenten und bedingungsfreien Ausschreibungsverfahrens bedient, **vermutet werden kann, dass der Marktpreis dem höchsten Angebot entspricht**, wobei erstens festzustellen ist, ob dieses Angebot verpflichtend und verlässlich ist, und zweitens, ob es nicht gerechtfertigt ist, andere wirtschaftliche Faktoren als den Preis, wie zwischen den Angeboten bestehende außerbilanzielle Risiken, zu berücksichtigen.

88 Mithin begeht die Kommission keinen offensichtlichen Beurteilungsfehler, wenn sie davon ausgeht, dass das Beihilfeelement anhand des Marktpreises bewertet werden kann, der seinerseits anhand der im Rahmen der Ausschreibung konkret abgegebenen Angebote gebildet wird.

89 Im Übrigen sind aus der Sicht des **marktwirtschaftlich handelnden privaten Verkäufers** die subjektiven strategischen Gründe, die einen bestimmten Bieter veranlassen, ein Gebot in bestimmter Höhe abzugeben, nicht ausschlaggebend. Der marktwirtschaftlich handelnde private Verkäufer wird sich grundsätzlich für das höchste Kaufangebot entscheiden, und zwar unabhängig von den Gründen, die die potenziellen Käufer dazu bewogen haben, Angebote in bestimmter Höhe abzugeben. Daher ist die Behauptung der Kläger, bei der Höhe des Angebots des Konsortiums habe es sich um einen ‚Mondpreis' gehandelt, zurückzuweisen.

90 Zum Vorbringen der Kläger, die **Kommission könne nicht auf Ergebnisse eines Vergabeverfahrens abstellen, das sie selbst für fehlerhaft gehalten habe**, genügt der Hinweis, dass die Kommission, während sie im Stadium der Einleitung des förmlichen Prüfverfahrens insbesondere unter dem Blickwinkel der Wahrung der Gleichbehandlung der Bieter Zweifel daran hegte, dass die Ausschreibung regelgerecht gewesen sei[,] zu dem Ergebnis gelangte, dass die Mängel, mit denen die Ausschreibungsbedingungen behaftet waren, keinen Einfluss auf die Höhe der konkret abgegebenen Angebote gehabt hätten und dass daher das nominell höhere Angebot einen guten **Näherungswert für den Marktpreis** dargestellt habe[.]

Bei Durchführung einer Ausschreibung entspricht der Marktpreis also unwiderleglich dem höchsten Angebot.[58] Das Argument, das Gebot sei unrealistisch (sog Mondpreis), zählt nicht.[59] Der Nominalbetrag des Angebots kann lediglich um besondere, je Bieter einzupreisende Faktoren (etwa besondere Zusagen, Verzögerungseffekte, Risiken usw) korrigiert werden. Das Risiko, dass beim Verkauf eine im Unternehmen steckende Beihilfe (konkret: eine Ausfallshaftung) schlagend werden könnte, zählt aber ausdrücklich nicht zu diesen marktnormalen, korrekturfähigen Faktoren.[60] War die Ausschreibung nachweislich fehlerhaft, kann dies die Brauchbarkeit des ermittelten Verkaufswerts vernichten, jedoch nur soweit, als die Mängel des Verfahrens auch einen tatsächlichen Einfluss auf die Höhe der konkret abgegebenen Angebote hatten. In einem solchen Fall kann ein anderer Näherungswert für den Marktpreis verwendet werden.

---

[58] Vgl auch verb Rs C-214/12 P, C-215/12 P und C-223/12 P, *Land Burgenland und GRAWE*, ECLI:EU:C:2013:682, Rn 92 ff.

[59] Vgl auch verb Rs C-214/12 P, C-215/12 P und C-223/12 P, *Land Burgenland und GRAWE*, ECLI:EU:C:2013:682, Rn 99.

[60] Vgl verb Rs C-214/12 P, C-215/12 P und C-223/12 P, *Land Burgenland und GRAWE*, ECLI:EU:C:2013:682, Rn 49f.

9.1.2.2.3. Fallgruppe Quersubventionen

Bei **Mehrproduktunternehmen**, die für eine Teilsparte ihres Angebots mit besonderen Rechten ausgestattet sind oder öffentlich bezuschusst werden besteht die Gefahr, dass im geschützten oder bezuschussten Marktsegment erwirtschaftete Gewinne in andere Unternehmensteile umgelenkt werden (sog Quersubvention; dazu auch bei Art 106). Die am freien Markt anfallenden Kosten werden dann zumindest teilweise auf den geschützten Markt abgewälzt bzw von den dortigen (regelmäßig in der Wahl ihrer Anbieter beschränkten, sog *captive customers*) Abnehmern getragen. Es kommt dadurch also zu einem nicht auf eigener Leistung beruhenden Transfer von Marktmacht auf benachbarte Märkte (*leveraging effect*, näher bei Art 102). Quersubventionen fallen damit sowohl unter das Beihilfeverbot des Art 107 als auch unter das Missbrauchsverbot des Art 102.[61] Dem Ziel, Quersubventionen aufzudecken, dienen insbesondere die Offenlegungs- und Buchführungspflichten der **TransparenzRL 2006/111/EG**.[62]

Eine beihilferelevante Quersubventionierung kann unterschiedlichste **Formen** annehmen. In der Praxis häufig sind zB die günstige Überlassung oder Übertragung von anderen Unternehmensteilen zugehörigen Ressourcen oder marktunübliche Preise beim Austausch von Waren und Dienstleistungen zwischen Konzernunternehmen.

Die **Bestimmung angemessener Preise** für Leistungen zwischen verbundenen Unternehmen bzw Sparten ist komplex. Im Wettbewerbsrecht sind für die Preisberechnung iW drei zulässige Varianten denkbar.

So könnte sich der Preis 1) nach jenen **leistungsspezifischen Zusatzkosten** (*incremental costs*) richten, die aufgrund der Herstellung der Leistung zusätzlich entstehen. Die leistungsspezifischen Zusatzkosten enthalten daher keinen Anteil an den Fixkosten gemeinsamer Produktionseinrichtungen. Vereinfacht gesagt handelt es sich um jene fixen und variablen Kosten, die nicht mehr anfallen würden, wenn die Aktivität eingestellt würde.[63]

Demgegenüber kann 2) aufgrund der sog **Alleinstellungskosten** (*stand alone costs*) vorgegangen werden. Nach diesem, im Vergleich zu 1) etwas großzügigeren Ansatz, enthielte der marktgerechte Preis jene Kosten, die dem Leistungserbringer ohne Unterstützung aus dem Konzern erwachsen würden, dh die gesamten bei alleiniger Nutzung (Alleinstellung) anfallenden Festkosten für die genützten Ressourcen. Etwas anders gedacht kann man darunter auch jenen Betrag verstehen, der aufzuwenden wäre, wenn die betreffenden Leistungen nicht konzernintern bezogen werden könnten und daher am Markt nachgefragt werden müssten.

Möglich ist 3) auch ein **Vollkosten-Ansatz** (*fully distributed costs*). Dann sind in den Preis alle in der Leistung enthaltenen Kosten, also Zusatzkosten für die Leistung und ein Anteil an dem gemeinsamen (Konzern-)Fixkostenanteil, einzubeziehen. Dies ist der großzügigste der drei Ansätze.

Die Frage, welcher dieser Ansätze im Einzelfall der bestgeeignete ist um Quersubventionen auszuschließen, diskutiert als Beispiel[64] das Urteil *SFEI* aus 1996. Es betraf logistische und kommerzielle Unterstützungen der französischen Post an eine im freien Wettbewerb tätige

---

[61] Vgl dazu *Potocnik-Manzouri/Safron*, in *Jaeger/Haslinger* (Hrsg), Jahrbuch Beihilferecht 2017, 577 ff.
[62] Vgl auch Mitteilung Beihilfebegriff, Tz 188.
[63] Vgl KomE 2001/354/EG, *Deutsche Post*, ABl 2001/L 125/27, Tz 9.
[64] Vgl zB auch verb Rs C-83/01, C-93/01 und C-94/01 P, *Chronopost*, ECLI:EU:C:2003:388, Rn 31 ff; Rs T-95/94, *Sytraval*, ECLI:EU:T:1995:172, Rn 50 ff.

9. Beihilferecht und öffentliche Unternehmen

Tochter. Der Gerichtshof beurteilte diesen Leistungsaustausch dort im Vergleich zu anderen Unternehmen und im Abgleich zur Marktnachfrage, was im Ergebnis einem Alleinstellungskostenansatz ähnelt.

> Rs C-39/94, *Syndicat français de l'Express international (SFEI)*, ECLI:EU:C:1996:285
>
> Während die gewöhnliche Postzustellung in Frankreich unter das früher bestehende Monopol der Post fiel, stand der Expresszustellungsdienst dem freien Wettbewerb offen. Zur Verbesserung ihrer Stellung auf dem Markt für Expresszustellungsdienste hatte die französische Postverwaltung eine von ihr kontrollierte privatrechtliche Gesellschaft mit der Führung und Entwicklung dieses Dienstes betraut. Die Post empfahl daraufhin ihren ehemaligen Expresskunden, sich fortan der neuen Gesellschaft zu bedienen. Die ausgegliederte Gesellschaft erhielt darüber hinaus in vielfältiger Weise Mittel der Post zur Verfügung gestellt. Dies betraf zum einen die Nutzung ihrer Poststellen und eines Teils ihres Personals für die Sammlung, das Sortieren, die Beförderung und die Verteilung der Sendungen an die Kunden (logistische Unterstützung) und zum anderen Mittel der Verkaufsförderung, Akquisition und Beratung der Kundschaft (kommerzielle Unterstützung). Der im Expresszustellungsdienst tätige Konkurrent SFEI war der Auffassung, dass die Bedingungen, zu denen die Post ihrer privaten Tochter logistische und kommerzielle Unterstützung gewährte, staatliche Beihilfen darstellten und die Wettbewerbsgleichheit beseitigten.
>
> 57 Der Auffassung, daß eine logistische und kommerzielle Unterstützung ohne normale Gegenleistung, die ein öffentliches Unternehmen seinen privatrechtlichen Tochtergesellschaften, die eine dem freien Wettbewerb offenstehende Tätigkeit ausüben, gewährt, eine staatliche Beihilfe ... darstellen kann, ist beizupflichten.
>
> 58 Diese Bestimmung soll nämlich verhindern, daß der Handel zwischen Mitgliedstaaten durch von staatlichen Stellen gewährte Vergünstigungen beeinträchtigt wird, die in verschiedenartiger Weise durch die Bevorzugung bestimmter Unternehmen oder Produktionszweige den Wettbewerb verfälschen oder zu verfälschen drohen[.] Der Begriff der Beihilfe umfasst daher nicht nur positive Leistungen wie Subventionen, sondern auch Maßnahmen, die in verschiedener Form die Belastungen vermindern, die ein Unternehmen normalerweise zu tragen hat, und die somit zwar keine Subventionen im strengen Sinne des Wortes darstellen, diesen aber nach Art und Wirkung gleichstehen[.]
>
> 59 Aus den vorstehenden Erwägungen ergibt sich, daß die Lieferung von Gegenständen oder die Erbringung von Dienstleistungen zu Vorzugsbedingungen eine staatliche Beihilfe darstellen kann[.]
>
> 60 Um beurteilen zu können, ob eine staatliche Maßnahme eine Beihilfe darstellt, ist daher zu bestimmen, ob das begünstigte Unternehmen eine wirtschaftliche Vergünstigung erhält, die es unter normalen Marktbedingungen nicht erhalten hätte.
>
> 61 Im Rahmen dieser Prüfung hat das nationale Gericht die normale Vergütung für die betreffenden Leistungen zu bestimmen. Eine solche Bewertung setzt eine wirtschaftliche Analyse voraus, die allen Faktoren Rechnung trägt, die ein unter normalen Marktbedingungen tätiges Unternehmen bei der Festsetzung des Entgelts für die erbrachten Dienstleistungen hätte berücksichtigen müssen.
>
> 62 Nach alledem ist auf die erste Frage zu antworten, daß eine logistische und kommerzielle Unterstützung, die ein öffentliches Unternehmen seinen privatrechtlichen Tochtergesellschaften, die eine dem freien Wettbewerb offenstehende Tätigkeit ausüben, gewährt, eine staatliche Beihilfe ... darstellen kann, wenn die als Gegenleistung erhaltene Vergütung niedriger als die Vergütung ist, die unter normalen Marktbedingungen gefordert worden wäre.

Der Marktvergleich hat bei Quersubventionen allerdings sachverhaltsabhängige Schwächen. Bei Monopol- oder Daseinsvorsorgeunternehmen ist ein Marktvergleich schon deshalb nicht immer möglich, weil die ihnen zugewiesenen Aufgaben nicht unter normalen Marktbedingungen erbracht werden (näher bei der Daseinsvorsorge).⁶⁵ Der Vergleichsmaßstab des freien Marktes geht maW ins Leere, wenn ein freier Markt weder besteht noch (in Anbetracht der besonderen Aufgaben) fingiert werden kann.

Den **Besonderheiten der Leistungserbringung durch Monopolunternehmen** und den resultierenden Folgen für die Kostenberechnung trug der Gerichtshof im **Grundsatzurteil Chronopost** aus 2003 Rechnung. Es betraf wiederum logistische und kommerzielle Unterstützung eines ehemaligen Monopolisten im Postbereich für eine im Wettbewerb agierende Tochter. Unterstrichen wird dort, dass sich Monopolunternehmen unter bestimmten keinem Marktvergleich unterziehen müssen.⁶⁶

> Verb Rs C-83/01, C-93/01 und C-94/01 P, *Chronopost*, ECLI:EU:C:2003:388
>
> Die Kommission hatte auf eine Beschwerde hin Maßnahmen logistischer und kommerzieller Unterstützung (Mitnutzung des Postnetzes) untersucht, die die französische Post als (in Teilbereichen damals noch) Monopolistin ihrer im Wettbewerb stehenden Tochtergesellschaft Chronopost gewährt hatte. Eine Wettbewerberin beanstandete, dass die Vergütung seitens der Tochtergesellschaft nicht den normalen Marktbedingungen entspreche. Die Beihilfe bestehe in der Differenz zwischen dem Marktpreis für die Erbringung derartiger Dienstleistungen und dem tatsächlich gezahlten Preis.
>
> 31 [Fraglich ist die] Auslegung des Begriffes der **normalen Marktbedingungen**[.]
>
> 32 Das [erstinstanzlich befasste EuG] hat insoweit ... ausgeführt, die Kommission hätte zumindest untersuchen müssen, ob die von der Post empfangene **Gegenleistung mit derjenigen vergleichbar** gewesen sei, die eine **private** Finanzgesellschaft oder eine private Unternehmensgruppe gefordert hätte, die keine Monopolstellung habe.
>
> 33 Diese Würdigung, die verkennt, dass sich ein Unternehmen wie die **Post in einer ganz anderen Situation** befindet als ein privates Unternehmen, das unter normalen Marktbedingungen tätig ist, ist mit einem Rechtsfehler behaftet.
>
> 34 Denn die Post ist mit einer **Dienstleistung von allgemeinem wirtschaftlichen Interesse** im Sinne von Artikel [106 Abs 2] betraut[.] Diese Dienstleistung besteht im Wesentlichen in der Verpflichtung, die Sammlung, die Beförderung und die Verteilung von Postsendungen zugunsten sämtlicher Nutzer im gesamten Hoheitsgebiet des betreffenden Mitgliedstaats zu einheitlichen Gebühren und in gleichmäßiger Qualität sicherzustellen.
>
> 35 Dazu benötigte oder **erhielt die Post bedeutende Infrastrukturen** und Mittel (das so genannte Postnetz), die es ihr ermöglichten, allen Nutzern einschließlich derjenigen in dünn besiedelten Gebieten, in denen die Gebühren die Kosten der Dienstleistung nicht deckten, den Grundpostdienst zu erbringen.
>
> 36 Aufgrund der **Besonderheiten der Dienstleistung**, deren Erbringung das Netz der Post ermöglichen muss, gehorchen die Errichtung und Aufrechterhaltung dieses Netzes nicht rein kommerziellen Erwägungen. [E]in Netz wie das, das [die Tochtergesellschaft] habe nutzen können, [gibt es] auf dem Markt nicht [...]. Dieses **Netz wäre daher von einem privaten Unternehmen niemals errichtet worden**.
>
> 37 Außerdem ist die logistische und kommerzielle Unterstützung untrennbar mit dem Netz der Post verbunden, da sie gerade darin besteht, dieses Netz, das auf dem Markt ohne Entsprechung ist, zur Verfügung zu stellen.

---

65 Ähnlich Rs C-53/00, *Ferring*, ECLI:EU:C:2001:627, Rn 17 f.
66 Vgl auch Rs T-613/97, *Ufex*, ECLI:EU:T:2006:150, Rn 128 ff.

9. Beihilferecht und öffentliche Unternehmen

38 Da es unmöglich ist, die Situation der Post mit der einer privaten Unternehmensgruppe zu vergleichen, die keine Monopolstellung hat, sind die zwangsläufig hypothetischen normalen Marktbedingungen daher anhand der verfügbaren objektiven und nachprüfbaren Faktoren zu ermitteln.

39 Im vorliegenden Fall können die Aufwendungen der Post für die logistische und kommerzielle Unterstützung ihrer Tochtergesellschaft solche objektiven und nachprüfbaren Faktoren darstellen.

40 Hiervon ausgehend kann eine staatliche Beihilfe ... ausgeschlossen werden, wenn zum einen festgestellt wird, dass die verlangte Gegenleistung vereinbarungsgemäß alle variablen Zusatzkosten, die durch die Gewährung der logistischen und kommerziellen Unterstützung entstanden sind, einen angemessenen Beitrag zu den Festkosten infolge der Nutzung des öffentlichen Postnetzes und eine angemessene Vergütung des Eigenkapitals, soweit es zur wettbewerblichen Tätigkeit von [C]hronopost eingesetzt wird, umfasst, und zum anderen kein Grund zu der Annahme besteht, dass die betreffenden Faktoren unterschätzt oder willkürlich festgesetzt worden sind.

41 Wie sich aus den vorstehenden Erwägungen ergibt, ist dem [EuG] ein Rechtsfehler unterlaufen, als es Artikel [107] dahin ausgelegt hat, dass die Kommission bei der Prüfung des Vorliegens einer Beihilfe ... nicht auf die der französischen Post entstandenen Kosten abstellen durfte, sondern hätte untersuchen müssen, ob die von der Post empfangene Gegenleistung mit derjenigen vergleichbar war, die eine private Finanzgesellschaft oder eine private Unternehmensgruppe gefordert hätte, die keine Monopolstellung hat und eine längerfristige globale oder sektorale Strukturpolitik verfolgt.

Chronopost setzt damit zumindest in Fällen fehlender Vergleichbarkeit der wirtschaftlichen Rahmenbedingungen einer Leistungserbringung die Vollkosten als maßgeblichen (großzügigen) Standard für die Beurteilung von Quersubventionen fest. Die Aufwendungen des begünstigenden Unternehmens für den Betrieb der zur Verfügung gestellten Infrastruktur können allerdings ein Anhaltspunkt für die Mindesthöhe der Gegenleistung sein. Ob das Urteil *Chronopost* heute über die spezifische Situation der Infrastrukturfinanzierung in einem nicht liberalisierten Marktumfeld hinaus noch Praxisrelevanz hat, ist dennoch unklar: Die Kommission scheint wo immer möglich restriktivere Ansätze, va also den Marktvergleich, zu präferieren (etwa bei der Daseinsvorsorge).

Keine Anwendung erfährt das Verbot der Quersubventionierung dort, wo reservierte Dienste durch Einkünfte aus anderen reservierten Diensten finanziert werden. Nur nach Art 102 unbedenklich ist dagegen die Quersubventionierung zwischen nicht reservierten Bereichen, während hier im Rahmen von Art 107 ein strengerer Maßstab greift: Handelt es sich um öffentliche Unternehmen (und damit um Mittel der öffentlichen Hand) ist jede Vorteilsgewährung zwischen Unternehmen beihilferelevant, auch wenn sie nicht mit einem ausschließlichen Recht einhergeht oder von diesem gespeist wird. Keine Quersubvention sind schließlich Aufträge an ein verbundenes Unternehmen, mit denen diesem Unternehmen eine gewisse Auslastung gesichert wird, soweit die Bedingungen der Auftragsausführung marktgerecht sind.

9.1.2.2.4. Fallgruppe Daseinsvorsorge

Bei öffentlich bezuschussten Daseinsvorsorgeleistungen iSv Art 106 Abs 2 (näher auch dort), läuft der Marktvergleich zur Kontrolle der Angemessenheit der Höhe von Zuschüssen für die Leistungserbringung ins Leere: Diese Leistungen werden ja gerade bezuschusst, weil der Markt sie nicht erbringt bzw sie sich am Markt nicht rechnen. Ob staatliche Leistung (Ausgleichszahlung) und unternehmerische Gegenleistung (Daseinsvorsorgeerbringung) einander entsprechen oder, umgekehrt, die Ausgleichszahlung zu einer Überkompensation der Leistung und damit zu einem beihilferelevanten Vorteil führt, braucht daher einen anderen Prüfmaßstab.[67]

Diesen **Prüfmaßstab** für die **Angemessenheit** von Zuschüssen an Daseinsvorsorgeerbringer hat der EuGH im Grundsatzurteil *Altmark* aus 2003 entwickelt. Das Urteil betraf vor dem Hintergrund einer umstrittenen Konzessionierung eines Anbieters von Personenverkehrsdiensten die diesem gewährten Zuschüsse. Nach den als *Altmark*-Kriterien bekannten vier Voraussetzungen kommt eine **Kombination aus prozeduralen und inhaltlichen Voraussetzungen** betreffend die Gestaltung der Ausgleichsleistung zur Anwendung, deren Erfüllung dazu führt, dass in der Ausgleichszahlung kein marktunüblicher Vorteil liegt (und diese daher nicht unter den Tatbestand des Art 107 fällt, ohne dass eine Rechtfertigung nach Art 106 geprüft werden müsste).

Rs C-280/00, *Altmark Trans GmbH*, ECLI:EU:C:2003:415

Das Ausgangsverfahren betraf die Erteilung von Genehmigungen von Liniendiensten mit Omnibussen in einem deutschen Landkreis für das Unternehmen Altmark Trans. Gleichzeitig hatte die zuständige öffentliche Stelle die Anträge einer Konkurrentin auf Erteilung von Genehmigungen zur Bedienung dieser Linien abgelehnt. Diese erhob Klage und bekam in zweiter Instanz mit der Begründung Recht, dass Altmark Trans ohne öffentliche Zuschüsse zur Durchführung der Linienbusdienste gar nicht in der Lage gewesen sei. Liegt in den Zuschüssen eine Beihilfe?

87 [E]ine staatliche Maßnahme fällt nicht unter Artikel [107] fällt, soweit sie als Ausgleich anzusehen ist, der die **Gegenleistung für Leistungen** bildet, die von den Unternehmen, denen sie zugute kommt, zur **Erfüllung gemeinwirtschaftlicher Verpflichtungen** erbracht werden, so dass diese Unternehmen in Wirklichkeit **keinen finanziellen Vorteil erhalten** und die genannte Maßnahme somit nicht bewirkt, dass sie gegenüber den mit ihnen im Wettbewerb stehenden Unternehmen in eine günstigere Wettbewerbsstellung gelangen.

88 Ein derartiger Ausgleich ist im konkreten Fall jedoch nur dann nicht als staatliche Beihilfe zu qualifizieren, wenn eine Reihe von Voraussetzungen erfüllt sind.

89 **Erstens** muss das begünstigte Unternehmen **tatsächlich mit der Erfüllung gemeinwirtschaftlicher Verpflichtungen betraut** sein, und diese Verpflichtungen müssen **klar definiert** sein. Im Ausgangsverfahren hat das vorlegende Gericht somit zu prüfen, ob sich die gemeinwirtschaftlichen Pflichten, die Altmark Trans auferlegt wurden, klar aus den nationalen Rechtsvorschriften und/oder den im Ausgangsverfahren streitigen Genehmigungen ergeben.

90 **Zweitens** sind die **Parameter**, anhand deren der Ausgleich berechnet wird, zuvor **objektiv und transparent** aufzustellen, um zu verhindern, dass der Ausgleich einen wirtschaftlichen Vorteil mit sich bringt, der das Unternehmen, dem er gewährt wird, gegenüber konkurrierenden Unternehmen begünstigt.

91 **Gleicht** daher ein Mitgliedstaat, **ohne** dass zuvor die **Parameter** dafür aufgestellt worden sind, die **Verluste** eines Unternehmens **aus**, wenn sich **nachträglich** herausstellt, dass das Betreiben bestimmter Dienste im Rahmen der Erfüllung gemeinwirtschaftlicher Verpflichtungen nicht wirtschaftlich durchführbar war, so stellt dies ein finanzielles Eingreifen dar, das unter den Begriff der staatlichen Beihilfe ... fällt.

92 **Drittens** darf der **Ausgleich nicht über das hinausgehen, was erforderlich ist**, um die **Kosten** der Erfüllung der gemeinwirtschaftlichen Verpflichtungen unter Berücksichtigung der dabei erzielten Einnahmen und eines angemessenen **Gewinns** aus der Erfüllung dieser Verpflichtungen ganz oder teilweise zu decken. Nur bei Einhaltung dieser Voraussetzung ist gewährleistet, dass dem be-

---

[67] Vgl Rs T-275/11, *TF1*, ECLI:EU:T:2013:535, Rn 135 ff.

> treffenden Unternehmens kein Vorteil gewährt wird, der dadurch, dass er die Wettbewerbsstellung dieses Unternehmens stärkt, den Wettbewerb verfälscht oder zu verfälschen droht.
>
> 93 Wenn **viertens** die **Wahl des Unternehmens**, das mit der Erfüllung gemeinwirtschaftlicher Verpflichtungen betraut werden soll, im konkreten Fall **nicht** im Rahmen eines **Verfahrens zur Vergabe** öffentlicher Aufträge erfolgt, das die Auswahl desjenigen Bewerbers ermöglicht, der diese Dienste zu den geringsten Kosten für die Allgemeinheit erbringen kann, so ist die Höhe des erforderlichen Ausgleichs auf der Grundlage einer Analyse der Kosten zu bestimmen, die ein **durchschnittliches, gut geführtes Unternehmen**, das so angemessen mit Transportmitteln ausgestattet ist, dass es den gestellten gemeinwirtschaftlichen Anforderungen genügen kann, bei der Erfüllung der betreffenden Verpflichtungen hätte, wobei die dabei erzielten Einnahmen und ein angemessener Gewinn aus der Erfüllung dieser Verpflichtungen zu berücksichtigen sind.
>
> 94 Aus dem Vorstehenden folgt, dass öffentliche Zuschüsse, die ausdrücklich mit gemeinwirtschaftlichen Verpflichtungen betrauten Unternehmen gewährt werden, um die bei der Erfüllung dieser Verpflichtungen entstehenden Kosten auszugleichen, nicht unter Artikel [107] fallen, sofern sie die in den Randnummern 89 bis 93 dieses Urteils genannten Voraussetzungen erfüllen. Hingegen stellt eine staatliche Maßnahme, die eine oder mehrere dieser Voraussetzungen nicht erfüllt, eine staatliche Beihilfe im Sinne dieser Bestimmung dar.

Eine angemessene Kompensation des Mehraufwands liegt demnach in den **Vollkosten** einer *ex ante* nach Art und Qualität klar **definierten Leistung plus angemessenem Gewinn**. Wurde der Anbieter nicht im Wettbewerb (öffentliche Ausschreibung) ausgewählt, greift ein **Effizienzkriterium** zur Deckelung der **ausgleichsfähigen Kosten** (Höhe jener Kosten, die ein gut geführtes, hypothetisches Vergleichsunternehmen hätte). **Keinesfalls** darf der Leistungserbringer mehr erhalten als das, was ihn die Leistung (plus Gewinn) gekostet hat (sog **Überkompensation**). Ebenso liegt eine **Beihilfe immer** vor, wenn ein bloß nachträglicher Verlustausgleich vorgenommen wird, ohne dass die Leistung zuvor klar definiert und ein bestimmter Anbieter damit betraut worden wäre.

Die *Altmark*-Kriterien wurden mittlerweile durch einen etwas großzügiger gehaltenen DAWI-**Freistellungsbeschluss** und eine DAWI-*De minimis*-GVO weitgehend überlagert. Flankiert werden diese Freistellungen von (einem GR und) einer **DAWI-Mitteilung aus 2012**, die Aspekte der Tatbestands- und Rechtfertigungsprüfung für nicht unter die Freistellung fallende Daseinsvorsorgebeihilfen erläutert. Einen **Knackpunkt** der Beurteilung bildet dabei das vierte *Altmark*-Kriterium der Ermittlung der ausgleichsfähigen Kosten. Basis der Berechnung ausgleichsfähiger Kosten sind demnach „die unmittelbar mit der Erbringung der Dienstleistung von allgemeinem wirtschaftlichem Interesse verbundenen Kosten"[68] abzüglich der Einnahmen. Auskunft über die **Effizienz** bzw Produktivität des Unternehmens sollen dabei etwa die folgenden Indikatoren geben: Umsatz im Verhältnis zum investierten Kapital, Gesamtkosten im Verhältnis zum Umsatz, Umsatz pro Mitarbeiter, Wertschöpfung pro Mitarbeiter, Personalkosten im Verhältnis zur Wertschöpfung oder Qualität der erbrachten Dienstleistungen im Verhältnis zu den Erwartungen der Nutzer.[69] Die Kosten von Monopolunternehmen (also der *Chronopost*-Vollkostenmaßstab) sollen dagegen gerade keine für die Preisberechnung bei Daseinsvorsorgeleistungen maßgeblichen Indikatoren sein.[70]

---

68 Vgl DAWI-Mitteilung, Tz 56.
69 Vgl DAWI-Mitteilung, Tz 72.
70 Vgl DAWI-Mitteilung, Tz 74.

Die Relevanz einer Ermittlung hypothetischer Vergleichskosten hat mit der **KonzessionsRL 2014/23/EU** weiter abgenommen: Nach der RL greift eine generelle Ausschreibungspflicht für die Betrauung mit (Bau- und) Dienstleistungskonzessionen, also die Erbringung von Leistungen gegen Einräumung des Verwertungsrechts und ggf einen öffentlichen Zuschuss (näher beim Vergaberecht). Nach der KonzessionsRL 2014/23/EU wird die im vierten Altmark-Kriterium angesprochene Ausschreibung also in den meisten Fällen ohnedies zur Regel, sodass der (Fehlerfreiheit der Ausschreibung vorausgesetzt) dort ermittelte Ausgleich stets marktangemessen ist.

9.1.2.2.5. Fallgruppe Steuerbeihilfen

Ein **Verzicht der öffentlichen Hand auf Einnahmen** begründet die Vermutung des Vorliegens einer Beihilfe.[71] Die Anwendung dieser Vermutungsregel bei Steuern begegnet jedoch der Schwierigkeit, dass Steuernormen typischerweise (soweit es sich nicht ausnahmsweise um Einheitsbesteuerung, sog *flat taxes*, handelt) die Steuerpflichtigen nach den für die jeweilige Steuerart maßgeblichen Kriterien (zB Leistungsfähigkeit, Verbrauch, Umsatz usw) differenziert behandeln.

Ziel der differenzierten Behandlung ist aber nicht die Schaffung von Belastungsungleichheit (und damit von beihilferelevanten Vorteilen), sondern von **faktischer** (materieller) **Belastungsgleichheit**: Wer **mehr verdient**, verbraucht, umsetzt usw soll auch einen seiner größeren finanziellen Leistungsfähigkeit (Verbrauch, Umsatz) **entsprechenden Anteil an der Steuer tragen und kann dies auch**, ohne dadurch wirtschaftlich schlechter gestellt zu sein. Allerdings lassen sich hinter solchen steuerlichen Differenzierungen (bewusst oder unbewusst) auch vortrefflich Beihilfen verbergen, nämlich dann, wenn Ziel oder Wirkung einer Differenzierung eben nicht in der Herstellung materieller Gleichheit liegen, sondern in der für die Steuerart atypischen Entlastung (**Über-Entlastung**) bestimmter Steuerpflichtiger.

> Kommission und der EuGH prüfen die Beihilferelevanz von Steuervergünstigungen unter dem Gesichtspunkt der Selektivität, richtigerweise handelt es sich aber um eine Frage der Begünstigung: Alle Steuernormen enthalten notwendigerweise **Differenzierungen** hinsichtlich der Adressaten, aber nicht alle Steuernormen stellen dadurch einzelne Steuerpflichtige gegenüber anderen besser. Im Gegenteil streben Differenzierungen im Steuersystem herkömmlicherweise die Herstellung von Gleichheit bzw Gleichbehandlung (zB nach der **Leistungsfähigkeit** des Einzelnen) an. Wird diese Logik durchbrochen und werden steuerlich nicht erklärbare (also nicht steuersystemimmanente) Ungleichheiten eingeführt, kann es sich um eine Beihilfe handeln.

Bei **Steuern entscheidet** sich die Frage, ob eine Steuerdifferenzierung einen beihilferelevanten Vorteil beinhaltet, daher **über** einen **kontrafaktischen Vergleich** mit der ansonsten geltenden Rechtslage,[72] also dem **Normalfall der Besteuerung**.[73] Hierin liegt aber gleichzeitig die Schwierigkeit der Prüfung, denn ein solcher Normalfall lässt sich innerhalb einer bestimmten Besteuerungskategorie (zB Einkommensteuern, Körperschaftsteuern, Ökosteuern usw) nicht immer ohne Weiteres festmachen.

---

71 Grundlegend Rs 30/59, *De Gezamenlijke Steenkolenmijnen in Limburg*, ECLI:EU:C:1961:2, S 42.
72 Vgl dazu *Jaeger*, Beihilfen durch Steuern und parafiskalische Abgaben, Rn 204 ff.
73 Vgl zB Rs C-81/10 P, *France Télécom*, ECLI:EU:C:2011:811, Rn 15 ff.; verb Rs C-471/09 P bis C-473/09 P, *Vizcaya*, ECLI:EU:C:2011:521, Rn 44 ff.

9. Beihilferecht und öffentliche Unternehmen

Die Beihilfeprüfung von Steuervergünstigungen erfolgt nach dem sog **Dreistufentest**.[74] Nach dem Dreistufentest wird 1) das **steuerliche Bezugssystem** ermittelt. Es sind dies **all jene Steuernormen**, die ein kohärentes Ganzes für die fragliche Steuerart bilden. Sie legen den Anwendungsbereich der Steuer, die Anwendungsvoraussetzungen, die Rechte und Pflichten der Steuerpflichtigen und die technischen Aspekte der Besteuerung fest (also **Steuerbemessungsgrundlage**, **Steuerpflichtige, Steuertatbestand, Steuersätzen** usw). Beispiele für solche Bezugssysteme, innerhalb derer die weiteren beiden Prüfschritte des Dreistufentests erfolgen, sind zB die Körperschaftsbesteuerung, die Versicherungsbesteuerung oder das Mehrwertsteuersystem.[75]

Als nächster Schritt wird 2) festgestellt, ob die **beihilfeverdächtige** Steuermaßnahme eine **Abweichung von diesem System** und seiner Logik darstellt. Dies ist der Fall, **wenn sie** für Unternehmen, die sich in einer nach den systemischen Zielen der Regelung **vergleichbaren Sach- und Rechtslage** befinden, **differenziert** (also diskriminiert). Wird zB eine Umwelt- oder eine Gesundheitssteuer erhoben, so müssen alle Tätigkeiten oder Produkte mit vergleichbaren Auswirkungen auf die Umwelt oder die Gesundheit gleichartig besteuert werden. Liegt dabei schon *prima facie* **keine Diskriminierung vor, weil** die Differenzierung **objektiv systemkonform** ist, kann die Prüfung hier beendet werden und ist die fragliche Steuernorm **beihilfefrei**.

Falls dagegen eine *prima facie* diskriminierende Abweichung festgestellt wird, erfolgt 3) eine **Feinprüfung** der Abweichung: Dazu wird die **Steuerlogik**, also Natur und allgemeiner Aufbau des betreffenden Bezugssystems, im Detail in den Blick genommen. Den Maßstab der Feinprüfung bilden die „**Grund- oder Leitprinzipien** des Bezugssystems [sowie die] **systemimmanenten Mechanismen** ..., die für das Funktionieren und die Wirksamkeit des Systems erforderlich sind"[76]. Sie sind gegenüber „externe[n] politische[n] Ziele[n], die dem System nicht immanent sind"[77] abzugrenzen (sog Systemimmanenzprüfung[78]).[79] Findet sich die Maßnahme innerhalb der so eingegrenzten Systemlogik wieder, ist sie **beihilfefrei**. Folgt die Maßnahme dagegen steuersystemfremden Differenzierungsanliegen, liegt darin eine Beihilfe.

Die praktische Anwendung des Dreistufentests begegnet Schwierigkeiten bzw ist **mit starken Unschärfen** behaftet. Präsent sind diese Unschärfen **besonders** bei der **ersten** (Eingrenzung des Bezugssystems) und **dritten** (Abgrenzung systemimmanenter gegenüber systemfremder Steuerlogik) Stufe des Tests. Verallgemeinerbare Kriterien, die gerade auch für nicht gängige Steuerarten nutzbar gemacht werden können, lassen sich weder aus der sehr kasuistischen Rsp noch aus der Kommissionpraxis oder der Mitteilung zum Beihilfebegriff aus 2016[80] ableiten. Als Folge ist **gerade bei atypischen Steuerarten kaum** eine **verlässliche Vorhersage der** Ergebnisse einer Beurteilung einer Steuermaßnahme durch die Kommission oder die Unionsgerichte möglich.

Die Handhabe des Dreistufentests und dessen erhebliche Anwendungsunschärfen illustriert das **Beispiel** des **Urteils** *British Aggregates* aus 2012, betreffend eine Steuer auf den Abbau natürlicher Granulate. Fraglich waren dort sowohl die Festlegung der Grenzen des Bezugssystems dieser atypischen (möglicherweise umweltpolitischen, möglicherweise aber auch Zielen *sui ge-*

---

74 Vgl Mitteilung Beihilfebegriff, Tz 126 ff.
75 Vgl Mitteilung Beihilfebegriff, Tz 134.
76 Mitteilung Beihilfebegriff, Tz 138, Hervorhebung hinzugefügt.
77 Mitteilung Beihilfebegriff, Tz 138.
78 Vgl dazu *Jaeger*, EuZW 2012, 96.
79 Vgl auch Rs C-143/99, *Adria-Wien Pipeline*, ECLI:EU:C:2001:598, Rn 42; Rs C-88/03, *Portugal/Kommission*, ECLI:EU:C:2006:511, Rn 52; verb Rs C-106/09 P und C-107/09 P, *Gibraltar*, ECLI:EU:C:2011:732, Rn 145.
80 Vgl Mitteilung Beihilfebegriff, Tz 126 ff.

neris folgenden) Steuer[81] als auch die für dieses (eben unklare) Bezugssystem maßgeblichen steuerlogischen Prinzipien.

> Rs T-210/02 RENV, *British Aggregates*, ECLI:EU:T:2012:110
>
> Gegenstand des Streits bildet eine von Großbritannien eingeführte **Abgabe** auf die **Erzeugung** bestimmter **Naturgranulate** (sog *aggregates levy*, AGL). Dadurch sollte der Neuabbau von Naturgranulaten aus Sand, Kies oder Felsgestein reduziert und die Wiederverwertung gefördert werden. Allerdings waren **bestimmte** gewinnungsgeeignete **Materialien** (Neben- oder Abfallprodukte anderer Verfahren und aufbereitetes Granulat) sowie **generell Ausfuhren** vom Anwendungsbereich der Abgabe **ausgenommen**. Der Verband der Steinbruchbetreiber beschwerte sich bei der Kommission gegen die Abgabe. Diese sah die Differenzierung als von der Systemlogik getragen an, das EuG bestätigte diese Entscheidung im Jahr 2006. Der in zweiter Instanz befasste EuGH hob jenes Urteil aufgrund einer abweichenden Beurteilung von Referenzrahmen und Steuerlogik im Jahr 2008 auf und verwies die Sache an das EuG zurück (sog *renvoi*). Das vorliegende Urteil erging in diesem zweiten EuG-Verfahren.
>
> 48 Di[e **Beihilfeeigenschaft**] ist bei einer Maßnahme nicht gegeben, die zwar einen Vorteil für den Begünstigten darstellt, aber durch die **Natur oder den inneren Aufbau des Steuersystems**, zu dem sie gehört, gerechtfertigt ist[.] Der Gerichtshof hat klargestellt, dass der betreffende Mitgliedstaat nachweisen kann dass die Maßnahme unmittelbar auf den **Grund- oder Leitprinzipien seines Steuersystems** beruht, und dass insoweit zu unterscheiden ist zwischen den mit einer bestimmten Steuerregelung verfolgten **Zielen, die außerhalb dieser Regelung liegen**, und den dem **Steuersystem selbst inhärenten Mechanismen**, die zur Erreichung dieser Ziele erforderlich sind[.] Steuerbefreiungen, denen ein Ziel zugrunde liegt, das dem Steuersystem, in das sie sich einfügen, fremd ist, dürfen nämlich den Anforderungen des Art. [107] nicht entgehen.
>
> 49 Zur Beurteilung der Selektivität des mit der fraglichen Maßnahme gewährten Vorteils kommt außerdem der Bestimmung des Bezugsrahmens im Fall von steuerlichen Maßnahmen eine besondere Bedeutung zu, da **das** tatsächliche Vorliegen eines **Vorteils nur in Bezug auf** eine sogenannte ‚**normale' Besteuerung** festgestellt werden kann[.] Dementsprechend [ist] im Vorfeld die in dem betreffenden Mitgliedstaat geltende allgemeine oder ‚normale' Steuerregelung [zu ermitteln]. Anhand dieser allgemeinen oder ‚normalen' Steuerregelung ist dann in einem zweiten Schritt zu beurteilen und festzustellen, **ob der** mit der fraglichen Steuermaßnahme gewährte **Vorteil selektiv ist**, wenn nämlich dargetan wird, dass diese Maßnahme vom allgemeinen System insoweit **abweicht**, als sie Unterscheidungen zwischen Wirtschaftsteilnehmern einführt, die sich im Hinblick auf das mit der Steuerregelung dieses Mitgliedstaats verfolgte Ziel in einer **vergleichbaren tatsächlichen und rechtlichen Situation** befinden. ...
>
> 51 Die Verfahrensbeteiligten erkennen im vorliegenden Fall an, dass der **Bezugsrahmen**, anhand dessen die Normalbesteuerung und das Vorliegen etwaiger selektiver Vorteile zu ermitteln sind, aus der AGL als solcher besteht, mit der eine für den Granulatsektor im Vereinigten Königreich geltende **spezifische Abgaberegelung** eingeführt wurde. ...
>
> 55 [D]as der AGL zugrunde liegende **Normalbesteuerungsprinzip** [beruht] allein auf dem Konzept der gewerblichen Verwertung eines der Abgabe unterliegenden Materials in der Form von ‚Granulat' im Vereinigten Königreich[.] ...
>
> 60 [Allerdings hat] die **Kommission** [...] den Anwendungsbereich der AGL [in] der angefochtenen Entscheidung [...] **unzutreffend [eingegrenzt]** und ist [...] folglich[...] von einem **fehlerhaften Verständnis** des dem Gesetz zugrunde liegenden **Normalbesteuerungsprinzips** ausgegangen[.] ...
>
> 67 Zu prüfen [bleibt daher], ob die AGL-Bestimmungen [ihr eigenes Normalbesteuerungsprinzip insoweit konsequent verwirklichen oder ob sie stattdessen] für bestimmte Unternehmen oder Produktionszweige eine günstigere steuerliche Behandlung vorsehen als für andere Unternehmen oder Produktionszweige[,] die sich im Hinblick auf das [...] **Umwelt[schutz]ziel** der AGL in einer vergleichbaren tatsächlichen und rechtlichen Situation befinden. ...

---

81 Vgl auch Mitteilung Beihilfebegriff, Tz 129.

9. Beihilferecht und öffentliche Unternehmen

> 75 [Insoweit ist festzustellen], dass der Umstand, dass Granulate aus bestimmten Materialien, wie Tonschiefer, plastischer Ton, Porzellanerde und Schiefer, von der Abgabe befreit sind und Granulate aus anderen Materialien ihr unterworfen sind, obwohl sich diese verschiedenen Granulate angesichts des Umweltziels der AGL hinsichtlich ihrer Verwendung als ‚Granulate' in einer vergleichbaren Situation befinden, eine steuerliche Differenzierung darstellt, die zu selektiven Vorteilen [...] führen kann. ...
>
> 82 Di[e] steuerliche Differenzierung führt jedoch nur zu selektiven Vorteilen für bestimmte Unternehmen oder Produktionszweige, wenn sie nicht durch die Natur und den Aufbau des mit der AGL eingeführten Abgabesystems gerechtfertigt werden kann[.] ...
>
> 84 Für diese Beurteilung ist zu unterscheiden zwischen den mit einer bestimmten Steuerregelung verfolgten Zielen, die außerhalb dieser Regelung liegen, und den dem Steuersystem selbst inhärenten Mechanismen, die zur Erreichung dieser Ziele erforderlich sind; diese Ziele und Mechanismen können als Grund- oder Leitprinzipien des fraglichen Steuersystems eine solche Rechtfertigung stützen, wofür der Nachweis dem Mitgliedstaat obliegt[.] ...
>
> 86 [Dabei ist es] dem Vereinigten Königreich nicht gelungen darzutun, dass die steuerliche Differenzierung, die mit der Befreiung von Granulat aus Lehm, Tonschiefer, Porzellanerde, plastischem Ton und Schiefer verbunden ist, durch das der AGL zugrunde liegende ‚Normal'-Besteuerungsprinzip oder ihr Umweltziel gerechtfertigt ist.
>
> 87 Zum einen weicht diese steuerliche Differenzierung eindeutig von der ‚normalen' Besteuerungslogik der AGL ab, da Granulate aus befreiten Materialien zumindest potenziell ‚Granulate' sind, die im Sinne dieses Gesetzes gewerblich verwertet werden.
>
> 88 Zum anderen kann diese steuerliche Differenzierung das Umweltziel der AGL [selbst] beeinträchtigen.
>
> 89 Erstens könnte [...] die Befreiung von Granulat aus Lehm, Tonschiefer, Porzellanerde, plastischem Ton und Schiefer im Bausektor eine stärkere Nachfrage nach ‚Primär'-Granulaten dieses Typs [...] auslösen und damit die Gewinnung derartiger ‚Primär'-Granulate intensivieren, was dem Umweltziel der AGL zuwiderlaufen würde, das die Verwendung allein dieser ‚Sekundär'-Granulate fördern und deren Entsorgung und Lagerung verhindern soll[.] ...
>
> 90 Zweitens ist insofern nicht mehr gewährleistet, dass diese Nachfrage wirksam und kohärent zur Verwendung von ‚Sekundär'-Granulaten aller Materialkategorien, d. h. von Neben- und Abfallprodukten bestimmter Verfahren, oder zu ‚aufbereiteten' Granulaten umgelenkt und so die Entsorgung dieser ‚Sekundär'-Granulate als Abfall verhindert und eine wirtschaftlichere Gewinnung sämtlicher ‚Primär'-Granulate, nicht nur derjenigen aus bestimmten befreiten Materialien, gefördert wird. ...

Ein bis in jüngere Zeit beliebtes Modell beihilferelevanter Steuervergünstigungen waren Ermäßigungen für sog Offshore-Unternehmen, dh Unternehmen, deren eigentliche wirtschaftliche Aktivität außerhalb des beihilfegewährenden Staates liegt. Dahinter steht die Idee, große Konzerne mit günstigen Steuersätzen zur Verlegung ihrer (steuerrelevanten) Verwaltungszentralen in das Inland zu bewegen, um zumindest mit einem kleinen Anteil an der Besteuerung mitschneiden zu können. Eine von der inländischen Normalbesteuerung abweichende Offshore-Steuerregelung enthält zumeist gerade deshalb einen steuerunüblichen Vorteil, weil die Steuertatbestände innerhalb einer Steuerart künstlich herausgesondert und für Offshore-Unternehmen maßgeschneidert werden (zB Anknüpfung der Besteuerung an der Zahl der Arbeitnehmer und der Größe der Geschäftsräume, die bei Offshore-Zentralen jeweils gering sind).[82]

---

[82] Vgl zB verb Rs C-106/09 und C-107/09 P, *Kommission und Spanien/Gibraltar und Vereinigtes Königreich*, ECLI:EU:C:2011:732, Rn 85 ff.

9.1. Staatliche Beihilfen

Eine **Rechtfertigung von Steuervergünstigungen nach dem Privatinvestortest**[83] soll nach jüngerer Rsp zulässig sein.[84] Dies ist angesichts des stets hoheitlichen Charakters von Besteuerung weder naheliegend, noch zielführend. Gleichwohl soll die Rechtfertigung mit dem Privatinvestortest zumindest vorgebracht werden können, wenn eine Gesamtwürdigung der Umstände den Schluss zulässt, dass der Staat bei der Gewährung einer Steuervergünstigung vergleichbar handelte, wie ein privater Investor. Im Anlassfall *EDF*[85] ging es beispielsweise um den Zusammenhang einer öffentlichen Kapitalerhöhung mit Befreiungen von der Körperschaftsteuer.

Grundlegend andere Fragen als bei Steuern stellen sich bei der Beurteilung der Beihilfeeigenschaft von **parafiskalischen Abgaben**. Parafiskalische Abgaben sind gesetzlich vorgeschriebene Zwangsbeiträge, die von einer bestimmten Gruppe Belasteter zur Finanzierung bestimmter (außerbudgetärer) Zwecke erhoben werden, die mit den Tätigkeiten der Belasteten in sachlichem Zusammenhang stehen. Die Erhebung oder Verteilung kann dabei durch Organe der öffentlichen Hand oder durch von dieser benannte private oder halbstaatliche Einrichtungen erfolgen. Die in der Praxis aufzufindenden Beispiele sind zahlreich und umfassen zB Schlachtabgaben, Marketingbeiträge, Tourismusabgaben, Kammerbeiträge, den Ökostromzuschlag, den Altlastensanierungsbeitrag udgl mehr. Keine parafiskalischen Abgaben sind Sozialversicherungsbeiträge, die aus volkswirtschaftlicher Sicht zum Bereich der Steuern zählen.

Rsp und Kommission (und daher etwa auch die Mitteilung zum Beihilfebegriff aus 2016)[86] **unterscheiden parafiskalische Abgaben und Steuern nicht,** was nicht zum Verständnis der ohnehin komplexen Problematik der Steuerbeihilfen beiträgt.[87] Die gängigen Kriterien der Beurteilung von Steuerbeihilfen, insbesondere der Dreistufentest, sind für die Anwendung auf parafiskalische Abgaben jedoch nur sehr begrenzt geeignet: Da parafiskalische Abgaben für einen spezifischen, im Interesse (zB Werbung) oder in der Verantwortung (zB Tierkörperbeseitigung) der belasteten Gruppe liegenden Finanzierungszweck dienen, folgen sie weder einer allgemeinen Besteuerungslogik, noch lassen sie sich an steuerlogischen Prinzipien messen oder gibt es eine Normalbesteuerung. Vielmehr stehen bei parafiskalischen Abgaben, anders als bei Steuern, die **Gruppennützigkeit** und **Gegenleistungsproblematik** im Vordergrund.

So werden über parafiskalische Abgaben typischerweise **Mittelumverteilungen** zwischen Unternehmen finanziert. Dazu kann das Abgabenaufkommen zB nicht abgabenbelasteten **dritten Unternehmen** überwiesen werden, ohne dass die Belasteten daraus einen Vorteil ziehen (zB Förderung der Bücherproduktion über eine Abgabe der Kartonhersteller, Ökostromabgabe der Endkunden zugunsten der Ökostromproduzenten usw). Hier ist die Beihilfe zugunsten der Dritten idR leicht festzumachen.

Die Belasteten können aber auch selbst **Nutznießer des Systems** sein, beispielsweise wenn die Erbringung einer im Interesse der belasteten Gruppe liegenden Gegenleistung (zB Werbung, Sanitätsmaßnahmen, Lobbying usw) finanziert wird. Teils sind diese Gegenleistungen auch Daseinsvorsorgeleistungen im (über die Gruppennützigkeit hinausgehenden) Allgemeininteresse (zB Hafenbenützungsabgabe als Ausgleich für Umweltschutzmaßnahmen in Hafenge-

---

[83] Vgl dazu *Jaeger*, EuZW 2012, 93.
[84] Vgl Rs C-124/10 P, *EDF*, ECLI:EU:C:2012:318, Rn 79 ff.
[85] Vgl Rs C-124/10 P, *EDF*, ECLI:EU:C:2012:318, Rn 79 ff.
[86] Vgl Mitteilung Beihilfebegriff, Tz 126 ff.
[87] Vgl dazu *Jaeger*, EuZW 2012, 98.

9. Beihilferecht und öffentliche Unternehmen

wässern).[88] In solchen Fällen erfolgt die Begünstigungsprüfung unter dem Gesichtspunkt einer Äquivalenz von Leistung und Gegenleistung. Gefragt wird also danach, ob überhaupt eine Gegenleistung erbracht wird bzw deren Wert dem zugewiesenen Abgabenaufkommen entspricht. Diese einfache Prüfung illustriert das Urteil *Freskot* aus 2003, betreffend Abgaben zu einem System der landwirtschaftlichen Pflichtversicherung.

> Rs C-355/00, *Freskot AE*, ECLI:EU:C:2003:298
>
> In Griechenland bestand ein System landwirtschaftlicher Pflichtversicherung gegen Betriebsrisiken. Der Versicherungsschutz wurde von einem besonderen Fonds (EL.G.A.) wahrgenommen, der aus einer auf pflanzliche und tierische Erzeugnisse erhobenen Verwaltungsabgabe gespeist wurde. Im Verfahren zur Beschwerde eines Geflügelzüchters gegen einen Vorschreibungsbescheid stellte sich die Frage nach der Beihilfequalität dieses Systems.
>
> 82 Im Ausgangsverfahren stellt sich zweitens die Frage, ob und – gegebenenfalls – inwieweit die Pflichtversicherung beim EL.G.A. für die durch sie erfassten Wirtschaftsteilnehmer einen **wirtschaftlichen Vorteil** darstellt.
>
> 83 ... Beihilfen [sind] namentlich Maßnahmen, die in verschiedener Form die Belastungen vermindern, die ein Unternehmen normalerweise zu tragen hat und die somit zwar keine Subventionen im strengen Sinne des Wortes darstellen, diesen aber nach Art und Wirkung gleichstehen[.]
>
> 84 Unter diesen Voraussetzungen ist [fraglich,] inwieweit die griechischen landwirtschaftlichen Betriebe sich ohne die Pflichtversicherung bei privaten Versicherungsgesellschaften hätten versichern müssen und tatsächlich hätten versichern können oder andere Maßnahmen hätten ergreifen können, um sich angemessen gegen die Folgen zu schützen, die sich aus den natürlichen Risiken für diese Unternehmen ergeben können, und zum anderen die Frage, inwieweit die Abgabe dem tatsächlichen wirtschaftlichen Aufwand für die vom EL.G.A. erbrachten Leistungen im Rahmen der Pflichtversicherung entspricht, wenn sich dieser Aufwand überhaupt berechnen lässt.

Eine Variante des Problems der Äquivalenz Leistung und Gegenleistung im parafiskalischen System ist ein möglicher ungleicher Nutzen aus der finanzierten Leistung. Finanziert eine parafiskalische Abgabe zB ein System von Qualitätsprämien, Werbeleistungen, Forschung odgl, so können diese Leistungen für einzelne abgabepflichtige Unternehmen sehr nützlich, für andere aber wertlos sein – etwa wenn die Qualitätsprämien auf einzelne Nutzer oder die Werbung nur auf bestimmte Produkte oder Absatzformen abstellt. Ein ungleicher Nutzen der Beitragspflichtigen aus dem System kann beihilferelevant sein, wenn die Ungleichheit im System strukturell angelegt ist. Sind im System einseitig und permanent bestimmte Unternehmen als strukturelle Nettogewinner auszumachen, kann das System eine Beihilfe beinhalten.[89] Bloß geringfügige oder temporäre Verteilungsungleichheiten sind dagegen vom Solidaritätsgedanken abgedeckt, der parafiskalischen Umverteilungssystemen innewohnt.

---

88 Vgl zB verb Rs C-34/01 bis C-38/01, *Enirisorse*, ECLI:EU:C:2003:640, Rn 25 ff; Rs C-126/01, *GEMO*, ECLI:EU:C:2003:622, Rn 18 ff.
89 Vgl SA v GA *Stix-Hackl*, verb Rs C-321/04 bis C-325/04, C-266/04 bis C-270/04, C-276/04 und C-321/04 bis C-325/04, *Nazairdis*, ECLI:EU:C:2005:480, Rn 52 f.; SA v GA *Stix-Hack*, Rs C-355/00, *Freskot*, ECLI:EU:C:2002:658, Rn 76 f.

9.1.2.3. Selektivität

Das Beihilfeverbot erfasst nur **Begünstigungen** mit **begrenztem Adressatenkreis**.[90] Die Adressaten müssen anhand der Maßnahme zumindest bestimmbar (selektiv) sein. Allgemeine wirtschaftspolitische Maßnahmen sind vom Beihilfeverbot grundsätzlich nicht erfasst. Die besondere Selektivitätsprüfung bei Steuern wird hier unter dem Aspekt der Begünstigung diskutiert (s dazu dort).

Die Selektivität einer Maßnahme wird nicht nach dem formalen Adressatenkreis, sondern **wirkungsorientiert** beurteilt: Maßnahmen, die *prima facie* für Unternehmen im Allgemeinen gelten, können beihilferechtlich selektiv sein, wenn sie faktisch nur bestimmte Unternehmen erfassen. Diese Selektivität kann sich aus dem Regelungsgegenstand (**materielle Selektivität**),[91] aus der Begrenzung auf ein bestimmtes Gebiet (**territoriale Selektivität**)[92] oder auch daraus ergeben, dass den zuständigen Behörden bei der Anwendung einer allgemeinen Norm **Ermessen** eingeräumt ist, das eine selektive Begünstigung im Einzelfall erlaubt.[93]

Selektivität wird in der Anwendungspraxis **weit ausgelegt**. Das Bestimmtheitserfordernis erfüllen gerade nicht nur Maßnahmen, die ihre Empfänger konkret nennen, sondern zB auch Maßnahmen zugunsten aller Unternehmen eines Sektors oder sogar mehrerer Sektoren,[94] zugunsten der Nutzer nur bestimmter Produktionsmittel[95] oder nur zugunsten von Unternehmen bestimmter Marktorientierung (zB Exportunternehmen im Gegensatz zu auf den Inlandsabsatz ausgerichteten Erzeugern).[96] Häufig sind auch Mischformen materieller und territorialer Selektivität, zB die Begünstigung eines Wirtschaftszweigs einer bestimmten Region.[97] Dabei reicht es auch aus, wenn eine Regelung diese Unternehmen oder Sektoren *de facto* stärker begünstigt, ohne dass also eine formelle Beschränkung auf bestimmte Sektoren besteht.[98]

Ein **Beispiel** der weiten Auslegung des Tatbestandsmerkmals der Selektivität gibt das **Urteil** *Adria-Wien* aus 2001. Es betraf eine teilweise Rückvergütung von Steuern auf den Verbrauch von Energie, die allen güterproduzierenden Unternehmen in Österreich, also **einem gesamten Wirtschaftssektor**, oberhalb einer bestimmten Verbrauchsschwelle[99] gewährt wurde. Der EuGH stufte auch diese Maßnahme als selektiv iSv Art 107 Abs 1 ein, weil sie auf Güterproduzenten beschränkt war (also den Dienstleistungssektor ausschloss).

---

[90] Ausführlich auch Mitteilung Beihilfebegriff, Tz 117 ff.
[91] Vgl zB Rs C-75/97, *Belgien/Kommission*, ECLI:EU:C:1999:311, Rn 23 ff.; Rs C-251/97, *Frankreich/Kommission*, ECLI:EU:C:1999:480, Rn 23 ff; Rs C-6/97, *Italien/Kommission*, ECLI:EU:C:1999:251, Rn 17; verb Rs C-106/09 P und C-107/09 P, *Kommission und Spanien/Gibraltar und Vereinigtes Königreich*, ECLI:EU:C:2011:732, Rn 116 ff.; Rs C-487/06 P, *British Aggregates*, ECLI:EU:C:2008:757, Rn 82 f.
[92] Grundlegend Rs C-88/03, *Portugal/Kommission*, ECLI:EU:C:2006:511, Rn 56 ff; auch verb Rs C-78/08 bis 80/08, *Paint Graphos*, ECLI:EU:C:2011:550, Rn 49.
[93] Vgl Rs C-295/97, *Piaggio*, ECLI:EU:C:1999:313, Rn 39; Rs C-241/94, *Frankreich/Kommission*, ECLI:EU:C:1996:353, Rn 23 f.; Rs C-256/97, *DMT*, ECLI:EU:C:1999:332, Rn 27 mwN.
[94] Vgl Rs C-75/97, *Belgien/Kommission*, ECLI:EU:C:1999:311, Rn 29 ff. mwN.
[95] Vgl Rs C-169/84, *CDF Chimie Azote*, ECLI:EU:C:1990:301, Rn 18 ff.
[96] Vgl verb Rs 6/69 und 11/69, *Kommission/Frankreich*, ECLI:EU:C:1969:68, Rn 18 ff.
[97] Vgl verb Rs C-15/98 und C-105/99, *Italien/Kommission*, ECLI:EU:C:2000:570, Rn 65 ff.
[98] Vgl zB verb Rs T-92/00 und T-103/00, *Territorio Histórico de Álava*, ECLI:EU:T:2002:61, Rn 48 ff.
[99] Auch der Verbrauchsschwellenwert war ein Selektivitätsmerkmal, vgl KomE 2005/656/EG, *Energieabgabenvergütung II*, ABl 2005/L 190/13, Tz 46.

9. Beihilferecht und öffentliche Unternehmen

> Rs C-143/99, *Adria-Wien Pipeline GmbH*, ECLI:EU:C:2001:598
>
> Um den Verbrauch von Energie zu senken, war in Österreich eine allgemeine, verbrauchsabhängige Abgabe auf den Bezug von Elektrizität und Erdgas zu entrichten. Weil damit vorrangig der unspezifische (‚diffuse') Verbrauch von Energie eingeschränkt werden sollte, sah die gesetzliche Regelung für Abnehmer besonders energieintensiver Wirtschaftsbereiche eine Ausnahmebestimmung vor, da bei diesen Unternehmen kein besonderes Energieeinsparungspotential gesehen wurde. Demnach waren solche Unternehmen berechtigt, eine Vergütung auf entrichtete Energieabgaben zu beantragen, deren Tätigkeitsschwerpunkt einerseits nachweislich in der Herstellung von körperlichen Wirtschaftsgütern lag und die andererseits einen bestimmten Verbrauchsschwellenwert überschritten. Im Verfahren betreffend einen abschlägigen Bescheid für ein nicht vergütungsberechtigtes Dienstleistungsunternehmen stellte sich die Frage, ob eine solche Regelung als spezifische Begünstigung zu werten sei. Obgleich die Kommission im parallelen Beihilfengenehmigungsverfahren auch Bedenken gegen den Schwellenwert als Bestimmtheitsmerkmal hegte, beschäftigte sich der EuGH in der nachstehenden, zeitlich etwas früheren Entscheidung nur mit der Beschränkung der Maßnahme auf Produktionsbetriebe.
>
> 34 Wie aus dem Wortlaut des Artikels [107] hervorgeht, hat ein von einem Mitgliedstaat gewährter wirtschaftlicher Vorteil nur dann Beihilfecharakter, wenn er, gekennzeichnet durch eine gewisse Selektivität, geeignet ist, bestimmte... Unternehmen oder Produktionszweige" zu begünstigen.
>
> 35 Demzufolge kann eine staatliche Maßnahme, die unterschiedslos allen Unternehmen im Inland zugute kommt, keine staatliche Beihilfe darstellen. ...
>
> 40 [D]ie Lieferung von Energie zu Vorzugsbedingungen an Unternehmen, die körperliche Güter herstellen, worauf nationale Rechtsvorschriften wie diejenigen der Ausgangsverfahren hinauslaufen, [kann] eine staatliche Beihilfe darstellen[.]
>
> 41 Für die Anwendung des Artikels [107] kommt es nicht darauf an, ob sich die Situation des durch die Maßnahme angeblich Begünstigten im Vergleich zur vorherigen Rechtslage verbessert oder verschlechtert hat oder ob sie im Gegenteil unverändert geblieben ist[.] Es ist lediglich festzustellen, ob eine staatliche Maßnahme im Rahmen einer bestimmten rechtlichen Regelung geeignet ist, „bestimmte... Unternehmen oder Produktionszweige" ... gegenüber anderen Unternehmen, die sich im Hinblick auf das mit der betreffenden Maßnahme verfolgte Ziel in einer vergleichbaren tatsächlichen und rechtlichen Situation befinden, zu begünstigen[.]
>
> 48 [Weiters] kann eine staatliche Initiative weder aufgrund der großen Zahl der begünstigten Unternehmen noch aufgrund der Verschiedenartigkeit und der Bedeutung der Wirtschaftszweige, zu denen diese Unternehmen gehören, als eine allgemeine wirtschaftspolitische Maßnahme angesehen werden[.]

Nach diesem weiten Verständnis sind nur Maßnahmen als nicht selektiv anzusehen, die **unterschiedslos allen Unternehmen** im Inland zugute kommen. Zu denken ist zB an eine undifferenzierte Senkung der allgemeinen Einkommen- oder Körperschaftsteuern. Handelt es sich tatsächlich um eine unterschiedslos anwendbare Maßnahme, so kann eine sich daraus ergebende Wettbewerbsverfälschung nur im Weg der Harmonisierung beseitigt werden.

9.1.2.4. Staatlichkeit

Beihilfen iSv Art 107 können nur Maßnahmen der öffentlichen Hand sein. Rein private Investitionen, Rabatte, Stützungszahlungen, Darlehen, Prämien, Spenden, Preise usw unterliegen nicht der Beihilfekontrolle. Auch Maßnahmen mehrerer MS gemeinsam (zB aus dem ESM) oder mit der EU kofinanzierte Maßnahmen (zB aus Strukturfonds) fallen unter den Begriff der Staatlichkeit.[100]

Maßgeblich ist dabei der allgemein **weite Staatsbegriff**[101] des Unionsrechts (näher bei den gemeinsamen Merkmalen der Grundfreiheiten). Beihilfen können also sowohl von **Hoheitsträgern** (Ministerien, Gemeinden, Sozialversicherungsträger, Universitäten usw) als auch von Unternehmen oder Einrichtungen ausgehen, die **von einem Hoheitsträger** offen oder versteckt **beherrscht** werden (näher auch bei den öffentlichen Unternehmen, Art 106).[102] Nur bei Letzteren bestehen in der Praxis Einordnungsschwierigkeiten. Handelt dagegen ein Hoheitsträger unmittelbar, ist die Erfüllung des Tatbestandselements der Staatlichkeit unproblematisch gegeben.

Die Staatlichkeitsbedingung des Art 107 Abs 1 besteht aus **zwei kumulativen Elementen**.[103] Es sind dies die staatliche Initiative zur Beihilfegewährung (Veranlassung) einerseits und die nachfolgende staatliche Finanzierung aus staatlichen Mitteln andererseits (Budgetwirksamkeit).[104]

9.1.2.4.1. Initiative

Staatliche Initiative oder Veranlassung als Tatbestandsvoraussetzung des Eingreifens des Beihilfeverbots bedeutet, dass die **Gewährungsentscheidung** auf die öffentliche Hand zurückgeht. Wer die Entscheidung implementiert hat, ob das Handeln also **direkt** (zB Gesetzgeber, Behörde, Gemeinde usw) **oder bloß indirekt** (durch Zwischenschaltung eines privaten Dritten, zB öffentliches oder beauftragtes Unternehmen) auf die öffentliche Hand zurückgeht, ist irrelevant, solange der staatliche Zusammenhang rückverfolgbar ist.

Bedarf zur genaueren Prüfung der Staatlichkeit der Gewährungsinitiative besteht dann, wenn der potenzielle Beihilfegeber ein **Unternehmen** ist. Dies gilt sowohl einem Handeln öffentlicher Unternehmen (also solche iSd Art 106 Abs 1 bzw iSd TransparenzRL 2006/111/EG) als auch beim Handeln rein privater Unternehmen. Die **Einbeziehung rein privater** Unternehmen ist dem weiten Staatsbegriff des Unionsrechts geschuldet, der **über formal** (zB über Gesellschaftsanteile) vermittelte **Beherrschungs- bzw Einflussnahmemöglichkeiten** hinaus **auch jede faktische Einflussnahme** der öffentlichen Hand auf das Geschäftsgebaren als *prima facie* beachtlich ansieht (zB geschäftliche oder informelle Kontakte, Bestellungs- oder Aufsichtsbefugnisse usw).

Die **Rückverfolgung der Gewährungsentscheidung** richtet sich nach den im Einzelfall vorliegenden **Indizien** für eine Einflussnahme der öffentlichen Hand. Sie sind einer **Gesamtwürdigung** zu unterziehen. Ein **positiver Nachweis** der Einflussnahme (zB schriftlicher Beleg) ist also **nicht erforderlich**, wenn die Indizienlage im Übrigen eindeutig ist.

Darüber, welche Indizien beachtlich und wie diese zu würdigen sind, gibt das **Grundsatzurteil**[105] *Kommission/Frankreich* (auch bekannt als Urteil *Stardust Marine*) aus 2002 Aus-

---

100 Vgl Mitteilung Beihilfebegriff, Tz 59 f.
101 Vgl dazu *Schroeder*, EuZW 2015, 208.
102 Vgl Rs 248/84, *Deutschland/Kommission*, ECLI:EU:C:1987:437, Rn 17; verb Rs T-267/08 und T-279/08, *Calais*, ECLI:EU:T:2011:209, Rn 108.
103 Vgl dazu *Eder* in *Jaeger/Haslinger* (Hrsg), Jahrbuch Beihilferecht 2017, 409 f.
104 Ausführlich Mitteilung Beihilfebegriff, Tz 47 ff.
105 Ähnlich schon Rs 67/85, *van der Kooy*, ECLI:EU:C:1988:38, Rn 35.

9. Beihilferecht und öffentliche Unternehmen

kunft.[106] Es betraf Kapitalmaßnahmen eines öffentlichen Unternehmens zugunsten dessen Tochter. Klargestellt wird dort, dass es sich um einen offenen Indizienbeweis handelt, der sämtliche Anhaltspunkte für **die konkrete Maßnahme betreffende Kontakte** zwischen dem Unternehmen und der öffentlichen Hand würdigt. Handelt es sich um ein Unternehmen, das **notorisch** bekanntermaßen ein enges Naheverhältnis zur öffentlichen Hand unterhält oder immer wieder Interventionen unterliegt, so genügt für den Indizienbeweis bereits die Unwahrscheinlichkeit der Annahme, die öffentliche Hand habe sich gerade im konkreten Fall nicht eingemischt.

> Rs C-482/99, *Kommission/Frankreich*, ECLI:EU:C:2002:294
>
> Das französische Unternehmen Stardust Marine, das auf dem Markt für Wassersportschifffahrt tätig war, gehörte mit wechselnden Beteiligungsverhältnissen zur staatlichen Unternehmensgruppe des Crédit Lyonnais. Dieser hatte sich zunächst zur Finanzierung von Stardust durch Darlehen und Bürgschaften verpflichtet, nach der Einbringung von Stardust in ein zum Crédit Lyonnais gehöriges Vermögensverwertungskonsortium spielte der Crédit Lyonnais in der Verwaltung von Stardust allerdings keine unmittelbare Rolle mehr. Das Verwertungskonsortium nahm in mehreren Schritten eine Erhöhung des Kapitals von Stardust vor und veräußerte das Unternehmen schließlich vollständig. Die Kommission war der Auffassung, dass es sich bei den Kapitalerhöhungen durch das Verwertungskonsortium um staatliche Beihilfen handelte und ordnete deren Rückzahlung an.
>
> 50 Es steht fest, dass die Kommission in der streitigen Entscheidung die Zurechenbarkeit der Stardust ... gewährten Finanzhilfen an den Staat allein daraus abgeleitet hat, dass die [Unternehmen des Verwertungskonsortiums] als Tochtergesellschaften des Crédit Lyonnais mittelbar vom Staat kontrolliert wurden.
>
> 51 Einer solchen Auslegung der Voraussetzung, dass eine Maßnahme dem Staat zurechenbar sein muss, damit sie als „staatliche Beihilfe" ... qualifiziert werden kann, und die diese Zurechenbarkeit allein daraus ableitet, dass die Maßnahme von einem öffentlichen Unternehmen getroffen wurde, kann nicht gefolgt werden.
>
> 52 Auch wenn der Staat in der Lage ist, ein öffentliches Unternehmen zu kontrollieren und einen beherrschenden Einfluss auf dessen Tätigkeiten auszuüben, **kann nicht ohne weiteres vermutet werden, dass diese Kontrolle in einem konkreten Fall tatsächlich ausgeübt wird**. Ein öffentliches Unternehmen kann je nach dem Maß an Selbständigkeit, das ihm der Staat belässt, mehr oder weniger unabhängig handeln. ... Die **bloße Tatsache, dass ein öffentliches Unternehmen unter staatlicher Kontrolle steht, genügt daher nicht**, um Maßnahmen dieses Unternehmens wie die fraglichen finanziellen Unterstützungsmaßnahmen dem Staat zuzurechnen. Es muss außerdem geprüft werden, ob davon auszugehen ist, dass die Behörden in irgendeiner Weise am Erlass dieser Maßnahmen beteiligt waren.
>
> 53 Insoweit kann nicht verlangt werden, dass auf der Grundlage einer genauen Anweisung nachgewiesen wird, dass die Behörden das öffentliche Unternehmen konkret veranlasst haben, die fraglichen Beihilfemaßnahmen zu treffen. Zum einen besteht angesichts der engen Beziehungen zwischen dem Staat und den öffentlichen Unternehmen die tatsächliche Gefahr, dass staatliche Beihilfen über diese Unternehmen in wenig transparenter Weise und unter Verstoß gegen die im Vertrag vorgesehene Regelung über staatliche Beihilfen gewährt werden.
>
> 54 Zum anderen wird es im Allgemeinen gerade wegen der privilegierten Beziehungen zwischen dem Staat und einem öffentlichen Unternehmen für einen Dritten sehr schwierig sein, in einem

---

[106] Vgl weiters Rs C-355/00, *Freskot*, ECLI:EU:C:2003:298, Rn 81; verb Rs C-328/99 und C-399/00, *SIM 2 Multimedia*, ECLI:EU:C:2003:252, Rn 33; Rs T-384/08, *Elliniki Nafpigokataskevastiki*, ECLI:EU:T:2011:650, Rn 51; Rs T-442/03, *SIC*, ECLI:EU:T:2008:228, Rn 95.

konkreten Fall nachzuweisen, dass Beihilfemaßnahmen eines solchen Unternehmens tatsächlich auf Anweisung der Behörden erlassen wurden.

55 Aus diesen Gründen ist festzustellen, dass die Zurechenbarkeit einer Beihilfemaßnahme eines öffentlichen Unternehmens an den Staat aus einem **Komplex von Indizien** abgeleitet werden kann, die sich **aus den Umständen** des konkreten Falles und aus dem Kontext ergeben, in dem diese Maßnahme ergangen ist. Insoweit hat der Gerichtshof bereits berücksichtigt, dass die fragliche Einrichtung die beanstandete Entscheidung nicht treffen konnte, ohne den **Anforderungen der öffentlichen Stellen** Rechnung zu tragen ..., oder dass, abgesehen von **organisationsrechtlichen Faktoren**, die die öffentlichen Unternehmen mit dem Staat verbunden haben, diese Unternehmen, über die die Beihilfen gewährt worden waren, [öffentliche] Richtlinien ... zu beachten hatten[...]

56 Weitere Indizien sind gegebenenfalls von Bedeutung, um auf die Zurechenbarkeit einer Beihilfemaßnahme eines öffentlichen Unternehmens an den Staat schließen zu können, wie insbesondere seine **Eingliederung** in die Strukturen der öffentlichen Verwaltung, die **Art seiner Tätigkeit** und deren Ausübung auf dem Markt unter normalen Bedingungen des Wettbewerbs mit privaten Wirtschaftsteilnehmern, der **Rechtsstatus** des Unternehmens, ob es also dem **öffentlichen Recht** oder dem **allgemeinen Gesellschaftsrecht** unterliegt, die Intensität der behördlichen **Aufsicht** über die Unternehmensführung **oder jedes andere Indiz, das im konkreten Fall auf eine Beteiligung der Behörden oder auf die Unwahrscheinlichkeit einer fehlenden Beteiligung am Erlass einer Maßnahme hinweist**, wobei auch deren Umfang, ihr Inhalt oder ihre Bedingungen zu berücksichtigen sind.

57 Jedoch kann die bloße Tatsache, dass ein öffentliches Unternehmen in Form einer allgemeinrechtlichen **Kapitalgesellschaft** gegründet worden ist, **nicht** in Anbetracht der Selbständigkeit, die ihm diese Rechtsform möglicherweise verleiht, **als ausreichend angesehen** werden, um **auszuschließen**, dass eine Beihilfemaßnahme einer solchen Gesellschaft dem Staat zuzurechnen ist[.] Denn die Existenz einer Kontrollsituation und die tatsächlichen Möglichkeiten der Ausübung eines beherrschenden Einflusses, die sie in der Praxis mit sich bringt, verhindern es, von vornherein auszuschließen, dass eine Maßnahme einer solchen Gesellschaft dem Staat zugerechnet werden kann und die Gefahr einer Umgehung der Vertragsbestimmungen über staatliche Beihilfen besteht, auch wenn die **Rechtsform des öffentlichen Unternehmens als Indiz** unter anderen **an sich erheblich** ist, um in einem konkreten Fall festzustellen, ob der Staat beteiligt ist oder nicht.

Das Urteil *Kommission/Frankreich* etabliert daher einerseits einen **großzügigen Rahmen** für die Indizienprüfung, stellt aber andererseits auch klar, dass das **Selbständigkeitspostulat** des Wettbewerbsrechts auch für öffentliche Unternehmen und insbesondere im Verhältnis dieser Unternehmen zur öffentlichen Hand gilt: **Einzig** der Umstand, dass es sich beim **Urheber** einer beihilfeverdächtigen Maßnahme um ein **öffentliches** Unternehmen handelt, reicht daher **keinesfalls** aus, eine staatliche Zurechnung vorzunehmen. Ähnlich wie im Kartellrecht muss daher auch hier eine **gewisse Kollusion** nachgewiesen werden, also ein Zusammenwirken von öffentlicher Hand und öffentlichem Unternehmen **in Bezug auf die konkrete Verhaltensweise**. Gibt es dafür keine weiteren Anhaltspunkte (die allerdings ggf auch nur in der Unwahrscheinlichkeit des Zusammenwirkens liegen können), kommt das betreffende öffentliche Unternehmen als Beihilfegeber nicht in Frage.

9.1.2.4.2. Finanzierung

Als zweites Element der doppelten Staatlichkeitsbedingung müssen Maßnahmen auch tatsächlich vom Staat, also **aus dem staatlichen Haushalt**, finanziert werden. Handelt es sich um private Mittel, kann keine Beihilfe iSv Art 107 vorliegen.

9. Beihilferecht und öffentliche Unternehmen

Für den Nachweis der staatlichen Finanzierung erforderlich ist eine nachweisbare Haushaltsbelastung (sog **Budgetwirksamkeit** der Beihilfe).[107] Budgetwirksam ist dabei nicht nur die direkte Verringerung der Haushaltsmittel (also durch eine **positive Leistung** wie zB Zahlung, Schenkung usw), sondern auch die Haushaltsschmälerung durch bloßen **Verzicht** auf erzielbare Einnahmen (zB Erlass von Steuern, Sozialabgaben, Miete, Zinsen usw).[108] Nicht erforderlich ist auch, dass die Haushaltsschmälerung quantitativ genau dem Betrag der Beihilfe bzw dem eingetretenen Vorteil entspricht oder mit Mitteln derselben Art (Geld, Aktien, Kredit usw) bewirkt wird.[109] Die Haushaltsbelastung muss nicht aktuell eintreten, aber zumindest bei Eintritt bestimmter Bedingungen unabwendbar sein (zB mit Ausfall des Schuldners oder dessen Zahlung bei einer Bürgschaft).

Auch die Budgetwirksamkeit staatlicher Maßnahmen wird **weit verstanden**. Ein Beispiel für diese weite Auslegung bietet das schon beim Vorteilsbegriff erwähnte Urteil *Kommission/Niederlande* aus 2011, betreffend den Vorteilscharakter eines **Emissionshandelssystems**. Der EuGH bejahte dort eine staatliche Finanzierung, da im Zusammenspiel von Sanktionen und Handelbarkeit von Verschmutzungsrechten ein Markt geschaffen worden sei, für den das fragliche Produkt (also die Verschmutzungsrechte) vom Staat implizit gratis, und daher unter einem Verzicht auf mögliche Einnahmen, bereitgestellt worden sei.

> Rs C-279/08 P, *Kommission/Niederlande*, ECLI:EU:C:2011:551
>
> Mit dem Ziel der Reduktion des Emissionsniveaus ihrer Industrieanlagen hatten die Niederlande für jede Anlage ein maximales Emissionsniveau für Stickoxyde (NOx) festgelegt. Bei Überschreitung wurden Geldbußen fällig. Ein Unternehmen konnte das ihm vorgeschriebene Emissionsniveau dadurch einhalten, dass es Maßnahmen zur Verringerung der NOx-Emissionen in seiner eigenen Anlage traf, dass es Emissionsrechte von anderen Unternehmen käuflich erwarb oder dass es beide Möglichkeiten miteinander kombinierte. Anlagen, deren Emissionen unterhalb des Emissionsniveaus blieben, konnten die überschüssigen Verschmutzungsquoten in Form von NOx-Gutschriften anderen Unternehmen verkaufen. Strittig war insbesondere die Staatlichkeit dieses Systems iSv Art 107 Abs 1.
>
> 102 [D]adurch, dass [die Niederlande] die NOx-Emissionsrechte den betreffenden Unternehmen unentgeltlich zur Verfügung gestellt habe[n], statt sie zu verkaufen oder zu versteigern, und dass [sie] eine Regelung eingeführt habe[n], die die Möglichkeit des Handels mit diesen Rechten auf dem Markt [vorsieht], auch wenn sie an eine Obergrenze gebunden [sind, wurden] diese Rechte zu immateriellen Vermögensgegenständen gemacht und [wurde] auf staatliche Einnahmen verzichtet[.] ...
>
> 106 Im vorliegenden Fall könnte [...] die Handelbarkeit von NOx-Emissionsrechte[n] eine zusätzliche Belastung der öffentlichen Hand u. a. in Form des Erlasses von Geldbußen oder anderen Zwangsgeldern bewirken[.] Mit der Einführung des [Emissionshandels-]Systems hat das Königreich der Niederlande den unter die fragliche Maßnahme fallenden Unternehmen die Möglichkeit eingeräumt, Emissionsrechte zu erwerben, um Geldbußen zu vermeiden. Außerdem wurden mit diesem System – ohne konkrete Gegenleistung an den Staat – Emissionsrechte geschaffen, die aufgrund ihrer Handelbarkeit

---

[107] Vgl zB Rs C-72/91 und C-73/91, *Sloman Neptun*, ECLI:EU:C:1993:97, Rn 19; Rs C-189/91, *Kirsammer-Hack*, ECLI:EU:C:1993:907, Rn 16; Rs C-52/97 bis C-54/97, *Viscido*, ECLI:EU:C:1998:209, Rn 13; Rs C-200/97, *Ecotrade*, ECLI:EU:C:1998:579, Rn 35; Rs C-295/97, *Piaggio*, ECLI:EU:C:1999:313, Rn 35; Rs C-379/98, *Preussen Elektra*, ECLI:EU:C:2001:160, Rn 58; Rs C-279/08 P, *Kommission/Niederlande*, ECLI:EU:C:2011:551, Rn 103.

[108] Vgl zB Rs C-124/10 P, *EDF*, ECLI:EU:C:2012:318, Rn 35 ff; Rs C-156/98, *Deutschland/Kommission*, ECLI:EU:C:2000:467, Rn 26.

[109] Vgl verb Rs C-399/10 P und C-401/10 P, *Bouygues*, ECLI:EU:C:2013:175, Rn 110.

einen **wirtschaftlichen Wert** besitzen. Der Mitgliedstaat hätte diese Rechte – gegebenenfalls im Rahmen einer Versteigerung – verkaufen können, wenn er dieses System anders gestaltet hätte[.] ...

108 Außerdem wird dadurch, dass eine solche Maßnahme es den Unternehmen erlaubt, die aufgestellte Norm über- und unterschreitende Emissionen untereinander auszugleichen, und dass mit dieser Maßnahme ein rechtlicher Rahmen geschaffen wird, um den NOx-Ausstoß für Unternehmen mit Großanlagen kosteneffizient zu begrenzen, belegt, dass die unter die fragliche Maßnahme fallenden Unternehmen über eine Alternative zu einer vom Staat verhängten Geldbuße verfügen.

Die **Mittel** anderer Einrichtungen bzw Privater **gelten als staatliche Mittel, wenn die öffentliche Hand** zu irgendeinem Zeitpunkt über sie **frei verfügen** konnte (zB durch Entnahmerechte, Verwendungs-, Zuteilungs- oder Zuweisungsrechte usw).[110] **Budgetwirksam iSv Art 107 ist die Heranziehung solcher Mittel also, wenn die öffentliche Hand sie sich** (also dem Haushalt) **zueignen hätte können, anstatt sie** (im Umweg über das öffentliche Unternehmen) dem Beihilfeempfänger **zu überweisen**. Das Bestehen einer **staatlichen Zueignungs- bzw Verfügungsbefugnis** über die Mittel Privater kann sich einerseits aus den Rechtsbeziehungen zwischen öffentlicher Hand und Unternehmen ergeben (zB Gesellschafter- oder Sonderausschüttungsrechte), anderseits aber **auch aus rein faktischen Indizien**, wie sie nach dem Urteil *Kommission/Frankreich* für die Zurechnung der Initiative maßgeblich sind. Gefragt wird dann allerdings nicht nach der Einflussnahme der öffentlichen Hand hinsichtlich der Entscheidung, die Beihilfe zu gewähren, sondern nach der Einflussnahme darauf, **welche Mittel** dafür **heranzuziehen sind** (wenngleich im Fall staatlicher Veranlassung einer Beihilfe durch ein öffentliches Unternehmen das eine mit dem anderen häufig Hand in Hand gehen wird).

Nach diesen Kriterien sind die **Eigenmittel öffentlicher Unternehmen typischerweise als staatliche Mittel anzusehen**:[111] Schon nach den zumeist engen und eindeutigen Rechtsbeziehungen der öffentlichen Unternehmen zur öffentlichen Hand (zB Eigentum) werden sie in den allermeisten Fällen zwangsläufig unter indirekter staatlicher Kontrolle stehen.

Nicht budgetwirksame Maßnahmen der öffentlichen Hand können zB reine Image- oder Lobbyingmaßnahmen, Vertragsvermittlungen oder die Vermittlung internationaler Gegengeschäfte bei zwischenstaatlichen Beschaffungsvorgängen (sog Offset-Geschäfte) sein. Zu fragen ist allerdings auch in solchen Fällen, inwieweit eine solche Leistung dem Nutznießer am Markt in Rechnung gestellt worden wäre. Nicht budgetwirksam ist auch die Schaffung günstiger Wirtschaftsbedingungen ohne staatliche Kosten (zB eine Absenkung des Niveaus von Produktionsvorschriften oder des Arbeitnehmerschutzes).[112]

Nicht budgetwirksame Maßnahmen gleicher Wirkung wie Beihilfen fallen nicht unter Art 107.[113] Sie können aber nach anderen Bestimmungen des Unionsrechts unzulässig sein (va den Grundfreiheiten oder dem Diskriminierungsverbot).

---

110 Vgl zB Rs C-278/00, *Griechenland/Kommission*, ECLI:EU:C:2004:239, Rn 52; Rs C-83/98 P, *Ladbroke*, ECLI:EU:C:2000:248, Rn 50.
111 Vgl Rs C-482/99, *Kommission/Frankreich*, ECLI:EU:C:2002:294, Rn 38; Mitteilung Beihilfebegriff, Tz 49.
112 Vgl Rs C-295/97, *Piaggio*, ECLI:EU:C:1999:313, Rn 42; C-200/97, *Ecotrade*, ECLI:EU:C:1998:579, Rn 36.
113 Vgl Rs 290/83, *Kommission/Frankreich*, ECLI:EU:C:1985:37, Rn 18.

9.1.2.4.3. Fallgruppe private Finanzierungspflicht

Ein häufiges Abgrenzungsproblem der Staatlichkeit besteht gegenüber Systemen, die Privaten eine gesetzliche Verpflichtung zur Finanzierung bestimmter Tätigkeiten auferlegen. Beispiele für solche zweckgewidmeten Zwangsabgaben (parafiskalische Abgaben) sind etwa (verwaltungsbehördlich oder) gesetzlich verordnete Beiträge (zB der Bauern zum Agrarmarketing), Zuschläge (zB auf den Stromendkundenpreis zugunsten der Ökostromproduktion), Gebühren (zB auf Rundfunkempfangseinrichtungen zugunsten des öffentlichen Rundfunks) usw.

Unstreitig liegt in der gesetzlichen Grundlegung eine staatliche Veranlassung der Finanzierung zugunsten der Empfänger dieser Abgaben. Fraglich ist aber die Budgetwirksamkeit, da die Finanzierung (zwar zwangsweise, aber doch) aus privaten Mitteln erfolgt. Die Beihilferelevanz parafiskalischer Abgabensysteme ist daher differenziert zu beurteilen und hängt davon ab, ob im Einzelfall tatsächlich ein Einsatz privater Mittel vorliegt (dann sind die Systeme beihilfefrei), oder ob eine genauere Betrachtung nach den für die staatliche Finanzierung dargestellten Maßstäben doch den Schluss zulässt, dass letztlich staatliche (weil in irgendeiner Form staatlich kontrollierte) Mittel eingesetzt wurden (dann liegt, bei Erfüllung der weiteren Tatbestandsvoraussetzungen, eine Beihilfe vor).

Dass die staatliche Veranlassung alleine, also die bloße gesetzliche Anordnung der Finanzierungspflicht zulasten Privater, für die Qualifikation als Beihilfe nicht ausreicht, ist eine Folge der doppelten Staatlichkeitsbedingung. Bestätigt[114] wurde dies im Grundsatzurteil[115] *Preussen Elektra* aus 2001, betreffend einen gesetzlich angeordneten, aber von den konventionellen Elektrizitätsunternehmen direkt an die Ökostromerzeuger überwiesenen Ökostromzuschlag.

Rs C-379/98, *PreussenElektra AG*, ECLI:EU:C:2001:160

Zur Förderung der Erzeugung von Ökostrom waren in Deutschland Elektrizitätsversorgungsunternehmen gesetzlich verpflichtet, den in ihrem Versorgungsgebiet erzeugten Strom aus erneuerbaren Energien abzunehmen. Der Abnahmepreis war ebenfalls gesetzlich festgelegt und lag über dem marktüblichen Strompreis. In einem Rechtsstreit zwischen zwei privaten Elektrizitätsunternehmen, von denen eines zur Abnahme des in seinem Versorgungsgebiet erzeugten Ökostroms, sowie das andere als vorgelagerte Netzbetreiberin zur Beteiligung an deren Mehrkosten verpflichtet war, stellte sich die Frage, ob die deutsche Regelung als Beihilfe zugunsten der Ökostromerzeuger zu werten sei.

58 [Beihilfen sind] nur solche Vorteile ..., die unmittelbar oder mittelbar aus staatlichen Mitteln gewährt werden. Die in dieser Bestimmung vorgenommene Unterscheidung zwischen ‚staatlichen' und ‚aus staatlichen Mitteln gewährten' Beihilfen bedeutet nämlich nicht, dass alle von einem Staat gewährten Vorteile unabhängig davon Beihilfen darstellen, ob sie aus staatlichen Mitteln finanziert werden, sondern dient nur dazu, in den Beihilfebegriff die unmittelbar vom Staat gewährten Vorteile sowie diejenigen, die über eine vom Staat benannte oder errichtete öffentliche oder private Einrichtung gewährt werden, einzubeziehen[...]

59 Im vorliegenden Fall führt die Verpflichtung privater Elektrizitätsversorgungsunternehmen zur Abnahme von Strom aus erneuerbaren Energiequellen zu festgelegten Mindestpreisen nicht zu einer unmittelbaren oder mittelbaren Übertragung staatlicher Mittel auf die Unternehmen, die diesen Strom erzeugen.

---

114 Vgl auch Rs C-345/02, *Pearle*, ECLI:EU:C:2004:448, Rn 35 ff; Rs C-279/08 P, *Kommission/Niederlande*, ECLI:EU:C:2011:551, Rn 103.

115 Ähnlich schon verb Rs C-72/91 und C-73/91, *Sloman Neptun*, ECLI:EU:C:1993:97, Rn 21; Rs C-200/97, *Ecotrade*, ECLI:EU:C:1998:579, Rn 36.

> 60 Folglich kann auch die Aufteilung der sich für die privaten Elektrizitätsversorgungsunternehmen aus der Abnahmepflicht ergebenden finanziellen Belastungen zwischen diesen und anderen privaten Unternehmen **keine unmittelbare oder mittelbare Übertragung staatlicher Mittel darstellen**.
>
> 61 Der Umstand, dass die Abnahmepflicht auf einem Gesetz beruht und bestimmten Unternehmen **unbestreitbare Vorteile** gewährt, kann damit der Regelung nicht den Charakter einer staatlichen Beihilfe ... verleihen.
>
> 62 Dieses Ergebnis wird auch nicht dadurch in Frage gestellt, dass sich die finanzielle Belastung durch die Abnahmepflicht zu Mindestpreisen, wie das vorlegende Gericht ausführt, negativ auf das wirtschaftliche Ergebnis der dieser Pflicht unterliegenden Unternehmen auswirken und dadurch die Steuereinnahmen des Staates verringern kann. Diese **Folge ist einer derartigen Regelung immanent** und kann nicht als Mittel angesehen werden, den Erzeugern von Strom aus erneuerbaren Energiequellen auf Kosten des Staates einen bestimmten Vorteil zu gewähren[.]
>
> 63 Die Kommission macht hilfsweise geltend, zur Sicherung der praktischen Wirksamkeit der [Art 107 und 108 AEUV i.V.m. Art 4 Abs 3 EUV] sei es erforderlich, den Begriff der staatlichen Beihilfe so auszulegen, dass er auch Unterstützungsmaßnahmen wie die des geänderten Stromeinspeisungsgesetzes erfasse, die **vom Staat beschlossen, aber durch private Unternehmen finanziert** würden. Sie stützt ihre Argumentation auf eine Analogie zu der Rechtsprechung des Gerichtshofes, nach der es den Mitgliedstaaten durch [Art 101 AEUV i.V.m. Art 4 Abs 3 EUV] untersagt ist, Maßnahmen, auch in Form von Gesetzen oder Verordnungen, zu treffen, die die praktische Wirksamkeit der für die Unternehmen geltenden Wettbewerbsregeln aufheben können[.]
>
> 64 Insoweit genügt der Hinweis, dass sich [Art 107] im Gegensatz zu [Art 101], der nur das Verhalten von Unternehmen betrifft, unmittelbar auf Maßnahmen der Mitgliedstaaten bezieht.
>
> 65 [Art 107] stellt somit ein **in sich vollständiges Verbot** der von ihm erfassten staatlichen Handlungen dar, und [Art 4 Abs 3 EUV], der ... bestimmt, dass die Mitgliedstaaten alle Maßnahmen unterlassen, die die Verwirklichung der Ziele des Vertrages gefährden könnten, kann nicht zur Ausdehnung des Anwendungsbereiches des [Art 107] auf von diesem nicht erfasste staatliche Handlungen herangezogen werden.

Findet der Mittelfluss also **ohne jede staatliche Beteiligung** zwischen Privaten statt, handelt es sich um eine **reine Belastungsverschiebung** zwischen Privaten. Eine solche Finanzierungsanordnung wird damit Fällen der **staatlichen Preisregulierung** (Festsetzung von Mindest- oder Höchstpreisen für Produkte oder Dienstleistungen) gleichgesetzt, die potenziell zwar ebenfalls wirtschaftliche Vorteile beinhalten können, im Übrigen aber mangels weiterer staatlicher Beteiligung an den zugehörigen Wirtschaftsvorgängen beihilfefrei sind.[116]

Auch im zuvor bei der Budgetwirksamkeit allgemein diskutierten Urteil *Kommission/Niederlande* aus 2011, betreffend den Vorteilscharakter eines Emissionshandelssystems, wurde die Bejahung eines Einnahmenverzichts nach diesem Gesichtspunkt von *Preussen Elektra* abgegrenzt. Hervorgehoben wurde dabei besonders der **enge Zusammenhang zwischen der Maßnahme und ihrer Budgetwirksamkeit**: Ist die Budgetwirksamkeit ein vorhersehbares, wesentliches Element der Maßnahme (wie nach Ansicht des EuGH in *Kommission/Niederlande*), kann nicht behauptet werden, der Verzicht der öffentlichen Hand auf Einnahmen (etwa aus Sanktionen oder der entgeltlichen Ausgabe von Handelsrechten) sei (wie in *PreussenElektra*) einer derartigen Regelung immanent und daher beihilferechtlich unbeachtlich (keine **bloß implizite Budgetwirkung**).

---

[116] Vgl auch verb Rs C-72/91 und C-73/91, *Sloman Neptun*, ECLI:EU:C:1993:97, Rn 21; Rs C-189/91, *Kisammer-Hack*, ECLI:EU:C:1993:907, Rn 17 f.

9. Beihilferecht und öffentliche Unternehmen

> Rs C-279/08 P, *Kommission/Niederlande*, ECLI:EU:C:2011:551
>
> Mit dem Ziel der Reduktion des Emissionsniveaus ihrer Industrieanlagen hatten die Niederlande für jede Anlage ein maximales Emissionsniveau für Stickoxyde (NOx) festgelegt. Bei Überschreitung wurden Geldbußen fällig. Ein Unternehmen konnte das ihm vorgeschriebene Emissionsniveau dadurch einhalten, dass es Maßnahmen zur Verringerung der NOx-Emissionen in seiner eigenen Anlage traf, dass es Emissionsrechte von anderen Unternehmen käuflich erwarb oder dass es beide Möglichkeiten miteinander kombinierte. Anlagen, deren Emissionen unterhalb des Emissionsniveaus blieben, konnten die überschüssigen Verschmutzungsquoten in Form von NOx-Gutschriften anderen Unternehmen verkaufen. Strittig war insbesondere die Staatlichkeit dieses Systems iSv Art 107 Abs 1.
>
> 109 Was das Vorbringen zum Urteil Preussen Elektra betrifft, so hat das [erstinstanzlich befasste EuG] dieses Urteil zu Recht vom vorliegenden Fall abgegrenzt. Nach diesem Urteil stellt die Regelung eines Mitgliedstaats, mit der private Elektrizitätsversorgungsunternehmen verpflichtet werden, den in ihrem Versorgungsgebiet erzeugten Strom aus erneuerbaren Energiequellen zu Mindestpreisen abzunehmen, die über dem tatsächlichen wirtschaftlichen Wert dieses Stroms liegen, und mit der die sich aus dieser Verpflichtung ergebenden finanziellen Belastungen zwischen den Elektrizitätsversorgungsunternehmen und den privaten Betreibern der vorgelagerten Stromnetze aufgeteilt werden, keine staatliche Beihilfe ... dar.
>
> 110 Der Gerichtshof hat in diesem Urteil ausgeführt, dass der Umstand, dass sich die finanzielle Belastung durch die Abnahmepflicht zu Mindestpreisen negativ auf das wirtschaftliche Ergebnis der dieser Pflicht unterliegenden Unternehmen auswirken und dadurch die Steuereinnahmen des Staates verringern konnte, eine Folge war, die einer derartigen Regelung immanent ist und nicht als Mittel angesehen werden kann, den Erzeugern von Strom aus erneuerbaren Energiequellen auf Kosten des Staates einen bestimmten Vorteil zu gewähren.
>
> 111 Im vorliegenden Fall kann dagegen ... nicht davon ausgegangen werden, dass dieser Verzicht jedem Instrument zur Regelung der Emissionen von Luftschadstoffen durch ein System des Handels mit Emissionsrechten ‚immanent' ist. Ein Staat, der sich solcher Instrumente bedient, hat nämlich grundsätzlich die Wahl zwischen der unentgeltlichen Zuteilung und der Veräußerung oder Versteigerung dieser Rechte. Außerdem besteht im vorliegenden Fall zwischen der fraglichen Maßnahme und dem Einnahmeverlust ein hinreichend enger Zusammenhang, der in der Rechtssache PreussenElektra zwischen der Auferlegung der Abnahmepflicht und der möglichen Verringerung der Steuereinnahmen nicht gegeben war. Der Sachverhalt beider Rechtssachen ist somit nicht vergleichbar, so dass die vom Gerichtshof im Urteil PreussenElektra gewählte Lösung nicht auf den vorliegenden Fall übertragbar ist.

Wenn die öffentliche Hand in den direkten Mittelfluss eingreift und die zwangsweise erhobenen Abgaben vor deren Verteilung umlenkt, kann sie über die fraglichen Mittel Kontrolle erwerben. Als Folge sind diese dem öffentlichen Budget zuzurechnen.[117] Kontrolle (Budgetwirksamkeit) ist immer zu bejahen, wenn die Umverteilung des Abgabenaufkommens von der öffentlichen Hand selbst (zB durch eine Behörde oder beauftragte Einrichtung) vorgenommen wird und dabei ein gewisses Ermessen besteht (also nicht schon im Gesetz abschließend festgelegt ist, wer genau welchen Betrag aus dem Abgabenaufkommen zu erhalten hat).

Erfolgt die Umverteilung des Abgabenaufkommens daher durch eine zwischengeschaltete unabhängige Stelle (zB ein betrautes Unternehmen, einen Fonds, einen Berufsverband usw), so kommt es auf das tatsächliche Bestehen einer solchen öffentlichen Kontrolle über die Mittel

---

[117] Vgl zB verb Rs C-399/10 P und C-401/10 P, *Bouygues*, ECLI:EU:C:2013:175, Rn 89 ff; Rs C-262/12, *Vent de Colère*, ECLI:EU:C:2013:851, Rn 18 ff.

9.1. Staatliche Beihilfen

an. Die (zumindest indirekte bzw potenzielle) Verfügungsbefugnis der öffentlichen Hand über die fraglichen Mittel ist dann nach den zuvor allgemein dargestellten Grundsätzen der Zurechnung der Finanzierung nachzuweisen. Den Unterschied zwischen solchen Fonds-Konstellationen und dem Fall *Preussen Elektra* hat die Kommission in der Entscheidung *Einspeisetarife* aus 2006, betreffend den Finanzierungsmechanismus nach dem österr Ökostromgesetz, herausgearbeitet.[118]

> Kom-E NN 162/A/2003 und N 317/A/2006, *Einspeisetarife*, KOM(2006) 2955 endg.
>
> Am 1. 1. 2003 trat in Umsetzung der ÖkostromRL 2001/77/EG in Österreich das (zwischenzeitlich neu gefasste) ÖkostromG in Kraft, mit dem bundesweit eine Vergütung für Ökostrom festgelegt wurde. Die im ÖkostromG vorgesehenen Förderungen umfassten insbesondere privat finanzierte Mindestpreise und eine Abnahmepflicht für Strom, der auf Basis von bestimmten erneuerbaren Energieträgern erzeugt wurde. Die Höhe der Abnahmepreise wurde von sog Ökobilanzgruppenverantwortlichen bzw der Ökostromabwicklungsstelle festgelegt. Das ÖkostromG war bei der Kommission nicht als Beihilfe angemeldet worden, da Österreich der Ansicht war, diese Form der Förderung sei nach *PreussenElektra* vom Anwendungsbereich des Beihilfeverbots ausgenommen.
>
> 49 Die Ökobilanzgruppenverantwortlichen sind zumindest staatlich dominiert und befinden sich in einigen Fällen sogar ausnahmslos in staatlichem Eigentum. Obwohl noch keine Angaben über die Beteiligungsverhältnisse bei der Ökostromabwicklungsstelle vorliegen, ist die Einflussnahme des Staates auf die Abwicklungsstelle daran erkennbar, dass für die Ausübung eine Konzession erforderlich ist. Darüber hinaus sind dem Bundesminister für Wirtschaft und Arbeit erhebliche Änderungen in den Beteiligungsverhältnissen anzuzeigen, und er kann diese untersagen, wenn die notwendigen Voraussetzungen für eine Konzession nicht mehr vorliegen. Ferner unterliegt die Ökostromabwicklungsstelle der Kontrolle des Österreichischen Rechnungshofs.
>
> 50 Nach Auffassung der Kommission weist dieser Sachverhalt rechtserhebliche Unterschiede zu dem im Preussen Elektra-Urteil des Gerichtshofs gewürdigten System auf, nämlich die Abwicklung des Abnahmepreises durch Stellen, die von der öffentlichen Hand dominiert bzw kontrolliert werden. Diese Stellen halten die die an sie zu zahlenden Mittel und zahlen sie an die Begünstigten aus. Im so genannten ‚Stardust Marine-Urteil' [C-482/99, s oben] entschied der Gerichtshof, dass von öffentlichen Unternehmen kontrollierte Mittel immer als staatliche Mittel zu qualifizieren sind. Der Gerichtshof stellte ferner fest, dass unter diesen Umständen die staatliche Zurechenbarkeit dieser Mittel zu prüfen ist.
>
> 51 Die Abnahmepflicht für bestimmten Strom wurde vom Ministerium für Wirtschaft und Arbeit in Einklang mit dem Ökostromgesetz und damit vom Staat festgelegt. Daraus folgt, dass auch die betreffenden staatlichen Mittel dem Staat zurechenbar sind. Die von den Stromhändlern gezahlten Abnahmepreise erhalten durch die staatliche Lenkung über die in staatlichem Eigentum stehenden/staatlich kontrollierten Ökobilanzgruppenverantwortlichen bzw die Ökostromabwicklungsstelle den Charakter staatlicher Mittel.
>
> 52 Die Ökostromabwicklungsstelle kann, unabhängig von den Eigentumsverhältnissen, auch als Clearingmechanismus beschrieben werden der einem Fonds gleicht. Sie wird durch Gesetz eingerichtet und ist vom Staat dazu bestimmt, die Weiterleitung der Fördermittel zu den Ökostromerzeugern abzuwickeln. Die Mittel die an die Ökostromabwicklungsstelle überwiesen werden sind vom Staat durch Gesetz, und damit dem Staat zurechenbar, festgeschrieben. ...

---

[118] Vgl zur Abgrenzung auch Rs C-345/02, *Pearle*, ECLI:EU:C:2004:448, Rn 35 ff; KomE NN 162/B/2003 und N 317/B/2006, *Unterstützungstarif*, KOM(2006) 2964 endg, Tz 31 ff.

9. Beihilferecht und öffentliche Unternehmen

Als Faustregel kann demnach gelten, dass **Fonds** oder sonstige Stellen, die **vom Staat eigens** zur **Abwicklung** des parafiskalischen Systems **errichtet** oder herangezogen wurden und auch keine überwiegend privatwirtschaftlichen Agenden verfolgen, **immer** als staatlich iSv Art 107 einzustufen sind.[119] Umgekehrt sind Maßnahmen von Fonds oder Berufsvereinigungen, die **von der öffentlichen Hand völlig unabhängig** und nicht gelenkt sind, **keine Beihilfen**, selbst wenn solche Maßnahmen über parafiskalische Abgaben finanziert werden. Beispiele für solche beihilfefreien Zwangsbeitragssysteme waren etwa die privat initiierte und über Branchenabgaben finanzierte Werbekampagne einer Optikervereinigung[120] oder zunächst freiwillig abgeführte Branchenbeiträge an einen Geflügelzüchterverband zur Finanzierung gemeinsamer Aufgaben.[121]

9.1.2.5. Wettbewerbsverfälschung

Kernanliegen der Beihilfekontrolle ist das Einschreiten gegen durch Beihilfen bewirkte **Verfälschung** der Bedingungen des **Wettbewerbs** zwischen Unternehmen am **relevanten Produktmarkt**. Nach dem Vorliegen solcher Wirkungen, bei deren Fehlen eine staatliche Maßnahme nicht beihilferelevant ist, fragt das Tatbestandselement der Wettbewerbsverfälschung.

Generell greift dabei ein **großzügiger Maßstab**, wonach auch bloß geringfügige Vorteile hinreichen, um die Spürbarkeitsschwelle zu überspringen: „Gewährt der Staat einem Unternehmen einen nur geringen Vorteil, so wird der Wettbewerb zwar auch nur gering verfälscht, jedenfalls aber wird er verfälscht."[122] Zugleich genügt bereits eine **drohende** Wettbewerbsverfälschung, der tatsächliche Eintritt wettbewerbsverfälschender Effekte braucht nicht nachgewiesen zu werden.[123]

Wettbewerbsverfälschend iSv Art 107 sind daher zB Zuschüsse, die es einem Unternehmen **erlauben**, seine **Produktpalette aufrechtzuerhalten** oder **auszuweiten** und so die **Marktzutrittschancen** von (auch nur potentiellen) Wettbewerbern (sog *potential entrants*) zu **verringern**.[124] Die Beurteilung richtet sich hier auch nach der Intensität des Wettbewerbs im betreffenden Marktsegment.[125]

Für **Betriebsbeihilfen**, das sind regelmäßige **Zuschüsse** zum laufenden Betrieb des Unternehmens **ohne** weitere **Verwendungsbindung**, bejahen Rsp und Anwendungspraxis die **wettbewerbsverfälschende** Wirkung *per se*:[126] Betriebsbeihilfen erlauben Unternehmen eine Senkung

---

119 Vgl zB verb Rs C-34/01 bis C-38/01, *Enirisorse*, ECLI:EU:C:2003:640, Rn 43; verb Rs C-78/90, C-79/90, C-80/90, C-81/90, C-82/90 und C-83/90, *Compagnie Commerciale de l'Ouest*, ECLI:EU:C:1992:118, Rn 35; Rs C-17/91, *Georges Lornoy*, ECLI:EU:C:1992:514, Rn 28; verb Rs C-149/91 und C-150/9, *Sanders Adour*, ECLI:EU:C:1992:261, Rn 24; Rs C-72/92, *Scharbatke*, ECLI:EU:C:1993:858, Rn 18; Rs C-206/06, *Essent Netwerk*, ECLI:EU:C:2008:413, Rn 58.
120 Vgl Rs C-345/02, *Pearle*, ECLI:EU:C:2004:448, Rn 35 ff.
121 Vgl Rs C-677/11, *Doux Élevage*, ECLI:EU:C:2013:348, Rn 33 ff.
122 Rs T-55/99, *CETM*, ECLI:EU:T:2000:223, Rn 92.
123 Vgl zB Rs C-148/04, *Unicredito*, ECLI:EU:C:2005:774, Rn 54 f; Rs C-66/02, *Italien/Kommission*, ECLI:EU:C:2005:768, Rn 111; Rs C-372/97, *Italien/Kommission*, ECLI:EU:C:2004:234, Rn 44.
124 Vgl Rs C-280/00, *Altmark Trans*, ECLI:EU:C:2003:415, Rn 78; Rs C-71/04, *Xunta de Galicia*, ECLI:EU:C:2005:493, Rn 45.
125 Vgl zB Rs T-214/95, *Vlaamse Gewest*, ECLI:EU:T:1998:77, Rn 49.
126 Vgl Rs C-172/03, *Heiser*, ECLI:EU:C:2005:130, Rn 55; Rs C-278/95 P, *Siemens*, ECLI:EU:C:1997:240, Rn 18; Rs C-288/96, *Deutschland/Kommission*, ECLI:EU:C:2000:537, Rn 85; Rs C-156/98, *Deutschland/Kommission*, ECLI:EU:C:2000:467, Rn 30.

der Produktionsfixkosten und wirken sich damit unmittelbar auf Preisbildung und Vermarktungsbedingungen aus. Sie unterscheiden sich damit von reinen Investitionsbeihilfen, die auf bestimmte Vorhaben abzielen (zB Bau einer Halle) und auf diese beschränkt bleiben. Da sich Investitionsbeihilfen nicht dauerhaft auf die Kostenbasis des Unternehmens auswirken, sondern nur punktuelle Erleichterungen gewähren, wirken sie vergleichsweise weniger stark wettbewerbsverfälschend.

Wettbewerbsverfälschend sind auch sog Retorsionsbeihilfen. Dies sind staatlich gewährte Vorteile mit dem Ziel, unfaire oder verbotene Handlungen anderer Staaten (zB von diesen gewährte, rechtswidrige Beihilfen) oder auch allgemeine (geographische, soziale, klimatische, steuerliche usw)[127]

Kein bzw eingeschränkter Wettbewerb besteht am Markt von Monopoltätigkeiten. Beihilfen an reine Monopolunternehmen können daher unter bestimmten, eng begrenzten Voraussetzungen keine wettbewerbsverfälschende Wirkung auf dem betreffenden Markt haben.[128] Allerdings ist diese Feststellung nur sehr eingeschränkt auch für die Praxis zutreffend. So gilt sie nur für jene Tätigkeiten, die tatsächlich vom Kern des Monopols erfasst sind: Bei Unternehmen mit Überschneidungen zu nicht reservierten Bereichen, die also dem freien Wettbewerb unterliegen, und gemischten Unternehmen mit Tätigkeiten in reservierten und nicht reservierten Sparten, können Beihilfen den Wettbewerb sehr wohl verfälschen. Insbesondere besteht die Gefahr, dass für Monopoltätigkeiten gewährte Beihilfen in Mehrprodukt- bzw auf mehreren Märkten aktiven Unternehmen über versteckte Quersubventionen in dem Wettbewerb ausgesetzte Bereiche gelangen. Überdies ist zu bedenken, dass auch Monopoltätigkeiten einem Wettbewerb um den Markt unterliegen, wenn bzw soweit die Monopolkonzession neu ausgeschrieben wird. Die einem Monopolunternehmen mit zeitlich begrenzter Konzession gewährte Beihilfe kann dessen Stellung bei künftigen Ausschreibungen verbessern und daher in der Zukunft potenziell wettbewerbsverfälschend wirken.

Besteht kein Monopol, sondern ist die Zahl der Anbieter über Konzessionen eingeschränkt, wirken Beihilfen an einzelne dieser Anbieter selbstverständlich verfälschend im den Wettbewerb zwischen den Anbietern. Zudem gilt das eben zum Wettbewerb um den Markt (also bei Neuausschreibung der Konzessionen) Gesagte.

Über die schon eingangs im Rahmen der Systematik des Beihilfeverbots erwähnte *De minimis*-GVO 1407/2013 sind kleine Beihilfen (idR unter 200.000 € innerhalb von drei Jahren) von der Anwendung des Beihilfeverbots freigestellt. Dahinter steht die Annahme, dass die über solche Beträge bewirkte Wettbewerbsverfälschung zumeist so gering ist, dass ihre tatsächliche Spürbarkeit im Wettbewerb für die Anwendung von Art 107 Abs 1 nicht hinreicht. Ungeachtet der eingangs ausgewiesenen, grundsätzlich auch kleine Beträge einbeziehenden Rsp zur Wettbewerbsverfälschung, (da es sich um allgemeinverbindliches Sekundärrecht handelt) sind solche Beihilfen daher ohne Kommissionsgenehmigung rechtmäßig und nicht mit der Unwirksamkeitssanktion nach Art 108 Abs 3 letzter Satz (Durchführungsverbot) bedroht. Dies gilt allerdings nur, soweit die (insbesondere formalen) Voraussetzungen der GVO erfüllt sind.

---

127 Vgl zB Rs C-172/03, *Heiser*, ECLI:EU:C:2005:130, Rn 54; Rs C-372/97, *Italien/Kommission*, ECLI:EU:C:2004:234, Rn 67; Rs C-6/97, *Italien/Kommission*, ECLI:EU:C:1999:251, Rn 21; Rs 78/76, *Steinike & Weinling*, ECLI:EU:C:1977:52, Rn 24.
128 Vgl auch Mitteilung Beihilfebegriff, Tz 188.

9.1.2.6. Handelsbeeinträchtigung

Das Tatbestandselement der Handelsbeeinträchtigung betrachtet die **Ebene der MS** und grenzt den Anwendungsbereich des Beihilfeverbots gegenüber dem innerstaatlichen Recht ab. Gefragt wird nach dem Vorliegen eines **grenzüberschreitenden Bezugs**,[129] wie er für das Unionsrecht insgesamt Anwendungsvoraussetzung ist. Im Beihilferecht ergibt sich der grenzüberschreitende Bezug daraus, dass die Beihilfe Auswirkungen auf die **Handelsströme zwischen den MS** haben bzw diese **potenziell** (zum beihilfegewährenden MS bzw dessen Unternehmen hin) umlenken kann.

Aufgrund der Zwischenstaatlichkeitsklausel fallen Beihilfen mit **rein lokaler Wirkung** nicht in den Anwendungsbereich des Primärrechts. Wie der Wettbewerbsverfälschung liegt allerdings auch der Handelsbeeinträchtigung eine betont **weite Auslegung** zugrunde. Illustrativ dafür ist zB[130] das Urteil *Heiser* aus 2005, betreffend eine Zahnärzten gewährte Befreiung von der USt und die Erlaubnis zur Einbehaltung in einem Übergangszeitraum.

> Rs C-172/03, *Wolfgang Heiser*, ECLI:EU:C:2005:130
>
> Ab dem Jahr 1997 wurden ärztliche Leistungen in Österreich von der USt befreit. Für den Übergangszeitraum zur Befreiung sah das UStG ausdrücklich vor, dass ein Teil der schon eingehobenen USt von den Ärzten behalten werden konnte (wegen Entfalls der Vorsteuerberichtigung). Zu diesem Zeitpunkt hatte der in Innsbruck ansässige Zahnarzt Heiser eine Reihe langjähriger kieferorthopädischer Behandlungen offen, die zT schon vor mehreren Jahren begonnen worden waren. Seine Patienten hatten Anzahlungen geleistet und Heiser auf diese Anzahlungen vor 1997 USt an das Finanzamt abgeführt. 1997 verlangte Heiser die Rückerstattung der für diese noch laufenden Behandlungen in den vergangenen Jahren abgeführten USt, da die fraglichen Leistungen USt-befreit seien. Das Finanzamt ließ die Rückerstattung der USt aber nur für das vorangegangene Wirtschaftsjahr 1996 zu. Die Instanz wies Heisers Berufung nicht nur ab, sie nahm auch eine Verböserung vor: Von der für 1996 gewährten Rückerstattung seien außerdem noch Vorsteuerberichtigungen in Höhe von 19.000 € abzuziehen; bei jener Bestimmung des UStG, nach der die Vorsteuerberichtigung entfalle, handle es sich nämlich um eine der Kommission nicht notifizierte Beihilfe. Diese Heiser begünstigende Bestimmung sei daher vom Anwendungsvorrang des Art 108 Abs 3 letzter Satz verdrängt.
>
> 30 Nach Ansicht der österreichischen Regierung hat die im Ausgangsverfahren streitige Maßnahme aufgrund der Besonderheiten der ärztlichen Versorgung, die vorwiegend regionalen Charakter habe, außerdem keine spürbaren Auswirkungen auf den Handel zwischen Mitgliedstaaten.
>
> 31 Mit diesem Vorbringen ist jedoch nicht dargetan, dass die ... Voraussetzung [der Handelsbeeinträchtigung] nicht erfüllt ist.
>
> 32 Insoweit ist darauf hinzuweisen, dass es nach der Rechtsprechung des Gerichtshofes **keine Schwelle** und **keinen Prozentsatz** gibt, bis zu der oder dem man davon ausgehen könnte, dass der Handel zwischen Mitgliedstaaten nicht beeinträchtigt ist. **Weder der verhältnismäßig geringe Umfang einer Beihilfe** noch die verhältnismäßig geringe Größe des begünstigten Unternehmens schließt nämlich von vornherein die Möglichkeit einer Beeinträchtigung des Handels zwischen Mitgliedstaaten aus[.]
>
> 33 Die [Handelsbeeinträchtigung] kann daher **unabhängig vom örtlichen oder regionalen Charakter** der erbrachten Dienste **oder von der Größe des betreffenden Tätigkeitsgebiets** erfüllt sein[.]

---

[129] Vgl auch Rs T-93/02, *Crédit Mutuel*, ECLI:EU:T:2005:11, Rn 82.
[130] Vgl auch Rs C-280/00, *Altmark Trans*, ECLI:EU:C:2003:415, Rn 81 f.

> 35 Da ... **nicht auszuschließen** ist, dass Fachärzte für Zahn-, Mund- und Kieferheilkunde wie Herr Heiser im **Wettbewerb** mit Berufskollegen aus anderen Mitgliedstaaten **stehen**, ist [das Tatbestandselement der Handelsbeeinträchtigung] folglich als erfüllt anzusehen.

Das Tatbestandselement der Handelsbeeinträchtigung ist daher schon bei bloß **drohender** (also noch nicht eingetretener) und **potenzieller** („nicht auszuschließen")[131] Beeinträchtigung erfüllt,[132] soweit diese Drohung oder das Potenzial zumindest vorhersehbar (also greifbar) sind.[133] Der örtliche oder regionale Charakter einer wirtschaftlichen Tätigkeit alleine oder alleine die kleine Größe eines Unternehmens (also wie in *Heiser* Beihilfen an kleine Selbständige) nehmen Maßnahmen daher keineswegs von vornherein vom Anwendungsbereich des Beihilfeverbots aus.

Trotz dieser weiten Auslegung ist die Zwischenstaatsklausel nicht in jedem Fall erfüllt.[134] Auch im Binnenmarkt gibt es Unternehmen, die bei ihrer lokalen oder regionalen Tätigkeit **keinem grenzüberschreitenden Wettbewerb ausgesetzt** sind. So hat die Kommission einen grenzüberschreitenden Bezug etwa hinsichtlich einzelner niederländischer Jachthäfen ohne Erwerbscharakter verneint,[135] ebenso für ein deutsches Freizeitbad mit einem Einzugsbereich von 50 km,[136] für die Instandsetzung des Brighton West Pier,[137] für Zuschüsse für den Neu- oder Ausbau oder die Modernisierung bestimmter irischer Krankenhäuser[138] oder für den Bau von Rastplätzen für Fernfahrer.[139] Auch Beihilfen für rein lokal tätige Unternehmen aus bestimmten Sparten (Bau- und Gastgewerbe, Kraftfahrzeughandel, bestimmte Reparaturdienstleistungen, Taxidienstleistungen, Gesundheits-, Veterinär- und Sozialwesen uÄ öffentliche Dienstleistungen) in benachteiligten Stadtvierteln dürften wohl unterhalb der Spürbarkeitsschwelle bleiben, auch wenn regionale Stadtentwicklungsbeihilfen im Übrigen mittlerweile in die AGVO 651/2014 einbezogen[140] (und daher tatbestandsmäßige, aber freigestellte Beihilfen) sind.

9.1.3. Rechtfertigung

Tatbestandsmäßige Beihilfen sind **nicht endgültig verboten**: Sie können genehmigt werden, wenn sie (neben den nationalen Interessen an ihrer Gewährung auch) einem der in den Abs 2 und 3 genannten Unionsinteressen (Rechtfertigungsgründe) dienen. Anders als bei den Grundfreiheiten oder etwa im Rahmen der unternehmerischen Selbstveranlagung nach Art 101 Abs 3 darf allerdings ausschließlich die Kommission das Vorliegen der Rechtfertigungsgründe und daher die Vereinbarkeit der staatlichen Beihilfen mit dem Binnenmarkt feststellen (**Genehmigungsmonopol**). Weder die nationalen Gerichte noch sonstige Stellen sind dazu befugt.

---

[131] Rs C-172/03, *Heiser*, ECLI:EU:C:2005:130, Rn 35.
[132] So zB noch Rs 234/84, *Belgien/Kommission*, ECLI:EU:C:1986:302, Rn 22.
[133] Vgl auch Mitteilung Beihilfebegriff, Tz 195.
[134] Vgl für weitere Beispiele Mitteilung Beihilfebegriff, Tz 197.
[135] Vgl KomE 2004/114/EG, *Jachthäfen ohne Erwerbscharakter in den Niederlanden*, ABl 2004/L 34/63, Tz 55.
[136] Vgl KomE N 258/2000, *Freizeitbad Dorsten*, ABl 2001/C 172/14, S 16.
[137] Vgl KomE N 560/01 und NN 1702, *Brighton West Pier*, ABl 2002/C 239/2, S 3.
[138] Vgl KomE N 543/01, *Abschreibungen für irische Krankenhäuser*, ABl 2002/C 154/3, S 4.
[139] Vgl Pressemitteilung der Kommission v 17. 7. 2002, IP/02/1081.
[140] Vgl Art 16 AGVO 651/2014.

9. Beihilferecht und öffentliche Unternehmen

Art 107 Abs 2 enthält **Legalausnahmen** für drei eng umschriebene (soziale, katastrophenbeseitigende und **teilungsnachteilsausgleichende**) Maßnahmen. Bei Vorliegen dieser Gründe sind die Betreffenden *de lege* gerechtfertigt. Der Kommission kommt diesbezüglich kein Beurteilungsermessen zu, sie muss aber das Eingreifen der Rechtfertigungsgründe bestätigen, sodass auch solche Maßnahmen regulär anzumelden sind. In der Praxis spielen die eng gefassten Gründe des Abs 2 allerdings kaum eine Rolle.

Die in der **Praxis zentralen Rechtfertigungsgründe** enthält vielmehr **Abs 3**, und dort sind dies wiederum va die lit a und c. Angeführt sind dort die Förderung a) der Entwicklung in benachteiligten Gebieten, b) wichtiger Vorhaben von gemeinsamem europäischen Interesse oder zur Behebung beträchtlicher Störungen im Wirtschaftsleben eines Mitgliedstaates, c) der Entwicklung gewisser Wirtschaftszweige oder Wirtschaftsgebiete und d) der Kultur und der Erhaltung des kulturellen Erbes. Nach lit e können vom Rat zudem weitere Rechtfertigungsgründe festgelegt werden. Es handelt sich um **Ermessenstatbestände**, dh dass die Kommission auch bei Vorliegen eines Rechtfertigungsgrunds eine Abwägung des Gewährungsinteresses gegen die wettbewerbsverfälschende und handelsbeeinträchtigende Wirkung der Beihilfe vorzunehmen hat. Sie verfügt dabei über einen **weiten Ermessensspielraum**,[141] der von den Unionsgerichten nur auf offensichtliche Beurteilungsmängel und Ermessensmissbrauch hin überprüft wird.[142] Ermessensmissbrauch ist gegeben, „wenn aufgrund objektiver, schlüssiger und übereinstimmender Indizien anzunehmen ist, dass sie ausschließlich oder zumindest vorwiegend zu anderen als den angegebenen Zwecken getroffen wurde"[143].

Ein weiterer Rechtfertigungsgrund findet sich in **Art 106 Abs 2**. Er betrifft nur Beihilfen an Daseinsvorsorgeunternehmen und nimmt diese vom Beihilfeverbot (sowie dem übrigen Wettbewerbsrecht) aus, soweit dies zur Erfüllung der spezifischen Daseinsvorsorgeaufgabe notwendig ist.

Die bestehenden GVO, va (im allgemeinen Bereich) die zentrale **AGVO 651/2014** und die *De minimis*-**GVO 1407/2013** sowie (im Daseinsvorsorgebereich) der **DAWI-Freistellungsbeschluss 2012/21/EU** implementieren diese Rechtfertigungsgründe im Weg automatischer Freistellungen vom Beihilfeverbot, wenn die Voraussetzungen der GVO erfüllt sind. Den GVO unterliegende und ihre Bedingungen erfüllende Maßnahmen bedürfen keiner Anmeldung oder Genehmigung und können jederzeit durchgeführt werden.

9.1.4. Kommissionsverfahren

Der öffentliche Vollzug des Beihilferechts liegt primär bei der Kommission: Art 108 räumt ihr eine **ausschließliche Zuständigkeit** zur Prüfung und Genehmigung tatbestandsmäßiger staatlicher Maßnahmen ein (sog Genehmigungsmonopol). Die Prüfung beihilfeverdächtiger Maßnahmen erfolgt sowohl aufgrund einer Anmeldung durch den beihilfegewährenden MS als auch aus Eigenem (**amtswegig** mit oder ohne vorangehender Beschwerde).

---

141 Vgl etwa Rs C-142/87, *Belgien/Kommission*, ECLI:EU:C:1990:125, Rn 56 f.
142 Vgl Rs C-39/94, *SFEI*, ECLI:EU:C:1996:285, Rn 36 mwN.
143 Vgl verb Rs T-269/99, T-271/99 und T-272/99, *Diputación Foral de Guipúzcoa*, ECLI:EU:T:2002:258, Rn 92 mwN; Rs T-109/01, *Fleuren Compost*, ECLI:EU:T:2004:4, Rn 90 f.

9.1. Staatliche Beihilfen

> Neben der Kommissionszuständigkeit besteht als **einzige Ausnahme** vom Genehmigungsmonopol eine ausnahmsweise, selten praktizierte **Sondergenehmigungsbefugnis des Rates** für einzelne Beihilfen.[144] Der Rat kann einstimmig auf Antrag eines MS beschließen, dass eine gewährte oder geplante Beihilfe als mit dem Binnenmarkt vereinbar gilt, wenn außergewöhnliche Umstände einen solchen Beschluss rechtfertigen. An die Rechtfertigungsgründe des Art 107 oder die Vorgaben in GVO ist er dabei nicht gebunden. Hat die Kommission bereits ein Verfahren zu der Maßnahme eingeleitet, so bewirkt der Antrag des MS an den Rat die Aussetzung dieses Verfahrens.

Anders als bei der Kartell-, Missbrauchs- und Fusionskontrolle existiert keine parallele Kontroll- oder Genehmigungszuständigkeit nationaler Behörden. Lediglich für einen Teilbereich des Beihilfeverbots, nämlich den Rechtsschutz gegen rechtswidrig (also ohne Genehmigung) gewährte Beihilfen (sog Durchführungsverbot des Art 108 Abs 3 letzter Satz) sind ergänzend zur Kommission auch die nationalen Gerichte für Anordnungen der Beseitigung (Rückforderung), Unterlassung, Schadenersatz usw zuständig (s dazu sogleich bei den Rechtsfolgen).

9.1.4.1. Überblick

Die Zuständigkeiten und Verfahren zur Prüfung und ggf Genehmigung von Beihilfen sind im Grobrahmen in **Art 108** vorgegeben. Kennzeichnend für Art 108 sind **drei Elemente**: Die der Kommission zugewiesenen Verfahren für 1) **neue** sowie 2) **bestehende** Beihilfen und 3) das gegenüber nicht genehmigten Beihilfen ausgesprochene Durchführungsverbot, das die Basis für einen *ad hoc*-Rechtsschutz gegen rechtswidrige Beihilfen auf nationaler Ebene bildet (dazu im Teil Rechtsschutz).

Ausgeführt wird der von Art 108 vorgegebene Rahmen für die Zuständigkeiten der Kommission durch die Beihilfe-VerfahrensVO 2015/1589 (**VVO 2015/1589**) und die zugehörige DurchführungsVO 794/2004 (mit weiteren Details, zB dem Anmelde- und dem Beschwerdeformular). Die VVO 2015/1589 legt das Beihilfeanmelde- und Kontrollverfahren als **bilaterales Verfahren** zwischen Kommission und beihilfegewährendem MS fest: Der Beihilfeempfänger, Wettbewerber oder sonstige Dritte sind lediglich Beteiligte des Verfahrens, aber nicht selbst Parteien.

Als Folge der bilateralen Grundlegung kommen Dritten (auch dem Beihilfeempfänger und direkten Wettbewerbern) nur begrenzte Stellungnahmerechte zu sowie das Recht auf Zustellung einer Kopie der Entscheidung (um dagegen ggf nach den Voraussetzungen des Art 263 AEUV Nichtigkeitsklage erheben zu können).[145] Die schwache Stellung Privater im beihilferechtlichen Verfahren nach der VVO unterscheidet dieses grundlegend vom mit großzügigeren Parteirechten ausgestatteten kartellrechtlichen Verfahren nach der VO 1/2003.

Trotz der schwachen Beteiligungsrechte treffen Private nach der VVO 2015/1589 dennoch ggf weitreichende, an das Vorbild der VO 1/2003 angelehnte, **Auskunfts- und Mitwirkungspflichten**.[146] Die Kommission kann solche Auskünfte zur Aufklärung des Sachverhalts (sowie für Sektoruntersuchungen) gegenüber Unternehmen und Unternehmensvereinigungen anordnen. Die Nichtbefolgung ist mit Geldbußen und (zur Beugung bis Befolgung) Zwangsgeldern

---

[144] Vgl Art 108 Abs 2 UAbs 3 AEUV.
[145] Vgl Art 24 VVO 2015/1589.
[146] Vgl Art 7 f und 25 VVO 2015/1589.

bewehrt. Gegen solche Anordnungen besteht zwar Rechtsschutz bei den Unionsgerichten, weitergehende Beteiligungsrechte am Verfahren resultieren daraus aber nicht.

9.1.4.2. Neue Beihilfen

Neue Beihilfevorhaben unterliegen nach Art 108 Abs 3 einem **Regime der präventiven Kontrolle**: Sie müssen vor ihrer Durchführung von der Kommission geprüft und für mit dem Binnenmarkt vereinbar erklärt werden.

Ähnlich wie für Zusammenschlussvorhaben im Rahmen der Fusionskontrolle besteht also eine **Anmeldepflicht** für (neue) beihilfetatbestandsmäßige Maßnahmen, die mit einem Verbot der Durchführung vor Genehmigung (Durchführungsverbot) gekoppelt ist. Wenn eine Maßnahme nicht alle Merkmale des Beihilfetatbestands erfüllt, besteht keine Anmeldepflicht und kann die Maßnahme sofort durchgeführt werden.

> Anmeldepflicht und Durchführungsverbot erfassen sämtliche nach Art 107 Abs 1 tatbestandsmäßigen Vorhaben der MS (**objektives Verbot**). Auf die **subjektive Komponente**, also das **tatsächliche Wissen oder Wollen** der Gewährung einer Beihilfe seitens der gewährenden Stelle, kommt es nicht an.[147] Der Beihilfebegriff erfasst, wie beim Tatbestand ausgeführt, sämtliche Formen wirtschaftlicher Vorteile für Unternehmen. Aufgrund der **Formfreiheit** bzw Wirkungsorientierung des Beihilfetatbestands ist es für die Verpflichteten mitunter schwierig, eine in einem an sich nicht beihilfegerichteten Vorhaben (zB Steuermaßnahme, Kapitalerhöhung, Unternehmensverkauf usw) steckende Beihilfe zu erkennen. Wird die **Beihilfe übersehen**, sind die ohne Kommissionsgenehmigung gesetzten Maßnahmen **unwirksam** und (insbesondere) **sämtliche Vorteile** von den Empfängern **rückzufordern**. Für Wirtschaft und Politik birgt das Beihilfeverbot damit ein gewisses Planungsrisiko, das sich nur durch eine im Wissen um das Beihilfeverbot erfolgende, sorgfältige Planung und Prüfung von Maßnahmen vorab entschärfen lässt.

Das **Durchführungsverbot** ist in Art 108 Abs 3 letzter Satz normiert. Demnach dürfen Beihilfen iSd Art 107 Abs 1 **ohne bzw vor Genehmigung** durch die Kommission **nicht implementiert** werden. Daher sind neue Beihilfen, für die keine Genehmigung vorliegt, auch dann rechtswidrig, wenn sie im Übrigen für eine Rechtfertigung nach (insbesondere) Art 107 Abs 2 oder 3 in Frage kämen. Wird die Beihilfe rechtswidrig durchgeführt und später von der Kommission geprüft und (was möglich ist) genehmigt, bleiben die vor Genehmigung gewährten Zuwendungen dennoch rechtswidrig.[148]

Die **weiterwirkende Rechtswidrigkeit** verfrüht gewährter Beihilfen ist vor allem vor den **nationalen Gerichten bedeutsam**, wo ungeachtet der Genehmigungsaussichten zB die einstweilige Rückforderung sowie die Rückzahlung von Zinsen für den verfrühten Zeitraum und ggf Schadenersatz geltend gemacht werden können. Das **unmittelbar anwendbare** Durchführungsverbot ist damit von grundlegender Bedeutung für die Beihilfekontrolle, da es ein *private enforcement* des Verbots erlaubt: **Wettbewerber** können vor den nationalen Gerichten rechtswidrige Beihilfen verhindern oder rückfordern lassen.

---

147 Vgl etwa Rs T-46/97, *SIC*, ECLI:EU:T:2000:123, Rn 83 mwN.
148 Vgl zB Rs C-261/01 und C-262/01, *van Calster und Cleeren*, ECLI:EU:C:2003:571, Rn 56 und 73; auch SA von GA *Geelhoed*, Rs C-174/02, *SWNB*, ECLI:EU:C:2004:124, Rn 26 f.

Das **Verfahren der Prüfung neuer Beihilfen** bei der Kommission selbst ist **zweistufig**. Die Verfahrensdetails und insbesondere die der Kommission zur Verfügung stehenden Untersuchungs- und Entscheidungsbefugnisse enthält die **VVO 2015/1589**.

Demnach nimmt sie in einem ersten Schritt eine überblickshafte Sichtung der Maßnahme vor (sog **Vorprüfungsverfahren**).[149] Sie hat dafür zwei Monate Zeit (sog ***Lorenz*-Frist**).[150] Äußert sich die Kommission in dieser Zeit **nicht,** kann die Beihilfe nach einem entsprechenden Hinweis (**Inkraftsetzungsanzeige**) des betreffenden Mitgliedstaats und einer **Stillhaltefrist** von fünfzehn Tagen durchgeführt werden. Die *Lorenz*-Frist beginnt allerdings erst mit der vollständigen Anmeldung aller beurteilungsrelevanten Aspekte der Maßnahme zu laufen.[151]

Wurde die Maßnahme **nicht angemeldet**, sondern handelt es sich um eine **rechtswidrige Beihilfe** (über die die Kommission zB aufgrund einer Beschwerde unterrichtet wurde), so **gilt die *Lorenz*-Frist nicht**. Beschwerden sind von der Kommission „ohne ungebührliche Verzögerung"[152] zu prüfen. Darüber hinausgehende Vorgaben für die **Erledigungsdauer** im Vorprüfungsverfahren **bestehen nicht**. Dies gibt der Kommission aber nicht das Recht, ihr Tätigwerden auf unbestimmte Zeit hinauszuschieben. Dies illustriert etwa das Urteil *Telecinco* aus 1998, betreffend Beschwerden gegen die Finanzierung des öffentlich-rechtlichen Rundfunks. Das Urteil verdeutlicht auch den Zusammenhang von Verfahrensbeteiligung und (erleichterter) Aktivlegitimation bei der Nichtigkeits- oder Untätigkeitsklage nach den Art 263 bzw 265 AEUV.

> Rs T-95/96, *Gestevisión Telecinco*, ECLI:EU:T:1998:206
>
> In Spanien erhielten öffentlich-rechtliche Fernsehveranstalter in unterschiedlichem Umfang Mittelzuweisungen von ihren jeweiligen Gebietskörperschaften und verfügten so über eine **doppelte Finanzierung**, die teils aus Werbeeinnahmen und teils aus staatlichen Mittelzuweisungen bestand. Dagegen erhob eine private Konkurrentin 1992 Beschwerde bei der Kommission, mit dem **Antrag**, die **Unvereinbarkeit** dieser Mittelzuweisungen mit dem Binnenmarkt festzustellen. Als die Kommission nach **mehrmaliger** Urgenz bis 1996 **keine abschließende Entscheidung** in der Sache erlassen hatte, erhob die Beschwerdeführerin Untätigkeitsklage beim EuG.
>
> 53 Haben betroffene Dritte der Kommission Beschwerden vorgelegt, die sich auf der **Kommission nicht gemäß** [Art 108 Abs 3] gemeldete staatliche Maßnahmen beziehen, so ist sie **verpflichtet**, im Rahmen der ... **Vorprüfungsphase** im Interesse einer ordnungsgemäßen Anwendung der grundlegenden Vorschriften des Vertrages auf dem Gebiet der staatlichen Beihilfen diese Beschwerden **sorgfältig und unvoreingenommen zu prüfen**, was eine Prüfung von Gesichtspunkten erforderlich machen kann, die der Beschwerdeführer nicht ausdrücklich erwähnt hat[.]
>
> 58 [D]er Gerichtshof [hat] klargestellt, daß – ebenso wie [Art 263 AEUV] es dem einzelnen erlaubt, **Nichtigkeitsklage** gegen einen Rechtsakt zu erheben, der zwar nicht an ihn gerichtet ist, ihn aber unmittelbar und individuell betrifft – auch [Art 265 AEUV] dahin auszulegen ist, daß **der einzelne Untätigkeitsklage** gegen ein Organ erheben kann, das es unterlassen hat, einen Rechtsakt zu erlassen, der ihn in gleicher Weise betroffen hätte.
>
> 65 **Beteiligte** im Sinne von [Art 108 Abs 2], die somit als **unmittelbar und individuell Betroffene** angesehen werden können, sind die durch die Gewährung der Beihilfe eventuell in ihren Interessen verletzten Personen, Unternehmen oder Vereinigungen, d. h. insbesondere die konkurrierenden Unternehmen und die Berufsverbände[...]

---

149 Vgl Art 4 VVO 2015/1589.
150 Grundlegend Rs 120/73, *Gebrüder Lorenz*, ECLI:EU:C:1973:152, Rn 3 ff.
151 Vgl Rs C-99/98, *Österreich/Kommission*, ECLI:EU:C:2001:94, Rn 52.
152 Art 12 Abs 1 VVO 2015/1589.

9. Beihilferecht und öffentliche Unternehmen

66 In der vorliegenden Rechtssache hat die Kommission nicht bestritten, daß die Klägerin eine Beteiligte im Sinne von [Art 108 Abs 2] ist, was darauf beruht, daß sie einen der drei privaten Fernsehkanäle betreibt, die mit den öffentlich-rechtlichen Fernsehkanälen, die die beanstandeten Mittelzuweisungen erhalten haben, konkurriert, und daß die beiden von ihr eingereichten Beschwerden die Vorprüfung der Kommission bezüglich dieser Mittelzuweisungen ausgelöst haben.

69 Daher ist die Klägerin unmittelbar und individuell davon betroffen, daß die Kommission nach Einleitung des Verfahrens zur Vorprüfung der Mittelzuweisungen verschiedener spanischer staatlicher Stellen an die öffentlich-rechtlichen Fernsehveranstalter keinerlei Entscheidung erlassen hat.

70 Der vorliegende Antrag auf Feststellung der Untätigkeit ist daher zulässig.

73 Was die Frage angeht, innerhalb welcher Frist die Kommission über eine solche Beschwerde entscheiden muß, so hat das Gericht auf dem Gebiet des [Art 101] bereits entschieden, daß die Kommission ihre Entscheidung über einen Freistellungsantrag gemäß [Art 101 Abs 3; gibt es seit der VO 1/2003 nicht mehr] nicht unbegrenzt hinausschieben kann[.] Damals hat das Gericht darauf hingewiesen, daß es einen allgemeinen Grundsatz des [Unions]rechts darstellt, daß die Kommission Entscheidungen, mit denen Verwaltungsverfahren auf dem Gebiet der Wettbewerbspolitik abgeschlossen werden, innerhalb eines angemessenen Zeitraums zu erlassen hat[.]

74 Daraus folgt, daß die Kommission die Vorprüfung staatlicher Maßnahmen, gegen die eine Beschwerde im Hinblick auf [Art 107] erhoben worden ist, nicht unbegrenzt hinausschieben kann, wenn sie sich – wie im vorliegenden Fall – einmal für die Einleitung einer solchen Vorprüfung entschieden hat.

75 Die Angemessenheit der Dauer eines solchen Verwaltungsverfahrens ist anhand der besonderen Umstände des jeweiligen Einzelfalls und insbesondere von dessen Kontext, der verschiedenen Verfahrensabschnitte, die die Kommission abzuschließen hat, der Komplexität der Angelegenheit sowie ihrer Bedeutung für die verschiedenen Beteiligten zu beurteilen[.]

79 [D]ie Zweimonatsfrist des Urteils Lorenz [lässt sich] nicht ohne weiteres auf einen Fall wie den vorliegenden übertragen, in dem die Kommission von den streitigen staatlichen Maßnahmen nicht unterrichtet wurde.

Am Ende der Vorprüfung stehen der Kommission drei Entscheidungsalternativen offen: Ist die Maßnahme 1) offensichtlich keine Beihilfe (wurde daher unnötigerweise angemeldet) oder ist sie 2) offensichtlich mit dem Binnenmarkt vereinbar, stellt die Kommission dies mit einer das Verfahren abschließenden Entscheidung fest. Ergeben sich bei der Beurteilung der Tatbestandsmäßigkeit oder der Vereinbarkeit hingegen Bedenken, so hat die Kommission 3) zwingend[153] den zweiten Verfahrensschritt (sog förmliches Prüfverfahren bzw Hauptprüfungsverfahren) einzuleiten.[154]

Das Hauptprüfungsverfahren wird per Beschluss eröffnet.[155] Sind Wettbewerber der Ansicht, das Hauptprüfungsverfahren sei zu Unrecht nicht eröffnet worden, obwohl die Kommission Bedenken hätte haben müssen, kann diese Unterlassung selbständig beim EuG beanstandet werden (s dazu beim Rechtsschutz). Im Übrigen ist der Beschluss über die Eröffnung des Hauptprüfungsverfahrens zusammen mit der Endentscheidung gerichtlich anfechtbar.

Im Hauptprüfungsverfahren erfolgt die Prüfung der Maßnahme im Detail. Der Eröffnungsbeschluss enthält eine Zusammenfassung der wesentlichen Sach- und Rechtsfragen, eine vorläu-

---

153 Vgl Rs T-73/98, *Prayon-Rupel*, ECLI:EU:T:2001:94, Rn 45; Rs T-46/97, *SIC*, ECLI:EU:T:2000:123, Rn 72.
154 Vgl Rs C-367/95 P, *Sytraval*, ECLI:EU:C:1998:154, Rn 39 m.w.N.
155 Vgl Art 6 VVO 2015/1589.

fige Würdigung des Beihilfecharakters der geplanten Maßnahme durch die Kommission und Ausführungen über ihre Bedenken hinsichtlich der Vereinbarkeit mit dem Binnenmarkt. Der Beschluss wird dem gewährenden MS und sonstigen Beteiligten (Beihilfeempfänger, Wettbewerber, andere MS) zur Stellungnahme zugestellt. Die Frist dafür beträgt (verlängerbar) einen Monat. Das Stellungnahmerecht des Empfängers und Dritter in Bezug auf die Beihilfe ist ein zentrales Merkmal des Hauptprüfungsverfahrens: Es besteht nur hier. Wird das Verfahren in der Vorprüfungsphase beendet, haben Beteiligte keine Gelegenheit zur Äußerung (daher steht ihnen auch das zuvor erwähnte Anfechtungsrecht hinsichtlich der unterlassenen Eröffnung des Hauptprüfungsverfahrens zu). Das Hauptprüfungsverfahren sollte innerhalb von 18 Monaten zum Abschluss gebracht werden, in schwierigeren Fällen kann die Frist aber im Einvernehmen mit dem MS unbestimmt verlängert werden.

Am **Ende des Hauptprüfungsverfahrens** können wiederum **drei Entscheidungen** stehen:[156] Es sind dies 1) entweder die Feststellung, dass die Maßnahme doch keine Beihilfe ist oder 2) die Feststellung ihrer Vereinbarkeit mit dem Binnenmarkt. Oder die Kommission entscheidet 3), dass die Maßnahme mit dem Binnenmarkt unvereinbar und daher **endgültig verboten** ist.

Ist das Verfahrensergebnis die **Unvereinbarkeit** der Beihilfe und wurde diese Beihilfe entgegen dem Durchführungsverbot bereits gewährt, muss die Kommission eine **Rückforderung** einschließlich Zinsen anordnen. Die Rückforderung ist logische Folge der Verletzung des Durchführungsverbots und von der Kommission bei vorzeitiger Gewährung zwingend auszusprechen. Die Kommission verlangt nur dann keine Rückforderung der Beihilfe, wenn dies gegen einen allgemeinen Grundsatz des Unionsrechts verstoßen würde (va Vertrauensschutz).

Der betreffende MS hat zur Rückforderung „**alle notwendigen Maßnahmen**"[157] zu ergreifen. In die Art der nach nationalem Recht gebotenen Rückforderung als *contrarius actus* der Gewährung greift das Unionsrecht nicht ein: Es zählt das in der **vollständigen Beseitigung der Beihilfewirkungen** liegende Ergebnis.

> Ist eine rechtswidrig durchgeführte Beihilfe dagegen mit dem Binnenmarkt **vereinbar**, darf die Kommission **keine Rückforderung** anordnen. Zu einer Rückforderung kommt es hier **nur dann**, wenn diese von einem **Wettbewerber** vor einem nationalen Gericht angestrengt wird: Das Durchführungsverbot verleiht den nationalen Gerichten in diesem Fall also weitergehende Befugnisse als der Kommission.[158] Über die Rückforderung hinausgehende **Sanktionen** (zB Geldbußen) für die Verletzung von Anmeldepflicht und Durchführungsverbot kennt das Beihilferecht nicht.

9.1.4.3. Bestehende Beihilfen

Darüber hinaus enthält Art 108 AEUV ein Regime für die Kontrolle sog **bestehender Beihilfen**. Es sind dies iW **alle Formen rechtmäßig laufender Maßnahmen**. Relevant ist dies nur für wiederkehrende Beihilfen (sog **Beihilferegelungen**), während die Bestimmung für einmal gewährte Beihilfen (die der einmaligen Gewährung beendet sind) keine Rolle spielt.

---

[156] Vgl Art 9 VVO 2015/1589.
[157] Art 16 Abs 1 VVO 2015/1589, Hervorhebung hinzugefügt.
[158] Vgl Rs C-301/87, *Frankreich/Kommission*, ECLI:EU:C:1990:67, Rn 9 ff; Rs C-39/94, *SFEI*, ECLI:EU:C:1996:285, Rn 40 mwN.

9. Beihilferecht und öffentliche Unternehmen

Auch rechtmäßig gewährte laufende Beihilfen können von der Kommission neuerlich überprüft und ggf (zB wenn sich die Marktverhältnisse geändert haben) untersagt werden. Wesentlicher Unterschied gegenüber der Kontrolle neu eingeführter Maßnahmen ist es aber, dass bestehende Beihilfen **bis zu ihrer Untersagung rechtmäßig** sind (während Neubeihilfen bis zu ihrer Genehmigung unrechtmäßig sind).[159]

> Art 1 lit b VVO 2015/1589 enthält eine **Definition** dessen, was als **bestehende** Beihilfen anzusehen ist. Es sind dies alle Beihilfen, die …
>
> 1) zum Inkrafttreten des AEUV im betreffenden MS bereits bestanden;
> 2) in der Vergangenheit von der Kommission (oder ausnahmsweise vom Rat, s Art 108 Abs 2) genehmigt wurden;
> 3) wegen Verstreichens der *Lorenz*-Frist im Vorprüfungsverfahren als genehmigt gelten;
> 4) unter die **Verfolgungsverjährung**[160] fallen, also über zehn Jahre ab Gewährung unentdeckt blieben;
> 5) zu dem Zeitpunkt, zu dem sie eingeführt wurden, nicht tatbestandsmäßig waren, aber später aufgrund der Entwicklung des Binnenmarktes zu Beihilfen wurden, ohne dass die Maßnahme eine Änderung erfahren hat (zB nach Liberalisierung).
>
> **Neue** Beihilfen sind demgegenüber alle Beihilfen, die keine bestehenden Beihilfen sind. Umgestaltungen bestehender Beihilfen gelten ebenfalls als Neubeihilfen.

Der Begriff der bestehenden Beihilfen schließt demnach sog **Altbeihilfen** mit ein, also alle tatbestandsmäßigen Maßnahmen, die zum Beitrittszeitpunkt schon bestanden. Für Österreich gilt folgendes Altbeihilfenregime, das sich im Gegenschluss aus Art 172 Abs 5 Satz 3 der Beitrittsakte[161] ergibt, wonach nur „1994 gewährte staatliche Beihilfen, die entgegen dem EWR-Abkommen … entweder der EFTA-Überwachungsbehörde nicht notifiziert wurden, oder zwar notifiziert, aber vor einer Entscheidung der EFTA-Überwachungsbehörde gewährt wurden, … nicht als bestehende staatliche Beihilfe … angesehen" werden. Altbeihilfen sind in Österreich daher alle Maßnahmen, die bereits vor Inkrafttreten des EWR-Abk[162] gewährt und seither unverändert weitergeführt wurden[163] oder die von im Jahr 1994 (Geltung des EWR-Abk für Österreich) ordnungsgemäß notifiziert und von der EFTA-Überwachungsbehörde genehmigt wurden. Beihilfen, die schon gegen das Beihilfenregime des EWR-Abk verstießen, blieben somit auch nach dem EU-Beitritt unzulässig. Für Beihilfen im Agrarbereich wurde ein strengeres Regime mit Notifizierungspflicht vorgesehen.[164]

Das **Verfahren für bestehende Beihilfen** sieht ein System der nachträglichen Kontrolle vor:[165] Nach Art 108 Abs 1 überprüft die Kommission „fortlaufend in Zusammenarbeit mit den Mitgliedstaaten die in diesen bestehenden Beihilferegelungen." Sie eröffnet die Überprü-

---

159 Vgl etwa Rs C-387/92, *Banco Exterior de España*, ECLI:EU:C:1994:100, Rn 20 mwN.
160 Vgl Art 17 VVO 2015/1589.
161 Vgl ABl 1994/C 241/8 idF ABl 1995/L 1/1.
162 Vgl Art 129 Abs 3 EWR-Abkommen.
163 Vgl Art 62 Abs 1 EWR-Abkommen.
164 Vgl Art 144 Beitrittsakte.
165 Vgl Art 21 ff VVO 2015/1589.

fung bestehender Beihilfen also aus eigener Initiative und holt dazu die notwendigen Auskünfte ein.

Die Abschaffung bestehender Beihilfen nimmt die Form sog zweckdienlicher Maßnahmen an:[166] Gelangt die Kommission aufgrund des von ihr eingeleiteten Überprüfungsverfahrens zu dem Schluss, dass die bestehende Beihilfe mit dem Binnenmarkt nicht oder nicht mehr vereinbar ist, so schlägt sie dem betreffenden MS vor, die Beihilferegelung 1) inhaltlich oder prozedural abzuändern oder 2) gänzlich zu beenden.[167] Erst wenn der betreffende MS den zweckdienlichen Maßnahmen zustimmt, werden sie für ihn verpflichtend. Lehnt er ab, muss die Kommission ein förmliches Prüfverfahren einleiten und kann an dessen Ende die Umgestaltung (oder Abschaffung) der Beihilfe anordnen.[168]

> Eine besondere Form der zweckdienlichen Maßnahmen sind sog Gemeinschafts-Beihilferahmen (GR): Über sie kann die Kommission breit angelegte Änderungen ihrer Beihilfepolitik für einzelne Arten von bestehenden Beihilfen vornehmen und den betroffenen Mitgliedstaaten pauschal Änderungen an diesen Maßnahmen vorschlagen. Wie auch zweckdienliche Maßnahmen, werden GR (erst) durch Zustimmung der Mitgliedstaaten für diese verbindlich.[169]

Wettbewerber können eine Überprüfung bestehender Beihilfen durch die Kommission nur anregen, verfügen aber über kein subjektives Recht auf eine weitere Verfolgung. Auch vor den nationalen Gerichten können Wettbewerber mangels direkter Wirkung des Art 108 Abs 1 nicht gegen bestehende Beihilfen vorgehen und etwa deren Beendigung verlangen. Auf zweckdienliche Maßnahmen, denen ein MS zugestimmt hat, können sich Wettbewerber aber auch vor den nationalen Gerichten berufen, dh deren Einhaltung verlangen.[170]

9.1.4.4. Beteiligung am Kommissionsverfahren

Sowohl für neue als auch für bestehende Beihilfen legen Art 108 und die VVO 2015/1589 das Beihilfeverfahren rein bilateral zwischen der Kommission und beihilfegewährendem MS an. Der Beihilfeempfänger und seine Wettbewerber sind, wie schon einleitend hervorgehoben, lediglich sonstige Beteiligte des Verfahrens. Folge der fehlenden Parteistellung Dritter sind auf das Hauptprüfungsverfahren beschränkte, begrenzte Stellungnahmerechte. Gleichwohl treffen Private nach der VVO 2015/1589, wie ebenfalls schon hervorgehoben, weitreichende und bei Nichtbefolgung mit Sanktionsdrohung bewehrte Auskunfts- und Mitwirkungspflichten, zur Aufklärung des Sachverhalts (sowie für Sektoruntersuchungen).

---

[166] Vgl Art 22 VVO 2015/1589.
[167] Vgl dazu Rs T-330/94, *Salt Union*, ECLI:EU:T:1996:154, Rn 21.
[168] Vgl Art 23 Abs 2 VVO 2015/1589.
[169] Vgl dazu Rs C-311/94, *Ijssel-Vliet Combinatie*, ECLI:EU:C:1996:383, Rn 44.
[170] Vgl Art 23 Abs 1 VVO 2015/1589; auch zB Rs C-242/00, *Deutschland/Kommission*, ECLI:EU:C:2002:380, Rn 28 f; Rs C-311/94, *Ijssel-Vliet Combinatie*, ECLI:EU:C:1996:383, Rn 44; Rs C-313/90, *CIRFS*, ECLI:EU:C:1993:111, Rn 32.

9. Beihilferecht und öffentliche Unternehmen

Dem **Beteiligtenbegriff** legt das Urteil *Intermills* aus 1984 Grund, betreffend eine Umstrukturierungsbeihilfe in der Papierindustrie.[171] Er umfasst demnach alle öffentlichen oder privaten natürlichen und juristischen Personen mit Ausnahme des gewährenden MS selbst, der Partei ist.

> Rs 323/82, *SA Intermills*, ECLI:EU:C:1984:345
>
> Die Klage betraf eine abschlägige Entscheidung der Kommission über Beihilfen, die der Klägerin Intermills vom belgischen Staat zur Umstrukturierung ihrer Papierproduktion gewährt worden waren. Die Klägerin und ihre Streithelferinnen trugen vor, ihnen seien vor Erlass der Kommissionsentscheidung keine individuellen Fristen zur Abgabe von Stellungnahmen gesetzt worden. Die bloße Veröffentlichung der Entscheidung der Kommission, das Hauptverfahren einzuleiten, im Amtsblatt genüge ihrem legitimen Rechtsschutzinteresse nicht. Hat die Klägerin ein Recht darauf, vor der Kommission umfassend am Verfahren beteiligt und über dieses in Kenntnis gesetzt zu werden?
>
> 16 Nach [Art 108 Abs 2] entscheidet die Kommission über Beihilfen, „nachdem sie den Beteiligten eine Frist zur Äußerung gesetzt hat". Beteiligte im Sinne dieser Vorschrift sind nicht nur **das oder die Unternehmen**, die durch die Beihilfe begünstigt werden, sondern in gleichem Maße auch die durch die Gewährung der Beihilfe eventuell **in ihren Interessen verletzten Personen, Unternehmen** oder Vereinigungen, insbesondere die **konkurrierenden Unternehmen** und die Berufsverbände. Es handelt sich mit anderen Worten um eine unbestimmte Anzahl von Adressen.
>
> 17 Daraus ergibt sich, dass [Art 108 Abs 2] keine individuelle Fristsetzung für die einzelnen Beteiligten verlangt. Er verpflichtet die Kommission lediglich dazu, **dafür Sorge zu tragen, dass alle potentiell Betroffenen unterrichtet** werden und Gelegenheit erhalten, **ihren Standpunkt geltend zu machen**. Die Veröffentlichung einer Mitteilung im Amtsblatt ist demnach ein angemessenes Mittel zur Unterrichtung aller Beteiligten über die Einleitung eines Verfahrens.
>
> 18 Im vorliegenden Fall waren die Angaben in der genannten Mitteilung „betreffend die Gewährung von Beihilfen in Belgien zugunsten eines Unternehmens des Papiersektors, das ... hauptsächlich Druck- und Schreibpapier herstellt", so genau, dass die betroffenen Gesellschaften, die seinerzeit schon voll und ganz über die ihnen gewährte Beihilfe unterrichtet waren, **völlig zweifelsfrei erkennen konnten, dass die Ermittlungen sie betrafen**.

Als Beteiligte gelten demnach der **Beihilfeempfänger** und alle anderen potentiell in ihren Interessen Beeinträchtigten, insbesondere **Wettbewerber, Interessensvereinigungen** und **Berufsverbände**. Beteiligte sind aber auch alle anderen MS. Ihnen kommen keine weitergehenden Rechte auf Anhörung und Stellungnahme zu als dem Beihilfeempfänger oder dessen Wettbewerber.

Beteiligte können von der Einleitung eines sie betreffenden förmlichen Prüfverfahrens über dessen **Ankündigung in Teil C des Amtsblatts** Kenntnis erlangen. Die Entscheidung wird in der jeweiligen Verfahrenssprache im Volltext sowie in den übrigen Sprachen mit aussagekräftigen Zusammenfassungen veröffentlicht.

Für die Praxis von besonderer Bedeutung ist das in Art 24 VVO 2015/1589 vorgesehene **Recht zur Einbringung einer Beschwerde** bei der Kommission. Die Verwendung des in der DurchführungsVO 794/2004 und auf der Website der Kommission verfügbaren **Formulars** ist dabei **verpflichtend** (formale Zulässigkeitsvoraussetzung). Die Einbringung einer Beschwerde erweitert die Stellungnahmerechte des Beschwerdeführers nicht, verbessert aber seine Position

---

[171] Vgl auch Rs C-367/95 P, *Sytraval*, ECLI:EU:C:1998:154, Rn 41; Rs C-225/91, *Matra*, ECLI:EU:C:1993:239, Rn 18; Rs C-198/91, *Cook*, ECLI:EU:C:1993:197, Rn 24.

bei der Darlegung der individuellen Betroffenheit im Fall einer Nichtigkeitsklage gegen die Kommissionsentscheidung.

Sieht die Kommission nach pflichtgemäßer Ermessensbeurteilung des Falles **keinen Anlass für ein Tätigwerden** (zB weil er mit Blick auf die beschränkten Ressourcen der Kommission nicht bedeutend genug erscheint), hat sie den Beschwerdeführer darüber zu unterrichten. Dabei sind die Gründe darzulegen, „aus denen die in der Beschwerde angeführten rechtlichen und tatsächlichen Gesichtspunkte nicht zum Nachweis des Vorliegens einer staatlichen Beihilfe genügt haben."[172] Wird das **Beschwerdeformular nicht verwendet**, stellt dies alleine bereits einen Ablehnungsgrund dar.

Beteiligte besitzen **im Vorprüfungsverfahren kein Recht auf Anhörung**.[173] Wird das Verfahren in der Vorprüfungsphase beendet, obwohl nach Ansicht des Beteiligten Bedenken bestanden, die Anlass zur Eröffnung der Hauptprüfungsphase geben hätten müssen, kann die unterlassene Einleitung selbständig beim EuG beanstandet werden.[174] Ist die Klage berechtigt, wird die Sache zur Durchführung des Hauptprüfungsverfahrens an die Kommission zurückverwiesen.

Im **Hauptprüfungsverfahren** kommt den Beteiligten ein **Stellungnahmerecht** zu.[175] Darüber hinausgehende Rechte (zB auf individuelle Anhörung[176] oder Akteneinsicht[177]) bestehen nicht. Beteiligte haben das Recht auf eine **Abschrift der verfahrensbeendenden Entscheidung** im Hauptprüfungsverfahren,[178] gegen die sie (bei Nachweis der Betroffenheit) beim EuG **Nichtigkeitsklage** erheben können.

9.1.4.5. Rechtsschutz gegen Kommissionsentscheidungen

Gegen **verfahrensbeendende Entscheidungen** der Kommission kann **Nichtigkeitsklage** nach Art 263 AEUV erhoben werden. Nichtigkeitsklage steht aber auch gegen die Entscheidung zu, das Verfahren in der Vorprüfungsphase zu beenden, obwohl die Einleitung eines Hauptprüfungsverfahrens geboten gewesen wäre: Eine solche Nichtigkeitsklage zielt auf die potenzielle Verletzung der Mitwirkungsrechte im Hauptprüfungsverfahren durch eine ungerechtfertigte Einstellung schon im Vorverfahren.[179]

> Nichtigkeitsklage kann nach Art 263 nicht jedermann erheben: Dort wird nach der Identität des Klägers differenziert, also ob er **Adressat der Entscheidung** ist oder nicht bzw wenn er kein Adressat ist, ob er seine **Betroffenheit** (also das Rechtsschutzinteresse) darlegen muss.
>
> **Privilegierte** Kläger müssen ihre **Betroffenheit nicht** darlegen. Es sind dies insbesondere die MS, das Parlament und der Rat. MS meint aber nur die Zentralregierung: Autonome Körperschaften

---

172 Rs C-367/95 P, *Sytraval*, ECLI:EU:C:1998:154, Rn 64.
173 Vgl Rs C-367/95 P, *Sytraval*, ECLI:EU:C:1998:154, Rn 59 mwN.
174 Vgl zB Rs C-252/15 P, *Pollmeier*, ECLI:EU:C:2016:765, Rn 38.
175 Vgl Art 24 VVO 2015/1589.
176 Vgl Rs T-158/96, *Acciaierie di Bolzano*, ECLI:EU:T:1999:335, Rn 44 f.; verb Rs T-129/95, T-2/96 und T-97/96, *Neue Maxhütte*, ECLI:EU:T:1999:7, Rn 230f.
177 Vgl etwa verb Rs T-371/94 und T-394/94, *British Airways und British Midland*, ECLI:EU:T:1998:140, Rn 59 f mwN.
178 Vgl Art 24 Abs 1 VVO 2015/1589.
179 Vgl Rs C-225/91, *Matra*, ECLI:EU:C:1993:239, Rn 17; Rs C-198/91, *Cook*, ECLI:EU:C:1993:197, Rn 23.

> (zB Bundesländer, Gemeinden, Versicherungsträger usw) zählen nicht zu den privilegierten Klägern.[180] Unterlässt der beihilfegewährende Mitgliedstaat selbst eine Klage, so ist er später im Vorbringen der Rechtswidrigkeit der Kommissionsentscheidung (etwa bei der Beihilferückforderung) präkludiert.[181]
>
> **Nicht privilegierte** Kläger sind alle anderen, va also Einzelne wie Bürger oder Unternehmen bzw Beihilfenempfänger und Wettbewerber. Nicht privilegierte Kläger haben ihr Rechtsschutzinteresse, dh ihre unmittelbare und individuelle Betroffenheit durch die Entscheidung, nachzuweisen. Unmittelbare Betroffenheit lässt sich dabei leicht darlegen und verlangt nur, dass sich die betreffende Maßnahme auf die Rechtsstellung des Klägers unmittelbar auswirkt. Sehr hoch liegen die Hürden dagegen bei der individuellen Betroffenheit: Nachzuweisen ist, dass die Entscheidung den Wettbewerber aufgrund ihrer Wirkungen in ähnlicher Weise heraussondert (individualisiert) wie einen formellen Adressaten.

Die **individuelle Betroffenheit des Beihilfeempfängers** (oder einer Interessensvertretung)[182] ist typischerweise ohne Schwierigkeiten gegeben. Beihilfeempfänger sind daher regelmäßig zur Erhebung einer Nichtigkeitsklage gegen eine Negativentscheidung und gegen die vorläufige oder endgültige Rückforderungsanordnung berechtigt.[183] Verabsäumt der Beihilfeempfänger allerdings die rechtzeitige Bekämpfung der Negativentscheidung der Kommission, so kann er in einem späteren nationalen Gerichtsverfahren zur Rückforderung dieser Beihilfe eine Rechtswidrigkeit der Entscheidung nicht mehr einwenden.[184]

Die **individuelle Betroffenheit von Wettbewerbern** (und sonstigen Dritten) ist dagegen schwieriger darzulegen.[185] Geht das Verfahren auf ihre Initiative (Beschwerde) zurück, muss ihn die Kommission über das Schicksal der Beschwerde unterrichten. Diese Unterrichtung ist ein den Wettbewerber individuell betreffender, anfechtbarer Rechtsakt.[186] Im Übrigen können Wettbewerber ihre individuelle Betroffenheit durch Abgabe einer **Stellungnahme im Verfahren wirksam unterstreichen**.[187] Die Stellungnahme verbessert die Argumentationsbasis für die nachfolgende Nichtigkeitsklage hinsichtlich der Betroffenheit entscheidend. Zudem sind jene Beteiligten, die vom Stellungnahmerecht Gebrauch gemacht haben, aufgrund von Art 24 VVO 2015/1589 von der Kommission über eine genehmigende Entscheidung in Kenntnis zu setzen. Eine hinreichende individuelle Betroffenheit von Wettbewerbern, die keine Stellungnahme abgegeben haben, ist zwar nicht ausgeschlossen (kann sich also aus besonderen Umständen ergeben), ist aber eher selten.[188] In allen Fällen entscheidet sich die Betroffenheit des Wettbewerbers va am Bestehen eines klaren Wettbewerbsverhältnisses zum Empfänger. Gegen-

---

180 Vgl zB verb Rs T-132/96 und T-143/96, *Freistaat Sachsen*, ECLI:EU:T:1999:326, Rn 81 f.
181 Vgl zB Rs C-183/91, *Kommission/Griechenland*, ECLI:EU:C:1993:233, Rn 10.
182 Vgl Rs T-55/99, *CETM*, ECLI:EU:T:2000:223, Rn 23 f.
183 So schon Rs 730/79, *Philip Morris Holland*, ECLI:EU:C:1980:209, Rn 5.
184 Vgl Rs C-188/92, *TWD*, ECLI:EU:C:1994:90, Rn 17.
185 Vgl zB Rs T-11/95, *BP Chemicals*, ECLI:EU:T:1998:199, Rn 70 ff mwN.
186 Art 4 Abs 2 bis 4 VVO; vgl Rs C-367/95 P, *Kommission/Sytraval und Brink's France („Sytraval II")*,ECLI:EU:C:1998:154, Rn 45.
187 Vgl etwa Rs C-198/91, *Cook*, ECLI:EU:C:1993:197, Rn 13 ff; Rs C-225/91, *Matra*, ECLI:EU:C:1993:239, Rn 15 ff.
188 Vgl Rs T-435/93, *ASPEC*, ECLI:EU:T:1995:79, Rn 64; Rs T-442/93, *ACC*, ECLI:EU:T:1995:80, Rn 49.

über einer „Beihilferegelung, deren potentiell Begünstigte nur allgemein und abstrakt bestimmt sind",[189] können Wettbewerber daher generell nicht klagen.[190]

Die **individuelle Betroffenheit von Berufsverbänden oder Interessensvertretungen** beurteilt sich im Grunde gleich wie jene von **Wettbewerbern**. Dies gilt umso mehr, als sich deren Klagsbefugnis typischerweise erst aus einer Klagebefugnis ihrer Mitglieder ergibt.[191]

Nichtigkeitsklagen gehen in erster Instanz an das EuG. Dieses nimmt eine vollumfängliche (dh Rechts- und Tatsachenfragen erfassende) Prüfung vor. In zweiter und letzter Instanz ist der EuGH zuständig, dessen Befassung nach Art 256 AEUV allerdings auf Rechtsfragen beschränkt ist.[192]

Neben der Nichtigkeitsklage kann auch die **Untätigkeit** der Kommission klageweise gerügt werden (Art 265 AEUV). Auch Schadenersatzklagen nach Art 268 AEUV sind theoretisch (in der Praxis kaum) möglich. Für **private Klagen gegen den beihilfegewährenden** Mitgliedstaat (etwa auf Unterlassung, Beseitigung oder Schadenersatz) sind die Unionsgerichte nicht zuständig. Sie sind bei den nationalen Gerichten einzubringen.

9.1.5. Rechtsfolgen und nationaler Rechtsschutz

Das in Art 108 Abs 3 letzter Satz verankerte Durchführungsverbot ist der zentrale Ankerpunkt der privaten Durchsetzung des Beihilfeverbots vor den nationalen Gerichten. Primäre Rechtsfolge der Verletzung des Durchführungsverbots ist die **Ungültigkeit der Rechtsakte** zur Durchführung der Beihilfe (etwa Verträge, Bescheide).

Was Unwirksamkeit im nationalen Zivil- oder öffentlichen Recht (je nach Art der Maßnahme) bedeutet, also zB **absolute oder bloß relative Nichtigkeit**, ist im nationalen Rechtssystem (wenngleich mit Blick auf den *telos* des Durchführungsverbots)[193] zu entscheiden.[194] Dasselbe gilt für die Frage der bloßen **Teil- oder Gesamtnichtigkeit** des Gewährungsrechtsakts. Von der Unwirksamkeit abgeleitet sind sodann die weiteren Ansprüche des Klägers, va jene auf einstweiligen Rechtsschutz, Unterlassung, Beseitigung und Schadenersatz. Die prinzipielle Nichtigkeitsfolge gilt unbeschadet dessen, dass je nach Genehmigungsaussichten für bei der Kommission angemeldete Maßnahmen vorübergehend auch nur **schwebende Unwirksamkeit** anzunehmen sein kann (weil mit einer Genehmigung zu rechnen ist). Die Unwirksamkeit erfasst alle auf die Gewährung der Beihilfe im vom Durchführungsverbot erfassten Zeitraum gerichteten Teile der Maßnahme.

In Deutschland[195] ist die Anordnung der Unwirksamkeit für **Zivilrechtsakte** als absolute Nichtigkeit zu lesen. Die Rechtsakte sind daher ohne weiteren Formalakt gegenüber jedermann

---

189 Vgl zB Rs T-398/94, *Kahn*, ECLI:EU:T:1996:73, Rn 49.
190 Vgl auch Rs T-188/95, *Waterleiding Maatschappij*, ECLI:EU:T:1998:217, Rn 50 ff; Rs T-86/96, *Arbeitsgemeinschaft Deutscher Luftfahrtunternehmen*, ECLI:EU:T:1999:25, Rn 42 ff, Rs T-398/94, *Kahn*, ECLI:EU: T:1996:73, Rn 49.
191 So verb Rs T-447/93, T-448/93 und T-449/93, *AITEC*, ECLI:EU:T:1995:130, Rn 58 ff.; abschlägig zB Rs T-189/97, *Comité d'entreprise de la Société française de production ua*, ECLI:EU:T:1998:38, Rn 41 f; bejahend Rs T-435/93, *ASPEC*, ECLI:EU:T:1995:79, Rn 70.
192 Vgl zur gerichtlichen Kontrolldichte im Beihilferecht Schroeder/Sild, EuZW 2014, 12 ff.
193 Vgl zB Rs C-199/06, *CELF*, ECLI:EU:C:2008:79, Rn 47.
194 Vgl etwa Rs C-39/94, *SFEI*, ECLI:EU:C:1996:285, Rn 40; Rs C-354/90, *FNCE*, ECLI:EU:C:1991:440, Rn 12.
195 Vgl BGH v 10. 2. 2011, I ZR 136/09; BGH v 10. 2. 2011, I ZR 213/08; BGH v 4. 4. 2003, V ZR 314/02.

wirkungslos. Für **Österreich** lehnte der OGH die Nichtigkeitsfolge bei Zivilrechtsakten zuletzt ab: Das **Durchführungsverbot** verlange nur die **Rückzahlung** des Differenzbetrags, nicht aber die Nichtigkeit des zugrunde liegenden Vertrags (dort: Zuschlag nach einem diskriminierenden Verfahren beim Verkauf eines Unternehmens).[196] Dass diese Rsp den auf die vollständige Beseitigung der Folgen der rechtswidrigen Beihilfegewährung gerichteten *telos* des Durchführungsverbots voll erfasst, muss bezweifelt werden: Die Folgen bestehen nicht nur im Differenzbetrag, sondern auch aus allfälligen Wettbewerbsvorteilen (zB, in einer fehlerbehafteten Ausschreibung überhaupt zum Zug gekommen zu sein). Maßnahmen des **öffentlichen Rechts** (Gesetze, Bescheide usw) sind dagegen in Österreich wie Deutschland[197] mit bloß relativer Nichtigkeit (also Aufhebbarkeit auf Antrag) behaftet.

Zuständig für die Sanktionierung der Verletzung des Durchführungsverbots sind die **nationalen Gerichte**. Die Berufung auf das Durchführungsverbot ist dort sowohl **zur Abwehr eigener Verpflichtungen** (zB auferlegte Gebühr ist eine Beihilfe zugunsten eines anderen) als auch zur **Rückzahlung** (Beseitigung, Unterlassung) der einem Konkurrenten gewährten Beihilfe geltend werden. Diese **Zuständigkeit der nationalen Gerichte** ist gegenüber der Zuständigkeit der Kommission **völlig eigenständig**.[198] Klargestellt hat dies der EuGH etwa im Urteil *van Calster* aus 2003, betreffend eine rechtswidrige parafiskalische Abgabe.

> Verb Rs C-261/01 und C-262/01, *Eugène van Calster und Felix Cleeren*, ECLI:EU:C:2003:571
>
> Die Kläger des Ausgangsverfahrens waren Viehhändler in Belgien. Nach nationalem belgischem Recht von 1987 wurden sie für den Handel mit inländischen und ausländischen Tieren zur Zahlung von Beiträgen in einen Fonds zur Bekämpfung von Tierkrankheiten herangezogen. Nachdem die Kommission diese Regelung 1991 teilweise beanstandet hatte, genehmigte sie 1996 den von Belgien vorgelegten Entwurf einer gesetzlichen Neuregelung als mit dem Binnenmarkt vereinbare Beihilfe. Neben der Zulässigkeit einer Rückwirkung der 1998 in Kraft getretenen Neuregelung der parafiskalischen Abgabe selbst, stellte sich auch die Frage nach den Rechtswirkungen und einer allfälligen Rückwirkung der nachträglichen Genehmigungsentscheidung über eine unter Verstoß gegen Art 108 Abs 3 durchgeführte Beihilfe.
>
> 53 [Es] ist daran zu erinnern, dass es zum einen Sache der nationalen Gerichte ist, die Rechte des Einzelnen dagegen zu schützen, dass staatliche Stellen das in [Art 108 Abs 3] ausgesprochene Verbot der Durchführung der Beihilfen, das unmittelbare Wirkung hat, verletzen, und dass zum anderen der Mitgliedstaat grundsätzlich verpflichtet ist, die unter Verstoß gegen das Gemeinschaftsrecht erhobenen Abgaben zu erstatten[.]
>
> 54 Daraus folgt, dass es grundsätzlich den nationalen Gerichten obliegt, die Erstattung der Abgaben oder Beiträge anzuordnen, die speziell zur Finanzierung einer Beihilfe erhoben wurden, wenn die Finanzierungsweise Bestandteil der Beihilfe ist und diese unter Missachtung der Meldepflicht durchgeführt worden ist. ...
>
> 58 Soweit das Gesetz von 1998 ... rückwirkend Beiträge auferlegt, ist es ... rechtswidrig, weil die Pflicht zur Anmeldung vor der Durchführung der Beihilferegelung insoweit nicht eingehalten worden ist. [...]
>
> 62 Zudem ist darauf hinzuweisen, dass die Rechtswidrigkeit einer Beihilfemaßnahme oder eines Teils davon aufgrund eines Verstoßes gegen die Pflicht, diese vor ihrer Durchführung anzumelden,

---

[196] Vgl OGH v. 25. 3. 2014, 4 Ob 209/13h; weitergehend (Nichtigkeit) noch OLG Wien v 5. 2. 2007, 2 R 150/06b; noch offengelassen in OGH v 19. 1. 2010, 4 Ob 154/09i.
[197] Vgl etwa BVerwG v 16. 12. 2010, 3 C 44.09.
[198] Vgl zB Rs C-301/87, *Frankreich/Kommission*, ECLI:EU:C:1990:67, Rn 9 ff.

nicht dadurch entfällt, dass diese Maßnahme in einer endgültigen Entscheidung der Kommission für mit dem [Binnen-]Markt vereinbar erklärt worden ist.

63 Denn wie der Gerichtshof bereits entschieden hat, hat die genannte abschließende Entscheidung der Kommission **nicht die Heilung der** unter Verstoß gegen das Verbot des [Art 108 Abs 3] ergangenen und deshalb ungültigen **Durchführungsmaßnahmen zur Folge**, da sie andernfalls die unmittelbare Wirkung dieser Vorschrift beeinträchtigen und die Interessen der Einzelnen, deren Wahrung Aufgabe der nationalen Gerichte ist, verletzen würde. Jede andere Auslegung würde die Missachtung dieser Vorschrift durch den betreffenden Mitgliedstaat begünstigen und der Vorschrift ihre **praktische Wirksamkeit** nehmen[.]

64 Außerdem sei daran erinnert, dass es Sache der nationalen Gerichte ist, die Rechte des Einzelnen dagegen zu schützen, dass staatliche Stellen das in [Art 108 Abs 3] ausgesprochene Verbot der Durchführung der Beihilfen, das unmittelbare Wirkung hat, verletzen. Wird eine solche Verletzung von einem Einzelnen, der hierzu berechtigt ist, geltend gemacht und von den nationalen Gerichten festgestellt, so **müssen diese entsprechend ihrem nationalen Recht daraus alle Folgerungen sowohl für die Gültigkeit der Rechtsakte zur Durchführung der betreffenden Beihilfemaßnahmen als auch für die Wiedereinziehung der gewährten finanziellen Unterstützungen ziehen**[.]

...

73 Selbst wenn die Kommission die Vereinbarkeit der rückwirkend auferlegten Beiträge mit dem [Binnenm]arkt geprüft hätte, wäre sie nicht befugt, zu entscheiden, dass eine unter Verstoß gegen [Art 108 Abs 3] durchgeführte Beihilferegelung rechtmäßig ist.

74 Denn im Rahmen der Kontrolle der Einhaltung der Verpflichtungen der Mitgliedstaaten aus den [Art 107 und 108] fallen den nationalen Gerichten und der Kommission **einander ergänzende und unterschiedliche Rollen** zu[...]

75 Während für die **Beurteilung der Vereinbarkeit** von Beihilfemaßnahmen mit dem [Binnenm]arkt ausschließlich die Kommission zuständig ist und dabei der Kontrolle des Gerichtshofes unterliegt, wachen die nationalen Gerichte über die **Wahrung der Rechte des Einzelnen** bei Verstößen gegen die Verpflichtung nach [Art 108 Abs 3], staatliche Beihilfen der Kommission im Voraus zu melden[.]

76 Die Kommission kann also im Gegensatz zu den nationalen Gerichten die Rückerstattung einer staatlichen Beihilfe nicht allein mit der Begründung anordnen, dass sie von dieser nicht gemäß [Art 108 Abs 3] unterrichtet worden sei[.]

Die nationalen Gerichte sind also zur vollumfänglichen **Wahrung der Rechte** von Beihilfen **betroffener Wettbewerber** zuständig: Zu deren Gunsten sind als den Gerichten direkt kraft Unionsrechts auferlegte Pflicht sämtliche zur Verfügung stehenden Verfahrensmöglichkeiten auszuschöpfen („alle Folgerungen sowohl für die Gültigkeit der Rechtsakte ... als auch für die Wiedereinziehung der gewährten ... Unterstützungen").[199] Leitschnur für die Auslegung der Rechtsfolgen und Ansprüche durch die nationalen Gericht der auf die Beseitigung sämtlicher Nachteile aus der vorzeitigen Gewährung gerichtete *telos* des Durchführungsverbots zu sein.

Zur **Prüfung der Vereinbarkeit** (Rechtfertigungsgründe) ist das nationale Gericht dagegen **nicht zuständig**: Einzelne können sich daher vor den nationalen Gerichten nicht auf eine potenzielle (aber eben nicht erfolgte) Genehmigungsfähigkeit berufen. Die Genehmigungsaussichten spielen allenfalls für Art und Ausmaß der vom Gericht anzuordnenden Rückforderung eine Rolle.

---

[199] Verb Rs C-261/01 und C-262/01, *van Calster*, ECLI:EU:C:2003:571, Rn 64.

9. Beihilferecht und öffentliche Unternehmen

Aufgrund des **eigenständigen Charakters** der Befugnisse der nationalen Gerichte besteht **keine Bindung des nationalen Gerichts** an die **vorläufige Würdigung** einer Beihilfemaßnahme durch die Kommission in einem etwa parallel eröffneten Kommissionsverfahren[200] (zB in der Entscheidung über die Eröffnung des Hauptprüfungsverfahrens).[201] **Volle Bindungswirkung** für das **nationale Gericht** entfalten aber **abschließende, rechtskräftige Entscheidungen der Kommission** zur Vereinbarkeit oder Unvereinbarkeit der Beihilfe, da diese (mit Anwendungsvorrang ausgestattete) Sekundärrechtsakte sind.

> Die eigenständigen Befugnisse der nationalen Gerichte im Rahmen der **Beihilfekontrolle** gehen daher **weiter als** die Befugnisse der nationalen Gerichte im **Kartellrecht**: Dort besteht bei parallelen Verfahren eine **Aussetzungspflicht** für das nationale Gericht.[202]

Das **nationale Verfahrensrecht** muss **jedermann** (also nicht nur Wettbewerbern) die Möglichkeit zur **effektiven Geltendmachung** der Ansprüche aufgrund des Durchführungsverbots **einräumen**.[203] In **Österreich** besteht für den Fall einer Beihilfegewährung über zivilrechtliche Akte mit dem **UWG** eine **geeignete Rechtsgrundlage** für Unterlassungs-, Beseitigungs- und Schadenersatzansprüche. **Passivlegitimiert** sind dabei der **Staat** und das begünstigte Unternehmen,[204] die Aktivlegitimation steht **Mitbewerbern** des Beihilfeempfängers sowie **ggf auch Konsumenten** zu.[205] In ähnlichem Umfang sind grundsätzlich auch unmittelbar auf ABGB fußende Ansprüche in Fällen denkbar, in denen die Anwendung des UWG ausscheidet (zB bei Verneinung eines, auch potenziellen, Wettbewerbsverhältnisses).

Wird die Beihilfe **über eine hoheitliche Maßnahme** (zB Steuerbescheid) **gewährt**, kommt das **UWG** als Rechtsgrundlage **nur gegen** den **Beihilfenempfänger** in Betracht, nicht aber gegenüber dem hoheitlich handelnden **Staat**.[206] Gegenüber diesem sind **öffentlich-rechtliche Verfahren** zu wählen, etwa *qua* Erwirkung der **Parteistellung** (zB nach AVG oder BAO) oder *qua* Antrag auf Erlass eines **Feststellungsbescheids** dahin, dass die einem Konkurrenten gewährte Subvention unzulässig ist. In besonderen Fällen (zB bei der gemeinsamen Bewerbung um eine Konzession) erleichtert die Bildung einer **Verwaltungsverfahrensgemeinschaft** den Rechtsschutz.

Die **Rückabwicklung der Beihilfe** (Inhalt des Beseitigungsanspruchs, ggf auch Gegenstand einer einstweiligen Maßnahme) hat grundsätzlich nach **§ 877 ABGB** zu erfolgen. Sie zielt auf die **Wiederherstellung der Lage vor Verletzung** des Durchführungsverbots ab,[207] wirkt daher immer (auch bei Dauerschuldverhältnissen) *ex tunc* und hat den **gesamten Beihilfenbetrag** (bzw den Wert des Vorteils) samt (Zinses-)Zinsen (abzüglich etwaiger **Aufwendungen** auf die Beihilfe, zB Steuern) zu umfassen[208]. Die **Zinsen** fallen ab dem Zeitpunkt, zu dem die rechtswidrige Beihilfe dem

---

200 Vgl zur Frage der Bindungswirkung einer Eröffnungsentscheidung der Kommission *Martin-Ehlers*, EuZW 2014, 249.
201 Vgl Rs C-69/13, *Mediaset*, ECLI:EU:C:2014:71, Rn 28 ff.
202 Vgl Rs C-344/98, *Masterfoods*, ECLI:EU:C:2000:689, Rn 60.
203 Vgl Rs C-174/02, *SWNB*, ECLI:EU:C:2005:10, Rn 21.
204 Vgl OGH v 16. 7. 2002, 4 Ob 72/02w; OGH v 22. 3. 2001, 4 Ob 43/01d; OGH v 11. 3. 1997, 4 Ob 68/97x; OGH v 9. 12. 1989, 4 Ob 50, 51/89.
205 Vgl OGH v 24. 2. 1998, 4 Ob 53/98t.
206 Vgl OGH v 11. 3. 1997, 4 Ob 68/97x.
207 Vgl zB Rs C-382/99, *Niederlande/Kommission*, ECLI:EU:C:2002:363, Rn 89.
208 Vgl zB verb Rs C-74/00 P und C-75/00 P, *Falck*, ECLI:EU:C:2002:524, Rn 159.

Empfänger zur Verfügung stand bis zur tatsächlichen Rückzahlung an. Der Normzweck des Durchführungsverbots, der nationale Gerichte dazu verpflichtet, „sämtliche Folgerungen"[209] zur Beseitigung der Wettbewerbsverzerrung zu ziehen, streitet darüber hinaus wohl auch für eine Herausgabe all jener Vorteile, die in hinreichend manifester Weise nur aufgrund der Beihilfe erlangt werden konnten (zB Investitionsgewinne). Über die vollständige Neutralisierung der Wettbewerbsverzerrung hinaus besitzt die Beihilferückforderung aber keinen Sanktionscharakter.

9.2. Öffentliche Unternehmen

Die Vorschrift des Art 106 AEUV richtet sich an öffentliche und privilegierte Unternehmen. Art 106 nimmt dabei in seinen ersten beiden Absätzen zwei unterschiedliche Stoßrichtungen: Es sind dies ein Gleichbehandlungsgebot öffentlicher mit privaten Unternehmen einerseits sowie andererseits eine besondere Wettbewerbsausnahme für Daseinsvorsorgeunternehmen. Abs 3 enthält die zugehörige Rechtsetzungsgrundlage.

Art 106 greift nicht in die Freiheit der Staaten ein, Unternehmen besondere oder ausschließliche Rechte zu gewähren. Insbesondere ergibt sich daraus (vorbehaltlich besonderer Vorschriften des Sekundärrechts, die in einzelnen Sektoren eine Liberalisierung des Wettbewerbs vorschreiben, zB Energie, Bahn, Postwesen usw) gerade kein Verbot der Neuschaffung oder Aufrechterhaltung von Monopolen oder sonstigen besonderen Rechten oder öffentlichen Privilegierungen. Die Union ist also, innerhalb der Grenzen einer marktwirtschaftlichen Grundausrichtung,[210] gegenüber dem Grad an staatlicher Beteiligung bei der Wirtschaftslenkung neutral.

Art 106 gibt also nicht eine bestimmte Eigentums- oder Marktordnung vor, sondern legt lediglich einen Verhaltensrahmen für besondere Wirtschaftsbeziehungen der öffentlichen Hand mit bestimmten, ihr nahestehenden Unternehmen fest. Dieser Verhaltensrahmen ist, verkürzt gesagt, die grundsätzliche Unterwerfung dieser Unternehmen unter die Ge- und Verbote des Unionsrechts (Gleichbehandlungsgebot, Abs 1) bei gleichzeitiger Privilegierung bestimmter Tätigkeitsbilder durch begrenzte Ausnahmen von diesen Ge- und Verboten (Daseinsvorsorge, Abs 2).

Die Neutralität des Art 106 gegenüber den Eigentums- und Marktordnungen der MS steht in Einklang mit Art 345 AEUV, wonach insbesondere die Wettbewerbs- und Binnenmarktpolitik die Eigentumsordnungen der MS unberührt lassen. Ausdruck dieser Neutralität des Unionsrechts gegenüber den wirtschaftlichen Eigentumsverhältnissen sind nicht zuletzt die in den MS, neben (häufigen) Privatisierungen öffentlichen Vermögens, auch immer wieder vorkommenden Verstaatlichungen von Unternehmen (zuletzt etwa häufig bei Banken im Zuge der Finanz- und Wirtschaftskrise der Jahre 2007 bis ca 2015). Sie sind mit dem Unionsrecht ohne Weiteres vereinbar.

Dieselbe, mit Art 106 bzw 345 parallele, Stoßrichtung weist schließlich auch Art 37 AEUV auf. Jene Norm unterstreicht die Zulässigkeit unmittelbarer oder (über konzessionierte Unternehmen) mittelbar ausgeübter staatlicher Handelsmonopole und unterwirft diese nur einer Korrektur hinsichtlich überschießender Diskriminierungs- und Beschränkungswirkungen au-

---

[209] Verb Rs C-393/04 und C-41/05, *Air Liquide*, ECLI:EU:C:2006:403, Rn 42 mwN; ebenso zB Rs C-174/02, *SWNB*, ECLI:EU:C:2005:10, Rn 17.
[210] Vgl Art 3 Abs 3 EUV.

ßerhalb des eigentlichen Monopolbereichs.[211] Gleich Art 106, richtet sich auch Art 37 sowohl an die MS als auch an die betreffenden Monopolunternehmen und -einrichtungen.[212]

Zu nennen sind iZ des Art 106 umgebenden Normgefüges schließlich auch die Querschnittsklausel des Art 14 AEUV sowie Prot Nr 26 über Dienste von allgemeinem Interesse und die Bestimmung des Art 36 GRC. Demnach kommt der Bereitstellung und Gewährleistung des Zugangs zu Daseinsvorsorgeleistungen im Binnenmarkt ein besonders geschützter Stellenwert zu.

9.2.1. Begriff des öffentlichen Unternehmens

Der Unternehmensbegriff nach Art 106 ist gleich dem im übrigen Wettbewerbskapitel (s näher beim Kartellrecht), sodass darauf verwiesen werden kann: Es greift eine funktionale Betrachtung, die danach fragt, ob das Unternehmen mit seiner Tätigkeit im ökonomischen Wettbewerb mit anderen Unternehmen steht.[213] Maßgeblich ist, ob die fragliche Einrichtung zumindest in Teilaspekten am Markt teilnimmt, also Güter oder Dienstleistungen anbietet. Außerhalb des Unternehmensbegriffs (und damit des Begriffs des öffentlichen Unternehmens) stehen damit va hoheitliche Tätigkeiten[214] sowie eine sich im Einkauf zum Eigenverbrauch[215] erschöpfende Marktteilnahme.

Öffentliche Unternehmen bilden eine Untergruppe der dem Wettbewerbsrecht unterliegenden Unternehmen. Sie zeichnen sich gegenüber sonstigen Unternehmen durch zusätzliche Charakteristika aus.

Der Gerichtshof bezog seine Definition des öffentlichen Unternehmens zunächst aus dem Sekundärrecht, genauer aus der TransparenzRL 2006/111/EG. Die TransparenzRL definiert öffentliche als „jedes Unternehmen, auf das die öffentliche Hand aufgrund Eigentums, finanzieller Beteiligung, Satzung oder sonstiger Bestimmungen, die die Tätigkeit des Unternehmens regeln, unmittelbar oder mittelbar ... beherrschenden Einfluss ausüben kann."[216] Und weiter: „Es wird vermutet, dass ein beherrschender Einfluss ausgeübt wird, wenn die öffentliche Hand unmittelbar oder mittelbar ... i) die Mehrheit des gezeichneten Kapitals des Unternehmens besitzt oder ii) über die Mehrheit der mit den Anteilen des Unternehmens verbundenen Stimmrechte verfügt oder iii) mehr als die Hälfte der Mitglieder des Verwaltungs-, Leistungs- oder Aufsichtsorgans des Unternehmens bestellen kann"[217]. Die öffentliche Hand bezeichnet dabei neben den Hoheitseinrichtungen des Zentral- bzw Bundesstaates alle regionalen, lokalen und alle anderen Gebietskörperschaften. Auch wenn die Definition der öffentlichen Unternehmen in der TransparenzRL 2006/

---

211 Näher zB Rs C-393/92, *Almelo*, ECLI:EU:C:1994:171, Rn 27 ff; Rs 91/78, *Hansen*, ECLI:EU:C:1979:65, Rn 10; Rs 59/75, *Manghera*, ECLI:EU:C:1976:14, Rn 4 f; Rs C-347/88, *Kommission/Griechenland*, ECLI:EU:C:1990:470, Rn 35; Rs 387/93, *Banchero*, ECLI:EU:C:1995:439, Rn 29; Rs C-189/95, *Franzén*, ECLI:EU:C:1997:504, Rn 35; Rs C-206/06; *Essent Netwerk Noord*, ECLI:EU:C:2008:413, Rn 58.
212 So schon Rs 6/64, *Costa*, ECLI:EU:C:1964:66, S 1275; Rs 59/75, *Manghera*, ECLI:EU:C:1976:14, Rn 9 ff.
213 Vgl etwa C-41/90, *Höfner und Elser*, ECLI:EU:C:1991:161, Rn 21 ff; Rs C-49/07, *MOTOE*, ECLI:EU:C:2008:376, Rn 21; verb Rs C-264/01, C-306/01, C-354/01 und C-355/01, *AOK-Bundesverband*, ECLI:EU:C:2004:150, Rn 46 ff; Rs C-437/09, *AG2R*, ECLI:EU:C:2011:112, Rn 41.
214 Vgl Rs C-364/92, *Eurocontrol*, ECLI:EU:C:1994:7, Rn 30.
215 Vgl Rs C-205/03 P, *FENIN*, ECLI:EU:C:2006:453, Rn 26.
216 Art 2 lit b TransparenzRL 2006/111/EG, Hervorhebung hinzugefügt.
217 Art 2 lit b TransparenzRL 2006/111/EG, Hervorhebung hinzugefügt.

9.2. Öffentliche Unternehmen

111/EG für Art 106 nicht verbindlich ist, besitzt sie doch **Indizcharakter** und legt die Kriterien einer Umschreibung der vielfältigen Ausprägungen öffentlicher Unternehmen fest.[218]

Kennzeichnend für öffentliche Unternehmen ist es vielfach, dass **nur ein Teil der Gesamtheit aller erbrachten Leistungen unternehmerischer Art** ist. Dabei kann zwischen (nicht-wirtschaftlichen, wettbewerbsfreien) **Haupt- und** (allenfalls wirtschaftlichen, wettbewerbsunterworfenen) **Nebentätigkeiten** einer Einrichtung unterschieden werden. Nebentätigkeiten gelten aber als von der Haupttätigkeit erfasst, wenn die betreffenden Einrichtungen damit kein eigenständiges (wirtschaftliches) Interesse verfolgen, das von jenem zur Erfüllung der Hauptaufgabe getrennt ist. Dies illustriert etwa das Urteil *AOK* aus 2004, betreffend die Tätigkeiten von Einrichtungen der gesetzlichen Krankenversicherung.

Verb Rs C-264/01, C-306/01, C-354/01 und C-355/01, *AOK Bundesverband*, ECLI:EU:C:2004:150

In Deutschland wurde versucht, dem starken Anstieg der Kosten der gesetzlichen Krankenversicherung durch ein Maßnahmenpaket entgegenzuwirken, mit dem mehr Wettbewerb zwischen den Leistungsanbietern im Bereich der Gesundheitsfürsorge eingeführt und den gesetzlichen Krankenkassen die Möglichkeit gegeben werden sollte, auf die Auswahl der Medikamente, für die sie die Kosten übernehmen, Einfluss zu nehmen. Zu den Reformmaßnahmen gehörte ua die Festsetzung von Festbeträgen für die Übernahme der Arzneimittelkosten durch diese Kassen. 1998 beschlossen die Kassenverbände eine Anpassung der Höchstpreise bestimmter Arzneimittel, von der auch die beiden Pharma-Unternehmen des Ausgangsrechtsstreits betroffen waren. Im nachfolgenden Verfahren vor dem nationalen Gericht stellte sich die Frage, ob die Spitzenverbände der gesetzlichen Krankenkassen eines Mitgliedstaats bei der gemeinsamen Festsetzung einheitlich geltender Höchstpreise für Arzneimittel als Unternehmensvereinigungen oder, soweit ein Spitzenverband zugleich selbst unmittelbarer Träger der gesetzlichen Krankenversicherung war, als Unternehmen iSv [ex-] Art 81 Abs 1 EG anzusehen waren.

46 [Es] ist daran zu erinnern, dass der Begriff des Unternehmens im Rahmen des Wettbewerbsrechts **jede eine wirtschaftliche Tätigkeit ausübende Einheit** unabhängig von ihrer Rechtsform und der Art ihrer Finanzierung umfasst[...]

47 Im **Bereich der sozialen Sicherheit** hat der Gerichtshof entschieden, dass bestimmte Einrichtungen, die mit der Verwaltung gesetzlicher Kranken- und Rentenversicherungssysteme betraut sind, einen rein sozialen Zweck verfolgen und keine wirtschaftliche Tätigkeit ausüben. Dies ist der Fall bei Krankenkassen, die nur die Gesetze anwenden und keine Möglichkeit haben, auf die Höhe der Beiträge, die Verwendung der Mittel und die Bestimmung des Leistungsumfangs Einfluss zu nehmen. Denn ihre auf dem Grundsatz der nationalen Solidarität beruhende Tätigkeit wird ohne Gewinnerzielungsabsicht ausgeübt, und die Leistungen werden von Gesetzes wegen und unabhängig von der Höhe der Beiträge erbracht[.] ...

51 Es ist festzustellen, dass die Krankenkassen der gesetzlichen Krankenversicherung in Deutschland ... an der Verwaltung des Systems der sozialen Sicherheit mitwirken. Sie nehmen insoweit eine rein soziale Aufgabe wahr, die auf dem Grundsatz der Solidarität beruht und ohne Gewinnerzielungsabsicht ausgeübt wird.

52 Besonders hervorzuheben ist, dass die Krankenkassen gesetzlich verpflichtet sind, ihren Mitgliedern im Wesentlichen gleiche Pflichtleistungen anzubieten, die unabhängig von der Beitragshöhe sind. Die Krankenkassen haben somit keine Möglichkeit, auf diese Leistungen Einfluss zu nehmen.

53 Der Bundesgerichtshof weist hierzu in seinen Vorlagebeschlüssen darauf hin, dass die Krankenkassen zu einer Art Solidargemeinschaft zusammengeschlossen seien, die es ihnen ermögliche, untereinander einen Kosten- und Risikoausgleich vorzunehmen. So erfolge ... ein Ausgleich zwi-

---

[218] Vgl verb Rs C-188/80 bis C-190/80, *Frankreich, Italien und Großbritannien/Kommission*, ECLI:EU:C:1982:257, Rn 24.

schen den Krankenkassen mit den niedrigsten Gesundheitsausgaben und den Krankenkassen, die kostenträchtige Risiken versicherten und deren Ausgaben im Zusammenhang mit diesen Risiken am höchsten seien.

54 Die Krankenkassen konkurrieren somit weder miteinander noch mit den privaten Einrichtungen hinsichtlich der Erbringung der im Bereich der Behandlung oder der Arzneimittel gesetzlich vorgeschriebenen Leistungen, die ihre Hauptaufgabe darstellt.

55 Aus diesen Merkmalen folgt, dass die ... Tätigkeit [der Krankenkassen] nicht wirtschaftlicher Art ist.

56 Der Spielraum, über den die Krankenkassen verfügen, um ihre Beitragssätze festzulegen und einander einen gewissen Wettbewerb um Mitglieder zu liefern, zwingt nicht zu einer anderen Betrachtung. Wie sich nämlich aus den vor dem Gerichtshof abgegebenen Erklärungen ergibt, hat der Gesetzgeber bei den Beiträgen ein Wettbewerbselement eingeführt, um die Krankenkassen zu veranlassen, im Interesse des ordnungsgemäßen Funktionierens des deutschen Systems der sozialen Sicherheit ihre Tätigkeit nach den Grundsätzen der Wirtschaftlichkeit auszuüben, dh, so effizient und kostengünstig wie möglich. Die Verfolgung dieses Zieles ändert nichts an der Natur der Tätigkeit der Krankenkassen.

57 Da die [Haupt-]Tätigkeit von Einrichtungen wie den Krankenkassen nicht wirtschaftlicher Art ist, sind sie keine Unternehmen im Sinne der [ex-]Art 81 EG und 82 EG.

58 Es lässt sich jedoch nicht ausschließen, dass die Krankenkassen und die sie vertretenden Einheiten, dh die Kassenverbände, außerhalb ihrer Aufgaben rein sozialer Art im Rahmen der Verwaltung des deutschen Systems der sozialen Sicherheit Geschäftstätigkeiten ausüben, die keinen sozialen, sondern einen wirtschaftlichen Zweck haben. In diesem Fall wären die von ihnen zu treffenden Entscheidungen möglicherweise als Beschlüsse von Unternehmen oder Unternehmensvereinigungen anzusehen.

Mit der Unterscheidung unterschiedlicher Tätigkeitssparten, von denen ggf nur ein Teil dem Unternehmensbegriff unterliegt, geht auch die Frage der **Ein- oder Ausgliederung der Einrichtung** gegenüber dem Verwaltungsapparat einher: Da die Unternehmenseigenschaft alleine an die wirtschaftliche Tätigkeit anknüpft und nicht an die Rechtsform, ist die Frage der Ein- oder Ausgliederung für sich betrachtet irrelevant. Insbesondere kann auch eine **rechtlich unselbständige Einrichtung** im Staatsverband uU ein Unternehmen sein, wenn sie Güter und Dienstleistungen auf dem Markt anbietet. So wurde zB[219] im Urteil *Kommission/Italien* aus 1987 die italienische Tabakmonopolverwaltung als Unternehmen angesehen, obwohl sie organisatorisch in den Behördenapparat eingegliedert war.

Rs 118/85, *Kommission/Italien*, ECLI:EU:C:1987:283

Bereits die alte TransparenzRL (80/723EWG) sah Auskunftspflichten der MS gegenüber der Kommission in Bezug auf die finanziellen Beziehungen zu öffentlichen Unternehmen vor. Streitgegenständlich war die Unternehmensqualität der in Italien im Bereich Tabakwaren tätigen Amministrazione Autonoma dei Monopoli di Stato (AAMS), deren Finanzgebarung Italien gegenüber der Kommission nach der RL offenlegen hätte müssen. Italien argumentierte, die AAMS könne kein Unternehmen iSd RL sein, weil sie keine vom Staat getrennte, eigene Rechtspersönlichkeit besitze.

---

[219] Vgl zB auch Rs C-113/07 P, *SELEX*, ECLI:EU:C:2009:191, Rn 82; Rs C-69/91, *Decoster*, ECLI:EU:C:1993:853, Rn 15 mwN.

9.2. Öffentliche Unternehmen

3 Es ist unstreitig, dass die [AAMS] dadurch am Wirtschaftsleben teilnimmt, dass sie im Bereich Tabakwaren auf dem Markt Güter und Dienstleistungen anbietet. Außerdem steht fest, dass die AAMS keine von derjenigen des Staates getrennte Rechtspersönlichkeit besitzt.

4 Die italienische Regierung verteidigt ihre Weigerung, die von der Kommission geforderten Informationen zu übermitteln, damit, dass die AAMS nicht als ein ‚öffentliches Unternehmen' im Sinne [der TransparenzRL] angesehen werden könne, sondern als ‚öffentliche Hand'[.] Dazu machte sie geltend, wenn die AAMS ein Staatsorgan der öffentlichen Hand sei, könne sie nicht gleichzeitig ein öffentliches Unternehmen im Sinne der Richtlinie darstellen.

6 Es ist festzustellen, daß … die [TransparenzRL] im wesentlichen darauf abzielt, die wirkungsvolle Anwendung der die staatlichen Beihilfen betreffenden [Art 107 und 108] auf die öffentlichen Unternehmen zu fördern. Wie aus den Begründungserwägungen der Richtlinie hervorgeht, kann die Vielschichtigkeit der Beziehungen der nationalen öffentlichen Hand zu den öffentlichen Unternehmen die Erfüllung der Überwachungsaufgabe der Kommission derart behindern, daß eine angemessene und wirkungsvolle Anwendung der Beihilfevorschriften … nur dann möglich ist, wenn diese finanziellen Beziehungen transparent gemacht werden. Insbesondere heißt es in der sechsten Begründungserwägung, daß diese Transparenz im Bereich der öffentlichen Unternehmen ermöglichen soll, eindeutig zwischen dem Tätigwerden des Staates als öffentliche Hand und als Eigentümer zu unterscheiden.

7 Die in der sechsten Begründungserwägung erwähnte Unterscheidung geht davon aus, daß der Staat sowohl als öffentliche Hand als auch in der Weise handeln kann, daß er wirtschaftliche Tätigkeiten industrieller oder kommerzieller Art ausübt, die darin bestehen, Güter und Dienstleistungen auf dem Markt anzubieten. Um eine solche Unterscheidung treffen zu können, ist es daher erforderlich, in jedem Einzelfall die vom Staat ausgeübten Tätigkeiten zu prüfen und zu bestimmen, zu welcher Kategorie sie gehören.

8 Hierbei kommt es nicht darauf an, daß der Staat diese wirtschaftlichen Tätigkeiten durch eine andere Einrichtung ausübt, auf die er … unmittelbar oder mittelbar einen beherrschenden Einfluß ausüben kann, oder daß er die Tätigkeiten unmittelbar durch eine Stelle ausübt, die zur staatlichen Verwaltung gehört. Im letztgenannten Fall ist nämlich aufgrund der Tatsache, daß die Stelle in die staatliche Verwaltung eingegliedert ist, anzunehmen, daß ein beherrschender Einfluß … ausgeübt wird. In einem solchen Fall können die finanziellen Beziehungen noch vielschichtiger sein, und die mit der Richtlinie angestrebte Transparenz wird daher noch notwendiger. In der vorliegenden Rechtssache schließt der Umstand, daß die AAMS in die staatliche Verwaltung eingegliedert ist, somit nicht aus, daß sie als öffentliches Unternehmen im Sinne der [TransparenzRL] angesehen wird.

10 … Die Erreichung des … Ziels der Richtlinie würde gefährdet, wenn ihre Anwendung davon abhinge, ob staatliche Stellen eine von derjenigen des Staates getrennte Rechtspersönlichkeit besitzen. Denn je nach der von den Mitgliedstaaten gewählten Rechtsform würden die wirtschaftlichen Tätigkeiten industrieller oder kommerzieller Art bestimmter staatlicher Stellen von der Richtlinie erfaßt, diejenigen anderer Stellen dagegen nicht. Darüber hinaus würde die Anwendung der Richtlinie auf die gleiche Tätigkeit von einem Mitgliedstaat zum anderen je nachdem anders ausfallen, welche Rechtsform die einzelnen Mitgliedstaaten den öffentlichen Unternehmen, die eine solche Tätigkeit ausüben, verleihen.

11 In diesem Zusammenhang ist darauf hinzuweisen, daß … der Rückgriff auf Bestimmungen der innerstaatlichen Rechtsordnung, um die Tragweite der Vorschriften des Gemeinschaftsrechts einzuschränken, die Einheit und Wirksamkeit des Gemeinschaftsrechts beeinträchtigen würde und daher nicht zulässig sein kann. Die Frage, ob eine durch das innerstaatliche Recht verliehene Rechtspersönlichkeit besteht, die von derjenigen des Staates getrennt ist, ist folglich für die Entscheidung unerheblich, ob eine Stelle als öffentliches Unternehmen im Sinne der Richtlinie angesehen werden kann.

Neben öffentlichen Unternehmen nennt Art 106 auch „Unternehmen, denen [die MS] besondere oder ausschließliche Rechte gewähren" (sog **privilegierte Unternehmen**). Privilegierte

Unternehmen sind also solche, die besondere Berechtigungen oder Ausnahmen von allgemein geltenden Regelungen genießen.[220] **Beispiele** sind etwa ausschließliche Vertriebsrechte (Handels- oder Dienstleistungsmonopole, zB das Tabakmonopol), Betriebslizenzen oder Dienstleistungskonzessionen (zB für Autobahnen oder öffentliche Netze im Rahmen sog öffentlich-privater Partnerschaften, für das Glücksspiel usw). Aber auch ein schlichter Anschlusszwang (wie bei der Müllabfuhr oder, *qua* Zwangsgebühr, beim öffentlichen Rundfunk) ist eine Form staatlicher Privilegierung des betreffenden Dienstleisters.

Mitunter überlappen die Einstufung als öffentliches Unternehmen und das Vorliegen einer Privilegierung (zB bei parafiskalisch finanzierten öffentlichen Rundfunkanbietern).[221] Im Übrigen hat die Einstufung als öffentliches Unternehmen aber mit dem Begriff der Privilegierung nichts zu tun: Die Begriffspaare sind Alternativen, die sich im Einzelfall überschneiden können. Am Anwendungsumfang von Art 106 ändert die Doppelqualifikation aber nichts.

9.2.2. Gleichbehandlungsgebot nach Abs 1

Art 106 Abs 1 lautet: „Die Mitgliedstaaten werden in Bezug auf öffentliche Unternehmen und auf Unternehmen, denen sie besondere oder ausschließliche Rechte gewähren, keine den Verträgen und insbesondere den Artikeln 18 und 101 bis 109 widersprechende Maßnahmen treffen oder beibehalten." Nach dieser Bestimmung ist es den MS daher untersagt, zugunsten öffentlicher oder privilegierter Unternehmen besondere Maßnahmen zu treffen, also sie unter Verletzung des Unionsrechts besserzustellen als private Unternehmen. Diesem Gleichbehandlungsgebot unterliegen sowohl die öffentliche Hand als auch die betreffenden Unternehmen selbst.

9.2.2.1. Adressaten

Hauptadressat des Art 106 Abs 1 ist die öffentliche Hand: Über Art 106 Abs 1 unterliegt sie einer doppelten Bindung sowohl an die staatsgerichteten Normen des Unionsrechts (va Diskriminierungs- und Beihilfeverbote sowie Grundfreiheiten) als auch an jene Normen, die sich zunächst an Private richten (Kartell- und Missbrauchsverbot). Vom Tatbestand erfasst werden daher gerade Verstöße der öffentlichen Hand gegen die Gleichbehandlungspflicht privater und öffentlicher Unternehmen, über die Kartell- oder Missbrauchsverstöße begründet oder zumindest begünstigt werden.

Aufgrund der kombinierten Anwendung des staatsgerichteten Gleichbehandlungsgebots in Art 106 Abs 1 mit anderen staats- und privatgerichteten Vorschriften des Vertrages ist es also zB möglich, staatlich veranlasste Kartellverstöße (Art 106 Abs 1 iVm Art 101; man denke beispielsweise an die Zinsabsprachen österreichischer Banken im Rahmen des sog Lombard-Clubs, die vor dem Beitritt Österreichs zur EU noch auf gesetzlicher Grundlage gefußt hatten)[222] oder Markmachtmissbräuche (Art 106 Abs 1 iVm Art 102; man denke an gesetzliche Rahmenbedingungen für ein Monopol, die dem Inhaber zB langfristige Bezugsbindungen

---

220 Vgl Rs C-202/88, *Frankreich/Kommission*, ECLI:EU:C:1991:120, Rn 24.
221 Vgl Rs C-202/88, *Frankreich/Kommission*, ECLI:EU:C:1991:120, Rn 31 ff und 45 ff; verb Rs C-271/90, C-281/90, C-289/90, *Spanien, Belgien und Italien/Kommission*, ECLI:EU:C:1992:440, Rn 28 ff.
222 Vgl KomE 2004/138/EG, *Lombard Club*, ABl 2004/L 56/1, Tz 27 ff.

oder die Ausdehnung seiner marktbeherrschenden Stellung auf einen benachbarten Markt vorschreiben oder zumindest erlauben)[223] in den Griff zu bekommen.

Die **öffentlichen Unternehmen** selbst unterliegen der **doppelten Bindung ebenfalls**, doch ergibt sich dies nicht aus Art 106 Abs 1, sondern **aus dem weiten Staatsbegriff**[224] des Unionsrechts: Weil sie zum Staat iwS gezählt werden (s dazu bei den Grundfreiheiten sowie beim Beihilfeverbot), sind sie sowohl an jene Regelungen gebunden, die sich allgemein an Unternehmen richten (also an das Kartellrecht) als auch an jene, die sich an den Staat richten (zB Diskriminierungsverbot, Grundfreiheiten, Beihilferecht).

9.2.2.2. Inhalt des Gleichbehandlungsgebots

Zunächst wird mit Art 106 Abs 1 lediglich klargestellt, dass die öffentliche und privilegierte Unternehmen in vollem Umfang dem Wettbewerbskapitel unterliegen und daher insbesondere **keine vorteilhafteren Regeln** (also tatbestandliche oder prozessuale Erleichterungen bei der Kartell, Missbrauchs- und Beihilfekontrolle) für sie aufgestellt werden dürfen.[225] Angesichts dessen, dass die Art 101, 102 und 107 ohnedies keine Tatbestandsausnahme für solche Unternehmen vorsehen, ist dies also zunächst eine bloße **Bekräftigung der gleichen Geltung des Wettbewerbsrechts**.

Dementsprechend werden in Art 106 auch das **allgemeine Diskriminierungsverbot** des Art 18 besonders erwähnt sowie die Geltung der Verträge insgesamt bekräftigt. Letzteres ist besonders hinsichtlich des die MS treffenden **Loyalitätsprinzips**[226] bedeutsam, aus dem sich die vollumfänglich effektive Anwendung des Vertragsrechts auch auf öffentliche und privilegierte Unternehmen ebenfalls ableiten lässt.[227]

Der praktische Regelungsmehrwert des Art 106 Abs 1 besteht darin, dass die **MS in den Kreis der Verpflichteten der Art 101 und 102 einbezogen** werden, obwohl sie keine direkten Adressaten dieser Bestimmungen sind. Die MS können daher gegen die Art 101 und va (in der Praxis weitaus häufiger) Art 102 verstoßen, wenn sie Unternehmen bestimmte kartell- oder missbrauchsrelevante Verhaltensweisen erleichtern oder gar vorschreiben. Art 106 Abs 1 legt so die **Grenzen der Gestaltungsfreiheit** der MS in Bezug auf den wirtschaftlichen Rahmen für öffentliche Unternehmen fest und verunmöglicht es, Unternehmen als Instrumente einer Umgehung von unionsrechtlichen Verboten einzusetzen. Verbotsinhalt (Regelungsziel) ist es, eine Verletzung anderer Bestimmungen des Vertrages durch einen **Missbrauch staatlicher Einflussnahmemöglichkeiten** auf öffentliche und privilegierte Unternehmen zu verhindern.

Unter Art 106 Abs 1 fällt damit **jedes rechtliche oder tatsächliche Einwirken** der öffentlichen Hand auf die Rechtsstellung oder das Verhalten eines von ihr kontrollierten oder durch

---

[223] Vgl zB Rs C-475/99, *Ambulanz Glöckner*, ECLI:EU:C:2001:577, Rn 39 ff.
[224] Vgl Rs C-482/99, *Frankreich/Kommission*, ECLI:EU:C:2002:294, Rn 51 ff; Rs C-302/88, *Hennen Olie*, ECLI:EU:C:1990:455, Rn 15 f.; Rs 222/82, *Apple and Pear Development Council*, ECLI:EU:C:1983:370, Rn 17; Rs 249/81, *Kommission/Irland*, ECLI:EU:C:1982:402, Rn 6 ff.
[225] Zur Bedeutung des Art 106 im Rahmen der Grundfreiheiten vgl zB Rs C-410/04, *ANAV*, ECLI:EU:C:2006:237, Rn 23; Rs C-196/08, *Acoset SpA*, ECLI:EU:C:2009:628, Rn 50.
[226] Vgl Art 4 Abs 3 EUV.
[227] Vgl zB Rs C-320/91, *Corbeau*, ECLI:EU:C:1993:198, Rn 11.

sie privilegierten Unternehmens. Allgemeine gesetzliche bzw hoheitliche Akte, die jedes Unternehmen treffen könnten, sind keine Privilegierungen iSv Art 106.[228]

Dabei fällt nicht schon jede staatliche Stärkung der Wettbewerbsstellung eines Unternehmens gegen Art 106 (sog **schlichte Privilegierungen**): So dürfen die MS grundsätzlich Monopole schaffen und Unternehmen dadurch auch eine marktbeherrschende Stellung einräumen.[229]

Bedenklich sind aber Rechteeinräumungen zugunsten von Unternehmen, die neben der schlichten Privilegierung des Unternehmens direkt gegen kartell- oder missbrauchsrechtliche Bestimmungen verstoßen, mit diesen also unvereinbar sind, oder Verstöße des Unternehmens zur Folge haben oder zumindest erleichtern würden (**wettbewerbswidrige Privilegierung**).[230] Für die Beurteilung der Zulässigkeit einer Privilegierung sind daher die konkrete Ausgestaltung der Maßnahme (Missbrauchseignung bzw sonstige Wettbewerbs- oder allgemeine Vertragswidrigkeit) sowie die Frage ausschlaggebend, ob für diese Ausgestaltung objektive Rechtfertigungsgründe vorliegen.

Eine wettbewerbswidrige staatliche Privilegierung kann unterschiedlichste Formen annehmen. Im Urteil *RTT* aus 1991 war die Grundlage des wettbewerbswidrigen Verhaltens des staatlichen belgischen Fernmeldenetzbetreibers etwa eine Ministerialverordnung:

> Rs C-18/88, *Régie des télégraphes et des téléphones*, ECLI:EU:C:1991:474
>
> In Belgien verfügte die Régie des télégraphes et des téléphones (RTT) über das Monopol für die Einrichtung und den Betrieb des öffentlichen Fernmeldenetzes. Ferner durften nur von der RTT gelieferte oder von ihr zugelassene Geräte an das Netz angeschlossen werden. Damit vereinigte die RTT in ihrer Hand die Befugnisse zur Genehmigung oder Verweigerung des Anschlusses von Fernsprechgeräten an das Netz, zur Festlegung technischer Normen, denen diese Anlagen genügen mussten, und zur Prüfung, ob die nicht von ihr hergestellten Geräte den von ihr erlassenen Spezifikationen entsprachen. Die RTT erhob Klage gegen GB-Inno-BM, weil diese Fernsprechgeräte vertrieben habe, ohne die Verbraucher davon zu unterrichten, dass diese nicht zugelassen seien.
>
> 20 [Art 102] gilt ... nur für wettbewerbswidrige Verhaltensweisen der Unternehmen ... und nicht für staatliche Maßnahmen. Bei staatlichen Maßnahmen greift [Art 106 Abs 1] ein. Diese Bestimmung untersagt es den Mitgliedstaaten, öffentliche Unternehmen und Unternehmen, denen sie besondere oder ausschließliche Rechte gewähren, durch Rechtsetzungsakte oder Verwaltungsmaßnahmen in eine Situation zu versetzen, in die sich diese Unternehmen durch selbständige Verhaltensweisen nicht ohne Verstoß gegen [Art 102] versetzen könnten.
>
> 21 Daher stellt es einen Verstoß gegen [Art 106] in Verbindung mit [Art 102] dar, wenn die Ausdehnung der beherrschenden Stellung des öffentlichen Unternehmens oder desjenigen Unternehmens, dem ein Mitgliedstaat besondere oder ausschließliche Rechte gewährt, auf eine staatliche Maßnahme zurückgeht.
>
> 22 Der Ausschluß oder die Beschränkung des Wettbewerbs auf dem Markt für Fernsprechgeräte kann nämlich nicht als durch eine öffentliche Dienstleistungsaufgabe von allgemeinem wirtschaftlichen Interesse im Sinne von [Art 102 Abs 2] gerechtfertigt angesehen werden. Die Herstellung und der Verkauf von Endgeräten, insbesondere von Fernsprechgeräten, sind eine Tätigkeit, die jedes Unternehmen ausüben können muß. Um sicherzustellen, daß die Geräte den wesentlichen

---

228 Vgl zB verb Rs C-46/90 und C-93/91, *Lagauche*, ECLI:EU:C:1993:852, Rn 46 ff.
229 Vgl zB Rs C-451/03, *Servizi Ausiliari Dottori Commercialisti*, ECLI:EU:C:2006:208, Rn 23; Rs C-475/99, *Ambulanz Glöckner*, ECLI:EU:C:2001:577, Rn 39.
230 Vgl zB Rs C-451/03, *Servizi Ausiliari Dottori Commercialisti*, ECLI:EU:C:2006:208, Rn 23; Rs C-475/99, *Ambulanz Glöckner*, ECLI:EU:C:2001:577, Rn 39.

Anforderungen entsprechen, die insbesondere in der Sicherheit der Benutzer, der Sicherheit der Betreiber des Netzes und dem Schutz der öffentlichen Fernmeldenetze gegen Beschädigungen bestehen, **genügen der** Erlaß der Spezifikationen, denen sie entsprechen müssen, und die **Einführung** eines Zulassungsverfahrens, in dem geprüft werden kann, ob sie diesen Spezifikationen genügen.

23 Nach Ansicht der Klägerin könnte ein Verstoß gegen [Art 106 abs. 1] nur dann festgestellt werden, wenn der Mitgliedstaat einen von ihr tatsächlich begangenen **Mißbrauch gefördert** hätte, wie etwa eine diskriminierende Anwendung der Zulassungsvorschriften. Das Vorlageurteil habe jedoch keinen solchen tatsächlich begangenen Mißbrauch angeführt, und die bloße Möglichkeit einer diskriminierenden Anwendung dieser Vorschriften aufgrund der Bestimmung der Klägerin zur Zulassungsbehörde, während sie mit den Unternehmen, die die Zulassung beantragten, im Wettbewerb stehe, könne für sich allein einen Mißbrauch im Sinne von [Art 102] nicht begründen.

24 Diesem Vorbringen kann nicht gefolgt werden. Es genügt der Hinweis darauf, daß die **Ausdehnung des Monopols** für die Einrichtung und den Betrieb des Fernsprechnetzes auf den Markt für Fernsprechgeräte ohne objektive Rechtfertigung als solche durch [Art 102] bzw durch [Art 106 Abs 1] in Verbindung mit [Art 102] verboten ist, wenn diese Ausdehnung auf eine staatliche Maßnahme zurückgeht. Da der Wettbewerb nicht auf diese Weise beseitigt werden darf, darf er auch nicht verfälscht werden.

Maßgeblich ist also stets die **Wirkung der Maßnahme**, nicht ihre Form. Staatliche Maßnahmen iSv Art 106 Abs 1 können daher neben gesetzlichen oder bescheidmäßigen Grundlagen zB auch schlichte Anweisungen im (privatrechtlichen) Gesellschafterverhältnis sein, die Festschreibung spezieller Pflichten in Betreiber- oder Konzessionsverträgen mit der öffentlichen Hand, schlichte informelle Anregungen öffentlicher Stellen als Aufsichtsbehörden oder Geldgeber, udgl mehr.

Eine wettbewerbswidrige Privilegierung illustriert zB[231] auch das Urteil *Crespelle* aus 1994. Dort ging es um die Frage, ob die **Berechnung überhöhter Preise durch** eine mit besonderen Rechten ausgestattete französische Zucht- und Besamungsstation **auf die privilegierende** Rechtsgrundlage selbst zurückzuführen sei (**rechtswidrige Ausgestaltung des verliehenen Rechts**) oder ob es sich dabei nur um einen von der Verleihung des besonderen Rechts begünstigten, aber **vom Unternehmen unabhängig herbeigeführten Missbrauch** (**missbräuchliche Ausnutzung des verliehenen Rechts**) handelt. Dieser Unterschied ist wesentlich: Nur im ersteren Fall wäre auch der Staat für den Verstoß verantwortlich und die Rechtsgrundlage der Rechtsverleihung unionsrechtswidrig, im zweiten Fall ist das Unternehmen alleine für sein Verhalten verantwortlich und die Rechtsgrundlage bleibt unbeanstandet:

Rs C-323/93, *Centre d'insémination de la Crespelle*, ECLI:EU:C:1994:368

In Frankreich war der Betrieb von behördlich zugelassenen Besamungsstationen für Zuchttiere mit dem Recht verbunden, innerhalb eines abgegrenzten Gebiets ausschließlich tätig zu werden, dh Zuchtsamen zu produzieren, zu lagern und Besamungen vorzunehmen. Die Société civile agricole du Centre d'insémination de la Crespelle lagerte seit 1961 in einem Teil des Departements Mayenne Rindersamen und verwendete diese zur Besamung. Die Coopérative d'élevage et d'insémination

---

[231] Vgl auch Rs C-49/07, *MOTOE*, ECLI:EU:C:2008:376, Rn 49; Rs C-219/97, *Drijvende Bokken*, ECLI:EU:C:1999:437, Rn 83; verb Rs C-115/97 bis C-117/97, *Brentjens' Handelsonderneming*, ECLI:EU:C:1999:434, Rn 93.

artificielle du département de la Mayenne, die seit 1970 in diesem Gebiet ausschließliche Rechte besaß, verklagte die Station wegen Verletzung dieser Rechte beim Tribunal de grande instance Rennes.

17 Im vorliegenden Fall sind den Besamungsstationen durch die nationalen Rechtsvorschriften, wonach ihr Betrieb genehmigungspflichtig ist und jede Station ein bestimmtes Gebiet ausschließlich versorgt, ausschließliche Rechte eingeräumt worden. Diese nationalen Vorschriften schaffen dadurch, daß sie zugunsten dieser Unternehmen Monopole nebeneinanderstellen, die territorial begrenzt sind, in ihrer Gesamtheit aber das ganze Hoheitsgebiet eines Mitgliedstaats erfassen, eine beherrschende Stellung im Sinne von [Art 102] auf einem wesentlichen Teil des [Binnen-]Marktes.

18 Die Schaffung einer beherrschenden Stellung durch die Gewährung eines ausschließlichen Rechts im Sinne von [Art 106 Abs 1] ist als solche noch nicht mit [Art 102] unvereinbar. Ein Mitgliedstaat verstößt nämlich gegen die Verbote dieser beiden Bestimmungen nur dann, wenn das betreffende Unternehmen durch die bloße Ausübung des ihm übertragenen ausschließlichen Rechts seine beherrschende Stellung mißbräuchlich ausnutzt[.]

19 Im vorliegenden Fall besteht der angebliche Mißbrauch in der Berechnung überhöhter Preise durch die Besamungsstationen.

20 Es ist daher zu prüfen, ob diese Praxis, die den angeblichen Mißbrauch darstellt, eine unmittelbare Folge des Gesetzes ist. Dabei ist festzustellen, daß das Gesetz den Besamungsstationen lediglich gestattet, von den Viehzüchtern, die von ihnen die Lieferung von Samen aus anderen Produktionsstationen verlangen, die Übernahme der sich aus dieser Wahl ergebenden zusätzlichen Kosten zu fordern.

21 Eine solche Vorschrift überlässt es zwar den Besamungsstationen, diese Kosten festzusetzen, sie veranlasst sie aber nicht dazu, eine unverhältnismäßig hohe Kostenerstattung zu fordern und damit ihre beherrschende Stellung mißbräuchlich auszunutzen.

22 Auf diesen Teil der Frage ist folglich zu antworten, daß die [Art 106 Abs 1] und [Art 102] es einem Mitgliedstaat nicht verwehren, zugelassenen Rinderbesamungsstationen in einem abgegrenzten Gebiet bestimmte ausschließliche Rechte einzuräumen.

Das Urteil *Crespelle* veranschaulicht, dass **nicht die Schaffung ausschließlicher Rechte an sich problematisch** ist, **sondern** nur die Schaffung missbrauchsgeeigneter oder sonst zu Verstößen gegen Unionsrecht zwingender oder zumindest verleitender Befugnisse. Dies gilt auch dann, wenn das privilegierte Unternehmen seine Rechtsstellung idF aus eigenem Antrieb missbräuchlich ausnützt: Der betreffende MS ist für eine solche Ausnutzung, soweit er ihr nicht Vorschub geleistet hat, nicht verantwortlich (sondern das fragliche Unternehmen alleine).

Ein Verstoß schon der Rechtsgrundlage selbst gegen Art 106 Abs 1 kann sich daraus ergeben, dass die Rechtsausübung, nach den in der Rechtsgrundlage vorgesehenen Bedingungen, zwangsläufig eine Verletzung der Wettbewerbsvorschriften durch das begünstigte Unternehmen nach sich zieht oder dieses Unternehmen notwendig zur missbräuchlichen Ausnutzung seiner beherrschenden Stellung veranlasst wird (rechtswidrige Ausgestaltung des verliehenen Rechts).[232] Ausreichend ist also nicht erst die zwangsläufige Herbeiführung des Verstoßes durch die Rechtsgrundlage, sondern schon der wesentliche Anreiz zum Verstoß aufgrund der Rechtsgrundlage. Als Folge ist einerseits der Unionsrechtsverstoß (auch, iaR aber nur) dem betreffenden MS anzulasten und andererseits die Rechtsgrundlage der Verleihung durch den An-

---

[232] Vgl zB Rs C-340/99, *TNT Traco*, ECLI:EU:C:2001:281, Rn 44.

wendungsvorrang des Unionsrechts verdrängt. Diese Rechtsfolgen treten bei autonomen Verstößen des Unternehmens ohne staatliche Veranlassung nicht ein.

Die Abgrenzung, wie die Gewährung oder Ausgestaltung eines ausschließlichen Rechts oder die Duldung seiner Ausnutzung durch den Staat beschaffen sein muss, um keinen Verstoß gegen Art 106 Abs 1 zu bewirken, richtet sich überwiegend danach, ob die fragliche Regelung eine Lage schafft, in der ein Verstoß des Unternehmens (zB gegen das Missbrauchsverbot) zwangsläufig geschehen muss oder zumindest wahrscheinlich ist. Dies illustriert etwa[233] das Urteil *Porto di Genova* aus 1991, betreffend Ausschließlichkeitsrechte für die Erbringung von Hafendienstleistungen.

> Rs C-179/90, *Merci convenzionali porto di Genova SpA*, ECLI:EU:C:1991:464
>
> In Italien waren die Be-, Ent- und Umladung, die Lagerung sowie allgemein der Umschlag von Waren oder anderen Gütern in Häfen eigenen Hafenbetriebsgesellschaften vorbehalten, deren Arbeitnehmer zudem die italienische Staatsangehörigkeit besitzen mussten. Zur Durchführung solcher Arbeiten mussten Unternehmen also ausschließlich auf die Hafenbetriebsgesellschaften zurückgreifen, wobei ein Verstoß gegen die ausschließlichen Rechte der Hafenbetriebsgesellschaften strafrechtlich verfolgt wurde. Im Zuge eines Streiks der Hafenarbeiter verzögerte sich die Entladung eines Schiffes und das betroffene Unternehmen verlangte von den Hafenbetreibern Schadenersatz und die Rückzahlung entrichteter Beträge.
>
> 17 Wie der Gerichtshof ... entschieden hat, verstößt ein Mitgliedstaat gegen die in [Art 102 und 106] enthaltenen Verbote, wenn das betreffende Unternehmen durch die bloße Ausübung der ihm übertragenen ausschließlichen Rechte seine beherrschende Stellung mißbräuchlich ausnutzt ... oder wenn durch diese Rechte eine Lage geschaffen werden könnte, in der dieses Unternehmen einen solchen Mißbrauch begeht[.]
>
> 19 Insoweit ergibt sich aus dem ... Sachverhalt, daß die Unternehmen, die nach den in der betreffenden nationalen Regelung festgelegten Modalitäten mit ausschließlichen Rechten ausgestattet sind, aus diesem Grund geneigt sind, die Bezahlung nicht verlangter Dienstleistungen zu fordern, unverhältnismäßige Preise in Rechnung zu stellen, den Einsatz moderner Technologie abzulehnen, was erhöhte Arbeitskosten und längere Ausführungsfristen zur Folge hat, oder bestimmten Benutzern Preisnachlässe zu gewähren, die gleichzeitig durch eine Erhöhung der anderen Benutzern in Rechnung gestellten Preise ausgeglichen werden.
>
> 20 Ein Mitgliedstaat schafft somit eine gegen [Art 102] verstoßende Lage, wenn er eine Regelung wie die ... streitige erlässt, die den Handel zwischen Mitgliedstaaten beeinträchtigen kann, wie dies im Ausgangsrechtsstreit ... in bezug auf die Bedeutung des Frachtverkehrs im Hafen von Genua der Fall ist.

Besonders problematisch ist die Einräumung besonderer Rechte dann, wenn das privilegierte Unternehmen mit anderen Unternehmen, die in benachbarten Märkten auf den reservierten Dienst angewiesen sind, im Wettbewerb steht.[234] Unternehmen können dann in besonderem Maße versucht sein, sich selbst bei der Erbringung der fraglichen Leistungen am Nachbarmarkt zu bevorzugen und so Marktmacht aus dem reservierten Bereich in den Wettbewerbsbereich zu übertragen (sog *leveraging* bzw Marktmachttransfer). Problematisch ist es idS, wenn die Ausgestaltung der ausschließlichen Rechte es den Inhabern erlaubt, nicht nur den reservierten

---

[233] Vgl etwa Rs C-451/03, *Servizi Ausiliari Dottori Commercialisti*, ECLI:EU:C:2006:208, Rn 23.
[234] So zB in Rs C-475/99, *Ambulanz Glöckner*, ECLI:EU:C:2001:577, Rn 39; Rs C-18/88, *RTT*, ECLI:EU:C:1991:474, Rn 20 ff.

9. Beihilferecht und öffentliche Unternehmen

Markt zu beherrschen, sondern auch benachbarte Märkte. Ein Beispiel für einen Anreiz zum (wahrscheinlichen) Missbrauch des eingeräumten Rechts durch Marktmachttransfer bietet das Urteil *Raso* aus 1996, betreffend ein ausschließliches Hafenbetriebsrecht.

> Rs C-163/96, *Silvano Raso*, ECLI:EU:C:1998:54
>
> Die La Spezia Container Terminal Srl (LSCT) war das für die Tätigkeit im Hafen von La Spezia konzessionierte Umschlagunternehmen. Sie verfügte dabei über das ausschließliche Recht der vorübergehenden Überlassung von Arbeitskräften an andere Unternehmen, die in dem Hafen tätig waren, und war darüber hinaus gleichzeitig auch zur (nicht ausschließlichen) Durchführung solcher Hafenarbeiten berechtigt, wie sie die anderen Unternehmen durchführten. Aufgrund der italienischen Gesetzeslage konnte die LSCT daher bei der Erbringung von Dienstleistungen für die Hafenbenutzer mit den anderen Hafenumschlagunternehmen konkurrieren, hatte aber das ausschließliche Recht, diesen Unternehmen vorübergehend Arbeitskräfte zu überlassen und dabei die entsprechenden Vertragsbedingungen vorzugeben.
>
> 28 Da die [privilegierende] Regelung der umgewandelten ehemaligen Hafenbetriebsgesellschaft nicht nur das ausschließliche Recht verleiht, den Konzessionären von Hafenanlagen und den anderen zur Tätigkeit im Hafen zugelassenen Unternehmen vorübergehend Arbeitskräfte zu überlassen, sondern ... darüber hinaus gestattet, auf dem Markt für Hafenarbeiten mit ihnen in Wettbewerb zu treten, ergibt sich für diese umgewandelte ehemalige Hafenbetriebsgesellschaft ein Interessenkonflikt.
>
> 29 Durch die bloße Ausübung ihres Monopols kann sie die Chancengleichheit der einzelnen Wirtschaftsteilnehmer auf dem Markt für Hafendienstleistungen beeinträchtigen[.]
>
> 30 Diese Gesellschaft wird damit veranlasst, ihr Monopol zu mißbrauchen, indem sie von ihren Konkurrenten auf dem Markt für Hafenarbeiten für die Überlassung von Arbeitskräften überhöhte Preise verlangt oder ihnen für diese Arbeiten weniger geeignete Arbeitskräfte zur Verfügung stellt.
>
> 31 Unter diesen Umständen muß ein rechtlicher Rahmen ... schon als solcher als mit [Art 106 Abs 1] in Verbindung mit [Art 102] unvereinbar angesehen werden. Insoweit spielt es daher keine Rolle, daß das vorlegende Gericht keinen ... tatsächlich begangenen Mißbrauch angeführt hat[.]

Missbrauchsrelevant ist es daher generell, wenn sich ein privilegiertes Unternehmen aufgrund des besonderen Rechts einen benachbarten Markt ohne objektiven Grund vorbehalten kann: In *Raso* verfügte das betreffende Unternehmen aufgrund der gesetzlichen Regelung nur über ein ausschließliches Recht im Hinblick auf die Überlassung und Vermittlung von Hafenarbeitern. Allerdings bedingte diese Regelung selbst schon, dass es damit gleichzeitig den benachbarten Markt der Verladung und Verfrachtung kontrollierte, indem das Unternehmen auf die wirtschaftlichen Bedingungen, unter denen Konkurrenten operieren mussten, wesentlichen Einfluss nehmen konnte. Im ähnlichen Fällen war zB der Post die Zulassung von Fernsprechendgeräten vorbehalten, während sie diese gleichzeitig im Wettbewerb mit anderen vertrieb, oder bestimmten anerkannten Rettungsunternehmen eine Art Einspruchsrecht bei der Zulassung von Unternehmen zu der verwandten Tätigkeit der Abwicklung von Krankentransporten eingeräumt.[235]

Die Frage, wann die bloße Ausübung des besonderen Rechts zwangsläufig einen Missbrauch der marktbeherrschenden Stellung bedeutet, erörtert etwa das Urteil *Pavlov* aus 2000. Es betraf die Bedingungen der Pflichtmitgliedschaft von Ärzten in einem Rentenfonds.

---

[235] Vgl Rs C-475/99, *Ambulanz Glöckner*, ECLI:EU:C:2001:577, Rn 39; Rs C-18/88, *RTT*, ECLI:EU:C:1991:474, Rn 20 ff.

> Verb Rs C-180/98 bis C-184/98, *Pavel Pavlov*, ECLI:EU:C:2000:428
>
> In den Niederlanden war für Fachärzte die Pflichtmitgliedschaft in einem teilweise mit ausschließlichen Rechten ausgestatteten Rentenfonds für diese Berufsgruppe vorgesehen. Die Kläger der Ausgangsverfahren weigerten sich, sich dem Fachärzte-Fonds anzuschließen und trugen vor, die Pflichtmitgliedschaft verstoße gegen die Art 101, 102 und 106. Der Gerichtshof bejahte zunächst die Unternehmenseigenschaft des Fachärzte-Fonds und widmete sich sodann der Frage, ob die Art 102 und 106 es einem Mitgliedstaat verwehren, einem Rentenfonds das ausschließliche Recht zur Verwaltung eines Zusatzrentensystems für die Angehörigen eines freien Berufes zu gewähren.
>
> 126 Der Fachärzte-Fonds hat ... ein gesetzliches Monopol für bestimmte Versicherungsleistungen in einem Berufszweig eines Mitgliedstaats und daher auf einem wesentlichen Teil des [Binnen-]Marktes. Er besitzt deshalb eine beherrschende Stellung im Sinne von [Art 102.]
>
> 127 Allerdings ist allein die Schaffung einer beherrschenden Stellung durch die Gewährung ausschließlicher Rechte im Sinne von [Art 106 Abs 1] als solche noch nicht mit [Art 102] unvereinbar. Ein Mitgliedstaat verstößt nur dann gegen die in diesen beiden Bestimmungen enthaltenen Verbote, wenn das betreffende Unternehmen durch die bloße Ausübung der ihm übertragenen ausschließlichen Rechte seine beherrschende Stellung missbräuchlich ausnutzt oder wenn durch diese Rechte eine Lage geschaffen werden könnte, in der dieses Unternehmen einen solchen Missbrauch begeht[. Ein gegen Art 102 verstoßender Missbrauch liegt] dann vor, wenn ein Mitgliedstaat einem Unternehmen ein ausschließliches Recht zur Ausübung bestimmter Tätigkeiten gewährt und eine Situation schafft, in der dieses Unternehmen offenkundig nicht in der Lage ist, die Nachfrage auf dem Markt nach entsprechenden Leistungen zu befriedigen.
>
> 128 Es ist aber weder aus den vom nationalen Gericht übermittelten Akten noch aus den schriftlichen oder mündlichen Erklärungen des Fachärzte-Fonds, der am Verfahren beteiligten Regierungen oder der Kommission ersichtlich, dass der Fachärzte-Fonds durch die bloße Ausübung des ihm übertragenen ausschließlichen Rechts seine beherrschende Stellung missbräuchlich ausnutzt oder dass die von ihm angebotenen Rentenleistungen nicht den Bedürfnissen der Fachärzte entsprechen. ...
>
> 130 Auf die dritte Frage ist daher zu antworten, dass die [Art 102 und 106] es dem Staat nicht verwehren, einem Rentenfonds das ausschließliche Recht zur Verwaltung eines Zusatzrentensystems für die Angehörigen eines freien Berufes zu gewähren.

Als Missbrauchsindiz ist es demnach zu werten, wenn das privilegierte Unternehmen offenkundig unfähig ist, die Nachfrage auf dem Markt zu befriedigen. In einem solchen Fall liegt ein automatischer Missbrauch durch die bloße Rechtsausübung bzw Rechteeinräumung vor: Einem Unternehmen darf kein ausschließliches Recht in einem Umfang eingeräumt werden, den es nicht bedienen kann (keine Abdeckung der Nachfrage im gesamten vom ausschließlichen Recht abgedeckten Tätigkeitsspektrum).[236] Wenn ein solches Unternehmen sein Monopol gegen Unternehmen durchsetzt, die Leistungen erbringen, die es selbst gar nicht erbringen kann, ist dies als nach Art 102 missbräuchliche Reduktion des Angebots zu werten.

9.2.2.3. Verweischarakter

Art 106 Abs 1 ist eine reine Verweisungsnorm und daher für sich nicht unmittelbar anwendbar: Das dort statuierte Gleichbehandlungsgebot benötigt einen Bezugspunkt für die Feststellung der unionsrechtswidrigen Ungleichbehandlung (also zB gesetzliche Sondererlaubnis für ein Kartell in Ungleichbehandlung privater, an das Kartellrecht gebundener Unternehmen).

---

[236] Vgl auch Rs C-475/99, *Ambulanz Glöckner*, ECLI:EU:C:2001:577, Rn 62; Rs C-41/90, *Höfner und Elser*, ECLI:EU:C:1991:161, Rn 31; Rs C-320/91, *Corbeau*, ECLI:EU:C:1993:198, Rn 19.

Art 106 Abs 1 kann daher vor den nationalen Gerichten nur zusammen mit einer ihrerseits unmittelbar anwendbaren Norm des Unionsrechts geltend gemacht werden (also zB Art 102 iVm 106 Abs 1).[237] Dies illustriert etwa das Urteil *Becu* aus 1999, betreffend die Abwehr von Gebühren für ein staatliches Monopol.

> Rs C-22/98, *Jean Claude Becu*, ECLI:EU:C:1999:419
>
> Die Beklagten des Ausgangsverfahrens widersetzten sich der Anwendung einer belgischen Gesetzesregelung, die sie verpflichtete, für die Verrichtung von Hafenarbeiten ausschließlich staatlich anerkannte, dh durch Gesetz ausgewiesene, Hafenarbeiter in Anspruch zu nehmen. Diesen Arbeitern wäre ein Entgelt zu zahlen gewesen, das weit über die Löhne der eigenen Beschäftigten der Beklagten oder vergleichbarer Arbeitnehmer hinausging. Während die erste Instanz im nationalen Verfahren zu dem Schluss gelangte, dass die belgische Regelung gegen Unionsrecht verstoße und daher nicht anzuwenden sei, hegte die Berufungsinstanz ua Zweifel an der Möglichkeit der Beklagten, sich zu ihrer Verteidigung direkt auf Art 106 Abs 1 zu stützen.
>
> 21 [Es] ist zunächst zu bemerken, daß ... die Bestimmungen des Vertrages, die ebenso wie die [Art 18, 81 und 82] unmittelbare Wirkung haben, diese Wirkung behalten und für den einzelnen Rechte begründen, die die nationalen Gerichte auch im Rahmen von [Art 106] zu wahren haben[.] ...
>
> 24 Das Verbot des [Art 106 Abs 1] ist jedoch nur anwendbar, wenn die darin bezeichneten Maßnahmen ‚Unternehmen' betreffen.
>
> 26 ... Da die Hafenarbeiter während der Dauer [ihres] Arbeitsverhältnisses in [...] Unternehmen eingegliedert sind und daher mit jedem dieser Unternehmen eine wirtschaftliche Einheit bilden, stellen sie nicht selbst „Unternehmen" im Sinne des Wettbewerbsrechts der Gemeinschaft dar.
>
> 27 Die anerkannten Hafenarbeiter eines Hafengebiets stellen auch nicht gemeinsam betrachtet ein Unternehmen dar.
>
> 30 Daraus folgt, daß eine Regelung wie die im Ausgangsverfahren in Rede stehende nicht unter das Verbot des – nur auf Unternehmen anwendbaren – [Art 106 Abs 1] in Verbindung mit irgendeiner anderen Bestimmung des Vertrages fallen kann. ...
>
> 31 Eine solche Regelung kann auch nicht unter das Verbot der [ex-]Art 85 und 86 EG-Vertrag, isoliert betrachtet, fallen, die selbst nur das Verhalten von Unternehmen betreffen und sich nicht auf Rechtsvorschriften der Mitgliedstaaten beziehen[.] ...
>
> 37 Nach alledem ist ... zu antworten, daß [Art 106 Abs 1] in Verbindung mit den [Art 18, 81 und 82] dahin auszulegen ist, daß er dem einzelnen nicht das Recht verleiht, sich der Anwendung [der Regelung des Ausgangssachverhalts] zu widersetzen[.] ...

9.2.3. Daseinsvorsorge nach Abs 2

Art 106 Abs 2 lautet: „Für Unternehmen, die mit Dienstleistungen von allgemeinem wirtschaftlichem Interesse betraut sind oder den Charakter eines Finanzmonopols haben, gelten die Vorschriften der Verträge, insbesondere die Wettbewerbsregeln, soweit die Anwendung dieser Vorschriften nicht die Erfüllung der ihnen übertragenen besonderen Aufgabe rechtlich

---

[237] Vgl zB Rs 155/73, *Sacchi*, ECLI:EU:C:1974:40, Rn 18; Rs C-179/90, *Merci convenzionali porto di Genova*, ECLI:EU:C:1991:464, Rn 23; Rs C-242/95, *GT-Link*, ECLI:EU:C:1997:376, Rn 57; Rs C-258/98, *Carra*, ECLI:EU:C:2000:301, Rn 11.

oder **tatsächlich verhindert**. Die Entwicklung des Handelsverkehrs darf nicht in einem Ausmaß beeinträchtigt werden, das dem Interesse der Union zuwiderläuft."[238]

Abs 2 ist die **Gegenausnahme zur Gleichbehandlungspflicht** des Abs 1: Diese Gleichbehandlungspflicht gilt für Unternehmen, die mit Dienstleistungen von allgemeinem wirtschaftlichem Interesse betraut sind (sog **Daseinsvorsorgeunternehmen**), im zur Leistungserbringung notwendigen Umfang gerade nicht. Zugunsten dieser Unternehmen können daher auf das im Einzelfall Erforderliche begrenzte Ausnahmen von den Vorschriften der Kartell-, Missbrauchs-, Fusions- und Beihilfekontrolle vorgesehen werden. Dies kann also zB bestimmte Tarifbestimmungen oder (und dort liegt auch der Hauptanwendungsbereich dieser Regelung) die Gewährung von **Zuschüssen (Beihilfen)** rechtfertigen.

Art 106 Abs 2 ist eine **Rechtfertigungsbestimmung**, keine Tatbestandsausnahme. Im der Grundsatzurteil *Altmark* entwickelte der EuGH für den Bereich des Beihilfeverbots zwar Kriterien, bei deren Vorliegen Zuschüsse an Daseinsvorsorgeunternehmen schon vom Beihilfetatbestand des Art 107 Abs 1 ausgenommen sind.[239] Diese Kriterien greifen aber zusätzlich zu bzw noch vor Anwendung des Art 106 Abs 2: Art 106 Abs 2 findet sodann auf (die *Altmark*-Kriterien nicht erfüllende) Maßnahmen als nachgelagerte Rechtfertigungsbestimmung Anwendung. Die großen Unterschiede zwischen diesen Regimes ausblendend kann das Verhältnis zwischen *Altmark* und Art 106 Abs 2 mit dem Verhältnis der *Keck*-Ausnahme[240] zu Art 36 AEUV im Bereich des freien Warenverkehrs verglichen werden.

In Art 106 Abs 2 werden neben Daseinsvorsorgeunternehmen auch Unternehmen mit dem Charakter eines **Finanzmonopols** angesprochen. Dieser Begriff bezeichnet Unternehmen, die ein als **Einnahmequelle für den Staatshaushalt** gedachtes Monopol bewirtschaften (sog *revenue producing monopoly*). Der Begriff wird eng verstanden und bezieht nur Monopole mit ein, bei denen der (über die allgemeine Steuerleistung hinausgehende) **Einnahmezweck** Kern des **Monopols** ist (zB, gestaltungsabhängig, bei einem Glücksspielmonopol). Zugunsten von Finanzmonopolisten kann nach der Intention des Art 106 Abs 2 die besondere Aufgabe der Einnahmenerzielung begrenzte Ausnahmen vom Wettbewerbsrecht rechtfertigen.

Allerdings besitzt die Variante der Finanzmonopolunternehmen in der Praxis **kaum Bedeutung**: Zurückzuführen ist dies einerseits auf die **enge Eingrenzung** des Begriffs auf Monopole mit dem Bestandszweck der Einnahmenerzielung sowie andererseits auf die **Schwierigkeit**, aus dem besonderen Zweck der Einnahmenerzielung für den Staat Ausnahmen vom Wettbewerbsrecht **zu rechtfertigen**. Dies gilt besonders mit Blick darauf, dass solche Ausnahmen nach Art 106 Abs 2 gegen das **Unionsinteresse abgewogen** werden müssen. Hierin liegt ein Korrektiv dagegen, den Einnahmenzweck zur höchsten Maxime zu erheben und so zB eine Einnahmenmaximierung durch Ausbeutung oder starker Schädigung von Abnehmern oder Verbrauchern zu rechtfertigen. Zudem sind viele **Finanzmonopole gleichzeitig** als **Handelsmonopole** iSd Art 37 ausgestaltet und fallen damit in erster Linie unter jene Sonderbestimmung (zB die früheren dt Zündholz- und Branntweinmonopole oder Elektrizitäts- und Energiemonopole). Allerdings können die Art 37 und 106 Abs 2 gemeinsam angewandt werden, wodurch Art 106 Abs 2

---

238 Hervorhebung hinzugefügt.
239 Vgl Rs C-280/00, *Altmark Trans*, ECLI:EU:C:2003:415, Rn 87 ff.
240 Vgl Rs C-267/91, *Keck*, ECLI:EU:C:1993:905, Rn 16.

für Handelsmonopole, die gleichzeitig den Begriff des Finanzmonopols erfüllen, zur schützenden Ausnahme gegenüber dem besonderen Diskriminierungsverbot des Art 37 wird.[241]

9.2.3.1. Begriff Daseinsvorsorge

Der Begriff der Dienstleistungen von allgemeinem wirtschaftlichem Interesse (DAWI bzw Daseinsvorsorgeleistungen) ist weder im Vertrag noch im Sekundärrecht vorgegeben. Dies ist auch beabsichtigt, denn die Festlegung von Daseinsvorsorgeleistungen obliegt den MS. Grund dafür sind die zwischen den MS stark verschiedenen Verständnisse von Staatsaufgaben sowie Eigentums- und Sozialordnung. Dies streicht den eingangs erwähnten Zusammenhang zwischen Art 106 Abs 2 und der Neutralität des Unionsrechts gegenüber den Eigentumsordnungen der MS nach Art 345 heraus.

Es steht den MS daher frei zu entscheiden, welche Tätigkeiten sie im Allgemeininteresse bereitstellen wollen. Sie besitzen dabei einen weiten Ermessensspielraum. Ausgeschlossen sind mitgliedstaatliche Sonderdefinitionen in Wirtschaftssektoren, für die Sondervorschriften der Union bestehen (liberalisierte Sektoren). Darüber hinaus unterliegen aber nur offenkundige Fehlzuordnungen von Unternehmenstätigkeiten einer Korrektur im Einzelfall:[242] Knackpunkt ist die Frage, ob sich die als Daseinsvorsorgeleistung definierte Tätigkeit tatsächlich durch einzelne, deutlich erkennbare Merkmale von herkömmlichen Tätigkeiten des Wirtschaftslebens unterscheidet. Fehlen diese Merkmale, mangelt es also an einer besonderen Aufgabe im Vergleich zu Tätigkeiten des allgemeinen Wirtschaftslebens, greift Art 106 Abs 2 nicht.[243]

DAWI sind, wie schon aus der Bezeichnung hervorgeht, nur wirtschaftliche Tätigkeiten, die aber im Unterschied zum allgemeinen Wirtschaftsleben mit besonderen Gemeinwohlverpflichtungen bzw Auflagen im Interesse der Allgemeinheit verbunden sind. Diese Auflagen können etwa Vorgaben zu Preis, Qualität, Kapazität usw der Leistung betreffen. Die je nach Leistung unterschiedlichen Gemeinwohlverpflichtungen unterscheiden Daseinsvorsorgeleistungen von herkömmlichen wirtschaftlichen Tätigkeiten.

Die meisten DAWI sind Universal- und Netzdienste. Beispiele sind der öffentliche Personenverkehr, die Wasserver- und Entsorgung, die Post-Grundversorgung, öffentlicher Rundfunk, die Bereitstellung von Energie- oder Telekommunikationsnetzen, die Abfallbewirtschaftung usw. Im Grunde kann aber jede wirtschaftliche Tätigkeit, die mit klar definierten Gemeinwohlverpflichtungen verknüpft ist, eine Daseinsvorsorgeleistung sein (zB ein Basiskonto oder andere Basis-Finanzleistungen).

Keine Anwendung findet Art 106 daher, wie die Wettbewerbsnormen insgesamt, auf nichtwirtschaftliche Tätigkeiten. Leistungen der Daseinsvorsorge, die keine wirtschaftlichen Tätigkeiten darstellen, bedürfen mangels Anwendbarkeit der Wettbewerbsnormen auch keiner Ausnahme bzw Rechtfertigungsbestimmung. Es gilt das zum Unternehmensbegriff Gesagte: Zu

---

241 Vgl Rs C-157/94, *Kommission/Niederlande*, ECLI:EU:C:1997:499, Rn 32; Rs C-158/94, *Kommission/Italien*, ECLI:EU:C:1997:500, Rn 43; Rs C-159/94, *Kommission/Frankreich*, ECLI:EU:C:1997:501, Rn 49.
242 Vgl zB Rs C-179/90, *Merci convenzionali porto di Genova*, ECLI:EU:C:1991:464, Rn 27; Rs C-242/95, *GT-Link*, ECLI:EU:C:1997:376, Rn 52 f; Rs C-266/96, *Corsica Ferries France*, ECLI:EU:C:1998:306, Rn 45.
243 Vgl Rs C-174/97 P, *FFSA*, ECLI:EU:C:1998:130, Rn 29 ff.; Rs C-179/90, *Merci convenzionali porto di Genova*, ECLI:EU:C:1991:464, Rn 27; Rs C-242/95, *GT-Link*, ECLI:EU:C:1997:376, Rn 52 f; Rs C-266/96, *Corsica Ferries France*, ECLI:EU:C:1998:306, Rn 45; Rs T-106/95, *FFSA*, ECLI:EU:T:1997:23; (nicht verb) Rs T-79/10, T-258/10 und T-325/10, *Colt, Orange und Iliad*, ECLI:EU:T:2013:463, Rn 91 ff.

denken ist also an Bereiche bzw Leistungen, für die aus faktischen Gründen kein Markt besteht, etwa die Grundversorgungssysteme der sozialen Sicherheit, also Tätigkeiten der Krankenkassen, die auf dem Grundsatz der Solidarität beruhen und ohne Gewinnerzielungsabsicht ausgeübt werden,[244] die Kernbereiche des allgemeinen Bildungssystems[245] oder die Wahrnehmung von Hoheitsbefugnissen (zB Luftraum- oder Umweltüberwachung).[246]

Die **Abgrenzung** der nichtwirtschaftlichen gegenüber den wirtschaftlichen Daseinsvorsorgeleistungen ist im Einzelfall schwierig, denn einerseits eröffnet die zunehmende Auslagerung öffentlicher Aufgaben an private oder halbstaatliche Einrichtungen neue Märkte und führt ehemals marktferne Tätigkeiten an den Wettbewerb heran. Andererseits sind viele Leistungserbringer in mehreren Bereichen tätig, haben also zB eine nichtwirtschaftliche Haupttätigkeiten (zB das Grundstudium an Universitäten, die Notfallversorgung in Krankenhäusern usw) verbunden mit wirtschaftlichen Nebentätigkeiten (zB gebührenpflichtige Aufbaustudien;[247] bestimmte geplante Krankenhausleistungen im Wettbewerb mit privaten Kliniken und Ärzten usw).[248]

9.2.3.2. Sachlicher Schutzbereich

Art 106 Abs 2 knüpft alleine an den Umstand der Daseinsvorsorgeerbringung durch ein Unternehmen an. Adressat bzw **Schutzgegenstand** ist daher die Daseinsvorsorgeleistung, aber nicht notwendigerweise den Leistungserbringer. Auf die Norm berufen können sich aber sowohl die MS als auch die betroffenen Daseinsvorsorgeunternehmen. Ob der Leistungserbringer ein öffentliches Unternehmen ist oder die Leistungserbringung (wie zumeist) auf einem ausschließlichen Recht fußt, ist für die Anwendung des Abs 2 irrelevant. Dies veranschaulicht etwa das Urteil *Kommission/Frankreich* aus 1997, betreffend die teilweise Nichtanwendung des Wettbewerbsrechts auf Unternehmen des früheren französischen Strom- und Gasmonopols.

Rs C-159/94, *Kommission/Frankreich*, ECLI:EU:C:1997:501

Das französische Gesetz von 1946 über die Verstaatlichung von Elektrizität und Gas bestimmte, dass die Erzeugung, die Fortleitung, die Abgabe, die Einfuhr und die Ausfuhr von Elektrizität und Brenngas öffentlichen Einrichtungen gewerblichen Charakters vorbehalten seien, konkret den Unternehmen Électricité de France (EDF), Service National und der Gaz de France (GDF). Die Kommission vertrat die Auffassung, diese ausschließlichen Ein- und Ausfuhrrechte seien mit dem freien Warenverkehr unvereinbar, da sie in anderen Mitgliedstaaten ansässige Mitbewerber diskriminierten.

53 Als Bestimmung, die Ausnahmen von den Vorschriften des [V]ertrags erlaubt, ist [Art 106 Abs 2] **eng auszulegen**. ...

54 Bereits der Wortlaut ... zeigt, daß Ausnahmen von den Vorschriften des [V]ertrags zulässig sind, wenn diese für die Erfüllung der einem Unternehmen, das mit Dienstleistungen von allgemeinem wirtschaftlichem Interesse betraut ist, übertragenen besonderen Aufgabe **erforderlich** sind.

---

244 Vgl verb Rs C-159/91 und C-160/91, *Poucet und Pistre*, ECLI:EU:C:1993:63, Rn 6 ff; Rs 263/86, *Humbel*, ECLI:EU:C:1988:451, Rn 14 ff.
245 Vgl zB Rs C-109/92, *Wirth*, ECLI:EU:C:1993:916, Rn 15 f; Rs 263/86, *Humbel*, ECLI:EU:C:1988:451, Rn 17 ff.
246 Vgl Rs C-364/92, *Eurocontrol*, ECLI:EU:C:1994:7, Rn 19 ff; Rs C-343/95, *Diego Calí*, ECLI:EU:C:1997:160, Rn 14 ff.
247 Vgl etwa Rs 293/83, *Gravier*, ECLI:EU:C:1985:69, Rn 10 ff; Rs 263/86, *Humbel*, ECLI:EU:C:1988:451, Rn 17 ff; Rs C-184/99, *Grzelczyk*, ECLI:EU:C:2001:458, Rn 27 ff.
248 Vgl Rs C-158/96, *Kohll*, ECLI:EU:C:1998:171, Rn 16 ff; Rs C-120/95, *Decker*, ECLI:EU:C:1998:167, Rn 20 ff.

9. Beihilferecht und öffentliche Unternehmen

> 55 [D]adurch, daß [Art 106 Abs 2] unter bestimmten Voraussetzungen Ausnahmen von den allgemeinen Vorschriften des [V]ertrags zulässt, [soll er] das Interesse der Mitgliedstaaten am Einsatz bestimmter Unternehmen, insbesondere solcher des öffentlichen Sektors, als Instrument der Wirtschafts- oder Fiskalpolitik mit dem Interesse der [Union] an der Einhaltung der Wettbewerbsregeln und der Wahrung der Einheit des [Binnenm]arktes in Einklang bringen[.]
>
> 56 Unter Berücksichtigung dieses Interesses der Mitgliedstaaten kann es diesen nicht verboten sein, bei der Umschreibung der Dienstleistungen von allgemeinem wirtschaftlichem Interesse, mit denen sie bestimmte Unternehmen betrauen, die eigenen Ziele ihrer staatlichen Politik zu berücksichtigen und diese vermittels von Verpflichtungen und Beschränkungen zu verwirklichen zu suchen, die sie den fraglichen Unternehmen auferlegen.
>
> 57 [D]ie ununterbrochene Versorgung aller Abnehmer, lokalen Versorgungsunternehmen oder Endverbraucher mit Strom im gesamten Konzessionsgebiet in den zu jeder Zeit geforderten Mengen zu einheitlichen Tarifen und unter Bedingungen, die nur nach objektiven Kriterien unterschiedlich sein dürfen, die für alle Kunden gelten, [ist] eine Aufgabe von allgemeinem wirtschaftlichem Interesse im Sinne des [Art 106 Abs 2].
>
> 59 Die Vorschriften des [V]ertrags sind daher ... bereits dann nicht auf ein Unternehmen anwendbar, das mit einer Dienstleistung von allgemeinem wirtschaftlichem Interesse betraut ist, wenn ihre Anwendung die Erfüllung der besonderen Verpflichtungen, die diesem Unternehmen obliegen, sachlich oder rechtlich gefährden würde. Es ist nicht erforderlich, daß das Überleben des Unternehmens bedroht ist.

Das Urteil *Kommission/Frankreich* veranschaulicht, dass die Ausnahme der mit Daseinsvorsorgeleistungen betreuten Unternehmen in dem Umfang gilt, in dem die Anwendung des Vertrages mit der Erfüllung der Aufgaben dieser Anstalt nachweislich unvereinbar wäre. Dass Daseinsvorsorgeunternehmen dem Vertrag nur insoweit unterliegen, als dadurch ihre Aufgabenerfüllung nicht effektiv verhindert wird, bedeutet im Umkehrschluss, dass es für sie (darüber hinaus) gerade keine generelle Ausnahme vom Wettbewerbsrecht gibt. Dies gilt ungeachtet ihrer in den Art 14 AEUV und Art 36 GRC unterstrichenen, besonderen Bedeutung. Der von Art 106 Abs 2 bewirkte Schutz für die Erfüllung von Aufgaben der Daseinsvorsorge steht damit unter den Korrektiven der Sachlichkeit und Verhältnismäßigkeit. Daher sind überschießende Privilegierungen (zB Überkompensationen der Leistungserbringung; zu weitgehende Ausschließlichkeitsrechte; zu weitgehende Andienungspflichten usw) von Art 106 Abs 2 nicht gedeckt.

Hinsichtlich der Reichweite der Bestimmung erlangt Abs 2 zunächst va als Rechtfertigung gegenüber den Wettbewerbsregeln der Art 101 bis 109 Bedeutung. Die Ausnahme gilt darüber hinaus aber grundsätzlich gegenüber allen Primärrechtsbestimmungen (also zB auch im zuvor erwähnten Verhältnis zur Warenverkehrsfreiheit bzw Art 37 AEUV).[249]

DAWI rechnen sich häufig nicht: Der Markt honoriert die Leistungserbringung unter jenen Bedingungen, die Gegenstand der Gemeinwohlverpflichtung sind (zB niedriger Preis, hohe Qualität, breites Angebot usw), nicht in einem für Unternehmen attraktiven Umfang. Häufig wird die Leistungserbringung aus diesem Grund von der öffentlichen Hand bezuschusst (sog Ausgleichsleistungen). Eine andere gängige Methode zur Sicherung der wirtschaftlichen Attraktivität der Leistung ist die Erstreckung des Wettbewerbsschutzes für den Daseinsvorsorgeerbringer auf benachbarte Märkte, die selbst eigentlich nicht zur Daseinsvorsorgeleistung gehören (etwa: Briefzustellung – Paketzustellung; Notfalltransport – Krankentransport; usw). Ziel ist es, den Da-

---

[249] Vgl etwa Rs C-159/94, *Kommission/Frankreich*, ECLI:EU:C:1997:501, Rn 49.

seinsvorsorgeerbringer in die Lage zu versetzen, eine defizitäre Daseinsvorsorgeleistung aus Gewinnen am benachbarten Markt selbst querzufinanzieren (sog **Quersubventionierung**). Beide Methoden, Bezuschussung und gewollte Querfinanzierung zwischen Sparten, können dem Beihilfe- und/oder dem Missbrauchsverbot zuwiderlaufen, sodass Art 106 Abs 2 dann hinsichtlich einer möglichen Ausnahme von diesen Bestimmungen geprüft werden muss.

Ein **Beispiel** für eine solche Quersubventionierung bietet das Urteil *Ambulanz Glöckner* aus 2001. Es illustriert einen Fall zulässiger Quersubventionierung im Interesse der flächendeckenden Bereitstellung von Rettungsdienstleistungen. Die nicht gewinnbringenden Rettungsnotdienste wurden dort beabsichtigter- und zulässigermaßen über gewinnbringende Krankentransportleistungen, die vom ausschließlichen Recht des Leistungserbringers mit abgedeckt waren, querfinanziert.[250]

Rs C-475/99, *Firma Ambulanz Glöckner*, ECLI:EU:C:2001:577

Im deutschen Bundesland Rheinland-Pfalz waren Leistungen des allgemeinen Krankentransports bis 1989 im Rahmen von Miet- und Taxidienstleistungen frei geregelt. 1989 wurde die Erteilung oder Verlängerung von Lizenzen zur Erbringung von Krankentransportdienstleistungen davon abhängig gemacht, dass durch den Gebrauch privater Krankentransporte das öffentliche Interesse an einem funktionsfähigen (Not-)Rettungsdienst nicht beeinträchtigt wird. Während nämlich der Bereich des Krankentransports finanziell lukrativ betrieben werden kann, arbeiten Rettungsdienste regelmäßig nicht kostendeckend. Die Defizite im Bereich der Notversorgung wurden dabei über die Einnahmen aus dem Krankentransport abgedeckt (Quersubventionierung). Sanitätsorganisationen wurde durch die gesetzliche Neuregelung auf dem Markt für die Leistungen des Notfall- und des Krankentransports so faktisch ein Monopol eingeräumt. Die Prüfung, ob die von den Rettungsorganisationen vorgehaltenen Kapazitäten ausgelastet seien, musste nämlich aufgrund des Umfangs der für die Gewährleistung eines flächendeckenden Rettungsdienstes rund um die Uhr vorzuhaltenden Sach- und Personalkapazitäten praktisch immer zur Ablehnung von Neuanträgen unabhängiger neuer Marktteilnehmer führen. Zudem würde deren Lizensierung jedenfalls die Auslastung des Rettungsdienstes verringern und sich auf deren Kosten- und Ertragslage negativ auswirken.

51 Falls ... festgestellt werden sollte, dass [die streitige Privilegierung] gegen [Art 106 Abs 1] in Verbindung mit [Art 102] verstößt, bleibt noch zu prüfen, ob diese nationale Vorschrift dadurch **gerechtfertigt** werden kann, dass eine Dienstleistung von allgemeinem wirtschaftlichen Interesse im Sinne von [Art 106 Abs 2] vorliegt.

52 [Im Verfahren wurde vorgebracht], ein gewisses Maß an **Schutz des Rettungsdienstes vor Wettbewerb** durch unabhängige Betreiber sei auch auf dem Markt des nicht durch Notfall veranlassten Krankentransports erforderlich.

53 Der flächendeckend und rund um die Uhr sicherzustellende **Notfalltransport** erfordere kostspielige Investitionen in Ausstattung und qualifiziertes Personal. Es müsse verhindert werden, dass diese Kosten nicht wenigstens teilweise **durch Einnahmen aus dem nicht durch Notfall veranlassten Transport gedeckt** werden könnten. Doch führe nicht nur bereits die bloße Anwesenheit unabhängiger Unternehmen auf dem Markt zu einem Rückgang der Einnahmen des Rettungsdienstes, sondern es sei überdies zu erwarten, dass diese als gewinnorientierte Unternehmer ihre Leistungen vorzugsweise in dichtbesiedelten Gebieten mit kurzen Wegen erbrächten, so dass den Sanitätsorganisationen neben dem Notfalltransport nur noch der Krankentransport in abgelegenen Gebieten bleibe. Die österreichische Regierung fügt hinzu, da der öffentliche Rettungsdienst letztlich durch Steuern oder durch Krankenversicherungsbeiträge finanziert werde, bestehe ernsthaft die Gefahr, dass die **unvermeidbaren Verluste** des Rettungsdienstes der Gesellschaft aufgebürdet würden, während die möglichen Gewinne den unabhängigen Unternehmern zuflössen.

---

250 Vgl zur Anwendung des Wettbewerbsrechts auf das Rettungswesen insb *Haslinger*, ZVR 2015/244, 492.

54 Außerdem liege es im Allgemeininteresse, dass die Preise nicht von Gebiet zu Gebiet unterschiedlich seien.

55 Unzweifelhaft sind die Sanitätsorganisationen mit einer Aufgabe von allgemeinem wirtschaftlichem Interesse betraut, nämlich ohne Rücksicht auf besondere Situationen oder die Wirtschaftlichkeit des konkreten Einsatzes den Notfalltransport von kranken oder verletzten Personen flächendeckend zu jeder Zeit, zu einheitlichen Benutzungsentgelten und bei gleicher Qualität sicherzustellen.

57 Daher ist zu prüfen, ob die Beschränkung des Wettbewerbs erforderlich ist, um es dem Inhaber eines ausschließlichen Rechts zu ermöglichen, seine im Allgemeininteresse liegende Aufgabe unter wirtschaftlich tragbaren Bedingungen zu erfüllen. Bei dieser Prüfung ist ... davon auszugehen, dass die Verpflichtung des mit dieser Aufgabe Betrauten, seine Dienstleistungen unter wirtschaftlich ausgewogenen Bedingungen sicherzustellen, die Möglichkeit eines Ausgleichs zwischen den rentablen und den weniger rentablen Tätigkeitsbereichen voraussetzt und daher eine Einschränkung des Wettbewerbs von Seiten einzelner Unternehmer in wirtschaftlich rentablen Bereichen rechtfertigt[.] ...

60 [D]ie beiden herkömmlich von den Sanitätsorganisationen durchgeführten Dienstleistungen [hängen erstens] so eng zusammen, dass sich die nicht durch Notfall veranlassten Leistungen des Krankentransports kaum von der Aufgabe von allgemeinem wirtschaftlichem Interesse, nämlich dem Rettungsdienst, trennen lassen, mit dem sie im Übrigen gemeinsame Merkmale aufweisen.

61 Zweitens wird es den Sanitätsorganisationen durch die Erstreckung ihrer ausschließlichen Rechte auf den Bereich des nicht durch Notfall veranlassten Krankentransports gerade ermöglicht, ihre im Allgemeininteresse liegende Aufgabe Notfalltransport unter wirtschaftlich ausgewogenen Bedingungen zu erfüllen. Die Möglichkeit privater Unternehmer, sich auf lukrativere Fahrten zu konzentrieren, könnte die wirtschaftliche Durchführbarkeit des von den Sanitätsorganisationen erbrachten Dienstes gefährden und damit dessen Qualität und Zuverlässigkeit in Frage stellen.

62 [D]ie Erstreckung der ausschließlichen Rechte der Sanitätsorganisationen [wäre] dann nicht mit ihrer Aufgabe von allgemeinem wirtschaftlichem Interesse zu rechtfertigen, wenn die mit dem Rettungsdienst betrauten Sanitätsorganisationen offensichtlich nicht in der Lage wären, die Nachfrage nach Notfalltransport und nach Krankentransport jederzeit zu decken.

64 Das vorlegende Gericht wird daher zu prüfen haben, ob die Sanitätsorganisationen, wenn sie denn eine beherrschende Stellung auf den fraglichen Märkten haben sollten, tatsächlich in der Lage sind, die Nachfrage zu decken und nicht nur ihre gesetzliche Verpflichtung zu erfüllen, die Leistungen des Rettungsdienstes in allen Situationen Tag und Nacht sicherzustellen, sondern auch die Krankentransportleistungen effizient anzubieten.

Im Rahmen des Gleichbehandlungsgebots nach Art 106 Abs 1 wurde hervorgehoben, dass die Einräumung eines deshalb zu weitgehenden Monopols, weil das privilegierte Unternehmen die Nachfrage im reservierten Bereich nicht abdecken kann, zwangsläufig als Verletzung von Art 106 Abs 1 iVm 102 anzusehen ist.[251] Dies wiederholt auch das Urteil *Ambulanz Glöckner*:[252] Kann die Nachfrage faktisch nicht bedient werden, ist das Monopol zu umfassend und lässt sich dann auch nicht nach Art 106 Abs 2 rechtfertigen.

9.2.3.3. Tatbestandsmerkmal Betrauung

Abs 2 spricht von mit Daseinsvorsorgeleistungen betrauten Unternehmen. Betrauung bedeutet, dass die öffentliche Hand die Daseinsvorsorgeaufgabe einem bestimmten Erbringer anver-

---

[251] Vgl verb Rs C-180/98 bis C-184/98, *Pavlov*, ECLI:EU:C:2000:428, Rn 127; auch Rs C-320/91, *Corbeau*, ECLI:EU:C:1993:198, Rn 19.
[252] Vgl Rs C-475/99, *Ambulanz Glöckner*, ECLI:EU:C:2001:577, Rn 62.

9.2. Öffentliche Unternehmen

traut, dabei den spezifischen **Gegenstand der Gemeinwohlaufgabe** konkretisiert und die **Bedingungen der Leistungserbringung** im Einzelnen festgelegt hat.

Welche **Anforderungen an einen Betrauungsakt** zu stellen sind, veranschaulicht das bereits zuvor erwähnte Urteil *Kommission/Frankreich* aus 1997, betreffend die Anwendung von Art 106 Abs 2 auf Unternehmen des früheren französischen Strom- und Gasmonopols. Klargestellt wird dort, dass es sich um einen **Akt eines Trägers der Hoheitsverwaltung** handeln muss. Jedenfalls ausreichend ist daher die Betrauung im Weg einer öffentlich-rechtlichen Konzession.

> Rs C-159/94, *Kommission/Frankreich*, ECLI:EU:C:1997:501
>
> Das französische Gesetz von 1946 über die Verstaatlichung von Elektrizität und Gas bestimmte, dass die Erzeugung, die Fortleitung, die Abgabe, die Einfuhr und die Ausfuhr von Elektrizität und Brenngas öffentlichen Einrichtungen gewerblichen Charakters vorbehalten seien, konkret den Unternehmen Électricité de France (EDF), Service National und der Gaz de France (GDF). Die Kommission vertrat die Auffassung, diese ausschließlichen Ein- und Ausfuhrrechte seien mit dem freien Warenverkehr unvereinbar, da sie in anderen Mitgliedstaaten ansässige Mitbewerber diskriminierten. Zu den rechtlichen Voraussetzungen einer Betrauung hatte die Kommission beanstandet, dass nur solche Tätigkeiten als besondere Aufgaben im Allgemeininteresse angesehen werden könnten, mit denen die fraglichen Unternehmen aufgrund von Rechtsvorschriften betraut worden seien. So könnten etwa Umwelt- und Raumordnungsverpflichtungen nicht als Teil der besonderen Aufgaben betrachtet werden, da sie allgemein alle Wirtschaftsteilnehmer träfen.
>
> 65 Zwar kann ein Unternehmen nur dann mit einer Dienstleistung von allgemeinem wirtschaftlichem Interesse im Sinne des [Art 106 Abs 2] betraut sein, wenn die **Betrauung durch hoheitlichen Akt** erfolgt[.]
>
> 66 **Erforderlich ist jedoch nicht, daß es sich um eine Rechtsvorschrift handelt.** Der Gerichtshof hat bereits anerkannt, daß ein Unternehmen mit Dienstleistungen von allgemeinem wirtschaftlichem Interesse durch eine **öffentlich-rechtliche Konzession** betraut werden kann[.] Erst recht muß dies gelten, wenn solche Konzessionen erteilt wurden, um die **Verpflichtungen zu konkretisieren**, die Unternehmen auferlegt sind, welche durch Gesetz mit einer Dienstleistung von allgemeinem wirtschaftlichem Interesse betraut sind.
>
> 67 Das ist bei [den begünstigten Unternehmen] der Fall. [Sie] haben ... als öffentliche Einrichtungen, denen die verstaatlichten Elektrizitäts- oder Gaskonzessionen übertragen sind, die Bedingungen der jeweils geltenden **Pflichtenhefte** zu beachten. Der Staat, die Gemeinden und gegebenenfalls Dritte behalten umgekehrt alle Rechte aus diesen Pflichtenheften und anderen Vereinbarungen. Im übrigen werden ... durch Verordnung Standardpflichtenhefte erstellt.
>
> 68 Weiter können Verpflichtungen eines mit Dienstleistungen von allgemeinem wirtschaftlichem Interesse betrauten Unternehmens **nur dann Teil** der **besonderen Aufgabe** sein, mit der es betraut ist, wenn sie mit dem **Ziel der jeweiligen Dienstleistung** von allgemeinem wirtschaftlichem Interesse in Zusammenhang stehen und unmittelbar **zur Befriedigung dieses Interesses beitragen** sollen.
>
> 69 So verhält es sich bei **Umwelt-** und **Raumordnungsverpflichtungen** von Unternehmen, die mit der Versorgung des Landes mit Elektrizität und Gas betraut sind, nicht, soweit es sich nicht um Verpflichtungen handelt, die **für diese Unternehmen und ihre Tätigkeit spezifisch** sind.
>
> 70 Die französische Regierung hat in ihrer Klagebeantwortung keine konkrete derartige Verpflichtung ... angeführt, sondern nur ohne weitere Klarstellung ausgeführt, daß die Beiträge [der begünstigten] Einrichtungen zur staatlichen Umwelt- und Raumordnungspolitik über die schlichte Beachtung der allgemeinen Regelung hinausgingen.
>
> 71 [Jedoch] können solche Verpflichtungen und Beschränkungen ... bei der Erörterung berücksichtigt werden, inwieweit rechtfertigungsbedürftige Ausnahmen von den Vorschriften des [V]ertrags

erforderlich sind, um den mit einer Aufgabe im öffentlichen Interesse betrauten Unternehmen dessen Erfüllung zu erlauben.

In jüngerer Zeit hat die Kommission die Anforderungen an Betrauungsakte[253] im **DAWI-Freistellungsbeschluss 2012/21/EU**[254] und der flankierenden **DAWI-Mitteilung** aus 2012[255] klargestellt. Die DAWI-Mitteilung aus 2012 definiert einen Betrauungsakt iSv Art 106 Abs 2 als „öffentliche[n] Auftrag für die Erbringung der Dienstleistung ..., in dem die Verpflichtungen der betreffenden Unternehmen und der Behörde festgehalten sind. [Er kann] abhängig von der Gesetzgebung des Mitgliedstaats die Form eines legislativen oder regulatorischen Instruments oder eines Vertrags haben[.] Der öffentliche Dienstleistungsauftrag kann auch in mehreren Akten festgehalten werden."[256]

Die DAWI-Mitteilung fordert einen bestimmten **Mindestinhalt des Betrauungsakts**, ohne den die Betrauung nicht als hinreichend konkret und daher für Art 106 Abs 2 ausreichend angesehen werden kann.[257] Es sind dies die Festlegung von ...

1) Gegenstand und Dauer der Verpflichtungen zur Leistungserbringung;
2) betrautem Unternehmen und ggf betreffendem Gebiet;
3) ggf dem Unternehmen für die Leistungserbringung gewährten besonderen Rechten;
4) Parametern für die Berechnung, Überwachung und Änderung der Zuschüsse (Ausgleichsleistungen) der öffentlichen Hand für die Daseinsvorsorgeerbringung; und
5) Maßnahmen zur Vermeidung einer etwaigen Überkompensation sowie ggf deren Rückforderung.

Unabhängig von seiner Rechtsqualität müssen im Betrauungsakt also nicht nur **Gegenstand** (Aufgabenkreis) und Dauer der Leistung, sondern vor allem auch sämtliche **finanzielle Fragen** von der Berechnung des Ausgleichs über seine Überwachung bis hin zur Rückforderung transparent festgelegt sein. Dass die Betrauung möglicherweise im Hinblick auf Dienstleistungen erfolgt, die vom Dienstleistungserbringer selbst entwickelt und vorgeschlagen wurden, und der Betrauungsakt diese Vorschläge allenfalls übernimmt, schadet nicht. Wesentlich ist nur, dass die **Betrauung vor Aufnahme der Tätigkeit** (bzw vor Beginn der Betrauungsperiode) erfolgt.

EuGH[258] und Kommission[259] hegen eine eindeutige Präferenz für eine **Betrauung im Weg der öffentlichen Ausschreibung**. Dem Zuschlag kann sowohl (häufig) ein die Ausschreibungsbedingungen umsetzender Vertrag mit dem Leistungserbringer folgen als auch eine öffentlich-rechtliche Betrauung (zB per die Leistungsbedingungen festlegendem Bescheid). Wurde der Dienstleistungserbringer im Weg der Ausschreibung ermittelt, wird das Leistungsverhältnis im Grundsatz für wettbewerbskonform erachtet und unterliegen die Details der Leistungserbringung (va die Höhe der Ausgleichsleistung) lediglich noch einer Grobprüfung.[260] Dies gilt

---

253 Vgl zur Beurteilug einzelner Handlungsformen bei *Burgi*, EuZW 2017, 94.
254 Vgl Art 4 DAWI-Freistellungsbeschluss 2012/21/EU; auch DAWI-Gemeinschaftsrahmen, Tz 12 ff.
255 Vgl DAWI-Mitteilung aus 2012, Pkt 3.
256 DAWI-Mitteilung, Tz 51, Hervorhebung hinzugefügt.
257 Vgl DAWI-Mitteilung, Tz 52.
258 Vgl Rs C-280/00, *Altmark Trans*, ECLI:EU:C:2003:415, Rn 93.
259 Vgl DAWI-Mitteilung, Tz 62 ff.
260 Vgl DAWI-Mitteilung, Tz 63 ff.

jedoch nur bei **Fehlerfreiheit der Ausschreibung**, die daher insbesondere den Minimalerfordernissen der Offenheit, Transparenz und Diskriminierungsfreiheit sowie im Anwendungsbereich der **KonzessionsRL 2014/23/EU** auch deren Bedingungen genügen muss.

9.2.3.4. Verhältnismäßigkeit und Unionsinteresse

Art 106 Abs 2 erlaubt Ausnahmen für Daseinsvorsorgeunternehmen nur so weit, als die Anwendung des EU-Rechts die **Erfüllung der spezischen Aufgabe verhindern** würde. Der Wortlaut des Art 106 Abs 2 („soweit ... verhindert") läuft damit auf eine **Verhältnismäßigkeitsprüfung** hinaus, die Ausnahmen auf ihre Geeignetheit, Erforderlichkeit und Angemessenheit hin untersucht. Die Verhältnismäßigkeitsprüfung determiniert damit die Reichweite des Art 106 Abs 2 im konkreten Einzelfall.

Als **Ausnahme** von der Anwendung des Unionsrechts ist an die Verhältnismäßigkeitsprüfung damit tendenziell ein **strenger Maßstab** anzulegen.[261] Erfüllt ist er, wenn die Anwendung der Wettbewerbsvorschriften bzw anderer Bestimmungen des Vertrags mit den besonderen Aufgaben **nachweislich unvereinbar** ist.[262] Allerdings reicht es dazu wohl schon hin, wenn die hinsichtlich Preis, Qualität etc von der öffentlichen Hand vorgegebene Leistung sonst nicht **zu für den Erbringer attraktiven Bedingungen** hergestellt werden kann.[263] Dass das finanzielle Gleichgewicht oder das Überleben des Unternehmens bzw die Leistung im Grundsatz bedroht wäre, ist nicht erforderlich.[264] Diesen **Prüfmaßstab** veranschaulicht das Urteil *TNT* aus 2001, betreffend die Bedingungen der Erbringung von Postdienstleistungen.

> Rs C-340/99, *TNT Traco SpA*, ECLI:EU:C:2001:281
>
> TNT Traco betrieb in Italien einen privaten Dienst zur Sammlung, Beförderung und Zustellung von Eilsendungen. Nach den italienischen Vorschriften über das Postmonopol hätte TNT Traco für jede übernommene Sendung eine Postgebühr an die staatliche Poste Italiane zu entrichten gehabt, die der normalerweise von deren Kunden geschuldeten Frankierungsgebühr entsprach. Vor dem Gerichtshof stellte sich unter anderem die Frage, ob die Erstreckung des Postmonopols auf Eilsendungen als notwendig anzusehen war, um der staatlichen Post einen Ausgleich zwischen rentablen und weniger rentablen Tätigkeitsbereichen zu erlauben.
>
> 52 Wie sich ... aus [Art 106 Abs 1] in Verbindung mit dessen Abs 2 ergibt, kann sich ein Mitgliedstaat auf [Art 106 Abs 2] stützen, um einem Unternehmen, das mit Dienstleistungen von allgemeinem wirtschaftlichem Interesse betraut ist, insbesondere gegen [Art 102] verstoßende besondere oder ausschließliche Rechte zu übertragen, **sofern die Erfüllung der diesem übertragenen besonderen Aufgabe nur durch die Einräumung solcher Rechte gesichert werden kann** und soweit die Entwicklung des Handelsverkehrs nicht in einem Ausmaß beeinträchtigt wird, das dem Interesse der [Union] zuwiderläuft[.] ...
>
> 54 [D]er Tatbestand des [Art 106 Abs 2 ist] nicht erst dann verwirklicht, **wenn das finanzielle Gleichgewicht oder das wirtschaftliche Überleben** des mit einer Dienstleistung von allgemeinem wirtschaftlichem Interesse betrauten Unternehmens **bedroht ist**. Vielmehr **genügt es, dass** ohne die

---

[261] Vgl zB Rs C-159/94, *Kommission/Frankreich*, ECLI:EU:C:1997:501, Rn 53.
[262] Vgl etwa Rs 155/73, *Sacchi*, ECLI:EU:C:1974:40, Rn 15.
[263] Vgl auch schon verb Rs C-115/97 bis C-117/97, *Brentjens' Handelsonderneming*, ECLI:EU:C:1999:434, Rn 111.
[264] Vgl etwa Rs C-212/09, *Kommission/Portugal*, ECLI:EU:C:2011:717, Rn 91; Rs C-220/06, *Asociación Profesional de Empresas de Reparto*, ECLI:EU:C:2007:815, Rn 78; Rs C-567/07, *Woningstichting Sint Servatius*, ECLI:EU:C:2009:593, Rn 44.

streitigen Rechte die Erfüllung der dem Unternehmen übertragenen besonderen Aufgaben gefährdet wäre, wie sie sich aus den ihm obliegenden Verpflichtungen und Beschränkungen ergeben, oder dass die Beibehaltung dieser Rechte erforderlich ist, um ihrem Inhaber die Erfüllung seiner im allgemeinen wirtschaftlichen Interesse liegenden Aufgaben zu wirtschaftlich annehmbaren Bedingungen zu ermöglichen[.]

55 Insoweit könnte es sich als erforderlich erweisen, nicht nur die Möglichkeit eines Ausgleichs zwischen den rentablen und den weniger rentablen Tätigkeitsbereichen desjenigen, dem die im Allgemeininteresse liegende Aufgabe des Betriebes des Universaldienstes übertragen worden ist ..., sondern auch die Verpflichtung der Erbringer von nicht zu diesem Universaldienst gehörenden Postdienstleistungen vorzusehen, durch die Entrichtung einer Postgebühr der im Ausgangsverfahren fraglichen Art zur Finanzierung dieses Universaldienstes beizutragen und damit dem Träger dieser im Allgemeininteresse liegenden Aufgabe deren Erfüllung unter wirtschaftlich ausgeglichenen Bedingungen zu ermöglichen.

56 Als Vorschrift, die unter bestimmten Umständen eine vom [V]ertrag abweichende Regelung zulässt, ist [Art 106 Abs 2] jedoch eng auszulegen[.]

57 Mithin lässt es [Art 106 Abs 2] nicht zu, dass das Gesamtaufkommen aus der Zahlung einer Postgebühr der im Ausgangsverfahren streitigen Art ... über den Betrag hinausgeht, der zum Ausgleich von Verlusten notwendig ist, die dem mit dem Betrieb des postalischen Universaldienstes betrauten Unternehmensinhaber durch diesen Betrieb entstehen können.

58 In diesem Zusammenhang ist wichtig, dass das mit dem postalischen Universaldienst betraute Unternehmen dann, wenn es selbst Eilkurierdienstleistungen erbringt ... ebenfalls zur Zahlung der Postgebühr verpflichtet ist. Wichtig ist weiter, dass dieses Unternehmen dafür sorgt, dass es nicht die Kosten seiner Eilkurierdiensttätigkeit ganz oder teilweise seiner Tätigkeit im Rahmen des Universaldienstes aufbürdet, weil sonst die Belastungen des Universaldienstes und damit dessen etwaige Verluste ohne Rechtfertigung erhöht würden.

59 Es ist Sache des nationalen Gerichts, zu prüfen, ob diese Voraussetzungen erfüllt sind; dabei obliegt dem Mitgliedstaat oder dem Unternehmen, der bzw das sich auf [Art 106 Abs 2] beruft, der Nachweis, dass die Voraussetzungen dieser Bestimmung erfüllt sind[.]

Zum für die Daseinsvorsorgeerbringung Geeigneten, Erforderlichen und Angemessenen gehört daher alles, was eine Leistungserbringung zu wirtschaftlich ausgewogenen Bedingungen gewährleistet, also zB die Reservierung benachbarter Bereiche mit dem Ziel der Quersubventionierung. Stets unverhältnismäßig ist dagegen eine Überkompensation des Daseinsvorsorgeunternehmens. Der Überkompensation gleichzuhalten ist es wohl,[265] wenn das Daseinsvorsorgeunternehmen sich durch eklatante Ineffizienz auszeichnet, die hohe Ausgleichszahlungen bedingt.

Als Effizienzanreiz soll es nach der Kommission zulässig sein, eine Überkompensation einzubehalten, wenn sie auf die Erwartungen übersteigenden Effizienzgewinnen beruht (sofern der Betrauungsakt dies bereits vorsieht und Parameter dafür definiert).[266] Fallen die Effizienzgewinne geringer als erwartet aus, soll das Unternehmen die Verluste selbst tragen müssen. Nicht auf zuvor definierte Effizienzsteigerungen zurückgehende Überkompensationen (zB wegen schon anfänglich unscharfer oder unrealistischer Ausgleichsparameter) sind dagegen grundsätzlich unzulässig (unverhältnismäßig iSv Art 106 Abs 2).

---

265 IdS Rs C-280/00, *Altmark Trans*, ECLI:EU:C:2003:415, Rn 92 f.
266 Vgl Art 5 Abs 6 und Art 6 DAWI-Freistellungsbeschluss 2012/21/EU; DAWI-Mitteilung, Tz 60f.; DAWI-Gemeinschaftsrahmen, Tz 39 ff.

9.2. Öffentliche Unternehmen

Im Universaldienstbereich würde eine uneingeschränkte Anwendung der Wettbewerbsregeln, des Art 37 oder der Grundfreiheiten häufig dazu führen, dass Mitbewerber nur in den rentablen Bereichen (sachlich) oder Gebieten (territorial) aufträten und dort die Gewinne abschöpfen. Den **Schutz von Daseinsvorsorgeleistungen** vor einer **Zerlegung in attraktive und nicht attraktive Teilbereiche** als zulässiges Anliegen im Rahmen der Anwendung von Art 106 Abs 2 illustriert zB[267] auch das, wiederum Postdienste betreffende, ältere Urteil *Corbeau* aus 1993.

> Rs C-320/91, *Paul Corbeau*, ECLI:EU:C:1993:198
>
> Die belgischen Rechtsvorschriften über das Postmonopol behielten das Sammeln, Befördern und Verteilen von Postsendungen der öffentlich-rechtlichen Régie des postes vor. Gegen Paul Corbeau wurde ein Strafverfahren eröffnet, weil er in Lüttich und Umgebung Dienstleistungen erbrachte, die in der Abholung von Postsendungen beim Absender und in der Verteilung dieser Sendungen vor dem Mittag des folgenden Tages bestanden.
>
> 11 [D]ie Tatsache, daß ein Mitgliedstaat durch die Gewährung ausschließlicher Rechte eine **beherrschende Stellung** geschaffen hat, **für sich genommen nicht mit [Art 102] unvereinbar**; dennoch verpflichtet der [V]ertrag die Mitgliedstaaten, keine Maßnahmen zu treffen oder beizubehalten, die die praktische Wirksamkeit dieser Bestimmung ausschalten könnten[.]
>
> 12 Daher dürfen die Mitgliedstaaten in bezug auf Unternehmen, denen sie besondere oder ausschließliche Rechte gewähren, gemäß [Art 106 Abs 1] **keine den Wettbewerbsregeln des Vertrags widersprechenden Maßnahmen treffen oder beibehalten**.
>
> 13 Diese Bestimmung ist in Verbindung mit [Art 106 Abs 2] zu lesen, wonach für Unternehmen, die mit Dienstleistungen von allgemeinem wirtschaftlichem Interesse betraut sind, die Wettbewerbsregeln gelten, soweit deren Anwendung nicht die Erfüllung der ihnen übertragenen besonderen **Aufgabe rechtlich oder tatsächlich verhindert**.
>
> 14 Die letztgenannte Bestimmung erlaubt es somit den Mitgliedstaaten, Unternehmen, die sie mit Dienstleistungen von allgemeinem wirtschaftlichem Interesse betrauen, ausschließliche Rechte zu verleihen, die der Anwendung der Wettbewerbsregeln des Vertrags entgegenstehen können, soweit Wettbewerbsbeschränkungen oder sogar der Ausschluß jeglichen Wettbewerbs von seiten anderer Wirtschaftsteilnehmer erforderlich sind, um die Erfüllung der den Unternehmen, die über die ausschließlichen Rechte verfügen, übertragenen besonderen Aufgabe sicherzustellen.
>
> 15 Was die Dienstleistungen betrifft, die Gegenstand des Ausgangsverfahrens sind, so ist die Régie des postes unbestreitbar mit einer Dienstleistung von allgemeinem wirtschaftlichem Interesse betraut, die in der Verpflichtung besteht, die Sammlung, die Beförderung und die Verteilung von Postsendungen zugunsten sämtlicher Nutzer, **im gesamten Hoheitsgebiet** des betreffenden Mitgliedstaats, zu **einheitlichen Gebühren** und in **gleichmäßiger Qualität** sowie **ohne Rücksicht auf Sonderfälle und auf die Wirtschaftlichkeit** jedes einzelnen Vorgangs sicherzustellen.
>
> 16 Folglich ist zu prüfen, in welchem Umfang eine Beschränkung des Wettbewerbs oder sogar der Ausschluß jeglichen Wettbewerbs von seiten anderer Wirtschaftsteilnehmer erforderlich ist, um es dem Inhaber des ausschließlichen Rechts zu ermöglichen, seine im allgemeinen Interesse liegende Aufgabe zu erfüllen, und zwar **unter wirtschaftlich tragbaren Bedingungen**.
>
> 17 Bei dieser Prüfung ist davon auszugehen, daß die Verpflichtung des mit dieser Aufgabe Betrauten, seine Dienstleistungen unter **wirtschaftlich ausgewogenen Bedingungen** sicherzustellen, die **Möglichkeit eines Ausgleichs zwischen den rentablen und den weniger rentablen Tätigkeitsbereichen** voraussetzt und daher eine **Einschränkung des Wettbewerbs von** seiten einzelner Unternehmer in wirtschaftlich rentablen Bereichen **rechtfertigt**.

---

[267] Vgl auch Rs C-393/92, *Almelo*, ECLI:EU:C:1994:171, Rn 48; Rs C-475/99, *Ambulanz Glöckner*, ECLI:EU:C:2001:577, Rn 55; Rs C-162/06, *International Mail Spain*, ECLI:EU:C:2007:681, Rn 36; Rs T-289/03, *BUPA*, ECLI:EU:T:2008:29, Rn 203.

18 Wenn es einzelnen Unternehmen gestattet wäre, mit dem Inhaber ausschließlicher Rechte in Bereichen ihrer Wahl in Wettbewerb zu treten, in denen diese Rechte bestehen, würden sie nämlich in die Lage versetzt, **sich auf die wirtschaftlich rentablen Tätigkeiten zu konzentrieren** und dort günstigere als die von den Inhabern der ausschließlichen Rechte angewandten Tarife anzubieten, da sie im Gegensatz zu diesen nicht wirtschaftlich gezwungen sind, einen Ausgleich zwischen den in den unrentablen Bereichen entstandenen Verlusten und den in den rentableren Bereichen erzielten Gewinnen vorzunehmen.

19 Der Ausschluß des Wettbewerbs ist jedoch dann nicht gerechtfertigt, wenn es sich um spezifische, von den Dienstleistungen von allgemeinem Interesse **trennbare Dienstleistungen** handelt, die besonderen Bedürfnissen von Wirtschaftsteilnehmern entsprechen und bestimmte zusätzliche Leistungen verlangen, die der herkömmliche Postdienst nicht anbietet – wie die Abholung beim Absender, eine schnellere oder zuverlässigere Verteilung oder auch die Möglichkeit, den Bestimmungsort während der Beförderung zu ändern –, und sofern diese Dienstleistungen aufgrund ihrer Art und der Umstände, unter denen sie angeboten werden – wie etwa des Gebiets, in dem sie erbracht werden –, das wirtschaftliche Gleichgewicht der vom Inhaber des ausschließlichen Rechts übernommenen Dienstleistung von allgemeinem wirtschaftlichem Interesse nicht in Frage stellen.

Das Urteil *Corbeau* unterstreicht zudem einmal mehr[268] die bereits bei der Gleichbehandlungspflicht nach Abs 1 sowie bei der Reichweite des Abs 2 hervorgehobene Bedeutung des **Entsprechens** von Monopol- bzw **Leistungsumfang und Nachfrage**: Bedient das betraute Unternehmen die innerhalb des reservierten Bereichs bestehende Nachfrage nach Art oder Umfang nicht, ist das Monopols stets unverhältnismäßig.[269]

Die Notwendigkeit der Ausnahme vom (insbesondere) Wettbewerbsrecht für die Erbringung der Daseinsvorsorgeleistung ist nicht das einzige nach Art 106 Abs 2 ausschlaggebende Kriterium zur Beurteilung ihrer Zulässigkeit: Erforderlich ist eine Abwägung des nationalen Interesses an der Daseinsvorsorgeerbringung und den dazu notwendigen Ausnahmen mit dem Unionsinteresse an der Nichtbeeinträchtigung des Handelsverkehrs (also des Binnenmarkts). Zur Vornahme dieser Interessensabwägung ist die Kommission mit weitem (aber pflichtgemäßem) Ermessen zuständig. Vorgaben für diese Interessensabwägung finden sich zumindest für den Bereich der Ausgleichsleistungen im Überschneidungsbereich zum Beihilfeverbot im sogleich besprochenen Sekundärrecht und den erläuternden Mitteilungen.

9.2.3.5. Sekundärrecht

Für den besonderen und in der Praxis bei Weitem bedeutendsten Bereich der Anwendung von Art 106 Abs 2 auf (beihilferelevante) Ausgleichsleistungen für Daseinsvorsorgeunternehmen bestehen sekundärrechtliche Vorgaben. Sie bestehen einerseits in Freistellungen (GVO) und andererseits in einer erläuternden Mitteilung zur Anwendung des Beihilfetatbestands nach Art 107 Abs 1 auf nicht freigestellte Maßnahmen.

Standardisierte Freistellungen vom Beihilfeverbot auf Grundlage von Art 106 Abs 2 nehmen der DAWI-Freistellungsbeschluss 2012/21/EU sowie die DAWI-*De minimis*-GVO 360/2012 vor. Sind die Bedingungen dieser GVO erfüllt, sind die betreffenden Ausgleichsleistungen dadurch automatisch vom Beihilfeverbot freigestellt (und müssen daher auch nicht als Beihil-

---

[268] Vgl auch verb Rs C-180/98 bis C-184/98, *Pavlov*, ECLI:EU:C:2000:428, Rn 127; Rs C-475/99, *Ambulanz Glöckner*, ECLI:EU:C:2001:577, Rn 62.
[269] Vgl Rs C-320/91, *Corbeau*, ECLI:EU:C:1993:198, Rn 19.

fen angemeldet oder genehmigt werden). Der DAWI-Freistellungsbeschluss 2012/21/EU erfasst bestimmte Kategorien von Daseinsvorsorgeleistungen. Ein Teil davon, etwa Daseinsvorsorgezuschüsse an Krankenhäuser, sozialen Wohnungsbau und zahlreiche Sozialdienstleistungen, ist ohne Deckelung freigestellt. Für andere Daseinsvorsorgeleistungen gilt die Freistellung bis zu einem Zuschussbetrag von 15 Mio € bzw bei Verkehrsdienstleistungen bis zu einem gewissen Passagieraufkommen (darüber muss der Zuschuss bei der Kommission angemeldet werden). Die DAWI-*De minimis*-GVO nimmt daseinsvorsorgebezogene Ausgleichszahlungen bis zu 500.000 € über drei Steuerjahre generell vom Beihilfeverbot aus.

Flankiert werden die beiden GVO vom **DAWI-Rahmen** und der **DAWI-Mitteilung aus 2012**. Der DAWI-Rahmen ist eine an alle MS gerichtete zweckdienliche Maßnahme iSv Art 108 Abs 2 zur Anpassung älterer Zuschusssysteme. Die DAWI-Mitteilung informiert über die Grundsätze der beihilferechtlichen Tatbestandsbeurteilung bei nicht freistellungsfähigen Maßnahmen.

9.2.3.6. Verweischarakter

Anders als Art 106 Abs 1, ist Art 106 Abs 2 grundsätzlich zur **unmittelbaren Anwendung** durch die nationalen Gerichte geeignet, da er klare Berechtigungen (zugunsten der MS bzw der Daseinsvorsorgeerbringer) enthält.[270] Wie Abs 1 ist auch diese Norm in ihrer Anwendung **vom jeweiligen Bezugspunkt abhängig**, also von jener Norm des Wettbewerbs- oder sonstigen Unionsrechts, gegenüber dem die Ausnahme oder Rechtfertigung greifen soll. Ähnlich Abs 1 hat damit auch Abs 2 letztlich einen Verweischarakter, der die Frage der unmittelbaren Anwendbarkeit mitbestimmt.

Die in der Praxis häufigsten Fälle von Verboten, gegenüber denen Art 106 Abs 2 ins Treffen geführt wird, sind die Art 102 und 107, also das Missbrauchs- und das Beihilfeverbot. Diese beiden Normen zeigen auch den **Zusammenhang von Verweischarakter und unmittelbarer Anwendbarkeit**: Während die nationalen Gerichte zur Anwendung von Art 102 selbst befugt sind und im Zuge dessen auch eine mögliche Rechtfertigung nach Art 106 Abs 2 selbst erwägen können, verfügt im Beihilferecht *qua* Art 108 die Kommission über das alleinige Recht, tatbestandsmäßige Beihilfen zu genehmigen. Dieses Genehmigungsmonopol hebelt auch Art 106 Abs 2 nicht aus, sodass die nationalen Gerichte also nicht befugt sind, Art 106 Abs 2 unmittelbar anzuwenden, um tatbestandsmäßigen Beihilfen die Rechtswidrigkeit abzusprechen.

9.3. Wiederholungsfragen

i. Welche GVO kennen Sie im Bereich des Beihilferechts und was ist ihre Funktion?

ii. Was ist der Privatinvestortest und ist er auf Steuern anwendbar? Was könnte dafür sprechen, was dagegen?

iii. Was sind Quersubventionen und wann sind sie nicht verboten?

---

[270] Vgl zB Rs C-218/00, *Battistello*, ECLI:EU:C:2002:36, Rn 19 mwN; auch SA v GA *Léger* in Rs C-280/00, *Altmark Trans*, ECLI:EU:C:2002:188, Rn 56; SA v GA *Stix-Hackl*, verb Rs C-34/01 bis C-38/01, *Enirisorse*, ECLI:EU:C:2003:640, Rn 107; SA v GA *Tizzano* in Rs C-53/00, *Ferring*, ECLI:EU:C:2001:627, Rn 78 f. mwN; SA v GA *La Pergola* in verb Rs C-147/97 und C-148/97, *Deutsche Post*, ECLI:EU:C:1999:270, Rn 13 mwN.

9. Beihilferecht und öffentliche Unternehmen

iv. Kann die gesetzliche Festlegung einer Pflicht zur Abnahme von Ökostrom zu einem Mindestpreis eine Beihilfe sein? Welche Tatbestandsmerkmale müssen sie hier besonders prüfen und warum?

v. Nennen Sie Beispiele für Maßnahmen, bei denen Ihrer Meinung nach keine Handelsbeeinträchtigung vorliegt. Und: Was ist die Rechtsfolge?

vi. Was ist eine Altbeihilfe und wie lange darf eine Altbeihilfe gewährt werden?

vii. Können Sie als Wettbewerber eines Beihilfeempfängers vor der Kommission eine Stellungnahme abgeben? Wann (nicht)? Würden Sie dazu raten und warum?

viii. Was ist das Durchführungsverbot und welche Rolle spielt dieses Verbot für den Rechtsschutz?

ix. Welche Wechselwirkung besteht zwischen dem telos des Durchführungsverbots und der Durchsetzung vor nationalen Gerichten? Können Sie ein konkretes Beispiel formulieren?

x. Sie sind der Rechtsbeistand eines Unternehmens, dessen Konkurrent eine nicht angemeldete Beihilfe bekommen hat. Würden Sie dazu raten, dagegen eher vor den nationalen Gerichten oder eher vor der Kommission oder parallel vorzugehen? Folgefragen: Wie treten Sie an die Kommission heran und was sind Ihre Rechte gegenüber der Kommission? Welche Klagebegehren können Sie vor dem nationalen Gericht geltend machen, auf welcher Rechtsgrundlage und gegen wen?

xi. Welche Kriterien würden Sie bei der Beurteilung anwenden, ob die folgenden Einrichtungen öffentliche Unternehmen iSd Art 106 Abs 1 sind: ORF; Universität Salzburg; Voestalpine AG; ASFINAG; Mediaprint GmbH; Bezirkskrankenhaus Lienz; Bergbahnen Saalbach Betreibergesellschaft.

xii. Verbietet Art 106 Abs 1 ein Gesetz, mit dem dem österreichischen Roten Kreuz ein unbefristetes ausschließliches Recht zur Lieferung von Blutkonserven an österreichische Spitäler eingeräumt wird? Warum (nicht) bzw unter welchen Voraussetzungen? Wenn es in dieser Situation zu Wettbewerbsverstößen kommt, worin könnten diese bestehen und wer ist unter welchen Bedingungen dafür verantwortlich zu machen? Haben die Wettbewerbsverstöße Auswirkungen auf das der Rechtseinräumung zugrunde liegende Gesetz bzw unter welchen Voraussetzungen?

xiii. Wie lässt sich die Effizienz der Leistungserbringung bei Daseinsvorsorgeunternehmen steigern? Was fällt Ihnen dazu ein? Welchen Weg geht die Kommission im von ihr erlassenen Sekundärrecht?

xiv. Besteht ein Zusammenhang zwischen Art 106 und dem Vergaberecht? Welcher?

xv. Angenommen, die Sammlung gewerblicher Abfälle sei rentabel, die Sammlung von Haushaltsabfällen dagegen nicht. Angenommen weiters, für beide Bereiche bestehe ein Andienungszwang, dh die Pflicht, diese Abfälle gebietsweise ausschließlich einem bestimmten Abfallsammler (A) zu überlassen. Unter welchen Umständen könnte es zulässig sein, in Ergänzung des Andienungszwangs zusätzlich den Betrieb von mit A konkurrierenden Abfallbewirtschaftungsanlagen zu verbieten?

Stichwortverzeichnis

Kursivsetzungen bezeichnen Fallnamen oder fremdsprachige Eigenbegriffe. Eine vollständige Auflistung der Rechtsakte befindet sich im Rechtsaktverzeichnis.

A

A-Punkt 66, 67
Äquivalenzgrundsatz 277
Abgaben gleicher Wirkung 44, 45, 47
 – adäquate Gegenleistung 49
 – Diskriminierung 52
 – Gleichartigkeit der Waren 50
 – inländische 50
 – Kostendeckungsprinzip 49
 – Kriterien 47
 – Substitutionsgüter 51
 – Substitutionsverhältnis 51
ABGB 262, 276, 299
abgestimmtes Verhalten 283
Abkommen EU-Schweiz 127, 172
Abkommen EU-Türkei 127, 172
Abnehmerbindung 321
Absatzbeschränkung 286
Absprachen 26
Abstellungsentscheidung 276
Adria-Wien 369
AGVO 651/2014 27, 35, 342, 383, 384
Ahlström 264, 284
Airtours 307
Akteneinsicht 393
AKZO Nobel 263, 319
Alcatel 258
Alimanovic 122
Alkohol 84
Alkoholmonopol 91, 94
Alleinbezugsverpflichtungen 288, 321
Alles-oder-Nichts-Prinzip 298, 303
Allgemeine GesellschaftsrechtsRL 2017/1132/EU 158
allgemeines Diskriminierungsverbot 405
Allokationseffizienz 261
Altmark 361, 413
Altmark-Kriterien 361, 362, 413
Ambulanz Glöckner 417
Amortisationsdauer 273
Amtsblatt Teil S 243

ancillary restraints 31, 290, 334
Anerkennung von Ausbildungsnachweisen 166
 – allgemeine Anerkennungsregel 166
 – automatische Anerkennung 166
 – Berufsgruppe 167
 – Diplom 167
 – Prüfung der Gleichwertigkeit 166
Anerkennung von Bescheinigungen 99
AnerkennungsVO 764/2008 98, 99
Angebotsmacht 306
Angebotssubstituierbarkeit 271, 273
Angonese 21, 129
Anlagezweck 205
Anmeldepflicht 336
Anschlusszwang 404
anti-dumping 44
Anwendungsvorrang 31, 265
AOK 401
Apothekenvorbehalt 66
Arbeitgeber 133
Arbeitnehmerfreizügigkeit 124
 – Arbeitnehmerbegriff 124
 – Bereichsausnahme 127
 – Beschränkungen 132, 133
 – geschützte Verhaltensweise 128
 – Hoheitsgewalt 131
 – Marktzugangsbeschränkungen 134
 – Rechtfertigungsgründe 135
 – zwingende Erfordernisse 136
Arbeitslose 122
Arbeitsortprinzip 199
Arbeitsschutz 83
Arbeitssuchende 122, 125
Arzneimitteleinzelhandel 91
as efficient competitor 320, 322
asset deal 331
Aufenthaltsfreiheit 103, 110
Aufenthaltsrecht 114, 116, 137
 – abgeleitetes 114
 – Daueraufenthaltsrecht 119
 – Recht auf Gleichbehandlung 116, 117

Stichwortverzeichnis

- Rechte im Aufenthalt 117
- Selbsterhaltungsfähigkeit 118
- Sozialleistungen 119
- Zugang Arbeitsmarkt 119

Auffangfreiheit 171
Aufgabe im Allgemeininteresse 232
Aufgriffsschwelle 328, 332
Aufgriffsvorrang 275
Aufnahme einer wirtschaftlichen Tätigkeit 148
Auftraggeber, öffentlicher 236
Ausbeutungsmissbrauch 325, 329
Ausbildung 108
Ausfuhrbeschränkungen
- mengenmäßige 87

Ausgleichszulage 122
Ausreiserecht 116
Ausschlusswirkung 106
Ausschreibung 226
Ausübungsmodalitäten
- neutrale 135

Ausweisung 119
- strafrechtliche Verurteilungen 119
- wirtschaftliche Gründe 120

Auswirkungsprinzip 263
autonomes Marktverhalten 268
Außenzoll
- gemeinsamer 39

AVRL 2014/24/EU 227, 228, 229, 230, 233, 235, 238, 242, 243, 255, 256

B

Bagatellbekanntmachung 295
BAI 350
Bankdienstleistungen 26
bankenbezogene Regulierung 219
BarmittelVO 1889/2005 207
Bauauftrag 236
Baugrundstück 213
Bayer 281, 283
beabsichtigte Beschaffung 236
bebautes Grundstück 213
Becu 412
Bedarfsregelung 157
Beentjes 229
Befugnisse
- der Kommission im Kartellrechtsvollzug 275

Behandlungsleistungen 200
Beherrschung eines Unternehmens 371
Behinderung
- spezifische 154

Behinderungsmissbrauch 309, 329
Beihilfeempfänger
- individuelle Betroffenheit 394

Beihilfegenehmigung 36
- Totalabwägung 344

Beihilferecht
- Abgrenzung zum Kartellrecht 339
- Überscheidung mit weiterem Primärrecht 343

Beihilfetatbestand
- AGVO 384
- Daseinsvorsorge 384

Beihilfeverbot
- Altbeihilfen 390
- Anmeldepflicht neue Beihilfen 386
- Auftragsvergabe 349
- Auskunftspflicht 385, 391
- Ausschreibung 354
- begrenzter Adressatenkreis 369
- Begünstigung 347
- Beherrschung 371
- bestehende Beihilfe 341
- Beteiligte 392
- Betriebs- vs Investitionsbeihilfen 380
- Daseinsvorsorge 360
- Daseinsvorsorgeunternehmen 354
- *De Minimis-GVO* 342
- Durchführungsverbot 341, 385, 386
- Durchführungsverordnungen 341
- Effizienz 362
- Endverbraucher 346
- Ermessenstatbestände 384
- Finanzierung der Beihilfe 374
- Förderungen und Subventionen 345
- Formular für Beschwerden 392
- Gegenleistung 349
- Gemeinschafts-Beihilferahmen 391
- Genehmigungsmonopol 383, 384
- getrennte Buchführung 353
- GVO 341, 362
- Hauptprüfungsverfahren 388
- Kommissionsverfahren 385

- Kontrolle 378
- Konzessionen 363
- Kostenrechnung 357
- Legalausnahmen 384
- Maßnahmen gleicher Wirkung 345, 375
- Mittelumverteilung 367
- nationale Durchsetzung 341, 385
- Neubeihilfen 386
- neue Beihilfe 341
- Nichtigkeit der nationalen Rechtsakte 395
- öffentliche Unternehmen 371
- *Offshore*-Regelungen 366
- parafiskalische Abgaben 367, 380
- Privatinvestortest 352, 367
- Privatisierungen 354
- Prüfschema 35
- Prüfung neuer Beihilfen 387
- Quersubventionen 354, 357
- Rechtfertigung 341, 383
- Rechtsfolgen 395
- Rechtsschutz vor den Unionsgerichten 393
- relevanter Markt 380
- Renditeerwartung 352
- Retorsionsbeihilfen 381
- Rettung und Umstrukturierung 353
- Rückforderung 389
- Rückzahlung 398
- Selektivität 369
- soziale Leistungen 346
- staatliche Veranlassung 371
- Staatlichkeit 371
- Steuern 363
- strukturelle Nettogewinner 368
- Systematik 340
- Systemimmanenzprüfung 364
- tatbestandsmäßige Beihilfe 340
- Trennbarkeit der Maßnahmenteile 345
- Überkompensation 360
- überschießende Beeinträchtigungen 344
- Überwälzung 346
- Umgehung 352
- Unternehmen in Schwierigkeiten 353
- Unternehmen und Produktionszweige 345
- Verfahren 341
- Verfahren für bestehende Beihilfen 390
- Verfahrensaussetzung bei Parallelverfahren 398
- Vergaberecht 251
- Vergleichsmaßstab bei wirtschaftlichem Vorteil 350
- Verringerung von Belastungen 347
- Vorprüfungsverfahren 387
- Wertermittlungsmethoden 355
- Wettbewerberbeschwerden 392
- Wettbewerbsverfälschung 380
- wirtschaftliche Betätigung des Staates 352
- Zuständigkeit nationaler Gerichte 396
- Zweck 339
- zweckdienliche Maßnahmen 391

Beihilfeverfahren
- nationales Verfahrensrecht 398
- Stellung Privater 385
- Vorprüfungsverfahren 393

Bekanntmachung zu *ancillary restraints* 335
Bekanntmachung zur Marktabgrenzung 271, 330
Belgacom 186, 187
Bereichsausnahme
- Kartellrecht 262

Bergandi 52, 53
berufliche Qualifikation 135, 137, 164
- Studium 127, 161

Berufsausbildungsverhältnisse 125
Berufsausübung
- Berufsausübungsregeln 128
- neutrale 161

BerufsqualifikationsRL 2005/36/EG 20, 141, 171, 196
- Anwendungsbereich 165

Berufstitel 164
Berufsverbände 392, 395
Beschaffungen 223, Siehe *Vergaberecht*
Beschlüsse von Unternehmensvereinigungen 285
Beschränkung 5, 20, 68
Beschränkungen 53
- produktbezogen 68
- unterschiedslose 63
- vertriebsbezogene 68

Beschränkungsverbote 2, 55, 154
Beseitigungsanspruch 229
Besteuerungsregelungen 208

Stichwortverzeichnis

bestimmender Einfluss 330, 331
Bestimmungslandprinzip 49
Betriebsrentenfonds 346
Betroffenheit
 – faktisch stärkere 89, 95
Betrugsbekämpfung 83
Bewegungsfreiheit 103, 110, 113
bewirkte Wettbewerbsbeschränkung 287
Bezugsbedingungen 182
Bieter
 – inländische 244
Binnenmarkt 1, 6
 – Acquis 7
 – Assoziierungsabkommen 7
 – Binnenmarktrecht ieS 2, 19
 – Binnenmarktrecht iwS 2
 – Gemeinsamer Markt 3
 – geteilte Zuständigkeit 3
 – Hemmnisse 6
 – Marktöffnung 9
 – Negativintegration 8
 – Positivintegration 8
 – Schweiz 7
 – vollkommener 6
Binnenmarkt-TransparenzRL 2015/1535/EU 98
Blutkonserven 78
Bosman 129, 132
Brey 122
British Aggregates 364
Bronner 315
Bündeltheorie 293
Bündelung 323
Budgetwirksamkeit 374, 376
Bundesbeschaffung GmbH 230
Bundesvergabekontrollkommission (B-VKK) 228
Bundeswettbewerbsbehörde (BWB) 275
BußgeldLL 276
BVergG 2006 227
BVergG 2017 227
BVergGKonz 2017 227
BVRG-ÖPV 228

C

captive customers 357
Cassis de Dijon 16, 62, 63, 78, 83

Cavallera 167
ČEZ 108
Chen 114
Chronopost 359, 360
Chronopost-Vollkostenmaßstab 362
CIF 291
Ciments et Bétons 299
Clean Car 133, 136
CMA 56, 61
Co.Na.Me 224, 225, 240
Commercial Solvents 310
ComputerprogrammRL 2009/24/EG 82
Concordia Bus 253
Continental Can 273
Corbeau 423
Courage 277, 279
Crespelle 407

D

Dänemark/Kommission (C-3/00) 14
Daily Mail 142
Dano 120, 122
Daseinsvorsorge 186, 263, 360, 414
 – Anforderungen an Betrauungsakt 419
 – Ausgleichsleistungen 424
 – Ausschreibung 420
 – Begriff 414
 – Betrauung 418
 – Grundrechtsschutz 400
 – Konzessionen 419
 – Mehrproduktunternehmen 423
 – Querschnittsklausel 400
 – Überkompensation 362
 – Verhinderung der Aufgabenerfüllung 421
Daseinsvorsorgeleistung 96, 267, 414
Daseinsvorsorgeunternehmen 358, 384, 413, 422
Dassonville 61, 74
Dassonville-Formel 61, 62, 64, 87
DAWI-De minimis-GVO 360/2012 424
DAWI-Freistellungsbeschluss 2012/21/EU 384, 420, 424
DAWI-Gemeinschaftsrahmen 425
DAWI-Mitteilung aus 2012 420, 425
De Agostini 72
de Groot 134
De minimis-Bekanntmachung 35, 298

De minimis-GVO 1407/2013 35, 342, 381, 384
De minimis-Konzept 8, 35
Delimitis 289, 295
Designs 81
Devisenverbringung 207
Dienstleistungen
 - Anbahnung der Geschäftsbeziehung 178
 - Bereichsausnahme 178
 - Beschränkungsbegriff 183
 - Diskriminierung 180
 - Durchsetzungsbefugnis 193
 - Empfang 178
 - Erbringung 178
 - Familienangehörige 172
 - Gewährleistungsgehalt 172
 - graue Liste 197
 - grenzüberschreitender Bezug 177
 - Heimatstaat 192
 - Herkunftsstaat 190
 - Kollektivvertrag 179
 - Ladenschlusszeiten 193
 - lex specialis 178
 - Niederlassungsfreiheit 197
 - öffentliches Interesse 186
 - personenbezogene Maßnahme 180
 - produktbezogene Maßnahme 180
 - Rechtfertigung 194
 - schwarze Liste 188, 197
 - Sitzstaat 192
 - staatliche Zurechnung 179
 - Teilprivatisierung 186
 - Übergangsarrangements 172
 - Verhältnismäßigkeitsprüfung 194
 - Verpflichtete 172
 - vorübergehender Charakter 175
 - Werbung 177, 191
 - zwingende Erfordernisse 194
Dienstleistungen von allgemeinem wirtschaftlichem Interesse 412 s Daseinsvorsorge
Dienstleistungsempfangsfreiheit 171
Dienstleistungserbringungsfreiheit 171
Dienstleistungsfreiheit 343
Dienstleistungskonzessionen 187, 404
DienstleistungsRL 2006/123/EG 12, 20, 141, 165, 188, 196, 197, 198, 199
Digitalisierung 171, 174

direkter Vollzug 275
Direktinvestitionen 205
Direktwirkung 8
Diskriminierung 20, 67
 - Begriff 89
 - Definition 106
 - der Geschäftspartner 310
 - direkte 20
 - Gleichartigkeit 52
 - indirekte 20
 - mittelbare 52, 108, 132, 133, 136, 138, 151
 - Prüfung 76
 - Sachlichkeitsprüfung 109
 - unmittelbare 52, 108, 132, 138, 150
 - Verbot 19, 50, 94
 - von Handelspartnern, mißbräuchliche 326
Diskriminierungsverbot 132, 343
 - allgemeines 103
 - Bereichsausnahme 106
 - GRC 104
 - spezielles 104
 - Transparenzgebot 224
DocMorris 70, 89
Dominanztest 333
Doppelbelastung 134
Doppelbezüge 139
Doppelkontrolle 188
Drei-Stufen-Test 76
Drittanbieter 173
Drittlandsunternehmen 294
Drittstaaten 55
Drittstaatsangehörige 105, 171
Drittwirkung 104, 106, 129, 138
duale Preissysteme 283
dumping 44
Duplizierbarkeit 315
Durchführungsprinzip 263
Durchführungsverbot 330, 335
 - in der Fusionskontrolle 336
DurchführungsVO 802/2004 336
DurchführungsVO 987/2009 200
Durchsetzung
 - Äquivalenzgebot 9
 - Effektivitätsgebot 9
 - Schild- vs Schwertkonstellationen 9

Stichwortverzeichnis

E

E-Commerce 177
EBA 220
ED 90
EDF 367
effektive Abhilfe 318
Effektivitätsgrundsatz 277
Effizienzgewinne 297, 302
EFTA-Abkommen 223
Eigentümerstruktur 303
Eigentum
 – gewerbliches 78
 – kommerzielles 78
Eigentumsordnungen der Mitgliedstaaten 399
einheitliche Leistung 323
einheitliche Leitung 268
Einkaufskooperationen 301
Einkunftsquelle 211
Einreiserecht 114, 116
Einspeisetarife (KomE 2006) 379
Eintrittsinvestitionen 273
Eintrittsrisiko 273
Einzelarbeitsverträge 131
EIOPA 220
Elektrizität 91
Elf-Aquitaine 218
Eltern 114
Emissionshandel 348, 374, 377
Englische Klausel 321
entgangener Gewinn 280
Entgeltdiskriminierung 104, 129
Entgeltlichkeit 173, 174
Entsende-DurchsetzungsRL 2014/67/EU 199
EntsendeRL 1996/71/EG 171, 196, 198, 199
ErdbeerVO 2679/98 98
Erheblichkeitszuschlag 326
Erschöpfungsgrundsatz 81
Erzeugnisse der Landwirtschaft und Fischerei 40
ESFS 220
ESM 220
ESMA 220
essential facility 310, 313, 317
Ethnien-GleichbehandlungsRL 2000/43/EG 104
EuGH
 – Rechtsmittelbeschränkung 395

Europäische Einpersonengesellschaft 161
Europäische Freihandelszone 7
 – Gerichtshof 7
 – Überwachungsbehörde 7
Europäische Krankenversicherungskarte (EHIC) 200
Europäische wirtschaftliche Interessenvereinigung 161
Europäischer Finanzraum 219
Europäischer Wirtschaftsraum 7, 39, 172
EWG 1
EWR-Abkommen 127, 223, 390
Existenzminimum 125
Extraterritorialität 263

F

F&E-Zusammenarbeit 301
failing company defense 335
Familienangehörige 105, 114, 126, 138
Fernabsatz 70
Festsetzung
 – des Bußgeldes, Kriterien 276
Feststellungsentscheidung 276
Finanzdienstleistungen 206
Finanzmarktinfrastruktur 220
Finanzmonopole 413
FKVO 139/2004 27, 31, 261, 263, 273, 276, 330
Flüchtlinge 127, 139
Förderungsbegriff
 – Österreich 345
follow-on claims 279
Fonds 380
Fortsetzung der Geschäftsbeziehungen 282
Fra.bo 59
FRAND-Bedingungen 318
Frankreich/Kommission (C-251/97) 347
Französische Schulen 245
Freihandels- oder Assoziierungsabkommen 172
Freihandelszone 6
Freizügigkeit 4
 – Freizügigkeit ieS 4
 – Freizügigkeit iwS 4
FreizügigkeitsVO 492/2011 131, 138
Freskot 368
FuE-GVO 1217/2010 301

Fusionskontrolle 31
- Hauptprüfung 337
- Phase 1 336
- Phase 2 337
- Vorprüfung 336
Fusionskontrollmitteilung 330, 335

G

Gambelli 184, 185, 195
Gas 91, 96
GATT-Kodex 223
Gebietskörperschaften 229, 230
Gebrauchsmuster 81
Gegenleistung 174
Geimeinschaftsunternehmen
- Teilfunktions- 304
Geldbußen 276, 329
Geldleistungen
- beitragsunabhängige 139
GeldtransferVO 1781/2006 207
Geldwäsche 220
gemeinsame Handelspolitik 6
gemeinsamer Einkauf 301
gemeinsamer Verkauf 301
Gemeinschaftsrahmen 391
Gemeinschaftsunternehmen 304, 332
- Fusionskontrolle 332, 334
- kooperative 332
- Vollfunktions- 304
Genehmigungserfordernis 187
Genehmigungspflichten 200
General Agreement on Tariffs and Trade (GATT) 54
General Agreement on Trade in Services (GATS) 54
geoblocking 49
gesamtschuldnerische Haftung 280
Geschäftsbedingungen
- unangemessene 325
Geschäftsverweigerung 309
Geschlechter-BerufsgleichbehandlungsRL 2006/54/EU 104
Gesellschaft
- Aktionärsrechte 158
- Definition 143
- Finanzlage 158

- grenzüberschreitende Sitzverlegung 159
- Gründung 158
- Kapital 158
- Mobilitätsbeschränkungen 159
- Offenlegungspflichten 158
- satzungsmäßige Sitz 143
- Sitztheorie 159
- Statut 158
- sui generis 160
- Umstrukturierung 159
- Umwandlung 160
- Verlegung des Verwaltungssitzes 159
- Verschmelzung 160
Gesellschaftsrecht 158
Gesetzgebungsverfahren
- ordentliches 7
Gestión Hotelera 237
Gesundheitsversorgung 78, 80, 201
Gewinnerzielungsabsicht 266
Gewinnspanne 326
Gleichbehandlungsgebot 404
GleichbehandlungsRL 2000/43/EG 56
Gleichgewicht der Sozialversicherungssysteme 83
Glücksspiel 92, 184, 195, 404, 413
GMO-RL 2001/18/EG 12
golden shares 156, 215
Government Procurement Agreement (GPA) 223
Government Procurement Code – GPC 223
Graf 22
graue Liste 303
Grenzblockaden 99
Grenzkausalität 45
Grenzübertritt 45, 60
Groenveld 87
Groenveld-Formel 87, 88, 90
Grogan 176, 177
Gründungstheorie 142
Grünewald 209, 210
Grundfreiheiten 1, 19
- Bereichsausnahme 26
- Horizontalwirkung 23
- Kausalitätsgrenze 21, 26
- Prüfschema 29
- staatsgerichtet 23

– subsidiäre Anwendbarkeit 20
– unmittelbare Anwendbarkeit 26
– Verhältnismäßigkeit 30
Grundfreiheiten und Vergaberecht 224
Grundsatz der gegenseitigen Anerkennung 99
Grundsatz des Leistungsexports 139
Grundverkehr 204, 206, 212
Grunkin und Paul 112, 123
Gruppenfreistellungsverordnung 31
Gysbrechts 88, 90

H

Handelsbeeinträchtigung 27, 62
Handelshemmnisse 54
    – nicht-tarifäre 54
    – tarifäre 54
Handelsmonopole 400, 404, 413
Handelsstufe 45
Handelsvertreterprivileg 269
Handlungsfreiheit 287
hardcore restriction 286
Harmonisierung 7, 98, 171
    – Abweichungen 15
    – Entwicklungsstand der Volkswirtschaften 15
    – Instrument 10
    – Intensität 10
    – Mindestharmonisierung 10
    – Nationaler Alleingang 13
    – Rechtfertigungsgründe 12
    – Richtlinie 10
    – Schutzklauseln 12
    – Subsidiarität 10
    – Verhältnismäßigkeit 10
    – Vollharmonisierung 11
Hauptverwaltung 143
Hausdurchsuchung 275
Haustürgeschäfte 66
Heiser 382
HerkunftsangabenVO 2081/92 88
Herkunftslandprinzip 154
Hipermercatos 157, 163
Höchstverkaufspreise 303
Höfner und Elser 144, 266
hoheitliche Tätigkeit 173
Hoheitsakt 91

Holdings 151
horizontale Vereinbarung 300
HorizontalLL 298, 301, 302
Humanplasma 78

I

Iannelli 344
ICI 151
Immaterialgüterrechte 27, 40, 78, 80, 314
Immobilienerwerb 204, 205
In-House-Privileg 233
incumbents 289
Informationsaustausch 284
Infrastruktur
    – physische 314
Inländerdiskriminierung 21, 105
Innovationspartnerschaften 242
Inspire Art 147
Intel 322
Interessensvereinigungen 392, 395
Intermills 392
Inverkehrbringen
    – Rechtmäßigkeit 55
Investitionen
    – passive 303
Investmentrecht 220
IP-DurchsetzungsRL 2004/48/EG 11, 319

J

Jobra 182
joint venture 31, 304, 332
Josemans 40

K

Kammermitgliedschaft 157
Kampfpreisunterbindung 319
Kapital- und Zahlungsverkehr 5
    – Drittstaaten 26
Kapitalmarktwesen 220
Kapitalverkehr
    – Aktien 211
    – Anmeldungssystem 208
    – Anwendungsbereich 203
    – Baugrundstück 214
    – Bereichsausnahmen 204, 205

- Bietverfahren 215
- Diskriminierungen 206
- Eingriff 206, 212
- Eingriffscharakter 209
- Erbschaft 209
- EWR 204
- Fremdbesitzverbot 212
- Gebietsansässigkeit 203, 208
- Gebietsfremde 209
- Gesellschaftsrecht 217
- grauer Grundverkehr 213
- grüner Grundverkehr 213
- Immobilienerwerb 212
- Investition 205
- Investor 211
- *Keck*-Formel 211
- Kontrollmaßnahmen 214
- Kredite 205
- Leistungsfähigkeit 211
- Meldeverfahren 218
- Pächter 214
- Rechtfertigung 217
- Sachlichkeitsgebot 208, 218
- Sachlichkeitsprüfung 209
- Schenkung 209
- Sonderbereiche 204
- Sonderrechte 215
- Steuerbefreiung 207
- Steuerpflichten 205
- Stimmrechte 216
- Ungleichbehandlung 218
- Verhältnismäßigkeitsprüfung 219
- Verkaufsverfahren 215
- Verpflichtete 205
- Vetorecht 216
- vorrangige Anwendung 205
- Wertpapier 205
- Wirtschafts- und Währungspolitik 221
- Zweck 206
- zwingende Erfordernisse 218

Kapitalverkehrsbegriff 206
Kapitalverkehrsfreiheit 203, 343
KapitalverkehrsRL 88/361/EWG 203, 205, 219
Kappungsgrenze 276
Kartell- und Missbrauchsaufsicht 234

Kartellrechtsdurchsetzung
- Beseitigung 277
- Unterlassung 277

Kartellverbot 261
- Freistellung 297
- Prüfschema 31
- staatliche Veranlassung 404

KartG 275, 276, 279
Kausalitätsgrenze 77, 90, 135
Keck 55, 56, 60, 61, 64, 67, 132, 135, 150, 154, 155, 413
- Ausnahme 60, 62, 72
- Doktrin 77
- Formel 76, 89, 95

Keck-**Doktrin** 26
Kernbeschränkung 286, 300
Know-how 314
kollektive Regelungen 129
Kommission/Belgien (C-577/10) 189
Kommission/Belgien und Luxemburg (verb Rs 2/62 und 3/62) 47
Kommission/Deutschland (C-112/05) 216
Kommission/Deutschland (C-205/84) 146
Kommission/Deutschland (C-325/00) 56, 61
Kommission/Frankreich (C-159/94) 96, 415, 419
Kommission/Frankreich (C-225/98) 245
Kommission/Frankreich (C-265/95) 57, 99
Kommission/Frankreich (C-482/99) 371, 375
Kommission/Irland (45/87) 244, 245
Kommission/Italien (118/85) 402
Kommission/Italien (C-110/05) 74
Kommission/Italien (C-303/88) 352
Kommission/Italien (C-465/05) 191
Kommission/Italien (C-518/06) 155
Kommission/Niederlande (C-279/08) 348, 374, 377
Kommission/Niederlande (C-368/10) 246, 255
Kommission/Österreich (C-53/08) 149
Kommission/Polen (C-639/11) 70
kommissionsunmittelbarer Vollzug 262
Kommissionsverfahren
- Akteneinsicht 393
- bei Beihilfen 385
- Beschwerdeformular 392
- Beschwerderecht 392
- Beteiligte 392

Stichwortverzeichnis

- Bindung des nationalen Gerichts 398
- Parteistellung 391
- Rückzahlungsanordnung 389
- Stellungnahmerecht 393

Konfliktlösungsregel 265
konkurrierende Marken 303
kontrafaktische Analyse 290
Kontrahierungszwang 191, 309
Kontrollerwerb 304, 330
Konzernprivileg 268, 331
Konzessionen 157, 173, 184, 195, 226
KonzessionsRL 226
KonzessionsRL 2014/23/EU 20, 174, 186, 226, 237, 256, 257, 363, 421
Koordinierung
- stillschweigende 307

KoordinierungsVO 1798/2003 49
KoordinierungsVO 883/2004 20, 122, 128, 139, 141, 200
Kopplung 323
Korhonen 231
Korrespondenzdienstleistung 177
Kosten 362
- Alleinstellungskosten 357
- leistungsspezifische Zusatzkosten 357
- Vollkosten 357

Kraus 127
Kreditdienstleistungen 193
Kreuzpreiselastizität 272
Kronzeuge 276
künstliche Angebotsverknappung 327
Kultur- und Medienvielfalt 83
Kulturgut 78

L

Ladenöffnungszeiten 60, 163
Land Burgenland 355
Landes-VergaberechtsschutzG 228
Landwirtschaft 262
landwirtschaftliche Fläche 213
langfristige Abnahmeverpflichtung 288
Lauterkeit 83
Laval 129
Lélos 311
Leasing 236
Lebkuchen 47

Leistungsfähigkeitsprinzip 363
Leistungsgegenstand 176
Leistungsumfang und Nachfrage 424
Leistungswettbewerb 261, 286
Letztverkaufspreis 73
leveraging 310, 323, 357, 409
Liberalisierung 92, 203
LIBRO 73
litigation
- frivolous 325

LL zur Handelsbeeinträchtigung 295
lock-in 325
Lorenz-Frist 387
Lornoy 343
Loyalitätsprinzip 405

M

M&A (mergers and acquisitions) 330
Magill 317
Manfredi 279
margin squeeze 326
Marken 81
Markenzwang 288
Marktabgrenzung 32, 305
Marktabschottung 288, 302
Marktanteil 270, 298, 303
- Vermutungsregeln 306

Marktaufteilungsabsprache 286
Marktbeherrschung 305
- kollektive 307

Markterschließungsdoktrin 289, 300
Marktmacht 26, 270
Marktmachtmissbrauch 343, 404
- Vergaberecht 251

Marktmachttransfer 310, 323, 357
Marktpreis eines Unternehmens 355
Marktstruktur 306, 329, 334
Marktstrukturmissbrauch 309
Markttransparenz 321
Marktüberwachung 99
Marktverhalten
- unabhängiges 305

Marktverhaltensregeln 64, 155
Marktwirtschaft als Binnenmarktprinzip 399
Marktzugang 60, 73, 76, 141, 150, 154, 190
- Behinderung 70

Marktzutrittschancen 306
Marktzutrittsschranken 2
Mars 69
Maßnahmen gleicher Wirkung 54
medizinische Leistungen 200
Mehiläinen 233
Mehrfachniederlassungsverbot 157
Mehrheitsbeteiligung 332
Mehrwertsteuer 49
MehrwertsteuersystemRL 2006/112/EG 49
Meldepflichten 188, 207
Meldesystem 214
merger control 329
Michaïlidis 45, 46
Minderheiten-BerufsgleichbehandlungsRL 2000/78/EG 104
Minderheitendiskriminierung 104, 129
Minderheitsbeteiligung 303, 332
Mindestkapital 190
Mindestpreis 73
Missbrauchsverbot 31
— Prüfschema 33
— staatliche Veranlassung 404
Mitbewerberbehinderung 309
Mitteilung zum Beihilfebegriff aus 2016 342, 345, 364, 367
Mondpreis 356
Monopole 85, 91, 156, 173, 184, 229, 381, 399
— Ausfuhrmonopol 96
— Einfuhrmonopol 96
— Kern 94
— Produktionsmonopol 96
— Verkaufsmonopol 96
Monopolkonzession 381
Monopolunternehmen 358
Motoveicoli 61, 74, 76
Müllabfuhr 404

N

Nachfragemacht 306
Nachfragesubstituierbarkeit 271
nachgelagerter Markt 310
Nadelöhr 315
Naked restraints 32, 286
Namen 108
National Grid Indus 143

nationale Gerichte 329
Nationaler Alleingang 13
— Kommission 13
— Vorsorgeprinzip 14
nationales Missbrauchsrecht 329
natürliche Personen 267
Naturschutzorganisationen 346
Navileme 181
Nebenabrede
— wettbewerbsbeschränkende 290, 334
Neste 293, 294
Nettobelastung 47
neues Produkt 316
Nichtigkeit bei Kartellrechtsverstößen 298, 329
— ex tunc 298
Nichtigkeit von unionsrechtswidrigen Akten 395
Nichtigkeitsklage 393
— Nicht privilegierte Kläger 394
— Privilegierte Kläger 393
Niederlassung
— grenzüberschreitende 144
— Hauptniederlassung 146
— permanente Präsenz 146
— Scheinniederlassung 147
— sekundäre 146
— Zweigniederlassung 152
Niederlassungsbegriff 146
Niederlassungsfreiheit
— Bereichsausnahme 149
— Beschränkungsbegriff 155
— Feinprüfung 161
— grenzüberschreitende Dienstleister 164
— Kausalitätsgrenze 163
— potential entrant 145
— Rückkehr 149
Normung
— technische 59
Notare 165
Nutzungsbeschränkung
— absolute 76
— quasi-absolute 76
Nutzungsbeschränkungen 68, 74, 75
Nygård 47

Stichwortverzeichnis

O

öffentliche Auftragsvergabe Siehe *Vergaberecht*
öffentliche Durchsetzung 329
öffentliche Gewalt 267
öffentliche Hand 370, 404
– Lenkung Mittelfluss 378
– nicht budgetwirksame Maßnahmen 375
öffentliche Kontrolle 230
öffentliche Sittlichkeit 78
öffentliche Unternehmen 266, 375
– doppelte Bindung 405
– Gleichbehandlungspflicht 404
– Kartellverstöße 404
– Marktmachtmissbrauch 404
– Marktmachttransfer 410
– Mehrproduktunternehmen 401
– Nachfragedeckung 411
– unselbständige Einrichtungen 402
öffentliche Verwaltung 26
öffentlicher Auftraggeber 229
Öffnungszeiten 66
Offenlegung von Beweismitteln 280
Offshore-Regelungen 366
Oligopol 307, 334
One-stop-shop-Fusionskontrolle 335
Online-Handel 273
Ordnung und Sicherheit 78
Ospelt 213

P

parafiskalische Abgaben 343, 348, 367, 376, 396
parallele Anwendbarkeit 265
– Art 102/102 AEUV-nationales Kartellrecht 265
Parallelimporte 283
Parallelverhalten 284
pari passu-Transaktionen 354
passing-on defense 280
Patente 81
PatientenmobilitätsRL 2011/24/EU 171, 192, 196, 200, 201
– Krankenbehandlung 200
PatientenmobilitätsRL 2011/24/EUVersicherung 201
PauschalreiseRL 2015/2302/EU 11
Pavlov 410

Peśla 161
Pensionisten 122
Personenfreizügigkeit
– Arbeitnehmer 103
– Namen 112
– Selbständige 103
Piaggio 349
Pizzo 249
Porto di Genova 409
Positive Comity 264
positiver Schaden 280
Postdienste 421, 423
potential entrants 380
Präjudizwirkung 9
Präsenzpflichten 180
predatory pricing 319
Preis-Kosten-Schere 326
Preisabsprache 286
Preise
– mißbräuchlich überhöhte 325
Preisempfehlungen 303
Preisgestaltung 191
Preisinterventionen 326
Preisregelungen 72
Preussen Elektra 376, 377, 379
Primärrecht 8
Prioritätenmitteilung 308
private Durchsetzung 277, 329, 386
private limited company 147
Privatisierungen 354
Privatisierungsbedingungen 215
privilegierte Unternehmen 404
ProdukthaftungsRL 85/374/EWG 17
Produktionsbeschränkung 286, 327
Produktionseffizienz 261
Produktionsvereinbarungen 301
Produktionszweige 345
Produktmarkt 272
Produktregulierung 16
– CE-Kennzeichnung 17
– Deklarationspflicht 18
– Inverkehrbringen 18
– Konformitätsbescheinigung 17
– Konformitätserklärung 17
– Lebensmittel- und das Arzneimittelrecht 16
– Mindestgarantien 19

- *non-food* Warenregulierung 16
- Normung 16, 17
- Produkthaftung 17
- Produktsicherheit 17
- Stillhaltefrist 18

ProduktsicherheitsRL 2001/95/EG 17, 99
Prot Nr 26 400
Prot Nr 32 204, 205
Proteste 99
Public-Private-Partnership (PPP) 186, 233
punitive damages 280

Q

Qualifikationsanforderungen 161
- subjektive 141

Querlieferung 303
Quersubventionen 357, 417
- reservierte Dienste 360

Quoten 54

R

räumlich relevanter Markt 272
Rabatte 74, 321
- Mengenrabatte 323
- missbräuchliche 321
- rückwirkend gewährte 321
- Treuerabatte 321
- Zielrabatte 321

RahmenRL 89/107/EWG 14
RahmenVO 952/2013 39
Raso 410
Recht auf Aufenthalt 111
Recht während des Aufenthalts 111
Rechte des Kindes 114
Rechtfertigung 23, 24, 90
- primärrechtliche 24
- Umkehr der Darlegungslast 23
- ungeschriebene Rechtfertigungsgründe 83
- Verhältnismäßigkeitsprüfung 25
- wirtschaftliche Gründe 24
- zwingende Gründe des Allgemeininteresses 24

RechtsanwaltsRL 98/5/EG 162, 165
Rechtsmissbrauch 324
Rechtsmittelrichtlinien 227

Rechtsordnung
- autonome 12

Reflexwirkung 106
reglementierte Berufe 165
relevanter Markt 270, 330
- Definition 271

revenue producing monopoly 413
Ricordi 107, 111
RMRL 89/665/EWG 227, 257
Rosengren 93
RTE 317
RTT 406
Rückkehr 116
Rüstung 262
rule of reason 24, 291

S

Säger 183
sachlich relevanter Markt 272
safe harbour 295, 298
SAG 251
Salumificio 87, 88
Sanz de Lera 207
Schadenersatz 277, 329
- -anspruch 229

Schadenersatzklage 395
SchadenersatzRL 2014/104/EU 277, 279
Schindler 41
schlichte Privilegierungen 406
Schutz des Familienlebens 114
schwarze Listen 298, 303
Sektoren-VergabeRL 2014/25/EU (SVRL) 226
Sekundärrecht 8, 98
Selbständige und Freiberufler 138, 346
selbständige wirtschaftliche Einheit 332
Selbständigkeitspostulat 286
Selbstbindungswirkung 342
Selbstveranlagung 33, 297, 335
selektives Vertriebssystem 283, 303
SFEI 357
share deal 331
Sicherheitsleistung 190
SIEC-Test 304, 334
Sitztheorie 142
Societas Cooperativa Europaea 160
Societas Europaea 160

Sonderrechte 91
Sozialdumping 199
soziale Marktwirtschaft 261
sozialer Charakter 267
Sozialleistungen 120, 126, 128, 137, 139
– Wartezeit 120
Spanische Erdbeeren 57, 99
SpezialisierungsGVO 1218/2010 27, 302
Spielautomaten 52
spillover-Effekte 304
Sprachnachweis 181
Sprunglieferungsverbot 288
Spürbarkeit 34, 295
– qualitativer Ansatz 296
– quantitativer Ansatz 295
– Zwischenstaatlichkeit 382
SRM 220
SSNIP-Test 51, 272
Staatenlose 127, 139
staatliche Aufsicht 263
staatliche Regulierung 263
staatliche Zurechnung 373
Staatlichkeit
– gesetzliche Verpflichtung 376
Staatsangehörigkeit
– juristische Personen 142
Staatsbegriff 23, 371
– Sicherungspflichten 23
– Zurechnung privaten Handelns 23, 59
Stadt Halle 240, 241
stand alone-costs 357
Standesregelungen 198
Stardust Marine 371
state action doctrine 291
Steuerautonomie 208
Steuerbefreiung 180
Steuerbeihilfen
– Abweichung von Bezugssystem 364
– Dreistufentest 364
– faktische Belastungsgleichheit 363
– Feinprüfung 364
– steuerliches Bezugssystem 364
– Systemimmanenzprüfung 364
– Verzicht der öffentlichen Hand 363
Steuerkontrolle 83

Steuern 348, 363
– dienstleistungsbezogene indirekte 50
– direkte 50
– einkommensbezogene 151
– indirekte 49
– Privatinvestortest 367
Steuerregelung 151, 152, 192
– Doppelbesteuerung 134, 152
Steymann 174, 175, 177
Stillhaltepflicht 26, 204
Stillhaltepflicht, Art 64 AEUV 203
Stillhalteverpflichtung 43, 98
Straßenkundgebungen 99
Straßenverkehr 83
Strom 96
Studenten 121
Submissionsabsprache 286
Sulfite 14
SVRL 2014/25/EU 20, 227, 228, 230, 235, 238, 242, 243, 248, 256

T

Tätigkeitsverbot 134
Tabakmonopolverwaltung 402
Talotta 152
Tarifgestaltung 193
technische Normen 244
technische Spezifikationen 244
Teckal 239, 240
Teilzeitbeschäftigung 125
Telecinco 387
Territorialitätsprinzip 80
Tetra Pak 324
tied product 323
TNT 421
Totalverbote 156
Totalverkaufsverbote 67, 74
Trafikant 91
transparentes Verfahren 186
Transparenzgebot 187, 224
TransparenzRL 2006/111/EG 234, 353, 371, 400, 401
treble damages 280
TT-GVO 316/2014 302
Türkei 39
tying product 323

U

überhöhte Preise 325
Überkompensation 422
UGP-RL 2005/29/EG 11
Umsätze 332
– Berechnung 333
Umsatzschwellen
– Fusionskontrolle 333
Umsatzsteuer 49
Umweltschutz 78, 253
Unerlässlichkeit 315
UnionsbürgerRL 2004/38/EG 4, 20, 115, 118, 120, 125, 128, 141, 200
– Aufenthaltsdauer 118
Unionsbürgerschaft 19
– Bereichsausnahme 116
– Sachlichkeitsprüfung 123
UnionsmarkenVO 2017/1001 80
unionsrechtskonforme Auslegung 277
United Brands 305
unmittelbare Wirkung 43, 262, 329
Untätigkeitsklage 395
Unterlassungsanspruch 229
Unternehmen 345
– Auskunftspflichten 385, 391
– Staatsangehörigkeit 105
– wirtschaftliche Tätigkeit 346
Unternehmensanteil 215
Unternehmensbegriff 144, 261, 265, 305, 345, 400
– funktionaler 266
– Gewinnorientierung 346
– juristische Personen 144
– natürliche Personen 145
– öffentliches Unternehmen 400
Unternehmensgesamtheit 268
Urheberrecht 81
Ursprungslandprinzip 2, 5, 16, 55, 63, 76, 188, 190, 194, 199, 211
Ursprungsregeln 39, 61
UsedSoft 82
UVP-RL 2011/92/EU 234
UWG 229, 262, 276, 398

V

van Calster 396
Van den Bergh 313
van Gend & Loos 43
variable Kosten 320
Venturini 145
Verbraucherbeteiligung 297
VerbraucherRL 2011/83/EU 11
Verbraucherschutz 11, 83, 220
VerbrauchsteuersystemRL 2008/118/EG 49
Vereinbarung
– Begriff 280
Vergaben im Bereich Verteidigung und Sicherheit 228
Vergaberecht
– Adressat 229
– Angebotsprüfung 251
– ARGE und BIEGE 249
– Aufsicht 230
– Auftragswert 238
– ausgegliederte Unternehmen 230
– Bauaufträge 236
– BBG 230, 236
– Beanstandungsverfahren 259
– beherrschender Einfluss 235
– Beherrschungsbegriff 230
– Beihilfen 234, 251, 349
– Bekanntmachung 243
– Best- und Billigstbieterprinzip 252
– Beteiligung Dritter an Leistungserbringern 240
– Binnenmarktpotenzial 223
– BundesvergabeG, BVergG 227
– Dienstleistungsaufträge 237
– Dienstleistungskonzessionen 237
– Dienstleistungsvertrag 238
– Direktvergabe 241
– Diskriminierungsverbot 224
– Doppelverwertungsverbot 253
– *e-procurement* 242
– Eignung 247
– Einheitliche Europäische Eigenerklärung 248
– Einrichtung öffentlichen Rechts 230
– EU-Beihilfen 230
– Fairness und Gleichbehandlung 224
– Freistellungen 227, 236
– Fristen 243
– gemeinsames Unternehmen 233
– gemischte Verträge 237

Stichwortverzeichnis

- Gesamtweitergabe 250
- *Government Procurement Agreement* (GPA) 223
- Grundfreiheiten 224
- *In-House Vergabe* 233, 238
- Interessenslagen 241
- Konzessionen 237, 256
- Leistungsbeschreibung 244
- Lieferaufträge 236
- Marktmachtmissbrauch 251
- Mindestgrundsätze der Vergabe 224
- Mitteilung zu Vergaben außerhalb der RL 225
- Nachprüfung 228, 258
- nicht offenes Verfahren 242
- Öffentliche Auftraggeber 229
- offenes Verfahren 242
- PPP 233
- prozedurale Mindestanforderungen 225
- Qualifizierungssystem 248
- Rechtsschutz 228, 257
- sachlicher Anwendungsbereich 236
- Schadenersatz 228
- Schwellenwerte 238
- Sektoren 226
- Sektorenauftraggeber 235
- Sektorentätigkeiten 235
- Spezifikationen 244
- Subunternehmer 248
- subventionierte Aufträge 233
- TED 243
- Transparenz 224
- ungewöhnlich niedrige Angebote 251
- unmittelbare Wirkung 227
- Unterschwellenbereich 238, 243
- UWG 229
- verbandsfremde Gebietskörperschaften 241
- Verfahrensarten 241
- vergabefremde Kriterien 246, 248, 253, 255
- Verhandlungsverfahren 244
- Verteidigung 226
- Vorinformation 243
- Wettbewerblicher Dialog 242
- Zentrale Beschaffungsstellen 236
- Ziele 226
- Zivilrechtsfolgen 228, 259
- Zuschlag 228, 252

VergabeRL 2014/24/EU (AVRL) 20, 226
Vergleichsmarktkonzept 326
Verhältnismäßigkeitsprüfung 84, 136, 163, 421
Verhaltenskoordination 281
Verkäufe der öffentlichen Hand 354
Verkaufsmodalitäten 55, 64, 65, 66, 68, 70, 73, 75
Verkehr 26, 263
Verpackungs- oder Beschriftungsvorschriften 69
Verpflichtungszusagen 276, 337
Versandhandel 70, 85
Verschlechterungsverbot 204
Versicherungswesen 220
Versicherungszeiten 139
Versorgungs-GleichbehandlungsRL RL 2004/113/EU 104
VerteidigungsbeschaffungsRL 2009/81/EG 20
vertikale Vereinbarung 300
VertikalGVO 330/2010 27, 269, 302
VertikalLL 302
Vertrag von Maastricht 110, 203
Vertragsfreiheit 191
Vertragsverletzungsverfahren 259
Vertrauen
 - berechtigtes 342
Vertrauensschutz 296
Vertriebsmethode 66
Vertriebsregelungen 41, 60
Vertriebsvertrag 302
Verwaltungsgerichtsbarkeits-Novelle 2012 228
Verweisungsregeln 336
Viking 129
Visnapuu 68, 84, 85, 94
VO 1/2003 27, 28, 33, 35, 262, 265, 275, 297, 329, 385
VO 2658/87 über den Gemeinsamen Zolltarif 39
Volksbank România 178, 193
Vorabgenehmigung 188
Vorbehaltszonen 212
VVO 2015/1589 27, 385, 387, 390, 391, 392, 394

W

Waffen 40
Walrave 129

Stichwortverzeichnis

Warenhandelsmonopole 91, 92
- Rechtfertigung 96
- Trennbarkeitsprüfung 93
- Warenhandel 92

Warensteuern
- diskriminierende 49

Warenverkehr
- Abgaben 42
- Abgaben gleicher Wirkung 39
- Abwehr privater Eingriffe 57
- Ausfuhrbeschränkungen 86
- Bereichsausnahme 55
- Binnenzölle 39
- geschriebene Rechtfertigungsgründe 78
- Maßnahmen gleicher Wirkung 60
- mengenmäßige Beschränkungen 60
- Modellfreiheit 5
- nicht-tarifäre Handelshemmnisse (NTB) 54
- privates Handeln 56
- produktbezogene Maßnahmen 64
- staatliche Zurechnung 56
- ungeschriebene Rechtfertigungsgründe 78
- Unionscharakter 39, 55
- Verbot der Inländerprivilegierung 86
- Verhältnis der wechselseitigen Exklusivität 50
- vertriebsbezogene Maßnahmen 64
- Waren 5, 39, 55

Warenverkehrsfreiheit 343
Wegzugsbeschränkungen 158
Wegzugshindernis 134
Weiterverkauf 303
Welthandelsorganisation 6, 54
Werbung 41, 71
- irreführende 69

Werkvertrag 176
Wesensgehaltstheorie 316
Wettbewerb 26
- Lauterkeitsrecht 27
- Rechtfertigung 28
- Totalausschaltung 297
- unmittelbare Anwendbarkeit 28
- Verpflichtete 28
- Wettbewerbsrecht ieS 27
- Wettbewerbsrecht iwS 27

Wettbewerb um den Markt 173
Wettbewerber
- individuelle Betroffenheit 394

Wettbewerbsbehörden
- nationale 275

Wettbewerbsbilanz 291
Wettbewerbsdruck 270
Wettbewerbsverbot 288, 303
wettbewerbsverfälschende Wirkung 380
WettbG 275
Willensübereinstimmung 281
wirtschaftliche Leistungen 173
wirtschaftliche Tätigkeit 148
wirtschaftlicher Vorteil
- Abweichung vom allgemeinen Rechtsrahmen 349

Wirtschaftsraum 1
Wohnsitz 108, 133, 180
WTO-Recht
- Subventionsbegriff 345

Z

Zahlungsverkehr 203, 220
Zivilrechtsfolgen von Unionsrechtsverstößen 395
Zölle 44
- Ausgleichszölle 44
- Finanzzölle 44
- funktionaler Ansatz 46
- Wirtschaftszölle 44

Zollunion 1, 6, 39
Zugang zur Beschäftigung 138
Zurechnung
- im Kartellrecht 269

Zusammenschluss
- Tatbestand 330

Zuschlagskriterien 252
Zwangslizenzeinwand
- kartellrechtlicher 318

zwingende Erfordernisse 5, 55, 63, 78, 83, 96
- offener Katalog 83

Zwischenstaatlichkeitsschwelle 20, 27, 265, 292, 328, 382

Jaeger, Materielles Europarecht, LexisNexis   443